# VOX
# Diccionario
## de
# Sinónimos
## y
# Antónimos

# VOX
## Diccionario
### de
# Sinónimos
### y
# Antónimos

NTC Publishing Group

**Library of Congress Cataloging-in-Publication Data**

Vox diccionario manual de sinónimos y antónimos.
　　Vox diccionario de sinónimos y antónimos.
　　　　p.　　cm.
　　Reprint of: Vox diccionario manual de sinónimos y antónimos.
8th ed. Barcelona : Biblograf, 1994.
　　ISBN 0-8442-7950-1 (hardbound)
　　ISBN 0-8442-0469-2 (softbound)
　　1. Spanish language—Synonyms and antonyms—Dictionaries.
I. NTC Publishing Group.　　II. Title.
PC4591.V62　　1996
463'.1—dc20　　　　　　　　　　　　　　　　95-46645
　　　　　　　　　　　　　　　　　　　　　　　　CIP

6　7　8　9　10　11　12　13　14　15　　MAL/MAL　　2　1　0　9　8　7　6　5　4　3
3　4　5　6　7　8　9　10　11　12　　MAL/MAL　　2　1　0　9　8　7　6　5　4　3

ISBN 0-8442-7950-1 (hardbound)
ISBN 0-8442-0469-2 (softbound)

McGraw-Hill books are available at special quantity discounts to use as premiums and sales promotions, or for use in corporate training programs. For more information, please write to the Director of Special Sales, Professional Publishing, McGraw-Hill, Two Penn Plaza, New York, NY 10121-2298. Or contact your local bookstore.

This book is printed on acid-free paper.

# Índice

# Prólogo

El 15 de enero de 1879 un curioso lector escribía una carta a la revista *El Averiguador Universal*, en esta carta existían dos preguntas: «¿Existen verdaderos sinónimos en nuestra lengua? ¿Cuántos y cuáles tratados se han escrito en nuestro idioma acerca de esta materia?» Ha pasado más de un siglo y ambas preguntas siguen teniendo una extraordinaria actualidad. Hoy sabemos, gracias a los avances teóricos y prácticos de la Lingüística, que en las lenguas naturales existen verdaderos sinónimos, diferencias entre los sinónimos, debidas a causas muy variadas, y relaciones entre palabras em parentadas por su significado.

A la segunda pregunta es necesario contestar que una de las obras más sólidas y manejables de la tradición lexicográfica hispánica es el Diccionario de Sinónimos y Antónimos, concebido y redactado en sus sucesivas ediciones por el ilustre académico Samuel Gili Gaya y que hoy vuelve a ver la luz en una versión ampliada por un equipo de lexicografía informática de la Universidad Autónoma de Barcelona.

La metodología utilizada en la revisión de esta obra supone, por primera vez en la lengua española, la aplicación de los avances tecnológicos de la informática a la redacción definitiva de un diccionario de sinónimos y antónimos. En primer lugar, se cotejó cuidadosamente la base de datos procedente de los talleres de fotocomposición con las páginas originales; posteriormente, se elaboró un programa que permitía, gracias al soporte informático, un control de la estructura de las entradas de cada artículo del diccionario, sus distintas acepciones y su correspondencia con otros artículos a través de las oportunas remisiones. El ordenador comprobó que todos estos procesos, sumamente importantes en una obra de carácter lexicográfico, poseían un alto grado de homogeneidad.

La ampliación de entradas se realizó con los criterios de prudencia que habían presidido la obra bajo la pluma de Gili Gaya; los lemas o entradas de los artículos se han duplicado, dando cabida a nuevos elementos léxicos procedentes de los campos del saber que, como la Informática, la Medicina, la Tecnología o las Ciencias en general, han pasado ya a la lengua común;

también se ha ampliado todo el lenguaje sectorial correspondiente a la lengua deportiva, por su extraordinaria importancia en el estado actual de la lengua española. También se ha concedido carta de naturaleza a americanismos de carácter muy general, pues es indudable la creciente importancia de estas variedades americanas, extendidas gracias a los medios de comunicación y, sobre todo, a una literatura de magnífica vitalidad creadora en lo lingüístico; este mismo criterio, incluso más restrictivo, se ha utilizado para la revisión y ampliación de las voces dialectales peninsulares. Las locuciones, elementos tan importantes, han aumentado considerablemente su número y poseen actualmente independencia como artículos (papar moscas). Se han añadido, además, las notas que resultaban pertinentes para aclarar todas las cuestiones relativas a los diferentes niveles de lengua para caracterizar más precisamente los límites entre los significados de los sinónimos.

Las entradas que presentan distinta categoría gramatical han sido desdobladas (I deber, sustantivo masculino, «obligación», de II deber, verbo transitivo), lo que facilita la consulta. También las acepciones diferentes de las palabras han sido separadas para poder establecer con absoluta equivalencia la relación sinonímica de tipo parcial, fenómeno tan frecuente en las lenguas.

Se ha conservado el sistema establecido por Gili Gaya de un término de identificación de tipo general señalado por un asterisco al que se remite desde los artículos particulares. Se han aumentado las citas y comentarios procedentes de las grandes obras clásicas de la sinonimia, hoy libros de difícil acceso, que permiten enriquecer los artículos generales, pues los redactores han tenido presentes las palabras de Capmany: «La propiedad de las palabras se conoce más por lo que enseñan los ejemplos, que por lo que enseñan sus definiciones, si éstas no son exactas y luminosas. El uso diverso a que aplicamos su significación particular nos conducirá a definirlas con propiedad.» Un programa informático estableció la revisión final de todos los artículos basados en un término de identificación, como término general, y comprobó la presencia de los asteriscos correspondientes.

En todo momento los redactores han tenido presentes como ideal estilístico la sobriedad que había elegido Gili Gaya y la necesidad de imprimir un estilo casi conceptista a los artículos, sobriedad y brevedad que aparecen siempre subordinadas a la búsqueda de la claridad, máximo logro que intenta alcanzar todo lexicógrafo cuidadoso.

También se ha tenido constantemente presente al estudiante o al profesor que va a trabajar con este diccionario, pues todo nuestro trabajo ha estado basado en la utilidad para los usuarios que son los únicos que dan sentido a estas obras. Como en la época clásica, el estudiante puede manejar la obra para delimitar los sentidos precisos de un término, las diferencias entre usos o situaciones de empleo diferentes, valores contextuales y estilísticos. El profesor también encontrará en el diccionario la base para múltiples ejercicios basados en los campos semánticos y en las relaciones entre unidades léxicas, sean de sinónimos o de antónimos.

Esta nueva edición del Diccionario de Sinónimos y Antónimos ha ix

sido revisada en el Departamento de Filología Española de la Universidad Autónoma de Barcelona por un grupo de colaboradores (Elena Estremera, Javier Gómez y Joan Torruella), todos ellos profesores de Universidad y con larga experiencia en los diferentes aspectos de las relaciones que se plantean actualmente entre lexicografía e informática. Tenemos que agradecer al equipo de redacción del Centro de Lexicografía VOX, de Málaga, la ayuda que nos han prestado en todo momento proporcionándonos un material extraído de su base de datos lexicográfica, y que ha sido sumamente valioso para nuestro trabajo. Todos los que hemos tenido la suerte de trabajar en esta obra, gracias a un convenio entre nuestra Universidad y la Editorial Biblograf, nos hemos tenido que enfrentar con el desafío de armonizar los conocimientos que la prestigiosa y positivista Filología pone hoy a nuestro alcance con las innovadoras técnicas del empleo de ordenadores en la tarea lexicográfica, técnicas que hoy son imprescindibles para el manejo de gran cantidad de datos y su verificación, tarea casi sobrehumana con los artesanales procedimientos tradicionales.

Queremos agradecer públicamente a la Editorial Biblograf la confianza puesta en nosotros para poder revisar y poner al día una obra tan prestigiosa como era ya este Diccionario y, a la vez, también queremos manifestar el honor de haber podido intervenir, con toda nuestra modestia, en una obra realizada por un maestro de la talla de D. Samuel Gili Gaya.

José Manuel Blecua Perdices
Catedrático de Lengua Española
Universidad Autónoma de Barcelona

# Prologue

On January 15, 1879, a curious reader wrote a letter to the journal, *El Averiguador Universal,* and in that letter posed two questions: "Do true synonyms exist in our language? How many and which essays have been written in our language about this subject?" More than a century has passed and both questions continue to be amazingly relevant. Now, thanks to technological and practical advances in linguistics, we know that in natural languages there do exist true synonyms, differences between synonyms, as well as connections between words that are related on the basis of meaning, arising from causes that are quite varied.

As an answer to the second question, it is necessary to state that one of the most solid and accessible works in the lexicographical tradition is the Diccionario de Sinónimos y Antónimos, which was conceived of and compiled in its successive editions by the distinguished scholar Samuel Gili Gaya, and which today has again seen the light of day in an expanded version prepared by a team working in computerized lexicography at the Universidad Autónoma de Barcelona.

The methodology used in the revision of this work presupposes, for the first time in Spanish, the application of advances in the technology of the field of computer studies to the definitive compilation of a dictionary of synonyms and antonyms. First, the database originating from workshops in photocomposition of the original pages was painstakingly analyzed; subsequently, a program was developed that would permit, thanks to the computer support available, control of the structure of headwords of the entries in the dictionary, together with their distinct definitions and their relationship with other entries by means of appropriate cross-references. The computer corroborated that all these procedures, extremely significant in a reference work of a lexicographical nature, possessed a high degree of homogeneity.

The expansion of headwords was achieved using the principle of prudence that had always presided over the reference work under the authorship of Gili Gaya; subjects or headwords in the entries had doubled, accommodating new vocabulary items originating from various fields of knowledge, such as computer studies, medicine, technology, or the sciences in general that had already been incorporated into common speech; the entire section of language relating to terms in the field of sports had also been expanded, given their extraordinary importance in current usage in the Spanish language. American expressions of a very general nature were also granted their naturalization papers, since the growing importance of these American variant forms, which have spread thanks to modern means of communication and, above all, a literature possessing amazing creative vitality in the field of language; this same principle, in an even more restrictive form, has been applied to the revision and expansion of dialectical terms in Peninsular Spanish. The number of phrases, elements of such importance, has increased considerably and at the present time they possess a certain independence as entries (*papar moscas*, to smooch around). Furthermore, notes that are relevant for clarifying all issues pertaining to different registers of speech have been added, in order to describe as precisely as possible the demarcations between the meanings of synonyms.

The headwords that possess different grammatical categories have been split (I *deber*, masculine noun, "obligation" from II *deber*, transitive verb meaning to "owe"), all of which makes consulting the reference work easier. The various definitions of words have also been separated, in order to establish the absolute equivalence of words related through synonyms of a partial nature, this being such a frequently occurring phenomenon in language.

The system established by Gili Gaya of an identification term of a general kind indicated by an asterisk and cross-referenced from specific entries has been preserved. The number of quotations and explanations originating from the great classical works in synonymy, books that are today largely inaccessible, has been increased, thereby allowing the general entries to be enriched, since the editors have always kept in mind the words of Capmany, "The proper use of words is understood more by what examples reveal than by what their definitions teach, if the latter are not precise and illustrative. The varied use to which we apply a specific meaning shall lead us to define them properly." A computerized program established the final review of all entries based on an identification term as a general term, and checked the presence of all relevant asterisks. Throughout, the editors never abandoned the stylistic ideal of sobriety that Gili Gaya followed and the need to impress upon the entries sobriety, brevity, and an almost witty style, all of which are subordinated to the search for clarity, this being the maximum achievement to which all meticulous lexicographers aspire.

The student or the teacher who is going to work with this dictionary has been ever present in our mind, since our entire work has always been based on the usefulness it possesses for users, who are the only ones that give sense to these reference works. As in the classical era, the student can consult the work to demarcate the precise meanings of a term, the differences between uses or different situations of use, as well as contextual and stylistic shades of meaning. The teacher will also find in the dictionary the basis of multiple exercises based on semantic fields and on the relationship between lexical units, whether synonyms or antonyms.

This new edition of the Diccionario de Sinónimos y Antónimos has been revised by a collaborating team (Elena Estremera, Javier Gómez, and Joan Torruella) in the Department of Spanish Philology at the Universidad Autónoma de Barcelona, all of whom are university professors with extensive experience in various aspects of the relations currently established between lexicography and computer studies. We also must thank the editing team from the Centro de Lexicografia VOX, in Málaga, for the assistance they have given us at all times by providing us with materials drawn from their lexicographical database, which has been extremely valuable for our work. All of us who have had the good fortune to collaborate on this work, thanks to an agreement between our university and the publishing company Biblograf, have had to confront the challenge of harmonizing the knowledge that the prestigious and practical discipline of Philology places within our grasp and the innovative techniques in the use of computers in the lexicographical endeavor, techniques that today are essential for handling large quantities of data and for purposes of verification, a nearly inhuman task using traditional procedures.

We wish to thank publicly the publishing house Biblograf for the confidence placed in us in order to be able to revise and update such a prestigious work that this Dictionary has become, and, at the same time, we wish to acknowledge the honor of having been able to participate, however modestly, in a work compiled by a master scholar of the stature of Don Samuel Gili Gaya.

José Manuel Blecua Perdices
Catedrátíco de Lengua Española
Universidad Autónomo de Barcelona

# Guía para consultar este diccionario

Entrada

**ábaco** *m. Tablero, numerador, tanteador.*

Categoría gramatical

**abada** *f. Bada, rinoceronte.*

**abadejo** *m.* (pez) *Bacalao.* 2 (ave) *Reyezuelo.* 3 (insecto) *Cantárida.*

Aclaraciones a la acepción

Indicación de nivel de lengua

**aciguatado, -da** *adj.* fig. *Pálido, amarillento.*

**abanarse** *prnl. Amér. Abanicarse.*

Indicación ámbito dialectal

Sinónimos

**abanderizar** *tr. Banderizar.*

**ablepsia** *f.* MED. *Ceguedad.*
**ablución** *f.* QUÍM. *Lavado.*

Indicación de especialidad

Números para separar acepciones

**abandonado, -da** *adj. Dejado, descuidado, desidioso, negligente, desamparado.* ↔ DILIGENTE, AMPARADO. 2 *Desaseado, desaliñado, sucio, ir hecho un pordiosero.* 3 *Deshabitado*, inhabitado, despoblado, desierto, yermo.* 4 *Desvalido, desamparado.*

**ceder** *intr. Someterse, doblegarse, transigir.* ↔ INSISTIR. 2 *Replegarse, cejar, aflojar, flaquear.* ↔ INSISTIR. 3 *Disminuir, aminorarse, menguar, mitigarse, cesar*.* 4 *tr. Dar, transferir, traspasar, abandonar*, obedecer*.* ↔ TOMAR, QUITAR.

Antónimos

# Guía para consultar este diccionario

**abastecer** *tr. Proveer, surtir, suministrar, aprovisionar, avituallar, municionar, pertrechar.* Los dos primeros son de carácter general; *suministrar* y *aprovisionar* se usan de ordinario, como *abastecer*, tratándose de grandes cantidades o al por mayor; *avituallar*, si se trata de víveres.

Comentarios a los sinónimos

**abdicación** *f. Dimisión, renuncia, cesión.* La *cesión* se hace en favor de alguien, lo cual no es necesario en la *renuncia*. "*Abdicación* es el acto de desprenderse de la dignidad real o soberana; *renuncia* es el abandono voluntario de un derecho; *dimisión* es la dejación de un cargo público, de un empleo o de una comisión" (M).

Citas con abreviatura del autor

Distintas entradas para los homónimos

**I alto** *m. Detención, parada.*
**II alto** *m. Altura, elevación* (del terreno). 2 *Piso, altos. Piso*, tratándose de una casa. En *Amér.*, se usa gralte. en plural para contraponer los pisos altos a la planta baja: *una casa de tres altos.* 3 *Amér. Montón.* Se usa del siguiente modo: *un alto de libros, de papeles, de fardos.*

**actualidad.** En la actualidad *loc. adv. Ahora, actualmente, hoy día, al presente, hoy en día, hoy por hoy.*

Locuciones

Remisión a entradas con comentario o cita

**acatamiento** *m. Respeto*, *sumisión, obediencia, veneración, acato.* ↔ DESOBEDIENCIA, DESACATO.

**acometida** *f. Acometimiento, ataque, asalto, agresión*, *embestida, arremetida, estrepada, arrancada, acceso.* V. acometer.

Envío a entrada

# Abreviaturas utilizadas en este diccionario

## A

| | |
|---|---|
| acep., aceps. | acepción, acepciones. |
| adj. | adjetivo. |
| adv. | adverbio. |
| adv. c. | adverbio de cantidad. |
| adv. d. | adverbio de duda. |
| adv. l. | adverbio de lugar. |
| adv. m. | adverbio de modo. |
| adv. t. | adverbio de tiempo. |
| AERON. | Aeronáutica. |
| AGR. | Agricultura. |
| Ál. | Álava. |
| ALBAÑ. | Albañilería. |
| amb. | ambiguo. |
| Amér. | América. |
| Amér. Central | América Central. |
| Amér. Merid. | América Meridional. |
| ANAT. | Anatomía. |
| And. | Andalucía. |
| anglic., angl. | anglicismo. |
| Ant. | Antillas. |
| ant., antic. | anticuado o antiguo. |
| Ar. | Aragón. |
| Argent. | Argentina. |
| ARQ. | Arqueología. |
| Ast. | Asturias. |
| ASTRON. | Astronomía. |

## B

| | |
|---|---|
| (B) | Roque Barcia, *Sinónimos castellanos* (1864). |
| BIB. | Biblia. |

| | |
|---|---|
| BIOL. | Biología. |
| BLAS. | Blasonería. |
| Bol. | Bolivia. |
| BOT. | Botánica. |
| Burg. | Burgos. |
| burl. | burlesco. |

## C

| | |
|---|---|
| (C) | José M. Gómez de la Cortina. *Dicc. de sinónimos castellanos* (1845). |
| Can. | Canarias. |
| CARP. | Carpintería. |
| Cast. | Castilla. |
| Cat. | Cataluña. |
| (Ci) | Nicasio Álvarez de Cienfuegos, *Sinónimos castellanos* (1830). |
| científ. | científico. |
| CINEM. | Cinematografía. |
| CIR. | Cirugía. |
| col. | coloquial. |
| Colomb. | Colombia. |
| com. | común. |
| COM. | Comercio. |
| conj. | conjunción. |
| conj. adv. | conjunción adversativa |
| conj. causal | conjunción causal. |
| conj. conces. | conjunción concesiva. |
| conj. final | conjunción final. |
| CONSTR. | Construcción. |
| C. Rica | Costa Rica. |
| cult. | cultismo. |

# D

| | |
|---|---|
| DEP. | Deportes. |
| DER. | Derecho. |
| desp. | despectivo. |
| desus. | desusado. |
| dial. | dialectal. |
| dic. | dícese. |
| dim. | diminutivo. |

# E

| | |
|---|---|
| *Ecuad.* | Ecuador. |
| ELECTR. | Electricidad, Electrónica. |
| en gral. | en general. |
| ESGR. | Esgrima. |
| esp. | especialmente. |
| eufem. | eufemismo. |
| expr. | expresión. |

# F

| | |
|---|---|
| *f.* | femenino. |
| fam. | familiar. |
| FARM. | Farmacia. |
| fig. | sentido figurado. |
| FIL. | Filosofía. |
| *Filip.* | Filipinas. |
| FILOL. | Filología |
| FÍS. | Física. |
| FISIOL. | Fisiología. |
| FOT. | Fotografía. |

# G

| | |
|---|---|
| *Gal.* | Galicia. |
| galic. | galicismo. |
| GEOGR. | Geografía. |
| GEOL. | Geología. |
| GEOM. | Geometría. |
| gralte. | generalmente. |
| GRAM. | Gramática. |
| *Gran.* | Granada. |

# H

| | |
|---|---|
| H. NAT. | Historia Natural. |
| *Hond.* | Honduras. |
| hum., humor. | humorístico. |

# I

| | |
|---|---|
| impers. | impersonal |
| IMPR. | Imprenta. |
| INFORM. | Informática. |
| intens. | intensivo. |
| *interj.* | interjección. |
| *intr.* | intransitivo. |
| irón. | irónico. |
| italian. | italianismo. |

# J

| | |
|---|---|
| (J) | Santiago Jonama, *Ensayo sobre la distinción de los sinónimos de la lengua* (1806). |

# L

| | |
|---|---|
| lat. | latinismo. |
| *Lev.* | Levante. |
| (LH) | José López de la Huerta, *Sinónimos castellanos* (1830). |
| LING. | Lingüística. |
| lit. | literario. |
| LITURG. | Liturgia. |
| *loc.* | locución. |
| *loc. adj.* | locución adjetiva. |
| *loc. adv.* | locución adverbial. |
| *loc. conj.* | locución conjuntiva. |
| *loc. lat.* | locución latina. |
| *loc. prep.* | locución prepositiva. |
| LÓG. | Lógica. |
| *Logr.* | Logroño. |

# M

| | |
|---|---|
| *m.* | masculino. |
| (M) | José Joaquín de Mora, *Colección de sinónimos de la lengua castellana* (1855). |
| (Ma) | José March, *Pequeña colección de sinónimos de la lengua castellana* (1834). |
| MAR. | Marina. |
| MAT. | Matemáticas. |
| MEC. | Mecánica. |
| MED. | Medicina. |
| METAL. | Metalurgia. |
| METEOR. | Meteorología. |

xix

| | |
|---|---|
| *Méx.* | México. |
| MIL. | Milicia. |
| MIN. | Minería. |
| MINERAL. | Mineralogía. |
| MIT. | Mitología. |
| MONT. | Montería. |
| *Murc.* | Murcia. |
| MÚS. | Música. |

**N**

| | |
|---|---|
| *Nav.* | Navarra. |
| neol. | neologismo. |
| *Nicar.* | Nicaragua. |

**O**

| | |
|---|---|
| (O) | Pedro María de Olivé, *Diccionario de sinónimos de la lengua castellana* (1843). |

**P**

| | |
|---|---|
| *Par.* | Paraguay. |
| pers. | persona o personal. |
| PINT. | Pintura. |
| *pl.* | plural. |
| pleb. | plebeyo. |
| poét. | poético. |
| *p. p.* | participio pasado. |
| pralte. | principalmente. |
| *prep.* | preposición. |
| *P. Rico* | Puerto Rico. |
| *prnl.* | pronominal. |
| *pron.* | pronombre. |
| *pron. indef.* | pronombre indefinido. |
| *pron. pers.* | pronombre personal. |
| *pron. rel.* | pronombre relativo. |
| p. us. | poco usado. |

**Q**

| | |
|---|---|
| QUÍM. | Química. |

**R**

| | |
|---|---|
| respect. | respectivamente. |
| RET. | Retórica. |
| rúst. | rústico. |

**S**

| | |
|---|---|
| s. | sustantivo. |
| *Sant.* | Santander. |

**T**

| | |
|---|---|
| TAUROM. | Tauromaquia. |
| TECN. | Tecnicismo. |
| TECNOL. | Tecnología. |
| TEOL. | Teología. |
| TOP. | Topografía. |
| tr. | transitivo. |

**U**

| | |
|---|---|
| *Urug.* | Uruguay. |

**V**

| | |
|---|---|
| V. | véase. |
| *Val.* | Valencia. |
| *Venez.* | Venezuela. |
| VETER. | Veterinaria. |
| vulg. | vulgar. |

**Z**

| | |
|---|---|
| ZOOL. | Zoología. |

| | |
|---|---|
| – | Entre dos abreviaturas significa que ambas son válidas. |
| * | Remite a una entrada con un comentario o cita. |

# VOX
## Diccionario
### de
# Sinónimos
### y
# Antónimos

# A

**ababa** *f.* p. us. *Amapola, ababol* (p. us.).

**ababol** *m.* p. us. *Amapola, ababa* (p. us.).

**ábaco** *m. Tablero, numerador, tanteador.*

**abada** *f. Bada, rinoceronte.*

**abadejo** *m.* (pez) *Bacalao.* 2 (ave) *Reyezuelo.* 3 (insecto) *Cantárida.*

**abadía** *f. Convento, monasterio\*, cartuja, cenobio* (lit.)*, priorato.* Los dos primeros son más generales que *abadía,* puesto que ésta se aplica propiamente al *monasterio* regido por abad o abadesa. Toda *abadía* es *convento* o *monasterio,* pero no viceversa.

**abajera** *f. Sudadera, bajera, sudadero.*

**abajo** *adv. l. Debajo.* "Aunque estos dos adverbios significan inferioridad de colocación, el primero tiene un sentido más absoluto que el segundo, y no necesita, como éste, que otra palabra lo determine. Si oigo decir *está abajo,* entiendo que el objeto a que se alude está colocado en una situación inferior a la persona que habla; mas para entender lo que significa *está debajo,* necesito saber lo que está encima... Cuando *debajo* no se refiere a un sustantivo expresado antes, requiere siempre la preposición *de,* como *debajo de la mesa, del libro,* etc." (M). ↔ ARRIBA, ENCIMA. 2 **Irse abajo** *loc. Malograrse, desaprovecharse, perderse, desperdiciarse, frustrarse, errar el golpe, naufragar en el puerto.*

**abalanzarse** *prnl. Arrojarse, lanzarse, precipitarse, acometer, arremeter\*, atacar, cerrar, embestir.* Los cinco últimos con idea de lucha.

**abaldonar** *tr. Baldonar, baldonear, injuriar, afrentar.*

**abalizamiento** *m.* AERON. y MAR. *Balizamiento.*

**abalizar** *tr.* AERON. y MAR. *Balizar.*

**abalorio** *m. Rocalla.* La *rocalla* es el *abalorio* de cuentas gruesas.

**abanarse** *prnl. Amér. Abanicarse.*

**abanderizar** *tr. Banderizar.*

**abandonado, -da** *adj. Dejado, descuidado, desidioso, negligente, desamparado.* ↔ DILIGENTE, AMPARADO. 2 *Desaseado, desaliñado, sucio, ir hecho un pordiosero.* 3 *Deshabitado\*, inhabitado, despoblado, desierto, yermo.* 4 *Desvalido, desamparado.*

**abandonar** *tr. Dejar, desamparar, desasistir, desatender, desentenderse, descuidar, ceder, renunciar, desistir, marcharse. Desamparar, desatender, desasistir,* insisten en la relación de protección o deber con respecto a lo que abandonamos. *Descuidar, ceder, renunciar* y *desistir* se refieren principalmente a nuestro interés o derecho. "*Dejar* es soltar una cosa, alejarse, separarse de ella. *Abandonar* es separarse de un objeto con el cual se tienen relaciones de interés, de afecto, de protección o de deber. Un aficionado a las artes *deja* la ciudad que habita para visitar Italia. El mal esposo *abandona* a su familia. *Dejar* puede ser una acción transitoria y temporal, y así se dice: *dejó* el coche a la puerta, *deja* ese asunto a mi cuidado, en cuyos casos puede volverse a tomar el coche y el asunto. *Abandonar* es *dejar* para siempre, como: los náufragos *abandonaron* el buque, los sitiados *abandonaron* la ciudad" (M). ↔ AMPARAR, ATENDER, CELAR, GUARDAR, CONTROLAR. 2 *prnl.* *Entregarse, darse, confiarse, dejarse llevar.* 3 *intr. Desistir, abdicar, separarse.* 4 *tr. Evacuar, desocupar, desembarazar.* 5 *prnl. Dormir, descuidarse, confiarse.* ↔ CUIDARSE.

**abandono** *m. Desamparo.* ↔ AMPARO. 2 *Cesión, dejación, renuncia, desistimiento.* ↔ DILIGENCIA. 3 *Defección*, deserción.* 4 *Dejadez, desidia, descuido, desatención, negligencia, incuria, desgobierno.* ↔ CUIDADO. 5 *Desaliño, desaseo, suciedad.*

**abanto** *m. Alimoche.*

**abaratar** *tr. Bajar, rebajar, reducir el precio, depreciar, desencarecer* (p. us.). ↔ ENCARECER.

**abarcar** *tr. Ceñir, rodear, abrazar.* 2 *Comprender, contener*, englobar, incluir, alcanzar, cubrir, ocupar, constar de.* ↔ EXCLUIR, PRESCINDIR, APARTAR, SEPARAR. 3 *Méx. Acaparar.*

**abarloar** *tr. Barloar, arrimar.*

**abarrado, -da** *adj. Barrado.*

**abarraganamiento** *m. Amancebamiento, concubinato. Abarraganamiento* acentúa el sentido despectivo y pecaminoso.

**abarraganarse** *prnl. Amancebarse, juntarse, amontonarse, entenderse, casarse por detrás de la Iglesia.*

**abarrancar** *intr.-prnl. Embarrancar, encallar, varar.*

**abarrotar** *tr. Atestar, colmar, llenar, atiborrar.* ↔ VACIAR, DESPROVEER, DESCARGAR.

**abarrotes** *m. pl. Amér. Comestibles, ultramarinos.*

**abastecedor, -ra** *adj.-s. Proveedor, aprovisionador, suministrador, abastero* (Cuba y Chile), *municionero.* Este

último es hoy desusado fuera del ejército, y aun en éste tiene un uso muy restringido. *Proveedor* puede ser en pequeñas o en grandes cantidades, en tanto que *abastecedor, aprovisionador* y *suministrador* se refieren ordinariamente al comercio al por mayor.

**abastecer** *tr. Proveer, surtir, suministrar, aprovisionar, avituallar, municionar, pertrechar.* Los dos primeros son de carácter general; *suministrar* y *aprovisionar* se usan de ordinario, como *abastecer,* tratándose de grandes cantidades o al por mayor; *avituallar,* si se trata de víveres.

**abastecimiento** *m. Abasto, provisión, aprovisionamiento, suministro, avituallamiento.* Este último, si se trata de víveres.

**abastero, -ra** *adj.-s. Cuba y Chile. Abastecedor*, proveedor, aprovisionador, suministrador, municionero.*

**abasto** *m. Abastecimiento, provisión, aprovisionamiento, suministro, avituallamiento.*

**abatanar** *tr. Enfurtir, infurtir.*

**abatido, -da** *adj.* fig. *Abyecto, bajo, vil, despreciable, ignominioso, rastrero, servil.* ↔ NOBLE. 2 *Alicaído, triste, desanimado, desalentado, decaído, aliquebrado.* 3 *Miserable.*

**abatimiento** *m. Decaimiento, desfallecimiento, agotamiento, desaliento, desánimo, postración, aplanamiento, depresión. Abatimiento* y *decaimiento* son accidentes que pueden afectar al cuerpo y al alma. *Desfallecimiento* y *agotamiento* son puramente físicos. *Desaliento* y *desánimo,* puramente morales. *Postración* y *aplanamiento* expresan con más intensidad los estados aludidos, y se aplican lo mismo a lo físico que a lo moral. ↔ ANIMACIÓN, ÁNIMO, ALIENTO. 2 *Humillación, apocamiento, rebajamiento, abyección.* ↔ NOBLEZA.

**abatir** *tr. Vencer, rebajar, humillar.* 2 *prnl. Decaer, desfallecer, agotarse, desalentarse, desanimarse, postrarse,* *aplanarse, cansarse.* "El hombre *se abate* por efecto de una enfermedad, de la vejez, o de la mala fortuna; *desfallece* cuando ha disminuido sus fuerzas y su vitalidad la enfermedad o la inedia; *se postra* cuando no tiene bastante energía para salir de alguno de aquellos tres estados" (M). V. abatimiento. ↔ LEVANTARSE, ANIMARSE. 3 *intr.* MAR. *Separarse del rumbo, derivar, davalar, devalar.*

**abdicación** *f. Dimisión, renuncia, cesión.* La *cesión* se hace en favor de alguien, lo cual no es necesario en la *renuncia.* "*Abdicación* es el acto de desprenderse de la dignidad real o soberana; *renuncia* es el abandono voluntario de un derecho; *dimisión* es la dejación de un cargo público, de un empleo o de una comisión" (M).

**abdicar** *tr. Ceder, renunciar, resignar, dimitir. Abdicar* es dejar una dignidad soberana: Carlos I *abdicó* la corona, Diocleciano *abdicó* el imperio. Se *cede* o *renuncia* un derecho, p. ej., una herencia; pero *ceder* supone alguien en favor del cual se hace la cesión. Se *dimite* o se *presenta la dimisión* de un cargo público, empleo o comisión: el gobierno *ha dimitido,* el jefe de mi oficina piensa *dimitir. Resignar* es entregar el mando o el poder a otro: ante las alteraciones del orden público, el gobernador *resignó* el mando de la provincia a la autoridad militar. 2 *intr. Desistir, separarse, abandonar.*

**abdomen** *m. Vientre, barriga, panza, tripa, andorga, bandujo, mondongo.* Los cuatro primeros son de uso general, mientras que *abdomen* se usa sólo como voz técnica. *Andorga, bandujo* y *mondongo* son términos burlescos, jocosos.

**abdominia** *f.* MED. *Glotonería, insaciabilidad, bulimia.* ↔ DESGANA, ANOREXIA.

**abducción** *f. Separación, diducción.*
**abecé** *m. Abecedario, alfabeto.*
**abecedario** *m. Alfabeto*, abecé.*
**abejar** *m. Colmenar, abejera.*

**abejarrón** *m. Abejorro.*
**abejera** *f. Colmenar, abejar.* 2 (planta) *Toronjil, melisa, cidronela.*
**abejero, -ra** *adj. Colmenero.*
**abejón** *m. Zángano.*
**abejorro** *m. Abejarrón.*
**abellacarse** *prnl. Embellacarse, embellaquecerse, envilecerse, rebajarse, encanallarse, acanallarse.* ↔ ENNOBLECERSE.
**abenuz** *m. Ébano.*
**aberración** *f. Descarrío, extravío, desvío, engaño, error, equivocación, ofuscación.* ↔ ACIERTO. 2 MED. *Degeneración.*
**aberrar** *intr. Errar, equivocarse, engañarse.* ↔ ACERTAR, ENCAMINARSE.
**abertura** *f. Hendidura, rendija, boquete, brecha, quebradura, grieta, rotura, resquicio, hendedura, resquebradura, resquebrajadura.* 2 *Apertura, comienzo, iniciación.* 3 *Franqueza.* 4 *Agujero, boca, orificio.*
**abesana** *f. Besana.*
**abético, -ca** *adj.* QUÍM. *Abiético, abietínico, sílvico.*
**abetinote** *m.* QUÍM. *Abietino.*
**abetunar** *tr. Embetunar.*
**abieldar** *tr. Beldar, bieldar, aventar.*
**abiertamente** *adv. m. Francamente, sinceramente, claramente, paladinamente, patentemente, ̦manifiestamente, sin rodeos, sin reservas, a banderas desplegadas, a la luz del sol, con el corazón en la mano.* ↔ OCULTAMENTE.
**abierto, -ta** *adj. Desembarazado, despejado, raso, llano.* 2 fig. *Sincero*, franco, claro, veraz, verídico, verdadero, sencillo, de buena fe.* ↔ CERRADO, OSCURO.
**abiético, -ca** *adj.* QUÍM. *Abético, abietínico, sílvico.*
**abietino** *m.* QUÍM. *Abetinote.*
**abigarrado, -da** *adj. Bigarrado* (p. us.)*, confuso, mezclado, heterogéneo, inconexo, chillón.* Este último, tratándose de colores. ↔ HOMOGÉNEO.
**abigotado, -da** *adj. Bigotudo.*
**abisal** *adj. Abismal.*
**abiselar** *tr. Biselar.*

**abísico, -ca** *adj. Abisal, abismal.*
**abismado, -da** *adj.* (pers.) *Absorto\*, admirado, pasmado, atónito, suspenso, maravillado, cautivado, asombrado, abstraído, ensimismado, reconcentrado.*
**abismal** *adj. Abisal.*
**abismar** *tr. Hundir, sumir, sumergir.* 2 *Confundir, abatir.* 3 *prnl. Ensimismarse, abstraerse.* Estos dos expresan con menor intensidad la idea de *abismarse.*
**abismo** *m. Sima, precipicio, despeñadero, profundidad.* 2 *Infierno, averno.*
**abjuración** *f. Apostasía, retractación, renunciación, felonía, traición.*
**abjurar** *tr. Apostatar\*, renegar, retractarse, convertirse, donde dije digo, dije Diego. Abjurar* es renovar el juramento religioso o la profesión de fe, y p. ext., la doctrina, partido, etc., que se profesa; *retractarse* tiene el mismo sentido, pero supone una declaración expresa y se extiende, además, a cualquier cosa que anteriormente se haya dicho o prometido. *Apostatar* y *renegar* significan abandonar la religión o doctrina que se profesa. *Apostata* una persona importante, como el emperador Juliano; *reniega* el hombre corriente que cambia de religión, como los *renegados* cristianos que en Africa se pasaban al islamismo. *Convertirse* tiene matiz apreciativo, y se usa desde el punto de vista de la religión o doctrina que profesamos *(los misioneros hicieron convertirse al cristianismo a millares de indios)*, en tanto que *apostatar* y *renegar* implican desestimación u hostilidad por parte del que habla.
**ablactación** *f.* MED. *Destete, apogalactia* (MED.), *apolactancia* (MED.), *delactación* (MED.).
**ablandar** *tr.-prnl. Suavizar, blandear, emblandecer, enmollecer, reblandecer, lentecer, relentecer.* Los tres primeros son generales; los restantes tienen un significado material. ↔ ENDURECER. 2 *Mitigar, templar.* Éstos se refieren al tiempo. 3 *Laxar, molificar* (MED.). Éstos, cuando se trata del vientre. 4 fig. *Desenfadar, desencolerizar, desenojar, enternecer, conmover.* ↔ ENFADARSE.
**ablepsia** *f.* MED. *Ceguedad.*
**ablución** *f.* QUÍM. *Lavado.*
**abluente** *adj.-m. Detersivo, detersorio, detergente.*
**abnegación** *f. Generosidad, desinterés\*, desprendimiento\*, altruismo. Abnegación* es una forma más elevada; se emplea sobre todo tratándose del sacrificio de la voluntad, de los afectos o de la conveniencia propia. ↔ EGOÍSMO.
**abobado, -da** *adj.-s. Babieca, bobo, simple, bobalicón, papanatas, pazguato, tontaina.* ↔ LISTO.
**abobar** *tr.-prnl. Embobar, atontar, llenar la cabeza de humo.* ↔ DESPABILAR.
**abocardadora** *f.* METAL. *Mandriladora.*
**abocardo** *m. Alegra.*
**abocetar** *tr. Bosquejar.*
**abochornado, -da** *adj. Caliginoso, bochornoso.*
**abochornar** *tr. Abroncar, avergonzar, enfadar.* 2 *prnl. Avergonzar, sonrojar, ruborizar, sofocar, correr.*
**abogadillo** *m. desp. Abogado del diablo, leguleyo, picapleitos, rábula.* Todos ellos son despectivos. V. abogado.
**abogado** *m. Letrado, licenciado* (Amér.), *vocero* (ant.), *jurista, jurisperito, legista, jurisconsulto, abogadillo* (desp.), *leguleyo* (desp.), *picapleitos* (desp.), *rábula* (desp.), *abogado del diablo* (desp.), *legisperito. Jurista, jurisperito, legista* y *jurisconsulto* son denominaciones estimativas y se aplican, esp. *jurisconsulto,* al que interpreta el derecho o determina el sentido de la ley. 2 *Intercesor, medianero, mediador, defensor, patrocinador, defensor de causas pobres.* 3 **Ser abogado de secano** *loc. Ser incapaz, ser inepto, ser inhábil, ser torpe, ser incompetente, ser ignorante, ser un cero a la izquierda.*
**abogar** *tr. Interceder, mediar, defender, patrocinar.*

**abolir** *tr.* *Abrogar* (p. us.*)*, *derogar, revocar, casar, cancelar, rescindir, suprimir, anular\**. *Abolir* es el más gral., puesto que puede *abolirse* no sólo una ley, orden, convenio, etc., sino también una costumbre, moda, etiqueta. Pero por ser verbo defectivo, se le sustituye a menudo por verbos de significación más extensa (*anular, suprimir*) o por los de acepciones particulares adecuadas, como los que le siguen. *Abrogar* y *derogar* son términos exclusivamente legales, y su ejecución compete al legislador. En *revocar* predomina el matiz de dejar sin efecto una orden, disposición, etc., por voluntad del mismo que la dictó, o de un superior suyo: el padre *revocó* su testamento; el ingeniero *ha revocado* las disposiciones del capataz. *Casar* es término judicial e indica anulación de una resolución o sentencia por un tribunal superior. *Cancelar* es extinguir una obligación, esp. una deuda: *cancelar* una hipoteca. *Rescindir* es anular un contrato.↔ INSTITUIR, AUTORIZAR.

**abolladura** *f. Bollo.*

**abominable** *adj. Detestable, execrable, aborrecible, odioso.* "Estas tres voces se usan (...) para designar los diversos grados de exceso de una cosa más mala; y en este caso *abominable* dice más que *detestable*; y *execrable*, más que *abominable*" (Ci). Sin embargo, la estimación de la intensidad relativa de estos tres adjetivos no parece hoy tan clara, y depende más bien del que los emplea. *Execrable* alude sobre todo a lo moral y religioso: una doctrina *execrable*, ejemplos *execrables*; en tanto que *abominable* y *detestable* pueden calificar también a lo material: una comida *detestable* o *abominable*, un poema *detestable* o *abominable*, con más intensidad en el segundo de ambos adjetivos. *Aborrecible* y *odioso* tienen sentido más general. ↔ AMABLE.

**abominación** *f. Aversión\*, aborrecimiento, odio, execración.* V. aborrecer.

**abominar** *tr. Condenar, maldecir, derrenegar, decir pestes, execrar.* Todos ellos en orden de intensidad. 2 *Detestar, odiar, aborrecer\**. ↔ AMAR.

**abonanzar** *intr. Serenarse, despejarse, calmarse, aclararse, abrir, mejorar, desencapotarse, escampar.* ↔ ABORRASCARSE, OSCURECER.

**abonar** *tr. Acreditar, asegurar.* 2 *Salir fiador, responder por uno.* 3 *Fertilizar.* 4 *Pagar.* 5 *Tomar en cuenta, asentar en el haber, acreditar, adatar* (ant.), *datar* (ant.).

**abono** *m. Fertilizante.* 2 COM. *Asiento en el haber.* 3 *Pago, pase de libre circulación.* ↔ ADEUDO (COM.). 4 DEP. *Forfait* (galic.). *Forfait* es usado principalmente en el esquí.

**abonuco** *m. Babunuco, babonuco.*

**abordar** *tr.* MAR. *Chocar, aportar, atracar.* 2 *Emprender, plantear.*

**aborigen** *adj.-com. Autóctono, indígena, originario, natural, nativo. Autóctono* sólo suele emplearse como adj. raza *autóctona*. *Indígena* se aplica a pueblos de civilización primitiva. *Originario, vernáculo, natural* y *nativo*, por tener otras acepciones, no indican con tanta exactitud la idea de *aborigen.* ↔ ALIENÍGENA.

**aborrascarse** *prnl. Oscurecerse, encapotarse, cargarse, cubrirse, nublarse. Aborrascarse* se siente gralte. como más intenso, tanto si se trata del tiempo como en sus acepciones figuradas. ↔ ABONANZARSE.

**aborrecer** *tr. Odiar, detestar, abominar, execrar, tomarla con uno, tener entre ceja y ceja, mirar con malos ojos.* "El acto de *aborrecer* supone un sentimiento más pasajero y espontáneo que *odiar*. El primer verbo se aplica más comúnmente a las cosas, y el segundo a las personas. El enfermo *aborrece* la medicina de mal sabor; el ingrato *odia* al que le favorece. En el *aborrecimiento* hay algo de antipatía física; en el *odio* puede haber una idea moral. Horacio *odiaba* al vulgo profano. *Odiemos* el delito; pero no *aborrezcamos* al delincuente. El *odio* dura más y es más intenso que el *aborrecimiento*; por esto no decimos *aborrecimientos*, sino *odios* reconcentrados" (M). "Se *aborrece* todo aquello que no se puede sufrir y que es objeto de antipatía. Se *detesta* lo que se desaprueba y se condena" (Ma). ↔ APRECIAR. 2 *Aburrir, fastidiar, hastiar.* ↔ DISTRAER.

**aborrecible** *adj. Abominable\*, detestable, execrable, odioso.* ↔ AMABLE.

**aborrecimiento** *m. Odio\*, rencor, aversión\*, repugnancia, antipatía, execración, abominación.* V. aborrecer. ↔ APRECIO.

**abortar** *intr.-tr. Malparir, mover, amover.* 2 fig. *Fracasar, malograrse, frustrarse.*

**aborto** *m. Parto prematuro, abortamiento, malparto.* 2 *Fracaso, malogro, frustración.*

**abotagado, -da** *adj. Abuhado, hinchado.*

**abotagamiento** *m. Hinchazón* (esp. de la cara).

**abotonador** *m. Abrochador.*

**abovedar** *tr.* ARQ. *Embovedar.*

**aboyado, -da** *adj. Baciforme.*

**abra** *f. Ensenada.*

**abrasador, -ra** *adj. Ardiente, caliente, cálido, caluroso, agostador, tórrido, acalorado. Abrasador* y *ardiente* son intensivos de *caliente.* Si se trata del clima o del tiempo, intensifican igualmente la significación de *cálido, caluroso* y expresan idea semejante a la de *tórrido* y *agostador.* Pueden aplicarse todos (con excepción de *tórrido*), en sentido fig., a los afectos y pasiones. *Acalorado* se usa sólo en este sentido figurado.

**abrasar** *tr. Quemar.* 2 *Quemar, secar, agostar, marchitar.* Todos ellos, tratándose de plantas. 3 *Enardecer, encender, acalorar.* Éstos, tratándose del ánimo o de las pasiones.

**abrazadera** *f.* IMPR. *Corchete.* 2 *Cántamo* (MAR.), armella.

**abrazar** *tr. Ceñir, rodear, abarcar.* 2 *Contener\*, comprender, incluir, abarcar, constar de.* 3 fig. *Seguir* (fig.), *adoptar* (fig.). Ambos tratándose de una religión, doctrina, partido o profesión.

**abrecartas** *m. Abridor de sobres.*

**ábrego** *m. Ábrigo, áfrico.*

**abrevar** *tr.* CONSTR. *Amerar.*

**abreviado, -da** *adj. Sumario, breve, sucinto, resumido.*

**abreviar** *tr. Acortar, reducir, cortar por lo sano, saltárselo a la torera. Acortar* y *reducir* pueden referirse al tiempo, al espacio o a la cantidad: se *abrevia* un escrito; se *acorta* una falda; se *reducen* los precios. ↔ ALARGAR, AMPLIAR. 2 *Acelerar, apresurar, aligerar.* Se refieren al tiempo, a la duración. 3 *Extractar, resumir\*, compendiar.* Los dos últimos referidos a discursos, doctrinas, libros, etc. "Se *abrevia* cortando, suprimiendo, mutilando un período, un discurso, una explicación. Se *compendia* reduciendo a pocas palabras su contenido" (M). ↔ AMPLIAR.

**abreviatura** *f. Sigla, cifra, monograma.* Entre paleógrafos y bibliógrafos se llama gralte. *sigla* la letra inicial (*A.* = "*año*") o cualquier signo usado como *abreviatura.*

**abrigar** *tr. Tapar, cubrir, arropar.* 2 *Resguardar, proteger, cobijar, amparar.*

**abrigo** *m. Gabán, sobretodo.* Ambos son prendas masculinas. 2 *Amparo, resguardo, refugio, protección, defensa, reparo.* ↔ DESABRIGO, DESAMPARO. 3 DEP. *Albergue.* Usados en el montañismo y en la náutica.

**ábrigo** *m. Ábrego* (viento).

**abrillantar** *tr. Pulir, pulimentar, bruñir, dar brillo.*

**abrir** *tr. Descubrir, destapar.* P. ej., *abrir* una caja, un bote. ↔ CERRAR, TAPAR. 2 *Hender, rajar, taladrar, agrietar, cuartear, rasgar.* 3 *Extender, desplegar, separar.* P. ej., *abrir* un abani-

co, un paraguas. ↔ PLEGAR. **4** *Iniciar, inaugurar, comenzar.* P. ej., *se abre la sesión, la subasta, la temporada de un balneario.* ↔ CERRAR, CLAUSURAR. **5** *intr. Serenarse, aclararse, despejarse, abonanzar, escampar* (el nublado). Todos ellos tratándose del tiempo.
**abrochador** *m. Abotonador.*
**abrogar** *tr. Abolir, revocar.*
**abroncar** *tr. Avergonzar, abochornar, enfadar.*
**abrosia** *f.* MED. *Ayuno.*
**abrótano** *m. Boja* (planta), *botija, brótano, incienso, hierba lombriguera, guardarropa, hierba guardarropa.*
**abrumado, -da** *adj. Atrabajado, trabajado.*
**abrumar** *tr.-prnl. Agobiar, atosigar, molestar, fastidiar, hastiar, aburrir, importunar, cansar, poner una losa de plomo, dar la lata, poner los nervios de punta, dejar para el arrastre. Abrumar, agobiar* y *atosigar* son de significación más intensa.
**abrupto, -ta** *adj. Escarpado, quebrado, escabroso, áspero, fragoso, accidentado.* ↔ SUAVE.
**absceso** *m. Tumor, apostema, llaga, úlcera.* Los dos últimos, si el *absceso* está abierto.
**abscisión** *f.* CIR. *Escisión.*
**absentismo** *m. Ausentismo* (menos usado).
**absolución** *f. Perdón*, remisión.*
**absolutamente** *adv. m. Simplemente, sin condición.*
**absolutismo** *m. Poder absoluto, despotismo, tiranía, autoritarismo, totalitarismo, arbitrariedad.* El *despotismo* y la *tiranía* tienen sentido peyorativo y sugieren el abuso del *absolutismo.* Modernamente se emplean también *autoritarismo* y *totalitarismo;* éste se aplica para designar ciertos regímenes políticos como el fascismo, el nacionalsocialismo y otros semejantes. *Arbitrariedad* se usa, además, fuera de la política, cuando se trata de la conducta o modo de proceder de una persona.

**absoluto, -ta** *adj. Arbitrario, despótico, tiránico, dictatorial, autoritario, imperioso, dominante, abusivo.* Los dos últimos se usan para calificar hechos, conductas y caracteres, pero no regímenes políticos: *mi hermano tiene un carácter dominante;* recibieron una orden redactada en términos *imperiosos.* ↔ RELATIVO, COMPRENSIVO, CONDESCENDIENTE. **2** *Incondicional.* ↔ LIMITADO, RELATIVO, DESLEAL.
**absolver** *tr. Perdonar, remitir, eximir, exculpar, desligar, dispensar, dejar en franquía, relevar.* ↔ CONDENAR, OBLIGAR.
**absorber** *tr. Aspirar, chupar.* **2** *Embeber, empapar.* **3** fig. *Atraer, cautivar, hechizar.*
**absorto, -ta** *adj. Admirado, pasmado, atónito, suspenso, maravillado, cautivado, asombrado, abismado, abstraído, ensimismado, reconcentrado.* Estos cuatro últimos, al igual que *absorto,* aluden sobre todo a estados que nacen en la persona misma, como los producidos por el estudio o la meditación; los demás adjetivos sugieren más bien una causa o agente exterior, tales como un espectáculo, noticia, suceso, etc.
**abstención** *f. Abstinencia, privación.*
**abstenerse** *prnl. Privarse, inhibirse, hacerse el distraído, hacerse el loco. Inhibirse* es término docto que se usa poco fuera del lenguaje judicial y filosófico. "Nos *privamos* de lo propio; nos *abstenemos* de lo que está en nuestros alcances. El buen padre se *abstiene* de ir al teatro por asistir a su hijo enfermo; el hombre caritativo se *priva* de lo que tiene por socorrer al pobre. La prudencia nos aconseja *abstenernos* de gastos superfluos; pero no *privarnos* de lo necesario ni de lo útil. Me *abstengo* de calificar tu conducta; pero no me *privo* del derecho de juzgarla más adelante. El acto de *privarse* es más penoso que el de *abstenerse. Privarse* se usa más frecuen-

abstergente

temente con nombres, y *abstenerse* con verbos" (M). 2 *Reservarse.*
**abstergente** *adj.-m.* MED. *Purgante.*
**abstinencia** *f. Privación, abstención.* 2 *Templanza*, temperancia, frugalidad*, morigeración, sobriedad, mesura, moderación, continencia, parquedad.*
**abstraerse** *prnl. Ensimismarse, reconcentrarse, absorberse.* ↔ DISIPARSE, DISTRAERSE.
**abstruso, -sa** *adj. Recóndito, incomprensible, profundo, difícil.* ↔ CLARO.
**absurdo** *m. Disparate*, desatino, dislate, falsedad.*
**absurdo, -da** *adj. Ilógico, disparatado, irracional, desatinado.* ↔ RAZONABLE, POSIBLE, RACIONAL, ATINADO, LÓGICO. 2 *Extravagante, estrafalario.*
**abubilla** *f. Upupa.*
**abuchear** *intr. Pitar, silbar.* ↔ APLAUDIR, APROBAR.
**abucheo** *m. Grita, bronca.* ↔ APLAUSO.
**abuelos** *m. pl. Ascendientes*, antepasados, antecesores.*
**abuhado, -da** *adj. Hinchado, abotagado.*
**abultado, -da** *adj. Grueso*, voluminoso, rebultado, turgente, hinchado.* ↔ LISO, ENJUTO, DESHINCHADO. 2 *fig. Exagerado, extremado, hiperbólico.* Éstos, tratándose de noticias, relatos, etc.
**abultar** *tr. fig. Exagerar, extremar, ponderar, encarecer, hinchar.* P. ej., una notica, relato, alabanza, etc. ↔ ALISAR, ADELGAZAR, DISMINUIR.
**abundancia** *f. Copia, gran cantidad, sobreabundancia, superabundancia, plétora, profusión, derroche.* Los cuatro últimos, cuando la *abundancia* es muy grande. ↔ ESCASEZ. 2 *Bienestar, holgura, riqueza.* ↔ CARENCIA, POBREZA. 3 **En abundancia** *loc. adv. A porrillo, abundantemente, copiosamente, profusamente.*
**abundante** *adj. Copioso, numeroso.* 2 *Rico, fértil*, fecundo, exuberante, opimo, pingüe, opulento*, ubérrimo.* 3 MED. *Concentrado.* Aplícase a los medicamentos.

**abundar** *intr. Pulular, multiplicarse.* ↔ ESCASEAR.
**abur** *interj. Agur, adiós.*
**aburrición** *f. Amér. Antipatía, odio.*
**aburrimiento** *m. Fastidio, hastío, cansancio, tedio, esplín*.*
**aburrir** *tr.-prnl. Molestar, cansar*, fastidiar, hastiar.* Los dos primeros son de aplicación muy general. El verbo *fastidiar* se ha cargado de matices que eran propios de *aburrir*, aproximando algo más el sentido de ambos; p. ej.: nos *aburre* o *fastidia* la suerte adversa o una enfermedad. *Fastidiar* es algo más molesto que *hastiar*, el cual significa cansar la paciencia. Hay, pues, una gradación de intensidad creciente en *hastiar-fastidiar-aburrir*. Por su parte, *aburrir* ha acercado su significado al de *hastiar*: nos *aburrimos* o *hastiamos* de oír un largo discurso sin interés, de una conversación sosa y prolongada o de no tener nada que hacer. Las expresiones *aburrido como una ostra* y *solo como un hongo* son comunes en el habla. ↔ DIVERTIR.
**abusar** *intr. Excederse, extralimitarse, atropellar, forzar, violar, alzarse con el santo y la limosna.* Los cuatro últimos, con más intensidad. ↔ MODERAR, CONTENER, REPRIMIR.
**abusivo, -va** *adj. Despótico, absoluto*, tiránico, arbitrario.*
**abuso** *m. Exceso, extralimitación, demasía.* ↔ ESCASEZ, CARENCIA. 2 *Tiranía, despotismo, opresión, arbitrariedad, atropello, tropelía, desafuero, desmán.* ↔ LIBERALISMO, JUSTICIA. 3 *Licencia, osadía, atrevimiento, desenfreno, libertinaje.* ↔ CONTINENCIA.
**abyección** *f. Bajeza, envilecimiento, servilismo, humillación, abatimiento, rebajamiento, apocamiento.* ↔ NOBLEZA.
**abyecto, -ta** *adj. Bajo, vil, despreciable, ignominioso, rastrero, servil, abatido, humillado.* ↔ NOBLE.
**acá** *adv. l. Aquí.* Ambos indican el lugar donde se halla el que habla, con la diferencia de que la localización

expresada por *acá* es menos determinada y circunscrita que la que denota *aquí*. "La expresión *ven acá* no tiene el mismo sentido que *ven aquí*. En el primer caso no se hace más que llamar al que está lejos; en el segundo se le manda colocarse en un punto determinado. Por esta razón, si queremos que la persona a quien nos dirigimos ocupe un lugar señalado no le decimos *ponte acá*, sino *ponte aquí*" (M). ↔ ALLÁ, ALLÍ. 2 *adv. t. Aquí.* Como expresión de tiempo, *acá* y *aquí* denotan el presente: *acá* como término de una acción que se inicia en el pasado: *desde entonces acá, de ayer acá.* Por el contrario, *aquí* se usa con preferencia para señalar el comienzo de una acción futura: *de aquí a tres semanas; desde aquí en adelante.* No cabría en estos dos ejemplos sustituir *aquí* por *acá*. El presente que indica *aquí* es mucho más preciso y determinado que el de *acá*. ↔ ALLÁ, ALLÍ.

**acabado, -da** *adj. Perfecto, consumado, completo*\*. 2 *fig. Gastado, destruido, malparado, consumido, agotado, exhausto, viejo, estropeado, ajado, deslucido, ruinoso, arruinado.* 3 *adj.-s. Muerto, terminado, inactivo.*

**acabadora** *f.* TECNOL. *Tundidora* (máquina).

**acaballadero** *m. Parada, puesto.*

**acabamiento** *m. Término, fin, conclusión.* 2 *Muerte.* 3 *Desgaste, ruina, agotamiento.*

**acabar** *tr. Terminar, concluir, finalizar.* 2 *Ultimar, rematar, perfeccionar, pulir, dar el golpe de gracia.* 3 *Consumir, agotar, apurar, gastar.* 4 *intr. fig. Morir, extinguirse, fallecer, fenecer, irse al otro mundo, salir de las últimas, estirar la pata* (fam.). ↔ EMPEZAR, INICIAR, PRINCIPIAR. 5 *tr.* eufem. *Matar.*

**acaecer** *intr. Suceder, ocurrir, pasar*\*, *acontecer.* Este último, junto con *acaecer* son voces escogidas, de uso principalmente literario.

**acaecimiento** *m. Acontecimiento, suceso, sucedido, hecho, caso.*

**acalenturado, -da** *adj. Amér. Febril.*

**acallar** *tr. Aplacar*\*, *aquietar, calmar, callantar* (p. us.).

**acalorado, -da** *adj. Abrasador*\*, *ardiente, caliente, cálido, caluroso*\*, *agostador, tórrido.* ↔ FRÍO, GÉLIDO. 2 *fig. Animado, agitado, excitado.* ↔ APACIGUADO, TRANQUILO.

**acaloramiento** *m. Ardor, sofocación, fatiga.* 2 *fig. Enardecimiento, exaltación, entusiasmo.* 3 MED. *Insolación, termoplejía.*

**acalorar** *prnl. Calentar, asarse vivo, freírse de calor, sentir calor, abrasar.* ↔ ENFRIARSE. 2 *tr.-prnl. fig. Enardecer, entusiasmar, exaltar, encender, enfervorizar.* ↔ ENFRIARSE. 3 *prnl. Irritarse, enfadarse, encolerizarse, cabrearse* (vulg.). ↔ TRANQUILIZARSE, APACIGUARSE.

**acampada** *f. Acampamiento, camping.*

**acampamiento** *m. Acampada, camping. Acampada* y *acampamiento* sustituyen con ventaja al anglicismo *camping.* Sin embargo, la palabra *camping* es de uso universal, y las leyes y reglamentos internacionales prescriben que debe emplearse obligatoriamente en los postes indicadores de todos los países, sin perjuicio de que se pueda poner junto a *camping* la palabra que le corresponda en la lengua de cada país.

**acampanado, -da** *adj. Campaniforme.*

**acampo** *m. Dehesa.*

**acanalar** *tr. Estriar, rayar.*

**acanallarse** *prnl. Abellacarse, embellacarse, embellaquecerse, envilecerse, rebajarse, encanallarse.* ↔ ENNOBLECERSE.

**acaparamiento** *m. Acopio*\*, *acopiamiento, acumulación, almacenamiento, provisión, depósito.*

**acaparar** *tr. Acumular, retener, almacenar, monopolizar, estancar* (ant.), *abarcar* (Méx.). ↔ ENTREGAR, SOLTAR.

**acarar** *tr. Encarar, carear.*

**acardenalado, -da** *adj. Lívido, amoratado.*

**acariciar** *tr. Halagar, mimar.*
**acarpia** *f.* MED. *Esterilidad.*
**acarrear** *tr. Transportar, portear, conducir.* 2 fig. *Ocasionar, causar.*
**acarreo** *m. Transporte, porte, conducción.* 2 INFORM. *Arrastre.*
**I acaso** *m. Casualidad*, azar.*
**II acaso** *adv. d. Quizá, tal vez.*
**acatamiento** *m. Respeto*, sumisión, obediencia, veneración, acato.* ↔ DESOBEDIENCIA, DESACATO.
**acatar** *tr. Respetar, venerar, reverenciar.* 2 *Obedecer*, someterse.* ↔ DESACATAR.
**acatarrado, -da** *adj. Resfriado, constipado.*
**acatexia** *f.* MED. *Incontinencia.*
**acato** *m. Acatamiento, respeto, sumisión, obediencia, veneración.* ↔ DESOBEDIENCIA, DESACATO.
**acaudalado, -da** *adj. Adinerado, pudiente, rico*, opulento. Los dos últimos pueden aplicarse a personas y cosas: un propietario *rico, opulento* o una comarca *rica, opulenta.* Los demás adjetivos sólo se aplican a personas: un banquero *acaudalado, adinerado, pudiente.* ↔ POBRE, ARRUINADO.
**acaudalar** *tr. Atesorar, enriquecerse, acumular.*
**acaudillar** *tr. Conducir, guiar, dirigir, mandar, capitanear.*
**acautelarse** *prnl. Cautelarse, desconfiar, precaverse.*
**acceder** *intr. Consentir, condescender, permitir*, autorizar.* 2 *Convenir, ceder, aceptar, conformarse, estar de acuerdo, deponer las exigencias.* ↔ REHUSAR.
**accesible** *adj. Alcanzable, asequible, transitable.* Todos ellos, tratándose de lugares. ↔ INACCESIBLE. 2 *Comprensible, inteligible.* 3 *Tratable, llano, sencillo, franco.* Éstos, aplicados a personas.
**accesión** *f. Ataque*, acceso, accidente, cubrimiento, soponcio, patatús.*
**acceso** *m. Entrada, paso, camino, acercamiento.* 2 *Ataque, acometimiento.* P. ej.: un *acceso* de tos, de celos.
**accesorio, -ria** *adj. Accidental, secundario.* ↔ FUNDAMENTAL, PRINCIPAL, PRIMARIO.
**accidentado, -da** *adj. Turbado, agitado.* 2 *Quebrado, fragoso, áspero, escabroso, abrupto.* Todos ellos, tratándose de un terreno, paisaje, etc. 3 *Revuelto, borrascoso.* Éstos, cuando significa pródigo en accidentes, sucesos o percances; p. ej.: vidas *accidentadas,* viaje *accidentado.*
**accidental** *adj. Secundario, contingente, incidental, eventual*, casual, fortuito.* 2 *Interino*, provisional, transitorio.* P. ej.: domicilio *accidental,* secretario *accidental.* ↔ ESENCIAL.
**accidentalmente** *adv. m. Por incidencia, incidentalmente, incidentemente, eventualmente.* 2 *Secundariamente.* 3 *Interinamente, provisionalmente.*
**accidentarse** *prnl. Desmayarse, desvanecerse.*
**accidente** *m.* FIL. *Eventualidad, contingencia, casualidad*.* ↔ ESENCIA. 2 *Contratiempo, percance, peripecia, emergencia.* 3 *Desmayo, vahído, vértigo, congoja, soponcio, patatús, ataque*, acceso, accesión, cubrimiento.*
**acción** *f. Acto, hecho, actuación*.* "La *acción* y el *acto* son *hechos;* pero no todo *hecho* es *acto* ni *acción,* porque hay *hechos* que no dependen de la voluntad del hombre, como la caída y el incendio. La *acción* es un *hecho* más complicado, más duradero, más dependiente de la intención el *acto.* Hecho, como sinónimo de las otras voces, significa una *acción* notable, como cuando decimos: los *hechos* ilustres de nuestros antepasados. La diferencia entre estas tres palabras y entre las dos significaciones de *hecho* se manifiesta en el ej. siguiente: 'Referiré el *hecho* como pasó. En el *acto* de firmar conoció que cometía una mala *acción.* Firmó, sin embargo, y éste no será un *hecho* honorífico de su memoria'" (M). La *actuación* es una *acción* prolongada o repetida, como cuando se habla de la *actuación* de un gerente o de la junta directiva de una

**aceptación**

sociedad. 2 MIL. *Combate\*, batalla, encuentro, escaramuza.* 3 *Movimiento, gesto, además.*

**accionador** *m.* INFORM. *Actuador, activador, servomotor, brazo de lectura* (en la unidad de disco).

**acebadamiento** *m. Encebadamiento.*

**acebo** *m. Agrifolio, aquifolio.*

**acebolladura** *f. Colaina.*

**acebuche** *m. Oleastro, zambullo.*

**acechanza** *f. Acecho, espionaje.*

**acechar** *tr. Espiar, vigilar, atisbar, observar, estar al husmo, quedar entre bastidores, seguir los pasos.* 2 *Asechar, trasechar, avizorar, recechar* (MONT.).

**aceche** *m. Caparrosa, acije, alcaparrosa.*

**acecho** *m. Acechanza, espionaje, rececho* (MONT.).

**acedar** *tr.-prnl. Agriar\*, revenirse, volverse, torcerse, apuntarse, avinagrar, acidificar* (tecn.), *acidular* (tecn.). 2 fig. *Disgustar, desazonar, poner los nervios de punta.*

**acedera** *f. Agrilla, vinagrera.*

**acederaque** *m. Cinamomo.*

**acedía** *f.* (pez) *Platija.* 2 (de estómago) *Acidez, hiperclorhidria* (MED.), *agriera* (Amér.).

**acedo, -da** *adj. Agrio, ácido.*

**aceite** *m. Óleo.* 2 **Aceite de vitriolo** *ácido sulfúrico.*

**aceitera** *f. Alcuza.*

**aceitoso, -sa** *adj. Oleaginoso* (TECN.), *untuoso, graso, grasiento, oleoso, oleario, lardoso, pringoso, empringado. Oleaginoso* se dice del fruto o planta que contiene aceite. *Aceitoso, untuoso, graso, grasiento,* cubierto o untado con aceite. *Oleoso* puede usarse en ambos significados. *Oleario* es latinismo docto poco usado.

**aceituna** *f. Oliva.*

**aceleración** *f. Prontitud, velocidad, rapidez, presteza, diligencia, actividad.* ↔ LENTITUD, PEREZA. 2 fig. *Precipitación, prisa, apresuramiento, atolondramiento.* ↔ PARSIMONIA.

**aceleradamente** *adv. m. Aprisa\*,*

pronto, de prisa, rápidamente, prontamente.

**acelerado, -da** *adj. Pronto, veloz, rápido, presto, ligero.*

**acelerar** *tr. Apresurar, activar, avivar, aligerar, precipitar, apurar. Se acelera* principalmente el movimiento de las máquinas aumentando su velocidad; se *acelera* o aumenta la rapidez de un proceso químico o biológico mediante la intervención de ciertos factores. No diremos, sin embargo, que se *acelera* a una persona o animal para que anden o ejecuten pronto determinados actos o movimientos, sino que se les *apresura, aviva* o *apura. Se activan* o *aligeran* los negocios, actos u operaciones. *Precipitar* tiene a menudo el sentido de anticipar o apresurar con exceso la ejecución o terminación de un hecho. ↔ RETARDAR.

**acendrado, -da** *adj. Puro, depurado, impecable, acrisolado, subido, fino.*

**acendrar** *tr. Limpiar, depurar, purificar, acrisolar, quintaesenciar.* ↔ ENSUCIAR, IMPURIFICAR.

**acento** *m. Deje, dejillo, dejo, tono, tonillo, entonación.*

**acentuado, -da** *adj. Tónico* (GRAM.).

**acentuar** *tr. Recalcar, marcar, insistir, hacer resaltar, hacer hincapié, destacar, subrayar, realzar.* 2 *prnl. Tomar cuerpo, aumentar.*

**aceña** *f.* AGR. *Azud.*

**acepción** *f. Significación\*, sentido, significado.*

**acepilladura** *f. Viruta.*

**aceptable** *adj. Admisible, pasable, pasadero, tolerable. Aceptable* y *admisible* implican más o menos la idea de voluntad o agrado. Se emplean los demás adjetivos cuando esta idea se atenúa y se le añade alguna reserva. ↔ INACEPTABLE, INADMISBLE.

**aceptación** *f. Tolerancia, admisión, acogida, aprobación, aplauso, éxito, boga.* Estos en gradación ascendente. ↔ RECHAZO. 2 *Adhesión, aprobación, consentimiento, asenso.* ↔ ENEMISTAD.

**aceptado, -da** *adj. Dado\*, concedido, supuesto, admitido.*

**aceptar** *tr. Admitir, tomar, recibir\*.* Aceptar es recibir voluntariamente y con agrado lo que se nos ofrece o encarga. Admitir denota consentimiento o permiso. Decimos, p. ej., que un alumno ha sido *admitido* en una escuela, pero no que ha sido *aceptado.* Tomar y recibir no incluyen matiz especial. "El acto de *recibir* produce posesión; el acto de *aceptar* produce propiedad. *Recibo* lo que no es para mí; lo que debo restituir o entregar a otro; pero lo que *acepto* queda en mi poder y es mío. Para *aceptar* se necesita un acto de voluntad; pero se *recibe* sin querer, por casualidad y, a veces, por fuerza. Por esto se dice que se *recibe,* pero no que se *acepta* una carta; que se *recibe* una mala noticia; pero se *aceptan* las ofertas y convites. Se puede *recibir* un regalo y devolverlo porque no se *acepta"* (M). 2 *Comprometerse, obligarse.* P. ej. tratándose de una comisión o del pago de una letra. ↔ NEGAR, RECHAZAR. 3 INFORM. *Reconocer.*

**acepto, -ta** *adj. Agradable\*, grato, admitido con gusto.*

**acequia** *f.* AGR. *Agüera.*

**acera** *f. Amér. Vereda, senda, sendero.*

**acerado, -da** *adj.* fig. *Incisivo, mordaz, penetrante.*

**acerbo, -ba** *adj. Áspero.* 2 fig. *Desapacible, cruel, riguroso, doloroso.*

**acerca de** *loc. prep. Sobre, respecto a, referente a.* "*Acerca de* y *respecto a...* se usan con verbos que significan operación intelectual o ejercicio de la palabra, como pensar, meditar, hablar, disputar *acerca de* o *con respecto a* tal asunto; pero *acerca de* no se usa sino con esta clase de verbos, y *con respecto a* se emplea con los que significan operación, conducta y colocación, como las disposiciones del testador *con respecto a* sus hijos; la conducta de Cicerón *con respecto a* Octavio; la colocación de tal punto geográfico *con*

respecto *a* tal otro. *Acerca de* es a veces sinónimo de *sobre,* como: *acerca de* o *sobre* los sucesos de la guerra" (M).

**acercamiento** *m. Aproximación, apareamiento* (en la hípica).

**acercar** *tr. Aproximar, arrimar.* El uso de *acercar* o *aproximar* no señala diferencias de sentido, sino más bien diferencias de estilo. Con todo, *aproximar,* como más docto, suele preferirse en las significaciones figuradas, como *aproximarse* a la verdad, a Dios. En cambio parecería un poco pedante decir *aproxímame* una silla, en vez de *acércame. Arrimar* equivale a juntar o poner en contacto material o moral, como *arrimar* una escalera a la pred, *arrimarse* a un buen protector para conseguir beneficios. ↔ ALEJAR.

**acerico** *m. Almohadilla, alfiletero, agujetero.*

**acero** *m. Espada, garrancha* (burl.), *hoja* (fig.), *tizona, colada.*

**aceroso, -sa** *adj. Ácido, acetoso.* 2 *Picante.*

**acertado, -da** *adj. Conveniente, oportuno, apropiado, adecuado, idóneo.* ↔ DESACERTADO.

**acertar** *tr. Adivinar, atinar, descifrar, dar en el clavo, resolver, dar solución, solucionar.* "*Acertar* es dar en el punto de la dificultad; *adivinar* es descubrir lo oculto, lo oscuro, lo misterioso. Para *acertar* se necesita penetración, destreza en las conjeturas, astucia en encadenar los hechos con las causas. Para *adivinar* no se necesita a veces más que una ocurrencia oportuna o una casualidad feliz. Se *acierta* el verdadero motivo de una acción: se *adivina* quién es una persona disfrazada" (M). En este sentido *acertar* equivale también a *resolver, dar solución* y *solucionar.* ↔ ABERRAR, EQUIVOCARSE. 2 *Hallar, encontrar, topar, atinar.*

**acertijo** *m. Adivinanza, enigma\*.*

**acético, -ca. Ácido acético** *m.* V. ácido.

**acetificar** *tr.-prnl. Avinagrar\** (el

vino), *acedar, agriar*. 2 *tr*. CINEM. y FOT. *Acetilar*.
**acetilar** *tr*. CINEM. y FOT. *Acetificar*.
**acetímetro** *m*. QUÍM. *Acetómetro*.
**acetol** *m*. *Vinagre*.
**acetómetro** *m*. QUÍM. *Acetímetro*.
**acetosa** *f*. *Acedera*.
**acetoso, -sa** *adj*. *Ácido, aceroso*.
**acezar** *intr*. *Jadear, carlear* (p. us.).
**acezo** *m*. *Jadeo, respiración*.*
**achabacanamiento** *m*. *Chabacanería*. Este es el efecto de *achabacanarse*, en tanto que *achabacanamiento* alude más bien a la acción de *achabacanarse* o a la tendencia a lo *chabacano*.
**achacar** *tr*. *Imputar, atribuir, cantarlas claras, cantar las cuarenta, no tener pelos en la lengua, acusar, notar, tachar*. ↔ DEFENDER, DISCULPAR.
**achacoso, -sa** *adj*. *Enfermizo, enclenque, achaquiento, valetudinario*. ↔ SANO. 2 *Indispuesto, enfermo*, doliente, paciente, destemplado*. V. enfermedad. ↔ SANO.
**achaflanar** *tr*. CARP. *Despalmar*.
**achantarse** *prnl*. *Esconderse, agazaparse, dicimularse, ocultarse*. 2 vulg. *Acobardarse*, amilanarse, atemorizarse, intimidarse, arredrarse, acoquinarse* (fam.), *aterrarse*. ↔ ENVALENTONARSE.
**achaparrado, -da** *adj*. *Rechoncho, aparrado, chaparro*. ↔ ALTO, ENJUTO.
**achaque** *m*. *Indisposición*, alifafe, enfermedad*. Se emplea *achaque* esp. si la *enfermedad* es crónica o habitual. 2 *Vicio, defecto, tacha*. 3 *Excusa, pretexto, disculpa, efugio*.
**achaquiento, -ta** *adj*. *Achacoso, enfermizo, valetudinario*.
**achicador** *m*. MAR. *Cuchara, vertedor*. 2 MEC. *Bomba*.
**achicar** *tr*. *Acortar, parvificar, empequeñecer, amenguar, menguar, mermar, encoger, disminuir*. ↔ AUMENTAR, AMPLIAR. 2 *Descorazonar, acobardar, amilanar, atemorizar, intimidar, acoquinar, arredrar*. 3 *Jamurar*.
**achicharrar** *tr*. *Chicharrar, quemar, abrasar*.

**achicoria** *f*. *Chicoria, camarroya* (la silvestre).
**achiote** *m*. *Achote, bija*.
**achispado, -da** *adj*. fam. *Alegre, ajumado, alumbrado, bebido, chispo, borracho*.*
**achisparse** *prnl*. *Alumbrarse, alegrarse, ajumarse, embriagarse*.
**acholar** *tr*. *Chile* y *Perú*. *Correr, avergonzar, amilanar*.
**achote** *m*. *Achiote, bija*.
**I achuchar** *tr*. *Aplastar, estrujar*. 2 *Empujar*, rempujar* (vulg.), *arrempujar* (vulg.), *impeler* (culto o tecn.), *impulsar* (culto o tecn.), *propulsar* (culto o tecn.), *emburriar* (Dial.). 3 fig. *Excitar, incitar, estimular*.
**II achuchar** *tr*. *Azuzar*.
**achuchón** *m*. *Empujón*, embestida, rempujón* (vulg.), *empellón*.
**achulado, -da** *adj*. *Flamenco, presumido, afectado, valentón*.
**achura** *f*. *Amér. Merid. Despojos, menudos*.
**aciago, -ga** *adj*. *Desafortunado, infeliz, desgraciado*, desdichado, infausto, malaventurado, desventurado, nefasto, de mal agüero, de mal augurio. de mala sombra, fatal, adverso*. ↔ AFORTUNADO, ALEGRE, FAUSTO.
**aciano** *m*. *Aciano menor, aldiza, azulejo, liebrecilla*. V. *acianos*.
**acianos** *m. pl*. *Escobilla* (planta). V. *aciano*.
**acíbar** *m*. *áloe*, áloes, lináloe, azabara, zabida, zabila*.
**acibarar** *tr*. *Amargar, apesadumbrar*.
**acicalado, -da** *adj*. *Atildado, compuesto, peripuesto, hecho un figurín, soplado, pulido, repulido*.
**acicalar** *tr*. *Pulir, repulir, bruñir*. 2 *Adornar*, aderezar, ataviar, componer*, perfilar, atildar, asear, emperejilar, empapirotar, empaquetar, emperifollar*. ↔ ENSUCIAR, DESARREGLAR.
**acicate** *m*. fig. *Estímulo, incentivo, atractivo, aliciente*.
**acidez** *f*. (de estómago) *Hiperclorhidria* (MED.), *acedía, agriera* (Amér.).

**acidia** *f. Flojedad, descuido, tardanza, pereza.* ↔ DILIGENCIA, GANA.
**acidificar** *tr.* TECN. *Acedar, agriar*, acidular* (tecn.).
**ácido. Ácido acético** *m. Ácido etanoico.* **2 Ácido aminado** *Aminoácido.* **3 Ácido ciahídrico** *Ácido prúsico.* **4 Ácido clorhídrico** *Ácido muriático, ácido hidroclórico, espíritu de sal.* **5 Ácido etanoico** *Ácido acético.* **6 Ácido fénico** *Fenol, carbol.* **7 Ácido nítrico** *Agua fuerte.* **8 Ácido sulfúrico** *Aceite de vitriolo.*
**ácido, -da** *adj. Agrio* (el sabor). **2** QUÍM. *Acetoso.*
**acidular** *tr.* TECN. *Acidificar* (tecn.), *agriar*, acedar.*
**acierto** *m. Tino, tacto, tiento, destreza, habilidad, adivinación, clarividencia.* "El *acierto* puede consistir en una acción sola; pero lo que constituye el *tino* es una serie de acciones que forman plan, conducta o sistema. Se responde con *acierto* a una acusación; se obra con *tino* en circunstancias espinosas, o en la averiguación de un hecho oscuro: por consiguiente el *tino* requiere más delicadeza, más astucia, más ingenio que el *acierto*. Cuando un ministro nombra para el desempeño de un cargo público a una persona adecuada, se dice que obra con *acierto*. Cuando negocia con buen éxito un tratado, cuando neutraliza influencias contrarias a sus miras, se dice que obra con tino" (M).Los dos últimos si se trata de actos puramente intelectuales. *Tacto* y *tiento* coinciden con *tino* al referirse a la conducta o a una serie de acciones llevadas con sumo cuidado. *Destreza* y *habilidad* pueden aludir, además, a la ejecución de un trabajo manual. ↔ DESACIERTO. **2** *Caletre, cacumen, chirumen, pesquis, mollera, magín.*
**aciguatado, -da** *adj.* fig. *Pálido, amarillento.*
**acije** *m. Caparrosa, aceche, alcaparrosa.*
**aciprés** *m.* p. us. *Ciprés.*

**aclamar** *tr. Convocar, proclamar.*
**aclarar** *tr.-prnl. Alumbrar*, iluminar.* Cuando se trata de un espacio ilimitado, *alumbrar, iluminar,* y así decimos que la luna *aclara, alumbra* o *ilumina* la noche. En un espacio limitado, como un salón o una escalera, *aclarar* hace pensar con preferencia en la luz natural, mientras que *alumbrar* e *iluminar* sugieren más bien medios artificiales: se *aclara* una habitación agrandando las ventanas, se la *alumbra* o *ilumina* con lámparas. ↔ OSCURECER. **2** *Clarificar, poner los puntos sobre las íes.* ↔ OCULTAR. **3** *intr.* (el tiempo) *Clarear, abrir, serenarse, despejar, escampar.* ↔ OSCURECER. **4** *tr. Explicar, poner en claro, dilucidar, ilustrar.* "Se *aclara* una proposición oscura para que se entienda; se *ilustra* con ejemplos o con notas lo que se quiere presentar con mayor claridad, para que se perciban sin trabajo todas sus circunstancias y relaciones. Se *aclaran* las verdades: se *ilustran* los hombres con sus hechos. Un entendimiento *claro* es el que ve lo bastante; un entendimiento *ilustrado* es el que está adornado de conocimientos... *Ilustrar,* lo mismo que su propio *iluminar,* supone mayor luz de la que se necesita para ver" (J). ↔ OCULTAR.
**aclareo** *m. Aclarificación.*
**aclarificación** *f. Aclareo.*
**aclimatar** *tr.-prnl. Naturalizar, adaptar.*
**acobardar** *tr.-prnl. Intimidar, atemorizar, amedrentar, arredrar, acoquinar* (fam.), *achantar* (vulg.), *amilanar, aterrar, desanimar, desmayar, desalentar, descorazonar, achicar* (fam.). *Acobardar* en su uso tr. significa causar temor. *Intimidar, asustar, atemorizar, amedrentar, acobardar, arredrar, acoquinar, achantar, amilanar, aterrar* forman una serie intensiva. Significan hacer perder el valor: *desanimar, desmayar, desalentar, descorazonar, achicar.* En su empleo pronominal se oscurece mucho la diferencia entre uno y otro

grupo, pero cada verbo conserva su intensidad propia. ↔ ENVALENTONAR.

**acodado, -da** *adj. Acodillado.*

**acodar** *tr. Cerchar, ensarmentar.* Éstos tratándose de vides.

**acodillado, -da** *adj. Acodado.*

**acogedor, -ra** *adj. Favorable, propicio, benévolo, benigno.*

**acoger** *tr.-prnl. Admitir, aceptar, recibir.* ↔ RECHAZAR, REPELER. *2 Amparar, proteger, guarecer, cobijar, favorecer, refugiar, abrir los brazos, dar asilo.* "El que busca recurso, ayuda o protección, se *acoge* a la persona que puede dársela; el que huye de un peligro y busca resguardo o asilo, se *refugia*; y ambas palabras se usan de este modo, tanto en sentido recto como fig., sin que pueda emplearse una por otra sin faltar a la propiedad" (C). ↔ REPELER.

**acogida** *f. Admisión, aceptación, acogimiento, recibimiento, hospitalidad.* V. acoger.

**acogimiento** *m. Acogida, admisión, aceptación, recibimiento, hospitalidad.*

**acogombrar** *tr. Aporcar, acohombrar.*

**acogotar** *tr. fig. Sujetar, dominar, vencer.* Con mayor intensidad, *acogotar* significa inmovilizar fuertemente al adversario.

**acohombrar** *tr. Aporcar, acogombrar.*

**acojinar** *tr. Acolchar, colchar.*

**acolchar** *tr. Colchar, acojinar. 2 Amér. Acolchonar.*

**acolchonar** *tr. Acolchar.*

**acólito** *m. Monaguillo, monago, monacillo* (ant.). *2 irón. Ayudante, asistente, compañero, compinche.*

**acombar** *tr. Encorvar, torcer.*

**acometedor, -ra** *adj. Agresivo, arremetedor, impetuoso, belicoso.* ↔ APOCADO. *2 Emprendedor, resuelto.* ↔ APOCADO.

**acometer** *tr. Agredir, atacar, cerrar, embestir, arremeter\*. Agredir* connota la idea de ataque inmotivado o alevoso. *Cerrar* y *arremeter* coinciden con *embestir* en su carácter impetuoso y menos meditado que *atacar* y *aco-*meter. "*Acometer* indica una acción más meditada y menos impetuosa que *embestir*. Se *embiste* con furor; se *acomete* con brío. El toro *embiste*; un batallón *acomete*. Se *embiste* en la lucha; se *acomete* en el asedio. El que *embiste* marcha más directamente a su contrario que el que *acomete*, y así en el *acometimiento* se da más lugar a la precaución, al plan y a la astucia que en la *embestida*" (M). V. agresión. *2 Emprender, intentar, empezar\*.*

**acometida** *f. Acometimiento, ataque, asalto, agresión\*, embestida, arremetida, estrepada, arrancada, acceso.* V. acometer.

**acometimiento** *m. Acceso, ataque, asalto, agresión\*, embestida, arremetida, estrepada, arrancada, acometida.* V. acometer.

**acomia** *f.* MED. *Calvicie.*

**acomodadizo, -za** *adj. Acomodaticio, adaptable.*

**acomodado, -da** *adj. Conveniente, oportuno, apropiado, arreglado, adecuado. 2 Rico, pudiente.*

**acomodamiento** *m. Comodidad, conveniencia.* ↔ INCONVENIENCIA. *2 Transacción, ajuste, convenio, arreglo, conciliación, acuerdo, concierto.* ↔ DESACUERDO.

**acomodar** *tr.-prnl. Ordenar, componer, colocar, ajustar, adaptar, acoplar.* ↔ DESACOMODAR. *2 Conciliar, concertar, transigir, concordar.* ↔ REBELARSE. *3 Instalar, alojar, establecer.*

**acomodaticio, -cia** *adj. Acomodadizo, complaciente, contemporizador, conformista, dúctil, flexible, adaptable, elástico.* Los cuatro primeros, tratándose de personas. Pueden aplicarse a personas y cosas: *dúctil, flexible, adaptable*; tratándose de interpretaciones, maneras de pensar, etc., que se aplican a diversas circunstancias, *elástico.*

**acomodo** *m. Empleo, ocupación, colocación, puesto. 2 Transacción, transigencia, arreglo, avenencia, condescendencia, contemporización\*, consenti-*

*miento\*, pastel* (fam.)*, pasteleo* (fam.). ↔ INTRANSIGENCIA.

**acompañamiento** *m. Comitiva, séquito, cortejo, corte, escolta, comparsa. Acompañamiento* es voz genérica y puede sustituir a las demás. *Comitiva, séquito* y *cortejo* significan la importancia de la persona, corporación, etc., acompañados, o tienen carácter religioso. Los dos últimos contienen especial solemnidad, y más aún *corte,* que sólo se aplica a reyes, grandes señores y religión. *Escolta* es *acompañamiento* militar. *Comparsa* en el teatro o tratando de un grupo de máscaras; fuera de este uso, llamar *comparsa* a un *acompañamiento* cualquiera, significa ironía o menosprecio.

**acompañar** *tr.-prnl. Agregar, juntar, añadir, asociar.* 2 *Seguir, ir con alguien, estar con alguien, conducir, escoltar.* Este último es *acompañar* a una persona para protegerla, custodiarla o hacerle honor; *conducir* es *acompañar* como guía.

**acompasado, -da** *adj. Rítmico, medido, métrico, regular.* 2 *Pausado, lento.*

**acompasar** *tr. Compasar, medir, arreglar, proporcionar, regular, regularizar.*

**acomplexionado, -da** *adj. Complexionado.*

**aconchabamiento** *m. Conchabanza, confabulación, concierto, compadraje, compadrazgo, connivencia\*.*

**acondicionador** *m. Climatizador.*

**acondicionamiento** *m.* CONSTR. (de un local) *Climatización.*

**acongojado, -da** *adj. Transido, angustiado.*

**acongojar** *tr. Congojar, oprimir, afligir, aquejar, atribular, entristecer, apenar, apesadumbrar, desconsolar, meter el corazón en un puño, poner un nudo en la garganta, desolar, angustiar.* ↔ CONSOLAR.

**acónito** *m. Anapelo, napelo.*

**aconsejar** *tr. Advertir\*, prevenir, avisar, sugerir\*, suscitar, incitar.* ↔ DESA-

CONSEJAR. 2 *Asesorar, informar, encaminar, guiar\*.*

**aconsonantar** *intr. Consonar.*

**acontecer** *intr. Suceder, ocurrir, pasar\*, acaecer. Acontecer* y *acaecer* son voces escogidas, de uso principalmente literario.

**acontecimiento** *m. Acaecimiento, suceso, sucedido, hecho, caso, evento, ocurrencia. Acaecimiento* y *acontecimiento* denotan un suceso importante; el primero muy usado en los clásicos, tiene ahora cierto sabor literario. *Suceso* es voz más neutra y susceptible de amplia aplicación. *Sucedido* sugiere realidad y se opone a lo imaginado o inventado, lo mismo que *hecho* y *caso. Evento* es un suceso imprevisto. *Ocurrencia* se usa poco en esta acepción.

**acopiar** *tr. Juntar\*, reunir, allegar, acumular, amontonar\*, almacenar\*.* ↔ DESPERDIGAR.

**acopio** *m. Acopiamiento, acumulación, provisión, almacenamiento, depósito, acaparamiento.* Este último cuando se trata de retener todas o gran parte de determinadas mercancías. Los dos anteriores tratándose de artículos de comercio.

**acoplar** *tr.-prnl. Unir, ajustar, combinar, juntar, encajar.* ↔ DESACOPLAR, DESUNIR, DESENCAJAR, DESAJUSTAR.

**acoquinar** *tr.-prnl.* fam. *Acobardar\*, amedrentar, amilanar, aterrar, aturdir, atortolar, asustar\*, atemorizar.*

**acorazar** *tr. Blindar, reforzar, revestir, proteger, fortificar.*

**acorazonado, -da** *adj. Cordiforme.*

**acordar** *tr. Concordar, concertar, armonizar, conformar.* ↔ DESTEMPLAR. 2 *Convenir, ponerse de acuerdo, pactar, quedar en.* 3 *Resolver, determinar.* 4 *prnl. Recordar, traer, venir a la memoria, venir a las mientes, caer en la cuenta, apearse del burro.* ↔ DESACORDARSE, OLVIDAR. 5 *tr.* ELECTR. *Sintonizar.*

**acorde** *adj. Conforme, concorde, de*

*acuerdo.* ↔ DESACORDE. 2 *Compatible.* ↔ INCOMPATIBLE.

**acordonar** *tr.-prnl. Incomunicar, aislar, bloquear.* ↔ UNIR, CONVIVIR.

**acornar** *tr. Acornear, cornear.*

**acornear** *tr. Acornar, cornear.*

**acorralar** *tr. Arrinconar, rodear, estrechar, aislar, perseguir*. 2 fig. Confundir, dejar sin respuesta.*

**acortamiento** *m.* ASTRON. *Curtación.*

**acortar** *tr. Abreviar, reducir, disminuir*, achicar, mermar, aminorar.* ↔ ALARGAR. 2 *Limitar, restringir, coartar, cercenar, escatimar, escasear.* ↔ PRODIGAR.

**acosar** *tr. Perseguir, estrechar, acosijar* (Méx.). 2 fig. *Importunar, molestar, no dejar ni a sol ni a sombra.*

**acosijar** *tr. Méx. Acosar, perseguir, estrechar.*

**acostar** *tr.* MAR. *Acercar, aproximar, aconchar* (MAR.), *atracar* (MAR.).

**acostarse** *prnl. Echarse, tenderse, tumbarse.* ↔ LEVANTARSE.

**acostumbrado, -da** *adj. Aguerrido, ducho, experimentado, avezado.* 2 *Habitual, usual, corriente, ordinario, frecuente, repetido, asiduo*, reiterado.*

**acostumbrar** *tr.-prnl. Habituar, avezar, vezar. Habituar* pertenece al estilo culto; *avezar* y *vezar* se aplican gralte. a lo más material y concreto, como *avezarse* a una comida, a un calzado; *vezar* es poco usado. *Acostumbrar* es el de uso más general. ↔ DESACOSTUMBRAR. 2 *Soler, estilar, usar.* El primero es de empleo restringido por ser verbo defectivo. Los dos restantes, en este sentido, se emplean a menudo como impers.: *ahora se estila, se usa.* ↔ DESACOSTUMBRAR.

**acotación** *f. Apostilla, postila, postilla.* 2 *Anotación, nota.*

**acotar** *tr. Apostillar, marginar, postilar.*

**acracia** *f. Anarquía, anarquismo.* 2 MED. *Debilidad, astenia.*

**ácrata** *adj.-com. Anarquista, libertario.*

**acre** *adj. Picante, irritante, áspero.* 2 *Punzante.*

**acrecentar** *tr.-prnl. Aumentar, acrecer,*

*agrandar*, engrandecer, ensanchar, ampliar, extender, crecer*.* ↔ DISMINUIR, MENGUAR.

**acrecer** *tr.-prnl. Aumentar, acrecentar, engrandecer, ensanchar, extender, crecer*, agrandar*, ampliar.* ↔ DISMINUIR, MENGUAR.

**acreditado, -da** *adj. Afamado, famoso, renombrado, reputado, conocido, célebre.* ↔ DESCONOCIDO. 2 *Auténtico, autorizado, legalizado, fidedigno.*

**acreditar** *tr. Probar, justificar.* 2 *Afamar, dar crédito, dar reputación.* ↔ DESACREDITAR. 3 COM. *Abonar, tomar en cuenta, asentar en el haber.*

**acreedor, -ra** *adj. A favor.* Tratándose del saldo de una cuenta. ↔ DEUDOR. 2 *Digno, merecedor.*

**acribar** *tr. Acribillar, agujerear, herir, picar.*

**acribillar** *tr. Agujerear, acribar, herir, picar.*

**acriminar** *tr. Acusar, imputar, criminar* (p.us.), *incriminar.* Este último tiene carácter intensivo.

**acrimonia** *f. Acritud, aspereza, desabrimiento.* ↔ SUAVIDAD. 2 MED. *Malignidad, virulencia.*

**acriollarse** *prnl. Americanizarse.*

**acrisolado, -da** *adj. Acendrado, puro, depurado, impecable.*

**acrisolar** *tr. Depurar, purificar, apurar, acendrar.* ↔ IMPURIFICAR.

**acristianar** *tr. Cristianizar.* 2 *Bautizar, cristianar.*

**acritud** *f. Acrimonia, aspereza, desabrimiento.*

**acróbata** *com. Volatinero, gimnasta, equilibrista, funámbulo.* Los dos últimos, si hace ejercicios sobre una cuerda o alambre.

**acromatismo** *m. Daltonismo.*

**acromatopsia** *f.* MED. *Daltonismo.*

**acrómico, -ca** *adj. Incoloro.*

**actea** *f. Yezgo, cimicaria.*

**actinia** *f. Anémona de mar, ortiga de mar.*

**actinolita** *f.* MINERAL. *Actinota.*

**actinota** *f.* MINERAL. *Actinolita.*

**actitud** *f. Postura*, posición, disposi-*

*ción, porte, continente, gesto.* "La *postura* es la situación relativa de los miembros del cuerpo con respecto al espacio; *actitud* es la *postura* que se toma con una intención u objeto determinado, de modo que en la *actitud* la voluntad tiene más parte que en la *postura.* Ésta es horizontal o perpendicular, holgada o incómoda, indecorosa o decente. La *actitud* es de ataque, de defensa, de fuga, de temor, de mando. La *actitud* es más artística que la *postura.* El Apolo del Belvedere está en *actitud,* y no en *postura,* de lanzar una flecha. El Moisés de Murillo está en *actitud,* y no en *postura,* de herir la piedra con la vara. Estar de pie, estar sentado o de rodillas no son *actitudes,* sino *posturas*" (M). *Porte* y *continente* se refieren a la manera habitual de moverse y accionar. 2 fig. *Posición, disposición.* Hablando de la situación de ánimo con respecto a una persona, colectividad, asunto o doctrina, *actitud* equivale a *posición, disposición.*

**activador** *m.* INFORM. *Actuador, servomotor, accionador, brazo de lectura* (en la unidad de disco).

**activar** *tr. Mover, avivar, excitar, acelerar\*, apresurar, apurar, no dar paz a la mano, no cejar ni un minuto.* ↔ PARAR.

**actividad** *f. Movimiento, trajín.* Como cuando hablamos de la actividad de un puerto o de un taller. 2 *Eficacia, eficiencia.* 3 *Prontitud, presteza, solicitud, diligencia, celeridad\*.* "La *actividad* no supone más que prontitud y viveza en los movimientos; la *diligencia* supone además intención y esmero. La *actividad* puede ser infructífera; la *diligencia* no puede menos de ser provechosa. Con la *actividad* se hace mucho; con la *diligencia* se hace mucho y se hace bien..." (M). ↔ PASIVIDAD.

**activo, -va** *adj. Operante, eficaz, enérgico.* ↔ PASIVO, PARADO. 2 *Diligente, pronto, rápido, vivo, emprendedor, resuelto, decidido, audaz.* "Un remedio *activo* obra prontamente, produce sin dilación su efecto; un remedio *eficaz* obra poderosamente, con fuerza, con seguridad. Un hombre *activo* no logra siempre lo que desea, si no sabe emplear los medios más *eficaces* para ello... El procurador debe ser *activo;* el abogado debe ser *eficaz*" (LH). ↔ PASIVO, PARADO.

**acto** *m. Hecho, acción.* 2 *Hecho, ceremonia.* El *acto* es un *hecho* público y solemne; p. ej.: la apertura de curso en la Universidad. 3 *Jornada* (ant.). En el teatro. 4 **Acto continuo** *loc. adv. Seguidamente, sin tardanza, inmediatamente, al punto, acto seguido, a continuación.*

**actor, -ra** *adj.-s.* DER. *Demandante, acusador, parte actora.*

**actor, -triz** *s. Representante, ejecutante, cómico, comediante, histrión, autor. Histrión,* en el teatro antiguo, el que representaba disfrazado. En la época clásica del teatro español, *autor.*

**actuación** *f. Acto, acción\*.* La *actuación* es una *acción* prolongada o reiterada. Se diferencia del *acto* en que la *actuación* es una serie continuada de *actos,* como la *actuación* de una junta, etc.

**actuador** *m.* INFORM. *Accionador, activador, servomotor, brazo de lectura* (en la unidad de disco).

**actual** *adj.* FIL. *Efectivo, real, in actu.* ↔ VIRTUAL, POTENCIAL. 2 *Presente, de moda, en boga.* Lo *actual* es más circunscrito y determinado que lo *presente.* "Lo *presente* abraza una esfera de acción más amplia que lo *actual.* Decimos: el siglo *presente* y el gobierno *actual;* el estado *presente* de la literatura y la crisis *actual* del comercio; la estación *presente* y la intemperie *actual;* la *presente* legislación y el precio *actual* del trigo" (M). ↔ PASADO, INEXISTENTE.

**actualidad. En la actualidad** *loc. adv. Ahora, actualmente, hoy día, al presente, hoy en día, hoy por hoy.*

**actualización** *f. Puesta al día, modernización.*

**actualizar** tr. Poner al día, modernizar.

**actualmente** adv. t. Ahora. 2 adv. m. FIL. Realmente, verdaderamente.

**actuar** intr. Ejercer, proceder, hacer, conducirse. ↔ ABSTENERSE, INHIBIRSE.

**acuadrillar** tr. Agavillar, juntar. 2 Capitanear, apandillar.

**acuarelista** com. Pintor, pastelista, fresquista, templista, paisajista, retratista, miniaturista.

**acuático, -ca** adj. Acuátil (p. us.).

**acuátil** adj. p. us. Acuático.

**acuciar** tr. Estimular, aguijonear, pinchar, dar prisa, apurar. ↔ APLACAR, TRANQUILIZAR. 2 Desear, anhelar*.

**acucioso, -sa** adj. Diligente, apresurado, presuroso, afanoso. Acucioso intensifica el significado de diligente, y connota el matiz de anhelo que corresponde a apresurado, presuroso, afanoso.

**acudir** intr. Ir, presentarse, llegar, asistir, comparecer. ↔ AUSENTARSE. 2 Recurrir, apelar.

**ácueo, -ea** adj. p. us. Acuoso, aguoso (p. us.).

**acuerdo** m. Unión, armonía, consonancia, conformidad, compenetración. ↔ DESACUERDO, DISCREPANCIA. 2 Resolución, determinación. 3 Convenio, pacto, contrato, tratado. 4 **De acuerdo** loc. adj. Acorde, conforme, concorde. ↔ DESACORDE, EN DESACUERDO. 5 **De acuerdo con** loc. prep. Según, conforme a, con arreglo a, siguiendo, a juzgar por.

**acuitar** tr.-prnl. Afligir, estrechar, operar, apesadumbrar, atribular, meter el corazón en un puño, quitar las ilusiones, encuitarse. Este último, en el uso prnl. ↔ CONSOLAR.

**acuminado, -da** adj. Aguzado, puntiagudo, acumíneo.

**acumíneo, -ea** adj. Aguzado, puntiagudo, acuminado.

**acumulación** f. Acopio*, acopiamiento, provisión, almacenamiento, depósito, acaparamiento.

**acumular** tr. Juntar, amontonar*, aglomerar, acopiar, reunir, cumular (p.us.).

↔ ESPARCIR, DISGREGAR. 2 Acaparar, retener, almacenar, monopolizar, estancar (ant.), abarcar (Méx.). ↔ ENTREGAR, SOLTAR. 3 Acaudalar, atesorar, enriquecerse.

**acunar** tr. Cunar, cunear (p.us.), brizar (p.us.).

**acuñar** tr. Batir, troquelar.

**acuoso, -sa** adj. Ácueo (p. us.), aguoso (p. us.).

**acure** m. Colomb. y Venez. Conejillo de Indias, cobayo, cavia, acutí (Argent.).

**acurrucarse** prnl. Agacharse, encogerse, doblarse, agazaparse, agarbarse. ↔ LEVANTARSE.

**acusación** f. Inculpación, denuncia, delación, soplo, queja, querella. Este último, si se hace en secreto y cautelosamente. ↔ DEFENSA, DISCULPA.

**acusado, -da** s. Inculpado, reo, procesado.

**acusador, -ra** adj.-s. Inculpador, fiscal. 2 Denunciador, delator*, soplón, acusón, acusica, acusique, acusetas (Amér.), acusete (Amér.), denunciante* Soplón si denuncia en secreto y cautelosamente. Acusón si tiene el vicio de acusar. Entre los niños, acusica, acusique.

**acusar** tr. Culpar, inculpar, imputar, denunciar, delatar, llevar a los tribunales, hacer responsable, echar pullas, soplar, soplonear. ↔ DEFENDER, DISCULPAR. 2 Notar, tachar, achacar. ↔ DISCULPAR.

**acusetas** adj.-com. Amér. Acusador*, denunciador, delator*, soplón, acusón, acusica, acusique, denunciante*.

**acusica** adj.-com. Acusador*, denunciador, delator*, soplón, acusón, acusique, acusetas (Amér.), denunciante*.

**acusique** adj.-com. Acusador*, denunciador, delator*, soplón, acusón, acusica, acusetas (Amér.), denunciante*.

**acusón, -ona** adj. s. Acusador*, denunciador, delator*, soplón, acusica, acusique, acusetas (Amér.), denunciante*.

**acutí** m. Argent. Conejillo de Indias, co-

# adagio

20

bayo, cavia, agutí, acure (Colomb. y Venez.).
**adagio** m. Proverbio, refrán*.
**adalid** m. Caudillo, jefe. 2 fig. Guía, conductor, guiador. 3 Heraldo, mensajero.
**adamarse** prnl. Afeminarse, amadamarse.
**adán** m. Dejado, desaseado, desaliñado, sucio.
**adaptable** adj. Acomodadizo, acomodaticio*.
**adaptación** f. Aplicación, superposión. 2 Habituación.
**adaptar** tr. Acomodar, ajustar, apropiar, acoplar, aplicar. 2 Sentar, cuadrar, convenir. 3 tr.-prnl. Avenir, acomodar, aclimatar, amoldar, naturalizar. 4 prnl. Habituarse, hacerse, avezarse, acostumbrarse, hacer callos, criar callos. ↔ DESACOSTUMBRARSE.
**adaraja** f. ARQ. Endejas, enjarje.
**adarce** m. Alhurreca.
**adargar** tr. Defender, resguardar, cubrir, escudar.
**adarvar** tr.-prnl. Pasmar, aturdir, dejar sin acción.
**adatar** tr. desus. Datar, abonar, acreditar.
**adaza** f. Zahína, alcandía, daza, sahína, sorgo, melca.
**adecuación** f. Idoneidad, conveniencia.
**adecuado, -da** adj. Acomodado, conveniente*, proporcionado, idóneo, apropiado, oportuno, ajustado, acertado, propio, a propósito. ↔ INADECUADO, IMPROPIO, DESACERTADO.
**adefagia** f. Voracidad.
**adefesio** m. Disparate, extravagancia. 2 Facha, mamarracho, esperpento, espantajo.
**adehala** f. Yapa, añadidura.
**adelantado, -da. Por adelantado** loc. adv. De antemano, por anticipado, anticipadamente.
**adelantamiento** m. Adelanto, anticipo. 2 Progreso, perfeccionamiento, mejora. ↔ RETRASO, RETROCESO. 3 Medra, acrecentamiento.

**adelantar** tr. Anticipar, preceder. 2 Exceder, aventajar. 3 Acelerar, apresurar. 4 Avanzar, mejorar, medrar, progresar, perfeccionar. ↔ RETROCEDER, RETRASARSE.
**adelanto** m. Anticipo. 2 Progreso, avance, perfeccionamiento, mejora, mejoramiento. 3 Medra, acrecentamiento. 4 Ventaja.
**adelfa** f. Baladre, hojaranzo, laurel rosa, rododafne, berbería (Amér.).
**adelfilla** f. Lauréola, lauréola macho.
**adelgazar** intr. Enflaquecer. ↔ ENGORDAR.
**ademán** m. Actitud, gesto*, manoteo, acción, movimiento. V. ademanes.
**ademanes** m. pl. Modales, maneras. V. ademán.
**además** adv. c. Encima, también, asimismo. P. ej.: le dieron además, encima, también, una buena propina. 2 Con exceso, por demás, sobremanera. En los clásicos además significa con exceso: "Pensativo además quedó Don Quijote". Hoy ha quedado este empleo en desuso, y se prefiere por demás, sobremanera. 3 **Además de** loc. prep. A más de, tras de, encima* de, ultra (lit.), fuera de, aparte de. Todas estas locuciones con la prep. de son prepositivas, y se usan delante de infinitivo (expreso o tácito), sustantivo o palabra sustantivada. P. ej.: además de ser caro es malo; o a más de, tras de, encima de ser caro es malo.
**adentrarse** intr.-prnl. Entrar, penetrar, profundizar. A la idea de entrar añade la de llegar hacia o hasta lo interior o profundo. Por esto adentrar(se) se acerca al significado de penetrar, profundizar. Compárese la diferencia entre entrar en una casa y adentrarse en ella, entrar en el bosque y adentrarse en él.
**adentro** adv. l. Dentro. Originariamente adentro acompañaba a verbos de movimiento y dirección; p. ej.; se retiraron adentro para descansar; dentro se usaba con verbos de situación y reposo: están dentro de la caja. Este

uso originario se ha alterado más o menos en la lenguamoderna, hasta el punto de que hoy se emplean a menudo indistintamente *adentro* y *dentro*; p. ej.: la parte de *adentro* o de *dentro*. En general la designación local de *adentro* es más indeterminada (estaban *adentro* = hacia); mientras que *dentro* supone un espacio limitado (estaba *dentro* ). Por esto *adentro* admite grados (más, menos, muy, tan *adentro*), cosa difícil o imposible con *dentro*.

**adepto, -ta** *adj.-s. Adicto, afiliado, partidario, correligionario, iniciado, prosélito, neófito*. ↔ ENEMIGO, ADVERSARIO.

**aderezado, -da** *adj. Apañado, arreglado, ataviado, compuesto.*

**aderezar** *tr. Componer, hermosear, ataviar, adornar, acicalar.* 2 *Disponer, preparar, prevenir, aviar.* 3 *Guisar, condimentar, sazonar, adobar, aliñar, cocinar*. Éstos, tratándose de comidas. 4 *Arreglar*, *remendar, componer, recomponer, apañar.*

**aderezo** *m. Adobo, aliño, condimento, salsa.* 2 *Adorno*, *atavío, compostura, decorado, decoración, ornato, ornamento.*

**adestrar** *tr. Adiestrar, guiar, encaminar, ejercitar, instruir, enseñar, aleccionar.*

**adeudado, -da** *adj. Alcanzado, empeñado.*

**adeudar** *tr. Deber.* 2 COM. *Cargar en cuenta.* 3 *prnl. Endeudarse.*

**adeudo** *m. Deuda.* ↔ ABONO. 2 *Cargo en cuenta.* ↔ ABONO.

**adherencia** *f. Pegajosidad, glutinosidad, cohesión.* 2 *Conexión, enlace, unión.* ↔ SEPARACIÓN, ROTURA. 3 *Adhesión.* ↔ SEPARACIÓN, ROTURA.

**adherente** *adj. Adhesivo, pegajoso.* 2 *Unido, anejo, anexo, pegado.* 3 *adj.-com. Amér. Partidario, adepto, afiliado, adicto.*

**adherido, -da** *adj.- s. Adicto, adepto, partidario, afiliado, afecto.* ↔ ENEMIGO, DESLEAL.

**adherir** *intr.-prnl. Pegarse.* 2 *Aceptar, consentir, aprobar, unirse, afiliarse.*

**adhesión** *f. Cohesión*, *adherencia.* 2 *Aprobación, aceptación, consentimiento, asenso.* ↔ ENEMISTAD. 3 *Unión, apego, afección, afiliación.* ↔ DESUNIÓN, DISCREPANCIA.

**adhesivo, -va** *adj. Pegajoso, glutinoso, adherente.*

**adiatérmano, -na** *adj. Adiatérmico, atérmano.*

**adiatérmico, -ca** *adj.* FÍS. *Adiatérmano, atérmano.*

**adicidad** *f.* QUÍM. *Valencia.*

**adición** *f. Suma, aumento, añadidura, agregación.* ↔ RESTA, DISMINUCIÓN.

**adicionar** *tr. Sumar, añadir*, *aumentar, agregar.* ↔ RESTAR, DISMINUIR.

**adicto, -ta** *adj.-s. Adepto, adherido, partidario*, *afiliado, afecto, neófito*. ↔ ENEMIGO, DESLEAL. 2 *Toxicómano, drogadicto, drogata* (vulg.), *drogota* (vulg.).

**adiestrador, -ra** *s. Amaestrador.*

**adiestramiento** *m. Amaestramiento.*

**adiestrar** *tr. Guiar, encaminar, ejercitar, aleccionar, instruir, enseñar*, *amaestrar, formar, educar, criar.*

**adinerado, -da** *adj. Acaudalado, rico*, *pudiente.* ↔ POBRE, ARRUINADO.

**adiós** *interj. Abur* (fam.), *agur* (fam.). 2 *m. Despedida.*

**adiposidad** *f.* TECN. *Grasa*, *aceite, manteca, lardo, sebo, unto, mantequilla.*

**adiposo, -sa** *adj. Graso, grueso*, *obeso.*

**aditamento, aditamiento** *m. Añadidura, adición, aumento.* 2 *Complemento, apéndice.*

**adivinación** *f. Acierto*, *tino, tacto, tiento, destreza, habilidad, clarividencia.* ↔ DESACIERTO. 2 *Horóscopo*, *predicción*, *pronóstico, vaticinio, augurio, profecía.*

**adivinaja** *f.* fam. o rúst. *Adivinanza, acertijo, enigma*, *quisicosa.*

**adivinanza** *f. Acertijo, enigma*, *adivinaja* (fam. o rúst.), *quisicosa.*

**adivinar** *tr. Profetizar, vaticinar, au-*

*gurar, agorar, auspiciar, entrever, conjeturar, barruntar.* Cuando se trata del futuro, *profetizar* o *vaticinar,* ambos de carácter religioso; el primero cristiano, el segundo pagano. *Adivinar* se interpreta como superstición, lo mismo que *augurar,* aunque en la antigüedad este último tenía también carácter religioso. En *agorar,* también supersticioso, predomina el matiz especial de predecir desdichas. *Auspiciar* equivale por entero a *augurar.* 2 *Predecir, presagiar, pronosticar.* Los tres pueden coincidir con *adivinar,* pero pueden tener también fundamento lógico o científico: el médico *pronostica* o *predice* el desarrollo de una enfermedad. 3 *Acertar, atinar, descifrar, calar, descubrir.*
**adivino, -na** s. *Profeta, vate, augur, agorero.* V. adivinar.
**adjetivar** tr. *Calificar, llamar, tratar de.* A una persona se la *califica* de ambiciosa, buena, etc., o se la *llama* con los mismos adjetivos. *Tratar de* supone generalmente intención despectiva o injuriosa. Se *trata* a uno *de* loco, egoísta, etc., pero no con calificativos gratos, a no ser con ironía. *Tratar de* se aplica sólo a personas, en tanto que *adjetivar, calificar* y *llamar* se extienden a personas y cosas.
**adjetivo** m. *Calificativo, epíteto, dictado.* Se llama *epíteto* al adjetivo o frase adjetiva que se agrega a un sustantivo, no para determinarlo o especificarlo, sino para acentuar su carácter y producir un efecto de estilo. Tiene, pues, un valor artístico. *Dictado* es un calificativo empleado por exlencia: merecía el *dictado* de noble, de santo, de magnífico, etc.
**adjudicar** tr. *Conferir, entregar, dar.* 2 *Aplicar, destinar.* 3 prnl. *Apropiarse, retener, quedarse, tomar por sí.*
**adjunción** f. *Añadidura, agregación.* ↔ RESTA, DISMINUCIÓN. 2 GRAM. *Zeugma, ceugma.*
**administración** f. *Dirección, gobierno, régimen*, gerencia, gestión.* Los dos

primeros en general. Tratándose de la acción del poder público, *régimen, gobierno.* En negocios, *gerencia, gestión.*
**administrar** tr.-prnl. *Regir, gobernar, dirigir, cuidar, llevar la batuta, tener la llave de la despensa.* 2 *Dar, propinar, suministrar, conferir.*
**admirable** adj. *Brillante, sobresaliente, lucido.*
**admirablemente** adv. m. *Divinamente, perfectamente.*
**admiración** f. *Maravilla, asombro, sorpresa, pasmo, estupor, caer la baba, caer de rodillas, poner por las nubes.* *Sorpresa* cuando es inesperada. Serie intensiva: *admiración, pasmo, estupor, caer la baba, caer de rodillas, poner por las nubes.* ↔ DESPRECIO.
**admirado, -da** adj. *Absorto, pasmado, atónito, suspenso, maravillado, cautivado, asombrado.*
**admirador, -ra** adj. *Adorador, enamorado.*
**admirar** tr. *Maravillar, sorprender, extrañar, asombrar, suspender, pasmar, aturdir, embobar, abobar, embelesar, entontecer.* ↔ DESPRECIAR.
**admisible** adj. *Aceptable, pasable, pasadero, tolerable.* ↔ INACEPTABLE, INADMISBLE, INTOLERABLE.
**admisión** f. *Aceptación, tolerancia, acogida, aprobación, aplauso, éxito, boga.* ↔ RECHAZO, FRACASO. 2 *Recepción.*
**admitido, -da** adj. *Dado*, concedido, supuesto, aceptado.*
**admitir** tr. *Recibir, aceptar, tomar, acoger, afiliar, adherir.* ↔ RECHAZAR. 2 *Permitir, consentir, sufrir.* ↔ OPONERSE. 3 *Suponer, conceder, dar por cierto, abrir las puertas, dar el visto bueno.*
**admonición** f. *Amonestación, advertencia*, sermón, represión, reconvención, reprimenda, regaño, apercibimiento, cantar las cuarenta* (fam.), *poner las peras a cuarto* (fam.).
**admonitor** m. *Monitor, amonestador.*
**adobado, -da** adj. *Apañado, arreglado, remendado.*
**adobar** tr. *Remendar, reparar*, com-*

poner, arreglar, apañar. 2 Guisar, cocinar*, condimentar, sazonar, aliñar, aderezar. 3 Curtir.

**adobería** f. Curtiduría, tenería.

**adobo** m. Aliño, condimento, aderezo, salsa.

**adocenado, -da** adj. Vulgar, común, del montón.

**adoctrinamiento** m. Educación*, instrucción, enseñanza.

**adoctrinar** tr. Aleccionar, instruir, doctrinar, enseñar*.

**adolescencia** f. Muchachez, mocedad, pubertad. Pubertad es el comienzo de la adolescencia.

**adolescente** adj.-com. Mancebo, muchacho, zagal, joven*, pollo, mozo.

**adonde** adv. l. Donde. "Han llegado a ser sinónimas estas palabras (...). Sin embargo (...), la sinonimia de las dos voces no es perfecta, porque donde indica colocación, y adonde término de acción o de movimiento: Estoy donde estaba; los campos donde estuvo Troya; donde las dan las toman", son expresiones que indican el recto uso de donde. ¿Adónde vas? Las tropas llegaron adonde estaba el enemigo. ¿Adónde irá el buey, que no are?'" (M). "Si encontramos a un Propio, y en lugar de preguntarle adónde lleva la carta, esto es, a qué lugar, le preguntamos dónde lleva la carta; no responderá con impropiedad si dice:la llevo en las alforjas o en la maleta" (LH). Desde la época clásica se confunden ambos adverbios entre sí. Hoy es indiferente usar uno u otro con verbos de movimiento: voy donde o adonde me llevan; pero no debe usarse adonde con verbos de colocación, situación o reposo. Así se dice, p. ej., la casa donde vivo (no adonde); ¿dónde estás? (no adónde).

**adoptar** tr. Prohijar. 2 Tomar, acoger, aceptar, admitir, aprobar. 3 Seguir, abrazar.

**adoquinado** m. Pavimento, suelo, solado, piso, entarimado, enladrillado, embaldosado.

**adoquinar** tr. Empedrar, engravar, enguijarrar, enlosar.

**adoración** f. Idolatría, veneración, culto*.

**adorador, -ra** adj. Devoto, fiel. 2 Enamorado, admirador.

**adorar** tr. Idolatrar, querer, amar. Adorar e idolatrar son ambos intensivos de querer, amar. ↔ DESPRECIAR. 2 Reverenciar, venerar.

**adormecer** tr. Acallar, calmar, sosegar, adormir. 2 prnl. Adormilarse, adormitarse, adormirse, dormirse*, entorpecerse, entumecerse, amodorrarse, aletargarse, transponerse. Los tres primeros denotan, como adormecerse, la idea de empezar a dormirse, o dormirse a medias. Con mayor intensidad en diversos grados, los cuatro sinónimos citados en último lugar. ↔ AVIVARSE, DESPABILARSE.

**adormecimiento** m. Somnolencia, soñolencia, sueño. ↔ LIGEREZA, ALACRIDAD, VIVEZA.

**adormilarse** prnl. Adormecerse*, adormitarse, adormirse, dormirse*, entorpecerse, entumecerse, amodorrarse, transponerse, aletargarse. ↔ AVIVARSE, DESPABILARSE.

**adormir** tr. Adormecer, acallar, calmar, sosegar. 2 prnl. Adormecerse*, adormilarse, dormirse*, adormitarse, amodorrarse, entorpecerse, entumecerse, amodorrarse, transponerse.

**adormitarse** prnl. Adormecerse*, adormilarse, adormirse, dormirse*, entorpecerse, entumecerse, amodorrarse, transponerse, aletargarse. ↔ AVIVARSE, DESPABILARSE.

**adornado, -da** adj. Apuesto, ataviado.

**adornar** tr. Engalanar, hermosear, exornar (lit.), ornamentar, ornar (lit.), ataviar, acicalar, emperejilar, componer*, empaquetar, emperifollar, empapirotar. Adornar, engalanar, hermosear se aplican a personas y cosas; exornar y ornamentar sólo a cosas. Ornar es literario y aplicable en gral. Los tres últimos sugieren, en mayor o menor grado, según las circunstancias, cierta magnificencia, riqueza o complicación en el adorno. *Ataviar* y *acicalar* para salir a la calle; una fachada está *ataviada* con ocasión de algún festejo pasajero, pero no se diría así tratándose de los relieves escultóricos que contiene. ↔ DESNUDAR, DESPOJAR. 2 fig. *Enriquecer, avalorar, engrandecer.*

**adorno** *m. Atavío, aderezo, compostura, decorado, decoración, ornato, ornamento, exorno,* de veinticinco *alfileres,* hecho un sol. Los tres primeros pueden aplicarse a personas y cosas; *decorado* y *decoración,* sólo a cosas. *Ornato, ornamento* y *exorno* son voces cultas que sugieren cierta nobleza, grandiosidad o abundancia en el adorno. V. adornos.

**adornos** *m. pl. Balsamina, miramelindos.* V. adorno.

**adosar** *tr. Pegar, arrimar.*

**adquirir** *tr. Conseguir, alcanzar, lograr, obtener.* 2 *Ganar, apropiarse\*, posesionarse\*, adueñarse, comprar.* Tratándose de bienes, *ganar, apropiarse, posesionarse, adueñarse.* Si la adquisición se hace por compra, *comprar.* ↔ VENDER. 3 *Contraer.* Tratándose de costumbres, vicios, obligaciones y enfermedades.

**adragante** *m. Tragacanto, alquitira.*

**adral** *m. Tablar, tablero.*

**adrede** *adv. m. Expresamente, intencionadamente, deliberadamente, de propósito, ex profeso, de intento, aposta, a posta, con conocimiento de causa, con mala idea, adredemente.*

**adscribir** *tr. Atribuir, anexar, agregar.*

**adscrito, -ta** *adj. Afecto, unido, anejo, anexo, agregado, destinado.*

**adúcar** *m. Atanquía.*

**aducir** *tr. Alegar\*, citar, mencionar.*

**adueñarse** *prnl. Apoderarse, apropiarse\*, posesionarse\*, enseñorearse, ocupar, conquistar, tomar posesión, adquirir.*

**adulación** *f. Halago, lisonja, zalamería, carantoña, servilismo* (int.), *coba* (fam. o vulg.), *pelotilla* (fam. o vulg.),

*regalar el oído, hacer la rueda.* "Un hombre prudente debe despreciar la *adulación* y temer la *lisonja*; porque aquélla sólo puede inclinar un ánimo bajo y despreciable; pero ésta sabe emplear con más arte la fuerza irresistible de nuestro amor propio. La *adulación* es siempre directa, la *lisonja* puede no serlo" (LH).

**adulador, -ra** *adj.-s. Adulón, servil, pelotillero, cobista, lisonjeador, lisonjero, zalamero, adulatorio, adulete* (Perú), *pelota* (fam.). "El *lisonjero* es más fino que el *adulador.* Este lo alaba todo, y sacrifica sin arte ni rebozo su propia opinión, la verdad, la justicia y cualquiera otro respeto, al objeto de su adulación. El *lisonjero* da más apariencia de verdad a su alabanza, persuade con más sagacidad, se vale de medios más eficaces, y muchas veces indirectos, y se insinúa con más destreza en el ánimo de la persona *lisonjeada* (...). Por este mismo principio llamamos *lisonjeras* las palabras que persuaden, y no *aduladoras,* y usamos con preferencia del verbo *lisonjear* para explicar lo que satisface a nuestro gusto, lo que cautiva nuestro corazón, lo que nos inspira confianza. Se *lisonjean* los sentidos con la apariencia del deleite: se *lisonjea* el deseo con la esperanza; y así decimos: me *lisonjeo* del buen éxito de este negocio; se *lisonjea* vanamente de ello" (LH). Aplicado a personas, *adulón, servil, pelotillero, cobista.* Los adjetivos *lisonjeador, lisonjero, zalamero, adulador,* se aplican a personas y cosas. *Adulatorio,* sólo a cosas; p. ej., una carta puede ser *adulatoria* o *aduladora,* pero una persona es *aduladora,* y no *adulatoria. Adulón, adulete* y *pelotillero* son expresiones más despectivas y vulgares que *adulador.* El *adulador* puede serlo una sola vez, mientras que el *adulón* y el *pelotillero* lo son por costumbre.

**adular** *tr. Lisonjear, halagar\*, roncear* (fam.), *hacer la pelotilla* (fam. o vulg.), *hacer la pelota* (fam. o vulg.), *reptar* (fig.). "*Adular* es una acción más directa y más clara que *lisonjear*. El que *adula* celebra, exagera, encomia, miente a cara descubierta; el que *lisonjea* promete, festeja y procura evitar todo lo que desagrade al objeto *lisonjeado*. El cortesano que compara a su monarca con Augusto, *adula*; el que pondera la felicidad de la nación como obra de su sabiduría, *lisonjea*. El hombre astuto emplea la *lisonja* con preferencia a la *adulación*. Los necios gustan más de la *adulación* que de la *lisonja*" (M).

**adulatorio, -ria** *adj. Adulador\*, lisonjero, adulón, servil, pelotillero* (fam.), *pelota* (fam.), *cobista, zalamero.*

**adulón, -ona** *adj.-s. Adulador, servil, pelotillero, cobista, lisonjeador, lisonjero, zalamero.*

**adulteración** *f. Falsificación, sofisticación.*

**adulterado, -da** *adj. Falso, falsificado, mistificado, contrahecho, espurio, apócrifo, subrepticio.*

**adulterar** *tr. Falsificar\*, falsear, sofisticar, viciar, contrahacer\*, mistificar, corromper, desnaturalizar.* ↔ PURIFICAR, SANEAR.

**adulto, -ta** *adj. Maduro, entrado en años.*

**adunar** *tr. p. us. Aunar, unir, reunir, juntar, congregar, unificar.* ↔ SEPARAR.

**adurir** *tr. ant. Quemar, abrasar.*

**adustión** *f. Combustión. 2 PINT. Encauste, encausto, incausto.*

**adusto, -ta** *adj. Seco, rígido, desabrido, hosco, huraño, esquivo, serio, severo, ceñudo.* ↔ SOCIABLE, AMABLE.

**adversario, -ria** *s. Contrario, enemigo, antagonista, rival, competidor.* ↔ AMIGO.

**adversidad** *f. Infortunio, desgracia\*, desventura, desdicha, fatalidad, mala suerte, tumbo en tumbo, mala pata, infelicidad.* Preferimos *adversidad* cuando nos referimos a una situación o estado de cierta duración, y no a un solo acto desgraciado o desdichado.

Tiene, pues, un carácter más abstracto, parecido a *infelicidad, desventura*, y se opone a *prosperidad, fortuna*. Decimos, p. ej., que a fulano le ha ocurrido una *desgracia*, una *desdicha*, una *desventura*, no una *adversidad*, porque ésta no es accidental y única, sino más durable. En cambio, diremos que la *adversidad* ha sucedido a la prosperidad o buena fortuna de una familia. ↔ FELICIDAD, FORTUNA, PROSPERIDAD.

**adverso, -sa** *adj. Desfavorable, contrario, opuesto, hostil. 2 Fatal, desgraciado, funesto, nefasto, aciago, malhadado.*

**advertencia** *f. Observación, aviso, consejo, prevención, amonestación\*, admonición, apercibimiento, enseñanza, ejemplo.* Los tres primeros tienen carácter más o menos amistoso: *prevención, amonestación* y *admonición* van de un superior a un inferior. El *apercibimiento* procede de una autoridad y es siempre conminatorio.

**advertido, -da** *adj. Capaz, experto, despierto, listo, aleccionado, instruido, avisado, sagaz, astuto.* Los tres últimos incluyen en mayor o menor proporción la nota de astucia; en los demás domina la nota de inteligencia. "La calidad de *advertido* es análoga al talento; la de *avisado*, al ingenio. La penetración en los juicios, la prudencia en la desconfianza, la solidez en la precaución, son propias del *advertido*. La viveza en la penetración, la sagacidad en la desconfianza, la agudeza en la cautela, son propias del *avisado*. El *advertido* se precave contra el error; el *avisado*, contra el engaño" (LH). ↔ INADVERTIDO, IGNORANTE. 2 *Cauteloso, prudente, previsor, precavido.* ↔ ARRIESGADO, AUDAZ, TEMERARIO.

**advertir** *intr.-tr. Observar, notar, reparar, darse cuenta, percatarse, fijar la atención, sentir, percibir, experimentar, apercibirse. 2 Prevenir, informar, notificar\*, avisar, amonestar, aconsejar, le-*

*vantar la caza, apercibir\*, noticiar\**. Es evidente que cabe *advertir* para el futuro, tanto como para el pasado y el presente; pero es exacto que *avisar* se proyecta hacia el futuro en la intención del que habla. Si *avisamos* a alguien de un peligro que ya pasó, es para precaverle contra la posible repetición del mismo. Por ej.: *te aviso que había un obstáculo en la carretera,* significa precaver a nuestro interlocutor para cuando vuelva a pasar por ella. En cambio, en *te advierto que había un obstáculo* no hay más intención que la de hacerle ver un peligro afortunadamente salvado. "*Advertir* dice relación con lo pasado y lo presente; *avisar* se refiere a tiempo futuro. Te *advierto* que has cometido un error, que tus enemigos te tienden asechanzas; te *aviso* que mañana te toca la guardia. *Adviérteme* si me equivoco; *avísame* cuando me llamen. Para *advertir* se necesita más autoridad que para *avisar*" (M). ↔ OCULTAR, ENGAÑAR.

**adyacente** *adj*. Inmediato, contiguo, junto.

**aeración** *f*. Aireación, ventilación, oreo.

**aeródromo** *m*. Aeropuerto.

**aeroelectrónica** *f*. Aviónica.

**aerolito** *m*. Meteorito, piedra meteórica, uranolito.

**aeronave** *f*. Globo dirigible.

**aeroplano** *m*. Avión.

**aeropuerto** *m*. Aeródromo.

**aerostato** *m*. Globo.

**afabilidad** *f*. Agrado, amabilidad, blandura\*, urbanidad\*, cortesía, educación, buenos modales.

**afable** *adj*. Amable, atento\*, cortés, afectuoso, tratable, sociable, sencillo, amistoso, amigable, accesible. "El hombre *amable* se distingue por su temple apacible y por la suavidad de sus modales; el *afable* por su llaneza, por su disposición a escuchar a todos. El *amable* lo es en su conducta; el *afable* lo es en su trato. Por lo común, se aplica el adjetivo *afable* al

hombre de elevada jerarquía que no se desdeña de hablar con sus inferiores. De Federico II se cuenta que era *amable* con sus amigos y poco *afable* con sus súbditos" (M). ↔ ÁSPERO, ADUSTO, DURO. 2 *Bueno, bondadoso, indulgente, benévolo*. ↔ MALO, MALVADO.

**afamado, -da** *adj*. Famoso, acreditado, renombrado, reputado, conocido, célebre, egregio\*. ↔ DESCONOCIDO.

**afán** *m*. Deseo, anhelo, ansia. ↔ DESALIENTO. 2 Ahínco, solicitud, diligencia. Todos ellos, hablando del trabajo. ↔ DESGANA. 3 Fatiga, cansancio, pena, enfado.

**afanarse** *prnl*. Atrafagar, fatigarse. 2 Aporrearse, azacanearse, ahincarse, fatigarse.

**afanita** *f*. Anfibolita.

**afanoso, -sa** *adj*. Acucioso\*, diligente, apresurado, presuroso. 2 Ganoso, deseoso, ansioso, ávido, anheloso. 3 Solícito, cuidadoso, diligente.

**afear** *tr*. Desfavorecer (eufemismo), deformar. 2 Tachar, vituperar, censurar, reprender.

**afección** *f*. Afecto\*, inclinación, ternura, cariño, apego, afición, amistad, amor. ↔ ODIO, ANTIPATÍA. 2 Enfermedad\*, mal, dolencia, morbo, padecimiento, achaque, indisposición, destemple.

**afectación** *f*. Amaneramiento, rebuscamiento, estudio, fingimiento, disimulo, doblez, presunción. Los tres primeros sinónimos denotan simplemente falta de naturalidad; los otros implican, además, intención de hacer creer lo que no es. 2 Empaque\*, seriedad, tiesura, estiramiento, énfasis. 3 Prosopopeya, pompa, aparato, ampulosidad, ostentación.

**afectado, -da** *adj*. Aparente, fingido, forzado, estudiado, amanerado, rebuscado, artificioso. ↔ NATURAL, SENCILLO, LISO, ESPONTÁNEO. 2 Aquejado, molestado, apenado, afligido, impresionado, conmovido. 3 Achulado, flamenco, presumido, valentón. 4 Hinchado,

*hiperbólico, pomposo, opado, redundante, hueco.*
**afectar** *tr. Fingir, simular.* 2 MED. *Interesar, alterar.* 3 *Anexar, agregar, adscribir.* 4 *Atañer\*, concernir\*, referirse a, tocar a.* 5 *Impresionar, conmover, emocionar\*.* "Todas las sensaciones intensas *afectan;* sólo *conmueven* las que excitan sentimientos tiernos y benévolos. Nos *afecta* la vista del suplicio o de un cadáver, la relación de un crimen o de una catástrofe; nos *conmueve* un rasgo de generosidad, de desprendimiento o de misericordia. Para *afectarse* basta un cierto grado de sensibilidad; pero sólo se *conmueve* el que simpatiza con los males ajenos" (M).
**afecto** *m. Apego, inclinación, afición, amistad, cariño, afección, amor\*.* "El *afecto* es una disposición benévola en favor de un objeto determinado; el *cariño* tiene más intensidad que el *afecto;* el *amor* se distingue por una acción más general en todos los sentimientos, por una energía que llega a convertirse en pasión. El *afecto* y el *cariño* se asocian con la tranquilidad del ánimo; el *amor* con la turbulencia de los sentidos, con la ansiedad y con los celos. Los dos primeros se someten más fácilmente a la razón que el último. El *afecto* y el *cariño* aspiran al bienestar del objeto; el *amor* aspira a la satisfacción de un deseo, a la posesión exclusiva del objeto amado. El *cariño* y el *afecto* emplean servicios, esfuerzos y halagos; el *amor* llega hasta la abnegación y el sacrificio" (M). ↔ ODIO, RENCOR.
**afecto, -ta** *adj. Unido, anejo, anexo, agregado, adscrito, destinado.* 2 *Apreciado, estimado, grato, querido.* 3 *Partidario, adepto.*
**afectuoso, -sa** *adj. Amoroso, cariñoso, amable, amistoso, afable\*.*
**afeitada** *f. Argent. y Chile Afeitado, rasuración, rasura.*
**afeitado** *m. Rasuración, rasura, afeitada* (Argent. y Chile).

**afeitar** *tr. Rasurar, rapar, raer.*
**afelpado, -da** *adj. Felpudo.*
**afeminado** *m. Marica, mariquita, maricón* (fam.)*, homosexual, invertido, sodomita, amadamado, amariconado.* ↔ MACHO, VIRIL, MASCULINO, VARONIL.
**afeminado, -da** *adj. Adamado, amadamado, amujerado, feminoide, femenino\*, femenil, feméneo* (p. us.)*, femil, mujeril.* ↔ VIRIL.
**afeminarse** *prnl. Adamarse, amadamarse.*
**aféresis** *f.* CIR. *Amputación, escisión.*
**aferrar** *tr. Agarrar\*, asir, asegurar, afianzar.* 2 *prnl. Insistir, obstinarse, no dar el brazo a torcer, cerrarse en banda, no cejar, porfiar, empeñarse, mantenerse en sus trece, metérsele (a uno) (algo) en la cabeza, emperrarse.*
**afianzar** *tr. Dar fianza, garantizar, responder.* 2 *tr.-prnl. Afirmar, asegurar, asir, agarrar, aferrar, consolidar.* ↔ DESASIRSE.
**afición** *f. Inclinación, apego, cariño, afecto\*, gusto\*.* ↔ ANTIPATÍA. 2 *Ahínco, empeño, afán.* ↔ INDIFERENCIA. 3 DEP. *Hinchada.*
**aficionado, -da** *adj.-s. Diletante. Especialmente, si se trata de música.* 2 (pers.) *Amateur* (galic.)*.* 3 *Seguidor, hincha, forofo, fan, supporter* (anglic.)*. Especialmente, tratándose de un deporte.*
**aficionarse** *prnl. Inclinarse, encariñarse, enamorarse, prendarse, engolosinarse, arregostarse, empicarse, regostarse, tomar gusto (por algo).*
**afilado, -da** *adj. Agudo, delgado, puntiagudo, aguzado.*
**afilador** *m. Amolador.*
**afilalápices** *m. Sacapuntas.*
**afilar** *tr. Amolar, dar filo, aguzar.*
**afiliación** *f. Adhesión, unión, apego, afección.* ↔ DESUNIÓN, DISCREPANCIA.
**afiliado, -da** *adj.-s. Adepto, adherido, adicto, partidario, correligionario, afecto, neófito\*.*
**afiliar** *tr.-prnl. Admitir, acoger, iniciar, adherirse, alistar, inscribir, matricular,*

**afín**

*sentar plaza* (en el ejército), *darse de alta, entrar, ingresar.*

**afín** *adj. Parecido\*, semejante\*, análogo, parejo, similar.* 2 *Próximo, cercano, contiguo.* 3 *Pariente, deudo, allegado.*

**afinar** *tr.-prnl. Perfeccionar, acabar, pulir, purificar.* Tratándose de una obra, un trabajo o producto 2 *Sutilizar, precisar, esmerarse.* Tratándose de actos de ingenio. 3 *Templar, entonar.* ↔ DESAFINAR.

**afincarse** *prnl. Fijarse, establecerse.*

**afinidad** *f. Analogía, semejanza, simpatía.* ↔ DIVERSIDAD, DISIMILITUD, ANTIPATÍA. 2 *Parentesco, cuñadía.*

**afirmación** *f. Aserción, aseveración, aserto.* *Aserción* y *aserto* son literarios y menos usados fuera del estilo elevado. *Aseveración* es intensivo o reiterativo, e indica el acto de robustecer o asegurar lo que se dice.

**afirmado** *m. Firme.* En el sentido de firme o afirmado de una carretera.

**afirmar** *tr.-prnl. Asegurar, afianzar, apoyar, consolidar, estribar, sujetar, asir.* ↔ SOLTAR. 2 *tr. Aseverar, atestiguar, asegurar, confirmar, asentir* (intr.). ↔ NEGAR. 3 *prnl. Ratificarse, reiterarse, no dar el brazo a torcer, mantenerse en sus trece.* ↔ NEGAR.

**afirmativo, -va** *adj. Aseverativo, confirmativo.*

**aflicción** *f. Pena\*, pesar, pesadumbre, dolor, tristeza\*, sinsabor, amargura, tribulación, desconsuelo, abatimiento, angustia, congoja, inquietud.* ↔ TRANQUILIDAD, CONSUELO, ÁNIMO. 2 *Apuro, conflicto, compromiso, dificultad, ahogo, de vida o muerte, con el agua al cuello.*

**aflictivo, -va** *adj. Penoso, doloroso, triste.*

**afligido, -da** *adj. Afectado, aquejado, molestado, apenado, impresionado, conmovido, doliente, dolorido, desconsolado, contristado.*

**afligir** *tr.-prnl. Contrariar, apesarar, apesadumbrar, apenar, entristecer, amargar, atormentar, mortificar, acon-*

*gojar, contristar, desconsolar, desolar, angustiar.* ↔ CONSOLAR.

**aflojar** *tr. Desapretar, distender, soltar.* ↔ APRETAR, CEÑIR. 2 *intr. Ceder, flaquear, debilitarse, amainar, ablandarse.* 3 *tr. Disminuir.* ↔ AUMENTAR.

**aflorar** *tr. Alumbrar, elevar.*

**afluencia** *f. Abundancia, copia, aflujo.* Este último, tratándose de líquidos que afluyen a una víscera o tejido orgánico. 2 *Animación, concurso, concurrencia\*.*

**afluente** *adj.-s. Tributario.*

**afluir** *intr. Concurrir, acudir.* 2 *Desaguar, verter, desembocar, derramar.*

**aflujo** *f. Afluencia, abundancia, copia.*

**afonía** *f. Ronquera.*

**afónico, -ca** *adj. Ronco.*

**aforia** *f.* MED. *Esterilidad.*

**aforismo** *m. Sentencia, máxima, apotegma, refrán\*.*

**aforístico, -ca** *adj. Gnómico, sentencioso.*

**aforo** *m. Capacidad, cabida.*

**afortunado, -da** *adj. Venturoso, dichoso, feliz, venturado* (ant.), *fausto. Fausto* se aplica a sucesos, tiempos, etc., pero no a personas. ↔ DESAFORTUNADO.

**afrancesado, -da** *adj.-s. Galicista, agabachado.* El primero, tratándose del lenguaje o estilo. El segundo, en sentido general y despectivo.

**afrecho** *m. Salvado.*

**afrenia** *f.* MED. *Insania, demencia.*

**afrenta** *f. Agravio\*, deshonra, deshonor, vergüenza, injuria\*, ultraje, oprobio, vilipendio, ofensa, estigma, desdoro, infamia, insulto.*

**afrentar** *tr.-prnl. Agraviar, ofender, injuriar\*, deshonrar, vilipendiar, ultrajar, infamar, difamar, desacreditar, caer en nota, andar en opinión.* ↔ ALABAR, HONRAR, ACREDITAR, CALIFICAR.

**afrentoso, -sa** *adj. Insultante, ofensivo, injurioso, ultrajante.*

**áfrico** *m. Ábrego, ábrigo.*

**afrodisia** *f.* MED. *Ninfomanía, satiriasis.*

**afrontar** *tr. Enfrentar, arrostrar, hacer*

frente, desafiar, dar la cara, dar el pecho. ↔ ELUDIR, ESCAPAR. 2 *Carear.*

**afuera** *adv. l. Fuera.* Aunque a menudo se usan indistintamente *fuera* y *afuera*, la determinación local es más precisa en el primero. Signica más allá de un recinto o límite definido; en tanto que *afuera* indica idea general de alejamiento (es decir, "hacia") y admite grados (*más, menos, muy, tan afuera*). V. adentro.

**afueras** *f. pl.* Contornos, alrededores, inmediaciones, cercanías, proximidades.

**afufar** *intr.-prnl.* vulg. y ant. *Huir, escapar, desaparecer, pirárselas* (col.).

**agabachado, -da** *adj.-s. Afrancesado, galicista.*

**agachadiza** *f. Rayuelo, sorda, agachona* (And. y Filip.). Se dice *rayuelo*, a causa de las rayas de su plumaje.

**agacharse** *prnl. Encogerse, doblarse, agazaparse, acurrucarse, agarbarse.* ↔ LEVANTARSE.

**agachona** *f. And. y Filip. Agachadiza, rayuelo, sorda.*

**agallas** *f. pl. Branquias.* En los peces. 2 *Amér. Astucia, codicia, cicatería.* 3 **Tener agallas** *loc.* Tener valor, tener ánimo, tener sangre fría, tener arrestos, ser de pelo en pecho, no morderse la lengua, tener sangre fría.

**agáloco** *m. Áloe, calambac.*

**ágape** *m. Banquete, festín.*

**agarbarse** *prnl. Agacharse, encogerse, doblarse, agazaparse, acurrucarse.* ↔ LEVANTARSE.

**agarbillar** *tr. Agavillar, engavillar.*

**agareno, -na** *adj.-s. Árabe, sarraceno, ismaelita, moro, musulmán, islamita, mahometano.*

**agarrada** *f. Altercado*, riña, pendencia, disputa, contienda, porfía, reyerta, lucha, una de "pópulo bárbaro".*

**agarraderas** *f. pl. fig. Influencia, valimiento, favor, padrinos, aldabas.*

**agarradero** *m. Asa, mango, asidero.* 2 *Amparo, recurso.*

**agarrado, -da** *adj. Avaro, tacaño,* mezquino, miserable, roñoso, apretado, cicatero, ruin, sórdido.

**agarrar** *tr.-prnl. Asir*, coger, tomar, atrapar, pillar, aferrar, pescar* (fig. y fam.). Agarrar es intensivo de asir, coger, tomar, y supone fuerza en la acción que representa. Atrapar, pescar y pillar significan asir o agarrar lo que huye o pasa; y así, decimos que atrapamos o pillamos una mariposa al vuelo; en sentido fig., atrapar o pillar una ocasión, un buen empleo, una ganga. ↔ SOLTAR. 2 Asirse, reñir, pelearse. 3 Aferrar, asir, asegurar, afianzar. 4 Arraigar, prender, encepar, enraizar. 5 **No tener por donde agarrarse** *loc.* Ser disparatado, no tener sentido, no tener pies ni cabeza.

**agarre** *m. Agarrón, cogida* (en el béisbol).

**agarrochar** *tr. Garrochear, picar.*

**agarrón** *m. Agarre, cogida* (en el béisbol). 2 *Amér. Pleito* (Amér.), *riña.*

**agarrotar** *tr. Apretar, oprimir. Agarrotar* tiene mayor intensidad de significado que uno y otro.

**agasajar** *tr. Obsequiar, regalar, festejar.* 2 *Halagar*.*

**agasajo** *m. Festejo.* 2 *Obsequio, regalo*, presente, fineza.*

**ágata dendrítica** *f.* MINERAL. *Dendrita, piedra de Mocha.*

**agavanzo** *m. Escaramujo, gavanzo, galabardera, mosqueta silvestre, zarzaperruna, tapaculo* (fruto).

**agave** *f. Pita, pitera.*

**agavillar** *tr. Engavillar, agarbillar.* 2 *Capitanear, apandillar, acuadrillar.*

**agazaparse** *prnl. Agacharse, doblarse, encogerse, acurrucarse.* 2 fig. *Esconderse, achantarse, ocultarse, disimularse.*

**agenciar** *tr.-prnl. Procurar, conseguir, obtener, adquirir. Agenciar* connota maña, ingenio, diligencia. 2 *prnl. Componérselas, arreglarse.*

**agenda** *f. Dietario.*

**agente. Agente policíaco** *m. Policía, polizonte* (fam.), *poli* (fam.), *gura* (fam.), *bofia* (fam.). 2 **Agente secreto** *Espía*, confidente* (eufem.), *soplón*

# agible

(desp.), *fuelle* (burl.), *espión, observador* (eufem.).

**agible** *adj. Hacedero, factible, realizable.*

**ágil** *adj. Ligero, pronto, expedito, vivo, diestro.* ↔ PESADO, TORPE.

**agilidad** *f. Ligereza, prontitud, viveza, presteza, destreza*.*

**agiotista** *adj.-com. Judío, avaro, usurero, explotador.*

**agitación** *f. Movimiento, tráfago, trajín.* 2 *Inquietud, intranquilidad, conmoción, turbación, perturbación, ansia, ansiedad*, congoja, zozobra, angustia, tribulación.* 3 *Efervescencia, ardor, exaltación.* ↔ FRIALDAD, TRANQUILIDAD. 4 *Turbulencia, desorden, confusión, aboroto*, revuelta, motín.*

**agitado, -da** *adj. Accidentado, turbado.*

**agitador, -ra** *adj.-s. Perturbador, revolucionario, demagogo.*

**agitanado, -da** *adj.-s. Gitano, cañí.*

**agitar** *tr.-prnl. Sacudir, remover, mover*, menear.* 2 *Inquietar, intranquilizar, conmover, turbar, perturbar.* ↔ CALMAR.

**aglomeración** *f. Amontonamiento, acumulación, acopio, hacinamiento.* 2 *Gentío, muchedumbre.*

**aglomerado, -da** *adj. Espeso, apretado, macizo, cerrado, tupido.*

**aglomerar** *tr.-prnl. Amontonar, juntar, acumular, hacinar, acopiar, conglomerar.* ↔ SEPARAR, DESUNIR.

**aglutinar** *tr. Conglutinar, pegar, adherir.*

**agnición** *f. Anagnórisis, reconocimiento. Anagnórisis* es más usado que *agnición.* Ambos términos se emplean de forma especial tratando del teatro grecolatino o de sus imitaciones, y pueden extenderse a la novela. En general, *reconocimiento.*

**agnomento** *m. Cognomento, renombre.*

**agnominación** *f. p. us. Paronomasia*.*

**agobiar** *tr.-prnl. Abrumar, atosigar, oprimir, cansar, fatigar.* Los dos últimos con menor intensidad. ↔ DESPREOCUPAR, DESPEJAR.

**agobio** *m. Cansancio, fatiga, opresión, atosigamiento.* Los dos primeros son menos intensos. 2 *Sofocación, angustia.*

**agonía** *f. Amér. Desazón, angustia.*

**agonizante** *adj.-m. Camilo.*

**agorador, -ra** *adj.-s. Agorero, adivino, profeta, vate, augur.*

**agorar** *tr. Predecir, adivinar*, presagiar, ominar* (p. us.), augurar, vaticinar, profetizar.* En *agorar* predomina el matiz esp. de predecir desdichas.

**agorero, -ra** *adj.-s. Agorador, adivino, profeta, vate, augur.* V. adivinar.

**agostador, -ra** *adj. Abrasador*.*

**agostar** *tr. Abrasar, secar*, marchitar.*

**agotado, -da** *adj. Acabado, gastado, destruido, malparado, consumido, exhausto.*

**agotamiento** *m. Desfallecimiento, decaimiento, abatimiento*, extenuación, cansancio*, postración, aplanamiento.* Tratándose del cuerpo.

**agotar** *tr. Consumir, apurar, acabar, gastar, esquilmar.* ↔ LLENAR, AUMENTAR. 2 *tr.-prnl. Debilitar, enflaquecer, extenuar, desalentar, desanimar, postrar, aplanar, desfallecer, cansar*, abatir*.* V. abatimiento. ↔ FORTALECER, ANIMAR.

**agracejo** *m. Arlo, agrecillo, alarguez, berberís, bérbero, bérberos.*

**agraciado, -da** *adj. Hermoso, lindo, gracioso, bonito*.*

**agraciar** *tr. Conceder, favorecer, premiar, otorgar.*

**agradable** *adj. Deleitoso, delicioso, placentero, grato, placible, sabroso, gustoso, acepto. Deleitoso, delicioso* y *placentero* halagan a los sentidos; tratándose esp. del gusto, *sabroso, gustoso. Grato* y *placible* tienen relación con el sentimiento o los afectos; p. ej.: son *gratas* las pruebas de amistad, el compañerismo, las lisonjas. Tratándose de personas, *grato* y *acepto. Agradable* engloba en su significación a los demás sinónimos. 2 *Apacible,* *dulce, pacífico, manso, sosegado, tranquilo, reposado.*

**agradar** *tr. Placer, complacer, contentar, satisfacer, gustar, deleitar, alegrar, caer en gracia, caer de pie, lisonjear, regalar. Placer, contentar* y *satisfacer* tienen a este respecto significado semejante al de *complacer.* Cuando se trata del atractivo que sobre nosotros ejercen el mérito o las cualidades de una persona o cosa, *agradar* se acerca al sentido de *gustar.* "Para *agradar* se necesitan cualidades y prendas; para *complacer,* intención y esfuerzos. Nos *agradan* una mujer hermosa y el trato de una persona instruida y culta; nos *complacen* el que nos sirve, el que nos obsequia, el que nos hace favores" (M). ↔ DESAGRADAR.

**agradecer** *tr. Reconocer.* "*Agradecer* supone la estimación que hacemos del beneficio recibido. *Reconocer* supone la obligación que nos imponemos de corresponder a él. Se *agradece* un regalo de poca monta, un obsequio, un saludo. El *reconocimiento* sería excesivo para corresponder a estas frioleras; así como sería poco enérgica la simple expresión de *agradecer* una acción generosa que nos ha salvado la vida, a la que debemos estar enteramente *reconocidos*" (LH).

**agradecido, -da** *adj.-s. Reconocido, obligado.*

**agradecimiento** *m. Gratitud, reconocimiento.* ↔ INGRATITUD, DESLEALTAD.

**agrado** *m. Afabilidad, amabilidad.* 2 *Gusto\*, satisfacción, contentamiento, placer, complacencia, tener ángel, entrar por los ojos, ser de pan y miel.*

**agrandar** *tr. Ampliar, engrandar* (p. us.)*, ensanchar, aumentar, acrecentar, acrecer, multiplicar, engrandecer, alargar\*, dilatar. Acrecentar, acrecer* y *multiplicar* se refieren igualmente al número; *dilatar, alargar* y *ensanchar* al espacio y al *volumen.* "*Agrandar* se aplica más comúnmente a las cosas físicas; *engrandecer,* a las intelectuales y morales. Se *agrandan* el espacio y el

volumen; se *engrandecen* las miras, los planes y las ideas. El arquitecto *agranda* el edificio; el héroe *engrandece* su nombre con hazañas. El sastre *agranda* el vestido; Newton *engrandeció* su sistema sobre la atracción, aplicándolo al movimiento de los cuerpos celestes" (M). "Se *agrandan* y se *aumentan* la extensión y el volumen; pero el número se *aumenta,* y no se *agranda.* Para *agrandar* un edificio es preciso *aumentar* los materiales. Cuando se *aumentan* los libros, se *agranda* la biblioteca. El territorio se *agranda*; la población se *aumenta*" (M). ↔ ACHICAR, DISMINUIR.

**agravar** *tr.-prnl. Empeorar.* Tratándose de enfermedades o de crisis y situaciones sociales, políticas, económicas, etc.

**agravedad** *f. Ingravidez.*

**agraviar** *tr. Molestar, sentirse, resentirse, ofender, insultar, injuriar\*, afrentar, ultrajar.* ↔ HONRAR, DESAGRAVIAR.

**agravio** *m. Molestia, ofensa, insulto, injuria\*, afrenta, ultraje.* "La *afrenta* es un dicho o hecho de que resulta deshonor o descrédito; ofende mucho y mortifica sumamente a los que son delicados en el honor. El *insulto* es un acontecimiento de obra o de palabra repentino y violento. El *ultraje* añade al *insulto* un exceso de violencia que irrita" (Ma). El *agravio* atropella nuestro derecho; la *ofensa* añade al *agravio* el desprecio o el *insulto.* El que tiene derecho a un ascenso que no ha conseguido, se cree *agraviado*; si a este *agravio* se ha añadido un desprecio de su mérito o una declaración de su insuficiencia, se cree *ofendido.* Para el *agravio* es preciso que haya injusticia; para la *ofensa* basta que haya insulto, aunque no haya injusticia. Aquel nos perjudica tal vez sin afrentarnos; esta nos afrenta siempre o nos humilla. No *agravia* el que dice de uno que es tuerto, cuando realmente lo es, porque en decir aquella verdad no hay la injusticia que exige el *agravio* para serlo; pero lo *ofende* el que se lo dice o se lo recuerda, porque insulta su amor propio y le humilla (...). De un hombre que baila bien, sin hacer vanidad de ello, ni pretender elogios, no se puede decir que baila mal sin hacerle un *agravio*, de que no queda *ofendido*; pero sí lo queda una mujer a quien se disputa la buena figura, aunque ella misma conozca que no la tiene: porque aquel no ve en ello más que una injusticia; pero esta ve en ello un desprecio, un insulto (LH). 2 *Perjuicio, daño, tuerto, entuerto, desaguisado, atropello, descomedimiento. Tuerto* y *entuerto* tienen cierto sabor arcaico y literario, por el mucho uso que hace de estas voces la literatura clásica, y esp. Cervantes en el *Quijote*.

**agrecillo** *m. Arlo, agracejo, alarguez, berberís, bérbero, bérberos*.

**agredir** *tr. Atacar, acometer, arremeter, cerrar, embestir*.

**agregación** *f. Adjunción, añadidura, adición, suma, aumento.* ↔ RESTA, DISMINUCIÓN.

**agregado** *m. Compuesto, mezcla*.

**agregado, -da** *adj.-s. Afecto, adscrito, anexo*.

**agregar** *tr. Juntar, añadir, sumar, adicionar, aumentar, unir.* ↔ DISMINUIR, RESTAR. 2 *Anexar, anexionar, adscribir*. ↔ SEPARAR. 3 *Incorporar, mezclar*, *mixturar, mixtionar*.

**agresión** *f. Ataque, acometida, acometimiento, embestida.* La *agresión* envuelve la idea de injusticia; es contraria al derecho, en tanto que los demás sinónimos pueden ser justos o injustos y hacerse en buena o en mala guerra.

**agresivo, -va** *adj. Acometedor, arremetedor, impetuoso, belicoso.* ↔ APOCADO.

**agreste** *adj. Inculto, silvestre*, *campestre, salvaje*, *montaraz, cimarrón* (Amér.), *fiero, cerril, bravío*. Todos ellos, tratándose del campo o de las plantas y animales que viven en él. 2 fig. *Áspero, rudo, grosero*.

**agriar** *tr.-prnl. Acedar, revenirse, apuntarse, torcerse, volverse, acidificar* (tecn.), · *avinagrar*, *acidular* (tecn.), *fermentar*. P.ej., *la compota se aceda, se reviene o se vuelve. Avinagrar(se)* se aplica no sólo al vino, sidra, cerveza, sino también a otros líquidos, como la leche. *Acidular* es *acidificar* ligeramente. 2 *tr.* fig. *Exasperar, exacerbar*.

**agriaz** *m. Cinamomo, agrión*.

**agricultor, -ra** *s. Labrador, cultivador, labriego.* Designan el oficio del que cultiva la tierra.

**agriera** *f. Amér. Acedía, acidez* (de estómago), *hiperclorhidria* (MED.).

**agrietar** *tr.-prnl. Abrir, hender, rajar*.

**agrifolio** *m. Acebo, aquifolio*.

**agrilla** *f. Acedera, vinagrera*.

**agrio, -gria** *adj. Ácido, acedo.* 2 fig. *Acre, áspero, desapacible, acerbo, estridente*, *ruidoso, destemplado.* ↔ SUAVE. 3 *Frágil, quebradizo.* Tratándose de metales. V. agrios.

**agrión** *m. Cinamomo, agriaz*.

**agrios** *m. pl. Cítricos.* Dícese de ciertas frutas. V. agrio, -gria.

**agripnia** *f.* MED. *Desvelo, insomnio, vigilia.* 2 *Ahipnia, ahipnosis*.

**agrisado, -da** *adj. Grisáceo*.

**agrupación** *f. Asociación, sociedad*, *entidad, corporación, compañía*.

**agrupar** *tr.-prnl. Asociar, juntar, reunir.* ↔ SEPARAR, DESUNIR, DESLIGAR.

**agua. Agua carbónica** *f. Gaseosa.* 2 **Agua de la vida** *Aguardiente.* 3 **Agua fuerte** *Ácido nítrico.* 4 **Estar con el agua al cuello** *loc. Estar en un apuro, estar en un compromiso, pasar dificultades, estar entre la espada y la pared.* 5 **Ser como dos gotas de agua** V. gota.

**aguacate** *m.* (árbol) *Palto*.

**aguacero** *m. Chaparrón, chubasco, nubada, lluvia*.

**aguachar** *tr. Enaguachar, enaguar*.

**aguaderas** *f. pl. Angarillas*.

**aguaitacaimán** *m. Cuba. Cagón* (ave).

**aguamala** f. *Medusa, aguamar, pulmón marino.*

**aguamar** m. *Medusa, aguamala.*

**aguamiel** m. *Hidromel.*

**aguanieves** f. vulg. *Aguzanieves, andarríos, apuranieves, avecilla, pajarita de las nieves, pezpita, pezpítalo.*

**aguantable** adj. *Soportable, tolerable, llevadero.*

**aguantar** tr. *Sostener, resistir, soportar, sufrir\*, tolerar, sobrellevar, conllevar.* 2 prnl. *Contenerse, reprimirse, vencerse, tragar saliva, morderse los puños, llevar la cruz, hacerse el loco, armarse de paciencia.*

**aguante** m. *Fuerza, resistencia, energía, vigor.* 2 *Sufrimiento, paciencia, tolerancia, echárselo todo a las espaldas.*

**aguapié** m. *Torcedura, torcido, purrela.* El vino inferior entre los llamados *aguapié, purrela.*

**aguar** tr. fig. *Turbar, frustrar, perturbar, interrumpir.*

**aguardar** intr.-tr. *Esperar, estar de plantón, sostener la esquina, pasear la calle.* ↔ DESESPERAR, MARCHAR.

**aguardiente** m. *Agua de la vida.*

**aguarrás** m. *Esencia de trementina.*

**aguarrías** f. pl. Sant. *Llovizna, calabobos, cernidillo, mollizna, sirimiri* (Nav. y País Vasco), *orvallo* (Ast.).

**aguas** f. pl. *Orina, meados* (vulg.), *orín, aguas menores, pis, pipí.*

**aguavilla** f. *Gayuba, uvaduz.*

**aguazal** m. *Estero, cenagal.*

**aguazar** tr.-prnl. *Encharcar, enaguazar.*

**aguazul, aguazur** m. *Algazul.*

**agudeza** f. *Ingenio, sutileza, perspicacia, gracia.* ↔ SIMPLEZA, INGENUIDAD. 2 *Ocurrencia, chiste\*.*

**agudo, -da** adj. *Delgado, puntiagudo, aguzado, afilado.* 2 *Sutil, perspicaz, ingenioso, ocurrente, gracioso\*, chistoso\*.* 3 *Vivo, penetrante, estridente, chirriante, rechinante.* Los dos primeros, tratándose del dolor; los tres últimos, del ruido. 4 *Acentuado, oxítono.* Tratándose de una sílaba o vocal, *acen-*

*tuada*; de un vocablo que lleva el acento en la última sílaba, *oxítono.*

**agüera** f. AGR. *Acequia.*

**agüero** m. *Predicción, presagio, pronóstico, augurio.* Aunque en el verbo *agorar* predomina el matiz de predecir desdichas, el sustantivo *agüero* no connota esta cualidad, y los *agüeros* pueden ser buenos o malos, felices o desgraciados. V. adivinar. 2 **De mal agüero** loc. adj. *Ominoso, azaroso, aciago, funesto.*

**aguerrido, -da** adj. *Fogueado, belicoso, veterano.* Tratándose de tropas. 2 fig. *Ducho, experimentado, avezado, acostumbrado.*

**aguijada** f. *Llamadera, aijada.* 2 *Arrejada, béstola.*

**aguijar** tr. *Aguijonear, picar, pinchar, avivar.* 2 fig. *Estimular, incitar, animar, apresurar.*

**aguijón** m. *Espina, púa, pincho.* En las plantas. 2 *Rejo, pincho.* En los insectos. 3 fig. *Acicate, incitación, estímulo, incentivo, aliciente.*

**aguijonear** tr. *Aguijar, picar, pinchar, avivar.* 2 fig. *Estimular, incitar, animar.*

**aguileño, -ña** adj. *Aquilino.*

**aguja** f. MAR. *Brújula, compás.* 2 *Saeta, saetilla, manecilla.* En el reloj. 3 *Espetón* (pez teleósteo).

**agujerear** tr. *Horadar, taladrar, perforar.* 2 *Acribillar, acribar, herir, picar.*

**agujero** m. *Horado, huraco* (rúst.), *orificio, taladro, perforación, boquete, rotura, brecha, abertura. Orificio* es tecnicismo empleado en algunas artes y ciencias; *taladro* no sugiere precisamente un *agujero* de forma más o menos redondeada, sino de cualquier forma; *perforación* hace pensar principalmente en la acción, y no sólo en el resultado o efecto de la misma: se aplica en medicina, biología y minería. El *agujero*, el *orificio* y el *horado* pueden ser naturales; el *taladro* y la *perforación* son el efecto de un acto.

**agujetero** m. Amér. *Alfiletero.*

**aguoso, -sa** adj. p. us. Acuoso, ácueo (p. us.).

**agur** interj. fam. Adiós, abur.

**agutí** m. Amér. Acutí, conejillo de Indias, cobayo, cavia, acure (Colomb. y Venez.).

**aguzado, -da** adj. Agudo, delgado, puntiagudo, afilado.

**aguzanieves** f. Aguanieves (vulg.), andarríos, apuranieves, avecilla, pajarita de las nieves, pezpita, pezpítalo, pizpita, pizpitillo, caudatrémula, doradillo, motacila, motolita.

**aguzar** tr. Afilar, sacar punta. 2 fig. Aguijar, excitar, incitar, estimular, avivar.

**ahechaduras** f. pl. Granzas.

**ahelear** intr. Amargar, rehelear.

**aherrojar** tr. Encadenar, oprimir, subyugar, dominar. En sentido fig., aherrojar y encadenar expresan intensivamente las ideas de oprimir, subyugar, dominar. 2 Atrancar, trancar.

**aherrumbrar** tr.-prnl. Herrumbrar, enmohecer.

**ahí** adv. l. Aquí. Ahí significa en ese lugar, es decir, hace relación con la segunda persona, mientras que aquí designa el lugar próximo a la persona que habla, en este lugar.

**ahijar** tr. Prohijar, adoptar.

**ahincarse** prnl. Aporrearse, azacanearse, fatigarse, afanarse.

**ahínco. Con ahínco** loc. adv. Con empeño, con tesón, con firmeza, con insistencia, sin levantar cabeza, de día y de noche.

**ahipnia** f. MED. Insomnio, ahipnosis, agripnia.

**ahipnosis** f. MED. Insomnio, agripnia, ahipnia.

**ahitar** intr.-tr. Saciar, hartar*, empachar, empapuzar. 2 fig. Hastiar, fastidiar, enfadar.

**ahíto, -ta** adj. Saciado, harto, repleto, empachado, empapuzado, colmado, lleno, relleno. 2 fig. Hastiado, fastidiado, enfadado.

**ahogado, -da** adj. Estrecho, angosto*, reducido.

**ahogar** tr.-prnl. Asfixiar, sofocar. Ambos sinónimos, en el sentido primario de matar impidiendo la respiración. 2 Apagar, extinguir, sofocar. Tratándose del fuego o de pasiones y actividades. 3 Oprimir, fatigar, acongojar, agobiar. 4 tr. And. y Amér. Rehogar.

**ahogaviejas** m. Quijones.

**ahogo** m. Opresión, fatiga, sofocación. 2 Aprieto, apuro, congoja.

**ahondar** tr. Profundizar, zahondar (p. us.).

**ahora** adv. t. En este instante, en este momento, poco ha, dentro de poco, en seguida, ahorita. Ahora puede significar el momento inmediatamente anterior, poco ha, como cuando decimos ahora ha llegado. Significa también el momento inmediatamente futuro, dentro de poco, en seguida, p. ej., ahora vendrá. Admite el diminutivo ahorita, muy usado en Canarias y Amér., para puntualizar más el instante o para dar tono amable a la expresión. 2 Actualmente, hoy día, al presente, en la actualidad. Todos ellos, referidos a un largo lapso dentro del cual se halla el presente.

**ahorcar** tr. Colgar.

**ahorita** adv. t. Poco ha, ahora*.

**ahormar** tr. Amoldar.

**ahornar** tr. Enhornar.

**ahorrador, -ra** adj. Ahorrativo, económico, guardoso.

**ahorrar** tr. Economizar, guardar, evitar, excusar, reservar. Economizar, guardar, esp. si se trata de dinero u otros bienes. Evitar, excusar, reservar, tratándose de palabras, esfuerzos, compromisos, conflictos, etc. ↔ GASTAR, DERROCHAR. 2 ant. Libertar, soltar, rescatar, redimir, manumitir.

**ahorrativo, -va** adj. Ahorrador, económico, guardoso.

**ahorro** m. Economía (esp. en plural).

**ahuecado, -da** adj. Fofo, esponjoso, blando. ↔ DURO, ENJUTO.

**ahuecamiento** m. fig. Envanecimiento*, soberbia*, entoldamiento, toldo, en-

*tono, esponjamiento, presunción, humos, fatuidad, petulancia, desvanecimiento* (ant.), *hinchazón, arrogancia.* ↔ HUMILDAD, MODESTIA.

**ahuecar** *tr. Mullir, esponjar, ablandar.* 2 *prnl.* fig. *Envanecerse, engreírse, esponjarse, hincharse.* ↔ DESHINCHARSE. 3 *tr.* fam. *Ahuecar el ala, marcharse, largarse, irse con viento fresco.*

**ahusado, -da** *adj. Fusiforme* (tecnicismo).

**ahuyentar** *tr.-prnl. Espantar, echar.* 2 *Alejar, apartar, retirar, desviar, alongar* (ant.), *dispersar.* ↔ ACERCAR.

**aijada** *f. Aguijada.*

**ailanto** *m. Árbol del cielo, maque.*

**airado, -da** *adj. Irritado, enojado, encolerizado, furioso, enfurecido, rabioso, furibundo.* Todos ellos intensifican la expresión y sugieren gestos y ademanes irritados. ↔ TRANQUILO. 2 *Torvo, fiero, terrible.*

**airar** *tr.-prnl. Sublevar, irritar, enojar, soliviantar.*

**aire** *m. Atmósfera.* 2 *Viento.* 3 fig. *Apariencia, aspecto\*, porte, figura* 4 *Garbo, gracia, gallardía, apostura.* 5 **Aire acondicionado** *Climatización.* 6 **Levantar castillos en el aire** *loc.* V. castillo. 7 **Tener un aire a** *Asemejarse, semejar, parecerse, correr parejas con, tirar a, salir a.* ↔ DIFERENCIARSE.

**airear** *tr. Orear, ventilar, oxigenarse.* Aunque pueden sustituirse a menudo entre sí, *ventilar* sugiere gralte. la idea de una corriente de aire natural o artificial, mientras que para *airear* u *orear* basta el simple contacto del aire libre. Tratándose de una persona que respira al aire libre, prnl. *oxigenarse:* he salido a *oxigenarme.* 2 *prnl. Resfriarse, acatarrarse.*

**airestato** *m. Termostato.*

**airoso, -sa** *adj. Garboso, gallardo, apuesto, esbelto\*, elegante.* 2 *Jacarandoso, donairoso, gracioso, alegre, desenvuelto, desenfadado.* 3 *Juncal, flexible.*

**aislado, -da** *adj. Solitario, solo, retirado, apartado, incomunicado, arrin-*

*conado, desatendido, olvidado, postergado.* 2 *Esporádico\*, ocasional, excepcional, suelto.* ↔ CONTINUO.

**aislamiento** *m. Retiro, retraimiento, incomunicación, separación, apartamiento.*

**aislar** *tr. Separar, incomunicar, apartar.* ↔ UNIRSE, COMUNICARSE. 2 *Acorralar, arrinconar, rodear, estrechar.* 3 *prnl. Retraerse, retirarse, arrinconarse, meterse en su concha, enterrarse en vida, quedarse en cuadro entre cuatro paredes.*

**ajar** *tr. Deslucir, maltratar, marchitar, sobar.* 2 fig. *Humillar, vejar.*

**ajarafe** *m. Aljarafe, azotea, terrado.*

**ajea** *f. Artemisa pegajosa, pajea.*

**ajebe** *m. Alumbre, jebe, enjebe.*

**ajedrezado, -da** *adj. Escaqueado, equipolado* (BLAS.), **escacado** (BLAS.).

**ajenabe, -bo** *m. Mostaza, jenable, jenabe.*

**ajenar** *tr.-prnl. Enajenar, desposeer.*

**ajengibre** *m. Jengibre.*

**ajeno, -na** *adj. Extraño, impropio.*

**ajenuz** *m. Arañuela* (planta).

**ajetrearse** *prnl. Fatigarse, trajinar, zarandearse, azacanearse, llevar la lengua fuera, echar el bofe.*

**ajetreo** *m. Brega, trabajo, fatiga, faena, trajín.* 2 *Mareo, enfado, molestia, turbación.*

**ají** *m.* (planta y fruto) *Guindilla, pimiento.* 2 (salsa) *Ajiaco.*

**ajiaceite** *m. Ayolí, ajolio, aliolio, alioli.*

**ajiaco** *m.* (salsa) *Ají.*

**ajipuerro** *m. Puerro silvestre.*

**ajo** *m.* fig. y fam. *Palabrota, verbo, taco, terno, voto\*, blasfemia, reniego, juramento.* 2 **Ajo porro** *Puerro silvestre.* 3 **Echar ajos** *loc.* fig. y fam. *Blasfemar, jurar, renegar, decir palabrotas, decir tacos.* 4 **Estar en el ajo** *Saber, conocer, estar enterado, estar en el asunto.*

**ajolio** *m. Ajiaceite, alioli, ayolí, aliolio.*

**ajonje** *m. Aljonje, ajonjo.*

**ajonjera** *f. Angélica carlina, cardo ajonjero, cepa, caballo, ajonjero.*

**ajonjolí** *m. Alegría, sésamo.* Este último designa la planta y también el *alajú* condimentado con ella.

**ajote** *m. Escordio.*

**ajotrino** *m. Ajipuerro.*

**ajuar** *m. Menaje, mueblaje.*

**ajumado, -da** *adj. Alegre, achispado, alumbrado, borracho*, ebrio, beodo, embriagado, bebido.*

**ajumarse** *prnl. Embriagarse, emborracharse, achisparse, alumbrarse.*

**ajustadamente** *adv. m. Justamente, cabalmente, exactamente, precisamente.*

**ajustado, -da** *adj. Adecuado, acomodado, conveniente, proporcionado, idóneo, apropiado, oportuno.* ↔ INADECUADO, IMPROPIO. 2 *Estricto, justo, preciso, exacto, riguroso, ceñido, pintiparado, medido, clavado.* ↔ IMPRECISO, INEXACTO. 3 *Estrecho, apretado, ceñido.*

**ajustar** *tr.-prnl. Adaptar, acoplar, encajar, acomodar.* ↔ DESAJUSTAR. 2 *Contratar, concertar, convenir, pactar, conciliar*, armonizar, concordar, reconciliar.* 3 IMPR. *Compaginar.* 4 *prnl. Atenerse*, sujetarse, amoldarse, remitirse.*

**ajuste** *m. Acomodamiento, transacción, convenio, arreglo, conciliación, acuerdo, concierto, contrata*, contrato.* ↔ DESACUERDO. 2 *Nivelación.* ↔ DESAJUSTE.

**ajusticiar** *tr. Ejecutar.*

**ala del trinquete** *f.* MAR. *Arrastradera, rastrera.*

**alabancioso, -sa** *adj. Alardoso, ostentoso, jactancioso, vanaglorioso.*

**alabanza** *f. Elogio, encomio, loa, loor, enaltecimiento, apología*, panegírico, justificación, defensa.* 2 *Lisonja, incienso, adulación.* 3 *Lauro, premio, galardón, recompensa, triunfo, gloria, palma.*

**alabar** *tr. Celebrar, elogiar, encarecer, encomiar, loar* (lit.), *poner en los cuernos de la luna, decir mil bienes, dar jabón, levantar hasta las nubes, ensalzar.* El verbo *ensalzar* está muy cerca de *encarecer* y *encomiar.* "Lo que se *celebra* es o parece mejor que lo que se *alaba*;

lo que se *elogia*, mejor que lo que se *celebra*; lo que se *encarece*, mejor que lo que se *elogia*, y no se *encomia* sino lo que llega al ápice de la perfección. *Elogiar* indica intención previa; *encarecer*, un concepto exagerado; *encomiar*, la inspiración del entusiasmo, afectado o sincero. El hombre de buen gusto *alaba, celebra* y *elogia*; el de imaginación viva y el de sentimientos fogosos *encarecen* y *encomian*" (M). ↔ OFENDER, INJURIAR. 2 *prnl. Jactarse, preciarse, alardear, gloriarse, vanagloriarse, presumir.* 3 *tr.-prnl. Glorificar, honrar, ensalzar, exaltar.* ↔ DESHONRAR, DEGRADAR.

**álabe** *m. Estera, estora.* En el carro. 2 *Sobarbo.* En la rueda hidráulica. 3 *Diente, leva, levador.* En un batán o análogo.

**alabearse** *prnl. Pandear, apandar, combarse, torcerse, encorvarse, apandar*.*

**alábega** *f. Albahaca, alfábega.*

**alabeo** *m. Curvatura*, corvadura, encorvadura, encorvamiento, comba.*

**alacha** *f. Boquerón* (pez), *lacha, aleche, aladroque, anchoa, alache.*

**alache** *m. Alacha, boquerón* (pez), *lacha, aleche, aladroque, anchoa.*

**alacrán** *m. Escorpión.* 2 **Alacrán cebollero** *Cortón.* 3 **Alacrán marino** *Pejesapo.*

**alacranera** *f. Escorpioide.*

**aladica** *f. Aluda, hormiga alada.*

**aladierna** *f. Alaterno, ladierno, alitierno, mesto, sanguino, aladierno.*

**aladierno** *m. Aladierna, alaterno, ladierno, alitierno, mesto, sanguino.*

**aladroque** *m. Boquerón* (pez), *anchoa.*

**alajú** *m. Alejur, alfajor.*

**alambicar** *tr. Destilar, alquitarar* (ant.). 2 fig. *Sutilizar, refinar, quintaesenciar, aquilatar, apurar.*

**alambique** *m. Alquitara, alcatara* (arcaico y p.us.), *destilador, destilatorio. Alquitara*, hoy poco usado, aunque muy frecuente en los clásicos.

**alaqueca** *f. Cornalina, cornelina, cornerina, corniola, restañasangre.*

**alarde** *m. Ostentación, gala, jactancia, presunción, vanagloria.* 2 *Revista, muestra.*

**alardear** *intr. Alabarse, jactarse, preciarse, gloriarse, vanagloriarse, presumir de.*

**alardoso, -sa** *adj. Ostentoso, jactancioso, alabancioso, vanaglorioso.*

**alárgama** *f. Alármega, alhármaga, alharma, alhámega, gamarza, arma.*

**alargar** *tr. Alargar, estirar, prolongar, prorrogar, alongar* (ant.)*, dilatar, extender, agrandar, ampliar, ensanchar, diferir.* Se *alarga* un vestido, un discurso; se *estira* una barra de metal, sin añadirle materia nueva; se *prolonga* una calle, un discurso, un camino, un trabajo; se *prorroga* el tiempo de validez o ejercicio de una ley, un plazo, una licencia. ↔ ACORTAR, ENCOGER, ACHICAR, ADELANTAR. 2 *prnl. Desviarse, alejar, alongar* (ant.).

**alarguez** *m. Aspálato.* 2 *Arlo, agracejo, agrecillo, berberís, bérbero, bérberos.*

**alarma** *f. Rebato.* 2 *Susto, sobresalto, inquietud, intranquilidad, zozobra, temor.* Si es repentina, *susto, sobresalto;* si es más o menos duradera, todos los demás.

**alarmar** *tr.-prnl. Inquietar, asustar\*, sobresaltar, intranquilizar, atemorizar, meter el corazón en un puño, tener el alma en vilo, quitar el hipo.* ↔ TRANQUILIZAR.

**alármega** *f. Alárgama, alhármaga, alharma, alhámega, gamarza, arma.*

**alaterno** *m. Aladierna, aladierno, ladierno, alitierno, mesto, sanguino.*

**alavanco** *m. Lavanco, pato bravío.*

**alavense** *adj.-com. Alavés.*

**alavés, -esa** *adj.-s. Alavense.*

**alazo** *m. Aletazo.*

**alazor** *m. Azafrán bastardo, romí, cártama, cártamo, simiente de papagayos, romín.*

**alba** *f. Amanecer, albor, aurora.*

**albacea** *com. Testamentario, albacea testamentario, cabezalero.*

**albacora** *f. Breva.*

**albada** *f. Alborada.*

**albahaca** *f. Alábega, alfábega.*

**albahaquilla** *f. Albahaquilla de río, parietaria.* 2 *Culén* (Chile).

**albañal** *m. Caño, alcantarilla, cloaca, albollón.*

**albarca** *f. Abarca.*

**albarcoque** *m. Albaricoque.*

**albardán** *m.* ant. *Bufón.*

**albardar** *tr. Enalbardar.*

**albardero** *m.* DEP. *Bastero.* En la hípica.

**albardín** *m. Barceo, berceo.*

**albarejo** *adj.-m. Candeal, ceburro, albarico.*

**albaricoque** *m. Albarcoque, albercoque.*

**I albarrada** *f. Horma, hormaza, pared\*.*

**II albarrada** *f. Alcarraza, rallo.*

**albarraz** *m. Estafisagria, hierba piojenta, piojera, uva tamínea, uva taminia.*

**albatros** *m. Carnero del cabo.*

**albayalde** *m. Carbonato de plomo, cerusa, cerusita, blanco de plomo.*

**albear** *intr.* lit. *Blanquear.*

**albedrío** *m. Arbitrio, voluntad, elección, decisión.* 2 *Apetito, gusto, antojo, capricho.*

**albedro** *m.* Ast. *Madroño.*

**albéitar** *m. Veterinario.*

**albeitería** *f. Veterinaria.*

**albellón** *m. Albollón, desaguadero.*

**alberca** *f. Estanque.* 2 *Amér. Pileta* (Amér.)*, piscina.*

**albercoque** *m. Albaricoque.*

**albergar** *intr.-tr. Cobijar, guarecer, refugiar, hospedar, alojar, aposentar, tomar casa, tener casa abierta.* ↔ SALIR, MUDARSE, DESALOJAR.

**albergue** *m. Cobijo, refugio, hospedaje.* 2 *Cubil, guarida, manida.* Todos ellos, tratándose de animales, y esp. de fieras. 3 DEP. *Abrigo.* Usados en el montañismo y en la náutica.

**alberguería** *f. Posada.* 2 *Asilo, refugio.*

**albero** *m. Paño* (de cocina).

**albín** *m. Hematites, oligisto rojo.*

albinar                                          38

**albinar** *m. Manzanilla loca.*
**Albión** *f. Inglaterra, Gran Bretaña.*
**albita** *f.* MINERAL. *Feldespato sódico.*
**albo, -ba** *adj.* lit. *Blanco, cándido.* ↔
NEGRO.
**albollón** *m. Desaguadero, albellón, arbellón, arbollón.* 2 *Albañal, cloaca, alcantarilla.*
**albóndiga** *f. Albondiguilla, almóndiga,
almondiguilla.*
**albondiguilla** *f. Albóndiga, almóndiga, almondiguilla.*
**albor** *m. Alba, aurora, amanecer.* V. albores.
**alborada** *f. Albada.* 2 *Diana.*
**alborear** *intr. Amanecer, clarear, romper el alba, quebrar el alba.* ↔ ANO-
CHECER, OSCURECER.
**albores** *m. pl. Principios, comienzos.* V.
albor.
**alborno** *m. Albura, alburno, sámago.*
**alboronía** *f. Almoronía, boronía.*
**alboroque** *m. Botijuela, robla, robra,
corrobra, hoque.*
**alborotado, -da** *adj. Irreflexivo, atolondrado, precipitado, botarate, tararira.* ↔ JUICIOSO, REFLEXIVO, GRAVE. 2
*Tumultuoso, agitado, desordenado, re-
vuelto, tumultuario.* 3 *Energúmeno* (s.),
*furioso, enfurecido.*
**alborotador, -ra** *s. Bullicioso, sedicioso, agitador.* 2 *adj. Levantisco, inquieto, indócil, turbulento.*
**alborotar** *tr.-prnl. Amotinar, excitar,
sublevar.* ↔ APACIGUAR, TRANQUILIZAR.
2 *intr. Gritar, perturbar, escandalizar,
vocear, meter voces, haber la de Dios es
Cristo, hacer temblar la casa.* 3 *prnl.
Alebrarse, alebrestarse* (Amér.), *erguirse, encabritarse, enfurecerse, alterarse, encresparse.*
**alboroto** *m. Tumulto, revuelta, motín,
asonada, sedición, sublevación, turbulencia, agitación, desorden, confusión.*
La *sedición* es un levantamiento contra la autoridad constituida, muy cercano a la importancia y gravedad de
la *sublevación.* 2 *Vocerío, algazara, bulla, bullanga, bullicio, gritería, batahola, bronca, tumulto. Vocerío, algaza-

ra, bulla, bullanga, bullicio, gritería, batahola* pueden ser por motivos alegres, excitantes, gratos, o pueden implicar hostilidad y desorden. En este
último caso se acercan a la *bronca* y
al *tumulto.* "*Alboroto* lleva consigo la
idea de un gran ruido; *tumulto,* la de
un gran desorden. Una sola persona
o un corto número de ellas, suele
mover *alboroto;* pero el *tumulto* supone
siempre que hay en él gran número
de gentes" (Ma). 3 *Inquietud, conmoción.*
**alborozado, -da** *adj. Alegre\*, gozoso,
regocijado, contento, jubiloso, jovial, divertido.* ↔ TRISTE, MELANCÓLICO, APE-
NADO.
**alborozar** *tr.-prnl. Alegrar\*, animar,
letificar* (lit.), *excitar, regocijar, complacer, placer.* ↔ ENTRISTECER.
**alborozo** *m. Regocijo, alegría\*, gozo,
placer, contento\*, júbilo.* El *alborozo,* el
*regocijo* y el *júbilo* son intensivos, suelen producirse por motivos extraor-
dinarios, y generalmente traen consigo manifestaciones exteriores de
tales estados de ánimo.
**albotín** *m. Terebinto, cornicabra.*
**albudeca** *f. Badea.*
**I albur** *m.* (pez) *Dardo.*
**II albur** *m. Contingencia, azar\*, eventualidad, casualidad\*.*
**albura** *f.* lit. *Blancura.* 2 *Alborno, alburno, sámago.* La *albura* de la madera
que no es aprovechable para la construcción se llama *sámago.*
**alburno** *m. Albura, alborno, sámago.*
**alcací** *m. Alcaucí, alcaucil, alcarcil, arcacil, alcacil.*
**alcacil** *m. Alcací, alcaucí, alcaucil, alcarcil, arcacil.*
**alcahuete, -ta** *s. Encubridor, tercero,
proxeneta.* 2 *f. Celestina, trotaconven-
tos, enflautadora.*
**alcahuetería** *f. Tercería, lenocinio,
proxenetismo.*
**alcaide** *m. Castellano.*
**alcaldada** *f. Exceso, extralimitación,
desafuero, polacada, tropelía, atropello, arbitrariedad, abuso.*

**álcali** m. QUÍM. *Base.* 2 **Álcali volátil** *Amoniaco.*
**alcalinizar** tr. *Alcalizar.*
**alcalino, -na** adj. QUÍM. *Básico.*
**alcalizar** tr. *Alcalinizar.*
**alcaller** m. *Alfarero.* 2 *Alfarería.*
**alcana** f. *Alheña, aligustre, ligustro.*
**alcance** m. *Seguimiento, persecución.* V. alcances.
**alcances** m. pl. *Capacidad, talento, inteligencia.* V. alcance.
**alcancía** f. *Hucha, vidriola, ladronera, olla ciega.*
**alcandía** f. *Zahína, sahína, daza, sorgo, melca.*
**alcandial** m. *Zahinar, sahinar.*
**alcanfor** m. QUÍM. *Borneol.*
**alcano** m. QUÍM. *Parafina.*
**alcantarilla** f. *Albañal, cloaca, albollón.*
**alcanzable** adj. *Accesible, asequible, transitable.* ↔ INACCESIBLE.
**alcanzado, -da** adj. *Empeñado, adeudado.* 2 *Falto, escaso, necesitado.*
**alcanzadura** f. *Atronadura, atronamiento.*
**alcanzar** tr. *Lograr, conseguir, obtener.* Los cuatro suponen deseo de llegar al fin propuesto, y mayor o menor solicitud en los medios empleados para ello. Sin embargo, *alcanzar* y *lograr* ponen más de relieve la idea de esfuerzo. ↔ PERDER, DESISTIR. 2 *Entender, comprender, penetrar.* 3 *Tocar, tañer.*
**alcaparra** f. *Tápara.*
**alcaparrosa** f. *Caparrosa, aceche, acije.*
**alcaraván** m. *Árdea, charadrio.*
**alcarceña** f. *Yero, hieros, herén, yervo.*
**alcarcil** m. *Alcaucil, alcací, alcacil, arcacil.*
**alcarraza** f. *Albarrada, rallo.*
**alcatifa** f. *Catifa, alfombra.*
**alcatraz** m. *Pelícano americano, onocrótalo.*
**alcauci** m. *Alcachofa silvestre, alcací, alcacil, alcarcil, arcacil, alcaucil.*
**alcaucil** m. *Alcací, alcauci, alcacil, arcacil, alcacil.*

**alcaudón** m. *Caudón, desollador, picagrega, pega reborda, picaza manchada, picaza chillona, verdugo.*
**alcaulí** m. *Arcacil, alcaucil, alcacil, alcarcil, alcachofa silvestre.*
**alcayata** f. *Escarpia.*
**alcázar** m. *Fortaleza, castillo.* 2 *Palacio real.*
**alcazuz** m. *Regaliz, orozuz, palo duz.*
**alce** m. *Anta, ante, danta, dante.*
**alcedo** m. *Arcedo.*
**alción** m. *Martín pescador, guardarrío, pájaro polilla.*
**alcoba** f. *Dormitorio.*
**alcochofa silvestre** f. *Alcaucí, alcací, alcacil, alcarcil, arcacil, alcaucil.*
**alcohela** f. *Achicoria, escarola.*
**alcohol** m. *Etanol, espíritu.* 2 **Alcohol metílico** QUÍM. *Metanol.*
**alcohólico, -ca** adj. *Etílico.*
**alcoholificación** f. QUÍM. *Alcoholización.*
**alcoholímetro** m. *Areómetro, densímetro.*
**alcoholismo** m. *Etilismo* (MED.), *enilismo* (MED.)
**alcoholización** f. QUÍM. *Alcoholificación.*
**alcor** m. *Colina, collado*.*
**alcoránico, -ca** adj. *Coránico.*
**alcornoque** m. fig. *Torpe, estúpido, necio, tarugo, bodoque.*
**I alcorque** m. *Corche.*
**II alcorque** m. *Socava.*
**alcorzado, -da** adj. *Almibarado.*
**alcrebite** m. *Azufre.*
**alcribís** m. *Tobera.*
**alcurnia** f. *Ascendencia, linaje, estirpe, prosapia.*
**alcuza** f. *Aceitera.*
**alcuzcuz** m. *Cuzcuz.*
**aldaba** f. *Llamador, picaporte, aldabón.* V. aldabas.
**aldabas** f. pl. fig. *Valimiento, protección, influencia, padrinos.* V. aldaba.
**aldabón** m. *Aldaba, llamador, picaporte.*
**aldea** f. *Población, ciudad, villa, pueblo, lugar.*
**aldeano, -na** s. *Lugareño, pueblerino,*

**paleto.** 2 adj. fig. Inculto, rústico, ignorante. 3 s. País Vasco Labrador, agricultor, cultivador, campesino, paisano (Gal.), labriego, labrantín.

**alderredor** adv. l. Alrededor.

**aldiza** f. Aciano, aciano menor, liebrecilla.

**aleación** f. Liga, amalgama. Esta última, si entra el mercurio en ella.

**alear** tr. Ligar, religar, ametalar, mezclar, fusionar, fundir. Ligar, esp. si se trata de oro o plata. ↔ DESUNIR, SEPARAR, DESINTEGRAR.

**aleatorio, -ria** adj. Al azar.

**alebrarse** prnl. Alebrastarse, alebrestarse, alebronarse. 2 Alebrestarse (Amér.), erguirse, encabritarse, alborotarse.

**alebrestarse** prnl. Alebrarse, alebrastarse, alebronarse.

**alebronarse** prnl. Alebrarse, alebrastarse, alebrestarse.

**aleccionado, -da** adj. Instruido, avisado, advertido.

**aleccionar** tr. Adiestrar, amaestrar*, enseñar*, instruir.

**alece** m. Boquerón (pez), anchoa, alacha, lacha, haleche, aladroque, aleche.

**aleche** m. Alacha, boquerón (pez), lacha, aladroque, anchoa, alache.

**alechugar** tr. Escarolar.

**aledaño** m. Confín, término, límite.

**aledaño, -ña** adj. Confinante, colindante, lindante, limítrofe*.

**alegación** f. Alegato, defensa, razonamiento.

**alegar** tr. Citar, aducir, mencionar, invocar. Invocar tiene sentido más limitado. Significa alegar una ley, costumbre o razón. P. ej.: se alega o invoca un artículo del Código; pero no se invoca el ser menor de edad sino que se alega.

**alegato** m. Defensa, alegación, razonamiento.

**alegoría** f. Ficción, símbolo*, metáfora continuada.

**alegra** f. MAR. Abocardo.

**alegrar** tr.-prnl. Animar, letificar (lit.), excitar, regocijar, complacer, placer, alborozar, estar como unas castañuelas, llevar cascabeles, avivar, hermosear, agradar*. Tratándose de cosas, avivar, hermosear, animar. Todos ellos, excepto avivar y hermosear, tratándose de personas. ↔ ENTRISTECER.

**alegre** adj. Gozoso, regocijado, contento, jubiloso, alborozado, jovial, divertido, jocoso, jocundo, festivo, risueño, carialegre, reidor. Tratándose del carácter de una persona o de sus dichos y hechos, jovial; divertido, jocoso y jocundo acentúan la nota de hilaridad. ↔ SERIO. 2 Achispado, ajumado, alumbrado. 3 Jacarandoso, donairoso, gracioso, desenvuelto, airoso, garboso, desenfadado.

**alegría** f. Contento*, satisfacción, placer, gozo, contentamiento, alborozo*, júbilo*, regocijo. Los tres últimos sinónimos son intensivos; por esto, se usan a menudo tratándose de alegrías colectivas, festejos, recibimientos, etcétera. 2 Ajonjolí, sésamo.

**alejado, -da** adj. Apartado, retirado, distante*, lejano*, remoto.

**alejandrita azul** f. MINERAL. Zafiro.

**alejar** tr.-prnl. Apartar, retirar, desviar, ahuyentar, alongar (ant.), separar*. Ahuyentar, cuando se añade idea de violencia, fuerza o amenaza. ↔ ACERCAR. 2 prnl. Marcharse, irse, ausentarse, ahuecar el ala, ir con Dios, partir, salir*. ↔ PERMANECER, QUEDARSE.

**alejur** m. Alajú, alfajor.

**alelado, -da** adj. Embobado, atontado, turulato, lelo. 2 Imbécil, idiota, tonto, estúpido, estólido, estulto, bobo.

**alemán, -ana** adj.-s. Germano, tudesco, teutón.

**alentado, -da** adj. Animoso, valiente, valeroso, esforzado.

**alentar** intr. Respirar. 2 tr.-prnl. Animar, reanimar, confortar, incitar, excitar, exhortar, consolar. ↔ DESILUSIONAR, DESANIMAR.

**alero** m. Rafe, tejaroz. 2 Guardabarros, salvabarros.

**alesna** f. Lezna, subilla.

**aleta** f. Pala, ala.

**aletargar** *tr.-prnl.* *Amodorrar, adormecer\**. ↔ DESPABILAR, AVIVAR.
**aleto** *m.* *Halieto, pigargo, quebrantahuesos.*
**aletría** *f.* *Murc. Fideos.*
**aleudar** *tr.* *Leudar, lleudar, fermentar\*.*
**aleve** *adj.-com.* *Alevoso, traidor, pérfido, desleal, felón.* "*Aleve* refiere la idea del carácter; *alevoso*, a las acciones" (C).
**alevosía** *f.* *Traición, perfidia, prodición, felonía, deslealtad.*
**alevoso, -sa** *adj.-s.* *Aleve, traidor, pérfido, desleal, felón, vil, indigno, infiel\*, villano.* ↔ LEAL, FIEL.
**alexifármaco, -ca** *adj.-m.* FARM. *Antídoto, contraveneno.*
**alfábega** *f.* *Albahaca, alábega.*
**alfabeto** *m.* *Abecé, abecedario. Abecé,* muy frecuente en los clásicos, tiene hoy escaso uso fuera del lenguaje infantil. *Alfabeto* es actualmente el que tiende a predominar, favorecido sin duda por la circunstancia de formar derivados muy usuales en la lengua moderna, como *alfabético, alfabetizar, alfabéticamente. Abecedario* se emplea principalmente tratándose de cartillas y libros destinados a enseñar a leer en la lengua propia. Tratándose de otras lenguas es más frecuente decir: el *alfabeto* árabe, griego, alemán, etc.
**alfajía** *f.* *Alfarjía.*
**alfajor** *m.* *Alajú, alejur.*
**alfaquí** *m.* *Faquí.*
**alfar** *m.* *Alfarería, alcaller* (ant.).
**alfarería** *f.* *Cerámica.* 2 *Alfar, alcaller* (ant.).
**alfarero** *m.* *Alcaller* (ant.), *barrero, cantarero, ceramista.*
**alfarjía** *f.* *Alfajía.*
**alfayate** *m.* ant. *Sastre.*
**alferecía** *f.* *Epilepsia, gran mal.*
**alficoz** *m.* *Cohombro, cogombro.*
**alfiletero** *m.* *Cañuchucho, cañutero, canutero.* 2 *Agujetero, acerico, almohadilla.*
**alfócigo** *m.* *Alfóncigo.*

**alfóncigo** *m.* *Alhócigo, alfócigo, alfónsigo, pistacho.*
**alfónsigo** *m.* *Alfóncigo, alhócigo, alfócigo, pistacho.*
**alforfón** *m.* *Fajol, alforjón, trigo sarraceno.*
**alforjón** *m.* *Alforfón, fajol, trigo, sarraceno.*
**alforza** *f.* *Lorza.*
**alfoz** *m.* *Alhoz.*
**algaida** *f.* *Duna, médano, mégano, medaño.*
**I algalia** *f.* *Ambarina, civeto.* 2 *Civeta.*
**II algalia** *f.* MED. *Argalia, catéter, sonda.*
**algarabía** *f.* *Gritería, bulla\*, greguería, vocerío, gresca, alboroto, bullicio, algazara.*
**algarada** *f.* *Algara.* 2 *Tumulto, motín, alboroto, asonada, revuelta.*
**algarroba** *f.* *Arveja.* 2 *Garroba, garrofa.*
**algarrobal** *m.* *Garrobal.*
**algazara** *f.* *Gritería, vocerío, algarabía, bulla\*, bullicio, gresca, alboroto\*, greguería.* 2 *Sublevación\*, sublevamiento, motín, tumulto, asonada, revuelta.*
**algazul** *m.* *Aguazul, aguazur.*
**algidez** *f.* MED. *Enfriamiento* (esp. en las extremidades).
**álgido, -da** *adj.* *Frío, helado.* 2 fig. *Culminante.*
**algodón pólvora** *m.* *Piroxilina, pólvora de algodón.*
**algodonizar** *tr.* *Cotonizar.*
**algorín** *m.* *Troj, troje, truja, alhorí.*
**alguacil** *m.* *Esbirro* (desp.), *satélite. Esbirro* se extiende a todos los encargados de ejecutar personalmente órdenes de las autoridades: guardias, consumeros, policías, etc.
**alguien** *pron. indef.* *Alguno. Alguien* se aplica solamente a personas; *alguno*, a personas, animales y cosas. Cuando se refiere a personas, *alguno* es menos indeterminado que *alguien.* "*Alguien* se refiere ilimitadamente a cualquier persona. *Alguno* se refiere limitadamente a una persona indeterminada, de un determinado nú-

mero o clase: Si viene *alguien* a buscarme, di que no estoy en casa, porque temo que ha de venir a hacer visita *alguno* de mis acreedores. Esta es la razón porque se dice *alguno* de ellos, y no *alguien* de ellos" (LH).

**alguno, -na** *pron. indef.* Alguien. ↔ NINGUNO.

**algunos, -nas** *adj. pl.* Varios, ciertos.

**alhaja** *f. Joya, presea.*

**alhámega** *f. Alárgama, alharma, alármega, gamarza, arma.*

**alhandal** *m. Coloquíntida.*

**alharma** *f. Alárgama, alármega, alhármaga, alhámega, gamarza, arma.*

**alhármaga** *f. Alharma, alárgama, alármega, alhámega, gamarza, arma.*

**alheña** *f. Alcama, aligustre, ligustro.* 2 *Roya* (hongo).

**alhócigo** *m. Alfóncigo, alfócigo, alfónsigo, pistacho.*

**alhoja** *f. Alondra.*

**alholva** *f. Fenogreco.*

**alhóndiga** *f. Almodí, almudí, almudín.*

**alhorí** *m. Algorín, troj, troje, truja.*

**alhorre** *m. Meconio, pez* (excremento).

**alhoz** *m. Alfoz.*

**alhucema** *f. Espliego, lavanda, lavándula.* Los dos últimos son técnicos, usados entre botánicos y perfumistas. *Espliego* es el nombre más usual. *Alhucema* es hoy algo anticuado.

**alhurreca** *f. Adarce.*

**aliacán** *m.* p. us. *Ictericia, morbo regio.*

**aliada** *f. Dioptra.*

**aliaga** *f. Aulaga, árgoma.*

**alianza** *f. Unión, liga, confederación, coalición.* 2 *Anillo, sortija, aro.*

**aliar** *prnl. Unirse, coligarse, confederarse, ligarse.* ↔ DESUNIRSE, SEPARARSE.

**alias** *m. Apodo*, mote, malnombre, sobrenombre.*

**alible** *adj. Nutritivo, alimenticio.*

**álica** *f. Escanda, escalla, escaña, carraón, espelta.*

**alicaído, -da** *adj. Triste, desanimado, desalentado, decaído, abatido, aliquebrado.*

**alicántara** *f. Amodita, alicante.*

**alicante** *m. Alicántara, amodita.*

**alicanto** *m.* CONSTR. *Mampostería.*

**alicatar** *tr.* CONSTR. *Azulejar.*

**alicíclico, -ca** *adj.* QUÍM. *Ciclánico.*

**aliciente** *m. Atractivo, incentivo, incitativo, estímulo, acicate, aguijón, incitación.*

**alienable** *adj. Enajenable, vendible.*

**alienación** *f. Locura.*

**alienado, -da** *adj.-s. Loco*, demente, vesánico, perturbado.*

**alienar** *tr. Enajenar, vender, traspasar.*

**alienista** *adj.-com. Psiquiatra, frenópata.*

**aliento** *m. Respiración.* 2 *Soplo, vaho.* 3 fig. *ánimo, esfuerzo, valor, valentía*, denuedo.*

**alifafe** *m. Achaque, indisposición.*

**alifara** *f.* Ar. *Convite, lifara.*

**aligación** *f. Aligamiento, ligazón, trabazón.*

**aligerar** *tr.-prnl. Abreviar*, acelerar*, apresurar, avivar.* ↔ TARDAR. 2 *Aliviar, moderar, atenuar.* ↔ CARGAR.

**aligonero** *m. Almez.*

**aligustre** *m. Alheña, alcama, ligustro.*

**alileno** *m.* QUÍM. *Metilacetileno.*

**alimentador, -ra** *adj. Almo, criador, propicio, vivificador.*

**alimentar** *tr.-prnl. Nutrir, sustentar, mantener*.* ↔ AYUNAR, DESNUTRIR. 2 *Sostener, fomentar.*

**alimentario, -ria** *adj.* V. *alimenticio, -cia.*

**alimenticio, -cia** *adj. Substancioso, nutritivo, alimentario.* En el habla culta o técnica, *nutritivo.* El adj. *alimentario* se aplica a lo propio de la alimentación o referente a ella en sus aspectos social, económico y legislativo. Las disposiciones que dicta una autoridad sobre precios, envases, higiene, etc., de los alimentos, no son *alimenticias*, sino *alimentarias*; el comercio el ramo de la alimentación es *alimentario*, y no *alimenticio.*

**alimento** *m. Mantenimiento, comestible, comida, manjar*.* 2 *Sustento, manutención.* 3 fig. *Sostén, fomento, pábulo.* Tratándose de virtudes, vicios.

**álimo** m. Orzaga, armuelle, marismo, salgada, salgadera.
**alimoche** m. Abanto.
**alindar** intr. Lindar*, limitar, confinar, colindar, rayar.
**aliñado, -da** adj. Arreglado, aderezado, compuesto.
**aliñar** tr. Aderezar, condimentar, sazonar, adobar. V. cocinar. 2 Componer*, hermosear, ataviar, arreglar*, acicalar.
**aliño** m. Condimento, aderezo, adobo. 2 Aseo, arreglo, pulcritud, compostura.
**alioli** m. Ajiaceite, ajolio, ayolí, aliolio.
**aliquebrado, -da** adj. Alicaído, desalentado, triste, abatido, desanimado, decaído.
**alisar** tr. Pulir, pulimentar, bruñir. 2 Allanar, aplanar. ↔ ABULTAR. 3 Desarrugar. ↔ ARRUGAR.
**alisma** f. Lirón (planta).
**aliso** m. BOT. Alno.
**I alistar** tr.-prnl. Poner, sentar en lista, listar, inscribir, afiliar, matricular, sentar plaza (en el ejército), enganchar, reclutar.
**II alistar** tr.-prnl. Prevenir, preparar, aparejar, disponer, aprestar.
**aliteración** f. Paronomasia*, paranomasia, agnominación (p. us.).
**alitierno** m. Aladierno, aladierna, alaterno, ladierno, mesto, sanguino.
**aliviar** tr.-prnl. Aligerar, descargar, moderar, suavizar, mitigar, endulzar, mejorar, reponer, recobrar. Tratándose de un peso o carga material, aligerar o descargar. Los demás, tratándose de enfermedad, aflicción o fatiga. ↔ APESADUMBRAR, ENFERMAR, AGRAVAR. 2 Desahogar, consolar. ↔ DESANIMAR.
**alivio** m. Descanso, consuelo. 2 Mejoría. Tratándose de enfermedad.
**aljaba** f. Carcaj, carcax.
**aljarafe** m. Ajarafe, azotea, terrado.
**aljezar** m. Yesar.
**aljezón** m. Yesón.
**aljibe** m. Cisterna.
**aljofaina** f. Jofaina, palancana, palangana.
**aljófar** m. Perla, margarita.

**aljofifa** f. And. Bayeta.
**aljonje** m. Ajonje, ajonjo.
**alkermes** m. Kermes, quermes, alquermes, carmes.
**allá** adv. l. Allí. Allá y allí indican lugar alejado del que habla, pero allí es mucho más determinado y preciso que el que denota allá. Por esto, allá admite grados de comparación: más allá, tan allá. V. acá y aquí. ↔ ACÁ. 2 adv. t. Allí. Tiene allá la misma vaguedad e indeterminación que el allá adverbio de lugar. Un viejo dice: allá en mi mocedad. En cambio, si decimos: allí fue el reír de la gente, señalamos una ocasión determinada y circunscrita, que equivale a entonces, en tal momento.
**allanar** tr. Aplanar, explanar, igualar, arrasar. ↔ DESIGUALAR. 2 fig. Vencer, zanjar, resolver. ↔ DESARREGLAR. 3 prnl. Sujetarse, avenirse, conformarse, resignarse, prestarse, amoldarse, adaptarse. ↔ SUBLEVARSE, REBELARSE.
**allegado, -da** adj.-s. Pariente, deudo. 2 Parcial, partidario. 3 adj. Próximo, cercano.
**allegar** tr.-prnl. ant. Acercar, aproximar, arrimar. 2 Recoger, juntar, reunir, acopiar, amacenar*, amontonar*.
**allí** adv.l.-adv.t. Allá.
**alloza** f. Almendruco, arzolla.
**alma** f. Espíritu. 2 Ánima. Anima se refiere hoy concretamente a las almas de los difuntos que están en el purgatorio. 3 Ánimo, aliento, energía, esfuerzo. 4 Persona, individuo, habitante. P. ej.: no había un alma en toda la casa; un pueblo de 4.000 almas. 5 **Tener el alma en vilo** loc. Alarmarse, inquietarse, asustarse, sobresaltarse, intranquilizarse, atemorizarse, meter el corazón en un puño. ↔ TRANQUILIZARSE, CALMARSE, APACIGUARSE, SERENARSE, SOSEGARSE.
**almacenamiento** m. Acopio*, acopiamiento, provisión, depósito, acaparamiento.
**almacenar** tr. Acumular, allegar, guardar, reunir, juntar, acopiar. Almacenar

se refiere de ordinario a mercancías; puede aplicarse también a otras cosas que se acumulan en gran cantidad; p. ej., cuando se dice que con las lluvias los embalses han *almacenado* 60 millones de metros cúbicos de agua. *Guardar* añade la ideade conservar o retener lo *reunido, juntado, acopiado*, etc..

**I almáciga** *f.* BOT. y FARM. *Almaste, almástec, mástique, almástiga*. Este último sinónimo, usado entre vidrieros y otros oficios.

**II almáciga** *f. Hoya, plantario, semillero, almácigo.*

**I almácigo** *m. Lentisco.*

**II almácigo** *m. Almáciga, semillero, hoya, plantario.*

**almádana** *f. Almádena, almagana, almaganeta, marra.*

**almádena** *f. Almádana, almagana, almaganeta, marra.*

**almadía** *f. Armadía, balsa.*

**almadraba** *f. Atunara* (p. us.).

**almadrabero, -ra** *adj.-s. Atunero.*

**almadreña** *f. Madreña, zueco, zoco, chanclo, choclo, zoclo.*

**almagre** *m. Almazarrón, almagra, lápiz rojo, ocre rojo.*

**almanaque** *m. Calendario.*

**almarga** *f. Marguera.*

**almarjal** *m. Pantanal, ciénaga.*

**I almarjal** *m. Barrillar, armajo.*

**II almarjal** *m. Marjal, armajal.*

**almarjo** *m. Barrilla, sosa, armajo.*

**almaro** *m. Maro.*

**almártaga** *f. Litargirio, litarge, almártega.*

**almártega** *f. Almártaga, litargirio, litarge.*

**almástec** *m. Almáciga, almaste, mástique, almástiga.*

**almástiga** *f. Almáciga, almaste, almástec, mástique.*

**almazarrón** *m. Almagre, almagra, lápiz rojo, ocre rojo.*

**almea** *f. Azúmbar, damasonio.*

**almeja** *f. Telina, tellina.*

**almenara** *f. Ángaro.*

**almendruco** *m. Alloza, arzolla.*

**almeriense** *adj.-com. Urcitano.*

**almez** *m. Aligonero, lironero* (Murc.), *latonero* (Argent.), *lodoño* (Nav.), *almezo.*

**almiar** *m. Pajar.*

**almibarado, -da** *adj.* fig. *Meloso, melifluo, dulzón, empalagoso.*

**almidón** *m. Fécula.*

**alminar** *m. Minarete.*

**almirez** *m. Mortero.*

**almirón** *m. Achicoria.*

**almizclero, -ra** *adj. Cabra de almizcle, cervatillo, portaalmizcle.*

**almo, -ma** *adj. Criador, alimentador, propicio, vivificador. 2 Excelente, venerable.*

**almocafre** *m. Azadilla, escardadera, escardillo, garabato, sacho, zarcillo.*

**almocrate** *m. Sal amoníaco, cloruro de amonio.*

**almodí** *m. Alhóndiga, almudí, almudín.*

**almogama** *f. Redel.*

**almohada** *f. Cabezal, cabecera* (p. us.). *Cabezal es una almohada cuando es pequeña, o también cuando es larga, estrecha y ocupa toda la cabecera de la cama.*

**almohadilla** *f. Cojincillo, cojinete. 2 Acerico, alfiletero, agujetero.*

**almohadón** *m. Cojín.*

**almohaza** *f. Rascadera.*

**almojama** *f. Mojama, cecina* (de atún).

**almóndiga** *f. Albóndiga, albondiguilla, almondiguilla.*

**almondiguilla** *f. Albóndiga, albondiguilla, almóndiga.*

**almoneda** *f. Subasta, licitación.*

**almoraduj** *m. Moradux, mejorana, amaraco, sampsuco, sarilla, almoradux.*

**almoradux** *m. Almoraduj, moradux, mejorana, amaraco, sampsuco, sarilla.*

**almoronía** *f. Alboronía, boronía.*

**almorrana** *f. Hemorroide.*

**almorta** *f. Alverjón, diente de muerto, tito, cicércula, cicercha, guija, muela.*

**almorzada** *f. Almuerza, ambuesta, puñera.*

**almotacén** m. Contraste.

**almozárabe** adj.-com. Mozárabe, muzárabe.

**almudí** m. Almodí, alhóndiga, almudín.

**almuecín** m. Muecín, almuédano.

**almuédano** m. Almuecín, muecín.

**almuérdago** m. Muérdago, arfueyo.

**almuerza** f. Almorzada, ambuesta, puñera.

**almuerzo** m. Desayuno, comida. En su significado tradicional, el almuerzo es la comida que se toma antes de la principal; pero modernamente va siendo desplazado por desayuno, al paso que almuerzo se consolida como denominación de la tradicional comida del mediodía. Este cambio de acepción se halla más o menos avanzado según las regiones y clases sociales. Está consolidado en Andalucía, Canarias y Amér., y es de uso general en los hoteles de cierta importancia.

**alnado, -da** s. ant. Hijastro, antenado, entenado.

**alno** m. BOT. Aliso.

**alocado, -da** adj. Loquesco, sonlocado, desatinado, destornillado, inconsiderado, precipitado, sin seso, atolondrado, desquiciado, chiflado, tarambana, ligero, irreflexivo. ↔ CUERDO. 2 adj.-s. Bárbaro, arrojado, temerario, imprudente. ↔ PRUDENTE.

**alocarse** prnl. Enloquecer, aloquecerse.

**alocución** f. Arenga, discurso, oración, peroración, soflama, perorata, prédica.

**áloe, áloes** m. Olivastro de rodas, acíbar, lináloe, azabara, zabida, zabila. La planta se denomina olivastro de Rodas. Tanto la planta como el jugo resinoso, amargo y medicinal que se extrae de ella, se pueden denominar acíbar, lináloe, azabara, zabida y zabila; el primero es el más usual, sobre todo tratándose del jugo. 2 Agáloco, calambac.

**alogénico, -ca** adj. MINERAL. Alotígeno, alógeno.

**alogístico, -ca** adj. MED. Antiinflamatorio.

**alojamiento** m. Hospedaje, posada, aposento, albergue, cobijo.

**alojar** tr.-prnl. Hospedar, aposentar, albergar, guarecer, cobijar, instalar, acomodar, establecer. ↔ DESALOJAR, EXPULSAR, DESAHUCIAR.

**alondra** f. Alhoja (p. us.), terrera, caladre, copetuda.

**alongar** tr.-prnl. ant. Alargar*, prolongar. Alongar es poco usado en la actualidad, aunque frecuente en los clásicos. Hoy se emplea alargar y prolongar. 2 Alejar. En su significado de apartar, llevar o ir lejos, se usa alejar. Expresiones como alongarse un buen trecho, se sienten como arcaicas.

**alopecia** f. MED. Peladera, pelambrera, pelarela, pelona, pelonía.

**aloquecerse** prnl. Alocarse, enloquecerse.

**alosa** f. Sábalo, saboga, trisa.

**alotar** tr. MAR. Arrizar.

**alotígeno, -na** adj. MINERAL. Alogénico, alógeno.

**aloxita** f. QUÍM. Alundo.

**I alpaca** f. (rumiante) Paco, paco llama.

**II alpaca** f. Metal blanco.

**alpechín** m. Morga, murga tina, tinaco.

**alpérsico** m. Pérsico, pérsigo, melocotonero.

**alpinismo** m. Montañismo. Se extiende hoy el uso del neol. montañismo.

**alpinista** com. Montañero. Este sinónimo es un neologismo que va extendiéndose en su uso.

**alquequenje** m. Vejiga de perro, vejiguilla.

**alquería** f. Cortijo, granja, casa de labranza.

**alquermes** m. Alkermes, kermes, quermes, carmes.

**alquilar** tr. Arrendar. Se usa con preferencia alquilar cuando se trata de viviendas u objetos: se alquila una casa, un almacén, una bicicleta. Se usa arrendar si se trata de tierras o ne-

gocios: se *arrienda* una huerta, un café, impuestos o servicios públicos.
**alquiler** *m. Arriendo, arrendamiento, renta.* Los tres significan la acción de *alquilar* y el precio en que se alquila una cosa. *Renta* es exclusivamente el precio.
**alquimia** *f. Crisopeya. Crisopeya* era la parte de la *alquimia* que trataba de convertir los metales en oro.
**alquimila** *f. Pie de león, pata de león, estela, estelaria.*
**alquitara** *f. Alambique.*
**alquitarar** *tr. Alambicar, destilar.* 2 *Apurar, sutilizar, quintaesenciar.*
**alquitira** *f. Tragacanto, goma adragante, granévano.*
**alquitrán** *m. Brea.*
**alquitranar** *tr. Brear, embrear.*
**alrededor** *adv. l. En torno.* 2 **Alrededor de** *loc. prep. En torno a, aproximadamente, cerca de, poco más o menos.* V. alrededores.
**alrededores** *m. pl. Cercanías, contornos, inmediaciones, afueras, proximidades.* V. alrededor.
**alrota** *f. Arlota.*
**álsine** *f. Pamplina, picagallina.*
**altabaque** *m. Tabaque* (cesta).
**altabaquillo** *m. Centinodia, correhuela, sanguinaria mayor, saucillo.*
**altamisa** *f. Artemisa.*
**altanería** *f. Altivez, soberbia\*, engreimiento, orgullo\*, arrogancia, desprecio, imperio.* ↔ HUMILDAD.
**altanero, -ra** *adj. Altivo, arrogante, despreciativo, orgulloso, soberbio, estirado, entonado, empacado, engreído.* ↔ HUMILDE.
**altar** *m. Ara.*
**altarreina** *f. Milenrama, aquelea, artemisa bastarda, hierba meona, milhojas.*
**altea** *f. Malvavisco.*
**alteración** *f. Mudanza, cambio, variación.* "Se dice que hay *alteración* en el pulso con respecto a los intervalos que median entre las pulsaciones. *Mudan* o *cambian* de estado el soltero que se casa y el casado que enviuda.

Hay variación en los afectos del hombre inconstante y en los propósitos del débil" (M). 2 *Sobresalto, perturbación, trastorno.* Estos tres sinónimos indican *alteraciones* violentas de la pasión o de la vida social. 3 *Destemple, desconcierto.*
**alterado, -da** *adj. Inverso, trastornado, opuesto, contrario, invertido.* ↔ DIRECTO, INALTERABLE.
**alterar** *tr.-prnl. Cambiar\*, mudar, variar.* 2 *Perturbar, inquietar, conmover, trastornar, turbar, afectar, interesar, sobresaltar, estremecerse\*.* ↔ TRANQUILIZAR.
**altercado** *m. Disputa, agarrada, pelotera, cuestión, bronca, cisco, quimera, discusión\*, polémica, debate, altercación, bronquina, pendencia.* Los siete primeros sinónimos llevan consigo la idea de violencia, en tanto que *discusión, polémica* y *debate* pueden desarrollarse en forma apacible y cortés.
**altercar** *intr. Batallar, disputar, debatir, porfiar, pugnar.*
**alternar** *tr. Turnar, sucederse, relevarse, dar una de cal y otra de arena, del coro al caño y del caño al coro.* 2 *intr.-tr. Tratar, codearse, emparejar, fraternizar.* Los dos últimos son términos familiares y se aplican a menudo a personas que procuran tratar a las de clase, posición o educación superiores.
**alternativa** *f. Opción, elección, disyuntiva.* La *alternativa* supone *opción* o *elección* necesaria entre dos cosas. La *elección* u *opción*, entre dos o más cosas, no implica necesidad de elegir, sino simplemente oportunidad o conveniencia (compárese *escoger* con sus sinónimos).
**alteza** *f. Altura, elevación, altitud. Altitud* en términos geográficos. 2 fig. *Sublimidad, excelencia.*
**altígrafo** *m. Barógrafo.*
**altillano** *m. Altiplanicie.*
**altilocuente** *adj. Altílocuo, grandílocuo, grandilocuente.*

**altílocuo, -cua** *adj. Altilocuente, grandílocuo, grandilocuente.*

**altimetría** *f. Hipsometría.*

**altiplanicie** *f. Meseta.*

**altísimo, -ma** *adj. Excelso, eminente.*

**altisonante** *adj. Altísono, pomposo, rimbombante, hueco, hinchado, campanudo, enfático, afectado, petulante, engolado.* ↔ NATURAL, SENCILLO.

**altísono, -na** *adj. Altisonante, pomposo, rimbombante, hueco, hinchado, campanudo.*

**altitud** *f. Altura, elevación, alteza.* Como término geográfico se prefiere gralte. *altitud.*

**altivez** *f. Altanería, soberbia\*, entono, engreimiento, orgullo\*, arrogancia, desprecio, desdén, lozanía.* ↔ HUMILDAD.

**altivo, -va** *adj. Altanero, arrogante, despreciativo, orgulloso, soberbio.* "*Altivo, altanero.* Expresiones que indican la manía y locura de los hombres por elevarse sobre los demás, dominarlos, humillarlos y abatirlos, manifestándolo en todas las acciones y de todos los modos posibles. A veces se toma en buen sentido la palabra *altivo,* sobre todo cuando corresponde a la sublime elevación de las ideas. *Altanero* nunca tiene buen sentido, como no sea hablando metafóricamente de las cosas (...) Los modales *altaneros* causan enfado y rencor a los que tienen que sufrirlos, manifiestan la vanidad de los necios y llegan a hacerlos ridículos. El aire *altivo* acobarda al débil, al apocado, al esclavo; irrita a los hombres independientes (...) aún cuando esta *altivez* provenga de buenas causas, como la razón, la justicia y la legítima autoridad" (O).

**alto, -ta** *adj. Crecido, talludo.* 2 *Elevado, encumbrado, eminente, prominente.* Todos usados en sentido material o fig. En general, *eminente* y *prominente* se aplican a lo que sobresale mucho, y en este sentido son calificativos que intensifican la cualidad de *alto.* "Lo *alto* es opuesto a lo *bajo;* lo *elevado* es opuesto a lo *llano,* y lo

*eminente* es opuesto a lo *liso* o a lo igual de una superficie" (C).

**I alto** *m. Detención, parada.*

**II alto** *m. Altura, elevación* (del terreno). 2 *Piso, altos. Piso,* tratándose de una casa. En Amér., se usa gralte. en plural para contraponer los pisos altos a la planta baja: una casa de tres *altos.* 3 *Amér. Montón.* Se usa del siguiente modo: un *alto* de libros, de papeles, de fardos.

**altos** *m. pl. Alto\*, piso.* ↔ BAJOS.

**altramuz** *m. Calamocano, chocho, lupino.*

**altruismo** *m. Caridad, filantropía, humanidad, piedad, generosidad, beneficencia, civismo, abnegación\*, desinterés, desprendimiento.* ↔ EGOÍSMO, SORDIDEZ.

**altura** *f. Alto, elevación, eminencia, cumbre, altitud* (esp. en GEOGR.), *peralto* (GEOM.). 2 fig. *Eminencia, excelencia, superioridad, alteza.* 3 **Altura musical** *Tono.* V. alturas.

**alturas** *f. pl. Cielo.* Las *alturas* significa el *Cielo* (p. ej., ¡Gloria a Dios en las *alturas!);* y también los organismos más elevados del poder público (p. ej., hay que hacerse oír en las *alturas).* V. altura.

**alúa** *f. Argent. Cocuyo.*

**alubia** *f. Judía, habichuela.*

**alucinación** *f. Alucinamiento, ofuscación, ofuscamiento, confusión, deslumbramiento, ceguedad.* V. alucinar. ↔ REALIDAD, SERENIDAD. 2 *Delirio, desvarío, enajenación, perturbación.* 3 *Fascinación, deslumbramiento, seducción, incitación, engaño.*

**alucinar** *tr.-prnl. Ofuscar, confundir.* 2 *Cautivar, atraer, ilusionar, seducir, deslumbrar, cegar, engañar, embaucar.* Tomándolo a mala parte, úsase *engañar, embaucar.*

**alud** *m. Argayo, lurte, avalancha* (galic.).

**aluda** *f. Hormiga alada, aladica.*

**aludir** *tr. Mencionar, mentar, citar, tirar a ventana señalada, tirar con bala. Aludir* es por lo general referirse indirectamente o de paso a alguien o a algo. *Mencionar* y *mentar* es nombrar expresamente. *Citar* se refiere a palabras, textos, etc., que se aducen a propósito de lo que se está diciendo. Esta gradación de menor a mayor insistencia corresponde igualmente a los sustantivos *alusión, mención* y *cita.* ↔ OMITIR, CALLAR.

**alumbrado** *m. Iluminación.*

**alumbramiento** *m.* fig. *Parto.*

**alumbrar** *tr. Iluminar, aclarar. Iluminar, aclarar,* tratándose de lugares, estancias, calles, etc. Si se trata de personas o ceremonias religiosas a las cuales se acompaña con luz, no se dice *iluminar,* sino *alumbrar: alúmbrale* por la escalera. "*Alumbra* el sol; *ilumina* una vela. *Iluminar* lleva consigo la idea de lo artificial; *alumbrar* la de lo natural. La luciérnaga *alumbra.* Un cohete *ilumina.* Se *alumbra* al que no ve, se *ilumina* al que ignora, tomadas estas palabras en el sentido figurado. La luna es *alumbrada* por el sol, y no *iluminada*" (O). ↔ APAGARSE. 2 *Elevar, aflorar.* Ambos tratándose de agua subterránea. 3 *intr. Parir, dar a luz.* 4 *prnl. Embriagarse.*

**alumbre** *m. Sulfato de alúmina y potasio.* 2 *Jebe, ajebe, enjebe.*

**alumno, -na** *s. Discípulo, colegial, escolar, estudiante*.*

**alunado, -da** *adj.-s. Lunático.*

**alundo** *m.* QUÍM. *Aloxita.*

**alusión** *f. Mención, referencia, cita.* V. aludir.

**alusivo, -va** *adj. Referente, tocante.*

**alustrar** *tr.-prnl. Lustrar, abrillantar.* ↔ OSCURECER.

**álveo** *m. Cauce, madre, lecho.*

**alverja** *f. Arveja, algarroba, alverjana.* 2 *Amér. Guisante, alverjana.*

**alverjón** *m. Almorta, diente de muerto, tito, cicércula, cicercha, guija, muela.*

**alza** *f. Subida, aumento, elevación, encarecimiento, carestía*.* ↔ BARATURA, DEPRECIACIÓN.

**alzada** *f.* DER. *Apelación.*

**alzamiento** *m. Sublevación*, levanta-*

*miento, insurrección, rebelión, sedición, pronunciamiento*.*

**alzapiés** *m. Taburete, banquillo.*

**alzaprima** *f. Palanca, ceprén* (Ar.), *mangueta, espeque.*

**alzar** *tr. Levantar, elevar, subir.* ↔ DESCENDER, BAJAR. 2 fig. *Ascender, encumbrar.* 3 *prnl.* DER. *Apelar.* 4 *tr.-prnl. Amér. Refugiar, esconder, guardar.*

**ama** *f. Señora, dueña, propietaria, patrona.* 2 *Nodriza.*

**amabilidad** *f. Urbanidad*, afabilidad, cortesía, atención.* ↔ DESCORTESÍA, DESATENCIÓN.

**amable** *adj. Afable, atento*, cortés, afectuoso, tratable, sociable, sencillo.* ↔ ABOMINABLE, ABORRECIBLE.

**amadamarse** *prnl. Adamarse, afeminarse.*

**amaestrador, -ra** *s. Adiestrador.*

**amaestramiento** *m. Adiestramiento.*

**amaestrar** *tr. Adiestrar, ejercitar, aleccionar, instruir, enseñar*.* Se *aleccciona* trazando reglas de conducta y gobierno; se *adiestra* haciendo practicar ejercicios; se *enseña* comunicando ideas y doctrinas; se *amaestra* comunicando medios de mejora y perfección. 2 *Domar, domesticar, desembravecer, amansar*.*

**amagar** *intr.-tr. Amenazar, conminar.*

**amago** *m. Amenaza, conminación.* 2 *Señal, indicio, síntoma, anuncio, asomo*, barrunto.*

**amainar** *intr.-prnl. Aflojar, ceder, disminuir, debilitarse, flaquear, calmar.* ↔ ENCRESPARSE.

**amajadar** *tr. Redilar, redilear.*

**amalgama** *f. Malgama.* ↔ SEPARACIÓN, DESUNIÓN.

**amamantar** *tr. Lactar, dar de mamar. Lactar* es tecnicismo; la expresión más usual es *dar de mamar.*

**amancebamiento** *m. Concubinato, abarraganamiento, amontonamiento* (vulg.).

**amancebarse** *prnl. Amigarse, amontonarse* (vulg.), *juntarse* (Amér.).

**amancillar** *tr. Mancillar, manchar.* 2 *Deslucir, afear, ajar.*

**amanear** tr. *Manear.*

**I amanecer** m. *Alba, madrugada, albor, aurora, amanecida.*

**II amanecer** intr. *Aclarar, clarear, clarecer* (p. us.), *alborear, alborecer.*

**amanerado, -da** adj. *Afectado, rebuscado, estudiado.*

**amaneramiento** m. *Afectación, estudio, artificio, rebuscamiento.* ↔ NATURALIDAD, SENCILLEZ.

**amansar** tr. *Domar, domesticar, desembravecer, amaestrar. Amaestrar es ejercitar o enseñar a un animal para que haga determinados actos;* p. ej.: *los perros amaestrados que lucen sus habilidades en el circo. 2 Sosegar, apaciguar, tranquilizar, mitigar.* ↔ EXCITAR.

**amantar** tr. *Arropar, tapar, abrigar, cubrir.*

**amanuense** com. *Escribiente, copista, secretario, copiante*.*

**amañado, -da** adj. *Hábil, habilidoso, mañoso, diestro. 2 Compuesto, falseado, falsificado.*

**amañar** tr. *Componer, falsear, falsificar. 2 prnl. Darse maña, arreglarse, componérselas, apañarse.*

**amaño** m. *Artificio, ardid, traza, treta, trampa, triquiñuela, falseamiento, falsificación.*

**amapola** f. *Ababa* (p. us.).

**amar** tr. *Querer. La significación de amar es gralte. abstracta: amar a Dios, al prójimo. Es de uso gralte. culto o literario en sus acepciones concretas; corrientemente se usa querer.* ↔ ABOMINAR, ABORRECER, ODIAR. *2 Hacer la corte, pelar la pava, hacer el oso, echar flores.*

**amáraco** m. *Mejorana, almoraduj, almoradux, moradux, sampsuco, sarilla.*

**amaraje** m. AERON. y MAR. *Amerizaje.*

**amaranto** m. *Borlas, borlones, flor de amor.*

**amarar** intr. AERON. y MAR. *Amerizar.*

**amargado, -da** adj. *Malhumorado, resentido, pesimista.*

**amargaleja** f. *Endrina.*

**amargar** tr.-prnl. fig. *Acibarar, disgustar, afligir, apesadumbrar, apenar, atormentar.* ↔ ENDULZAR, CONSOLAR.

**amargón** m. *Diente de león.*

**amarguera** f. *Matabuey.*

**amargura** f. *Amargor, aflicción, pena, pesadumbre, pesar, tribulación, disgusto, sufrimiento, desconsuelo.*

**amarinar** tr. *Marinar.*

**amariposado, -da** adj. *Papilionáceo* (esp. en Bot.).

**amaritud** f. *Amargor, amargura.*

**amaro** m. *Bácara, bácaris, esclarea, maro.*

**amarra** f. AERON. y MAR. *Barloa.*

**amarradero** m. AERON. y MAR. *Noray, bolardo.*

**amarradura** f. MAR. *Amarre.*

**amarrar** tr.-prnl. *Atar*, asegurar, trincar, encadenar, sujetar, afianzar.* ↔ DESATAR, SOLTAR.

**amarre** m. MAR. *Amarradura.*

**amartillar** tr. *Martillar, martillear. 2 Armar, montar.*

**amasadera, amasadora** f. CONSTR. *Hormigonera.*

**amasamiento** m. *Amasadura. 2 Masaje.*

**amasar** tr. *Masar.*

**amateur** adj.-com. galic. *Aficionado.*

**amatista** f. *Ametista.*

**amatorio, -ria** adj. *Erótico, amoroso.*

**amazacotado, -da** adj. *Apelmazado, denso, compacto.*

**amazacotar** tr.-prnl. *Apelmazar.*

**amazonita** f. MINERAL. *Piedra de Amazonas.*

**ambages** m. pl. *Rodeos, circunloquios, perífrasis. 2 Sin ambages* loc. adv. *Sin rodeos, al grano* (fam.)*, directamente, sin rebozo, patentemente, claramente, abiertamente, sin disimulo, manifiestamente, francamente, sin palabra de más ni de menos.*

**ámbar** m. *Cárabe, electro, succino. 2 Ámbar negro Azabache.*

**ambarina** f. *Algalia l, civeto.*

**ambición** f. *Codicia. La ambición es la pasión por conseguir riquezas, poder, dignidades, fama, etc., en tanto que la codicia se circunscribe general-*

**ambicionar** 50

mente a riquezas o bienes materiales.

**ambicionar** *tr. Codiciar, desear\*, ansiar, anhelar, apetecer, querer II, sed de mando, tener pretensiones, aspirar\*. Ambicionar* supone generalmente una esfera de deseos más amplia, activa e intensa que los demás sinónimos. V. ambición. ↔ DESDEÑAR, DESPRECIAR, RENUNCIAR.

**ambiente** *m. Medio.*

**ambigú** *m. galic. Buffet, bufé.*

**ambigüedad** *f. Anfibología, equívoco, doble sentido, confusión, oscuridad.* ↔ PRECISIÓN, CLARIDAD.

**ambiguo, -gua** *adj. Anfibológico, equívoco, de doble sentido, incierto, dudoso\*, oscuro.* "Es *dudoso* el sentido de una frase cuando contiene alguna alusión oscura, alguna confusión en las ideas, alguna explicación incompleta o defectuosa; es *equívoco* cuando hay en ella voces de doble significado; es *ambiguo* cuando la construcción puede tener distintas interpretaciones" (M). V. anfibología.

**ámbito** *m. Contorno, perímetro.* 2 *Superficie, espacio.*

**ambladura** *f. Andadura.*

**ambos, -bas** *adj. pl. Los dos, uno y otro, entrambos, ambos a dos.* "*Ambos* no sirve más que para expresar determinadamente y de un modo abreviado el número de dos personas o cosas de quienes se ha hablado ya, prescindiendo de que estén juntas o separadas. *Entrambos* hace concebir además la idea de la unión y de la comunidad o conveniencia de la cosa; por lo que hablando, p. ej., de dos consortes, suele decirse: esto es muy conducente a la felicidad de *entrambos. Ambos a dos* denota con mayor precisión la unión y además indica cooperación voluntaria de las dos personas de quienes se habla" (C).

**ambuesta** *f. Almorzada, almuerza, puñera.*

**ambulante** *adj.* MED. *Peripatético, ambulatorio.*

**ambulatorio** *m. Dispensario.*

**ambulatorio, -ria** *adj.* MED. *Ambulante, peripatético.*

**amedrentar** *tr.-prnl. Intimidar, atemorizar, acobardar\*, arredrar, acoquinar* (fam.)*, achantar* (vulg.)*, amilanar, aterrar, poner en fuga, imponer, achicar, apocar.* ↔ ENVALENTONARSE. 2 *Desalentar, desanimar, descorazonar.* ↔ ANIMAR, ALENTAR.

**amelga** *f. Emelga.*

**amelo** *m. Estrellada.*

**amenaza** *f. Amago, conminación.*

**amenazar** *intr.-tr. Amagar, conminar, enseñar los dientes, decir a uno cuántas son cinco, tener en jaque. Amagar* supone sólo un indicio o comienzo de amenaza o de actitud amenazadora. *Conminar* es intimar a alguien el cumplimiento de algo, so pena de producirle un daño; es mandar amenazando.

**amenguar** *tr. Disminuir, menoscabar, mermar, aminorar, achicar, acortar, parvificar, empequeñecer, menguar, encoger.* ↔ AUMENTAR, AMPLIAR. 2 fig. *Deshonrar, rebajar, infamar.*

**ameno, -na** *adj. Grato, agradable, deleitable, placentero, entretenido, divertido, encantador.*

**amenorrea** *f.* MED. *Opilación.*

**amento** *m.* BOT. *Candelilla.*

**ameos** *m. Fistra, ami.*

**amerar** *tr.* CONSTR. *Abrevar.*

**americana** *f. Chaqueta, saco* (Amér.).

**americanizarse** *prnl. Acriollarse.*

**amerizaje** *m.* AERON. Y MAR. *Amaraje.*

**amerizar** *intr.* AERON. Y MAR. *Amarar.*

**ametalar** *tr. Alear, ligar, religar, mezclar, fusionar, fundir.* ↔ DESUNIR, SEPARAR, DESINTEGRAR.

**ametista** *f. Amatista.*

**amfetamina, anfetamina** *f. Bencedrina.*

**ami** *m. Ameos, fistra.*

**amiga** *f. Concubina.* 2 Amér. *Escuela de niñas.*

**amigable** *adj. Amistoso, accesible, afa-*

*ble.* Los dos últimos tratándose de personas; el primero es más general.
**amigar** *tr. Amistar.* 2 *Reconciliar, avenir.* 3 *prnl. Amancebarse.*
**amígdala** *f. Tonsila.*
**amigo** *m. Hombre amancebado.*
**amigo, -ga** *adj. Aficionado, inclinado, encariñado, partidario, afecto, adicto, devoto.* ↔ ENEMIGO.
**amilanar** *tr.-prnl. Acobardar\*, atemorizar, aterrar, abatir, postrar.* ↔ ANIMAR, ALENTAR.
**aminoácido** *m.* QUÍM. *Ácido aminado.*
**aminorar** *tr. Minorar, disminuir\*, amenguar, mermar, acortar, achicar, atenuar, mitigar, amortiguar\*, paliar.* Los cuatro últimos, tratándose de cosas no mensurables. ↔ AGRANDAR, AUMENTAR. 2 *intr. Decrecer\*, menguar, disminuir\*.* ↔ AUMENTAR, CRECER.
**amistad** *f. Afecto\*, inclinación, apego, cariño, devoción, intimidad.* Intimidad, cuando es estrecha y de mucha confianza.
**amistar** *tr. Amigar.* 2 *tr.-prnl. Reconciliar, avenir, ser uña y carne, estar a partir un piñón, comer en un mismo plato.* ↔ ENEMISTAR, REGAÑAR.
**amistoso, -sa** *adj. Amigable, afable\*.*
**amnistía** *f. Indulto.*
**amo** *m. Señor, dueño, propietario, patrón.* Patrón se usa en las embarcaciones menores y en talleres y comercios.
**amoblar** *tr. Amueblar, moblar, mueblar.*
**amodita** *f. Alicántara, alicante.*
**amodorramiento** *m. Modorra, sopor, letargo, coma* (MED.).
**amodorrarse** *prnl. Adormecerse\*, aletargarse, adormilarse, dormirse\*, adormitarse, entorpecerse, entumecerse.* ↔ DESPERTARSE, DESPABILARSE, DESPEJARSE.
**amohecer** *tr.-prnl. Enmohecer, amohosarse* (Amér.).
**amohinarse** *prnl. Amurriarse, amorrarse, entristecerse.*
**amohosar** *tr.-prnl. Amér. Amohecer, enmohecer.*

**amojonamiento** *m. Mojonación, mojona.* Mojona es la acción de amojonar tierras.
**amojonar** *tr. Mojonar.*
**amolador** *m. Afilador.*
**amolar** *tr. Afilar, dar filo, aguzar.* 2 fig. *Fastidiar, molestar, cansar, aburrir, hacer la pascua.*
**amoldar** *tr. Ajustar, acomodar, adaptar.* ↔ DESACOMODAR, DESAJUSTAR. 2 *Ahormar.* 3 *prnl. Conformarse, avenirse, allanarse, transigir.* ↔ REBELARSE, SUBLEVARSE. 4 *Atenerse\*, sujetarse, ajustarse, remitirse.*
**amollar** *intr. Ceder, aflojar, desistir.* 2 *intr.-tr.* MAR. *Largar.*
**amomo** *m. Granos del Paraíso.*
**amonarse** *prnl. fam. Emborracharse, embriagarse.*
**amonedar** *tr. Monedar, monedear.*
**amonestación** *f. Admonición, monición* (p. us.), *advertencia\*, aviso, exhortación, represión, reconvención, regaño, reprimenda, sermón.* En todos ellos predomina la intención de avisar o prevenir. Los cuatro últimos sinónimos se utilizan cuando se hace con intención de reprender o castigar un acto ya realizado. V. amonestaciones. 2 *Lección, enseñanza, ejemplo.*
**amonestaciones** *f. pl. Amonestaciones matrimoniales, publicaciones, proclamas.* V. amonestación.
**amonestador** *m. Monitor, admonitor.*
**amonestar** *tr. Advertir\*, avisar, exhortar.* 2 *Reprender, reconvenir, regañar.* 3 *Correr las amonestaciones, correr las proclamas, correr las publicaciones.* Todos ellos referidos al matrimonio: correr las amonestaciones para el matrimonio.
**amoniaco** *m.* QUÍM. *Álcali volátil.*
**amontonar** *tr. Juntar, reunir, acopiar, allegar, apiñar, hacinar, acumular.* Amontonar se refiere a cosas muy numerosas o en gran cantidad, y en esto coincide con hacinar y acumular; la diferencia está en que se amontonan o hacinan cosas materiales, sacos, frutas, equipajes, mercancías, etcétera,

en tanto que *acumular* se aplica a lo inmaterial con mayor frecuencia que aquéllos. Se *acumula* el saber, las dificultades, infortunios, alegrías. *Aglomerar* da, como *amontonar*, la idea de poner unas cosas sobre otras, o junto a otras, sin orden ni concierto, pero de modo que estén apretadas, hacinadas, atiborrando el espacio en que se encuentran. ↔ ESPARCIR, SEPARAR. 2 *prnl. Amancebarse, amigarse.* 3 fig. y fam. *Enfadarse, encolerizarse, irritarse, enojarse, amoscarse.*

**amor** *m. Cariño, afecto\**. "Se tiene *amor* a una persona cuya posesión nos parece la suprema felicidad; se tiene *cariño* a aquella cuya amabilidad excita vivamente nuestra ternura; se tiene *afecto* a aquella cuyo mérito excita vivamente nuestra inclinación. El *amor* es una pasión violenta; el *cariño* una pasión tierna; el *afecto* una estimación apasionada. El *cariño* se acerca más al *amor*, porque aquella misma sensibilidad que es el alma del *cariño*, es también propia del *amor*, aunque exagerada y mezclada de contrastes que a veces la convierten en dureza; pero la sensibilidad del *afecto* es más tranquila, porque la inspira el mérito (...) El amor conyugal dura muy poco, si es *amor*; se entibia con el tiempo, si es *cariño*; y sólo crece y dura, si es *afecto*" (LH). El carácter abstracto de la palabra *amor*, hace que el pueblo prefiera en general denominarlo *el querer*. ↔ ODIO.

**amoratado, -da** *adj. Cárdeno, lívido.* Este último, esp. tratándose del color de la cara, de una herida, etc.

**amoroso, -sa** *adj. Cariñoso, tierno, enamorado, afectuoso.* 2 *Blando, suave, templado, apacible.*

**amortiguación** *f. Amortiguamiento.*

**amortiguado, -da** *adj. Apagado\*, bajo, débil, mortecino.* Tratándose del color o del brillo.

**amortiguamiento** *m. Amortiguación.*

**amortiguar** *tr.-prnl. Atenuar, amino-* rar, mitigar, moderar, paliar. Los cuatro primeros, en sus significados materiales o morales; *paliar*, gralte. en sentido moral: *paliar* una mala noticia. ↔ EXCITAR.

**amoscarse** *prnl. Mosquearse, amostazarse, picarse, escocerse, sentirse, resentirse, requemarse, enojarse, agraviarse, enfadarse, encolerizarse, irritarse, amontonarse.* Serie intensiva.

**amostazar** *tr.-prnl. Irritar, enojar, mosquear, amoscar, picar, escocerse, sentirse, resentirse, requemarse.*

**amotinado, -da** *adj.-s. Sedicioso, sublevado, rebelde, insurrecto.*

**amotinar** *tr.-prnl. Alzar, sublevar, soliviantar, levantar, insubordinar, insurreccionar.*

**amover** *intr.-tr. Abortar, malparir, mover.*

**amparador, -ra** *adj. Bienhechor\*, fravorecedor, protector, benefactor.* ↔ MALHECHOR.

**amparar** *tr.-prnl. Favorecer, auxiliar, ayudar\**. 2 *Proteger\*, defender, patrocinar, salvaguardar, escudar.* ↔ DESATENDER, ABANDONAR. 3 *prnl. Guarecerse, cobijarse, abrigarse.*

**amparo** *m. Reparo, defensa, abrigo, asilo, refugio\**. 2 *Protección, favor, patrocinio, apoyo, auxilio\**. ↔ ABANDONO. 3 *Agarradero, recurso.*

**ampicilina** *f. Penicilina.*

**ampliamente** *adv. m. Largamente, holgadamente.*

**ampliar** *tr.-prnl. Agrandar, ensanchar, aumentar, añadir, amplificar, desarrollar, dilatar, incrementar, extender.* *Ampliar* es término general que puede usarse con toda clase de complementos, reales o fig. Los siguientes sinónimos se aplican sólo a determinados complementos; p. ej.: *agrandar* el tamaño: *a.* una casa; *ensanchar* la anchura: *a.* un calle, un vestido; *aumentar* la cantidad, dimensiones: *a.* el capital, la capacidad de un local, el saber; *amplificar* lo pensado, escrito, hablado, el sonido; *dilatar* la superficie o el volumen; *de-*

*sarrollar* un pensamiento, las iniciativas, los negocios. Estos y otros matices pueden ser expresados por *ampliar*. *Incrementar* es voz culta o científica y expresa las ideas de *aumentar* o *añadir*. ↔ REDUCIR.

**amplificación** *f.* RET. *Paráfrasis.*

**amplificar** *tr. Ampliar\*.*

**amplio, -plia** *adj. Extenso, vasto, espacioso, dilatado, capaz, ancho, holgado.*

**amplitud** *f. Extensión.* En sentido recto (la *amplitud* de un salón) o fig. (*amplitud* del saber).

**ampolla** *f. Burbuja, pompa, campanilla, gorgorita.* 2 ELECTR. *Bombilla.*

**ampulosidad** *f. Prosopopeya, afectación, pompa, aparato, ostentación.*

**ampuloso, -sa** *adj. Hinchado, redundante, enfático, presuntuoso.* ↔ NATURAL, ESCUETO.

**amputación** *f.* CIR. *Aféresis, escisión.*

**amueblar** *tr. Amoblar, moblar, mueblar.* Todos ellos menos usados que *amueblar.*

**amujerado, -da** *adj. Afeminado, adamado, amadamado, feminoide, femenino.* ↔ VIRIL.

**amuleto** *m. Talismán, guayaca* (Amér.), *mascota.* El *talismán* no se lleva necesariamente encima, a diferencia del *amuleto*. La *mascota* es la persona, animal o cosa a la cual se atribuye la virtud de alejar las desdichas o atraer la buena suerte.

**amurallar** *tr. Murar, cercar.*

**amurriarse** *prnl. Amorrarse, amohinarse, entristecerse.*

**amusco, -ca** *adj. Musco.*

**amustiar** *tr. Enmustiar, marchitar.*

**anacara** *f. Folada.*

**anacardiáceo, -ea** *adj.-s. Terebintáceo.*

**anacoreta** *com. Monje, cenobita, solitario, ermitaño\*, eremita.* En los primeros siglos del cristianismo, el *anacoreta*, lo mismo que el *monje* (gr. *monachós*, solitario), vivía solo en lugar retirado. Equivalían, pues, a *solitario*, *ermitaño* y *eremita*. Hoy *monje* se aplica

también al religioso que vive en comunidad, como los antiguos *cenobitas* (gr. *koinós*, común + *bíos*, vida).

**ánade** *m. Pato.*

**anadear** *intr. Nanear.*

**anadipsia** *f.* MED. *Sed.*

**anáfora** *f.* RET. *Epanáfora, repetición.*

**anafrodisia** *f.* MED. *Frigidez.*

**anafrodisíaco, -ca** *adj. Antiafrodisíaco.*

**anagnórisis** *f. Agnición, reconocimiento.*

**analectas** *f. pl. Antología, crestomatía\*, florilegio, selectas.*

**analéptico, -ca** *adj.* FARM. *Tónico, fortificante, restaurativo.* Aplícase a los medicamentos.

**anales** *m. pl. Fastos.*

**analgesia** *f.* MED. *Anestesia, insensibilidad.* ↔ SENSIBILIDAD.

**analgésico, -ca** *adj. Calmante, sedante, sedativo, paliativo, narcótico.*

**analisílogo** *m.* MED. *Analista.*

**análisis** *m. Descomposición, distinción, separación.* 2 *Examen, estudio, observación.*

**analista** *com.* MED. *Analisílogo.*

**analizar** *tr. Distinguir, separar, descomponer, aislar.* 2 *Examinar, observar, estudiar.*

**analogía** *f. Semejanza, parecido, similitud.* ↔ DISIMILITUD, DESEMEJANZA, DIFERENCIA.

**análogo, -ga** *adj. Semejante\*, parecido\*, similar.* V. analogía. ↔ DISTINTO, DIFERENTE, DISTANTE.

**ananá** *m. Piña de América, ananás.*

**anapelo** *m. Acónito, napelo, matalobos, pardal, uva lupina, uva verga.*

**anapesto** *m. Antidáctilo.*

**anaquel** *m. Entrepaño.*

**anarquía** *f. Acracia, anarquismo.* 2 fig. *Desorden, confusión.* ↔ ORDEN, DISCIPLINA.

**anarquismo** *m. Acracia, anarquía.*

**anarquista** *com. Ácrata, libertario.*

**anástrofe** *f.* GRAM. *Hipérbaton.* El *hipérbaton* altera también el orden habitual de las palabras; cuando es extremoso y violento se llama *anástrofe.*

El primero es figura de construcción; la segunda, solecismo.

**anatema** *amb. Excomunión.* 2 *Maldición, imprecación.*

**anatematizar** *tr. Excomulgar.* 2 *Maldecir, reprobar.*

**anatomía** *f.* V. *disección.*

**anavia** *f. Logr. Arándano.*

**anca** *f. Grupa.*

**ancho** *m. Anchura.*

**ancho, -cha** *adj. Amplio, dilatado, extenso, vasto.* 2 *Holgado.* 3 fig. *Ufano, satisfecho.*

**anchoa** *f. Boquerón, alacha, lacha, alache, aladroque, haleche, aleche, alece, anchova.*

**anchura** *f. Ancho, latitud, amplitud, extensión.* ↔ ESTRECHEZ, DELGADEZ. 2 *Libertad, soltura, holgura, desahogo.*

**ancianidad** *f. Senectud, vejez\*, peinar canas, caerse de maduro, andar con la barba por el suelo, comer el pan de los niños.* ↔ JUVENTUD.

**anciano, -na** *adj.-s. Viejo. Anciano* sólo se dice de las personas, no de los animales ni de las cosas.

**ancla** *f. Áncora, ferro.* 3 **Echar anclas** *loc.* MAR. *Anclar, fondear.* 2 **Levar anclas** *Salir, partir, alejarse, arrancar, zarpar, hacerse a la mar.*

**ancladero** *m. Fondeadero.*

**anclado, -da** *adj.* MAR. *Fondeado.*

**anclaje** *m.* MAR. *Fondeo.*

**anclar** *intr. Echar anclas, fondear, ancorar.*

**ancón** *m.* MAR. *Anconada, broa.*

**anconada** *f.* MAR. *Ancón, broa.*

**áncora** *f. Ancla, ferro.*

**ancorar** *intr. Anclar, fondear.*

**andador, -ra** *adj. Andarín, andariego, caminante, andorrero* (desp.), *callejero* (desp.). *Se aplican todos a la persona que anda mucho o con rapidez; pero en andariego predomina la cualidad del que anda y se mueve de una parte a otra sin pararse en ninguna. Caminante es el viajero que anda a pie; así que una persona puede ser caminante en determinada ocasión, sin ser andarina, andadora ni andariega por*

naturaleza o por costumbre. *De un animal podemos decir que es andador o andarín, pero no andariego. Andorrero tiene sentido despectivo y equivale esp. a callejero o andariego.*

**andadura** *f. Ambladura.* 2 **Paso de andadura** *m.* V. *paso.*

**andaluzada** *f. Hipérbole, exageración\*, ponderación.*

**andamiada** *f.* CONSTR. *Andamiaje.*

**andamiaje** *m. Andamiada.*

**andaniño** *m. Pollera, andador.*

**andar** *intr. Ir, venir. Andar se diferencia de ir y venir en que éstos llevan asociada la idea de dirección del movimiento (desde aquí, desde ahora: hacia aquí, hacia ahora), en tanto que andar se refiere al movimiento en sí mismo. Por esto puede equivaler a ir y venir cuando el ademán, la situación del movimiento u otras palabras asociadas añaden a andar la dirección; p. ej.: ¡Anda!, lo mismo puede significar ¡Vete! que ¡Ven!; Andar tras una persona, o un negocio, equivalen a ir tras, o venir tras, porque la prep. tras indica la dirección del movimiento.* 2 *Funcionar, marchar. Tratándose de una máquina o mecanismo.* 3 *tr.-prnl. Recorrer, caminar. Decimos que un vehículo o un caminante han recorrido o andado doce kilómetros. Caminar equivale a andar o trasladarse de un lugar a otro, y se usa como tr. e intr. El empleo de caminar es mucho más frecuente en América que en España.* ↔ PARARSE, DETENERSE.

**andarica** *f. Ast. Nécora.*

**andariego, -ga** *adj. Andador\*, andarín.*

**andarríos** *m. Aguzanieves.*

**andolina** *f. Golondrina, andorina.*

**andorga** *f. Vientre, barriga, panza, tripa, abdomen\*. Andorga es expresión burlesca, jocosa, de vientre, barriga, panza y tripa.*

**andorina** *f. Andolina, golondrina.*

**andorrear** *intr.* desp. *Cazcalear, callejear, cantonear, ruar.*

**andorrero, -ra** *adj.* desp. *Andariego,*

*callejero* (desp.), *andador\**, *andarín, caminante.*
**andrajo** *m. Argamandel, harapo, guiñapo, zarria, pingajo, pingo.* 2 *Calandrajo, gualdrapa.*
**andrajoso, -sa** *adj. Harapiento, haraposo, pingajoso, roto, trapiento, desarrapado, zarrapastroso.*
**andrina** *f. Endrina, amargaleja.*
**andrino** *m.* p. us. *Endrino, asarero.*
**androfania** *f.* MED. *Virilismo.*
**andrómina** *f. Embuste, enredo, mentira, engaño, paparrucha, fullería.*
**andropausia** *f.* MED. *Climaterio.*
**androsemo** *m. Todabuena, todasana, castellar.*
**andulario** *m. Faldulario, fandulario.*
**anea** *f. Enea.*
**anécdota** *f. Historieta, chascarrillo.*
**anegar** *tr.-prnl. Ahogar, inundar, sumergir, encharcar.* Si se trata de una persona o animal, *ahogar.* Tratándose de un terreno, *inundar, sumergir* o *encharcar.* 2 *prnl. Naufragar, sumergirse, zozobrar, irse a pique* (una embarcación).
**anejar** *tr. Anexar, unir.*
**anejo, -ja** *adj.-s. Anexo, dependiente, agregado, afecto, unido.*
**anelación** *f.* CARP. *Decortización.*
**aneldo** *m. Eneldo.*
**anelectrodo** *m.* QUÍM. *Ánodo.*
**anemia** *f. Hemopenia* (MED.).
**anémona de mar** *f. Actinia, ortiga de mar, anemone.*
**anemone** *f. Anémona de mar, actinia, ortiga de mar.*
**anerosia** *f.* MED. *Anafrodisia.*
**anestesia** *f. Insensibilidad.* En general y etimológicamente, *insensibilidad*; pero por *anestesia* se entiende la *insensibilidad* lograda por medios artificiales como el hipnotismo o la absorción de determinadas sustancias.
**anestesiar** *tr. Insensibilizar, cloroformizar, eterizar, raquianestesiar.* Según el procedimiento o el anestésico empleado, se forman verbos especiales, como *cloroformizar, eterizar, raquianestesiar.* V. anestesia.

**aneuria** *f.* MED. *Parálisis.*
**aneurina** *f.* QUÍM. *Tiamina.*
**anexar** *tr.-prnl. Agregar, unir, anexionar, incorporar.* ↔ SEPARAR, DESUNIR.
**anexión** *f. Unión, agregación, incorporación.*
**anexionar** *tr. Agregar, anexar, adscribir.*
**anexo, -xa** *adj.-s. Anejo, afecto, unido, agregado, dependiente, incorporado.*
**anfibolita** *f. Afanita.*
**anfibología** *f. Ambigüedad, imprecisión, indeterminación, confusión, oscuridad, equívoco, dilogía* (LÓG. y p. us.). Aunque *anfibología* y *ambigüedad* gralte. coinciden, ésta ha tomado por extensión el significado de *imprecisión, indeterminación, confusión* u *oscuridad* en gral., mientras que *anfibología* sugiere siempre dos o más interpretaciones. Lo *anfibológico* es siempre ambiguo, pero no al revés. *Dilogía* equivale a doble sentido de una palabra. El *equívoco* puede tener dos o más sentidos.
**anfibológico, -ca** *adj.* GRAM. *Ambiguo, equívoco, de doble sentido, incierto, dudoso, oscuro.*
**anfígeno** *m.* MINERAL. *Leucita.*
**anfímacro** *m. Crético.*
**anfractuosidad** *f. Sinuosidad, desigualdad, escabrosidad.*
**angarillas** *f. pl. Árguenas, árgueñas, convoy.* 2 *Aguaderas.*
**ángaro** *m. Almenara.*
**ángel** *m. Gracia, garbo, donaire, sal, salero, atractivo, encanto.* ↔ DESGARBO.
**angélica carlina** *f. Ajonjera, cardo ajonjero, cepa, caballo, ajonjero.*
**angelical** *adj. Angélico.* "Lo *angélico* pertenece a la naturaleza del ángel; lo *angelical* se le asemeja. Decimos coros *angélicos,* y no *angelicales.* El rostro *angelical,* y no *angélico,* de un niño" (M).
**angélico, -ca** *adj. Angelical.*
**angillita** *f.* MINERAL. *Anxylita.*
**angina** *f. Esquinencia, amigdalitis.*
**angla** *f.* p. us. GEOGR. *Cabo, promontorio, lengua de tierra.*

**anglesita** *f. Sulfato de plomo, vitriolo de plomo.*

**anglicismo** *m. Inglesismo.*

**anglo, -gla** *adj.-s.* p. us. *Inglés\*, británico, britano* (p. us.).

**angloamericano, -na** *adj. Norteamericano, estadounidense, yanqui.*

**angostar** *intr.-tr.-prnl. Estrechar, enangostar, ensangostar.* ↔ ENSANCHAR, ABRIR.

**angosto, -ta** *adj. Estrecho, ahogado, reducido. Estrecho* se opone a *ancho*, mientras que *angosto* sugiere dificultad de pasar: una cinta, un encaje, son *estrechos*, no *angostos*. Un desfiladero puede ser *estrecho* o *angosto*. Por otra parte, en los casos numerosos de sinonimia total, *angosto* se siente generalmente como palabra más escogida y literaria, quizá por su menor uso. Compárense: un sendero *angosto* y un sendero *estrecho*; pasillo *angosto* y pasillo *estrecho*.

**angostura** *f. Estrechura, estrechez.*

**angra** *f. Ensenada, rada.*

**anguila de cabo** *f. Rebenque.*

**ángulo** *m. Esquina, rincón.* Tratándose de cosas materiales, *esquina* o *rincón*, según se mire por la parte de afuera o la de adentro, respectivamente.

**angustia** *f. Aflicción, dolor, tristeza, congoja, zozobra, desconsuelo.* ↔ ÁNIMO, CONSUELO, ALEGRÍA. 2 *Agobio, sofocación, inquietud, ansiedad\*, tribulación, ansia\*, zozobra, desazón, desasosiego, intranquilidad, agitación, inquietud.* ↔ TRANQUILIDAD, PAZ, SOSIEGO, DESPREOCUPACIÓN.

**angustias** *f. pl. And. Náuseas.*

**angustioso, -sa** *adj. Doloroso, lamentable, lastimoso, penoso.* 2 *Mortal, fatigoso, abrumador.*

**anhelado, -da** *adj. Suspirado, deseado, apetecido, ansiado.*

**anhelar** *intr.-tr. Desear, suspirar por, desvivirse, ansiar, hacerse la boca agua, comer con los ojos, beber los vientos, acuciar, aspirar\*, ambicionar\*. Anhelar* es expresión intensiva de *desear* y envuelve vehemencia en el deseo, como *suspirar por, desvivirse, ansiar.* ↔ DESDEÑAR, DESPRECIAR.

**anhelo** *m. Aspiración, deseo, afán, ansia.* Como estos dos últimos, *anhelo* connota idea de vehemencia.

**anidar** *intr. Nidificar.*

**anillo** *m. Sortija, aro, alianza.* Se va extendiendo el galicismo de llamar *alianza* al *anillo* nupcial.

**ánima** *f. Alma.*

**animación** *f. Agitación, movimiento, actividad, viveza.* ↔ ABURRIMIENTO, ABATIMIENTO. 2 *Concurso, afluencia, concurrencia.* Tratándose de gente.

**animado, -da** *adj. Concurrido, movido, divertido.* 2 *Alentado, confortado, reanimado, animoso.* 3 *Agitado, acalorado, excitado.*

**animadversión** *f. Antipatía\*, desafecto, ojeriza, animosidad, inquina, tirria, hincha, enemistad, prevención, encono, resentimiento, malquerencia, rencor.* ↔ SIMPATÍA, AMISTAD.

**animal** *adj.-com.* fig. *Bruto, bestia, torpe, ignorante, grosero, zafio.* En sentido recto, *animal* comprende todos los seres vivientes de que se ocupa la zoología. *Bestia* alude generalmente a determinada clase de animales, por oposición al hombre. *Bruto* acentúa el carácter de irracionalidad, de instinto grosero.

**animar** *tr.-prnl. Alentar, esforzar, confortar, reanimar, excitar.* ↔ ABANDONAR. 2 *Alegrar, letificar* (lit.), *mover.* ↔ ABURRIR, ABATIRSE. 3 *Vivir, habitar.* ↔ ABATIRSE, ABURRIR, ABANDONAR.

**anímico, -ca** *adj. Psíquico.*

**ánimo** *m. Valor\*, valentía\*, intrepidez, esfuerzo, denuedo, ardimiento, energía, fuerzas, brío, aliento.* Cuando no se trata de lucha, defensa o ataque, sino de *energía* moral o física en otras ocasiones de la vida, se acercan mucho a la significación de *ánimo* los siguientes vocablos: *fuerzas, brío, aliento.* Así, decimos de un convaleciente que no tiene *ánimo, fuerzas, energía, brío, aliento*, para salir a la calle; y de una persona indecisa, que le falta *ánimo, energía,* etc., para tomar una resolución. En estos casos es usual el empleo del plural, *ánimos, fuerzas, energías, bríos, alientos.* ↔ COBARDÍA. 2 *Intención, voluntad, propósito, designio, pensamiento.* P. ej., cuando decimos que tenemos el *ánimo, propósito, designio,* etc., de aceptar o rechazar un proyecto o invitación que nos han hecho, o de votar en pro o en contra de determinado candidato. ↔ INDECISIÓN, DESÁNIMO.

**animosidad** *f. Animadversión, desafecto, ojeriza, inquina, antipatía, hincha, tirria, enemistad.*

**animoso, -sa** *adj. Valiente, valeroso, intrépido, esforzado, denodado, alentado, resuelto, decidido, fuerte, varonil, firme, enérgico.* V. ánimo. ↔ DÉBIL, PUSILÁNIME, COBARDE. 2 *Animado, alentado, confortado, reanimado.* ↔ DESANIMADO.

**aniñado, -da** *adj. Infantil, pueril* (lit).

**aniquilación** *f.* CIENTÍF. *Desmaterialización.*

**aniquilado, -da** *adj. Exangüe, debilitado.*

**aniquilar** *tr. Destruir, exterminar, arruinar, desbaratar, anonadar\*, extinguir\*. Aniquilar* es, etimológica y literalmente, reducir a la nada, hacer que se extinga una cosa por completo; en tanto que de lo que se *destruye* quedan restos, vestigios o fragmentos. Un bombardeo *destruye* una ciudad, y si decimos que la *aniquila,* es por hipérbole. *Exterminar* se refiere a seres vivos: decimos p. ej. que han sido *exterminadas* una plaga de langosta o las plantas parásitas de un jardín. *Arruinar* se aplica a edificios, bienes, hacienda, y metafóricamente a la salud, ánimo, etc. *Desbaratar:* destruir la fuerza que se nos opone, aunque *destruya* a los agentes de ella: se *desbarata* al enemigo en un combate sin *destruirlo* ni *aniquilarlo. Anonadar* etimológicamente tiene igual sentido que *aniquilar;* pero ape-

nas se usa hoy en el sentido material; pero se emplea en la acepción de *abatir, humillar, confundir* o *avergonzar* a una persona.↔ CONSTRUIR, CONSERVAR, ANIMAR. 2 *Arrollar, derrotar, vencer, destrozar, batir.* 3 *tr. -prnl. Aplanar, abatir, postrar, desalentar, debilitar, extenuar.* ↔ ANIMAR, AMONTONAR.

**anís** *m.* (planta y semilla) *Matalahúga, matalahúva.* 2 (licor) *Anisado, aguardiente anisado, anisete.* 3 **Anís estrellado** *Badiana.*

**anisado** *m. Anís, aguardiente anisado, anisete.*

**anisete** *m. Anís, anisado, aguardiente anisado.*

**aniversario** *m. Cabo de año.*

**aniversario, -ria** *adj. Anual.*

**I anochecer** *m. Anochecida.*

**II anochecer** *intr. Oscurecer, ensombrecer.*

**anochecida** *f. Anochecer I.*

**anodino** *m.* FARM. *Paregórico, calmante, elixir.*

**anodino, -na** *adj.-m. Sedante, sedativo.* El primero se emplea pralte. en el sentido de lo que produce sosiego general. 2 *adj.* fig. *Ineficaz, insustancial, insignificante.*

**ánodo** *m.* QUÍM. *Anelectrodo.*

**anofelismo** *m.* MED. *Paludismo, malaria.*

**anomalía** *f. Anormalidad, irregularidad.*

**anómalo, -la** *adj. Irregular, anormal.* ↔ REGULAR. 2 *Infrecuente, raro, extraño, insólito.* ↔ VULGAR.

**anona** *f. Corrosal.*

**anonadar** *tr. Abatir, humillar, confundir, aniquilar.* Aunque *aniquilar* y *anonadar* coinciden en su acepción etimológica, el primero se emplea preferentemente en significado material, y el segundo en sentido moral: la epidemia *aniquila* el rebaño; la noticia me *anonadó.*

**anónimo, -ma** *adj. Desconocido, ignorado.* Tratándose del autor de una obra o escrito, *desconocido, ignorado;* pero si se trata de la obra misma no puede decirse que es *desconocida* o *ignorada*, sino precisamente *anónima*.

**anorexia** *f.* MED. *Inapetencia, desgana.*

**anoria** *f. Noria, cenia* (en Marruecos).

**anormal** *adj. Irregular, anómalo.*

**anormalidad** *f. Irregularidad, anomalía.*

**anorza** *f. Nueza blanca.*

**anotación** *f. Apunte, nota, glosa\*, comentario, explicación, acotación.*

**anotar** *tr. Apuntar, asentar. Asentar* tuvo en la lengua antigua el mismo significado, pero hoy su empleo ha quedado restringido a los libros de comercio y cuentas. Un estudiante *anota* o *apunta* las explicaciones del profesor, pero no las *asienta*. Igualmente *anotamos* o *apuntamos* lo que no queremos que se nos olvide. Un comerciante *asienta* una partida en sus cuentas. 2 *Asentar, comentar, glosar, apuntar.* Tratándose de añadir anotaciones que aclaren o comenten el sentido de un libro o escrito, *anotar, comentar, glosar,* pero nunca *apuntar* ni *asentar* el libro o escrito en cuestión.

**anquilosarse** *prnl. fig. Envejecer.*

**ánsar** *m. Ganso, ansarón.*

**ansia** *f. Aspiración, deseo, afán, anhelo, ansiedad.* 2 *Aflicción, zozobra, congoja, angustia, tribulación, deseo.* Cuando en el *ansia* predominan los sentimientos penosos, llega a desaparecer u oscurecerse la idea de deseo, y la línea sinonímica va hacia los significado de *aflicción, zozobra, congoja, angustia, tribulación.* ↔ DESPREOCUPACIÓN, TRANQUILIDAD. 3 *Apetito, sed, hambre.* V. ansias ↔ INAPETENCIA.

**ansiado, -da** *adj. Suspirado, deseado, anhelado, apetecido.*

**ansiar** *tr. Apetecer, desear\*, aspirar\*, anhelar, suspirar por, desvivirse, echar el ojo, írsele los ojos tras, ambicionar\*.* ↔ DESPREOCUPAR, TRANQUILIZAR.

**ansias** *f. pl. Náuseas, basca.* V. ansia.

**ansiedad** *f. Ansia, inquietud, intranquilidad, agitación, congoja, zozobra,*

*angustia, tribulación, dolor.* Los cuatro primeros, cuando predomina el matiz de impaciencia o deseo impaciente. Cuando aquel sentimiento se hace doloroso, se utilizan todos los otros.

**ansioso, -sa** *adj. Ávido, codicioso, anheloso, voraz, ganoso, deseoso, afanoso, insaciable.*

**anta** *f. Alce, ante, dante, danta.* 2 *Bol. Tapir.*

**antagonismo** *m. Oposición, contraposición, conflicto.* 2 *Rivalidad, lucha.*

**antagonista** *com. Adversario, contradictor, contrario, rival, enemigo.*

**antártico, -ca** *adj. Austral.*

**I ante** *m. Anta, dante, danta, alce.*

**II ante** *prep. En presencia de, delante de.* 2 *Respecto de.*

**antecámara** *f. Antesala.*

**antecedente** *adj. Anterior, precedente.* Tratándose de cosas fijas sin idea de sucesión temporal o de orden, se usa *anterior,* y no *antecedente* ni *precedente;* p. ej., cuando hablamos de la parte *anterior* de un edificio. "*Antecedente* es lo que está colocado antes; *anterior* es lo que ha sucedido o existido antes; *precedente* lo que está colocado o ha existido inmediatamente antes de lo actual" (M). ↔ CONSIGUIENTE, CONSECUENTE. 2 *m. Dato, noticia, referencia, informe, precedente. Precedente* es un caso anterior que sirve para juzgar o decidir otros posteriores más o menos parecidos.

**anteceder** *tr. Preceder. Preceder* indica anterioridad inmediata en orden, jerarquía o tiempo. *Anteceder* no establece limitación respecto al tiempo. Los hechos que *antecedieron* a un acontecimiento importante son sencillamente anteriores a éste, y pueden ser próximos o lejanos; los que le *precedieron* se hallan en anterioridad inmediata con el acontecimiento en cuestión, o muy próximos a él.

**antecesor** *m. Ascendiente, antepasado.* V. antecesores.

**antecesor, -ra** *s. Predecesor.* P. ej., *predecesor* en un cargo o dignidad.

**antecesores** *m. pl. Predecesores, mayores, padres, abuelos.* V. antecesor.

**antedicho, -cha** *p. p. Predicho, augurado, profetizado.* 2 *adj. Dicho, sobredicho, nombrado, mencionado.*

**anteguerra** *f. Preguerra.*

**antehistórico, -ca** *adj. Prehistórico.*

**antelación** *f. Anticipación. Anticipación* es de uso más general. *Antelación* es voz escogida, de sabor literario, muy frecuente también en el lenguaje administrativo: se anuncia la presentación de los opositores con 15 días de *antelación;* el juez requiere la presencia de un testigo con 24 horas de *antelación.*

**antemano. De antemano** *loc. adv. Por anticipado, por adelantado, anticipadamente, antes.*

**antena** *f.* MAR. *Entena.* 2 ZOOL. *Cuerno, cornezuelo.*

**antenado, -da** *s. Hijastro, entenado, alnado* (ant).

**anteojo** *m. Catalejo.* 2 **Ver con anteojo de aumento** *loc. Ponderar, exagerar, encarecer, abultar.*

**anteojos** *m. pl. Gemelos.* V. anteojo. 2 *Espejuelos, lentes, quevedos, gafas* (fam. y vulg.), *antiparras.* Los tres primeros se utilizan cuando se sujetan a la nariz; *gafas,* si la armadura se sujeta detrás de las orejas; *antiparras* = *gafas.* V. anteojo.

**antepasado** *m. Antecesor, ascendiente*\*, *abuelo, progenitor, mayor, padre.*

**antepecho** *m. Pretil, guardalado, barandilla.*

**anteponer** *tr.-prnl. Preferir, preponer.* ↔ POSPONER, HUMILLAR.

**anteporta** *f. Portadilla, anteportada.*

**anteportada** *f. Anteporta.*

**antepuerta** *f. Guardapuerta.* 2 *Contrapuerta.* Este en fortificaciones.

**antequino** *m.* ARQ. *Esgucio.*

**anterior** *adj. Antecedente, precedente, previo.* ↔ POSTERIOR, POSPUESTO.

**anterioridad** *f. Prioridad, precedencia.*

**anteriormente** *adv. t. Atrás, antes.*

**antes** *adv. m. De antemano, anticipadamente, por anticipado, por adelantado, con anticipación.* 2 *adv. t. Atrás, anteriormente, con anticipación.*

**antesala** *f. Antecámara, recibidor, recibimiento. Antecámara,* en los palacios y casas importantes. En las casas corrientes, *recibidor, recibimiento.*

**antever** *tr. Prever.*

**antia** *f. Lampuga.*

**antiafrodisíaco, -ca** *adj. Anafrodisíaco.*

**anticarro** *m. Antitanque.*

**anticipación** *f. Adelanto, antelación, anticipo.* 2 RET. *Ocupación, prolepsis, sujeción.*

**anticipadamente** *adv. m. y adv. t. De antemano, antes, por anticipado, por adelantado, anteriormente.*

**anticipado, -da** *adj. Precoz*\*, *temprano, prematuro.* 2 *Previo, anterior.* ↔ POSPUESTO, SUBSIGUIENTE, POSTERIOR. 3 **Por anticipado** *loc. adv. Anticipadamente, por adelantado, de antemano.*

**anticipar** *tr.-prnl. Adelantar, coger la delantera, dar primero, levantarse con estrellas, tomar la delantera.* ↔ RETRASAR.

**anticipo** *m. Anticipación, adelanto, avance.* 2 *Señal, garantía, prenda.*

**anticlímax** *m.* RET. V. gradación. ↔ CLÍMAX.

**anticoncepción** *f. Contracepción.*

**anticonceptivo, -va** *adj. Contraceptivo, preservativo.*

**anticorrosivo, -va** *adj.-m. Antioxidante.*

**anticuado, -da** *adj. Viejo, antiguo, desusado, desueto, obsoleto, trasnochado. Anticuado* añade a *viejo* y *antiguo* la idea de que no está en uso desde hace tiempo.

**anticuario** *m. Arqueólogo. Arqueólogo* es hoy más usado que *anticuario* para indicar el conocedor de las cosas antiguas por profesión o estudio. Es además de significación más extensa, puesto que abarca el conocimiento

anticuerpo                                    60

de monumentos antiguos en gral., y
no sólo el de objetos de arte, utensilios, etc. En el uso moderno, *anticuario* se aplica esp. al que comercia
en antigüedades.
**anticuerpo** *m. Reagina* (MED.).
**antidáctilo** *m. Anapesto.*
**antídoto** *m. Contraveneno, antitóxico.*
*Antídoto* y *contraveneno* son medicamentos propios para contrarrestar
los efectos de un veneno determinado; *antitóxico* (adj.-m.) tiene un sentido más gral. y sirve para anular o
eliminar no sólo un veneno o toxina
de efectos rápidos, sino también los
estados de intoxicación más o menos
duradera. A un envenenado con ar-
sénico se le administra inmediatamente un *antídoto* o *contraveneno*. Un
régimen alimenticio puede ser *antitóxico.*
**antídoto, -ta** *adj.-m.* FARM. *Alexifármaco, contraveneno, toxicida.*
**antienzima** *m.* QUÍM. *Antifermento.*
**antiestético, -ca** *adj. Feo\*, feúco, feúcho, mal parecido, mal encarado.*
**antifaz** *m. Careta, máscara.*
**antifebril** *adj.-com.* MED. *Antitérmico,
antipirético, febrífugo.*
**antifermento** *m. Antienzima.*
**antifonal** *adj.-com. Tonario, antifonario.*
**antifonario, -ria** *adj.-s. Antifonal, tonario.*
**antiguamente** *adv. t. En lo antiguo, en
otro tiempo, otras veces, desde que el
mundo es mundo, en tiempo del rey que
rabió, en tiempo de los godos, yendo y
viniendo días.* "Todos designan el
tiempo pasado; pero *antiguamente* lo
designa como muy apartado del
tiempo presente; *en otro tiempo,* como
simplemente separado, y *otras veces*
lo designa no solamente como separado de lo presente, sino también
como diferente, por los accesorios.
Tan injusto es juzgar de lo que se
practicaba *antiguamente,* por lo que en
el día está en uso, como sería ridículo
querer arreglar los usos del día por lo

que *antiguamente* se hacía. *En otro
tiempo* se rogaba mucho a los convi-
dados para que bebiesen, en el día ni
aun se les indica. Las cosas mudan
según los tiempos y las circunstancias: lo que *otras veces* era bueno, puede no ser conveniente ahora" (Ma).
**antiguo, -gua** *adj. Viejo, vetusto, añoso, arcaico, remoto, añejo\*. Viejo* y *antiguo* pueden aplicarse a personas y cosas. Cuando *antiguo* se aplica a personas, se refiere, más que a su edad,
a sus costumbres, ideas, vestido, etc.,
y se acerca al sentido de *anticuado.
Anciano* se dice exclusivamente de
personas. 2 *Anticuado, obsoleto, desusado, desueto, trasnochado, más viejo
que el andar a pie, del tiempo de Noé,
chapado a la antigua.* 3 *Arraigado, inveterado.*
**antihurto** *m. Antirrobo.*
**antiinflamatorio, -ria** *adj.* MED.
*Alogístico.*
**antimetropía** *f. Heterometropía.*
**antinatural** *adj. Monstruoso, teratológico.*
**antioxidante** *adj.-m. Anticorrosivo.*
**antiparras** *f. pl.* fam. *Anteojos\*, espejuelos, lentes, quevedos, gafas* (fam.
y vulg.).
**antipatía** *f. Ojeriza, desafecto, desafección, inquina, animadversión, manía, tirria, hincha* (vulg.), *aversión, repugnancia, repulsión, animosidad,
mala ley. Antipatía* es voz genérica
que abarca todos los matices contenidos en la siguiente serie intensiva:
*ojeriza, desafecto, desafección, inquina,
animadversión, manía, tirria, hincha,
aversión, repugnancia, repulsión.* Cuando estos sentimientos se combinan
más o menos con la voluntad activa
del sujeto, pasan a ser *animosidad,
mala ley, mala voluntad, malquerencia,
encono, rencor, aborrecimiento, rabia,
odio\*.* La aplicación de *repugnancia* al
sentimiento moral que nos inspiran
ciertas personas es hoy frecuente
como expresión de *antipatía* intensa.
Con el mismo sentido intensivo se

aplica también a ciertas ideas, doctrinas o prácticas muy distantes de las que tenemos por buenas o gratas.↔ SIMPATÍA, APRECIO.
**antipirético, -ca** adj.-s. MED. *Antifebril, antitérmico, febrífugo.*
**antipútrido, -da** adj.-s. *Antiséptico, desinfectante.*
**antirreflector, -ra** adj.-m. *Antirreflejos.*
**antirreflejos** adj.-m. *Antirreflector.*
**antirrobo** m. *Antihurto.*
**antisepsia** f. MED. *Desinfección, asepsia, esterilización.*
**antiséptico, -ca** adj.-s. *Antipútrido, desinfectante.*
**antitanque** m. *Anticarro.*
**antitérmico, -ca** adj.-s. MED. *Antifebril, febrífugo, antipirético.*
**antítesis** f. *Oposición, contraposición, contraste.*
**antitético, -ca** adj. *Opuesto, contrario, contrapuesto.* ↔ SEMEJANTE, COMPATIBLE.
**antitóxico, -ca** adj.-m. *Antídoto*, contraveneno.* ↔ VENENO, TÓXICO.
**antojadizo, -za** adj. *Caprichoso, caprichudo, fantasioso, mudable, versátil, veleidoso, voluble.*
**antojo** m. *Deseo, capricho, gusto, fantasía, humorada.*
**antología** f. *Florilegio, crestomatía, analectas, selectas.*
**antorcha** f. *Hacha.*
**antrácidos** m. pl. QUÍM. *Carbónidos.*
**antro** m. *Caverna, gruta, cueva.* 2 ANAT. *Cámara, ventrículo, cavidad.*
**antropofagia** f. *Canibalismo.*
**antropoide** adj.-com. *Antropomorfo.*
**antropomorfo, -fa** adj.-s. *Antropoide.*
**anual** adj. *Aniversario.*
**anubado, -da** adj. *Anublado, nuboso, nublado, encapotado, anubarrado.*
**anubarrado, -da** adj. *Anubado, anublado, nuboso, nublado, encapotado.*
**anubarrarse** prnl. *Encapotarse, nublarse, oscurecerse.* ↔ DESCUBRIRSE, DESPEJARSE.
**anublado, -da** adj. *Anubado, nuboso, nublado, encapotado, anubarrado.*
**anublar** tr.-prnl. *Nublar, oscurecer, empañar.* 2 *Marchitar, amustiar.*
**anudar** tr. fig. *Juntar, unir, asegurar.* 2 *Continuar, reanudar.* 3 prnl. *Ennudecer, detenerse* (el crecimiento), *dejar de crecer.*
**anuencia** f. *Consentimiento*, aquiescencia, permiso, venia, asentimiento, asenso, aprobación, beneplácito, hacer la vista gorda.*
**anular** tr.-prnl. *Suprimir, revocar, abolir*, invalidar, deshacer, borrar, tachar.* Los cuatro primeros indican alguna orden o disposición; se emplea *deshacer* si se trata de un trabajo u obra; *borrar, tachar* cuando se trata de un escrito. 2 *Desautorizar, incapacitar* (a alguien). ↔ CONFIRMAR, CONVALIDAR, AUTORIZAR.
**anunciar** tr.-prnl. *Predecir, pronosticar, presagiar, augurar.* 2 *Advertir, prevenir, noticiar, avisar, informar, proclamar, hacer saber, pregonar, vocear* ↔ OCULTAR, CALLAR.
**anuncio** m. *Predicción, pronóstico, presagio, augurio.* 2 *Aviso, noticia.*
**anverso** m. *Cara.*
**anxylita** f. MINERAL. *Angillita.*
**anzuelo** m. *Hamo* (desus.). 2 fig. *Atractivo, aliciente, incentivo.*
**añadido** m. *Postizo.*
**añadidura** f. *Aditamento, añadido, complemento, adjunción, agregación, adición, suma, aumento.* ↔ RESTA, DISMINUCIÓN.
**añadir** tr. *Agregar, sumar, adicionar, incorporar.* Incorporar es por su etimología y significado presente, *añadir* formando cuerpo o conjunto. Una salsa se corta si el aceite que le añadimos no se *incorpora* a la masa. Los soldados se *incorporan* a su regimiento, no se *añaden. Incrementar* es voz culta o científica. Entre *añadir* y *agregar* existe la diferencia expuesta en la cita:"Lo que se *añade* compone parte integrante de aquello a que se *añade*; lo que se *agrega* conserva su indivi-

dualidad: de modo que *añadir* es aumentar el todo, y *agregar* es aumentar el conjunto. *Añadir* supone homogeneidad; pero *agregar* no requiere esta circunstancia. Cuando se quiere ensanchar o alargar una pieza de ropa, se le *añade* un pedazo del mismo tejido y color. Las guarniciones, los flecos y los adornos postizos se *agregan*, no se *añaden*" (M). 2 *Aumentar, ampliar\**. "El *aumento* es el resultado de la adición. La parte que se agrega a otra para hacerla mayor, es lo que se *añade;* la que se hace mayor con la parte *añadida*, es lo que *aumenta*. Aumenté el número de mis libros, *añadiendo* a los que tenía algunos que me faltaban. Este vecindario se va *aumentando* de día en día; y no, se va *añadiendo*. Aumentó su caudal *añadiendo* a él la dote de su mujer; y no, *añadió* el caudal *aumentando* la dote, porque se daría a entender lo contrario de lo que se quería decir" (LH). ↔ RESTAR, MERMAR.

**añagaza** *f. Señuelo.* 2 *Ardid, artificio, artimaña, engaño, treta, trampa.*

**añal** *m. Añojo.*

**añalejo** *m. Cartilla, burrillo, gallofa* (fam.), *cuadernillo, epacta, epactilla.*

**añasco** *m. Enredo, embrollo.*

**añejo** *adj. Añoso, viejo, antiguo.* "*Añoso* es lo que ha durado muchos años; *añejo* lo que, por haber durado muchos años, ha mejorado o empeorado de condición. En poesía se dice *añosas* selvas, y los aficionados al vino prefieren el *añejo*" (M).

**añicos** *m. pl. Pedazos, trizas.*

**añil** *m. Índigo.*

**año. Del año de la pera** *loc. adv.* fam. *Antiguo, viejo, vetusto, añoso, arcaico, remoto, más viejo que el andar a pie* (fam.), *del tiempo de Noé, del tiempo de Maricastaña* (fam.), *en tiempo del rey que rabió* (fam.), *en tiempo de los godos* (fam.), *desde que el mundo es mundo* (fam.). ↔ NUEVO, MODERNO. 2 **Entrado en años** *loc. adj. Añoso, vie-*

*jo, vetusto, antiguo, añejo, entrado en días, maduro, adulto, mayor.* ↔ JOVEN.

**añojo** *m. Añal.*

**añoranza** *f. Nostalgia, recuerdo, morriña, soledad* (ant.). ↔ OLVIDO.

**añoso, -sa** *adj. Viejo, vetusto, antiguo\*, añejo, entrado en años, entrado en días.*

**añublo** *m. Niebla.*

**añudar** *tr.* ant. *Anudar.*

**aojar** *tr. Fascinar, atravesar, ojear, hacer, dar mal de ojo.*

**aónides** *f. pl. Las musas.*

**aovado, -da** *adj. Ovado, oval, ovalado, ovoide, ovoideo.*

**aovar** *intr. Ovar, poner.*

**apabullar** *tr. Aplastar, chafar, estrujar.* 2 fig. *Confundir, avergonzar.*

**apacentamiento** *m. Pacedura.* Éste, tratándose del ganado.

**apacentar** *tr. Pastorear, dar pasto, apastar, pacer.* El último tiene algún uso con sentido factitivo. 2 fig. *Instruir, enseñar, adoctrinar.*

**apachico** *m. Amér. Lío, bulto.*

**apacibilidad** *f. Bondad, blandura\*, dulzura, afabilidad, indulgencia, clemencia.* ↔ INTOLERANCIA. 2 *Placidez, sosiego, tranquilidad, quietud, agrado, mansedumbre.* ↔ INTRANQUILIDAD, PENA.

**apacible** *adj. Dulce, agradable, pacífico, manso, sosegado, tranquilo, reposado, bonancible, blando, suave, templado, plácido, quieto.* Especialmente tratándose del tiempo se utiliza *bonancible.* 2 *Deleitable, deleitoso, ameno, placentero, delicioso, agradable, encantador, grato.*

**apaciguar** *tr. Poner en paz, pacificar, despartir.* Este último tratándose de una riña. 2 *Tranquilizar, sosegar, calmar, aquietar.* ↔ INQUIETAR, ENFURECER.

**apadrinar** *tr. Proteger, patrocinar, auspiciar.*

**apagado, -da** *adj. Sosegado, apocado, bajo, débil, mortecino, amortiguado.* Tratándose de personas o de su carácter, *sosegado, apocado.* Tratándose del color o del brillo, *bajo, débil, mortecino, amortiguado.*

**apagador** *m. Matacandelas, apagavelas.*

**apagar** *tr.-prnl. Extinguir, sofocar.* 2 fig. *Aplacar, reprimir, contener.* 3 *Rebajar, amortiguar, debilitar.* Tratándose del color o del brillo. ↔ ENCENDER.

**apagavelas** *m. Matacandelas.*

**apalabrar** *tr. Concertar, convenir, tratar, pactar.*

**apalear** *tr. Varear, golpear* (con palo). 2 *Palear* (con pala).

**apancle** *m. Méx. Apantle.*

**I apandar** *tr.* fam. *Pillar, guardar, llevarse.*

**II apandar** *intr.-prnl. Pandear, torcerse, encorvarse, alabearse, combarse.* *Apandar* y *pandear,* se aplican a una superficie más o menos extensa, una pared, una tabla se *apandan, pandean, alabean* o *comban;* pero un bastón o un clavo se *tuercen* o *encorvan.*

**apandillar** *tr. Acuadrillar, capitanear.*

**apantle** *m. Méx. Apuncle, acequia.*

**apañado, -da** *adj. Hábil, mañoso, diestro.* 2 *Arreglado, ataviado, aderezado, compuesto.* 3 *Arreglado, remendado, adobado.*

**apañar** *tr. Recoger, guardar.* 2 *Aderezar, ataviar, arreglar*\*, componer. 3 *Remendar.* 4 *prnl. Bandearse, ingeniarse.*

**apaño** *m. Compostura, remiendo, arreglo.* 2 *Maña, habilidad, destreza.*

**aparador** *m. Cristalera, trinchero.* 2 *Credencia.* 3 *Escaparate.*

**aparato** *m. Instrumento*\*, *mecanismo, dispositivo.* 2 fig. *Pompa, ostentación, solemnidad, boato, fausto.* 3 *Adorno, atavío, gala, ornamento, ornato*\*.

**aparatoso, -sa** *adj. Pomposo, ostentoso.*

**aparcamiento** *m. Estacionamiento*\*, *párquing* (anglic.).

**aparcar** *intr.-tr. Estacionar, parquear* (anglic.). V. estacionamiento.

**aparecer** *intr.-prnl. Mostrarse, dejarse ver, manifestarse.* 2 *Hallarse, encontrarse, estar, parecer, figurar.* Así de-

cimos que un nombre *aparece, se halla* o *encuentra, está, parece, figura,* en la lista. ↔ DESPARECER, OCULTAR. 3 *Salir, nacer, brotar, surgir.* ↔ MORIR.

**aparecido, -da** *adj. Redivivo, resucitado.*

**aparejado, -da** *adj. Presto, preparado, dispuesto, listo, pronto.*

**aparejar** *tr. Preparar, prevenir, disponer, aprestar.* 2 PINT. *Imprimar.* 3 MAR. *Enjarciar.*

**aparejo** *m. Preparación, disposición.* 2 *Arreos.* 3 *Polipasto, polispasto.* 4 PINT. *Imprimación.* 5 *Herramientas, instrumental.* 6 *Ingredientes* (de un plato o condimento).

**aparentar** *tr. Simular, fingir, hacer la comedia, quiero y no puedo, hacer la muestra.*

**aparente** *adj. Afectado, fingido, forzado, estudiado, amanerado, rebuscado, artificioso, falso, especioso, engañoso.* ↔ NATURAL, SENCILLO, LISO. 2 *Mentiroso, falaz, ilusorio.* 3 *Superficial.* ↔ HONDO,

**aparición** *f. Fantasma, espectro, sombra.*

**apariencia** *f. Aspecto, forma, figura, traza.* 2 *Verosimilitud, probabilidad.* 3 *Ficción*\*, *simulación.*

**aparrado, -da** *adj. Parrado.* 2 fig. *Achaparrado, rechoncho.*

**apartado** *m. Apartado de correos, casilla* (Amer.).

**apartado, -da** *adj. Alejado, retirado, distante, lejano, remoto.*

**apartamento** *m. Amér. Departamento* (Amér.), *piso.*

**apartamiento** *m. Alejamiento, retiro, clausura.* 2 *Habitación, apartamento, piso, vivienda.*

**apartar** *tr.-prnl. Escoger, separar, seleccionar.* 2 *Separar, desunir, distanciar, dividir.* 3 *Alejar, retirar, desviar, quitar*\*, *remover*\*. 4 *Disuadir, distraer.* ↔ ACERCAR, UNIR. 5 *tr. Prescindir*\*, *dar de lado, dejar a un lado.*

**I aparte** *adv. l. Separadamente, por separado.* 2 **Aparte de que** *loc. conj. Además de, fuera de que.*

**II aparte** *m. Párrafo.*

**aparvar** *tr. Emparvar.* 2 fig. *Amontonar, reunir.*

**apasionado, -da** *adj. Ardiente, férvido, ferviente, fervoroso, vehemente, ardoroso, fogoso.* 2 *Fanático, exaltado, intolerante, intransigente.* 3 *adj.-s. Entusiasta, admirador, devoto.*

**apasionarse** *prnl. Exaltarse, entusiasmarse, acalorarse, arrebatarse, sobreexcitarse, enardecerse.* ↔ TRANQUILIZARSE.

**apasote** *m. Pazote, apazote.*

**apastar** *tr. Apacentar, pastorear, dar pasto.*

**apatía** *f. Asadura, calma, cachaza, flema, pachorra.* 2 *Incuria, indolencia, displicencia, dejadez, desidia, abandono.* ↔ FERVOR, ANHELO, ESFUERZO.

**apático, -ca** *adj. Desidioso, abandonado, indolente, dejado.* 2 *Flemático, lento, imperturbable, cachazudo, calmoso, indiferente, impasible, sangre de horchata.*

**apazote** *m. Pazote, apasote.*

**apeadero** *m. Paradero.*

**apealar** *tr. Amér. Manganear, pialar.*

**apearse** *prnl. Descabalgar, desmontar, bajar, descender.* ↔ SUBIR, MONTARSE. 2 **No apearse del burro** *loc. V. burro.*

**apechar** *intr. Apechugar, cargar, apencar.*

**apechugar** *intr. Apechar, cargar, apencar.*

**apegado, -da** *adj.-s. Devoto, afecto, aficionado, admirador, entusiasta, partidario.*

**apego** *m.* fig. *Afición, inclinación, afecto.* ↔ DESINTERÉS, ANTIPATÍA. 2 *Adhesión, unión, afección, afiliación.* ↔ DESUNIÓN, DISCREPANCIA. 3 *f. Lealtad\*, fidelidad, ley.* ↔ TRAICIÓN, ILEGALIDAD.

**apelación** *f. Alzada.*

**apelambrar** *tr. Pelambrar.*

**apelar** *intr. Recurrir, acudir.* ↔ DESISTIR.

**apelmazado, -da** *adj. Amazacotado, denso, compacto.*

**apelmazar** *tr. Enfurtir.* 2 *tr.-prnl. Amazacotar.*

**apenado, -da** *adj. Afectado, aquejado, molestado, conmovido, impresionado.* 2 *Doliente, dolorido, desconsolado, afligido, contristado, pesaroso, entristecido.*

**apenar** *tr.-prnl. Afligir, entristecer, apesadumbrar, contrariar, contristar, apesarar, partísele a uno el alma, cubrírsele el corazón, hacerse a uno un nudo en la garganta, atribular, desconsolar, desolar, angustiar.* ↔ CONSOLAR.

**apenas** *adv. m.-adv. c. Casi no, con dificultad, escasamente.*

**apencar** *intr. Apechugar, apechar.*

**apéndice** *m. Prolongación, suplemento, agregado.* 2 ANAT. y ZOOL. *Cola, prolongación.*

**apendicitis** *f. Peritiflitis* (MED.).

**apercibido, -da** *adj. Listo, preparado, dispuesto.*

**apercibimiento** *m. Percibimiento.* 2 *Aviso, advertencia\*, prevención\*, consejo.* 3 *Admonición, amonestación.*

**apercibir** *tr. Prevenir, disponer, preparar, aparejar.* 2 *Amonestar, avisar, advertir\*. Apercibir,* además, se utiliza cuando una autoridad comunica o hace saber las sanciones a que está expuesta la persona requerida. 3 *prnl. Darse cuenta, notar, advertir.* ↔ OCULTAR.

**aperdigar** *tr. Perdigar.*

**aperitivo** *m. Vermú, vermut.*

**apero** *m. Instrumento\*, utensilio, útil, herramienta, aparato, mecanismo, dispositivo.* 2 *Majada* (lugar).

**aperreado, -da** *adj. Duro, fatigoso, molesto, trabajoso, arrastrado.*

**apersonarse** *prnl. Personarse, presentarse, comparecer.*

**apertura** *f. Inauguración, comienzo, principio. Apertura e inauguración* dan idea de solemnidad.

**apesadumbrado, -da** *adj. Taciturno, triste, melancólico, pesaroso.* ↔ ALEGRE, OPTIMISTA.

**apesadumbrar** *tr. Afligir, entristecer,*

*apenar, apesar, atribular, acibarar, amargar.*

**apesarar** *tr. Afligir, entristecer, apenar, apesadumbrar, contristar.*

**apestar** *tr. Heder, oler mal.* 2 *Corromper, viciar.* 3 *Fastidiar, hastiar, cansar, molestar, enfadar. Apestar* añade intensidad o grado a la molestia sufrida. ↔ CURAR, SANEAR.

**apestoso, -sa** *adj. Fétido, hediondo.* 2 *Fastidioso, molesto, enfadoso, insufrible, insoportable.*

**apetecer** *tr.* fig. *Desear*\*, írsele los ojos tras, hacerse la boca agua, despertar el apetito, querer II*\*, ambicionar\*.* 2 *Pedir.*

**apetecible** *adj. Desiderable*\*, deseable, codiciable.*

**apetecido, -da** *adj. Suspirado, deseado, anhelado, ansiado.*

**apetencia** *f. Apetito, gana de comer, inclinación, deseo. Apetencia* tiene aplicación general a todo lo que es *inclinación* o *deseo*, especialmente si es sensual o necesario para el cuerpo.

**apetito** *m. Gana, necesidad, hambre, voracidad, gazuza, carpanta.* Serie intensiva: *apetito, gana, necesidad, hambre, voracidad.* En el habla popular y burlesca, *gazuza, carpanta.* 2 *Inclinación, deseo.* ↔ DESGANA, INAPETENCIA.

**apetitoso, -sa** *adj. Gustoso, sabroso, regalado, delicado, rico, entrar por los ojos, estar diciendo "comedme".*

**apiadarse** *prnl. Compadecerse, condolerse, dolerse, tener compasión, tener misericordia, arrancársele las entrañas, rezumar caridad.* ↔ ENSAÑARSE.

**apilar** *tr. Empilar, apilonar* (Ant., Colomb. y Méx.). 2 *Amontonar, juntar, allegar.*

**apilonar** *tr. Ant., Colomb. y Méx. Apilar, empilar.*

**apimpollarse** *prnl. Pimpollear, pimpollecer.*

**apiñado, -da** *adj. Denso, compacto*\*, apretado, espeso.*

**apiñar** *tr.-prnl. Amontonar*\*, juntar,*

*reunir, acopiar, allegar, hacinar, acumular.* ↔ ESPARCIR, SEPARAR.

**apio. Apio caballar** *m. Esmirnio, perejil macedonio.* 2 **Apio de ranas** *Ranúnculo.*

**apiolar** *tr.* fam. y burl. *Prender, sujetar.* 2 *Matar.*

**apiparse** *prnl. Hartarse, saciarse, atracarse.*

**apisonadora** *f.* CONSTR. *Cilindro.*

**apisonar** *tr. Pisonear, repisar.*

**aplacar** *tr.-prnl. Amansar, mitigar, moderar, suavizar, calmar, sosegar, acallar, aquietar, apagar, reprimir, contener, templar, atenuar.* Los cuatro primeros se aplican a lo violento, como el huracán, la ira, la enemistad. *Calmar* y *sosegar* se extienden a los sentimientos de dolor, temor, impaciencia o desesperación. *Aplacar* se usa en ambos sentidos, pero en general está más cerca de la primera serie sinonímica que de la segunda. Se *aplaca* al iracundo; se *calma* o *sosiega* al aterrorizado, al dolorido. ↔ IRRITAR, DESTEMPLAR.

**aplacible** *adj. Agradable, grato, ameno, deleitoso, deleitable, delicioso.*

**aplanador, -ra** *adj.-s.* CONSTR. *Nivelador.*

**aplanamiento** *m. Abatimiento*\*, decaimiento, desfallecimiento, agotamiento, desaliento, desánimo, postración.* ↔ ANIMACIÓN.

**aplanar** *tr. Allanar, explanar, igualar.* 2 *Asentar, alisar, apisonar.* 3 *prnl.* fig. *Abatirse*\*, postrarse, desalentarse, debilitarse, extenuarse, aniquilarse.* ↔ ANIMARSE, ALENTARSE.

**aplastar** *tr.-prnl. Chafar, estrujar, despachurrar, apabullar.* 2 fig. *Confundir, avergonzar, humillar, abatir, dejar cortado, dejar avergonzado, dejar sin resuello, dejar apabullado, dejar para el arrastre.* ↔ MULLIR, CONSOLAR (fig.).

**aplaudir** *tr. Palmotear.* 2 *Aprobar, alabar, loar, elogiar, encomiar, celebrar, poner por las nubes.*

**aplauso** *m. Ovación, palmas. Ovación* cuando el *aplauso* es grande, ruidoso y tributado por mucha gente. 2 *Alabanza, loa, elogio, aprobación, encomio.*

**aplazamiento** *m. Prórroga, demora\*, suspensión, retraso, retardo, dilación.* El *aplazamiento* y la *prórroga* tienen un tiempo determinado; mientras que la *demora,* la *suspensión,* el *retraso,* el *retardo* y la *dilación* son por tiempo indefinido. Cuando el *aplazamiento* y la *prórroga* quieren hacerse sin señalar su término, hay que añadirles expresiones como "hasta nueva orden", "sine die", etc. La *prórroga* es el alargamiento de un plazo sin solución de continuidad; el *aplazamiento* supone solución de continuidad. En varios países de Amér. se usa *postergación* como sinónimo de *aplazamiento.*

**aplazar** *tr. Prorrogar, demorar, retrasar, diferir\*, posponer, postergar, retardar, remitir, suspender.* Los cuatro primeros se refieren siempre al tiempo. Los dos últimos se refieren a la situación u orden de colocación en el tiempo, en el espacio o en la estimación. Ambos implican un término de comparación, o punto de partida, desde el cual las cosas se posponen o postergan. *Postergar* es siempre desestimativo en España, aunque no en Amér. En varios países de Amér., *postergar* no significa necesariamente desestimación de lo postergado, sino *aplazar:* por la importancia del asunto se *postergó* el acuerdo hasta que se reciba más información. ↔ CUMPLIR.

**aplebeyarse** *prnl. Vulgarizarse.*

**aplestia** *f.* MED. *Hambre.*

**aplicación** *f. Superposión, adaptación.* 2 *Sobrepuesto.* Ambos designan un adorno aplicado sobre una cosa. 3 *Asiduidad, esmero, atención, estudio, perseverancia.*

**aplicado, -da** *adj. Cuidadoso, atento, perseverante, asiduo, estudioso, aprovechado, diligente, laborioso, trabajador\*.*

**aplicar** *tr. Superponer, sobreponer, adaptar.* 2 *Destinar, adjudicar.* 3 *Atri-*

*buir, imputar, achacar.* 4 *Emplear\*, invertir, gastar, colocar.* Tratándose de dinero. 5 *prnl. Esmerarse, perseverar, estudiar, atender.* ↔ VAGUEAR, DESATENDER, DESENTENDERSE.

**aplomo** *m. Gravedad, serenidad, circunspección, seguridad en sí mismo, prudencia, cordura, seso, medida, juicio, discernimiento, sabiduría.* ↔ INSENSATEZ, INDISCRECIÓN, INFORMALIDAD, DESCUIDO. 2 CONSTR. *Plomada.*

**apocado, -da** *adj. Infeliz, cuitado, pobre hombre.* 2 *Tímido, encogido, pusilánime, corto, medroso, cobarde\*.* ↔ ATREVIDO, RESUELTO, ACOMETEDOR. 3 *Apagado\*, sosegado, bajo, débil, mortecino, amortiguado.* 4 *Ñoño, remilgado, melindroso, dengoso, quejumbroso.*

**apocamiento** *m. Cortedad, timidez, encogimiento, pusilanimidad.*

**apocar** *tr. Aminorar, mermar, acortar, achicar, reducir, limitar, estrechar.* 2 *Humillar, tener en poco, rebajar, abatir.* 3 *prnl. Amedrentarse, acobardarse, achicarse, acoquinarse.*

**apocatarsis** *f.* MED. *Purgación, evacuación.*

**apócrifo, -fa** *adj. Falso, fingido, supuesto, fabuloso, no auténtico. Apócrifo* se dice de los Evangelios no reconocidos por la Iglesia. La palabra extendió su aplicación a todo libro, escrito, relato y autor que se considera *falso, fingido, supuesto, fabuloso, no auténtico.* ↔ AUTÉNTICO.

**apoderado, -da** *s. Manager\*, gerente, director, principal, encargado, jefe.*

**apoderar** *tr. Dar poder.* 2 *prnl. Adueñarse, apropiarse, dominar, enseñorearse, ocupar, usurpar.* Este último, si es contra derecho.

**apodo** *m. Mote, malnombre, alias, sobrenombre\*. Apodo, mote* y *malnombre* implican gralte. menosprecio, burla, ironía, etc. *Alias* y *sobrenombre,* pueden aludir a cualquier cualidad o circunstancia, buena o mala.

**apogalactia** *f.* MED. *Destete, ablactación* (MED.), *apolactancia* (MED.), *delactación* (MED.).

**apogeo** *m. Auge, esplendor, plenitud, magnificencia.* ↔ DECADENCIA, APAGAMIENTO.

**apolactancia** *f.* MED. *Destete, ablactación* (MED.), *apogalactia* (MED.), *delactación* (MED.).

**apolillarse** *prnl. Picarse, carcomerse, cariarse.*

**apología** *f. Panegírico, elogio\*, encomio, alabanza, justificación, defensa.* La *apología* y el *panegírico* son discursos o escritos de alabanza; el primero de personas o cosas; el segundo, sólo de personas. Hacemos la *apología* de un personaje, de una época, de un país. El *panegírico* de un santo, de un escritor ilustre. En sentido general, y sin necesidad de que sea en forma de discurso o escrito, podemos emplear como sinónimos de *apología: elogio, encomio, alabanza, justificación, defensa.*

**apólogo** *m. Fábula, ficción, parábola.*

**apoltronarse** *prnl. Emperezarse, empoltronecerse.* 2 *Arrellanarse, rellanarse, repantigarse, repanchigarse.*

**aponeurosis** *f. Nervio. Aponeurosis* es voz científica: en el habla común, *nervio.*

**apopar** *intr.* MAR. *Empopar.*

**aporcar** *tr. Acogombrar, acohombrar.*

**aporrear** *tr. Golpear.* 2 fig. *Machacar, importunar, molestar.* 3 *prnl. Azacanearse, ahincarse, fatigarse, afanarse.*

**aportadera** *f. Portadera.*

**I aportar** *intr. Arribar, llegar.*

**II aportar** *tr. Llevar, conducir.* 2 *Dar, proporcionar.*

**aposentar** *tr.-prnl. Hospedar, alojar, albergar, tomar casa, sentar el real, tener casa abierta.*

**aposento** *m. Cuarto, estancia, habitación, pieza, cámara\*.* 2 *Alojamiento, hospedaje, posada, albergue, cobijo.*

**aposta** *adv. m. Adrede, de intento, deliberadamente, ex profeso, de propósito, con intención, expresamente.*

**I apostar** *tr. Poner, jugar.*

**II apostar** *tr.-prnl. Situar, colocar.*

**apostasía** *f. Abjuración, retractación, deserción.* ↔ ORDOTOXIA, FIDELIDAD.

**apóstata** *com. Renegado.*

**apostatar** *intr. Renegar, convertirse, abjurar, retractarse.* Desde el punto de vista de la religión, doctrina, partido, que se abandona, *apostatar* es lo mismo que *renegar* (*apóstata* es igual a *renegado*). Desde el punto de vista de la nueva doctrina, *convertirse* (*converso*), lo cual supone *abjurar* la doctrina anterior o *retractarse* de ella.

**apostema** *f. Absceso, tumor, llaga, úlcera, postema, supuración, pus.*

**apostilla** *f. Postila, postilla, acotación.*

**apostillar** *tr. Marginar, postilar, acotar.*

**apóstol** *m.* fig. *Propagandista, propagador.*

**apostura** *f. Gentileza, gallardía, garbo.*

**apotegma** *m. Aforismo, máxima, sentencia, dicho, refrán\*. Apotegma* suele referirse únicamente a la antigüedad clásica o al Renacimiento.

**apoxesis** *f.* MED. *Raspado, legrado.*

**apoyar** *tr.-prnl. Descansar, gravitar, estribar, cargar.* 2 *Confirmar, sostener, autorizar, secundar.* Tratándose de opiniones, doctrinas, etc. ↔ DESAPROBAR. 3 *Favorecer, ayudar, amparar, proteger, defender, patrocinar, asistir, coadyuvar, auxiliar, socorrer.* ↔ ABANDONAR, DESASISTIR. 4 *Basar, fundar, fundamentar.* 5 *Reclinar, recostar.*

**apoyo** *m. Sostén, soporte, sustentáculo, base\*, asiento, fundamento, cimiento.* 2 *Favor, ayuda, amparo, protección, auxilio\*, patrocinio, defensa, arrimo, báculo, consuelo.*

**apreciable** *adj. Perceptible.* 2 *Estimable.*

**apreciación** *f. Evaluación, valoración, estimación.* 2 *Juicio, opinión, dictamen.*

**apreciado, -da** *adj. Afecto, estimado, grato, querido.*

**apreciar** *tr.-prnl. Estimar, tasar, valuar, evaluar, valorar, justipreciar\*, apreciar, aquilatar\*, quilatar* (p. us.), *graduar.* ↔ DESPRECIAR, DESESTIMAR. 2 *Estimar, considerar, reputar, preciar, mirar con buenos ojos, querer\*, amar.*

aprecio

↔ ABORRECER, DESESTIMAR, ODIAR. 3 *Percibir, discernir\*, distinguir, diferenciar, discriminar.*

**aprecio** *m. Estimación, estima, consideración, afecto.* ↔ ABORRECIMIENTO, DESCRÉDITO, DESESTIMACIÓN.

**aprehender** *tr. Coger, prender, capturar, apresar, aprisionar.* ↔ SOLTAR, DESASIR.

**aprehensión** *f. Detención, arresto, prendimiento, aprisionamiento, apresamiento.*

**apremiante** *adj. Urgente, perentorio.*

**apremiar** *tr. Oprimir, apretar.* 2 *Dar prisa, urgir, apurar, instar, acuciar, ser puñalada de pícaro.* ↔ TRANQUILIZAR.

**apremio** *m. Urgencia, premura, prisa, necesidad.* 2 *Estrechez, aprieto, apuro.*

**aprender** *tr. Memorizar, estudiar.*

**aprendiz, -za** *s. Principiante, meritorio, aspirante. Principiante en general, y esp. en los oficios manuales. En despachos u oficinas, meritorio o aspirante.*

**aprendizaje** *m. Estudio, análisis, observación, investigación, aplicación.*

**aprensión** *f. Escrúpulo, recelo, desconfianza\*, temor.* ↔ CONFIANZA.

**aprensivo, -va** *adj. Escrupuloso, receloso, remirado, temeroso.*

**apresar** *tr.-prnl. Aprehender, capturar\*, prender, aprisionar. Se puede aprehender o capturar personas, animales y cosas. Se apresan cosas o animales, pero no personas; se prende sólo a personas. Aprehender, capturar y apresar sugieren idea de resistencia o huida; prender no supone necesariamente esta idea. Aprisionar es el acto de reducir a prisión, y también el de sujetar o atar.* ↔ SOLTAR, LIBERTAR.

**aprestar** *tr. Aparejar, preparar, disponer, prevenir, arreglar. Se aprestan o aparejan las cosas necesarias para un fin, p. ej., un viaje, o las herramientas y materiales de construcción; pero un discurso se prepara o dispone.*

**apresto** *m. Prevención, preparativo, preparación.* ↔ IMPREVISIÓN.

**apresurado, -da** *adj. Acucioso\*, diligente, presuroso, afanoso.* 2 *Precipitado, atropellado, irreflexivo, alocado.*

**apresurar** *tr.-prnl. Dar prisa, acelerar, activar, avivar, aligerar, apurar, precipitar, abreviar\*, atropellar.* ↔ SOSEGAR, TARDAR.

**apretado, -da** *adj. Denso, compacto\*, apiñado, espeso.* 2 *Estrecho, ajustado, ceñido, prieto.* 3 *fig. Arduo, difícil, peligroso, apurado.* 4 *Mezquino, miserable, agarrado, tacaño, cicatero, roñoso, avaro.*

**apretar** *tr.-prnl. Estrechar, comprimir, prensar, oprimir, apretujar, agarrotar.* ↔ ENSANCHAR. 2 *fig. Acosar, importunar, afligir, angustiar, oprimir.* ↔ SOSEGAR.

**apretón** *m. fig. Conflicto, apuro, aprieto, apretura, ahogo.*

**apretujar** *tr. Atestar\*, henchir, llenar, atiborrar.* ↔ VACIAR. 2 *tr.-prnl. Apretar, estrechar, comprimir, prensar, oprimir.* ↔ ENSANCHAR.

**apretura** *f. fig. Conflicto, apuro, apretón, aprieto, dificultad, ahogo.*

**aprieto** *m. Conflicto, compromiso, dificultad, apuro, apretura, ahogo, brete, atoro, atasco.*

**apriorismo** *m. FIL. Trascendentalismo.*

**aprisa** *adv. m. Pronto, de prisa, aceleradamente, rápidamente. Los adverbios de prisa, aceleradamente y rápidamente equivalen a aprisa, y ofrecen las mismas diferencias que éste respecto a pronto. "Aprisa expresa la celeridad del movimiento; pronto, la brevedad del tiempo en que se ejecuta una acción. No todo lo que se hace aprisa se hace pronto. Más pronto llega el que va despacio por el camino más corto que el que anda aprisa por el camino más largo. Además, pronto puede aplicarse a una acción instantánea, y aprisa se aplica siempre a una acción continuada, como se nota en estos ejemplos: cerró pronto la puerta; pronto salí de la duda; escribe, lee, anda aprisa" (M).*

**aprisco** *m. Corte.*

**aprisionar** *tr. Prender, capturar, apresar\*, encarcelar, encadenar.* ↔ LIBERTAR. *2 Asir, coger, sujetar.* ↔ DESATAR.

**aprobación** *f. Asentimiento, asenso, anuencia, aquiescencia, consentimiento\*, beneplácito, conformidad, confirmación, sanción. 2 Aceptación, tolerancia, admisión, acogida, aplauso, éxito, boga.* ↔ INTOLERANCIA, INTRANSIGENCIA, FRACASO.

**aprobar** *tr. Asentir, consentir, dar por bueno, admitir, conformarse, dar la razón, tener aceptación, adoptar, tomar, acoger, aceptar.* ↔ NEGAR, DESAUTORIZAR, RECHAZAR. *2 Aplaudir, alabar, loar, elogiar, encomiar, celebrar, poner por las nubes. 3 Ratificar, reafirmar, refirmar, confirmar, roborar, corroborar, hacer coro.* ↔ ANULAR, DESAPROBAR, RECTIFICAR.

**apropiado, -da** *adj. Adecuado, propio, acomodado, oportuno, conveniente, idóneo.*

**apropiar** *tr. Aplicar, acomodar. 2 prnl. Apoderarse, adueñarse, arrogarse, atribuirse, adquirir\*, posesionarse, comprar.* "Uno se *apropia* un campo, se *arroga* un título o mando, se *atribuye* una invención" (Ma). ↔ DEJAR.

**aprovechable** *adj. Útil, apto, utilizable, disponible.*

**aprovechado, -da** *adj. Aplicado, diligente, estudioso. 2 Ventajista, ganguero, ganguista, ahorrador, ahorrativo.* Los tres primeros se toman comúnmente a mala parte. *3 (pers.) Oportunista.*

**aprovechar** *intr. Servir, valer. 2 tr. Utilizar.* ↔ DESAPROVECHAR. *3 prnl. Prevalerse, disfrutar, hacer su agosto, sacar tajada.*

**aprovisionador, -ra** *adj.-s. Abastecedor\*, proveedor, suministrador, abastero* (Cuba y Chile), *municionero.*

**aprovisionar** *tr. Abastecer\*, proveer, suministrar, surtir, avituallar, proporcionar, facilitar.*

**aproximación** *f. Acercamiento, apareamiento* (en la hípica).

**aproximadamente** *adv. m. Con pro-* ximidad, con corta diferencia, próximamente, poco más o menos, a ojo de buen cubero, más o menos, alrededor, cerca.* ↔ EXACTAMENTE, PRECISAMENTE, JUSTAMENTE.

**aproximar** *tr.-prnl. Acercar, arrimar, juntar, andarle cerca, avecinar.* ↔ ALEJAR.

**apterigógeno, -na** *adj.-s. Tisanuro.*

**aptitud** *f. Capacidad, idoneidad, suficiencia, disposición, competencia, genio, buena madera.* "La *aptitud* no supone más que disposición; la *capacidad* supone facilidad de acción; la *idoneidad incluye* la idea de facultades adquiridas. Un joven tiene *aptitud* o *disposición* para las matemáticas, y en poco tiempo adquiere bastante capacidad para resolver problemas difíciles. La *idoneidad* para la magistratura requiere saber y experiencia. En un recluta puede haber *aptitud* para aprender el ejercicio; un teniente se halla con bastante *capacidad* para mandar una compañía; pero no en todos los jefes de cuerpo hay la *idoneidad* que se requiere para mandar una división" (M). ↔ INCOMPETENCIA, INHABILIDAD.

**apto, -ta** *adj. Dispuesto, suficiente, capaz, competente, idóneo.* Se usa, preferentemente, para personas, lo mismo que *dispuesto, suficiente* y *capaz; útil* e *idóneo,* para personas o cosas; *competente,* en trabajos intelectuales. "*Apto* explica una idoneidad pasiva; *capaz,* una idoneidad activa. Es *capaz* de ejecutar cualquier cosa, de acometer a un enemigo más fuerte que él. Es *apto* para aprender, para que se le imprima bien en la memoria lo que se le dice. Un buen oficial es *apto* para la carrera militar, y *capaz* para formar el plan de un ataque" (LH). V. aptitud. ↔ INÚTIL, INCOMPETENTE, INEPTO. *2 útil, utilizable, aprovechable, disponible.* ↔ INUTILIZABLE, INDISPONIBLE, INSERVIBLE.

**apuesta** *f. Quiniela, boleto.*

**apuesto, -ta** *adj. Ataviado, adornado.*

2 *Gallardo, airoso, arrogante, garboso, bizarro, galán.*
**apulótico, -ca** *adj.* MED. *Cicatrizante.*
**apuntación** *f. Nota, apunte, apuntamiento, anotación.*
**apuntador, -ra** *s. Consueta.* 2 *Traspunte.*
**apuntar** *tr. Anotar\*, asentar.* 2 *Asestar.* 3 *Señalar, indicar.* 4 *Aguzar, afilar.* 5 *Soplar.* 6 *Insinuar\*, sugerir.* 7 *prnl. Torcerse, avinagrarse, agriarse\*, acedarse.*
**apunte** *m. Nota, anotación.* 2 *Croquis, tanteo, esbozo, boceto, esquicio.*
**apurado, -da** *adj. Necesitado, escaso, pobre.* 2 *Dificultoso, arduo, apretado.* 3 *Exacto, preciso.*
**apuranieves** *f. Aguzanieves.*
**apurar** *tr.-prnl. Purificar, depurar.* ↔ IMPURIFICAR, CONTAMINAR. 2 *Acabar, agotar, consumir.* 3 *Afligir, atribular, acongojar, meter el corazón en un puño.* ↔ CONSOLAR. 4 *Apremiar, urgir, apretar, apresurar, acelerar\*, darse prisa.* En varios países de Amér., *apurar* equivale a *darse prisa.* ↔ TARDAR.
**apurarse** *prnl. Amér Apresurarse.*
**apuro** *m. Aprieto, escasez.* 2 *Aflicción, conflicto, compromiso, dificultad, ahogo.* 3 **Estar en un apuro** *loc. Estar en un compromiso, estar con el agua al cuello* (intens.), *estar en una situación de vida o muerte.*
**aquejado, -da** *adj. Afectado, molestado, apenado, afligido, impresionado, conmovido.*
**aquejar** *tr. Acongojar, afligir, apesadumbrar, atribular, apenar.*
**aquelea** *f. Altarreina, milenrama, artemisa bastarda, hierba meona, milhojas.*
**aqueo, -ea** *adj.-s. Aquivo.*
**aquí** *adv. l.-adv. t. Acá.* "Como *aquí*, vivo *aquí*, supone sola y absolutamente el lugar en donde como y vivo, sin excluir determinadamente otro lugar, y sin representar por sí la menor idea de duda, preferencia, o relación alguna respecto de otro. Pero: hoy como *acá*, excluye deter-

minadamente el lugar en donde suelo comer. Con la misma proporción se distinguen los adverbios locales *allí* y *allá.* El primero representa aquel lugar absolutamente, y el segundo le representa con relación exclusiva del lugar en que hablamos. *Allí* está, no supone más relación que a aquel lugar en donde tal vez ha estado siempre; *allá* está, esto es , no está aquí, en donde suele, ha estado, o debe estar" (LH). 2 *Éste, ésta.* En frases como *aquí tiene razón, aquí me lo ha contado,* usuales en la conversación, adquiere carácter pronominal demostrativo equivalente a *éste, ésta,* designando personas. Se emplea cuando *éste, ésta,* parecería poco respetuoso o demasiado familiar. Por ejemplo, un inferior no puede designar a un superior diciendo *éste me lo ha ordenado*; en cambio, puede decir *aquí me lo ha ordenado,* si no sabe su nombre o no quiere usarlo. En una discusión callejera entre personas desconocidas entre sí, es frecuente aludirse unos a otros diciendo *aquí le ha insultado, aquí tiene razón.*
**aquiescencia** *f. Asentimiento, asenso, anuencia, consentimiento\*, beneplácito, conformidad, aprobación, venia, permiso, autorización, licencia.* ↔ DESAUTORIZACIÓN, PROHIBICIÓN.
**aquietar** *tr.-prnl. Apaciguar, pacificar, tranquilizar, sosegar, calmar, serenar, relajar los nervios, acallar, aplacar\*, reposar.* ↔ EXCITAR, INTRANQUILIZAR, EXALTAR, AGITAR.
**aquifoliáceo, -ea** *adj.-s.* BOT. *Ilicíneo.*
**aquifolio** *m. Acebo, agrifolio.*
**aquilatar** *tr. Quilatar* (p. us.)*, especular\*, graduar, estimar, valorar, apreciar.* Tanto en sentido recto como fig., *aquilatar* añade a los cinco últimos sinónimos un matiz de mayor exactitud y minuciosidad. *Aquilatar* los méritos de una persona o la verdad de una noticia supone una medida más precisa, detallada y cuida-

dosa que la expresada por los demás sinónimos.

**aquilea** f. Milenrama, altarreina, artemisa, bastarda, hierba meona, milhojas.

**aquilino, -na** adj. Aguileño.

**aquilón** m. Viento, norte, septentrión, bóreas, cierzo, tramontana, matacabras. Matacabras si es fuerte y frío. 2 Polo ártico, septentrión.

**aquistar** tr. lit. y p. us. Conseguir, adquirir, conquistar.

**aquivo, -va** adj.-s. Aqueo.

**ara** f. Altar.

**árabe** adj.-com. Agareno, sarraceno, ismaelita, moro, musulmán, islamita, mahometano.

**aráceo, -ea** adj. Aroideo.

**arambel** m. Colgadura, harambel.

**arándano** m. Anavia (Logr.).

**arandela** f. Corona, herrón, vilorta, volandera. Tratándose del anillo metálico usado en las máquinas para atenuar el roce.

**arandillo** m. Trepajuncos.

**arañar** tr. Rascar, arpar, rasgar, rasguñar. La acción de arañar es más ligera y superficial que la de los demás sinónimos.

**arañazo** m. Rascuño, rasguño, uñada, uñarada, arpadura, uñetazo.

**arañuela** f. (planta) Ajenuz, araña, neguilla.

**aráquida** f. Cacahuete.

**arar** tr. Labrar.

**arbellón** m. Albollón.

**arbitraje** m. Juicio, dictamen, decisión.

**arbitral** adj. Arbitrario, inmotivado, caprichoso.

**arbitrar** tr. Juzgar. Arbitrar añade a juzgar la idea de decidir la contienda, discusión, partido deportivo, etc. 2 Allegar, disponer, reunir, procurar. P. ej.: arbitrar medios, fondos, recursos.

**arbitrariedad** f. Extralimitación, desafuero, tropelía, atropello, injusticia, despotismo, iniquidad, ilegalidad, absolutismo*. ↔ JUSTICIA, LEGALIDAD.

**arbitrario, -ria** adj. Inmotivado, caprichoso, arbitral. 2 Injusto, ilegal, inicuo, despótico. ↔ JUSTO, LEGAL.

**arbitrio** m. Medio, recurso. V. arbitrios. 2 **A arbitrio de** loc. prep. A voluntad de, a merced de.

**arbitrios** m. pl. Derechos, impuestos, gabelas. V. arbitrio.

**árbitro, -tra** adj.-s. DEP. Juez.

**árbol** m. MAR. Mástil, palo. 2 **Árbol de María** Calaba, calambuco. 3 **Árbol del cielo** Ailanto, maque. 4 **Árbol del diablo** Jabillo, jabilla.

**arbolar** tr. Enarbolar, levantar, izar. 2 prnl. Encabritarse.

**arbollón** m. Albollón.

**arbóreo, -ea** adj. LÓG. Arborescente, jerárquico, de árboles.

**arborescente** adj. Dendroide (BOT.), dendroideo (BOT.). 2 LÓG. Arbóreo, jerárquico, de árboles.

**arbotante** m. Botarete.

**arca** f. Caja, cofre, baúl*. 2 Caja de caudales.

**arcacil** m. Alcaucil, alcaulí, alcacil, alcarcil, alcachofa silvestre.

**arcaduz** m. Caño. 2 Cangilón.

**arcaico, -ca** adj. Anticuado, antiguo*, viejo.

**arcano** m. Secreto, misterio.

**arcano, -na** adj. Secreto*, misterioso, oculto.

**arce** m. Moscón, sácere.

**arcediano** m. Archidiácono.

**arcedo** m. Alcedo.

**archidiácono** m. Arcediano.

**archidiócesis** f. Arzobispado, arquidiócesis.

**archiepiscopal** adj. Arquiepiscopal, arzobispal.

**archimillonario, -ria** adj.-s. Multimillonario.

**archivo** m. INFORM. Fichero.

**archivolta** f. Arquivolta.

**arcón** m. Brocal, pozal. 2 ARQ. Artesón.

**arctado** adj. Artado.

**arda** f. Ardilla.

**ardalear** intr. Arralar, ralear.

**árdea** f. Alcaraván, charadrio.

**arder** intr. Quemarse, estar encendido.

**ardid** m. Artificio, maña, amaño, as-

*tucia, treta, añagaza, estratagema, jugada, mala pasada, trastada.*
**ardiente** *adj. Encendido, hirviente, caluroso\*.* Tratándose de líquidos, *hirviente.* ↔ FRÍO, HELADO. 2 fig. *Férvido, ferviente, fervoroso, vehemente, ardoroso, fogoso, apasionado, impetuoso\*, arrebatado.* ↔ FLEMÁTICO, INDIFERENTE, FRÍO.
**ardilla** *f. Arda.*
**ardimiento** *m. Valor, intrepidez, valentía, denuedo, vigor, ánimo\*.* 2 *Calor, ardor, actividad, fervor, viveza, entusiasmo, energía.*
**ardite. No importar un ardite** *loc. No importar un bledo, no importar un cornado, no importar un comino, no importar un maravedí, no importar un ochavo, no importar un pito.*
**ardor** *m.* fig. *Viveza, vehemencia, entusiasmo, actividad, calor, pasión, celo\*.*
**ardoroso, -sa** *adj. Ardiente, encendido.* 2 fig. *Fogoso, vehemente, entusiasta, apasionado, fervoroso, vigoroso, impetuoso\*, arrebatado.* ↔ FLEMÁTICO, DESINTERESADO, FRÍO.
**arduo, -dua** *adj. Difícil\*, dificultoso, espinoso, apurado, apretado.* ↔ SENCILLO, FÁCIL.
**área** *f.* fig. *Campo, zona, espacio.*
**arena** *f. Sablón, sábulo.* Los dos se refieren a la *arena* gruesa y pesada. 2 *Liza, palenque, campo, plaza, estadio, redondel, ruedo.* Los dos últimos, en las plazas de toros. 3 **Sembrar en arena** *loc. Perder el tiempo, gastar saliva en balde.*
**arenar** *tr. Enarenar.*
**arenga** *f. Alocución, discurso, oración, peroración, razonamiento\*, argumentación, prédica, soflama, perorata.* Las tres últimas son expresiones despectivas.
**arenillero** *m. Salvadera.*
**arenoso, -sa** *adj. Sabuloso.*
**areómetro** *m. Densímetro, pesalicores, alcoholímetro, pesaleches, galactómetro, lactómetro, oleómetro.* Recibe

nombres especiales según el líquido de que se trate.
**arete** *m. Arillo, pendiente, arracada\*, zarcillo, perendengue, verduguillo.*
**arfueyo** *m. Muérdago, almuérdago.*
**argadijo** *m. Devanadera, argadillo.*
**argadillo** *m. Argadijo, devanadera.*
**argalia** *f. Algalia, catéter, sonda.*
**argallera** *f.* CARP. *Jabladera.*
**argamandel** *m. Andrajo, harapo, guiñapo, pingajo, pingo.*
**argamasa** *f. Forja, mezcla, mortero.*
**argana** *f.* MAR. *Argüe, cabrestante.*
**argavieso** *m. Turbión, manga de agua.*
**argayo** *m. Alud, lurte, avalancha* (galic.).
**argemone** *f. Chicalote.*
**argentado, -da** *adj. Plateado.*
**argentar** *tr. Platear.*
**argentita** *f.* METAL. *Argirosa, argirita.*
**argirosa** *f.* METAL. *Argentita, argirita.*
**árgoma** *f. Aulaga, aliaga.*
**argonauta** *m.* (molusco) *Marinero, nautilo.*
**argot** *m. Jerga, jerigonza, germanía, caló, chula, chulapa, lunfardo* (Buenos Aires). La *germanía* es concretamente el habla de los pícaros y delincuentes en los siglos XVI y XVII; pero el Diccionario de la R. Academia extiende esta denominación a todas las épocas. En los siglos XIX y XX, la germanía confunde sus límites con el *caló*, o el lenguaje de los gitanos, y con el habla *chula* o *chulapa* de la plebe de Madrid. En Buenos Aires se llama *lunfardo* al habla de los maleantes.
**argucia** *f. Sutileza, sofisma.*
**argüe** *m. Cabrestante.*
**árguenas** *f. pl. Angarillas, árgueñas, convoy.*
**árgueñas** *f. pl. Angarillas, árguenas, convoy.*
**argüir** *tr. Descubrir, probar, mostrar, indicar.* 2 *Argumentar, objetar, razonar, replicar, impugnar, refutar, discutir.*
**argumentación** *f. Razonamiento, arenga, discurso, oración.*
**argumentar** *tr. Argüir, razonar\*, dis-*

cutir, impugnar, contradecir, replicar, objetar, refutar.

**argumento** m. Razonamiento. 2 Razón*, prueba*, demostración, señal. 3 Asunto, materia, tesis.

**aria** f. Romanza. La de carácter sencillo y tierno.

**aricar** tr. Arrejacar, rejacar.

**aridez** f. Sequedad, esterilidad.

**árido, -da** adj. Estéril, improductivo, infecundo, infructífero, vano, ineficaz, infructuoso, seco. Un terreno árido o seco no produce por falta de humedad. Un terreno estéril, improductivo o infecundo no produce por diversas causas (composición química, clima, altitud, etc.), entre ellas la falta de humedad. La calidad de seco o árido es un caso particular de lo improductivo, estéril o infecundo. ↔ FECUNDO, POTENTE, EFICAZ, FRUCTÍFERO. 2 fig. Aburrido, fastidioso, cansado, monótono. ↔ AGRADABLE, DIVERTIDO, EXCITANTE.

**ariete** m. DEP. Delantero centro. En el fútbol.

**arillo** m. Arete, arracada*.

**ario, -ria** adj.-s. Indoeuropeo, indogermánico. En libros alemanes se emplea la denominación menos exacta de indogermánico.

**arísaro** m. Fraillillos, candil, rabiacana.

**arisco, -ca** adj. Áspero, intratable, huidizo, hosco, huraño, misántropo*. ↔ SOCIABLE. 2 Bravío, montaraz, cerril, indómito, indomable, fiero. ↔ DÓCIL, FLEXIBLE, DISCIPLINADO, GOBERNABLE.

**arista** f. Raspa. En las plantas gramináceas.

**aristocracia** f. Nobleza.

**aristocratizar** tr.-prnl. Ennoblecer.

**aristotélico, -ca** adj. Peripatético.

**aristotelismo** m. Peripato.

**arjorán** m. Ciclamor.

**arlo** m. Agracejo, agrecillo, alarguez, berberís, bérbero, bérberos.

**arlota** f. Alrota.

**arma. Llegar a las armas** loc. Batallar, pelear, reñir, luchar, lidiar, contender, no dar cuartel, llegar a las manos.

**armada** f. Marina (de guerra), flota* (de guerra), escuadra.

**armadía** f. Almadía, balsa.

**armadija** f. Trampa, armadijo.

**armadijo** m. Armadija, trampa.

**armadillo** m. Cachicamo (Amér.), molita (Amér.).

**armadura** f. Armas, arnés. 2 Armazón, montura. 3 Esqueleto.

**armaga** f. Ruda silvestre.

**armajal** m. Marjal, almarjal.

**armajo** m. Almarjo, barrilla, sosa.

**armar** tr.-prnl. Amartillar, montar. Tratándose de armas de fuego. 2 Disponer, concertar, montar. P. ej. armar una casa, tienda, mueble, aparato, etc. 3 Disponer, mover, promover.

**armario** m. Estante, escaparate (Amér.). Estante es el que no tiene puertas.

**armas** f. pl. Armadura. 2 Escudo, blasón.

**armazón** f. Armadura, montura. 2 Esqueleto.

**armella** f. Hembrilla. 2 Cántaro (MAR.), abrazadera.

**armilla** f. ARQ. Astrágalo, tondino, joya.

**armisticio** m. Suspensión de hostilidades, tregua. Aunque a menudo se emplean como equivalentes, la tregua es una cesación temporal de hostilidades en todos o parte de los sectores o ejércitos que luchan, la cual no interrumpe la guerra. El armisticio y la suspensión de hostilidades afectan a todos los ejércitos combatientes de una y otra parte, y hacen cesar la situación de guerra mientras se negocia la paz definitiva.

**armonía** f. fig. Harmonía, paz, conformidad, concordia, acuerdo, concierto. ↔ DISCORDANCIA, CONFLICTO. 2 Equilibrio, contrapeso, igualdad, proporción. ↔ DESEQUILIBRIO, DESIGUALDAD, DESPROPORCIÓN. 3 Inteligencia, acuerdo, unión, consonancia. ↔ DESACUERDO.

**armónico** m. MÚS. Hipertono.

**armonizar** tr. Acordar, concordar, concertar, conformar, hermanar, unir, uni-

formar, conciliar*, ajustar. ↔ DESTEM-
PLAR, ENEMISTAR, DESUNIR.
**armuelle** m. Bledo. 2 Orzaga, álimo,
marismo, salgada, salgadera.
**arnacho** m. Gatuña.
**arnés** m. Armadura. V. arneses.
**arneses** m. pl. Guarniciones, arreos. V.
arnés.
**árnica** f. Tabaco de montaña.
**aro** m. (planta) Alcatraz, arón, jaro, jarillo, sarrillo, tragontina, yaro.
**aroideo, -ea** adj.-f. Aráceo.
**aroma** m. Perfume, fragancia. Sensación de buen olor. 2 Esencia, bálsamo,
perfume. Cosa que produce o contiene aroma.
**aromático, -ca** adj. Perfumado, fragante, aromoso, oloroso, odorífero.
**aromatización** f. QUÍM. Ciclización.
**aromatizar** tr. Perfumar, embalsamar.
**aromoso, -sa** adj. Aromático, perfumado, fragante, oloroso, odorífero.
**arón** m. Aro (planta).
**arpadura** f. Arañazo. La arpadura se
hace con las uñas, mientras que el
arañazo puede producirse con las
uñas o con cualquier otra cosa punzante.
**arpar** tr. Arañar, rasgar. Arpar significa concretamente arañar con las
uñas.
**arpía** f. Harpía. 2 fig. Furia, basilisco,
bruja.
**arpillera** f. Harpillera, halda, malacuenda, rázago.
**arquear** tr. Enarcar, encorvar, doblar,
combar. 2 intr. Nausear, basquear.
**arqueo** m. MAR. Desplazamiento, tonelaje bruto. El desplazamiento es el
peso o volumen del agua que el barco desaloja cuando está sumergido
hasta la línea de flotación; el arqueo
o tonelaje bruto es el volumen o capacidad total del navío; el tonelaje o
arqueo neto representa la capacidad
útil para el transporte, y se llama
también registro.
**arqueólogo** m. Anticuario.
**arquero** m. DEP. Amér. Guardameta,
portero.

**arquetipo** m. Ideal, modelo, prototipo.
**arquidiócesis** f. Archidiócesis, arzobispado.
**arquiepiscopal** adj. Arzobispal, archiepiscopal.
**arquivolta** f. Archivolta.
**arrabal** m. Suburbio. Suburbio sólo se
aplica a las grandes ciudades, en tanto que arrabal se refiere a toda clase
de poblaciones.
**arrabiatar** tr. Amér. Rabiatar.
**arracada** f. Pendiente, zarcillo, perendengue, arete, arillo. Arracada y los
tres primeros sinónimos se distinguen del arete o arillo en que aquéllos
tienen adorno colgante.
**arracimado, -da** adj. Racimado, en
racimo.
**arracimarse** prnl. Racimarse. 2 fig.
Engancharse, prenderse (unas cosas
con otras).
**arraclán** m. Aliso negro.
**arraigado, -da** adj. fig. Antiguo, inveterado*.
**arraigar** tr.-prnl. Prender, encepar,
agarrar, enraizar. 2 Establecerse, afincarse, enraizarse, radicarse. ↔ DESA-
RRAIGARSE.
**arralar** intr. Ralear.
**arrancaclavos** m. Desclavador.
**arrancada** f. Empujón, arranque, viada (MAR.). Tratándose del acto de e.n-
prender la marcha. 2 Acometida, embestida, estrepada.
**arrancado, -da** adj. Arruinado, empobrecido, tronado, pobre.
**arrancador** m. AGR. Cosechadora, recolectora.
**arrancamiento** m. Erradicación, avulsión, evulsión.
**arrancar** tr. Desarraigar, extirpar, extraer, sacar, quitar, arrebatar*. ↔ EN-
RAIZAR. 2 intr. Partir, salir*. ↔ DETE-
NERSE, PARARSE (Amér.). 3 fig. Provenir, traer origen, proceder.
**arranciar** tr.-prnl. Enranciarse, ranciar.
**arranque** m. fig. Impulso, arrebato,
ímpetu, rapto, pronto, arrechucho. 2

*Ocurrencia, salida.* 3 *Principio, comienzo, origen.*

**arranquera** *f. Amér. Pobreza, miseria, ruina.*

**arrapiezo** *m. Andrajo, harapo.* 2 fig. y desp. *Chiquillo, muchacho, rapaz, chaval, mocoso.*

**arras** *f. pl. Prenda, señal, garantía.*

**arrasar** *tr.-prnl. Allanar.* 2 *Asolar, devastar, destruir, talar.* ↔ CONSTRUIR, PLANTAR. 3 *Rasar, enrasar.*

**arrastradera** *f.* MAR. *Ala del trinquete, rastrera.*

**arrastrado, -da** *adj. Pobre, mísero, desastrado.* 2 *Duro, aperreado, fatigoso.* 3 *Pícaro, bribón, pillo, tunante.*

**arrastrar** *tr. Seducir, atraer, cautivar, encantar, fascinar.* ↔ DESILUSIONAR, REPELER, DISUADIR. 2 *Remolcar.*

**arrastre** *m. Acarreo, conducción, transporte, tracción.*

**arrayán** *m. Mirto, murta.*

**arrebañar** *tr. Rebañar.*

**arrebatado, -da** *adj. Precipitado, impetuoso*.* 2 *Inconsiderado, violento, enfurecido.*

**arrebatar** *tr. Quitar, llevarse, pillar, arrancar, robar, raptar*.* *Arrebatar* añade a sus dos primeros sinónimos la idea de precipitación o violencia. Cuando predomina el matiz de precipitación, *pillar;* si predomina el de violencia, *arrancar.* ↔ DAR, DEJAR. 2 *Atraer, encantar, cautivar.* 3 *prnl. Enfurecerse, irritarse, encolerizarse.* ↔ TRANQUILIZAR.

**arrebatiña** *f. Rebatiña.*

**arrebato** *m. Arranque, rapto, pronto, ímpetu, arrechucho.* 2 *Furor, cólera, enajenamiento.* 3 fig. *Inspiración, iluminación.*

**arrebolera** *f. Dondiego, dompedro, donjuán, diego.*

**arrebozar** *tr.-prnl. Rebozar.*

**arrebujar** *tr. Rebujar.* 2 *prnl. Cubrirse, envolverse, taparse, tapujarse, taperujarse.* Los dos últimos, cuando se hace con desaliño. ↔ DESTAPARSE, DESENVOLVERSE.

**arrechucho** *m. Ímpetu, arranque, arrebato, pronto.*

**arreciar** *intr.-prnl. Aumentar, crecer.*

**arrecife** *m.* MAR. *Escollo.*

**arrecirse** *prnl. Entumecerse, entumirse, entorpecerse.* Los tres sinónimos pueden tener otras causas además del frío; pero *arrecirse* es sólo por el frío.

**arredrar** *tr.-prnl. Intimidar, atemorizar, amedrentar, acobardar*, amilanar, asustar, acoquinar* (fam.), achantar (vulg.).* ↔ ANIMAR.

**arreglado, -da** *adj. Moderado, ordenado, metódico, cuidadoso, morigerado.* 2 *Aliñado, aderezado, adobado.* 3 *Apañado, remendado, compuesto.* ↔ DESAPAÑADO, DESCOMPUESTO.

**arreglar** *tr.-prnl. Ajustar, conformar, supeditar, acomodar.* ↔ DESACOMODAR, DESAJUSTAR. 2 *Clasificar*, ordenar, coordinar.* "Clasificar es distribuir por clases; *ordenar* y *coordinar* es introducir orden donde falta; *arreglar* es someter a una regla lo que la infringe. Se *clasifican* las cosas que están mezcladas indistintamente; se *ordenan* y se *coordinan* las que están confusas; se *arreglan* las que carecen de regularidad y armonía. Se *clasifican* los cuerpos naturales en la Botánica, en la Geología y las demás ciencias de observación; se *ordenan* y se *coordinan* los documentos de un negociado; se *arreglan* los intereses de una familia, las cuentas de una especulación, los pormenores de una empresa. Para *clasificar* se necesita un sistema; para *ordenar* y *coordinar* un plan; para *arreglar,* un método" (M). ↔ DESARREGLAR, DESORDENAR. 3 *Concertar, conciliar, avenir.* 4 *Componer, reparar, apañar, remendar, aliñar, aderezar, aviar, ataviar.* Los cuatro primeros se aplican a lo que está roto o estropeado. Tratándose de limpieza o adorno, se utilizan los cuatro últimos. ↔ DESCOMPONER. 5 *Aprestar*, aparejar, preparar, disponer, prevenir.* 6 *Acompasar, compasar, medir, pro-*

**arreglo**

*porcionar, regular, regularizar.* 7 *prnl. Agenciarse, componérselas.*
**arreglo** *m. Acomodamiento, transacción, ajuste, convenio, conciliación, acuerdo, concierto.* ↔ DESACUERDO. 2 *Aliño, aseo, pulcritud, compostura.* ↔ DESALIÑO, DESCUIDO, DESASEO. 3 *Apaño, compostura, remiendo.* 4 *Disposición, colocación, ordenación, distribución.* ↔ DESORDEN. 5 *Organización, orden, ordenamiento, regulación, regularización.* ↔ DESORGANIZACIÓN, CAOS. 6 *Condescendencia, consentimiento, contemporización\*, acomodo, pastel* (fam.)*, pasteleo* (fam.). 7 **Con arreglo a** *loc. prep. Según, conforme a, de acuerdo con, siguiendo, a juzgar por.*
**arregostarse** *prnl. fam. Aficionarse, engolosinarse, empicarse, regostarse, tomar gusto.*
**arrejacar** *tr. Aricar, rejacar.*
**arrejaco** *m. Vencejo* (pájaro)*, arrejaque.*
**arrejada** *f. Aguijada, rejada, béstola, limpiadera.*
**arrejaque** *m. Vencejo* (pájaro)*, arrejaco.*
**arrellanarse** *prnl. Apoltronarse, recalcarse, rellanarse, repantigarse, repanchigarse.*
**arremangar** *tr.-prnl. Remangar.*
**arremango** *m. Remango.*
**arremetedor, -ra** *adj. Acometedor, agresivo, impetuoso, belicoso.* ↔ APOCADO.
**arremeter** *tr.-prnl. Agredir, cerrar, atacar, acometer\*, embestir, asaltar, abalanzarse, arrojarse, lanzarse, precipitarse. Arremeter* sugiere idea de rapidez en el ataque. *Asaltar* una plaza o fortaleza, o *acometer* bruscamente en general. ↔ DETENER, APARTAR, HUIR, DEFENDER, RESISTIR.
**arremetida** *f. Arremetimiento, acometida, ataque, embestida.*
**arremetimiento** *m. Arremetida, acometida, ataque, embestida.*
**arremolinarse** *prnl. Remolinarse, remolinearse.*
**arrempujar** *tr. vulg. Empujar\*.*

**arrendador, -ra** *s. Arrendatario, colono, rentero, casero, inquilino, locatario* (DER.). *Arrendatario* en general, y esp. en los servicios públicos; tratándose de tierras, *colono, rentero, casero*; tratándose de casas, *inquilino. Locatario* es término jurídico o administrativo.
**arrendajo** *m. Rendajo.*
**arrendamiento** *m. Arriendo, alquiler\*, locación* (DER.). 2 *Arriendo, alquiler, renta.*
**arrendar** *tr. Alquilar.*
**arrendatario, -ria** *adj.-s. Arrendador.*
**arreo** *m. Atavío, adorno, aderezo.* V. arreos.
**arreos** *m. pl. Guarniciones, jaeces, atalaje, aparejo.* V. arreo.
**arrepentido, -da** *p. p. Compungido, contrito, pesaroso.* ↔ IMPENITENTE, IMPERTÉRRITO, INSENSIBLE.
**arrepentimiento** *m. Compunción, contrición, atrición, pesar. Compunción* ofrece matiz atenuado y más íntimo. *Contrición* y *atrición* son casi exclusivamente términos religiosos, que se distinguen entre sí dentro de la idea de *arrepentimiento.*
**arrepentirse** *prnl. Dolerse, compungirse.*
**arrepollado, -da** *adj. Repolludo.*
**arrepticio, -cia** *adj. Endemoniado, espiritado, poseso.*
**arrequives** *m. pl. Requives, adornos, atavíos.* 2 *fig. Circunstancias, requisitos.*
**arrestar** *tr. Prender, detener.* ↔ LIBERTAR.
**arresto** *m. Detención, prendimiento.* V. arrestos. ↔ LIBERTAD.
**arrestos. Tener arrestos** *m. pl. Tener arrojo\*, ser atrevido, tener valor, tener resolución, tener audacia, tener osadía, ser intrépido, tener agallas, ser de pelo en pecho, no morderse la lengua, tener sangre fría.* ↔ SER COBARDE, SER TÍMIDO.
**arria** *f. Recua.*
**arriar** *tr. Bajar.*

**arribar** intr. MAR. Llegar.

**arribazón** m. Ribazón.

**arribo** m. Llegada.

**arricete** m. Restinga, restringa.

**arriendo** m. Arrendamiento, alquiler. 2 Renta.

**arriesgado, -da** adj. Aventurado, peligroso, expuesto. 2 Atrevido, osado, audaz, arriscado, imprudente, temerario*.

**arriesgar** tr. Arriscar, aventurar, exponer, comprometer*. ↔ PRECAVER, ASEGURAR, PREVENIR. 2 prnl. Atreverse*, osar, descubrir el cuerpo, pasar la mar.

**arrimar** tr. Acercar*, aproximar, juntar, unir. 2 Dar, pegar. 3 Dejar, poner a un lado, dar de lado, abandonar, arrinconar, prescindir. 4 prnl. fig. Apoyarse, acogerse, ampararse.

**arrimo** m. Apoyo, sostén, ayuda, auxilio, amparo, favor, protección. 2 Apego, afición. 3 CONSTR. Pared medianera.

**arrinconado, -da** adj. Retirado, distante, apartado. 2 fig. Desatendido, olvidado, postergado, aislado.

**arrinconar** tr. Retirar, apartar. 2 Desatender, postergar, dejar, abandonar, arrimar. 3 prnl. Aislarse, retirarse, retraerse, meterse bajo siete estados de tierra.

**arriñonado, -da** adj. Reniforme.

**arriscado, -da** adj. Atrevido, osado, arriesgado, audaz, resuelto, temerario. 2 Barbián, desenvuelto, gallardo, galán.

**arriscar** tr. Arriesgar, aventurar, exponer. 2 prnl. fig. Engreírse, envanecerse, entonarse.

**arrizafa** f. Ruzafa.

**arrizar** tr. Alotar.

**arrizofita** adj. BOT. Talofítica.

**arroaz** m. Delfín, golfín, puerco marino, tonina.

**arrobamiento** m. Arrobo, embelesamiento. 2 Éxtasis, enajenamiento, deliquio*, desmayo.

**arrobar** tr. Embelesar, encantar, cautivar, atraer. 2 prnl. Extasiarse, enajenarse, elevarse.

**arrobo** m. Embelesamiento, arrobamiento, éxtasis, enajenamiento.

**arrodillarse** prnl. Hincarse, postrarse, ponerse de rodillas, ponerse de hinojos (p. us.), doblar la rodilla, caer de rodillas.

**arrodrigar** tr. Rodrigar, arrodrigonar, enrodrigonar, errodrigar.

**arrodrigonar** tr. Rodrigar, arrodrigar, enrodrigonar, errodrigar.

**arrogancia** f. Altanería, altivez, soberbia*, engreimiento, orgullo*, desprecio, desdén. ↔ HUMILDAD, SENCILLEZ. 2 Jactancia*. 3 Valor, bizarría, brío. La arrogancia alude más bien al gesto, al porte y a la palabra; puede haber arrogancia en uno que carece de valor verdadero.

**arrogante** adj. Altanero, altivo*, orgulloso, soberbio. 2 Valiente, brioso. 3 Gallardo, airoso, apuesto.

**arrogarse** prnl. Apropiarse*, atribuirse.

**arrojado, -da** adj. Resuelto, intrépido, valiente, osado, audaz, atrevido, arriscado, arriesgado, temerario, gallardo, bizarro, valeroso, animoso. Los tres últimos tienen connotaciones negativas de irresponsabilidad o poca cordura. ↔ APOCADO, COBARDE, PUSILÁNIME, GALLINA (fig.), PRUDENTE.

**arrojar** tr. Lanzar, echar, disparar, tirar, despedir. 2 Vomitar, provocar. 3 prnl. Precipitarse, despeñarse, tirarse. 4 Arremeter*, acometer, atacar, abalanzarse, agredir.

**arrojo** m. Resolución, intrepidez, valor*, osadía, audacia, atrevimiento*, arrestos, temeridad, temple, valentía, impavidez, imprudencia, inconsideración. Los dos últimos, con connotaciones negativas. "Para el atrevimiento se necesita valor y resolución; el arrojo supone intrepidez y poco juicio; la osadía, ímpetu ciego y como desesperado. El hombre atrevido conoce la dificultad, el riesgo; pero confía con razón en que tiene fuerzas y medios para salvar este y vencer aquella. El *arrojado* nada consulta, nada prevé, en nada se detiene: es un caballo desbocado, sin freno. El *osado* neciamente confía contando con las fuerzas y medios que se imagina tener muy superiores a los obstáculos y peligros" (O). ↔ PRUDENCIA, REFLEXIÓN, COBARDÍA, PUSILANIMIDAD.

**arrollar** *tr.* Enrollar, rollar, envolver. 2 fig. Derrotar, vencer, destrozar, aniquilar, batir. 3 Atropellar, llevarse por delante.

**arromadizar** *tr.-prnl.* Romadizar.

**arromanzar** *tr.* Romancear.

**arronzar** *tr.* Ronzar, apalancar.

**arropar** *tr.-prnl.* Abrigar, cubrir, tapar, amantar, enmantar. ↔ DESNUDAR, DESTAPAR, DESARROPAR, DESCUBRIR.

**arropía** *f.* Melcocha.

**arrosión** *f.* Erosión.

**arrostrar** *tr.* Afrontar, hacer frente, hacer cara, resistir, desafiar, poner el pecho, salir al encuentro. ↔ DESISTIR.

**arroyo** *m.* Riachuelo, rivera, regajal, regajo, regato. Los tres últimos se aplican cuando el *arroyo* es pequeño.

**arroyuela** *f.* Salicaria.

**arrrumazón** *f.* Rumazón, nublado.

**arrufadura** *f.* MAR. Arrufo.

**arrufo** *m.* MAR. Arrufadura.

**arruga** *f.* Pliegue, rugosidad.

**arruinado, -da** *adj.* Pobre, empobrecido. ↔ ENRIQUECIDO. 2 Viejo, estropeado, ajado, deslucido, acabado, ruinoso, tronado. ↔ NUEVO, FLAMANTE.

**arruinar** *tr.* Demoler, destruir, devastar, asolar, arrasar, ruinar, exterminar, desbaratar, aniquilar*. ↔ CONSERVAR, CONSTRUIR. 2 *tr.-prnl.* Empobrecer, quebrar (tr.), quedarse sin blanca, hundir. ↔ ENRIQUECER.

**arrullar** *tr.* Enamorar. 2 Adormecer, adormir.

**arrumaco** *m.* Carantoña, garatusa, cucamona, zorrocloco, caricia*, fiesta*.

**arsáfraga** *f.* Berrera.

**arsenal** *m.* Atarazana, tarazana, tarazanal.

**arsenita** *f.* MINERAL. Arsenolita.

**arsenolita** *f.* MINERAL. Arsenita.

**arta** *f.* Llantén, plantaína. 2 **Arta de agua** Zaragatona, coniza, hierba pulguera.

**artado** *adj.* Arctado.

**artanita** *f.* Pamporcino, pan porcino, ciclamino, artanica.

**arte** *amb.* Oficio, profesión. "El *oficio* requiere un trabajo material, mecánico o de manos; la *profesión*, un trabajo u ocupación cualquiera; el *arte*, un trabajo de ingenio, sin excluir ni exigir un trabajo material" (Ma). 2 Habilidad, destreza*, maña, maestría, ingenio, industria.

**artejo** *m.* Nudillo, juntura, articulación*.

**artemisa, artemisia** *f.* Altamisa, anastasia. 2 **Artemisa bastarda** Milenrama, altareina, aquilea, hierba meona, milhojas. 3 **Artemisa pegajosa** Ajea, pajea.

**artería** *f.* Amaño, astucia, engaño, trampa, ardid, falsía.

**artero, -ra** *adj.* Mañoso, astuto, malintencionado, falso.

**artesa** *f.* Duerna, masera.

**artesanía** *f.* Artesanado, menestralería, menestralía.

**artesano, -na** *adj.-s.* Menestral, artífice. *Artífice* es término docto que denota cierta calidad o maestría especial en el trabajo que realiza: p. ej., el orfebre y el ebanista pueden ser llamados *artífices*.

**artesón** *m.* ARQ. Casetón. 2 Artesonado. 3 Arcón.

**ártico, -ca** *adj.* Norte, septentrional, hiperbóreo.

**articulación** *f.* Juntura, junta, coyuntura, sinartrosis, artejo, nudillo. Si es móvil, *coyuntura*; si es inmóvil, *sinartrosis*. La *articulación* de las falanges, *artejo, nudillo*. 2 Pronunciación.

**articular** *tr.-prnl.* Unir, enlazar, trabar, coordinar, juntar, estructurar. ↔ DESUNIR, DESARTICULAR. 2 Pronunciar, modular, proferir, emitir. *Pronunciar* es emitir los sonidos que componen las palabras; *articular* es modificar el sonido con los órganos móviles de la boca (lengua, labios, mandíbulas). *Articular* es una de las partes o actos de la pronunciación. ↔ CALLAR.

**artículo** *m. Mercadería, mercancía, género.* 2 GRAM. *Determinante, especificador.*

**artífice** *com. Artista, autor, creador.* 2 *Artesano\*, operario, obrero, menestral.*

**artificial** *adj. Postizo, falso, fingido, ficticio, artificioso. Postizo,* tratándose de alguna parte del cuerpo humano: diente, brazo, cabello, etc., *artificial* o *postizo.* En otros casos, *falso, fingido* o *ficticio*: un diamante *artificial* o *falso*; hablaba con voz *artificial, fingida* o *ficticia.* ↔ NATURAL.

**artificiero** *m.* MIL. *Pirotécnico.*

**artificio** *m. Arte, habilidad, ingenio.* 2 *Estudio, amaneramiento, manera, afectación.* 3 *Disimulo, doblez, astucia, artimaña, cautela, ficción.* 4 *Amaño, ardid, traza, treta, trampa, triquiñuela, falseamiento.*

**artificiosamente** *adv. m. Engañosamente, delusoriamente.*

**artificioso, -sa** *adj. Ingenioso, complicado, habilidoso, estudiado.* 2 *Afectado, rebuscado, amanerado.* ↔ NATURAL, ESPONTÁNEO. 3 *Fingido, disimulado, astuto, cauteloso, engañoso, artificial\*, artero, ficticio.* ↔ NATURAL.

**artillería** *f. Tormentaria, arte tormentaria.* Tratándose de la *artillería* antigua.

**artillero** *m.* DEP. *Chutador.* En el fútbol.

**artilugio** *m.* fig. *Trampa, enredo, engaño, artimaña.*

**artimaña** *f. Trampa.* 2 fig. *Artificio, astucia, engaño, artilugio, martingala, ardid, treta.*

**artista** *com. Actor, ejecutante, comediante, pintor, escultor.* Por su carácter general, comprensivo de todas las Bellas Artes, *artista* puede aplicarse a los que cultivan cada una de ellas en particular: *actor* (cine o teatro), *ejecutante* y *comediante* (teatro), *pintor* (pin-

tura), *escultor* (escultura), etc. 2 *Artífice, autor, creador.*

**arto** *m. Cambronera.*

**arugas** *f. pl. Matricaria, expillo, magarza.*

**arveja** *f. Alverja, alverjana, ervilla, veza.* 2 *Algarroba.*

**arveja, alveja** *f. Amér. Guisante, chícharo* (Amér.).

**arvejera** *f. Algarroba* (planta).

**arvejo** *m. Guisante.*

**arzobispado** *m. Archidiócesis.*

**arzobispal** *adj. Archiepiscopal, metropolitano.*

**arzobispo** *m. Metropolitano.*

**arzolla** *f. Alloza, almendruco.*

**asadura** *f. Lechecillas.* 2 *Bofes, corada.* 3 *Hígado.* 4 fig. *Pachorra, apatía, sosería, cachaza.*

**asaetear** *tr. Flechar.* 2 fig. *Asar, importunar, molestar.*

**asafétida** *f. Estiércol del diablo.*

**asalariado, -da** *adj.-s. Pagado, asoldado, asoldadado, mercenario. Mercenario* se aplica al soldado que no sirve por obligación de su nacionalidad, sino por el estipendio que recibe; cuando se aplica a otras personas, se siente como despectivo: una madre que no quiere criar a su hijo se dice que lo entrega a manos *mercenarias* .

**asalmonado, -da** *adj. Salmonado.*

**asaltar** *tr. Acometer, arremeter\*, embestir.* 2 *Saltear, atracar.* 3 *Sobrevenir, acudir.*

**asalto** *m. Acometida, arremetida, embestida.* 2 *Salteamiento, atraco.*

**asamblea** *f. Reunión, junta, congreso. Reunión* y *junta* pueden referirse a muchas o a pocas personas; *congreso* y *asamblea* son reuniones numerosas. 2 **Asamblea legislativa** *Parlamento, cortes, cámara.*

**asar** *tr. Tostar\*.* 2 fig. *Importunar, molestar, asaetear.*

**ásaro** *m. Oreja de fraile, asarabácara, asácara.*

**I asaz** *adj.* ant. y lit. *Bastante, suficiente, mucho. Asaz* es voz anticuada, que hoy se usa sólo en estilo literario ele-

vado u oratorio. ↔ ESCASO, INSUFI-
CIENTE.
**II asaz** adv. c. ant. y lit. *Bastante\*, harto, muy.*
**ascalonia** f. *Chalote, escalona, cebolla
escalonia.*
**ascendencia** f. *Linaje, alcurnia, estirpe, ascendientes, antepasados.*
**ascender** intr. *Subir, elevarse.* 2 *Importar, montar, sumar.* Tratándose de
cuentas. 3 *Adelantar, promover.* Tratándose de empleos o dignidades.
**ascendiente** adj. *Antecesor, antepasado, predecesor, mayor, los antiguos,
los viejos, padres, abuelos, tronco, progenitores. Ascendiente, antecesor y antepasado* pueden emplearse en pl. refiriéndose a los *predecesores* o *mayores*,
aunque no sean *progenitores* de una
persona determinada. En este caso
tienen la significación gral. de *los antiguos, los viejos*, los que precedieron en
el tiempo. Con el mismo significado
se emplea también *padres* y *abuelos.
Tronco* es el *ascendiente* común de dos
o más líneas o familias. 2 m. *Influencia, prestigio, valimiento, fuerza moral,
autoridad, crédito, predominio, superioridad, preponderancia, dominio, imperio.*
**ascensión** f. *Subida, elevación.*
**ascenso** m. *Adelanto, promoción.*
**asco** m. *Repugnancia, aversión, repulsión, náuseas.*
**ascua** f. *Brasa.* Cuando es de leña o
carbón.
**aseado, -da** adj. *Limpio, curioso, pulcro, cuidadoso, hecho un figurín.* ↔ SU-
CIO.
**asear** tr.-prnl. *Limpiar\*, lavar, quitar el
polvo, quitar el moho, quitar las manchas.* ↔ MANCHAR, ENSUCIAR. 2 *Atildar, componer, acicalar.* ↔ DESARRE-
GLAR, DESCOMPONER.
**asechante** adj. *Insidioso\*, capcioso,
cauteloso, astuto, acechante.*
**asechanza** f. *Engaño, perfidia, insidia,
asechamiento, asecho, emboscada, encerrona, acechanza.*
**asechar** tr. *Acechar, avizorar, trasechar*

(p. us.), *observar, espiar, vigilar.* Por
tener el mismo origen etimológico,
*acechar* y *asechar* han tenido y tienen
empleos comunes. Hoy predomina
en *acechar* el significado de *observar,
espiar, vigilar* cautelosamente; en *asechar* se une a esta vigilancia la idea de
trampa o engaño para causar daño.
Se puede *acechar* por simple curiosidad o fisgonería; *asechar* es insepa-
rable de un propósito maligno. *Avizorar* coincide con *acechar*, pero en
gral. sugiere más viveza y prontitud
por parte del sujeto.
**asecho** m. *Asechanza, engaño, perfidia, insidia, asechamiento, emboscada,
encerrona, acechanza, acecho.*
**asediar** tr. *Cercar, bloquear, sitiar.* 2
fig. *Importunar, acosar, molestar.*
**asedio** m. *Cerco, bloqueo, sitio.*
**asegundar** tr. *Repetir\*, reproducir, rehacer, iterar, reiterar, segundar, reincidir.*
**asegurado, -da** adj. *Fijo, firme, seguro.* ↔ INSEGURO.
**asegurar** tr.-prnl. *Consolidar, afianzar, fijar, reforzar, fortalecer, apoyar.*
↔ SOLTAR. 2 *Garantizar, tranquilizar.*
↔ INTRANQUILIZAR. 3 *Afirmar, cerciorar, aseverar, certificar, confirmar\*, ratificar.* Los cuatro primeros cuando se
hace por segunda vez, o en apoyo de
otra afirmación. ↔ DUDAR.
**asemejarse** prnl. *Semejar, parecerse,
correr parejas con, tener un aire a, tirar
a, salir a, inclinar.* Tratándose de personas o animales, *parecerse, salir a*;
decimos de un niño que *se parece, se
asemeja* o *sale* a su abuelo. En general,
*tirar a, inclinarse a*; este color *tira a* verde; una persona *se inclina* a su rama
materna. ↔ DIFERENCIARSE.
**asenso** m. *Asentimiento, aprobación,
anuencia, aquiescencia, consentimien-
to\*.*
**asentada** f. *Sentada.*
**asentaderas** f. pl. *Posaderas, trasero,
nalgas, culo.*
**asentado, -da** adj. *Sentado, juicioso,
equilibrado.* 2 fig. *Estable, permanente.*

**asentar** *tr.-prnl. Detenerse, posarse, colocarse, hacer asiento, establecerse.* ↔ DESCOLOCARSE, MARCHARSE, QUITARSE. *2 Aplanar, alisar, apisonar.* 3 *Afirmar, asegurar.* 4 *Sentar, anotar\*, inscribir.*

**asentimiento** *m. Anuencia, asenso, aprobación, consentimiento, aquiescencia, permiso, beneplácito, venia.*

**asentir** *intr. Afirmar, aprobar, convenir, consentir, permitir.* ↔ NEGAR, IMPEDIR. *2 tr. Obtemperar, obedecer, aceptar, conformarse.*

**aseo** *m. Limpieza, curiosidad, pulcritud. Pulcritud* es *aseo* extremado y completo. ↔ SUCIEDAD, DEJADEZ. *2 Decencia, recato, compostura, honestidad.* ↔ INDECENCIA, INMORALIDAD, DESHONOR.

**asepsia** *f.* MED. *Desinfección, esterilización, antisepsia.*

**aséptico, -ca** *adj. Estéril.* ↔ INFECTADO.

**asequible** *adj. Accesible, alcanzable.* ↔ INASEQUIBLE, IMPOSIBLE.

**aserción** *f. lit. Aserto* (lit.)*, aseveración* (lit.)*, afirmación*

**aserradero** *m. Serrería.*

**aserrar** *tr. Serrar.*

**aserrín** *m. Serrín.*

**aserto** *m. Afirmación\*, aserción* (lit.)*, aseveración* (lit.).

**asesor, -ra** *adj. Consultivo.* 2 *s. Consultor, consejero.*

**asesorar** *tr. Aconsejar, informar.* 2 *prnl. Consultar.*

**asestar** *tr. Apuntar, dirigir.* 2 *Descargar, hacer tiro.*

**aseveración** *f. Afirmación\*, aserción* (lit.)*, aserto* (lit.)*, confirmación, ratificación, atestación, testimonio.* 2 *Fe, seguridad.*

**aseverar** *tr. Afirmar, asegurar, confirmar. Aseverar* implica apoyo a lo que se dice, y por esto equivale más propiamente a *confirmar.*

**aseverativo, -va** *adj. Afirmativo, confirmativo.* 2 GRAM. *Declarativo, enunciativo.* Las oraciones *aseverativas* se llaman también *enunciativas* o *declarativas,* y expresan la conformidad o

disconformidad del sujeto con el predicado.

**asexuación** *f. Esterilización.*

**asfaltado** *m.* CONSTR. *Pavimento.*

**asfalto** *m.* (mineral) *Betún de Judea.*

**asfixiar** *tr. Ahogar.*

**asfódelo** *m. Gamón.*

**así** *adv. m. De esta manera.*

**asidero** *m. Asa, agarradero.* 2 fig. *Ocasión, pretexto.*

**asiduidad** *f. Aplicación, esmero, atención, estudio, perseverancia.*

**asiduo, -dua** *adj. Perseverante, persistente, frecuente, puntual, continuo, repetido, acostumbrado, reiterado. Asiduo* se dice sólo de personas o actos humanos; *frecuente* puede aplicarse también a fenómenos naturales (lluvia, temblores de tierra, etc.) que no admitirían el adj. *asiduo. Puntual* y *perseverante* suponen también la voluntad humana. En cambio, *persistente* y *continuo* pueden ser actos de la Naturaleza, y su significado está más cerca del adj. *frecuente.* Su diferencia se halla en que *frecuente* supone intermitencia mayor o menor: una lluvia *frecuente* se repite con intervalos sin llover; una lluvia *continua* y *persistente* no cesa. ↔ DESAFECTO, DISCONTINUO.

**asiento** *m. Localidad.* En los espectáculos públicos. 2 *Sitio, lugar, sede, domicilio.* 3 *Poso, sedimento.* 4 fig. *Cordura, sensatez, madurez, juicio, prudencia.* 5 *Sentamiento.* Tratándose del descenso de los materiales en un edificio. 6 *Anotación.* En los libros de cuentas. 7 **Asiento de pastor** *Erizón.* 8 **Tomar asiento** *loc. Habitar\*, tomar casa, morar, sentar los reales, estar de asiento, vivir.* 9 *Sentarse, asentarse, repantingarse.*

**asignación** *f. Sueldo, remuneración, retribución, estipendio.* 2 *Partida, consignación.* Tratándose de un presupuesto.

**asignar** *tr. Destinar, señalar, fijar.*

**asignatura** *f. Disciplina, enseñanza, materia.*

**asilar** *tr.-prnl. Guarecer, acoger, cobijar, refugiar, amparar, defender, ponerse en cobro.*

**asilo** *m. Refugio*\*, *sagrado, retiro.* 2 fig. *Amparo, protección, apoyo, favor.*

**asimetría** *f. Disimetría.* 2 *Quiralidad* (QUÍM.). ↔ SIMETRÍA.

**asimismo** *adv. m. De igual modo, del mismo modo, igualmente, también.* 2 *adv. c. Además, encima, también.*

**asincrónico, -ca** *adj. Asíncrono.* ↔ SINCRÓNICO.

**asíncrono, -na** *adj. Asincrónico.* ↔ SINCRÓNICO.

**asir** *tr. Coger, tomar*\*, *agarrar.* "El que *agarra* asegura, tiene firme; porque el verbo *agarrar* supone la fuerza necesaria para lograr su efecto. El que *ase*, puede o no asegurar, porque la acción de asir no supone precisa y positivamente la fuerza necesaria para asegurar y tener firme" (LH). 2 *Arraigar, prender.* Tratándose de plantas. ↔ DESPRENDER. 3 *prnl. Agarrarse, pelearse, reñir.*

**asistencia** *f. Ayuda, auxilio, apoyo, socorro, favor, cooperación.* 2 *Concurrencia*\*, *concurso.*

**asistente** *com. Acólito, ayudante, compañero, compinche.*

**asistentes** *m. pl. Público, concurrencia, auditorio, espectadores, oyentes.*

**asistir** *intr. Estar presente, hallarse presente, concurrir, acudir, ir, presentarse, llegar, comparecer.* ↔ FALTAR, AUSENTARSE. 2 *tr. Ayudar, auxiliar, apoyar, socorrer, coadyuvar, favorecer.* ↔ ABANDONAR, DESASISTIR.

**asnacho** *m. Gatuña.*

**asnallo** *m. Gatuña, aznacho, aznallo, detienebuey, gata, uña gata.*

**asnilla** *f. Caballete.*

**asno** *m. Burro, borrico, rucio, jumento.* Los tres primeros son más populares que *asno* y *jumento.* "Borrico, pollino y rucio son nombres familiares del asno" (M). 2 fig. *Corto, rudo, necio, ignorante.*

**asobarcar** *tr. Sobarcar.*

**asociación** *f. Sociedad, agrupación, entidad, corporación, compañía.*

**asociado, -da** *s. Socio, consocio, acompañante, concomitante*\*. Este último, propio de la terminología científica, se aplica sólo a cosas. 2 *Agregado, añadido, mezclado.*

**asociar** *tr.-prnl. Juntar, reunir, agrupar, aliar, federar.* ↔ SEPARAR, DESUNIR, DESLIGAR, DISPERSAR. 2 *Interesar, dar parte.*

**asolar** *tr. Destruir, arrasar, devastar, arruinar.* 2 *prnl. Posarse, sedimentar.* Tratándose de líquidos.

**asoldadado, -da** *adj.-s. Asalariado*\*, *pagado, asoldado, mercenario.*

**asoldadar** *tr.-prnl. Tomar a sueldo, asalariar, asoldar.*

**asoldado, -da** *adj.-s. Asalariado*\*, *pagado, asoldadado, mercenario.*

**asoldar** *tr.-prnl. Asoldadar, tomar a sueldo, asalariar.*

**asombradizo, -za** *adj. Espantadizo, asustadizo.*

**asombrado, -da** *adj. Absorto*\*, *admirado, pasmado, atónito, suspenso, maravillado, cautivado.*

**asombrar** *tr. Sombrar, sombrear, ensombrecer.* 2 *tr.-prnl. Admirar, maravillar, aturdir, pasmar, asustar, espantar, sobrecoger.* Admirar y maravillar sugieren una causa generalmente placentera. Asombrar, aturdir y pasmar son más intensos y pueden proceder de causa agradable o desagradable. La lengua antigua usó asustar y espantar como sinónimos de asombrar; pero esta acepción se siente hoy como anticuada. 3 *tr. fig. Fascinar, hipnotizar.*

**asombro** *m. Susto, espanto.* En esta acepción, *asombro* va quedando hoy en desuso. 2 *Sorpresa, admiración*\*, *maravilla, pasmo, estupefacción.* ↔ INDIFERENCIA, IMPASIBILIDAD.

**asomnia** *f.* MED. *Insomnio.*

**asomo** *m. Indicio*\*, *señal, amago, barrunto, atisbo, presunción, sospecha.* Indicio y señal cuando se trata de cosas; *asomo* y *amago* se refieren a accidentes o fenómenos, como un *amago* de epidemia o de incendio, un *asomo* de fiebre. Tratándose de pensamientos, *barrunto, atisbo, presunción, sospecha.*

**asonada** *f. Bullanga, alboroto\*, tumulto, motín, revuelta, sublevación.*

**asonancia** *f. Rima imperfecta.* ↔ DISONANCIA.

**asordar** *tr. Ensordecer.*

**aspálato** *m. Alarguez.*

**aspalto** *m. Espalto.*

**aspaviento** *m. Espaviento.*

**aspearse** *prnl. Despearse.*

**aspecto** *m. Apariencia, aire, cara, semblante, cariz, presencia, planta, pote, facha, pinta, catadura.* Los cuatro primeros se aplican a personas, animales y cosas; *cariz* a sucesos o fenómenos. Tratándose de personas o animales superiores, *presencia, planta, porte*; con valor desestimativo, irónico o burlesco, *facha, pinta, catadura.* 2 *Giro, dirección, cariz, curso.* 3 *Fase, período, estado.*

**asporartería** *f. Traquea, traquearteria.*

**aspereza** *f. Escabrosidad, rugosidad.* 2 fig. *Rigor, rigidez, dureza, rudeza, desabrimiento, ceño, severidad\*.* ↔ SUAVIDAD, BLANDURA, FLEXIBILIDAD, COMPRENSIÓN, AMABILIDAD. 3 **Limar asperezas** *loc. Conciliar, avenir.*

**asperges** *m.* fig. *Aspersorio, hisopo.*

**asperilla** *f. Hierba de las siete sangrías.*

**asperjear** *tr. Hisopear.*

**áspero, -ra** *adj. Rugoso, rasposo, escabroso.* 2 fig. *Rígido, riguroso, rudo, desapacible, desabrido, intratable, hosco, ceñudo, ríspido, rispo.* Los cinco últimos se aplican a personas o a su carácter y maneras. ↔ SUAVE. 3 *Acerbo. Acerbo* significa *áspero* al gusto. 4 fig. *Estridente\*, agrio, destemplado, ruidoso.*

**asperón** *m. Piedra afiladera, piedra aguzadera, piedra amoladera, piedra melodreña.*

**aspersorio** *m. Hisopo, asperges.* Tatándose del culto religioso.

**aspillera** *f. Saetera, saetín.* 2 ARQ. *Tronera.*

**aspiración** *f. Designio, mira, propósito.* 2 *Deseo, anhelo, pretensión.* 3 *Inhalación* (MED.). V. inhalar.

**aspirante** *adj.-com. Pretendiente, solicitante, candidato, meritorio.* Este último en despachos u oficinas. 2 *adj. com. Principiante, aprendiz\*.* ↔ MAESTRO, EXPERTO.

**aspirar** *tr. Inspirar.* Si se trata de personas o animales, *aspirar* es lo mismo que *inspirar*; su contrario es *espirar*, y ambos constituyen el acto de *respirar*. Si se trata de máquinas no existe tal sinonimia; una bomba *aspira* no *inspira*, su contrario es *impeler.* ↔ ESPIRAR, IMPELER. 2 *Desear, pretender\*, anhelar, ambicionar.* En la acepción de *desear, aspirar* lleva siempre la preposición *a*, mientras que los demás llevan su complemento directo sin preposición: *aspiro a* este empleo; *deseo, pretendo* este empleo. 3 GRAM. *Espirar.* Los sonidos así producidos se llaman *espirantes* o *aspirados.*

**asquear** *intr. Repugnar, revolver, hacer cuesta arriba.*

**asquerosidad** *f. Bascosidad, inmundicia, suciedad, porquería.*

**asqueroso, -sa** *adj. Sucio.* 2 *Repugnante, nauseabundo, repelente, repulsivo.*

**asta** *f. Fuste, palo.* Tratándose de un arma, *fuste*; de una bandera, *palo.* 2 *Cuerno.*

**astatino** *m.* QUÍM. *ástato.*

**ástato** *m.* QUÍM. *Astatino.*

**astenia** *f.* MED. *Debilidad, endeblez, decaimiento, descaecimiento, desfallecimiento, flaqueza, flojera.* ↔ FORTALEZA, ENERGÍA.

**asterisco** *m. Estrella.*

**asteroide** *m. Planeta menor.*

**astrágalo** *m.* (hueso) *Chita, taba, taquín. Astrágalo* es término científico; los nombres generales son *chita, taba, taquín.* 2 *Armilla, tondino, joya.*

**astral** *adj. Sideral, sidéreo, estelar.*
**astreñir** *tr. Astringir.*
**astringir** *tr.* MED. *Astreñir, astriñir, restringir, restriñir, estipticar.* 2 fig. *Sujetar, constreñir.*
**astriñir** *tr. Astringir, astreñir, restringir, restriñir, estipticar.*
**astrólogo, -ga** *s. Planetista.*
**astronáutica** *f. Cosmonáutica.*
**astronave** *f. Nave espacial.*
**astroso, -sa** *adj. Desastrado, desastroso, infeliz, infausto.* 2 *Harapiento, andrajoso, roto, zarrapastroso.* ↔ ASEADO, CUIDADOSO, ELEGANTE. 3 *Vil, despreciable.*
**astucia** *f. Sagacidad, sutileza, picardía.* 2 *Ardid, treta, maña, añagaza, artimaña, artificio, ficción, doblez.* 3 *Camándula, marrullería, trastienda, fingimiento, hipocresía, disimulo.* ↔ INOCENCIA, INGENUIDAD, SINCERIDAD. 4 *Taimería, cuquería, picardía, malicia, tunería, zorrería, raposería, cautela.* ↔ CORTEDAD, INGENUIDAD. 5 *Agallas, codicia, cicatería.*
**astuto, -ta** *adj. Sagaz, sutil, taimado, cuco, artero, zorro, ladino, toro corrico, buena pieza, mosquita muerta, capcioso, insidioso*, *asechante. Taimado, cuco, artero, zorro y ladino se toman siempre a mala parte.* ↔ INGENUO, SENCILLO. 2 *Artificioso, fingido, disimulado, engañoso, ficticio.* ↔ NATURAL. 3 *Avisado, prudente, previsor, advertido, precavido, cauteloso, no tener un pelo de tonto.* 4 *Fino, sagaz.* ↔ RUDO.
**asueto** *m. Descanso, recreo, esparcimiento.*
**asunto** *m. Tema, cuestión, materia.* *"Asunto* es el objeto particular de que se trata; *materia* es la entidad a la cual pertenece el *asunto* y constituye su calidad. Se propone un *asunto* cuya *materia* ofrezca medios de lucimiento a la erudición y al ingenio. La murmuración es en la sociedad una *materia* inagotable, porque no hay en ella cosa de que no hagan los necios un *asunto* muy serio para ejercerla, supliendo con este cómodo recurso

su falta de talento" (LH). 2 *Argumento.* 3 *Negocio.*
**asustadizo, -za** *adj. Espantadizo, asombradizo, miedoso, más muerto que vivo, pendiente de un hilo.*
**asustar** *tr.-prnl. Espantar, amedrentar, atemorizar, acobardar, intimidar, aterrorizar, alarmar, inquietar, sobresaltar, meter el corazón en un puño, tener el alma en vilo.* "El verbo *asustar* expresa una acción más pasajera y menos vehemente que el verbo *espantar.* En el primero entra la idea de la sorpresa, en el segundo la del terror. Nos *asustan* un tiro, el ruido del trueno, un grito fuerte. Nos *espantan* un gran peligro, un delito atroz, un suplicio bárbaro. No a todos *asustan* los mismos hechos; pero lo que *espanta* ejerce una acción más general" (M). ↔ ANIMAR, ENVALENTONARSE, TRANQUILIZAR. 2 *tr. Asombrar*, *admirar, maravillar, aturdir, pasmar, sobrecoger, sorprender.*
**atabal** *m. Timbal.* 2 *Tamboril.*
**atabalear** *intr. Tabalear, tamborilear.*
**atablar** *tr. Tablear, allanar.*
**atacar** *tr. Atiborrar, atestar, apretar.* ↔ ALIGERAR. 2 *Acometer*, *arremeter*, *agredir, embestir, asaltar.* ↔ DESISTIR, RETROCEDER. 3 fig. *Impugnar, combatir.*
**atadijo** *m. Fajo, haz, atado, lío, envoltorio, fardo.*
**atadura** *f. Sujeción, unión, ligadura, traba.* ↔ DESUNIÓN, LIBERTAD. 2 *Lazo, lazada.*
**atafagar** *tr. Sofocar, avahar.* 2 fig. *Molestar, importunar.*
**ataguía** *f. Encajonado.* 2 CONSTR. *Tablestacado.*
**ataharre** *m. Sotacola, ataja* (Argent. y Bol.).
**atahona** *f.* desus. *Tahona.*
**ataja** *f.* Argent. y Bol. *Ataharre, sotacola.*
**atajar** *tr. Contener, interrumpir, cortar, detener, parar*. 2 prnl. fig. *Correrse, avergonzarse, atascarse.*
**atalaje** *m. Guarniciones, arreos, jaeces.*

**atalaya** f. Vigía, centinela, escucha. Vigía se aplica a la torre o altura desde donde se puede atalayar y al hombre que vigila desde ella. Centinela y escucha, sólo al hombre.

**atalayar** tr. Otear, espiar, vigilar.

**atanasia** f. Hierba de Santa María.

**atanco** m. Atasco, atranco, obstrucción.

**atanquía** f. Adúcar. 2 Cadarzo.

**atañer** intr. Tocar, pertenecer, corresponder, concernir, afectar. Los dos últimos pertenecen al habla culta. Atañer, a pesar de su origen popular, es hoy un término que se siente también como docto. 2 Importar, convenir, hacer al caso, interesar, merecer la pena, tener que ver, formar época. ↔ DESINTERESAR, DESMERECER.

**ataque** m. Agresión, acometida, arremetida, asalto. 2 Acceso, accesión, accidente, cubrimiento, soponcio, patatús. Tratándose de enfermedad, los tres primeros. Algunos de estos ataques se denominan en el habla usual cubrimiento, soponcio, patatús. Cuando se trata de pasiones violentas, ataque o acceso: a. de celos, de ira.

**atar** tr. Liar, ligar (lit. y p. us.), amarrar, unir, juntar, sujetar. Liar es atar envolviendo: liar o atar un paquete, pero atar (no liar) una caballería al pesebre. Ligar en esta acepción material es literario y de muy poco uso; se usa pralte. en las acepciones fig. marrar en España y Amér. ↔ DESATAR, DESLIGAR. 2 prnl. Embarazarse, atascarse.

**atarantado, -da** adj. Tarantulado. 2 fig. Inquieto, bullicioso. 3 Aturdido, espantado.

**atarazana** f. Tarazana, tarazanal, arsenal. Arsenal es hoy el más usado.

**atareado, -da** p. p. Ocupado. 2 fam. Sin tiempo para rascarse.

**atarjea** f. Tajea.

**atarraga** f. Olivarda.

**atarugar** tr. Atestar, atiborrar, henchir. 2 prnl. Atascarse, atajarse.

**atascadero** m. Atolladero. Cuando se halla en lugar cenagoso. 2 fig. Impedimento, estorbo.

**atascar** tr. Tapar, cegar, obstruir*, atorar, atrancar. ↔ ABRIR, DESEMBARAZAR, DESOBSTRUIR. 2 prnl. Atollarse, sonrodarse. Este último tratándose de las ruedas de un carruaje. ↔ DESATASCARSE. 3 fig. Atajarse, atarugarse.

**atasco** m. Atanco, atranco, obstrucción. 2 Atolladero, atascadero.

**ataúd** m. Caja mortuoria, féretro (lit. o culto).

**ataujía** f. Taujía.

**ataviado, -da** adj. Apañado, arreglado, aderezado, compuesto, apuesto, adornado.

**ataviar** tr. Componer*, adornar*, engalanar, acicalar, aderezar, hermosear, arreglar*.

**atavío** m. Compostura, adorno, acicalamiento, ornato*. V. atavíos.

**atavíos** m. pl. Adornos, traeres. V. atavío.

**ateísta** adj.-com. p. us. Ateo, sindiós.

**atemorizar** tr.-prnl. Intimidar, amedrentar, acobardar*, arredrar, asustar*, espantar, acoquinar, achantar (vulg.), amilanar, aterrar, meter el corazón en un puño, no tenerlas todas consigo, morir de miedo. ↔ ENVALENTONAR, ENGALLAR, TRANQUILIZAR.

**atemperar** tr. Temperar, moderar, templar, suavizar. 2 fig. Acomodar, ajustar, adaptar.

**atenacear** tr. Tenacear, sujetar, amarrar, martirizar, atenazar. ↔ SOLTAR, ACARICIAR.

**atenazar** tr. Atenacear, tenacear, sujetar, amarrar, martirizar. ↔ SOLTAR, ACARICIAR.

**atención** f. Cuidado, vigilancia, solicitud, esmero. 2 Consideración, miramiento, cortesía, urbanidad, respeto*, deferencia, rendimiento. V. atenciones. 3 Aplicación, estudio, perseverancia. 4 Interés, inclinación, atractivo, afecto. ↔ DESATENCIÓN, DESAFECTO. 5 Ponderación, reflexión, circunspección.

**atenciones** f. pl. Ocupaciones, negocios, quehaceres, trabajos. V. atención.

**atender** tr.-prnl. Escuchar, oír, fijarse, reparar, observar. ↔ DESATENDER, DE-

SACATAR. 2 *Cuidar, vigilar, ocuparse de, estar a la mira, no pestañear.* ↔ ABANDONAR. 3 *Aplicar, esmerarse, perseverar, estudiar.* 4 *tr. Pensar, reflexionar, considerar.* ↔ DESATENDER.

**atendible** *adj. Plausible, admisible, aceptable, recomendable.*

**atenerse** *prnl. Sujetarse, amoldarse, ajustarse, remitirse.* Tratándose de instrucciones, mandatos o escritos, *remitirse,* p. ej., un empleado *se atiene* o *se remite* al reglamento.

**atentamente** *adv. m. Hitamente.*

**atento, -ta** *adj. Fino, cortés, comedido, considerado, amable, afable\*, solícito, obsequioso, afectuoso, deferente, respetuoso, mirado, galante.* "Ser *cortés* es una obligación que nos impone la buena crianza; ser *atento* es una cualidad a que nos inclina la buena educación. El *cortés* puede serlo sin pasar los límites de su obligación; el *atento* no se atiene a ella, y emplea noblemente los medios de agradar o de complacer. Decir de una caballero que es *cortés* no es una lisonja; es sólo decir que no es grosero. Decir que es *atento* es hacer su elogio; es decir que añade a la *cortesía* el agrado, la complacencia. El *cortés* lo es siempre sin afectación; el *atento* puede ser afectado. Hay hombres que, a fuerza de *atenciones,* nos alejan diestramente de su familiaridad y confianza" (LH). 2 *Aplicado, cuidadoso, perseverante, asiduo, estudioso.*

**atenuación** *f.* RET. *Lítote.*

**atenuar** *tr. Adelgazar.* 2 fig. *Minorar, aminorar, mitigar, suavizar, paliar.* ↔ AUMENTAR, FORTALECER.

**ateo, -ea** *adj.-s. Ateísta* (p. us.), *sindiós.*

**atercianado, -da** *adj.-s. Tercianario.*

**aterciopelado, -da** *adj. Terciopelado.*

**aterimiento** *m. Pasmo, espasmo.*

**aterir** *tr.-prnl. Pasmar, enfriar, helar.*

**aterrado, -da** *adj. Despavorido, espavorido, pavorido, espantado, horrorizado.* ↔ SERENO, VALIENTE.

**aterrador, -ra** *adj. Imponente, espantoso, pavoroso, terrorífico, temible\*, formidable.*

**aterraje** *m. Aterrizaje, recalada* (MAR.).

**aterrar** *tr.-prnl. Acobardar\*, aterrorizar, espantar, horrorizar, espeluznar, horripilar, estremecer, amedrentar, asustar, intimidar.* ↔ TRANQUILIZAR, ANIMAR, ENVALENTONAR. 2 *tr. Postrar, abatir, terrecer.* ↔ ANIMAR.

**aterrizaje** *m. Aterraje, recalada* (MAR.).

**aterrizar** *intr.* AERON. *Tomar tierra.*

**aterrorizar** *tr.-prnl. Asustar\*, espantar, amedrentar, atemorizar, acobardar, intimidar, horrorizar.* ↔ ENVALENTONARSE.

**atesorar** *tr. Acaudalar, enriquecerse, acumular.*

**atestación** *f. Testificación, testimonio, atestiguamiento.*

**I atestar** *tr. Henchir, llenar, atiborrar, apretujar. Atestar* y *llenar* pueden referirse a personas y cosas: el gentío *atestaba* o *llenaba* un teatro; las mercancías *atestaban* o *llenaban* un almacén. *Henchir* y *atiborrar* se aplican gralte. a cosas: se *hincha* o *atiborra* un saco. *Atiborrar* y *apretujar* añaden a *llenar* la idea de presión para que las cosas quepan en el espacio o recipiente que ha de contenerlas. ↔ VACIAR.

**II atestar** *tr.* p. us. *Atestiguar, testificar, testimoniar, probar\*, documentar, autorizar.*

**atestiguar** *tr. Testificar, testimoniar, atestar* (p. us.), *probar\*, acreditar, demostrar, justificar, evidenciar, confirmar, documentar, autorizar.* 2 *Afirmar, aseverar, asegurar.*

**atetar** *tr. Amamantar, tetar.*

**atiborrar** *tr. Llenar, henchir, embutir, rellenar, apretar, embuchar, atestar\*.*

**atildado, -da** *adj. Compuesto, acicalado, peripuesto, hecho un figurín.*

**atildar** *tr.-prnl. Tildar, poner tildes.* 2 *Tildar, censurar, tachar.* 3 *prnl.* fig. *Componerse, asearse, acicalarse. Atildar* añade a *componer* y *asear* la idea de esmero minucioso. ↔ ENSUCIARSE, DESARREGLARSE, DESCUIDARSE.

**atinado, -da** adj. Feliz, oportuno, acertado, eficaz.

**atinar** intr. Acertar*, hallar, encontrar. 2 Adivinar, acertar, descifrar, dar con. ↔ DESACERTAR.

**atíncar** m. Bórax.

**atinente** adj. Tocante, perteneciente, referente.

**atirantar** tr.-prnl. Poner tirante, tesar (MAR.), tensar (MEC.). ↔ AFLOJAR, RELAJAR, DISTENDER.

**atisbadura** f. Atisbo.

**atisbar** tr. Espiar, observar, acechar, vigilar. 2 Fisgar, husmear, curiosear, huronear, fisgonear, meter baza.

**atisbo** m. Atisbadura. Cuando se trata de la acción de atisbar, atisbadura. 2 Indicio, vislumbre, sospecha, barrunto*, suposición*, asomo*, amago, remusgo, conjetura, presunción, supuesto, hipótesis.

**atizar** tr. fig. Avivar, fomentar, estimular. 2 Dar, propinar, pegar. Atizar es intensivo de dar, propinar, pegar.

**atlante** m. ARQ. Telamón.

**atmósfera** f. Aire.

**atoar** tr. MAR. Toar, remolcar.

**atocha** f. Atochón, esparto.

**atochal, atochar** m. Espartizal, espartal.

**atochón** m. Atocha, esparto.

**atolladero** m. Atascadero, atasco. 2 fig. Dificultad, impedimento, embarazo, aprieto, apuro.

**atollarse** prnl. Atascarse, sonrodarse (las ruedas de un carruaje). ↔ DESATASCARSE.

**atolondrado, -da** p. p. Irreflexivo, aturdido, precipitado, loco, imprudente, insensato, disparatado. ↔ MODERADO, REFLEXIVO.

**atolondramiento** m. Irreflexión, aturdimiento, precipitación.

**atolondrar** prnl. Aturdirse, precipitarse.

**atonía** f. Laxitud, flojera, distensión.

**atónito, -ta** adj. Estupefacto, suspenso, asombrado, pasmado, turulato (fam.), patitieso (fam.), patidifuso (humorístico), helado, sin poder hablar,

con la boca abierta, como quien ve visiones, absorto*, admirado. Helado sugiere principalmente inquietud o miedo.

**átono, -na** adj. GRAM. Inacentuado, débil.

**atontadamente** adv. m. Indiscretamente, imprudentemente, neciamente, tontamente, a tontas y a locas.

**atontado, -ta** adj. Alelado, embobado, turulato, lelo, poner cara de tonto, quedarse como una estatua.

**atontar** tr.-prnl. Aturdir, atolondrar, atortolar, entontecer. 2 Abobar, embobar, llenar la cabeza de humo. ↔ DESPABILAR. 3 tr. Entorpecer, turbar, oscurecer, embotar.

**atorar** tr. Atascar, obstruir, cegar. 2 prnl. Atragantarse.

**atormentar** tr.-prnl. Martirizar, torturar. 2 fig. Afligir, apenar, atribular, acongojar, partísele a uno el alma. ↔ CONSOLAR, TRANQUILIZAR, APACIGUAR, SOSEGAR, SERENAR.

**atornillador** m. Destornillador.

**atoro** m. Atasco, aprieto, apuro.

**atorrante** adj.-com. Argent. y Urug. Vagabundo, holgazán, haragán, golfo.

**atortolar** tr. Aturdir, acobardar, acoquinar.

**atosigar** tr. Emponzoñar, envenenar, tosigar. 2 tr.-prnl. Fatigar, oprimir, dar prisa, apurar. 3 Abrumar, agobiar, molestar, fastidiar, hastiar, aburrir, importunar.

**atrabajado, -da** adj. p. us. Trabajado, abrumado. 2 Trabajoso.

**atrabiliario, -ria** adj. Irritable, irascible, destemplado, malhumorado.

**atracadero** m. MAR. Puesto de amarre.

**atracador, -ra** adj.-s. Ladrón, caco, sacre, cuatrero, ratero, carterista, mechera, salteador, bandido, bandolero.

**atracar** tr. MAR. Arrimar, abordar. 2 Hartar*, henchir, rellenar, atiborrar. 3 Saltear, asaltar. Atracar es concretamente saltear para robar a una o más personas.

**atraco** m. Asalto, salteamiento.

**atracón** m. fam. Hartazgo, panzada.

atractivo

**atractivo** *m.* Gracia, encanto, seducción, hechizo, fascinación, sugestión*. Todos ellos son cualidades físicas o morales de una persona que atraen la voluntad. 2 *Incentivo, aliciente, cebo.* Tratándose de cosas. 3 *Imán* (fig.). **atractivo, -va** *adj.* Atrayente, seductor, hechicero, encantador. 2 *Gachón, gracioso, expresivo, salado, donairoso.* **atraer** *tr.* Captar, granjear, seducir, cautivar, encantar, hechizar, provocar, causar, ocasionar, motivar, absorber. Captar, granjear(se), la voluntad o el afecto ajenos. Con mayor intensidad, *seducir, cautivar, encantar, hechizar.* Tratándose de sentimientos adversos, hechos o fenómenos, *provocar, causar, ocasionar, motivar,* p. ej., la antipatía, el enojo, la lluvia, una tempestad, etc. ↔ RECHAZAR, DESAGRADAR. 2 *Flechar, enamorar.* 3 *prnl.* Conciliarse*, granjearse, ganarse, concitarse.* **atrafagar** *intr.* Fatigarse, afanarse. **atrancar** *tr.* Aherrojar, trancar. 2 *Atascar, cegar, obstruir*, tapar, atorar.* 3 *Trancar, tranquear.* **atranco** *m.* Atasco, atanco, obstrucción. **atrapamoscas** *f.* Dionea. **atrapar** *tr.* Pillar, coger, agarrar*. Atrapar* y *pillar* dan idea de *coger* a una persona o animal que huye, o de valerse de alguna maña o astucia. Se *atrapa* o *pilla* a un ratero, a una mariposa al vuelo, a un lobo en una trampa. 2 *Conseguir, obtener, pescar*. Conseguir, obtener,* algo provechoso; *pescar* se acerca más a *atrapar* porque connota idea de maña y acecho. 3 *Engatusar, engañar.* El mismo sentido de astucia o maña puede extenderse hasta el fraude, y entonces atrapar se hace sinónimo de *engañar, engatusar.* **atrás** *adv. l.* Detrás. Denota dirección hacia la parte posterior del que habla o de la persona o cosa nombrada, con menos precisión que *detrás.* ↔ DELANTE. 2 *adv. t.* Antes, anteriormente. P. ej.: quince días *atrás*; un escritor u orador recuerda lo que ha dicho *atrás* o *anteriormente.*

**atrasado, -da** *adj.* Alcanzado, empeñado, endeudado. **atrasar** *tr.-prnl.* Retrasar, retardar, demorar, diferir*, rezagar, dilatar* (ant. y lit.). *Atrasar* coincide con *retrasar* en todas sus acepciones. *Retardar* no se usa hablando del reloj. En gral. sugiere disminución de velocidad motivada por algún entorpecimiento voluntario o físico. Por esto es raro su empleo como intr. Un tren *atrasa* o *retrasa* (intr.). El maquinista puede *retardar, retrasar* o *atrasar* la marcha (tr.). *Demorar* es literario o administrativo, y se refiere principalmente a actos o resoluciones: se *demora* un informe pericial, un pleito, un expediente. *Diferir* supone idea de aplazamiento, detención. En *rezagar(se)* predomina hoy la idea de dejar o quedarse atrás en la marcha de una persona o cosa con respecto a otra: el caminante andaba *rezagado* de sus compañeros. También se usa por diferir o detener la ejecución de un acto. ↔ ADELANTAR. 2 *prnl.* Empeñarse, endeudarse. **atraso** *m.* Retraso, retardo, demora, dilación. 2 *Deuda.* Éste se usa generalmente en plural. **atravesado, -da** *adj.* Avieso, ruin, malintencionado, malo. **atravesar** *tr.* Cruzar, pasar, traspasar. *Traspasar* es pasar un cuerpo penentrándolo de parte a parte; p. ej.: atravesar o *traspasar* con la espada. 2 *Hender, cortar.* 3 fig. *Aojar, fascinar, ojear, hacer o dar mal de ojo.* **atrayente** *adj.* Atractivo, seductor, hechicero, encantador. 2 *Gracioso, bonito, agraciado.* **atreverse** *prnl.* Arriscarse (p. us.), arriesgarse, osar, aventurarse, exponerse. En *aventurarse* y *exponerse* se siente como más dudoso el éxito que en los demás verbos, más azaroso. ↔ ACOBARDARSE. 2 *Insolentarse, descararse, osar, no ponérsele nada por delante.* **atrevido, -da** *adj.* Audaz, osado, arrojado, arriscado, arriesgado, temerario, *intrépido, valiente, resuelto.* 2 *Insolente, descarado, desvergonzado, fresco, descocado.*

**atrevimiento** *m. Audacia, osadía, arrojo\**. "*Atrevimiento, osadía* y *audacia* significan la determinación de ejecutar una acción arriesgada, de arrostrar un peligro o de exponerse a un mal. El *atrevimiento* puede nacer de un impulso impremeditado; la osadía, del temple natural o de los hábitos; la *audacia* es un exceso de *osadía* o de *atrevimiento.* El *atrevimiento* puede ser loable, y es muchas veces necesario; la *osadía* nunca deja de ser imprudente; la *audacia* es apasionada, criminal o heroica" (M). "El *atrevimiento* supone una resolución de la voluntad, acompañada de confianza en nuestras propias fuerzas, para conseguir un fin arduo. La *osadía* supone el desprecio de las dificultades o riesgos superiores a nuestras fuerzas, pero acompañado de una excesiva confianza en la fortuna o en la casualidad. El *arrojo* no supone ningún género de confianza, sino una ceguedad con que temerariamente nos exponemos a un riesgo, sin examinar la posibilidad ni la probabilidad de salir bien de él" (LH). 2 *Insolencia, descaro, desvergüenza, descoco, tupé, avilantez, desfachatez.*

**atribuciones** *f. pl. Facultades.* "Las *atribuciones* son los actos que debe ejercer el empleado público; sus *facultades* son los usos que puede hacer del poder que la ley le confía. Una de las *atribuciones* del juez es examinar los testigos; una de sus *facultades* es imponer penas al infractor. Los agentes inferiores de la autoridad tienen *atribuciones*, y apenas puede decirse que tienen *facultades*" (M).

**atribuir** *tr.-prnl. Achacar, imputar, culpar, inculpar, colgar* (fam.). Todos ellos significan *atribuir* algo malo. En cambio se pueden *atribuir* cualidades o defectos, culpas o méritos. Sería un contrasentido *achacar* una virtud. Nó-

tese que *atribuir* y *achacar* pueden aplicarse también a cosas, en tanto que *imputar* sólo se aplica a personas: se *atribuye* o *achaca* a las heladas tardías la pérdida de la cosecha; se *imputa* a uno la responsabilidad o culpa de una acción desastrosa. 2 *prnl. Apropiarse\*, arrogarse.*

**atribulado, -da** *adj. Triste, afligido, melancólico, apenado, apesadumbrado, abatido.*

**atribular** *tr.-prnl. Desconsolar, desolar, angustiar, acongojar, atormentar, afligir, apenar, acuitar, apesadumbrar, meter el corazón en un puño.* ↔ CONSOLAR.

**atributo** *m. Cualidad\*, propiedad.* 2 *Símbolo, insignia, emblema.*

**atrición** *f. Arrepentimiento\*, compunción, contrición\*.*

**atril** *m. Facistol.* El que es grande y sirve para sostener en las iglesias los libros del coro.

**atrio** *m. Porche.* 2 *Zaguán.* 3 *Vestíbulo, portal.*

**atrocidad** *f. Crueldad, inhumanidad.* 2 *Necedad, enormidad, barbaridad, burrada.* 3 *Temeridad, imprudencia.*

**atrojar** *tr. Entrojar, entrujar.*

**atronadura** *f. Alcanzadura, atronamiento.*

**atronar** *tr. Asordar, ensordecer.* 2 *Aturdir.*

**atropellado, -da** *adj. Precipitado, ligero, irreflexivo, atolondrado, aturdido.* ↔ ILESO, REFLEXIVO.

**atropellar** *tr. Empujar, dar empellones, arrollar, derribar.* 2 *Agraviar, ultrajar.* 3 *prnl. Apresurarse, precipitarse, apurarse.*

**atropello** *m. Alcaldada, exceso, extralimitación, desafuero, polacada, tropelía, arbitrariedad, barrabasada, desafuero, desaguisado, entuerto, agravio\*, descomedimiento.* ↔ MODERACIÓN. 2 *Injusticia, iniquidad, ilegalidad, ilicitud, ley del embudo.* ↔ LEGITIMIDAD, INMORALIDAD, LEGALIDAD.

**atroz** *adj. Fiero, cruel, inhumano, bárbaro, salvaje, brutal, feroz.* ↔ CULTO,

CIVILIZADO, EDUCADO. 2 *Enorme, grave, desmesurado.* 3 *Feo, horrible, monstruoso.*

**atuendo** *m. Atavío, vestido. Atuendo* añade a sus sinónimos idea de solemnidad. Se habla del *atuendo* de las damas en una ceremonia, o del *atuendo* del salón en que la ceremonia se celebró. 2 *Aparato, ostentación, boato, pompa.*

**atufarse** *prnl. Incomodarse, amoscarse, enojarse, enfadarse, irritarse.* 2 *Agriarse* (los licores, esp. el vino).

**atufo** *m. Enfado, enojo, irritación.*

**atún** *m. Tonina.*

**atunara** *f. Almadraba.*

**atunero** *m. Almadrabero.*

**aturdido, -da** *adj. Atolondrado, irreflexivo, precipitado.* 2 *Atarantado, espantado.*

**aturdimiento** *m. Turbación, perturbación.* 2 *Atolondramiento, precipitación, aturrullamiento, irreflexión.*

**aturdir** *tr.-prnl. Asombrar*, maravillar, desconcertar, pasmar.* ↔ SERENAR, TRANQUILIZAR, SOSEGAR, APACIGUAR, CALMAR. 2 *Atontar, turbar, atolondrar, azarar, aturrullar, conturbar, confundir, aturdir, azorar*.* ↔ DESPABILAR. 3 *Perturbar, consternar.*

**aturrullar** *tr.-prnl. Desconcertar, atolondrar, aturdir, turbar, azarar.*

**atutía** *f. Tutía, tucía, tocía.*

**audacia** *f. Atrevimiento, osadía, arrojo*, valor, intrepidez, decisión, firmeza, valentía.* ↔ TIMIDEZ. 2 *Insolencia, descaro, desvergüenza, tupé, desfachatez, avilantez.*

**audaz** *adj. Arriesgado, atrevido, osado, arriscado, imprudente, temerario, valiente.* ↔ COBARDE. 2 *Decidido, resuelto, emprendedor, activo*.* ↔ TÍMIDO, APOCADO, PASIVO, PARADO.

**audible** *adj. Oíble.*

**audiofrecuencia** *f.* CIENTÍF. *Baja frecuencia.*

**auditorio** *m. Público, oyentes, concurrencia*, concurso.*

**auge** *m. Elevación, prosperidad, encum-*bramiento.* 2 *Apogeo, esplendor, plenitud, culminación.*

**augur** *m. Adivino, profeta, vate, agorero.*

**augurado, -da** *p. p. Antedicho, predicho, profetizado.*

**augurar** *tr. Auspiciar, predecir, pronosticar, profetizar, presagiar, adivinar*, vaticinar.*

**augurio** *m. Predicción*, presagio, pronóstico, agüero*, profecía, vaticinio, horóscopo*, auspicio*, adivinación.* 2 *Promesa, señal, esperanza.*

**augusto, -ta** *adj. Majestuoso, mayestático, solemne, imponente, sublime.*

**aula** *f. Clase, cátedra.*

**aulaga** *f. Aliaga, árgoma.*

**aumentar** *tr. Sumar, añadir, adicionar, agregar, acrecentar.* 2 *Crecer, agrandar*, ampliar*, tomar cuerpo, tomar vuelo, acentuar.* ↔ DISMINUIR.

**aumento** *m. Acrecentamiento, incremento, crecimiento, adición, suma, añadidura, agregación.* ↔ RESTA, DISMINUCIÓN. 2 *Adelantamiento, medro, avance.* 3 *Alza, subida, elevación, encarecimiento.*

**aun** *adv. m. Hasta, también, inclusive, incluso, siquiera. Aún* se escribe con acento cuando equivale a *todavía*; p. ej.: *aún* no ha venido; *todavía* no ha venido; *aún* o *todavía* llueve. Cuando no son sinónimos, se escribe sin acento (*aun*), p. ej.: *aun* llegando tarde, le recibieron bien; lo sabré pronto, *aun* lo digas; no tengo yo tanto, ni *aun* la mitad.

**aún** *adv. t. Todavía.* V. aun.

**aunar** *tr.-prnl. Unir, asociar, juntar, confederar, unificar.* ↔ DESUNIR.

**aunque** *conj. conces. No obstante*.*

**aupar** *tr. Levantar, subir. Aupar* lleva complemento directo de persona: *aupar* a un niño; pero no se diría *aupar* un fardo. 2 fig. *Enaltecer, ensalzar, encumbrar.*

**I aura** *f. Vientecillo, céfiro, brisa.* 2 fig. *Aplauso, aceptación, buen ambiente.*

**II aura** *f.* (ave) *Gallinazo.*

**aureola, auréola** *f. Corona, diadema,*

*lauréola, nimbo.* 3 fig. *Gloria, celebridad, fama, renombre.*
**auriense** *adj.-com. Orensano.*
**aurífice** *m. Orífice, oribe.*
**auriga** *m. Cochero.* Sólo se usa *auriga* evocando la antigüedad clásica o en estilo elevado.
**aurora** *f. Alba, amanecer, albor.*
**auscultar** *tr.* MED. *Oír\*, escuchar, sentir* (vulg.)*, entreoír.*
**ausencia** *f. Falta, privación, carencia, escasez.*
**ausentarse** *prnl. Eclipsarse, desaparecer, evadirse, escaparse, huir, irse, marcharse.* ↔ APARECER.
**ausentismo** *m. Absentismo.*
**auspiciar** *tr. Predecir, augurar, adivinar\*.* 2 *Proteger, favorecer, patrocinar, apadrinar.*
**auspicio** *m. Agüero, augurio, presagio, señales, indicios.* Usado en plural, *auspicios* equivale a *señales, indicios* que anuncian o presagian el resultado de algún negocio o acto. 2 *Protección, favor, patrocinio.*
**austeridad** *f. Continencia, templanza, temperancia, moderación, sobriedad.* ↔ ABUNDANCIA. 2 *Severidad, rigor, rigidez, dureza, aspereza.* ↔ LIGEREZA.
**austero, -ra** *adj. Agrio, áspero, acerbo.* Tratándose del sabor. 2 *Severo, riguroso, rígido.* Tratándose del género de vida o del que lo sigue.
**austral** *adj. Antártico, meridional.*
**austro** *m. Sur, mediodía.*
**I autarquía** *f. Autosuficiencia. Autarquía* no se usa tratando de personas singulares, sino de naciones o de grandes compañías industriales: un país goza de *autarquía* económica cuando se basta a sí mismo.
**II autarquía** *f. Autocracia, cesarismo, dictadura\*.*
**autenticidad** *f. Identidad.*
**auténtico, -ca** *adj. Verdadero, positivo, cierto, seguro, genuino, real.* ↔ FALSO. 2 *Acreditado, autorizado, legalizado, fidedigno.* 3 *Original, personal, propio.*

**autillo** *m.* (ave) *Cárabo, oto, úlula, zumaya.*
**autismo** *m. Esquizosis* (MED.).
**autocracia** *f. Autarquía, cesarismo, dictadura, tiranía.*
**autócrata** *m. Déspota, dictador.*
**autocrático, -ca** *adj. Autoritario, despótico, arbitrario, imperioso.*
**autóctono, -na** *adj. Aborigen.*
**autodecisión** *f. Autodeterminación.*
**autodeterminación** *f. Autodecisión.*
**autoencendido** *m. Autoignición.*
**autofilia** *f. Narcisismo.*
**autogobierno** *m. Autonomía.*
**autógrafo, -fa** *adj.-m. Hológrafo, ológrafo.* Se usan tratándose de testamentos.
**autoignición** *f. Autoencendido.*
**automático, -ca** *adj. Espontáneo, indeliberado, voluntario, maquinal.*
**automotor** *m. Autovía.* En los ferrocarriles.
**automóvil** *m. Coche\*, carro* (Amér.)*, auto.* Suele designársele abreviadamente *auto.*
**autonomía** *f. Autogobierno.*
**autónomo, -ma** *adj. Independiente.* ↔ DEPENDIENTE.
**autopiloto** *m. Piloto automático.*
**autopsia** *f. Necropsia* (p. us.)*, necroscopia* (p. us.).
**autor, -ra** *s. Causante, creador.* 2 *Inventor, escritor.* El *autor* de alguna obra científica, literaria o artística recibe nombres especiales, como *inventor, escritor,* etc. 3 *Actor\*.* En la época clásica del teatro español.
**autoridad** *f. Poder, mando, facultad, potestad, jurisdicción.* 2 *Crédito, fe.*
**autoritario, -ria** *adj. Despótico, arbitrario, imperioso, autocrático, imperativo\*, dominante, absoluto\*, dictatorial, tiránico.*
**autoritarismo** *m. Absolutismo\*, poder absoluto, despotismo, tiranía, totalitarismo, arbitrariedad.*
**autorización** *f. Consentimiento\*, permiso, venia, aprobación, anuencia, licencia\*.* ↔ PROHIBICIÓN, DESAUTORIZACIÓN.

**autorizado**

92

**autorizado, -da** *adj. Auténtico, acreditado, fidedigno.* 2 *Lícito, justo, legítimo, legal, permitido, legalizado.*
**autorizar** *tr. Facultar, dar poder.* 2 *Consentir, aprobar, acceder.* ↔ DESAUTORIZAR, DENEGAR, DESAPROBAR.
**autosuficiencia** *f. Autarquía.*
**autovía** *m. Automotor.*
**autumnal** *adj.* lit. *Otoñal.*
**I auxiliar** *adj.-com. Ayudante, asistente, cooperador, coadyuvante.* Cuando no se trata de personas, *coadyuvante.*
**II auxiliar** *tr. Ayudar, secundar, apoyar, socorrer, favorecer, amparar, echar una mano, echar un capote, arrimar el hombro, subvenir.*
**auxilio** *m. Ayuda, apoyo, favor, protección, amparo, refugio, socorro, escudo, asistencia, subsidio.* Pueden sustituirse todos entre sí según las circunstancias; todos son intercambiables con *auxilio. Asistencia* significa normalmente *ayuda;* pero por eufemismo puede equivaler a *socorro.*
**avahar** *tr. Atafagar, sofocar.*
**avalancha** *f.* galic. *Alud, argayo, lurte.*
**avalorar** *tr. Valorar, valorizar.*
**avance** *m. Anticipo, adelanto. Anticipo* es un *adelanto* de dinero. 2 *Progreso, marcha.*
**avanzar** *intr. Adelantar, progresar.* ↔ RETROCEDER. 2 fig. *Prosperar.*
**avaricia** *f. Avidez, codicia, tacañería, ruindad, cicatería, mezquindad, miseria, sordidez. Avidez* y *codicia* connotan afán de adquirir o ganar. Cuando el medio empleado es no gastar se emplean los demás sinónimos.
**avaricioso, -sa** *adj.-s. Avaro, avariento, ávido, codicioso, mezquino, tacaño, ruin, roñoso, cicatero, sórdido, miserable.* ↔ DERROCHADOR, GENEROSO.
**avariento, -ta** *adj.-s. Avaro, avaricioso\*, ávido, codicioso, mezquino, tacaño, ruin, roñoso, cicatero, sórdido, miserable.* "El *avariento* tiene el afán de guardar; el *codicioso* el de adquirir. No se dice ser *avariento* del bien ajeno, ni *codiciar* el bien propio, porque solo es

*avariento* el que posee, y *codicioso* el que desea. El *avariento* no expone nunca su caudal, por medio de una pérdida. El *codicioso* lo arriesga muchas veces por el afán de la ganancia. Este es más digno de compasión, porque siempre va lejos de sí el objeto en que pone su felicidad; pero el *avariento* sabe que posee lo que cree que puede hacerlo dichoso, y se complace en cierto modo, con la falsa idea de que, si se priva de mucho, es por poder lograr de todo" (LH). ↔ DERROCHADOR, GENEROSO.
**avariosis** *f. Sífilis, gálico, lúes.*
**avaro, -ra** *adj.-s. Avariento, avaricioso, ávido, codicioso, mezquino, tacaño, ruin, roñoso, cicatero, sórdido, miserable.* ↔ DERROCHADOR, GENEROSO. 2 *Judío, usurero, explotador, agiotista.*
**avasallado, -da** *adj. Sumiso, rendido, subyugado.* ↔ REBELDE, LIBRE.
**avasallador, -ra** *adj. Dominante, imperioso, absoluto.* 2 *adj.-s. Opresor, tirano, déspota.*
**avasallar** *tr. Dominar, señorear, sujetar, someter\*, sojuzgar, subyugar, encadenar, esclavizar.*
**ave** *f. Pájaro.* 2 **Ave de las tempestades** *Petrel.* 3 **Ave de rapiña** *Rapaz.*
**avecilla** *f. Aguzanieves, aguanieves* (vulg.), *andarríos, apuranieves, pajarita de las nieves, pezpita, pezpítalo.*
**avecinarse** *prnl. Acercarse, aproximarse.* 2 *Domiciliarse, establecerse, avecindarse.*
**avecindarse** *prnl. Avecinarse, establecerse, domiciliarse.*
**avejentar** *tr. Aviejar, envejecer, revejecer. Revejecer* se usa sólo como intr. y prnl. *Aviejar* y *avejentar* hacen resaltar la idea de poner a uno viejo antes de serlo por la edad.
**avellana índica** *f. Belérico, mirobálano, mirabolano, avellana de la India.*
**avenamiento** *m.* CONSTR. *Drenaje.*
**avenencia** *f. Convenio, concierto, conciliación, transacción, arreglo.* ↔ DISCREPANCIA, DESACUERDO. 2 *Unión,*

*conformidad, armonía, compenetración.* ↔ DISCONFORMIDAD.

**avenida** *f. Venida, llena, crecida\*, desbordamiento, inundación, riada, arriada* (p. us.), *torrentada, arroyada.* Tratándose de un río, *riada* o *arriada*; de un torrente, *torrentada*; de un arroyo, *arroyada.*

**avenir** *tr.-prnl. Conciliar\*, concertar, convenir, arreglar.* ↔ DESARREGLAR. 2 *prnl. Entenderse, ponerse de acuerdo, allanarse, amoldarse, adaptarse, acomodarse, aclimatarse, armonizar.* ↔ ENEMISTARSE, DISENTIR, DISCREPAR. 3 *tr.-prnl. Congeniar, estar de acuerdo, ir a uno, amigar, reconciliar.*

**aventador** *m. Bieldo.* 2 *Soplador, baleo, soplillo.*

**aventajado, -da** *adj. Noble, principal, excelente.*

**aventajar** *tr. Anteponer, preferir.* 2 *Exceder, superar, sobrepujar, pasar, adelantar, sobresalir, ir en cabeza.* Estos dos últimos, se emplean como sinónimos del uso pronominal de *aventajar* ↔ RETRASAR.

**aventar** *tr. Beldar, abieldar, bieldar.*

**aventurado, -da** *adj. Arriesgado, peligroso, expuesto, azaroso.*

**aventurar** *tr. Arriesgar, exponer.* 2 *prnl. Atreverse\*, osar.*

**avergonzar** *tr.-prnl. Encoger, correr, empachar, ruborizar, sonrojar, abochornar, sofocar, caerse la cara de vergüenza, salir los colores al rostro, ir con el rabo entre piernas, subirse el pavo, acholar, amilanar.* ↔ PRESUMIR, ALARDEAR.

**avería** *f. Daño, deterioro, detrimento, menoscabo, desperfecto, rotura.* Estos dos últimos, tratándose de un aparato, instalación o vehículo.

**averiar** *tr.- prnl. Deteriorar, estropear, echar a perder, dañar, hacer mella.* ↔ MEDRAR, MEJORAR, EMBELLECER.

**averiguación** *f. Inquisición, pesquisa, indagación, información, investigación.*

**averiguado, -da** *adj. Histórico, -ca, cierto, verdadero, positivo, seguro.*

**averiguar** *tr. Inquirir, indagar, inves-*

*tigar, buscar\*, enterarse, ahondar, escudriñar\*, escrutar\*, rebuscar.* 2 *Hallar, descubrir, echar la vista encima, dar en la vena, haber en las manos.* ↔ DESACERTAR.

**averno** *m. Infierno, báratro, tártaro, érebol, orco, huerco, el abismo.*

**aversión** *f. Antipatía, repugnancia, repulsión, oposición, odio\*, abominación, aborrecimiento, execración.* "La *aversión*, se aplica tanto a las personas como a las cosas... La *aversión* puede degenerar en horror; la *repugnancia* en hastío y en odio; la *oposición* en aborrecimiento. La *repugnancia* es mucho más material que la *aversión*, y ésta más que la *oposición*. Nos causa *repugnancia* un alimento, una medicina, una lectura. Tenemos *aversión* a las personas, a la soledad, a los insectos; se nos *oponen* una persona cuyo carácter no conviene con el nuestro. Somos *opuestos* a que se nos contraríe" (C). ↔ SIMPATÍA.

**avestruz de América** *f. Ñandú.*

**avezado, -da** *adj. Aguerrido, ducho, experimentado, acostumbrado, experto\*, versado, diestro, perito.* ↔ INEXPERTO, INHÁBIL.

**avezar** *tr. Acostumbrar\*, habituar, vezar, hacerse a.* Este último sólo es sinónimo del uso pronominal de *avezar.*

**aviar** *tr.-prnl. Prevenir, preparar, disponer, arreglar\*, aprestar.* ↔ DESARREGLAR. 2 fam. *Despachar, apresurar.*

**avidez** *f. Codicia, ansia, voracidad, concupiscencia\*, avidez.* ↔ INDIFERENCIA, DESPRENDIMIENTO, SACIEDAD, CONFORMIDAD.

**ávido, -da** *adj. Codicioso, ansioso, insaciable, voraz, avariento\*.*

**aviejar** *tr. Avejentar.*

**avieso, -sa** *adj.* fig. *Atravesado, mal inclinado, malo, perverso.*

**avigorar** *tr. Vigorizar, vigorar.*

**avilantarse** *prnl. Descararse, insolentarse, desvergonzarse, osar.*

**avilantez** *f. Descaro, atrevimiento, au-*

*dacia, osadía, insolencia, desvergüenza.*

**avinagrar** *tr.-prnl. Acedar, agriar, acetificar, torcerse, volverse.* Los dos primeros tienen un significado general. Tratándose del vino, *acetificar(se),* término químico; las voces corrientes son *avinagrar(se), torcerse, volverse.* 2 *prnl.* fig. *Agriarse*, exacerbarse.* Tratándose del carácter de una persona.

**avío** *m. Prevención, apresto.* V. avíos.

**avión** *m. Aeroplano.*

**aviónica** *f. Aeroelectrónica.*

**avíos** *m. pl. Utensilios, trastos, menesteres, recado.* V. avío.

**avisado, -da** *adj. Prudente, previsor, advertido*, precavido, cauteloso, astuto, despierto, sagaz*, listo.* Los tres últimos, cuando predomina el matiz de inteligencia viva y pronta.

**avisador, -ra** *s. Llamador.*

**avisar** *tr. Advertir*, noticiar*, notificar*, prevenir, anunciar, participar, comunicar, llamar la atención, dar con el codo, levantar la caza, poner al corriente, informar, enterar.* ↔ ENGAÑAR, OCULTAR. 2 *tr.-prnl. Aconsejar, advertir*, amonestar.*

**aviso** *m. Indicación, anuncio, noticia, parte, notificación.* 2 *Advertencia*, amonestación*, consejo, observación.* 3 *Prudencia, discreción, precaución, prevención, cautela.*

**avispado, -da** *adj. Vivo, despierto, agudo, listo.*

**avispón** *m. Crabón, moscardón.*

**avistar** *tr. Dar vista a, ver, descubrir.* 2 *prnl. Entrevistarse, reunirse, personarse.* 3 *tr.* MAR. *Vislumbrar, divisar, atisbar.*

**avituallar** *tr. Abastecer*, proveer, suministrar, aprovisionar.*

**avivar** *tr.-prnl. Vivificar, reavivar, revivificar, reanimar.* ↔ DESANIMAR, DEBILITAR, MITIGAR. 2 fig. *Excitar, animar, enardecer, encender, acalorar, electrizar, exaltar, inflamar, entusiasmar.* 3 *Acelerar*, apresurar, activar, aligerar, precipitar, apurar.* ↔ RETARDAR. 4 *Atizar, despabilar, espabilar.* Tratándose

del fuego o de la luz. 5 *tr. Aguijar, aguijonear, picar, pinchar.*

**avizorar** *tr. Acechar, atisbar, observar, vigilar, espiar, asechar*.*

**avucasta** *f. Avutarda, avucastro.*

**avucastro** *m. Avucasta, avutarda.*

**avulsión** *f. Arrancamiento, evulsión, erradicación.*

**avutarda** *f. Avetarda, avucasta, avucastro.*

**axila** *f. Sobaco, encuentro. Axila* es voz culta o científica; *sobaco* es de uso gral. y popular; *encuentro,* poco usado tratándose del cuerpo humano, pero frecuente si se trata de animales.

**axilar** *adj. Sobacal.*

**axiomático, -ca** *adj. Incontrovertible, evidente, irrebatible, indiscutible.*

**ayo, -ya** *s. Pedagogo, preceptor. Pedagogo,* esp. si se trata de la antigüedad clásica.

**ayolí** *m. Ajiaceite, ajolio, aliolio, alioli.*

**ayote** *m. Amér. Central. Calabaza.*

**ayuda** *f. Auxilio, apoyo, favor, protección, amparo, socorro, cooperación, asistencia.* 2 *Lavativa, lavamiento, servicial, servicio, enema* (MED.), *clister* (MED.), *clistel* (MED.), *irrigación. Irrigación* es eufemismo moderno.

**ayudante** *com. Auxiliar, asistente, cooperador.*

**ayudar** *tr.-prnl. Cooperar, asistir, secundar, coadyuvar, apoyar, contribuir, arrimar el hombro, dar la mano, ir a una, hacer el caldo gordo, influir, intervenir, hacer caer la cabeza.* 2 *Auxiliar, socorrer, amparar, proteger.* "*Ayudar* es prestar cooperación; *auxiliar* es *ayudar* en casos arduos; *socorrer* es remediar el mal y la privación; *amparar* es hacer uso de la autoridad o del poder en socorro del que lo implora. Se *ayuda* en la faena; se *auxilia* en los conflictos; se *socorre* en los peligros; se *ampara* mandando o prohibiendo. El que no tiene la fuerza necesaria para levantar un peso, no pide que lo *auxilien,* que lo *socorran* ni que lo *amparen,* sino que lo *ayuden.* El que se ahoga no pide que lo *auxilien,* que lo *ayuden*, que lo *amparen*, sino que lo *socorran*. El que se oculta, huyendo de una persecución, no pi de a su amigo que lo *ayude*, que lo *socorra* ni que lo *ampare*, sino que lo *auxilie*. El que acude al trono para reparar una gran injusticia, no pide que lo *ayude*, que lo *auxilie* ni lo *socorra*, sino que lo *ampare*" (M). Sin embargo, *amparar* envuelve la idea de protección, no sólo de la autoridad, sino también de otras personas, lo cual hace posible que el que se oculta huyendo de una persecución, pida a su amigo no sólo que lo *auxilie* (como dice el ejemplo anterior), sino también que lo *ampare*, lo *proteja* o lo *refugie* en su casa. Se *ampara* también al *desvalido*. ↔ DIFICULTAR, DEJAR.

**ayuga** *f. Pinillo, mirabel, perantón*.

**ayuno** *m. Abstinencia, dieta.* 2 *Abrosia* (MED.).

**ayuno, -na** *adj. En ayunas.* 2 fig. *Ignorante, inadvertido*.

**ayuntamiento** *m. Municipio, concejo, cabildo, consistorio.* 2 *Cópula, cohabitación, copulación, fornicación, concúbito, coito, cubrición*.

**ayuso** *adv. l.* ant. *Abajo, yuso* (ant.).

**azabache** *m. Ámbar negro*.

**azabara** *f. Áloe, áloes, olivastro de Rodas, acíbar, lináloe, zabida, zabila*.

**azacanarse** *prnl. Zarandearse, ajetrearse.* ↔ AQUIETARSE.

**azadilla** *f. Almocafre, escardadera, escardillo, garabato, sacho, zarcillo*.

**azafrán** *m. Croco* (tecn.). 2 **Azafrán bastardo** *Alazor, cártamo, cártama*.

**azalea** *f. Rosadelfa*.

**azamboa** *f. Cidrato, cimboga, zamboa*.

**azanoria** *f. Zanahoria*.

**azar** *m. Casualidad, acaso, albur, contingencia, eventualidad.* El *albur*, la *contingencia* y la *eventualidad* son posibilidades casuales en que fiamos el resultado de una empresa que nos parece arriesgada; pero no se estiman como tan inasibles e insospechados como el *azar* y la *casualidad*. Al emprender un negocio contamos en cierto modo con la *contingencia* o *eventualidad* de pérdidas, y corremos el *albur* de sufrirlas. ↔ CERTEZA, SEGURIDAD.

**azararse** *prnl. Turbarse, conturbarse, aturdirse, confundirse, azorarse*\*.

**azaroso, -sa** *adj. Aventurado, arriesgado, expuesto, peligroso.* 2 *Ominoso, de mal agüero, aciago, funesto.* 3 *Turbio, confuso, oscuro, dudoso, sospechoso*.

**aznacho** *m. Gatuña, asnallo, aznallo, detienebuey, gata, uña gata*.

**aznallo** *m. Gatuña, aznacho, asnallo, detienebuey, gata, uña gata*.

**azoado, -da** *adj. Nitrogenado*.

**azoar** *tr.* QUÍM. *Nitrogenar*.

**azoato** *m. Nitrato*.

**ázoe** *m. Nitrógeno*.

**azofaifa** *f. Azufaifa*.

**azófar** *m. Latón, metal*.

**azofeifa** *f. Azufaifa, azofaifa, guinja, guínjol, jínjol, yuyuba*.

**azofra** *f. Prestación*.

**azogue** *m. Mercurio, argento vivo* (ant.), *hidrargiro* (tecnicismo), *hidrargirio* (tecnicismo).

**azor** *m. Esmerejón, milano*.

**azorar** *tr. Conturbar, sobresaltar, aturdir, poner como un Cristo, romper los huesos, azararse, desconcertar*\*, *turbar, sacar de quicio, desquiciar.* Azorar coincide con *azararse*, y quizá se han influido mutuamente en su significado, pero *azorarse* es más intenso: un estudiante se *azara* en un examen; la gente huye *azorada* de un incendio, como las palomas cuando viene el *azor*.

**azorramiento** *m. Zorrera*.

**azotaina** *f. Zurra, capuana* (desus.), *manta, somanta, panadera, pega, felpa.* ↔ CARICIA.

**azotar** *tr. Fustigar, hostigar, golpear, mosquear, paporrear, vapular, vapulear, zurrar, flagelar* (culto o lit.). 2 fig. *Castigar*.

**azotazo** *m. Azote, nalgada, golpe, palo, manotada, latigazo*.

**azote** *m. Azotazo, nalgada, golpe,*

*palo, manotada, latigazo.* Estos tres últimos, según el instrumento que se emplee. 2 fig. *Calamidad, desgracia, plaga, castigo, flagelo* (lit.).

**azotea** *f. Terrado, solana, terraza.*

**azucarero** *m. Azuquero.*

**azucarillo** *m. Bolado* (p. us.), *panal* (And.), *esponjado.*

**azucena** *f. Lirio blanco.*

**azud** *m. Azuda, zúa, zuda.* 2 *Parada, presa, azuda.* 3 AGR. *Aceña.*

**azuda** *f. Cenia, noria.*

**azufaifa** *f. Azofaifa, azofeifa, guinja, guínjol, jínjol, yuyuba.* Según las regiones.

**azufaifo** *m. Azufeifo, guinjolero, jinjolero.*

**azufeifo** *m. Azufaifo, guinjolero, jinjolero.*

**azufre** *m. Alcrebite.*

**azul de ultramar** *m. Lapislázuli.*

**azulaque** *m. Zulaque.*

**azulejar** *tr. Alicatar.*

**azulejo** *m.* (ave) *Abejaruco, abejero.* 2 *Ladrillo, baldosa.*

**azúmbar** *m. Damasonio, almea.* 2 *Espinacardo.* 3 *Estoraque.*

**azuquero** *m. Azucarero.*

**azurita** *f. Malaquita azul.*

**azuzar** *tr.-prnl. Achuchar.* 2 fig. *Incitar, excitar, estimular, irritar, enviscar, enzalamar, enzurizar.* ↔ TRANQUILIZAR, CONTENER. 3 *tr.* DEP. *Jalear.* Se usan en la caza.

# B

**baba** f. Saliva. 2 **Caérsele la baba** loc. Regocijarse, complacerse, divertirse, gozar, disfrutar, no caber de contento.
**babador** m. Babero, pechero, babera, servilleta.
**babaza** f. Babosa (molusco gasterópodo), limaza, limaco.
**babera** f. Barbote, baberol. 2 Babero.
**babero** m. Babador, pechero, babera, servilleta.
**baberol** m. Babera, barbote.
**babieca** adj.-com. Bobo, simple, abobado, bobalicón, papanatas, pazguato, tontaina, tonto. ↔ LISTO.
**babonuco** m. Cuba. Babunuco.
**babosa** f. Limaza, limaco, babaza.
**baboso** m. Budión, doncella, gallito del rey.
**babunuco** m. Cuba. Babonuco, abonuco.
**bacalao** m. Abadejo, curadillo, trechuela (ant.). 2 **Cortar el bacalao** loc. Mangonear, mandar, dirigir, mandonear, manipular, tener la sartén por el mango.
**bacanal** f. Orgía*.
**bacante** f. Ménade.
**bácara, bácaris** f. Amaro, maro, esclarea.
**bache** m. Rodera, rodada, carril, carrilada, releje. El bache supone mayor profundidad, y suele producirse por el paso de muchos vehículos.
**baciforme** adj. BOT. Aboyado.
**bacín** m. Orinal, dompedro, perico, sillico, tito, vaso, zambullo.
**bacinete** m. Pelvis.

**báculo** m. Bastón, palo, cayado. Tratándose del báculo pastoral que usan los obispos, se dice báculo, y sólo por metáfora puede llamársele cayado. 2 fig. Apoyo, arrimo, consuelo.
**bada** f. Rinoceronte, abada.
**badajada** f. fig. Necedad, despropósito*, badajazo.
**badajazo** m. fig. Badajada, necedad, despropósito*.
**badajo** m. Espiga, lengua. 2 fig. Hablador, necio.
**badajocense** adj.-com. Pacense.
**badea** f. Albudeca (p.us.).
**badiana** f. Anís estrellado.
**badila** f. Paleta, badil.
**badilejo** m. Llana.
**badulaque** m. Tonto, tarugo, leño, necio.
**baga** f. Gárgola.
**bagaje** m. MIL. Equipaje, impedimenta.
**bagatela** f. Nimiedad, menudencia, minucia, friolera, fruslería, insignificancia.
**bagazo** m. Gabazo.
**bagual** adj. Argent. y Bol. Bravo, indómito, cerril, salvaje.
**baharí** m. Tagarote.
**bahía** f. Ensenada, rada.
**baicurú** m. Argent. Guaicurú.
**baila** f. Raño, perca, percha, trucha de mar.
**bailar** intr.-tr. Danzar, tripudiar. Danzar es término más escogido; evocando la antigüedad, tripudiar.
**baile** m. Danza, tripudio. Danza es en gral. más distinguido y elegante que

baile. Evocando la antigüedad clásica, *tripudio*. "La *danza* expresa más que el *baile*, e indica más artificio (...). Siempre se verifica entre mayor número de personas, y se hace acompañada y animada con la música, lo cual no es absolutamente preciso en el *baile*. La *danza* es una composición estudiada, preparada, dispuesta, donde hay un objeto, un plan, una acción expresada y expresada mudamente solo con los gestos, los movimientos y las posturas. Regularmente se verifican en público, en fiestas y en grandes y solemnes funciones por sucesos faustos (...)" (O).

**baja** *f. Disminución, decadencia, descenso, caída, merma, pérdida, quebranto, bajón\**. Tratándose de cosas materiales, y especialmente de valores económicos, se usan *merma, pérdida* y *quebranto*; si es grande y súbita, *bajón*. ↔ AUMENTO, AUGE.

**bajá** *m. Pachá* (galic.).

**bajada** *f. Descenso, caída*. Se usa el primero especialmente cuando la bajada es lenta o gradual; si es brusca o violenta, se utiliza *caída*. ↔ ASCENSO. 2 *Cuesta abajo*. ↔ SUBIDA.

**bajamar** *f. Menguante, vaciente*.

**bajar** *intr.-tr. Descender, abajar* (ant. o rúst.). *Descender* corresponde a todas las acepciones intransitivas. ↔ ASCENDER. 2 *Disminuir\*, menguar, decrecer, decaer*. ↔ AUMENTAR, CRECER. 3 *Abaratar, rebajar, depreciar\**. Se emplean tratándose de precios o valores económicos. ↔ SUBIR (PRECIOS). 4 MAR. *Arriar*. 5 *Apearse, descender, descabalgar, desmontar*. Los dos últimos si es de una caballería. ↔ SUBIR, MONTAR. 6 fig. *Humillar, abatir*. ↔ ENSALZAR.

**bajel** *m. Buque, barco, navío, nave, embarcación\**. *Nave* y *bajel* son términos escogidos, de uso principalmente literario.

**bajera** *f. Sudadera, abajera, sudadero*.

**bajeza** *f. Indignidad, ruindad, vileza,*

*envilecimiento, abyección, rebajamiento*. 2 *Pequeñez, mezquindad, miseria*.

**bajo** *prep. Debajo de, debajo*. Los papeles están *bajo* o *debajo de* la mesa; *bajo* techado o *debajo de* techado. La expresión *debajo de* ha influido en que la prep. *bajo* se una a veces a la prep. *de*, y así puede decirse: su maldad se ocultaba *bajo* (de) hermosas apariencias. El uso de *bajo de* es hoy mucho menos frecuente que entre los clásicos. ↔ SOBRE, ENCIMA DE.

**bajo, -ja** *adj. Pequeño, chico, petizo* (Argent.), *chaparro* (Méx.). Tratándose de personas. ↔ ALTO. 2 *Descolorido, apagado, mortecino*. Tratándose de colores. 3 *Grave*. Tratándose del sonido. ↔ AGUDO, ESTRIDENTE. 4 fig. *Despreciable, vil, ruin, indigno, rastrero, abyecto, soez*. ↔ ALTO, NOBLE.

**I bajón** *m.* ↔ MÚS. *Piporro*.

**II bajón** *m. Caída, baja\*, descenso, disminución, merma. Bajón* añade a *descenso, disminución, merma, baja*, la idea de gran cuantía o de brusquedad: un *bajón* en los precios es una *baja* muy considerable y súbita. La botella ha dado un *bajón*, significa una *merma* notable en el licor que contenía. ↔ SUBIDA, ALZA.

**bajonazo** *m.* TAUROM. *Golletazo*.

**bala** *f. Proyectil*. 2 *Fardo, paca, bulto. Bala* se aplica especialmente a determinadas mercancías textiles: algodón, lana, etc.

**baladí** *adj. Insignificante, insustancial, de poca monta, superficial*. ↔ IMPORTANTE.

**baladre** *adj. Adelfa, hojaranzo, laurel rosa, rododafne*.

**baladronada** *f. Bravata, fanfarronada*.

**balanceado, -da** *adj. Equilibrado, compensado*. ↔ DESEQUILIBRADO, DESCOMPENSADO.

**balancear** *intr.-prnl. Oscilar*. 2 *Columpiar, mecer*. 3 fig. *Vacilar, dudar, titubear*.

**balanceo** *m. Oscilación, fluctuación, vaivén, contoneo*. Este último se refiere a los movimientos del cuerpo al andar.

**balancín** *m. Mecedora.* 2 *Contrapeso, chorizo, tiento.*

**bálano, balano** *m. Glande.* 2 *Pie de burro.*

**balaustre, balaústre** *m. Balustre.*

**balbucear** *intr. Balbucir, vacilar\*. Balbucear* y *balbucir* son equivalentes en su significado, pero *balbucir* es verbo defectivo y sólo se conjuga en infinitivo y en las personas que tienen *i* en la conjugación: *balbucía, balbucieron,* etc. Las demás formas de *balbucir* se suplen con las de *balbucear.* Para otros matices sinonímicos, véase *mascullar.*

**balbucir** *intr. Balbucear\*, vacilar\*.*

**baldado, -da** *adj. Tullido, impedido, paralítico, inválido.*

**baldaquín, baldaquino** *m. Ciborio* (en las iglesias románicas).

**baldar** *tr.-prnl. Imposibilitar, tullir.*

**I balde** *m. Cacimba.*

**II balde. De balde** *loc. adv. Gratis, graciosamente, por su cara bonita, por la cara, por las buenas, por que sí.* 2 **En balde** *En vano, inútilmente.*

**baldío, -a** *adj. Inculto, yermo, abandonado, salvaje.* 2 *Improductivo, infecundo, infructífero, infructuoso, estéril, ocioso, inútil.*

**baldón** *m. Oprobio, injuria, afrenta, vituperio, deshonor.* ↔ ALABANZA.

**baldonar** *tr. Baldonear, abaldonar, injuriar, afrentar, vituperar.* ↔ ALABAR.

**baldonear** *tr. Baldonar, abaldonar, injuriar, afrentar, vituperar.* ↔ ALABAR.

**baldosa** *f. Azulejo, ladrillo.*

**baldosilla** *f. Baldosín.*

**baldosín** *m. Baldosilla.*

**I baleo** *m. Ruedo, felpudo.*

**II baleo** *m. Amér. Tiroteo.*

**balista** *f.* ant. *Petraria.*

**balizamiento** *m.* AERON. Y MAR. *Abalizamiento.*

**balizar** *tr.* AERON. Y MAR. *Abalizar.*

**ballestilla** *f. Radiómetro.* 2 VETER. *Fleme.*

**ballico** *m. Césped inglés, vallico.*

**balneario** *m. Baños.*

**balompié** *m. Fútbol.*

**balón** *m.* DEP. *Bola, pelota, esférico.* 2 *Matraz.* El *balón* es un recipiente gralte. esférico y de cuello corto que se usa para efectuar reacciones químicas, mientras que el *matraz* suele tener el fondo plano y sirve para contener y medir líquidos.

**balonazo** *m.* DEP. *Pelotazo.*

**baloncesto** *m.* DEP. *Básquet* (anglic.).

**balonvolea** *m.* DEP. *Voleibol.*

**balsa** *f. Armadía, almadía, jangada.*

**balsamina** *f. Nicaragua.* 2 *Adorno, miramelindos, momórdiga.*

**balsamita** *f. Jaramago.* 2 **Balsamita mayor** *Berro.*

**bálsamo** *m. Aroma, esencia, perfume.* 2 fig. *Consuelo, alivio, lenitivo.* 3 **Bálsamo de Judea** *Opobálsamo, bálsamo de la Meca.*

**balsar** *m. Barzal.*

**balsero** *m. Almadiero.*

**balso** *m.* MAR. *Nudo.*

**baluarte** *m. Bastión, luneta. Luneta* es un baluarte pequeno. 2 fig. *Protección, defensa.*

**balustre** *m. Balaústre.*

**bambalear** *intr.-prnl. Bambolear, bambanear, tambalearse, vacilar, dar traspiés, perder el equilibrio.* ↔ AQUIETAR, EQUILIBRAR.

**bambanear** *intr.-prnl. Bambolear, bambalear, tambalearse, vacilar, dar traspiés, perder el equilibrio.* ↔ AQUIETAR, EQUILIBRAR.

**bambolear** *intr.-prnl. Bambalear, bambanear, tambalearse, vacilar, dar traspiés, perder el equilibrio.* ↔ AQUIETAR, EQUILIBRAR.

**bambolla** *f. Aparato, ostentación, boato, pompa.* Este último comporta la idea de ficción o mera apariencia. *Bambolla* es propiamente pompa u ostentación fingida.

**bamp** *m.* anglic. DEP. *Bañera.* Usados en el esquí.

**banana** *f. Banano, plátano.*

**banano** *m. Banana, plátano.*

**banca** *f. Banco.* Designa colectivamente el conjunto de bancos y banqueros: *negocios de banca, la banca española;* pero a veces se usa también para referirse sólo a uno de dichos establecimientos de crédito. En este último caso (poco frecuente), es sinónimo de *banco.* 2 *Monte* (juego). 3 *Argent. Escaño.*

**bancada** *f. Banco* (MAR.).

**bancal** *m. Tabla.*

**bancarrota** *f. Quiebra, ruina.* "Uno y otro término significan la cesación o abandono de comercio o de pago; pero *bancarrota* manifiesta propiamente el efecto de la insolvencia o malversación. Hacer *bancarrota* es cerrar la tienda, casa de comercio o de pago, y desaparecer del comercio o de la pagaduría... Hacer *quiebra* es dejar de pagar el vencimiento de los plazos, declararse imposibilitado de pagar, y pedir tiempo para el pago" (Ma). ↔ RIQUEZA. 2 fig. *Desastre, hundimiento, descrédito.*

**banco** *m. Banca.* 2 *Bandada* (de peces), *cardume, cardumen.* 3 MAR. *Bancada.*

**I banda** *f. Frecuencia.*

**II banda** *f.* MAR. *Costado, lado.* 2 *Baranda* (en las mesas de billar).

**III banda** *f. Partida, facción, cuadrilla, pandilla.* 2 *Manada, bandada.* El primero se refiere a animales cuadrúpedos; el segundo a peces, aves o insectos. 3 **Cerrarse en banda** *loc. Obstinarse, aferrarse, insistir, no dar el brazo a torcer, mantenerse en sus trece, no cejar, no apearse del burro.*

**bandada** *f. Banda, muchedumbre* (de aves, peces o insectos), *manada.* 2 (de peces) *Banco, cardume, cardumen.*

**bandarria** *f. Mandarria.*

**bandearse** *prnl. Ingeniarse, apañarse.*

**bandeja** *f.* Amér. *Fuente.*

**bandera** *f. Insignia, enseña, estandarte, pabellón.*

**bandería** *f. Bando, parcialidad, partido, facción*.*

**banderilla** *f. Palitroque, rehilete.*

**banderillear** *tr. Parear.*

**banderizar** *tr. Abanderizar.*

**bandidaje** *m. Bandolerismo.*

**bandido** *m. Bandolero, malhechor, salteador, ladrón.* 2 *Bergante, belitre, bribón, pícaro, sinvergüenza.*

**I bando** *m. Edicto.*

**II bando** *m. Facción*, parcialidad, bandería, partido.*

**bandolerismo** *m. Bandidaje.*

**bandolero** *m. Bandido, malhechor, salteador.*

**bandujo** *m. Abdomen*, vientre, barriga, panza, tripa, andorga, mondongo.*

**bandullo** *m. Vientre, tripas.*

**banquero** *m. Cambista*, cambiante.*

**banquete** *m. Festín, ágape.*

**banquillo** *m. Taburete, alzapiés.*

**bañera** *f. Baño, pila.* 2 DEP. *Bamp* (anglic.). Usados en el esquí.

**baño** *m. Inmersión, sumersión*, remojón.* 2 *Bañera, pila.* 3 *Capa, mano* (de pintura o barniz). V. baños.

**baños** *m. pl. Balneario.* V. baño.

**baqueano, -na** *adj. Baquiano, práctico, experto, cursado.*

**baqueta** *f. Taco.* 2 ARQ. *Junquillo.*

**baqueteado, -da** *adj.* fig. *Acostumbrado, avezado, habituado, experimentado, práctico, experto.*

**baquiano, -na** *adj. Baqueano, práctico, experto, cursado.*

**báquico, -ca** *adj. Dionisíaco.* En esta acepción, *dionisíaco* posee la significación de perteneciente a Baco o Dioniso. 2 *Orgiástico.* 3 *Vinolento, vinoso.*

**baquio** *m. Pariambo.*

**báquiro** *m. Jabalí, puerco jabalí, puerco montés, puerco salvaje, pécari, saíno, puerco de monte.*

**baraja** *f. Naipe.*

**barajar** *tr.* fig. *Mezclar, entremezclar, revolver, confundir.*

**baranda** *f. Barandilla.* 2 *Banda* (en las mesas de billar).

**barandal** *m. Pasamano.* 2 *Barandilla.*

**barandilla** *f. Baranda.*

**baratija** *f. Bujería, chuchería.*

**báratro** *m. Infierno, averno, tártaro, érebol, orco, huerco, el abismo.*

**barbaja** *f.* (planta) *Teta.*

**barbaridad** *f. Atrocidad, enormidad, disparate, dislate, ciempiés.* 2 *Ferocidad, crueldad, inhumanidad, barbarie, barbarismo.* Este último vocablo se utiliza si la *barbaridad* es habitual o se considera como carácter permanente. ↔ HUMANIDAD.

**barbarie** *f. Rusticidad, incultura, cerrilidad, salvajismo.* 2 *Fiereza, ferocidad, crueldad, inhumanidad.* ↔ HUMANIDAD, CULTURA. 3 *Barbarismo, barbaridad\*.*

**barbarismo** *m. Extranjerismo. Barbarismo o extranjerismo* es palabra o giro de una lengua extranjera. Según su origen, los *barbarismos o extranjerismos* se llaman *galicismos, anglicismos, germanismos, italianismos,* etc. 2 *Barbaridad\*, barbarie.*

**barbarizar** *intr. Disparatar, desatinar, desbarrar.*

**bárbaro, -ra** *adj.-s. Extranjero, meteco.* 2 *Arrojado, temerario, imprudente, alocado.* ↔ PRUDENTE. 3 *Rudo, inculto, grosero, tosco, salvaje, cerril.* ↔ EDUCADO, CULTO. 4 fig. *Atroz, fiero, feroz, cruel\*, inhumano, desalmado.* ↔ BONDADOSO, HUMANITARIO.

**barbecho** *m. Huebra.*

**barbería** *f. Peluquería.*

**barbero** *m. Peluquero, fígaro* (irón.), *rapabarbas, rapador, rapista* (desp.).

**barbián, -ana** *adj.-s. Desenvuelto, gallardo, galán, arriscado.*

**barbijo** *m. Argent. y Bol. Barboquejo, barbiquejo, barbuquejo.*

**barbilampiño, -ña** *adj. Imberbe, lampiño, carilampiño.* ↔ BARBUDO, VELLUDO.

**barbilla** *f. Mentón.*

**barbiquejo** *m. Barboquejo, barbuquejo, barbijo* (Argent. y Bol.).

**barbo de mar** *m. Trigla, salmonete, trilla.*

**barboquejo** *m. Barbiquejo, barbuquejo, barbijo* (Argent. y Bol.).

**barbotar** *tr. Mascullar, musitar, barbotear, barbullar, farfullar.*

**barbote** *m. Argent. Tembetà* (entre los guaraníes), *botoque* (en el Brasil).

**barbotear** *tr. Barbotar, mascullar, musitar, barbullar, farfullar.*

**barbullar** *tr. Barbotar, barbotear, mascullar, farfullar.*

**barbuquejo** *m. Barboquejo, barbiquejo, barbijo* (Argent. y Bol.).

**barca** *f. Lancha, bote, batel, embarcación\*.*

**barcal** *m. Dornajo, dornillo.*

**barceo** *m. Albardín, berceo.*

**barco** *m. Buque, vapor, navío, nave, bajel* (lit.), *embarcación\*.* 2 **Barco cisterna** *Petrolero, barco aljibe.*

**bardana menor** *f. Cadillo.*

**bardo** *m. Poeta, vate, trovador, coplero, coplista, rimador, poetastro.*

**baritel** *m. Malacate.*

**baritina** *f. Hepatita.*

**barítono, -na** *adj.-s.* GRAM. *Llano, grave.* Tratándose de la acentuación de las palabras.

**barloa** *f.* MAR. *Amarra.*

**barloar** *tr. Abarloar, arrimar.*

**barnizar** *tr. Embarnizar.*

**barógrafo** *m. Altígrafo.*

**barquinazo** *m. Tumbo, vaivén, sacudida, vuelco, sacudimiento\*.*

**barquino** *m. Odre.*

**barrabasada** *f. Atropello, tropelía, desafuero.*

**barraca** *f. Cabaña, choza, rancho.*

**barracón** *m. Tienda\*, almacén, despacho, puesto, tenderete* (desp.), *tenducho* (desp.).

**barrado, -da** *adj. Abarrado.*

**barragana** *f. Concubina, manceba, querida.*

**barranca** *f. Barranco, quebrada, barranquera, torrentera.*

**barranco** *m. Barranca, quebrada, barranquera, torrentera.* 2 fig. *Dificultad, embarazo, impedimento.*

**barrancoso, -sa** *adj. Desigual, quebrado, áspero, accidentado.*

**barranquera** *f. Barranco, barranca, quebrada, torrentera.*

**barreduras** *f. pl. Inmundicia, desperdicios, basura.* 2 *Desecho, residuo.*

**barrenar** *tr. Taladrar, agujerear, horadar.* 2 fig. *Conculcar, infringir.* Conculcar, infringir, tratándose de leyes, derecho, estatutos, etc.

**barreño** *m. Terrizo.*

**barrer** *tr. Escobar, limpiar.* ↔ ENSUCIAR. 2 fig. *Desembarazar, hacer desaparecer, apartar.*

**barrera** *f. Valla.* 2 TAUROM. *Tablas.* 3 fig. *Obstáculo, impedimento.* 4 *Salvación, amparo, refugio.*

**barrial** *m. Amér. Barrizal, lodazal, cenagal, fangal.*

**barrido** *m. Rastreo, exploración.*

**barriga** *f. Vientre, panza, tripa, abdomen*\*, *andorga. Abdomen* se usa sólo como tecnicismo. *Andorga* es término burlesco, jocoso. 2 *Comba, curvatura*\*, *convexidad.*

**barrigón, -ona** *adj. Panzudo, panzón, barrigudo.*

**barrigudo, -da** *adj. Panzudo, panzón, barrigón.*

**barrilete** *m. Siete* (en carpintería).

**barrilla** *f. Almarjo, sosa.* 2 *Mazacote, natrón.*

**barrillar** *m. Almarjal.*

**barrizal** *m. Lodazal, cenagal, fangal, barrial* (Amér.).

**barro** *m. Cieno, lama, légamo, limo, lodo, fango.* Aunque no puede trazarse línea divisoria fija entre sus denominaciones, *barro* es el nombre más gral., aplicable lo mismo al natural que al que se amasa para algún fin. *Cieno, lama* y *légamo* se refieren al que se halla en el fondo de las aguas, y *tarquín* al que depositan las riadas en los campos. *Limo* puede tener el mismo sentido que los cuatro anteriores, o ser equivalente de *lodo,* que es el que se forma en el suelo con la lluvia. *Fango* es lodo glutinoso y espeso.

**barrueco** *m. Berrueco.*

**barruntar** *tr.-prnl. Prever*\*, *conjeturar, presentir, suponer, sospechar, entrever, adivinar*\*. *Sospechar* se usa cuando se trata de algo malo o peligroso. ↔ IGNORAR, DESCONOCER.

**barrunte** *m. Barrunto*\*, *presentimiento, corazonada, indicio, atisbo, vislumbre, remusgo, suposición*\*, *hipótesis, sospecha, conjetura.*

**barrunto** *m. Presentimiento, corazonada, indicio, atisbo, vislumbre, barrunte, remusgo, suposición*\*, *hipótesis, supuesto, presunción, conjetura, sospecha. Barrunto* se distingue del *indicio* en su carácter puramente subjetivo. En esto coincide con *atisbo* y *vislumbre,* que indican también una intuición rudimentaria, imperfecta. Esta intuición puede ser de algo bueno o malo, estimable o desestimable en *barrunto, barrunte* y *atisbo;* pero es gralte. de algo estimable en *vislumbre:* se tienen *barruntos* o *atisbos* de odio, de desesperación; *vislumbres,* de una idea. Cuando es de algo desagradable o sospechoso, *remusgo.* V. indicio.

**bártulos** *m. pl. Enseres*\*, *cachivaches, trastos, utensilios.*

**barullero, -ra** *adj.-s. Barullón, embrollador*\*, *embrollón, lioso.*

**barullo** *m. Confusión, desorden, desbarajuste, lío, bochinche, tumulto, bronca.*

**barullón, -ona** *adj.-s. Embrollador*\*, *embrollón, lioso, barullero.*

**barza** *f. Ar. Zarza, cambrón, zarzamora.*

**barzal** *m. Balsar.*

**basar** *tr. Asentar, cimentar.* 2 fig. *Fundar, apoyar, fundamentar.*

**basáride** *f. Cacomiztle* (Méx.).

**basca** *f. Náuseas, ansias, fatiga, fatigas.*

**bascosidad** *f. Inmundicia, suciedad, porquería, asquerosidad.*

**base** *f. Asiento, apoyo, fundamento, cimiento.* Los dos primeros son términos generales; tratándose de edificios, se usan los dos últimos. Todos ellos pueden emplearse en sentido figurado. 2 QUÍM. *Álcali.* 3 *Hidróxido.*

**básico, -ca** *adj. Fundamental, primor-*

*dial, principal, esencial.* ↔ ACCESORIO.
2 *Alcalino.*
**basilisco** *m. Régulo.* 2 *Arpía, bruja.*
Aplícase a mujeres. 3 **Estar hecho**
**un basilisco** *Estar furioso, estar hecho*
*una furia.*
**basquear** *intr. Arquear, nausear.*
**básquet** *m.* anglic. DEP. *Baloncesto.* 2
*Canasta, enceste, cesta.*
**basta** *f. Hilván, baste* (p. us.).
**I bastante** *adj. Suficiente, asaz, harto.*
Los dos últimos son anticuados. ↔
ESCASO, INSUFICIENTE.
**II bastante** *adv. c. Suficientemente,*
*asaz, harto.* "*Bastante* parece más
vago e ilimitado que *suficientemente;*
porque *bastante* da una idea absoluta
e indeterminada de la abundancia,
suponiendo que hay sin escasez lo
que se necesita; y *suficientemente* da
una idea relativa, contrayéndola determinadamente a lo que justamente
alcanza para no carecer de lo preciso.
Y así se dice en un sentido absoluto:
fulano es *bastante* rico; y en un sentido relativo a sus obligaciones, se
dice que es *suficientemente* rico. El que
dice que Leganés es un buen lugar y
que hay en él casas *bastante* grandes,
no explica más que la magnitud absoluta e indeterminada de las casas
de Leganés; y no dirá que hay casas
*suficientemente* grandes,a no referirse
determinadamente al objeto, para el
cual se necesita que lo sean" (LH).
**bastarda** *f. Aquilea, milenrama, alta-*
*rreina, artemisa, hierba meona, milho-*
*jas.*
**bastardear** *intr. Abastardar, degene-*
*rar.*
**bastardelo** *m. Minutario.*
**bastardilla** *adj.-f.* (carácter de letra)
*Itálica, cursiva.*
**bastardo** *m. Boa.*
**bastardo, -da** *adj. Ilegítimo, espurio,*
*noto.* Todos ellos aplicados a personas o linajes. 2 *Falso, bajo, vil, infame.*
Aplicados a cosas; así hablamos de
palabras, acciones o sentimientos
*bastardos.*

**baste** *m. Basta, hilván.*
**bastero** *m. Guarnicionero.* 2 DEP. *Al-*
*bardero.* En la hípica.
**bastidor** *m. Chasis.*
**bastión** *m. Baluarte.*
**basto, -ta** *adj. Tosco, rudo, grosero, or-*
*dinario, burdo, inurbano, descortés, im-*
*político, incivil, soez\*.* Todos ellos se
refieren a personas o actos humanos.
↔ CORTÉS, SOCIABLE.
**bastón** *m. Palo\*, vara.*
**bastonazo** *m. Palo, golpe, garrotazo,*
*estacazo.*
**basura** *f. Suciedad, inmundicia, por-*
*quería, barreduras.*
**basurero** *m. Muladar, estercolero.*
**batacazo** *m. Porrazo, trastazo, costa-*
*lada.*
**batahola** *f. Alboroto\*, bulla, bullicio,*
*tabaola, jarana, jaleo, gritería, alga-*
*rabía.*
**batalla** *f. Combate\*, lid, lucha, pelea,*
*contienda. Batalla* coincide con *com-*
*bate* en que ambos significan la acción de combatir. Pero la *batalla* es
una acción general entre dos ejércitos, a menudo con un plan y una organización de conjunto. El *combate*
puede ser general o parcial; una *ba-*
*talla* puede desarrollarse con varios
*combates* en diferentes lugares y tiempos. en un sentido general, tanto la
*batalla* como el *combate* pueden expresarse por *lid, lucha, pelea, contienda.*
**batallador, -ra** *adj. Belicoso, guerre-*
*ro.*
**batallar** *intr. Pelear, reñir, luchar, li-*
*diar, contender, no dar cuartel, llegar a*
*las armas, presentar batalla, declarar*
*la guerra.* 2 fig. *Disputar, altercar, de-*
*batir, porfiar, pugnar.*
**batear** *tr.* ant. *Bautizar, cristianar*
(fam. y popular), *acristianar* (rúst.).
**batel** *m. Barca, bote, lancha.*
**bateo** *m.* fam. *Bautizo.*
**baticola** *f. Grupera, ataharre* (Amér.).
**batida** *f. Reconocimiento, exploración.*
**batido, -da** *adj. Andado, trillado, fre-*
*cuentado, conocido.*
**batidor** *m. Escarpidor, carmenador.*

*Escarpidor,* más usado que *batidor; carmenador,* poco usado en esta acepción. 2 MIL. *Explorador, descubridor.*

**batintín** *m. Gongo.*

**batir** *tr. Golpear, percutir, azotar.* 2 *Acuñar.* 3 *Explorar, reconocer.* 4 *Derrotar, vencer, arrollar, deshacer.* 5 *prnl. Combatir, batallar, luchar, pelear, lidiar.*

**baúl** *m. Mundo, arca, cofre.* El *baúl* y el *mundo* suelen emplearse para viajar. *Arca* y *cofre,* además de su forma especial, se asocian hoy más bien a la idea de mueble usado en las casas para guardar ropas y otros objetos.

**bautizar** *tr. Cristianar* (fam. y popular), *acristianar* (rúst.), *batear* (ant.). 2 *tr.-prnl.* fig. *Calificar, llamar, denominar, tildar, titular, nombrar.*

**bautizo** *m. Bateo, cristianismo* (ant.). *Bateo* es popular en algunas regiones.

**baya** *f. Matacandiles.*

**bayeta** *f. Aljofifa* (And.). *Aljofifa* es la *bayeta* que sirve para fregar el suelo.

**bayo, -ya** *adj. Blanco amarillento.* Dícese esp. del caballo.

**bazo** *m. Pajarilla* (esp. del cerdo). 2 *Lien* (MED.).

**bazucar** *tr.-prnl. Bazuquear, zabucar, agitar, sacudir, menear.* ↔ AQUIETAR, PARAR.

**bazuquear** *tr.-prnl. Bazucar, zabucar, agitar, sacudir, menear.* ↔ AQUIETAR, PARAR.

**beatitud** *f. Bienaventuranza, felicidad, satisfacción, dicha.* Los tres últimos designan una *beatitud* temporal, mientras que el primero se refiere a la *beatitud* eterna.

**beato, -ta** *adj. Feliz, bienaventurado.* 2 *Santurrón, mojigato, gazmoño.*

**beatón, -na** *adj.* desp. *Gazmoñero, mojigato, timorato, mistición, santurrón, beato, gazmoño.* ↔ SINCERO, CLARO.

**bebé** *m. Nene, rorro.*

**bebedizo** *m. Filtro.*

**beber** *tr. Trasegar, ingerir.*

**bebible** *adj. Potable. Potable* se usa esp. tratándose del agua, y se refiere

más a sus condiciones higiénicas que al sabor; *bebible* se aplica a los líquidos que no son desagradables al paladar.

**bebido, -da** *adj. Chispo, achispado, borracho\*.* Los tres adjetivos significan un estado que no llega a *borracho, ebrio* o *embriagado.* V. borracho.

**becada** *f. Chocha, coalla, chorcha, gallina sorda, gallineta, pitorra.*

**becafigo** *m. Papafigo, papahígo, picafico.*

**becal** *m. Salmón.*

**becerra** *f. Ternera, chota, jata, novilla, magüeta, utrera.* 2 *Dragón, boca de dragón, dragoncillos.*

**becerro** *m. Ternero, choto, jato, novillo, magüeto, utrero.* 2 **Becerro marino** *Foca, carnero marino, lobo marino, vítulo marino.*

**becoquín** *m. Papalina, bicoquete.*

**becoquino** *m. Ceriflor.*

**befa** *f. Burla\*, escarnio, ludibrio. Befa* se diferencia de la *burla* en general en ser grosera e insultante. El significado de *befa* se acerca a *escarnio, ludibrio.* La *burla* puede ser graciosa y no ofensiva, pero la *befa,* el *escarnio* y el *ludibrio* son siempre afrentosos.

**befar** *tr.-prnl. Escarnecer, mofar, burlar.* ↔ ALABAR.

**bejín** *m.* (hongo) *Pedo de lobo.*

**bejuquillo** *m. Ipecacuana.*

**bel** *m.* científ. *Belio.*

**Belcebú** *m.* BIB. *Lucifer, el diablo* (p. ant.), *el demonio* (p. ant.), *Satán* (bíb.), *Satanás* (bíb.), *Luzbel* (bíb.), *Leviatán* (bíb.).

**belcho** *m. Canadillo, hierba de las coyunturas, uva de mar, uva marina.*

**beldad** *f. Belleza, hermosura. Beldad* se usa muy poco con significación abstracta, y por lo común es sinónimo de *mujer bella.* ↔ FEALDAD.

**beldar** *tr. Abieldar, bieldar, aventar.*

**belén** *m. Nacimiento.* 2 fam. *Confusión, desorden, lío, embrollo, enredo.*

**belérico** *m. Mirobálano, avellana índica, mirobolano.*

**belfo** *m. Labio, buz* (ant.), *bezo.*

**bélico, -ca** *adj. Guerrero\*, belicoso, marcial.*

**belicoso, -sa** *adj. Guerrero, bélico, marcial.* ↔ PACÍFICO. 2 *Agresivo, batallador, pendenciero, pugnaz* (lit. y p. us.).

**belio** *m.* científ. *Bel.*

**belitre** *adj.-com. Pícaro, pillo, villano, ruin.*

**bellaco, -ca** *adj.-s. Malo, ruin, bajo, villano, perverso, pícaro, bribón, pillo, tuno, canalla, vago.* ↔ HONORABLE. 2 *Astuto, tuno, taimado, zorro, malandrín, maligno, perverso.*

**bellaquería** *f. Bribonada, picardía, pillada, canallada.* 2 *Malicia, mala intención, doblez, mala fe.* ↔ SINCERIDAD.

**belleza** *f. Hermosura.* ↔ FEALDAD.

**bello, -lla** *adj. Hermoso, bonito\*.* V. belleza. ↔ FEO.

**bellotera** *f. Montanera.*

**bencedrina** *f. Amfetamina.*

**benceno** *m. Benzol.* El *benzol* es el nombre comercial del *benceno* crudo.

**bendito, -ta** *adj. Santo, beato, bienaventurado.* 2 *Feliz, dichoso.* ↔ INFELIZ, DESGRACIADO. 3 irón. (pers.) *Sencillo, simple, cándido, bobalicón.*

**benedictino, -na** *adj. s.* (pers.) *Benito.*

**benefactor** *adj. Bienhechor\*.*

**beneficencia** *f. Altruismo, caridad, filantropía, humanidad, piedad, generosidad, civismo.* ↔ EGOÍSMO, SORDIDEZ.

**beneficiar** *tr.-prnl. Favorecer, hacer bien.* ↔ DESFAVORECER, PERJUDICAR. 2 *Aprovechar, utilizar, explotar.*

**beneficio** *m. Favor, gracia, merced, servicio, bien.* "El *beneficio* socorre una necesidad, el *favor* hace un servicio; la *gracia* concede un don gratuito; la *merced* comprende las tres significaciones, y en algunos casos envuelve la idea de remuneración, como la *merces* de los latinos. El *beneficio* supone poder en el que lo hace; la *gracia*, autoridad y elevada categoría; el *favor* puede hacerse entre iguales. El

hombre rico que funda un hospital hace un *beneficio*. El soberano que concede una condecoración, dispensa una *gracia*. El amigo que presta dinero a otro le hace un favor. Todas éstas son *mercedes*" (M). Hay que añadir que *merced* en el sentido de remuneración ha quedado hoy en desuso, aunque fue muy frecuente en los clásicos. *Merced.* equivalente a *favor* o *gracia*, se siente como voz escogida, literaria. 2 *Ganancia\*, utilidad, rendimiento, provecho, fruto, bonificación, lucro\*.* 3 **Sin oficio ni beneficio** *loc.* V. oficio.

**beneficioso, -sa** *adj. Benéfico, provechoso, útil\*, productivo, rentable, fructuoso, lucrativo.* Hay correlación entre *beneficio: beneficioso* y *beneficencia: benéfico.* Un negocio que produce beneficios es *beneficioso* (*provechoso, útil, productivo, rentable, fructuoso, lucrativo*). Un establecimiento de beneficencia es *benéfico.* Por *benéfico* entendemos todo lo que hace un bien en general, mientras que *beneficioso* va asociado a la idea de provecho, utilidad para algo o alguien. Queda, sin embargo, una amplia zona de contacto entre ambos sinónimos: un sermón ha sido *benéfico* o *beneficioso* para los fieles; la lluvia ha sido *benéfica* o *beneficiosa* para las tierras, según prevalezca, respectivamente, la estimación del bien que ellas reciben, o la del que reportan para un fin. ↔ INÚTIL, INFRUCTUOSO.

**benéfico, -ca** *adj. Beneficioso, provechoso, útil, productivo, rentable, fructuoso, lucrativo.* ↔ INÚTIL, INFRUCTUOSO.

**beneplácito** *m. Aprobación, permiso, consentimiento\*, venia, aquiescencia, asentimiento, asenso, anuencia, conformidad.* ↔ DESAPROBACIÓN, NEGATIVA, DESCONFORMIDAD.

**benevolencia** *f. Bondad, benignidad, humanidad, generosidad, magnanimidad.* ↔ MALDAD.

**benévolo, -la** *adj. Benigno, bondado-*

*so, indulgente, complaciente, propicio, magnánimo, próvido.*

**benignidad** *f. Blandura*\*, *suavidad, lenidad, afabilidad, mansedumbre, dulzura, apacibilidad, bondad, benevolencia, humanidad, generosidad, magnanimidad.* ↔ DUREZA, RESISTENCIA, FORTALEZA, IRA, MALDAD.

**benigno, -na** *adj. Bondadoso, benévolo, indulgente, humano, clemente, piadoso, compasivo, misericordioso.* ↔ INCLEMENTE, MALO, MALVADO, CRUEL, INHUMANO. *2 Templado, apacible, suave, dulce.* ↔ DESAPACIBLE.

**benito, -ta** *adj.-s.* (pers.) *Benedictino.*

**benteveo** *m. Argent.* y *Urug. Bienteveo, benteví.*

**benteví** *m. Argent. Bienteveo, benteveo.*

**benzol** *m. Benceno.*

**benzosulfidina** *f.* QUÍM. *Sacarina.*

**beocio, -cia** *adj. Estúpido, tonto, necio.*

**beodo, -da** *adj. Borracho*\*, *ebrio, embriagado, bebido.* ↔ SOBRIO.

**berberecho** *m. Verderol, verderón* (molusco).

**berbería** *f. Amér. Adelfa.*

**berberís** *m. Arlo, agracejo, agrecillo, alarguez, bérbero, bérberos.*

**bérbero, -ros** *m. Arlo, agracejo, agrecillo, alarguez, berberís.*

**berceo** *m. Albardín, barceo.*

**bergante** *m. Bandido, belitre, bribón, pícaro, sinvergüenza.*

**berilio** *m. Glucinio.*

**berlina** *f. Cupé.*

**berma** *f. Lisera.*

**bermejo, -ja** *adj. Rubio, rojizo, rufo, taheño* (aplicado al pelo). Este último aplicado sólo al pelo. *2 Rojo, rosa, salmón, coral, encarnado, grana, carmesí.*

**bermellón** *m. Rúbrica sinópica.*

**berrenchín** *m. irón.* o *desp. Berrinche*\*, *enojo, enfado, coraje, pataleta* (irón. o desp.), *rabieta* (irón. o desp.).

**berrera** *f. Arsáfraga.*

**berrinche** *m. Enojo, enfado, coraje, pataleta* (irón. o desp.), *berrenchín* (irón. o desp.), *rabieta* (irón. o desp.).

*Berrinche* es intensivo de *enojo, enfado, coraje,* y connota generalmente manifestaciones exteriores de estos sentimientos por medio de gestos o gritos, como *rabia* y *furor.*

**berro** *m. Balsamita mayor.*

**berrueco** *m. Barrueco.*

**bervasco** *m. Varbasco, gordolobo.*

**berza** *f. Col.*

**besana** *f. Abesana.*

**besar** *tr.-prnl. Besucar, besuquear, comerse a besos, hocicar, dar paz.* Los tres primeros son frecuentativos; *hocicar* es despectivo; *dar paz* es la forma clásica.

**besico de monja** *m. Farolillo, campánula.*

**beso** *m. Ósculo* (lit.).

**besotear** *tr. Argent. Besuquear, besucar, besar repetidas veces, comerse a besos, hocicar* (desp.), *hociquear* (desp.).

**bestia** *f. Animal. 2 adj.-com.* fig. *Rudo, bruto, ignorante, bárbaro, zafio.*

**bestial** *adj. Brutal, irracional.* V. brutal. ↔ HUMANO, RACIONAL. *2* fig. *Enorme*\*.

**bestialidad** *f. Brutalidad, ferocidad, irracionalidad. 2 Barbaridad, animalada, patochada.*

**bestión** *m.* ARQ. *Bicha.*

**béstola** *f. Arrejada, rejada, limpiadera, aguijada.*

**besucar** *tr.-prnl. Besar, besuquear, comerse a besos, hocicar, dar paz.*

**besuguete** *m. Pagel, pajel, sama, rubiel* (Ast.).

**besuquear** *tr. Besucar, besar repetidas veces, comerse a besos, besotear* (Argent.), *hocicar* (desp.), *hociquear* (desp.).

**betarraga, -ata** *f. Remolacha, beterraga* (Perú y Bol.).

**betel** *m. Buyo.*

**beterraga** *f. Perú y Bol. Remolacha, betarraga* (p. us.), *betarrata* (p. us.).

**betún de Judea** *m. Asfalto.*

**betunero** *m. And. Limpiabotas.*

**bezo** *m. Labio, buz* (ant.), *belfo.*

**bezudo, -da** *adj. Hocicudo, morrudo.*

Aplicados al hombre o a los animales.

**Biblia** *f. Sagrada Escritura, Escritura.*

**biblioteca** *f. Librería.* El sinónimo se utiliza esp. si es particular o poco numerosa.

**bicha** *f. Culebra.* Entre personas superticiosas, que consideran de mal agüero pronunciar la palabra *culebra,* úsase *bicha.* 2 ARQ. *Bestión.*

**bichero** *m.* MAR. *Cloque.*

**bicoca** *f. Pequeñez, nadería, fruslería, bagatela, insignificancia.*

**bicoquete** *m. Papalina, becoquín, bicoquín.*

**bieldar** *tr. Abieldar, beldar, aventar.*

**bieldo** *m. Aventador, aviento, bielgo.*

**bielgo** *m. Bieldo, aventador, aviento.*

**bien** *m. Beneficio\*, favor, merced.* V. bienes. 2 **Tener a bien** *loc. Dignarse, servirse, tener la bondad.* 3 **Bien que** *loc. conj. Sin embargo, aunque, no obstante\*. "Bien que* se usa para limitar o modificar la primera idea, disminuyendo la fuerza y energía que se le había dado. Si va a palacio por la calle Mayor, le encontrará, *bien que* puede ser que hoy venga por la plaza. *Aunque* o *no obstante* significaría en rigor que, aun mediando `la circunstancia de haber tomado aquel camino, le encontrará en la calle Mayor, que es todo lo contrario de lo que se quiere explicar; pero *bien que* limita, modera, corrige la idea, dando a entender que no es tanta la probabilidad de encontrarle, como se creyó o pudo hacerse creer al principio" (LH).

**bienandanza** *f. Felicidad, fortuna, dicha, suerte.*

**bienaventurado, -da** *adj. Beato, santo.* 2 *Feliz, afortunado, dichoso.* ↔ INFELIZ, DESFORTUNADO, DESGRACIADO. 3 *Cándido, inocentón, sencillote, incauto, bendito.* ↔ MALICIOSO.

**bienaventuranza** *f. Gloria, vida eterna.* 2 *intr. Prosperidad, felicidad, dicha.*

**bienes** *m. pl. Hacienda, riqueza, cau-dal, capital\*.* V. bien. 2 **Bienes raíces** *Inmuebles, fincas.*

**bienestar** *m. Comodidad, regalo.* ↔ MALESTAR, INCOMODIDAD. 2 *Abundancia, holgura, riqueza.* ↔ CARENCIA, POBREZA.

**bienhadado, -da** *adj. Afortunado, venturoso, dichoso.* ↔ MALHADADO.

**bienhechor, -ra** *adj. Favorecedor, protector, amparador, benefactor, benéfico, beneficioso.* Los cuatro primeros se aplican a personas. *Bienhechor, benéfico,* a personas y cosas; *beneficioso,* generalmente a cosas. ↔ MALHECHOR.

**bienintencionado, -da** *adj. Sano, recto, sincero.* ↔ MALINTENCIONADO, FALSO, HIPÓCRITA.

**bienmandado, -da** *adj. Obediente, dócil, sumiso.*

**bienquisto, -ta** *adj. Estimado, apreciado, considerado, querido, reputado.* ↔ DESESTIMADO, DESPRECIADO, MALQUISTO.

**bienteveo** *m. Argent. Benteveo, benteví.*

**bies. Al bies** *loc. adv. Oblicuamente, de refilón, al sesgo, a soslayo.*

**bifurcado, -da** *adj.* LÓG. *Dicotómico, binario.*

**bigardo, -da** *adj.-s. Vago, vicioso, bigardón.*

**bigardón, -ona** *adj.-s. Bigardo, vago, vicioso.*

**bigarrado, -da** *adj.* p. us. *Abigarrado, confuso, mezclado, heterogéneo, inconexo, chillón.* ↔ HOMOGÉNEO.

**bigote** *m. Mostacho.*

**bigotudo, -da** *adj. Abigotado.* ↔ IMBERBE, DEPILADO, AFEITADO.

**bija** *f. Achiote, achote.*

**bilateral** *adj. Sinalagmático* (DER.). Referido a un pacto o contrato.

**bilioso, -sa** *adj.* fig. *Colérico, atrabiliario, intratable, irritable.*

**bilis** *f. Hiel.* 2 fig. *Desabrimiento, aspereza, irritabilidad, cólera.* 3 **Exaltarse la bilis** *loc. Rabiar, encolerizarse, enfurecerse, enverdecer de ira, crujir los* *dientes.* ↔ TRANQUILIZARSE, SERENARSE, APACIGUARSE.

**billalda** *f. Tala, billarda* (p. us.)*, toña.*

**billarda** *f. Tala, billalda, toña.*

**billetado, -da** *adj.* BLAS. *Cartelado.*

**billete** *m. Boleto* (Amér.). En los espectáculos públicos, trenes, etc., es frecuente en Amér. la palabra *boleto,* hoy poco usada en España.

**binar** *tr. Rendar.* 2 *Edrar.* 3 *intr. Doblar.*

**binario, -ria** *adj.* LÓG. *Dicotómico, bifurcado.*

**binza** *f. Fárfara* (del huevo).

**biografía** *f. Semblanza, vida.* Una *semblanza* es un bosquejo biográfico, mientras que *vida* es una biografía más extensa: la *vida* de Cervantes.

**bioquímica** *f. Química biológica.*

**bióxido** *m. Deutóxido.*

**biribís** *m. Bisbís.*

**birimbao** *m. Trompa gallega.*

**birlar** *tr.* col. *Quitar, robar, hurtar. Birlar* connota idea de astucia, maña o enredo.

**bisagra** *f. Gozne, charnela.*

**bisar** *tr. Repetir*.*

**bisbís** *m. Biribís.*

**bisbisar** *tr. Bisbisear, musitar, mistar, cuchichear. Cuchichear* supone generalmente hablar a otro en voz baja al oído, mientras que *bisbisear* y *musitar* son acciones propias del soliloquio, como en el rezo o en la lectura a solas V. mascullar.

**bisbisear** *tr. Bisbisar, musitar, mistar, cuchichear.*

**biselar** *tr. Abiselar.*

**bisexuado, -da** *adj.* H. NAT. *Hermafrodita, bisexual.*

**bisexual** *adj.-com. Hermafrodita.*

**bisílabo, -ba** *adj. Disílabo.*

**bisojo, -ja** *adj.-s. Bizco, ojituerto, reparado.*

**bisonte** *m. Cíbolo, toro mexicano.*

**bisoño, -ña** *adj.-s. Inexperto, nuevo, novel, novato, bozal.* ↔ VETERANO, MAESTRO, ANTIGUO.

**bistec** *m. Filete, solomillo.*

**bisulco, -ca** *adj.* ZOOL. *Fisípedo.*

**bit** *m.* INFORM. *Bitio, dígito binario.*

**bitio** *m.* INFORM. *Bit, dígito binario.*

**biza** *f. Bonito* (pez).

**bizarría** *f. Gallardía, valor, esfuerzo.* ↔ COBARDÍA, TEMOR. 2 *Generosidad, esplendidez, esplendor.* 3 *Arrogancia*, orgullo.*

**bizarro, -rra** *adj. Valiente, esforzado, gallardo.* 2 *Generoso, espléndido.*

**bizco, -ca** *adj. Bisojo, ojituerto, reparado.*

**bizcocho** *m. Galleta.*

**bizma** *f. Emplasto, parche, pegado.*

**biznaga** *f. Dauco.*

**blanca. Estar sin blanca** *loc. No tener un cuarto, no tener dinero, estar sin un duro* (fam.).

**blanco** *m.* DEP. *Diana.* Usados en arco y tiro. 2 **Blanco de plomo** *Albayalde, carbonato de plomo, cerusa, cerusita.*

**blanco, -ca** *adj. Albo* (lit.)*, cándido. Cándido* aparece en los clásicos con la significación latina de *blanco;* pero esta acepción es actualmente desusada. ↔ NEGRO.

**blancor** *m. Blancura, candor* (lit.)*, albura* (lit.).

**blancura** *f. Candor* (lit.)*, albura* (lit.)*, blancor.*

**I blandear** *intr.-prnl. Aflojar, ceder, contemporizar, doblar, doblegarse, allanarse, plegarse, ablandarse. Contemporizar* es sinónimo en la frase *"blandearse con uno".* ↔ RESISTIR. 2 *tr.-prnl. Ablandar.* ↔ ENDURECER.

**II blandear** *tr. Blandir.*

**blandir** *tr. Blandear.*

**blando, -da** *adj. Tierno, flexible. "Blando* es lo que no ofrece resistencia a la presión; *tierno,* lo que ofrece poco al golpe, al corte y a la incisión. El pan, la manteca y la masa fresca son sustancias *blandas* y *tiernas,* porque se hallan en aquellos dos casos; pero no se dice que la cama está *tierna,* sino *blanda,* ni el buen asado ha de estar *blando,* sino *tierno.* De la coagulación de ciertos líquidos resultan sustancias *blandas,* pero no *tiernas,* como la leche cuando se convierte en nata" (M). ↔ DURO, FUERTE. 2 fig. *Suave, benigno, apacible, templado.* Este último, tratándose del tiempo atmosférico. 3 *Flojo, muelle, cobarde\*.* ↔ VALIENTE.

**blandura** *f. Molicie.* 2 *Suavidad, lenidad, benignidad, afabilidad, bondad, dulzura, apacibilidad, indulgencia, clemencia, mansedumbre.* "La *blandura* está en el carácter y en los afectos; la *suavidad* en los modales y en el lenguaje; la *lenidad,* en el ejercicio de la autoridad. Hay *blandura* en el hombre que cede con facilidad, que padece sin quejarse, que evita toda ocasión de exasperación, enemistad o discordia. Hay *suavidad* en el que sabe insinuarse en los corazones por el temple modesto de su conversación, por la tolerancia de los defectos ajenos, por lo apacible de su trato. Hay *lenidad* en el juez que impone una pena menos severla que corresponde al delito" (M). La *benignidad,* como la *blandura,* se refiere al carácter y a los afectos; la *afabilidad,* a los modales y al lenguaje. La *benignidad* puede hallarse en el ejercicio de la autoridad, y es generalmente loable; pero la *lenidad* es censurable, excesiva. ↔ DUREZA, RESISTENCIA, FORTALEZA, INTOLERANCIA.

**blanquear** *tr. Emblanquecer.* 2 *Enjalbegar, jalbegar.* 3 *intr. Albear* (lit.).

**blanquizal** *m. Gredal, blanquizar, calvero.*

**blanquizar** *m. Gredal, blanquizal, calvero.*

**blasfemador, -ra** *adj.-s. Renegador, renegón, blasfemante, blasfemo.*

**blasfemante** *adj.-com. Blasfemador, renegador, renegón, blasfemo.*

**blasfemar** *tr. Renegar, jurar, maldecir, vituperar, tener la lengua de un carretero.* ↔ ENSALZAR, ALABAR, ORAR.

**blasfemia** *f. Reniego, derreniego* (rúst.), *voto\*, juramento, maldición.*

**blasfemo, -ma** *adj.-s. Blasfemador, blasfemante, renegador, renegón.*

**blasón** *m. Heráldica.* 2 *Escudo, armas.* 3 *Timbre.* "En el sentido recto, *blasón* es cada figura de las que componen un escudo de armas; *timbre* es la insignia que lo corona y que indica el grado de nobleza del que lo usa. El castillo, el león, las barras y las cadenas son *blasones* de las armas de España; su *timbre* es la corona real. En el sentido figurado, *timbre* es una acción gloriosa que ensalza y ennoblece, y *blasón* es la fama que por ella se adquiere. Por esto se dice: *blasona* de valiente. Puede decirse con propiedad: no tiene muchos *timbres* de que *blasonar*" (M).

**blasonado, -da** *adj. Ilustre, linajudo, noble, esclarecido.*

**blasonar** *tr. Ostentar, presumir, gloriarse, vanagloriarse, jactarse, pavonearse.*

**bledo** *m. Armuelle.* 2 **No importar un bledo** *loc. No importar un ardite, no importar un cornado, no importar un comino, no importar un maravedí, no importar un ochavo, no importar un pito.*

**blenda** *f.* MINERAL. *Esfalerita.*

**blenorragia** *f.* MED. *Gonorrea, blenorrea, uretritis.* La *blenorrea* y la *gonorrea* son manifestaciones crónicas de esta enfermedad.

**blenorrea** *f.* MED. *Gonorrea, blenorragia, uretritis.*

**blindaje** *m. Coraza.*

**blindar** *tr. Acorazar.*

**blondo** *adj. lit. Rubio.*

**bloque** *m. Amér. Isla, manzana, cuadra* (Amér.).

**bloquear** *tr. Sitiar, asediar, cercar.* 2 MAR. *Incomunicar.* 3 *Congelar, inmovilizar.* Tratándose de créditos, cuentas bancarias, etc., que quedan inmovilizados por orden de la autoridad. 4 *Inhibir, impedir, obstaculizar.*

**bloqueo** *m. Asedio, cerco, sitio.* 2 *Cierre.*

**boa** *f. Bastardo.*

**boardilla** *f. Buharda, bohardilla, guardilla, desván, buhardilla.*

**boato** m. Ostentación, fausto, pompa, rumbo, lujo, bambolla*. ↔ SENCILLEZ, HUMILDAD, POBREZA.

**bobada** f. Bobería, simpleza, necedad, tontería, tontada, majadería.

**bobalicón, -ona** adj.-s. Babieca, bobo, simple, abobado, papanatas, pazguato, tontaina, tonto. ↔ LISTO.

**bobería** f. Bobada, simpleza, necedad, tontería, tontada, majadería, imbecilidad, idiotez, alelamiento, estulticia, estupidez.

**bobina** f. Carrete.

**bobo, -ba** adj. Pazguato, paparote, simple, tonto*, tarugo, bodoque, bolonio, lelo, memo, idiota, estúpido, necio. En los confines de la bobería y la anormalidad mental se hallan lelo y memo. ↔ LISTO.

**boca** f. fig. Orificio, boquete, agujero, abertura. 2 **Boca de dragón** Dragón (planta), becerra, dragoncillos.

**bocací** m. Esterlín.

**bocadillo** m. Emparedado, sandwich (anglic.).

**bocado** m. Mordisco, dentellada, mordedura. 2 Freno, embocadura.

**bocanada** f. Buchada, buche, sorbo, fumada, calada (col.). Los tres primeros, si la bocanada es de un líquido; si es de humo, se emplea fumada o calada.

**bocateja** f. Luneta.

**bocel** m. Cordón, toro.

**boceto** m. Mancha, borrón, esbozo, bosquejo, apunte, croquis, diseño, traza, delineación.

**bochinche** m. Tumulto, bronca, barullo.

**bochorno** m. Calor. ↔ FRÍO. 2 Rubor, vergüenza, sonrojo, sofoco, sofocón. ↔ DESVERGÜENZA, LANGUIDEZ.

**bocina** f. Tornavoz.

**bocio** m. Papera.

**bocón, -ona** adj. Hablador, charlatán, fanfarrón, sacamuelas.

**boda** f. Casamiento*, matrimonio, unión, enlace, desposorio, himeneo.

**bode** m. Cabrón, igüedo, buco, macho cabrío, cegajo, chivo, chivato.

**bodega** f. Cillero.

**bodegón** m. Casa de comidas, figón, taberna, ventorrillo, ventorro. Estos dos últimos cuando está en las afueras de una población.

**bodejal** m. Budejal, bujeda, bujedo.

**bodón** m. Buhedo.

**bodoque** adj.-m. fig. Simple, tonto, bobo, tarugo, bolonio, alcornoque, torpe, estúpido, necio. 2 m. Borujo, burujo, gorullo, gurullo.

**bofe** m. Chofe, pulmón, asadura.

**bofetada** f. Cachetada, cachete, guantada, guantazo, tabanazo, manotazo, sopapo, bofetón, galleta (irón.).

**bofetón** m. Bofetada, galleta (irón.), cachete, guantada, guantazo, tabanazo, manotazo, sopapo, cachetada.

**bofia** f. vulg. Policía*, agente policíaco, polizonte, poli, gura (vulg.).

**boga** f. Fama, aceptación, reputación. 2 Prosperidad, auge, felicidad. 3 MAR. Bogadura, remadura. 4 **En boga** loc. adj. De moda, presente, actual. Lo actual es más circunscrito y determinado que lo presente. "Lo presente abraza una esfera de acción más amplia que lo actual. Decimos: el siglo presente y el gobierno actual; el estado presente de la literatura y la crisis actual del comercio; la estación presente y la intemperie actual; la presente legislación y el precio actual del trigo" (M). ↔ PASADO, INEXISTENTE.

**bogadura** f. MAR. Boga, remadura.

**bogar** intr. Remar. 2 Navegar.

**bogavante** m. (crustáceo) Lobagante. 2 MAR. Remero (de proa).

**bohardilla** f. Buharda, boardilla, guardilla, desván, buhardilla.

**bohordo** m. Escapo, vara.

**boíl** m. Boyera, bostar, boyeriza.

**boira** f. p. us. Niebla*, bruma, neblina, humazón, calima, calina, calígine. ↔ CLARIDAD.

**boja** f. Abrótano, guardarropa.

**bojedal** m. Bujedal, bujeda, bujedo.

**bojeo** m. MAR. Circuito, contorno, perímetro.

**bol** *m. Ponchera.* 2 *Tazón.* 3 **Bol arménico** *Rública lemnia.*

**bola** *f. fig. Mentira, embuste, engaño, paparrucha, bulo.* "*Bola* es cualquier noticia falsa; *paparrucha* es la noticia falsa y al mismo tiempo absurda. La *paparrucha* sólo halla crédito en las gentes vulgares e ignorantes. La noticia de una victoria imaginaria es una *bola;* los cuentos de duendes o apariciones son *paparruchas*" (M). En la actualidad, *bulo* se emplea con más frecuencia que *bola* para designar la noticia falsa. 2 DEP. *Pelota, balón, esférico.*

**bolardo** *m.* AERON. y MAR. *Noray, amarradero.*

**bolera** *f. Boliche.*

**boleta** *f. desus. Pase, invitación, billete, entrada.* 2 *Libranza, libramiento, vale, talón, cheque.* 3 *Amér. Cédula, papeleta.*

**boleto** *m. Amér. Billete, entrada, localidad, asiento. Boleto* es poco usado en España. 2 *Apuesta, quiniela.*

**I boliche** *m. Bolera.*

**II boliche** *m. Morralla.*

**bolillo** *m. Majadero, majaderillo, palillo.*

**bollo** *m. Abolladura.*

**bolo** *m. fig. Bobo, tonto, bodoque, simple, bolonio, trompo.* ↔ LISTO.

**bolonio, -nia** *adj. Bobo, pazguato, paparote, simple, tonto, tarugo, bodoque, lelo, memo.* ↔ LISTO.

**bolsa** *f. Amér. Saco.*

**bolsillo. Rascarse el bolsillo** *loc. Hacer el gasto, pagar.*

**bomba** *f.* MEC. *Achicador.*

**bombarda** *f. ant. Lombarda.*

**bombero** *m. Matafuego.*

**bombilla** *f. Lámpara.* 2 ELECTR. *Ampolla.*

**bombo** *m. Alabanza, elogio*, encomio. Bombo* denota exageración ruidosa. En los terrenos mercantil y político da idea de gran aparato publicitario y reiterado en el anuncio, reclamo o propaganda.

**bonachón, -ona** *adj.-s. Buenazo, bonazo, confiado, crédulo.*

**bonaerense** *adj.-com.* (pers.) *Porteño. Bonaerense* se aplica a todo lo relativo a esta provincia de la Argentina, mientras que *porteño* es todo lo relativo a la ciudad de la Santísima Trinidad y Puerto de Santa María de Buenos Aires.

**bonamita** *f.* MINERAL. *Smithsonita.*

**bonanza** *f. Tranquilidad, serenidad, calma* (en el mar). ↔ TEMPESTAD. 2 fig. *Prosperidad.*

**bonazo, -za** *adj.-s. Bonachón, buenazo, confiado, crédulo.*

**bondad** *f. Benignidad, benevolencia, humanidad, generosidad, magnanimidad.* ↔ MALDAD. 2 *Blandura*, apacibilidad, dulzura, afabilidad, indulgencia, clemencia, mansedumbre, tolerancia.* ↔ INTOLERANCIA. 3 *Probidad, integridad, honradez, hombría de bien, rectitud, moralidad.* ↔ DESHONOR, AMORALIDAD. 4 **Tener la bondad** *loc. Dignarse, servirse, tener a bien.*

**bondadoso, -sa** *adj. Benévolo, benigno, indulgente, complaciente, propicio, magnánimo.*

**bonete** *m.* ZOOL. *Redecilla.*

**bonetero** *m. Evónimo.*

**boniato** *m. Moniato.*

**bonificación** *f. Beneficio, mejora.* 2 *Descuento, abono, rebaja.*

**bonítalo** *m. Bonito, biza.*

**bonitamente** *adv. m. Disimuladamente, mañosamente, diestramente.*

**bonito** *m.* (pez) *Biza, bonítalo.*

**bonito, -ta** *adj. Hermoso*, bello, lindo, gracioso, agraciado.* En el lenguaje usual, *bonito* sustituye a menudo a *hermoso* y *bello,* aunque con impropiedad. Estos dos adjetivos expresan una cualidad estética más alta que *bonito. Lindo* sugiere proporción y armonía en las cosas pequeñas, y en gran parte de Hispanoamérica es más usual que *bonito; gracioso* se refiere a la expresión y a los movimientos. Una persona es *linda* por sus facciones; *graciosa* o *agraciada* por su hablar, sus gestos o su andar. V. belleza. ·

**boñiga** *f. Moñiga* (vulg. y rúst.), *bosta.*

**boquera** *f. Vaharera.*

**boquerón** *m.* (pez) *Alacha, lacha, alache, aladroque, haleche, alece, aleche, anchoa* (muy usado), *anchova.*

**boquete** *m. Rotura, brecha, agujero\*, abertura.* Los dos primeros se refieren a un *boquete* en alguna pared o techo.

**boqui** *m. Chile. Coguilera.*

**boquilla** *m. Brocal.* 2 *Mechero.* 3 *Embocadura.*

**bórax** *m. Borraj, atíncar.*

**bordada** *f.* MAR. *Bordo.*

**bordado** *m. Labor\*, costura, punto, encaje.*

**I borde** *m. Extremo, orilla\*, canto, margen.*

**II borde** *adj.-com. Bastardo.*

**bordillo** *m. Encintado.*

**bordo** *m.* MAR. *Bordada.*

**bordón** *m. Muletilla, bordoncillo, estribillo.*

**bordoncillo** *m. Muletilla, bordón, estribillo.*

**boreal** *adj. Norte, septentrional, matacabras.* Este último, tratándose del viento, esp. cuando es muy fuerte y frío.

**bóreas** *m. Aquilón, viento, norte, septentrión, cierzo, tramontana, matacabras.*

**boricua** *adj.-com.* (pers.) *Portorriqueño, puertorriqueño, borinqueño.*

**borinqueño, -ña** *adj.-s.* (pers.) *Portorriqueño, puertorriqueño, boricua.*

**borlas** *f. pl. Amaranto, flor de amor, borlones.*

**borlones** *m. pl. Borlas, amaranto, flor de amor.*

**bornear** *tr.* ARQ. *Retranquear.*

**borneol** *m.* QUÍM. *Alcanfol.*

**boronatrocalcita** *f.* MINERAL. *Ulexita, piedra televisión.*

**boronía** *f. Alboronía, almoronía.*

**borrachera** *f. Embriaguez, ebriedad, curda, turca, mona, jumera, chispa, loba, merluza, papalina, pítima, tajada, zorra.* Excepto los dos primeros,

los otros sinónimos son burlescos. ↔ SOBRIEDAD.

**borracho, -cha** *adj.-s. Ebrio, beodo, embriagado, achispado, bebido, calamocano, ajumado, curda, curdela, a medios pelos, entre dos luces, hecho una uva, estar como una cuba. Ebrio, beodo, embriagado* son términos cultos, ligeramente eufemísticos. *Beodo* designa esp. el borracho habitual. *Achispado, bebido, calamocano,* el que tiene una borrachera ligera o incipiente. Abundan las denominaciones populares y burlescas: *ajumado, curda, curdela, a medios pelos, entre dos luces, hecho una uva,* etc. ↔ SOBRIO, ABSTEMIO, SERENO.

**borrachuela** *f. Cizaña.*

**borrador** *m. Minuta, extracto, apunte, apuntación, apuntamiento.*

**borraj** *m. Bórax, atíncar.*

**borrajear** *tr. Borronear, burrajear, emborronar.*

**borrajo** *m. Rescoldo.*

**borrar** *tr.* fig. *Esfumar, desvanecer.* 2 *Eliminar, anular\*.*

**borrasca** *f. Tormenta, tempestad, temporal.* Se usa este último cuando la *borrasca* es duradera. ↔ CALMA. 2 *Viento\*, ventarrón, ventada, ventolera, vendaval, ventolina, brisa.*

**borrascoso, -sa** *adj. Proceloso* (lit.), *tempestuoso, tormentoso.* 2 fig. *Desordenado, desenfrenado, accidentado\*.*

**borrico** *m. Asno\*, burro, rucio, jumento.* 2 fig. *Corto, rudo, necio, ignorante.*

**borrón** *m. Mancha.* 2 *Mácula, tacha, defecto, imperfección.*

**borronear** *tr. Borrajear, burrajear, emborronar, garrapatear.*

**borroso, -sa** *adj. Confuso, nebuloso.* ↔ VISIBLE, PRECISO.

**borujo** *m. Burujo, bodoque, gorullo, gurullo.*

**borusca** *f. Seroja, serojo.*

**bosque** *m. Selva, monte, floresta, parque.* La *selva* es extensa, inculta y muy densamente poblada de árboles, mientras que el *bosque* puede ser grande o pequeño, natural o artificial, espeso o claro. *Monte* es tierra inculta poblada de árboles (*alto*) o de arbustos y matas (*bajo*). *Floresta* fue equivalente a *bosque* en los libros de caballerías, como corresponden a su origen (l. *foresta*); pero el cruce fonético con *flor* le añadió después la idea de amenidad que hoy le asociamos. El *parque* es un *bosque* natural o artificial dependiente de un palacio o de una gran casa de campo.

**bosquejar** *tr. Esbozar, abocetar.*
**bosquejo** *m. Esbozo, boceto, mancha, apunte, croquis.*
**bosta** *f. Boñiga.*
**bostar** *m. Boyera, boíl, boyeriza.*
**bostezo** *m. Oscitación* (MED.), *osccdo* (lat.).
**botador** *m.* IMPR. *Taco.*
**botadura** *f.* MAR. *Varamiento, varada.*
**botafuego** *m. Lanzafuego.*
**botamen** *m. Pipería, botería.*
**botánica** *f. Fitología.*
**botánico, -ca** *s. Botanista.*
**botanista** *com. Botánico.*
**botanófago, -ga** *adj.-s. Vegetariano.*
**botar** *tr. Tirar, lanzar, arrojar.* Tratándose de cosas. 2 *Amér. Despedir, echar. Botar* a alguien de un lugar o empleo es *despedirlo* o *echarlo.* 3 *intr. Saltar, brincar.* 4 *intr.-tr.* MAR. *Varar.*
**botarate** *adj.-m. Alborotado, tararira, irreflexivo, atolondrado, precipitado.* ↔ JUICIOSO, REFLEXIVO, GRAVE. 2 *Amér. Malgastador, manirroto.*
**botarel** *m.* ARQ. *Contrafuerte.*
**botarete** *m. Arbotante.*
**I bote** *m. Salto, brinco.*
**II bote** *m. Barca, lancha, batel.*
**botella** *f.* DEP. *Zona de tres segundos.* En el baloncesto.
**botería** *f. Pipería, botamen.*
**botica** *f. Farmacia, oficina de farmacia.*
**boticario, -ria** *s. Farmacéutico.*
**botijuela** *f. Alboroque, robla, robra, corrobra, hoque* (dialectal).
**botín** *m. Despojo, presa.*
**boto, -ta** *adj. Romo, obtuso.* 2 fig. *Rudo, torpe.*
**botón** *m. Yema, capullo, brote.* 2 Lla-

*mador* (en los timbres eléctricos). 3 *Furúnculo, pápula.*
**botoque** *m. Brasil. Barbote* (Argent.), *tembetá* (entre los guaraníes).
**bóveda celeste** *f. Firmamento, cielo.*
**bovedilla** *f. Revoltón.*
**bóvido, -da** *adj.-m. Bovino.*
**bovino, -na** *adj. Boyuno, bueyuno, vacuno.* Tratándose del ganado, *vacuno.* 2 *adj.-m.* ZOOL. *Bóvido.*
**boxeador** *adj.-m. Púgil. Púgil* es el que se bate a puñetazos en gral. El *boxeador* es un *púgil* que se atiene a las reglas del boxeo. Todo *boxeador* es *púgil,* pero no viceversa.
**boyada** *f. Rebaño*, *manada*, *hato.*
**boyante** *adj. Acomodado, afortunado, rico, próspero, feliz.* ↔ INFELIZ, POBRE, DESAFORTUNADO.
**boyera** *f.* ant. *Boíl, bostar, boyeriza* (ant.), *establo, corte* (p. us.), *presepio* (lat.), *cuadra, caballeriza.*
**boyeriza** *f.* ant. *Boyera* (ant.), *boíl, bostar, establo, corte* (p. us.), *presepio* (lat.), *cuadra, caballeriza.*
**boyerizo** *m. Pastor*, *boyero.*
**boyero** *m. Pastor, boyerizo, vaquero, porquerizo, ovejero, cabrero, pavero.*
**boyuno, -na** *adj. Bovino.*
**bozal** *adj.-com. Bisoño, inexperto, nuevo, novel, novato.* ↔ VETERANO, MAESTRO, ANTIGUO.
**bracelaje** *m. Brazaje.*
**bracera** *f. Brazal* (de riego).
**braceral** *m. Brazal, bracil, brazalete.*
**bracil** *m. Brazal, braceral, brazalete.*
**bracmán** *m. Brahmán, brahmín.*
**braga** *f. Briaga, honda.* V. bragas.
**bragado, -da** *adj. Animoso, enérgico, firme, entero, valiente, echado para adelante.* ↔ COBARDE, BLANDO, INDECISO.
**bragas** *f. pl. Calzones.* V. braga.
**bragazas** *adj.-m. Calzonazos, Juan Lanas.*
**bragueta** *f. Cuba. Portañuela, trampa, trampilla.*
**brahmán** *m. Bracmán, brahmín.*
**brahmín** *m. Brahmán, bracmán.*
**bramadera** *f. Zumba.*

**bramante** adj.-m. Cordel, guita, cabuya (Ant.).
**bramido** m. Mugido, frémito (lit.). Mugido se refiere al bramido de los bóvidos. 2 Rugido.
**branque** m. MAR. Roda.
**branquia** f. ZOOL. Agalla.
**brasa** f. Ascua.
**bravata** f. Amenaza, fieros, bravuconada, bravuconería. 2 Baladronada, fanfarronada, fanfarria*.
**braveza** f. Bravura*.
**bravío, -a** adj. Montaraz, feroz, indómito, salvaje*, cerril, cimarrón, bravo, agreste, áspero, fragoso, huraño, hosco, huidizo. Agreste, áspero y fragoso tratándose de un terreno o paisaje; el resto, tratándose de animales y también del hombre. ↔ SUAVE, FÉRTIL, BLANDO.
**bravo, -va** adj. Valeroso, valiente, animoso, esforzado. 2 Bagual, indómito, cerril, salvaje, bravío*.
**bravucón, -ona** adj. desp. Valentón, fanfarrón, matasiete.
**bravuconada** f. Bravata, amenaza, fieros, bravuconería.
**bravuconería** f. Bravata, amenaza, fieros, bravuconada.
**bravura** f. Valor, valentía, ánimo. ↔ COBARDÍA, TIMIDEZ. 2 Fiereza, cerrilidad, ferocidad, braveza. "Bravura se aplica al hombre y a los animales, y equivale muchas veces a valor, esfuerzo o arrojo. Braveza se aplica solamente a los elementos, y equivale a ímpetu violento en sumo grado. Se dice: la bravura del león, del toro; la braveza del mar, de la tempestad, del huracán, etc. La bravura refiere la idea a la unión de las fuerzas del ánimo y del cuerpo. La braveza limita la idea a la fuerza puramente material puesta en movimiento" (C).
**brazaje** m. Bracelaje.
**brazal** m. Braceral, bracil, brazalete. En la armadura. 2 Embrazadura (del escudo). 3 Bracera (del riego). 4 MAR. Cerreta, percha, varenga, orenga.
**brazalete** m. Pulsera.

**brazo. No dar el brazo a torcer** loc. Aferrarse, insistir, obstinarse, cerrarse en banda, no cejar, mantenerse en sus trece, no apearse del burro.
**brea** f. Alquitrán, zopisa.
**I brear** tr. Embrear, alquitranar.
**II brear** tr. Maltratar, tundir, molestar.
**brecha** f. Rotura, boquete, abertura, agujero*.
**bréfico, -ca** adj. Embrionario.
**brega** f. Riña, pendencia, reyerta, pugna, lucha. 2 Trabajo, ajetreo, fatiga, faena, trajín.
**bregar** intr. Forcejear, resistir, luchar, forcejar, esforzarse.
**breñal, breñar** m. Fraga.
**bretaña** f. (planta) Jacinto.
**brete** m. fig. Aprieto, dificultad, conflicto, apuro.
**breva** f. Albacora.
**breve** adj. Corto, sucinto, sumario, compendioso, conciso*, efímero*. Corto puede referirse a la extensión, a la cantidad y a la duración; breve se aplica hoy únicamente a la duración. Ejemplos: un bastón corto; llegó corto número de soldados; un discurso corto o breve; la sesión ha sido corta o breve. Sucinto, sumario y compendioso se refieren a la exposición oral o escrita de una doctrina, narración, etc. ↔ LARGO, EXTENSO, DURADERO. 2 m. Rescripto pontificio, buleto.
**brevedad** f. Concisión. 2 **Con brevedad** loc. adv. Prestamente, de presto, prontamente, ligeramente, rápidamente, a mata caballo.
**brezo** m. Urce.
**briaga** f. Braga, honda.
**brial** m. ant. Guardapiés, tapapiés. 2 Tonelete.
**bribón, -ona** adj. Pícaro, bellaco, pillo, turno, canalla, vago, sinvergüenza, desvergonzado, poca vergüenza, inverecundo, cara dura, desfachatado. ↔ HONORABLE, APLICADO.
**bribonada** f. Picardía, bellaquería, pillada, canallada.
**bribonear** intr. Tunear, tunantear.

**bridar** *tr.* ant. DEP. *Embridar.* En la hípica.

**brillante** *adj. Resplandeciente, fulgurante, refulgente, fulgente* (lit.), *fúlgido* (lit.), *reluciente. Resplandeciente, fulgurante* y *refulgente* expresan de modo más intenso la misma cualidad; en el habla usual, *reluciente.* 2 fig. *Admirable, sobresaliente, lucido.* 3 *m. Diamante.*

**brillantez** *f. Brillo.* 2 fig. *Lucimiento.*

**brillar** *intr. Lucir, relucir, centellear\*, resplandecer\*, relumbrar, chispear, fulgurar, cabrillear\*.* 2 fig. *Descollar, sobresalir, lucir.*

**brillo** *m. Lustre, brillantez, resplandor, esplendor.* ↔ OPACIDAD, OSCURIDAD. 2 fig. *Lucimiento, realce, gloria, notoriedad.* ↔ INCÓGNITO.

**brincar** *intr. Saltar, botar.*

**brinco** *m. Salto, bote.*

**brindar** *tr.-prnl. Ofrecer, invitar, convidar, prometer, dedicar.*

**brío** *m. Pujanza, resolución, esfuerzo, fuerza, ánimo.* ↔ DESÁNIMO, INDECISIÓN. 2 *Garbo, gallardía, arrogancia\*.*

**briofita** *adj.-f. Muscínea.*

**brioso, -sa** *adj. Arrogante, valiente, impetuoso\*.*

**I brisa** *f. Aura, vientecillo, céfiro, ventolina.* 2 *Viento\*, ventarrón, ventada, ventolera, vendaval, borrasca.*

**II brisa** *f. Orujo, hollejo, casca.*

**británico, -ca** *adj. Britano, inglés. Britano* y *británico* se refieren a la antigua Britania. Refiriéndose a la Inglaterra moderna, *inglés*; en esta última acepción *británico* tiene uso exclusivamente literario; *británico* se usa hoy para indicar lo que se halla más o menos vinculado a la corona de Inglaterra y está fuera de los límites estrictos de este país, p. ej. el imperio *británico,* súbdito *británico.*

**britano, -na** *adj.-s.* p. us. (pers.) *Británico, inglés\*, anglo* (p. us.).

**brizar** *tr.* p. us. *Acunar, cunar, cunear* (p.us.).

**broa** *f.* MAR. *Anconada, ancón.*

**brocal** *m. Pozal, arcón.* 2 *Boquilla* (de la vaina de un arma).

**broma** *f. Bulla, diversión, jarana, gresca, fiesta, chanza.* 2 *Burla\*, chasco, chacota, mofa, guasa.*

**bromear** *intr.-prnl. Divertirse, jaranear.* 2 *Chancearse, embromar, burlarse, guasearse.*

**bromista** *adj.-com. Burlón, guasón, chancero, zumbón, bufón.*

**bronca** *f. Disputa, riña, pendencia, reyerta, pelotera, cisco, agarrada, trifulca, altercado\*, lucha\*.* 2 *Reprensión, regañina, reprimenda.* 3 *Alboroto\*, protesta, tumulto, la de Dios es Cristo, grita, abucheo.* ↔ APLAUSO.

**bronco, -ca** *adj. Ronco, destemplado.* Tratando de la voz o del sonido. 2 fig. *áspero, intratable, hosco.* ↔ SOCIABLE. 3 *Grosero, inculto, tosco, rudo.* ↔ EDUCADO.

**bronquina** *f.* fam. *Quimera, pendencia, altercado.*

**broquel** *m. Escudo.* 2 fig. *Defensa, amparo, protección.*

**brota** *f.* p. us. *Botón, yema, capullo, pimpollo, renuevo, retoño.*

**brotar** *intr. Salir, surgir, nacer, germinar, echar brotes, echar retoños, manar, fluir, correr.* Tratándose de plantas, *nacer, germinar; echar brotes o retoños.* Tratándose del agua, *manar.* ↔ DETENERSE, SECARSE.

**brote** *m. Pimpollo, renuevo, retoño, brota* (p. us.), *botón, yema, capullo.*

**broza** *f. Hojarasca.* 2 *Maleza.* 3 *Desecho, cosas inútiles.*

**brucero** *m. Pincelero.*

**brugo** *m. Mida.*

**bruja** *f.* fig. *Arpía, furia, basilisco.* 2 *Lechuza, coruja, curuja, curuca, estrige, oliva.*

**brujería** *f. Hechicería, magia, encantamiento.*

**brujo, -ja** *s. Hechicero\*, mago.*

**brújula** *f. Saeta, aguja imantada.* 2 MAR. *Compás.*

**bruma** *f. Niebla, neblina, brumazón.* Aunque *bruma* y *niebla* son equivalentes, se dice generalmente *bruma* en el mar, y *niebla* en tierra. Cuando la *niebla* es espesa y grande, se utiliza *brumazón*.

**brumazón** *m. Bruma\*, niebla, neblina.*

**brumoso, -sa** *adj. Nebuloso.* ↔ DESPEJADO. 2 fig. *Oscuro, confuso, incomprensible.* ↔ COMPRENSIBLE.

**bruñido, -da** *adj. Pulido, pulimentado, liso.*

**bruñir** *tr. Abrillantar, pulir, pulimentar, dar brillo.*

**brusco** *m. Jusbarba, rusco.*

**brusco, -ca** *adj. Áspero, desapacible, descortés.* ↔ APACIBLE, CORTÉS. 2 *Súbito, repentino, imprevisto.*

**brusela** *f. Hierba doncella.*

**brusquedad** *f. Rudeza, descortesía, grosería.* ↔ AFABILIDAD, CORTESÍA.

**brutal** *adj. Salvaje, feroz, bárbaro, atroz, fiero, sanguinario, cruel\*.* ↔ CULTO, CIVILIZADO, EDUCADO. 2 *Fenomenal, tremendo, desmesurado, descomunal, extraordinario.* 3 col. *Bestial, colosal, formidable, enorme\*, estupendo.* Modernamente en la lengua hablada, *brutal* se añade a muchos sustantivos con carácter intensivo general y adquiere los más variados matices: una velocidad *brutal*; una comida *brutal* (buena); una mujer *brutal* (hermosa); un salón *brutal* (grande, lujoso); etc. Es el mismo sentido intensivo, de aplicación muy vasta, en nuestros días tienen también los adjs. *bestial, colosal, formidable, enorme, estupendo* y otros.

**brutalidad** *f. Bestialidad, ferocidad, grosería, salvajada, barbaridad, atrocidad.* ↔ HUMANIDAD, SOCIABILIDAD.

**bruto, -ta** *adj. Necio, incapaz.* 2 *Vicioso, torpe, desenfrenado.* 3 *Tosco, rudo, grosero.* ↔ EDUCADO. 4 *adj.-m. Animal\*, bestia.*

**bu** *m. Cancón, coco.*

**buarro** *m. Buharro, corneja.*

**buba, bubas** *f. Pústula* (MED.).

**bucal** *adj. Estomático* (MED.).

**buceador, -ra** *s. Buzo.*

**bucear** *intr. Somorgujar.* 2 fig. *Explorar, tantear.*

**buchada** *m. Buche, bocanada, sorbo.*

**buche** *m. Papo.* En las aves. 2 *Estómago.* En el hombre y en algunos cuadrúpedos. 3 *Buchada, bocanada, sorbo.*

**bucle** *m. Rizo.*

**buco** *m. Cabrón\*, macho cabrío.*

**bucólico, -ca** *adj. Pastoril, pastoral.*

**budare** *m. Colomb. y Venez. Callana.*

**budejal** *m. Bodejal, bujeda, bujedo.*

**budión** *m. Baboso, doncella, gallito del rey.*

**buenamente** *adv. m. Fácilmente.* 2 *Voluntariamente.*

**buenazo, -za** *adj.-s. Bonachón, bonazo, confiado, crédulo.*

**bueno, -na** *adj. Bondadoso, indulgente, benévolo, caritativo, misericordioso, virtuoso, afable.* ↔ MALO. 2 *Exacto, verdadero, hermoso, lindo.* La estimación ética de las cosas tenidas por buenas se extiende a calificar valores lógicos y estéticos: un *buen* razonamiento (*exacto, verdadero*); una *buena* cara (*hermosa, linda*). De las acepciones anteriores pasa a significar la estimación en que tenemos a personas y cosas por cualquier cualidad favorable o grata al punto de vista que adoptemos. Ejemplos: un *buen* trozo de pan (de gran tamaño); comida *buena* (de buen sabor); estar o sentirse *bueno* (con buena salud); *buena* tela (de buena calidad); un martillo muy *bueno* (útil); *buen* marino (con buena aptitud); etc. 3 **Por las buenas** *loc. adv. Voluntariamente, de grado, a buenas.* ↔ POR LAS MALAS, A MALAS, POR OBLIGACIÓN.

**bueyuno, -na** *adj. Bovino, boyuno, vacuno.*

**bufanda** *f. Tapaboca, tapabocas.*

**bufé, buffet** *m.* galic. *Ambigú.*

**bufido** *m. Resoplido, rebufe* (bufido del toro). 2 fig. *Sofión, cajas destempladas.*

**bufo, -fa** *adj. Cómico, grotesco, burlesco, chocarrero, ridículo.* ↔ SERIO, GRAVE.

**bufón, -ona** adj. Chocarrero. 2 s. Truhán, albardán. Ambos sinónimos están anticuados.
**bufonada** f. Chocarrería.
**buglosa** f. BOT. Lengua de buey, lenguaza.
**buharda** f. Bohardilla, boardilla, guardilla, desván, buhardilla.
**buhardilla** f. Buharda, bohardilla, boardilla, guardilla, desván.
**buharro** m. Buarro, corneja.
**buhedo** m. Bodón.
**búho** m. Mochuelo.
**buhonero** m. Gorgotero, mercachifle.
**buitrón** m. Butrino, butrón, carriego.
**bujarda** f. CONSTR. Cucarda, martellina.
**bujeda** f. Bodejal, budejal, bujedo.
**bujedal** m. Bojedal, bujeda, bujedo.
**bujedo** m. Bodejal, budejal, bujeda.
**bujería** f. Baratija, chuchería.
**bujeta** f. ant. Poma, pomo.
**bujía** f. Vela, candela.
**bula** f. Constitución pontificia.
**bulbo** m. BOT. Cebolla, cabeza.
**buleto** m. Breve, rescripto pontificio.
**bulimia** f. MED. Voracidad, hambre. ↔ ANOREXIA.
**bulla** f. Trulla, algazara, gritería, vocerío, bullicio, algarabía, ruido, alboroto*. "Toda bulla es ruido; pero no todo ruido es bulla. Aquél es el género, ésta la especie determinada de ruido que forman con la voz una o muchas personas. Cuando decimos que se oye ruido en la calle, no explicamos por medio de esa voz la especie de ruido, ni el agente que lo causa: puede ser un caballo, un carro, un cuerpo que cae en tierra, etc.; pero si decimos que hay bulla en la calle, damos a entender que el ruido que se oye es causado por la gente que habla o grita en ella" (LH). ↔ TRANQUILIDAD, QUIETUD.
**bullanga** f. Asonada, alboroto*, tumulto, rebullicio, motín.
**bullicio** m. Bulla*, rebullicio, ruido, algarabía, alboroto*.
**bullicioso, -sa** adj. Ruidoso, estrepitoso. 2 Inquieto, desasosegado, revoltoso. 3 Sedicioso, alborotador, agitador.
**bullir** intr.-prnl. Hervir, burbujear. Tratándose de líquidos. 2 Moverse, agitarse, hormiguear, gusanear, pulular. Tratándose de multitud de personas o animales. ↔ AQUIETARSE, PARARSE.
**bulo** m. Mentira*, bola*, embuste. ↔ VERDAD.
**bulto** m. Volumen, tamaño, cuerpo, mole. 2 Fardo, paca, bala, lío.
**buque** m. Barco, vapor, navío, embarcación*, nave, bajel (lit.).
**burbuja** f. Pompa, campanilla, gorgorita, ampolla. Cuando la burbuja es grande, se usa pompa.
**burbujear** intr.-prnl. Bullir, hervir.
**burdel** m. Prostíbulo, lupanar, casa de citas.
**burdo, -da** adj. Tosco, grosero, basto.
**burguesía** f. Mesocracia, clase media. Suele distinguirse entre la grande y la pequeña burguesía, según su mayor o menor caudal.
**buril** m. Punzón.
**burla** f. Mofa, pitorreo, rechifla, sarcasmo, befa, escarnio, ludibrio. Los tres primeros sinónimos forman una serie intensiva. Sarcasmo es burla sangrienta o ironía fuertemente mordaz; befa, escarnio y ludibrio son afrentosos. 2 Zumba, vaya, chunga, cantaleta, chanza, broma, guasa, cuchufleta, chirigota, chafaldita. Los tres últimos significan dicho o palabras en broma inofensiva; los otros se refieren generalmente a burlas festivas y ligeras. 3 Engaño, fraude. ↔ VERAS, VERDAD.
**burlar** intr.-prnl. Chasquear, desairar, engañar, frustrar. 2 prnl. Reírse, mofarse, chancearse, quedarse con uno, tomar el pelo, echar a chacota, poner en ridículo, dejar en ridículo.
**burlesco, -ca** adj. Festivo, jocoso, chancero, chistoso. ↔ SERIO, GRAVE.
**burlón, -ona** adj.-s. Guasón, zumbón, bromista, chancero, socarrón. 2 adj. Irónico, punzante, ático, cáustico, mordaz.

**burrada** 118

**burrada** *f. Necedad, dislate, disparate, tontería, desatino.*

**burrajear** *tr. Borrajear, borronear, emborronar.*

**burro** *m. Asno, borrico, rucio, jumento.* 2 fig. *Corto, rudo, torpe, necio, ignorante.* ↔ LISTO. 3 **No apearse del burro** *loc. Mantenerse en sus trece, no dar el brazo a torcer, obstinarse, cerrarse en banda, no cejar, insistir, aferrarse.*

**burujo** *m. Bodoque, borujo, gorullo, gurullo.*

**bus** *m.* INFORM. *Conductor común, enlace común.*

**buscapiés** *m. Carretilla, rapapiés.*

**buscar** *tr.-prnl. Inquirir, averiguar, indagar, investigar, pesquisar, andar a caza de, ir al encuentro, dar tras uno, hacerse el encontradizo, rebuscar.* En general, *buscar* se aplica concretamente a personas o cosas: *buscamos* un objeto perdido; *buscamos* a una persona en un lugar. Los siguientes sinónimos se refieren a investigaciones, asuntos, negocios de alguna complejidad: se *inquiere, indaga, averigua* o *investiga* el paradero de alguien, o la fortuna que posee; pero el perro *busca* la caza. *Pesquisar* es hoy anticuado, y se aplica sólo a lo judicial y policíaco. *Rebuscar* es intensivo o reiterativo de *buscar:* se *busca* un libro en el armario; pero *rebuscarlo* supone una *busca* minuciosa y repetida. ↔ DESISTIR, ABANDONAR.

**busilis** *m. Dificultad, toque, quid.*

**búsqueda** *f. Pesquisa, investigación, averiguación, indagación.*

**butrino** *m. Buitrón, butrón, carriego.*

**butrón** *m. Buitrón, butrino, carriego.*

**buyo** *m. Betel.*

**buzamiento** *m.* MIN. *Echado.*

**buzo** *m. Somorgujador* (desus.).

**byte** *m.* anglic. INFORM. *Octeto.*

# C

**ca** *interj. Quia.*

**cabal** *adj. Ajustado, completo\*, acabado, exacto\*, entero, íntegro, justo.* ↔ IN-COMPLETO, INFORMAL, DESHONRADO.

**cábala** *f. Conjetura, suposición, pronóstico.* En la acepción de *pronóstico* suele emplearse el pl. *cábalas.*

**cabalgadura** *f. Caballería, montura.*

**cabalgamiento** *m.* RET. *Hipermetría, encabalgamiento.*

**cabalgar** *intr.-tr. Montar.*

**caballa** *f. Escombro, sarda.*

**caballar** *adj. Equino, hípico, ecuestre.* A pesar de su equivalencia etimológica cada uno de estos adjetivos tiene aplicaciones particulares que a menudo se entrecruzan. *Caballar* es el de uso más general: *ganado, raza, feria, cría c. Equino* es culto y literario y por lo tanto se presta menos a sus aplicaciones más populares: se dice, p. ej., *raza equina,* pero es más raro *cría equina. Hípico* se refiere pralte. al arte de la equitación: *noticias hípicas* en los periódicos; *concurso hípico* si se trata de carrreras de caballos, pero *concurso caballar* si hablamos de una exposición para premiar los mejores ejemplares. *Ecuestre* se refiere al caballero o a la orden de caballería: *orden ecuestre;* a los espectáculos en que intervienen caballos amaestrados: *circo ecuestre;* a las obras artísticas en que aparece un personaje a caballo: *retrato, estatua ecuestre.* 2 *Caballuno, equino.*

**caballerete** *m.* desp. *Presumido, go-*

*moso, pisaverde, lechuguino, petimetre, currutaco, mozalbete.*

**caballería** *f. Cabalgadura, montura.*

**caballeriza** *f. Cuadra, presepio.* Presepio es latinismo docto de uso raro.

**caballero** *m. Noble, hidalgo.* 2 *Señor\*.* Usado como vocativo o como sustantivo, gralte, equivale a *señor,* aunque siempre sugiere mayor distinción. Compárese: *ha venido un caballero a preguntar por usted,* con *ha venido un señor; oiga, caballero,* con *oiga, señor.* Como tratamiento antepuesto a un nombre común o propio, se emplea sólo en ciertos casos bien determinados por la costumbre: *c. alumno,* en las academias militares y navales; *c. cadete; c. legionario,* etc.

**caballero, -ra** *adj. Jinete, montado.*

**caballerosidad** *f. Nobleza, hidalguía, dignidad, pundonor, lealtad, generosidad.* ↔ BELLAQUERÍA, DESLEALTAD.

**caballeroso, -sa** *adj. Noble, digno, leal, pundonoroso, generoso, espléndido.*

**caballeta** *f. Saltamontes.*

**caballete** *m.* (de un tejado) *Lomera, mojinete.* 2 *Caballón, camella, camellón.* 3 CARP. *Asnilla.*

**caballito del diablo** *m. Libélula, caballito de San Vicente* (Cuba y Hond.).

**caballitos** *m. pl. Tiovivo.*

**caballo** *m. Trotón, rocín, penco, jamelgo, jaco, corcel, bayo, ruano, percherón, petiso* (Argent.). Despectivos: *rocín, penco, jamelgo, jaco. Corcel* es el caballo ligero, de mucha alzada, que servía para los torneos y batallas. Tiene este animal una extensísima sinonimia derivada del color, raza, talla, edad y usos a que se le destina; muchos de los sinónimos, tanto en América como en España, son de uso regional: *bayo, ruano, percherón, petiso,* etc. 2 **A mata caballo** *loc. adv. Prestamente, de presto, prontamente, ligeramente, rápidamente, con brevedad.* ↔ LENTAMENTE, PAUSADAMENTE.

**caballón** *m. Caballete, camella, camellón.*

**cabalmente** *adv. m. Precisamente, justamente, perfectamente.*

**cabaña** *f. Choza, barraca, rancho.*

**cabe** *prep. Cerca de, junto a. Cabe* se usa hoy sólo en estilo elevado o arcaizante.

**cabeceo** *m. Balanceo.* Especialmente tratando de barcos y aviones.

**cabecera** *f. Encabezamiento.*

**cabello** *m. Pelo. Pelo* es común al hombre y a los animales. Se llama *cabello* al *pelo* de la cabeza humana. Por esto, aunque *pelo* puede usarse y se usa por *cabello,* como el género que comprende la especie, el empleo de *cabello,* se siente como más noble a causa de su su significado diferenciador.

**cabestrear** *intr. Ramalear.*

**cabestrillo** *m.* (aparato) *Charpa.*

**cabeza** *f. Testa* (culto o irón.), *calabaza, calamorra, chola, coca, casco.* Los cinco últimos son familiares y jocosos. 2 *Inteligencia, talento, capacidad, juicio, seso, cerebro, cacumen, caletre, chirumen.* Los tres últimos son burlescos o familiares. 3 *Persona, individuo.* 4 *Jefe, superior, director.* 5 *Capital.* P. ej., *capital* de distrito, comarca, etc. 6 *Res.* 7 fig. *Origen, principio, comienzo.* 8 **Metérsele en la cabeza** *loc. Obstinarse, aferrase, porfiar, empeñarse, emperrarse, mantenerse en sus trece, no dar el brazo a torcer.* 9 **Sin levantar cabeza** *Con ahínco, con empeño, con tesón, con firmeza, con insis-*

*tencia, de día y de noche, tenazmente, con tenacidad.*

**cabezada** *f. Cabezazo, calabazada, calamorrada* (fam.)*, casquetazo.*

**cabezal** *m. Almohada, larguero.*

**cabezalero, -ra** *s. Testamentario, albacea.*

**cabezazo** *m. Cabezada.*

**cabezo** *m. Cerro, montecillo, montículo, colina, alcor.*

**cabezón, -ona** *adj. Cabezudo, macrocéfalo* (tecn.). 2 fig. *Cabezota, terco, obstinado.*

**cabezota** *com. Cabezudo, cabezón.* 2 fig. *Terco, testarudo, obstinado, tozudo.*

**cabezudo** *m. Mújol, múgil, capitón, lisa, liza, matajudío.*

**cabezudo, -da** *adj. Cabezón, cabezota.* 2 *Terco, tozudo, contumaz.* En sentido fig, *cabezudo* intensifica el valor despectivo de *terco, tozudo, contumaz.*

**cabezuela** *f. Soma, zoma.*

**cabida** *f. Capacidad, espacio, aforo.* 2 *Extensión, superficie.*

**cabillo** *m. Rabillo, pezón, pedúnculo, pedículo.* Son tecnicismos botánicos *pedúnculo* y *pedículo.*

**cabina** *f. Locutorio, camarote.* La del teléfono, *locutorio;* la de los barcos, *camarote.*

**cabo** *m. Punta, extremo, extremidad.* 2 *Mango.* 3 *Fin, final.* 4 *Promontorio, lengua de tierra, angla* (p. us.). *Promontorio,* si es alto y escarpado; *lengua de tierra,* si es estrecho y largo. 5 MAR. *Cuerda.*

**cabra. Estar como una cabra** *loc.* fam. *Estar desequilibrado, ser un maniático, estar chiflado, estar guillado, estar tocado, estar ido, estar loco, estar mochales.*

**cabrahígo** *m. Higuera de Egipto, higuera silvestre.*

**cabrero** *m. Pastor\*.*

**cabrestante** *m. Cabestrante, argüe.*

**cabrillear** *intr. Rielar, brillar, resplandecer\*, centellear\*. Cabrillear* y *rielar* se diferencian de *brillar* o *resplandecer* en que sugieren luz trémula. Por ejemplo, la luna *riela* en la superficie movediza de las aguas; las aguas *cabrillean* al reflejar su luz.

**cabrio** *m. Contrapar.*

**cabrío, -a** *adj. Cabruno, caprino.* Tratándose del ganado de esta especie, se dice ganado *cabrío*, no *cabruno* ni *caprino*.

**cabriola** *f. Pirueta, brinco, salto, voltereta.*

**cabrón** *m. Bode* (p. us.), *igüedo, buco, macho cabrío, cegajo, chivo, chivato. Macho cabrío*, muy usado por ser malsonante la palabra *cabrón*. El de dos años, *cegajo*; el que no mama y no ha llegado a la edad de procrear, *chivo*; el que tiene más de seis meses y no llega al año, *chivato*.

**cabruno, -na** *adj. Caprino, cabrío.*

**cabuya** *f. Amér. Cuerda.*

**cacahual** *m. Cacaotal.*

**cacahuet** *m. Maní, cacahuete, cacahué, cacahuey.*

**cacao** *m. Teobroma* (tecnicismo).

**cacaotal** *m. Cacahual.*

**cacería** *f. Partida de caza.*

**cachada** *f. Coca.* 2 *Amér. Cornada, cachazo.*

**cachava** *f. Cayado, palo\*.*

**cachaza** *f. Calma, flema, lentitud, asadura, pachorra, apatía.*

**cachazo** *m. Amér. Cachada, cornada.*

**cachazudo, -da** *adj. Lento, calmoso, tardo, apático, flemático.* ↔ DILIGENTE, NERVIOSO, RÁPIDO.

**cachemir** *m. Cachemira, casimir.*

**cachet** *m.* galic. *Sello. Cachet* es un galicismo por *sello* medicinal.

**cachetada** *f. Amér. Bofetada.*

**cachetero** *m. Puntilla.* 2 *Puntillero.*

**cachicamo** *m. Amér. Armadillo.*

**cachifollar** *tr.* fam. *Escachifollar, deslucir, estropear.*

**cachillada** *f. Cría, lechigada, camada, nidada.* Tratándose de aves o insectos, *nidada*; de lobos, *camada*.

**cachipolla** *f. Efímera.*

**cachiporra** *f. Porra.*

**cachivache** *m.* desp. *Trasto, trebejos, bártulos, enseres.*

**I cacho** *m.* fam. *Pedazo\*, trozo, porción, fragmento.*

**II cacho** *m. Amér. Asta, cuerno.*

**cachondo, -da** *adj. Lujurioso, libidinoso.*

**cachorrillo** *m. Pistolete.*

**cachupín, -ina** *s. Méx. Cachopín, gachupín.* Esta última es hoy la forma usual en Méx.

**caco** *m. Ladrón, ratero, sacre.*

**cacomiztle** *m. Méx. Basáride.*

**cacumen** *m.* fam. *Agudeza, perspicacia, penetración, ingenio, talento, caletre.*

**I cada** *m. Enebro.*

**II cada** *adj. Todo.* Sirve para referir, uno por uno, o grupo por grupo, a todos los individuos de una colectividad lo que se dice del conjunto. Entre *cada día se levanta a las siete* y *todos los días se levanta a las siete* no hay diferencia lógica; pero *cada día* insiste en la singularidad repetida, en tanto que *todos los días* se formula como una regla o práctica general. "*Cada uno* se aplica a un número limitado de individuos; *cada cual* a la generalidad de individuos de la misma especie. Me someto al dictamen de *cada uno* de los presentes. En materias de gusto *cada cual* tiene el suyo" (M). 2 **Cada y cuando** *loc. conj. Siempre que.*

**cadalso** *m. Patíbulo, horca, suplicio.*

**cadarzo** *m. Atanquía.*

**cadáver** *m. Restos, restos mortales, difunto, muerto.* Todos ellos, tratándose del cuerpo humano.

**cadena** *f. Serie, sarta, enlace, sucesión, continuación.* 2 fig. *Sujeción, dependencia, esclavitud.* 3 ARQ. *Encadenado.*

**cadencia** *f. Ritmo, medida, acompasamiento, movimiento.* ↔ DISONANCIA, DISCONFORMIDAD.

**cadera** *f. Cuadril.*

**cadillo** *m. Bardana menor.*

**cado** *m. Madriguera, guarida\*.*

**cadozo** *m. Remolino, olla.*

**caduco, -ca** *adj. Decrépito, viejo, precario. Precario* se aplica a cosas, no a personas, de poca estabilidad o duración. Decimos, p. ej., salud, vida, economía, *precaria*. "La *caducidad* indica decadencia, ruina próxima; la *decrepitud* anuncia destrucción, últimos efectos de una disolución gradual... *Caduco* se toma por frágil, que no tiene más que un tiempo, que se acerca a su fin... Hay vejez *caduca* y vejez *decrépita*. La *caducidad* es una vejez avanzada y achacosa que va a tocar en la *decrepitud*; ésta es una vejez extremada y, digámoslo así, agonizante, que conduce a la muerte o está cercana a ella..." (Ma). ↔ INICIADO, POTENTE, FUERTE, JUVENIL. 2 *Perecedero, pasajero, transitorio*. 3 BOT. *Caedizo*. P. ej.: árbol de hojas *caducas* o *caedizas*, a diferencia del de hojas *perennes*. ↔ PERENNE.

**caer** *intr.-prnl. Decaer, extinguirse, bajar, descender, perder el equilibrio, dar de bruces, venir a tierra, faltarle a uno el suelo*. ↔ LEVANTARSE, ERGUIRSE, ASCENDER. 2 *Desaparecer, sucumbir, morir, perecer*. 3 *Sentar*. Tratándose de vestidos, peinados, etc. 4 *Derrumbarse, desplomarse*. Tratándose de edificios o cosas semejantes, ambos con valor intensivo. ↔ LEVANTAR.

**cagaaceite** *m. Cagarrache, charla* (pájaro).

**cagachín** *m.* (insecto) *Cagarropa*.

**cagado, -da** *adj.* fig. y fam. *Medroso, tímido, pusilánime, gallina, miedoso, cobarde*.

**cagar** *intr. Defecar, exonerar, evacuar el vientre, hacer de cuerpo, deponer*. Todos ellos son formas eufemísticas. 2 *prnl. Acobardarse*.

**cagarrache** *m. Cagaaceite*.

**cagarropa** *m. Cagachín* (insecto).

**cagatinta, cagatintas** *m. Chupatintas, oficinista, escribiente. Cagatinta(s)* y *chupatintas* son expresiones despectivas.

**cagón** *m. Cuba. Cotorro* (pez). 2 *Aguaitacaimán* (ave).

**cagón, -ona** *adj.-s. Medroso, cobarde*.

**caguayo** *m. Cuba. Iguana* (reptil).

**cágüil** *m. Chile. Cáhuil*.
**cáhuil** *m. Cágüil*.
**caí** *m. Argent., Perú, Urug. y Venez. Cay, capuchino*.
**caída** *f. Descenso, declinación, decadencia\*, derrumbe, desplome, baja\*, bajada\**. Los tres primeros son más abstractos. Predomina en ellos la idea de lentitud o gradación, a diferencia de lo súbito de la *caída* y de sus intensivos *derrumbe* y *desplome*; compárese el *descenso de las cotizaciones en la bolsa*, con la *caída de*, etc.; *descenso* y *caída de un globo*. *Descenso* es literario; su equivalente popular es *bajada* y su intensivo *bajón*: como *bajada* y *bajón* (de precios). *Declinación, declive* y *decadencia* pertenecen al habla culta, y se usan casi exclusivamente en sentido metafórico; la *declinación de la tarde*; *decrepitud* es decadencia extrema. 2 *Falta, desliz, lapsus*.

**caído** *m. Muerto* (en la lucha).
**caído, -da** *adj. Desfallecido, decaído, abatido, postrado, amilanado, rendido*. ↔ LEVANTADO, FIRME, ESFORZADO, ANIMOSO.
**caimán** *m. Lagarto de indias* (p. us.).
**caín** *adj.-com. Cainita, fratricida*.
**cajiga** *f. Quejigo*.
**cajigal** *m. Quejigal*.
**cajuil** *m. Amér. Marañón*.
**I cala** *f. Perforación, taladro*. 2 *Supositorio*.
**II cala** *f. Ensenada*. Esp. si es pequeña.
**calaba** *m. Calambuco, árbol de María*.
**calabacear** *tr.* fig. *Dar calabazas, reprobar, suspender* (en exámenes).
**calabacero** *m.* (árbol) *Jícaro*.
**calabazada** *f. Cabezada, cabezazo, casquetazo, calamorrada*.
**calabobos** *m. Llovizna, cernidillo, mollizna*.
**calada** *f.* (vuelo) *Falsada*.
**caladre** *f. Alondra, terrera, copetuda*.
**calagurritano, -na** *adj.-s. Calahorrano*.
**calaíta** *f. Turquesa* (piedra preciosa).

**calamar** *m. Chipirón* (en las costas cantábricas).

**calambac** *m. Agáloco.*

**calambre** *m. Rampa.*

**calambuco** *m. Calaba, árbol de María.*

**calamidad** *f. Desgracia, infortunio, azote, plaga, estrago, desastre.* ↔ FORTUNA, DICHA, VICTORIA.

**calamillera** *f. Llares, caramilleras* (Santander).

**calamina** *f. Caramilla, piedra calaminar.*

**calamitoso, -sa** *adj. Desgraciado, desastroso, perjudicial, infortunado, funesto.*

**cálamo** *m.* poét. *Caña.* 2 lit. *Pluma.* 3 **Cálamo aromático** *Cálanis.*

**calamocano** *adj.* fam. *Borracho\*.*

**calamorra** *f.* fam. *Cabeza.*

**calamorrada** *f. Cabezada, cabezazo, calabazada, calamorrazo.*

**calandrajo** *m. Gualdrapa, andrajo.*

**calandria** *f. Gulloría.*

**cálanis** *m. Cálamo aromático.*

**calaña** *f. Estofa\*, índole, calidad, naturaleza, jaez\*. Calaña* puede calificarse con los adjetivos *buena* o *mala*: ser de buena o mala *calaña.* Cuando no lleva calificativo es siempre desp.: *va con gente de su calaña.*

**calar** *tr. Mojar, empapar.* 2 *Penetrar, perforar, atravesar.* 3 fig. *Adivinar, descubrir, conocer.*

**calasancio, -cia** *adj.-s. Escolapio.*

**calavera** *m.* fig. *Perdis, perdido, vicioso, tronera, mujeriego.*

**calcáneo** *m. Zancajo. Calcáneo* es nombre científico.

**calcañal** *m. Carcañal, talón, calcaño, calcañar.*

**calce** *m. Calzo, cuña.*

**calceta** *f. Media.*

**calcina** *f. Hormigón.*

**calcita** *f.* MINERAL. *Espato calizo.*

**calco** *m. Copia, reproducción, imitación.*

**calculador** *m. Calculadora.*

**calculadora** *f. Calculador.*

**calcular** *tr. Contar, computar.* 2 *Conjeturar, suponer, deducir, creer.*

**cálculo** *m. Cuenta, cómputo.* Tratándose de operaciones aritméticas, *cuenta, cómputo.* Entre *cuenta* y *cálculo* se percibe la diferencia de que la primera se aplica a operaciones relativamente sencillas, mientras que *cálculo* sugiere cifras elevadas, operaciones complicadas o importantes. Se hace la *cuenta* del gasto diario; pero se hace el *cálculo* de la distancia entre dos astros. "El *cómputo* es un *cálculo* en que entra la comparación de cantidades y el examen de las relaciones que hay entre unas y otras. El que averigua cuánto le producirán sus rentas en un año, hace un *cálculo*; el que compara sus rentas con sus gastos, hace un *cómputo. Cómputo,* por esta razón, se aplica frecuentemente al tiempo, esto es, a la correspondencia de los calendarios de diferentes naciones. Se dice el *cómputo,* y no el *cálculo,* Juliano. Buscar el año de la Héjira que corresponde a la era cristiana es hacer un *cómputo"* (M). 2 *Conjetura, suposición.* 3 *Piedra, mal de piedra. Mal de piedra* es sinónimo del pl. *cálculos.* 4 MAT. *Operación.*

**caldas** *f. pl. Termas, baños termales.*

**calderón** *m.* mús. *Suspensión, fermata.*

**calé** *m. Gitano.*

**caleidoscopio** *m. Calidoscopio.*

**calendar** *tr.* desus. *Datar, fechar\*.*

**calendario** *m. Almanaque, pronóstico* (p. us.), *lunario* (ant.). Se usan indistintamente; pero predomina *calendario* cuando se cuelga en la pared y se van arrancando las hojas por días o por meses. *Almanaque* se usa con preferencia cuando tiene forma de libro, y contiene mayor número de noticias astronómicas, meteorológicas, etc., que el de pared. El que predice el tiempo, los eclipses, etc., se llamaba *pronóstico* (hoy poco usado). Cuando significa el sistema de división del tiempo se dice *calendario,* y no *almanaque*. Hablamos de *calendario juliano, gregoriano*, etc.

**calentar** *tr. Caldear.* Tratándose del aire. 2 fig. *Azotar, golpear.* 3 *prnl. Acalorarse, enfervorizarse, irritarse, enfadarse, sentir calor, asarse vivo, freírse de calor.* ↔ ENFRIARSE.

**calentura** *f. Fiebre, destemplanza.* Si la *calentura* es ligera, úsase *destemplanza*.

**calenturiento, -ta** *adj.-s.* MED. *Febricitante, febril, calenturoso.*

**calenturón** *m. Causón* (p. us.).

**caletre** *m. Cacumen, chirumen, pesquis, mollera, magín, tino, acierto, discernimiento, capacidad.* Los cinco primeros tienen el carácter humorístico, fam. o irónico de *caletre*.

**calicanto** *m. Mampostería.*

**calidad** *f. Cualidad, calaña\*, jaez\*.* "*Calidad* suele significar el conjunto de las *cualidades*. Cuando se dice que un caballo es de buena *calidad*, se da a entender que posee todas las *cualidades* que constituyen el caballo bueno. Por esta razón llamamos *calidad*, y no *cualidad*, a la nobleza: mujer es de *calidad*, ha dicho Lope de Vega" (M).

**cálido, -da** *adj. Caliente, caluroso, abrasador\*.* El adj. *cálido* es voz culta por su origen y empleo. Por esto se siente como más selecta y menos intensa; entre un clima *cálido* y un clima *caluroso* no hay más diferencia que la mayor distinción y menor intensidad del primer vocablo. A un orador puede premiársele con aplausos *cálidos* o *calurosos*, pero no *calientes*, porque *caliente* tiene un sentido más material y que se presta menos a las acepciones figuradas. En cambio, no se pediría agua *cálida* ni *calurosa* para afeitarse, sino *caliente*.

**calidoscopio** *m. Caleidoscopio.*

**calientapiés** *m. Calorífero.*

**caliente** *adj. Abrasador\*, ardiente.* Ambos son más intensivos que *caliente*.

**calificar** *tr.-prnl. Cualificar. Cualificar* es voz docta que sólo se usa en fil. y en estilo elevado o pedante, lo mismo que *cualificado, cualificación, cualificativo*. ↔ DESCALIFICAR, DESACREDITAR, DESCONCEPTUAR. 2 *Bautizar, llamar, tener por, tildar.* "*Calificar* es señalar en una cosa una calidad; *caracterizar* es señalar en una cosa aquellas calidades que le son más peculiares y propias. El gusto, la afición, los hábitos, influyen en la *calificación*; el análisis y la observación *caracteriza*" (M).

**calificativo** *m. Dictado, título, epíteto.* En estilo elevado, *dictado, título*, esp. cuando es por excelencia: *merecía el calificativo, o el dictado, o el título, de noble. Epíteto* es un *calificativo* que expresa una relación artística, vista y sentida por el escritor con relieve particular.

**calígine** *f. Niebla\*, calima, calina, fosca.* ↔ DIAFANIDAD.

**caliginoso, -sa** *adj. Denso, oscuro, brumoso, calinoso, calimoso, nebuloso.* 2 *Bochornoso, abochornado.* Hablando de la atmósfera o del tiempo.

**calima** *f. Calígine, fosca, niebla\*.*

**calimba** *f. Cuba. Carimba.*

**calina** *f. Niebla\*, calígine, calima, fosca.*

**caliza** *f. Piedra de cal.* 2 **Caliza lenta** *Dolomía.*

**callado, -da** *adj. Silencioso, discreto, taciturno, reservado, tácito.* El hombre *reservado* lo es deliberadamente. *Silencioso* puede aplicarse a cosas: un lugar *silencioso. Tácito* no se aplica a personas, sino a pensamientos, ideas, etc., que no se traducen en palabras, y en este sentido equivale a *callado*, pero no a los demás adjetivos que aquí se enumeran. En una oración gramatical pueden sobreentenderse algunas voces *calladas, tácitas*, u *omitidas*.

**callar** *intr. Enmudecer, poner punto en boca, sellar el labio, dar la callada por respuesta.* ↔ HABLAR. 2 *tr. Silenciar, reservar, sigilar* (lit.), *pasar por alto, pa-*

*sar en silencio, omitir, guardar para sí, correr la cortina, ser un sepulcro, dejar en el tintero.*
**calle** *f. Vía, carrera, rúa* (ant.). Cuando se habla de la *calle* en abstracto, *vía: las vías más céntricas de la ciudad* (comprende calles, plazas, etc.); esp. en lenguaje administrativo, *vía pública: prohibida la mendicidad en la vía pública.* Cuando se antepone al nombre específico se usa gralte. *calle,* y sólo en algún caso particular *vía (Vía Layetana,* de Barcelona). *Rúa,* ant., se usa todavía en algunas ciudades del N de España: *rúa Mayor. Carrera* es hoy poco frecuente, y significa *calle* que en otro tiempo fue camino (la *Carrera de San Jerónimo,* en Madrid). 2 **Pasear la calle** *loc. Aguardar, esperar, estar de plantón, sostener la esquina.* 3 **Rondar la calle** *Festejar, cortejar, galantear, hacer la corte, tirar los tejos, poner los ojos tiernos, ligar* (fam.).
**callejear** *intr. Pindonguear, pendonear.* Ambos despectivos.
**callista** *com. Pedicuro.*
**callo** *m. Dureza, ojo de gallo, ojo de pollo.* V. callos.
**callos** *m. pl. Doblón de vaca.* V. callo
**calma** *f. Bonanza.* "En el lenguaje náutico, *calma* es la falta absoluta de viento; *bonanza* es un tiempo sereno y tranquilo. Un buque (de vela) puede navegar en *bonanza,* pero no en *calma"* (M). 2 *Paz, tranquilidad, sosiego, reposo*, serenidad.* ↔ INTRANQUILIDAD. 3 *Apatía, lentitud, cachaza, pachorra, flema.* ↔ RAPIDEZ.
**calmante** *adj. Sedante, sedativo, paliativo, analgésico, narcótico.*
**calmar** *tr.-prnl. Tranquilizar, sosegar, adormecer, apaciguar, mitigar, moderar, paliar, suavizar, aplacar*.* Los cuatro últimos, tratándose de un dolor físico o moral. ↔ INTRANQUILIZAR, DESTEMPLAR. 2 *intr. Caer, abonanzar, mejorar, serenarse.* Hablando del viento, *caer;* de una perturbación at-

mosférica en general, el resto de sinónimos.
**calmoso, -sa** *adj. Apático, indolente, tardo, lento, cachazudo, flemático.* Tratándose de personas. ↔ RÁPIDO, ACTIVO, NERVIOSO.
**caló** *m. Argot*, chula, chulapa, lunfardo* (Amér.), *jerga, jerigonza, germanía.*
**calofrío** *m. Calosfrío, escalofrío.*
**calología** *f. Estética.*
**calor** *m. Calórico* (desus.). *Calor* designa el agente o energía física, la elevación de temperatura y la sensación que ésta produce. *Calórico* se toma únicamente en la primera de estas tres acepciones. En la Física antigua se suponía que el *calórico* era un fluido al cual se debían los fenómenos caloríficos; desechada hoy aquella hipótesis, la palabra *calórico* ha caído en desuso. ↔ FRÍO. 2 fig. *Ardor, ardimiento, actividad, fervor, viveza, entusiasmo, energía.* 3 *Favor, buena acogida.*
**calorífero** *m. Calientapiés.* 2 *Radiador.*
**caloroso, -sa** *adj. p. us. Caluroso.*
**caloyo** *m. hum. Quinto, recluta.*
**calumnia** *f. Impostura, imputación, difamación, falsa acusación.* "*Calumnia, impostura.* La *impostura* representa indeterminadamente la idea común a estas dos voces, que es la de imputar con malicia. La *calumnia* la representa determinadamente, contrayéndola a la imputación que tiene por objeto el daño del honor o de la reputación; y así no recae nunca sobre defectos ligeros, o sobre imperfecciones que sólo hieren al amor propio, como puede recaer la *impostura* que, abrazando toda la idea de una atribución falsa, no sólo recae sobre los defectos ajenos, graves o leves, sino también sobre las perfecciones o ventajas propias. Asegurar maliciosamente que es ladrón un hombre honrado, es una *impostura,* porque se le atribuye una cosa falsa, y es una *calumnia,* porque en ello se quiere perjudicar su honor

y su reputación. Atribuir falsamente a una dama el descuido de su aliño o algún defecto en su hermosura; ostentar riquezas o cualidades que no se tienen, son *imposturas*, no *calumnias*" (LH). ↔ VERDAD, HONRA.

**calumniador, -ra** *adj.-s. Deshonrabuenos, impostor, difamador, infamador.*

**caluroso, -sa** *adj.* fig. *Caloroso, acalorado, vivo, ardiente, abrasador\*, cálido\*.* Una discusión *calurosa* puede tomarse en buena o en mala parte, y ser producida por el interés objetivo que suscita el asunto; en una discusión *acalorada* interviene la pasión desbordada u hostil. Por esto halaga una acogida *calurosa*, y nos lastima si es *acalorada*. "*Caluroso* indica un estado o condición permanente; *acalorado*, un estado o situación accidental y transitoria. Está *acalorado* el hombre que corre o se agita, especialmente si lo hace en un clima *caluroso*. La atmósfera es *calurosa* en verano. Casi siempre entra la pasión en las disputas *acaloradas*" (M). V. cálido.

**calva** *f. Calvicie.*

**calvario** *m. Gólgota.* 2 *Vía Crucis.* 3 fig. *Martirio, sufrimiento prolongado, penalidades, amarguras.*

**calvicie** *f. Calva.* 2 *Epilosis* (MED.), alopecia (MED.), acomia (MED.).

**calvinista** *adj.-com. Hugonote. Hugonote* es el *calvinista* francés.

**calvo, -va** *adj.-s. Glabro* (lit.), *pelón* (fam.), *pelado* (fam.).

**calzo** *m. Calce, calza.*

**calzonazos** *m. Bragazas.*

**I cama** *f. Lecho* (lit.), *tálamo, litera, yacija* (desp.), *camastro* (desp.). *Tálamo* es el *lecho* conyugal; *litera* es la *cama* fija en el camarote de los barcos. 2 **Saltar de la cama** *loc. Levantarse, abandonar del lecho.*

**II cama** *f. Camba.* En el freno de las caballerías. 2 *Degolladura, garganta* (And.). En el arado.

**camada** *f. Cría, cachillada, lechigada.*

*Camada* se aplica preferentemente a los lobos. 2 *Hilada, lecho.*

**camaldulense** *adj.-com. Camandulense.*

**camama** *f.* fam. *Embuste, falsedad, fraude, engañifa.* ↔ VERDAD, SERIEDAD, REALIDAD.

**camamila** *f. Manzanilla* (planta), camomila.

**camándula** *f.* fig. y fam. *Marrullería, astucia, trastienda, fingimiento, hipocresía, disimulo.* ↔ INOCENCIA, INGENUIDAD, SINCERIDAD.

**camandulense** *adj.-com. Camaldulense.*

**camandulería** *f. Gazmoñería, mojigatería.*

**camandulero, -ra** *adj.* fam. *Marrullero, hipócrita, embustero, camastrón, disimulado, taimado.*

**cámara** *f. Sala, salón, habitación, aposento. Cámara* puede designar también cualquier *habitación* o *aposento* que adquiere circunstancialmente importancia o solemnidad especial. 2 *Granero, cilla, cillero.* 3 *Parlamento, cortes.* 4 ANAT. *Antro, ventrículo, cavidad.* Cuando se trata de un espacio cerrado, *antro,* y *ventrículo* tratándose de un espacio abierto. 5 **Cámara de reacción quím.** *Reactor.*

**camarada** *com. Compañero\*, amigo, colega, igual.* ↔ ENEMIGO, DESIGUAL.

**camaranchón** *m. Desván, sotabanco, bohardilla, guardilla.*

**camarilla** *f. Conciliábulo\*, conventículo.*

**cámaro, camarón** *m. Esquila, quisquilla.*

**camarroya** *f. Achicoria silvestre.*

**camastrón, -ona** *adj.-s. Disimulado, taimado, camandulero, marrullero, hipócrita.*

**cámbaro** *m. Cangrejo de mar.*

**cambiable** *adj. Mutable, mudable, variable.*

**cambiante** *m. Cambista.*

**cambiar** *tr.-prnl. Trocar* (ant. o rural), *permutar, conmutar\*, canjear* (diplomacia, ejército, comercio). 2 *Mudar,* *variar, transformar, alterar, metamorfosear* (lit.)*, transmutar, convertir, modificar, transfigurar, trasladar.* Transformar, alterar, metamorfosear, transmutar *y* convertir *se refieren a un cambio de la esencia y de la forma;* modificar, *a un cambio en los accidentes, disposición o forma;* transfigurar, *a un cambio en la apariencia;* trasladar, *a un cambio de lugar.* ↔ PERMANECER, RATIFICAR, EMPLAZAR. 3 *Liar los bártulos, cambiar la casaca, pasar de un extremo a otro.*

**cambio** *m. Alteración\*, mudanza, variación, mutación, traslado, metamorfosis\*.* Mutación, *en el teatro y en el estado atmosférico; si se trata de un cambio de domicilio,* mudanza; *cambio de lugar,* traslado. *V. cambiar.* 2 *Vuelta, canje.* Tratándose de dinero, *vuelta; en la banca,* canje. *V. cambiar.* 3 *Cotización (en la Bolsa). V. cambiar.* 4 *Trueque, canje, permuta.* Trueque *es voz fam. o rústica en España; en algunos países hispanoamericanos (Méx.),* trueque, *quizás por su sabor arcaizante, se siente más bien como literario. En la diplomacia o el ejército,* canje: *de notas, de prisioneros.* Permuta *es voz jurídica o administrativa (*permuta *de bienes, de destinos entre funcionarios). V. cambiar.*

**cambista** *com. Cambiante, banquero.* Cambiante *se refiere a la persona que cambia dinero en los mercados; en establecimientos de cambio,* cambista *o* banquero.

**cambrón** *m. Espino cerval.* 2 *Zarza.*

**cambronera** *m. Arto.*

**camedrío, camedris** *m. Carrasquilla.*

**camelar** *tr.* caló. *Galantear, requebrar.* 2 *Seducir, engañar.*

**camelo** *m. Chasco, burla, engaño.*

**camérula** *f. Celdilla, célula.*

**camilo** *adj.-m.* (religioso)*. Agonizante.*

**caminante** *adj.-com. Viandante, andador\*, transeunte\*.* 2 *m. Espolique.*

**caminar** *intr. Andar\*, marchar.* 2 *tr. Recorrer.*

**camino** *m. Vía, senda\*, sendero.* Los dos últimos, cuando el *camino* es estrecho. 2 fig. *Manera, medio, modo, procedimiento.* 3 *Viaje.* 4 **Camino de Santiago** ASTRON. *Vía Láctea.*

**camomilla** *f. Manzanilla, camamila.*

**camorra** *f. Riña, pendencia, pelotera, marimorena, bronca.*

**camorrista** *adj.-com. Camorrero, pendenciero, reñidor.*

**campanario** *m. Campanil.*

**campaniforme** *adj. Acampanado.*

**campanilla** *f. Gallillo, úvula* (TECN.)*, galillo.* 2 *Burbuja, gorgorita, ampolla.* 3 **De campanillas** *loc. adj. Importante, valioso, sustancial, considerable, interesante.*

**campano** *m. Cencerro, esquila.*

**campante** *adj.* fam. *Ufano, satisfecho, contento, alegre.*

**campanudo, -da** *adj. Altisonante, rimbombante, retumbante, hinchado.*

**campánula** *f. Farolillo, besico de monja.*

**campaña. Tienda de campaña** *f. V. tienda.*

**campechano, -na** *adj. Franco, llano, sencillo, alegre, abierto.*

**campeón** *m. Vencedor.* 2 *Paladín, defensor, sostenedor.*

**campesino, -na** *adj. Campestre, campal, rural, rústico, rustical* (lit.)*, rusticano.* Campal *es de aplicación limitada a batalla, lid, etc.* Rural *y* rústico *pueden referirse al campo en gral., o más frecuentemente al campo cultivado y a las labores que en él se realizan.* Rustical *es de uso literario.* Rusticano *se emplea sólo para calificar algunas plantas, con significado de silvestre:* rábano rusticano. ↔ CIUDADANO, CULTO, REFINADO. 2 *s. Labrador, aldeano, lugareño, destripaterrones, rústico, paleto. Los tres últimos son despectivos.* ↔ CIUDADANO, CULTO, REFINADO.

**campestre** *adj. Campesino, agreste, silvestre.*

**camping** *m.* anglic. *Acampada, acampamiento\*.*

**campiña** *f. Campo, campaña.*
**campo** *m. Campiña, sembrados, cultivos.* 2 fig. *área, zona, espacio.* 3 DEP. *Estadio, cancha. Estadio se usa en atletismo y fútbol; cancha principalmente en el balonmano y en la pelota basca.*
**camposanto** *m. Campo santo, cementerio, necrópolis.*
**camuflar** *tr.* galic. *Disfrazar, enmascarar, disimular, encubrir.*
**camuseo** *adj.-s.* fig. *Necio, ignorante, tarugo, alcornoque, bodoque, leño.*
**can** *m.* lit. *Perro, chucho* (fam.). 2 ARQ. *Canecillo, modillón.*
**cana. Peinar canas** *loc. Ser anciano, comer el pan de los niños, ser viejo, caerse de maduro, andar con la barba por el suelo.*
**canadillo** *m. Belcho, hierba de las coyunturas, uva marina.*
**canal** *m. Estrecho.* 2 *Caño, canalón, conducto, reguera, canalizo.* 3 ARQ. *Estría.* 4 *Delantera* (en los libros).
**canaleta** *f.* MAR. *Canalete, canaleja.*
**canalete** *m.* MAR. *Canaleta, canaleja.*
**canaleto** *m.* ARQ. *Mediacaña.*
**canalla** *f. Gentuza, marranalla.* 2 *adj.-com. Ruin, bribón, vil, pillo, sinvergüenza.*
**canana** *f. Cartuchera.*
**canasta** *f. Canasto, banasta.* 2 DEP. *Cesta. En el baloncesto.* 3 *Básquet* (anglic.), *enceste, cesta.*
**cancamusa** *f.* fam. *Candonga, recancamusa, engañifa.*
**cancelar** *tr. Liquidar, cumplir.* ↔ INCUMPLIR. 2 *Abolir*, anular, borrar de la memoria.* ↔ PROMULGAR. 3 *Saldar, extinguir.* Tratándose de una deuda.
**cancelario** *m. Maestrescuela.*
**cancerar** *tr.* fig. *Mortificar, castigar, reprender.*
**cancerígeno, -na** *adj. Canceroso.*
**cancerología** *f. Oncología.*
**cancerológico, -ca** *adj. Oncológico.*
**canceroso, -sa** *adj. Cancerígeno.*
**cancha** *f.* DEP. *Estadio, campo*, pista.*
**canciller** *m. Chanciller.*

**candeal** *adj.-s. Albarejo, albarico, candial, ceburro, mijo ceburro.*
**candela** *f.* Amér. *Lumbre* (fuego).
**candelecho** *m. Bienteveo.*
**candente** *adj. Incandescente, rusiente, ígneo.*
**candidato, -ta** *s. Aspirante, solicitante, pretendiente.*
**candidez** *f. Candor, sencillez, inocencia, ingenuidad*. "Aunque candor y candidez representan la misma idea, tanto en el sentido recto como en el figurado, el uso común atribuye al primero, en sentido figurado, la idea de suma pureza, y al segundo la demasiada sencillez o bobería. Así decimos: conserva el candor de la niñez; tuvo la candidez de creer cuanto se le dijo" (M). Candor, sencillez e inocencia están, pues, muy próximos entre sí; candidez se acerca a la simplicidad. Ingenuidad puede inclinarse a uno u otro matiz según el contexto. Decimos: tiene la ingenuidad de un santo; cometí la ingenuidad de prestarle dinero. ↔ MALICIA, PICARDÍA, SUCIEDAD.
**cándido, -da** *adj. Blanco*, albo* (lit.). ↔ NEGRO. 2 *Sencillo, candoroso, sincero, de buena fe, ingenuo, incauto, simple.* Aunque el matiz significativo de cada uno de los sinónimos depende de la situación y el contexto, pueden señalarse entre ellos dos líneas principales. Sencillo, candoroso y sincero subrayan la pureza de intención. Cuando esta pureza de intención resulta dañina, y linda más o menos con la tontería, decimos de buena fe, ingenuo, incauto, simple, en gradación ascendente.
**candonga** *f. Cancamusa, recancamusa, engañifa, chasco.*
**candor** *m. Candidez, sencillez, inocencia, ingenuidad*, simplicidad.* ↔ MALICIA, SUCIEDAD, PICARDÍA.
**candoroso, -sa** *adj. Cándido*, sencillo, sincero*, de buena fe, ingenuo, incauto, simple.*
**canelillo** *m. Cuba. Canelilla, copalillo.*
**canelo** *m. Árbol de la canela, canelero.*

**canelón** m. Canalón. 2 Calamoco, carámbano, pinganelo, candelizo, cerrión.

**cangilón** m. Arcaduz.

**cangrena** f. Necrosis (MED.), gangrena.

**cangrenarse** prnl. Gangrenarse.

**canguelo** m. vulg. Miedo, medrana, jindama. Por su carácter vulg. o jergal, canguelo viene a coincidir con medrana y jindama.

**cania** f. Ortiga moheña.

**caníbal** adj.-com. Caríbal (desus.), antropófago. 2 Cruel, feroz, sanguinario.

**canibalismo** m. Antropofagia. 2 Ferocidad, crueldad.

**canicie** f. Poliosis (MED.).

**canijo, -ja** adj. Encanijado, débil, enclenque, enteco, enfermizo. ↔ ROBUSTO, SANO, FUERTE.

**canillera** f. Espinillera.

**canino** m. Colmillo, diente columelar.

**canino, -na** adj. Perruno.

**canje** m. Cambio*, trueque, permuta, vuelta. En el comercio, vuelta o cantidad sobrante que se devuelve al comprador.

**canjear** tr. Cambiar, trocar, permutar.

**cannabis** m. Marijuana, marihuana, hierba (vulg.), grifa (vulg.), kif, chocolate (vulg.).

**canódromo** m. Cinódromo.

**canon** m. Regla, norma, precepto. 2 Censo. 3 Arriendo.

**cánones** m. pl. Derecho canónico. V. canon.

**canonicato** m. Canonjía.

**canonjía** f. Canonicato.

**canoro, -ra** adj. Melodioso, sonoro.

**canotaje** m. Piragüismo.

**cansancio** m. Fatiga, lasitud (lit.), reventón, agotamiento. "El cansancio es el abatimiento de las fuerzas físicas y morales. La fatiga añade a esta idea la de violencia y esfuerzo. Lasitud es la inmovilidad, la relajación nerviosa y muscular que proviene del cansancio y de la fatiga. Un hombre que se cansa de andar siente fatiga al subir una cuesta, y no será extraño que de sus resultas caiga en un estado de lasitud"

(M). "El cansancio es la pérdida de fuerzas por el trabajo excesivo; la fatiga es el cansancio que se manifiesta por sus efectos. Cuando a un hombre le falta el aliento y respira con dificultad, tiene fatiga. Esta es un efecto visible del cansancio, y como se habla del efecto que se ve, y no de la causa que lo produce, decimos que respira, que camina con fatiga, y no que camina o respira con cansancio" (LH). Reventón es intensivo, y está producido por un trabajo físico muy duro; agotamiento puede sugerir un estado de depauperación que se produce lentamente en el organismo, o ser consecuencia de un gran esfuerzo. ↔ VIVEZA, ALIENTO, FORTALEZA. 2 Hastío, fastidio, aburrimiento, tedio.

**cansar** tr.-prnl. Fatigar, agotar, fastidiar, hastiar, aburrir*, hartar, molestar, enfadar, incomodar, importunar, tener los huesos molidos, no poder más, estar hasta el cogote. Los sinónimos pueden agruparse en dos direcciones generales: en su acepción recta, fatigar, agotar; en su acepción figurada, todos los demás. ↔ AVIVAR, DISTRAER.

**cansera** f. Moledera, molestia, importunación.

**cansino, -na** adj. Lento, perezoso.

**cantaleta** f. Burla*, chanza, vaya, zumba, chunga, guasa.

**cántamo** m. MAR. Armella, abrazadera.

**cantar** m. Copla, canción.

**cantárida** f. Mosca de España, abadejo.

**cantera** f. Pedrera.

**cantero** m. Pedrero, picapedrero.

**cantidad** f. Cuantidad, cuantía. Cuantidad es forma culta usada en FIL. y a veces en MAT. Cuantía se emplea como equivalente a cantidad en su significación concreta: hablamos, p. ej., de la cuantía de un presupuesto. Suele tener además cierto sentido ponderativo, como la cuantía dela cosecha. 2 **En cantidad** loc. adv. fam.

*En abundancia, abundantemente, copiosamente, profusamente, a porrillo.*

**cantizal** *m. Cantal, cantorral.*

**canto** *m. Orilla\*, borde, margen, esquina.* 2 *Piedra, guijarro.*

**cantón** *m. Esquina, cantonada.* 2 *Acantonamiento.* Tratándose de tropas.

**cantonada** *f. Esquina, cantón.* 2 *Esquinazo.*

**caña** *f.* BOT. *Tallo\*, tronco, troncho. Caña* és el tallo de las gramináceas.

**cañacoro** *m. Caña de India.*

**cañada** *f. Colada, cordel.* La *colada* y el *cordel* son también vías de paso del ganado, pero más estrechas que la *cañada.*

**cañaduz** *f. Caña de azúcar.*

**cañaheja** *f. Férula, cañaherla.*

**cañal** *m. Cañaveral, cañar.*

**cañamiza** *f. Agramiza.*

**cañarroya** *f. Parietaria, albahaquilla de río.*

**cañavera** *f. Carrizo, cañeta, cisca.*

**cañaveral** *m. Cañal, cañar, cañedo, cañizal, cañizar.*

**cañería** *f. Tubería.*

**cañí** *adj.-com. Gitano, agitanado.*

**cañizal, cañizar** *m. Cañaveral.*

**cañonazo** *m.* DEP. *Leñazo, trallazo.* Usados principalmente en el fútbol y balonmano.

**cañonera** *f. Tronera.*

**cañonería** *f. Cañutería* (de un órgano).

**cañota** *f. Millaca.*

**cañutería** *f. Cañonería.*

**cañutero** *m. Alfiletero.*

**cañutillo** *m. Canutillo.*

**cañuto** *m. Canuto.*

**caoba** *f.* BOT. *Caobana.*

**caobana** *f.* BOT. *Caoba.*

**caos** *m.* fig. *Confusión, desorden.* ↔ ORDEN, CLARIDAD, COHERENCIA, DISCIPLINA.

**caótico, -ca** *adj. Confuso, desordenado, desarreglado.*

**capa** *f.* fig. *Pretexto, máscara, velo, excusa.* 2 *Encubridor.* 3 *Baño, mano.* 4 *Tanda, tonga, tongada.* 5 GEOL. *Estrato.* 6 *Pelo, pelaje.* Tratándose del color del caballo y otros animales. 7 MED. *Membrana, hoja.*

**capacidad** *f. Cabida.* 2 fig. *Aptitud, idoneidad, inteligencia, talento\*, suficiencia, competencia.* ↔ INCAPACIDAD, INEPTITUD. 3 *Posibilidad.*

**capador, -ra** *s. Castrador.*

**capadura** *f. Castradura, emasculación.*

**capar** *tr. Castrar.* 2 fig. *Disminuir, cercenar.*

**caparazón** *m. Telliz.* 2 *Concha.*

**caparra** *f. Garrapata.*

**caparrosa** *f. Alcaparrosa, aceche, acije* (p. us.).

**capataz, -za** *s. Aperador, mayoral.* En las haciendas de campo.

**capaz** *adj. Espacioso, extenso, vasto, grande.* 2 *Apto\*, inteligente, competente, idóneo, experto, suficiente.* ↔ INCAPAZ, INEPTO, DESCONOCEDOR.

**capcioso, -sa** *adj. Artificioso, engañoso, insidioso.* ↔ CLARO, NATURAL, VERDADERO.

**capear** *tr.* TAUROM. *Capotear.* 2 MAR. *Sortear.*

**capelo** *m. Píleo.* 2 *Capelo de doctor, capirote, muceta.* Los dos últimos úsanse en Amér. Meridional y Ant.

**capero** *m. Cuelgacapas, percha.*

**capibara** *m.* Argent. *Capiguara, carpincho, chigüiro.* Estas dos últimas, en otras partes de Amér.

**capirotado, -da** *adj.* BLAS. *Caperuzado, chaperonado.*

**capirotazo** *m. Capirote, papirote, papirotada, papirotazo.*

**capirote** *m. Caperuza, capillo.* 2 *Capirotazo.*

**capital** *adj. Esencial, principal, primordial, fundamental.* 2 *adj.-f. Cabeza.* P. ej., *cabeza* de un distrito, provincia, país, etc. 3 *m. Caudal, bienes, hacienda, dinero, fortuna.* Cuando es de gran cuantía, *fortuna.* En economía, o tratándose de una empresa, se dice *capital,* y no *caudal,* porque *capital* es el *dinero* considerado como instrumento de producción y, más propiamente, potencia económica en dinero, crédito, influencia moral, etc., capaz de proporcionar los elementos necesarios para el establecimiento y explotación de una industria o negocio cualquiera. *Caudal* se refiere más bien a la *hacienda* o *bienes* de un particular, y cuando se aplica al *dinero* tiene un significado más determinado y circunscrito que *capital*. Por esto, una caja que contiene determinada cantidad de numerario se llama caja de *caudales, y* no de *capitales*.

**capitón** *m. Cabezudo, mújol, múgil, lisa, liza, matajudío*.

**capitulación** *f. Pacto, convenio, concierto, ajuste. Capitulación,* frente a sus sinónimos, supone un asunto generalmente importante o grave. 2 *Rendición, entrega*.

**capitulaciones** *f. pl. Capitulaciones matrimoniales, capítulos*.

**capitular** *intr.-tr. Pactar, convenir, concertar, ajustar*. En esta significación, *capitular* supone un asunto generalmente grave o importante. ↔ DESCONCERTAR. 2 *intr. Ceder, transigir, rendirse, entregarse*. Aunque *capitular* se usa como sinónimo de estos verbos, su significación primaria es negociar o pactar las condiciones de una capitulación o rendición. ↔ RESISTIR.

**capítulo** *m. Cabildo*.

**capítulos** *m. pl. Capítulos matrimoniales, capitulaciones*.

**capotear** *tr.* TAUROM. *Capear*.

**capricho** *m. Antojo, deseo, gusto, fantasía, humorada*. ↔ NECESIDAD, FORMALIDAD, JUSTICIA.

**caprichoso, -sa** *adj. Caprichudo, antojadizo, fantasioso, mudable, veleidoso, voluble*.

**captación** *f. Captura, obtención, recogida*.

**captar** *tr. Percibir, aprehender*. 2 *Recoger*. P. ej., *captar* el agua de un manantial. 3 *tr.-prnl. Atraer, granjear, conseguir, lograr, obtener*. P. ej., *captar* la benevolencia, las simpatías.

**captura** *f. Presa, aprehensión, aprisio-*

*namiento, apresamiento*. ↔ LIBERACIÓN, PÉRDIDA.

**capturar** *tr. Aprehender, apresar\*, prender*. Se puede *aprehender* o *capturar* personas o cosas; en cambio, *apresar* se refiere a cosas; *prender,* siempre a personas. En los tres primeros hay la idea de resistencia o huida por parte de lo capturado, cosa que no es indispensable en *prender*. Por otra parte, *aprisionar* y *cautivar* aluden más bien al acto de comenzar la prisión o cautividad; *cautivar* se refiere a personas o animales.

**capucha** *f. Capucho, capuz, caperuza*.

**capullo** *m. Botón* (de las flores, esp. de la rosa). 2 fig. y fam *Estúpido, imbécil*.

**capuz** *m. Capucho, capucha, caperuza*.

**capuzar** *tr. Chapuzar*.

**caquexia** *f.* MED. *Cacoquimia*.

**caqui** *m. Palosanto*.

**cara** *f.* desp. y vulg. *Jeta, hocico, palmito, jeme, rostro, faz, haz* (ant.), *fisonomía, semblante, aspecto\**. Los dos primeros son despectivos y vulgares. Apreciativo de la belleza en la mujer, *palmito, jeme*. Estilo elevado, *rostro, faz, haz* . *Fisonomía* es el aspecto particular de la *cara; semblante*, este mismo aspecto en cuanto revela el estado de ánimo. 2 *Anverso*. 3 **Por la cara** *loc. adv.* fam. *Por su cara bonita, por las buenas, por el morro* (fam.), *gratis, graciosamente, gratuitamente, por que sí, de balde, sin ton ni son*.

**cárabe** *m. ámbar, electro, succino*.

**cárabo** *m. Autillo, oto, úlula, zumaya*.

**carácter** *m. Genio, modo, manera de ser, temple, índole\*, condición, genial, natural, idiosincrasia* (MED.), humor\*. *Índole* y *condición* son términos cultos; *genial* y *natural* pertenecen al habla popular; *idiosincrasia* es tecnicismo médico que sólo por traslación se aplica a las cualidades morales. 2 *Voluntad, energía, firmeza, entereza, rigidez, severidad, inflexibilidad*. Los tres últimos envuelven un grado mayor o menor de desestimación a causa de su intensidad. 3 *Tipo*. En las artes gráficas.

**característica** *f. Rasgo distintivo, peculiaridad, particularidad, propiedad, singularidad, cualidad\**.

**característico, -ca** *adj. Peculiar, propio, particular, singular, distintivo*.

**caracterizar** *tr.-prnl. Calificar*. *Calificar* es determinar o señalar una o varias cualidades; *caracterizar* es señalar en una persona o cosa aquellas cualidades más peculiares y propias. ↔ INDETERMINAR, VULGARIZAR.

**carámbano** *m. Candelizo, canelón*.

**caramilleras** *f. pl. Sant. Llares*.

**caramillo** *m. Flautillo*. 2 *Carambillo, jijallo, sisallo, salado, tarrico*. 3 *Chisme, enredo, lío, embuste*.

**carantoña** *f. Halago, lisonja, cucamona, garatusa, zalamería, adulación\*, caricia\*, fiesta\**. ↔ INSULTO, BRUSQUEDAD.

**carapacho** *m. Caparazón, concha*. *Concha* en los quelonios y muchos crustáceos.

**carasol** *m. Solana*.

**carbinol** *m.* QUÍM. *Alcohol metílico*.

**carbol** *m. Ácido fénico, fenol*.

**carbonato de plomo** *m. Albayalde, blanco de plomo, cerusa, cerusita*.

**carbónido** *m.* QUÍM. *Antrácido*.

**carbunclo** *m. Carbúnculo, rubí, piropo*. 2 *Carbunco* (enfermedad).

**carca** *adj.-com. desp. Carcunda, carlista, clerical*. *Carca* actualmente ha tomado la significación de *clerical*.

**carcaj** *m. Aljaba, carcax*.

**carcajada** *f. Risotada, risa\**.

**carcamal** *adj.-m. Vejestorio, carraca*.

**carcañal** *m. Calcañar, talón*.

**cárcel** *f. Prisión, chirona* (fam.), *gayola* (fam.), *trena* (germ.), *estaribel* (Caló). *Prisión* es palabra escogida o forense.

**cárcola** *f. Premidera*.

**carcoma** *f. Coso, quera* (Aragón).

**carcunda** *adj.-com. Carca, carlista*.

**carda** *f. Cardencha, palmar, peine*.

**cardador, -ra** *s. Pelaire*.

**cardal** *m. Cardizal*.

**cardamina** *f. Mastuerzo* (planta).

**cardamono** *m. Grana del paraíso*.

**cardar** *tr. Carduzar*.

**cardelina** *f. Jilguero*.

**cardenal** *m. Purpurado*. 2 *Hematoma* (MED.), *morado* (fam.).

**cardencha** *f. Cardón, escobilla, regüeldo*. La que brota en el tallo de la principal, *regüeldo*. 2 *Carda* (instrumento).

**cardenillo** *m. Verdete, verdín*.

**cárdeno, -na** *adj. Amoratado, lívido*.

**cardiaco, -ca** *adj.* MED. *Cordial*.

**cardinal** *adj. Principal, fundamental, esencial, primordial*. ↔ ACCIDENTAL, SECUNDARIO.

**cardizal** *m. Cardal, arrezafe, carduzal*.

**cardume, cardumen** *m. Manada\**.

**carduzal** *m. Cardizal, cardal, arrezafe*.

**carear** *tr. Confrontar, poner cara a cara*. Tratándose de personas. 2 *Cotejar, confrontar, parangonar, compulsar*. Tratándose de escritos u otras cosas.

**carencia** *f. Falta, privación\**. ↔ SOBRA, ABUNDANCIA, PREVENCIÓN.

**carente** *adj. Falto, desprovisto*.

**carestía** *f. Falta, penuria, escasez*. ↔ ABUNDANCIA. 2 *Encarecimiento, subida, alza*. Todos ellos significan el acto de aumentar el precio; *carestía* es el estado de los precios producido por el *encarecimiento*. ↔ BARATURA, DEPRECIACIÓN.

**careta** *f. Máscara, antifaz*. Si es de tela, *antifaz*. 2 *Máscara, carilla*. En la acepción de *careta* de alambres que usan los colmeneros.

**carey** *m. Caray, concha*. *Concha* es la materia que se extrae de esta tortuga.

**carga** *f. Peso*. 2 fig. *Tributo\*, imposición, impuesto, contribución, gravamen, censo, hipoteca, servidumbre*. *Carga* es el término más general. 3 *Obligación, cuidado*. 4 MIL. *Embestida, ataque, acometida, arremetida*.

**cargador** *m. Peine* (en el fusil). 2 *Cartucho*.

**cargante** *adj. Enojoso, pesado, fastidioso, molesto, irritante, impertinente*, *inoportuno, insoportable.* ↔ SOPORTA-BLE, LIGERO.

**cargar** *tr.-prnl. Estribar, apoyar, descansar, gravitar.* 2 *Apechugar, apechar, apencar.* 3 *Acometer, embestir, atacar, arremeter.* 4 *Achacar, imputar, atribuir.* 5 *Fastidiar, enojar, molestar, importunar, irritar, aborrascar*. 6 *Imponer, gravar, adeudar.* Este último, tratándose de cuentas corrientes.

**cargo** *m. Dignidad, empleo, destino, plaza, puesto, oficio.* 2 *Obligación, cuidado, dirección, custodia.* 3 *Falta, imputación, reconvención, recriminación, acusación.* 4 *Adeudo.* P. ej., *adeudo* en cuenta. 5 anglic. *Carguero, barco de carga.* 6 **Tener en cargo** *loc. Deber, estar obligado, tener obligación, estar al descubierto.* ↔ TENER DERECHO.

**carguero** *m. Cargo* (anglic.), *barco de carga.*

**cariarse** *prnl.* (un diente) *Picarse, carearse* (vulg.).

**caricia** *f. Halago, cariño, fiesta*, mimo, carantoña, cucamona, garatusa, arrumaco, zalema, lagotería.* En estilo fam.: *carantoña, cucamona, garatusa, arrumaco,* suponen cierto melindre y afán de lisonjear; *zalema* es cortesía fingida para conseguir algún fin; *lagotería* y *zanguanga* envuelven la idea de adulación servil. ↔ GOLPE, DESATENCIÓN.

**caridad** *f. Compasión, piedad, misericordia, filantropía.* La *filantropía* es puramente humana e independiente de la religión. ↔ TACAÑERÍA, DESAMPARO, INHUMANIDAD. 2 *Limosna, socorro.*

**caries** *f. Picadura. Picadura* es principio de *caries* de los dientes. 2 *Tizón* (en los cereales).

**cariño** *m. Afecto*, apego, inclinación, amistad, afección, amor, ternura.* ↔ DESAMOR, MALQUERENCIA, ENEMISTAD. 2 *Halago, caricia*, mimo.*

**cariosoma** *m.* MED. *Cromosoma.*

**caritativo, -va** *adj. Dadivoso*.*

**cariz** *m. Aspecto*.*

**carlanca** *f. Carranca.*

**carlear** *intr. Jadear, acezar.*

**carlismo** *m. Tradicionalismo, jaimismo, comunión tradicionalista.* Mientras vivió D. Jaime de Borbón, el *carlismo* se llamó también *jaimismo.*

**carlista** *adj.-com. Tradicionalista, jaimista, carca, carcunda.* Los dos últimos, despectivos.

**carlovingio, -gia** *adj. Carolingio.*

**carmenador** *m. Escarmenador.*

**carmenar** *tr. Escarmenar.*

**carnada** *f. Carnaza.* 2 fig. *Añagaza.*

**carnaval** *m. Carnestolendas, antruejo.*

**carne. Ser uña y carne** *loc.* V. *uña.*

**carnero** *m. Marón, morueco, murueco.* Estos sinónimos se aplican al *carnero* padre. 2 **Carnero marino** *Foca, becerro marino, lobo marino, vítulo marino.*

**carnicería** *f. Tablajería, carnecería.* El uso moderno de *carnecería* no es incorrecto, pero es menos general y autorizado que *carnicería.* 2 fig. *Destrozo, mortandad, matanza.*

**carnicero, -ra** *adj.-s. Carnívoro.* 2 fig. *Cruel, sanguinario, inhumano.* 3 s. *Tablajero, cortador, cortante, tajante.*

**carnívoro, -ra** *adj.-s. Carnicero.*

**carnosidad** *f.* MED. *Vegetación, granulación.*

**caro, -ra** *adj. Costoso, dispendioso. Costoso* es lo que cuesta mucho. *Caro* guarda relación con los precios ordinarios; *dispendioso* es lo que supone un gasto excesivo, esp. para los medios del comprador. ↔ BARATO. 2 *Amado, querido. Caro* se usa corrientemente en las expresiones *cara mitad* y *caro amigo.* Fuera de ellas, su empleo es literario. ↔ ODIADO.

**carolingio, -gia** *adj.-s. Carlovingio.*

**carpanta** *f.* fam. y burl. *Hambre, gazuza, apetito*.*

**carraca** *f.* fig. *Carcamal, vejestorio.* Aplicado a personas.

**carraleja** *f. Aceitera, cubilla, cubillo.*

**carranca** *f.* fig. *Carlanca.*

**carraspera** *f.* fam. *Ronquera.*

**carrasquilla** *f. Camedrio.*

**carrera** *f. Corrida.* 2 *Curso, recorrido, trayecto, camino, calle*.* 3 *Profesión.* Se utiliza *profesión* cuando la *carrera* exige estudios especiales. Sin embargo, en la expresión *hacer carrera* no puede sustituirse por *profesión,* sino que la frase significa prosperar en la ocupación o trabajo que uno tiene, aunque no exija estudio alguno. Un dependiente de comercio puede *hacer carrera* en su ocupación mercantil, o un sastre en su oficio, sin que uno ni otro sean hombres de *carrera.*

**carreraje** *m.* DEP. *Tanteo.* En el béisbol.

**carrero** *m. Carretero.*

**carrete** *m. Bobina.*

**carretero** *m. Carrero.* 2 **Jurar como un carretero** *loc.* (intens.) *Execrar, condenar, maldecir, imprecar, echar maldiciones.*

**carricera** *f. Rabo de zorra, vulpino.*

**carril** *m. Rodada, releje, rodera.* 2 *Surco.* 3 *Raíl, riel.*

**carrillo** *m. Moflete.* Este es un *carrillo* grueso y carnoso

**carrilludo, -da** *adj. Mofletudo.*

**carrizo** *m. Cañavera, cañeta, cisca.*

**carro** *m. Amér. Automóvil, coche\*.* 2 **Carro mayor** *Osa mayor, hélice.* 3 **Carro menor** *Osa menor, cinosura.*

**carruaje** *m. Cache\*.*

**carrucha** *f. Garrucha, polea.*

**carsillo** *m. Tagarnina.*

**carta** *f. Misiva, epístola.* Ambas son voces escogidas que pertenecen al estilo elevado. *Epístola* se usa esp. cuando es de carácter o asunto literario. 2 MAR. *Mapa.* 3 *Naipe.* "Las *cartas* son los *naipes* considerados respecto a su valor en el juego. Los mejores *naipes* son los más finos; las mejores *cartas* son aquellas que, según las leyes del juego y el estado actual de la partida, son superiores a las demás... Así hablará con tanta impropiedad el que jugango a la treinta y una pida *naipes,* como el que llame fábrica de *cartas* al lugar en que se hacen los *naipes*" (J).

**cartabón** *m. Marco* (en zapatería).

**cartaginés, -esa** *adj.-s. Cartaginense, púnico.* Hablando de la antigüedad,

*púnico;* pero este adj. no se aplica a personas. Decimos p.ej., guerras *púnicas,* vasos o sepulcros *púnicos;* más que a la ciudad de Cartago, *púnico* alude a la raza de sus pobladores y a los restos de su civilización.

**cártama** *f. Cártamo, alazor, azafrán bastardo, romí, romín, simiente de papagayos.*

**cártamo** *m. Alazor, azafrán bastardo, romí, cártama, simiente de papagayos, romín.*

**cartapacio** *m. Carpeta, portapliegos.*

**cartel** *m. Pasquín.*

**cartelado, -da** *adj.* BLAS. *Billetado.*

**cartera** *f. Golpe, pata, portezuela.* En las prendas de vestir.

**cartilaginoso, -sa** *adj.* TECN. *Terniloso.*

**cartílago** *m. Ternilla. Ternilla* es la denominación corriente; *cartílago* es tecnicismo.

**cartilla. No saber la cartilla** *loc. Estar pez, estar in albis, no saber lo que se pesca.*

**cartuchera** *f. Canana.*

**cartucho** *m. Cargador.* 2 *Amér. Cucurucho.*

**carvajal** *m. Robledal.*

**carvajo** *m. Carvallo, roble.*

**casa** *f. Habitación\*, vivienda, morada* (lit.)*, mansión* (lit.)*, residencia, domicilio. Habitación* es término general y abstracto; *vivienda* tiene también carácter general; *casa* es la denominación corriente; *morada* y *mansión* son literarios: el Olimpo, *morada* o *mansión* de los dioses; en el uso corriente añaden idea de distinción o elegancia, p. ej., cuando hablamos de que los invitados fueron recibidos en la *morada* o *mansión* de los marqueses de X. *Domicilio* pertenece al lenguaje administrativo o legal. *Residencia,* en términos administrativos, es la población o lugar en que se vive: tiene su *residencia* en Granada; aplicado a *casa* o *vivienda,* envuelve idea de colectividad: *residencia* de jesuitas, de estudiantes, o bien sugiere distinción, señorío: aquel palacio es la *residencia* del duque de N. 2 *Hogar, lar. Casa,* cuando no se refiere sólo al edificio, lleva asociados los afectos familiares que denotan *hogar* y *lar.* 3 *Familia, linaje.* 4 *Escaque, casilla.* 5 **Hacer temblar la casa** *loc. Armar la de Dios es Cristo, alborotar, gritar, vocear, perturbar, meter voces, escandalizar.* 6 **Tener casa abierta** *Aposentar, hospedar, alojar, albergar, tomar casa, sentar el real.*

**casabe** *m. Cazabe.*

**casamiento** *m. Matrimonio\*, unión, boda, enlace, nupcias, connubio, casorio.* Tratándose de la ceremonia nupcial, *boda, enlace, nupcias, connubio;* en el habla popular, *casorio.*

**I casar** *m. Caserío.*

**II casar** *tr. Abolir\*, anular, abrogar, derogar.*

**III casar** *tr.* fig. *Unir, juntar, ajustar, encajar.*

**casca** *f. Hollejo.* 2 *Corteza, curtido, taño.* 3 *Cáscara.*

**cascada** *f. Salto de agua, catarata.* Ordinariamente, *salto de agua,* esp. refiriéndose a su aprovechamiento industrial. Si es de gran altura y caudal, *catarata.*

**cascado, -da** *adj. Decrépito, gastado, achacoso.*

**cascajal, cascajar** *m. Llera* (Asturias), *lera* (Santander).

**cascanueces** *m. Rompenueces.*

**cascar** *tr. Rajar, hender, romper, quebrantar.* 2 *Golpear, pegar, zurrar.*

**cáscara** *f. Casca, corteza, piel, monda.* Aunque en rigor *cáscara* es la cubierta rígida que se separa cascando (nuez, avellana, huevo) y *piel* o *monda* la flexible que se separa mondando (patata, manzana), es frecuente llamar *cáscara* a la *corteza* de algunos frutos que se pueden mondar o pelar con los dedos, como la naranja, el plátano, el limón. Tratándose de huevos, se emplean únicamente *cáscara* y *cascarón.*

**cascarrabias** *com.* fam. *Malhumorado, paparrabias* (fam.).

**casco** *m. Copa* (en el sombrero). 2 *Suelo, pezuña, pesuña, vaso.* En las caballerías. 3 **Ligero de cascos** *loc. adj. Irreflexivo, precipitado, imprudente, aturdido, atropellado, ligero.* ↔ PRUDENTE. 4 **Romperse los cascos** *loc. Reflexionar, pensar, considerar, meditar, devanarse los sesos.* ↔ DESPREOCUPARSE.

**cascote** *m.* CONSTR. *Escombro.*

**cáseo** *m. Cuajada.*

**caseoso, -sa** *adj. Cáseo, quesero. Caseoso* es tecnicismo, lo mismo que *cáseo;* en el habla usual, *quesero.*

**caseramente** *adv. m. Llanamente, sin ceremonia.*

**caserío** *m. Casar.*

**casero, -ra** *adj. Doméstico, familiar.* 2 *Propietario, dueño, arrendador\*.* En las fincas urbanas. 3 *Colono, arrendatario.* En las fincas rústicas.

**caseta** *f. Garita, casilla, vestuario.* En las playas o recintos deportivos.

**casetón** *m.* ARQ. *Artesón.*

**casi** *adv. m.* fam. *Prácticamente, más o menos, aproximadamente.*

**casilla** *f. Escaque, casa.* 2 *Compartimiento.* En el casillero y en algunas cajas, estanterías, etc. 3 *Amér. Apartado de correos.* 4 *Garita, caseta, vestuario.* En las playas o recintos deportivos.

**casillero** *m. Clasificador, fichero.* 2 DEP. *Marcador.*

**casino** *m. Círculo, sociedad\*, club.*

**caso** *m. Suceso, acontecimiento, lance, ocasión, coyuntura, ocurrencia, acontecimiento\*.* 2 **Hacer al caso** *loc. Ser importante, ser conveniente, merecer la pena, ser interesante, valer la pena.*

**casorio** *m. Casamiento\*, matrimonio\*, unión, boda, enlace, nupcias, connubio.*

**casquero** *m. Tripicallero.*

**casquilla** *f. Enjambradera.*

**casta** *f. Raza, generación, linaje, progenie, estirpe, prosapia, ralea* (desp.). *Raza* y *casta* pueden aplicarse a hombres o animales, lo mismo que *ge-*

*neración.* En cambio *linaje, progenie* y *estirpe* se usan sólo tratándose de hombres. *Estirpe* y *prosapia* sugieren cierta nobleza, y se refieren más bien al tronco principal y originario de una familia.

**castañal, castañar** *m. Castañeda.*

**castañazo** *m.* fam. *Puñetazo, golpetazo, castañetazo, castañetada.*

**castañetazo** *m.* fam. *Puñetazo, golpetazo, castañazo, castañetada.*

**castañuela** *f. Crótalo, palillos, castañeta* (ant.).

**castellar** *m. Todabuena.*

**casticismo** *m. Pureza, purismo.* Tratándose del lenguaje.

**casticista** *com. Purista.* Tratándose del idioma.

**castidad** *f. Pureza, honestidad, continencia.* La *continencia* es la abstención de los placeres de la carne; la *castidad* es una virtud superior que implica *continencia,* pero abarca además los pensamientos, palabras, gestos, lecturas, etc. ↔ IMPUREZA, LUJURIA.

**castigar** *tr. Penar, sancionar.* ↔ PERDONAR. 2 *Mortificar, afligir.* ↔ CONSOLAR. 3 *Corregir, enmendar.* Tratándose de escritos. 4 *Disminuir, aminorar.* Tratándose de gastos.

**castigo** *m. Punición, sanción, corrección, correctivo, pena, condena. Punición* es latinismo que sólo se emplea en su sentido más general y abstracto. *Sanción* es pena que la ley impone. *Corrección* y *correctivo* son *castigos* de menor importancia o gravedad que aquellos en que se impone *pena, sanción* o *condena.* "*Castigo* es el acto de imponer la *pena;* es el género, y *pena* es la especie. El *castigo* que se impone es la *pena.* El *castigo* que la ley impone al asesinato es la *pena* de muerte" (M). 2 fig. *Mortificación, aflicción, pesadumbre.* 3 **Máximo castigo** DEP. *Penalty* (anglic.).

**castillo. Levantar castillos en el aire** *loc. Ilusionarse, encandilarse, confiarse, engañarse, ver de color rosa.* ↔ DESILUSIONARSE.

**castizo, -za** *adj. Correcto, puro.* Tratándose del lenguaje. ↔ DERIVADO, ATÍPICO, IMPURO.

**casto, -ta** *adj. Continente, honesto, puro.*

**castración** *f. Emasculación, desexualización, desvirilización, capadura.*

**castrar** *tr. Capar.* 2 *Catar, cortar.* Hablando de colmenas.

**casual** *adj. Fortuito, contingente, impensado, eventual.* ↔ PREVISTO, PENSADO, ESENCIAL.

**casualidad** *f. Azar, acaso* (lit.), *caso fortuito, albur, contingencia, eventualidad, accidente, chamba, chiripa.* En *contingencia, eventualidad, accidente,* puede averiguarse la causa; cabe contar de antemano con posibles *contingencias, eventualidades* y *accidentes;* pero el *azar,* la *casualidad* y el *acaso* son imprevisibles por completo. *Chamba, chiripa* y *suerte* son *casualidades* favorables, esp. en el juego. La palabra *acaso* pertenece al habla culta y literaria, y su significado es gralte. más abstracto que el de *casualidad.* ↔ PREVISIÓN, SEGURIDAD. 2 **Por casualidad** *loc. adv. Acaso. Por casualidad* equivale a *por acaso,* siempre con matiz más culto en la segunda.

**cata** *f. Prueba, probatura, gustación.*

**catabre** *m. Colomb. Catabro, cataure* (Amér.).

**cataclismo** *m. Catástrofe, desastre. Cataclismo* en un suceso de mayor magnitud y alcance que *catástrofe* y *desastre.Hablamos* de una *catástrofe* ferroviaria, o del *desastre* causado por el pedrisco en una comarca; pero la guerra atómica sería un *cataclismo* mundial, y una serie de terremotos violentos es un *cataclismo* en la configuración física y geológica de un país.

**catador** *m. Perito, experto, apreciador.* 2 *Catavinos.* Tratándose de vinos. V. enólogo.

**catadura** *f. Aspecto, gesto, semblante, traza, pinta, facha. Catadura* envuelve un matiz despectivo que la aproxima a *traza, pinta, facha*.

**catalineta** *f. Cuba. Catalufa, cataluja*.

**catalíquidos** *m.* QUÍM. *Pipeta*.

**catálogo** *m.* INFORM. *Directorio*.

**catamenia** *f.* MED. *Menstruación, período, regla* (fam.).

**catamenial** *adj.* MED. *Menstrual*.

**cataplasma** *f.* FARM. *Embroca, embrocación*.

**catapulta** *f. Trabuquete*.

**catar** *tr. Probar, gustar*.

**catarata** *f. Cascada\*, salto de agua*.

**catarro** *m. Constipado, resfriado*.

**catarsis** *f. Purgación, purificación*. V. purgaciones.

**catártico, -ca** *adj. Purgante*.

**catástrofe** *f. Cataclismo, desastre*.

**cataure** *m. Cuba y Venez. Catabre, catabro, catauro*.

**catavinos** *m. Catador, enólogo\**. V. enólogo.

**cate** *m.* fam. *Suspenso* (en exámenes).

**catear** *tr.* fam. *Suspender* (los exámenes).

**catecú** *m. Cato, cachú, cachunde*.

**cátedra** *f. Aula, clase*.

**catedral** *adj.-s. Seo* (Aragón).

**categoría** *f. Clase\*, condición, esfera, jerarquía*.

**categórico, -ca** *adj. Absoluto, terminante, imperioso, decisivo, concluyente*. ↔ APELABLE, INDETERMINADO, RELATIVO.

**catequizar** *tr.* fig. *Persuadir, convencer, atraer, conquistar*.

**caterético, -ca** *adj.* MED. *Escarótico*.

**caterva** *f.* desp. *Multitud, muchedumbre, sinnúmero*.

**catéter** *m.* MED. *Sonda*.

**cateto, -ta** *s.* desp. *Palurdo*.

**catifa** *f. Alcatifa, alfombra*.

**catinga** *f. Amér. Merid. Hedor, hediondez, fetidez*.

**cato** *m. Cachú, cachunde, catecú*.

**católico, -ca** *adj. Universal\**. En su sentido etimológico.

**cauce** *m. Cuérrago, cuérnago, álveo. lecho, madre*.

**caucel** *m. C. Rica, Hond. y Nicar. Causuelo*.

**caucho** *m. Goma elástica, hule*.

**caución** *f. Garantía\*, seguridad, fianza, cautela\*, caución\**.

**caudal** *m. Capital, bienes, dinero, hacienda*. 2 fig. *Abundancia, cantidad*. ↔ ESCASEZ, PENURIA.

**caudatrémula** *f. Aguzanieves*.

**cauma** *f.* MED. *Fiebre, calor, quemadura*.

**causa** *f. Motivo, móvil, origen, razón, principio\*, fundamento*. "La voz *causa*, tomada en el sentido moral como sinónima de la voz *motivo*, explica la razón que tenemos para hacer, decir o pensar alguna cosa, con esta diferencia: que la *causa* explica una razón forzosa que obliga a la acción o al juicio; y *motivo*, una razón voluntaria que mueve, induce, inclina. Se rompió una pierna, y esta es la *causa* de su cojera. Ha heredado un mayorazgo, y este es el *motivo* de haber dejado el servicio" (LH). 2 *Pleito*. 3 *Proceso*. 4 **A causa de** *loc. conj. Por, por efecto de, a consecuencia de, por razón de*.

**causar** *tr. Producir, originar*. 2 *Motivar, traer, acarrear, ocasionar, provocar, determinar, tener consecuencias, traer consecuencias, tener la culpa de, atraer\**.

**cáustico, -ca** *adj.* fig. *Mordaz, agresivo, punzante, irónico, incisivo*.

**cautela** *f. Precaución, prevención, reserva\*, circunspección, desconfianza*. "La *precaución* es hija de la prudencia, y la *cautela* lo es de la astucia. Aquélla sólo quiere preservarse del mal; ésta aspira por lo común a hacerlo. La otra emprende, si puede, el ataque... En la *precaución* entra la reserva; en la *cautela* el disimulo" (M). 2 *Astucia, maña, engaño*. ↔ INGENUIDAD, INHABILIDAD, SINCERIDAD.

**cauteloso, -sa** *adj. Insidioso\*, capcioso, asechante, astuto*.

**cautivado, -da** *adj. Absorto\*, admirado, pasmado, atónito, suspenso, ma-*

*ravillado, asombrado, abismado, abstraído, ensimismado.*

**cautivar** *tr. Apresar, aprisionar, prender, capturar.* ↔ LIBERTAR. 2 *fig. Atraer\*, seducir.* ↔ DESENCANTAR, ABURRIR.

**cautiverio** *m. Cautividad, esclavitud.* El *cautiverio* puede aludir al acto de ser hecho cautivo o bien al estado de la persona cautiva; en este último caso coincide con *cautividad*, si bien ésta sugiere, en general, un estado más prolongado; *cautividad* hace pensar en la duración del cativerio; por esto decimos: la *cautividad de Babilonia*, y no el *cautiverio*. Tanto *cautiverio* como *cautividad* indican la falta de libertad de la persona que está en poder de un enemigo; la *esclavitud* significa convertirse en propiedad o hacienda del amo. Todo *esclavo* es un *cautivo*, pero no viceversa.

**cautivo, -va** *adj.-s. Prisionero, preso, penado\*.* "*Prisionero* se aplica exclusivamente al militar cogido en acción de guerra, y *preso* a cualquier persona a quien se priva de su libertad, ya sea por sentencia de juez, ya por imposición de un superior, ya, en fin, por arbitrariedad del que ejerce la fuerza. La voz *cautivo*... supone inocencia, excita sentimientos de confraternidad, de compasión y de ternura..." (C).

**cauto, -ta** *adj. Precavido, previsor, prudente, circunspecto, sagaz, astuto.* ↔ IMPRUDENTE, SINCERO, INGENUO.

**cávea** *f. Jaula, gayola.*

**caverna** *f. Antro, cueva\*, cripta.* El *antro* y la *caverna* son cavidades naturales muy profundas. La *cueva* y la *cripta* pueden ser naturales o artificiales, y pueden ser profundas o de escasa profundidad.

**cavernícola** *adj. Troglodita.*

**cavernoso, -sa** *adj. fig. Bronco, ronco, sordo.* Tratándose de sonidos o ruidos.

**caveto** *m.* ARQ. *Contrabocel.*

**cavia** *m. Conejillo de Indias, cobayo.*

**cavidad** *f. Concavidad, hueco, seno, vacío.* 2 ANAT. *Antro, ventrículo, cámara.*

**cavilar** *intr.-tr. Pensar\*, preocuparse, rumiar.*

**caviloso, -sa** *adj. Pensativo, preocupado, cogitabundo, aprensivo.* ↔ DESPREOCUPADO, IRREFLEXIVO.

**cayado** *m. Cachava.* 2 *Báculo\*, palo\*.*

**cayote** *m. Chayote.*

**caza** *f. Venación* (tecnicismo).

**cazar** *tr. fig. Atrapar, pillar, pescar, sorprender.*

**cazatorpedero** *m. Contratorpedero.*

**cazcarria** *f. Cascarria, zarpa, zarria, zarrapastra.*

**cazón** *m. Nioto, perro marino, tollo.*

**cebadilla** *f. Espigadilla.*

**cebar** *tr. Sobrealimentar, engordar.* ↔ ADELGAZAR. 2 *fig. Fomentar.* 3 *Atraer.* 4 *prnl. Encarnizarse, ensañarse.*

**cebo** *m. fig. Atractivo, incentivo, aliciente.*

**cebolla** *f. Bulbo, cabeza.*

**ceburro** *adj. Candeal.*

**cecear** *intr. Zacear.*

**ceceoso, -sa** *adj. Zopas, zopitas, ceceante.* Aplicado a personas, burl., *zopas, zopitas.* Aplicado a la pronunciación, *ceceante.*

**cecial** *m. Pescada.*

**cecina** *f. Chacina.*

**cedazo** *m. Tamiz. Tamiz* es el *cedazo* muy tupido.

**ceder** *intr. Someterse, doblegarse, transigir.* ↔ INSISTIR. 2 *Replegarse, cejar, aflojar, flaquear.* ↔ INSISTIR. 3 *Disminuir, aminorarse, menguar, mitigarse, cesar\*.* 4 *tr. Dar, transferir, traspasar, abandonar\*, obedecar\*.* ↔ TOMAR, QUITAR.

**cedria** *f. Cidria.*

**cedro de España** *m. Sabina.*

**cédula** *f. Papeleta, ficha.*

**cefálico, -ca** *adj.* MED. *Cerebral.*

**cefalitis** *f. Encefalitis.*

**céfalo** *m. Róbalo, lobina, lubina.*

**céfiro** *m. Poniente* (viento). 2 *poét. Favonio, brisa, aura, vientecillo.*

**cefo** *m. Cebo, cepo.*

**cegajo** *m. Cabrón\*, bode* (p. us.)*, igüedo, buco, macho cabrío, chivo, chivato.*

**cegar** *tr.-prnl.* fig. *Cerrar, tapar, obstruir.* 2 *Ofuscar, obcecar.* 3 *Encandilar, deslumbrar, alucinar.*

**ceguedad** *f. Ceguera, invidencia, ablepsia.* ↔ VISTA. 2 fig. *Obcecación\*, ofuscación, ofuscamiento, alucinación.* ↔ ACIERTO, CLARIDAD.

**ceguera** *f. Obcecación\*, ofuscación, ofuscamiento, ceguedad, obnubilación.* ↔ REFLEXIÓN.

**ceja. Tener entre ceja y ceja** *loc. Aborrecer, odiar, detestar, abominar, execrar, tomarla con uno, mirar con malos ojos, tener entre ojos, no poder ver a uno, indigestársele.* ↔ APRECIAR. 2 **Tener entre ceja y ceja** *Proponerse, intentar, procurar, determinarse.* ↔ DESENTENDERSE.

**cejar** *intr. Retroceder, recular.* 2 fig. *Aflojar, ceder, flaquear, cesar\*.* ↔ INSISTIR, MACHACAR.

**cejijunto, -ta** *adj. Cejunto.* 2 fig. *Ceñudo.*

**cejuela** *f. mús. Ceja, cejilla.*

**celada** *f. Garlito, trampa, cepo, añagaza.* 2 *Encerrona, emboscada, asechanza, trampa.*

**I celar** *tr. Vigilar, cuidar, velar.*

**II celar** *tr. Encubrir, ocultar\*, disimular. Celar* es palaba docta, usada sólo en estilo elevado. ↔ DESCUBRIR.

**celda** *f. Encierro, reclusión, prisión, calabozo.* 2 *Lóculo.*

**celdilla** *f. Casilla, alvéolo, vasillo.* Tratándose de panales. 2 *adj. Hornacina.* 3 *f. Camérula, célula.*

**celebración** *f. Homenaje, exaltación.*

**celebrar** *tr. Festejar, solemnizar, conmemorar.* Si se trata de una fiesta en recuerdo de una persona o acontecimiento pasados, *conmemorar.* 2 *Decir misa.* 3 *Alabar, loar, elogiar, encarecer, encomiar, ensalzar, aplaudir, echar las campanas al vuelo.*

**célebre** *adj. Renombrado, famoso\*, insigne, reputado, ilustre, glorioso, sonado, egregio\*.* Este último, tratándose de cosas o hechos.

**celebridad** *f. Nombre, nombradía, notoriedad, reputación, fama, aceptación, boga, renombre, gloria, aureola, auréola.* ↔ ANÓNIMO.

**celeridad** *f. Prontitud, rapidez, velocidad, presteza, diligencia, actividad. Diligencia* y *actividad* se refieren al obrar, mientras que los demás son de aplicación general. Los astros se mueven con *celeridad, rapidez, velocidad,* pero no con *diligencia* o *actividad,* que se aplican sólo a los actos humanos. "La *celeridad* se refiere al modo; la *prontitud* se refiere al tiempo. En aquélla se supone un movimiento ligero y continuado; en ésta se supone un acto, se prescinde de la continuación del movimiento: Oyó un ruido, se levantó con *prontitud* de la cama, y se vistió con una *celeridad* increíble. El correo viene con *prontitud,* esto es, tarda poco; viene con *celeridad,* esto es, corre mucho" (LH). ↔ LENTITUD, INACTIVIDAD.

**celeste** *adj. Celestial, paradisíaco, empíreo.* "*Celeste, celestial.* Lo que pertenece al cielo, es la idea común a estos adjetivos; pero el primero abraza toda la idea, el segundo la modifica. *Celeste* se refiere al cielo; *celestial* se refiere a la divinidad (...) Llamamos [azul] *celeste* al color que nos parece que vemos en el cielo y no le damos el nombre de *celestial,* como a ninguna otra cosa que pertenece a aquella determinada idea. Y así no se podría decir, sin una absoluta impropiedad, los astros o cuerpos *celestiales,* la esfera *celestial,* azul *celestial*" (LH). *Celestial* equivale, pues, a *paradisíaco, empíreo,* según el deslinde que acabamos de insertar. Sin embargo, cabe a veces el empleo de *celestial* sin referencia a la divinidad; p. ej., hablando de la armonía pitagórica en el movimiento de los astros, decimos armonía o música *celestial,* con más frecuencia que *celeste.* 2 *Etéreo, puro, elevado, sublime.*

**celestial** *adj. Celeste, paradisíaco, em-*

*píreo*. 2 fig. *Encantador, divino, perfecto, delicioso*.

**celestina** *f. Alcahueta, encubridora*.

**celibato** *m. Soltería*.

**célibe** *adj.-com. Soltero*.

**celidonia** *f. Golondrinera, hierba de las golondrinas, hirundinaria*. 2 **Celidonia menor** *Cabeza de perro*.

**celinda** *f. Jeringuilla* (planta).

**celo** *m. Cuidado, esmero, diligencia, ardor, entusiasmo, devoción. Celo* intensifica las ideas expresadas por sus sinónimos y connota además asiduidad o continuidad. El *ardor*, el *entusiasmo* y la *devoción* pueden ser pasajeros; el *celo* es continuado y se manifiesta en la reiteración de actos. V. celos. ↔ INDIFERENCIA, FRIALDAD, INACTIVIDAD.

**celos** *m. pl.* vulg. o fam. *Achares, pelusa. Pelusa* son los *celos* o envidia de los niños. V. celo.

**célula** *f. Celdilla, camérula*.

**cementerio** *m. Camposanto, necrópolis, fosal, rauda. Camposanto* es nombre popular, predominante en Andalucía y otras regiones; *necrópolis,* en estilo elevado, o entre los arqueólogos: *necrópolis fenicia; cementerio* es de uso gral.; *fosal,* entre campesinos; *rauda,* cementerio árabe.

**cena** *f. Comida* (And., Canarias y Amér.). El uso de *cena* en la acepción de *comida* también está generalizado en los hoteles de cierta importancia. V. almuerzo.

**cenador, -ra** *adj.-s. Glorieta, lonjeta*.

**cenagal** *m. Barrizal, fangal, lodazal*.

**cenceño, -ña** *adj. Enjuto, delgado*, flaco. Enjuto* y *cenceño* son cualidades constitutivas y naturales de la persona. *Delgado* y *flaco* pueden ser estados transitorios.

**cencerro** *m. Campano, esquila, zumba. Campano* y *esquila*, esp. cuando es de forma acampanada; *zumba* es un cencerro grande.

**cencerrón** *m. Redrojo, redruejo*.

**cendal** *adj. Humeral, banda, paño de hombros*.

**cenia** *f. Azuda, noria*.

**ceniciento, -ta** *adj. Cenizo, cenizoso, cinericio* (lit.), *cinéreo* (lit.).

**ceniza** *f. Oídio, cenicilla, cenizo, oidium*.

**cenizo** *m. Berza de pastor, ceñiglo.* 2 *Oídio.* 3 *Aguafiestas. Aguafiestas* es la persona que tiene mala sombra o que la trae a los demás.

**cenobio** *m. Monasterio*, convento, abadía**.

**cenobita** *com.* (pers.) *Anacoreta*, monje*, solitario, ermitaño, eremita*.

**cenojil** *m. ant. Liga* (cinta), *henojil* (ant.).

**censo** *m.* DER. *Gravamen, carga, tributo*.

**censura** *f. Desaprobación, reprobación, impugnación, vituperio.* ↔ APROBACIÓN, ELOGIO. 2 *Murmuración, detracción.* 3 *Crítica, juicio, examen*.

**centauro** *m. Hipocentauro*.

**centella** *f. Exhalación, rayo, chispa**.

**centellear** *intr. Chispear, relumbrar, destellar, brillar, relucir, resplandecer, fulgurar, cabrillear, titilar, rielar*. Los tres primeros sinónimos y *centellear* suponen rayos de luz trémulos, o de intensidad y coloración variables. *Brillar, resplandecer* y *relucir* pueden ser fijos y sin variaciones ni interrupciones. ↔ APAGARSE.

**centelleo** *m. Destello, relumbre, relumbro, relumbrón*.

**centena** *f. Centenar, un ciento*.

**centenario, -ria** *adj.-s.* (pers.) *Quintañón*.

**centinela** *com. Atalaya*, vigía, escucha*.

**centinodia** *f. Correhuela, sanguinaria mayor, saucillo*.

**centrado** *m. Centraje* (galic.).

**centraje** *m.* galic. *Centrado*.

**centralismo** *m. Unitarismo*.

**centralizar** *tr. Concentrar, reconcentrar, reunir.* Se *centraliza* el poder, la autoridad, los negocios, la correspondencia, etc., para darles unidad. Se *concentra* o *reúne* en un lugar a los afiliados a su partido; se *concentra* la atención, el pensamiento, los afectos, las disoluciones químicas. El fin de *centralizar* es dar unidad; el fin de *concentrar* es dar fuerza. *Reconcentrar* intensifica el sentido de *concentrar*.

**centrífuga** *f.* MEC. *Centrifugadora.*

**centrifugador** *m. Hidroextractor, centrifugadora.*

**centrifugadora** *f. Centrifugador, hidroextractor, centrífuga.*

**centro** *m. Medio, mitad.* 2 **Centro de la tierra** *Hondura, profundidad, quintos infiernos.* ↔ ALTURA, EXCELSITUD.

**centrocampista** *m.* DEP. *Medio.* Usados principalmente en fútbol.

**centuria** *f. Siglo.*

**cénzalo** *m.* desus. *Mosquito, mosco, violero.*

**ceñido, -da** *adj. Estrecho, ajustado, apretado.*

**ceñir** *tr. Rodear, cercar, ajustar, apretar, oprimir.* 2 *tr.-prnl. Restringir, acortar, reducir, limitar\*, circunscribir, cercenar, coartar.* ↔ DERROCHAR, ABUSAR, AMPLIAR. 3 *prnl. Moderarse, reducirse, limitarse, atemperarse, amoldarse, circunscribirse.* 4 *intr.* MAR. *Barloventear.*

**ceño** *m. Capote* (fam.), *sobrecejo, sobreceño.* "¿Qué es *sobrecejo*? La parte de la frente inmediata a las cejas. ¿Qué es *ceño*? Una demostración de enojo, la acción de dejar caer el *sobrecejo* arrugando la frente (...) Se dice, pues, arrugar el *sobrecejo*; y esta acción, esta presión del *sobrecejo* contra su parte inferior, es la que constituye el *ceño*. Además de esta diferencia esencial, hay otra muy importante que conviene no perder de vista, y que se refiere al uso de estas palabras para la mayor o menor duración del disgusto o incomodidad que afecta el ánimo. Si el enfado es pasajero (...), arrugamos el *sobrecejo*. Si las palabras que se nos dirigen son de tal naturaleza, que nos obligan a responder con otras más acres, en tal caso ponemos el rostro torvo del *ceño*; es decir, que además de arrugar el *sobrecejo* que produce el *ceño*, comprimimos

más aquél para que éste se sostenga todo el tiempo que ha menester la expresión de nuestra incomodidad" (O). 2 fig. *Aspereza, rigor, rigidez, dureza, rudeza, desabrimiento.* ↔ SUAVIDAD, BLANDURA.

**ceñudo, -da** *adj. Capotudo* (fam.), *cejijunto.* 2 *Serio, severo, adusto, hosco.*

**cepa** *f.* fig. *Tronco, raíz, origen, raza, linaje.* 2 *Ajonjera, angélica carlina, cardo ajonjero, caballo, ajonjero.*

**cepillo** *m. Escobilla* (Amér.). 2 *Cepo. Cepo,* en el sentido de arquilla con una ranura.

**cepo** *m. Garlito, celada, trampa, añagaza.*

**ceporro, -rra** *adj.-s. Gaznápiro, palurdo, torpe, zoquete, tonto, patán, simple.*

**ceprén** *m.* Ar. *Palanca* (barra), *mangueta, alzaprima, espeque.*

**cerámica** *f. Alfarería, tejería, tejar.* La *alfarería* sólo emplea el barro para fabricar vasijas, pero no otros materiales. La *tejería* o *tejar* fábrica tejas, ladrillos y adobes. Una y otra son parte de la cerámica, en la cual entran también los objetos de loza y porcelana.

**ceramista** *com. Alfarero, alcaller* (ant.), *barrero, cantarero.*

**cerasta, cerastas** *f. Hemorroo, ceraste, cerastes.*

**cerbatana** *f. Bodoquera.*

**cerca** *f. Cercado, valla, vallado, tapia, estacada, empalizada, seto. Cerca* y *cercado* son denominaciones generales de lo que rodea algún terreno o heredad. Según los materiales recibe distintos nombres (como *valla,* etc.).

**cercanías** *f. pl. Proximidades, inmediaciones, alrededores, contorno.*

**cercano, -na** *adj. Próximo, vecino, inmediato\*, contiguo, circunvecino\*.*

**cercar** *tr. Rodear, circuir, circundar, ceñir, vallar, murar, tapiar.* Los tres últimos, tratándose de terrenos o heredades. ↔ ABRIR. 2 *Asediar, sitiar.*

**cercenar** *tr. Cortar, acortar, chapodar, disminuir, limitar\*, restringir, coartar,* *reducir*. Los tres primeros, si se trata de cosas materiales.

**cerceta** *f.* (ave) *Zarceta*.

**cerchar** *tr. Acodar*.

**cercillo** *m. Zarcillo, cirro, tijereta*.

**cerciorar** *tr.-prnl. Asegurar, afirmar, certificar, comprobar.* ↔ IGNORAR, DUDAR.

**cerco** *m. Aro, cello*. 2 *Marco*. 3 *Sitio, asedio*. 4 *Halo*.

**cerda** *f. Ceda* (p. us.), *seda. Seda* en algunos animales, esp. el jabalí. 2 *Crin*.

**cerdo** *m. Coche, cocho, cochino, cuino, gocho* (Asturias), *gorrino, guarro, marrano, puerco, tocino* (Aragón), *chancho* (Amér.). 2 **Cerdo marino** *Marsopa*.

**cerealista** *adj. Frumentario, triguero*.

**cerebelo** *m.* ANAT. *Epencéfalo*.

**cerebral** *adj. Cefálico*.

**cerebrastenia** *f.* MED. *Frenastenia, debilidad mental*.

**cerebro** *m. Seso*.

**ceremonia** *f. Aparato, solemnidad, pompa.* ↔ SENCILLEZ, NATURALIDAD. 2 *Rito*. 3 *Cumplimiento\**. 4 **Sin ceremonia** *loc. adv. Llanamente, caseramente*.

**ceremonioso, -sa** *adj. Etiquetero, cumplimentero, protocolario*.

**cerezo** *m. Lauroceraso, laurel, loro*. 2 **Cerezo silvestre** *Durillo, cornejo, corno, sangüeño, sanguino, sanguiñuelo*.

**ceriflor** *f. Becoquino*.

**cerilla** *f. Fósforo, mixto* (antic.), *cerillo* (And., Cuba y Méx.).

**cerillero, -ra** *s. Fosforero*.

**cerner** *tr. Pasar, colar*. 2 *prnl. fig. Elevarse, remontarse, sublimarse*.

**cernícalo** *m. Mochete*. 2 *fig. Rudo, ignorante, tonto, zopenco, zoquete, bruto*.

**cernidillo** *m. Calabobos, llovizna, mollizna*.

**cero. Ser un cero a la izquierda** *loc. Ser incapaz, ser inepto, ser inhábil, ser torpe, ser incompetente, ser ignorante, ser abogado de secano*.

**cerote** *m. Cerapez*. 2 *fig. Miedo*.

**cerquillo** *m. Vira* (del calzado).

**cerrado, -da** *adj. fig. Incomprensible, oscuro, oculto, hermético.* ↔ ABIERTO. 2 *Nublado, encapotado, cubierto.* ↔ DESPEJADO. 3 *Callado, disimulado, silencioso.* ↔ COMUNICATIVO. 4 *Torpe, tardo, obtuso, negado.* ↔ ABIERTO, DESPEJADO, COMUNICATIVO. 5 *Espeso, apretado, aglomerado, macizo, tupido*.

**cerramiento** *m. Cerradura, cierre, taponamiento, tapón, obstrucción, cegamiento*. Los cuatro últimos, tratándose de aberturas o tubos.

**cerrar** *tr.-prnl. Tapar, cegar.* ↔ ABRIR, DESPEJAR. 2 *Cicatrizar*. 3 *Clausurar*. 4 *intr. Embestir, atacar, acometer\*, arremeter\**. P. ej., *Los franceses cerraron antes de tiempo; Cerrar con el enemigo*.

**cerreta** *f. Brazal* (MAR.), *percha, varenga, orenga*.

**cerril** *adj. Bozal, cerrero, montaraz, bravío\*, indómito, bagual, salvaje\**. Tratándose de animales. 2 *fig. Huraño, grosero, tosco, rústico*. Aplicado a personas.

**cerrilidad** *f. Barbarie, rusticidad, incultura, salvajismo*. 2 *Bravura\*, fiereza, ferocidad, braveza*.

**cerro** *m. Colina, alcor, collado\**.

**cerrojillo** *m. Herreruelo* (pájaro), *cerrojito*.

**cerrojito** *m. Herreruelo* (pájaro), *cerrojillo*.

**certamen** *m. Concurso. Certamen* equivale a *concurso* cuando éste tiene por objeto estimular con premios el cultivo de las artes, las ciencias o las letras. Pero *concurso* tiene una significación más general que no podría expresarse con la voz *certamen*; p. ej.: *concurso* para adjudicar unas obras o para cubrir un cargo vacante.

**certeza** *f. Certidumbre, evidencia, convicción, convencimiento, seguridad, certinidad. Certinidad* es voz docta, de empleo limitado. ↔ DUDA, INTERROGACIÓN, MENTIRA.

**certidumbre** *f. Seguridad, certeza.* ↔ INCERTIDUMBRE, INSEGURIDAD.

**certificación** f. Notificación, declaración.

**certificar** tr. Afirmar, asegurar, cerciorar, aseverar, confirmar. 2 Afianzar, avalar, garantizar, responder, poner las manos en el fuego.

**cerusa** f. Albayalde, carbonato de plomo, blanco de plomo, cerusita.

**cerusita** f. Albayalde, carbonato de plomo, cerusa, blanco de plomo.

**cerval** adj. Cervuno, cervario (lit.), cervino.

**cervatillo** m. Almizclero (mamífero), cabra de almizcle, portaalmizcle.

**cerviguillo** m. Pestorejo, cervigón.

**cerviz** f. Cogote, pescuezo.

**cesación** f. Suspensión, detención, parada, interrupción, pausa.

**cesante** adj. Desacomodado, parado, desocupado, sin oficio ni beneficio. ↔ ACOMODADO, EMPLEADO.

**cesar** intr. Acabar, terminar, suspender, interrumpir, cejar, ceder. Cejar equivale a cesar o ceder en un esfuerzo o empeño, por falta de fuerzas o de voluntad para continuarlos. ↔ INICIAR. 2 Quedar cesante (en un empleo o cargo).

**césar** m. Emperador, káiser, zar, mikado.

**cesárea** f. CIR. (operación) Histerotomía, tomotocia.

**cesarismo** m. Autocracia, autarquía, dictadura*, despotismo, tiranía. Despotismo y tiranía acentúan el carácter abusivo e ilimitado con que se ejerce la autoridad.

**cesión** f. Renuncia, entrega, donación, abandono, traspaso, abdicación*.

**césped** m. Gallón, tepe. 2 **Césped inglés** Ballico.

**cespitar** intr. p. us. Vacilar*, titubear.

**cesta** f. DEP. Canasta. En el baloncesto.

**cestón** m. Gavión (en fortificaciones).

**cetrería** f. Halconería.

**cetrero** m. Halconero.

**ceugma** f. Zeugma.

**chabacano, -na** adj. Grosero, de mal gusto, ordinario, vulgar. ↔ FINO, DELICADO, CULTO.

**chácara** f. Amér. Merid. Chacra.

**chacha** f. Tata, niñera. Chacha y tata pertenecen al habla infantil para designar a la niñera.

**cháchara** f. Charla, palique, parloteo, garla, conversación*. V. conversación.

**chacharero, -ra** adj.-s. fam. Charlatán, garlador.

**chacina** f. Cecina.

**chacolotear** intr. Chapalear, chapear.

**chacota** f. Broma, zumba, chanza, burla. Chacota connota además las ideas de bullicio, alegría ruidosa, manifestación externa de la burla.

**chacra** f. Amér. Alquería, granja, chácara, chagra. El penúltimo se dice en Amér. Merid., mientras que el último se dice en Colomb.y Ecuad.

**chafaldita** f. Cuchufleta, pulla, burla.

**chafallar** tr. fam. Frangollar, chapucear (fam.).

**chafallón, -ona** adj.-s. fam. Chapucero, desmañado, charanguero.

**chafar** tr.-prnl. Aplastar, estrujar. ↔ ESTIRAR. 2 Ajar, arrugar, deslucir. ↔ PLANCHAR. 3 fig. Apabullar, arrugar, confundir, avergonzar.

**chafarote** m. desp. o burl. Sable, espada, espadón.

**chagual** m. Argent., Chile y Perú. Cháguar, caraguatá, cháhuar.

**chaira** f. Tranchete, trinchete, cheira. 2 Afilón, eslabón.

**chalado, -da** adj. fam. Alelado, lelo, chiflado (fam.), guillado (fam.), tocado, maniático, loco, monomaníaco, maníaco. 2 Enamorado.

**chaladura** f. fam. Manía, monomanía, idea fija, guilladura (fam.), chifladura (fam.), extravagancia. ↔ REFLEXIÓN, RAZÓN.

**chalán, -ana** adj.-s. Tratante, traficante. Este último añade la idea de astucia y maña en sus tratos. Chalán se aplica especialmente al tratante en ganados.

**chalote** m. Ajo chalote, escalona, escaloña, ascalonia, cebolla escalonia.

**chalupa** f. *Lancha, bote, barca.*
**chamarillero** m. *Tahúr, fullero, tramposo, cuco.*
**chamba** f. *Chiripa, suerte, casualidad\*, azar.* ↔ SEGURIDAD, CERTEZA. 2 *Amér. Trabajo* (eventual).
**chamiza** f. *Chamarasca, chámara.*
**chamizo** m. *Tugurio, cuchitril, chiribitil.*
**chamuscar** tr. *Socarrar.*
**chamusco** m. *Chamusquina, socarrina.*
**chamusquina** f. *Resquemo, socarrina.*
**chancear** intr.-prnl. *Bromear, embromar, burlar, changuear.* Este último se usa en Colomb., Cuba y P. Rico.
**chancero, -ra** adj. *Bromista, burlón, guasón, burlesco, festivo, jocoso, chistoso\*, zumbón, bufón.* ↔ SERIO, GRAVE.
**chancho** m. *Amér. Puerco, cerdo.*
**chanchullo** m. *Manejo, trampa, enjuague, combinación, combina, pastel. Combina* es término familiar equivalente a *combinación.*
**chanclo** m. *Choclo, zoclo, zueco, madreña, almadreña.* Estos sinónimos se usan cuando es de madera y según las regiones.
**chanco** m. *Zanco.*
**chanflón, -ona** adj. *Tosco, grosero, mal formado, deforme.*
**chano, chano** adv. m. *Paso a paso, poco a poco, pian piano.*
**chantillón** m. *Escantillón, ságoma.*
**chantre** m. *Capiscol, primicerio* (en algunas iglesias).
**chanza** f. *Broma, burla\*, chirigota, chanzoneta, guasa.*
**chapa** f. *Amér. Cerradura.*
**chapalear** intr. *Chapotear.* 2 *Chacolotear.*
**chaparrada** f. *Lluvia\*, precipitación* (METEOR.), *llovizna, chaparrón, chubasco, aguacero, manga de agua.*
**chaparro** m. *Mata parda.* 2 *Méx. Muchacho, niño.*
**chaparrón** m. *Chaparrada, chubasco, lluvia\*.* De menor a mayor intensidad, *chaparrada, chaparrón, chubasco.*

Los tres coinciden en ser de corta duración.
**chapear** tr. *Chapar, enchapar.*
**chapeta** f. *Chapa, roseta.*
**chapetón, -ona** adj.-s. *Amér.* (pers.) *Español\*, gachupín, godo, gallego.*
**chapotear** intr. *Chapalear, guachapear.*
**chapucear** tr. *Chafallar, frangollar.* Este último añade idea de apresuramiento en la labor desmañada.
**chapucería** f. *Chapuza.*
**chapucero, -ra** adj. *Desmañado, charanguero, chafallón, frangollón.*
**chapurrear** intr.-tr. *Chapurrar, champurrear.*
**chapuza** f. *Chapucería.*
**chapuzar** tr. *Capuzar, zampuzar, zapuzar.*
**chaqueta** f. *Americana, saco* (Amér.).
**charadrio** m. *Alcaraván, árdea.*
**charca** f. *Poza, pozanca, charco, lagunajo, tollo* (Ar.). La que queda en la orilla de un río después de una avenida, *pozanca. Charco, lagunajo* y *tollo* referidos a *charca* pequeña en el pavimento.
**charla** f. *Cháchara, palique, parloteo, garla, conversación\*.* V. conversación. ↔ SILENCIO. 2 (ave) *Cagaaceite, cagarrache.*
**charlar** intr. *Garlar, chacharear, parlotear, meter baza, hablar a destajo, hablar por los codos, hablar a chorros, gastar saliva en balde, parlar, pablar* (burl.), *paular* (burl.), *soltar la sin hueso, conversar\*.* ↔ CALLAR.
**charlatán** m. fam. *Medicastro, curandero.*
**charlatán, -ana** adj.-s. *Churrullero, hablador\*, parlanchín, sacamuelas, cotorra, bocón.* 2 *Embatido, embaucador, engañador, farsante, impostor, embustero, fanfarrón.*
**charlatanería** f. *Locuacidad, palabrería, garrullería, charlatanismo. Garrullería* si la *charlatanería* es vulgar o pedestre; *charlatanismo* si es además engañosa.
**charneca** f. *Lentisco, almácigo, mata.*

**charnela** f. Bisagra. 2 Gozne.

**charol** m. Amér. Bandeja, charola.

**charola** f. Amér. Bandeja, charol.

**charpa** f. Cabestrillo (aparato).

**charqui** m. Amér. Merid. Charque.

**charrán, -ana** adj.-s. Pillo, tunante, granuja, malvado. Charrán es intensivo, y connota suciedad en sus actos y procedimientos.

**charrasco** m. fam. (arma) Sable, charrasca (fam.), chafarote (desp.).

**chasco** m. Burla, broma, engaño. 2 Decepción, fiasco, desencanto, desilusión, desengaño.

**chasis** m. Bastidor.

**chasqueado, -da** adj. Desairado, desatendido, desdeñado, burlado.

**I chasquear** tr. Burlar, engañar, embromar. 2 Frustrar, decepcionar, desilusionar.

**II chasquear** tr. Restallar. 2 intr. Crujir.

**chasquido** m. Estallido, crujido, restallido, traquido. Este último tratándose de la madera.

**chato, -ta** adj. Romo. ↔ AGUDO, NARIGÓN, PUNTIAGUDO.

**chaval, -la** s. fam. Muchacho, joven, mozo.

**chavea** m. fam. And. Rapaz, rapazuelo, muchacho, niño, chico, pàrvulo, rorro, bebé.

**cheche** m. Cuba y P. Rico. Jaque, valentón, perdonavidas, chulo, fanfarrón.

**cheira** f. Chaira, tranchete, trinchete.

**chepa** f. Corcova, joroba, giba.

**cheposo, -sa** adj. Corcovado, jorobado, giboso.

**cheque** m. Boleta, libranza, libramiento, vale, talón.

**chequeo** m. MED. Revisión (médica).

**cherna** f. Mero.

**cherva** f. Ricino, querva, higuera del infierno, higuera infernal, higuereta, higuerilla, palmacristi.

**chicha. De chicha y nabo** loc. adj. Insignificante, baladí, mezquino, miserable, despreciable, desdeñable, de mala muerte, fútil, pequeño, frívolo, in-sustancial, de tres al cuarto, nimio. ↔ ÚTIL.

**chícharo** m. And. Garbanzo. 2 Amér. Arveja (Amér.), alveja (Amér.), guisante.

**chicharra** f. Cigarra.

**chicharro** m. Chicharrón. 2 Jurel.

**chicharrón** m. Chicharro, gorrón.

**chichear** intr.-tr. Sisear.

**chichón** m. Porcino, tolondro, tolondrón, turumbón.

**chico, -ca** adj. Pequeño, bajo, joven, reducido, insuficiente, corto. El segundo y el tercer sinónimos, tratándose de personas. El cuarto y el quinto, tratándose de espacios o cantidades; y corto cuando se trata de longitudes. ↔ GRANDE, ENORME. 2 adj.-s. Niño, muchacho, párvulo.

**chicoleo** m. Donaire, galantería, flor, piropo, requiebro.

**chicoria** f. Achicoria.

**chicote** m. Amér. Fuete (Amér.), látigo.

**chiflado, -da** adj. fam. Maniático, guillado (fam.), tocado, desequilibrado, lelo, loco, monomaníaco, maníaco, chalado (fam.). 2 Enamorado.

**chifladura** f. Manía, guilladura, idea fija. 2 Capricho, fantasía, tema. 3 Enamoramiento.

**chiflar** intr. Amér. Silbar.

**chiflato** m. Silbato (instrumento), pito.

**chigre** m. Ast. Sidrería.

**chillar** intr. Chirriar, rechinar. Chillar es propio de personas y de ciertos animales. Chirriar y rechinar se dicen de cosas que luden o rozan. Por ejemplo, un niño asustado y un ratón chillan; la carreta chirría; una máquina mal engrasada rechina. 2 Gritar, desgañitarse, vociferar, vocear. Estos sinónimos se aplican sólo a personas, mientras que chillar es propio tanto de personas como de ciertos animales. ↔ CALLAR, HABLAR BAJO, SUSURRAR.

**chillería** f. Vocerío, vocinglería, gritería. 2 Bronca, regaño, regañina, represión. Todos ellos son sinónimos de chillería cuando se hacen a gritos.

**chillón, -ona** *adj.* fig. (color) *Abigarrado, bigarrado* (p. us.), *confuso, mezclado, heterogéneo, inconexo.* ↔ HOMOGÉNEO.

**china** *f. Lampatán* (raíz medicinal). 2 *Porcelana.* 3 *Cuba* y *P. Rico. Naranja.*

**chinchar** *tr.* vulg. *Molestar, fastidiar, incomodar, estorbar, enojar, enfadar, mortificar, fatigar, dar jaqueca, gastar la paciencia, traer a mal traer.* ↔ ALEGRAR, TRANQUILIZAR, APACIGUAR. 2 *Matar, ejecutar, apiolar, despabilar, despachar, trincar, quitar de en medio.*

**chinche** *adj.-com.* fig. y fam. (pers.) *Impertinente, molesto, fastidioso, cargante, pesado, chinchorrero* (fig. y fam.), *chinchoso* (fig. y fam.), *descontentadizo, difícil, desabrido, áspero.* 2 (pers.) *Quisquilloso, caramilloso, reparón, criticón.* ↔ TRANQUILO, PACÍFICO, COMPRENSIVO, ALEGRE.

**chinchorrería** *f. Impertinencia, pesadez, molestia.* 2 *Chisme, cuento, patraña.*

**chinchorrero, -ra** *adj.* fig. y fam. (pers.) *Impertinente, cargante, chinchoso* (fig. y fam.), *chinche* (fig. y fam.), *fastidioso, molesto, pesado, descontentadizo, difícil, desabrido, áspero.*

**chinchoso, -sa** *adj.* fig. y fam. (pers.) *Impertinente, molesto, fastidioso, cargante, pesado, chinche* (fig. y fam.), *chinchorrero* (fig. y fam.), *áspero, desabrido, difícil, descontentadizo.*

**chip** *m.* anglic. INFORM. *Microplaqueta, circuito integrado.*

**chipriota, chipriote** *adj.-com.* (pers.) *Ciprino, ciprio.* Ambos se emplean sólo tratando de la antigüedad.

**chiquero** *m. Toril, encerradero, encierro.* 2 *Pocilga, zahúrda, cochitril, cuchitril, cochiquera.*

**chiquilicuatro** *m.* fam. *Zascandil, mequetrefe, danzante, chisgarabís.*

**chiquillada** *f. Niñería, niñada, muchachada.*

**chiquillería** *f.* fam. *Muchachada, niñada, niñería, chiquillerío* (Méx.).

**chiquillo, -lla** *s. Niño, criatura, crío,*

*muchacho, rorro, bebé, arrapiezo, rapazuelo, chaval, mocoso.*

**chiribita** *f. Chispa.* 2 *Margarita* (flor).

**chiribitil** *m. Tabuco, tugurio, cuchitril, zaquizamí.*

**chirigota** *f. Cuchufleta, chiste\*, chanza, broma.*

**chirimbolo** *m.* desp. *Cachivache, baratija, chisme, trasto, utensilio.*

**chiripa** *f. Chamba, suerte, azar, casualidad.* Los tres primeros son *azares* o *casualidades\** favorables, esp. en el juego. ↔ SEGURIDAD, PREVISIÓN.

**chiripero** *m. Chambón.*

**chirlata** *f. Timba, garito\*, casa de juego.* *Chirlata* es de menor categoría.

**chirle** *adj.* fam. *Insípido, insubstancial, insulso, soso.* 2 *m. Sirle, sirria.*

**chirlo** *m. Herida, corte, cuchillada, tajo.* 2 *Cicatriz, costurón.*

**chirona** *f.* fam. *Cárcel, prisión.*

**chirriante** *adj. Estridente, rechinante, agudo, ruidoso.*

**chirriar** *intr. Rechinar, gruñir, chillar.*

**chirumen** *m.* fam. *Cacumen, caletre, magín.*

**chiscón** *m.* desp. *Tabuco, cuchitril, chiribitil, zaquizamí, tugurio.*

**chisgarabís** *m.* fam. *Zascandil, mequetrefe, chiquilicuatro, danzante.*

**chisme** *m. Cuento, historia, murmuración, reporte* (ant.), *insidia, enredo, lío, hablilla, habladuría, parlería, rumor, mentira.* 2 *Baratija, chirimbolo, cachivache, trasto.*

**chismorrear** *intr. Comadrear, cotillear, chismear, murmurar.*

**chismorreo** *m. Comadreo, cotilleo, murmuración.*

**chismoso, -sa** *adj.-s. Cuentista, cuentón, murmurador, cizañero, hablador, indiscreto.* ↔ DISCRETO.

**chispa** *f. Chiribita.* 2 *Relámpago, rayo, exhalación, centella, descarga.* La *centella* sugiere menor intensidad. Todos estos vocablos denotan *chispas* atmosféricas, meteorológicas. Pero la *chispa* y la *descarga* eléctrica pueden saltar también en las máquinas eléctricas y en los cables conductores. 3

fig. *Penetración, viveza, ingenio, agudeza, gracia.* 4 *Borrachera.*

**chispeante** *adj.* fig. *Ingenioso, agudo.* *Chispeante* se aplica al escrito, discurso o estilo en que abundan aquellas cualidades.

**chispear** *intr. Brillar, lucir, relucir, resplandecer, relumbrar, centellear.* 2 *Lloviznar, molliznar, molliznear, pintear.*

**chispo, -pa** *adj. Achispado, bebido, beodo, borracho, ajumado.*

**chisporrotear** *intr. Decrepitar, crepitar.*

**chistar** *intr. Rechistar* (int.).

**chiste** *m. Gracia, graciosidad, agudeza, chuscada, chirigota, cuchufleta.* *Chuscada, chirigota* y *cuchufleta* acentúan el matiz de burla. "Lo que constituye el *chiste* es la *gracia;* lo que constituye la *agudeza* es el *ingenio"* (M).

**chistoso, -sa** *adj. Ocurrente, decidor, gracioso, donoso, chusco, agudo, ingenioso, chancero.* Los dos primeros se aplican sólo a personas. *Gracioso, donoso* y *chusco,* a personas, dichos o hechos. *Agudo* e *ingenioso* se dice de personas o de dichos; pero no de sucesos reales. 2 *Burlesco, festivo, jocoso.* ↔ SERIO, GRAVE.

**chita** *f. Astrágalo* (hueso). 2 *Tejo* (juego), *chito.*

**chito** *m. Mojón, tango, tanguillo, tángano, tarusa.* 2 *Chita* (juego).

**chivato, -ta** *s.* fig. *Soplón, delator\*, fuelle, acusón, malsín, acusica, acusique, acusador.*

**chivo** *m. Cabrón\*, bode* (p. us.), *igüedo, buco, macho cabrío, cegajo, chivato.*

**chocante** *adj. Raro, extraño, sorprendente, singular.* ↔ NORMAL.

**chocar** *intr. Topar, encontrarse.* 2 fig. *Pelear, combatir, disputar.* 3 *Extrañar, sorprender.*

**chocha** *f. Becada, coalla, chorcha, gallina sorda, gallineta, pitorra, chochaperdiz.*

**chochear** *intr. Caducar.*

**chochez** *f. Decrepitud, chochera.* ↔ JUVENTUD.

**chocho** *m. Altramuz* (fruto), *calamocano, lupino.*

**choclo** *m. Méx.* (calzado) *Almadreña, madreña, zueco, zoco, chanclo, zoclo.*

**chofe** *m. Bofe, pulmón, asadura.*

**chofeta** *f. Copilla, chufeta, escalfeta.*

**chola** *f.* fam. *Cabeza, testa* (culto o irón.), *calabaza, calamorra, coca, casco.*

**cholo, -la** *adj.-s. Amér. Mestizo.*

**I chopo** *m. Álamo negro.*

**II chopo** *m. Fusil.*

**choque** *m. Encuentro, topada, colisión, topetazo, trompada, encontronazo.* Los tres últimos son intensivos. 2 fig. *Contienda, pelea, combate, disputa.*

**choquezuela** *f. Rótula.*

**chorcha** *f. Becada, chocha, coalla, gallina sorda, gallineta, pitorra.*

**chordón** *m. Frambuesa, churdón, fraga* (tecn.), *sangüeso.*

**chorizo** *m. Balancín, contrapeso, tiento.*

**chorlo** *m. Turmalina.*

**chorro** *m. Caño, hilo.* Este último, cuando es muy delgado.

**chotacabras** *f. Engañapastores, zumaya.*

**choteo** *m. Cuba* y *P. Rico. Burla, pitorreo, rechifla.*

**choto, -ta** *s. Ternero, becerro, jato, novillo, magüeto, utrero.*

**choza** *f. Cabaña, barraca, chozo, chabola.* Los dos últimos cuando la *choza* es pequeña.

**chubasco** *m. Chaparrón\*, aguacero, lluvia\*.*

**chubasquero** *m. Impermeable.*

**chucha** *f.* fam. *Pereza, galbana, gandulería, pigricia, holgazanería, haronía* (p. us.). ↔ DILIGENCIA, ACCIÓN, APLICACIÓN, ACTIVIDAD.

**chuchería** *f. Fruslería, baratija, friolera.* La *chuchería* sugiere delicadeza o lindeza.

**chucho** *m. Perro.* 2 interj. *Zuzo.*

**chueco, -ca** *adj. Amér. Estevado, patituerto.*

**chula** *f. Argot\*, jerga, jeringonza, germanía, caló, chulapa, lunfardo.* La *chu-*

# chulería

la o *chulapa* es el habla popular de Madrid. El *lunfardo* es el habla de los maleantes de Buenos Aires.

**chulería** *f. Majeza, valentonería, guapeza.*

**chulo, -la** *s. Majo, guapo.* 2 *Valentón, perdonavidas.* 3 *Rufián.* ↔ DELICADO, CORRECTO.

**chumbera** *f. Nopal, tunal, higuera chumba, higuera de Indias.*

**chunga** *f. Zumba, cantaleta, broma, guasa, burla*.* Todos significan *burlas* festivas y ligeras.

**chupada** *f. Succión.*

**chupado, -da** *adj.* fig. *Flaco, extenuado, delgado, consumido.*

**chupar** *tr. Succionar* (culto o tecnicismo). 2 *Embeber, absorber.* 3 *intr.-tr. Amér. Pitar* (Amér.), *fumar.*

**chupatintas** *m.* desp. o burl. *Cagatintas* (desp. o burl.), *oficinista.*

**churdón** *m. Frambuesa, chordón, fraga* (tecn.), *sangüeso.*

**churra** *f. Ortega, corteza.*

**churriburri** *m.* fam. *Zurriburri, gentecilla, gentucilla.*

**chuscada** *f. Donaire, gracia, ocurrencia, chiste*.*

**chusco, -ca** *adj. Chistoso*, gracioso, ocurrente, donoso.* ↔ SOSO, SERIO.

**chusma** *f. Gentuza, gentualla, zurriburri, churriburri.*

**chut** *m.* DEP. *Disparo, tiro.*

**chutador, -ra** *s.* DEP. *Artillero.* En el fútbol.

**chutar** *tr.* DEP. *Disparar, tirar.*

**cianea** *f. Lapislázuli, lazulita, azul de ultramar.*

**cianhídrico, -ca** *adj.* QUÍM. *Prúsico.*

**cianuro** *m. Prusiato.*

**cíbolo** *m. Bisonte, toro mexicano.*

**cicatería** *f. Tacañería, mezquindad, ruindad, avaricia*.*

**cicatero, -ra** *adj. Tacaño, ruin, mezquino, miserable, avaro, agarrado, roñoso.*

**cicatriz** *f. Costurón, chirlo.* La muy visible y extensa, *costurón;* la que deja una herida en la cara, *chirlo.*

**cicatrizante** *adj. Apulótico* (MED.).

**cicercha** *f. Almorta, alverjón, diente de muerto, tito, cicércula, guaja, muela.*

**cicércula** *f. Almorta, cicercha.*

**ciclamino** *m. Artanita, pamporcino, pan porcino, artanica.*

**ciclamor** *m. Algarrobo loco, árbol de Judas, árbol del amor, arjorán, sicamor.*

**ciclánico, -ca** *adj.* QUÍM. *Alicíclico.*

**ciclización** *f.* QUÍM. *Aromatización.*

**cicloide** *f. Trocoide.*

**ciclón** *m. Huracán, tifón, tornado, viento*.*

**ciclópeo, -ea** *adj.* fig. *Gigantesco, enorme, desmesurado, colosal, excesivo, formidable.*

**ciclostilo** *m. Multicopista.*

**cicuta menor** *f. Etusa.*

**cidrato** *m. Azamboa, cimboya, zamboa.*

**cidronela** *f. Abejera, toronjil, melisa.*

**ciego, -ga** *adj. Invidente.* 2 fig. *Ofuscado, obcecado, alucinado.*

**cielo** *m. Atmósfera, firmamento.* 2 *Empíreo, edén, paraíso, gloria, patria celestial, reino de los cielos, bienaventuranza, alturas.*

**ciempiés** *m. Escolopendra, ciento pies.* 2 fig. *Chapucería, desatino, disparate, barbaridad, despropósito.*

**ciénaga** *f. Cenagal, lodazal, fangal, barrizal.*

**ciencia** *f. Conocimiento, saber, sabiduría, erudición.* ↔ IGNORANCIA, INCULTURA. 2 **Ciencias exactas** *f. pl. Matemáticas, matemática.*

**cieno** *m. Légamo, lama, fango, barro, lodo.*

**cientopiés** *m. Escolopendra, ciempiés.*

**cierre** *m. Cerradura, cerramiento.* 2 *Bloqueo.*

**cierto, -ta** *adj. Algún, un, varios* (pl.), *algunos* (pl.). 2 *Verídico, verdadero, real, indiscutible, indudable, positivo.* "Lo *verdadero* es la expresión de lo *cierto,* porque la verdad es la conformidad de la palabra con el hecho. Se dice historia *verdadera,* y no historia *cierta.* Lo *cierto* es lo que existe; lo *verdadero,* lo que se dice. El hombre sabe que es *cierto* un acaecimiento. Si lo refiere como lo sabe, refiere la *verdad,* y su lenguaje es *verdadero...*" (M). ↔ DUDOSO, DISCUTIBLE, INCIERTO.

**ciervo** *m. Venado.*

**cierzo** *m. Norte, septentrión, aquilón, bóreas, zarragán, zarraganillo. Zarragán* es el *cierzo* flojo pero muy frío.

**cifra** *f. Guarismo, número.* 2 *Clave, abreviatura*\*.

**cifrar** *tr. Codificar.*

**cigarra** *f. Chicharra, áqueta.*

**cigarrera** *f. Petaca, pitillera, tabaquera.*

**cigarrillo** *m. Pitillo.*

**cigarro** *m. Tabaco, cigarro puro, puro, veguero.* Veguero, el que está hecho de una sola hoja. 2 *Cigarrillo, pitillo.*

**cigarrón** *m. Saltamontes, caballeta, saltón.*

**cigüeña** *f. Manivela, manubrio.* En tornos y máquinas.

**cija** *f. Pajar, almiar.*

**cilantro** *m. Culantro.*

**cilíndrico, -ca** *adj. Rollizo, redondo.*

**cilindro** *m.* CONSTR. *Apisonadora.*

**cilla** *f. Cámara, cillero.*

**cillero** *m. Bodega, despensa.*

**cima** *f. Cúspide, cumbre.* 2 fig. *Terminación, fin, complemento.* 3 *Éxtasis, orgasmo, clímax.*

**címbara** *f. Rozón, rozadera.*

**cimbel** *m. Señuelo.*

**cimboga** *f. Azamboa, cidrato, zamboa.*

**cimbra** *f. Cerchón.*

**cimbrar** *tr. Cimbrear.*

**cimbrear** *tr. Cimbrar.*

**cimbria** *f. Filete, cinta, listel, listón, tenia.*

**cimentar** *tr. Basar, asentar.*

**cimero, -ra** *adj. Cumbrero.*

**cimiento** *m. Fundamento, base*\*. 2 fig. *Raíz, origen, principio.*

**cimofano** *m.* MINERAL. *Crisoberilo, ojo de gato.*

**cinamomo** *m.* (árbol meliáceo) *Agriaz, agrión, rosariera.* 2 (árbol eleagnáceo) *Acederaque.*

**cinc espinela** *m.* MINERAL. *Gahnita, gahnoespinela.*

**cincado** *m.* METAL. *Galvanización.*

**cinco.** **Decir a uno cuántas son cinco** *loc. Amenazar, amagar, conminar, enseñar los dientes, tener en jaque.*

**cincoenrama** *f. Quinquefolio.*

**cincona** *f. Quina.*

**cincuentésimo, -ma** *adj.-s. Quincuagésimo.*

**cincuentón, -ona** *adj.-s. Quincuagenario.*

**cine** *m. Cinematógrafo, cinema.*

**cineasta** *com. Peliculero* (fam.).

**cinegética** *f. Montería.*

**cinegético, -ca** *adj. Venatorio.*

**cinematógrafo** *m. Cine, cinema.*

**cineración** *f. Incineración.*

**cíngaro, -ra** *adj.-s. Gitano. Cíngaro* es esp. el *gitano* de Europa Central.

**cingiberáceo, -ea** *adj. Drimirríceo.*

**cínico, -ca** *adj. Descarado, impúdico, desvergonzado, procaz.*

**cinismo** *m. Impudicia, impudencia, impudor, desvergüenza, procacidad, descaro, desfachatez.* ↔ VERGÜENZA, REVERENCIA.

**cinódromo** *m. Canódromo.*

**cinoglosa** *f. Lapilla, viniebla.*

**cinosura** *f. Osa Menor, Carro Menor.*

**cinquina** *f. Quinterno* (lotería), *quinta.*

**cinta** *f. Filete, cimbria, listel, listón, tenia.* 2 *Película, filme.* 3 CONSTR. *Bordillo, encintado.*

**cintel** *m.* ARQ. *Cintra.*

**cintilla** *f. Trencillo, trancellín, trencellín.* En los sombreros antiguos.

**cintra** *f.* ARQ. *Cintel.*

**cintura** *f. Cinto, talle.*

**ciprés** *m. Cipariso* (poét.).

**circón** *m. Jacinto, jacinto de Ceilán.*

**circuir** *tr. Rodear, cercar, circundar, circunvalar.*

**circuito** *m. Bojeo, contorno.* 2 ELECTR. *Placa.*

**circulación** *f. Tránsito, tráfico.*

**circular** *intr. Andar, pasar, transitar.* ↔ DETENERSE.

**círculo** *m. Redondel.* 2 *Circuito.* 3 *Casino, sociedad*\*, *club.*

**circuncisión** *f. Postectomía* (MED.), *postetomía* (MED.), *peritomía* (MED.).

**circundar** tr. Cercar, rodear, circuir, circunvalar.

**circunferencia** f. Contorno, periferia.

**circunlocución** f. Circunloquio, perífrasis, rodeo.

**circunloquio** m. Circunlocución (RET.), rodeo, ambages, perífrasis (GRAM.). 2 Retóricas, sofisterías.

**circunnavegación** f. Periplo. Éste, tratándose de la antigüedad, o en estilo literario.

**circunscribir** tr. Limitar, ceñir, amoldar, concretar, ajustar, restringir.

**circunscripción** f. Distrito, demarcación, territorio.

**circunscrito, -ta** adj. Limitado, confinado, reducido.

**circunspección** f. Prudencia, cordura, reserva, discreción, mesura, cautela*, recato. ↔ INDISCRECIÓN, INFORMALIDAD, INSENSATEZ, IMPRUDENCIA, FERVOR. 2 Aplomo, gravedad, serenidad, seguridad en sí mismo. 3 Diplomacia, tacto, sagacidad. 4 Parsimonia, templanza, moderación, parquedad. ↔ RAPIDEZ. 5 Ponderación, atención, reflexión.

**circunspecto, -ta** adj. Prudente, cuerdo, reservado, discreto, mirado, mesurado, diplomático, sagaz, disimulado, ladino. 2 Serio, grave, formal, reflexivo, sensato, sentado.

**circunstancia** f. Accidente. 2 Particularidad, requisito, pormenor.

**circunstanciado, -da** adj. Detallado, pormenorizado, especificado.

**circunstantes** adj. pl.-com. pl. Presentes, concurrentes, asistentes, espectadores, mirones.

**circunvalar** tr. Cercar, ceñir, circundar, rodear, circuir, encerrar.

**circunvecino, -na** adj. Próximo, cercano, inmediato, contiguo. Circunvecino se usa esp. en plural para designar las cosas que están próximas a un centro común, p. ej., los pueblos circunvecinos de la capital.

**cirio** m. Vela, candela, bujía.

**cirro** m. (nube) Rabos de gallo.

**cirujano** m. Quirurgo (p. us.), saca-potras (vulg. y desp.), operador. Sacapotras se aplica al mal cirujano.

**cisca** f. Carrizo.

**cisco** m. fig. Alboroto, bullicio, reyerta, pendencia, zipizape, pelotera, riña, lucha, altercado*. 2 **Hacer cisco** loc. Destrozar, hacer trizas.

**cisma** m. Discordia, desavenencia, disensión, escisión, rompimiento, separación, disidencia, desacuerdo, ruptura. ↔ ORTODOXIA, CONCORDIA, UNIDAD.

**cisterna** f. Aljibe. La preferencia por uno u otro sinónimo varía según las regiones.

**cisticercosis** f. Ladrería.

**cita** f. Mención, nota, alusión.

**citación** f. Llamamiento, convocatoria.

**citado, -da** p. p. Dicho, mencionado, mentado, susodicho, antedicho.

**citar** tr. Aludir*, mencionar, mentar, nombrar. 2 Alegar, invocar.

**citeromanía** f. MED. Ninfomanía.

**cítola** f. Tarabilla.

**citral** m. QUÍM. Geranial, lemonal, neral.

**cítricos** m. pl. Agrios. Dícese de ciertas frutas.

**ciudad** f. Urbe. Esp. la muy populosa.

**ciudadano, -na** adj. Urbano, cívico, civil. Urbano, si se refiere a la ciudad: parques urbanos o ciudadanos. Cívico, cuando toca a la ciudadanía en su aspecto político: virtudes cívicas o ciudadanas. Civil, si concierne a los ciudadanos: discordias civiles o ciudadanas; convivencia civilo ciudadana.

**civeta** f. Algalia I.

**civeto** m. (substancia) Algalia I, ambarina.

**civil** adj. Sociable, urbano, atento, cortés, afable.

**civilidad** f. Sociabilidad, urbanidad. 2 Civismo.

**civilización** f. Cultura. "Donde hay leyes, gobierno, administración de justicia y todo lo que constituye el orden civil, hay civilización. Donde hay amor al saber, educación literaria y científica, amor a las letras y a las artes, y protección y galardones para los que sobresalen en el cultivo de la inteligencia, hay *cultura*. La *civilización* depende en gran parte del régimen político y de la autoridad; la *cultura*, del temple nacional, de la opinión pública y de las costumbres dominantes. Hay naciones *civilizadas* que están muy lejos de ser *cultas*. Bajo el nombre de nación *civilizada* se comprenden todas las clases que la componen; mas no puede decirse lo mismo de las naciones *cultas*, pues en ellas hay forzosamente clases enteras a las que no puede darse este título" (M). ↔ BARBARIE, INCULTURA.

**civismo** *m. Altruismo, caridad, filantropía, humanidad, piedad, generosidad, beneficencia.* ↔ EGOÍSMO, SORDIDEZ.

**cizaña** *f. Borrachuela, cominillo, joyo, rabillo.* 2 *fig. Disensión, enemistad, discordia.*

**cizañero, -ra** *adj.-s. Chismoso, insidioso.*

**clac** *m. Sombrero de muelles.*

**cladodio** *m. Filocladio.*

**clamar** *intr.-prnl. Gritar, dar voces, gemir, lamentarse, quejarse, exclamar. Clamar* tiene frente a sus sinónimos un significado solemne, intenso y grave que lo hace especialmente adecuado para multitudes, asambleas; cuando se dice de una persona individual, se atribuye importancia a esa persona o a las circunstancias que la rodean. *Gemir, lamentarse* y *quejarse* suponen pesadumbre, dolor o tristeza; *gritar, dar voces, exclamar* y *clamar* pueden ser producidos por la indignación o el odio. 2 *prnl. Serenarse, sosegarse, tranquilizarse, apaciguarse, aquietarse.* ↔ INTRANQUILIZARSE, ALTERARSE.

**clamor** *m. Grito\*, voz. Clamor* es un *grito* o *voz* proferidos con vigor o esfuerzo, esp. si es colectivo. ↔ SILENCIO. 2 *Queja, gemido, lamentación, lamento.* Frente a *queja, gemido, lamentación* y *lamento, clamor* añade mayor intesidad o carácter colectivo.

**clamoreo** *m. Gritería, vocerío.*

**clandestino, -na** *adj. Secreto\*, oculto, ilícito, ilegal, subrepticio.*

**clanga** *f. Planga, planco, dango, pulla.*

**claraboya** *f. Tragaluz.*

**claramente** *adv. m. Abiertamente, francamente, públicamente, manifiestamente, paladinamente, patentemente, notoriamente, lúcidamente, luminosamente, expresamente, explícitamente.* Tratándose de claridad intelectual o expositiva, *lúcidamente* o *luminosamente.* 2 *Redondamente, rotundamente, categóricamente, terminantemente.* 3 *Al pan pan y al vino vino, en buen romance, en plata.*

**clarear** *intr. Amanecer, alborear, apuntar el día, apuntar el alba.* 2 *Aclarar, abrirse, escampar.* Tratándose de nublados. 3 *prnl. Transparentarse, traslucirse, traspintarse.*

**clarecer** *intr. p. us. Amanecer, aclarar, clarear, alborear, alborecer.*

**claridad** *f. Luz, luminosidad.* ↔ OSCURIDAD, TINIEBLA. 2 *Transparencia, diafanidad, limpidez.* ↔ CONFUSIÓN. 3 *fig. Franqueza, sinceridad.*

**clarificar** *tr. Iluminar, alumbrar.* 2 *Aclarar.* 3 *Defecar, sedimentar.* Tratándose de líquidos.

**clarinada** *f. Trompetada, trompetazo.*

**clarión** *m. Tiza, yeso, gis* (Méx.).

**clarividencia** *f. Videncia, penetración, perspicacia.* 2 *Acierto\*, tino, tacto, tiento, destreza, habilidad.* ↔ DESACIERTO.

**claro, -ra** *adj. Luminoso, brillante.* ↔ OSCURO. 2 *Iluminado, alumbrado.* ↔ OSCURO. 3 *Transparente, límpido, cristalino, diáfano.* ↔ OPACO. 4 *fig. Ilustre, insigne, famoso, esclarecido.* 5 *Perspicaz, agudo, despierto.* 6 *Evidente, inteligible, patente, manifiesto, indudable.* 7 *Franco, abierto, sincero.* ↔ CERRADO.

**clase** *f. Condición, jerarquía, categoría, estofa\*.* "*Categoría* expresa los grados de dignidad que se encuentran en la misma *clase*, como la de duque, marqués y conde en la nobleza; la de obispo, canónigo y cura en la eclesiástica. En la democracia pura no hay *clases*; pero hay *categorías*" (M). En este sentido, *categoría* y *jerarquía* son equivalentes. 2 *Grupo, agrupación*. 3 *Lección*. 4 *Aula*.

**clasificación** *f. Taxonomía* (en H. NAT.). 2 *Ranking* (anglic.).

**clasificador** *m. Casillero*.

**clasificar** *tr. Ordenar, coordinar, arreglar.* "La etimología de estos vocablos indica las respectivas diferencias de sus significados. *Clasificar* es distribuir por clases; *ordenar* y *coordinar* es introducir el orden donde falta; *arreglar* es someter a regla lo que la infringe. Se *clasifican* las cosas que están mezcladas indistintamente; se *ordenan* y *coordinan* las que están confusas; se *arreglan* las que carecen de regularidad y armonía. Se *clasifican* los cuerpos naturales en la Botánica y en la Geología y las demás ciencias de observación; se *ordenan* y se *coordinan* los documentos de un negociado; se *arreglan* los intereses de una familia, las cuentas de una especulación, los pormenores de una empresa. Para *clasificar*, se necesita un sistema; para *ordenar* y *coordinar*, un plan; para *arreglar*, un método" (M).

**claudicación** *f.* desus. *Cojera*.

**claudicar** *intr.* fig. *Ceder, transigir, consentir, rendirse.* 2 desus. *Cojear.*

**claustro materno** *m. Seno materno, matriz, útero.*

**cláusula** *f.* DER. *Disposición, estipulación, condición.* 2 GRAM. *Período.*

**clausurar** *tr. Cerrar, poner fin. Clausurar* equivale a *cerrar* un establecimiento por disposición judicial o gubernativa; o bien a *cerrar* o *poner fin* solemnemente a una asamblea, exposición, certamen, etc.

**clava** *f. Porra, cachiporra, maza.*

**clavado, -da** *adj. Pintiparado, justo, ajustado, medido, exacto.*

**clavar** *tr. Hincar, hundir.* 2 *Sujetar, fijar, enclavar.* 3 fig. *Engañar, perjudicar.*

**clave** *f.* mús. *Llave.* 2 *Cifra, contracifra.*

La explicación de los signos empleados para escribir en *cifra* se llama *clave* o *contracifra.*

**clavero** *m. Clavario.*

**clavícula** *f. Islilla.*

**clemátide** *f. Hierba de los lazarosos, hierba de los pordioseros.*

**clemencia** *f. Indulgencia, benignidad, misericordia, piedad, bondad, blandura, apacibilidad, dulzura, afabilidad, mansedumbre.* ↔ INCLEMENCIA, CRUELDAD, RIGOR, INTOLERANCIA.

**clemente** *adj. Indulgente, benigno, misericordioso, piadoso.*

**cleptomanía** *f. Clopemanía* (MED.).

**clericalismo** *m. Teocratismo, ultramontanismo.*

**clérigo** *m. Eclesiástico, sacerdote, presbítero, tonsurado, cura, capellán.*

**cliente** *com. Parroquiano, comprador, clientela\*. Parroquiano* y *comprador* son denominaciones populares; *cliente* es más escogido. La preferencia por uno u otro depende de la importancia que se atribuye al establecimiento o al *comprador* habitual. Un vendedor callejero llama a sus *parroquianos*; los anuncios de un gran almacén se dirigen a sus *clientes.*

**clientela** *f. Parroquia, cliente.* En el comercio, la diferencia entre *clientela* y *parroquia* es la misma que entre *cliente* y *parroquiano.* En las profesiones liberales, siempre *clientela.*

**climaterio** *m.* MED. *Menopausia, andropausia. Climaterio* es término general; *menopausia* se aplica a las mujeres y *andropausia* a los hombres.

**climatización** *f.* CONSTR. (de un local) *Acondicionamiento del aire.*

**climatizador** *m. Acondicionador.*

**clímax** *m.* RET. *Gradación.* 2 *Orgasmo, cima, éxtasis.*

**clistel, clister** *m.* MED. *Ayuda, lavativa, lavamiento, servicial, servicio, enema* (MED.).

**clopemanía** *f.* MED. *Cleptomanía.*

**cloque** *m. Bichero.*

**cloquear** *intr. Clocar, cacarear.* Clo-

*quear* y *clocar* se refieren a la gallina clueca. *Cacarear*, a cualquier gallina.

**clorhidrato** *m. Cloruro, muriato.*

**cloroformizar** *tr. Anestesiar\*, insensibilizar, eterizar, raquianestesiar.*

**cloroformo** *m.* QUÍM. *Triclorometano.*

**cloruro** *m. Clorhidrato.*

**club** *m. Sociedad, casino, círculo, asociación.*

**clueca** *f. Llueca.*

**coacción** *f. Coerción, fuerza.* ↔ TOLERANCIA.

**coadyuvante** *adj.-com. Auxiliar, ayudante, asistente, cooperador.*

**coadyuvar** *tr.* lit. *Ayudar, secundar, asistir, auxiliar, colaborar\*.* Coadyuvar es palabra docta, propia del habla culta o literaria.

**coagulación** *f. Cuajamiento.*

**coagular** *tr.-prnl. Cuajar, cortarse, precipitar* (QUÍM.), **condensar\*.** *Coagular* se usa como voz científica. El término corriente es *cuajar*; tratándose de la leche, *cortarse.* ↔ LIQUIDAR, FLUIR, REDISOLVER, DISOLVER, LICUAR.

**coágulo** *m. Cuajo, cuajarón, grumo. Coágulo* es voz científica; sus sinónimos son voces corrientes.

**coalición** *f. Alianza, liga, confederación.*

**coalla** *f. Chocha.*

**coartar** *tr. Coaccionar, coercer\*, limitar\*, restringir, cohibir, sujetar.* ↔ DEJAR, PERMITIR, SOLTAR.

**coautor, -ra** *s. Colaborador.*

**coba** *f.* fam. o vulg. *Adulación\*, halago, lisonja, zalamería, carantoña, servilismo* (int.), *pelotilla* (fam. o vulg.).

**cobarde** *adj.-com. Miedoso, medroso\*, apocado, tímido, encogido, pusilánime, blando, flojo, muelle, cagado* (vulg.), *gallina* (fam.), *menguado.* "El que huye en la pelea es *cobarde*; el que cede fácilmente a la reconvención, al influjo o a las consideraciones de poca importancia, es *tímido.* El que se asusta en la oscuridad o se estremece al menor ruido, es *medroso*" (M). ↔ VALIENTE, TEMERARIO.

**cobardía** *f. Temor\*, miedo\*, pusilanimidad, timidez.* ↔ VALENTÍA.

**cobayo** *m. Conejillo de Indias, cavia.*

**cobertizo** *m. Techado, sotechado, tapadizo, tejavana, tendajo, tendejón, tinglado.* El *cobertizo* mal construido o muy rústico, *tendajo* o *tendejón*; en los muelles y estaciones del ferrocaril, *tinglado.*

**cobertor** *m. Colcha.*

**cobertura** *f.* CONSTR. *Cubierta, cobija, voladizo.*

**cobija** *f. Amér. Ropa de cama, manta.*

**cobijar** *tr.-prnl. Cubrir, tapar.* ↔ DESCUBRIR, DESTAPAR. 2 *Albergar, refugiar, guarecer, amparar, acoger\*.* ↔ DESAMPARAR.

**cobijo** *m. Albergue, refugio, hospedaje.*

**cobista** *adj.-com.* fam. *Adulador\*, adulón, servil, pelotillero, lisonjeador, lisonjero, zalamero.*

**cobrador** *m. Recaudador\*.* El *recaudador* es el encargado de la cobranza de caudales, y esp. de los públicos. El *cobrador* es el que recibe inmediatamente el dinero del público: *cobrador* de tranvía, de gas, etc., es oficio más humilde que el de *recaudador.* El que en una sociedad benéfica recibe donativos de personas iguales a él, es *recaudador*, porque no ejerce esta misión por oficio. Un *recaudador* puede tener *cobradores* a sus órdenes.

**cobranza** *f. Cobro, recaudación.*

**cobrar** *tr. Recibir, reembolsarse, percibir, recaudar, colectar. Percibir* es voz más escogida, usada pralte. en la administración; los empleados han *percibido* sus haberes: *recaudar* es *cobrar* de varias personas, y es la tarea del *cobrador* o *recaudador*; *colectar, recaudar* donativos, limosnas, etc. ↔ PAGAR, DESEMBOLSAR. 2 *Recuperar, recobrar.* 3 fig. *Desquitarse.*

**cobre verde** *m. Malaquita verde.*

**cobro** *m. Cobranza, recaudación.*

**coca** *f. Hayo.*

**cocción** *f. Decocción, cocimiento, cocedura, cochura. Cochura*, esp. si se trata de pan u objetos cerámicos.

**cóccix** *m. Coxis, hueso palomo.*

**coche** *m. Vehículo, carruaje, automóvil, carro* (Amér.), *tranvía, vagón. Vehículo* en general; *carruaje,* si va tirado por caballerías. Por extensión se aplica el nombre de *coche* al *automóvil* (en Amér. *carro),* al *tranvía* y al *vagón* para viajeros en el ferrocarril.

**cochero** *m.* ASTRON. *Auriga* (constelación).

**cochevís** *f. Cogujada, totovía, tova, copada, cogujada, galerita.*

**cochinero, -ra** *adj. Porcuno.*

**I cochinilla** *f. Cucaracha, cochinilla de humedad, milpiés, porqueta, puerca, gusano de San Antón.*

**II cochinilla** *f. Grana.*

**cochinillo** *m. Corezuelo, lechón.*

**cochino, -na** *s. Cerdo.* 2 fig. *Adán, sucio, desaseado.* ↔ LIMPIO.

**cochiquera** *f.* fam. *Pocilga, zahúrda, cochitril, cuchitril, chiquero.*

**cochitril** *m. Pocilga, cuchitril.*

**cochura** *f. Cocción. Cocción* en general; pero *cochura* se aplica especialmente a la *cocción* del pan o de objetos de alfarería y cerámica

**cocido** *m. Olla, puchero, pote.* Se usa uno u otro sinónimo según las regiones. *Olla* es el nombre más antiguo; *pote* es propio de Galicia y Asturias; *cocido* predomina en ambas Castillas y Aragón.

**cocina** *f. Gastronomía, arte culinaria.*

**cocinar** *tr. Guisar, aderezar, sazonar, condimentar, adobar, aliñar. Condimentar* se usa en un sentido general, o bien en el particular de añadir a la comida los condimentos necesarios. El uso de *adobar* y *aliñar* va quedando hoy restringido a ciertas comidas especiales: se *adoban* carnes para su conservación; se *aliña* una ensalada. 2 *Amér. Cocer.*

**cocinero, -ra** *s. Guisandero* (rúst.), *ranchero. Ranchero* en los cuarteles, cárceles, etc., donde se come rancho.

**cocinilla** *f. Infernillo, infiernillo, cocinita.*

**coco** *m. Bu, cancón, papón.* 2 BOT. (árbol) *Cocotero.*

**cócora** *f. Impertinente, molesto, fastidioso, enojoso.*

**cocotal** *m. Cocal.*

**cocotero** *m. Coco, palma de coco, palma indiana.*

**cocuyo** *m. Alúa* (Argent.).

**codearse** *prnl.* fig. *Tratarse, alternar*, estar hombro a hombro.*

**codeso** *m. Borne, piorno.*

**codicia** *f. Avaricia*, ambición, avidez.* 2 *Acometividad.* En el toro de lidia.

**codiciar** *tr. Desear*, apetecer, anhelar, ambicionar, ansiar, comerse con los ojos.* ↔ RENUNCIAR.

**codicioso, -sa** *adj.-s. Interesado, interesable, ansioso, ambicioso, ávido, avaro, avaricioso, avariento*.* 2 fig. *Laborioso, hacendoso.*

**codificar** *tr. Cifrar.*

**codillo** *m. Estribo, estribera, estafa.*

**coeficiente** *m. Fórmula, relación.*

**coepíscopo** *m. Obispo comprovincial.*

**coercer** *tr. Contener, refrenar, reprimir, sujetar, coartar, constreñir, cohibir, restringir, limitar. Coercer* se usa esp. como término jurídico. En esta significación, el sujeto que *coerce* es la ley, la autoriad, el mando.

**coerción** *f. Imposición, coacción, mandato, exigencia.*

**coercitivo, -va** *adj. Represivo, restrictivo, coactivo.*

**coetáneo, -ea** *adj. Contemporáneo.*

**cofa** *f.* MAR. *Cruceta.*

**cofia** *f. Piloriza.*

**cofosis** *f.* MED. *Sordera.*

**cofrade** *com. Congregante.* Tratándose de una cofradía religiosa.

**cofradía** *f. Congregación, hermandad, archicofradía. Archicofradía* es la que se considera más antigua o importante que otras. 2 *Gremio, agrupación.*

**cofre** *m. Arca.* 2 *Baúl*, mundo. Mundo* esp. si se emplea para viaje.

**cogedor** *m. Librador, vertedor.*

**coger** *tr. Agarrar*, asir, tomar.* ↔ SOLTAR. 2 *Atrapar*, pillar, alcanzar, prender.* ↔ SOLTAR. 3 *Recoger, recolectar, co-*

sechar. 4 fig. Sorprender. 5 Recibir, contener, abarcar. Es vulg. el empleo de coger por caber. 6 intr. Amér. Fornicar, copular, follar (vulg.), cardar (vulg.).

**cognición** f. Conocimiento, comprensión, razonamiento.

**cognomento** m. Agnomento, renombre.

**cognoscible** adj. lit. Conocible, inteligible, comprensible.

**cogombro** m. Alficoz, cohombro.

**cogote** m. Cerviz, cocote (p. us.), pescuezo, nuca. Cerviz, usado además en acepciones figuradas, como levantar la cerviz, en las cuales no se emplea cogote; nuca es voz escogida y se refiere a la parte superior del cogote; pescuezo se aplica gralte. a los animales.

**cogotera** f. Cubrenuca.

**coguilera** f. Boqui.

**cogujada** f. Cochevís, totovía, tova, copada, cugujada, galerita.

**cogujón** m. Cujón.

**cogulla** f. Cusulla, cugulla.

**cohabitación** f. Cópula, coito, copulación, fornicación, concúbito, ayuntamiento, cubrición.

**cohechar** tr. DER. Sobornar. Cohechar es término de Derecho y significa sobornar a un juez o a un funcionario público.

**coherencia** f. Conexión, relación, enlace, cohesión*, congruencia, ilación. Cohesión y coherencia se aplican a lo material y a lo inmaterial, en tanto que congruencia e ilación se refieren sólo a ideas, razonamientos, palabras, etc. ↔ INCOHERENCIA, DISCONFORMIDAD.

**cohesión** f. Adherencia, adhesión, coherencia*, congruencia, glutinosidad, pegajosidad. Dejando a un lado sus significados especiales o técnicos, adherencia y adhesión indican en general unión de una cosa a otra, a la cual permanece en cierto modo subordinada: adherencia de un líquido a la vasija, de la hiedra al tronco; adhesión a

un partido político. En coherencia y cohesión, la unión se produce entre unas cosas y otras, o entre las partes de un todo: coherencia, congruencia de las palabras de un discurso; coherencia, congruencia o cohesión de una doctrina. Cohesión molecular. ↔ INCOHERENCIA, DISGREGACIÓN, DISOCIACIÓN.

**cohete** m. Volador.

**cohibir** tr. Reprimir, refrenar, sujetar, coercer*.

**cohombrillo** m. Calabacilla, cogombrillo, pepino del diablo.

**cohombro** m. Alficoz, cogombro (ant.), elaterio. Elaterio es el cohombro silvestre. 2 **Cohombro de mar** Holoturia.

**cohonestar** tr. Colorear, colorir, honestar, disimular, disculpar, encubrir, paliar. ↔ ACUSAR, DESCUBRIR.

**coincidencia** f. Encuentro.

**coincidir** intr. Convenir, concordar. ↔ DISCREPAR. 2 Ajustarse, encajar.

**coito** m. Cópula, cohabitación, copulación, fornicación, concúbito, ayuntamiento, cubrición.

**cojear** intr. Renquear.

**cojera** f. Claudicación (desus.).

**cojín** m. Almohadón.

**cojincillo** m. Almohadilla, cojinete.

**cojinete** m. Almohadilla. 2 Chumacera, palomilla.

**cojo, -ja** adj.-s. Renco, rengo, paticojo.

**col** f. Berza.

**cola** f. Rabo (en los cuadrúpedos). 2 fig. Fin, final. 3 Resultas, consecuencias.

**colaborar** intr. Cooperar, coadyuvar, ayudar, contribuir. Contribuir a cualquier obra o trabajo; colaborar se aplica con preferencia tratándose de obras de ingenio.

**colacionar** tr. Cotejar, confrontar, compulsar, comparar*.

**colada** f. Cañada.

**coladero** m. Colador, pasador.

**coladizo, -za** adj. Caladizo.

**colador** m. Coladero, pasador.

**coladura** f. fig. Error*, equivocación, inconveniencia, pifia, plancha.

**colateral** adj. Transversal. Tratándose

**colatorio**                                             156

de parentesco. 2 *Secundario, accesorio.*

**colatorio** *m. Filtrador, tamiz, colador.*

**colcha** *f. Cobertor, cubrecama, sobrecama, telliza.*

**colchar** *tr. Acolchar.*

**coleadura** *f. Coleo.*

**colear** *intr. Rabear.*

**colección** *f. Serie.*

**colecta** *f. Cuestación\*, recaudación.*

**colectar** *tr. Recaudar, cobrar\*.*

**colectividad** *f. Sociedad\*.* ↔ INDIVIDUALIDAD.

**colega** *com. Compañero\*, concolega.* Compañero es toda persona del mismo oficio o profesión. *Colega* se refiere sólo a las profesiones liberales. Todo *colega* es un compañero, pero no viceversa. Los abogados y los médicos se llaman *colegas* o *compañeros* indistintamente: pero los albañiles se llaman entre sí *compañeros*, y no *colegas*. *Concolega* es la persona que pertenece al mismo colegio que otra.

**colegial, -la** *s. Alumno, educando, escolar, estudiante\*.*

**colegir** *tr. Inferir\*, deducir, concluir, seguirse.*

**coleo** *m. Coleadura.*

**cólera** *f. Ira, rabia, furia\*, furor, irritación, enojo, saña, arrebato, enajenamiento, bilis, hiel.*

**colérico, -ca** *adj. Iracundo, enojado, sañudo, enfurecido, irritado, furioso, rabioso.* ↔ MANSO, AMANSADO, TRANQUILO.

**colesterina** *f.* QUÍM. *Colesterol.*

**colesterol** *m.* QUÍM. *Colesterina.*

**coletilla** *f.* fig. *Adición, añadidura, coleta.*

**colgajo** *m.* (de frutos) *Arlo, ristra, horco.*

**colgante** *adj. Pendiente, colgandero.*

**colgar** *tr. Suspender.* 2 *Ahorcar.* 3 *Atribuir\*, imputar, achacar.* 4 *intr. Pender, depender* (fig.).

**colibrí** *m. Pájaro mosca, pájaro resucitado, picaflor, tomineja, tominejo.*

**cólica** *f. Pasacólica.*

**colicano, -na** *adj. Rabicano.*

**coligarse** *prnl. Unirse, aliarse, confederarse, asociarse.*

**colina** *f. Alcor, cerro, collado, cuesto.*

**colindante** *adj. Contiguo, limítrofe\*, lindante, confinante.*

**colisión** *f. Choque, encuentro, encontronazo, topada.* 2 fig. *Conflicto, pugna.*

**colista** *m.* DEP. *Farolillo rojo.* En el ciclismo.

**collado** *m. Colina, alcor, cerro, cuesta.* "*Colina* y *collado* son sinónimos, y significan toda altura de tierra que no llega a ser monte. *Cerro* es la *colina* en que abundan riscos y piedras, y cuyo terreno es escabroso" (M). 2 *Collada, paso.*

**collarín** *m. Sobrecuello.*

**colmar** *tr. Llenar, satisfacer. Satisfacer* guarda con *colmar* la misma relación que *llenar: satisfacer* las aspiraciones de alguien es cumplirlas; *colmarlas* es darle lo que pretendía y algo más. "*Colmar* es *llenar* de modo que lo contenido exceda los límites del continente. Generalmente se emplea el verbo *llenar* a los líquidos, y *colmar* a los granos, legumbres, y otros objetos menudos. Consérvase esta diferencia en el sentido metafórico; por ejemplo: se *ha llenado* de vanidad porque lo *han colmado* de aplausos" (M). ↔ VACIAR, INSATISFACER.

**colmena** *f. Corcha, corcho.*

**colmenar** *m. Abejar.*

**colmenilla** *f. Cagarria, crespilla, morilla.*

**colmillo** *m. Canino, diente columelar.*

**colocación** *f. Situación, posición. Situación* o *posición* de una cosa con respecto a otra u otras. *Situación* se emplea generalmente tratando de cosas que no cambian de lugar; *posición* y *colocación* aluden a objetos que cambian o pueden cambiar. Hablamos de la *situación* de una casa en una calle o barrio, en una altura, junto al río, etc.; un mueble tiene una *posición* o *colocación* adecuada, inestable, cómoda, etc. 2 *Empleo, ocupación, aco-*

*modo, puesto, plaza, destino\*, cargo.* Entre funcionarios, *destino*: *cargo* si es de alguna importancia.

**colocador, -ra** s. DEP. *Pasador.* En el voleibol.

**colocar** tr. *Poner, instalar, situar. Colocar* añade a *poner* un matiz de cuidado, esmero u orden de unas cosas con respecto a otras: se *pone* un libro sobre la mesa, pero se *coloca* en la estantería después de servirse de él. *Instalar* suponer mayor estabilidad o fijeza: *instalamos* un mueble en una habitación, una tienda o sucursal en un barrio, la calefacción en una casa. Una casa se *situa* en un lugar alto, soleado, hacia el mediodía, etc., pero no se *pone* ni se *coloca*. V. colocación ↔ SACAR, DESORDENAR. 2 *Emplear\*, destinar, dar trabajo, dar empleo, dar ocupación, ocupar, acomodar.* 3 *Invertir, emplear.* Tratándose de capitales, p. ej. se *invierte, coloca* o *emplea* una cantidad en fincas, hipotecas, valores, etc. 4 *Vender, hallar mercado.* Tratándose de mercancías, p. ej. decimos que la naranja se *coloca* bien en Inglaterra, que ciertas confecciones no pueden *colocarse* o *venderse* después de pasada la moda o la temporada.

**colocasia** f. *Haba de Egipto.*

**colocutor, -ra** s. p. us. *Interlocutor.*

**colodrillo** m. *Occipucio* (científico).

**colofonía** f. *Pez griega.*

**colono** m. *Arrendatario, arrendador\*, casero* (esp. en el País Vasco), *rentero.*

**coloquíntida** f. *Alhandal* (p. us.).

**coloquio** m. *Conversación, plática, diálogo\*, charla, conferencia.*

**color. De color** loc. adj. eufem. (pers.) *Negro, moreno, trigueño.* 2 **Pintar con negros colores** loc. *Desesperarse, desesperanzarse, verlo todo negro.* ↔ CONFIARSE, ESPERANZARSE. 3 **Ver de color de rosa** *Ilusionarse, engañarse, encandilarse, levantar castillos en el aire, confiarse.* ↔ DESILUSIONARSE.

**colorante** m. *Tinte, pigmento.*

**colosal** adj. fig. *Excelente, extraordi-*

*nario, brutal\*, enorme\*.* V. brutal ↔ PEQUEÑO, MÍNIMO.

**cólquico** m. *Quitameriendas.*

**columbrar** tr. *Divisar\*, entrever, distinguir.* 2 *Conjeturar, sospechar, vislumbrar, barruntar.*

**columna** f. *Pilastra, pilar.* La *pilastra* y el *pilar* son de base cuadrada o rectangular, y no suelen guardar proporción entre la base y la altura. La *columna* guarda esta proporción, es de base circular y generalmente es mucho más alta que ancha. 2 fig. *Apoyo, sostén, soporte.* 3 *Espinazo, columna vertebral.*

**columpiar** tr. *Mecer, balancear.*

**coma** m. MED. *Amodorramiento, modorra, sopor, letargo.*

**comadre** f. *Partera, comadrona.*

**comadrear** intr. *Murmurar, chismear, chismorrear, cotillear.*

**comadreja** f. *Mustela, mustrela* (Aragón).

**comadreo** m. *Murmuración, chismorreo, cotilleo.*

**comadrón** m. *Tocólogo* (MED.), partero (vulg.).

**comadrona** f. *Partera, comadre.*

**comalia** f. *Morriña, zangarriana.*

**comando** m. MIL. *Mando.*

**comarcano, -na** adj. *Cercano, inmediato, próximo, contiguo, circunvecino, limítrofe, confinante.*

**comarcar** tr. *Lindar, confinar.*

**comátula** f. *Lirio de mar.*

**comba** f. *Curvatura\*, encorvadura.* 2 *Saltador.*

**combate** m. *Pelea, batalla, acción, lucha, refriega.* Tratándose de ejércitos o escuadras se usa con preferencia *combate, batalla* o *acción. Pelea* y *refriega* son *luchas* menos importantes o entre pocos contendientes V. combatir.

**combatiente** m. *Soldado, contendiente.*

**combatir** intr.-prnl. *Pelear, luchar, contender.* "*Combatir* supone más formalidades, más preparativos, más orden que *pelear.* Dos hombres que se dan golpes *pelean,* dos que se desafían *combaten.* En las guerras modernas, raras veces se *pelea* cuerpo a cuerpo como en las antiguas. En la *pelea,* se hace más uso de la fuerza física, y en el *combate,* de la destreza y del saber" (M). 2 *tr.* fig. *Contradecir, impugnar, refutar, controvertir, discutir.*

**combinación** *f. Unión, mezcla.*

**combinar** *tr.-prnl. Unir, juntar, coordinar, hermanar, acoplar.* ↔ DESINTEGRAR, DESCOMPONER, DESUNIR, SEPARAR.

**combustible** *adj. Inflamable, ustible* (desus.). *Inflamable* añade a *combustible* la idea de arder o prender el fuego con gran facilidad. El alcohol es *combustible* e *inflamable;* del carbón se dice que es *combustible,* pero no *inflamable. Ustible* es un cultismo desusado. ↔ INCOMBUSTIBLE.

**combustión** *f. Ustión* (latinismo pedante), *ignición* (literatura científica), *quema, adustión.* ↔ APAGAMIENTO.

**comedia. Hacer la comedia** *loc. Aparentar, simular, fingir, ser un quiero y no puedo, hacer la muestra.*

**comediante, -ta** *s. Actor\* -triz, cómico, figurante, representante, artista\*.* Los dos últimos se utilizaban en el antiguo teatro español. 2 fig. *Hipócrita.*

**comediar** *tr. Promediar, demediar.*

**comedido, -da** *adj. Moderado, mesurado, discreto, circunspecto, mirado, atento\*, cortés, considerado.*

**comedimiento** *m. Mesura, moderación, prudencia, circunspección.* ↔ DESCOMEDIMIENTO, IMPRUDENCIA.

**comedirse** *prnl. Medirse, moderarse, mesurarse, contenerse.* ↔ DESMADRARSE.

**comedón** *m. Espinilla.*

**comedor, -ra** *adj. Voraz, comilón, devorador, glotón.*

**comentar** *tr. Explicar, glosar, interpretar, anotar\*.* Tratándose de un texto.

**comentario** *m. Explicación, comento, ilustración, exégesis, glosa\*.* Tratándose de textos.

**comentarista** *com. Intérprete, exegeta, hermeneuta.*

**comento** *m. Comentario.* 2 *Patraña, embuste, mentira\*.*

**comenzar** *tr. Empezar, principiar, iniciar, entablar\*.* ↔ ACABAR.

**comer** *tr. Tragar, engullir, devorar, embocar, embaular, zampar, echar un bocado, llenar la andorga, matar el hambre, reparar las fuerzas, manducar* (fam.), *papar* (fam.), *jamar* (vulg.). *Devorar* sugiere avidez. ↔ AYUNAR. 2 *Corroer, roer, desgastar.* 3 *Gastar, consumir, derrochar, dilapidar, despilfarrar, acabar.* 4 *Escocer, picar, sentir comezón.*

**comercial** *adj. Mercante, mercantil, marchante* (p. us.). El primero se aplica sólo a la marina dedicada al comercio: un barco *mercante. Comercial* es más corriente que *mercantil,* pero su sinonimia es completa. Sin embargo, se dice Derecho *mercantil,* con preferencia a *comercial.*

**comerciante** *adj.-com.* (pers.) *Mercader, tratante, mercadante* (ant.), *merchante* (ant.), *mercante* (ant.), *mercachifle* (desp.), *negociante, traficante, trajinante. Mercader* tiene hoy poco uso y se dice pralte. del ambulante que va de un lado a otro con sus mercancías. *Tratante* se dice en los medios rurales del que comercia en ganado o en productos agrícolas. *Negociante* sugiere cierta importancia en su comercio y tratos. *Traficante* sugiere pralte. la actividad y diligencia que pone en sus negocios, y a veces es desp. El *trajinante* no tiene tienda ni población fijas.

**comerciar** *intr. Mercadear, tratar, negociar, traficar.* V. comerciante.

**comercio** *m. Negocio, tráfico, trato, especulación.* 2 *Establecimiento* (comercial), *tienda, almacén, despacho, negocio* (Argent. y Chile). 3 *Trato, comunicación.*

**comestible** *m. Manjar\*, comida, alimento, mantenimiento.* 2 *adj. Edible.*

**cometa** *m. Estrella de rabo.* 2 *f. Birlo-*

*cha, milocha, pájaro bitango, pájara, pandero, pandorga.*

**cometer** *tr. Encargar\*, confiar, encomendar.* 2 *Incurrir, caer, perpetrar, consumar.* Tratándose de alguna culpa o error, *incurrir, caer.* Si se trata de culpa grave o de un delito, *perpetrar.* Se *comete* una equivocación, una imprudencia; pero sólo se *perpetra* un desafuero, un crimen.

**cometido** *m. Comisión, encargo, obligación, misión.* Ambos son vocablos escogidos, de uso culto.

**comezón** *f. Picazón\*, picor, rascazón, hormiguillo, prurito* (culto). *Prurito* es voz docta o tecnicismo médico. En sentido fig., *comezón* o *prurito* de discutir algo. No se usarían en este caso los demás sinónimos.

**comicios** *m. pl. Elecciones.*

**cómico, -ca** *adj. Divertido, gracioso, jocoso, risible, hilarante.* ↔ SERIO. 2 *Bufo, grotesco, burlesco, chocarrero, ridículo.* ↔ GRAVE. 3 *s. Comediante, actor\*, representante* (ant.), *figurante* (ant.), *histrión.* Tratándose del teatro grecolatino, *histrión.*

**comida** *f. Bucólica, manduca, pitanza, condumio, manjar\*.* Todos ellos, burlescos. 2 *Almuerzo\*.*

**comienzo** *m. Principio\*, origen, nacimiento.* Ambos significan la acción de comenzar. Así hablamos del *comienzo* o *principio* de una sesión o de una obra. *Origen* y *nacimiento* aluden más bien a lo que es causa, motivo o *iniciación* de algo presente. El *comienzo* o *principio* de una guerra es la ruptura de hostilidades; su *origen* o *nacimiento* es la causa o circunstancias que la motivaron. *Iniciación* e *inicio* son términos más abstractos, que pueden aplicarse en ambos sentidos. ↔ FIN, CONSECUENCIA, RESULTADO. 2 *Abertura, apertura, iniciación, inicio.*

**comilón, -ona** *adj.-s. Tragantón, tragón, zampón, gastrónomo, voraz.* Los tres primeros se refieren sólo a la cantidad; *gastrónomo* supone refinamiento. *Voraz* no se dice del hombre

más que en sentido fig.; díc. de los animales, del apetito y del fuego.

**comilona** *f. fam. Francachela, cuchipanda* (fam. o desp.), *gaudeamus.*

**cominería** *f. Menudencia, insignificancia, minucia.*

**cominero, -ra** *adj.-s.* fam. *Cazolero, cazoletero.*

**cominillo** *m. Cizaña, borrachuela, joyo, rabillo.*

**comino.** Comino rústico *m. Laserpicio.* 2 **No importar un comino** *loc. No importar un ardite, no importar un bledo, no importar un cornado, no importar un maravedí, no importar un chavo, no importar un pito.*

**comisar** *tr. Decomisar.*

**comisión** *f. Cometido, encargo, mandato, misión.* 2 *Junta, comité, delegación.*

**comisionado, -da** *adj.-s. Delegado, representante, encargado.*

**comisionar** *tr. Delegar, facultar, encargar, encomendar, confiar, poner en manos de, dar la firma a.* ↔ ASUMIR, APROPIAR.

**comiso** *m. Decomiso* (DER.), confiscación.

**comité** *m. Junta, comisión, delegación.*

**comitiva** *f. Acompañamiento, séquito, cortejo.*

**comodidad** *f. Conveniencia, regalo, bienestar, holgura.* ↔ INCOMODIDAD. 2 *Ventaja, oportunidad, facilidad.* 3 *Utilidad, interés.* ↔ DESINTERÉS.

**cómodo, -da** *adj. Conveniente, favorable, holgado, regalado.* 2 *Oportuno, fácil, acomodado, adecuado.*

**comodón, -ona** *adj. Regalón.*

**compactación** *f. Concentración, condensación, compresión.*

**compacto, -ta** *adj. Denso, macizo, apretado, apiñado. Denso, macizo,* se refieren prefentemente a la estructura material de un cuerpo. Cuando se reúnen muy estrechamente varios cuerpos, cosas o personas sin confundirse, *apretado, apiñado.* Un bloque mineral, un metal son *compactos, densos* o *macizos.* Una muchedumbre de gente es *compacta, apretada, apiñada,* como lo son también los granos de una granada. ↔ LÍQUIDO, CLARO. 2 *Duro, resistente, consistente, fuerte, sólido\*.* ↔ INCONSISTENTE, BLANDO.

**compadecerse** *prnl. Condolerse, apiadarse, dolerse, arrancársele a uno las entrañas, tener compasión, tener misericordia, rezumar caridad.* ↔ BURLARSE, ENSAÑARSE. 2 *Armonizarse, compaginarse, ajustarse.* 3 *Conformarse, ponerse de acuerdo.*

**compadraje** *m.* desp. *Compadrazgo, concierto, aconchabamiento, conchabanza, confabulación.*

**compadrar** *intr. Encompadrar.*

**compadrazgo** *m. Compaternidad.* 2 desp. *Compadraje, aconchabamiento, conchabanza, concierto, confabulación.*

**compadre** *m.* desp. *Compinche, compañero, camarada.* 2 *Argent. Fanfarrón, matón, chulo, compadrito.* Úsase por lo general el diminutivo *compadrito.*

**compaginar** *tr.-prnl. Armonizar, compadecer, corresponder, conformar.* 2 IMPR. *Ajustar.*

**compaña** *f. Compañía.*

**compañerismo** *m. Camaradería.* Camaradería intensifica la confianza con que se tratan los compañeros entre sí. ↔ ENEMISTAD.

**compañero, -ra** *s. Socio, colega, camarada, amigo, igual. Camarada* expresa en gral. un trato de mayor confianza que *compañero.* Como tratamiento usual entre individuos de asociaciones, partidos, etc., se prefiere uno u otro según la costumbre establecida en cada agrupación. P. ej.: los comunistas y falangistas se tratan entre sí de *camaradas;* los socialistas de *compañeros.* El primer tratamiento implica el tuteo; el segundo es compatible con *tú* y con *usted.* "Compañero es todo el que acompaña con intención o sin ella, poco o mucho tiempo, como *compañero* de viaje o infortunio. *Socio* es el que se junta con otro para el logro de algún fin, para

un negocio, una empresa, como los mienbros de una compañía de comercio, de una sociedad de beneficiencia, literaria o científica. *Colegas* son los *compañeros* de estudios o de profesión. Todos los *socios* y todos los *colegas* son compañeros; pero no todos los *colegas* son *socios* ni todos los *socios colegas*" (M) ↔ ENEMIGO, DESIGUAL. 2 *Acólito, ayudante, asistente, compinche.*

**compañía** *f. Compaña. Compaña* supone familiaridad en su empleo; p. ej.: ¡Adiós, María y la *compaña!*; comimos en buena *compaña.* 2 *Acompañamiento, séquito, cortejo.* 3 *Sociedad.* 4 MIL. *Capitanía.* 5 **En compañía** *loc. adj. Acompañado.* ↔ SOLO.

**compañón** *m. Testículo, dídimo.*

**comparación** *f. Paridad, paralelismo.* 2 *Paralelo, cotejo, parangón.*

**comparar** *tr. Confrontar, colacionar, compulsar, parangonar, cotejar. Colacionar, confrontar y paragonar* equivalen a *cotejar. Compulsar* se usa sólo tratándose de textos o escritos. "Se *compara* notando la semejanza; se *coteja* para descubrir la diferencia. Los poetas *comparan* los sentimientos del alma con los objetos naturales que tienen con ellos alguna analogía, para pintarlos con mayor viveza y naturalidad. Los eruditos *cotejan* documentos y autoridades para notar en qué desacuerdan. El símil retórico es una *comparación,* y no es un *cotejo.* Cuando se examina si la copia difiere algo del original, se *coteja, no* se *compara. Si* fuera cierto, como suele decirse, que las *comparaciones* son odiosas, mucho más lo serían los *cotejos*" (M). ↔ DISTINGUIR.

**comparecer** *intr.* DER. *Presentarse, personarse, hacer acto de presencia. Personarse* es *comparecer* en persona, no por delegación. Ambos verbos son también susceptibles de empleo irón. cuando se aplican en circunstancias que no tienen la formalidad que les es propia, con la significación de llegar a destiempo, o de algún modo que produce risa o sorpresa: no *compareció*, se *presentó* o se *personó* hasta que había terminado la reunión; *compareció*, se *presentó*, con un sombrero estrafalario. ↔ AUSENTARSE, FALTAR.

**comparsa** *f. Acompañamiento*, *séquito*, *cortejo.* Todos ellos suponen importancia o solemnidad. *Comparsa* se usa en el teatro o tratando de un grupo de máscaras. 2 *Figurante.*

**compartir** *tr. Repartir*, *dividir*, *distribuir*, *partir.*

**compás** *m. Brújula*, *aguja.* 2 *Ritmo*, *medida.* 3 fig. *Regla*, *medida*, *norma.*

**compasar** *tr. Acompasar*, *medir*, *arreglar*, *proporcionar.*

**compasión** *f. Lástima*, *conmiseración*, *misericordia*, *piedad*, *caridad.* ↔ MOFA, IMPIEDAD.

**compasivo, -va** *adj. Piadoso*, *misericordioso*, *caritativo.* V. compasión.

**compaternidad** *f. Compadrazgo.*

**compatible** *adj. Acorde.* ↔ INCOMPATIBLE.

**compatriota** *com. Compatricio*, *connacional*, *conciudadano*.*

**compeler** *tr. Obligar*, *forzar*, *costreñir*, *meter en cintura*, *poner un puñal en el pecho*, *poner a parir*, *poner las peras a cuarto*, *traer por los pelos.*

**compendiar** *tr. Abreviar*, *reducir*, *resumir*, *recapitular*, *extractar.* ↔ ALARGAR, AMPLIAR.

**compendio** *m. Epítome*, *rudimentos*, *resumen*, *sumario*, *sinopsis*, *recopilación.* Aunque no puede trazarse divisoria entre ellos, *epítome* y *rudimentos* sugieren exposición elemental para personas que nada conocen de la materia en tanto que *compendio*, *resumen*, *suma* y *sumario* pueden contener materia complicada y extensa, dentro de la brevedad de su exposición. En la *sinopsis*, se ordenan los puntos esenciales en forma que a primera vista puedan abarcarse; suele presentarse como esquema o cuadro. *Recopilación* y *recapitulación* sugieren

idea de resumen final de una exposición más extensa; pero pueden equivaler a *resumen*, *compendio*, o bien ser sinónimos de *compilación.* Todos estos sinónimos, con excepción de *epítomes* y *rudimentos*, implican una síntesis de la materia tratada.

**compendioso, -sa** *adj. Breve*, *reducido*, *abreviado*, *resumido*, *sumario*, *corto*.*

**compenetración** *f. Acuerdo*, *unión*, *armonía*, *consonancia*, *conformidad.* ↔ DESACUERDO, DISCREPANCIA.

**compenetrarse** *prnl. Fusionarse*, *unirse*, *juntarse*, *mezclarse.* ↔ DESUNIRSE, SEPARARSE, DISGREGARSE.

**compensación** *f. Reparación*, *indemnización.*

**compensado, -da** *adj. Balanceado*, *equilibrado.* ↔ DESCOMPENSADO, DESEQUILIBRADO.

**compensar** *tr. Contrapesar*, *contrabalancear*, *equilibrar*, *equivaler.* 2 *Resarcir*, *indemnizar*, *recompensar.*

**competencia** *f. Contienda*, *disputa*, *rivalidad*, *emulación*.* 2 *Incumbencia*, *jurisdicción*, *autoridad.* 3 *Aptitud*, *idoneidad*, *suficiencia*, *capacidad*, *habilidad.* ↔ INCOMPETENCIA.

**competente** *adj. Bastante*, *oportuno*, *suficiente*, *adecuado.* Así hablamos de edad *competente*, poder *competente.* 2 *Apto*, *idóneo*, *entendido*, *hábil*, *capaz*, *perito*, *diestro*, *conocedor*, *experimentado*, *experto*, *práctico.* ↔ INCOMPETENTE, INEXPERTO, DESCONOCEDOR, INCAPAZ.

**competer** *intr. Pertenecer*, *tocar*, *incumbir*, *concernir*.*

**competidor, -ra** *adj.-s. Adversario*, *contrario*, *enemigo*, *antagonista*, *rival*, *émulo.* ↔ AMIGO, COLABORADOR, COLEGA.

**competir** *intr. Emular*, *rivalizar*, *contender. Emular* es imitar a otro para igualarle o superarle; no incluye idea de lucha, sino de estímulo propio, a diferencia de *competir*, y más aún *rivalizar* y *contender.* 2 *Echar a raya*, *pisar los talones*, *subirse a las barbas.*

**compilación** *f. Recopilación, colección.*
**compilador, -ra** *adj.-s. Recopilador, coleccionador, colector.*
**compilar** *tr. Reunir, coleccionar, recopilar, allegar.*
**compinche** *com. desp. Compadre, compañero, camarada.*
**complacencia** *f. Agrado, complacimiento, contentamiento, contento\*, satisfacción, alegría, fruición, placer, goce, gusto\*.* ↔ SUFRIMIENTO, ABURRIMIENTO.
**complacer** *tr.-prnl. Agradar\*, placer, satisfacer, gustar\*, deleitar, alegrar\*, contentar, caer en gracia, encantar, embelesar, cautivar, seducir, atraer.* ↔ MOLESTAR, REPELER, REPUGNAR, DESENCANTAR, ENTRISTECER.
**complaciente** *adj. Condescendiente, servicial, acomodaticio\*.* El *complaciente* no tiene más fin que el de agradar a otro; es el propenso a complacer a los demás por la satisfacción que ello le produce. El *condescendiente* abdica algo de su autoridad o poder, para transigir o conformarse con los deseos ajenos. El que es *servicial* posee un grado más que el *complaciente*; podemos ser *serviciales* por abnegación o sentimiento de ayudar al prójimo, o bien por adular a los superiores.
**complejo, -ja** *adj. Complicado, múltiple, laberíntico, dificultoso, difícil, enredado, enmarañando, espinoso, intrincado.*
**complemento** *m. Suplemento.* 2 *Perfección, colmo, cumplimiento.*
**completamente** *adv. m. Cumplidamente, enteramente, plenamente, totalmente, del todo.* ↔ PARCIALMENTE, RELATIVAMENTE.
**completar** *tr. Suplir, suplementar, complementar.*
**completivo, -va** *adj. Complementario, expletivo, enfático.* Se usa muy poco fuera de la terminología gramatical, donde equivale a *complementario.* Lo *completivo* tiene carácter lógico, mientras que en lo *expletivo* pre-

domina el valor afectivo o estético. 2 *Acabado, perfecto.*
**completo, -ta** *adj. Entero, íntegro, cabal, acabado, perfecto, lleno, cumplido, exacto. Íntegro* equivale a *entero; cabal* reúne los matices de *completo* y *entero.* Cuando se trata de un trabajo u obra terminados, decimos que están *completos, acabados* o *perfectos.* Un local, un recipiente, un espacio *completo,* equivale a *lleno.* Así decimos que un tranvía, un teatro, un saco están *completos,* cuando están *llenos.* "Lo *completo* es lo que se compone de las partes necesarias para formar el todo; lo *entero* es lo que comprende estas partes sin separación unas de otras. Un regimiento está *completo* cuando contiene el número de plazas que exige su dotación. Un cuerpo está *entero* cuando no le falta ninguna de sus partes. No está *completa* una obra cuando le falta un tomo; no está *entero* un libro cuando le faltan algunas hojas" (M). 2 *Radical, total, extremado, extremista.* ↔ ACCIDENTAL, RELATIVO.
**complexión** *f. Constitución, naturaleza, temperamento.*
**complexionado, -da** *adj. Acomplexionado.*
**complicación** *f. Complejidad, complexidad.* 2 *Embrollo, dificultad, enredo, confusión.* ↔ ACLARACIÓN.
**complicado, -da** *adj. Complejo. Complejo* da idea de mayor trabazón entre los elementos o factores componentes que *complicado;* por esto aquél se sustantiva fácilmente: un *complejo* psíquico. 2 *Enmarañado, enredado, dificultoso, enredoso, enrevesado, difícil\*, complejo.* Todos ellos aluden al efecto que en nosotros produce lo *complejo.* 3 *Múltiple. Múltiple* es lo compuesto por gran número de piezas o partes.
**complicidad** *f. Connivencia.*
**complot** *m. Conspiración, conjura, conjuración, confabulación.* 2 *Trama, intriga, maquinación.*

**componedor.** Amigable componedor *m.* DER. *árbitro, juez.*

**componenda** *f. Arreglo, transacción, chanchullo, pastel, compostura.* ↔ DESARREGLO.

**componente** *m. Elemento, parte, ingrediente.* 2 *adj. Integrante.*

**componer** *tr. Arreglar, acomodar, constituir, formar.* ↔ DESCOMPONER. 2 *Remendar, reparar*, restaurar.* ↔ DESCOMPONER. 3 *Aderezar, aliñar, hermosear, ataviar, adornar, engalanar, perfilar, acicalar, emperejilar* (fam.)*, emperifollar* (fam.)*, atildar, asear.* Poniendo primor especial en los pormenores, *perfilar, acicalar*; refiriéndose sólo a personas, *emperejilar, emperifollar.* ↔ DESCOMPONER. 4 *Amañar, falsear, falsificar.*

**comportable** *adj. Soportable, tolerable, sufrible, aguantable.*

**comportamiento** *m. Conducta, proceder.*

**comportar** *tr. Soportar, sufrir, tolerar, aguantar, conllevar.* 2 *prnl. Conducirse, portarse, proceder.*

**compostura** *f. Remiendo, reparación, restauración.* Si se trata de algo más importante, *reparación,* y más aún *restauración.* Hablamos de la *compostura* o *remiendo* que se hace al calzado o a una prenda de vestir; de la *reparación* de una máquina descompuesta; de la *restauración* de un monumento artístico. ↔ DESTRUCCIÓN. 2 *Aseo, adorno*, aliño.* ↔ DESARREGLO. 3 *Falsificación, adulteración.* 4 *Ajuste, convenio, transacción.* 5 *Modestia, recato, decoro, pudor, mesura, circunspección.* ↔ INMODESTIA.

**comprar** *tr. Adquirir*, mercar. Adquirir* es término culto, que abarca no sólo la compra, sino todos los medios de adquisición. *Mercar* coincide con comprar en su significado, pero hoy se emplea sólo en los medios rurales y entre las clases populares. ↔ VENDER. 2 *Sobornar, untar, tapar la boca.*

**compraventa** *f. Transacción, ajuste, trato, negocio.*

**comprender** *tr. Abrazar, ceñir, abarcar, rodear, contener, incluir, encerrar, reunir, englobar.* ↔ EXCLUIR. 2 *Entender, penetrar, concebir, alcanzar, darse cuenta, dar en el quid, ver el juego, caer en la cuenta, tragarse la partida, caer en el chiste.* ↔ IGNORAR, DESACERTAR.

**comprensible** *adj. Comprimible.* 2 *Accesible, inteligible.*

**comprensión** *f. Inteligencia, conocimiento.*

**compresión** *f. Concentración, condensación, compactación.*

**comprimido** *m. Pastilla, tableta* (FARM.).

**comprimir** *tr. Apretar, prensar, estrujar.* ↔ SOLTAR. 2 *fig. Oprimir.* ↔ ENSANCHAR, SOLTAR. 3 *Reprimir, sujetar, contener.* "*Comprimir* supone quietud en la que se *comprime*; *reprimir* supone movimiento. Se *comprimen* los cuerpos elásticos; se *reprimen* el ímpetu, la violencia y la rapidez. Esta misma diferencia se nota en el curso metafórico de las dos voces. Se *comprime* un sentimiento; se *reprime* un arrebato. El que *comprime* su dolor *reprime* el llanto. Si no se *comprime* la cólera en su origen, muy difícil será *reprimirla* en sus explosiones" (M). En el uso metafórico actual, a pesar de la explicación que antecede, se *reprimen* también los sentimientos, y no sólo sus manifestaciones exteriores. Precisamente el psicoanálisis habla de complejos motivados por tendencias o impulsos *reprimidos.* En este sentido, *comprimir* se usa muy poco en nuestros días. ↔ SOLTAR.

**comprobación** *f. Validación, reconocimiento.*

**comprobador** *m. Verificador.*

**comprobar** *tr. Cerciorarse, confirmar*, verificar.* 2 *Inspeccionar, examinar, reconocer, registrar, intervenir.*

**comprometer** *tr.-prnl. Exponer, arriesgar.* Ambos suponen mayor eventualidad e inseguridad que *comprometer.* El que *expone* o *arriesga* el capital en una empresa está menos seguro del éxito que el que lo *compromete*. ↔ PRECAVER. 2 *Obligar*. "El acto de *obligarse* supone deber o reciprocidad; *comprometerse* supone oferta gratuita o condición. El que compra se *obliga* a pagar; el depositario se *obliga* a restituir el depósito. El que ofrece hacer un servicio se *compromete*; y lo mismo puede decirse si el servicio depende de alguna eventualidad, como: me *comprometo* a embarcarme, si hace buen tiempo" (M). ↔ DISCULPAR.

**compromiso** *m. Convenio, pacto, contrato, acuerdo*. 2 *Obligación, deber, empeño*. 3 *Apuro, dificultad, embarazo, aprieto, conflicto*.

**compuerta** *f. Tablacho*.

**compuesto** *m. Mezcla, mixtura, composición, agregado*.

**compuesto, -ta** *adj.* fig. *Mesurado, circunspecto*. 2 *Arreglado, aliñado, adornado, acicalado*. ↔ DESCOMPUESTO.

**compulsar** *tr. Cotejar, confrontar, comparar\**.

**compunción** *f. Arrepentimiento, contricción\**.

**compungido, -da** *p. p. Arrepentido, contrito*. 2 *Contristado, afligido, pesaroso*. ↔ ALEGRE.

**compungirse** *prnl. Dolerse, arrepentirse*.

**computador** *m. Ordenador, computadora*.

**computadora** *f. Ordenador, computador*.

**computar** *tr. Escrutar, contar*.

**computarizado, -da** *adj. Informatizado*.

**cómputo** *m. Cálculo\*, cuenta*. 2 ASTRON. *Epilogismo*.

**común** *adj. General, universal*. ↔ PARTICULAR, PRIVATIVO. 2 *Ordinario, vulgar*. "Lo *común* es lo que abunda, lo que se ve con frecuencia, lo que muchos poseen. Lo *ordinario*, es lo ínfimo en calidad, lo que no se distingue por ninguna cualidad o circunstancia notable. Lo *común* depende de la cantidad; lo *ordinario*, de la condición; y así puede suceder que en un mercado mal provisto no sea *común* el paño *ordinario*. Lo *vulgar* es lo que es *común* en el vulgo, lo que pertenece al lenguaje y a los hábitos de las clases mal educadas de la sociedad. Es *común*, aun entre la gente no ordinaria, escribir "occéano" por océano, "reasumir" por resumir, y "abrogarse" por arrogarse. "Diferiencia", "semos" y "catredal" son dichos *vulgares*" (M). ↔ EXTRAORDINARIO, PERSONAL. 3 *Basto, ordinario, grosero, bajo*. 4 *m. Excusado, retrete\*, evacuatorio*.

**comunicación** *f. Oficio, escrito, comunicado*. 2 *Trato, correspondencia*.

**comunicar** *tr. Impartir, hacer partícipe*. ↔ TAPAR, OCULTAR, OMITIR. 2 *Anunciar, participar, noticiar, notificar\*, avisar, informar, dar parte, manifestar, poner en conocimiento*. ↔ INCOMUNICAR, ENMUDECER, OCULTAR, TAPAR. 3 *prnl. Corresponderse, relacionarse, contagiarse*. ↔ INMUNIZARSE.

**comunicativo, -va** *adj. Sociable, tratable, expansivo, comunicable*. ↔ CALLADO, INACCESIBLE.

**comunidad** *f. Iglesia, congregación, corporación\**.

**comunión** *f. Eucaristía, sacramento del altar, santísimo sacramento, viático*.

**comunismo** *m. Marxismo*.

**conato** *m. Empeño, esfuerzo, propósito, intención*. 2 *Amago, iniciación, tentativa*.

**concatenación** *f. Encadenamiento, eslabonamiento*. 2 RET. *Epanástrofe*.

**concausa** *f. Factor*.

**concavidad** *f. Cuenco, seno, cavidad*. ↔ CONVEXIDAD, PROMINENCIA.

**concebir** *tr. Comprender, entender, percibir, penetrar, alcanzar*. 2 *Proyectar, imaginar, crear, idear, pensar*.

**conceder** *tr. Otorgar, conferir*. *Conceder* acentúa el matiz de merced o dádiva graciosa; *otorgar* puede provenir de petición o ruego ajeno, o de conveniencia del que otorga. *Conferir* tiene especial solemnidad, y se refiere

siempre a honores, atribuciones, poderes o cargos importantes. ↔ NEGAR, DESATENDER. 2 *Convenir, admitir, asentir, dar por cierto.*
**concedido, -da** *adj. Dado, supuesto, aceptado, admitido.*
**concejal** *m. Munícipe, regidor municipal, edil.*
**concejo** *m. Ayuntamiento, municipio. Concejo se usa especialmente tratando de aldeas pequeñas, y es una forma particular de organización municipal.*
**concentrado, -da** *adj.* MED. *Masivo, copioso, abundante. Aplícase a los medicamentos.*
**concentrar** *tr. Reunir, centralizar, reconcentrar, condensar*.* ↔ DESUNIR. 2 *prnl. Reconcentrarse, abstraerse, abismarse, ensimismarse, enfrascarse, engolfarse.*
**concéntrico, -ca** *adj. Homocéntrico.*
**concepción** *f. Fecundación.*
**concepto** *m. Idea, noción.* 2 *Pensamiento, sentencia.* 3 *Opinión, juicio.*
**conceptuar** *tr. Juzgar, estimar, tener por.*
**concerniente** *adj. Relativo, referente, atañente, tocante.*
**concernir** *intr. Atañer*, referirse a, interesar, tocar a, competer, tener que ver con, afectar, pertenecer, incumbir. Indican relación mayor o menor de una cosa con otra. Afectar implica interés directo o gran intensidad de la relación; una ley que me concierne es una ley que me afecta, pero en este último caso resalta más el daño o provecho que espero de ella.*
**concertar** *tr.-prnl. Pactar, ajustar, convenir, acordar, tratar.* ↔ DESCONCERTAR. 2 *Componer, ordenar.* 3 GRAM. *Concordar.*
**concesión** *f. Permiso, licencia, gracia, privilegio. La concesión y el privilegio se refieren al bien que con ellos hace graciosamente el superior o la autoridad. Permiso y licencia hacen relación a los obstáculos o estorbos que deja de oponer. El privilegio y la gracia*

son de carácter particular y exclusivo. ↔ NEGATIVA, DESCORTESÍA. 2 RET. *Epítrope.*
**concha** *f. Caparazón.* 2 *Valva. Cada una de las conchas de los moluscos.*
**conchabanza** *f. Aconchabamiento, confabulación, connivencia*, compadraje, compadrazgo.*
**conchabar** *tr. Amér. Asalariar, tomar a sueldo.* 2 *prnl. Confabularse*, concertarse, estar de manga.*
**concho** *m. Amér. Merid. Residuo, sedimento, borra, poso.*
**conciencia** *f. Consciencia. Consciencia se refiere generalmente al saber de sí mismo, al conocimiento que el espíritu humano tiene de su propia existencia, estados o actos. Conciencia se aplica a lo ético, a los juicios sobre el bien y el mal de nuestras acciones. Una persona cloroformizada recobra la consciencia al cesar los efectos del anestésico. Un hombre de conciencia recta no comete actos reprobables.*
**concierto** *m. Orden, armonía, ajuste.* 2 *Pacto, acuerdo, convenio, unión, alianza, federación, confederación, liga, concordia, avenencia.*
**conciliábulo** *m. Conseja (popular), conventículo, camarilla, sinagoga (fig. y desus.), corrillo. La camarilla tiene carácter más o menos permanente. Todos ellos denotan ideas de reunión más o menos clandestina, ilícita o de algún modo reprobable. El corrillo sugiere principalmente murmuración y chismorreo.*
**conciliación** *f. Acomodamiento, transacción, ajuste, convenio, arreglo, acuerdo, concierto.* ↔ DESACUERDO.
**conciliar** *tr. Concordar, armonizar, ajustar, concertar, reconciliar, avenir. Reconciliar supone oposición o enemistad previa mucho mayor; p. ej.: se concilia a los litigantes de un pleito, y se reconcilia a los enemigos.* ↔ REÑIR, DESAVENIRSE. 2 *prnl. Granjearse, atraerse, ganarse, concitarse. Granjearse, atraerse, ganarse afectos, simpatías, votos, etc. Cuando se trata de*

sentimientos hostiles, *concitarse*: se *concitó* el odio de todos.

**concisión** *f. Brevedad, sobriedad, laconismo.* El *laconismo* es la *concisión* extremada. ↔ PROLIJIDAD, IMPRECISIÓN.

**conciso, -sa** *adj. Lacónico, sucinto, breve, sobrio.* Referidos al lenguaje o estilo. *Lacónico* se siente hoy como una exageración extremosa de *conciso*. "Lo *conciso* da más claridad; lo *lacónico* da más energía. El primero de estos dos estilos omite las palabras ociosas, los rodeos, los adornos inútiles, para exponer la idea con la más exacta precisión; el segundo indica con frases cortas y expresivas lo que debe entender o adivinar el lector. Las demostraciones geométricas, las distinciones de los sinónimos, deben ser *concisas*" (LH).

**conciudadano, -na** *adj. Paisano, compatriota, compatricio, connacional. Paisano,* cuando se refiere al natural o habitante de una misma ciudad, comarca o región. Tratándose del de una misma nación, los tres últimos sinónimos.

**concluir** *tr.-prnl. Acabar, terminar\*, finalizar.* ↔ EMPEZAR, INICIAR. 2 *Ultimar, rematar.* 3 *Consumir, agotar, apurar, gastar.* 4 *Colegir, inferir, deducir\*.*

**conclusión** *f. Fin, final, término\*, epílogo, recapitulación, terminación.* ↔ PRÓLOGO, PRINCIPIO. 2 *Deducción, consecuencia\*, resolución, resultado.* 3 **En conclusión** *loc. adv. En suma, por último, finalmente, en definitiva.*

**concluyente** *adj. Convincente, irrebatible, decisivo, terminante.* Los dos primeros, en lo que se refiere a la verdad o argumentación. Los dos últimos, en cuanto a la voluntad o mandato. ↔ DISCUTIBLE, PROVISIONAL, EMPEZADO.

**concomer** *prnl. Coscarse, escoscarse, recomerse, reconcomerse* (intensivo).

**concomitante** *adj. Acompañante, asociado, concurrente, relacionado, coordinado. Concomitante* se aplica

sólo a cosas (no a personas) que van asociadas u obran conjuntamente. Su uso es exclusivo de la terminología científica; p. ej.: hablamos de fenómenos *concomitantes.* Se limita a señalar la idea de asociación, sin decir nada sobre la conexión mutua de los hechos *concomitantes* ni su agrupación causal, a diferencia de *concurrente, relacionado* y *coordinado.*

**concordancia** *f. Conformidad, correspondencia, concierto, acuerdo.* ↔ DISCONFORMIDAD, DESPROPORCIÓN.

**concordar** *tr. Convenir, concertar.* 2 GRAM. *Concertar.*

**concorde** *adj. Acorde, conforme, de acuerdo.* ↔ DESACORDE.

**concordia** *f. Conformidad, unión, armonía.* ↔ DESAVENENCIA, DESARREGLO, GUERRA. 2 *Ajuste, convenio, acuerdo.* ↔ DESAVENENCIA.

**concreción** *f.* MED. *Cálculo.*

**concretar** *tr. Formalizar, precisar.* 2 *prnl. Reducirse, limitarse, circunscribirse, ceñirse.* ↔ ALARGAR, DESARROLLAR, EXCEDER.

**concreto** *m. Hormigón, calcina* (p. us.), *mazacote, derretido, nuégado, garujo.*

**concreto, -ta** *adj.* MED. *Endurecido, solidificado.*

**concubina** *f. Manceba, querida, barragana, amiga, amante.*

**concubinato** *m. Amancebamiento, abarraganamiento, amontonamiento.*

**concúbito** *m. Cópula, cohabitación, copulación, fornicación, coito, ayuntamiento, cubrición.*

**conculcar** *tr. Hollar\*, pisar, pisotear.* ↔ RESPETAR, HONRAR. 2 fig. *Quebrantar, infringir.* Tratándose de una ley, convenio, etc.

**concupiscencia** *f. Ambición, avidez, codicia, incontinencia, sensualidad, liviandad.* Hablando de riquezas o poder, los tres primeros. Hablando de los placeres deshonestos, los tres últimos. ↔ CASTIDAD, CONFORMIDAD.

**concurrencia** *f. Público, concurso, espectadores, auditorio, asistencia,* *afluencia.* En espectáculos y reuniones, *espectadores, auditorio, asistencia;* si es muy numerosa, *afluencia.* Concurrencia, *concurso, asistencia* significan reunión numerosa de gente; pero la que forma la *concurrencia* es general y promiscua; la que forma el *concurso* se limita a los que se reúnen por deber, por derecho o por invitación; la que forma la *asistencia* se compone de los que toman parte en el objeto de la reunión. En paseos, en calles y en teatros hay *concurrencia;* en las sesiones académicas, en las ceremonias palaciegas, hay *concurso;* en los estrados de los tribunales hay *asistencia* de jueces, escribanos, abogados y relatores. 2 *Coincidencia, convergencia, confluencia.* Tratándose de cosas, sucesos o fenómenos. 3 *Competencia, rivalidad.*

**concurrido, -da** *adj. Animado, movido, divertido.*

**concurrir** *intr. Asistir, reunirse, juntarse.* ↔ AUSENTARSE, FALTAR. 2 *Coincidir, converger, confluir, afluir, acudir.* 3 *Ayudar, cooperar, coadyuvar, contribuir.*

**concurso** *m. Concurrencia\*, asistencia.* 2 *Ayuda, cooperación, auxilio.*

**concusión** *f. Exacción, sacudimiento\*.*

**concusir** *tr. Cusir.*

**condenación** *f. Damnación, condena, pena, sanción, reprobación, execración, maldición, imprecación. Damnación* en estilo elevado, esp. en los medios eclesiásticos refiriéndose a la eterna. En cambio no podría decirse: la *damnación* de una herejía, sino la *condenación* o *reprobación.* Tratándose de sanciones penales, *condena, pena, sanción.*

**condenado, -da** *adj.-s. Precito, prescito, réprobo.*

**condenar** *tr. Reprobar, desaprobar.* ↔ DISCULPAR. 2 *Castigar, sancionar, penar.* ↔ ABSOLVER, SALVAR, PERDONAR, DISCULPAR. 3 *Cerrar, incomunicar, tabicar, tapiar, cegar.* Tratándose de pasos, puertas, ventanas, etc.

**condensación** *f. Compresión, concentración.*

**condensado, -da** *adj. Espeso, denso, condenso.*

**condensar** *tr. Cuajar, coagular, espesar, concentrar.* Se *condensan* los gases y los líquidos; sólo los líquidos se *coagulan* y se *cuajan,* cuando se separan de ellos algunas sustancias que llevan en suspensión, como ocurre con la leche y el aceite. Las disoluciones se *espesan* y se *concentran.* ↔ LIQUIDAR, ACLARAR, AFLOJAR, LICUAR. 2 fig. *Reducir, resumir.* Tratándose de escritos o discursos.

**condescendencia** *f. Complacencia, benevolencia, deferencia, consideración, respeto, atención, miramiento.* ↔ DESATENCIÓN, GROSERÍA. 2 *Mimo, consentimiento, tolerancia, paciencia, aguante, indulgencia.* ↔ INCOMPRENSIÓN.

**condescender** *intr. Deferir, transigir, tolerar\*. Deferir* implica cortesía o respeto; *transigir* es acomodarse en parte al parecer o voluntad ajena contra el propio deseo u opinión. V. contemporizar. ↔ NEGARSE. 2 *Hacerse de miel, dar por el gusto, hacerse una jalea, dar tiempo al tiempo.* V. consentimiento.

**condescendiente** *adj. Dúctil, blando, acomodadizo, acomodaticio.* 2 *Indulgente, benigno, benévolo, tolerante.*

**condición** *f. Índole\*, naturaleza.* 2 *Carácter\*, genio, natural, humor\*.* 3 *Estado, situación, posición, clase, categoría, calidad.* 4 *Restricción, cláusula, estipulación, circunstancia.*

**condicional** *m.* GRAM. *Potencial.*

**condimentar** *tr. Sazonar, adobar, aderezar, aliñar, cocinar\*.*

**condimento** *m. Aliño, aderezo, adobo.*

**condolencia** *f. Compasión, conmiseración.* ↔ BURLA. 2 *Pésame.*

**condolerse** *prnl. Apiadarse, compadecerse, dolerse, tener compasión, tener misericordia, arrancársele las entrañas, rezumar caridad.* ↔ ENSAÑARSE.

**condón** *m.* vulg. *Profiláctico* (MED.), preservativo, goma (vulg.).

**condonar** *tr. Perdonar, remitir.*

**condrila** *f. Ajonjera, juncal.*

**conducción** *f. Acarreo, transporte, porte.*

**conducir** *tr. Dirigir, guiar.* 2 *Regir, administrar, gobernar, llevar las riendas.* 3 *Llevar, transportar.* 4 *prnl. Comportarse, portarse, proceder.*

**conducta** *f. Comportamiento, proceder.*

**conducto** *m. Tubo, canal, vía.* 2 fig. *Medio, órgano.* "El *conducto* sirve para transmitir, el *medio* para ejecutar, el *órgano* para representar y para instruir. El subalterno se entiende con la autoridad superior por *conducto* de sus jefes. El jefe realiza sus planes por *medio* de los subalternos. Las noticias se comunican al público por el *órgano* de la prensa, y los agentes diplomáticos son los *órganos* de los gobiernos en sus relaciones mutuas" (M).

**condueño** *com. Condómino.*

**condumio** *f. Pitanza, manduca, comida.*

**conduplicación** *f.* RET. *Epanástrofe.*

**conector** *m.* lóg. *Operador lógico, conectiva.*

**conejal, -ar** *m. Vivar, vivera, conejera.*

**conejera** *f. Vivar, conejal, conejar, vivera.*

**conejillo de Indias** *m. Acure, cobayo, cavia, acutí* (Argent.).

**conexión** *f. Enlace, empalme, relación, unión, correspondencia, trabazón, encadenamiento, ilación, nexo, lazo, dependencia, alianza.*

**confabulación** *f. Conspiración, complot, conjura, conjuración.* 2 *Trama, intriga, maquinación, enredo.* 3 *Conchabanza, aconchabamiento, contubernio, connivencia*.*

**confabularse** *prnl. Conspirar, tramar, conjurarse, estar de manga, estar en el ajo, conchabarse, estar en connivencia. Conchabarse,* además de ser voz que linda entre lo fam. y lo plebeyo, se aplica generalmente a la confabula-ción más menuda entre pocas personas. P. ej.: unos cuantos rateros están *conchabados* para declarar ante la policía; los revendedores se *conchaban* para subir el precio en un mercado; pero las grandes empresas se *confabulan* a fin de provocar la carestía de un artículo. *Estar en connivencia* es expresión más suave y significa hallarse en relación o contacto para mañas o fraudes: el prestidigitador estaba en *connivencia* con tres espectadores.

**confalón** *m.* ant. *Gonfalón, bandera.*

**confección** *f. Hechura.*

**confeccionar** *tr. Elaborar, preparar.*

**confederación** *f. Unión, liga, alianza, coalición, federación.* Si se trata de unión de países que forman un Estado federal permanente, *federación.*

**confederar** *tr. Federar, aliar, unir, coligar.*

**confederativo, -va** *adj. Federativo.*

**conferencia** *f. Conversación, coloquio.* 2 *Disertación.*

**conferenciante** *com. Conferencista* (Amér.).

**conferir** *tr. Conceder*, otorgar.*

**confesar** *tr. Manifestar, declarar, reconocer, abrir el corazón, vaciar el saco, cantar de plano.* 2 DER. *Declarar, prestar declaración.*

**confesión** *f. Penitencia.*

**confeso, -sa** *adj.-s. Converso.* 2 *Lego, donado.*

**confiable** *adj. Fidedigno, verídico, veraz.* ↔ FALSO, ENGAÑOSO. 2 *Leal, fiel, franco, honrado, noble, constante, sincero.* ↔ INFIEL, DESLEAL, INNOBLE, INCONSTANTE, VOLUBLE.

**confiado, -da** *adj. Crédulo, cándido, sencillo, pagado de sí mismo, seguro de sí mismo.* ↔ INSEGURO, INCRÉDULO, PERSPICAZ. 2 *Imprudente, ligero, irreflexivo, precipitado, atolondrado, aturdido, temerario.* ↔ PRUDENTE, REFLEXIVO.

**confianza** *f. Esperanza, seguridad, fe.* 2 *Familiaridad, llaneza, franqueza.* 3 *Expansión, efusión, comunicación, de-*

sahogo. **4 De confianza** *loc. adj. De fiar.*

**confiar** *intr. Fiarse, abandonarse.* Abandonarse significa una confianza extrema. "La acción de *fiar* es más amplia que la de *confiar*, y supone más abandono y seguridad que ésta. En *confiar* no hay más que esperanza: en *fiarse* hay seguridad. El acreedor *confía* en que se le pagará lo que se le debe, y no exige recibo porque se *fía* en la honradez de su deudor" (M). ↔ DESCONFIAR, PREVENIRSE. **2** *Encargar, encomendar, cometer.* **3** *intr.-prnl. Fiar, esperar, abandonarse, entregarse en manos, echarse en brazos, dejarlo en Dios.*

**confidencial** *adj. Reservado, secreto.*

**confidente** *com.* eufem. *Espía\*, soplón* (desp.)*, fuelle* (burl.)*, espión, observador, agente secreto.*

**configuración** *f. Forma\*, figura, conformación.*

**confín** *m. Raya, término, frontera, linde, divisoria, límite, lindero. Raya, término* y *confín* se aplican con preferencia a grandes propiedades, municipios, comarcas, provincias, etc. *Frontera,* a naciones o países. *Linde* y *lindero,* a propiedades generalmente pequeñas. *Divisoria* se usa sobre todo en Geografía física; p. ej., la *divisoria* de una cuenca hidrográfica. *Límite* es denominación general que engloba el significado de estos vocablos y puede sustituirlos a todos.

**confinado, -da** *adj. Limitado, circunscrito, reducido.*

**confinamiento** *m. Relegación, destierro\*. Relegación* y *confinamiento* se diferencian de *destierro* en que circunscriben la vida del penado a un área determinada del territorio nacional. **2** *Encierro, reclusión.*

**confinante** *adj. Aledaño, colindante, lindante, limítrofe, fronterizo, rayano.*

**confinar** *intr. Limitar, lindar\*, colindar.* **2** *tr. Desterrar, relegar.* **3** *prnl. Encerrarse, recluirse, retraerse.*

**confinidad** *f. Cercanía, contigüidad.*

**confirmación** *f. Aseveración, afirmación, aserción* (lit.)*, aserto* (lit.)*, ratificación.* **2** *Sanción, aprobación.*

**confirmar** *tr. Apoyar, sostener, autorizar, secundar.* ↔ DESAPROBAR, DESAUTORIZAR. **2** *Ratificar, convalidar, revalidar, reafirmar, corroborar, comprobar, asegurar, afirmar, cerciorar, certificar, aseverar.* En conjunto, *confirmar* tiene más relación con el entendimiento; *ratificar* es sobre todo un acto de la voluntad. "Se *confirma* lo dudoso, lo incierto, lo que sólo se sabe por probabilidades y conjeturas: se *ratifica* lo que carece de alguna de las condiciones necesarias para su validez. La *confirmación* se refiere a lo presente y a lo pasado; la *ratificación* tiene relación con lo futuro. Se *confirman* las noticias, las doctrinas, los rumores, las sospechas. Se *ratifican* las promesas los tratados, los propósitos. La experiencia *confirma,* la autoridad *ratifica*" (M). ↔ RECTIFICAR, NEGAR.

**confirmativo, -va** *adj. Aseverativo, afirmativo.*

**confiscación** *f. Comiso, decomiso, incautación. Comiso* y *decomiso* se aplican a las mercancías. La *confiscación* y la *incautación* se refieren a toda clase de bienes muebles e inmuebles.

**confitería** *f. Dulcería, pastelería.*

**conflagración** *f. Incendio, quema, fuego, siniestro* (lit.).

**conflicto** *m. Pugna, lucha, combate.* **2** *Disparidad, disidencia, disconformidad, desavenencia, desacuerdo, antagonismo, oposición, contraposición.* **3** *Dificultad, compromiso, apuro, apretura, aprieto, apretón, ahogo, reventón.*

**confluir** *intr. Converger, reunirse, juntarse.* **2** *Concurrir, afluir.* Tratándose de gente, *concurrir;* en este caso *confluir* y *afluir* dan idea de gran número.

**conformación** *f. Configuración, forma\*, figura.* ↔ DEFORMACIÓN.

**conformar** *tr. Ajustar, concordar.* ↔ DEFORMAR. **2** *prnl. Resignarse, avenirse, allanarse, acomodarse, adaptarse.* ↔ REBELARSE.

**conforme** adj. Acorde, concorde, de acuerdo. ↔ DESACORDE.

**conformidad** f. Semejanza. 2 Adhesión, avenencia, acuerdo, consentimiento, aprobación. ↔ DISCONFORMIDAD, DISCORDANCIA, DISCORDIA. 3 Resignación, sufrimiento, paciencia.

**conformista** adj. Acomodaticio*, acomodadizo, complaciente, contemporizador, dúctil, flexible, adaptable.

**confortado, -da** adj. Animado, alentado, reanimado, animoso.

**confortante** m. (guante de punto) Mitón.

**confortar** tr. Vigorizar, fortalecer, tonificar. Tratándose del cuerpo. ↔ DESALENTAR, DESANIMAR. 2 Animar, reanimar, alentar, consolar, reconfortar. Hablando del ánimo.

**confraternidad** f. Hermandad, fraternidad.

**confraternizar** intr. Fraternizar.

**confricación** f. TECN. Estregadura, fricción (TECN.).

**confrontar** tr. Carear. "Atendiendo en estas dos palabras a su material formación, diremos que son sinónimas, pues tanto vale poner cara a cara, como frente a frente a las personas; tratando de cosas equivale confrontar a cotejar. Pero buscando escrupulosamente las diferencias veremos que por carear, sobre todo en procesos criminales, se entiende poner un acusado o reo delante de otro, que se supone compañero o cómplice suyo, para que atendiendo a sus cargos y descargos se pueda deducir la verdad. También se carean los reos con los testigos, y estos unos con otros; pero no se carean las pruebas, ni los documentos, sino que se confrontan o cotejan" (O). 2 Cotejar, compulsar, comparar. 3 intr. Lindar, consolidar, alindar, confinar.

**confundir** tr.-prnl. Mezclar (personas o cosas), involucrar (ideas o textos). 2 Desordenar, trastocar*. 3 Equivocarse, trabucarse. ↔ CONOCER, SABER. 4 Alucinar, ofuscar. 5 Humillar, abatir, aver-gonzar, abochornar, desconcertar, turbar, poner como un trapo, volver tarumba, vencer, hundir.

**confusión** f. Desorden, mezcla, mezcolanza, desbarajuste*, mesa revuelta, olla de grillos, campo de Agramante. 2 Equivocación, error*. 3 Perplejidad, desasosiego, turbación. ↔ SOSIEGO, CLARIDAD. 4 Abatimiento, humillación, vergüenza, bochorno. ↔ DESVERGÜENZA.

**confuso, -sa** adj. Mezclado, revuelto, desordenado. 2 Oscuro, dudoso, inextricable*. 3 Turbado, temeroso, avergonzado, abochornado. 4 Confundido.

**confutar** tr. Refutar, impugnar, rebatir, contradecir*. "Se confutan y se impugnan las opiniones; se rebaten y se refutan las objeciones, los cargos. La diferencia entre los dos primeros verbos consiste en que el que impugna lucha, y el que confuta vence. La misma se nota entre los dos segundos, aunque estos denotan una acción más enérgica y esforzada que los dos primeros. Los filósofos modernos impugnan las doctrinas de los escolásticos. Los Santos Padres confutan las herejías. El fiscal rebate los argumentos del defensor. Verres no pudo refutar" las acusaciones que Cicerón le dirigió" (M).

**congelado, -da** adj. Helado, glacial, gélido (lit.).

**congelar** tr. Bloquear, inmovilizar.

**congeniar** intr. Avenirse.

**congénito, -ta** adj. Connatural*, ingénito, innato.

**conglomerar** tr.-prnl. Aglomerar, amontonar, juntar, acumular, hacinar, acopiar. ↔ SEPARAR, DESUNIR.

**conglutinar** tr. Unir, pegar, aglutinar. 2 prnl. Conglomerarse.

**congoja** f. Desmayo, angustia, fatiga, desconsuelo, aflicción, pena*, tormento, dolor, tribulación. ↔ TRANQUILIDAD, EUFORIA. 2 Ahogo, aprieto, apuro. 3 Ansiedad*, ansia*, inquietud, intranquilidad, agitación, zozobra, angustia.

**congojar** tr. Acongojar, oprimir, afligir, aquejar, atribular, entristecer, apenar.

**congosto** *m. Desfiladero.*
**congratulación** *f. Felicitación, parabién, pláceme, enhorabuena.*
**congratular** *tr.-prnl. Felicitar, dar la enhorabuena, dar el parabién, dar los días, bañarse en agua de rosa.*
**congregación** *f. Cofradía.* 2 *Comunidad.*
**congregante, -ta** *s. Cofrade.*
**congregar** *tr. Juntar, reunir.*
**congreso** *m. Junta, reunión, asamblea\*.* 2 *Parlamento, cámara.*
**congrua** *f. Pasada, pasadía.*
**congruencia** *f. Conveniencia, adecuación, oportunidad.* ↔ INCONVENIENCIA. 2 *Ilación, conexión, coherencia\*, cohesión\*.* ↔ INCONGRUENCIA.
**congruente** *adj. Conveniente, adecuado, oportuno.* 2 *Enlazado, conexo, coherente, relacionado.*
**cónico, -ca** *adj. Coniforme.*
**coniforme** *adj. Cónico.*
**coniza** *f. Arta de agua, zaragatona, hierba pulguera.*
**conjetura** *f. Hipótesis, supuesto, suposición\*, presunción.* "La *conjetura* se funda en alguna combinación de circunstancias o antecedentes que hacen probable una cosa. La *presunción* se puede fundar en una simple sospecha, recelo, malicia o preocupación. De aquí es que se dice: sacar una *conjetura,* esto es, deducir de los indicios o antecedentes alguna consecuencia probable. Pero no se saca una *presunción*" (LH). "La *presunción* es una opinión fundada en motivos de credibilidad; la *conjetura* no tiene por fundamento sino meras apariencias. La *presunción* tiene más fuerza de razón que la *conjetura,* y forma una preocupación legítima, mientras que la conjetura no pasa de un simple pronóstico. La *presunción* tiene realidad, porque se funda en hechos ciertos, en verdades conocidas, en principios de pruebas. La *conjetura* es ideal, porque se deduce por discursos, por interpretaciones y suposiciones" (Ci). *Hipótesis* y *supuesto* perte-

necen a la ciencia y tienen una base racional mayor o menor. La *suposición* abarca todos los matices de los demás sinónimos: puede ser enteramente gratuita o basarse en diversos grados de probabilidad. 2 *Cábala, pronóstico.*
**conjeturar** *tr. Suponer, calcular, presumir, creer, figurarse, barruntar, prever\*, presentir, sospechar, entrever.* 2 *Discurrir, idear, inventar, inferir.* 3 *Profetizar, presagiar, adivinar\*.*
**conjugar** *tr. Unir, enlazar, armonizar.*
**conjunción** *f. Unión, enlace, coincidencia.*
**conjuntamente** *adv. m.-adv. t. Juntamente, simultáneamente, a la vez.* ↔ AISLADAMENTE, PERSONALMENTE.
**conjuntiva** *f. Adnata.*
**conjunto** *adj. Junto, unido, contiguo.* 2 *Mezclado, incorporado.* 3 *m. Total\*, agregado, totalidad.*
**conjura** *f. Conspiración, complot, conjuración.*
**conjurado, -da** *adj.-s. Conspirador.*
**conjurar** *intr.-prnl. Conspirar, tramar, maquinar, confabularse\*.* 2 *tr. Exorcizar, alejar.* 3 *Implorar, instar, suplicar.*
**conllevar** *tr.-prnl. Aguantar, sufrir, soportar, tolerar, sobrellevar.*
**conmemoración** *f. Memoria, recuerdo\*, rememoración.* 2 *Festividad, fiesta, solemnidad.*
**conmemorativo, -va** *adj. Conmemoratorio, memorativo, rememorativo.*
**conminación** *f. Amago, amenaza.*
**conminar** *tr. Amenazar\*.* 2 *Intimar.*
**conmiseración** *f. Compasión, lástima\*, piedad, misericordia.*
**conmoción** *f. Sacudida, sacudimiento, choque.* 2 *Levantamiento, tumulto, disturbio.* 3 *Agitación, inquietud, intranquilidad, turbación, perturbación, alteración.*
**conmoración** *f.* RET. *Expolición.*
**conmovedor, -ra** *adj. Emocionante, enternecedor, sentimental, patético.*
**conmover** *tr.-prnl. Sacudir, agitar, mover.* 2 *Afectar\*, perturbar, emocionar\*, turbar, enternecer, tocar en el co-*

razón, ablandar, desenfadar, desencolerizar, desenojar, impresionar. ↔ BURLAR, IRRITAR, ENDURECER, ENFADAR. 3 Interesar, atraer, cautivar, seducir. 4 tr. Hurgar, incitar, pinchar, atizar, excitar. 5 prnl. Estremecer*, temblar, alterarse, sobresaltar, trepidar. 6 Sentir, afligirse, deplorar, dolerse, lamentarse.

**conmovido, -da** adj. Afectado, aquejado, molestado, apenado, afligido, impresionado.

**conmutación** f. Retruécano (RET.).

**conmutador** m. Cortacorriente. 2 ELECTR. Interruptor.

**conmutar** tr. Trocar, cambiar, permutar. Conmutar se usa sólo como término de Derecho (conmutar una obligación o una pena por otra) o científico (conmutar la corriente eléctrica).

**connatural** adj. Natural, nato, congénito, ingénito. Natural y connatural se dice de lo que es propio de la naturaleza de un ser viviente; p. ej.: la fiereza es natural o connatural del tigre. Nato, congénito e ingénito es lo que en un ser viviente procede desde su nacimiento. Así hablamos de una enfermedad o predisposición nata, congénita o ingénita por herencia biológica de un individuo determinado, sin que éstas sean naturales o connaturales de su especie.

**connaturalizarse** prnl. Acostumbrarse, adaptarse.

**connivencia** f. Acuerdo, confabulación, conchabanza, aconchabamiento, contubernio. Connivencia es gralte. una expresión más suave o eufemística, e implica a veces el simple disimulo o tolerancia más o menos culpable.

**connubio** m. poét. Matrimonio*, boda, casamiento*, unión, enlace, nupcias, himeneo. ↔ DIVORCIO, SOLTERÍA, VIUDEZ.

**conocedor, -ra** adj. Avezado, práctico, experimentado, experto, perito, versado. 2 Sabedor, enterado, informado, noticioso.

**conocer** tr. Entender, saber, comprender. ↔ IGNORAR, OLVIDAR. 2 Percibir,

notar, advertir, darse cuenta, percatarse, saber de buena tinta, saber al dedillo, estar al cabo de la calle, estar en autos, calar, adivinar, descubrir.

**conocible** adj. Cognoscible. Este se usa principalmente en Filosofía.

**conocido, -da** adj. Acreditado, nombrado, renombrado, distinguido, notable. 2 Público*, notorio, patente, manifiesto, en boca de todos. 3 fig. Batido, andado, trillado, frecuentado.

**conocimiento** m. Cognición. 2 Epistemología. Etimológicamente, epistemología significa "teoría del conocimiento". 3 Entendimiento, inteligencia, razón natural, discernimiento. V. conocimientos. ↔ IGNORANCIA, INCONSCIENCIA. 4 **Perder el conocimiento** loc. Desvanecerse, desmayarse, írsele la vista, caerse redondo, perder el sentido.

**conocimientos** m. pl. Saber, ciencia, erudición. V. conocimiento.

**conquiliología** f. Malacología.

**conquiliólogo, -ga** s. Malacólogo.

**conquistar** tr. Tomar, apoderarse de. 2 Ganar la voluntad, congraciarse, atraer, seducir, persuadir.

**consagrar** tr. Dedicar, destinar. Consagrar supone eficacia, ardor, abnegación, por parte del sujeto, a la vez que un objeto elevado e importante. No sería propio consagrar muchas horas al tocador, al visiteo, etc. En cambio se consagra la vida al estudio, a la patria, a la santidad.

**consanguinidad** f. Parentesco.

**consciencia** f. Conciencia.

**consecución** f. Logro, obtención.

**consecuencia** f. Deducción, conclusión, inferencia, ilación. "Inferencia e ilación son sinónimos. Se diferencian de la consecuencia en que ésta se deduce exclusivamente del raciocinio, y las otras dos pueden ser producto de la analogía, de la observación o de otra operación análoga. La consecuencia es inevitable y forzosa (como la deducción y la conclusión); la inferencia y la ilación son eventuales y variables según el modo de ver del agente. Si las premisas son verdaderas, la *consecuencia* no puede ser falsa; pero pueden sacarse *ilaciones* e *inferencias* falsas de hechos verdaderos y de observaciones correctas y exactas. El movimiento del Sol alrededor de la Tierra es una *ilación* errónea de fenómenos reales e incontrovertibles. De premisas verdaderas no puede deducirse más que una sola consecuencia; pero de un hecho o de una observación pueden salir muchas *ilaciones,* no sólo diversas entre sí, sino enteramente contrarias unas de otras, como sucede frecuentemente en la práctica de la medicina" (M). 2 *Resultado, efecto\*, éxito, resulta, secuela, salpicaduras* (fig.). *Secuela* y *resulta* son hechos últimos que siguen o resultan, generalmente de menos importancia. "El *resultado* es el producto definitivo de una causa o del concurso de muchas causas, y puede ser casual. El *efecto* es igualmente el producto de una o muchas causas; pero es, por decirlo así, más material; o más bien se aplica con más frecuencia a las cosas materiales. El éxito es un *resultado* puramente moral. Una medicina produce *efecto* o *resultado,* pero no *consecuencia* ni *éxito.* Una batalla puede tener muy buen *éxito* y muy malas *consecuencias.* Este es el *resultado* de los *efectos* del rayo. La Física es una ciencia que trata de las causas y *efectos* naturales. La *consecuencia* debe producirse necesariamente... No así, el *resultado* que muchas veces se ignora cuál será" (C). ↔ CAUSA.

**consecutivo, -va** *adj. Seguido, continuo, sucesivo, incesante, consiguiente.*

**conseguir** *tr. Obtener, lograr, alcanzar\*, salirse con la suya, salir airoso, cumplirse el deseo, ganar el pleito, sacar a pulso, dar en blando, aquistar, adquirir, conquistar.* ↔ PERDER, MALOGRARSE. 2 *Pescar\*, coger, lograr, aga-*

*rrar, pillar, atrapar.* 3 *tr.-prnl. Granjear, captar, atraer.*

**conseja** *f. Cuento, fábula, patraña.* 2 *Conciliábulo.*

**consejero, -ra** *s. Consiliario, asesor, mentor, guía, maestro. Consiliario* es voz docta que sólo se usa en ciertos medios eclesiásticos.

**consejo** *m. Parecer, dictamen, opinión, advertencia\*, aviso, apercibimiento, admonición, amonestación, reflexión.*

**consenso** *m. Asenso, consentimiento.*

**consentido, -da** *adj. Mimado, malacostumbrado, malcriado.*

**consentimiento** *m. Asentimiento, asenso, anuencia, aquiescencia, aprobación, beneplácito, autorización, venia, licencia\*, permiso, transigencia, tolerancia.* Los seis primeros, cuando significan aceptación, admisión de un criterio ajeno. Si predomina la idea del *consentimiento* formal para hacer algo: *autorización, venia, licencia, permiso.* El *consentimiento* que damos a pesar de nuestra opinión o deseo, o venciendo alguna resistencia, *transigencia, tolerancia.* Para otros matices, véase *condescender* y *contemporizar.* 2 *Mimo, tolerancia, transigencia, condescendencia.* ↔ INTOLERANCIA, INTRANSIGENCIA.

**consentir** *intr.-tr. Admitir, aceptar, dar por cierto, hacer la vista gorda.* ↔ NEGAR. 2 *tr. Permitir\*, tolerar\*, condescender, sufrir\*, autorizar, aprobar, acceder.* ↔ NEGAR, DESAUTORIZAR, OPONER, DESAPROBAR, DENEGAR. 3 *intr.-tr. Mimar, consentir, mal acostumbrar, mal inclinar, malcriar, enviciar, viciar.* Estos sinónimos forman una serie intensiva. 4 *intr.* fig. *Ceder, transigir, claudicar, rendirse.*

**conservación** *f. Entretenimiento, manutención.*

**conservar** *tr. Mantener, preservar* (de algún daño o deterioro), *cuidar, custodiar\*.* 2 *Continuar, seguir.* Tratándose de costumbres, virtudes, etc. ↔ PERDER. 3 *Guardar, retener.*

**considerable** *adj. Grande, cuantioso,*

*numeroso.* ↔ ESCASO, PEQUEÑO, IN-SIGNIFICANTE, DESDEÑABLE. 2 *Serio, importante, grave.* Grave cuando se trata de algún daño ↔ NIMIO, BALADÍ.
**consideración** *f. Atención, estudio, reflexión, meditación.* ↔ DESATENCIÓN. 2 *Importancia, monta.* 3 *Urbanidad, respeto\*, deferencia, miramiento, estima, cortesía.* ↔ DESCONSIDERACIÓN.
**considerado, -da** *adj. Respetuoso, mirado, atento\*, deferente, circunspecto, cortés.* 2 *Bienquisto, estimado, apreciado, querido, reputado.* ↔ DESESTIMADO, DESPRECIADO, MALQUISTO.
**considerar** *tr. Pensar\*, reflexionar, meditar, examinar.* 2 *Juzgar, estimar, conceptuar, tener por, reputar por.* 3 *Respetar, estimar.*
**consignación** *f. Asignación, partida.*
**consiguiente. Por consiguiente** *loc. conj. Por ello, por tanto, por lo tanto, en consecuencia, así pues, luego.*
**consiliario, -ria** *s. Consejero.*
**consistencia** *f. Duración, estabilidad, solidez, resistencia.* ↔ BREVEDAD, INCONSISTENCIA, FLOJEDAD. 2 *Trabazón, coherencia.* Tratándose de la contextura interna de los cuerpos.
**consistente** *adj. Duro, resistente, fuerte, compacto.* ↔ BLANDO, INCONSISTENTE.
**consistorio** *m. Ayuntamiento, municipio, concejo, cabildo.*
**consocio, -cia** *s. Asociado, socio.*
**consolar** *tr. Animar, confortar, calmar, tranquilizar, reanimar, alentar, desahogar, aliviar.* ↔ APENAR, DESANIMAR.
**consólida** *f. Consuelda, suelda.* 2 **Consólida real** *Espuela de caballero.*
**consolidación** *f. Solidificación.*
**consolidar** *tr. Afianzar, asegurar, fortalecer, robustecer.* ↔ FALLAR, ABLANDAR, CAER.
**consonancia** *f. Armonía, relación, proporción, conformidad.* 2 *Rima perfecta.*
**consonar** *tr. Armonizar.* 2 *Aconsonantar.*
**consorcio** *m. Maridaje, unión, armonía, conformidad.*

**consorte** *com. Cónyuge.*
**conspicuo, -cua** *adj. Ilustre, insigne, visible, notable.* ↔ VULGAR, INVISIBLE.
**conspiración** *f. Conjura, conjuración, complot, maquinación.*
**conspirar** *intr. Conjurarse, confabularse, maquinar, tramar, estar en el ajo.*
**constancia** *f. Firmeza, perseverancia\*, persistencia, tesón, tenacidad.* ↔ INCONSTANCIA, DESAPLICACIÓN. 2 *Testimonio, certificación.* Con los verbos dar, hallar, quedar, y otros: quedar c. de un hecho, de un acuerdo.
**constante** *adj. Firme, perseverante, fiel, persistente, tenaz, terco\*, voluntarioso, tesonero, tozudo, testarudo, obstinado.* "El que no varía, es *constante*; el que no cede, es firme. El hecho solo de no mudar de opinión, de inclinación o de conducta, basta para acreditarse de *constante*. Para ser firme, es preciso tener que vencer las dificultades o contradicciones, y todo lo que puede oponerse a la *constancia*. Un hombre puede ser *constante* tal vez por costumbre, por irresolución, y aun por debilidad; pero sólo es firme el que resiste a todo lo que puede separarle de su resolución" (LH). 2 *Durable, duradero\*, persistente.* Dicho de las cosas. 3 *Igual, invariable, regular.*
**constar** *intr. Componerse, constituir, consistir.* 2 *Ser cierto, hallarse escrito.*
**consternación** *f. Horror, aversión, repulsión, fobia, espanto, pavor, terror.*
**consternar** *tr.-prnl. Afligir, abatir, conturbar, desolar, aturdir.* Consternar y *desolar* expresan estas ideas con más intensidad. ↔ CONSOLAR, ANIMAR.
**constipación** *f.* MED. *Estreñimiento, restreñimiento, coprostasis* (MED.).
**constipado** *m. Resfriado, catarro.*
**constipado, -da** *adj. Resfriado, acatarrado.*
**constiparse** *prnl. Resfriarse, acatarrarse.*
**constitución** *f. Complexión, natura-*

*leza, temperamento.* 2 *Contextura.* 3 *Ordenanza, ordenamiento, estatuto.*

**constitucionalística** *f.* MED. *Tipología.*

**constituir** *tr. Formar, componer.* ↔ DESCOMPONER, DESORDENAR. 2 *Fundar, erigir, ordenar, establecer, instituir.*

**constitutivo, -va** *adj. Intrínseco, esencial, propio, interno, interior.* ↔ EXTRÍNSECO.

**constreñimiento** *m. Coacción, apremio.*

**constreñir** *tr. Astringir, sujetar.* 2 *Obligar, coercer\*.* 3 MED. *Apretar, oprimir.*

**constricción** *f.* TECNOL. *Encogimiento, contracción.* 2 *Obligación.*

**construcción** *f. Edificio\*, obra, fábrica* (ant.), *construcciones, edificios.* 2 *Erección, edificación.*

**construir** *tr. Edificar, fabricar, erigir, levantar.* "Los tres verbos (*construir, edificar, fabricar*) se aplican a los artefactos que, además de ser de grandes dimensiones, requieren conocimientos especiales y facultativos. El verbo *edificar* sólo se emplea hablando de las obras que sirven para residencia del hombre, o en que se emplean los mismos materiales que en ella, como los puentes, los muelles, las cercas de piedra o ladrillo y las fortificaciones. No se dice *edificar*, sino *construir* o *fabricar* un navío o una máquina" (M). "*Edificar* se refiere al edificio considerado en general, y conducido a su fin según su plan y proporciones. Construirse refiere a la operación material de su fábrica, a los trabajos y operaciones mecánicas con que se ejecuta. En tal año se *edificó* este palacio, y se *construyó* con solidez y buenos materiales. Por esto, de las partes de un edificio no se dice que se edifican, sino que se *construyen*, porque *edificar* recae sobre el todo. Se *construye* una pared, un tejado, un sótano; no se *edifican*" (LH). *Erigir* y *levantar* se usan en sentido fi-gurado y apreciativo como sinónimo de *edificar.* ↔ DESTRUIR, DERRIBAR. 2 *Formar, componer.* ↔ DESCOMPONER, DEFORMAR.

**consuelda** *f. Consólida, suelda.* 2 **Consuelda menor** *Sínfito.*

**consuelo** *m. Alivio, descanso, aliento, lenitivo.* 2 *Gozo, alegría.*

**consueta** *m. Apuntador.* V. consuetas.

**consuetas** *f. pl. Sufragios.* V. consueta.

**consuetudinario, -ria** *adj. Acostumbrado, usual.*

**consulta** *f. Visita* (efectuada por el médico).

**consultar** *tr. Deliberar, tratar, examinar.* 2 *Aconsejarse, asesorarse.*

**consultivo, -va** *adj. Asesor, dictaminador.* P. ej.: someten las autoridades un asunto a una junta o comisión *consultiva, asesora* o *dictaminadora.*

**consultor, -ra** *adj.-s. Asesor.*

**consumación** *f. Extinción, acabamiento, final, término\*.*

**consumado, -da** *adj. Acabado, perfecto, completo.*

**consumar** *tr. Perpetrar, cometer\*.*

**consumero** *m. Portalero.*

**consumido, -da** *adj. Flaco, extenuado, macilento.*

**consumidor, -ra** *adj.-s. Cliente, parroquiano.*

**consumir** *tr. Destruir, desgastar, acabar, agotar, extinguir.* ↔ GUARDAR. 2 *Desazonar, afligir.* ↔ ANIMAR. 3 *Gastar, usar.* Tratándose de comestibles u otros géneros. ↔ GUARDAR, CONSERVAR. 4 *Sumir.* En la misa.

**consumo** *m. Gasto.*

**consunción** *f. Consumición, consumimiento, gasto, desgaste, destrucción.* 2 *Agotamiento, extenuación, enflaquecimiento, tabes* (MED.).

**contable** *com. galic. Contador, tenedor de libros. Contable* es galicismo innecesario.

**contado, -da** *adj. Raro, poco, escaso.* 2 *Determinado, señalado.*

**contador, -ra** *s. Tenedor de libros, contable* (galic.).

**contagiar** *tr. Pegar, inficionar, infestar, contaminar, infectar* (TECN.), inocular, transmitir. Cuando se hace por medios artificiales, *inocular*. 2 fig. *Malear, pervertir, corromper.*

**contagio** *m. Contaminación, infección, inficionamiento.* V. epidemia. 2 fig. *Perversión.* 3 *Transmisión, trasmisión, transferencia, propagación.*

**contagioso, -sa** *adj. Pegadizo, pegajoso, infeccioso, pestilente.*

**container** *m.* anglic. *Contenedor.*

**contaminación** *f. Polución.*

**contaminado, -da** *adj. Infecto, inficionado, infectado.*

**contaminar** *tr. Contagiar, inficionar, infectar, infestar.* 2 fig. *Pervertir, malear, mancillar, corromper.*

**contar** *tr. Referir, narrar, relatar, relacionar.* Los tres primeros son de uso culto. *Narrar* y *relatar* sugieren extensión en lo contado, mayor que los demás. *Relacionar* se refiere a hechos reales, no imaginarios. 2 *Computar, calcular.*

**contemplación** *f. Visión.* V. contemplaciones.

**contemplaciones** *f. pl. Complacencias, miramientos, mimos.* V. contemplación.

**contemplar** *tr. Mirar, considerar, meditar. Contemplar* supone siempre gran atención o afecto particular.

**contemporáneo, -ea** *adj.-s. Coetáneo, sincrónico, simultáneo.* Todos indican coincidencia en el tiempo, pero *contemporáneo* (y más aún *coetáneo*) se refiere a un largo período de límites indeterminados: Cervantes y Shakespeare son *contemporáneos. Coetáneo* se usa también aplicado a personas de la misma edad aproximada o que pertenecen a la misma generación cultural. *Sincrónico* denota correspondencia exacta de hechos o fenómenos: cuadro *sincrónico* de la literatura del siglo XVII; marcha *sincrónica* de dos relojes. *Simultáneo* señala coincidencia precisa en un tiempo definido: la llegada de los dos trenes fue *simultánea.* ↔ ASINCRÓNICO, ASÍNCRONO.

**contemporización** *f. Condescendencia, consentimiento, acomodo, arreglo, pastel, pasteleo.* Cuando se hace con miras interesadas, con malos fines o con excesiva transigencia, *pastel, pasteleo.* ↔ INTRANSIGENCIA, DESAVENENCIA.

**contemporizador, -ra** *adj. Acomodaticio\*, acomodadizo, complaciente, conformista, dúctil, flexible, adaptable.*

**contemporizar** *intr. Temporizar, pastelear.* Cuando se hace con miras interesadas, y tomándose a mala parte, *pastelear.* Véase *condescender* y *consentimiento.*

**contender** *intr. Pelear, luchar, batallar, lidiar, medir las armas, combatir\*.* 2 fig. *Competir\*, rivalizar.* 3 *Disputar, debatir, discutir.*

**contenedor** *m. Container* (anglic.).

**contener** *tr.-prnl. Comprender, abrazar, abarcar, encerrar, incluir.* "Los objetos *contenidos* llenan un vacío; los *comprendidos* cubren una extensión. Una caja *contiene* libros; un reino *comprende* varias provincias. El verbo *abrazar* se refiere al límite o línea exterior, como: los dos mares y los Pirineos *abrazan* la vasta extensión que se llama la Península Ibérica" (M). 2 *Reprimir, moderar, refrenar, dominar, sujetar, tirar del freno, tirar de la cuerda, reportarse, sobreponerse.* 3 *tr. Atajar, interrumpir, cortar, detener, parar.*

**contentamiento** *m. Contento\*, satisfacción, complacencia, alegría\*, regocijo, júbilo, alborozo, gozo.*

**contentar** *tr.-prnl. Satisfacer, complacer, agradar\*, regocijarse.* ↔ DEGRADAR, APENAR, ENTRISTECER.

**contento** *m. Satisfacción, complacencia, contentamiento, alegría, júbilo\*, alborozo\*, regocijo, no caber de contento, estar como unas pascuas, estar en la gloria, dar saltos de alegría, holganza, placer.* "El *contento* es una situación agradable del ánimo causada, o por el bien que se posee, o por el gusto que se logra, o por la satisfacción de que se goza. Cuando el *contento* se manifiesta exteriormente en las acciones y palabras, es *alegría*. Los que tienen el genio naturalmente *alegre*, parece que están *contentos* y satisfechos de su suerte. Los que son naturalmente melancólicos, no están por lo común alegres, por más contentos y satisfechos que estén de su fortuna (...). Causa *contento* la buena conducta de un hijo, una noticia que satisface al ánimo, la vista de una acción virtuosa. Causa alegría el oír un chiste, una gracia que nos divierte, una música que nos agrada, el buen humor de un amigo" (LH). ↔ INSATISFACCIÓN, TRISTEZA, DOLOR, PENA. 2 **No caber de contento** *loc. Gozar, regocijarse, divertirse, recrearse, disfrutar, complacerse, caérsele la baba.*

**contento, -ta** *adj. Satisfecho\*, complacido, encantado, alegre\*, gozoso, jubiloso, feliz, dichoso, venturoso, afortunado, fausto, campante, ufano.* ↔ INFELIZ, TRISTE, DESGRACIADO, INFAUSTO, INSATISFECHO.

**contera** *f. Estribillo.*

**contertulio, -lia** *adj.-s. Tertuliano, tertuliante, tertulio.*

**contestable** *adj. Impugnable, discutible, rebatible, controvertible, refutable.*

**contestación** *f. Respuesta, objeción\*.* Aunque ambos términos han llegado a ser casi equivalentes en la lengua moderna, la *contestación* se siente en general como más larga y razonada que la *respuesta*. La *respuesta* puede ser un sí o un no; una *contestación* suele implicar motivos, razones, etc. en relación con la pregunta.

**contestar** *tr. Responder, replicar.* Replicar supone negación o contradicción total o parcial. Se *responde* a una llamada; se *contesta* una carta; se *replica* a una proposición con la cual no estamos conformes.

**contextura** *f. Textura, estructura.*

**contienda** *f. Lucha, pelea, riña, pen-*

dencia, batalla\*. 2 *Disputa.* 3 DEP. *Partido,* match (anglic.), *encuentro.*

**contiguo, -gua** *adj. Limítrofe\*, confinante, lindante, colindante, aledaño, rayano, fronterizo.* 2 *Inmediato\*, junto, pegado.* ↔ SEPARADO, LEJANO. 3 fig. *Afín, próximo, cercano.*

**contigüidad** *f. Vecindad, proximidad.*

**continencia** *f. Moderación, templanza\*.* ↔ DESTEMPLANZA. 2 *Castidad\*, abstinencia.* ↔ IMPUREZA.

**continente** *m. Actitud\*, postura, posición, disposición, porte, gesto.*

**contingencia** *f. Eventualidad, casualidad\*, posibilidad, ventura, suerte, acaso, ocurrencia, ocasión, coyuntura, azar\*.* ↔ CERTEZA, SEGURIDAD. 2 *Riesgo, probabilidad, accidente.* ↔ SEGURIDAD.

**contingente** *adj. Accidental, secundario, incidental, eventual.*

**continuación** *f. Decurso, transcurso, sucesión, paso.* 2 **A continuación** *loc. adv. Después, luego, posteriormente, más tarde, ulteriormente, seguidamente.* ↔ ANTES *(adv. t.).*

**continuador, -ra** *adj.-s. Sucesor.*

**continuamente** *adv. m. Incesantemente, sin intermisión, ininterrumpidamente, de una vez, de un golpe, a renglón seguido, sin interrupción, perpetuamente, siempre, perdurablemente, perennemente.*

**continuar** *tr. Proseguir, seguir, persistir, no dejar de la mano.* ↔ DESISTIR, INTERRUMPIR. 2 *Durar, permanecer.* 3 *Prolongar, alargar.*

**continuidad** *f. Persistencia, constancia, perseverancia.*

**continuo, -nua** *adj. Incesante, constante, persistente, asiduo\*.* ↔ ALTERNO, DISCONTINUO.

**contoneo** *m. Balanceo, oscilación, fluctuación, vaivén.*

**contornear** *tr. Rodear, ceñir.* 2 *Perfilar.*

**contorno** *m.* GEOM. *Perímetro, periferia.* Si se trata de una figura curvilínea, *periferia.* 2 *Afueras, alrededores, cercanía(s), inmediaciones, proximida-*

*des, vecindad. Contorno* se usa frecuentemente en plural.

**contorsión** *f. Retorcimiento, torcijón, retorsión.* 2 *Gesticulación.*

**contra** *com. Dificultad, inconveniente, estorbo, obstáculo.* 2 *f. Oposición.*

**contraaproches** *m. pl. Contratrinchera.*

**contraatacar** *intr.-tr. Contragolpear* (DEP.).

**contraataque** *m. Contragolpe* (DEP.).

**contrabajo** *m. Violón.*

**contrabalancear** *tr. Compensar, contrapesar.*

**contrabandista** *adj.-s. Metedor, matutero.*

**contrabando** *m. Matute. Matute* es un *contrabando* en pequeña escala, y se dice pralte. de la introducción de mercancías en una población sin pagar el impuesto de consumos: entrar, pasar, *matute* o (algo) de *matute. Contrabando* se dice sobre todo tratándose de las aduanas en fronteras y puertos.

**contrabasa** *f. Pedestal.*

**contrabocel** *m.* ARQ. *Caveto.*

**contracarril** *m. Contrarriel.*

**contracción** *f.* GRAM. *Crasis.* 2 *Sinéresis.*

**contracepción** *f. Anticoncepción.*

**contraceptivo, -va** *adj. Anticonceptivo, preservativo, profiláctico* (MED.).

**contracifra** *f. Clave.*

**contradecir** *intr.-tr. , Impugnar, objetar, rebatir, refutar, opugnar* (p. us.), *confutar** (p. us.). *Contradecir* es oponerse a lo que otro dice, ya sea con razones o argumentos, ya por motivos afectivos o de índole no racional, como el llamado espíritu de contradicción. *Impugnar, objetar, rebatir, refutar* y el poco usado *opugnar* suponen necesariamente *contradecir* con argumentos, pruebas o razones. Cuando éstas son convincentes *confutar.* Un niño respondón *contradice* las palabras o mandatos de su padre, no los *impugna* ni *refuta.* Una doctrina es *impugnada* o *refutada* por sus con-

trarios. *Impugnar* y *rebatir* acentúan el matiz de lucha o polémica que corresponden a su origen etimológico; *refutar* sugiere principalmente el razonamiento frío. ↔ CONFIRMAR. 2 *Devolver la pelota, sacudir el polvo, cascar las liendres.*

**contradicción** *f. Oposición, contrariedad.* 2 *Réplica, refutación.*

**contradictorio, -ria** *adj. Contrario, opuesto.* "Lo *contrario* está en la esencia de las cosas; lo bueno es *contrario* a lo malo, lo justo a lo inicuo; y en el orden físico, la luz a la oscuridad, lo caliente a lo frío. Lo *contradictorio* está en la expresión verbal. Las frases "quiero y no quiero", "tonto discreto", "selva sin árboles", son *contradictorias.* Lo *opuesto* está en la colocación. El polo ártico es *opuesto* al antártico; la costa *opuesta* a la de Andalucía es la de Africa. El uso de la voz *opuesto* en lugar de *contrario* es metafórico..." (M).

**contraer** *tr. Adquirir.* Tratándose de costumbres, vicios, obligaciones y enfermedades. 2 *prnl. Reducirse, ceñirse.* 3 *Encogerse, estrecharse.* ↔ ESTIRARSE, ALARGARSE.

**contrafuerte** *m.* ARQ. *Botarel, espolón, estribo, machón.*

**contragolpe** *m.* DEP. *Contraataque.*

**contragolpear** *intr.-tr.* DEP. *Contraatacar.*

**contrahacer** *tr. Imitar*, falsificar*, adulterar, remedar, copiar*.* Tratándose de cosas, *imitar. Falsificar* o *adulterar,* si se hace con intención de fraude. Tratándose de actos o personas, *remedar, imitar.*

**contrahecho, -cha** *adj. Jorobado, corcovado, giboso, deforme.*

**contramarca** *f. Contraseña, marca*.*

**contraorden** *f. Contramandato.*

**contrapesar** *tr. Contrabalancear, compensar, igualar, subsanar.*

**contrapilastra** *f. Traspilastra.*

**contraponer** *tr.* fig. *Comparar, cotejar.* 2 *Oponer.* ↔ ARMONIZAR.

**contraposición** f. fig. *Antagonismo, oposición, rivalidad.*

**contrapuerta** f. CARP. *Portón.*

**contrariar** tr. *Oponerse, dificultar, entorpecer.* ↔ FACILITAR, AYUDAR. 2 *Disgustar\*, mortificar, desazonar.* ↔ CONTENTAR.

**contrariedad** f. *Oposición.* 2 *Contratiempo, dificultad, obstáculo, estorbo.* 3 *Disgusto, desazón, decepción.* En general, la *contrariedad* es menos importante que el *disgusto,* o es su expresión atenuada. Si llueve cuando iba a salir de paseo, siento *contrariedad,* y no *disgusto.* La *decepción* se produce cuando no se cumple algo que esperábamos, y es también más intensa que la *contrariedad.*

**contrario, -ria** adj.-s. *Opuesto, dañino, dañoso, nocivo, perjudicial.* 2 *Contradictorio.* ↔ SEMEJANTE. 3 s. *Enemigo, adversario, antagonista, rival.* ↔ AMIGO.

**contrarrestar** tr. *Resistir, hacer frente, afrontar, oponerse, arrostrar.*

**contrarriel** m. *Contracarril.*

**contrarroda** f. MAR. *Contrabranque.*

**contrarronda** f. MIL. *Sobrerronda, segunda ronda.*

**contraste** m. *Oposición, disparidad, desemejanza.* 2 *Almotacén* (ant.), *marcador* (ant.).

**contrata** f. *Contrato, ajuste, convenio, ocupación.* Toda *contrata* es un *contrato, ajuste* o *convenio;* pero *contrata* se limita por lo general a la ejecución de obras o prestación de servicios; o bien, entre actores, cantantes y toreros, *ocupación* o *ajuste.*

**contratar** tr. *Pactar, convenir, acordar, estipular, ajustar.*

**contratiempo** m. *Percance, accidente, contrariedad, obstáculo, desgracia.* En ocasiones *contratiempo* se acerca al significado intensivo de *desgracia.*

**contrato** m. *Acuerdo, pacto, convenio, ajuste, compromiso.*

**contratorpedero** m. *Cazatorpedero.*

**contratrinchera** f. *Contraaproches* (ant.).

**contraveneno** m. *Antídoto, antitóxico.*

**contravenir** tr. *Conculcar, quebrantar\*, infringir, violar, vulnerar, transgredir, traspasar, incumplir.* ↔ OBEDECER, CUMPLIR.

**contraventana** f. *Puertaventana.*

**contribución** f. *Impuesto, tributo, subsidio, carga.* 2 *Ayuda, aportación, cooperación.*

**contribuir** tr. *Tributar.* ↔ EXIMIR. 2 *Ayudar, asistir, auxiliar, coadyuvar, cooperar, colaborar\*, aportar.*

**contribulado, -da** adj. p. us. *Atribulado, afligido.*

**contrición** f. *Arrepentimiento\*, compunción, atrición.* En la *atrición* predomina el temor del castigo eterno, mientras que en la *contrición* impera el dolor del alma por haber ofendido a Dios. ↔ IMPENITENCIA, CONTUMACIA.

**contrincante** m. *Competidor, rival, émulo.*

**contristado, -da** adj. *Doliente, dolorido, apenado, desconsolado, afligido, compungido.*

**contristar** tr. *Afligir, entristecer, apenar, apesadumbrar.* ↔ CONSOLAR.

**contrito, -ta** adj. *Arrrepentido, compungido.*

**control** m. *Verificación.*

**controversia** f. *Discusión\*, debate, polémica\*, disputa, lid.* Controversia supone una discusión larga o reiterada, gralte. sobre asuntos filosóficos o religiosos.

**controvertible** adj. *Dudoso\*, cuestionable, discutible.*

**controvertir** intr.-tr. *Discutir, debatir, polemizar, disputar, cuestionar, ventilar, dilucidar, examinar.*

**contubernio** m. *Confabulación, conchabanza, connivencia.* Contubernio acentúa el carácter vituperable e ilícito.

**contumacia** f. *Impenitencia.* ↔ ARREPENTIMIENTO, CONTRICIÓN, ATRICIÓN.

**contumaz** adj. *Obstinado, porfiado, terco, pertinaz, tenaz, impenitente.* Contumaz significa concretamente el que mantiene porfiadamente un error; por esto en términos religiosos equivale a *impenitente,* se aplica principalmente al hereje o disidente doctrinal. *Terco* puede referise al carácter o a la manera de obrar, en tanto que *contumaz* se refiere sobre todo a la manera de pensar. 2 DER. *Rebelde.*

**contundente** *adj. Tundente, golpeador.* En sentido material, cuando produce contusión. 2 fig. *Decisivo, concluyente, terminante, convincente.*

**contundir** *tr. Golpear, magullar.*

**conturbación** *f. Turbación\*, confusión, tribulación.*

**conturbar** *tr. Turbar, perturbar, inquietar, intranquilizar, azorar, sobresaltar, aturdir.* ↔ TRANQUILIZAR.

**contusión** *f. Golpe, magulladura, magullamiento.*

**convalidar** *tr. Revalidar, confirmar\*.*

**convencer** *tr. Persuadir, meter en cintura, meter en razón, meter en la cabeza, reducirse a razón, darse a buenas. Convencer* pertenece principalmente al orden intelectual o lógico. Se *convence* con razones, demostraciones, pruebas. Podemos *persuadir* también con ellas; pero *persuadimos* además con emociones, afecto, simpatía personal u otros medios que no actúan precisamente sobre el entendimiento.

**convencimiento** *m. Convicción, persuasión.*

**convención** *f. Pacto, convenio.* 2 *Asamblea, reunión, congreso.*

**convencional** *adj. Usual, corriente, habitual, tradicional.* ↔ INUSUAL, INSÓLITO. 2 *Arbitrario.* ↔ MOTIVADO.

**conveniencia** *f. Conformidad, correlación.* 2 *Concierto, convenio, ajuste.* 3 *Acomodo, colocación, puesto.* 4 *Utilidad, provecho, beneficio.* V. conveniencias.

**conveniencias** *f. pl. Decoro, decencia, urbanidad.* V. conveniencia.

**conveniente** *adj. Acomodado, adecuado, proporcionado, idóneo, útil, oportuno, provechoso.* Los cuatro primeros son gralte. expresiones objetivas de

la aptitud para un fin, mientras que los tres últimos añaden un matiz de estimación subjetiva por parte del hablante, lo mismo que *conveniente.* 2 *Conforme, concorde.* 3 *Decente, proporcionado, propio.*

**convenio** *m. Ajuste, pacto, acuerdo, arreglo, compromiso, contrato, avenencia, concierto, conciliación, transacción, contrata\*.* ↔ DISCREPANCIA, DESACUERDO.

**convenir** *intr. Acordar, aceptar, coincidir, estar de acuerdo, quedar.* 2 *Acudir, juntarse, reunirse.* 3 *Corresponder, pertenecer, ser apropiado.* 4 *prnl. Ajustarse, concordarse.* ↔ DESARREGLARSE.

**conventículo** *m. Conciliábulo\*.*

**convento** *m. Monasterio.*

**conventual** *adj. Monástico, monacal.*

**converger, convergir** *intr. Dirigirse, concurrir, coincidir, encontrarse.* ↔ DIVERGIR.

**conversación** *f. Coloquio, diálogo, plática, charla, cháchara, palique, parloteo, entrevista, conferencia. Coloquio* supone cierta familiaridad o confianza (*coloquio* amoroso, íntimo), cuando no se refiere a un modo de composición literaria (*coloquio* pastoril). *Diálogo* es literario (*diálogo* filosófico, del teatro, de la novela). *Plática* tiene sabor arcaizante o bien se refiere al sermón breve que pronuncia el sacerdote al pie del altar. *Charla* es conversación sin objeto determinado, por puro pasatiempo, y más aún *cháchara, palique* y *parloteo,* que acentúan su caracter familiar y sugieren principalmente el sonido animado de las voces. *Entrevista* supone un objeto determinado y serio. *Conferencia* tiene carácter grave, a causa de la importancia del asunto o de los interlocutores.

**conversar** *intr. Hablar, platicar, departir, charlar, conferenciar, entrevistarse. Charlar,* cuando se habla sin objeto determinado. *Conferenciar* y *entrevistarse* suponen un asunto importante. ↔ CALLAR. 2 *Echar un párra-*

fo, *meter baza, traer a colación, pegar la hebra, meter su cuchara, sacar a colación.* ↔ CALLAR.

**conversión** *f. Mutación, transmutación, metamorfosis\*, cambio.* 2 RET. *Epístrofe.* 3 *Traducción.*

**converso, -sa** *adj.-s. Confeso.*

**convertir** *tr.-prnl. Cambiar\*, transformar, transmutar, metamorfosear.* 2 *prnl. Abjurar\*, apostatar\*, renegar, retractarse.*

**convexidad** *f. Barriga, comba, curvatura\*.*

**convicción** *f. Convencimiento, persuasión.* ↔ DUDA. 2 *Creencia.*

**convidar** *tr. Invitar, dar una comida, dar de comer, hacer plato. Invitar* se estima en general como más elegante que *convidar.* El uso de *convidar* va limitándose cada vez más a comer o beber; e *invitar* se emplea en general. Se *convida* a tomar café, a cenar. Se *invita* a asistir a una reunión, a un paseo; pero también se *invita* a comer o beber. 2 *fig. Mover, incitar, ofrecer.*

**convincente** *adj. Persuasivo, concluyente, decisivo, suasorio. Suasorio* pertenece al estilo elevado.

**convite** *m. Invitación.* 2 *Convidada* (fam.), *banquete. Banquete,* si es importante por su abundancia o suntuosidad.

**convocar** *tr. Citar, llamar.* La diferencia consiste en que se *convoca* a varias personas para que concurran a un acto o lugar determinado, y se *cita* o *llama* a varias o a una sola.

**convocatoria** *f. Llamamiento, citación.* Suelen hacerse por escrito.

**convólvulo** *m. Gusano revoltón.* 2 *Enredadera.*

**convoy** *m. Angarillas, árguenas, árgueñas.* 2 *Escolta, acompañamiento, custodia, guarda.*

**convulsión** *f. Sacudida.* 2 *fig. Agitación, tumulto, motín.* 3 *Seísmo, temblor.* La producida por un terremoto.

**convulso, -sa** *adj. Agitado, trémulo, tembloroso.*

**conyugal** *adj. Matrimonial.*

**cónyuge** *com. Consorte.*

**cooperación** *f. Asistencia, ayuda, auxilio, apoyo, socorro, favor.*

**cooperador, -ra** *adj.-s. Auxiliar, ayudante, asistente, coadyuvante.*

**cooperar** *intr. Colaborar, ayudar, coadyuvar.*

**coordinar** *tr. Ordenar, arreglar\*, clasificar\*.* ↔ DESORDENAR, DESORGANIZAR. 2 *Concertar, aunar.* Tratándose de esfuerzos o medios para una acción común.

**copada** *f. Cogujada, cugujada, cochevís, totovía, galerita.*

**copero** *m. ant. Pincerna.*

**copete** *m. Tupé.* 2 *Penacho.*

**copetuda** *f. Alondra, terrera, caladre, alhoja.*

**copia** *f. Abundancia, acopio, profusión.* 2 *Transcripción, traslado, trasunto, duplicado, ejemplar. Duplicado* es segundo documento igual al primero. Es anglicismo impropio llamar *copias* a los *ejemplares* impresos de un libro, folleto, revista, etc.: de este libro se hicieron 5.000 *ejemplares* (no *copias*). 3 *Plagio.* 4 *Reproducción, calco.* 5 *Imitación, remedo.*

**copiante** *com. Copista, amanuense, mecanógrafo, copiador, plagiario, multicopista. Copista* es el que tiene por oficio *copiar:* si escribe a mano, *amanuense;* si a máquina, *mecanógrafo. Copiante* se aplica en general a cualquier persona que copia. *Copiador -ra* es un adj.-s. que hoy se usa en la acepción figurada de *plagiario.* Como masculino significa *copiador,* el libro en que se *copia* correspondencia, o la máquina *multicopista.*

**copiar** *tr. Transcribir, trasladar. "Trasladar* significa literalmente escribir por segunda vez; llevar, por decirlo así, un escrito de un papel, un libro, a otro; y se llama *traslación* al acto de mudar una cosa de un lugar a otro, a la traducción de una obra de una a otra lengua. *Copiar* es repetir, multiplicar la cosa, sacar de ella uno o muchos ejemplares para que abunden, y en este sentido no se usa de la palabra *trasladar,* sino de la de *copiar* (...). Una impresión, una edición, es una verdadera y exacta *copia"* (O) 2 *Reproducir, calcar.* 3 *Imitar\*, remedar, contrahacer\*.* "El sentido recto de la palabra *contrahacer* es ejecutar una cosa tan parecida a cualquier otra, que no sea fácil distinguirlas. Por extensión, significa remedar el aire, gestos, modales y aun habla de las personas (...). El que *copia* intenta representar lo más idénticamente que le es posible el original que se ha propuesto, ya sea la acción de un ente animado, ya, y es lo más común, cualquier imagen de pintura o escultura (...) La *imitación* supone un modelo, y el deseo también de mejorarlo, de perfeccionarlo. La acción de *copiar* supone dependencia, amaneramiento y como cierto servil y material trabajo, mucha paciencia y estudio, poca inteligencia, menos ingenio y ninguna originalidad. La de *imitar* muestra libertad, desembarazo, reflexión y buen gusto: entre los autores se dice: 'el que no *imita,* no será *imitado'.* El *contrahacer* o *remedar* prueba mala intención, malignidad, desprecio de la gente" (O). 4 *Plagiar\*, fusilar* (burl.).

**copiosamente** *adv. m. A porrillo, en abundancia, abundantemente.*

**copioso, -sa** *adj. Abundante, cuantioso, numeroso, considerable, opulento\*.* ↔ ESCASO, POBRE. 2 MED. *Concentrado.* Aplícase a los medicamentos.

**copista** *com. Amanuense, escribiente, secretario.*

**copla** *f. Estrofa.*

**coplero, -ra** *s.* desp. *Poetastro* (desp.), *rimador, coplista* (desp.), *vate, trovador, bardo, poeta.*

**coplista** *com.* desp. *Poeta, vate, trovador, bardo, coplero* (desp.), *rimador, poetastro* (desp.).

**coprostasis** *f.* MED. *Constipación, restreñimiento, estreñimiento.*

**cópula** *f. Coito, cohabitación, copula-* ción, *fornicación, concúbito, ayuntamiento, cubrición.*

**copulación** *f. Cópula, cohabitación, coito, fornicación, concúbito, ayuntamiento, cubrición.*

**copular** *intr. Fornicar.*

**coquetear** *intr. Flirtear, galantear.*

**coráceo, -ea** *adj. Coriáceo.*

**corada** *f. Asadura* (hígado), *bofes.*

**coraje** *m. Valor\*, esfuerzo, arrojo, ánimo, ímpetu.* ↔ COBARDÍA. 2 *Irritación, ira, enojo, cólera, furia, rabia, berrinche\*.* ↔ TRANQUILIDAD, DESÁNIMO.

**coral** *m. Coralina.*

**coralina** *f. Coral.* 2 *Musgo marino.*

**corambre** *f. Odre, cuero, pellejo.*

**coránico, -ca** *adj. Alcoránico.*

**coraza** *f. Blindaje.*

**corazón** *m.* fig. *ánimo, valor, espíritu, esfuerzo.* 2 *Sensibilidad, sentimiento, amor.* 3 *Centro, interior, cogollo, riñón.* P. ej.: hablamos del *corazón* de un ciudad, de un madero. 4 **Corazón de León** (estrella) *Régulo* (ASTRON.). 5 **Helársele el corazón** *loc. Estar enajenado, estar fuera de sí, papar moscas, ver visiones.* 6 **Meter el corazón en un puño** *Estar con el alma en vilo, intranquilizarse, alarmarse, inquietarse, asustarse, sobresaltarse, atemorizarse.* ↔ TRANQUILIZARSE, APACIGUARSE, SOSEGARSE, CALMARSE, SERENARSE.

**corazonada** *f. Atranque, impetu, impulso, pronto.* 2 *Presentimiento, barrunto\*, suposición\*.* 3 *Corada, asadura.*

**corazoncillo** *m. Hipérico, cori, hierba de San Juan.*

**corbeta** *f. Fragata ligera.*

**corcel** *m. Caballo\*, trotón, rocín, penco, jamelgo, jaco, bayo.*

**corchapín** *m. Escorchapín.*

**corchete** *m. Gafete.* 2 IMPR. *Llave.*

**corchoso, -sa** *adj. Suberoso* (tecnicismo).

**corcova** *f. Joroba, giba, chepa, cifosis* (científico), *lordosis.* La que tiene prominencia anterior, *lordosis.*

**corcovado, -da** *adj.-s. Jorobado, jo-*

*robeta* (desp.), *contrahecho, jiboso, cheposo, corcobeta* (desp.).

**cordaje** *m. Jarcia, cordelería.*

**cordal** *m. Puente.* En los instrumentos de cuerda.

**cordelería** *f. Jarcia, cordaje.*

**corderaje** *m. Chile. Borregada.*

**cordial** *adj. Afectuoso.* 2 MED. *Cardiaco, estimulador, vigorizador.*

**cordialidad** *f. Afecto, amabilidad.* ↔ DESAFECTO, ENEMISTAD. 2 *Franqueza, llaneza, sinceridad.*

**cordierita** *f.* MINERAL. *Dicroíta, iolita, zafiro de agua.*

**cordiforme** *adj. Acorazonado.*

**cordillera** *f. Cadena de montañas, sierra.*

**cordón** *m.* ARQ. *Bocel, toro.* 2 **Cordón umbilical** ANAT. *Funículo, funiculus* (lat.).

**cordura** *f. Prudencia, juicio, sensatez, seso, moderación, mesura, comedimiento.* ↔ LOCURA, INSENSATEZ, INDISCRECIÓN, DESCOMEDIMIENTO, DESMESURA.

**corea** *f. Baile de San Vito.*

**coreo** *m. Troqueo.*

**coriáceo, -ea** *adj. Coráceo.*

**corindón** *m. Esmeralda oriental, zafiro.* La variedad azul es el *zafiro.*

**corito, -ta** *adj. Desnudo, en cueros, en carnes, como los parió su madre.* 2 fig. *Encogido, pusilánime.*

**coriza** *m. Romadizo.*

**cormofita** *adj.-f. Rizofita.*

**cornac, cornaca** *m. Naire.*

**cornada** *f. Cachada, cachazo.*

**cornado. No importar un cornado** *loc. No importar un ardite, no importar un bledo, no importar un comino, no importar un maravedí, no importar un ochavo, no importar un pito.*

**cornalina** *f. Alaqueca, cornelina, cornerina, corniola, restañasangre.*

**cornamenta** *f. Cuerna, encornadura, herramienta.*

**cornear** *tr. Acornear, acornar.*

**corneja** *f. Chova.* 2 *Buharro, buaro.*

**cornejo** *m. Cerezo silvestre, corno, durillo, sangüeño, sanguino, sanguiñuelo.*

**cornelina** *f. Alaqueca, cornalina, cornerina, corniola, restañasangre.*

**córner** *m.* anglic. DEP. *Saque de esquina.*

**cornerina** *f. Alaqueca, cornalina, cornelina, corniola, restañasangre.*

**cornezuelo** *f. Antena, cuerno.*

**cornicabra** *f. Cornezuelo* (variedad de aceituna).

**cornijal** *m. Purificador* (lienzo).

**corniola** *f. Alaqueca, cornalina, cornelina, cornerina, restañasangre.*

**cornisamento** *m. Entablamento, cornisamiento.*

**corno** *m.* (arbusto) *Cornejo.*

**coro** *m.* poét. (viento) *Nornoroeste, maestral, cauro* (poét.), *regañón* (fam.), *nornorueste.*

**corona** *f. Diadema, aureola, auréola, lauréola, nimbo.* 2 *Reino, monarquía.* 3 *Tonsura.* 4 *Coronilla.*

**coronación** *f.* ARQ. *Coronamiento.*

**coronamiento** *m.* ARQ. *Coronación.*

**coronilla** *f. Corona.*

**coroza** *f. Rocadero.*

**corporación** *f. Asociación, entidad, comunidad, sociedad\*.* La *corporación* es generalmente de carácter público. Probablemente por influencia del inglés, es frecuente en varios países de Amér. llamar *corporaciones* a las grandes sociedades industriales. 2 *Institución, establecimiento, fundación, instituto.*

**corporal** *adj. Somático, corpóreo. Corpóreo* puede referirse tanto al cuerpo de los seres vivos como al inanimado, en tanto que *corporal* se refiere al cuerpo humano o animal, y se opone a espiritual, anímico, etc. *Corpóreo* se opone a incorpóreo, inespacial. ↔ ESPIRITUAL, ANÍMICO, INCORPÓREO, INESPACIAL.

**corpulencia** *f. Volumen, bulto, tamaño, magnitud.* 2 *Obesidad, polisarcia.*

**corpulento, -ta** *adj. Gordo\*, grueso, voluminoso, corpudo, fornido, robusto, membrudo, recio.* ↔ PEQUEÑO, ENDEBLE.

**corral** *m. Corraliza, corte, cortil.*

**correal** m. Estezado.
**corrección** f. Enmienda, retoque, rectificación, modificación. ↔ RATIFICACIÓN. 2 Represión, censura, castigo*, correctivo, pena. ↔ PREMIO. 3 RET. Epanortosis. 4 Cortesía, urbanidad, comedimiento. ↔ INCORRECCIÓN.
**correccional** m. Penitenciaría, penal, presidio.
**correctivo** m. Pena, castigo*, correción.
**corredero, -ra** adj. Deslizante.
**corredor** m. Pasillo, pasadizo.
**corregir** tr. Enmendar, retocar, modificar, subsanar, salvar, poner enmienda, traer a buen camino, sentar la cabeza. "Se corrigen los errores, los defectos del entendimiento. Se enmiendan los yerros, los defectos de la voluntad. Se corrige el hombre prudente, cuando advierte el error de su opinión, la equivocación de sus ideas. Se enmienda el malhechor, cuando conoce el yerro que ha cometido, el riesgo a que le expone su mala conducta. Las correcciones de un discurso consisten en la mejor elección de voces, la mayor claridad de las ideas, la mayor fuerza de las razones. Las enmiendas consisten en las mudanzas materiales que se hacen en el papel, borrando o añadiendo lo necesario; y así, al ver un escrito enmendado, decimos que está corregido" (LH). Todos ellos están englobados en el significado general de corregir, pero cada uno de estos verbos tiene aplicaciones especiales. Se enmiendan los defectos, las equivocaciones. Retocamos los pormenores. Modificamos el pensamiento, las ideas, la forma. Se subsanan los olvidos, los defectos, los posibles malentendidos. ↔ RATIFICAR. 2 Advertir, amonestar, reprender, castigar. 3 Moderar, templar, suavizar, atemperar. ↔ EMPEORAR. 4 tr.-prnl. Reformar, reordenar, reorganizar, moralizarse.
**correhuela** f. (planta medicinal) Al-

tabaquillo, centinodia, sanguinaria mayor, saucillo.
**correligionario, -ria** adj.-s. Adepto, adicto, afiliado, partidario, iniciado. ↔ ENEMIGO, ADVERSARIO.
**correón** m. Sopanda (correa).
**correr** intr. Transcurrir, pasar. 2 Huir, escapar, poner los pies en polvorosa. 3 Deslizarse, resbalar. 4 tr. Recorrer, viajar. 5 Acosar, perseguir. 6 prnl. Avergonzarse, confundirse, abochornarse. 7 Extenderse, propagarse, divulgarse, propalarse. 8 tr. Amér. Despedir, expulsar.
**correría** f. Incursión, razzia, algara (ant.), cabalgada (ant.). Estos dos últimos, tratándose de gente a caballo.
**correspondencia** f. Conexión, relación*. 2 Relación, trato, reciprocidad. 3 Correo. 4 A correspondencia loc. adv. A proporción, al respecto, respectivamente.
**corresponder** intr. Tocar, pertenecer, incumbir, atañer*, concernir. 2 Escribirse. 3 Amarse, quererse, atenderse.
**correspondiente** adj. Paralelo, semejante.
**corretaje** m. Correduría. 2 Comisión.
**corrida** f. (canto popular andaluz) Playeras.
**corrido, -da** adj. Experimentado, avezado, ducho. 2 Avergonzado, confundido, abochornado, con el rabo entre piernas. 3 Transcurrido, pasado. Tratándose del tiempo.
**corriente** adj. Actual, presente. 2 Aceptado, admitido, común, usual, ordinario, general*. ↔ EXTRAORDINARIO. 3 Fluido, licuable. ↔ ESPESO, SECO. 4 adv. m. De acuerdo, conforme, está bien.
**corrillo** m. Conciliábulo*, conventículo.
**corrimiento** m. Deslizamiento. 2 fig. Vergüenza*, rubor, empacho, bochorno, confusión.
**corroborante** adj.-m. MED. Tónico, vigorizante, roborante, reforzante. Aplícase a los medicamentos.
**corroborar** tr. Confirmar*, robustecer,

reafirmar, ratificar, apoyar. 2 MED. Vivificar, tonificar, vigorizar.

**corrobra** f. Alboroque, robra, robla.

**corroer** tr. Roer*, desgastar.

**corroído, -da** adj. Mohoso, enmohecido, herrumbroso, verdinoso, oxidado.

**corromper** tr. Echar a perder, dañar, pudrir. 2 fig. Viciar, pervertir, depravar. 3 Sobornar, cohechar, untar. 4 fam. Incomodar, molestar, fastidiar. 5 intr. Oler mal, heder.

**corrosal** m. Ant. Anona (árbol).

**corrosión** f. Erosión, desgaste, roce.

**corrosivo, -va** adj. Mordaz (esp. fig.), mordicante, mordiente. Los dos últimos, tratándose de acción química.

**corrupción** f. Descomposición, putrefacción. ↔ SALUD. 2 Depravación*, perversión. ↔ VIRTUD. 3 Corruptela, soborno, cohecho. La corruptela no llega a tal grado de maldad como el soborno y el cohecho; es una mala costumbre o un abuso introducido contra la ley. 4 Mal olor, hedor.

**corrupto, -ta** adj. fig. Disoluto, licencioso, vicioso, depravado, protervo, enviciado. ↔ VIRTUOSO. 2 Putrefacto, podrido, descompuesto, pútrido.

**corruscar** intr. poét. Brillar, resplandecer.

**corrusco** m. Mendrugo.

**corsario** m. Pirata, filibustero, bucanero. En el mar Caribe tuvo los nombres de filibustero y bucanero.

**cortacorriente** m. Conmutador.

**cortado, -da** adj. Ajustado, proporcionado. 2 Clausulado, inciso, indigente (Argent.). Tratándose del estilo.

**cortadura** f. Corte, incisión* (TECN.), sección, escisión, partición, desgarro. 2 Grieta, abertura, hendidura.

**cortafrío** m. Tajadera.

**cortalápices** m. Sacapuntas.

**cortante** adj. Tajante.

**cortapicos** m. Tijereta (insecto).

**cortapisa** f. Traba, restricción, limitación, condición, dificultad, estorbo.

**cortar** tr. Dividir*, separar, tajar, sajar, amputar. Los dos últimos, tratándose

de alguna parte del cuerpo. 2 Recortar. 3 Suspender, detener, atajar, interrumpir. 4 prnl. Turbarse, embarullarse. 5 Cuajar, arrequesonarse, coagular* (Científ.). Tratándose de la leche.

**I corte** m. Filo. 2 Incisión (TECN.), cortadura, tajo, sección*. Si es grande o hecho con violencia, tajo.

**II corte** f. Acompañamiento*, cortejo, comitiva, séquito. 2 Amér. Tribunal de justicia. V. cortes. 3 Establo, presepio (lat.), cuadra, caballeriza, bostar, boyera (ant.), boyeriza (ant.). 4 **Hacer la corte** loc. Rondar la calle, festejar, cortejar, galantear, tirar los tejos, poner los ojos tiernos, ligar (fam.).

**cortedad** f. Pequeñez, escasez. ↔ ABUNDANCIA. 2 Vergüenza*, apocamiento, encogimiento, empacho, timidez. ↔ DECISIÓN.

**cortejar** tr. Galantear*, enamorar, hacer la corte, pasear la calle, rondar la calle.

**cortejo** m. Acompañamiento*, comitiva, séquito, comparsa*.

**cortes** f. pl. Parlamento, cámara, asamblea nacional. V. corte II.

**cortés** adj. Atento*, afable*, amable, considerado, obsequioso, fino, urbano, modoso, bien criado. ↔ INCORRECTO, MALEDUCADO, DESAGRADABLE.

**cortesanía** f. Galantería, generosidad, cortesía.

**cortesano** m. Palaciego.

**cortesano, -na** adj. Cortés, atento, afable, amable, fino.

**cortesía** f. Urbanidad*, educación*, finura, amabilidad, afabilidad. 2 Cumplimiento, cumplido. 3 Regalo, obsequio.

**corteza** f. Ortega, churra, cáscara*.

**cortezuela** f. Crústula (científ.).

**cortijo** m. And. Alquería, granja, rancho (Amér.).

**cortinilla** f. Visillo.

**corto, -ta** adj. Breve, sucinto, sumario, compendioso. Breve se aplica a la duración, en tanto que corto puede referirse a la extensión y a la duración.

Sucinto, sumario, compendioso, se refieren a la exposición oral o escrita de una materia, relato, explicación, etc. "Corto se refiere a la materia; breve, al tiempo; conciso, al modo. Un capítulo de pocos renglones es corto, porque no hay en él mucha materia; es breve, porque se lee en poco tiempo; es conciso, porque en pocas palabras dice todo lo que hay que decir" (LH). ↔ LARGO, EXTENSO, DURADERO. 2 Escaso, reducido, chico*. ↔ ABUNDANTE. 3 De pocos alcances, limitado. 4 Tímido, encogido, apocado, vergonzoso. ↔ ATREVIDO. 5 **Corto de vista** loc. adj. Miope.

**cortón** m. Alacrán cebollero, grillo cebollero, grillotalpa.

**coruja** f. Lechuza, bruja, curuja, curuca, estrige, oliva.

**coruscar** intr. poét. Brillar, resplandecer.

**corva** f. Jarrete, tarso (científico).

**corvar** tr. Encorvar, recorvar, curvar, arquear, torcer.

**I corvejón** m. Jarrete.

**II corvejón** m. Cuervo marino.

**corvo** m. Garfio, gancho.

**corvo, -va** adj. Curvado, recorvo, arqueado, combado.

**coscoja** f. Chaparra, maraña, mata rubia, matarrubia.

**coscojal, coscojar** m. Marañal.

**cosecha** f. Recolección, recogida.

**cosechadora** f. AGR. Arrancador, recolectora.

**cosechar** intr.-tr. Recoger, recolectar (lit.).

**cosicosa** f. Quisicosa, quesiqués, adivinanza, enigma.

**cosmografía** f. Uranografía.

**cosmógrafo** m. Uranógrafo.

**cosmonáutica** f. Astronáutica.

**cosmopolita** adj. Universal, mundial, internacional.

**cosmopolitismo** m. Internacionalismo.

**cosmorama** m. Mundonuevo, mundinovi, titirimundi, tutilimundi, totilimundi.

**cosmos** m. Universo, mundo, orbe, creación.

**cospel** m. Flan, tejo.

**cosquilleo** m. Hormiguillo, picazón*.

**cosquilloso, -sa** adj. Delicado, susceptible, sentido, quisquilloso, picajoso.

**I costa** f. Coste, costo, precio, valor. El uso no lo diferencia con claridad. Costa es el más antiguo, y en general se aplica hoy al gasto de lo que consumen dos o más personas, o a lo que no se paga en dinero: pagar la costa en un café; pagar la costa de la risa; sufría la costa de su negligencia en trabajos y disgustos. En el lenguaje judicial, pagar las costas. Costes es el precio en dinero: el coste de un mueble, precio de coste. Costo se usa principalmente aplicado al conjunto de una obra importante, o entre economistas: costo de un puente; costo de producción. Precio se refiere pralte. al coste por unidad (kg., metro, litro, etc.), aunque también se aplica al importe total en sus acepciones rectas o figuradas.

**II costa** f. Costera, litoral.

**costado** m. Flanco, lado, banda. 2 Línea (en la genealogía).

**costal** m. Quilma, saco.

**costalada** f. Batacazo, trastazo.

**costanero, -ra** adj. Costeño, costero.

**coste** m. Costa, costo, precio, valor.

**costear** tr. Pagar*, abonar, satisfacer, sufragar.

**costeño, -ña** adj. Costero, costanero.

**costero, -ra** adj. Costeño, costanero.

**costillas** f. pl. Espalda (cuerpo), dorso (culto y lit.).

**costo** m. Coste, costa, precio, valor.

**costoso, -sa** adj. Caro, dispendioso, gravoso. ↔ BARATO.

**costra** f. Corteza, encostradura. 2 Postilla. 3 Pupa. Especialmente en los labios.

**costumbre** f. Hábito. 2 Uso, usanza, práctica.

**costura** f. Cosedura (p. us.), cosido, sutura. Cosedura, acción de coser; en ci-

rugía e historia natural, *sutura.* 2 *Labor, bordado, punto, encaje.*
**cotejar** *tr. Parangonar, comparar*, compulsar, confrontar.* Estos dos últimos, cuando se trata de escritos, ediciones, etc.
**cotejo** *m. Paralelo, comparación, parangón.*
**cotí** *m. Terliz, cutí.*
**cotidiano, -na** *adj. Cuotidiano, diario.*
**cotilleo** *m. Chisme, murmuración, habladuría.*
**cotización** *f. Cambio.* En la Bolsa o mercado de valores.
**I coto** *m. Término, límite.*
**II coto** *m. Postura, tasa.*
**III coto** *m. Amér. Merid. Bocio, papera.*
**cotonizar** *tr. Algodonizar.*
**cotorra** *f. Urraca, gaya, marica, pega, picaza, picaraza.* 2 fig. *Hablador, cotorrera, charlatán, parlanchín, hablanchín, parlador, locuaz.*
**cotorrera** *f.* fig. *Hablador*, cotorra, charlatán, parlanchín, hablanchín, parlador, locuaz.* 2 *Prostituta, puta, ramera, mujer pública.*
**cotorro** *m. Cuba.* (pez) *Cagón.*
**cotral** *adj. Cutral.*
**coxal** *adj. Hueso innominado.*
**coyunda** *f. Cornal, cornil.* 2 fig. *Matrimonio.*
**coyuntura** *f. Articulación*, juntura.* La *coyuntura* es la *articulación* o *juntura* movible de un hueso con otro. 2 *Ocasión*, sazón, circunstancias, tiempo, oportunidad, coincidencia.*
**coz** *f. Patada, puntapié.*
**crabón** *m. Avispón, moscardón.*
**crascitar** *intr. Crocitar, croscitar.*
**crasis** *f.* GRAM. *Contracción.* 2 MED. *Constitución, temperamento.*
**crasitud** *f.* MED. *Gordura.*
**craso, -sa** *adj. Grueso, gordo, espeso.* Tratándose de líquidos, *espeso.* 2 *Untuoso, pingüe, grasiento.*
**creación** *f. Fundación, establecimiento, erección.* 2 *Universo, mundo, orbe, cosmos.*

**creador, -ra** *adj.-s. Dios.* 2 *Inventor, autor, productor.* 3 *Fundador.*
**crear** *tr. Criar. Criar* es de aplicación más material y concreta: *criar* un niño, animales, vinos. *Crear* es más universal y abstracto: Dios *creó* el mundo, después *creó* al hombre; el papa *crea* cardenales; por esto se usa con preferencia *crear* en las demás acepciones de este. artículo. 2 *Instituir, fundar, establecer.* 3 *Producir, inventar, hacer, componer.* Tratándose de obras literarias o musicales, *componer.*
**crecer** *intr.-tr. Aumentar, desarrollarse, acrecentar, acrecer, subir. Aumentar,* en sus acepciones intr. *(crecer* y *desarrollarse),* sugiere un aumento progresivo, mientras que en *aumentar* y *subir* puede ser progresivo o de una sola vez. *Acrecentar* y *acrecer* coinciden con *crecer* en indicar acción progresiva; pero se diferencian de él en que siempre son transitivos. ↔ DECRECER. 2 *intr. Adelantar, progresar.*
**crecida** *f. Aumento, subida, llena, desbordamiento, riada, avenida, creciente* (Amér.), *inundación. Aumento* o *subida* del agua en los ríos y arroyos. Cuando llegan a salir de madre, *llena, desbordamiento, riada, avenida.*
**crecido, -da** *adj. Grande, numeroso, cuantioso.* 2 *Alto, talludo.* ↔ BAJO.
**crecimiento** *m. Desarrollo, aumento.*
**credencia** *f. Aparador.*
**crédito** *m. Asenso, asentimiento.* 2 *Reputación, fama, autoridad, prestigio, renombre.* 3 *Confianza, responsabilidad, solvencia.* 4 **A crédito** *loc. adv. Al fiado.*
**credo** *m.* fig. *Doctrina, programa.*
**credulidad** *f. Candidez, sencillez, ingenuidad, tragaderas, tragadero, creederas.* Las tres últimas pertenecen al habla familiar. ↔ INCREDULIDAD, DUDA.
**crédulo, -la** *adj. Confiado, cándido, sencillo, candoroso, incauto.* ↔ INCRÉDULO, DESCONFIADO. 2 *irón.* o *desp. Papanatas, papahuevos, papamoscas,*

**creencia** 188

*papatoste, simple, bobalicón, tontaina, tragaldabas.*
**creencia** *f. Convicción, asentimiento, opinión, conformidad.* 2 *Crédito, confianza, fe.* 3 *Religión, secta.*
**creer** *tr. Tener fe, dar por cierto, dar crédito, dar oído, prestar oídos, tener buenas tragaderas, tragarse la píldora, esperar*.* 2 *Pensar, juzgar, conjeturar, entender, opinar, estimar.*
**creíble** *adj. Posible, probable, verosímil, verisímil, creedero.* Estos sinónimos están ordenados según su grado de verosimilitud, de menor a mayor.
**I crema** *f. Natillas.*
**II crema** *f.* GRAM. *Diéresis.*
**cremación** *f. Quema, quemazón. Cremación* es voz docta que se usa en la significación concreta de *cremación* de cadáveres, y también de basuras. 2 *Incineración, cineración.* Estos dos se aplican únicamente a la *cremación* de cadáveres.
**crematístico, -ca** *adj. Pecuniario*, monetario.*
**crena** *f.* CIR. *Hendidura, surco.*
**crenado, -da** *adj.* BOT. *Festoneado, estrellado.*
**crencha** *f. Raya, carrera* (p. us.), *partidura.*
**crepitar** *intr. Decrepitar, chisporrotear.*
**crepúsculo** *m. Lubricán.*
**cresa** *f. Queresa, querocha, moscarda.* 2 *Saltón.* La que suele criarse en el tocino y el jamón.
**crespo, -pa** *adj. Encarrujado, retorcido, rizado, ensortijado, rizo.* ↔ LASO. 2 *Irritado.* ↔ ABATIDO.
**cresta** *f. Penachera, penacho, copete, moño.* 2 **Cresta de gallo** (planta labiada) *Gallocresta, ormino, orvalle, rinanto.*
**crestomatía** *f. Trozos escogidos, antología, florilegio, analectas, selectas. Antología* y *florilegio* no tienen necesariamente carácter docente, aunque lo tienen con frecuencia. *Analectas* y *selectas* son menos usuales.
**crestón** *m. Farallón, farellón.*
**crético** *m. Anfímacro.*

**creyente** *adj.-com. Fiel, religioso.*
**cría** *f. Cachillada, lechigada*, camada, nidada.*
**criadero** *m. Plantel, vivero.* Tratándose de plantas. 2 *Mina, venero.*
**criadilla** *f. Testículo.* 2 *Patata.* 3 **Criadilla de tierra** *Turma, trufa.* La *trufa* es una de las variedades más apreciadas de la *turma.*
**criado, -da** *s. Fámulo, familiar, sirviente, servidor, doméstico, mozo, fregona* (burl.), *menegilda* (burl.), *maritornes* (burl.), *sirvienta, muchacha de servir, muchacha de servicio, mucamo* (Argent.). *Fámulo* y *familiar* se usan en los medios eclesiásticos; *sirviente, servidor* y *doméstico* son voces más escogidas; *mozo -za* se usan pralte. en los medios rurales, o designan a los que se ocupan en los menesteres más humildes. Nombres burlescos de la *criada* son: *fregona, menegilda, maritornes.* Es frecuente llamarla *sirvienta, muchacha de servir* o *de servicio.*
**crianza** *f. Amamantamiento, lactancia.* 2 *Educación, instrucción.* 3 *Urbanidad, atención, cortesía, modos.*
**criar** *tr. Crear.* 2 *Producir.* 3 *Amamantar, lactar.* 4 *Educar, instruir.*
**criatura** *f. Niño, chico, chiquillo, crío.* 2 fig. *Hechura.*
**criba** *f. Harnero, cribo, zaranda.*
**cric** *m. Gato* (para levantar pesos).
**crimen** *m. Delito, culpa.*
**criminalista** *com. Penalista.*
**criminar** *tr. Acusar, acriminar, imputar.*
**crin** *f. Cerda.*
**crioscopia** *f. Criología.*
**cripta** *f. Bóveda, caverna*, cueva*.*
**criptografía** *f. Criptología.*
**criptología** *f. Criptografía.*
**crisálida** *f. Ninfa* (en los insectos).
**crisis** *f. Mutación, cambio.* En las enfermedades. ↔ PERMANENCIA. 2 *Peligro, riesgo.*
**crismón** *m. Lábaro, monograma de Cristo.*
**crisolito de agua** *m.* MINERAL. *Piedra botella, moldavita.*

**crisopeya** *f. Alquimia.*
**crispar** *tr. Contraer, encoger.* La acción de *crispar* es repentina y pasajera.
**cristal** *m. Luna.* En un espejo, escaparate, etc.
**cristalino, -na** *adj. Claro, transparente, diáfano.*
**cristianar** *tr. Bautizar, acristianar, batear* (ant.)*, cristianizar.* En algunas comarcas, se sigue utilizando *batear.*
**cristianismo** *m. Bautizo, bateo.*
**cristianizar** *tr. Acristianar, bautizar, batear* (ant.)*, cristianar.*
**criterio** *m. Juicio, discernimiento, opinión*.* ↔ IRREFLEXIÓN, DESARREGLO.
**crítica** *f. Juicio, examen, censura.* 2 *Murmuración, detracción.*
**criticable** *adj. Censurable, reprensible.*
**criticar** *tr. Examinar, juzgar.* 2 *Censurar, reprender, reprobar.*
**criticón, -ona** *adj.-s.* desp. *Reparón, murmurador, motejador.*
**crochet** *m.* anglic. DEP. *Gancho.* Usados en el boxeo y en los bolos.
**croco** *m.* TECN. *Azafrán* (planta).
**cromosoma** *m. Cariosoma.*
**cronista** *com. Historiógrafo.*
**cronometrador, -ra** *adj. Cronometrista.*
**cronometrista** *adj. Cronometrador.*
**croquis** *m. Diseño, tanteo, esbozo, boceto.*
**cross** *m.* DEP. (carrera) *Campo a través.*
**crótalo** *m. Castañuela.* 2 *Culebra, serpiente de cascabel.*
**crucero** *m. Encrucijada* (paraje)*, cruzado, cruce.*
**cruceta** *f.* MAR. *Cofa.*
**crucifijo** *m. Cristo.*
**crudeza** *f.* fig. *Aspereza, desabrimiento, rigor, rigidez, rudeza.* ↔ SUAVIDAD. 2 *Fanfarronería, valentía.* ↔ COBARDÍA.
**crudo, -da** *adj. Riguroso, extremado, inclemente.*
**cruel** *adj. Feroz, brutal, salvaje, sanguinario, despiadado, inhumano, bárbaro, sangriento, atroz, fiero.* Los cuatro primeros, se aplican a personas y animales, o también a sus actos. *Des-*

*piadado, inhumano, bárbaro,* sólo a personas y actos humanos. *Sangriento* se dice únicamente de los actos. 2 *Duro, violento, riguroso, crudo, excesivo, doloroso, angustioso, lacerante.* Tratándose de pasiones y afectos. 3 *Empedernido*, endurecido, implacable, inexorable, despiadado.* ↔ PIADOSO.
**crueldad** *f. Ferocidad, barbarie, inhumanidad, brutalidad, sevicia, barbaridad*.* ↔ HUMANIDAD. 2 *Dureza, violencia, rigor.* ↔ SUAVIDAD, PACIENCIA.
**cruento, -ta** *adj. Sangriento.*
**crujía** *f. Pasamano.*
**crujir** *intr. Rechinar, chirriar.*
**crup** *m. Garrotillo, difteria.*
**cruz. Llevar la cruz** *loc. Aguantar, contenerse, reprimirse, vencerse, morderse los puños, tragar saliva, hacerse el loco.*
**cruzado** *m. Encrucijada* (paraje)*, crucero, cruce.*
**cruzar** *tr. Atravesar, pasar.*
**cuaderna** *f.* MAR. *Orenga.*
**cuadernillo** *m. Añalejo, cartilla, burrillo, gallofa* (fam.)*, epacta, epactillo.*
**cuaderno** *m. Libreta.*
**cuadra** *f. Caballeriza, establo.* 2 *Amér. Manzana* (de casas). Distancia entre los ángulos de una *manzana* de casas.
**cuadrado** *m.* MAT. *Segunda potencia.*
**cuadrado, -da** *adj.-s. Cuadro.* 2 fig. *Perfecto, cabal, exacto.*
**cuadrar** *intr. Agradar, gustar, satisfacer, cuajar, llenar, convenir, cuacar* (Colombia). 2 MAT. *Elevar al cuadrado.*
**cuadricular** *tr.* PINT. *Cuadrar, recuadrar.*
**cuadril** *m. Anca.* 2 *Cadera.*
**cuadrilátero** *m.* DEP. *Ring* (anglic.). En el boxeo.
**cuadrilátero, -ra** *adj.-s. Tetrágono.*
**cuadrilla** *f. Grupo, equipo* (en los deportes). 2 desp. *Partida, pandilla, gavilla*, facción*.*
**cuadrilongo** *adj. Rectangular.*
**cuadrisílabo, -ba** *adj. Cuatrisílabo, tetrasílabo.*

**cuadro** m. Cuadrado. 2 Rectángulo. 3 Lienzo, pintura. 4 Marco.

**cuadrúpedo, -da** adj. Tetrápodo.

**cuajada** f. Cáseo (TECN.). 2 Requesón.

**cuajaleche** m. Amor de hortelano.

**cuajar** tr.-prnl. Condensar, coagular (TECN.), espesar, concentrar, solidificar, precipitar (QUÍM.). ↔ LIQUIDAR, FLUIR, LICUAR, REDISOLVER, DISOLVER. 2 intr. Gustar, agradar, cuadrar, llenar, satisfacer. 3 intr.-prnl. Lograrse, tener efecto. 4 prnl. fig. Llenarse, poblarse.

**cuajo** m. Coágulo (TECN.).

**cualidad** f. Carácter, propiedad, atributo, peculiaridad, característica. La característica es un carácter distintivo o diferenciador. Atributo es cualidad o propiedad esencial o inherente de un ser; p. ej., cuando decimos que la inmaterialidad es atributo del alma. "Cualidad es una de las muchas condiciones que forman el conjunto del ser. Propiedad es una de las cualidades que distinguen un ser de otro. Peculiaridad es una cualidad más rara que la propiedad, y que constituye una distinción más calificada. Por las cualidades de las cosas juzgamos su mérito respectivo. Una de las propiedades del imán es atraer el hierro. Es peculiaridad de la sensitiva cerrar sus hojas cuando se las toca" (M). 2 Calidad.

**cualquiera** com. Pelafustán, pelagatos, pelanas.

**cuantía** f. Cantidad*.

**cuantidad** f. Cantidad.

**cuantioso, -sa** adj. Numeroso, abundante, copioso.

**cuartago** m. Jaca.

**cuartear** tr. Partir, dividir. 2 Descuartizar. 3 prnl. Agrietarse, abrirse, henderse, rajarse.

**cuartel. No dar cuartel** loc. Batallar, pelear, reñir, luchar, lidiar, contender, llegar a las armas.

**cuartelada** f. burl. Pronunciamiento*, rebelión, alzamiento, levantamiento, sublevación, insurrección, militarada (burl.).

**cuarteo** m. Esguince.

**cuarterón** m. Postigo.

**cuartilla** f. Cerruma, ceruma, trabadero. Tratándose de la cuartilla del casco de las caballerías.

**cuartizo** m. Cuartón.

**cuarto** m. Habitación, pieza, aposento, estancia. 2 Vivienda, piso. En una casa de vecinos. V. cuartos.

**cuartón** m. Cuartizo.

**cuartos** m. pl. Dinero*. V. cuarto. 2 **No tener un cuarto** loc. Estar sin blanca, no tener dinero, estar sin un duro (fam.).

**cuarzo** m. Pedernal, moleña, piedra de chispa. 2 **Cuarzo esmeralda** MINERAL. Prasio.

**cuasi** adv. c. Casi. Cuasi es forma docta que sólo se usa en estilo elevado o como primer elemento de compuestos: cuasicontrato, cuasidelito.

**cuate, -ta** adj.-s. Méx. Mellizo, gemelo.

**cuatí** m. Amér. Merid. Coatí, cusumbe (Ecuad.), susumbe (Colomb.).

**cuatrero, -ra** adj.-s. Abigeo.

**cuatrisílabo, -ba** adj. Cuadrisílabo, tetrasílabo.

**cuba** f. Pipa, tonel, bota, candiota. 2 **Estar como una cuba** loc. (intens.) Estar ebrio, estar borracho, estar embriagado, estar beodo.

**cubero. A ojo de buen cubero** loc. adv. V. ojo.

**cubierta** f. Cobertura, cobija. 2 Sobre (de papel). 3 Envoltura, tegumento, capa, revestimiento.

**cubil** m. Guarida*, manida, abrigadero, albergue.

**cubilar** intr. Majadear.

**cubo** m. MAT. Tercera potencia. 2 Hexaedro regular.

**cubrición** f. Cópula, cohabitación, copulación, fornicación, concúbito, ayuntamiento, coito.

**cubrimiento** m. Ataque*, acceso, accesión, accidente, soponcio, patatús.

**cubrir** tr. Ocultar, tapar, vestir. ↔ DESTAPAR, DESNUDAR, DESCUBRIR, DESVESTIR. 2 fig. Disimular, disfrazar, velar, *encubrir.* ↔ EXPONER, MANIFESTAR. 3 *Proteger, defender.* 4 *Techar.*

**cucamonas** *f. pl. Carantoñas, garatusas, zalamerías, caricia\*, fiesta\*.*

**cucaracha** *f. Corredera, curiana.*

**cucarda** *f.* CONSTR. *Bujarda, martellina.*

**cuchara** *f.* MAR. *Achicador* (cucharón), *vertedor.*

**cuchareta** *adj.-s.* (variedad de trigo) *Cascaruleta.*

**cuchichear** *intr. Chuchear, bisbisear\*, hablar entre dientes, hablar al oído.*

**cuchillada** *f. Estocada, hurgón* (burl.), *hurgonazo* (burl.).

**cuchipanda** *f. Francachela.*

**cuchitril** *m. Cochitril, pocilga.* 2 *Tabuco, chiribitil, zaquizamí.*

**cuchufleta** *f. Chirigota, chufleta, chafaldita, chanza, burla\*, chiste\*.*

**cuco** *m. Cuclillo.*

**cuco, -ca** *adj. Pulido, bonito, mono, lindo.* 2 *Taimado, astuto, sagaz.*

**cucúrbita** *f.* ant. *Retorta* (vasija).

**cucurucho** *m. Cartucho.*

**cuello. Estar con el agua al cuello** *loc.* V. *agua.*

**cuelmo** *m. Tea* (madera).

**cuenca** *f. Órbita.* 2 *Valle.*

**cuenta** *f. Cálculo, cómputo.* 2 *Razón, motivo, explicación, satisfacción.* 3 *Cuidado, incumbencia, cargo, obligación.* 4 **Caer en la cuenta** *loc. Apearse del burro.*

**cuentero, -ra** *adj.-s. Cuentista, chismoso, cuentón.*

**cuento** *m. Fábula, conseja, patraña, historieta.* 2 *Relato, narración.* 3 *Chisme, habladuría, embuste, enredo.* 4 *Cómputo, cuenta.*

**cuerda** *f. Soga, cabo* (MAR.). *Soga* si es gruesa y de esparto. 2 **Cuerda dorsal** *Notocordio.*

**cuerdo, -da** *adj. Prudente, juicioso, reflexivo, sensato, sesudo\*.* ↔ LOCO, INSENSATO.

**cuerna** *f. Aliara, liara.* 2 *Cornamenta.* 3 *Trompa de caza, cuerno de caza.*

**cuerno** *m. Asta.* 2 **Cuerno de caza**

*Cuerna.* 3 **Cuerno de la abundancia** *Cornucopia.*

**cuero** *m. Pellejo, piel.* 2 *Pellejo, odre, corambre, zaque.* 3 **En cueros** *loc. adj. Desnudo, corito, nudo* (lit.), *como Dios le trajo al mundo* (fam.).

**cuerpo** *m. Tronco* (en el cuerpo humano). 2 *Cadáver.* 3 *Espesor, grosor, grueso, volumen\*.* 4 IMPR. *Tamaño, grandor.* 5 *Consistencia, densidad.* Tratándose de líquidos. 6 *Soma* (MED.). ↔ PSIQUE.

**cuérrago** *m. Cauce, álveo, lecho, madre, cuérnago.*

**cuerva** *f. Graja.*

**cuervo. Cuervo marino** *m. Mergánsar, mergo.* 2 **Cuervo merendero** *Grajo.*

**cuesco** *m. Hueso* (de fruta).

**cuesta** *f. Repecho, costanera, costera, subida, pendiente, collado\*.* Si la inclinación es grande, y generalmente corta, *repecho.* 2 **Cuesta abajo** *Bajada.* ↔ SUBIDA, CUESTA.

**cuestación** *f. Recaudación, colecta, echar un guante* (fam.). Todos significan la acción y efecto de recoger dinero para un fin; pero *recaudación* tiene carácter general, en tanto que *cuestación* y *colecta* se emplean con preferencia cuando se trata de donativos voluntarios para fines benéficos o religiosos.

**cuestión** *f. Pregunta.* La *cuestión* no es una *pregunta* cualquiera, sino la que se hace o propone para averiguar la verdad de una cosa controvirtiéndola. Sería galicismo usar *cuestión* con carácter general como equivalente de *interrogación* o *pregunta.* 2 *Asunto\*, tema, punto, problema.* 3 *Discusión, disputa, pendencia, reyerta, riña, altercado\*.*

**cuestionable** *adj. Dudoso\*, discutible, controvertible.* ↔ INDISCUTIBLE, CIERTO.

**cuestionar** *tr. Discutir, controvertir, debatir, disputar, polemizar, reñir.*

**cuestionario** *m. Programa* (de examen u oposición).

**cueva** *f. Antro, caverna\*, gruta, cripta.*

El *antro* y la *caverna* son cavidades naturales muy profundas. La *cueva,* la *gruta* y la *cripta* pueden ser naturales o artificiales, y pueden ser profundas o de escasa profundidad. 2 *Sótano, subterráneo, bodega.*

**cugujada** *f. Cogujada.*

**cuidado** *m. Atención, solicitud, esmero, preocupación, escrupulosidad.* ↔ DESATENCIÓN, DESPREOCUPACIÓN. 2 *Precaución, vigilancia, recelo, cautela, prudencia, prevención, caución, reserva, tiento, escama.* ↔ VALENTÍA. 3 *Sobresalto, temor, cuita, zozobra, inquietud.* ↔ TRANQUILIDAD.

**cuidadoso, -sa** *adj. Arreglado, moderado, ordenado, metódico, morigerado.* ↔ DESORDENADO. 2 *Aseado, limpio, curioso, pulcro, hecho un figurín.* ↔ SUCIO, DESCUIDADO, DESARREGLADO. 3 *Aplicado, atento, perseverante, asiduo, estudioso, solícito*.* ↔ INCONSTANTE.

**cuidar** *tr. Atender, velar por, mirar por, vigilar, encargarse de, estar alerta, estar en todo, no perder de vista.* ↔ DESCUIDAR, DESATENDER, OLVIDAR. 2 *Asistir.* ↔ DESATENDER. 3 *Guardar, conservar, mantener.*

**cuita** *f. Trabajo, aflicción, desventura, cuidado, zozobra, angustia.*

**cuitado, -da** *adj. Afligido, desventurado, desgraciado.* 2 *Apocado, tímido, infeliz, pusilánime.*

**culantrillo** *m. Culantrillo de pozo, cabellos de Venus.*

**culatada** *f. Retroceso, culatazo.*

**culatazo** *m. Retroceso, coz.*

**culebra** *f. Bicha.* Entre gentes supersticiosas que creen de mal agüero pronunciar esta palabra, dícese comúnmente *bicha.* 2 **Culebra de cascabel** *Crótalo.*

**culebrilla** *f. Dragontea, serpentaria, taragontía, zumillo.*

**culén** *m. Chile. Albahaquilla.*

**culero** *m. Granillo* (tumorcillo), *helera.*

**culminación** *f. Auge, apogeo, esplendor, plenitud.* 2 *Sazón, cumplimiento.*

**culminante** *adj. Elevado, dominante,* *prominente, eminente, cimero.* 2 fig. *Superior, sobresaliente, principal.* 3 *Supremo, último, decisivo.*

**culo** *m. Ano, asentaderas, trasero, nalgas, posaderas.*

**culpa** *f. Falta, delito, pecado.* La *falta* puede ser voluntaria o involuntaria. La *culpa,* el *delito* y el *pecado* son voluntarios. El *delito* y el *pecado* son culpas; contra las leyes humanas, el *delito*; contra la ley divina, el *pecado.*

**culpar** *tr. Achacar, acusar, imputar, cargar el muerto a otro, echar la culpa, inculpar, tachar, atribuir*.* ↔ EXCULPAR.

**culterano, -na** *adj.-s. Gongorino.* ↔ CLARO, SENCILLO.

**cultivador, -ra** *s. Labrador, agricultor, campesino, paisano* (Gal.), *aldeano* (País Vasco), *labriego, labrantín.*

**cultivar** *tr. Labrar, laborar.* 2 fig. *Ejercitar, estudiar, practicar, desarrollar.* Tratándose de facultades, aptitudes, ciencias, etc. 3 *Mantener, estrechar.* P. ej. *mantener* o *estrechar* el trato, las amistades, etc.

**cultivo** *m. Labor, labranza, laboreo.* 2 fig. *Cultura.*

**culto** *m. Liturgia, servicio religioso, servicio divino, servicio, homenaje, reverencias, veneración, idolatría, adoración.* Liturgia es el *culto* público y oficial de la Iglesia. *Adoración, homenaje* y *reverencias* se relacionan más bien con los sentimientos, aunque pueden aplicarse también a lo profano. ↔ IRRELIGIOSIDAD.

**culto, -ta** *adj. Instruido, educado, civilizado, ilustrado, cultivado, erudito.* ↔ INCULTO.

**cultura** *f. Civilización, educación.* 2 *Instrucción, ilustración, erudición, saber.*

**cumbre** *f. Cima, cúspide.*

**cumbrero, -ra** *adj. Cimero.*

**cumiche** *m. Amér. Central. Benjamín, cuenco* (Venez.).

**cumpleaños** *m. Días.* Úsase en la frase: hoy celebra sus *días.*

**cumplidamente** *adv. m. Ampliamen-*

te, *enteramente, cabalmente, abundan-*
*temente, largamente, colmadamente.*
**cumplido** *m. Cumplimiento, cortesía,*
*obsequio, halago, ceremonia.*
**cumplido, -da** *adj. Completo\*, entero,*
*lleno, cabal.* 2 *Largo, abundante.* 3 *Co-*
*rrecto, cortés, fino, atento, amable.*
**cumplidor, -ra** *adj. Exacto, puntual,*
*diligente, aplicado.*
**cumplimentar** *tr. Felicitar, visitar, sa-*
*ludar. Cumplimentar* supone jerarquía
en la persona cumplimentada: la comisión pasó a *cumplimentar* al ministro, al alcalde, etc. 2 *Ejecutar, efectuar,*
*cumplir.*
**cumplimentero, -ra** *adj. Etiquetero,*
*ceremonioso.*
**cumplimiento** *m. Cumplido, ceremo-*
*nia, halago, lisonja. Cumplimiento* y
*cumplido* son equivalentes. En cuanto
pueden significar palabras amables o
gratas para el que las escucha, equivale a *halago* o *lisonja:* decir un *cum-*
*plido* o *cumplimiento* a una señora. 2
*Sazón, culminación.*
**cumplir** *tr. Ejecutar, realizar, obede-*
*cer\*, observar, efectuar.* ↔ INCUMPLIR,
INICIAR. 2 *intr. Licenciarse.* En la milicia y en las penitenciarías. 3 *prnl. Ve-*
*rificarse, realizarse, hacer pago, hacer*
*su deber, hacer su oficio, mantener la*
*palabra.* P. ej.: *cumplirse* una profecía,
una amenaza. ↔ INCUMPLIR.
**cumular** *tr. Acumular, juntar, amon-*
*tonar, aglomerar, acopiar, reunir.* ↔ ES-
PARCIR, DISGREGAR.
**cúmulo** *m. Montón, rimero, acumula-*
*ción, aglomeración, suma, multitud,*
*muchedumbre.*
**cuna** *f. Brizo* (p. us.). 2 *fig. Patria.* 3
*Familia, estirpe, linaje.* 4 *Origen, prin-*
*cipio, comienzo.*
**cunar** *tr. Acunar, mecer, cunear* (p. us.),
*brizar* (p.us.).
**cundir** *intr. Extenderse, difundirse, pro-*
*pagarse, multiplicarse, divulgarse.* Este
último, tratándose de noticias, ideas,
etc. 2 *Dar de sí.*
**cunear** *tr.* p. us. *Acunar, cunar, brizar*
(p. us.), *mecer.*

**cuñadía** *f. Afinidad, parentesco.*
**cuñado, -da** *s. Hermano político.*
**cuño** *m. Troquel, cuadrado.*
**cuotidiano, -na** *adj. Cotidiano, dia-*
*rio.*
**cupé** *m. Berlina.*
**cúpula** *f. Dombo, domo, media naran-*
*ja.* 2 *Torrecilla, torre.* En algunos buques blindados.
**cupulífero, -ra** *adj.-s.* BOT. *Fagáceo.*
**cuquería** *f. Astucia, taimería.*
**I cura** *m. Sacerdote, eclesiástico, clé-*
*rigo.*
**II cura** *f. Curación, tratamiento.*
**curadillo** *m. Bacalao, abadejo, tre-*
*chuela* (ant.).
**curado, -da** *adj. Adobado, acecinado,*
*endurecido, seco, curtido.*
**curaduría** *f. Curatela.*
**curalotodo** *m. Sanalotodo, panacea.*
**curandero, -ra** *s. Medicastro* (fam.),
*charlatán.*
**curar** *intr. Cuidar, poner cuidado, aten-*
*der.* ↔ DESCUIDAR, ABANDONAR, OLVI-
DAR. 2 *Sanar, recobrar la salud.* ↔ EN-
FERMAR. 3 *tr. Remediar.* 4 *Preparar,*
*adobar, acecinar, curtir.* Este último,
tratándose de pieles.
**curativo, -va** *adj. Sanativo.*
**curcusilla** *f. Rabadilla.*
**curda** *f.* fam. *Borrachera, embriaguez,*
*mona, jumera, pítima, turca.*
**curiana** *f. Cucaracha.*
**curiosear** *intr. Averiguar, investigar,*
*indagar, rebuscar.* 2 *intr.-tr.* desp. *Fis-*
*gar, fisgonear, espiar, bachillerear, an-*
*dar a la husma, meter las narices.*
**curiosidad** *f. Aseo, limpieza, pulcri-*
*tud.*
**curioso, -sa** *adj.-s. Indagador, averi-*
*guador, observador, fisgón, espía, in-*
*discreto.* Los tres últimos se refieren
al que procura averiguar lo que no
debiera importarle. ↔ DISCRETO. 2
*adj. Interesante, notable.* 3 *Limpio,*
*aseado, pulcro.* ↔ SUCIO *(adj.).*
**curro** *m.* vulg. *Trabajo\*, ocupación.*
**currutaco, -ca** *adj.-s.* fam. *Figurín,*
*gomoso, petimetre, paquete, pisaverde,*
*lechuguino.*

**cursado, -da** *adj. Experimentado, experto, perito, curtido, versado.*
**cursar** *tr. Frecuentar.* 2 *Estudiar, seguir.* Tratándose de enseñanzas, disciplinas o carreras. 3 *Dar curso, tramitar.*
**cursiva** *adj.-f. Bastardilla, itálica.*
**curso** *m. Camino, recorrido, corriente.* Tratándose de ríos, arroyos, etc. 2 *Tramitación, trámite. Tramitación y trámite* pertenecen al lenguaje administrativo. "Hablando de negocios, *curso* es la serie de trámites, pasos o diligencias, por los cuales llegan a su consumación. *Giro* es la dirección que se les da para conseguir la consumación que desea. Viendo la lentitud con que se procedía el *curso* de la pretensión, fue necesario darle otro *giro*" (M).
**curtación** *f.* ASTRON. *Acortamiento.*
**curtido, -da** *adj. Avezado, versado, acostumbrado, experimentado, cursado, ejercitado.*
**curtidor** *m. Noguero.*
**curtiduría** *f. Tenería, curtiembre* (Amér.).
**curtir** *tr. Adobar, aderezar.* 2 fig. *Acostumbrar, avezar, ejercitar.*
**curuja** *f. Lechuza, bruja, coruja, curuca, estrige, oliva.*
**curva** *f. Flexura, doblez, pliegue.*
**curvar** *tr. Encorvar, corvar, recorvar, arquear, torcer.*
**curvatura** *f. Corvadura, encorvadura, encorvamiento, alabeo, comba, barriga, convexidad. Corvadura,* esp. si se trata de cosas materiales, no de conceptos geométricos; *encorvadura, encorvamiento* cuando significan el efecto de encorvar(se); *alabeo* si se trata de maderas u otras superficies; *comba* sugiere gralte. la idea de convexidad. Todos ellos se hallan dentro del concepto abstracto de *curvatura,* preferido en MAT., ASTRON. y otras ciencias puras y aplicadas. 2 *Inflexión, desviación, torcimiento.*
**cúspide** *f. Cima, cumbre.* 2 *Vértice.*
**custodia** *f. Escolta, guarda, guardia.* 2 *Ostensorio.* 3 *Protección, salvaguardia.*
**custodiar** *tr. Guardar, velar, proteger, conservar, defender, poner a buen recaudo, encerrar bajo llave, escoltar, vigilar.* Los verbos *escoltar, vigilar* y *custodiar* pueden connotar idea de protección o defensa, o bien que se *escolta, vigila* o *custodia* a un preso para que no se escape. ↔ ABANDONAR, DESCUIDAR.
**cutáneo, -ea** *adj. Epidérmico* (MED.).
**cutí** *m. Cotí, terliz.*
**cutis** *m. Piel, epidermis. Piel* se aplica lo mismo al hombre que a los animales; *cutis* es la piel del hombre, y especialmente la de la cara. *Epidermis* es la capa más externa de la piel tanto en el hombre como en los demás seres vivos. Cuando hablamos del *cutis* fino o basto de una persona, nos referimos a la *epidermis.*
**cutre** *adj.-s. Tacaño, ruin, mezquino, miserable, avaro.*
**cuzcuz** *m. Alcuzcuz.*

# D

**dable** adj. Hacedero, factible, posible. ↔ IMPOSIBLE.

**dactilar** adj. Digital.

**dactilografía** f. Mecanografía.

**dactilográfico, -ca** adj. Mecanográfico.

**dactilógrafo, -fa** s. Mecanógrafo.

**dactilología** f. Quirología.

**dádiva** f. Don, donación, donativo, regalo, presente, ofrenda. "La dádiva y el don consisten simplemente en la enajenación voluntaria de lo que se posee, en favor de otra persona; la donación es una dádiva hecha de un modo formal y solemne; el donativo es una dádiva hecha al gobierno, a una corporación o a un establecimiento. Un regalo entre amigos es don o dádiva. Las donaciones suelen hacerse por escrituras públicas" (M).

**dadivosidad** f. Largueza, liberalidad, generosidad, desprendimiento, esplendidez. ↔ AVARICIA.

**dadivoso, -sa** adj. Desprendido, generoso, liberal, rumboso, espléndido, magnífico, caritativo. Rumboso, espléndido y magnífico son expresiones intensivas y en ellas se mezcla más o menos la idea de ostentación. Cuando se acentúa el matiz de desinterés, dadivoso se acerca a caritativo. ↔ TACAÑO, INTERESADO.

**dado, -da** adj. Concedido, supuesto, aceptado, admitido. Tienen todos valor concesivo o condicional unidos a la conj. que, en las expresiones dado que, concedido que, supuesto que, aceptado que, admitido que.

**dador, -ra** adj. Librador, expedidor.

**dalarnita** f. MINERAL. Mispíquel.

**dalla** f. Guadaña, dalle. El uso preferente de dalle o dalla varía según las comarcas. Guadaña es término de empleo general y predominante en la lengua literaria.

**dalle** m. Dalla*, guadaña.

**daltonismo** m. Acromatismo.

**damajuana** f. Castaña, garrafón.

**damascado, -da** adj. Adamascado.

**damasonio** m. Azúmbar (planta), almea.

**damería** f. Melindre, delicadeza, remilgo. 2 fig. Reparo, escrupulosidad.

**damnación** f. Condenación.

**damnificar** tr. Dañar, perjudicar. ↔ MEJORAR, BENEFICIAR.

**danés, -esa** adj.-s. (pers.) Dinamarqués, dánico (p. us.).

**dango** m. Planga, clanga, planco, pulla.

**dánico, -ca** adj. Danés, dinamarqués.

**danta** f. Anta (mamífero), dante, ante, alce. 2 Tapir.

**dante** m. Anta (mamífero), ante, alce, danta.

**danza** f. Baile.

**danzante** com. Bailarín, danzarín. 2 Necio, ligero, chisgarabís, mequetrefe, zascandil, entrometido.

**dañar** tr.-prnl. Damnificar, perjudicar. Damnificar es literario, jurídico, administrativo, y envuelve una idea más general y abstracta que dañar; la inundación *ha damnificado* a los pueblos ribereños, pero *ha dañado* los cimientos de una casa. *Perjudicar* tiene a menudo matiz atenuado; es producir un daño indirecto o parcial. ↔ SANAR, BENEFICIAR. 2 *Estropear, echar a perder, menoscabar, malear, dar que hacer, armar una cantera.*

**dañino, -na** *adj. Nocivo, dañoso, perjudicial, pernicioso.*

**daño** *m. Perjuicio, mal, detrimento, menoscabo, agravio\*.* Todos estos sinónimos están próximos al significado de *daño* por su carácter directo y a menudo material. El *detrimento* se refiere a la integridad o conservación de una cosa. El *menoscabo* a la cantidad. ↔ BIEN, BENEFICIO, MEJORA. 2 *Descalabro, contratiempo, infortunio, desgracia, pérdida.*

**dañoso, -sa** *adj. Nocivo, dañino, perjudicial, pernicioso.*

**dar** *tr. Donar, regalar, entregar. Donar* implica solemnidad, y suele hacerse por escritura pública. *Regalar* da idea de obsequiosidad y cortesía. "*Dar* es ceder o pasar a otro la posesión de una cosa: *entregar* es ponerle materialmente en posesión de ella; y así, ni el que *da* es siempre el que *entrega*, ni el que *entrega* es siempre el que *da*. El Rey *da* con liberalidad, y el tesorero *entrega* con exactitud. El que hace una limosna por su mano a un mendigo, emplea al mismo tiempo las dos acciones de *dar* y *entregar*" (LH). ↔ QUITAR. 2 *Otorgar, conceder, facilitar, proporcionar, ofrecer.* ↔ QUITAR. 3 *Producir, rentar, rendir, redituar.* 4 *Aplicar, poner.* P. ej., *dar* una mano de pintura, *dar* un remedio. 5 *intr. Caer, topar, pegar, incurrir.* 6 *Acertar, adivinar, atinar.* ↔ DESACERTAR. 7 *Mirar, encararse, orientarse.* P. ej., los balcones *dan* a la plaza. 8 *prnl. Entregarse, rendirse, ceder.*

**dárdano, -na** *adj.-s.* (pers.) *Troyano, ilíaco, iliense, teucro.*

**dársena** *f. Dock* (anglic.).

**data** *f. Fecha. Fecha* es hoy más usado que *data.* 2 *Abono, haber.* P. ej. *abono* en cuenta.

**datar** *tr. Fechar, calendar* (desus.). 2 *Adatar, abonar, acreditar.* Hoy se usa con preferencia *abonar.*

**dátil** *m.* (molusco) *Uña.*

**dato** *m. Antecedente, noticia.* 2 *Documento, nota.* 3 *Información.*

**dauco** *m. Biznaga* (planta).

**daza** *f. Zahína, sahína, alcandía, sorgo, maíz, melca.*

**deambular** *intr.* lit. *Pasear, estirar las piernas, tomar el sol, el aire, dar una vuelta, andar, vagar.*

**debajo** *adv. l. Abajo.* 2 *Bajo\** (adv. y prep.). "Una diferencia análoga a la que existe entre *encima* y *sobre* creo que distingue *debajo* y *bajo*: esto es, un cuerpo está *debajo* de otro cuando ocupa un lugar inferior en una misma línea vertical; está *bajo* de otro cuando éste gravita *sobre* él, cuando están en contacto inmediato, o a lo menos cuando no consideramos los cuerpos intermedios. Está *bajo* la losa quiere decir que la losa lo cubre, que está *sobre* él; está *debajo* de la losa quiere decir que la losa está *encima*, esto es, más arriba, aunque no lo toque ni lo cubra. Por esto se dice *bajo* llave, es decir, dependiente de la llave; *bajo* mi tutela, *bajo* mi dirección, es decir, que tengo cierta autoridad, cierto derecho *sobre* la cosa de que se trata... y en ninguno de estos casos le puede sustituir el adv. *debajo*" (J). *Debajo*, cuando antecede a un nombre o palabra equivalente, pide la prep. *de: debajo de* la mesa, *debajo de* tutela y en este caso tiene el mismo valor que *bajo* (prep.).

**debate** *m. Discusión, controversia\*, disputa.*

**debatir** *tr. Altercar, discutir, contender, disputar.*

**debe** *m. Cargo* (p. us.), *adeudo.*

**I deber** *m. Obligación.* Aunque ambos significan lo mismo y pueden sustituirse entre sí, el *deber* se siente más como de naturaleza moral, es-

piritual, mientras que la *obligación* nos constriñe en la práctica. Un empleado tiene *obligación* de llegar puntual a su oficina, y tiene el *deber* de esmerarse en su trabajo. Parece, pues, como si el *deber* naciese de nosotros mismos y la *obligación* nos viniese impuesta desde fuera. Donde no llegan las *obligaciones* tabulables, alcanza el sentimiento del *deber*. La diferencia entre ambos sinónimos puede ser, pues, de estimación afectiva. ↔ IRRESPONSABILIDAD, DERECHO.
**II deber** *tr. Estar obligado, tener obligación, tener en cargo, estar al descubierto.* ↔ (TENER) DERECHO. 2 *Adeudar.* 3 **Deber de** *loc. Suponer. Deber de* seguido de infinitivo, es una expresión perifrástica que significa suposición o posibilidad. *Debe de estar* en su casa equivale a *supongo que está* en ella. *Deber* seguido de infinitivo significa *estar obligado: debe estar* en su casa equivale a tiene *obligación de estar.* Aunque abundan los ejemplos antiguos y modernos de confusión entre *deber* y *deber de*, conviene mantener la diferencia entre ambas locuciones, que se apoya en la autoridad de la Academia Española.

**debidamente** *adv. m. Justo, justamente, precisamente, exactamente.*

**débil** *adj. Endeble, flojo, raquítico, decaído, desfallecido, debilitado, enclenque, enfermizo, apagado\*.* Tratándose de la salud o las fuerzas físicas de una persona, *decaído, desfallecido, debilitado*; si la falta de fuerzas es habitual o de larga duración, *enclenque, enfermizo, raquítico*. ↔ FUERTE, ENÉRGICO, ROBUSTO.

**debilidad** *f. Endeblez, astenia* (MED.), *decaimiento, descaecimiento, desfallecimiento, flaqueza, flojera, flojedad, agotamiento, enflaquecimiento, extenuación, consunción.* Tratándose de las fuerzas corporales. ↔ FORTALEZA, ENERGÍA. 2 *fig. Flaqueza, falta, culpa, pecado, vicio. Flaqueza* y *debilidad* se emplean eufemísticamente por *falta,*

*culpa, pecado, vicio.* 3 *Inseguridad, inconsistencia.* 4 **Debilidad mental** *Cerebrastenia* (MED.), *frenastenia* (MED.).

**debilitado, -da** *adj. Débil\*, endeble, flojo, raquítico, decaído, desfallecido, enclenque, exangüe, aniquilado.* ↔ FUERTE, ENÉRGICO, ROBUSTO.

**debilitar** *tr.-prnl. Agotar, enflaquecer, extenuar, cansar.* ↔ FORTALECER. 2 *Apagar, rebajar, amortiguar.* ↔ ENCENDER. 3 *prnl. Aflojar, ceder, flaquear, amainar, ablandarse.* 4 *Declinar, decaer, menguar, disminuir.* ↔ ASCENDER.

**débito** *m. Adeudo, deuda. Adeudo* y *débito* sólo se emplean en estilo elevado o en la terminología jurídica o bancaria: su *débito* asciende a 27.000 pesetas. La voz corriente es *deuda.*

**decadencia** *f. Declinación, declive, descenso, caída\*, decrepitud, ruina, destrozo, perdición, destrucción, devastación, desolación.* Predomina en los tres primeros la idea de lentitud o gradación, a diferencia de lo súbito de la *caída. Decrepitud* es decadencia extrema. ↔ OPULENCIA, ESPLENDOR, APOGEO. 2 *Mengua, decrecimiento, baja\*.* ↔ CRECIMIENTO, AUMENTO.

**decaer** *intr. Declinar.* ↔ CRECER. 2 *Debilitarse, flaquear.* ↔ FORTALECER. 3 *Menguar, disminuir, aminorarse, ir a menos, ir cuesta abajo, ir de capa caída.* Tratándose de la riqueza, el número, etc. ↔ CRECER, SUBIR, AUMENTAR.

**decaído, -da** *adj. Alicaído, triste, desanimado, desalentado, abatido, aliquebrado.* ↔ ANIMADO. 2 *Débil\*, endeble, flojo, raquítico, desfallecido, debilitado, enclenque, flaco, demacrado, descolorido, macilento.* ↔ FUERTE, ENÉRGICO, ROBUSTO, GORDO, VIVO. 3 *Marchito, mustio, ajado, seco.* ↔ FRESCO.

**decaimiento** *m. Abatimiento, desfallecimiento, agotamiento, desaliento, desánimo, postración, aplanamiento.* ↔ ANIMACIÓN, ÁNIMO, ALIENTO. 2 *De-*

*jadez, flojera, debilidad.* ↔ ÁNIMO, ESFUERZO, GANA. 3 *Quebranto, descaecimiento, quebrantamiento.*

**decálogo** *m. Tablas de la ley, mandamientos.*

**decantar** *tr. Propalar, ponderar, engrandecer.*

**decapitación** *f. Decolación, detroncación.*

**decatir** *intr.* TECN. *Deslustrar.*

**deceleración** *f.* MEC. *Desaceleración.*

**decelerar** *tr.* MEC. *Desacelerar.*

**decencia** *f. Recato, compostura, honestidad, aseo.* ↔ INDECENCIA, SUCIEDAD, DESHONOR, INMORALIDAD. 2 *Decoro, dignidad.* ↔ INDECENCIA, DESHONOR, INMORALIDAD.

**decentar** *tr. Encentar, encetar.*

**decente** *adj. Digno, decoroso, grave, íntegro.* ↔ INDIGNO, INDECENTE, INDECOROSO, INMORAL.

**decepción** *f. Engaño, chasco, burla.* 2 *Desilusión, desengaño, desencanto, contrariedad*.*

**decepcionar** *tr.-prnl. Desengañar, desilusionar, desencantar.* ↔ ENGAÑAR, ILUSIONAR.

**deceso** *m. Defunción, muerte, óbito.*

**dechado** *m. Muestra, modelo.* 2 fig. *Ejemplo, modelo.*

**decidido, -da** *adj. Resuelto, audaz, emprendedor, valiente, denodado, esforzado, intrépido, animoso, brioso, activo*.* ↔ TÍMIDO, APOCADO.

**decidir** *tr. Disponer, deliberar, mandar, preceptuar, determinar*, persuadir*.* 2 *Juzgar, sentenciar, fallar, resolver.* 3 *prnl. Determinarse, dar el alma al diablo, liarse la manta a la cabeza.* ↔ DUDAR.

**deciduo, -dua** *adj. Caduco.*

**décima** *f.* RET. *Espinela.*

**decimoctavo, -va** *adj. Dieciocheno* (p. us.).

**decimocuarto, -ta** *adj. Catorceno* (p. us.).

**decimonono, -na** *adj. Decimonoveno.*

**decimonoveno, -na** *adj. Decimonono.*

**decimoquinto, -ta** *adj. Quinceno.*

**decimosegundo, -da** *adj. Duodécimo, doceno.*

**decimosexto, -ta** *adj. Dieciseiseno* (p. us.).

**decimotercero, -ra** *adj. Treceno, tredécimo, decimotercio.*

**decimotercio, -cia** *adj. Decimotercero, treceno, tredécimo.*

**decir** *tr. Manifestar*, hablar.* ↔ CALLAR, OCULTAR, SILENCIAR. 2 *Afirmar, asegurar, sostener, opinar.* 3 **Donde dije digo, digo Diego** *loc. Abjurar, apostatar, renegar, retractarse, convertirse.*

**decisión** *f. Resolución, determinación, partido.* ↔ INDECISIÓN, VACILACIÓN, DUDA. 2 *Arbitraje, fallo*, sentencia, albedrío, arbitrio, voluntad, elección.* 3 *Firmeza, valentía, audacia, denuedo, brío, esfuerzo, intrepidez, valor, arrojo.* ↔ COBARDÍA, INDECISIÓN.

**decisivo, -va** *adj. Concluyente*, terminante, definitivo, culminante.*

**declamar** *tr. Recitar.*

**declaración** *f. Explicación, aclaración, exposición.* 2 *Notificación, certificación.*

**declarar** *tr.-prnl. Exponer, explicar, manifestar, decir, proclamar, promulgar.* ↔ ENCUBRIR, OCULTAR. 2 *Decidir, fallar, resolver.* 3 *intr. Deponer, testificar, atestiguar.* 4 *intr.-tr. Desembuchar, cantar, confesar, descubrir.* ↔ OCULTAR, CALLAR.

**declarativo, -va** *adj.* GRAM. *Aseverativo, enunciativo.*

**declinación** *f. Decadencia, descenso, caída*.* ↔ ASCENSIÓN. 2 *Ocaso.* Tratando de los astros. 3 *Decremento, disminución, defervescencia.* ↔ INCREMENTO.

**declinar** *intr. Decaer, menguar, disminuir, debilitarse.* ↔ ASCENDER. 2 *Renunciar, dimitir, rehusar.* Por su empleo selecto, *declinar* es una manera elegante de *rehusar:* se *declina* un honor, una alta representación, y se *rehúsa* una oferta cualquiera. ↔ ACEPTAR, EMPEZAR.

**declive** m. *Pendiente, inclinación, rampa, cuesta.* 2 fig. *Decadencia*, caída, declinación.*

**decocción** f. *Cocción, cocimiento.*

**decolación** f. *Decapitación, detroncación.*

**decolaje, decollaje** m. galic. AERON. *Despegue.*

**decoloración** f. *Descoloración.*

**decolorar** tr. *Descolorar, desteñir, despintar. Decolorar se usa esp. en la terminología científica.* ↔ COLORAR.

**decomisar** tr. *Comisar, confiscar, incautar.*

**decomiso** m. *Comiso, confiscación*, incautación.*

**decoración** f. *Adorno*, atavío, aderezo, compostura, decorado, ornato, ornamento.*

**decorado** m. *Adorno*, atavío, aderezo, compostura, decoración, ornato, ornamento.*

**decorar** tr. *Adornar, hermosear, ornar, ornamentar.* 2 *Condecorar.*

**decoro** m. *Decencia, respeto, respetabilidad, honor, estimación, dignidad, honestidad, honra.* ↔ INDIGNIDAD, IMPUDOR, DESHONESTIDAD.

**decoroso, -sa** adj. *Digno, íntegro, grave.* ↔ INDIGNO. 2 *Recatado, honesto, modesto, púdico, decente.* ↔ INDECENTE, IMPÚDICO.

**decortización** f. CARP. *Anelación.*

**decrecer** intr. *Disminuir, menguar, aminorar.* A pesar de ser intercambiable con cualquiera de ellos, *decrecer* sugiere gralte. un proceso más o menos continuado, que lo hace más propio para indicar una *disminución* progresiva: los días *decrecen* hasta el 21 de diciembre. En cambio, no sería propia para expresar una *disminución* que se produce una sola vez. Compárese con el sentido de acción progresiva del simple *crecer*, frente a *aumentar.* ↔ AUMENTAR.

**decrecimiento** m. *Disminución, descrecimiento, mengua, menoscabo, merma.* ↔ CRECIMIENTO, AUMENTO, INCREMENTO.

**decremento** m. *Declinación, disminución, defervescencia.* ↔ INCREMENTO.

**decrepitar** intr. *Crepitar, chisporrotear.*

**decrépito, -ta** adj. *Caduco, viejo, precario.* ↔ INICIADO, POTENTE, FUERTE, JUVENIL.

**decrepitud** f. *Decadencia*, declinación, declive.* ↔ FORTALEZA. 2 *Chochez.* ↔ JUVENTUD.

**decretar** tr. *Ordenar, decidir, resolver, determinar, mandar*.*

**decreto** m. *Edicto, mandato, bando.*

**decurso** m. *Transcurso, sucesión, continuación, paso.*

**dedalera** f. (planta) *Digital.*

**dédalo** m. *Laberinto, enredo, maraña, confusión, lío.*

**dedicar** tr. *Ofrecer, consagrar, ofrendar. Consagrar supone mayor solemnidad, y más todavía ofrendar.* 2 *Emplear, destinar, aplicar, asignar, ocupar.*

**dedo. Dedo gordo** m. *Pulgar, pólice.* 2 **Mamarse el dedo** loc. *Fingir, simular, aparentar, hacer creer, hacer el papel, hacer la comedia, llorar con un ojo.* 3 **No mamarse el dedo** *Ser listo, no tener un pelo de tonto.*

**deducción** f. *Consecuencia, conclusión, resultado, derivación.* 2 *Rebaja, descuento, disminución, resta.*

**deducir** tr.-prnl. *Colegir, inferir, concluir, seguirse, derivar, desprenderse, originarse, proceder, emanar. Estos sinónimos, en su uso impersonal, fuera del lenguaje filosófico, no significan más que alcanzar un resultado por medio del razonamiento, lo mismo que deducir. Son sinónimos en el habla ordinaria. Pero cuando quiere dárseles todo su rigor conceptual, deducir significa partir de un principio general (método lógico de la deducción), a diferencia de inducir (de lo particular a lo general), equivalente a colegir. Inferir y concluir denotan llegar a una conclusión por vía deductiva o inductiva, indistintamente.* 2 tr. *Re-*

# defecar

*bajar, descontar\*, restar.* 3 *Calcular, conjeturar, suponer, creer.* 4 *Entender, creer, pensar, juzgar.*

**defecar** *intr.* *Ensuciar, evacuar.*

**defección** *f.* *Deserción, huida, abandono.* Defección es voz más abstracta y menos usual. En un partido, doctrina o ideal, hablamos de la *defección* de algunos con cuya opinión, voto o apoyo podíamos contar. En el ejército la *deserción* es un delito definido. ↔ LEALTAD, AUXILIO, PRESENCIA.

**defecto** *m.* *Falta, tacha, imperfección, vicio, deficiencia.* ↔ PERFECCIÓN, NORMALIDAD, VIRTUD. 2 *Lacra, tara.*

**defectuoso, -sa** *adj.* *Imperfecto\*, incompleto, deficiente.* ↔ COMPLETO, PERFECTO. 2 *Falto, carente, necesitado, escaso, desprovisto.* 3 *Incorrecto, imperfecto, erróneo, equivocado.* ↔ CORRECTO.

**defender** *tr.-prnl.* *Amparar, proteger\*, sostener, resguardar, preservar, sacar la cara por, estar al quite, hacerse fuerte, escudar, cubrir, adargar, guarecer, acoger.* "Se dice *defender* una causa, *sostener* una empresa, *proteger* las ciencias y las artes. Es uno *protegido* por sus superiores, y puede ser *defendido* y *sostenido* por sus iguales. Es protegido uno por los demás; pero puede *sostenerse* y *defenderse* por sí mismo. *Proteger* supone poder, y no exige acción; *defender* y *sostener* la exigen; pero el primero supone acción más marcada. Un estado pequeño en tiempo de guerra es, o *defendido* abiertamente, o secretamente *sostenido* por otro más grande y poderoso, que se contenta con protegerlo en tiempo de paz" (Ma). ↔ ATACAR, DESAMPARAR. 2 *Disculpar, exculpar, justificar, abogar, excusar.* ↔ CULPAR. 3 *prnl. Resistir, bregar, forcejear.*

**defensa** *f.* DER. *Alegato, alegación, razonamiento.* ↔ ACUSACIÓN. 2 *Abrigo, amparo, resguardo, refugio, protección, reparo.* ↔ DESABRIGO, DESAMPARO. 3 *Apología\*, panegírico, elogio, encomio, alabanza, justificación.* ↔ ATAQUE. 4

*Baluarte, protección.* 5 DEP. *Zaga, línea de contención.* 6 *m. Defensor.*

**defensor** *m.* *Abogado, intercesor, medianero, mediador, patrocinador, defensor de causas pobres.* 2 DEP. *Defensa.*

**defensor, -ra** *adj.-s.* *Patrón, patrono, protector.*

**deferencia** *f.* *Consideración, respeto\*, atención, miramiento, condescendencia.* ↔ DESATENCIÓN, GROSERÍA.

**deferente** *adj.* *Respetuoso, considerado, atento, mirado.*

**defervescencia** *f.* *Declinación, disminución, decremento.* ↔ INCREMENTO.

**deficiencia** *f.* *Defecto, falta, imperfección, tacha.* ↔ PERFECCIÓN, SUFICIENCIA.

**deficiente** *adj.* *Imperfecto\*, incompleto, defectuoso.* ↔ COMPLETO, PERFECTO.

**déficit** *m.* *Descubierto, deuda.*

**definido, -da** *adj.* *Delimitado, determinado.* Delimitado se utiliza preferentemente si se trata de imágenes o cosas materiales; *determinado* se refiere a conceptos, cantidades.

**definidor, -ra** *adj.-s.* *Juez, árbitro, regulador.*

**definir** *tr.* *Delimitar\*, limitar, deslindar, demarcar.* 2 *Precisar, fijar, determinar.*

**definitivo, -va** *adj.* *Concluyente, decisivo, terminante.* ↔ PROVISIONAL, INICIAL, INCONCLUSO. 2 **En definitiva** *loc. adv. En suma, en conclusión, por último, finalmente.*

**deflagrar** *intr.* *Flagrar* (lit.). Us. esp. en quím. y pirotecnia.

**deflexión** *f.* fís. *Desviación.*

**deformar** *tr.* *Desformar* (p. us.), *disformar* (p. us.), *desfigurar.* Deformar es voz culta que se aplica tanto a lo material como a lo fig.: *deformar* un sombrero, *deformar* el carácter de un niño, *deformar* la verdad (*desfigurar*). En el habla popular y tratándose de cosas materiales, *desformar, disformar.* ↔ FORMAR, EMBELLECER. 2 fig. *Afear, desfavorecer* (eufem.).

201

deforme adj. Disforme, informe, desfigurado, desproporcionado. Disforme acentúa el aspecto feo, desproporcionado, monstruoso, de la anomalía. Compárese: tenía un pie deforme y tenía un pie disforme. Informe es lo que no tiene la forma normal. ↔ ARMÓNICO, PROPORCIONADO. 2 Macaco, feo.

deformidad f. Disformidad. Entre deformidad y disformidad existe la misma diferencia de matiz que entre deforme y disforme.

defraudar tr. Estafar, quitar, engañar, dar el cambiazo, pegar un parchazo, pegar un petardo, pegar una bigotera. 2 Frustrar, malograr, cortar las alas, meter viruta.

defunción f. Muerte, fallecimiento, óbito.

degeneración f. Aberración (MED.).

degenerar intr. Decaer, empeorar, declinar, perder. ↔ SANAR, MEJORAR, MERECER. 2 Bastardear, abastardar.

deglución f. MED. Ingurgitación.

deglutir intr. Tragar, engullir, ingerir.

degolladura f. Cama, garganta (And.). En el arado.

degollar tr. Yugular. 2 fig. Destruir, arruinar.

degollina f. Matanza, mortandad, carnicería, hecatombe.

degradación f. Depresión, humillación.

degradar tr. Deponer, destituir*, postergar. 2 Humillar, envilecer, abatir, rebajar. ↔ ENNOBLECER, HONRAR, ENSALZAR.

degustación f. Gustación.

degustar tr. Saborear, paladear.

dehesa f. Redonda, acampo, coto.

deificar tr. Divinizar. 2 fig. Ensalzar, exaltar, endiosar.

dejación f. DER. Cesión, desistimiento, abandono, renuncia, dejo. ↔ RESISTENCIA, INSISTENCIA. 2 Amér. Central y Colomb. Dejadez.

dejadez f. Pereza, negligencia, descuido, desidia, incuria, indolencia, apatía, displicencia, abandono, dejación

(Amér. Central y Colomb.). ↔ ÁNIMO, ESFUERZO, GANA, ANHELO, FERVOR. 2 Decaimiento, flojera, debilidad. ↔ ÁNIMO, ESFUERZO, GANA.

dejado, -da adj. Negligente, perezoso, descuidado, desidioso, abandonado, indolente. 2 Desaseado, desaliñado, sucio, adán. 3 Apático, impasible, indiferente, indolente, desidioso, abandonado. ↔ ACTIVO.

dejar tr. Soltar, abandonar, desistir, apartarse, retirarse, desamparar*. ↔ COGER. 2 Prestar. 3 Consentir, permitir. ↔ PROHIBIR. 4 Omitir, olvidar, pasar por alto. 5 Producir, rentar, redituar. 6 prnl. Descuidarse, abandonarse.

deje m. Acento, dejillo, dejo, tono, tonillo, entonación, resabio*.

dejillo m. Acento, deje, dejo, tono, tonillo, entonación, resabio*.

dejo m. Dejación. 2 Acento, deje, dejillo. 3 Gusto, gustillo, saborcillo, deje, resabio. Resabio si el sabor es desagradable.

delación f. Denuncia, acusación, soplo (fam.).

delactación f. MED. Destete, ablactación (MED.), apolactancia (MED.), apogalactia (MED.).

delantal m. Mandil.

delante adv. l. Enfrente. ↔ DETRÁS.

delantera f. Frontispicio, frontis, fachada. V. delanteras.

delanteras f. pl. Zahones, zafones. V. delantera.

delantero centro m. DEP. Ariete. En el fútbol.

delatar tr. Acusar, denunciar, revelar, descubrir, soplar (fam.). ↔ ENCUBRIR.

delator, -ra adj.-s. Acusón, soplón, fuelle, malsín, acusica, acusique, chivato (vulg.), denunciador, denunciante, acusador*, judas, traidor, alevoso. Los cuatro primeros son despectivos; entre niños, acusica, acusique; en las cárceles, cuarteles, etc., chivato. Aunque a menudo todos ellos coinciden con denunciador, denunciante, acusador, éstos pueden proceder abierta y públicamente, mientras que *delator* y sus equivalentes tienen algo de clandestinidad o espionaje. V. espía.

**delegado, -da** *adj.-s. Representante, comisionado, encargado.*

**delegar** *tr. Comisionar, facultar, encargar, encomendar, confiar, poner en manos de, dar la firma a, echar sobre las espaldas de.* ↔ ASUMIR, APROPIARSE.

**deleitable** *adj. Deleitoso, ameno, placentero, delicioso, agradable, apacible, encantador.*

**deleitar** *tr. Agradar\*, gustar, regalar, encantar, embelesar, caerse la baba.* ↔ ABURRIR. 2 *prnl. Saborear, recrearse.*

**deleite** *m. Gusto\*, agrado, placer\*, delicia, encanto, embeleso.* ↔ ABURRIMIENTO, INFELICIDAD, DOLOR.

**deleitoso, -sa** *adj. Agradable, delicioso, placentero, grato, placible, sabroso, gustoso.* 2 *Sensual, gustoso, sibarítico.*

**deletéreo, -ea** *adj. Mortífero, mortal, venenoso\*, tóxico, ponzoñoso. Deletéreo* se dice especialmente de los gases, emanaciones, vapores, etc. ↔ SANO, RESPIRABLE.

**deleznable** *adj. Inconsistente, frágil, desmenuzable, disgregable, quebradizo.*

**delfín** *m. Arroaz, golfín, puerco marino, tonina.*

**delgado, -da** *adj. Enjuto, cenceño\*, flaco, seco. Enjuto* y *cenceño* se refieren a la constitución más todavía que *delgado.* "El hombre *delgado* lo es por constitución, como lo es el huesudo, el robusto, el nervioso; el *flaco* lo es por haber perdido carnes de resultas de una enfermedad, mudanza de clima u otro cualquier accidente" (M). ↔ GRUESO, GORDO, OBESO. 2 *Agudo, puntiagudo, aguzado, afilado.* 3 *Fino, tenue, delicado.* ↔ GRUESO.

**deliberadamente** *adv. m. Adrede, aposta, intencionadamente, premeditadamente.*

**deliberar** *intr. Examinar, discutir, debatir.* Añade *deliberar* la idea de cuidado o atención particular. 2 *tr. Dis-*

*poner, mandar, decidir, preceptuar, determinar, resolver.*

**delicadeza** *f. Finura, miramiento, suavidad, atención, cortesía.* ↔ INDELICADEZA. 2 *Sensibilidad, ternura.* Referidos a los sentimientos. ↔ ASPEREZA. 3 *Cuidado, escrupulosidad, primor.* En las obras o en el trabajo. ↔ DESATENCIÓN. 4 *Susceptibilidad.*

**delicado, -da** *adj. Fino, mirado, atento, suave, cortés.* 2 *Tierno, sensible.* 3 *Débil, enfermizo.* 4 *Susceptible, sentido, cosquilloso, quisquilloso, picajoso.* 5 *Suave, tenue, quebradizo.* Tratándose de cosas. 6 *Exquisito, sabroso.* 7 *Difícil, arriesgado, expuesto.*

**delicia** *f. Gusto\*, agrado, goce, placer\*, regalo, deleite, encanto.* ↔ ABURRIMIENTO, DOLOR.

**delicioso, -sa** *adj. Deleitable, deleitoso, placentero, encantador, ameno, apacible, agradable\*.* 2 *Exquisito, sabroso, excelente, primoroso, delicado.*

**delimitación** *f. Limitación.* ↔ PERMISO, LIBERTAD.

**delimitado, -da** *adj. Definido, determinado, concreto.* ↔ INDEFINIDO, INDETERMINADO, INCONCRETO, IMPRECISO.

**delimitar** *tr. Limitar, deslindar, demarcar, definir, determinar, fijar, precisar, señalar. Definir,* tratándose de conceptos. *Delimitar* significa señalar los límites. Se diferencia de *limitar* en varios sentidos, p. ej., un país *limita* con otro u otros, no *delimita* con ellos; pero si hay litigio sobre fronteras, los gobiernos las *delimitan* o *señalan* de común acuerdo. Asimismo, si la autoridad *limita* las atribuciones de un funcionario, quiere decir que las reduce o acorta; las *delimita* cuando las fija o señala. ↔ IMPRECISAR, INDETERMINAR.

**delincuente** *adj.-com. Malhechor\*, reo, criminal.*

**delineación** *f. Diseño, traza, croquis, boceto.*

**delinear** *tr. Diseñar, dibujar.*

**deliquio** *m. Desmayo, desfallecimien-*

*to, arrobamiento, éxtasis.* El *deliquio* es un desfallecimiento placentero, que puede coincidir en ciertos casos con *arrobamiento* y *éxtasis.*

**delirante** *adj. Frenético, loco, enajenado, ido.* ↔ CUERDO.

**delirar** *intr. Desvariar, alucinarse, enajenarse.* 2 *Fantasear, ilusionarse.* 3 *Desbarrar, disparatar, desatinar.*

**delirio** *m. Desvarío, enajenación, perturbación, alucinación.* 2 *Ilusión, quimera, fantasía.* 3 fig. *Despropósito, disparate, desatino, dislate.* 4 **Delirio de grandeza** *Megalomanía.*

**delitescencia** *f.* QUÍM. *Eflorescencia.*

**delito** *m. Culpa*, crimen.*

**deludir** *tr.* lit. y p. us. *Engañar, burlar.*

**delusión** *f. Ilusión, delirio.*

**delusivo, -va** *adj. Engañoso, delusorio.*

**delusor, -ra** *adj. Engañador.*

**delusoriamente** *adv. m. Engañosamente, artificiosamente.*

**delusorio, -ria** *adj. Engañoso, delusivo.*

**demacración** *f. Enflaquecimiento, desnutrición.*

**demacrado, -da** *adj. Macilento, flaco, descolorido, mustio, decaído, triste.* ↔ GORDO, FUERTE, VIVO.

**demacrarse** *prnl. Enflaquecer, desmejorar, desmedrarse.* El verbo *demacrarse* es de significación intensiva en relación con los demás. ↔ MEJORAR, ENGORDAR.

**demagogo, -ga** *adj.-s. Agitador, perturbador, revolucionario.*

**demanda** *f. Solicitud, petición, súplica, ruego.* ↔ RÉPLICA. 2 *Busca, empeño, intento, empresa.* 3 *Pedido*, salida, despacho.* Tratándose de mercancías.

**demandante** *com.* DER. *Actor, acusador, parte actora.*

**demandar** *tr. Pedir*, solicitar, suplicar, rogar.* Cuando no se trata de acción judicial, el verbo *demandar* se siente como arcaizante. ↔ REPLICAR, ENTREGAR. 2 *Buscar, empeñarse, intentar.* También en esta acepción *demandar* es término escogido o anticuado.

**demarcación** *f. Limitación, término, distrito.* 2 *Señalización.*

**demarcar** *tr. Limitar, delimitar*, deslindar.* 2 MAR. DEP. *Marcar.*

**demasía** *f. Exceso*, sobra.* ↔ ESCASEZ. 2 *Atrevimiento, insolencia, osadía.* ↔ CORTESÍA, DECORO. 3 *Desmán, desafuero, abuso, desorden.* 4 *Maldad, delito.* 5 **En demasía** loc. adv. *Demasiado, excesivamente, demasiadamente.*

**demasiadamente** *adv. c. Demasiado, excesivamente, en demasía.*

**demasiado** *adv. c. Excesivamente, demasiadamente, en demasía.*

**demasiado, -da** *adj. Excesivo, sobrado.*

**demediar** *tr. Promediar.*

**demencia** *f. Locura, vesania, enajenación mental.*

**demente** *adj.-com.* MED. *Loco*, orate, vesánico, alienado, perturbado, enajenado, insano, ido, chiflado* (fam.), *maniático.* ↔ CUERDO. 2 *adj. Furioso, insensato.* ↔ TRANQUILO, SENSATO.

**demérito** *m. Desmerecimiento, imperfección, desdoro.* Este último, tratándose de la fama o reputación. ↔ MÉRITO, CORRECCIÓN.

**demoler** *tr. Deshacer, derribar, derruir, arruinar, arrasar.* Si la *demolición* es total y hasta los cimientos, *arrasar.* ↔ CONSTRUIR.

**demonche** *m.* eufem. y fam. *Diablo, demonio, diantre, dianche, diaño* (Ast.), *demontre, demongo* (Ast. y And.), *lucifer.* V. demonio.

**demongo** *m.* eufem. y fam. *Ast.* y *And. Diablo, demonio, diantre, dianche, diaño* (Ast.), *demontre, demonche* (Ast. y And.). V. demonio.

**demoníaco, -ca** *adj. Diabólico, infernal, satánico, luciferino.* 2 *Endemoniado, energúmeno, poseso.*

**demonio** *m. Diablo, Satán, Luzbel, Leviatán, Belcebú, Belial, Cachano* (burl.), *Pateta* (burl.), *Pero Botera* (burl.).

**demontre** *m.* eufem. y fam. *Diablo, demonio, diantre, dianche, diaño*

**demora**                

(Ast.), *demonche, demongo* (Ast. y And.). V. demonio.

**demora** *f. Tardanza, dilación, retraso, aplazamiento\*, postergación* (Amér.). Cuando deliberadamente se retrasa la celebración de un acto hasta un plazo determinado, *aplazamiento,* y en varios países de Amér., *postergación.* "La *demora* envuelve la idea de suspensión de la acción o del movimiento; la *tardanza* (y el *retraso)* son simplemente la consumación de un hecho en tiempo posterior al preciso o señalado. La *dilación* es el exceso de duración de una obra comenzada, sin tener solución de continuidad en el tiempo empleado. Hay *demora* en un viaje cuando un viajero se detiene en el camino para visitar un amigo. *Tarda* el correo, quiere decir que no llega a la hora en que se aguarda. Hay *dilación* en la terminación de la audiencia, cuando hacen largos discursos los abogados" (M).

**demorar** *tr. Retrasar, diferir\*, dilatar* (ant.), *retardar, aplazar\*, atrasar\*.* Véase *atrasar* y *aplazamiento.* ↔ ADELANTAR. *2 intr.-prnl. Detenerse, pararse. 3 Amér. Tardar.*

**demostración** *f. Argumento, razón, prueba\*, señal.*

**demostrar** *tr. Probar\*, evidenciar, patentizar. 2 Manifestar, mostrar.*

**demulcente** *adj.-m. Emoliente.*

**dendrita** *f.* MINERAL. *ágata dendrítica, piedra de Mocha.*

**dendroide** *adj.* BOT. *Arborescente, dendroideo.*

**dendroideo, -ea** *adj.* BOT. *Arborescente, dendroide.*

**denegación** *f.* DER. *Negativa, negación, desestimación* (DER.).

**denegar** *tr. Desestimar, negar.* ↔ ACEPTAR, APROBAR.

**denegrecer** *tr.-prnl. Ennegrecer, denegrir, negrecer.* ↔ BLANQUEAR.

**denegrido, -da** *adj. Fuliginoso, oscurecido, tiznado.*

**denegrir** *tr.-prnl. Ennegrecer, denegrecer, negrecer.* ↔ BLANQUEAR.

**dengoso, -sa** *adj. Melindroso, remilgado.*

**dengue** *m. Melindre, remilgo.*

**denigrador, -ra** *adj.-s. Detractor, maldiciente, infamador, calumniador.*

**denigrar** *tr. Infamar, desacreditar, desprestigiar, vilipendiar, difamar\*.* ↔ HONRAR, ALABAR. *2 Injuriar, ofender, despreciar\*.* ↔ HONRAR, ALABAR.

**denodado, -da** *adj. Esforzado, intrépido, valiente, animoso, decidido, resuelto, valeroso.*

**denominación** *f. Nombre, designación.*

**denominar** *tr. Nombrar\*, llamar, designar, titular, bautizar.*

**denostar** *tr. Injuriar\*, insultar, ofender, vilipendiar, ultrajar. Denostar es injuriar a uno de palabra o en su presencia.*

**denotar** *tr. Indicar, significar, señalar.*

**densidad** *f. Peso específico. 2 Consistencia, dureza, turbiedad, viscosidad.* ↔ LEVEDAD, BLANDURA, CLARIDAD, FLUIDEZ.

**densímetro** *m. Areómetro, pesalicores, alcoholímetro, pesaleches, galactómetro, lactómetro, oleómetro.*

**denso, -sa** *adj. Pesado. 2 Compacto, apiñado, apretado, espeso, sólido\*.* Tratándose de líquidos, *espeso.*

**dental** *adj. Dentario.*

**dentar** *intr. Endentecer.*

**dentario, -ria** *adj. Dental.*

**dentellada** *f. Mordedura.*

**dentellear** *intr. Mordiscar, mordisquear.*

**dentera** *f.* fig. *Envidia, pelusa.*

**dentiatría** *f. Odontatría, estomatología, odontología.*

**dentiforme** *adj. Odontoide.*

**dentista** *adj.-com. Odontólogo, estomatólogo, sacamuelas* (desp.). Los dos primeros son tecnicismos. *Dentista* es el nombre general.

**dentro** *adv. l.-adv. t. Adentro.* ↔ FUERA.

**denuedo** *m. Brío, esfuerzo, intrepidez, valor, decisión, resolución, arrojo, de-*

terminación, audacia, ánimo*. ↔ CO-
BARDÍA.
**denuesto** m. Insulto*, injuría, ofensa,
dicterio, improperio, perrería. ↔ ALA-
BANZA, DESAGRAVIO.
**denuncia** f. Delación, acusación, soplo.
**denunciador, -ra** adj.-s. Acusador,
delator*, soplón, acusón, acusica, acusique, acusetas (Amér.), denunciante*.
**denunciante** com. Delator*, denunciador, acusador, soplón (fam.). Delator y
soplón connotan clandestinidad u
ocultación de la denuncia; en tanto
que el denunciante procede con la claridad del que ejercita un derecho.
**denunciar** tr. Delatar, descubrir, revelar, acusar. ↔ TAPAR, ESCONDER, DE-
FENDER.
**deontología** f. ética*.
**departamento** m. Sección, sector, grupo, división. 2 Amér. Apartamento
(Amér.), piso.
**departir** intr. Conversar*, hablar, platicar.
**depauperar** tr. Empobrecer. 2 Debilitar, extenuar. ↔ FORTALECER, ENGOR-
DAR.
**dependencia** f. Subordinación, sujeción. ↔ SUPERIORIDAD, REBELDÍA.
**depender** intr. Pender (lit.).
**dependiente** adj. Anejo, anexo, agregado, afecto, unido.
**dependiente, -ta** s. Empleado (de un
comercio).
**depilación** f. Epilación.
**depilatorio, -ria** adj. Epilatorio.
**deplorable** adj. Sensible, lamentable,
doloroso, lastimoso, luctuoso.
**deplorar** tr. Lamentar, sentir, dolerse.
↔ ALEGRARSE.
**deponer** tr. Destituir, dejar cesante, separar del servicio. El primero, esp. si
se trata de una autoridad; los dos últimos, si se trata de un empleado. ↔
INSTITUIR. 2 Atestiguar, testificar, declarar. ↔ CALLAR. 3 intr. Cagar, defecar,
exonerar, evacuar el vientre, hacer de
cuerpo.
**deportación** f. Destierro*, extrañamiento, exilio, proscripción.

**deportar** tr. Desterrar, expulsar, extrañar.
**depositar** tr.-prnl. Sedimentar, posar,
reposar, precipitar. ↔ RESOLVER, IM-
PURIFICAR, FLUIR.
**depósito** m. Acopio*, acopiamiento,
acumulación, provisión, almacenamiento, acaparamiento.
**depravación** f. Envilecimiento, perversión, corrupción, desenfreno, maldad.
"La depravación desfigura, hace disforme; la corrupción gasta, descompone, disuelve (...) La depravación da
a la cosa una dirección contraria a la
que debe tener; y la corrupción pugna
por destruir las cualidades esenciales
que ella debe tener. Lo que se deprava
pierde su modo propio de ser y de
obrar; lo que se corrompe pierde su
virtud y su sustancia. La idea de depravación es contraria a la de lo bello;
la idea de corrupción es más bien contraria a la de lo bueno. Comparando
una persona muy contrahecha con
una de muy mala salud, tendremos
en estas dos imágenes las diferencias
distintivas de la depravación y de la corrupción. Un juicio no recto es depravado; un juicio no puro es corrompido"
(Ci). ↔ BONDAD. 2 Relajación, laxitud,
flojedad. ↔ FORTALEZA.
**depravado, -da** adj. Perverso, malo,
malvado, maligno, corrupto, protervo,
enviciado, bellaco, ruin, bajo. ↔ BUE-
NO.
**depravar** tr.-prnl. Viciar, corromper,
malear, pervertir, envilecer. ↔ MORALI-
ZAR, SANAR.
**deprecación** f. Ruego, súplica. Deprecación es intensivo y supone gran vehemencia.
**deprecar** tr. Rogar*, suplicar, instar,
impetrar. Impetrar y deprecar denotan
gran ahínco y rendimiento.
**depreciar** tr. Abaratar, bajar, rebajar,
reducir el precio. Este es voz más escogida que abaratar, y por ello se usa
esp. en economía, banca y grandes
negocios. Se deprecia la moneda, los

valores públicos, y se *abarata* el pan. ↔ ENCARECER, VALORAR.

**depredación** *f. Saqueo, robo, pillaje.* 2 *Malversación.*

**depresión** *f. Baja, descenso.* ↔ ALTURA. 2 *Hundimiento, concavidad.* P. ej.: *depresión* del terreno. ↔ CONVEXIDAD. 3 *Humillación, degradación.* 4 *Abatimiento\*, melancolía, desaliento, desánimo.* ↔ ANIMACIÓN.

**deprimir** *tr. Humillar, rebajar, degradar, despreciar\*, desairar, desdeñar, desechar, denigrar, vilipendiar.* ↔ APRECIAR. 2 *Abatir, desalentar, desanimar.* ↔ ANIMAR, LEVANTAR.

**depuración** *f. Purificación, refinación.*

**depurado, -da** *adj. Acendrado, puro, impecable, acrisolado, pulido, trabajado, elaborado, cuidado.* ↔ DESCUIDADO.

**depurador, -ra** *adj. Depurante, depurativo.*

**depurante** *adj. Depurador, depurativo.*

**depurar** *tr. Purificar\*, limpiar.* ↔ IMPURIFICAR, ENSUCIAR. 2 fig. *Acrisolar, perfeccionar.*

**depurativo, -va** *adj. Depurante, depurador.*

**derby** *m.* anglic. DEP. *Partido de la máxima.* Tratándose de un partido de fútbol.

**derecha** *f. Diestra.*

**derechamente** *adv. m. Rectamente, en derechura, directamente.* 2 *A las claras, francamente, abiertamente.* 3 *Justamente, con rectitud.*

**derecho** *m. Facultad, opción.* 2 *Justicia, razón.* ↔ DEBER, INJUSTICIA, SINRAZÓN. 3 *Anverso, cara.* V. derechos.

**derecho, -cha** *adj. Recto, seguido, directo.* 2 *Justo, fundado, legítimo.* 3 *Vertical, erguido.* 4 *Diestro.*

**derechos** *m. pl. Impuesto, tributo, gabela.* V. derecho.

**derechura. En derechura** *loc. adv. Derechamente, rectamente, directamente.*

**derivación** *f. Deducción, consecuencia, conclusión, resultado.*

**derivar** *intr.-prnl. Originarse, proceder, deducirse\*, seguirse, emanar.* 2 MAR. *Abatir.* 3 *tr. Encaminar, conducir, dirigir.*

**derivativo, -va** *adj.* FARM. *Purgante, lapáctico.*

**dermal** *adj. Dérmico.*

**dermatoide** *adj. Dermoide.*

**dermatosis** *f.* MED. *Dermopatía.*

**dérmico, -ca** *adj. Dermal.*

**dermis** *f.* lat. MED. *Piel.*

**dermoide** *adj. Dermatoide.*

**dermopatía** *f.* MED. *Dermatosis.*

**derogar** *tr. Abolir\*, anular, suprimir.* ↔ PROMULGAR, RATIFICAR.

**derramadero** *m. Vertedero, escombrera, basurero, muladar* (ant.).

**derramado, -da** *adj. Gastador, malgastador, manilargo, manirroto, derrochador, despilfarrador, disipador, pródigo.*

**derramamiento** *m. Efusión.* "La palabra más usada es la de *derramamiento*, que vale tanto como verter o esparcir cosas menudas o líquidas, en especial sangre; y propiamente la acción de inclinar un vaso para que salga despacio el líquido que contenía. La *efusión* parece indicar movimiento más rápido, más abundante, más continuado que el *derramamiento*; y que la acción se verifica sin tener que vencer obstáculo alguno. De cualquier herida resulta mayor o menor *derramamiento* de sangre; pero para que se pueda decir con propiedad que ha habido *efusión* de sangre, es menester que el derrame haya sido muy abundante" (O).

**derramar** *tr.-prnl. Esparcir, verter, diseminar.* 2 fig. *Publicar, divulgar, extender.* 3 *prnl. Desembocar, desaguar.*

**derrapaje** *m. Derrape.*

**derrapar** *intr.* galic. *Patinar.*

**derrape** *m. Derrapaje.*

**derredor** *m. Circuito, contorno, rededor.*

**derrenegar** *tr. Abominar, condenar, maldecir, decir pestes, execrar.*

**derrengar** *tr.-prnl. Desriñonar, descaderar.*

**derreniego** *m.* rúst. *Blasfemia, reniego, voto, juramento, maldición.*

**derretido** *m. Hormigón, calcina* (p. us.), *concreto, mazacote, nuégado, garujo.*

**derretido, -da** *adj.* fig. *Enamorado, amartelado.*

**derretir** *tr.-prnl. Liquidar*, licuar, regalar, fundir.* Los tres primeros y *derretir* tratándose de sólidos blandos, como la cera, las resinas, mantecas, etc. Hablando de metales, *fundir.* ↔ SOLIDIFICAR. 2 *prnl.* fig. *Enamorarse, enardecerse.* 3 *Inquietarse, impacientarse.*

**derribar** *tr. Tirar, tumbar, echar al suelo, echar a rodar, hacer morder el polvo, demoler, derrumbar, derruir, hundir, arruinar.* Tratándose de construcciones. ↔ ALZAR, CONSTRUIR. 2 *Postrar, abatir.*

**derribos** *m. pl.* CONSTR. *Despojos.*

**derrocadero** *m. Despeñadero, precipicio, derrumbadero.*

**derrocar** *tr. Despeñar, precipitar.* 2 *Derribar, derrumbar, demoler, derruir.*

**derrochador, -ra** *adj.-s. Pródigo, derramado, malgastador, manirroto, despilfarrador, dilapidador.*

**derrochar** *tr. Dilapidar, malgastar, malbaratar, despilfarrar, disipar, estar a mal con el dinero, tirar por la ventana, tener un agujero en las manos, prodigar*.* ↔ GUARDAR, AHORRAR.

**derroche** *m. Despilfarro, dilapidación, prodigalidad.* 2 fig. *Abundancia, exceso*.*

**I derrota** *f. Camino, senda, sendero, vereda, rumbo, rota, ruta, derrotero.* En tierra, los cuatro primeros. En el mar, los cuatro últimos.

**II derrota** *f. Vencimiento, rota, desbaratamiento, descalabro.*

**derrotado, -da** *adj. Roto, andrajoso, harapiento, destrozado, pobre, arruinado.*

**derrotar** *tr. Vencer, desbaratar, batir, destrozar.* ↔ PERDER.

**derrotero** *m.* MAR. *Rumbo, rota, ruta, derrota.* 2 *Dirección, camino.*

**derruir** *tr. Derribar, demoler, arruinar.*

**derrumbadero** *m. Despeñadero, derrocadero, precipicio.*

**derrumbar** *tr. prnl. Precipitar, despeñar.* 2 *Derruir, demoler, arruinar, desplomarse.*

**derrumbe** *m. Caída*, descenso, declinación, decadencia, desplome.*

**desabor** *m. Sinsabor, insipidez, desabrimiento.*

**desaborido, -da** *adj. Desabrido, insubstancial, insulso, insípido*, soso.*

**desabrido, -da** *adj. Insubstancial, insulso, insípido, soso, desaborido.* 2 *Áspero, desapacible, displicente, desagradable, adusto, seco, rígido, hosco, huraño, esquivo.* Hablando del carácter o del trato. ↔ SOCIABLE, AMABLE, SIMPÁTICO.

**desabrigado, -da** *adj. Inhospitalario*, cruel, inhumano, bárbaro, desapacible, inhóspito, inclemente.*

**desabrigar** *tr. Destapar, desarropar.* ↔ ABRIGAR. 2 fig. *Desamparar.* ↔ AMPARAR.

**desabrimiento** *m. Desazón.* ↔ SAPIDEZ, GUSTO. 2 *Aspereza, displicencia.* ↔ SIMPATÍA.

**desacato** *m. Irreverencia, falta de respeto.* ↔ REVERENCIA. 2 *Desobediencia, insumisión, rebeldía.* ↔ ACATO.

**desaceleración** *f.* MEC. *Deceleración.*

**desacelerar** *tr.* MEC. *Decelerar.*

**desacertadamente** *adv. m. Mal*, indebidamente, injustamente, incorrectamente, malamente.* ↔ ACERTADAMENTE, CORRECTAMENTE.

**desacertado, -da** *adj. Desatinado, disparatado, descabellado, absurdo.* ↔ LÓGICO, ATINADO. 2 *Erróneo, equivocado, falso, inexacto, errado, incorrecto.* ↔ ACERTADO, EXACTO, CORRECTO, CIERTO.

**desacertar** *intr. Errar, equivocarse, engañarse, fallar, marrar*.* ↔ ACERTAR.

**desacierto** *m. Error*, yerro, equivoca-*

*ción, desatino, disparate, dislate, torpeza, desaguisado, barbaridad.*

**desacomodado, -da** *adj. Parado, desocupado, cesante, sin oficio ni beneficio.* Si se trata de un funcionario, *cesante.* ↔ ACOMODADO, EMPLEADO. 2 *Incómodo.*

**desacomodo** *m. Desconveniencia, incomodidad, disconveniencia.*

**desaconsejar** *tr. Disuadir.* ↔ ACONSEJAR, PERSUADIR.

**desacorde** *adj. Disconforme, discordante, desavenido.* 2 *Destemplado, desentonado, desafinado.* Tratándose de voces o instrumentos músicos.

**desacostumbrado, -da** *adj. Insólito.* ↔ ACOSTUMBRADO.

**desacostumbrar** *tr. Deshabituar, desavezar.* V. acostumbrar.

**desacreditado, -da** *adj.-s. Infame, deshonrado.*

**desacreditar** *tr. Denigrar, infamar, desprestigiar, vilipendiar, descalificar, desconceptuar, incapacitar, desautorizar, deslucir, empañar\*.* ↔ HONRAR, ALABAR, CAPACITAR, AUTORIZAR, ACREDITAR.

**desactivar** *tr.* ELECTR. *Desconectar, inhibir.* ↔ ACTIVAR, CONECTAR.

**desacuerdo** *m. Discordia, disconformidad\*, desavenencia, desunión, manzana de la discordia, malquistamiento, disidencia, escisión, cisma, ruptura.* ↔ ACUERDO, CONCORDANCIA, PACTO.

**desadormecer** *tr. Desentumecer, desentumir.*

**desadvertido, -da** *adj. Inadvertido, desapercibido.*

**desafección** *f. Antipatía\*, desafecto, malquerencia, animosidad.* ↔ AFECTO, AMISTAD, VOLUNTAD.

**desafecto** *m. Antipatía\*, desafección, desestimación, malquerencia, aversión, animosidad.*

**desafecto, -ta** *adj. Contrario, opuesto.*

**desafiar** *tr. Retar, provocar, echar el guante, publicar armas, salir al campo.* 2 *Competir, rivalizar.*

**desafilar** *tr.-prnl. Embotar, mellar, despuntar.*

**desafinación** *f. Destemple, disonancia, desentono.*

**desafinado, -da** *adj. Desacorde, destemplado, desentonado.*

**desafinar** *intr.-prnl. Desentonar.* ↔ AFINAR, TEMPLAR.

**desafío** *m. Reto, duelo.* Este último, cuando está sujeto a ciertas reglas. 2 *Rivalidad, competencia.* V. duelo.

**desaforado, -da** *adj. Desatentado, desordenado.* 2 *Desmedido, desmesurado, enorme, descomunal.* ↔ COMEDIDO.

**desafortunado, -da** *adj. Desventurado, malaventurado, desgraciado, desdichado, infortunado, infeliz, infausto, aciago.* Tratándose de tiempos, sucesos, señales, etc., *infausto, aciago.* ↔ AFORTUNADO, FELIZ.

**desafuero** *m. Demasía, desmán, exceso, abuso, atropello, tropelía, arbitrariedad, barrabasada, injusticia, iniquidad, ilegalidad.*

**desagradable** *adj. Molesto, irritante, enojoso, penoso, fastidioso, enfadoso, pesado, engorroso, incómodo\*.* En la actualidad es frecuente, entre personas educadas, usar *desagradable* como eufemismo en lugar de adjetivos más intensos, como los sinónimos recogidos.

**desagradar** *intr. Disgustar, descontentar, enfadar, enojar, fastidiar, molestar, tener mala sombra, no ser santo de su devoción, echar con cajas destempladas.* ↔ AGRADAR, GUSTAR.

**desagradecido, -da** *adj. Ingrato.* "Para ser *desagradecido* basta no agradecer el beneficio; pero el *ingrato* añade a ello la injusticia de su mal proceder. Aquél puede serlo por indolencia; éste lo es siempre por malicia. El *desagradecido* mira con indiferencia el bien que recibe; el *ingrato*, lo mira como una carga que le irrita contra su bienhechor; y a veces sirve de estímulo a su odio, no sólo el beneficio que le pesa, sino aun la injusticia misma de su propia *ingratitud"* (LH).

**desagradecimiento** *m. Ingratitud, egoísmo.* ↔ GRATITUD, LEALTAD.

**desagrado** *m. Disgusto, descontento, fastidio, enojo, molestia.*

**desagraviar** *tr. Reparar, satisfacer.*

**desagravio** *m. Reparación, satisfacción.* ↔ OFENSA, PERJUICIO.

**desagregación** *f. Disociación, separación, disgregación.* ↔ UNIÓN, FUSIÓN. 2 MED. *Despersonalización.*

**desagregar** *tr. Disgregar, disociar, dispersar, dividir, desunir.* 2 fig. *Desavenir, indisponer, malquistar, enemistar.*

**desaguadero** *m. Despedida, desagüe.*

**desaguar** *tr. Vaciar, sanear, secar.* Tratándose de tierras encharcadas, marismas, etc., los dos últimos. 2 fig. *Disipar, consumir.* 3 *intr. Desembocar, derramar, verter.*

**desaguisado** *m. Entuerto, agravio\*, atropello, descomedimiento.* 2 *Desacierto, disparate, barbaridad.*

**desagüe** *m. Desaguadero, despedida.*

**desahogado, -da** *adj. Descarado, descocado, fresco, desenvuelto, desvergonzado.* 2 *Desembarazado, despejado, amplio, espacioso, libre, holgado.* 3 *Desempeñado, desentrampado.*

**desahogar** *tr.-prnl. Consolar, aliviar.* ↔ DESANIMAR. 2 *Desfogar.* ↔ AHOGAR, REPRIMIR. 3 *prnl. Repararse, recobrarse.* 4 *Expansionarse, espontanearse.* ↔ REPRIMIRSE.

**desahogo** *m. Alivio, consuelo, descanso, reposo.* 2 *Desembarazo, libertad, holgura.* 3 *Expansión, esparcimiento.* 4 *Descaro, descoco, frescura, desvergüenza, atrevimiento.*

**desahuciar** *tr. Desesperanzar, desengañar.* ↔ CONSOLAR. 2 *Despedir, expulsar, lanzar.* ↔ ACOGER, RECIBIR.

**desairado, -da** *adj. Desgarbado, desgalichado.* 2 *Desatendido, desdeñado, chasqueado, burlado.*

**desairar** *tr. Desatender, desestimar, desdeñar, despreciar, pasar por alto, hacer caso omiso de.* ↔ APRECIAR,

ATENDER. 2 *Burlar, chasquear, engañar, frustrar.*

**desaire** *m. Desatención, desestimación, desdén, disfavor, desprecio, descortesía, grosería, feo.*

**desajustar** *tr. Desencajar, desmontar, desconcertar.* 2 *prnl. Desconvenirse, desavenirse.*

**desajuste** *m. Desarreglo, desorden, desconcierto, desorganización, desbarajuste.* 2 *Desunión, separación.* ↔ UNIÓN.

**desalentado, -da** *adj. Alicaído, triste, desanimado, decaído, abatido, aliquebrado.*

**desalentar** *tr.-prnl. Desanimar, acobardar, descorazonar, arredrar, atemorizar, amedrentar, intimidar, acoquinar, caerse el alma a los pies, caerse las alas del corazón.* ↔ ANIMAR, ENVALENTONAR. 2 *prnl. Desfallecer, decaer, debilitarse, flaquear, desmayarse, flojear, abatir\*.*

**desaliento** *m. Decaimiento, desánimo, abatimiento\*, postración, quebranto, aflicción, pena.* 2 *Disciplencia, apatía, indolencia, dejadez.*

**desaliñado, -da** *adj. Abandonado, desaseado, sucio,* (ir) *hecho un pordiosero.*

**desaliño** *m. Negligencia, descuido, desaseo, desatavío, desidia, dejadez.* ↔ COMPOSTURA, ADORNO.

**desalmado, -da** *adj. Cruel, inhumano, bárbaro.* ↔ BONDADOSO, HUMANITARIO.

**desalmar** *tr.-prnl. Desasosegar, inquietar, intranquilizar, desazonar, estar en vilo, estar sobre espinas.* ↔ TRANQUILIZAR, AQUIETAR.

**desamparado, -da** *adj. Abandonado, dejado, descuidado, desvalido.* ↔ AMPARADO.

**desamparar** *tr. Abandonar\*, dejar, desasistir, desatender, dejar en la estacada, volver las espaldas, dejar en las astas del toro.* "Se *desampara* al que se halla necesitado; se *abandona* al que se halla en riesgo. El *desamparo* se refiere al bien necesario de que se priva al *desamparado*; el *abandono* se refiere al mal inminente a que se deja expuesto al *abandonado*. El rico que no socorre a su familia pobre, la *desampara*; pero si lo hace cuando esta se halla en un inminente riesgo de perecer o de sacrificar su honor, la *abandona*. El *desamparado* puede no deber su desgracia a la malicia; pero el *abandonado* la debe siempre a un descuido reprensible o a una intención maliciosa. Un niño que ha perdido a sus padres, y no tiene quien le cuide, está *desamparado*. Un joven a quien sus padres han echado de su casa, o no cuidan de su crianza o conducta, está *abandonado*" (LH). ↔ AMPARAR, ASISTIR, ATENDER. 2 *Ausentarse, marcharse, irse.*

**desamparo** m. *Abandono, cerrarse todas las puertas.* ↔ AMPARO.

**desangrado, -da** adj. *Exangüe.*

**desanimado, -da** adj. *Lánguido, abatido, decaído, triste, desalentado, aliquebrado, alicaído.* ↔ ANIMADO.

**desanimar** tr. *Desalentar, acobardar, descorazonar, atemorizar, arredrar, intimidar, cortar las alas, matar las ilusiones, abatir*.* ↔ ANIMAR, ENVALENTONAR.

**desánimo** m. *Decaimiento, desaliento, abatimiento*, postración.*

**desapacible** adj. *Desagradable, destemplado, duro, áspero, riguroso, acerbo, inhospitalario*.* ↔ SUAVE, APACIBLE.

**desaparear** tr. *Desparejar.*

**desaparecer** intr. *Desparecer* (ant.), *ocultarse, esconderse, perderse, volatilizarse.* ↔ APARECER, DESTAPARSE. 2 *Fugarse, huir, desvanecerse, escabullirse, escaparse, escurrirse, escurrir el bulto, descabullirse.* 3 eufem. *Caer, sucumbir, morir, perecer, fallecer, pasar a mejor vida.*

**desaparejar** tr. *Descasar, desarticular, descoyuntar, desajustar.*

**desapegado, -da** adj. *Frío, indiferente, desafecto, despegado.*

**desapego** m. *Despego, desafecto, des-*

vío, frialdad, esquivez, aspereza, desdén, desinterés.* ↔ APEGO, AFICIÓN, APRECIO, INTERÉS. 2 *Desprendimiento, desasimiento, abnegación.*

**desapercibido, -da** adj. *Desprevenido, descuidado.* ↔ PREVENIDO. 2 galic. *Inadvertido.*

**desapiadado, -da** adj. *Despiadado, cruel, inhumano.*

**desaplicado, -da** adj. *Desatento, desaprovechado, holgazán, perezoso.*

**desaplomar** tr. *Desplomar, inclinar.*

**desapoderado, -da** adj. *Precipitado, atolondrado.* 2 fig. *Furioso, violento.*

**desaposesionar** tr. *Desposeer, desapropiar, expropiar, despojar, quitar.*

**desaprensión** f. *Lisura, frescura, desvergüenza, desahogo.*

**desapretar** tr. *Aflojar, distender, soltar.* ↔ APRETAR, CEÑIR.

**desaprobación** f. *Vituperio, censura, reproche.*

**desaprobar** tr. *Reprobar, vituperar, censurar, condenar, improbar* (desus.), *suspender.* En exámenes, *suspender.*

**desaprovechado, -da** adj. *Desaplicado, desatento, holgazán, perezoso.*

**desaprovechar** tr.-prnl. *Perder, malbaratar, desperdiciar, malgastar.* ↔ APROVECHAR, GUARDAR.

**desarbolar** tr. *Desmantelar.*

**desarmado, -da** adj. *Indefenso, inerme, desguarnecido.*

**desarmar** tr. *Desmontar, descomponer, desarticular.*

**desarraigar** tr.-prnl. *Arrancar, desplantar.* ↔ ARRAIGAR, PLANTAR. 2 *Extinguir, extirpar.* ↔ PERMANECER.

**desarrapado, -da** adj. *Andrajoso, harapiento, haraposo, pingajoso, roto, trapiento, zarrapastroso.*

**desarreglar** tr.-prnl. *Desordenar, descomponer, alterar, trastornar, desajustar, desorganizar.* ↔ ARREGLAR, COMPONER, CONCERTAR.

**desarreglo** m. *Desorden, desajuste, desconcierto, desorganización, desbarajuste.*

**desarrollar** tr. *Descoger, desenrollar, desenvolverse, desplegar.* 2 *Perfeccio-*

*nar, fomentar, aumentar, crecer, progresar, adelantar, formar, prosperar, medrar, florecer.* 3 *Extender, ampliar\*, explicar\*, exponer.* 4 *prnl. Germinar, nacer, brotar, crecer\*.*

**desarrollo** *m. Crecimiento, incremento, aumento, adelanto, progreso, desenvolvimiento.* 2 *Explicación, exposición.*

**desarropar** *tr. Desabrigar, destapar.*

**desarrugar** *tr. Alisar.* ↔ ARRUGAR.

**desarrumar** *tr.* MAR. *Desatorar.*

**desarticular** *tr. Descasar, desaparejar, descoyuntar, desajustar, desarmar, desmontar, descomponer.*

**desaseado, -da** *adj. Descuidado, dejado, desaliñado, sucio, adán, estropajoso, andrajoso, roto, harapiento.* Los tres primeros se utilizan en general. Aplicado a una persona, *adán.*

**desaseo** *m. Abandono, desaliño, suciedad.*

**desasimiento** *m. Desinterés, despego, abnegación, largueza, liberalidad, generosidad, desprendimiento\*.*

**desasir** *tr.-prnl. Soltar, desatar, desprender.* ↔ ASIR, APRETAR. 2 *prnl. Desinteresarse, desapropiarse.*

**desasistir** *tr. Abandonar\*, dejar, desamparar\*, desatender, desentenderse, descuidar, ceder.* ↔ AMPARAR, ATENDER, CELAR, GUARDAR, CUIDAR.

**desasnar** *tr. fig.* y *burl. Desbastar, educar, afinar.*

**desasosegado, -da** *adj. Bullicioso, inquieto, revoltoso, febril, ardoroso, agitado.* ↔ TRANQUILO, SOSEGADO.

**desasosegar** *tr.-prnl. Inquietar, desalmar, intranquilizar, desazonar, estar en vilo, estar sobre espinas.* ↔ TRANQUILIZAR.

**desasosiego** *m. Inquietud, intranquilidad, ansiedad, desazón, malestar.*

**desastrado, -da** *adj. Desgraciado, infeliz.* 2 *adj.-s. Roto, desarrapado, zarrapastroso, haraposo, harapiento, andrajoso.*

**desastre** *m. Calamidad, devastación, ruina, catástrofe, cataclismo\*, bancarrota, hundimiento, desgracia, percance, accidente, contratiempo.* ↔ VICTORIA, TRIUNFO, GANANCIA.

**desastroso, -sa** *adj. Astroso, desastrado, infeliz, infausto, calamitoso, desgraciado, infortunado.* ↔ AFORTUNADO.

**desatancar** *tr. Desatascar, desatrampar, desatrancar.*

**desatar** *tr.-prnl. Desligar, desenlazar, deshacer, soltar.* 2 *prnl. Desencadenarse, desenfrenarse.* Hablando de las fuerzas naturales o de las pasiones.

**desatascar** *tr. Desatollar.* 2 *Desatancar, desatrancar, desatrampar.* 3 fig. *Sacar de apuros.*

**desatavío** *m. Desaliño, negligencia, descuido, desaseo, desidia, dejadez.* ↔ COMPOSTURA.

**desatención** *f. Inatención, distracción.* 2 *Incorrección, descortesía, descomedimiento, grosería\*.* ↔ CORTESÍA, URBANIDAD, FAVOR.

**desatender** *tr. Descuidar, abandonar\*, olvidar, distraerse.* 2 *Desoír, desasistir, desestimar, desdeñar, pasar por alto, hacer caso omiso de, desamparar\*.*

**desatendido, -da** *adj. Arrinconado, olvidado, postergado, aislado, desdeñado.*

**desatentado, -da** *adj.-s. Desatinado, desconcertado, inconsiderado.* 2 *adj. Excesivo, riguroso, desordenado.*

**desatento, -ta** *adj. Distraído, descuidado.* 2 *Descortés, inconsiderado, grosero.*

**desatiento** *m. Desasosiego, inquietud, destiento, sobresalto, alteración.*

**desatinado, -da** *adj. Desarreglado, desatentado.* 2 *Disparatado, descabellado, desacertado, absurdo.*

**desatinar** *intr. Barbarizar, disparatar, desbarrar.*

**desatino** *m. Disparate, despropósito\*, desacierto, dislate, error\*.* ↔ RAZONAMIENTO, ACIERTO. 2 *Locura.* ↔ CORDURA.

**desatollar** *tr. Desatascar.*

**desatolondrar** *tr.-prnl. Desaturdir.*

**desatorar** *tr. Desarrumar.*

**desatornillar** tr. Destornillar, desenroscar.

**desatrampar** tr. Desatancar, desatascar, desatrancar.

**desatrancar** tr. Desatancar, desatascar, desatrampar.

**desatufar** tr.-prnl. Desenojar, desempacar, desencapotar, aplacar. ↔ ENOJAR, ENFADAR.

**desaturdir** tr.-prnl. Desatolondrar.

**desautorizar** tr. Anular, incapacitar. ↔ CONFIRMAR, CONVALIDAR, AUTORIZAR.

**desavenencia** f. Discordia, desunión, desacuerdo, disentimiento, disconformidad*, disputa, disgusto, escisión, rompimiento, ruptura, cisma. ↔ ACUERDO, AMISTAD.

**desavenido, -da** adj. Desacorde, disconforme, discordante.

**desavenirse** prnl. Desconvenirse.

**desaviar** tr.-prnl. Descaminar, desviar, desencaminar, descarriar, irse fuera del camino, salirse del camino.

**desavío** m. Desaliño, desorden, incomodidad.

**desayuno** m. Almuerzo, comida.

**desazón** f. Desabrimiento, insipidez, aspereza. ↔ SAZÓN. 2 fig. Disgusto, pesadumbre, sinsabor, descontento, contrariedad*. 3 Inquietud, desasosiego, malestar. ↔ SOSIEGO.

**desazonar** tr.-prnl. Molestar, fastidiar, enojar, enfadar, disgustar*, sacar de sus casillas. 2 Desasosegar, inquietar, desalmar, intranquilizar, estar en vilo, estar sobre espinas, poner los nervios de punta. ↔ TRANQUILIZAR, SOSEGAR. 3 prnl. fig. Destemplarse, descomponerse, indisponerse. ↔ TRANQUILIZARSE.

**desbandado, -da** adj. Desmandado, desgobernado.

**desbandarse** prnl. Dispersarse, desparramarse, huir, desperdigarse, desmandarse*. 2 Desertar.

**desbarajustar** tr. Desorganizar, descomponer, desordenar, desarreglar, trastornar, desbaratar.

**desbarajuste** m. Desarreglo, desorden, confusión, desconcierto, desorga-

nización, desgobierno. Desbarajuste es expresión intensificada de estos sustantivos. En lo social o político, desorganización, desgobierno. 2 Follón, gresca, tumulto, bronca.

**desbaratamiento** m. Derrota, vencimiento, rota.

**desbaratar** tr.-prnl. Deshacer, descomponer, desconcertar, arruinar, aniquilar*. ↔ ARREGLAR, HACER, COMPONER. 2 Disipar, malgastar, malbaratar, derrochar, despilfarrar. ↔ AHORRAR. 3 intr. Disparatar, desatinar, desbarrar.

**desbarrar** intr. Disparatar, desatinar, desbaratar.

**desbastar** tr. Descortezar. 2 fig. Desasnar, educar, afinar, limar*.

**desbeber** intr.-prnl. fam. Orinar, hacer pis, hacer pipí, mear (vulg.), hacer aguas menores, miccionar.

**desbocado, -da** adj. fig. Deslenguado, malhablado, maldiciente, lenguaraz.

**desbocarse** prnl. Dispararse, precipitarse.

**desbordamiento** m. Llena, riada, crecida*. Tratándose de ríos o arroyos. 2 fig. Desenfreno. Tratándose de la conducta.

**desbuchar** tr. Desembuchar.

**descabalado, -da** adj. Incompleto, truncado, fragmentario, inacabado, no acabado, imperfecto, defectuoso.

**descabalgar** intr. Apearse, desmontar, bajar, descender.

**descabellado, -da** adj. fig. Desatinado, disparatado, desacertado, irracional, absurdo.

**descabezar** tr.-prnl. fam. Descalabrar, abrir la cabeza, romper la crisma, romper el bautismo, escalabrar.

**descabullirse** prnl. Escabullirse, escaparse, escurrirse, escurrir el bulto, deslizarse, desaparecer.

**descaderar** tr.-prnl. Derrengar.

**descaecer** intr. ant. Decaer, venir a menos.

**descaecimiento** m. p. us. Abatimiento, decaimiento, desfallecimiento, postración. Descaecimiento fue muy frecuente en los escritores clásicos. ↔ ALIENTO, FORTALEZA.

**descalabazarse** *prnl. Descrismarse, calentarse la cabeza.*

**descalabrar** *tr.-prnl. Abrir la cabeza, romper la crisma, romper el bautismo, descabezar* (fam.)*, escalabrar.*

**descalabro** *m. Contratiempo, infortunio, desgracia, daño, pérdida.* 2 *Derrota.*

**descalcador** *m.* MAR. *Maquillo.*

**descalce** *m. Socava.*

**descalificar** *tr.-prnl. Desconceptuar, incapacitar, desautorizar, desacreditar.* ↔ CAPACITAR, AUTORIZAR, ACREDITAR.

**descalzar** *tr. Socavar, minar.*

**descamación** *f.* GEOL. *Exfoliación.*

**descambiar** *tr. Destrocar.*

**descaminar** *tr.-prnl. Desaviar, desviar, desencaminar, descarriar, irse fuera del camino, salirse del camino, extraviar, despistar, desorientar.*

**descamisado, -da** *adj.* fig. *Pobre, desarrapado, harapiento.*

**descampado, -da** *adj. Escampado, raso, despejado.*

**descansado, -da** *adj. Tranquilo, sosegado, reposado.*

**descansar** *intr. Reposar.* ↔ TRABAJAR, DESASOSEGARSE. 2 *Yacer, dormir*.* 3 *Quedar en barbecho. Tratándose de un campo.* 4 *Apoyarse, gravitar, estribar, pesar, cargar.* 5 *Confiar.*

**descansillo** *m. Meseta, descanso, mesilla, rellano.*

**descanso** *m. Respiro, reposo. Respiro es breve descanso o interrupción del trabajo; reposo sugiere mayor quietud o descanso prolongado.* ↔ TRABAJO, MOVILIDAD. 2 *Alivio, desahogo.* 3 *Descansillo, meseta, mesilla, rellano.* 4 *Asiento, apoyo, sostén.*

**descarado, -da** *adj.-s. Deslavado, desvergonzado, atrevido, descocado, insolente, deslenguado, fresco, sinvergüenza, impávido, cara dura.*

**descararse** *prnl. Atreverse, insolentarse, osar.*

**descarga** *f.* FÍS. *Liberación, chispa*.*

**descargador** *m. Sacatrapos, sacabalas.*

**descargar** *tr.-prnl. Aliviar* (la carga)*, aligerar.* 2 *tr. Asestar, hacer tiro.*

**descargo** *m. Data, haber. En las cuentas.* 2 *Satisfacción, disculpa, excusa, justificación.*

**descaro** *m. Descompostura, descoco, desvergüenza, atrevimiento, insolencia, desfachatez, avilantez, audacia, osadía.* ↔ CORTESÍA, VERGÜENZA.

**descarriar** *tr. Descaminar, desviar, desencaminar.* ↔ ENCAMINAR. 2 *tr.-prnl.* fig. *Pervertirse.*

**descarrío** *m. Aberración, extravío, desvío, engaño, error, equivocación, ofuscación.*

**descartar** *tr. Apartar, quitar, suprimir, desechar, eliminar, dejar a un lado.*

**descasar** *tr. Divorciar.* 2 *Desaparejar, desarticular, descoyuntar, desajustar.*

**descascarar** *tr. Pelar, descortezar, mondar, descascarillar.*

**descascarillar** *tr. Pelar, descortezar, mondar, descascarar.*

**descendencia** *f. Prole, sucesión, hijos.* ↔ ASCENDENCIA, ANTECESOR, PADRES. 2 *Casta, estirpe.*

**descender** *intr. Bajar, poner pie en tierra.* ↔ ASCENDER, SUBIR. 2 fig. *Rebajarse, degradarse, caer.* 3 *Decrecer, disminuir.* ↔ ASCENDER. 4 *Derivarse, seguirse.* 5 *Proceder, originarse.*

**descendiente** *com. Sucesor*.*

**descenso** *m. Bajada.* 2 *Caída, declinación, decadencia*, baja*, bajón*.*

**desceñir** *tr.-prnl. Soltar, desatar, desligar.* ↔ COGER, CEÑIR.

**descerar** *tr. Despuntar.*

**descifrable** *adj. Inteligible, comprensible, claro, legible.* ↔ DIFÍCIL, CONFUSO, INCOMPRENSIBLE, ININTELIGIBLE, INDESCIFRABLE.

**descifrar** *tr. Leer, interpretar. Descifrar supone leer, interpretar, lo que está escrito en cifra o en caracteres o lengua desconocidos.* 2 *Comprender, desentrañar, penetrar, acertar*.* ↔ IGNORAR, DESACERTAR.

**desclavador** *m. Arrancaclavos.*

**desclavar** *tr. Desenclavar* (p. us.).

**descoagular** *tr.* MED. *Descuajar.*

**descocado, -da** *adj. Atrevido, insolente, descarado, desvergonzado, fresco.*

**descoco** *m. Descaro, desvergüenza, desfachatez.*

**descoger** *tr. Desplegar, desenrollar, extender.*

**descollante** *adj. Excelente\*, notable, superior, óptimo, sobresaliente.*

**descollar** *intr. Sobresalir, resaltar, despuntar, distinguirse, señorear\*. Sobresalir, resaltar,* en sentido material o fig. *Despuntar, distinguirse,* sólo tienen uso figurado.

**descolorar** *tr.-prnl. Descolorir, decolorar* (científico), *desteñir, despintar.* ↔ PINTAR, COLOREAR, TEÑIR.

**descolorido, -da** *adj. Bajo, apagado, mortecino, pálido, desvaído, disipado, desteñido.* ↔ CHILLÓN. 2 *Macilento, flaco, demacrado, mustio, decaído, triste.* ↔ GORDO, FUERTE, VIVO.

**descolorir** *tr.-prnl. Descolorar, decolorar* (científ.), *desteñir, despintar.* ↔ PINTAR, COLOREAR, TEÑIR.

**descombrar** *tr. Desescombrar, escombrar.*

**descomedido, -da** *adj. Excesivo, desproporcionado, desmedido, desmesurado, exagerado.* 2 *Descortés, desatento, inconsiderado, grosero.* ↔ AVERGONZADO.

**descomedimiento** *m. Descortesía, desatención, desconsideración, grosería\*, desentono, salida de tono, descompostura, inconveniencia.* ↔ COMEDIMIENTO. 2 *Desaguisado, entuerto, agravio\*, atropello.*

**descomedirse** *prnl. Desentonar, descomponerse, salir de tono.* 2 *Desmandarse, propasarse, excederse.*

**descomponer** *tr. Desencajar, desajustar, desarreglar, descoyuntar, deshacer\*.* ↔ ORDENAR, ARREGLAR, AJUSTAR, ENCAJAR. 2 *Desbaratar, descertar, trastornar. Desbaratar, descertar,* equivalen aproximadamente a *trastornar* por su sentido intensivo.

"Se *descompone* de muchos modos: rompiendo, degradando, turbando la acción recíproca de la partes de un todo. Se *desordena* alterando la colocación que deben guardar las partes entre sí. Se *descompone* un mecanismo por la rotura de algún muelle o de alguna rueda. Se *desordena* una librería cuando se separan los tomos de las misma obra, o cuando se mezclan las obras sin la debida clasificación. *Trastornar* es llevar al extremo el desorden. *Desorganizar* es llevar al extremo la *descomposición*" (M). 3 *prnl. Pudrirse, corromperse.* Tratándose de una substancia o de un cuerpo animal o vegetal. 4 *Desazonarse, enfermar, indisponerse.* ↔ SANAR. 5 *Desconcertarse, desbaratarse, desquiciarse, alterarse.* Tratándose del ánimo.

**descomposición** *f. Análisis, distinción, separación.* 2 *Putrefacción, podredura, pudrimiento, corrupción, pudrición.* 3 *Diarrea.*

**descompostura** *f. Descaro, descoco, desvergüenza, atrevimiento, insolencia, desfachatez.* ↔ CORTESÍA, VERGÜENZA. 2 *Desentono, salida de tono, descomedimiento, inconveniencia.* ↔ COMEDIMIENTO.

**descompuesto, -ta** *adj. Putrefacto, podrido, corrupto, pútrido.*

**descomulgar** *tr.* rúst. o vulg. *Excomulgar.*

**descomunal** *adj. Extraordinario, monstruoso, enorme\*, gigantesco.*

**desconceptuación** *f. Descrédito, desdoro, deslustre, mancilla, deshonor, descalificación.*

**desconceptuado, -da** *adj. Malmirado, malquisto, desacreditado.* ↔ ACREDITADO, HONORABLE.

**desconceptuar** *tr. Descalificar, desacreditar, deshonrar.*

**desconcertado, -da** *adj. Desatentado, desatinado, inconsiderado, desbaratado.* ↔ ATINADO.

**desconcertar** *tr. Desordernar, turbar, alterar, confundir, desbaratar, descomponer\*.* ↔ CONCERTAR, ORDENAR. 2

*Dislocar, descoyuntar.* Tratándose de los huesos. ↔ COMPONER. **3** *prnl. Desavenirse, desacordarse.* ↔ AVENIRSE. **4** *Salir de quicio, desquiciarse, azorarse, turbarse.* Los dos primeros, por el enojo u otra pasión violenta; los dos últimos, por la duda, el miedo, la timidez, etc.

**desconcierto** *m. Desarreglo, desorden, desajuste, desorganización, desbarajuste\*.* **2** *Destemple, alteración.*

**desconectar** *tr.* ELECTR. *Desactivar, inhibir.* ↔ ACTIVAR, CONECTAR.

**desconfiado, -da** *adj. Receloso, escamado* (fam.), *suspicaz, mal pensado, escamón* (fam.), *malicioso, astuto, taimado, zorro* (fig.). El *desconfiado* por costumbre o carácter, *suspicaz, mal pensado, escamón.* ↔ CONFIADO, CRÉDULO.

**desconfianza** *f. Inconfidencia* (lit.), *prevención, aprensión, recelo, escama* (fam.), *malicia, sospecha, suspicacia, cautela\*. Aprensión,* cuando la *desconfianza* es infundada o poco fundada. La *suspicacia* es *desconfianza* habitual. V. miedo.

**desconfiar** *intr. Recelar, sospechar, maliciar, escamarse, estar escamado, andar con la mosca en la oreja.* ↔ CONFIAR, CREER. **2** *prnl. Acautelarse, cautelarse, precaverse.* ↔ CONFIARSE.

**desconformidad** *f.* p. us. *Disconformidad, desacuerdo, discordancia, disentimiento, discordia, desavenencia, desunión.* ↔ AVENIENCIA, CONFORMIDAD, ACUERDO, ENTENDIMIENTO, CONCORDIA.

**desconocer** *tr. Ignorar.* ↔ CONOCER, RECORDAR, APRENDER.

**desconocido, -da** *adj. Ignoto* (culto), *ignorado, incógnito* (culto), *incierto, anónimo.* Tratándose del autor de un escrito o libro, *anónimo.* ↔ CONOCIDO, CIERTO. **2** *adj.-s. Oscuro, humilde.* ↔ CONOCIDO, FAMOSO, CÉLEBRE. **3** ant. *Ingrato, desagradecido, olvidadizo.* ↔ FIEL.

**desconsideración** *f. Descomedimiento, descortesía, desatención, grosería.* ↔

ATENCIÓN, CONSIDERACIÓN, CORTESÍA, COMEDIMIENTO.

**desconsiderado, -da** *adj.-s. Descortés, desatento, descomedido, malcriado, grosero.* ↔ CORTÉS, EDUCADO, COMEDIDO, ATENTO.

**desconsolado, -da** *adj.* fig. *Doliente, dolorido, apenado, afligido, contristado, melancólico, triste.* ↔ ALEGRE, CONTENTO.

**desconsolar** *tr.-prnl. Atribular, desolar, angustiar, acongojar, atormentar, afligir, apenar.*

**desconsuelo** *m. Aflicción, pena, angustia, pesar, amargura, dolor\*.*

**descontar** *tr. Rebajar, deducir.* Los tres verbos tienen el significado de restar o quitar algo de una cantidad o precio. Pero *descontar* y *deducir* se aplican principalmente en la banca, en el alto comercio o en la administración pública, en tanto que *rebajar* sugiere un ambiente más popular o de comercio al por menor. En la tasación de un impuesto se *deduce* o *descuenta* una cantidad o tanto por ciento por tal o cual concepto. El vendedor *rebaja* el precio de un artículo por fin de temporada, o porque el parroquiano regatea. Fuera de sus usos comerciales o aritméticos, sólo son sinónimos *descontar* y *rebajar,* pero no *deducir.* De un relato o noticia que nos parecen exagerados o inseguros *descontamos* o *rebajamos* algo, no *deducimos.* ↔ SUMAR, ACREDITAR. **2** *Presuponer, dar por descontado.*

**descontentadizo, -za** *adj. Difícil, chinche, chinchorrero, desabrido, áspero.*

**descontentar** *tr. Desagradar, disgustar, enfadar, enojar, fastidiar, molestar, tener mala sombra.* ↔ AGRADAR, GUSTAR.

**descontento** *m. Disgusto, desagrado, queja, enojo, enfado, irritación.*

**descontento, -ta** *adj. Disgustado, malcontento, quejoso.*

**desconveniencia** *f. Incomodidad, disconveniencia, desacomodo.*

**desconvenir** *intr. Disconvenir, desavenirse, disentir, desacordarse.*

**descorazonar** *tr. Desanimar, desalentar, desmayar, intimidar, acobardar, cortar las alas, matar las ilusiones, achicar, amilanar, atemorizar, acoquinar, arredrar.* ↔ ANIMAR, ALENTAR.

**descorchador** *m. Sacacorchos, sacatapón, tirabuzón.*

**descortés** *adj.-com. Desatento, desconsiderado, descomedido, malcriado, grosero, brusco, áspero, desapacible, hosco, impolítico, inurbano, incivil, rústico.* ↔ DIPLOMÁTICO, CORTÉS, EDUCADO, ATENTO, COMEDIDO.

**descortesía** *f. Desatención, descomedimiento, desconsideración, impolítica, grosería\*, inconveniencia, falta, incorrección, rudeza, brusquedad.* ↔ CORTESÍA, APRECIO, CORRECCIÓN, CONSIDERACIÓN, AFABILIDAD.

**descortezar** *tr. Escoscar. 2 fig. Desbastar, desasnar, educar.*

**descoyuntar** *tr.-prnl. Descomponer, desencajar, desajustar, desarreglar, dislocar.* ↔ ORDENAR, ARREGLAR, COMPONER, ENCAJAR. *2 tr.-prnl Descasar, desaparejar, desarticular, desajustar.* ↔ AJUSTAR, APAREJAR, UNIR, ARTICULAR, CASAR.

**descrecimiento** *m. Disminución, decrecimiento, mengua, menoscabo, merma.* ↔ AUMENTO, INCREMENTO.

**descrédito** *m. Desdoro, deslustre, mancilla, deshonor, desconceptuación. 2 Insolvencia.*

**descreído, -da** *adj. Incrédulo, irreligioso, escéptico.* ↔ CRÉDULO, DEVOTO, ORTODOXO.

**descreimiento** *m. Incredulidad, impiedad.* ↔ FE, PIEDAD, CONFIANZA.

**descremado, -da** *adj. Desnatado.*

**descremar** *tr. Desnatar.*

**describir** *tr. Trazar, delinear, dibujar.* P. ej., un arco, una elipse. *2 Reseñar, explicar, especificar. Especificar,* si la descripción es circunstanciada y minuciosa.

**descripción** *f.* DER. *Inventario.*

**descrismar** *tr.* fig. *Romper la crisma, romper el bautismo, descalabrar. 2 prnl. Calentarse la cabeza, descalabazarse, dar mil vueltas a la cabeza, calentarse la cabeza, calentarse los cascos.*

**descuajar** *tr. Descoagular, liquidar.*

**descuartizar** *tr. Cuartear, despedazar, destrozar, hacer cuartos, hacer pedazos, desmembrar.*

**descubierta** *f.* MIL. y MAR. *Reconocimiento.*

**descubiertamente** *adv. m. Claramente, patentemente, sin rebozo, sin rodeos, abiertamente.*

**descubierto** *m. Déficit, deuda. 2 En descubierto loc. adj. Moroso. 3 Estar al descubierto loc. Deber, estar obligado, tener obligación, tener en cargo.* ↔ TENER DERECHO.

**descubridor, -ra** *s. Batidor, explorador.*

**descubrimiento** *m. Hallazgo, invención, encuentro.*

**descubrir** *tr. Destapar.* ↔ TAPAR. *2 Hallar, encontrar, inventar.* "Descubrir es hallar o encontrar lo que está oculto. *Inventar es imaginar los medios de conseguir un fin. La acción de descubrir puede ser efecto del cuidado o de la casualidad; la de inventar lo es siempre del designio, del estudio, del cuidado (...). Se descubre una mina, no se inventa; se inventa una máquina, no se descubre"* (LH). ↔ IGNORAR. *3 Revelar, manifestar, denunciar.* ↔ IGNORAR.

**descuento** *m. Rebaja, deducción, reducción. V. descontar.*

**descuidado, -da** *adj. Dejado, negligente, desidioso, abandonado. 2 Desaliñado, desaseado, adán. 3 Desapercibido, desprevenido.*

**descuidar** *tr. Omitir, abandonar\*, desatender, olvidar, dejar, echarse a dormir, írsele la mula.* ↔ ATENDER, RECORDAR, VELAR.

**descuido** *m. Inadvertencia\*, omisión, olvido, negligencia, ligereza, imprevi-*

*sión.* Los tres primeros se refieren a un solo acto. Cuando el *descuido* es un hábito o una disposición de ánimo. se emplean todos los demás. ↔ REFLEXIÓN, PRUDENCIA, CUIDADO. 2 *Desliz, falta, tropiezo, gazapo\*, errata, error, lapsus, yerro.* 3 *Abandono, dejadez, desidia, desatención.* ↔ CUIDADO. 4 *Acidia, flojedad, tardanza, pereza, apatía, desgobierno, incuria.* ↔ DILIGENCIA, GANA.

**descular** *tr. Desfondar.*

**desdecir** *intr. Venir a menos, descaecer.* 2 *Despegarse, despintarse, no pegar, desentonar, deslucir.* 3 *prnl. Retractarse, volverse atrás.*

**desdén** *m. Indiferencia, despego, menosprecio, desprecio, desaire, desatención, desestimación, disfavor, esquivez.* ↔ APRECIO. 2 *Arrogancia, altanería, altivez, soberbia, engreimiento, orgullo, grosería, descortesía.* ↔ HUMILDAD, SENCILLEZ.

**desdentado, -da** *adj. Edentado.*

**desdeñable** *adj. Insignificante, baladí, mezquino, miserable, despreciable, de chicha y nabo, de mala muerte.* ↔ ÚTIL.

**desdeñado, -da** *adj. Desairado, desatendido, chasqueado, burlado.*

**desdeñar** *tr. Desestimar, desairar, menospreciar, despreciar\*, desechar. Desdeñar* supone en todos los casos una actitud altiva. ↔ ATENDER, APRECIAR.

**desdeñoso, -sa** *adj. Despectivo, despreciativo, esquivo, despegado, áspero, desagradable.*

**desdicha** *f. Infelicidad, infortunio, desventura, mala suerte, adversidad\*, desgracia\*.*

**desdichado, -da** *adj. Aciago, desafortunado, infeliz, desgraciado\*, infausto, malaventurado, desventurado.* ↔ AFORTUNADO, FELIZ.

**desdoblar** *tr. Extender, desplegar.*

**desdoro** *m. Deslustre, mancilla, mancha, descrédito, demérito, desmerecimiento\*, imperfección, deshonra, estigma, afrenta, infamia.* ↔ HONRA, MÉRITO, CORRECCIÓN, PERFECCIÓN.

**deseable** *adj. Desiderable, apetecible, codiciable.*

**deseado, -da** *adj. Suspirado, anhelado, apetecido, ansiado.*

**desear** *tr. Aspirar a, querer, codiciar, ambicionar, suspirar por, ansiar, anhelar, apetecer, codiciar, ambicionar\*.* "Se *desea* lo que gusta; se *apetece* lo que se necesita. Hay más sensualidad en el acto de *apetecer* que en el de *desear.* La ciencia, el poder, la fama son objetos legítimos del *deseo.* Se *apetece* el descanso, el manjar, la bebida, el refresco en los días calurosos. *Apetecer* viene de *apetito,* sentimiento que los hombres tienen de común con los animales" (M). "Se *desea* lo que satisface a la voluntad; se *apetece* lo que satisface a los sentidos. Como las más veces se dirige por ellos la voluntad, se *desea* ordinariamente lo que se *apetece.* Se *desea* un ascenso o una gracia; se *apetece* un manjar, un deleite. Un enfermo *desea,* y no *apetece,* un remedio. Los irracionales *desean,* no *apetecen*" (LH). El sentimiento de *deseo* puede unirse a otros matices psíquicos. P. ej. los verbos *aspirar a, querer, codiciar, ambicionar,* sugieren voluntad activa del sujeto, en mayor o menor grado, para procurarse lo deseado. Los verbos *suspirar por, ansiar, anhelar* (intensivos de *desear*) no suponen necesariamente actividad por parte del sujeto. Otras significaciones especiales dependen de la cosa deseada; p. ej.: se *apetece* un buen vino, se *codicia* la riqueza, se *ambiciona* un cargo. ↔ RENUNCIAR, DESENTENDERSE.

**desecador, -ra** *adj. Deshidratador.*

**desecar** *tr.-prnl. Secar\*, resecar* (intens.), *agostar, marchitar, enjugar.* ↔ FLORECER, MOJAR.

**desechar** *tr. Excluir, separar, apartar.* 2 *Rechazar, expeler, arrojar, tirar.* 3 *Desestimar, reprobar, menospreciar, despreciar\*, desairar, desdeñar, deprimir, denigrar, vilipendiar.* ↔ ATENDER,

**desecho**

DESEAR, CONSIDERAR, APROBAR, APRECIAR.

**desecho** m. Residuo, desperdicio, sobras, restos, despojo, broza, detrito.

**desembarazado, -da** adj. Desocupado, despejado, libre, expedito, espacioso. 2 fig. Suelto, ágil, hábil, diestro. ↔ TORPE, PESADO. 3 Gallardo, apuesto, airoso, galán, gentil.

**desembarazar** tr. Desocupar, vaciar, evacuar. ↔ OCUPAR, LLENAR, OBSTRUIR. 2 prnl. fig. Barrer (fig.), hacer desaparecer, apartar.

**desembarazo** m. Desenfado, despejo, soltura, desenvoltura, desempacho, desparpajo, expedición, prontitud. El desembarazo, el despejo y la soltura en decir u obrar proceden del talento, de la gracia y de la costumbre, y los tres vocablos son estimativos o elogiosos. Desenfado, desenvoltura, desempacho y desparpajo contienen un matiz desestimativo más o menos marcado. El desenfado y la desnvoltura sugieren cierto impudor; el desempacho, falta de atención a los obstáculos u objeciones; el desparpajo supone cierto desprecio de los miramientos sociales. ↔ INHABILIDAD, ENCOGIMIENTO, ENFADO. 2 Desahogo, libertad, holgura. 3 fig. Gentileza, gracia, galanura, garbo, bizarría.

**desembarcar** intr.-prnl. Hacer tierra, arribar a puerto.

**desembarrancar** intr.-tr. MAR. Desencallar. ↔ ENCALLAR, EMBARRANCAR, VIRAR.

**desembocar** intr. Salir, ir a parar. 2 Desaguar, verter.

**desembolsar** tr. fig. Gastar, expender, rascarse el bolsillo, soltar la mosca, echar la casa por la ventana, soltar la guita. ↔ AHORRAR, EMBOLSAR.

**desembolso** m. Pago, entrega. 2 Gasto, dispendio, coste.

**desembravecer** tr. Amansar*, domar, domesticar, amaestrar.

**desembrollar** tr. Desenredar, desmarañar, aclarar (fig.), despejar. ↔ ENREDAR, MEZCLAR, LIAR.

**desembuchar** tr. Desbuchar. 2 fig. y fam. Declarar, cantar, confesar, descubrir.

**desemejante** adj. Diferente, dispar, disímil, distinto*.

**desemejanza** f. Diferencia*, disimilitud, disparidad, discrepancia.

**desemejar** intr. Diferir, distinguirse, diferenciarse, discrepar. ↔ SEMEJAR.

**desempacarse** prnl. fig. Desenojarse, desatufarse, desencapotarse, aplacarse. ↔ ENOJARSE, EMPACARSE, ENFADARSE.

**desempacho** m. Desembarazo*, desenfado, despejo, soltura, desenvoltura, desparpajo. ↔ INHABILIDAD, ENCOGIMIENTO.

**desempeñado, -da** adj. Desahogado, desentrampado.

**desempeñar** tr. Evacuar, cumplir.

**desempleado, -da** adj.-s. Desocupado, parado, desacomodado, cesante. ↔ OCUPADO, EMPLEADO.

**desempleo** m. Paro, desocupación.

**desenalbardar** tr. Desalbardar.

**desencadenarse** tr. Desatarse, desenfrenarse.

**desencajar** tr. Desquiciar, desajustar. 2 prnl. Demudarse, descomponerse, robarse el rostro. 3 tr.-prnl. Dislocar, luxar, descoyuntar.

**desencallar** intr.-tr. MAR. Desembarrancar. ↔ ENCALLAR, EMBARRANCAR, VIRAR.

**desencaminar** tr. Descaminar, desviar, desviar, descarriar, irse fuera del camino, salirse del camino.

**desencantar** tr.-prnl. Desengañar, decepcionar, desilusionar. ↔ ILUSIONAR.

**desencanto** m. Desilución, desengaño, chasco, decepción.

**desencapotarse** prnl. fig. Serenarse, aclararse, despejarse, escampar, abonanzar. ↔ ABORRASCAR, OSCURECER. 2 Desenojarse, desatufarse, desempacarse, aplacarse. ↔ ENFADARSE, ENOJARSE.

**desencarcelamiento** m. Liberación, rescate. ↔ ENCARCELAMIENTO.

**desencarcelar** tr. Excarcelar, libertar,

*liberar, rescatar.* ↔ ENCARCELAR, SO-METER.

**desenclavar** *tr.* p. us. *Desclavar.*

**desencolerizar** *tr.-prnl. Ablandar, desenfadar, desenojar, enternecer, conmover.* ↔ ENFADAR.

**desenfadado, -da** *adj. Fresco, desvergonzado, frescales, desahogado.* ↔ VERGONZOSO. 2 *Jacarandoso, donairoso, gracioso, alegre, desenvuelto, airoso, garboso.*

**desenfado** *m. Desempacho, desenvoltura, desahogo, despejo, desembarazo.* ↔ TORPEZA. 2 *Descanso, recreo, diversión, esparcimiento.* 3 *Gallardía, gentileza, galanura, buen aire.* ↔ DESAIRE, DESGARBO.

**desenfrenado, -da** *adj. Borrascoso, desordenado.*

**desenfrenar** *tr. Desfrenar.* ↔ FRENAR. 2 *prnl. Desmandarse, enviciarse.* ↔ ENMENDARSE. 3 *Desencadenarse, desatarse.* Hablando de las fuerzas naturales o de las pasiones.

**desenfreno** *m. Depravación\*, envilecimiento, perversión, corrupción.* 2 *Desbordamiento.*

**desengañar** *tr.-prnl. Decepcionar, desilusionar, desencantar, desahuciar, desesperanzar.* ↔ ENGAÑAR, ILUSIONAR, CONSOLAR.

**desengaño** *m. Decepción, desilusión, desencanto.* 2 *Escarmiento, advertencia, aviso.*

**desengrasar** *tr. Desgrasar.*

**desengrosar** *intr.-tr. Enflaquecer, adelgazar, enmagrecer.* ↔ ENGORDAR.

**desenlace** *m. Desenredo, solución, resolución.*

**desenlazar** *tr. Deslazar, desatar.* 2 fig. *Resolver, solucionar.*

**desenmarañar** *tr.-prnl. Desenredar, desembrollar, aclarar* (fig.). ↔ ENREDAR, EMBROLLAR.

**desenmascarar** *tr.* fig. *Descubrir, destapar, desvelar.* ↔ ENCUBRIR, OCULTAR.

**desenojar** *tr.-prnl. Desatufar, desempacar, desencapotar, aplacar.* Los tres primeros tienen un sentido más o

menos irónico. 2 *Desenfadarse, esparcirse.*

**desenredar** *tr. Desenmarañar, desembrollar.* 2 *prnl. Desenvolverse, arreglarse, componérselas, salir del paso.*

**desenredo** *m. Desenlace, solución, resolución.* ↔ ENREDO.

**desenrollar** *tr. Desarrollar, descoger, desenvolverse, desplegar.* ↔ REPLEGAR.

**desenroscar** *tr. Destornillar, desatornillar.* ↔ ATORNILLAR, ENROSCAR.

**desentenderse** *prnl. Prescindir, omitir, zafarse, ignorar.* 2 *Hacerse el desentendido, pasar por alto, desatender, desasistir, descuidar, inhibirse, abstenerse, abandonar\*.* ↔ INTERESARSE, ATENDER, CELAR, CONTROLAR, AMPARAR.

**desenterrar** *tr. Exhumar.*

**desentierro** *m. Exhumación.* ↔ INHUMACIÓN, ENTIERRO.

**desentonado, -da** *adj. Desacorde, destemplado, desafinado.*

**desentonar** *intr. Desafinar.* 2 *Desdecir, despegarse, no pegar.* 3 *prnl. Descomedirse, descomponerse, salir de tono.*

**desentono** *m. Destemple, disonancia, desafinación.* 2 fig. *Salida de tono, descompostura, descomedimiento, inconveniencia.* ↔ ENTONACIÓN, COMEDIMIENTO.

**desentrampado, -da** *adj. Desahogado, desempeñado.*

**desentrañar** *tr. Descifrar, comprender, penetrar, acertar.* ↔ IGNORAR, DESACERTAR.

**desentronizar** *tr. Destronar.*

**desentumecer** *tr. Desadormecer, desentumir.*

**desentumir** *tr. Desentumecer, desadormecer.*

**desenvoltura** *f. Desembarazo\*, desenfado, despejo, soltura.* 2 *Desvergüenza, desfachatez, descoco, impudor.*

**desenvolver** *tr.-prnl. Extender, desplegar, desdoblar, tender.* ↔ ENCOGER, RECOGER, DOBLAR. 2 *prnl. Desarrollarse, descogerse, desenrollarse, desple-*

**desenvolvimiento** 220

garse. 3 *prnl.* fig. *Desenredar, arreglarse, componérselas, salir del paso.*
**desenvolvimiento** *m. Desarrollo, crecimiento, incremento, aumento, adelanto, progreso.* 2 *Marcha, curso.*
**desenvuelto, -ta** *adj. Despejado, espabilado, inteligente, listo.* 2 *Jacarandoso, donairoso, gracioso, alegre, airoso, garboso, desenfadado.* 3 *Desahogado, descarado, descocado, fresco, desvergonzado.*
**deseo** *m. Apetito, codicia, afán, ambición, ansia\*.* V. desear. ↔ DESINTERÉS, RESIGNACIÓN, INAPETENCIA. 2 *Ideal, ilusión, ambición, sueño, aspiración, anhelo, apetencia\*.* ↔ DESALIENTO. 3 *Voluntad, intención, ánimo.* ↔ DESÁNIMO, DESGANA, ABULIA. 4 *Antojo, capricho, gusto, fantasía, humorada.*
**deseoso, -sa** *adj. Hambriento, ansioso, codicioso.*
**desequilibrado, -da** *adj. Maniático, chiflado, guillado, tocado, ido, mochales* (vulg.)*, loco.*
**deserción** *f. Defección, huida, abandono.*
**desertar** *intr. Abandonar, desbandarse.* Este último, cuando son muchos los que *desertan.*
**desertor, -ra** *adj.-s. Prófugo, tránsfuga.*
**desescombrar** *tr. Descombrar, escombrar.*
**desesperación** *f. Desesperanza, desespero, exasperación, despecho.* La *exasperación* es más extrema y vehemente que la *desesperación.* "La *desesperación* nace de la pesadumbre, del dolor, del amargo sentimiento que ocasionan la injusticia, la persecución y la mala fortuna. El *despecho* proviene de la ira, del deseo de venganza, de un odio profundo y encarnizado. El *despecho* es más hostil que la *desesperación*, y no puede ocultarse como ésta bajo una calma engañadora" (M).
**desesperanza** *f. Desesperación, desespero, exasperación, despecho, desilusión.*

**desesperanzar** *tr. Desahuciar, desengañar.* ↔ CONSOLAR. 2 *intr.-prnl. Desesperar, perder los estribos, pintar con negros colores, verlo todo negro.* ↔ ESPERAR, CONSOLARSE, CONFIAR.
**desesperar** *intr.-prnl. Desesperanzar, perder los estribos, pintar con negros colores, verlo todo negro.* ↔ ESPERAR, CONSOLARSE, CONFIARSE. 2 *tr. Impacientar, irritar, enojar, exasperar.*
**desespero** *m. Desesperación\*, desesperanza, exasperación, despecho.* ↔ ESPERANZA, CONSUELO.
**desestimable** *adj. Irrisorio, insignificante, minúsculo.*
**desestimación** *f. Desafecto, antipatía, desafección, malquerencia, aversión, animosidad, desaire, desatención, desdén, disfavor, desprecio, descortesía.* ↔ ESTIMACIÓN, AFECTO, SIMPATÍA. 2 DER. *Denegación, negativa, negación.*
**desestimar** *tr. Desdeñar, despreciar, menospreciar, mirar de lado, no hacer caso de, subestimar, desairar, desatender, pasar por alto, hacer caso omiso de, desoír.* El verbo *subestimar*, hoy en uso, significa estimar en menos de lo justo, verdadero o exacto. ↔ ESTIMAR, APRECIAR, ATENDER. 2 DER. *Denegar, desechar, rechazar.* P. ej. se *desestima*, un recurso, una solicitud. ↔ ACEPTAR, APROBAR.
**desexualización** *f. Castración, emasculación, desvirilización, capadura.*
**desexualizar** *tr. Capar, castrar, emascular, desvirilizar.*
**desfachatado, -da** *adj.-s. Sinvergüenza, desvergonzado, poca vergüenza, inverecundo, cara dura, bribón, pícaro, descarado.* ↔ VERGONZOSO.
**desfachatez** *f. Descaro, tupé, desvergüenza, descoco, cara dura, frescura.*
**desfallecer** *intr. Decaer, debilitarse, flaquear, desmayarse, flojear, desanimarse, desalentarse, abatirse\*.*
**desfallecido, -da** *adj. Caído, decaído, abatido, postrado, amilanado, rendido.* ↔ LEVANTADO, FIRME, ESFORZADO, ANIMOSO. 2 *Débil\*, endeble, flojo,*

*raquítico, decaído, debilitado, enclenque.* ↔ FUERTE, ENÉRGICO, ROBUSTO.

**desfallecimiento** *m. Debilidad, decaimiento, abatimiento\*, desaliento, desmayo, desánimo, deliquio\*.*

**desfavorable** *adj. Contrario, adverso, perjudicial.*

**desfavorecer** *tr.* eufem. *Afear, deformar.* ↔ FAVORECER, EMBELLECER.

**desfigurado, -da** *adj. Deforme\*, disforme, informe, desproporcionado.* ↔ ARMÓNICO, PROPORCIONADO.

**desfigurar** *tr. Deformar\*.* 2 *Disfrazar, enmascarar, encubrir, disimular, falsear, fingir.* 3 *prnl. Inmutarse, demudarse.*

**desfiladero** *m. Garganta, hoz.*

**desfile** *m. Parada.* Cuando se trata de un desfile militar grande y solemne, *parada.*

**desfloración** *f.* fig. *Desvirgación, desfloramiento* (fig.).

**desfloramiento** *m.* fig. *Desvirgación, desfloración.*

**desflorar** *tr.* fig. *Desvirgar.*

**desfogar** *tr. Desahogar.* "La acción expresada por *desfogar* es más violenta que la significada por *desahogar. Desfogar* la cólera es estallar en injurias, recriminaciones y malas palabras. El que se queja, el que confía un secreto que le pesa, se *desahoga.* Un rato de diversión es un *desahogo* para el hombre ocupado. *Desfogar* una pasión es entregarse a todos los excesos que ella dicta o provoca" (M).

**desfollonar** *tr. Deslechugar.*

**desfondar** *tr.-prnl. Descular.*

**desformar** *tr.* p. us. *Deformar, disformar* (p. us.), *desfigurar.* ↔ FORMAR, EMBELLECER.

**desfortalecer** *tr. Desmantelar.*

**desfrenar** *tr.-prnl. Desenfrenar.* ↔ LIMITAR.

**desgalgar** *tr. Despeñar, precipitar, derrocar.*

**desgalichado, -da** *adj.* fam. *Desairado, desgarbado, desaliñado.* ↔ ALIÑADO.

**desgalillarse** *prnl. La Mancha, Cuba,*

P. Rico *Desgañitarse, desgargantarse, desgaznatarse, vocear, vociferar, chillar, gritar, enronquecer.*

**desgana** *f. Inapetencia, anorexia* (MED.). ↔ GANA. 2 *Hastío, tedio.* ↔ GUSTO.

**desgañitarse** *prnl. Desgargantarse, desgaznatarse, desgalillarse* (La Mancha, Cuba y P.Rico), *gritar, chillar\*, vociferar, vocear, enronquecer.*

**desgarbado, -da** *adj. Desairado, desgalichado.*

**desgarbo** *m. Desgracia, sosería, insulsez, asadura.*

**desgargantarse** *prnl. Desgañitarse, desgaznatarse, desgalillarse* (La Mancha, Cuba y P.Rico), *vocear, vociferar, gritar, chillar, enronquecer.*

**desgarrar** *tr.-prnl. Rasgar, romper.* 2 *Despedazar.* "*Desgarrar* es dividir con violencia; *despedazar* es hacer pedazos. El toro *desgarra;* el tigre *despedaza*" (M).

**desgarro** *m. Rotura, rompimiento, siete.* 2 *Desvergüenza, descaro, desfachatez, descoco.* 3 fig. *Fanfarronada, bravata.*

**desgarrón** *m. Rasgado, rasgón, siete, rotura.* 2 *Jirón.*

**desgastar** *tr.-prnl. Gastar, consumir, deteriorar, estropear, roer\*.* ↔ AUMENTAR.

**desgaste** *m. Erosión, roce, corrosión.* 2 *Acabamiento, ruina, agotamiento.*

**desgaznatarse** *prnl. Desgañitarse, desgargantarse, desgalillarse* (La Mancha, Cuba y P.Rico), *vocear, vociferar, chillar, gritar, enronquecer.*

**desgobernado, -da** *adj. Desmandado, desbandado.*

**desgobierno** *m. Desorden, desconcierto, desarreglo, desbarajuste\*.* 2 *Abandono, dejadez, desidia, descuido, desatención, negligencia, incuria.* ↔ CUIDADO.

**desgracia** *f. Percance, accidente, contratiempo, desastre, azote, calamidad, plaga, castigo, flagelo* (lit.). Cuando se refiere a un caso o acontecimiento desgraciado. ↔ VICTORIA. 2 *Desven-*

tura, desdicha, infortunio, infelicidad, malaventura, adversidad*, mala sombra, mala pata. Si el mal constituye un motivo permanente de aflicción, se utilizan los seis primeros. Los dos últimos hacen referencia a la suerte adversa. ↔ FELICIDAD, TRANQUILIDAD. 3 Sosería, desgarbo, insulsez, asadura.

**desgraciado, -da** adj.-s. Desventurado, malaventurado, desdichado, infeliz, infortunado, infausto, aciago, funesto. Infausto no suele aplicarse a personas, sino pralte. a tiempos o sucesos, lo mismo que aciago: un día, un acontecimiento, infausto o aciago. Desafortunado sugiere más bien un matiz atenuado con respecto a los demás sinónimos. ↔ AFORTUNADO, AGRACIADO, FELIZ.

**desgraciar** tr.-prnl. Malograr, echar a perder, frustrar, estropear, estar de malas, haber pisado mala hierba, tener mala pata. ↔ CONTENTAR, FAVORECER, TRIUNFAR.

**desgrasar** tr. Desengrasar.

**desgreñar** tr. Despeinar*, desmelenar, despelotar, despeluznar, despeluzar. 2 tr.-prnl. fig. Enmarañar, enredar, encrespar. ↔ DESENREDAR.

**desguarnecido, -da** adj. Indefenso, inerme, desarmado.

**desguince** m. Esguince, cuarteo, regate.

**deshabitado, -da** adj. Inhabitado*, abandonado, despoblado, desierto, yermo, solitario. Inhabitado, abandonado y deshabitado pueden referirse a un lugar o país, o bien a una casa que tuvo habitantes y ya no los tiene. En el primer caso, la serie sinonímica ofrece los siguientes grados: despoblado, desierto, yermo.

**deshabituar** tr. Desacostumbrar, desavezar. ↔ HABITUAR, ACOSTUMBRAR.

**deshacer** tr. Desarmar, desmontar, destruir, descomponer, desconcertar, romper, destrozar, estropear, desbaratar, anular*. Desarmar y desmontar suponen orden, plan y concierto. Cuando se deshace algo sin orden o

designio alguno, se utilizan todos los demás. ↔ HACER, COMPONER, ORGANIZAR. 2 Derretir, licuar, liquidar, desleír, disolver. Los tres primeros se refieren a un cuerpo sólido; los dos últimos a un cuerpo líquido. 3 prnl. Enflaquecerse, extenuarse.

**deshaldo** m. Marceo.

**desharrapado, -da** adj. Desarrapado, roto, andrajoso, harapiento.

**deshecho** adj. p. us. Lluvioso, pluvioso. Hablando de la lluvia.

**desherbar** tr. Desyerbar, escardar, arrancar.

**deshidratador, -ra** adj. Desecador.

**deshollinador, -ra** adj.-s. Limpiachimeneas, fumista.

**deshonestidad** f. Impudicia, impudicicia, impudor, inhonestidad, torpeza, incontinencia, liviandad, lascivia, lujuria, desenfreno, indecencia, obscenidad, impureza. ↔ HONESTIDAD, PUREZA, DECENCIA. 2 Desvergüenza, descoco, indecoro.

**deshonesto, -ta** adj. Impúdico, libidinoso, libertino, indecoroso, obsceno*. ↔ HONESTO, DECENTE, DECOROSO.

**deshonor** m. Deshonra.

**deshonra** f. Deshonor, afrenta, ignominia, oprobio, ultraje, estigma, desdoro. Los cuatro últimos cuando la deshonra es pública. ↔ HONRA, CRÉDITO, REPUTACIÓN.

**deshonrabuenos** com. fam. Calumniador, impostor, difamador, infamador.

**deshonrado, -da** adj.-s. Infame, desacreditado.

**deshonrar** tr. Afrentar, agraviar, ofender, injuriar, vilipendiar, ultrajar, infamar, rebajar, amenguar. ↔ ALABAR, HONRAR. 2 Manchar, macular (lit.), mancillar, desdorar, deslustrar, profanar, deslucir, prostituir. ↔ PURIFICAR, RESPETAR.

**deshonroso, -sa** adj. Torpe, infame, vil.

**desiderable** adj. Deseable, apetecible, codiciable. Desiderable es latinismo pedante, de uso muy restringido. Las

voces corrientes son *deseable, apetecible, codiciable.*
**desidia** *f. Negligencia, incuria, descuido, dejadez, pereza, holgazanería.* ↔ CUIDADO, ASEO.
**desidioso, -sa** *adj. Abandonado, dejado, descuidado, negligente, desamparado.* ↔ DILIGENTE, AMPARADO.
**desierto** *m. Yermo.*
**desierto, -ta** *adj. Despoblado, deshabitado\*, inhabitado, solitario.*
**designación** *f. Nombre, denominación.*
**designar** *tr. Nombrar, denominar. 2 Significar, denotar. 3 Señalar, indicar, destinar, dedicar.*
**designio** *m. Pensamiento, plan, proyecto, ánimo\*. "Designio* es la determinación de obrar de cierto modo y con cierto objeto. *Proyecto* tiene un objeto más vasto y complicado que *designio. Plan* es el conjunto de los medios de ejecución del *proyecto.* Resolverse a especular es un *designio;* concebir la idea de una especulación mercantil determinada es formar un *proyecto;* el *plan* fija el capital y las otras condiciones que han de llevar a cabo la empresa" (M). *2 Intención, intento, propósito, mira, fin\*.*
**desigual** *adj. Diferente, distinto\*. 2 Quebrado, áspero, barrancoso, accidentado. 3 fig. Arduo, dificultoso. 4 Inconstante, vario, variable, mudable, caprichoso, voluble.*
**desigualdad** *f. Diferencia.*
**desilusión** *f. Desesperanza. 2 Decepción, desengaño, desencanto, chasco.*
**desilusionar** *tr.-prnl. Desengañar, decepcionar, desencantar.* ↔ ENGAÑAR, ILUSIONAR.
**desimanación** *f. Desimantación, desmagnetización.*
**desimanar** *tr. Desimantar, desmagnetizar.*
**desimantación** *f. Desmagnetización, desimanación.*
**desimantar** *tr. Desimanar, desmagnetizar.*

**desinencia** *f.* GRAM. *Terminación flexional.*
**desinfección** *f. Esterilización, asepsia, antisepsia.*
**desinfectante** *adj.-m. Antiséptico.*
**desintegrar** *tr. Disgregar, desagregar, disociar, desmembrar, separar, escindir, dividir.*
**desinterés** *m. Desasimiento, despego, abnegación\*, largueza, liberalidad, generosidad, desprendimiento\*. Desasimiento, despego,* se aplican principalmente en sentido moral o religioso. *Abnegación* es un desinterés extremado o heroico. *Largueza, liberalidad,* tratándose de bienes materiales. *Generosidad* y *desprendimiento\** comprenden lo material y lo moral.
**desinteresado, -da** *adj. Desprendido, generoso, liberal.*
**desistimiento** *m. Abandono, cesión, dejación, renuncia.* ↔ DILIGENCIA.
**desistir** *intr. Renunciar, cesar, cejar, echarse atrás, dejar el campo, darse por vencido, amollar, ceder, aflojar, rajarse* (fam.), *desdecirse.* ↔ INSISTIR. *2* DER. *Abdicar, separarse, abandonar.*
**deslavado, -da** *adj.* fig. *Descarado, desvergonzado, atrevido, descocado, insolente, deslenguado.*
**deslavar** *tr.-prnl. Desustanciar, deslavazar.*
**deslavazar** *tr.-prnl. Desustanciar, deslavar.*
**deslazar** *tr. Desenlazar, desatar.*
**desleal** *adj.-s. Infiel, pérfido, felón, traidor, traicionero, aleve\*, alevoso, judas, delator.*
**deslealtad** *f. Alevosía, traición, perfidia, prodición, felonía, perrería, vileza, trastada, mala pasada. 2 Falsía, falsedad, infidelidad, doblez.* ↔ LEALTAD.
**deslechugar** *tr. Desfollonar.*
**desleír** *tr.-prnl. Disolver, diluir.*
**deslenguado, -da** *adj.-s. Lenguaraz, malhablado, desbocado, desvergonzado, maldiciente, mala lengua, descarado, deslavado, atrevido, descocado, insolente. El maldiciente y el mala len-*

*gua*, lo son en ausencia de la persona de quien murmuran.

**desligar** *tr.-prnl.* *Desatar, desanudar.* ↔ LIGAR, ATAR. 2 fig. *Absolver, dispensar, dejar en franquía.* ↔ OBLIGAR. 3 *mús. Picar.*

**deslindar** *tr. Demarcar, delimitar\*.* 2 fig. *Aclarar, distinguir, determinar.*

**desliñar** *tr. Enmondar.*

**desliz** *m. Resbalón.* 2 fig. *Ligereza, descuido, falta, error, lapsus, culpa.*

**deslizable** *adj. Lábil, resbaladizo.*

**deslizante** *adj. Corredero.*

**deslizarse** *prnl. Resbalar, escurrirse, irse los pies.* 2 *Escabulllirse, escaparse.*

**deslucido, -da** *adj. Usado, gastado, ajado, viejo, deteriorado, estropeado.*

**deslucir** *tr. Ajar, maltratar, marchitar, sobar.* 2 *Deslustrar, desacreditar, empeñar\*.*

**deslumbramiento** *m. Ofuscamiento, encandilamiento, ofuscación, fascinación, seducción.*

**deslumbrar** *tr. Traslumbrar, encandilar, ofuscar, cegar.* 2 fig. *Alucinar, cautivar, atraer, ilusionar, seducir, cegar, engañar.*

**deslustrar** *tr. Empañar.* 2 fig. *Desacreditar, deslucir.* 3 *intr.* TECN. *Decatir.*

**deslustre** *m. Descrédito, desdoro, mancilla, deshonor, desconceptuación.*

**desmadejado, -da** *adj. Desmazalado, flojo, decaído.*

**desmagnetización** *f. Desimantación, desimanación.*

**desmagnetizar** *tr. Desimantar, desimanar.* ↔ IMANTAR.

**desmamar** *tr. Destetar.*

**I desmán** *m. Exceso, desorden, demasía, tropelía, atropello.*

**II desmán** *m. Ratón almizclero.*

**desmanarse** *prnl. Desmandarse, desbandarse.* ↔ ORDENAR.

**desmandado, -da** *adj. Desobediente, indócil.* 2 *Desbandado, desgobernado.*

**desmandarse** *prnl. Desobedecer, rebelarse.* ↔ SOMETERSE. 2 *Descomedirse, propasarse, excederse.* 3 *Desmanarse, desbandarse. Desmanarse* se dice del ganado que se aparta de la manada. *Desbandarse* y *desmandarse* se aplican a hombres o animales que se separan de un grupo, bando o bandada. La diferencia consiste en que *desbandarse* sugiere la disolución del grupo o bando, mientras que *desmandarse* puede hacerlo un solo individuo o pocos.* ↔ ORDENARSE.

**desmanotado, -da** *adj.-s. Desmañado, inhábil, chapucero, torpe.*

**desmantelar** *tr. Desarbolar.*

**desmañado, -da** *adj.-s. Inhábil, desmanotado, chapucero, torpe.*

**desmarcaje** *m. Desmarque.*

**desmarque** *m. Desmarcaje.*

**desmaterialización** *f. Científ. Aniquilación.*

**desmayado, -da** *adj. Exánime, debilitado, exangüe.* ↔ FUERTE, PALPITANTE.

**desmayar** *intr. Acobardarse, desalentarse, desanimarse, desfallecer, amilanarse, caérsele las alas.* ↔ ANIMARSE, ALENTAR. 2 *prnl. Desvanecerse, perder el sentido.* ↔ REANIMARSE.

**desmayo** *m. Desaliento, desánimo.* 2 *Síncope, desvanecimiento, soponcio, desfallecimiento, lipotimia* (MED.). 3 *Sauce llorón, sauce de Babilonia.* 4 *Lipotimia* (MED.), *deliquio, desfallecimiento.*

**desmazalado, -da** *adj. Desmadejado, flojo, decaído, desproporcionado, excesivo, enorme, desmesurado.*

**desmedido, -da** *adj. Desaforado, desmesurado, enorme, descomunal, excesivo, vehemente.* ↔ COMEDIDO.

**desmedrado, -da** *adj. Ruin, pequeño, enclenque.* ↔ FUERTE, ROBUSTO.

**desmedrar** *intr.-prnl. Decaer, debilitarse, enflaquecer, encanijarse.* ↔ FORTALECERSE, MEJORAR, AUMENTAR.

**desmedro** *m. Ruindad, pequeñez, insignificancia.*

**desmejorar** *intr. Demacrarse, enflaquecer, desmedrarse.* ↔ MEJORAR, ENGORDAR, CRECER.

**desmelenar** *tr. Desgreñar, despeinar, despeluzar.*

**desmembrar** *tr. Descuartizar.* 2 *Dividir, separar, desintegrar, escindir.*

**desmemoriado, -da** *adj. Olvidadizo.*

**desmentida** *f. Mentís, desmentido.*

**desmentido** *m. Mentís, desmentida.*

**desmenuzable** *adj. Deleznable, inconsistente, frágil, disgregable, quebradizo.*

**desmenuzar** *tr. Despavesar, triturar, picar, desmigajar, destrizar, trizar.* Tratándose del pan o cosas análogas, *desmigajar.*

**desmerecimiento** *m. Demérito, desdoro. Demérito* es el efecto de *desmerecer,* en tanto que *desmerecimiento* designa acción y efecto de *desmerecer.* Tratándose de la reputación, fama, etc., *desdoro.*

**desmesurado, -da** *adj. Excesivo, desmedido, enorme*, fenomenal, tremendo, descomunal, extraordinario, brutal.* 2 *Descortés, insolente, descomedido.*

**desmigajar** *tr. Desmenuzar, despavesar, triturar, picar.*

**desmirriado, -da** *adj. Esmirriado, flaco, extenuado, consumido.*

**desmontar** *tr. Desarmar, desarticular, deshacer*.* 2 *intr.-prnl. Descabalgar, apearse, bajar.*

**desnatado, -da** *adj. Descremado.*

**desnatar** *tr. Descremar.*

**desnaturalizar** *tr. Falsear, contrahacer, corromper, adulterar, falsificar, mentir, interpolar.*

**desnudar** *tr.-prnl. Desvestir, poner en cueros, dejar o quedarse en pelota(s).* ↔ VESTIR.

**desnudo, -da** *adj. Corito, en cueros, nudo* (lit.). *Nudo* es de uso literario y se aplica fig. y generalmente a lo abstracto: p. ej. la *nuda* verdad. 2 fig. *Pobre, necesitado, indigente, mísero.* 3 *Patente, claro, sin rebozo, sin rodeos.*

**desnutrición** *f. Enflaquecimiento, demacración.*

**desobedecer** *tr. Desmandarse, rebelarse, hacer caso omiso.* ↔ OBEDECER, SUBORDINARSE, SOMETERSE.

**desobediencia** *m. Desacato, insumisión, rebeldía.* ↔ ACATO, OBEDIENCIA.

**desobediente** *adj. Indócil, malmandado, díscolo, rebelde, reacio, reluctante* (lit.).

**desocupación** *f. Desempleo, paro.*

**desocupado, -da** *adj.-s. Ocioso.* 2 *Parado, desempleado, desacomodado, cesante.* Este último, si se trata de un funcionario o empleado de oficina. 3 *Vacío, desembarazado.*

**desocupar** *tr.-prnl. Desembarazar, vaciar.* ↔ OCUPAR, LLENAR, OBSTRUIR.

**desoír** *tr. Desatender, desestimar, no hacer caso.*

**desolación** *f. Ruina, destrozo, perdición, destrucción, devastación, decadencia.*

**desolar** *tr. Asolar, devastar, arrasar, destruir.* ↔ CONSTRUIR. 2 *prnl. Afligirse, angustiarse, apenarse, desconsolarse.* ↔ CONSOLARSE, SOSEGARSE.

**desollador** *m. Alcaudón, caudón, picagrega, pega, reborda, picaza chillona, manchada.*

**desollar** *tr. Despellejar, escorchar.*

**desorbitar** *tr. Exagerar*, abultar, encarecer, ponderar, extremar, exorbitar, sacar de quicio.*

**desorden** *m. Desarreglo, desconcierto, desorganización, desgobierno, desbarajuste*.* ↔ ORDEN, DISCIPLINA, GOBIERNO. 2 *Alboroto, tumulto, motín, asonada.* ↔ ORDEN, DISCIPLINA. 3 MED. *Alteración, trastorno, irregularidad.*

**desordenado, -da** *adj. Inordenado, barullón, desarreglado, desgobernado.* Tratándose de cosas que están sin ordenar, *inordenado.* Aplicado a personas, los tres últimos.

**desordenar** *tr.-prnl. Descomponer, desorganizar, desarreglar, trastornar, desconcertar, desbaratar.* ↔ ORDENAR, GOBERNAR.

**desorganización** *f. Desarreglo, desorden, desajuste, desconcierto, desbarajuste*.*

**desorganizar** *tr. Descomponer, desor-*

denar, desarreglar, trastornar, desbaratar, desbarajustar.

**desorientación** f. Pérdida, extravío.

**desorientar** tr.-prnl. Extraviar, descaminar, despistar. ↔ ORIENTAR. 2 fig. Confundir, ofuscar, turbar, embarullar. ↔ ORIENTAR, CONOCER, CONCERTAR.

**desove** m. Muga.

**desoxidar** tr. Desoxigenar.

**desoxigenar** tr. Desoxidar.

**despabiladeras** f. pl. Espabiladeras, molletas, tenacillas.

**despabilar** tr. Espabilar, despertar, avivar. ↔ ABOBAR, DORMIR. 2 fam. Matar, ejecutar, apiolar, chinchar, despachar, trincar, quitar de en medio, enviar al otro mundo.

**despachar** tr. Abreviar, concluir, apresurarse. 2 Resolver, decidir. 3 Enviar, remitir, mandar. 4 Despedir, echar*. 5 Vender, expender. 6 fig. Matar.

**despacho** m. Parte, telegrama, telefonema, cablegrama, radiograma, radiofonema. Parte en gral.; los demás según el medio empleado. 2 Venta, salida, pedido*.

**despachurrar** tr.-prnl. Despanzurrar, espachurrar, aplastar, destripar, reventar.

**I despacio** adv. m. Lentamente, paulatinamente, poco a poco. "Despacio no explica otra idea que la lentitud de la operación en sí misma. Poco a poco exprime la lentitud progresiva del movimiento que nos acercan al fin: p. ej. fui ganando poco a poco terreno. Si se sustituye por la voz despacio presentará sólo la idea de la lentitud con que nos movimos, y no la del movimiento lento, pero continuado, con que fuimos adelantando" (LH). ↔ RÁPIDAMENTE.

**II despacio** m. Tardanza, dilación, lentitud. Estos tres en los clásicos y en Amér.

**despacioso, -sa** adj. Espacioso, tardo, lento, paulatino.

**despalmar** tr. MAR. Espalmar. 2 Achaflanar (CARP.).

**despanzurrar** tr. Despachurrar, espachurrar, reventar.

**desparecer** intr.-prnl. ant. Desaparecer. ↔ APARECER.

**desparejar** tr. Desaparear.

**desparpajo** m. Desembarazo*, desenvoltura, desempacho, desenfado.

**desparramar** tr.-prnl. Esparcir, extender, desperdigar, diseminar, malgastar (el dinero). ↔ UNIR, ACOGER, AHORRAR.

**despartir** tr. Apaciguar, poner en paz, pacificar.

**despatarrar** tr.-prnl. Espatarrar.

**despavesar** tr. Desmenuzar, triturar, picar, desmigajar.

**despavorido, -da** adj. Espavorido, pavorido, espantado, aterrado, horrorizado. ↔ SERENO, VALIENTE.

**despearse** prnl. Aspearse.

**despechar** tr.-prnl. p. us. Destetar, desmamar.

**despecho** m. Desesperación*.

**despectivo, -va** adj. Despreciativo, desdeñoso.

**despedazar** tr. Destrozar, descuartizar, deshacer, desgarrar, tronzar, romper, trozar, partir.

**despedida** f. Despido.

**despedir** tr. Lanzar, arrojar, soltar, echar, poner de patitas en la calle, poner en la puerta de la calle. 2 Esparcir, difundir. 3 Despachar, licenciar, dar pasaporte, expulsar, echar*. Despachar o licenciar a una persona; dar pasaporte es expresión fam. o irónica, según los casos. Expulsar y echar significan despedir con violencia.

**despegado, -da** adj. áspero, desabrido, arisco, huraño, indiferente, desafecto, desapegado.

**despegar** tr. Separar, apartar, desunir. ↔ PEGAR, UNIR. 2 Levantar el vuelo. 3 prnl. Desdecir, desentonar, no pegar. ↔ PEGAR, CONVENIR.

**despego** m. Desapego, desafecto, frialdad, aspereza, desabrimiento, desdén, indiferencia, menosprecio, desprecio, desinterés*. ↔ DEFERENCIA. 2 Desinterés, desasimiento, abnegación, lar-

*gueza, liberalidad, generosidad, desprendimiento.* ↔ EGOÍSMO.

**despegue** *m.* AERON. *Decolaje, decollaje* (galic.).

**despeinar** *tr. Desmelenar, despeluzar, despeluznar, desgreñar.* Para *despeinar* a una persona se necesita que esté peinada, cosa que no requieren los demás verbos. *Despeluzar* y *despeluznar* suponen mayor violencia cuando se aplican a personas; con más frecuencia se aplican a cosas, como pieles, felpa, etc., así como *espeluzar* y *respeluzar.*

**despejado, -da** *adj. Espabilado, inteligente, desenvuelto, listo.* 2 *Espacioso, ancho.* 3 *Sereno, claro.* Hablando del tiempo.

**despejar** *tr. Desembarazar, desocupar.* 2 *Aclarar, desembrollar.* 3 *prnl. Aclararse, serenarse, escampar.* ↔ OSCURECER.

**despeje** *m.* DEP. *Rechace.*

**despejo** *m. Desembarazo\*, soltura, desenvoltura, desempacho, desenfado, gallardía.* 2 *Inteligencia, talento, viveza, listeza.*

**despellejar** *tr. Desollar.* 2 fig. *Murmurar, cortar un traje, hablar mal.*

**despelotar** *tr. Desgreñar, despeinar, desmelenar, despeluznar, despeluzar.*

**despeluzar** *tr. Espeluzar, respeluzar, despeluznar, desmelenar, desgreñar, despeinar\*, despelotar.*

**despeluznar** *tr. Desgreñar, despeinar\*, desmelenar, despelotar, despeluzar, espeluzar, respeluzar.*

**despenar** *tr.* Amér. *Matar.*

**despeñadero** *m. Precipicio, derrocadero, derrumbadero.*

**despeñar** *tr. Precipitar, derrocar, desgalgar.*

**despeño** *m. Evacuación, diarrea.*

**desperdiciar** *tr. Desaprovechar, malbaratar, malgastar\*, despilfarrar, disipar.*

**desperdicio** *m. Desecho, sobra, residuo, resto.*

**desperdigar** *tr.-prnl. Esparcir, despa-*

*rramar, diseminar, dispersar.* ↔ ACOPIAR, REUNIR.

**desperezarse** *prnl. Esperezarse, estirarse.*

**desperfecto** *m. Deterioro, detrimento, avería.* 2 *Falta, defecto, tacha.*

**despersonalización** *f. Desagregación.*

**despertar** *tr.-prnl. Despabilar, espabilar, avivar.* ↔ ADORMECER, DORMIR.

**despezo** *m.* ARQ. *Despiezo.* 2 CARP. *Zoquete* (taco sobrante).

**despiadado, -da** *adj. Desapiadado, cruel\*, inhumano, impío, empedernido\*.*

**despicarse** *prnl. Desquitarse, vengarse, tomar satisfacción.*

**despidiente** *m.* ALBAÑ. *Vierteaguas.*

**despido** *m. Despedida.*

**despierto, -ta** *adj. Avisado, advertido\*, espabilado, listo, vivo, despejado, avispado, agudo, perspicaz, sagaz, inteligente, dispuesto.* ↔ BOBO, TONTO.

**despiezo** *m.* ARQ. *Despezo.*

**despilfarrador, -ra** *adj. Derramado, gastador, malgastador, manilargo, manirroto, derrochador, disipador.*

**despilfarrar** *tr. Desperdiciar, prodigar\*, malgastar\*, malbaratar, derrochar, dilapidar, estar a mal con el dinero, tener un agujero en la manga, disipar.* ↔ GUARDAR, AHORRAR.

**despilfarro** *m. Derroche, dilapidación, prodigalidad.*

**despintar** *tr. Decolorar, descolorar, desteñir, deslucir.* 2 *Desdecir, desentonar, degenerar.*

**despique** *m. Desquite, venganza.*

**despistar** *tr. Desorientar.*

**desplantar** *tr.-prnl. Desarraigar, arrancar.* ↔ ARRAIGAR, PLANTAR.

**desplante** *m. Disfavor, desaire.*

**desplazamiento** *m. Arqueo, tonelaje bruto.* 2 (de un órgano) *Paratopía* (MED.), exarticulación (MED.), ectopía (MED.), dislocadura, lujación (p. us.), *dislocación.*

**desplegar** *tr. Descoger, extender, desdoblar, desenrollar, manifestar.* ↔ ENROLLAR, CERRAR, SIMULAR.

**desplomar** *tr. Desaplomar, inclinar.* 2 *prnl. Caerse, derrumbarse.* ↔ LEVANTARSE, ERGUIRSE.

**desplome** *f. Caída*, descenso, declinación, decadencia, derrumbe.*

**desplumar** *tr. Pelar.*

**despoblado** *m. Desierto, yermo, deshabitado*, inhabitado*.*

**despojar** *tr. Desposeer, quitar, robar.* ↔ DAR, POSEER. 2 *prnl. Desprenderse, renunciar, desapropiarse.* 3 *Desnudarse.* ↔ PONERSE, VESTIRSE.

**despojo** *m. Botín, presa.* 2 *Tripicallos.* V. despojos.

**despojos** *m. pl. Sobras, desperdicios, restos.* V. despojo. 2 CONSTR. *Derribos.* V. despojo.

**despolvorear** *tr. Espolvorear.*

**desportilladura** *f. Portillo, mella.*

**desposeer** *tr. Desapropiar, desaposesionar, expropiar, despojar, quitar.* 2 *prnl. Desprenderse, renunciar.*

**desposorio** *m. Boda, casamiento, matrimonio*, unión, enlace, himeneo.*

**déspota** *m. Autócrata, dictador.* 2 *Tirano, opresor.*

**despótico, -ca** *adj. Absoluto*, tiránico, arbitrario, abusivo.*

**despotismo** *m. Autocracia, poder absoluto, dictadura*, absolutismo*.* ↔ DEMOCRACIA. 2 *Tiranía, arbitrariedad, opresión.* ↔ JUSTICIA, LIBERTAD.

**despreciable** *adj. Abyecto, bajo, vil, ignominioso, rastrero, servil, mezquino, miserable.* ↔ NOBLE. 2 *Insignificante, baladí, desdeñable.* ↔ SIGNIFICANTE, IMPORTANTE.

**despreciar** *tr. Desestimar, subestimar, tener en poco, menospreciar. Desestimar, subestimar, tener en poco* y *menospreciar,* son generalmente más atenuados que *despreciar.* Los cuatro primeros indican formar una opinión o valoración baja de cosas o personas. Se puede *desestimar, subestimar* o *tener en poco* por error o mala información; pero sea verdadero o falso nuestro parecer, se trata siempre de un juicio de valor, al cual acompaña en *menospreciar* una actitud desdeñosa más o menos débil, que se acentúa notablemente en *despreciar.* ↔ APRECIAR. 2 *Desairar, desdeñar, desechar, deprimir, denigrar, vilipendiar.* Los tres primeros sinónimos significan *despreciar* manifiesta y ostensiblemente; aluden al gesto, palabras o conducta con que hacemos visible nuestro *desprecio.* Los tres últimos suponen vehemente deseo de hacer daño, e implican siempre injusticia y mala voluntad. ↔ ATENDER, DESEAR.

**despreciativo, -va** *adj. Despectivo, menospreciativo, altivo*. Despectivo, menospreciativo,* cuando hablamos del gesto, sentido de las palabras o modo de decirlas; si se trata de calificar el carácter de una persona, diremos que es *despreciativa* o *desdeñosa,* no *despectiva* ni *menospreciativa.*

**desprecio** *m. Desestimación, subestimación, menosprecio. Desestimación, subestimación* y *menosprecio* guardan la misma relación con *desprecio* que ha sido explicada en el artículo *despreciar.* 2 *Desaire, desdén, vilipendio.* 3 *Altanería, altivez, soberbia, engreimiento, orgullo, arrogancia.*

**desprender** *tr. Separar, soltar, despegar, desasir, desunir.* ↔ UNIR. 2 *prnl. Renunciar, desapropiarse.* ↔ POSEER. 3 *Deducirse*, inferirse, seguirse.*

**desprendido, -da** *adj. Desinteresado, generoso, liberal.*

**desprendimiento** *m. Desapego, desasimiento, desinterés*, abnegación*. El desapego* y el *desasimiento* de los bienes materiales denotan falta de amor a ellos, y son propios de santos o de hombres superiores. 2 *Largueza, generosidad*, liberalidad.* 3 *División, separación, disyunción.* ↔ UNIÓN, FUSIÓN.

**desprestigiar** *tr. Desacreditar, denigrar, vilipendiar, difamar.*

**desprevenido, -da** *adj. Descuidado, desapercibido, inadvertido, impróvido* (lit.). ↔ PREVISTO, ADVERTIDO.

**desproporcionado, -da** *adj. Descomedido, excesivo, desmedido, desme-*

surado, exagerado. 2 Deforme*, disforme, informe, desfigurado. ↔ ARMÓNICO, PROPORCIONADO.

**despropósito** m. Disparate*, dislate, desatino, badajada, necedad, badajazo, impertinencia, inconveniencia. Coincide despropósito con estos sustantivos en lo que tiene de erróneo o desacertado; pero despropósito añade idea de inoportunidad, fuera de sazón u ocasión. Puede ocurrir que un despropósito no sea en sí mismo erróneo o disparatado, pero como no viene a cuento ni tiene que ver con las circunstancias en que se comete, resulta tan desacertado o absurdo como un disparate, dislate o desatino.

**desprovisto, -ta** adj. Falto, privado, carente.

**después** adv. t. Luego, posteriormente, más tarde, ulteriormente, a continuación, seguidamente. Los dos últimos pueden expresar, lo mismo que después, ideas de orden, lugar o tiempo. ↔ ANTES (adv. t.). 2 adv. l. Detrás. ↔ DELANTE.

**despulsarse** prnl. fig. Desvivirse, desvelarse, perecerse, extremarse, írsele los ojos tras, engolondrinarse.

**despumar** tr. Espumar.

**despuntado, -da** adj. Obtuso, boto, romo. ↔ AGUDO, AFILADO, PUNZANTE.

**despuntar** tr. Descerar. Descerar tratando de colmenas. 2 intr. Descollar*, sobresalir, distinguirse, destacarse, resaltar.

**despunte** f. Argent. y Chile. Leña, tuero, rozo, ramullo, ramojo, ramiza, encendajas.

**desquiciado, -da** adj. Destornillado, inconsiderado, precipitado, sin seso, alocado, atolondrado, chiflado.

**desquiciar** tr.-prnl. Desencajar, desajustar, descomponer. ↔ ORDENAR, COMPONER. 2 prnl. fig. Desconcertarse*, salir de quicio, azorarse, turbarse, enloquecer.

**desquitarse** prnl. Resarcirse. 2 Vengarse, despicarse, tomar satisfacción.

**desquite** m. Resarcimiento, revancha (gal.). 2 Venganza, despique.

**desrabotar** tr. Rabotear.

**desriñonar** tr.-prnl. Derrengar, descaderar.

**destacar** tr. Acentuar, recalcar, marcar, insistir, hacer resaltar, hacer hincapié, subrayar. 2 prnl. Descollar, sobresalir, despuntar, resaltar, distinguirse, singularizarse, significarse.

**destapar** tr.-prnl. Abrir. Tratándose de un recipiente, abrir. ↔ TAPAR, CERRAR. 2 Descubrir, correr la cortina, correr el velo. ↔ OCULTAR. 3 Desabrigar, desarropar.

**destello** m. Relumbre, relumbro, relumbrón, centelleo, fulgor, resplandor, brillo, brillantez, ráfaga.

**destemplado, -da** adj. Desagradable. Hablando del tiempo atmosférico. 2 Atrabiliario, irritable, irascible, malhumorado, desmesurado.

**destemplanza** f. Destemple, indisposición.

**destemplarse** prnl. Desazonarse, descomponerse, indisponerse.

**destemple** m. Disonancia, desentono, desafinación. 2 Indisposición, destemplanza, enfermedad*. 3 Alteración, desconcierto.

**desteñido, -da** adj. Desvaído, pálido, disipado, descolorido.

**desteñir** tr. Despintar, descolorar, decolorar.

**desterrar** tr. Expulsar, deportar, extrañar, relegar, confinar.

**destetar** tr.-prnl. Desmamar, despechar (p. us.). Despechar, sólo tratándose de niños, no de animales.

**destete** m. Ablactación (MED.), apogalactia (MED.), delactación (MED.), apolactancia (MED.).

**destiento** m. Desatiento, desasosiego, inquietud, sobresalto, alteración.

**destierro** m. Exilio, ostracismo, extrañamiento, proscripción, confinamiento*, relegación (p. us.), deportación. Los tres primeros son literarios. Destierro es la voz corriente, usada también en la terminología forense; proscripción es forense y tiene el mismo sentido. *Confinamiento* y *relegación* se diferencian de los anteriores en que circunscriben la vida del penado a un área determinada del territorio nacional. La *deportación* es expulsión del territorio, si el deportado es extranjero; si es nacional, consiste en un traslado a un punto lejano, gralte. colonial, del cual no puede salir; *deportación* a Guinea. Desde años recientes, *exilio* designa esp. la situación del que vive emigrado de su país por motivos políticos.

**destilador** *m. Alambique, alquitara, alcatara* (arcaico y p.us.), *destilatorio.*

**destilar** *tr. Alambicar, alquitarar* (ant.).

**destilatorio** *m. Alambique, alquitara, alcatara* (arcaico y p.us.), *destilador.*

**destinado, -da** *adj. Afecto, unido, anejo, anexo, agregado, adscrito.*

**destinar** *tr. Dedicar, emplear, ocupar, aplicar, consagrar*.*

**destino** *m. Hado, sino, fortuna, suerte, estrella.* 2 *Fin, finalidad, aplicación.* 3 *Empleo, puesto, plaza, colocación, ocupación.* El *destino* supone un *empleo* fijo, y por esto se usa especialmente entre funcionarios; no se llamaría así una *ocupación* eventual. ↔ CESANTÍA, SUSPENSIÓN, ABANDONO.

**destituir** *tr. Deponer, dejar cesante, dar el cese, separar del servicio, dejar en pie, poner en la calle, degradar, postergar, relevar, exonerar, eximir. Destituir* y *deponer* se usan especialmente si se trata de un cargo de autoridad. Tratándose de empleados, se utilizan todos los demás. ↔ INSTITUIR, NOMBRAR, RECIBIR.

**destorcer** *tr.-prnl. Enderezar.*

**destornillado, -da** *adj. Inconsiderado, precipitado, sin seso, alocado, atolondrado, desquiciado, chiflado.*

**destornillador** *m. Atornillador.*

**destornillar** *tr. Desatornillar, desenroscar.* 2 *prnl.* fig. *Atolondrarse, desconcertarse, precipitarse, alocarse.*

**destreza** *f. Habilidad*, arte, agilidad,* *soltura, mano, buena mano, maña, primor, maestría, pericia, apaño, acierto*.* "*Primor* expresa el colmo de la *destreza* y de la *habilidad*; esto es, la *habilidad* y la *destreza* llevadas a su mayor grado de perfección. Una bordadora, un fabricante de pianos que sobresalen en sus respectivos oficios, hacen con *primor* un piano y un bordado. La *destreza* tiene dos significaciones, una material y otra ideal. Es *diestro* un buen torero, y lo es un abogado que gana los pleitos, que defiende más que por sus razones, por su astucia, para preparar en su favor el ánimo de los jueces. Es *hábil* todo el que ejecuta bien las obras mecánicas y puramente materiales, como un buen ebanista, un buen herrero, un buen cerrajero" (O).Cuando denota facilidad o rapidez de movimientos, *agilidad, soltura.* La *destreza* en el trabajo manual se llama también *mano, buena mano, maña, primor.* Si se estima en alto grado, *maestría, pericia.* ↔ TORPEZA, IMPERICIA.

**destripar** *tr. Despanzurrar, despachurrar, espanzurrar.*

**destripaterrones** *m.* desp. *Campesino, labrador, aldeano, lugareño, rústico, paleto.*

**destrizar** *tr. Trizar, desmenuzar.*

**destrocar** *tr. Descambiar.*

**destrón** *m. Lazarillo.*

**destronar** *tr. Desentronizar.*

**destrozado, -da** *adj. Harapiento, roto, andrajoso.*

**destrozar** *tr.-prnl. Despedazar, romper, destruir, descuartizar, deshacer*.* Este último, tratándose de reses. ↔ COMPONER, CONSTRUIR. 2 *Batir, desbaratar, derrotar, arrollar.*

**destrozo** *m. Estropicio, rotura.*

**destrucción** *f. Estrago, agotamiento, ruina, devastación, asolamiento.*

**destruir** *tr. Arruinar, aniquilar, deshacer*, desbaratar, destrozar, devastar, asolar, echar abajo, echar por tierra, no dejar piedra sobre piedra, no dejar tí-*

*tere con cabeza, extinguir\**. ↔ CONSTRUIR, HACER, ORGANIZAR.

**desueto, -ta** *adj. Anticuado, viejo, antiguo, desusado\*, obsoleto, trasnochado, inusitado\*.*

**desuncir** *tr. Desyugar.*

**desunión** *f. Separación, desajuste.* ↔ UNIÓN. 2 fig. *Desavenencia, desacuerdo, discordia, división, desconformidad\*.* ↔ AVENENCIA.

**desunir** *tr.-prnl. Apartar, separar\*, distanciar, dividir, desprender, soltar, despegar, desasir, disgregar\*.* ↔ UNIR, AGARRAR.

**desusado, -da** *adj. Desacostumbrado, inusitado\*, insólito, inusual, desueto.* "*Inusitado* significa sólo lo que no se usa; sin que haga relación a ninguna otra cosa. *Desusado* también es no usarse una cosa; pero haciendo referencia a un uso anterior, pues *desusarse* se limita al uso presente, e indica que antes estuvo en uso y que ya no lo está. Lo *inusitado* no supone un uso anterior; al contrario, lo excluye. Lo *inusitado* indica novedad, lo *desusado* antigüedad. Una moda nueva es *inusitada*, un traje antiguo que ya nadie lleva será *desusado*, ridículo por el no uso. Se *desusa*, pues, aquello cuyo uso se ha ido perdiendo, y así se dice: está en *desuso*, hablando de leyes" (O). Cuando se trata de algo que tuvo uso y ya no lo tiene, *desueto.* 2 *Anticuado, viejo, antiguo, desueto, obsoleto, trasnochado.*

**desustanciar** *tr.-prnl. Deslavar, deslavazar.*

**desvaído, -da** *adj. Pálido, disipado, descolorido, desteñido.*

**desvalido, -da** *adj. Desamparado, abandonado.*

**desvalijar** *tr. Robar, despojar, arrebatar.*

**desvalimiento** *m. Orfandad, abandono, desamparo.* ↔ AMPARO.

**desván** *m. Buharda, buhardilla, bohardilla, boardilla, camaranchón, guardilla, sobrado, zaquizamí.*

**desvanecerse** *prnl. Disiparse, evapo-*

*rarse, desaparecer.* 2 *Desmayarse, írsele la vista, perder el conocimiento.*

**desvanecimiento** *m. Vahído, mareo, desmayo, síncope.*

**desvariar** *intr. Prevaricar, delirar, desbarrar, disparatar.* Los tres últimos se utilizan en sentido fig. y fam.

**desvarío** *m. Delirio, ilusión, quimera, disparate.* En sentido fig., los tres últimos.

**desvelar** *tr. fig. Descubrir, destapar* (fig.), *desenmascarar.* ↔ ENCUBRIR, OCULTAR.

**desvelarse** *prnl. fig. Inquietarse, esmerarse, extremarse, desvivirse.* ↔ DORMIRSE, DESCUIDARSE.

**desvelo** *m. Insomnio, vigilia, agripnia* (MED.). 2 *Cuidado, esmero.*

**desventaja** *f. Inferioridad, menoscabo, inconveniente.*

**desventura** *f. Desgracia, desdicha, infortunio, infelicidad, adversidad\*.*

**desventurado, -da** *adj. Desgraciado, infortunado, desdichado, desafortunado, malhadado, malaventurado.* 2 *Cuitado, pobrete, infeliz, pobre de espíritu.* 3 *Avariento, mísero, miserable.*

**desvergonzado, -da** *adj.-s. Sinvergüenza, poca vergüenza, descarado, descocado, procaz, inverecundo* (culto), *deslenguado, lenguaraz, malhablado, insolente, maldiciente, frescales, desenfadado.* ↔ DECENTE, VERGONZOSO, PUDOROSO, COMEDIDO.

**desvergonzarse** *prnl. Avilantarse, descararse, insolentarse, osar.*

**desvergüenza** *f. Inverecundia* (culto), *sinvergüencería, sinvergonzonería, insolencia, cara dura, procacidad, valor, osadía, audacia, atrevimiento, descaro, descoco, desfachatez.* ↔ DECENCIA, PUDOR, VERGÜENZA.

**desvestir** *tr. Desnudar.*

**desviación** *f. Desvío.* ↔ ENCAMINAMIENTO. 2 *Torcedura, torsión, torcimiento, detorsión, distorsión.* 3 fís. *Deflexión.*

**desviar** *tr.-prnl. Apartar, descaminar, alejar, separar, echar por otra parte, andarse por las ramas, no ir a parte al-*

*guna.* ↔ ENCAMINAR, DIRIGIR, ACERCAR.
2 fig. *Disuadir, desaconsejar, desarrimar.*

**desvío** *m. Desviación, despego, desapego, desafecto, frialdad, desagrado.* ↔
DIRECCIÓN, ENCAMINAMIENTO. 2 fig.
*Despego, desapego, desafecto, frialdad,
desagrado.* ↔ AFECTO. 3 *Aberración,
descarrío, extravío, engaño, error, equivocación, ofuscación.* ↔ ACIERTO.

**desvirgación** *f. Desfloración* (fig.),
*desvirgamiento.*

**desvirgamiento** *m. Desfloración*
(fig.), *desvirgación.*

**desvirgar** *tr. Desflorar.* 2 vulg. *Estrenar.*

**desvirilización** *f. Castración, desexualización, emasculación, capadura.*

**desvirilizar** *tr. Capar, castrar, desexualizar, emascular.*

**desvivirse** *prnl. Despulsarse, desvelarse, perecerse, extremarse, írsele los
ojos tras, engolondrinarse, anhelar*,
desear, suspirar por, ansiar, hacerse la
boca agua, comer con los ojos, beber los
vientos.* ↔ DESDEÑAR, DESPRECIAR.

**desyerbar** *tr. Desherbar, escardar.*

**desyugar** *tr. Desuncir.*

**detall. Al detall** *loc. adv.* galic. *Al por
menor, al menudeo, a la menuda.*

**detallar** *tr. Especificar, enumerar, pormenorizar, precisar.*

**detalle** *m. Pormenor, minucia.* 2 *Fragmento, parte, porción.*

**detallista** *com. Minorista.*

**detección** *f. Rastreo, barrido, exploración.*

**detención** *f. Parada, alto, estación.* 2
*Dilación, tardanza, demora, retraso.* 3
*Prolijidad, detenimiento.* 4 *Arresto,
prendimiento, aprisionamiento, apresamiento, aprehensión.*

**detener** *tr.-prnl. Parar, atajar, suspender.* 2 *Arrestar, aprisionar, aprehender,
prender.* ↔ LIBERTAR. 3 *Retener, conservar.* 4 *prnl. Retardarse, demorarse, retrasarse, tardar.* ↔ ADELANTARSE.

**detenimiento** *m. Detención, prolijidad.*

**detentar** *tr. Usurpar.*

**detergente** *adj.-m. Detersivo, detersorio, abluente.*

**deteriorado, -da** *adj. Tronado, maltrecho, estropeado, ajado.*

**deteriorar** *tr. Estropear, averiar, echar
a perder, dañar, hacer mella, lacerar,
perjudicar, menoscabar.* ↔ MEDRAR,
MEJORAR, EMBELLECER.

**deterioro** *m. Desperfecto, avería,
daño, detrimento, menoscabo.*

**determinación** *f. Resolución, decisión.*
2 *Audacia, osadía, valor, arrojo, denuedo.*

**determinado, -da** *adj. Definido*, delimitado.*

**determinar** *tr.-prnl. Resolver, decidir.*
"Se *determina* consultando sólo a la
voluntad; se *resuelve* examinando la
razón que hay para ello; se *decide* pe-
sando dos o más razones opuestas.
La voluntad *determina*; el entendimiento *resuelve*; el juicio *decide*: ayer
había *determinado* salir de caza, y
viendo que llovía *resolví* quedarme en
casa; pero al fin, luchando entre la
afición y la comodidad me *decidí* a
salir" (LH). "Se *determinan* medidas;
se *resuelven* dudas o problemas; se *de-
ciden* conflictos y contestaciones. *Determinar* indica superioridad de autoridad o de poder; *resolver*, superioridad de inteligencia; *decidir*, superioridad de justicia. Una sentencia judicial *determina*, porque manda hacer
algo; *resuelve* porque aclara la oscuridad de los hechos y de los derechos
que se ventilan, y *decide*, porque corta una disputa" (M). 2 *Fijar, precisar,
señalar, delimitar*.* ↔ IMPRECISAR, IN-
DETERMINAR. 3 *Causar, producir, ocasionar, motivar.*

**detersivo, -va** *adj.-m.* MED. *Detersor-
rio, detergente, abluente.*

**detersorio, -ria** *adj.-m.* MED. *Detersivo, detergente, abluente.*

**detestable** *adj. Abominable, execrable, pésimo, aborrecible, odioso.*

**detestar** *tr. Condenar, maldecir, execrar.* 2 *Aborrecer*, abominar, odiar.*

**diagnóstico**

**detienebuey** *m. Gatuña, aznacho, asnallo, aznallo, gata, uña gata.*
**detonación** *f. Estampido, estallido.*
**detonar** *intr. Estallar, explotar, reventar.*
**detorsión** *f. Torcedura, torsión, torcimiento, distorsión, desviación.*
**detractar** *tr. Maldecir, denigrar, detraer, infamar.* ↔ ELOGIAR.
**detractor, -ra** *adj.-s. Maldiciente, infamador, calumniador, denigrador.*
**detrás** *adv. l. Atrás. Atrás* localiza más vagamente que *detrás:* compárese *están detrás* con *están atrás* (=hacia atrás), si bien la diferencia es a menudo poco perceptible. *Atrás* admite grados de comparación (*más, menos, tan atrás*), y *detrás* no los admite. ↔ DELANTE. 2 *Tras.* El uso de *tras*, en este caso, se siente como literario: iban *tras* (de) él; están *tras* (de) la puerta. ↔ DELANTE.
**detrimento** *m. Deterioro, menoscabo, avería.* 2 *Daño*\*, *quebranto, pérdida, perjuicio.*
**detroncación** *f.* MED. *Decapitación, decolación.*
**deuda** *f. Débito*\*, *adeudo.* ↔ HABER, ACTIVO.
**dcudo, -da** *s. Pariente, allegado.*
**deutóxido** *m. Bióxido.*
**devanadera** *f. Argadijo, argadillo.* 2 *Aspa.*
**devastación** *f. Desastre, calamidad, ruina, catástrofe, cataclismo.*
**devastar** *tr. Destruir, arrasar, asolar, infestar, pillar, saquear.*
**devoción** *f. Veneración, fervor, unción, piedad, celo*\*. *Unción* es gran *devoción* que se pone en palabras o actos. ↔ IRRELIGIOSIDAD. 2 *Inclinación, afecto, afición, entusiasmo.* Fuera de lo religioso. ↔ FRIALDAD, DESAPLICACIÓN.
**devolución** *f. Retorno, restitución.*
**devolver** *tr. Restituir, reintegrar, retornar* (lit.), *tornar* (lit.). "*Devolver* supone posesión; *restituir* supone propiedad. Ocupo el asiento que otro deja vacío; si lo reclama se lo *devuelvo*. Las prendas robadas se *restituyen* a sus due-

ños. *Devuélveme* los documentos que te presté, para *restituirlos* al archivo" (M). 2 *Vomitar.* 3 *prnl. Amér. Volverse, regresar.* P. ej.: me *devolví* a casa.
**devorador, -ra** *adj. Voraz, comedor, comilón.*
**devorar** *tr. Engullir, comer, embocar, embaular.* Todos sugieren *avidez* en comer. 2 *fig. Consumir, destruir.*
**devoto, -ta** *adj.-s. Piadoso, religioso.* 2 *Afecto, apegado, aficionado, admirador, entusiasta, partidario.*
**dextroglucosa** *f. Dextrosa, glucosa.*
**dextrosa** *f. Dextroglucosa, glucosa.*
**día. De día y de noche** *loc. adv. Con empeño, con tesón, con firmeza, con insistencia, sin levantar cabeza, con ahínco.* 2 **Entrado en días** *loc. adj. Añoso, viejo, vetusto, antiguo, añejo, entrado en años, maduro, adulto, mayor.* 3 **Hoy día** *loc. adv. Ahora, actualmente, al presente, en la actualidad, hoy en día, hoy por hoy.*
**diabasa** *f. Diorita.*
**diabladura** *f. Travesura, jugada, trastada.* ↔ FORMALIDAD.
**diablo** *m. Demonio, diantre, dianche, diaño* (Ast.), *demontre, demonche, demongo* (Ast. y And.), *malo, el enemigo, el maldito, putas* (fam.), *pateta* (fam.), *patillas.* Todos estos sinónimos son expresiones eufemísticas. 2 **Diablo marino** *Escorpena, escorpina, pina, rascacio, rescaza.*
**diabólico, -ca** *adj. Infernal, demoníaco, satánico, luciferino.* 2 *Malo, perverso.*
**diacatolicón** *m. Catalicón, catolicón.*
**diácono** *m. Levita.*
**diadema** *f. Aureola, auréola, lauréola, nimbo, corona.*
**diáfano, -na** *adj. Transparente, claro, cristalino.*
**diaforesis** *f.* MED. *Sudoración, perspiración, traspiración, sudor.* La *diaforesis* es la *sudoración* copiosa provocada artificialmente.
**diaforético, -ca** *adj.* MED. *Sudorífico.*
**diagnosis** *f.* MED. *Diagnóstico.*
**diagnóstico** *m.* MED. *Diagnosis.*

**diagrama** *m. Esquema, gráfico.*
**diálogo** *m. Conversación\*, plática, coloquio.* En el teatro, se dice sólo *diálogo*. "El *diálogo* no está consagrado exclusivamente al teatro, como lo está el monólogo; ni el *coloquio*, en su valor usual, es grave y filosófico como el soliloquio. El *coloquio* es propiamente una *conversación* familiar y libre, no sujeta a ninguna regla particular; pero el *diálogo* es conferencia seguida, en que se discurre, y que está sujeta a reglas. Decimos los *coloquios* de Erasmo y los *diálogos* de Platón o de Cicerón" (Ci).
**diamante** *m. Brillante.*
**diana** *f. Alborada.* 2 DEP. *Blanco.* Usados en arco y tiro.
**dianche** *m. Diablo, demonio, diantre* (eufem.), *diaño* (Ast.), *demontre, demonche, demongo* (Ast. y And.).
**diantre** *m.* eufem. *Diablo, demonio, dianche, diaño* (Ast.), *demontre, demonche, demongo* (Ast. y And.).
**diaño** *m. Ast. Diablo, demonio, diantre* (eufem.), *dianche, demontre, demonche, demongo* (Ast. y And.).
**diapnoico, -ca** *adj.* MED. *Sudorífico.*
**diario** *m. Periódico diario.*
**diario, -ria** *adj. Cotidiano, cuotidiano.*
**diarrea** *f. Descomposición, evacuación, despeño.*
**diastrofia** *f.* MED. *Dislocación* (de un hueso, músculo, etc.).
**diatérmano, -na** *adj. Diatérmico.*
**diatérmico, -ca** *adj. fís. Diatérmano.*
**diátesis hemorrágica** *f. Hemofilia.*
**diatriba** *f. Libelo.* La *diatriba* puede ser oral o escrita; el *libelo* es escrito. La primera puede ser de carácter violento o injurioso, en tanto que el *libelo* es siempre injurioso, infamatorio. La *diatriba* puede ser seria y respetable; el *libelo* no.
**dibujar** *tr. Delinear, diseñar.*
**dicacidad** *f. Mordacidad, causticidad, causticismo.* ↔ SUAVIDAD, ALABANZA.
**dicaz** *adj. Mordaz, acre, punzante, incisivo, satírico.*

**dicción** *f. Palabra, voz, vocablo, término.* 2 *Pronunciación, articulación.*
**diccionario** *m. Léxico, lexicón, vocabulario, glosario, tesoro, enciclopedia.* *Lexicón,* esp. el de lenguas antiguas; *vocabulario, glosario,* esp. si es parcial de una comarca, autor, oficio, etc. *Tesoro,* nombre de ciertos diccionarios de gran erudición. *Enciclopedia* o *diccionario enciclopédico,* el que contiene todos los conocimientos humanos en artículos ordenados alfabéticamente, o los especiales de una ciencia.
**diccionarista** *com. Lexicógrafo.*
**dicha** *f. Felicidad, ventura, suerte, fortuna\*, prosperidad.* ↔ INFELICIDAD, DESVENTURA, DESENCANTO.
**dicho** *m. Proverbio, refrán.*
**dicho, -cha** *p. p. Citado, mencionado, mentado, susodicho, antedicho.*
**dichoso, -sa** *adj. Feliz, venturoso, afortunado, fausto, bienhadado.*
**dicotómico, -ca** *adj. lóg. Binario, bifurcado.*
**dicroíta** *f.* MINERAL. *Cordierita, iolita, zafiro de agua.*
**dictado** *m. Adjetivo\*, calificativo, epíteto.*
**dictador** *m. Déspota, autócrata.*
**dictadura** *f. Autocracia, autarquía, cesarismo, despotismo, tiranía.* Los tres primeros cuando todos los poderes los ejerce una sola persona. Los tres son más literarios y menos corrientes que *dictadura; despotismo* y *tiranía* acentúan el carácter abusivo e ilimitado con que se ejerce la autoridad, y se aplican también fuera de la política. ↔ LIBERALIDAD, DEMOCRACIA.
**dictamen** *m. Informe, opinión\*, parecer, juicio, voto, apreciación.*
**dictaminador, -ra** *adj. Informativo, consultivo\*.*
**dictaminar** *intr. Informar.*
**díctamo** *m. Orégano.* 2 **Díctamo blanco** *Fresnillo.*
**dictar** *tr. Expedir, promulgar, pronunciar.* 2 *Inspirar, sugerir.*
**dictatorial** *adj. Absoluto\*, arbitrario,*

*despótico, tiránico, autoritario, imperioso, dominante.* ↔ TOLERANTE, COMPRENSIVO, CONDESCENDIENTE.
**dicterio** *m. Insulto\*, improperio, denuesto.*
**didelfo, -fa** *adj.s. Marsupial.*
**dídimo** *m. Testículo, compañón.*
**diducción** *f.* MED. *Separación, abducción.*
**dieciocheno, -na** *adj.* p. us. *Decimoctavo.*
**dieciseiseno, -na** *adj.* p. us. *Decimosexto.*
**diente** *m. álabe, leva, levador.* 2 ARQ. *Adaraja, endeja, enjarje.* 3 **Crujir los dientes** *loc. Rabiar, encolerizarse, enfurecerse, enverdecer de ira, exaltarse la bilis.* ↔ TRANQUILIZARSE, SERENARSE, APACIGUARSE. 4 **Diente de león** *m. Amargón.* 5 **Diente de muerto** *Almorta, alverjón, tito, cicércula, cicercha, guija, muela.* 6 **Enseñar los dientes** *loc. Amenazar, amagar, conminar, tener en jaque, decir a uno cuántas son cinco.*
**diéresis** *f.* GRAM. *Crema.* 2 *Separación, división.*
**diestra** *f.* (mano) *Derecha.*
**diestramente** *adv. m. Bonitamente, disimuladamente, mañosamente.*
**diestro** *m. Torero.*
**diestro, -tra** *adj. Derecho.* 2 *Hábil, mañoso, versado, experto\*, perito.*
**I dieta** *f. Régimen alimenticio, régimen.*
**II dieta** *f. Honorarios.* Las *dietas* son los *honorarios* que un funcionario devenga diariamente mientras desempeña una comisión fuera de su residencia oficial.
**dietario** *m. Agenda.*
**difamación** *f. Calumnia\*, impostura, imputación, falsa acusación, sambenito, descrédito, mala nota.* ↔ VERDAD, HONRA.
**difamador, -ra** *adj.-s. Calumniador, deshonrabuenos, impostor, infamador.*
**difamar** *tr.-prnl. Desacreditar, denigrar, señalar con el dedo, echar un chafarriñón, infamar, disfamar* (p. us.). *Infamar* tiene significado más general,

puesto que puede *infamarse* a una persona, no sólo publicando cosas contra su fama, sino también por otros medios. Por ej., hay sanciones penales que *infaman*, pero no *difaman.* ↔ HONRAR, ACREDITAR, ALABAR.
**diferencia** *f. Desigualdad, desemejanza, disimilitud, disparidad, discrepancia, divergencia, diversidad, variedad. Desigualdad* en general; esp. si se trata de cantidad, dimensión, etc. *Desemejanza* y *disimilitud,* tratándose de cualidades o aspecto general de personas o cosas. *Disparidad, discrepancia* y *divergencia* se aplican pralte. a las diferencias de criterio, palabras, opiniones, o de cualidades morales. ↔ SEMEJANZA, IGUALDAD. 2 *Resto, resta, residuo.* 3 fig. *Disgusto, disputa, disentimiento, desavenencia.* 4 **Con corta diferencia** *loc. adv. Aproximadamente, con proximidad, a ojo de buen cubero, próximamente, poco más o menos.*
**diferenciar** *tr.-prnl. Distinguir, diferir, discrepar, distar, discernir\*, discriminar, apreciar, percibir.* ↔ PARECERSE, IGUALARSE, CONFUNDIRSE. 2 *intr.-tr. Variar, cambiar, mudar, alterar, transformar.*
**diferente** *adj. Distinto\*, diverso, desigual, desemejante, divergente.* ↔ IGUAL, SEMEJANTE.
**diferir** *tr.-prnl. Retardar, demorar, aplazar\*, retrasar, atrasar\*, dilatar, suspender, remitir.* "*Dilatar* es *diferir, retardar* alguna cosa. Pero en rigor lo que se *difiere* es la acción que se suspende por algún tiempo; lo que se *dilata* es el tiempo en que no tiene efecto la acción. Porque en la verdadera fuerza de sus significaciones, *diferir* es suspender, *dilatar* es prolongar. Cuando se *difiere* la paz, no es la paz lo que se *dilata,* sino la guerra. Se *difiere* un congreso, esto es, no tiene lugar por ahora; se *dilata,* esto es, dura más tiempo de lo que se creía. Con relación al riguroso sentido de estas voces, se desean *dilatados* años

**difícil** 236

de vida, y no *diferidos*" (LH). ↔ CUM-
PLIR, ADELANTAR, FACILITAR. 2 *intr. Distinguir, diferenciar, desemejar, discrepar.*
**difícil** *adj.* Dificultoso, arduo, trabajoso, penoso, embarazado, complicado,
enrevesado, intrincado, revesado, em-
*brollado.* "Lo *difícil* se aplica a lo esencial de una empresa o negocio; lo *dificultoso* a los pormenores, a las pe-
queñeces, a los obstáculos más in-
cómodos que graves. Es *difícil* vadear
un río caudaloso; es *dificultoso* un camino sembrado de hendiduras y de
piedras. Lo *arduo* es lo muy *difícil*; lo
que necesita más tiempo que lo *difícil*" (M). 2 *Abstruso, recóndito, incomprensible, profundo.* ↔ CLARO. 3 *Delicado, arriesgado, expuesto.* 4 *Morrocotudo, importante, grande, formidable,
gravísimo, fenomenal.* 5 *Descontentadizo, chinche, áspero, desabrido.* Hablando del carácter de una persona.
**dificultad** *f. Entorpecimiento, estorbo,
inconveniente, embarazo, obstáculo*,
óbice, impedimento, traba, escollo, tro-
*piezo.* ↔ FACILIDAD, DESEMBARAZO. 2
*Conflicto, contrariedad, apuro, aprieto.*
↔ DESCANSO. 3 *Duda, reparo, objeción.* 4 *Pena, trabajo, esfuerzo, fatiga,
penalidad.* 5 *Pero, estorbo, defecto, tacha, facilidad.* ↔ PERFECCIÓN, FACILI-
DAD. 6 **Pasar dificultades** *loc. Estar
en un apuro, estar en un compromiso,
estar con el agua al cuello, estar entre
la espada y la pared.*
**dificultar** *tr.-prnl. Estorbar, embarazar, entorpecer, obstaculizar, complicar, impedir*.* ↔ FACILITAR, DESEMBA-
RAZAR, AYUDAR.
**dificultoso, -sa** *adj. Difícil, arduo,
embarazoso, penoso, trabajoso, enrevesado, complicado, laborioso.* 2 *Escabroso, duro, áspero.* ↔ SUAVE.
**difteria** *f. Garrotillo, crup.*
**difumar** *tr. Esfumar, esfuminar, disfumar.*
**difuminar** *tr. Esfumar, esfuminar.*
**difumino** *m. Esfumino, disfumino.*
**difundir** *tr.-prnl. Extender, esparcir.* ↔

RECOGER, REUNIR. 2 *fig. Divulgar*,
propagar, propalar, publicar*.* ↔ OCUL-
TAR.
**difunto** *m. Cadáver, restos, restos mortales, muerto.*
**difunto, -ta** *adj.-s. Cadáver.*
**difusión** *f. Expansión, divulgación, publicidad*.*
**difuso, -sa** *adj. Prolijo, largo*, extenso, dilatado.* ↔ PARCO, CONCISO.
**digerir** *tr. Sentar, recibir.*
**digestivo, -va** *adj.-s.* MED. *Eupéptico,
estomacal.*
**digitado, -da** *adj. Digitiforme.*
**digital** *adj. Dactilar.* 2 *f. Dedalera*
(planta).
**digitiforme** *adj. Digitado.*
**dígito** *m.* MAT. *Número, cifra.*
**dignamente** *adv. m. Merecidamente,
justamente, con razón.*
**dignarse** *prnl. Servirse*, tener a bien,
tener la bondad.* Pueden emplearse
como fórmulas de cortesía de uso general.
**dignidad** *f. Decencia, decoro, gravedad.* 2 *Honor, distinción, cargo, empleo.* 3 *Caballerosidad, nobleza, hidalguía, pundonor, lealtad, generosidad.*
↔ BELLAQUERÍA, DESLEALTAD. 4 *Representación, autoridad, importancia* (de
una persona).
**digno, -na** *adj. Merecedor, acreedor.* 2
*Adecuado, proporcionado.* 3 *Decoroso,
decente, grave, íntegro.*
**digresión** *f. Preámbulo, rodeo.*
**dije** *m. Joya, alhaja, presea, joyel.*
**dilación** *f. Demora*, tardanza, retraso,
aplazamiento*.* ↔ ADELANTO, CUMPLI-
MIENTO. 2 *Pega, dificultad, estorbo,
obstáculo.* 3 **Sin dilación** *loc. adv.
Prontamente, al punto, pronto, en seguida, inmediatamente, seguidamente.*
**dilapidación** *f. Derroche, despilfarro,
prodigalidad.*
**dilapidador, -ra** *adj.-s. Derrochador,
pródigo, derramado, malgastador, manirroto, despilfarrador.*
**dilapidar** *tr. Disipar* (lit.), *derrochar,
malgastar, malbaratar, despilfarrar,
echar a rodar.* ↔ GUARDAR, AHORRAR.

**dilatación** *f. Expansión.* Se dice esp. de la *dilatación* de los gases.

**dilatado, -da** *adj. Espacioso, extenso, vasto, grande.*

**dilatar** *tr.-prnl. Extender, alargar\*, agrandar, ampliar\*, ensanchar, prolongar, estirar.* Los seis primeros, si se trata del espacio o del tiempo. Los tres últimos, tratándose del tiempo. ↔ ENCOGER, ACHICAR, ADELANTAR. 2 ant. y lit. *Atrasar\*, retrasar, retardar, demorar, diferir\*, rezagar.* ↔ ADELANTAR.

**diletante** *adj.-com. Aficionado.*

**diligencia** *f. Actividad\*, rapidez, prontitud, celeridad\*.* ↔ INACTIVIDAD, RETARDO. 2 *Cuidado, esmero, atención, celo\*, aplicación.* ↔ DESCUIDO, NEGLIGENCIA. 3 *Trámite.*

**diligenciar** *tr. Tramitar.*

**diligente** *adj. Activo, rápido, pronto, acucioso, apresurado, presuroso, afanoso.* 2 *Cuidadoso, atento, celoso, aplicado, esmerado, solícito.*

**dilogía** *f. Ambigüedad, anfibología\*, doble sentido, equívoco.*

**dilucidar** *tr. Explicar, aclarar\*, elucidar, esclarecer, poner en claro.*

**diluir** *tr. Desleír, disolver\*.*

**dimanar** *intr. Proceder, provenir, emanar, originarse, nacer, venir, seguirse, resultar, deducirse, inferirse.*

**dimensión** *f. Magnitud, tamaño, extensión, medida.*

**dimes. Andar en dimes y diretes** *loc. fam. Discutir, debatir, disputar, que patatín patatán* (fam.), *polemizar.*

**diminuto, -ta** *adj. Enano, pequeñísimo, ínfimo.* ↔ GIGANTE, ALTO.

**dimisión** *f. Renuncia, abdicación, cesión.*

**dimitir** *tr. Renunciar, declinar\*, rehusar\*, abdicar\*.* ↔ ACEPTAR, TOMAR, INSISTIR.

**dimorfismo** *m.* QUÍM. y GEOL. *Dualidad.*

**dinamarqués, -esa** *adj.-s. Danés.*

**dinamismo** *m. Energía, eficacia, actividad.* ↔ PASIVIDAD.

**dinero** *m. Moneda, plata, numerario, efectivo, monises, cacao, cuartos, mosca, pecunia, perras, tela, guita, pasta. Plata,* esp. en América. Abundan los nombres familiares más o menos burlescos, como los ocho últimos sinónimos. En el léxico bancario y comercial, el *dinero* disponible se llama *numerario* o *efectivo.* 2 *Caudal, capital\*, bienes, hacienda, fortuna, peculio.*

**dintel** *m. Cargadero, lintel.*

**diócesi, diócesis** *f. Obispado, sede, mitra.*

**dionea** *f. Atrapamoscas.*

**dionisíaco, -ca** *adj. Báquico.*

**dioptasa** *f.* MINERAL. *Esmeralda cuprífera.*

**dioptra** *f. Aliada.*

**diorita** *f. Diabasa.*

**Dios. Armar la de Dios es Cristo** *loc. Alborotar, gritar, perturbar, escandalizar, vocear, meter voces, hacer temblar la casa.*

**diplomacia** *f.* fig. *Tacto, sagacidad, circunspección.*

**diplomático, -ca** *adj.* fig. *Circunspecto, sagaz, disimulado, ladino.*

**diputar** *tr. Destinar, elegir, designar.*

**dique** *m. Malecón.*

**dirceo, -ea** *adj.-s.* (pers.) *Tebano.*

**dirección** *f. Gobierno, gestión, administración, mando.* 2 *Sentido, camino, rumbo, derrotero.* 3 *Señas.*

**directamente** *adv. m. Derechamente, rectamente, en derechura.* ↔ INDIRECTAMENTE.

**directivo, -va** *s. Director, dirigente.*

**directo, -ta** *adj. Derecho, recto, natural.* ↔ DESVIADO, TORCIDO, INEXACTO, ARTIFICIAL. 2 **En directo** *loc. adv. En vivo.*

**director, -ra** *s. Directivo, dirigente, mánager\*. Director* es el que dirige un establecimiento, corporación, grupo, sociedad, etc.; su cargo es unipersonal. El *directivo* y el *dirigente* forman parte de una dirección o junta que dirige; su autoridad es compartida por otros, y no unipersonal como la del *director. Directivo* se emplea con preferencia en una agrupación, sociedad, etc., en tanto que la denominación de *dirigente* se aplica principalmente en los partidos políticos, en los movimientos populares o sociales. En una escuela preguntamos por el *director*; en un casino o sociedad, por un *directivo*; en una huelga, los patronos o las autoridades se ponen al habla con los *dirigentes* obreros. Cuando se emplean como adjetivos, la diferencia se borra en gran parte; y así hablamos de una acción *directora, directiva* o *dirigente* que una persona o junta desarrollan.

**directorio** *m.* INFORM. *Catálogo.*

**diretes. Andar en dimes y diretes** *loc.* fam. V. dimes.

**dirigente** *com. Director\*, directivo.*

**dirigir** *tr. Enderezar, guiar, orientar, encaminar, conducir, llevar de la mano, asestar, apuntar.* 2 *Gobernar, regir, administrar, mandar.* 3 DEP. *Juzgar, arbitrar.*

**dirimir** *tr. Resolver, fallar, decidir, terminar.*

**discante** *m. Tiple* (guitarrita).

**discernimiento** *m. Juicio, razón, entendimiento.* ↔ IRREFLEXIÓN, INSENSATEZ.

**discernir** *tr. Distinguir, discriminar, diferenciar, apreciar, percibir, juzgar, creer, estimar, opinar, reputar, valorar.* "*Discernir* es un acto puramente mental; *distinguir* es un acto mental, que puede ser verbal igualmente, en cuyo caso la distinción es la expresión del discernimiento. Como actos puramente mentales, *discernir* supone más claridad y prontitud en la percepción; y *distinguir* más finura y sutileza. Antes de *distinguir* se *discierne*. Para *distinguir* lo verdadero de lo falso se necesita a veces mucho discernimiento" (M). *Discriminar* y *diferenciar*, como actos mentales, suponen mayor minuciosidad. 2 *Conceder, otorgar.* Es galic. el empleo de *discernir* por *otorgar* o *conceder* un premio, un honor.

**disciforme** *adj. Discoide, discoidal, discoideo.*

**disciplencia** *f. Indiferencia, desagrado, aspereza, desabrimiento.* ↔ AGRADO. 2 *Desaliento, apatía, indolencia, dejadez.* ↔ ALIENTO.

**disciplina** *f. Doctrina, enseñanza.* 2 *Asignatura.* 3 *Subordinación, dependencia, obediencia, orden.*

**discípulo, -la** *s. Alumno, estudiante\*, escolar, colegial.*

**discisión** *f. Escisión, división, separación.* ↔ UNIÓN, FUSIÓN.

**discóbolo** *m.* DEP. *Lanzador de disco.* Se usan en el atletismo.

**discoidal** *adj. Disciforme, discoide, discoideo.*

**discoide** *adj. Disciforme, discoidal, discoideo.*

**discoideo, -ea** *adj. Disciforme, discoidal, discoide.*

**díscolo, -la** *adj. Desobediente, indócil, indisciplinado, rebelde, reacio, avieso, perturbador, revoltoso.*

**disconforme** *adj. Desacorde, discordante, desavenido.* ↔ CONFORME, ACORDE.

**disconformidad** *f. Desconformidad* (p. us.), *desacuerdo, discordancia, disentimiento, discordia, desavenencia, desunión, disensión.* Cuando significa oposición o diferencia de opiniones, *desacuerdo, discordancia, disentimiento.* Si la oposición es de voluntades, *discordia, desavenencia, desunión, disensión.* Sin embargo, esta agrupación de sinónimos no es rigurosa, y todos ellos pueden pasar de un grupo a otro.

**discontinuidad** *f. Hueco, interrupción, laguna.*

**discontinuo, -nua** *adj. Interrumpido, intermitente, discreto* (MAT.). 2 *Incoherente, disperso, disgregado, inconexo, incongruente.* ↔ COHERENTE, CONFORME.

**disconveniencia** *f. Desconveniencia, incomodidad, desacomodo.* ↔ CONVENIENCIA, ACOMODO.

**disconvenir** *intr. Desconvenir, desa-*

*venirse, disentir, desacordarse.* ↔ ACOR-DAR, CONVENIR.

**discordancia** *f. Disconformidad\*, desconformidad* (p. us.), *desacuerdo, disentimiento, discordia, desavenencia, desunión.*

**discordante** *adj. Desacorde, disconforme, desavenido.*

**discordia** *f. Disconformidad\*, desacuerdo, discordancia, disentimiento, desavenencia, desunión, disensión, división, riña, contienda, disputa, querella, pendencia.* ↔ CONCORDIA, AVENENCIA, CONCIERTO, PAZ.

**discreción** *f. Sensatez, prudencia, tacto, moderación, mesura, circunspección.* 2 *Reserva\*, recato.*

**discrepancia** *f. Diferencia\*, divergencia.* 2 *Disentimiento, disconformidad, desacuerdo.*

**discrepar** *intr. Diferenciarse, distar.* 2 *Divergir, disentir, discordar.* ↔ CONVENIR, CONSENTIR.

**discreto, -ta** *adj. Juicioso, prudente, sensato, mesurado, cuerdo, sesudo\*.* 2 *Agudo, ingenioso.* 3 *Reservado, recatado, callado\*.* 4 MAT. *Discontinuo, interrumpido, intermitente.*

**discriminante** *adj. Discriminatorio.*

**discriminar** *tr. Distinguir, discernir\*, diferenciar, especificar.* 2 *Separar, seleccionar, excluir.* Tratándose de personas, por motivos de raza, nacionalidad, política, religión, etc.

**discriminatorio, -ria** *adj. Discriminante.*

**discromasia** *f.* MED. *Discromía, discromatopsia.*

**discromatopsia** *f.* MED. *Discromía, discromasia.*

**discromía** *f.* MED. *Discromasia, discromatopsia.*

**disculpa** *f. Descargo, excusa, defensa, exculpación.* 2 *Pretexto, rebozo, socapa.*

**disculpar** *tr.-prnl. Defender, excusar, justificar, disimular, tolerar, permitir, hacer la vista gorda* (fam.). 2 *Perdonar\*, absolver, exculpar, hacer borrón y cuenta nueva.* ↔ CULPAR, INCULPAR.

**discurrir** *intr. Andar, correr, transcurrir, pasar.* Los dos últimos, tratándose del tiempo. 2 *Reflexionar, pensar\*, razonar, calcular, hablar consigo mismo, entrar a razones.* 3 *tr. Idear, inventar, inferir, conjeturar, trazar, disponer, proyectar, planear.*

**discursear** *intr. Hablar, perorar, meter baza, hablar por los codos, tomar la palabra, descoser los labios, soltar el mirlo.* ↔ CALLAR.

**discurso** *m. Curso, paso, transcurso.* 2 *Raciocinio, reflexión, razonamiento\*.* 3 *Oración, peroración, alocución, arenga, soflama, disertación, conferencia, sermón, plática, acusación, defensa, informe, perorata.*

**discusión** *f. Debate, disputa, dimes y diretes* (fam.), *patatín patatán* (fam.), *altercado\*, polémica, controversia.* Cuando en una *disputa* se extrema la violencia, se convierte en *altercado.* La *polémica* y la *controversia* son semejantes al *debate.* La *polémica* supone más hostilidad que el *debate,* y puede ser oral o escrita. La *controversia* suele tratar de temas especulativos, teóricos, sin el propósito de tomar una decisión.

**discutible** *adj. Dudoso\*, cuestionable, controvertible, impugnable, disputable, problemático.*

**discutir** *tr. Argumentar, argüir, razonar, impugnar, contradecir, replicar, objetar.* 2 *Debatir, altercar, contender, disputar.*

**disección** *f.* ANAT. Etimológicamente *disección* significa lo mismo que *anatomía,* y ambos términos pueden emplearse y se han empleado como equivalentes. Hoy, sin embargo, tiende a diferenciarse el nombre de *anatomía* (ciencia, estructura orgánica) del de *disección* (acción de disecar).

**disector** *m.* MED. (pers.) *Prosector.*

**diseminar** *tr.-prnl. Esparcir, desparramar, desperdigar, sembrar, dispersar.* ↔ UNIR, JUNTAR, RECOGER.

**disensión** *f. Disconformidad\*, desa-*

*cuerdo, disentimiento*. 2 *Discordia, contienda, disputa, riña, rozamiento, desavenencia.*

**disentimiento** *m. Desavenencia, discordia, desunión, desacuerdo, disconformidad*, discrepancia, desacuerdo.* ↔ ACUERDO, AMISTAD.

**disentir** *intr. Discrepar, discordar, desacordarse.* ↔ CONVENIR, AVENIRSE.

**diseñar** *tr. Delinear, dibujar.*

**diseño** *m. Traza, delineación, croquis, boceto.*

**disertación** *f. Conferencia, discurso, razonamiento.*

**disfamar** *tr.-prnl. p. us. Difamar*, desacreditar, denigrar, señalar con el dedo, echar un chafarriñón, infamar.* ↔ HONRAR, ACREDITAR, ALABAR.

**disfavor** *m. Desaire, desatención, desplante. Si se comete con arrogancia o grosería, desplante.*

**disfonía** *f.* MED. *Ronquera, carraspera* (fam.).

**disforia** *f.* MED. *Inquietud, malestar.* ↔ EUFORIA.

**disformar** *tr. p. us. Deformar*, desformar* (p. us.), desfigurar.* ↔ FORMAR, EMBELLECER.

**disforme** *adj. Deforme.* 2 *Desfigurado, desproporcionado, monstruoso.*

**disformidad** *f. Deformidad.*

**disformosis** *f.* MED. *Deformidad.*

**disfraz** *m. Máscara.*

**disfrazado, -da** *adj.* MED. *Larvado, oculto. Aplícase a enfermedades.*

**disfrazar** *tr. Desfigurar, embozar, ocultar.* 2 *Disimular, simular, encubrir.*

**disfrutar** *tr. Percibir, aprovecharse, utilizar.* 2 *intr. Gozar, alegrarse, complacerse, divertirse, regocijarse.*

**disfrute** *m. Goce, posesión, placer.* ↔ DOLOR, MALESTAR, DISGUSTO.

**disfumar** *tr. Difumar, esfumar, esfuminar.*

**disfumino** *m. Esfumino, difumino.*

**disgregable** *adj. Deleznable, inconsistente, frágil, desmenuzable, quebradizo.*

**disgregación** *f. Dispersión, disociación, separación.*

**disgregado, -da** *adj. Incoherente, discontinuo, disperso, inconexo, incongruente.* ↔ COHERENTE, CONFORME.

**disgregar** *tr.-prnl. Desagregar, disociar, dispersar, disolver, separar, desunir.* Con frecuencia pueden sustituirse entre sí, pero tienen matices especiales que los hacen más aptos para ciertos usos. *Desagregar* sugiere separar dos o más cosas que estaban agregadas o unidas, en tanto que *disgregar* se refiere a una rotura o separaciónmás íntima de las partes que componen un todo: cortarse una salsa es *desagregarse*; una roca se *disgrega* por la acción de la atmósfera. Mayor es aún la idea de quebrantamiento de un todo unitario en *desintegrar*: *desintegrar* un país, la materia. *Disociar* pralte. usado en química. Cuando se trata de una agrupación de seres individuales, *dispersar*: la multitud, el rebaño, se *dispersan*. ↔ UNIR, SUMAR, AGREGAR.

**disgustado, -da** *adj. Descontento, malcontento, quejoso.* 2 *Mohíno, triste, melancólico, enfadado.*

**disgustar** *tr. Desagradar, desazonar, incomodar, molestar, contrariar, enfadar, repugnar, dar a beber hieles.* "*Disgustar, desagradar.* Estos verbos en su sentido recto tienen muy diferente significación: porque *disgustar* representa una acción puramente física, esto es, la que produce en nuestros sentidos la sensación opuesta al *gusto*; y *desagradar* representa una acción moral, esto es, la que produce en el ánimo la sensación opuesta al *agrado*. Pero el verbo *disgustar* se usa también figuradamente en el sentido moral, y en tal caso se refiere generalmente a todo lo que no satisface a la voluntad; *desagradar*, conservando siempre la fuerza de su sentido recto, se refiere a lo que no satisface al ánimo, y debiera satisfacerle por obligación, atención u otros motivos. El enojo del padre *disgusta* a los hijos, y la desobediencia de los hijos *desagrada* al padre. (...) *Disgusta* el mal tiempo, y *desagrada* la mala fe" (LH). *Desagradar* es expresión atenuada de *disgustar*; soportamos mejor lo que nos *desagrada* que lo que nos *disgusta*. Los demás verbos arriba enumerados están más cerca de *disgustar* que de *desagradar*. 2 *Apenar, afligir, apesadumbrar.*

**disgusto** *m. Desazón, repugnancia, asco, hastío.* ↔ GUSTO, AGRADO. 2 *Pesadumbre, aflicción, pena, inquietud, contrariedad.* ↔ ALEGRÍA. 3 *Contienda, desavenencia, diferencia.* 4 *Enfado, tedio, fastidio.*

**disidencia** *f. Desacuerdo, escisión, cisma, ruptura.*

**disílabo, -ba** *adj. Bisílabo.*

**disimetría** *f. Asimetría.*

**disímil** *adj. Desemejante, diferente, dispar.* ↔ SEMEJANTE.

**disimilitud** *f. Semejanza, diferencia*.*

**disimuladamente** *adv. m. Bonitamente, mañosamente, diestramente.*

**disimulado, -da** *adj.-s. Engañoso, falso, hipócrita, fingido, mosquita muerta, mátalas callando, socarrón, astuto, bellaco, taimado, solapado.* 2 *adj. Diplomático, circunspecto, sagaz, ladino.* 3 *Subrepticio, oculto, furtivo.*

**disimular** *tr. Encubrir, ocultar*, tapar.* ↔ DESCUBRIR, CONFESAR. 2 *Disfrazar, fingir, desfigurar, andar por dentro la procesión, quedarle otra cosa en el cuerpo.* 3 *Tolerar, disculpar, perdonar, permitir, hacer la vista gorda* (fam.).

**disimulo** *m. Afectación*, amaneramiento, rebuscamiento, estudio, fingimiento, doblez, presunción, artificio, astucia, artimaña, cautela, ficción.* 2 *Falsedad, mentira, engaño, impostura.* ↔ VERDAD, LEALTAD, LEGITIMIDAD.

**disipado, -da** *adj. Desvaído, pálido, descolorido, desteñido.*

**disipador, -ra** *adj. Derramado, gastador, malgastador, manilargo, manirroto, derrochador, despilfarrador.*

**disipar** *tr.-prnl. Desvanecer, dispersar.* ↔ REUNIR. 2 *Desperdiciar, malgastar, derrochar, prodigar.* 3 *prnl. Evaporar-*

*se, desvanecerse, desaparecer, borrarse.* ↔ APARECER.

**diskette, disquete** *m.* anglic. INFORM. *Disco flexible, floppy* (anglic.).

**dislate** *m. Disparate*, desatino, despropósito*, absurdo.*

**dislocación** *f. Desplazamiento, paratopía, ectopía, exarticulación, luxación, lujación* (p. us.)*, dislocadura.*

**dislocadura** *f. Dislocación, lujación* (p. us.)*, luxación, desplazamiento, paratopía, ectopía, exarticulación.*

**dislocar** *tr. Desconcertar, descoyuntar, desencajar, desarticular.*

**disminución** *f. Descrecimiento, decrecimiento, mengua, menoscabo, merma, baja, decadencia, descenso, caída, pérdida, quebranto, bajón*.* ↔ AUGE, AUMENTO. 2 *Deducción, rebaja, descuento, resta.* 3 *Abdicación, renuncia, cesión.*

**disminuir** *tr. Amenguar, aminorar, reducir, menoscabar, mermar, acortar, bajar, rebajar, abreviar. Reducir, menoscabar* y *mermar* se refieren al número o al tamaño; *acortar*, a la longitud y duración; *bajar* y *rebajar* (altura, precio y número); *abreviar* (duración). 2 *intr. Decrecer, menguar, echar agua al vino* (fam.).

**disociación** *f. Separación, segregación, división, disgregación, desagregación.* ↔ UNIÓN, FUSIÓN.

**disociar** *tr. Desunir, separar, disgregar*, desagregar, dividir.* ↔ UNIR, SUMAR.

**disolubilidad** *f.* QUÍM. *Solubilidad.*

**disoluble** *adj. Soluble.*

**disolución** *f. Solución.*

**disoluto, -ta** *adj. Licencioso, vicioso, corrupto, depravado.*

**disolver** *tr. Desleír, diluir. Desleír* es disgregar un cuerpo en un líquido, aunque no se *disuelva* en él: *desleír* una salsa en aceite. Todo lo que se *disuelve* se *deslíe*, pero no al revés. *Diluir* es sinónimo de *desleír*, aunque de uso culto o científico. En quím. significa *disminuir* la concentración de una solución, añadirle más disolven-

**disonancia**                                             242

te. 2 *Separar, desunir, disgregar\*.* 3
*Destruir, deshacer, aniquilar.*
**disonancia** *f. Destemple, desentono,*
*desafinación.*
**disonar** *intr. Malsonar.* ↔ ARMONIZAR.
2 fig. *Discrepar, chocar, extrañar.*
**disorexia** *f.* MED. *Inapetencia, anore-*
*xia, desgana.* ↔ APETENCIA, GANA,
DESEO.
**dispar** *adj. Desigual, desemejante, dis-*
*tinto\*.* ↔ PAREJO, IGUAL, SEMEJANTE.
**disparador** *m. Gatillo.*
**disparar** *tr. Arrojar, lanzar, tirar, des-*
*pedir, descargar.* Tratándose de armas de fuego, *descargar, tirar.* 2 *prnl.*
*Desbocarse, precipitarse.* 3 *intr. Hacer*
*fuego.* 4 *tr.* DEP. *Chutar, tirar.*
**disparatado, -da** *adj. Absurdo, iló-*
*gico, irracional, desatinado.* ↔ RAZO-
NABLE, POSIBLE, RACIONAL, ATINADO,
LÓGICO. 2 *adj.-s. Loco, imprudente, ato-*
*londrado, insensato.* ↔ MODERADO.
**disparatar** *intr. Desbarrar, desatinar,*
*no tener pies ni cabeza, hablar a tontas*
*y a locas.*
**disparate** *m. Desatino, dislate, absur-*
*do, despropósito.* "Disparate, desatino.
Uno y otro se aplican a todo hecho
o dicho fuera de razón y propósito;
pero cada uno tiene su extensión y
energía particular. El *disparate* recae
sobre hechos o dichos fuera de propósito por falta de reflexión, o por incoherencia o disparidad de ideas. El
*desatino* recae sobre hechos o dichos
fuera de propósito por falta de tino,
esto es, de inteligencia, de prudencia,
de razón (...). Es un *disparate* el ir a
pie, pudiendo ir en coche. Es un *desatino* el exponerse a un riesgo inminente de la vida. Un hombre de
buen humor suele decir *disparates*
que divierten, y no desacreditan su
talento, pero nunca dice *desatinos*"
(LH). ↔ CORDURA, REALIDAD. 2 *Atroci-*
*dad, demasía, barbaridad.* 3 *Adefesio,*
*extravagancia.*
**disparidad** *f. Diferencia\*, desemejan-*
*za, desigualdad, discrepancia.* ↔ SE-
MEJANZA, IGUALDAD.

**disparo** *m. Tiro.* 2 DEP. *Chut, tiro.*
**dispendioso, -sa** *adj. Caro\*, costoso.*
**dispensado, -da** *adj. Franco, exento,*
*exceptuado, gratuito.*
**dispensar** *tr. Dar, conceder, otorgar,*
*distribuir.* 2 *Eximir.* 3 *Excusar, perdo-*
*nar\*, disculpar, absolver.*
**dispensario** *m. Ambulatorio.*
**dispersar** *tr.-prnl. Separar, diseminar,*
*esparcir, disgregar\*, desagregar, diso-*
*ciar.* ↔ UNIR, REUNIR, SUMAR. 2 *Derro-*
*tar, romper, desbaratar, desordenar,*
*ahuyentar.* ↔ ORDENAR. 3 *Disipar,*
*desvanecer.* ↔ REUNIR. 4 *prnl. Desban-*
*darse, desparramarse, huir, desperdi-*
*garse.*
**dispersión** *f. Disgregación, disocia-*
*ción, separación.*
**disperso, -sa** *adj. Incoherente, discon-*
*tinuo, disgregado, inconexo, incon-*
*gruente.* ↔ COHERENTE, CONFORME.
**displicencia** *f. Apatía, incuria, indo-*
*lencia, dejadez, desidia, abandono.* ↔
FERVOR, ANHELO, ESFUERZO. 2 *Desa-*
*brimiento, aspereza.* ↔ SIMPATÍA.
**displicente** *adj. Desabrido, áspero,*
*desapacible, desagradable.*
**disponer** *tr. Arreglar, colocar, ordenar,*
*aderezar, aprestar\*.* 2 *Preparar, pre-*
*venir, aguzar los dientes, preparar los*
*bártulos.* "Disponer es un trabajo más
elevado y más grande que preparar.
Se *dispone* el plan y se preparan los
medios para ejecutarlo. El que con-
cibe la idea primitiva de una operación, el que posee la llave de ella, el
que ha previsto sus consecuencias, es
quien *dispone.* El que facilita los recursos, el que apronta los materiales,
el que remueve los obstáculos, es
quien *prepara.* La preparación está
más cerca del hecho que la disposición. El jefe *dispone* y el subalterno
*prepara.* Un padre dice a su hijo: *dis-
ponte* a marchar, y *prepara* lo necesario" (M). 3 *Deliberar, mandar, decidir, preceptuar, determinar, resolver.*
**disponible** *adj. Útil, apto, utilizable,*
*aprovechable.*
**disposición** *f. Colocación, ordenación,*

*arreglo, distribución.* ↔ DESORDEN. 2 *Aptitud\*, suficiencia, capacidad, idoneidad, talento, ingenio.* ↔ INEPTITUD, INCAPACIDAD. 3 *Mandato\*, decisión, resolución, orden, precepto.* 4 *Preparativo, prevención, medida, medio.*

**dispositivo, -va** *adj. Instrumento\*, mecanismo.*

**dispuesto, -ta** *adj. Apuesto, gallardo.* 2 *Hábil, apto, idóneo, despejado, despierto, habilidoso, inteligente.* 3 *Preparado, prevenido, listo.*

**disputa** *f. Discusión\*, debate, altercado, cuestión, contienda, bronca, riña, pendencia, reyerta, pelotera, cisco, agarrada.* 2 *Polémica\*, discusión\*, controversia\*, disentimiento, desavenencia, disgusto, diferencia.* ↔ PAZ, ACUERDO.

**disputable** *adj. Discutible, dudoso, cuestionable, controvertible, impugnable, problemático.*

**disputar** *tr.-prnl. Discutir, cuestionar, altercar, controvertir, enzarzar, reñir, pelearse.* ↔ CEDER, PACIFICAR. 2 *Competir, emular, contender.* ↔ PACIFICAR, APACIGUAR, CALMAR.

**disquetera** *f.* INFORM. *Unidad de disco, unidad de diskettes, unidad de floppies, floppy disk drive* (anglic.).

**distancia** *f. Trecho, espacio, intervalo\*.* Este último, tratándose del tiempo cronológico. 2 *Diferencia, desemejanza, disparidad.* 3 *Desafecto, discrepancia, frialdad, desapego.*

**distanciar** *tr.-prnl. Apartar, separar, desunir, dividir, espaciar.* ↔ JUNTAR.

**distante** *adj. Apartado, alejado, lejano\*, remoto, lejos.* "*Distante* representa la idea del espacio que hay desde un punto a otro de un modo determinado y relativo; *lejos* (y *lejano*) de un modo absoluto e indeterminado. Se mide lo *distante*, esto es, la distancia o espacio determinado que hay entre dos puntos: no se mide lo *lejos*. Esta voz prescinde de toda dimensión. Está una legua *distante* de aquí, y no una legua *lejos*. Vino de muy *lejos*, y no de muy *distante*; porque con aquella voz parece que, en cierto modo,

se pondera la distancia, suponiéndola indeterminada" (LH).

**distar** *intr. fig. Diferenciarse, discrepar, diferir.*

**distena** *f.* MINERAL. *Kyanita.*

**distender** *tr. Aflojar, desapretar, soltar.* ↔ APRETAR, CEÑIR.

**distendido, -da** *adj. Laxo, flojo.*

**distensión** *f. Laxitud, flojera, atonía.* 2 MED. (de miembros o nervios) *Extensión, estiramiento, elongación.* 3 (de una articulación) *Torcedura, esguince.*

**dístico** *m. Pareado. Pareado,* más usado en la poesía moderna. *Dístico* se dice gralte. tratando de la versificación griega y latina.

**distinción** *f. Elegancia.* 2 *Prerrogativa, excepción, honor, honra.*

**distingo** *m. Distinción, reparo, restricción, sutileza.*

**distinguido, -da** *adj. Elegante, selecto, notable, ilustre, esclarecido, señalado, principal, precipuo, noble, hidalgo, caballeroso.* ↔ VIL.

**distinguir** *tr. Diferenciar, separar, especificar, discriminar, discernir.* 2 *Caracterizar.* 3 *Divisar.* 4 *Honrar.* 5 *prnl. Sobresalir, descollar\*, resaltar, despuntar, señalarse.* ↔ OCULTARSE, VULGARIZARSE.

**distintivo** *m. Marca\*, señal, insignia, divisa.*

**distintivo, -va** *adj. Peculiar, propio, privativo, característico, particular.*

**distinto, -ta** *adj. Diverso, diferente, desemejante, dispar, desigual, divergente.* "*Distinto* es lo que no tiene identidad con otra cosa; *diferente* lo que no tiene todas las cualidades, todos los accidentes y toda la forma de otra cosa. Lo *diferente* se refiere a las circunstancias accidentales, y por esto decimos que los hombres son *diferentes* en estatura, en color, etc. No decimos que las personas de la Trinidad son *diversas*, ni *diferentes*, sino *distintas*. No decimos que el vegetal es un ser *distinto* ni *diferente* del animal, sino *diverso*. No decimos que un hombre alto es *distinto* ni *diverso* de uno pequeño, sino *diferente*" (M). "Un perro y un gato son animales de *distinta* especie, de *diferente* figura y de *diversas* inclinaciones" (LH). *Desemejante* y *dispar* se dice de las cosas diferentes que no se parecen entre sí o cuyas diferencias son muy marcadas. ↔ IGUAL, SEMEJANTE. 2 *Claro, preciso, inteligible.* ↔ CONFUSO.

**distorsión** *f.* *Torcedura, torsión, torcimiento, detorsión, desviación.*

**distracción** *f.* *Entretenimiento, diversión, pasatiempo, recreo, solaz.* 2 *Omisión, olvido, inadvertencia, lapsus.* 3 *Desatención, inatención.* ↔ ATENCIÓN.

**distraer** *tr.-prnl.* *Desatender, apartar, desviar, pasar de largo, hacer orejas de mercader.* ↔ OÍR, CUIDARSE, OCUPARSE, ATENDER. 2 *Defraudar, malversar.* Tratándose de fondos o caudales, *distraer* es un eufemismo por *defraudar, malversar.* 3 *Entretener*, recrear, divertir, tener la cabeza a las once, tener la cabeza a pájaros.* ↔ ABURRIR.

**distraído, -da** *adj.* *Desatento, descuidado.*

**distribución** *f.* *Reparto, partición, división, repartición.* 2 *Disposición, colocación, ordenación, arreglo.* ↔ DESORDEN. 3 *Estructura, contextura, organización, orden.*

**distribuidor** *m.* *Partidor, repartidor.*

**distribuir** *tr.-prnl.* *Dividir*, repartir*, partir.* ↔ SUMAR, REUNIR. 2 *tr.* *Dispensar, dar, conceder, otorgar.*

**distrito** *m.* *Partido, territorio.*

**disturbio** *m.* *Perturbación, asonada, alboroto, tumulto, motín, remolino, inquietud, alteración.*

**disuadir** *tr.-prnl.* *Desaconsejar, desarrimar, quitar la voluntad, quitar de la cabeza, poner por delante, apartar, distraer.* ↔ ANIMAR, ACONSEJAR.

**disyunción** *f.* *División, separación, desprendimiento.* ↔ UNIÓN, FUSIÓN.

**disyuntiva** *f.* *Alternativa*.*

**ditirambo** *m.* fig. *Alabanza, encomio, elogio.* El *ditirambo* supone exageración extremosa.

**diuresis** *f.* MED. *Micción, uresis.*

**diurético, -ca** *adj.* FARM. *Uragogo.*

**divagar** *intr.* *Vagar, errar, ir con el hato a cuestas, andarse por las ramas.* ↔ PRECISAR, CONCRETAR.

**divergencia** *f.* fig. *Diferencia*, disparidad, discrepancia.*

**divergente** *adj.* *Diferente, distinto*, diverso, desigual, desemejante.* ↔ IGUAL, SEMEJANTE.

**divergir** *intr.* *Discrepar, disentir, discordar.* ↔ CONVENIR, CONSENTIR.

**diversidad** *f.* *Variedad.* ↔ UNIDAD. 2 *Desemejanza, diferencia*, disparidad.* ↔ INDIFERENCIA, HOMOGENEIDAD.

**diversión** *f.* *Distracción, entretenimiento, pasatiempo, recreo, solaz, esparcimiento.* "El *entretenimiento* indica una ligera ocupación, suficiente para libertarnos del fastidio de una completa ociosidad, haciéndonos pasar el tiempo de modo que nos sea menos pesada nuestra completa inacción: es propiamente un pasatiempo. La *diversión* indica más interés, más agradable ocupación, mayor *entretenimiento* (...): *entreteniéndonos* pasamos el tiempo, *divirtiéndonos* gozamos de él. El placer que nos *entretiene* siempre es frívolo y ligero; el que nos *divierte* es más vivo, fuerte e interesante. El *entretenimiento* es la ocupación del que ninguna tiene; es un recurso del que en nada se ocupa, del hombre ocioso, fastidiado (...) La *diversión* es una distracción del trabajo, una relajación de él, un descanso, un recreo para desahogo, ya sea corporal o mental, que proporcione recobrar fuerzas para volver a la tarea" (O). La *diversión* engloba los matices de todos estos sinónimos, pero se siente hoy en general como más intensa. *Distracción, recreo, solaz* y *esparcimiento* connotan descanso o interrupción del trabajo o preocupaciones, desviando la atención de ellos. *Entretenimiento* y *pasatiempo* son recursos para llenar el rato sin aburrise. El empresario de espectáculos que ofreciese al público *entretenimiento* o *recreo*, y no *diversión*, se quedaría corto en su propaganda. ↔ ABURRIMIENTO, ENFADO. 2 *Broma, bulla, jarana, gresca, fiesta\*, alegría, regocijo, festejos.* 3 *Función, espectáculo.*

**diverso, -sa** *adj.* *Distinto, diferente, desemejante, dispar.* V. diversos.

**diversos, -sas** *adj. pl.* *Varios, variados, muchos.* V. diverso.

**divertido, -da** *adj.* *Festivo, alegre\*, jovial, jocoso, regocijado, ameno, grato, agradable, deleitable, placentero, entretenido, encantador.* 2 *Animado, concurrido, movido.*

**divertir** *tr.-prnl.* *Recrear, entretener, distraer, solazar, darse un verde, echar una cana al aire.* ↔ ABURRIR, IRRITAR.

**dividir** *tr.* *Partir.* Como operación aritmética. 2 *Fraccionar, partir, separar, fragmentar, cortar, seccionar, segmentar, tajar\*.* Tratándose de cosas, los cuatro primeros. Según el medio empleado o las cosas a que se aplica, *dividir* puede ser sinónimo de *cortar, seccionar, segmentar(se),* etc. 3 *Repartir\*, distribuir.* "Se *divide* por partes iguales; se *reparte* por partes desiguales; se *distribuye* según la parte que a cada uno de los partícipes corresponde. *Dividir* la caza entre los cazadores quiere decir que a cada uno se da igual número de piezas. *Repartir* limosnas es dar dinero a los pobres, sin consideración a la cantidad que cada uno recibe. *Distribuir* el producto de un decomiso es dar tanto al denunciador, tanto a la hacienda pública, etc." (M). 4 fig. *Indisponer, malquistar, enemistar, desavenir, desunir, desagregar.*

**divieso** *m.* *Forúnculo, furúnculo.*

**divinamente** *adv. m.* *Perfectamente, admirablemente.*

**divinizar** *tr.* *Deificar.* 2 fig. *Endiosar.*

**divisa** *f.* *Distintivo, señal, marca, insignia.* 2 *Lema, mote.* 3 *Moneda extranjera.*

**divisar** *tr.* *Distinguir, entrever, columbrar, vislumbrar. Distinguir* es ver con claridad suficiente para saber de qué

se trata. A medida que la visión va siendo menos distinta establecemos cierta gradación entre *divisar, entrever, columbrar* y *vislumbrar.* ↔ OCULTAR, CONFUNDIR.

**división** *f.* *Partición\*, repartición, reparto, distribución, fracción, fraccionamiento.* 2 fig. *Desunión, discordia, desavenencia.*

**divisor, -ra** *adj.-s.* MAT. *Submúltiplo, factor.*

**divorciar** *tr.* *Descansar. Descansar* tiene sentido gral. de separar a los cónyuges; *divorciar* tiene valor legal.

**divulgación** *f.* *Expansión, difusión.*

**divulgado, -da** *adj.* *Sonado, ruidoso, sensacional.*

**divulgar** *tr.* *Vulgarizar, difundir, publicar, pregonar, esparcir, sembrar, echar las campanas a vuelo, hacer público, propagar, propalar\*.* Cuando se trata de ciencias, conocimientos, doctrinas, etc., *vulgarizar, difundir.* Si se trata de noticias, rumores, todos los demás sinónimos. ↔ OCULTAR, ENCUBRIR, TAPAR.

**dobladillo** *m.* *Repulgo.*

**doblado** *m.* CINEM. *Doblaje.*

**doblaje** *m.* CINEM. *Doblado.*

**doblar** *tr.* *Duplicar.* 2 *Plegar.* 3 *Torcer, arquear, encorvar, doblegar.* ↔ ENDEREZAR. 4 *Tocar a muerto, clamorear.* 5 *prnl.* *Ceder, doblegarse, someterse, allanarse, plegarse, ablandarse, blandearse.* ↔ RESISTIR.

**doble** *adj.* *Gemelo, gémino* (culto).

**doblegable** *adj.* *Flexible, dócil, manejable, adaptable.* ↔ DURO.

**doblegar** *tr.-prnl.* *Torcer, arquear, encorvar, doblar.* ↔ ENDEREZAR. 2 fig. *Ablandar, blandear.*

**doblez** *m.* *Pliegue, repliegue.* 2 *amb.* fig. *Duplicidad, doble juego, doble trato, mala fe, hipocresía, fingimiento, simulación, disimulo, afectación\*.*

**doblilla** *f.* ant. *Durillo, escudillo.*

**doblón de vaca** *m.* *Callos* (de vaca).

**doceno, -na** *adj.* *Duodécimo, decimosegundo.*

**docetismo** *m.* *Gnosticismo.*

**dócil** *adj. Obediente, sumiso.* ↔ INFLE-
XIBLE, INDISCIPLINADO, DESOBEDIEN-
TE. 2 *Apacible, suave, dulce, manso.*
**docilidad** *f. Dulzura, afabilidad, bondad, suavidad.* 2 *Obediencia, sumisión, acatamiento, sujeción, mansedumbre.*
**dock** *m.* anglic. *Dársena.*
**docto, -ta** *adj. Instruido, entendido,
ilustrado, erudito, sabio\*.*
**doctor, -ra** *s. Médico, facultativo, galeno, mediquín* (desp.), *medicastro*
(desp.), *matasanos* (desp.).
**doctorando, -da** *s. Graduando, laureando* (desus.), *licenciando.*
**doctrina** *f. Enseñanza.* 2 *Opinión, teoría, sistema.*
**doctrinar** *tr.* ant. *Adoctrinar, aleccionar, instruir, enseñar.*
**documento** *m. Dato, nota.*
**dogma** *f. Fe, creencia, religión.* ↔ IN-
CREDULIDAD.
**dolencia** *f. Achaque, enfermedad\*, padecimiento, mal, indisposición\*.*
**dolerse** *prnl. Quejarse, lamentarse.* 2
*Compadecerse, apiadarse, condolerse.*
3 *Arrepentirse, compungirse.*
**dolido, -da** *adj. Quejoso, descontento,
disgustado, resentido.*
**doliente** *adj. Enfermo\*.* 2 *Dolorido,
apenado, desconsolado, afligido, contristado.*
**dolo** *m. Engaño, fraude, simulación.*
**dolomía** *f. Caliza, lenta.*
**dolor** *m. Mal, pupa.* Entre niños,
*pupa.* 2 *Aflicción, pena, pesar, pesadumbre, tristeza\*, desconsuelo, tormento, suplicio, angustia, tortura.* Pesadumbre sugiere a veces arrepentimiento;
*tristeza* implica un estado de ánimo
de cierta duración. V. tristeza. ↔
GOZO, CONSUELO.
**dolorido, -da** *adj. Apenado, desconsolado, doliente, afligido, apesarado.*
**doloroso, -sa** *adj. Lamentable, lastimoso, penoso, angustioso.*
**doloso, -sa** *adj. Pícaro, bajo, ruin, pillo, villano, granuja, vil, engañoso,
fraudulento.*

**doma** *f.* DEP. *Domadura.* Usados en la
hípica.
**domadura** *f.* DEP. *Doma.* Usados en
la hípica.
**domar** *tr. Domesticar, amansar, desembravecer, amaestrar.* 2 fig. *Sujetar,
reprimir, dominar.*
**dombo** *m. Domo, cúpula, media naranja.*
**domeñar** *tr. Dominar, sujetar, avasallar, someter, rendir.*
**domesticar** *tr. Amansar\*, desembravecer, domar, amaestrar.*
**doméstico, -ca** *adj.-s. Sirviente, cria-
do\*.*
**domiciliado, -da** *adj.-s. Vecino, habitante, morador, residente.*
**domiciliarse** *prnl. Avecindarse, establecerse.*
**domicilio** *m. Casa\*, morada, residencia, habitación\*, asiento, sitio, lugar,
sede, hogar, lar.*
**dominador, -ra** *adj. Imperioso, im-
perativo\*, autoritario.*
**dominante** *adj. Imperioso, absoluto\*,
avasallador, imperativo\*.* 2 *Preponderante, predominante.*
**dominar** *tr.-prnl. Subyugar, señorear,
sujetar, someter, supeditar, sojuzgar,
avasallar, alzar la voz, meter en cintura, tener la sartén por el mango, ahe-
rrojar\*. Sojuzgar* implica violencia. ↔
SUBLEVAR, SERVIR, IRRITAR. 2 *Sobresalir,
descollar.* 3 *prnl. Reprimirse, contenerse.* ↔ IRRITARSE.
**dominguero, -ra** *adj.* fam. *Endomingado.*
**dominguillo** *m. Tentemozo, matihuelo, tentetieso, siempretieso.*
**dominicos** *m. pl. Predicadores.*
**dominio** *m. Poder, propiedad, pertenencia.* ↔ ESCLAVITUD, SERVIDUMBRE. 2
*Superioridad, autoridad, imperio, pre-
dominio, potestad, poder.* ↔ ESCLAVI-
TUD, SERVIDUMBRE. 3 *Soberanía, imperio, señorío.* Hablando del territorio
en que se ejerce el dominio.
**domo** *m. Cúpula, dombo, media naranja.*
**dompedro** *m.* fam. *Bacín* (vaso), ori-

*nal, perico, sillico, tito, vaso, zambullo.*
2 *Dondiego, arrebolera, donjuán, diego.*

**don** *m. Dádiva, presente, regalo*, ofrenda, donativo.* 2 *Gracia, habilidad, talento, aptitud.* 3 *Cualidad, prenda, dote, excelencia.*

**donación** *f. Cesión, don, dádiva*, regalo.*

**donado, -da** *s. Hermano, hermanuco* (desp.). *Hermano, en oposición a Padre profeso.*

**donador, -ra** *adj.-s. Donante.*

**donaire** *m. Discreción, gracia, donosura, gracejo.* Los tres primeros, se refieren al modo de decir, moverse o hacer algo. *Gracejo,* sólo al modo de hablar o escribir, y envuelve matiz festivo. ↔ DESGRACIA. 2 *Chiste, agudeza, ocurrencia.* 3 *Gentileza, gallardía, soltura.* ↔ DESGARBO.

**donairoso, -sa** *adj. Donoso, ocurrente, gracioso, chistoso.*

**donante** *adj.-com. Donador.*

**donar** *tr. Dar, regalar, entregar.* ↔ QUITAR.

**donativo** *m. Dádiva*, regalo*, cesión, donación, oferta, don.*

**doncellez** *f. Virginidad, integridad.*

**I donde** *adv. l. Adonde.*

**II donde** *pron. rel. Que, el que, el cual.*

**dondequiera** *adv. l. Doquier, doquiera.*

**dondiego** *m. Arrebolera, dompedro, donjuán, diego, maravilla* (planta).

**donjuán** *m. Dondiego, arrebolera, dompedro, diego, maravilla* (planta).

**donoso, -sa** *adj. Donairoso, ocurrente, gracioso, chistoso*.*

**donostiarra** *adj.-com. Easonense.*

**doquier** *adv. l.* lit. *Dondequiera, doquiera.*

**dorar** *tr. Sobredorar.* Tratándose de metales (esp. plata), *sobredorar.* 2 fig. *Paliar, encubrir, atenuar, endulzar, dulcificar, suavizar.*

**dormida** *f. Sueño.*

**dormilar** *m.* (juego) *Escondite, ori.*

**dormir** *intr.-prnl. Adormecerse*, adormilarse, reposar, descansar, yacer*.*

*Adormecerse* y *adormilarse,* significan empezar a dormirse o dormirse a medias. *Reposar* y *descansar,* aunque expresan idea diferente y más general, se usan a veces por *dormir* como expresiones selectas. ↔ DESPERTARSE. 2 *Pernoctar.* 3 *prnl. Descuidarse, abandonarse, confiarse.* ↔ CUIDARSE.

**dormitivo, -va** *adj.-m. Somnífero, hipnótico.*

**dormitorio** *m. Alcoba.*

**dornajo** *m. Dornillo, barcal.*

**dornillo** *m. Dornajo, barcal.*

**dorsal** *m.* DEP. *Pectoral* (atletismo).

**dorso** *m. Espalda.* 2 *Revés*, reverso.*

**dosel** *m. Pabellón.*

**dotación** *f. Asignación.* 2 *Tripulación.* 3 *Personal.*

**dote** *f. Excelencia, prenda, cualidad, don, caudal, bienes.* ↔ INDIGENCIA.

**dozavo, -va** *adj.-s. Duodécimo.*

**dragomán** *m.* ant. *Trujamán, truchimán, intérprete.*

**dragón** *m.* (planta) *Becerra, boca de dragón, dragoncillos.*

**dragoncillo** *m. Estragón.* V. dragoncillos.

**dragoncillos** *m. pl.* (planta) *Dragón, becerra, boca de dragon.* V. dragoncillo.

**dragontea** *f. Culebrilla, serpentaria, taragontía, zumillo.*

**drenaje** *m.* CONSTR. *Avenamiento.*

**dría** *f. Dríada, dríade, hamadríada, hamadríade.*

**dribbling** *m.* anglic. DEP. *Regate, regateo.*

**driblar** *tr.* anglic. DEP. *Regatear.*

**droga** *f. Narcótico.* 2 *Amér. Embuste.*

**drogadicción** *f. Drogodependencia, narcomanía, toxicomanía, adicción.*

**drogadicto, -ta** *adj.-s. Toxicómano, adicto, drogata* (vulg.), *drogota* (vulg.).

**drogata** *adj.-com.* vulg. *Toxicómano, adicto, drogadicto, drogota* (vulg.).

**drogmán** *m.* ant. *Intérprete, traductor, dragomán, truchimán, trujimán, trujamán.*

**drogodependencia** *f. Narcomanía, drogadicción, toxicomanía, adicción.*

**drogota** *adj.-com.* vulg. *Toxicómano, adicto, drogata* (vulg.)*, drogadicto.*
**dualidad** *f. Dualismo.* 2 *Dimorfismo* (QUÍM. Y GEOL.).
**dualismo** *m. Dualidad.*
**ducho, -cha** *adj. Experimentado, diestro, versado, entendido, perito, avezado.* ↔ INEXPERTO.
**dúctil** *adj.* fig. *Blando, condescendiente, acomodadizo, acomodaticio*.*
**duda** *f. Incertidumbre, irresolución*, perplejidad*, vacilación, indecisión.* 2 *Problema, cuestión.* 3 *Escrúpulo, sospecha, recelo, aprensión.*
**dudar** *intr. Vacilar, fluctuar, titubear, poner en tela de juicio, poner en cuarentena, estar colgado de los cabellos.* ↔ CREER.
**dudoso, -sa** *adj. Inseguro, incierto, problemático, equívoco, ambiguo*, discutible, cuestionable, controvertible, impugnable, disputable, anfibológico, oscuro, turbio.* "Es *dudoso* el sentido de una frase cuando contiene alguna alusión oscura, alguna confusión en las ideas, alguna explicación insegura o defectuosa; es *equívoco* cuando hay en ella voces de doble significado; es *ambiguo* cuando la construcción puede tener distintas interpretaciones. Es *dudoso* el sentido del "tu quoque, fili!" de César a Bruto, porque no se sabe si le hablaba como a hijo verdadero, o simplemente le dirigía una palabra cariñosa. Es *equívoca* la frase española "He comprado un par de botas", porque esta palabra puede significar la bota, calzado, o la bota de vino. Son *ambiguas* las oraciones latinas de infinitivo con dos acusativos, porque no se sabe cuál de ellos representa el sujeto y cuál el complemento, como la célebre sentencia del oráculo: "Dico te romanos vincere posse"(M). Los cuatro primeros se dicen de los hechos, noticias, relatos, etc., que ofrecen duda. Tratándose del sentido de las palabras, *equívoco, ambiguo.* 2 *Vacilante, indeciso, perplejo, irresoluto.* Cuando *dudoso* se refiere la persona que duda, equivale a los sinónimos aquí recogidos. "La diferencia consiste en que *dudoso* es el que no se decide a obrar. El hombre está *dudoso* cuando las razones que tiene para dar asenso a lo que se le dice son de tanta fuerza como las que tiene para negárselo; está *perplejo*, cuando, entre dos resoluciones que se le presentan, no sabe cuál es la que ha de adoptar. En el *dudoso* está el entendimiento en equilibrio; en el *perplejo* lo está la voluntad" (M).
**I duelo** *m. Desafío, lance de honor, encuentro, combate, reto.*
**II duelo** *m. Dolor, aflicción, pena*, pesar, desconsuelo.*
**duende** *m. Martinico, trasgo.*
**dueña** *f. Ama, señora, propietaria, patrona.*
**dueño** *m. Señor*, propietario, amo, patrón, patrono, empresario. Patrono y empresario* en la industria y el alto comercio.
**duerna** *f. Artesa, masera.*
**dulce** *adj.* fig. *Suave, agradable, deleitable, deleitoso, placentero, melodioso*.* 2 *Afable, bondadoso, apacible, indulgente, complaciente, dócil.*
**dulcería** *f. Confitería, pastelería.*
**dulcificar** *tr.-prnl. Endulzar, edulcorar* (FARM.). ↔ AMARGAR. 2 *Suavizar, mitigar, atenuar, calmar, sosegar.* ↔ IRRITAR.
**dulzarrón, -ona** *adj. Empalagoso, dulzón, melifluo, meloso, almibarado.*
**dulzón, -ona** *adj. Almibarado, meloso, melifluo, empalagoso, dulzarrón.*
**dulzor** *m. Dulzura.*
**dulzura** *f. Dulzor.* 2 fig. *Afabilidad, bondad, suavidad, mansedumbre, docilidad, blandura*.*
**duna** *f. Médano, medaño, mégano, algaida* (p. us.).
**dundeco, -ca** *adj. Amér. Central y Colomb. Dundo, tonto.*
**dundo, -da** *adj. Amér. Central y Colomb. Tonto, dundeco* (Amér. Central y Colomb.).

**duodécimo, -ma** *adj.-s. Dozavo.* 2 *adj. Doceno, decimosegundo.*

**dúplica** *f.* DER. *Contrarréplica.*

**duplicar** *tr. Doblar.*

**duplicidad** *f. Doblez, falsedad, fingimiento, hipocresía, doble trato.*

**durable** *adj. Duradero, estable, perdurable, permanente, persistente, constante.* ↔ PASAJERO, EFÍMERO.

**duración** *f. Dura. Dura* se aplica únicamente a cosas materiales que se desgastan con el uso: *un calzado de mucha dura.* No se diría, en cambio, de una pasión, que tiene larga o mucha *dura.*

**duradero, -ra** *adj. Durable, estable, perdurable, permanente, persistente, constante, inextinguible, indeleble, largo\*. Durable* y *estable* se dice de lo que dura o puede durar; *duradero* es lo que realmente dura. Lo que por sus condiciones propias hace pensar en una larga vida futura, es *durable* o *estable*; p. ej.: muchas instituciones humanas, leyes, etc., lo cual no quiere decir que, después de hacer la prueba de ellas, resulten en todos los casos *duraderas.* Por esto en las cosas materiales, como una prenda de vestir, se prefiere decir que son *duraderas. Perdurable* es lo que dura siempre, como la vida *perdurable* o *eterna; permanente* es lo que dura siempre o largo tiempo, dentro de la relatividad humana, sin sufrir cambio. *Persistente* da la idea de acción o sucesión repetida o reiterada, como un ruido *persistente,* un mal tiempo *persistente.* Lo *constante* connota resolución, voluntad de durar: *un amor constante.*

**durar** *intr. Tirar, perdurar, vivir, sub-* sistir, permanecer, ir para largo (fam.), haber para rato, hacerse crónico. Tirar es *durar* trabajosamente: el enfermo va *tirando;* ese traje *tirará* todo el invierno. *Durar* se aplica propiamente a los seres inanimados, en tanto que *vivir* es propio de los seres animados; pero uno y otro verbos se intercambian a menudo, si bien domina en cada caso el matiz estático de *durar* y el dinámico de *vivir;* decir que un hombre *dura* muchos años es expresión irónica; cuando decimos que un edificio *vive* desde hace dos siglos, pensamos en el movimiento, utilidad, etc., que hay en él. Las instituciones, costumbres, recuerdos, etc., *duran* o *viven* según el matiz predominante. *Perdurar* es intensivo; significa *durar* mucho o siempre. ↔ ACABARSE.

**duraznillo** *m. Hierba pejiguera, persicaria.*

**durazno** *m. Amér. Melocotón.*

**dureza** *f. Solidez, consistencia, resistencia.* 2 fig. *Severidad, aspereza, rigor, rudeza, violencia.* 3 *Callosidad, induración.*

**durillo** *m. Tino* (arbusto). 2 *Doblilla.* 3 *Cornejo, corno, cerezo silvestre, sangüeño, sanguino, sanguiñuelo.*

**duro. Estar sin un duro** *loc.* fam. *Estar sin blanca, no tener dinero, no tener un cuarto.*

**duro, -ra** *adj. Resistente, consistente, fuerte, compacto.* 2 fig. *Severo, rudo, áspero, violento, cruel, despiadado, inhumano.* 3 *Penoso, trabajoso, cansado, insoportable, intolerable.*

**dux** *m.* (planta) *Mejorana, almoraduj, amáraco, moradux, sampsuco, sarilla.*

# E

**easonense** *adj.-com.* (pers.) *Donostia-rra.*

**ébano** *m. Abenuz.*

**ebonita** *f. Vulcanita.*

**ebriedad** *f. Borrachera, embriaguez, curda, turca, mona, jumera, chispa.* ↔ SOBRIEDAD.

**ebrio, -bria** *adj. Borracho, embriagado, beodo, hecho una cuba.* ↔ ABSTEMIO, SERENO.

**ebullición** *m.* científ. *Hervor.*

**ebúrneo, -ea** *adj. Marfileño.*

**echada** *f. Echazón.*

**echadillo, -lla** *adj.-s. Expósito, echadizo, inclusero, enechado, peño.*

**echadizo, -za** *adj.-s. Expósito, echadillo, inclusero, enechado, peño.*

**echado** *m.* MIN. *Buzamiento.*

**echado, -da. Echado para adelante** *loc. adj. Bragado, animoso, enérgico, firme, entero, valiente, intrépido.* ↔ COBARDE, BLANDO, INDECISO.

**echaperros** *m. Perrero.*

**echar** *tr. Arrojar, lanzar, tirar, despedir.* "*Echar* es una acción menos violenta que *arrojar* y *lanzar*. Se *echa*, y no se *arroja* ni se *lanza*, agua en el vaso, dinero en el bolsillo, trigo en el costal. No se *echa* uno en un precipicio, sino que se *arroja* o se *lanza*. *Echarse* en la cama no es lo mismo que *lanzarse* o *arrojarse* en la cama. En el primer caso se expresa una acción ordinaria y tranquila (*tenderse, tumbarse*); en el segundo, la de un hombre agitado por la pasión u oprimido por el cansancio" (M). 2 *Despedir*\*,

*despachar, licenciar.* En este caso, *echar* a un criado supone más violencia que *despedirlo, licenciarlo* o *despacharlo,* y el sentido se acerca al de *expulsar.* 3 *prnl. Abalanzarse, precipitarse, arrojarse, acometer. Echarse sobre* equivale a *acometer* en muchas ocasiones. ↔ RECOGERSE. 4 *Tenderse, tumbarse.* ↔ LEVANTARSE, INCORPORARSE.

**echazón** *f. Echada.*

**eclesiástico** *m. Clérigo, sacerdote, cura, presbítero, tonsurado.*

**eclipsarse** *prnl. Ausentarse, desaparecer, evadirse, escaparse, huir.* ↔ PERMANECER.

**eco** *m. Repercusión, resonancia, tornavoz.* 2 **Tener eco** *loc. Propagarse, difundirse, extenderse.*

**economía** *f. Crematística.* Especialmente en lo que se refiere al dinero. 2 *Ahorro.* ↔ DESPILFARRO. 3 *Escasez, parquedad, miseria.*

**económico, -ca** *adj. Ahorrador, ahorrativo, guardoso.*

**economizar** *tr. Ahorrar, guardar, reservar, cerrar la bolsa, contar los garbanzos.* ↔ GASTAR.

**ecosistema** *m. Holocenosis.*

**ectopía** *f.* MED. *Desplazamiento, dislocación, paratopía, luxación, lujación* (p. us.), *dislocadura, exarticulación.*

**ecuánime** *adj. Sereno, juicioso, ponderado, moderado.* ↔ PARCIAL, IMPACIENTE. 2 *Equitativo, justo, imparcial, recto, igual.*

**ecuanimidad** *f. Equilibrio, mesura, sensatez.* 2 *Igualdad, imparcialidad.*
**ecuestre** *adj. Caballar\*.*
**ecuménico, -ca** *adj. Universal\*.*
**edad. Edad adulta** *f. Madurez.* 2 **Edad de la vida** *Niñez, infancia, puericia, menor de edad.*
**edén** *m. Paraíso.*
**edentado, -da** *adj.* MED. *Desdentado.*
**edible** *adj.* MED. *Comestible.*
**edicto** *m. Mandato, decreto, bando.*
**edificación** *f. Erección, construcción.*
**edificar** *tr.-prnl. Construir, erigir\*, levantar, obrar, fabricar* (ant.), *labrar* (ant.). ↔ DESTRUIR. 2 fig. *Dar ejemplo, servir de modelo.* ↔ PERVERTIR.
**edificio** *m. Construcción, obra, fábrica* (ant.). El *edificio* está destinado a habitación del hombre o usos análogos: vivienda, museo, cuartel, oficinas, etc. Un puente, un dique, son *construcciones*, no *edificios.* V. construir.
**edil** *m. Concejal, munícipe, regidor municipal.*
**editar** *tr. Publicar, imprimir.*
**edomita** *adj.-com.* (pers.) *Idumeo.*
**edrar** *tr. Binar* (en las viñas).
**educación** *f. Enseñanza, instrucción\*, adoctrinamiento.* La *educación* abarca la personalidad entera del hombre, corporal y espiritual, en todos sus aspectos. La *enseñanza* se dirige sobre todo a la inteligencia y al saber. El significado de *enseñanza* se acerca al de *instrucción* y *adoctrinamiento.* 2 *Buena crianza, urbanidad\*, cortesía, modos.* En esta acepción, dícese normalmente *buena educación.* "La palabra *crianza* se refiere principalmente a la física y material; la de *educación* a lo formal o moral. La nodriza *cría* y no *educa* al niño: esto corresponde a sus padres y maestros. Los animales *crían* a sus hijuelos (...) Sin embargo, se usa muchas veces *crianza* por *educación*, ya sea buena o mala; y entonces corresponde a urbanidad, cortesía, atenciones y miramientos" (O).
**educador, -ra** *s. Pedagogo, maestro.*

**educando, -da** *adj.-s. Colegial, escolar, alumno, discípulo, estudiante.*
**educar** *tr.-prnl. Enseñar\*, dirigir.* ↔ MALCRIAR, VICIAR. 2 *Desarrollar, afinar, perfeccionar.* 3 *Domar, amaestrar.* Tratándose de animales.
**edulcorar** *tr.* FARM. *Dulcificar, endulzar.* ↔ AMARGAR.
**efectividad** *f. Realidad, existencia.* ↔ INEXISTENCIA.
**efectivo** *m. Dinero\*, numerario.*
**efectivo, -va** *adj. Real, verdadero, cierto, positivo\*.* 2 *Operativo, útil.* ↔ INÚTIL.
**efecto** *m. Resultado, consecuencia\*, producto.* "Aunque en el sentido metafórico *efecto* y *producto* se usan como sinónimos, no lo son en el sentido recto. El *efecto* no proviene tan visiblemente de la causa como el *producto.* La ligazón entre el *efecto* y la causa puede ser dudosa; la del *producto* no puede serlo. No es patente a todos que las mareas sean *efecto* de las variaciones lunares; pero nadie duda que la cosecha es *producto* del sembrado, ni que la fruta es *producto* del árbol. El *producto* tiene una existencia real; el *efecto* no la tiene siempre. La muerte es *efecto*, y no *producto* de la enfermedad o de la herida. No se dice los (efectos), *sino los productos*, de un capital, de una industria, del ejercicio de una profesión" (M). ↔ CAUSA. 2 *Impresión, sensación.* 3 *Mercancía, mercadería, valor mercantil, títulos, valores.* Estos dos últimos son *efectos* públicos. 4 DEP. *Lift* (anglic.). *Lift* se usa en el tenis. 5 **Por efecto de** *loc. conj. Por, a causa de, a consecuencia de, por razón de.* V. efectos.
**efectos** *m. pl. Muebles, enseres.* V. efecto.
**efectuar** *tr.-prnl. Ejecutar, realizar\*, cumplir, llevar a cabo, llevar a efecto, llevar a término, poner por obra.* ↔ INCUMPLIR, DEJAR, ABANDONAR.
**efervescencia** *f. Hervor, burbujeo.* 2 fig. *Ardor, agitación, exaltación.* ↔ FRIALDAD, TRANQUILIDAD.

**eficacia** f. Actividad, energía, poder, virtud, vehemencia. Este último, tratándose de sentimientos o de su expresión. ↔ INEFICACIA, DEFICIENCIA, INVALIDACIÓN. 2 Eficiencia. ↔ INEFICIENCIA, DEFICIENCIA.

**eficaz** adj. Activo, fuerte, enérgico, poderoso, vigoroso*. 2 Eficiente.

**eficiencia** f. Actividad, eficacia. ↔ INEFICACIA.

**efigie** f. Imagen, representación, figura. Los tres sinónimos tienen mayor amplitud que efigie, y pueden referirse a personas, abstracciones y cosas reales o imaginarias. La efigie es la representación de una persona o, en sentido fig., de una personificación: la efigie de un rey; la efigie del dolor. Retrato es la reproducción de una persona o cosas reales. Efigie sugiere cierta dignidad o estimación.

**efímera** f. Cachipolla.

**efímero, -ra** adj. Pasajero, fugaz, huidizo, perecedero, breve. Aunque en rigor etimológico efímero se dice de lo que dura un solo día, se usa a menudo en vez de los sinónimos aquí citados. ↔ DURADERO, PERPETUO.

**eflorescencia** f. QUÍM. Delitescencia.

**efluvio** m. Emanación, irradiación.

**efod** m. Superhumeral.

**efugio** m. lit. Evasiva, escapatoria, salida, rodeo, subterfugio, pretexto, excusa*, regate, escape, disculpa. Los cinco primeros dan igualmente la idea de recurso para huir de una dificultad o compromiso. Evasiva sugiere gralte. frase, pregunta o cualquier medio usado en la conversación para desviar o eludir algo que en ella nos es desgradable. Subterfugio está con frecuencia muy cerca de pretexto: es un pretexto, gralte. desestimable, para salir del paso.

**efusión** f. Derramamiento. 2 fig. Expansión, afecto, ternura, cordialidad. La efusión supone gran intensidad en estos sentimientos y en el modo de expresarlos. ↔ FRIALDAD.

**efusivo, -va** adj. Expansivo, comunicativo, franco, cariñoso. ↔ ARISCO.

**egarense** adj.-com. (pers.) Tarrasense.

**egestión** f. MED. Evacuación, excremento.

**egida, égida** f. fig. Defensa, protección, patrocinio, amparo.

**egílope** m. Rompesacos.

**egoísmo** m. Desagradecimiento, ingratitud. ↔ GRATITUD, LEALTAD. 2 Egomanía.

**egomanía** f. MED. Egoísmo.

**egregio, -gia** adj. Ilustre, insigne, célebre, afamado, famoso. Todos ellos son el resultado social de la calidad egregia de una persona o cosa: sus méritos egregios le hicieron famoso, célebre, etc. En rigor, egregio significa que excede a los demás en sentido meliorativo. Se es egregio en lo bueno, en lo excelente; se puede ser excepcional en lo bueno y en lo malo. 2 Excelente*, notable, superior, óptimo, descollante, sobresaliente, bajado del cielo.

**ejecución** f. Factura, hechura.

**ejecutante** com. Actor*, representante, cómico, comediante, histrión, autor, artista*.

**ejecutar** tr. Realizar*, efectuar, hacer, poner por obra, llevar a cabo. ↔ INCUMPLIR. 2 Obedecer*, cumplir, observar. Tratándose de una ley o mandato. ↔ INCUMPLIR. 3 Interpretar. En música y declamación. 4 Ajusticiar.

**ejecutoria** f. fig. Timbre, blasón.

**ejemplar** adj. Ideal, perfecto, sublime, elevado, excelente, puro. 2 m. Tipo, arquetipo, prototipo, modelo, espécimen, muestra. 3 Copia*.

**ejemplo** m. Modelo, pauta, norma, dechado, regla. 2 Enseñanza, advertencia.

**ejercer** intr. Actuar, proceder, hacer, conducirse. ↔ ABSTENERSE, INHIBIRSE. 2 tr. Practicar, ejercitar.

**ejercicio** m. Función, oficio.

**ejercitado, -da** adj. Experto*, práctico, experimentado, versado, perito,

*avezado, diestro.* ↔ INEXPERTO, INHÁ-
BIL.
**ejercitar** *tr. Adiestrar, amaestrar\*.* 2
*prnl. Practicar.*
**ejido** *m. Campillo, salida.*
**elaboración** *f. Gestación, preparación,
maduración.* 2 *Industria, fabricación,
manufactura.*
**elaborar** *tr. Preparar, confeccionar.*
**elástico, -ca** *adj. Flexible.* Ambos términos se usan tanto en sentido literal, como en sentido figurado.
**eléboro** *m. Hierba ballestera, hierba de
ballestero.* 2 **Eléboro blanco** *Vedegambre.*
**elección** *f. Alternativa\*, opción, disyuntiva.* 2 *Albedrío, arbitrio, voluntad,
decisión.*
**electrizar** *tr.* fig. *Exaltar, avivar, inflamar, entusiasmar.*
**electro** *m. Ámbar.* 2 *Oro verde.*
**electrochoque** *m. Electroschock* (anglic.).
**electrocinético, -ca** *adj.* FÍS. *Electrodinámico, electromotor.*
**electrodinámico, -ca** *adj.* FÍS. *Electrocinético, electromotor.*
**electrodo** *m. Reóforo.*
**electrólisis** *f.* QUÍM. *Galvanólisis.*
**electromotor, -ra** *adj.* FÍS. *Electrodinámico, electrocinético.*
**electroschock** *m.* anglic. *Electrochoque.*
**electroterapia** *f. Galvanismo, galvanoterapia.* Ambos se usan hoy menos
que *electroterapia.*
**elefancía** *f.* MED. *Mal de San Lázaro,
elefantiasis.*
**elefantiasis** *f. Elefancía, mal de San
Lázaro.*
**elegancia** *f. Distinción, selección, gusto.* ↔ CURSILERÍA, DESGARBO, DESALIÑO.
2 RET. *Figura.*
**elegante** *adj. Distinguido, selecto, notable, ilustre, esclarecido, señalado, galano, adornado, gallardo.*
**elegíaco, -ca** *adj. Lastimero, lamentable, triste.*
**elegido, -da** *adj. Predestinado.* 2 *Predilecto, preferido.*

**elegir** *tr. Escoger\*, optar, preferir, seleccionar, poner los ojos en.*
**elemental** *adj.* fig. *Primordial, fundamental.* ↔ SECUNDARIO. 2 *Obvio, evidente.* ↔ DIFÍCIL. 3 *Rudimentario, sencillo, primario, corriente.* ↔ SECUNDA-
RIO.
**elemento** *m. Cuerpo simple.* 2 *Componente, parte, ingrediente.* V. elementos.
**elementos** *m. pl. Rudimentos, nociones, principios. Nociones* tiene el mismo carácter docente que *rudimentos.
Principios* puede equivaler a *elementos,*
cuando se refiere a los *fundamentos* de
una ciencia o arte, y a *rudimentos*
cuando alude a los primeros pasos de
su enseñanza. "*Elementos* son los primeros y fundamentales *principios* de
las ciencias y las artes; *rudimentos* son
los primeros pasos de su enseñanza.
Cuando no hay enseñanza, no hay
*rudimentos;* pero hay *elementos* siempre que hay cuerpo de doctrina" (M).
V. compendio. 2 *Medios, recursos.* V.
elemento.
**elenco** *m. Amér. Reparto* (teatral).
**elevación** *f. Altura, eminencia, prominencia, altitud.* En geogr., *altitud* o
*altura* sobre el nivel del mar. 2 *Ascenso, ascensión.* Ambos en sentido recto
y figurado.
**elevado, -da** *adj. Alto, eminente, prominente.* 2 *Sublime, noble.* 3 *Crecido,
numeroso, subido.* Tratándose de cantidad, precio, etc.
**elevador** *m. Amér. Ascensor.*
**elevar** *tr. Alzar, levantar\*, erigir, edificar, construir.* Los tres últimos, tratándose de construcciones. ↔ BAJAR,
DESTRUIR. 2 fig. *Enaltecer, encumbrar,
engrandecer, ennoblecer.* ↔ HUMILLAR. 3
*Promover, ascender.* 4 *prnl. Transportarse, enajenarse, remontarse.* 5 *Engreírse, envanecerse, ensoberbecerse.* ↔
HUMILLARSE.
**eliminar** *tr. Suprimir, quitar, descartar, separar, prescindir de, excluir, quitar de el medio.* ↔ PONER, INCLUIR. 2
MED. *Expeler.*

**elixir** *m.* FARM. *Anodino, calmante, paregórico.*

**elocuencia** *f. Oratorio, oratoria.* 2 *Soltura, lucidez, despejo, labia.*

**elogiar** *tr. Alabar*, celebrar, encarecer, encomiar, loar, ponderar, ensalzar, analtecer, dar bombo, dar jabón, poner en las nubes, aplaudir, aprobar.* ↔ DENIGRAR, DESAPROBAR.

**elogio** *m. Alabanza, enaltecimiento, loa* (lit.)*, encomio, apología*, bombo*.* "Basta, para *alabar,* decir bien de una persona, sin fundar la razón ni el motivo. El *elogio* es una *alabanza* que funda su razón y explica su motivo. Un ignorante *alaba* lo que le parece bien, sin detenerse a exponer los fundamentos de su alabanza. Un sabio hace el *elogio* de un libro, exponiendo el mérito que halla en él. Un discurso académico, en que se hace una exposición fundada del mérito de una persona ilustre, se llama *elogio,* y no *alabanza* (...). El *elogio* sólo puede recaer sobre las producciones del entendimiento o las acciones en que tiene parte la voluntad: la *alabanza* puede extenderse a todas las cosas que nos agradan, de cualquiera clase que sean. Se *alaba* la frescura de un jardín, la bondad de un clima (...); no se *elogian,* como el valor de un soldado, la elocuencia de un orador, la bondad y justicia de un soberano" (LH). *Apología* y *panegírico* son discursos o escritos de alabanza; el primero de personas o cosas, el segundo sólo en personas. *Bombo* es *elogio* exagerado y con gran publicidad. La *alabanza* no necesita fundarse en razones o motivos; el *elogio* suele fundamentarse o explicarse.

**elongación** *f.* MED. (de miembros o nervios) *Extensión, estiramiento, distensión.*

**elucidar** *tr. Aclarar, dilucidar, poner en claro, explicar.*

**eludir** *tr. Evitar*, rehuir, esquivar*, soslayar, sortear, esquivar el bulto, pasar*

*por alto, escaparse por la tangente.* ↔ AFRONTAR, DESAFIAR, OPONER.

**emanación** *f. Efluvio, irradiación.*

**emanar** *tr. Exhalar, despedir, desprender.* 2 *intr.* fig. *Derivarse, dimanar, proceder, provenir, nacer.*

**emancipación** *f. Independencia, libertad, autodeterminación, autonomía.* ↔ ESCLAVITUD.

**emancipado, -da** *adj. Libre, independientemente.*

**emancipar** *tr. Libertar, manumitir.* Tratándose de un esclavo, *manumitir.* ↔ ESCLAVIZAR.

**emasculación** *f.* MED. *Castración, desexualización, desvirilización, capadura.*

**emascular** *tr.* MED. *Capar, castrar, desexualizar, desvirilizar.*

**embabucar** *tr. Embaír, embaucar, engañar, alucinar.*

**embabular** *tr.* fig. *Tragar, engullir, embocar, zampar.*

**embadurnar** *tr. Untar, embarrar, manchar, pintarrajear.* ↔ LIMPIAR.

**embaír** *tr. Embaucar, embabucar, engañar, alucinar.*

**embajada** *f. Mensaje, recado.*

**embajador, -ra** *s. Emisario, mensajero, enviado.*

**embaldosado** *m. Pavimento, suelo, solado, piso, adoquinado, entarimado, enladrillado.*

**embaldosar** *tr. Pavimentar, solar, asfaltar, empedrar, enlosar, adoquinar.*

**embalsamar** *tr. Perfumar, aromatizar.*

**embalsar** *tr. Empantanar.*

**embalse** *m. Pantano, rebalsa, rebalse.* *Pantano,* esp. si es de gran extensión y de formación natural; *rebalsa* y *rebalse* suelen aplicarse al *embalse* pequeño, y pueden ser naturales o artificiales.

**embarazada** *adj.-f. Preñada, encinta.*

**embarazado, -da** *adj. Molesto, incómodo, fastidioso, pesado, desagradable, enfadoso, enojoso, turbado.* 2 *Difícil*, dificultoso, arduo, trabajoso, penoso, complicado, enrevesado.* ↔ FÁCIL.

**embarazar** *tr.-prnl. Estorbar, retardar,*

*dificultar, entorpecer, obstaculizar.* ↔ DESEMBARAZAR, DEJAR, FACILITAR. 2 *prnl. Atarse, atascarse.*

**embarazo** *m. Impedimento, estorbo, dificultad, entorpecimiento, obstáculo*, tropiezo, retraso, rémora.* 2 *Preñez, preñado, gravidez.* 3 *Encogimiento, timidez, turbación, empacho.*

**embarazoso, -sa** *adj. Dificultoso, difícil, arduo, penoso, trabajoso, enrevesado, complicado.* ↔ FÁCIL. 2 *Incómodo, desagradable, molesto, fastidioso.*

**embarcación** *f. Bajel, barco, buque, nave, navío, bajel, gabarra, barca, bote, remolque. Embarcación* es nombre genérico que comprende tanto las embarcaciones grandes (los seis primeros sinónimos) como las menores (los cuatro últimos). 2 *Embarco*, embarque.*

**embarco** *m. Embarque, embarcación.* Tratándose de mercancías, *embarque. Embarcación* se usa hoy poco en este sentido. "*Embarco* es la acción de embarcarse; *embarque*, la de ser embarcado. Por esto la primera sólo se aplica a los seres racionales; la segunda puede convenir a las personas y a las cosas. Se dice el *embarque* de los heridos y el *embarco* de las tropas; el *embarque* de los presos y el *embarco* de los pasajeros, distinguiendo siempre la acción del que se embarca por sí mismo de la acción del que es embarcado por mano o mandato de otro" (J).

**embargar** *tr. Impedir*, estorbar, imposibilitar, embarazar, dificultar, obstaculizar, empecer.*

**embargo. Sin embargo** *loc. conj. No obstante, empero, con todo, a pesar de ello.* "Las dos conjunciones (*sin embargo* y *no obstante*) indican alguna contradicción, alguna incompatibilidad entre lo que se ha dicho y lo que va a decirse; pero *sin embargo* lo expresa en menor grado que *no obstante. Sin embargo* modifica lo que precede; *no obstante* se le opone más abiertamente. Es un hombre muy aprecia-

ble; *sin embargo*, tiene sus defectos. La empresa tiene muchas dificultades; *no obstante*, la atacaremos. *Sin embargo* da a entender que lo que se ha dicho no *embarga* la verdad de lo que va a decirse" (M).

**embarnizar** *tr. Barnizar.*

**embarque** *m. Embarco, embarcación.*

**embarrancar** *intr.-prnl. Atascarse, atollarse.* Ambos en sus significados recto y figurado. 2 MAR. *Varar, encallar, zabordar, abarrancar.*

**embarrar** *tr. Embadurnar, untar, manchar, pintarrajear.* ↔ LIMPIAR.

**embarullado, -da** *adj. Peliagudo, dificultoso, difícil, arduo, enrevesado, complicado, intrincado.* ↔ FÁCIL, INTELIGIBLE.

**embarullar** *tr.-prnl. Embrollar. Embarullar* se distingue de *embrollar* en que éste implica a menudo idea de fraude o mala intención. En su uso prnl. son equivalentes. Puede uno *embrollarse* al contestar una pregunta o resolviendo un problema. 2 *Enredar, revolver.* ↔ DESENREDAR.

**embate** *m. Acometida, embestida. Embate* se usa especialmente tratándose de fuerzas naturales como el mar o la tempestad, o en sentido fig. (los *embates* de la fortuna). No se diría: los *embates* de un toro, los *embates* entre dos personas que riñen, sino *acometidas* o *embestidas*. En cambio, sí se emplea los *embates* del enemigo en la guerra, porque su ímpetu y número los asemejan a las fuerzas de la naturaleza.

**embaucador, -ra** *adj. Falaz, artero, embustero, engañador, impostor, falsario.* ↔ SINCERO.

**embaucar** *tr. Embabucar, embaír, engañar, seducir, encandilar, alucinar, dar gato por liebre.* ↔ DESENGAÑAR.

**embaular** *tr. fig. Devorar, engullir, devorar, embocar, comer.*

**embazarse** *prnl. Empachar, avergonzarse, cortarse, embarazarse.*

**embebecerse** *prnl. Embeber, embelesarse, absorberse.*

**embeber** *tr. Absorber, empapar, impregnar.* 2 *Embutir, encajar, incorporar, agregar.* 3 *prnl.* fig. *Embebecerse, embelesarse, absorberse.*

**embecadura** *f.* ARQ. *Enjuta, sobaco.*

**embeleco** *m. Embuste*, engaño, mentira, superchería, engañifa.*

**embelesamiento** *m. Arrobamiento, arrobo.*

**embelesar** *tr.-prnl. Suspender, encantar, cautivar, arrebatar, embeber, embebecerse, absorberse.* ↔ DESENCANTAR.

**embeleso** *m. Deleite, gusto, agrado, placer, delicia, encanto.* ↔ ABURRIMIENTO, INFELICIDAD, DOLOR. 2 *Suspensión, admiración, asombro, pasmo.*

**embellacarse** *prnl. Abellacarse, embellaquecerse, envilecerse, rebajarse, encanallarse, acanallarse.* ↔ ENNOBLECERSE.

**embellaquecerse** *prnl. Abellacarse, embellacarse, envilecerse, rebajarse, encanallarse, acanallarse.* ↔ ENNOBLECERSE.

**embellecer** *tr. Hermosear, adornar, ataviar.*

**emberrenchinarse** *prnl. Encorajinarse*, sulfurarse, encolerizarse.*

**embestida** *f. Achuchón, empujón.* 2 *Acometida, arremetida, ataque, embate*, agresión*.*

**embestir** *tr. Acometer*, atacar, arremeter*, fajar, golpear, pegar.*

**embetunar** *tr. Abetunar.*

**embicar** *tr.* MAR. *Orzar.*

**emblandecer** *tr.-prnl. Ablandar, suavizar, blandear, enmollecer, reblandecer, lentecer, relentecer.* ↔ ENDURECER.

**emblanquecer** *tr. Blanquear.*

**emblema** *amb. Símbolo*, jeroglífico, empresa, representación, lema, atributo, insignia, alegoría.*

**embobado, -da** *adj. Alelado, atontado, turulato, lelo, pasmarote, alelado, estafermo.*

**embobar** *tr.-prnl. Abobar, embelesar, entontecer, admirar, suspender, asombrar, pasmar.*

**embocadura** *f. Bocado, freno.*

**embocar** *tr. Tragar, engullir, embaular.*

**émbolo** *m. Pistón.*

**embolsar** *tr. Entrujar. Entrujar es una hipérbole humorística.* 2 *Cobrar.*

**emborrachar** *tr.-prnl. Embriagar.* 2 fig. *Atontar, adormecer, aturdir.* 3 *Estar como una cuba, coger una turca, pescar una merluza, tener mal vino.*

**emborrar** *tr. Atiborrar, henchir.*

**emborrazar** *tr.* fig. *Enalbardar, rebozar.*

**emborronar** *tr. Borrajear, borronear, burrajear.*

**emboscada** *f. Celada, zalagarda.* 2 fig. *Asechanza, encerrona.*

**embotamiento** *m. Entorpecimiento, turbación, atontamiento, torpor.*

**embotar** *tr.-prnl. Desafilar, mellar, despuntar. Despuntar, si es en la punta.* 2 fig. *Enervar, debilitar.* ↔ SERENAR, APACIGUAR, TRANQUILIZAR.

**embotellar** *tr.* fig. *Acorralar, cercar.* 2 *Inmovilizar.* 3 *Aprender, estudiar, memorizar.*

**embovedar** *tr.* ARQ. *Abovedar.*

**embozalar** *tr. Embozar (a los animales).*

**embozar** *tr.-prnl. Embozalar.* 2 fig. *Encubrir, disfrazar, ocultar, tapujarse.* ↔ DESTAPAR, DESENVOLVER, DESCUBRIR, DESENMASCARAR, DESENMARAÑAR.

**embravecer** *tr.-prnl. Irritar, enfurecer, encolerizar.* ↔ AMANSAR, APACIGUAR, SOSEGAR, TRANQUILIZAR, SERENAR.

**embrazadura** *f. Brazal.*

**embrear** *tr.* MAR. *Brear, alquitranar.*

**embriagado, -da** *adj. Beodo, borracho*, ebrio, bebido.* ↔ SOBRIO.

**embriagar** *tr.-prnl. Emborrachar, inebriar.* 2 *Marear, perturbar, atontar, aturdir.* 3 *Enajenar, extasiar, arrebatar, transportar.*

**embriaguez** *f. Borrachera, ebriedad, inebriación* (MED.). 2 *Enajenación, enajenamiento.*

**embridar** *tr. Bridar.*

**embrión** *m.* fig. *Principio, germen.*

**I embrionario, ria** *adj. Bréfico* (MED.).

**II embrionario, -ria** *adj.* fig. *Rudimentario, inacabado, incompleto.*
**embriotocia** *f.* MED. *Aborto.*
**embroca** *f.* FARM. *Cataplasma, embrocación* (FARM.).
**embrocación** *f.* FARM. *Embroca* (FARM.), *cataplasma.*
**embrollado, -da** *adj. Inextricable\*, enmarañado, enredado, intrincado, confuso, revesado, enrevesado, difícil, incomprensible, enigmático, arcano, misterioso, oscuro.* ↔ COMPRENSIBLE, CLARO.
**embrollador, -ra** *adj.-s. Embrollón, lioso, barullón, barullero. Embrollón, embrollador* y *lioso* pueden incluir idea de fraude o mala intención, lo cual no ocurre en *barullón*.
**embrollar** *tr.-prnl. Enredar, confundir, embarullar, enmarañar, revolver, hacerse un lío, enredarse la madeja.* ↔ ORDENAR, ACLARAR, RESOLVER, DESENMARAÑAR.
**embrollo** *m. Enredo, confusión, barullo, maraña, lío, monserga, galimatías, chanchullo, intriga.* 2 *Embuste\*, embustería, mentira, trápala.*
**embrollón, -llona** *adj.-s. Barullero, barullón, embrollador, lioso, enredador, chismoso, embustero, trapisondista.*
**embromar** *tr. Bromear, chancearse, burlarse, guasearse.*
**embrujamiento** *m. Encanto, encantamiento, hechizo, sortilegio.*
**embrujar** *tr. Encantar, hadar, hechizar.* ↔ DESENCANTAR.
**embrujo** *m. Hechizo, encantamiento, maleficio.* Este último, si el *embrujo* es dañino.
**embuchado** *m. Embutido.*
**embuchar** *tr. Embutir, llenar, rellenar, apretar, atiborrrar.*
**emburriar** *tr. Empujar\*, rempujar* (vulg.)*, arrempujar* (vulg.)*, impeler, impulsar, propulsar.*
**embuste** *m. Trápala, embustería, mentira\*, bola\*, embeleco, embrollo, engaño, farsa. Trápala, embustería* y *embuste* significan *mentira* artificiosamente disfrazada. Los cuatro últimos

sinónimos citados implican además intención fraudulenta. ↔ VERDAD, VEROSIMILITUD, SERIEDAD, REALIDAD.
**embustero, -ra** *adj. Falaz, artero, engañador, embaucador, chismoso, lioso, trapisondista, enredador, embrollón, camandulero, marrullero, hipócrita, camastrón.* ↔ SINCERO.
**embutido** *m. Embuchado.*
**embutir** *tr. Llenar, rellenar\*, apretar, atiborrrar, embuchar.* Este último, tratándose de carne picada. 2 *Encajar, ajustar, incrustar, engastar.*
**emelga** *f. Amelga.*
**emergencia** *f. Accidente, eventualidad, contingencia, casualidad.* ↔ ESENCIA.
**emeritense** *adj.-com.* (pers.) *Merideño.*
**emesis** *f.* MED. *Vómito.*
**emético, -ca** *adj.-m.* MED. *Vomitivo.*
**emigración** *f. Migración, transmigración, éxodo. Éxodo* es gralte. *emigración* colectiva.
**emigrar** *intr. Transmigrar, expatriarse.* ↔ REGRESAR, REPATRIARSE, INMIGRAR.
**eminencia** *f. Elevación, altura.* 2 *Saliente, resalte.* 3 ANAT. *Monte.* 4 fig. *Excelencia, sublimidad, superioridad.*
**eminente** *adj. Alto\*, elevado, prominente.* Tratándose de lugares. 2 *Superior, distinguido, notable, ilustre, excelente, insigne, egregio.* Aplicado a personas o actividades humanas.
**emisario, -ria** *s. Embajador, mensajero, enviado.*
**emisión** *f.* MED. *Sangría.*
**emisor, -ra** *adj.-s. Radiante, irradiante.*
**emitir** *tr. Arrojar, exhalar, despedir, lanzar, radiar, radiodifundir.* Tratándose de *emitir* ondas hertzianas, se usan los dos últimos sinónimos. 2 *Acuñar, poner en ciculación.* Tratándose de moneda, *acuñar*; de billetes o valores, *poner en circulación.* 3 *Manifestar, expresar, hacer público.*
**emoción** *f. Impresión, efecto, sensación.* 2 *Sentimiento, afecto, afección, pasión.* ↔ INSENSIBILIDAD.

**emocionante** *adj. Patético, conmovedor, sentimental, tierno.*

**emocionar** *tr.-prnl. Emocionar, conmover, afectar\*, enternecer, impresionar. Emocionar(se) se refiere a toda clase de sentimientos: entusiasmo, alegría, pena. Conmover(se) puede tener los mismos sentidos, pero gralte. se aplica a sentimientos penosos, compasivos o tiernos, como afectar(se) o enternecer(se).* ↔ TRANQUILIZAR, INSENSIBILIZAR, SERENAR.

**emoliente** *adj.-m.* MED. *Demulcente.*

**emolumento** *m. Gaje, gratificación. Gaje y gratificación coinciden con un cargo o empleo. Aunque estas denominaciones varían según las disposiciones administrativas de cada país y época, emolumentos envuelve cierta dignidad que lo hace aplicable principalmente a cargos o profesiones importantes: los emolumentos de un presidente del Consejo de Administración de una Sociedad Anónima, de un notario, etc. Gaje y gratificación son hoy aplicables a empleos modestos.*

**emotivo, -va** *adj. Impresionable, sensible, excitable.*

**empacado, -da** *adj. Estirado, entonado, orgulloso, altivo, altanero.* ↔ MODESTO.

**empachado, -da** *adj. Ahíto, saciado, harto, repleto, empapuzado.*

**empachar** *tr.-prnl. Estorbar, impedir. 2 Ahitar, hartar\*, estomagar, indigestar. 3 prnl. Avergonzarse, cortarse, embazarse, embarazarse.*

**empacho** *m. Indigestión. 2 Estorbo, embarazo, obstáculo, impedimento. 3 Cortedad, vergüenza\*, encogimiento, turbación.*

**empadronamiento** *m. Padrón, registro.*

**empalagar** *tr.-prnl.* fig. *Hastiar, fastidiar, cansar, aburrir.* ↔ DIVERTIR.

**empalagoso, -sa** *adj. Dulzón, dulzarrón. 2* fig. *Mimoso, sobón, pegajoso, fastidioso, zalamero.*

**empalizada** *f. Estacada, palizada, cerca\*.*

**empalmar** *tr. Unir, juntar, ligar, enlazar, entroncar.*

**empanación** *f. Impanación.*

**empantanado, -da** *adj. Pantanoso, encharcado, cenagoso.*

**empantanar** *tr. Inundar, encharcar. 2 Embalsar. 3* fig. *Atascar, estancar, paralizar, detener.*

**empañar** *tr.-prnl. Deslustrar, oscurecer, enturbiar, deslucir, desacreditar, manchar. Deslustrar es lo mismo que quitar el brillo; oscurecer y enturbiar indican quitar la transparencia. Empañar comprende ambos significados, tanto en su sentido recto como en el fig. de deslucir, desacreditar, manchar.* ↔ BRILLAR, LIMPIARSE.

**empapar** *tr.-prnl. Absorber, embeber, impregnar.* ↔ SECAR. *2 prnl.* fig. *Poseerse, imbuirse, penetrarse.*

**empapelar** *tr.* fig. y fam. *Encartar, procesar, encausar.*

**empapirotar** *tr.-prnl. Emperejilar, empaquetar, emperifollar, acicalar, adornar.*

**empapuciar, empapuzar** *tr.* fam. *Empapujar, hartar\*, ahitar, empachar.*

**empapujar** *tr. Empapuciar, puzar, hartar\*, ahitar, empachar, empapuzar.*

**empapular** *tr.-prnl. Hartar\*, saciar, satisfacer, atracar, ahitar, empachar, empapuciar, empapuzar.* ↔ CARECER, VACIAR, NECESITAR.

**empapuzado, -da** *adj. Ahíto, saciado, harto, repleto, empachado.*

**empaque** *m. Seriedad, afectación, tiesura, estiramiento, énfasis. El empaque implica seriedad y afectación. Sus sinónimos más próximos son tiesura y estiramiento; en la manera de hablar y escribir, énfasis.*

**empaquetar** *tr.-prnl.* fig. *Emperejilar, empapirotar, emperifollar, acicalar, adornar.*

**emparedado** *m. Sandwich* (anglic.), *bocadillo.*

**emparejar** *intr. Alternar\*, tratar, codearse.*

**emparentar** *intr. Entroncar.*
**emparrado** *m. Pérgola.*
**emparrillado** *m. Enrejado.*
**emparvar** *tr. Aparvar.*
**empaste** *m.* PINT. *Pasta.*
**empate** *m. Tablas.* Las expresiones *hacer tablas* y *pedir tablas* son propias del ajedrez y de las damas.
**empecer** *intr.* lit. *Impedir*, obstar. Empecer* es palabra docta, que sólo se usa en estilo culto y literario.
**empecinado** *m. Peguero.*
**empecinarse** *prnl. Obstinarse, aferrarse, porfiar.*
**empedernido, -da** *adj. Endurecido, cruel, implacable, inexorable, despiadado.* El *empedernido* se obstina en su error, o persiste en su costumbre o vicio: sectario *empedernido*, fumador *empedernido*. El *endurecido* es insensible a las súplicas y a los males ajenos, y por esto está próximo a *cruel, implacable, inexorable, despiadado* .
**empedrar** *tr. Adoquinar, engravar, enguijarrar, enlosar.* Según la clase de piedra empleada, se usan verbos derivados especiales, como *adoquinar, engravar, enguijarrar, enlosar.*
**empega** *f. Pegunta, marca.*
**empegar** *tr. Peguntar, empeguntar, marcar.*
**empego** *m. Pegunta, empega.*
**empeguntar** *tr. Empegar, peguntar, marcar.*
**empelazgarse** *prnl.* fam. *Andar a la greña.*
**empella** *f. Pala* (parte del calzado).
**empellón** *m. Empujón*, rempujón.*
*adj. Alcanzado, adeudado.*
**empeñar** *tr. Pignorar, hipotecar. Pignorar* se usa preferentemente en derecho, o tratándose de valores públicos. Si se trata de inmuebles que se *empeñan* por escritura notarial, *hipotecar*. Se *empeña* una prenda u objeto que se deja en manos del prestamista como garantía de pago. 2 *prnl. Endeudarse, entramparse.* 3 *Obstinarse, insistir, porfiar, emperrarse* (fam.). ↔

ABANDONAR, CEDER. 4 *Empezarse, trabarse.* P. ej.: *empeñar* una batalla.
**empeño** *m. Pignoración.* 2 *Afán, ansia, anhelo.* 3 *Tesón, constancia, obstinación, ahínco, porfía, tema, firmeza, insistencia.*
**empeorar** *tr. Agravar.* ↔ MEJORAR.
**empequeñecer** *tr. Achicar, acortar, parvificar, amenguar, menguar, mermar, encoger.* ↔ AUMENTAR, AMPLIAR.
**emperador** *m. César, káiser, zar, mikado.* Tratándose de la antigua Roma, *césar.* En otros países, *káiser* (Alemania), *zar* (Rusia), *mikado* (Japón). *César* puede también aplicarse por antonomasia a cualquier jefe del Estado que ejerce el poder absoluto sin limitaciones.
**emperdigar** *tr. Perdigar, aperdigar.*
**emperejilado, -da** *adj. Peripuesto, repulido, acicalado, atildado.*
**emperejilar** *tr.-prnl. Empapirotar, empaquetar, emperifollar, acicalar, adornar*.*
**emperezarse** *prnl. Apoltronarse, empoltronecerse.* ↔ DESPEREZARSE.
**emperifollar** *tr.-prnl. Emperejilar, empapirotar, empaquetar, acicalar, adornar.*
**empero** *conj. adversativa* lit. *Pero, mas, sino*.* A diferencia de estas conjunciones, *empero* puede ir al final del período: "Las condiciones habían mejorado; no fueron aceptadas *empero*". Esta construcción es enfática y acentúa el carácter exclusivamente literario que *empero* tiene hoy de por sí. 2 *Sin embargo*, no obstante, con todo, a pesar de ello.*
**emperrarse** *prnl.* fam. *Obstinarse, empeñarse, encastillarse, porfiar.* Emperrarse supone actitud malhumorada, gestos de enojo, además de la obstinación. ↔ CEDER, DESISTIR.
**empetro** *m. Hinojo marino, perejil de mar, perejil marino.*
**empezar** *tr. Comenzar, principiar, emprender, acometer, iniciar, incoar*. Iniciar* se refiere a un acto o serie de actos: *iniciar* una conversación, unas

negociaciones; pero no se diría *iniciar* un melón, sino *empezarlo*. *Iniciar* y *principiar* son vocablos más doctos y selectos que *empezar* y *comenzar*; por ello estos últimos se prefieren en su significado material y concreto. ↔ ACABAR. 2 *intr*. *Nacer, tener principio, originarse*. ↔ MORIR.

**empicarse** *prnl*. *Arregostarse, aficionarse, engolosinarse, regostarse, tomar gusto.*

**empilar** *tr*. *Apilar, apilonar* (Ant., Colomb. y Méx.).

**empinarse** *prnl*. *Ponerse de puntillas, enarmonarse, encabritarse. Ponerse de puntillas*, si se trata de una persona; tratándose de un cuadrúpedo, *enarmonarse; encabritarse* se dice esp. del caballo. 2 fig. *Alzarse, elevarse, levantarse, erguirse*. ↔ BAJARSE, ENCOGERSE.

**empingorotado, -da** *adj*. *Encopetado, ensoberbecido, engreído, tieso, vanidoso, orgulloso, envirotado.*

**empiñonado** *m*. *Piñonate* (pasta dulce).

**empíreo** *m*. *Cielo, paraíso.*

**empírico, -ca** *adj*. *Experimental.*

**emplasto** *m*. *Parche, bizma, pegado. Parche,* esp. cuando es delgado.

**emplazar** *tr*. *Colocar, poner, situar\**. Se ha generalizado su uso (*emplazar un monumento en el parque*), sobre todo en el tecnicismo militar: *emplazar* una batería.

**empleado, -da** *adj.-s*. *Dependiente, funcionario. Empleado* se dice esp. del que trabaja en una oficina, a diferencia del obrero manual, del técnico o facultativo y del dependiente de comercio. *Funcionario* es el *empleado* público; pero no todos los *funcionarios* desempeñan puestos de oficina; p. ej., un médico forense o un capataz de obras públicas.

**emplear** *tr*. *Ocupar, colocar\*, acomodar, destinar.* Tratándose de personas. 2 *Usar, aplicar, servirse, valerse, destinar, utilizar.* Tratándose de cosas, los dos primeros; los demás se dicen de cosas y personas. 3 *Invertir,*

*gastar, aplicar, colocar.* Tratándose de dinero, *invertir, gastar, aplicar*; si se hace con el fin de obtener renta de un capital, *colocar* o *invertir.*

**empleo** *m*. *Destino, colocación, ocupación, puesto, acomodo, cargo, profesión, oficio, ministerio.* ↔ CESANTÍA. 2 *Uso, utilización, aplicación.* Tratándose de cosas. ↔ DESUSO. 3 MIL. *Honor, distinción, cargo, dignidad.*

**empobrecer** *tr*. *Depauperar. Depauperar* se aplica esp. al empobrecimiento fisiológico de los seres vivos: una raza *depauperada* por la mala alimentación, las epidemias. Sólo en estilo culto puede usarse la sinonimia etimológica en otras acepciones: la quiebra del banco ha *depauperado* el país. ↔ ENRIQUECER. 2 *tr.-prnl. Decaer, venir a menos.* ↔ ENGRANDECER, MEDRAR.

**empobrecido, -da** *adj*. *Arrancado, arruinado, tronado, pobre.*

**empodrecer** *intr.-prnl. Pudrir, podrecer, corromper, descomponer, echarse a perder.* ↔ SANAR, VIVIR.

**empollar** *tr*. *Encobar, incubar. Incubar* es término docto de uso general. Se *incuban* los gérmenes de una enfermedad en un cuerpo vivo; la gallina *incuba* los huevos. Pero *empollar* y *encobar* se dice exclusivamente de las aves. 2 fig. *Estudiar.* Entre estudiantes.

**empoltronecerse** *prnl*. *Apoltronarse, emperezarse.*

**emponzoñado, -da** *adj*. *Envenenado.*

**emponzoñamiento** *m*. *Envenenamiento, intoxicación.*

**emponzoñar** *tr.-prnl*. fig. *Envenenar, intoxicar.* 2 *tr. Inficionar, corromper, dañar.*

**empopar** *intr*. MAR. *Apopar.*

**emporcar** *tr*. *Ensuciar, manchar.*

**emprendedor, -ra** *adj*. *Resuelto, decidido, activo\*, audaz.*

**emprender** *tr*. *Comenzar, empezar\*, principiar, iniciar, acometer, entablar\*.* ↔ ACABAR, DESISTIR.

**empresa** *f. Proyecto, intento, designio.* 2 *Símbolo, lema, mote.* En la antigua caballería, *mote.* 3 COM. *Sociedad*, compañía.*

**empréstito** *m. Préstamo, manlieva* (ant.).

**emprimar** *tr.* PINT. *Imprimar, aparejar.*

**empringado, -da** *adj. Pringoso, grasiento, untado, lardoso, aceitoso, oleoso.*

**empringar** *tr.* vulg. *Pringar, untar, manchar, ensuciar.*

**empujar** *tr. Rempujar* (vulg.)*, arrempujar* (vulg.)*, impeler, impulsar, propulsar, emburriar, achuchar. Arrempujar* connota mayor fuerza y violencia. Pertenecen a la lengua culta o técnica *impeler, impulsar, propulsar.* En algunas provincias del norte, *emburriar.* 2 fig. *Excitar, incitar, estimular.* ↔ DEBILITAR.

**empuje** *m. Impulso, impulsión, fuerza, propulsión.* 2 fig. *Brío, resolución.*

**empujón** *m. Envión, envite, empellón, impulso, impulsión, propulsión, rempujón, achochón, embestida. Impulso, impulsión* y *propulsión* son términos cultos (a menudo figurados) o tecnicismos usados en mecánica; además denotan fuerza continuada, mientras que *empujón, empellón, envite* y *envión* son momentáneos.

**empulguera** *f. Pulguera.*

**emulación** *f. Rivalidad, competencia.* "Por la *emulación* se desea sobresalir; por la *rivalidad* se desea vencer. Los *émulos* pueden ser amigos, pero no los *rivales.* Hay *emulación* en los estudios, en los descubrimientos, en los trabajos científicos, en los servicios públicos. Hay *rivalidad* en la política, en el amor, en la solicitud de los empleos" (M).

**emular** *tr. Competir, rivalizar.*

**emulgente** *adj.-m.* QUÍM. *Emulsionante.*

**émulo, -la** *adj.-s. Competidor, rival.*

**emulsionante** *adj.-m.* QUÍM. *Emulgente.*

**enaguachar** *tr. Aguachar, enaguar.*

**enaguar** *tr. Enaguachar, aguachar.*

**enaguazar** *tr.-prnl. Aguacharnar, encharcar.*

**enajenable** *adj. Alienable, vendible.*

**enajenación** *f. Delirio, desvarío, perturbación, alucinación, demencia, locura, enajenamiento, embriaguez, vesania, arrobamiento, éxtasis.*

**enajenado, -da** *adj.-s. Demente, loco*, orate, vesánico, alienado, perturbado, frenético, delirante.*

**enajenamiento** *m. Arrobamiento, éxtasis, delirio, desvarío, perturbación, alucinación, demencia, locura, embriaguez, vesania, enajenación.*

**enajenar** *tr. Vender, traspasar.* ↔ RETENER. 2 *tr.-prnl. Transportar, extasiar, encantar.* 3 *Perturbarse, enloquecer.* ↔ TRANQUILIZAR. 4 *Estar fuera de sí, papar moscas, ver visiones, helársele el corazón.*

**enálage** *f. Traslación.*

**enalbardar** *tr. Albardar.* 2 fig. *Rebozar.*

**enaltecer** *tr. Ensalzar, exaltar, elevar, honrar, engrandecer, relevar, realzar, ilustrar.* ↔ HUMILLAR, HUNDIR. 2 *Elogiar, alabar, encomiar.*

**enaltecido, -da** *adj. Honrado, apreciado, estimado, respetado, venerado.*

**enaltecimiento** *m. Elogio*, alabanza, exaltación.*

**enamorado, -da** *adj.-s. Adorador, admirador.*

**enamorar** *tr. Galantear, requebrar, cortejar, hacer la corte.* ↔ DESENAMORAR, DESENCANTAR. 2 *prnl. Aficionarse, inclinarse, encariñarse, prendarse, engolosinarse.*

**enamoricarse** *prnl.* irón. *Engolondrinarse, enamoriscarse.*

**enamoriscarse** *prnl.* irón. *Enamoricarse, engolondrinarse.*

**enanchar** *tr.* fam. *Ensanchar, extender, dilatar, ampliar.* ↔ ENCOGER.

**enangostar** *intr.-tr.-prnl. Angostar, estrechar, ensangostar.* ↔ ENSANCHAR, ABRIR.

**enano, -na** *adj. Diminuto, pequeñísi-*

*mo.* ↔ GIGANTE, ALTO. 2 *s. Pigmeo, liliputiense, gorgojo, petizo* (Argent.), *chaparro* (Méx.). ↔ GIGANTE.

**enarbolar** *tr.* MAR. *Arbolar, izar.*

**enarcar** *tr.-prnl. Arquear, encorvar, doblar, combar.*

**enardecer** *tr.* fig. *Inflamar, excitar, avivar, entusiasmar.* ↔ SERENAR, DESANIMAR. 2 *prnl. Abrasarse, encenderse, acalorarse.* 3 *Derretirse, enamorarse.*

**enardecimiento** *m. Acaloramiento, exaltación, entusiasmo.*

**enarenar** *tr.-prnl. Arenar.*

**enarmonarse** *prnl. Empinarse\*, ponerse de puntillas, encabritarse.*

**encabalgamiento** *m.* RET. *Hipermetría, cabalgamiento.*

**encabezamiento** *m. Principio, inicio.* ↔ FINAL. 2 *Cabecera.* 3 *Epígrafe, título, rótulo, rúbrica* (en los libros antiguos).

**encabritarse** *prnl.* (el caballo) *Alebrarse, alebrestarse* (Amér.), *erguirse, alborotarse, empinarse\*.*

**encadenado** *m. Cadena.*

**encadenado, -da** *adj. Enlazado.*

**encadenamiento** *m. Prisión.* 2 *Conexión, trabazón, enlace, relación, unión, concatenación, eslabonamiento, engarce.*

**encadenar** *tr.-prnl. Aprisionar.* ↔ LIBERTAR, LIBERAR. 2 *Inmovilizar, sujetar, atar.* ↔ SOLTAR, LIBERAR, DESATAR. 3 fig. *Avasallar, esclavizar.* ↔ LIBERTAR. 4 *Trabar, enlazar, unir, eslabonar, engarzar, relacionar.*

**encajar** *tr.-prnl. Ajustar, embutir, engastar, meter\*.* ↔ DESENCAJAR, DESARTICULAR. 2 *Dar, arrojar, tirar, soltar.* 3 *Endilgar, endosar.*

**encaje** *m. Labor\*, costura, bordado, punto.*

**encajonado** *m. Ataguía.*

**encaladura** *f. Encostradura.*

**encalar** *tr. Blanquear, enjalbegar.*

**encallar** *intr. Varar.* 2 fig. *Atascarse, detenerse.*

**encalmado, -da** *adj. Tranquilo, quieto, manso, sosegado, reposado, sereno, pacífico.* ↔ CRISPADO.

**encaminar** *tr.-prnl. Dirigir, guiar\*, orientar.* ↔ DESENCAMINAR, DESORIENTAR. 2 *Enderezar, encarrilar, encauzar.* ↔ DESENCAMINAR, DESORIENTAR. 3 *Marchar.* ↔ LLEGAR.

**encamisar** *tr. Enfundar.* 2 fig. *Encubrir, disfrazar.*

**encanallarse** *prnl. Abellacarse, embellacarse, embellaquecerse, envilecerse, rebajarse, acanallarse.* ↔ ENNOBLECERSE.

**encandilar** *tr. Deslumbrar, cegar.* 2 fig. *Alucinar, ilusionar, seducir.*

**encanijar** *tr.-prnl. Desmedrar, decaer, debilitarse, enflaquecer.* ↔ FORTALECER, MEJORAR, AUMENTAR.

**encanillar** *tr. Encañar, encañonar.*

**encantador, -ra** *adj. Cautivador, atrayente, seductor.* 2 *Precioso, hermoso, bello.* ↔ FEO. (fig.). 3 *Ameno, grato, agradable, deleitable, placentero, entretenido, divertido, delicioso, deleitoso, apacible.* 4 *s. Hechicero\*, brujo, mago.*

**encantamiento** *m. Embrujo, hechizo, maleficio.* 2 *Hechicería, magia, brujería.*

**encantar** *tr.-prnl. Hadar, hechizar, embrujar,* II DECENCANTAR. 3 fig. *Embelesar, cautivar, seducir, atraer\*, sugestionar, fascinar, complacer, deleitar.* ↔ DESENCANTAR, REPELER, ABURRIR. 3 *prnl. Enajenarse, transportarse, extasiarse.*

**encanto** *m. Encantamiento, hechizo, embrujamiento, sortilegio.* 2 *Embeleso, seducción, fascinación.* 3 *Deleite, gusto, agrado, placer, delicia.* ↔ ABURRIMIENTO, INFELICIDAD, DOLOR. 4 *Gracia, garbo, donaire, sal, salero, ángel, atractivo.* ↔ DESGARBO.

**encantusar** *tr.* fam. *Engatusar, encatusar, engaitar, engatar.*

**encañar** *tr. Encanillar, encañonar.*

**encañonar** *tr. Encanillar, encañar.*

**encapotado** *adj. m.* fig. *Anubado, anublado, nuboso, nublado, anubarrado.*

**encapotarse** *prnl. Nublarse, oscurecerse, anubarrarse, aborrascarse\*.* ↔

DESCUBRIRSE, DESPEJARSE, DESENCA-
POTARSE.

**encaramar** *tr.-prnl. Levantar, subir, trepar.* En su uso prnl., *trepar.* ↔ BAJAR, AGACHAR. 2 *tr.* fig. *Alabar, encarecer, ensalzar.* 3 *Elevar, engrandecer, encumbrar, trepar. Encaramar(se)* tiene cierto sabor despectivo, y se aplica al que asciende a puestos o cargos superiores a su merecimiento. En el mismo sentido se usa *trepar.*

**encarar** *tr. Afrontar, hacer frente, enfrentar.* 2 *Apuntar, dirigir.* Tratándose de armas de fuego.

**encarcelado, -da** *adj.-s. Penado\*, presidiario, forzado, recluso, preso, prisionero, cautivo.*

**encarcelar** *tr. Aprisionar, enchiquerar, enchironar, enjaular.* Los tres últimos son de uso familiar o vulgar.

**encarecer** *tr. Subir, alzar, exagerar\*, abultar, aumentar, poner por las nubes.* ↔ ABARATAR, REBAJAR, BAJAR. 2 fig. *Encaramar, alabar\*, ensalzar, ponderar.* ↔ DENIGRAR.

**encarecimiento** *m. Subida, alza, carestía.* ↔ ABARATAMIENTO. 2 *Instancia, empeño, insistencia.* 3 *Exageración\*, ponderación.* ↔ DENIGRACIÓN.

**encargado, -da** *adj.-s. Delegado, representante, comisionado.* 2 *s. Manager\*, gerente, apoderado, director, principal, jefe.*

**encargar** *tr. Confiar, encomendar, cometer, someter. Confiar* supone cierta actitud amable o afectiva hacia el que recibe el encargo. *Encomendar* y *encargar* aluden al hecho objetivo: el primero es voz más selecta, y más aún *cometer;* éste y *someter* se aplican con preferencia tratándose de un informe pericial, dictamen, etc. Comparar los matices de: *confiar, encomendar, encargar, cometer* y *someter* la dirección de una sucursal. ↔ RENUNCIAR. 2 *Recomendar, prevenir.* ↔ DESACONSEJAR. 3 *Pedir, hacer un pedido.*

**encargo** *m. Encomienda, encomendamiento, recado, cometido.* 2 *Pedido.* En el comercio.

**encariñado, -da** *adj. Amigo, aficionado, inclinado, partidario, afecto, adicto, devoto.* ↔ ENEMIGO.

**encariñarse** *prnl. Aficionarse, prendarse, enamorarse.*

**encarnación** *f. Representación, símbolo, muestra.*

**encarnado, -da** *adj. Colorado, rojo.*

**encarnadura** *f. Carnadura.*

**encarnar** *tr.* fig. *Representar, simbolizar, hacer las veces de, personificar.*

**encarnizado, -da** *adj. Encendido, ensangrentado.* 2 *Reñido, sangriento, cruento, porfiado.*

**encarnizamiento** *m. Crueldad, ferocidad, ensañamiento\*.*

**encarnizarse** *prnl. Cebarse.* 2 fig. *Encruelecerse, ensañarse, enfurecerse.*

**encarrilar** *tr. Encaminar, dirigir, guiar, enderezar, encauzar.*

**encartar** *tr. Procesar, encausar, empapelar* (fam.).

**encastillarse** *prnl.* fig. *Obstinarse, empeñarse, emperrarse, cerrarse a la banda.*

**encastrar** *tr. Endentar, engargantar, engranar, encajar, empotrar.*

**encatusar** *tr. Engatusar, encantusar, engaitar, engatar.*

**encausar** *tr. Procesar, encartar, empapelar* (fam.).

**encauste** *m.* PINT. *Adustión, encausto, incausto.*

**encausto** *m. Adustión, encauste, incausto.*

**encauzar** *tr.* fig. *Encaminar, dirigir, guiar, encarrilar, enderezar.*

**encebadamiento** *m. Enfosado.*

**encéfalo** *m. Masa encefálica, meollo, seso(s), sesera, sesada. Encéfalo* es científico, lo mismo que *masa encefálica.* En el habla corriente, *meollo, seso* o *sesos, sesera;* tratándose de un animal, *sesada.*

**encella** *f. Formaje, molde.*

**encenagarse** *fig. Envilecerse, corromperse, pervertirse, prostituirse.*

**encendajas** *f. pl. Leña, tuero, rozo, despunte, ramullo, ramojo, ramiza.*

**encendedor, -ra** *adj.-s. Mechero.*

Este se refiere a un *encendedor* mecánico.

**encender** *tr. Incendiar, inflamar. Incendiar* es causar el *incendio* de una cosa no destinada a arder; se *enciende* la lumbre, una luz; el rayo *incendia*, no *enciende*, el bosque. *Inflamar* es *encender* lo que produce llama, o bien un combustible que arde con gran facilidad, como el gas, el alcohol. *Inflamar* no se usa en el sentido de *encender* voluntariamente algo. En los motores de combustión interna se dice que la chispa eléctrica *enciende* o *inflama* la gasolina. ↔ APAGAR. 2 fig. *Excitar, enardecer, entusiasmar.* ↔ TRANQUILIZAR. 3 *prnl. Ruborizarse, enrojecer, sonrojarse.*

**encendido, -da** *adj. Ardiente, hirviente.* ↔ FRÍO, HELADO.

**encentar** *tr.-prnl Decentar, encetar.*

**encepar** *intr.-prnl. Arraigar, prender, agarrar, enraizar.*

**encerado** *m. Pizarra, pizarrón* (Amér.).

**encerradero** *m. Toril, chiquero, encierro.*

**encerrar** *tr.-prnl. Aprisionar, recluir.* ↔ LIBERTAR, SACAR. 2 fig. *Incluir, contener*, comprender, abarcar.

**encerrona** *f. Celada, emboscada.*

**enceste** *m.* DEP. *Canasta, básquet* (anglic.), *cesta.*

**encetar** *tr. Decentar, encentar.*

**encharcado, -da** *adj. Pantanoso, cenagoso, empantanado.*

**encharcar** *tr.-prnl. Aguzar, enaguazar, enaguachar, empantanar, anegar*, ahogar, inundar, sumergir.

**enchiquerar** *tr.* fig. *Encarcelar, aprisionar, enchironar* (vulg.), *enjaular.*

**enchironar** *tr.* vulg. *Encarcelar, aprisionar, enchiquerar, enjaular.*

**enchufe** *m.* fig. y fam. *Prebenda, sinecura, poltrona, momio.*

**enciclopedia** *f. Diccionario*, léxico, lexicón, vocabulario, glosario, tesoro.

**encierro** *m. Reclusión, prisión, calabozo, celda.* 2 *Retiro, clausura, recogimiento, apartamiento.* 3 *Toril, chiquero, encerradero.*

**encima** *adv. l. Sobre.* "Usanse indistintamente para explicar la situación, o el lugar que ocupa una cosa respecto de otra, como cuando decimos: está *encima* de la mesa, ha quedado *sobre* la mesa... El adverbio *encima* explica solamente la situación local de un cuerpo respecto del que se halla debajo de él. La preposición *sobre* representa, no sólo la situación, sino también, y más propiamente, la gravitación que ejerce un cuerpo sobre otro. Y no es extraño que lo confunda el uso, porque el cuerpo que está *encima* gravita naturalmente *sobre* el que está debajo... En lugar de ponerlo debajo, lo puso *encima*. Se descubre la torre por *encima* de la montaña... En estos casos en que sólo se trata de una situación local, no se podría emplear la preposición *sobre* con la misma propiedad que en los siguientes, en que se considera al cuerpo con relación determinada a su gravitación: yo estaba *sobre* un pie; la casa está fabricada *sobre* buenos cimientos... Según esto mismo principio, se distinguen claramente dos ideas diferentes en estas dos proposiciones: daban golpes *encima* de mi cabeza; daban golpes *sobre* mi cabeza. Con la primera supongo que los golpes se daban en un paraje más elevado, y que correspondía perpendicularmente a mi cabeza, o en la habitación que estaba *sobre* la mía. Con la segunda doy a entender que yo recibía los golpes en la cabeza misma. Por esto se dice también *sobre* mi conciencia... y no se puede decir: *encima* de mi honor o mi conciencia" (M). ↔ DEBAJO, BAJO. 2 *adv. c. Además.* 3 **Encima de** *loc. prep. A más de, tras de, además de, ultra de* (lit.), *fuera de, aparte de.* Todas estas locuciones con la prep. *de* son prepositivas, y se usan delante de infinitivo (expreso o tácito), sustantivo o palabra sustantivada. P. ej.: *además de* ser caro es malo; o *a más de, tras de, encima de* ser caro es malo.

**encinta** *adj. Embarazada, preñada.*

**encintado** *m. Bordillo.*

**encizañar** *tr. Enemistar, malquistar, indisponer, cizañar.* ↔ AMISTAR, RECONCILIAR, CONCILIAR.

**enclave** *m. Inclusión.*

**enclenque** *adj. Enfermizo, canijo, débil\*, raquítico, enteco.* ↔ SANO, FUERTE.

**enclocar** *intr.-prnl. Enllocar.*

**encobar** *tr. Incubar* (científ. o culto), *empollar.*

**encocorar** *tr. Molestar, fastidiar, enfadar, enojar.*

**encoger** *tr.-prnl. Contraer.* 2 *prnl. Apocarse, acobardarse.* ↔ ENVALENTONARSE.

**encogido, -da** *adj.* fig. *Apocado, tímido, pusilánime, corto, medroso, cobarde\*.* ↔ ATREVIDO, RESUELTO, ACOMETEDOR.

**encogimiento** *m. Contracción, constricción* (TECNOL.). 2 fig. *Apocamiento, cortedad, timidez, empacho, vergüenza\*.*

**encolar** *tr. Fijar, pegar.*

**encolerizado, -da** *adj. Airado, irritado, enojado, furioso, enfurecido, rabioso, furibundo.* ↔ TRANQUILO, SERENO.

**encolerizar** *tr.-prnl. Enojar, irritar, enfurecer, sulfurar, exacerbar, emberrenchinarse.*

**encomendamiento** *m. Encargo, encomienda, recado, cometido.*

**encomendar** *tr. Encargar\*, confiar.*

**encomiar** *tr. Alabar\*, encarecer, loar, elogiar, enaltecer.* ↔ DENOSTAR.

**encomienda** *f. Encargo, recado.* V. encomiendas.

**encomiendas** *f. pl. Recuerdos, memorias.* V. encomienda.

**encomio** *m. Alabanza, elogio\*, encarecimiento, bombo\*, apología\*.*

**enconar** *tr.-prnl. Irritar, inflamar, infectar, envenenar.* ↔ SANAR, DESINFECTAR. 2 fig. *Exasperar.* ↔ RECONCILIAR.

**encono** *m. Animadversión, resenti-*

miento, malquerencia, rencor, aborrecimiento, saña, odio\*, antipatía, aversión, repulsión, inquina.* ↔ AMOR, BENEVOLENCIA, SIMPATÍA.

**encontradizo, -za** *adj. Topadizo.*

**encontrado, -da** *adj. Opuesto, contrario, antitético, contradictorio.*

**encontrar** *tr.-prnl. Hallar, acertar, topar, dar con, descubrir\*. Topar y dar con* suponen un encuentro inopinado, imprevisto o casual. ↔ PERDER. 2 *prnl. Tropezar, chocar, topar.* 3 *Oponerse, enemistarse, discordar, desavenirse.* 4 *Convenir, concordar.* ↔ DISCREPAR.

**encontrón** *m. Tronazo, choque, colisión, topada, topetazo, trompada, encontronazo.*

**encontronazo** *m. Golpe, encuentro, topada, topetazo, trompada, encontrón, choque.*

**encopetado, -da** *adj. Empingorotado, ensoberbecido, engreído.*

**encorajinarse** *prnl. Enfadarse, irritarse, encolerizarse, sulfurarse, emberrenchinarse.* El f. *corajina* tiene matiz irónico y significa "arrebato de ira". Estas connotaciones se hallan también en el verbo *encorajinarse*, y por esto su sentido está muy próximo a *emberrenchinarse, sulfurarse.* Los tres sugieren arrebato de ira acompañado de gestos y voces.

**encorar** *tr. Encorecer.*

**encorecer** *tr. Encorar.*

**encorvadura** *f. Curvatura\*, alabeo, corvadura.*

**encorvamiento** *m. Alabeo, curvatura\*, corvadura, encorvadura, comba.*

**encorvar** *tr. Corvar, recorvar, curvar, arquear, torcer, acombar.*

**encostradura** *f.* ARQ. *Encaladura.*

**encrasar** *tr. Engrasar, abonar.*

**encrespar** *tr.-prnl. Ensortijar, rizar, engrifar, enmarañar, enredar, desgreñar.* 2 fig. *Enfurecer, irritar, embravecer.*

**encrucijada** *f. Crucero, cruzado, cruce.* Los dos primeros son menos usados que *encrucijada.* En Méx. *crucero* es la voz preferida.

**encruelecerse** *prnl.* Encarnizarse, ensañarse, enfurecerse.

**encubierto, -ta** *adj.* Oculto, escondido, tapado, velado.

**encubridor, -ra** *adj.-s.* Capa (fam.), tapadera (fam.), alcahuete. El último, tratándose de amoríos.

**encubrir** *tr.-prnl.* Ocultar*, recatar, esconder, solapar, disimular, tapar, reservar, desfigurar, disfrazar, falsear, fingir, dorar, paliar. ↔ DESCUBRIR, DELATAR.

**encuentro** *m.* Coincidencia. 2 Hallazgo. 3 Colisión, choque, topada, topetazo. 4 MIL. Choque, refriega. 5 DEP. Partido, contienda.

**encuitarse** *prnl.* Acuitarse, desasosegarse, afligirse, apesadumbrarse.

**encumbrado, -da** *adj.* Alto*, elevado, eminente, prominente.

**encumbramiento** *m.* Auge, elevación, prosperidad.

**encumbrar** *tr.-prnl.* Levantar, alzar, elevar, erguir, encaramar*. ↔ CAERSE. 2 fig. Enaltecer, ensalzar, engrandecer. ↔ DESPRESTIGIAR. 3 *prnl.* Envanecerse, engreírse, ensoberbecerse. ↔ DESPRESTIGIAR.

**endeble** *adj.* Débil, flojo. ↔ FUERTE, DURO.

**endechadera** *f.* Plañidera, llorona.

**endejas** *f. pl.* ALBAÑ. Adarajas, enjarjes.

**endemia** *f.* Epidemia*, peste, epizootia, enzootia, pandemia.

**endemoniado, -da** *adj.-s.* Demoníaco, energúmeno, poseso. 2 Perverso, nocivo, endiablado. *Endemoniado* se usa con carácter intensivo gral., de aplicación muy extensa, lo mismo que *endiablado*: un peso *endiablado*, velocidad *endiablada*, lección *endiablada*.

**endemoniar** *tr.* Espiritar. 2 *prnl.* fig. Irritarse, encolerizarse, darse a los demonios.

**endentar** *tr.* Encastrar, engargantar, engranar, encajar. Los dos últimos son los más usuales.

**endentecer** *intr.* Dentar.

**enderezar** *tr.-prnl.* Destorcer. 2 Erguir, plantar, alzar, levantar. ↔ ENCOGER. 3 Encaminar, dirigir, guiar, encarrilar, encauzar. ↔ DESENCAMINAR, DESISTIR.

**endeudado, -da** *adj.* Atrasado, alcanzado, empeñado.

**endeudarse** *prnl.* Empeñarse, entramparse.

**endiablado, -da** *adj.* Endemoniado*.

**endibia** *f.* Escarola (achicoria).

**endilgar** *tr.* Encajar, endosar.

**endiosar** *tr.* Deificar, divinizar. 2 *prnl.* fig. Ensorberbecerse, engreírse, envanecerse.

**endomingado, -da** *adj.* Dominguero.

**endosar** *tr.* fig. Endilgar, encajar.

**endovenoso, -sa** *adj.* MED. Intravenoso.

**endrina** *f.* Amargaleja, andrina.

**endrino** *m.* Andrino (p. us.), asarero.

**endulzar** *tr.* Dulcificar, edulcorar (FARM.). 2 fig. Suavizar, mitigar, atenuar, sosegar, calmar, aliviar*.

**endurecer** *tr.* Indurar. 2 Robustecer, fortalecer. ↔ ABLANDAR, DEBILITAR.

**endurecido, -da** *adj.* Empedernido. 2 MED. Concreto, solidificado.

**endurecimiento** *m.* Callosidad, dureza, induración. 2 fig. Dureza, obstinación, tenacidad. 3 Crueldad.

**enea** *f.* Anea.

**enebral** *m.* Nebreda.

**enebro** *m.* Cada, junípero.

**eneldo** *m.* Aneldo.

**enema** *m.* Ayuda, lavativa.

**enemiga** *f.* Enemistad*, inquina, malquerencia, mala voluntad, odio.

**enemigo** *m.* Diablo, demonio.

**enemigo, -ga** *adj.-s.* Contrario, adversario. 2 Opuesto, refractario, hostil.

**enemistad** *f.* Aversión, malquerencia, odio, rencor, hostilidad, oposición, enemiga, mala voluntad, rivalidad. "La *enemistad* se funda en el odio; el *rencor* es el deseo de venganza. La *enemistad* es más franca y más abierta que el *rencor*; en éste entra la idea de la concentración y del disimulo. La *enemistad* puede ser un estado pasivo; el *rencor* obra cuando halla ocasión favorable" (M).

**enemistar** *tr.-prnl. Malquistar, indisponer, encizañar, desavenir, discordar.* ↔ AMISTAR, RECONCILIAR.

**energía** *f. Fuerza, potencia, poder.* ↔ DEBILIDAD. 2 *Eficacia, actividad, dinamismo.* ↔ PASIVIDAD. 3 *Vigor\*, fibra, fortaleza, ánimo\*.* ↔ DEBILIDAD. 4 *Tesón, firmeza, voluntad.* ↔ DEBILIDAD.

**enérgico, -ca** *adj. Eficaz, activo, poderoso.* 2 *Vigoroso\*, fuerte.* 3 *Tenaz, tesonero, firme.*

**energúmeno, -na** *s. Endemoniado, poseso.* 2 fig. *Furioso, alborotado, enfurecido.*

**enervar** *tr. Debilitar, embotar.* ↔ FORTALECER, AVIVAR.

**enfadado, -da** *adj. Ahíto, hastiado, fastidiado.* 2 *Mohíno, triste, melancólico, disgustado.*

**enfadar** *tr.-prnl. Enojar, irritar, fastidiar, incomodar, amoscar, disgustar\*, desagradar, desazonar, molestar, contrariar, ofender, picar, heder* (fig.). ↔ AMISTAR, DISTRAER, CONGRACIAR, AVENIR, AGRADAR.

**enfado** *m. Desagrado, molestia, fastidio.* 2 *Enojo, ira, berrinche\*.* 3 *Afán, trabajo.*

**enfadoso, -sa** *adj. Desagradable\*, pesado, cansado, engorroso, fastidioso, molesto, enojoso.*

**enfaldo** *m. Regazo, falda.*

**enfático, -ca** *adj.* GRAM. *Expletivo, insistente.* 2 *Afectado, altisonante, petulante, engolado.* ↔ NATURAL, SENCILLO.

**enfermar** *intr.-prnl. Descomponer, desazonarse, indisponerse.* ↔ SANAR, CURARSE, RECUPERARSE.

**enfermedad** *f. Mal, dolencia, morbo, padecimiento, achaque, indisposición\*, destemple, afección, afecto. Mal* es el nombre más popular. *Dolencia* es voz docta, de significación atenuativa, más o menos generalizada en el habla corriente según los países. *Morbo* es técnico o culto. *Padecimiento* sugiere el dolor físico. *Achaque* tiene carácter habitual o crónico. *Indisposición*

y *destemple* son alteraciones ligeras de la salud. *Afección* se emplea siempre con un determinativo que la localiza: *afección* laríngea, cardíaca. ↔ SALUD.

**enfermero, -ra** *s. A.T.S.* (Auxiliar técnico sanitario).

**enfermizo, -za** *adj. Achacoso, enteco, enclenque, valetudinario, débil\*.* 2 *Malsano, morboso.*

**enfermo, -ma** *adj.-s. Malo, doliente, paciente, achacoso, indispuesto, destemplado. Malo* en esta acepción sólo se usa con el verbo "estar" y no puede sustantivarse: *estoy malo.* Los matices diferenciales entre el resto de sinónimos son iguales a los explicados en el art. *enfermedad.*

**enfervorizarse** *prnl. Calentarse, acalorarse, irritarse, enfadarse, sentir calor, asarse vivo, freírse de calor.* ↔ ENFRIARSE, TRANQUILIZARSE.

**enfilar** *tr. Ensartar, enhilar.*

**enflaquecer** *intr.-tr. Adelgazar, desengrosar, enmagrecer.* ↔ ENGORDAR. 2 *Debilitar, enervar.* 3 *intr.-prnl. Desmayar, flaquear, flojear.*

**enflaquecimiento** *m. Agotamiento, debilidad, consunción, extenuación.* 2 *Adelgazamiento, desnutrición.*

**enflautador, -ra** *s. Alcahuete, encubridor, celestina, tercera, proxeneta.*

**enfosado** *m. Encebadamiento.*

**enfoscado** *m.* ALBAÑ. *Revoque, revoco, guarnecido, revocadura.*

**enfoscar** *tr.* ALBAÑ. *Revocar, guarnecer, enlucir.*

**enfrascarse** *prnl. Engolfarse, absorberse, concentrarse.*

**enfrentado, -da** *adj. Opuesto, encontrado, contrapuesto.*

**enfrentar** *tr. Afrontar, arrostrar, hacer frente, desafiar, dar la cara, dar el pecho.* ↔ ELUDIR, ESCAPAR.

**enfrente** *adv. l. Delante, frente a, frontero.* 2 *adv. m. En contra, en pugna.*

**enfriamiento** *m. Resfriado, catarro, resfriamiento.*

**enfriar** *intr.-tr.-prnl. Resfriar, refrescar, refrigerar\*.* ↔ ACALORAR, CALENTAR. 2

fig. *Entibiar, amortiguar.* 3 *prnl. Resfriarse, acatarrarse.*

**enfundar** *tr. Encamisar.*

**enfurecer** *tr.-prnl. Irritar, enojar, sulfurar, encolerizar, exasperar.* 2 *prnl. Alborotarse, alterarse, encresparse.*

**enfurecido, -da** *adj. Airado, irritado, enojado, encolerizado, furioso, rabioso, furibundo, violento, arrebatado, inconsiderado, energúmeno, alborotado.* ↔ TRANQUILO.

**enfurtir** *tr. Infurtir, abatanar.* 2 *Apelmazar.*

**engace** *m.* desus. *Engarce, encadenamiento, eslabonamiento.*

**engaitar** *tr. Engatusar, engañar.*

**engalanar** *tr. Adornar, ataviar, hermosear, acicalar, componer*.*

**engallado, -da** *adj. Erguido, derecho, arrogante.*

**engalladura** *f. Galladura, prendedura.*

**engallarse** *prnl. Erguirse, engreírse, ensoberbecerse.* ↔ HUMILLARSE, REBAJARSE, POSTRARSE.

**enganchar** *tr. Agarrar.* 2 fig. *Atraer, seducir.* 3 *Alistar, reclutar, sentar plaza* (MIL.). *En su uso prnl. sentar plaza.*

**enganche** *m.* MIL. *Leva, recluta, reclutamiento.*

**engañado, -da** *adj. Iluso, seducido, cándido, soñador.*

**engañador, -ra** *adj. Engañoso, mentiroso, impostor, falaz, artero, embustero, embaucador, delusor. El que engaña con apariencia de verdad, impostor; dícese sólo de personas.* ↔ SINCERO, FRANCO, VERDADERO.

**engañar** *tr. Seducir, atraer, inducir, ilusionar, engatusar, engaitar, atrapar*. Cuando se engaña con halagos, úsanse los dos últimos sinónimos.* ↔ DESENGAÑAR. 2 *Mentir, deludir* (lit. y p. us.), *burlar.* 3 *Entretener, distraer.* 4 *prnl. Equivocarse, confundirse, errar.*

**engañifa** *f.* fam. *Embeleco, embuste, engaño, mentira, superchería, engañifla* (vulg.).

**engaño** *m. Mentira, falsedad, fraude, superchería, farsa, enganifa* (fam.), *en-*

*gañifla* (vulg.), *bola*, embuste*.* ↔ VERDAD, REALIDAD. 2 *Error, equivocación.*

**engañosamente** *adv. m. Delusoriamente, artificiosamente.*

**engañoso, -sa** *adj. Mentiroso, falaz, ilusorio, aparente, delusorio, delusivo.* Los dos últimos son aplicables sólo a cosas; *falaz, engañoso, mentiroso* a personas y cosas.

**engarce** *m. Engace, encadenamiento, eslabonamiento.* 2 *Engaste.*

**engargantar** *tr. Endentar, encastrar, engranar, encajar.*

**engarzar** *tr. Trabar, encadenar, eslabonar, engazar.* 2 *Engastar.*

**engastador, -ra** *adj.-s. Enjoyelador.*

**engastar** *tr. Encajar, embutir.*

**engaste** *m. Montadura, guarnición.*

**engatar** *tr.* fam. *Engatusar, encantusar, encatusar, engaitar, engañar.*

**engatusar** *tr. Encantusar, encatusar, engaitar, engatar, engañar.* Todos ellos son menos usados que *engatusar.*

**engavillar** *tr. Agavillar, agarbillar.*

**engazar** *tr. Engarzar, trabar, encadenar, eslabonar.*

**engendrar** *tr. Procrear.* 2 *Generar, originar, ocasionar, causar, producir.*

**engendro** *m. Feto.*

**englobar** *tr. Incluir, comprender, encerrar, reunir.*

**engolado, -da** *adj. Enfático, altisonante, presuntuoso, petulante, afectado.*

**engolfarse** *prnl. Enfrascarse, absorberse, concentrarse.*

**engolondrinarse** *prnl. Enamoricarse, enamoriscarse.*

**engolosinar** *tr. Cebar, atraer, incitar, estimular.* 2 *prnl. Arregostarse, regostarse, aficionarse, tomar gusto.*

**engordar** *tr. Engrosar, aumentar, engruesar.*

**engorde** *m. Ceba, recría.*

**engorro** *m. Estorbo, embarazo, impedimento, molestia.*

**engorroso, -sa** *adj. Enfadoso, desagradable*, pesado, cansado, fastidioso, molesto, enojoso.*

**engranar** tr. Endentar, encastrar, engargantar, encajar.

**engrandar** tr. p. us. Agrandar*, ampliar, ensanchar, aumentar, acrecentar, acrecer, multiplicar, engrandecer. ↔ ACHICAR, DISMINUIR, EMPEQUEÑECER, REDUCIR.

**engrandecer** tr. Aumentar, acrecentar, ampliar, agrandar*. 2 Realzar, elevar, enaltecer, encaramar*. 3 Alabar, elogiar, exagerar, ponderar.

**engrasar** tr. Encrasar, abonar. 2 Untar*, lubricar, lubrificar.

**engravar** tr. Empedrar*, adoquinar, enguijarrar, enlosar.

**engreído, -da** adj. Empingorotado, encopetado, ensoberbecido, hinchado, vano, vanidoso, presuntuoso, finchado (fam.), preciado, jactancioso, ufano, orgulloso, envanecido.

**engreimiento** m. Altanería, altivez, soberbia*, orgullo*, arrogancia, desprecio, vanidad.

**engreírse** prnl. Ahuecarse, hincharse, soplarse, infatuarse, ufanarse, envanecerse, inflarse, ensoberbecerse, engallarse, vanagloriarse, jactarse, preciarse. ↔ HUMILLARSE, REBAJARSE.

**engrescar** tr. Excitar, enzarzar, enredar.

**engrifar** tr. Encrespar, ensortijar, rizar.

**engrosamiento** m. MED. Tumefacción, intumescencia.

**engrosar** tr. Aumentar, engordar, engruesar.

**engruesar** tr. Engrosar, aumentar, engordar.

**enguijarrar** tr. Empedrar*, adoquinar, engravar, enlosar.

**engullir** tr. Tragar, chascar, ingurgitar, devorar, embocar, embaular, comer. ↔ AYUNAR.

**enhacinar** tr.-prnl. p. us. Hacinar, amontonar, aglomerar, acumular. ↔ SEPARAR.

**enhebrar** tr. Ensartar.

**enhiesto, -ta** adj. Erguido, levantado, derecho, inhiesto (p. us.).

**enhilar** tr. Ensartar, enfilar.

**enhorabuena** f. Norabuena, felicitación, parabién, pláceme.

**enhoramala** adv. m. Noramala, nora tal.

**enhornar** tr. Ahornar.

**enigma** m. Adivinanza, adivinaja (rúst.), quisicosa, acertijo. Adivinanza, adivinaja y quisicosa tienen carácter popular y pertenecen a la tradición oral. Son enunciados que hay que descifrar. El acertijo puede ser oral, gráfico o consistir en un objeto cuyas manipulaciones hay que atinar. Enigma es culto: las palabras que lo componen tienen significado oscuro, anfibológico, simbólico. 2 Misterio, arcano.

**enigmático, -ca** adj. Misterioso, oscuro, secreto, incomprensible, arcano, inexplicable. ↔ COMPRENSIBLE, CLARO, INCOMPLEJO.

**enilismo** m. MED. Etilismo, alcoholismo.

**enjabonado** m. Jabonadura, enjabonadura.

**enjabonadura** f. Jabonadura, enjabonado.

**enjabonar** tr. Jabonar.

**enjalbegar** tr. Blanquear, encalar.

**enjarciar** tr. MAR. Aparejar.

**enjarje** m. ARQ. Adaraja, endeja.

**enjaular** tr. fig. Encarcelar, aprisionar, enchiquerar (fam.), enchironar (vulg.).

**enjebe** m. QUÍM. Ajebe, alumbre, jebe.

**enjertar** tr. Injertar.

**enjerto** m. Injerto.

**enjoyelador, -ra** adj.-s. Engastador.

**enjuague** m. fig. Chanchullo, gatuperio, pastel, componenda.

**enjugar** tr. Secar*, sanear. Secar en general; hablando de tierras demasiado empapadas, sanear. 2 Cancelar, extinguir. Tratando de una deuda o déficit. 3 prnl. Adelgazar, enflaquecer.

**enjuiciamiento** m. DER. Instrucción.

**enjuiciar** tr. DER. Encausar, procesar.

**enjuncar** tr. MAR. Lastrar.

**enjundia** f. Gordura, grasa, unto, injundia. 2 fig. Sustancia, meollo.

**enjunque** m. MAR. Zahorra.

**enjuta** *f.* ARQ. *Sobaco, embecadura.* 2 *Pechina.*

**enjuto, -ta** *adj. Delgado, seco, flaco, cenceño.*

**enlace** *m. Unión, conexión, trabazón, relación\*, encadenamiento, coherencia\*.* ↔ DESENLACE, DESUNIÓN, DESARTICULACIÓN. 2 *Matrimonio\*, casamiento\*, boda, nupcias.*

**enladrillado** *m. Pavimento, suelo, solado, piso, adoquinado, entarimado, embaldosado.*

**enlazado, -da** *adj. Encadenado.*

**enlazar** *tr.-prnl. Juntar\*, trabar, atar.* ↔ DESENLAZAR. 2 *Unir, relacionar, encadenar, entroncar, empalmar.* ↔ DESUNIR, DIVORCIAR.

**enlegamar** *tr. Entarquinar.*

**enligar** *tr.-prnl. Enviscar.*

**enllocar** *intr.-prnl. Enclocar.*

**enlodar** *tr. Enlodazar.*

**enloquecer** *intr. Aloquecerse, alocarse.*

**enlosar** *tr. Empedrar\*, adoquinar, engravar, enguijarrar.*

**enlucir** *tr. Guarnecer.* Tratándose de las paredes exteriores del edificio.

**enmaderación** *f. Entibación.*

**enmaderado** *m. Maderaje, maderamen.*

**enmagrecer** *intr.-tr. Enflaquecer, adelgazar, desengrosar.* ↔ ENGORDAR.

**enmalecer** *tr.-prnl. Malear, dañar, echar a perder, estropear.* ↔ SANEAR, PERFECCIONAR.

**enmallarse** *prnl. Mallar.*

**enmantar** *tr. Arropar, abrigar, cubrir, tapar, amantar.* ↔ DESTAPAR.

**enmarañado, -da** *adj. Farragoso, desordenado, confuso, mezclado.*

**enmarañar** *tr.-prnl. Enredar, desgreñar, encrespar.* Tratándose del cabello, se utilizan los dos últimos. ↔ DESENREDAR, DESENMARAÑAR. 2 fig. *Confundir, embrollar, revolver.* ↔ DESENREDAR.

**enmascarado** *m. Máscara* (pers.).

**enmascaramiento** *f.* fig. *Impostura, engaño, mentira, falsedad, superchería, engañifa* (fam.), *fingimiento, engañifla* (vulg.). ↔ VERDAD.

**enmascarar** *tr.* fig. *Encubrir, disfrazar, disimular, ocultar.*

**enmendar** *tr.-prnl. Corregir, reparar\*, rectificar, resarcir, subsanar, indemnizar, satisfacer.* Tratándose de defectos, faltas o errores, se utilizan los tres primeros. Tratándose de daños, el resto de sinónimos. ↔ PERSEVERAR.

**enmienda** *f. Remedio, reparación, corrección.*

**enmohecer** *tr. Florecer, mohecer.*

**enmohecido, -da** *adj. Mohoso, herrumbroso, verdinoso, oxidado, corroído.*

**enmollecer** *tr.-prnl. Ablandar, suavizar, blandear, emblandecer, reblandecer, lentecer, relentecer.* ↔ ENDURECER.

**enmondar** *tr. Desliñar.*

**enmudecer** *intr. Callar, guardar silencio.*

**enmustiar** *tr.-prnl. Amustiar, marchitar.*

**ennegrecer** *tr.-prnl. Denegrecer, denegrir, negrecer.* ↔ BLANQUEAR. 2 *Oscurecer, nublarse, encapotarse.* ↔ ACLARARSE, DESPEJARSE, DESENCAPOTARSE.

**ennoblecer** *tr.-prnl. Aristocratizar.* ↔ ENVILECER.

**ennudecer** *intr. Anudarse* (dejar de crecer), *detenerse* (el crecimiento).

**enojado, -da** *adj. Airado, irritado, encolerizado, furioso, enfurecido, rabioso, furibundo.* ↔ TRANQUILO. 2 *Amér. Incómodo.*

**enojar** *tr.-prnl. Desazonar, molestar, fastidiar, enfadar, descontentar, irritar, encolerizar, ensañar, exacerbar, enfurecer, exasperar, sacar de quicio, amoscar.* ↔ APACIGUAR, AGRADAR, TRANQUILIZAR. 2 *Amér. Incomodar.*

**enojo** *m. Enfado.* "El *enfado* puede provenir de cosas inanimadas, como el ruido y la inclemencia de las estaciones; el *enojo* procede siempre de acciones humanas" (M). "Lo que se opone a nuestro gusto o a nuestra inclinación, nos *enfada*. Lo que falta a la obediencia, a la obligación o al respeto que se nos debe, nos *enoja*. Por eso el *enfado* puede causarse indife-

**enojoso**

rentemente por las personas y por las cosas, porque unas y otras pueden disgustarnos. *Enfada* un hablador, *enfada* el calor, el polvo, el ruido. Pero el *enojo* solo se puede causar por las personas, pues estas solamente son las que pueden faltar a la obligación, a la obediencia, al respeto. Y así el *enojo* supone superioridad de parte de la persona *enojada*, pero no siempre la supone el *enfado*. El padre está *enojado* al ver la desobediencia e ingratitud de sus hijos; y estos están *enfadados*, porque no les deja salir con sus gustos" (LH). 2 *Ira, indignación, irritación, coraje.* 3 *Molestia, pena, trabajo.*

**enojoso, -sa** *adj. Desagradable\*, molesto.* ↔ AGRADABLE.

**enólogo, -ga** *adj.-s. Catador, mojón, catavinos.* La técnica del *enólogo* es científica; la del *catador, mojón* o *catavinos,* es empírica y basada pralte. en el aroma y sabor de los vinos y sus mezclas.

**enorme** *adj. Desmedido, desmesurado, descomunal, excesivo, colosal, brutal\*, bestial, formidable, garrafal, monumental, exorbitante, sumo.* Para el empleo de enorme en la lengua hablada con carácter intensivo general, véase el comentario a *brutal.* "Lo *enorme* es lo demasiado grande, sin relación fija a un tipo determinado. Lo *desmedido* es lo demasiado grande en comparación del tamaño ordinario de las cosas de la misma especie. *Excesivo* es lo que peca y ofende por exceder sus límites naturales. Comúnmente se aplica lo *enorme* (y *colosal*) a las masas; lo *desmedido* (y *desmesurado*) a la extensión, y lo *excesivo* a la cantidad. Las pirámides de Egipto son *enormes* (o *colosales*). Decimos del desierto de Sahara que es una llanura *desmedida* (*desmesurada*). El avaro se queja del precio *excesivo* de los mercados" (M). ↔ MÍNIMO, ÍNFIMO, PEQUEÑO, MINÚSCULO, BALADÍ.

**enormidad** *f.* fig. *Despropósito, de-*

satino, atrocidad, barbaridad.* ↔ CARENCIA, PEQUEÑEZ.

**enraizar** *intr. Arraigar.*

**enramada** *f. Ramada.*

**enranciar** *tr.-prnl. Arranciar, ranciar.*

**enrarecer** *tr. Rarefacer* (TECN.), *rarificar.*

**enrarecimiento** *m. Rarefacción.*

**enrasar** *tr.* ALBAÑ. *Arrasar, rasar.*

**enredadera** *f. Convólvulo.*

**enredador, -ra** *adj. Revoltoso, travieso.* 2 *Chismoso, embustero, lioso, trapisondista, embrollón.*

**enredar** *tr.-prnl. Embarullar, revolver.* ↔ DESENREDAR.

**enredijo** *m. Lío, maraña.* ↔ ORDEN.

**enredo** *m. Maraña, trama, embrollo.* 2 *Travesura, inquietud.* 3 *Mentira, chisme, embuste, lío, intriga.* 4 *Trama, intriga.* En el poema épico, el teatro y la novela.

**enrejado** *m. Enverjado.*

**enrevesado, -da** *adj. Revesado, enredado, enmarañado, intrincado, confuso.* 2 fig. *Difícil\*, dificultoso, arduo, trabajoso, penoso, embarazado, complicado.*

**enriquecer** *tr.* fig. *Adornar, avalorar, engrandecer.* 2 *intr.-prnl. Prosperar, progresar, florecer.*

**enriscado, -da** *adj. Riscoso, peñascoso, escabroso.*

**enrizar** *tr. Ensortijar, rizar, retortijar.*

**enrodrigonar** *tr. Rodrigar, arrodrigar, arrodrigonar, errodrigar.*

**enrojecer** *intr. Encenderse, ruborizarse, sonrojarse.*

**enrojecimiento** *m. Rubefacción, rubor.*

**enrollar** *tr. Arrollar.* ↔ DESENROLLAR.

**enronquecer** *intr. Desgañitarse.* Cuando es a causa del esfuerzo en gritar, se utiliza *desgañitarse.*

**enronquecimiento** *m. Ronquera, afonía, tajada* (fam.), *carraspera.*

**ensalzar** *tr.-prnl. Exaltar, engrandecer, enaltecer, glorificar.* 2 *Alabar, elogiar, ponderar, encomiar.* ↔ HUMILLAR, INSULTAR.

**ensamblado** *m.* CARP. y METAL. *Ensambladura, ensamblaje, ensamble.*

**ensambladura** *f.* CARP. y METAL. *Ensamblado, ensamblaje, ensamble.*

**ensanchar** *tr. Enanchar* (fam.)*, extender, dilatar, ampliar*, acrecentar, aumentar, acrecer, agrandar*, engrandecer.* ↔ ENCOGER, DISMINUIR, MENGUAR, ANGOSTAR, ESTRECHAR. 2 *prnl. Envanecerse, engreírse, hincharse.*

**ensangostar** *tr.* desus. *Angostar, estrechar, enangostar.* ↔ ENSANCHAR, ABRIR, DILATAR, EXTENDER, ENANCHAR.

**ensañamiento** *m. Crueldad, ferocidad, saña, encarnizamiento, refinamiento.* Los tres primeros sinónimos se utilizan en general. Cuando denota insistencia y deleite en causar daño, se usan los dos últimos sinónimos.

**ensañar** *tr. Enfurecer, irritar.* 2 *prnl. Encarnizarse, cebarse.*

**ensarmentar** *tr. Acodar.*

**ensartar** *tr. Enhilar, enfilar.* 2 *Amér. Enhebrar.* 3 *Atravesar, espetar.*

**ensayar** *tr. Probar, reconocer, experimentar.* 2 *Adiestrar, amaestrar, ejercitar.* 3 *Intentar, tratar, procurar.*

**ensayo** *m. Prueba, experimento, reconocimiento, test* (anglic.)*.* 2 *Ejercicio, adiestramiento.* 3 *Tentativa, intento.*

**ensenada** *f. Rada, bahía, tablazo, abra.*

**enseña** *f. Insignia, estandarte, bandera.*

**enseñanza** *f. Educación, instrucción, doctrina.* 2 *Advertencia*, ejemplo.*

**enseñar** *tr. Doctrinar, adoctrinar, aleccionar, adiestrar, amaestrar*, instruir, educar. Doctrinar* es hoy anticuado; *adoctrinar* y *aleccionar* se usan en el sentido de advertir o dar instrucciones a uno sobre lo que debe hacer o decir en una ocasión determinada; *adiestrar* es ejercitar en un trabajo manual o en un deporte, movimiento del cuerpo, etc.; *amaestrar* puede coincidir con *adiestrar*, pero en su empleo moderno significa pralte. domar animales o ejercitarlos para que

hagan determinados movimientos a voluntad del domador. Todos estos verbos se usaron en la lengua clásica con el significado de transmitir conocimientos, ciencias, etc., pero en la lengua moderna es rara esta acepción. *Instruir* se refiere a lo intelectual; significa también dar advertencias, informes o indicaciones para un acto determinado o como norma gral. de conducta. *Enseñar* es el uso más extenso, y su significación abarca la de todos estos sinónimos. V. educación 2 *Mostrar, exhibir, exponer.* 3 *prnl. Habituarse, acostumbrarse, ejercitarse.*

**enseñorearse** *prnl. Adueñarse, apoderarse, apropiarse, posesionarse.* 2 *Dominar, avasallar, sujetar.*

**enseres** *m. pl. Muebles, utensilios, útiles, instrumentos, bártulos, trebejos. Enseres* comprende a todos estos sinónimos y adquiere el sentido particular de cada uno de ellos según el contexto y la situación.

**ensimismarse** *prnl. Abstraerse, reconcentrarse, absorberse.*

**ensoberbecerse** *prnl. Encumbrarse, envanecerse, engreírse.*

**ensoberbecido, -da** *adj. Empingorotado, encopetado, engreído.*

**ensombrecer** *tr. Oscurecer, dar sombra.* ↔ ACLARAR. 2 *prnl.* fig. *Entristecerse.* ↔ ANIMARSE.

**ensoñación** *f. Ensueño, sueño.*

**ensoñar** *tr. Soñar, trasoñar, soñar despierto.*

**ensopar** *tr. Sopear, sopetear.* Este último tiene sentido frecuentativo. 2 *tr.-prnl. Amér. Empapar, poner hecho una sopa.*

**ensordecer** *tr. Asordar.*

**ensortijar** *tr. Rizar, enrizar, retortijar.*

**ensuciar** *tr. Manchar, emporcar, impurificar, enturbiar.* El último sinónimo, tratándose de aguas u otros líquidos. ↔ LIMPIAR. 2 fig. *Deslustrar, deslucir, enlodar.* ↔ LIMPIAR. 3 *prnl. Defecar, evacuar. Ensuciarse* se usa como eufemismo.

**ensueño** *m. Ensoñación, sueño.* 2 *Ilusión, fantasía.*

**entablado** *m. Entarimado.* 2 *Tablado, tillado.*

**entablamento, entablamiento** *m.* ARQ. *Cornisamento.*

**entablar** *tr. Disponer, preparar, emprender.* "*Entablar* significa una acción menos eficaz que *emprender.* Antes de *emprender,* se *entablan* los preparativos de la empresa; las negociaciones se *entablan* antes de *emprender* una guerra*" (M). 2 *Trabar, comenzar.* En el mismo orden de ideas, y avanzando desde la preparación a la acción, *entablar* equivale asimismo a *comenzar, trabar;* p. ej.; una batalla, un debate.

**entalamadura** *f. Toldo.*

**I entallar** *tr. Tallar, esculpir, grabar.*

**II entallar** *tr. Ajustar, ceñir.* Tratándose de vestidos, *ajustar; ceñir* se refiere a la cintura.

**entallecer** *intr.-prnl. Tallecer, guiar.*

**entarimado** *m. Entablado.*

**entarquinar** *tr. Enlegamar.*

**ente** *m.* FIL. *Ser.*

**enteco, -ca** *adj. Enfermizo, débil, flaco, enclenque, canijo, esmirriado.*

**entenado, -da** *s. Hijastro, antenado, alnado* (ant.).

**entender** *tr. Comprender.* En general, *entender* está más cerca de la percepción; y *comprender,* de la razón. ↔ IGNORAR, DESCONOCER. 2 *Deducir, inferir, pensar, juzgar, creer.*

**entendido, -da** *adj. Sabio, docto, perito, experto, diestro, hábil.*

**entendimiento** *m. Inteligencia, intelecto.* 2 *Talento*, capacidad, mente*, entendederas, meollo, cabeza.* Los tres últimos sinónimos pertenecen al habla popular.

**enterado, -da** *adj. Instruido, informado, sabedor, noticioso, impuesto.*

**enteramente** *adv. m. Cabalmente, totalmente, íntegramente, completamente, por entero.*

**enterar** *tr. Informar, instruir, imponer, noticiar, hacer saber.* ↔ IGNORAR.

**entereza** *f. Integridad, perfección.* 2 fig. *Fortaleza, firmeza, carácter, rectitud.* ↔ DEBILIDAD. 3 *Severidad, inflexibilidad.* ↔ DEBILIDAD, PUSILANIMIDAD.

**enternecer** *tr. Ablandar.* 2 *Emocionar*, conmover, afectar.*

**entero, -ra** *adj. Completo, cabal, íntegro, cumplido, exacto.* 2 *Recto, justo, firme, enérgico.* 3 *Sano, fuerte, robusto.* 4 **Por entero** *loc. adv. Enteramente, cabalmente, totalmente, íntegramente, completamente.*

**enterramiento** *m. Entierro*, sepelio, inhumación.* 2 *Sepulcro, sepultura, tumba*.*

**enterrar** *tr. Inhumar, sepultar, soterrar. Inhumar,* si se trata de un cadáver; los dos últimos pueden aplicarse a las cosas. "La diferencia (...) entre *enterrar* y *desenterrar, inhumar* y *exhumar,* consiste en que se *entierra* y *desentierra* todo lo que se esconde o saca de la tierra, para que esté y permanezca oculto (...); mas *inhumación* y *exhumación* sólo corresponde a los cadáveres humanos y a las ceremonias con que esto se verifica. Se *entierran* y *desentierran* tesoros, cosas preciosas, todo cuerpo muerto. Se *desentierran* monumentos antiguos que la tierra ocultaba en su seno; se *desentierra* un cadáver humano malamente cubierto de tierra para *inhumarlo,* o darle sepultura sagrada" (O). ↔ DESENTERRAR, EXHUMAR. 2 fig. *Arrinconar, relegar, olvidar.*

**entibación** *f.* MIN. *Enmaderación.*

**entibar** *intr. Estribar, reafirmar, restribar.*

**entibiar** *tr.* fig. *Enfriar, amortiguar, templar, moderar.*

**entibo** *m.* ARQ. *Estribo.*

**entidad** *f. Consideración, importancia, valor, sustancia.* 2 *Colectividad, corporación*, sociedad*.*

**entierro** *m. Enterramiento, inhumación, sepelio. Inhumación* y *sepelio* son voces escogidas, de cierta solemnidad, tratándose de un cadáver. Tra-

entremiso

tándose de cosas no se emplea *sepelio*. ↔ EXHUMACIÓN, DESENTIERRO. 2 *Sepelio, conducción del cadáver.* Refiriéndose al cadáver y a su acompañamiento.

**entintar** *tr.* Teñir, tintar, tinturar (p. us.).

**entiznar** *tr.* Tiznar.

**entoldamiento** *m.* Envanecimiento*, soberbia, toldo, entono, ahuecamiento, esponjamiento, presunción.

**entoldar** *tr.* Toldar. 2 fig. Engreírse, envanecerse.

**entonación** *f.* Acento, deje, dejillo, dejo, tono, tonillo.

**entonado, -da** *adj.* Vanidoso, vano, presuntuoso, presumido, ostentoso, estirado, empacado, orgulloso, altivo, altanero, engreído.

**entonar** *tr.* Tonificar, robustecer, vigorizar. ↔ DEBILITAR. 2 *prnl.* Envanecerse, engreírse.

**entonces** *adv. t.* A la sazón. 2 *adv. m.* En tal caso, siendo así.

**entono** *m.* Altivez, altanería, soberbia, engreimiento, orgullo, arrogancia, desprecio, presunción, ostentación, envanecimiento*. ↔ HUMILDAD, SENCILLEZ.

**entontecer** *intr.-tr.* Atontar.

**entornar** *tr.* Inclinar, ladear, volcar, transtornar.

**entorpecer** *tr.* Turbar, oscurecer, embotar, atontar. 2 Estorbar, dificultar, obstaculizar, embarazar, retardar, impedir.

**entorpecimiento** *m.* Turbación, embotamiento, atontamiento. 2 Estorbo, rémora, obstáculo, dificultad, embarazo, retraso, impedimento, demora, dilación, retardo.

**entosigar** *tr.* Envenenar, atosigar, tosigar, intoxicar.

**entrada** *f.* Ingreso. Es la acción de *ingresar* o entrar en una sociedad, corporación, establecimiento docente, etc. 2 *Ingreso.* Este es la cantidad que se percibe: libro de *entradas* y *salidas*, o de *ingresos* y *gastos*. 3 Acceso, paso, puerta. 4 Billete, boleto (ant. y Amér.). 5 Principio, comienzo.

**entrambos, -as** *adj. pl.* lit. Ambos*, los dos, uno y otro, ambos a dos.

**entramparse** *prnl.* Empeñarse, endeudarse.

**entraña** *f.* Víscera. 2 fig. Centro, interior, profundidad. 3 **Arrancársele las entrañas** *loc.* Apiadarse, compadecerse, condolerse, dolerse, tener misericordia, tener compasión, rezumar caridad. ↔ ENSAÑARSE.

**entrañable** *adj.* Profundo, íntimo, cordial.

**entrar** *intr.-tr.* Penetrar, meterse, introducirse. V. adentrarse. ↔ SALIR. 2 Encajar, ajustar, caber. 3 Desembocar, afluir, desaguar. 4 Ingresar. ↔ SALIR. 5 Empezar, comenzar, dar principio. 6 Invadir, irrumpir. Los dos sinónimos suponen una acción súbita o violenta. V. adentrar.

**entreacto** *m.* Intermedio.

**entrecejo** *m.* Intercilio (lat.), *glabela* (ANAT.).

**entrecuesto** *m.* Solomillo.

**entredicho** *m.* Interdicto (DER.), prohibición. 2 Dudar, reservar, abstenerse.

**entrega** *f.* Fascículo. 2 ARQ. Cola. 3 Rendición, capitulación.

**entregar** *tr.* Dar*, poner en manos. ↔ QUITAR. 2 *prnl.* Abandonarse. 3 Rendirse, someterse, capitular*. ↔ RESISTIR. 4 Dedicarse, consagrarse.

**entrelazar** *tr.* Entretejer, trabar, enlazar.

**entrelinear** *tr.* Interlinear, entrerrenglonar.

**entreliño** *m.* Almanta.

**entremeterse** *prnl.* Inmiscuirse, mezclarse, injerirse.

**entremetido, -da** *adj.* Entrometido, indiscreto, intruso. ↔ DISCRETO, OPORTUNO.

**entremetimiento** *m.* Intromisión, entrometimiento, intrusión.

**entremezclar** *tr.* Barajar, mezclar, revolver, confundir.

**entremijo** *m.* Expremijo, entremiso.

**entremiso** *m.* Expremijo, entremijo.

**entrenar** *tr.-prnl.* galic. *Ejercitar, adiestrar, habituar, ensayar.*

**entrenudo** *m.* BOT. *Cañuto.*

**entrenzar** *tr.* *Trenzar* (el cabello), *tranzar.*

**entrepaño** *m.* *Anaquel.*

**entrerrenglonar** *tr.* *Entrelinear, interlinear.*

**entresacar** *tr.* *Escoger\*, elegir, florear.*

**entresijo** *m.* ZOOL. *Mesenterio, redaño.*

**entretanto** *adv.* *t.* *Mientras, mientras tanto, interín.*

**entretejer** *tr.* *Entrelazar, enlazar, trabar.* 2 fig. *Incluir, intercalar, interpolar.*

**entretener** *tr.-prnl.* *Divertir, recrear, distraer, solazar.* "Una novela bien escrita *divierte;* los placeres del campo *recrean,* así como la poesía y la narración de un hecho noble y generoso" (M). 2 *tr.* *Dar largas, dilatar, alargar.*

**entretenido, -da** *adj.* *Ameno, grato, agradable, deleitable, placentero, divertido, encantador.* ↔ DESAGRADABLE, ABURRIDO, TEDIOSO, INSOPORTABLE.

**entretenimiento** *m.* *Recreo, diversión\*, distracción, solaz, pasatiempo.* 2 *Manutención, conservación.*

**entrever** *tr.* *Divisar\*, distinguir, columbrar, vislumbrar, barruntar.* 2 fig. *Conjeturar, adivinar\*, barruntar.*

**entrevista** *f.* *Conferencia, conversación\*.*

**entristecer** *tr.-prnl.* *Apenar, afligir, acongojar, apesadumbrar, ensombrecer, amurriarse, amorrarse, amohinarse.* ↔ ALEGRAR, ANIMAR.

**entristecido, -da** *adj.* *Pesaroso, afligido, apenado, apesadumbrado.* ↔ CONTENTO, ALEGRE.

**entrojar** *tr.* *Atrojar, entrujar.*

**entrometerse** *prnl.* *Entremeterse, inmiscuirse, mezclarse, ingerirse, introducirse, infiltrarse\*.*

**entrometido, -da** *adj.* *Entremetido, intruso, indiscreto.* ↔ DISCRETO, OPORTUNO.

**entrometimiento** *m.* *Intromisión, entremetimiento, intrusión, importunidad, indiscreción.*

**entroncar** *tr.* *Emparentar.* 2 *Empalmar, enlazar.*

**entrujar** *tr.* *Embolsar.*

**entubamiento** *m.* MED. *Intubación.*

**entuerto** *m.* *Tuerto, agravio\*, desaguisado.*

**entullecer** *tr.-prnl.* *Tullir, imposibilitar, paralizar.*

**entumecer** *tr.-prnl.* *Entumirse, envarar, entorpecer, paralizar, adormecer\*.* Los tres primeros se emplean con el sentido de impedir, o dificultar el movimiento de un miembro. Cuando el impedimiento es total, *paralizar.* ↔ AVIVAR, DESPABILAR.

**entumir** *tr.-prnl.* *Envarar, entumecer, entorpecer.*

**entupir** *tr.* *Tupir.*

**enturbiar** *tr.* *Empañar\*, oscurecer.* 2 fig. *Alterar, turbar.*

**entusiasmar** *tr.-prnl.* *Electrizar, exaltar, avivar, inflamar, excitar, enardecer, acalorar, ilusionar.* ↔ DESILUSIONAR, APACIGUAR, TRANQUILIZAR, ENFRIAR (fig.).

**entusiasmo** *m.* *Exaltación, pasión, fervor, frenesí, acaloramiento, enardecimiento, ardor, viveza, vehemencia.* ↔ DESENCANTO, FRIALDAD. 2 *Devoción, inclinación, afecto, afición, celo\*.* ↔ DESAFECTO, INQUINA.

**entusiasta** *adj.-com.* *Admirador, devoto, apasionado.* 2 *adj.* *Ferviente, fervoroso, ardiente, férvido, cálido.*

**énula campana** *f.* *Helenio, hierba del ala, raíz del moro.*

**enumeración** *f.* *Cómputo, cuenta.*

**enumerar** *tr.* *Especificar, detallar, pormenorizar, precisar.*

**enunciativo, -va** *adj.* GRAM. *Aseverativo\*, declarativo.*

**envanecerse** *prnl.* *Entonarse, esponjarse, hincharse, engreírse, infatuarse, vanagloriarse, jactarse, ensoberbecerse.*

**envanecido, -da** *adj.* *Ufano, engreído, orgulloso, hinchado.*

**envanecimiento** *m.* *Soberbia, entoldamiento, toldo, entono, ahuecamiento, esponjamiento, presunción, humos, fatuidad, petulancia, desvanecimiento* (ant.), *vanidad\**. Los siete primeros sinónimos sugieren pralte. el porte, ademanes o voz con que la *vanidad* se manifiesta; *fatuidad* y *petulancia* connotan ridiculez. ↔ MODESTIA, HUMILDAD.

**envarar** *tr.-prnl. Entumir, entumecer\*, entorpecer.*

**envejecer** *tr.-prnl. Aviejar, avejentar\*, revejecer.* Todos ellos significan *envejecer* antes de tiempo. 2 *Inveterarse.* Tratándose de una costumbre, tradición, fórmula.

**envejecimiento** *m. Senescencia* (cult.).

**envenenado, -da** *adj. Emponzoñado, intoxicado.*

**envenenamiento** *m. Emponzoñamiento, intoxicación.*

**envenenar** *tr.-prnl. Atosigar, tosigar, entosigar, intoxicar, emponzoñar.* 2 *tr.* fig. *Agriar, enconar.*

**enverjado** *m. Enrejado.*

**envés** *m. Revés\*.*

**envestir** *tr.* p. us. *Investir, conferir, conceder.*

**enviado** *m. Emisario, embajador, mensajero, diplomático.*

**enviar** *tr. Mandar.* Este sinónimo es aplicable, en general, a personas y cosas. ↔ RETENER. 2 *Remitir, expedir, remesar. Expedir* alude al acto de despachar o poner en camino las mercancías, correspondencia o emisario hacia su destino. *Remesar* es enviar remesa de dinero o mercancías, sobre todo cuando se sabe o supone que las remesas son varias. "Se *envían* o se *remiten* las cosas materiales; pero se *envían*, y no se *remiten*, las que no lo son. *Enviamos* o *remitimos* mercancías, encargos, regalos, productos de la naturaleza o del arte; pero no se *remiten*, sino se *envían*, noticias, avisos, consejos, recuerdos de amistad y expresiones de afecto. Si queremos expresar nuestro desprecio al que lo merece, no lo *remitimos*, sino lo *enviamos* a paseo" (M). ↔ GUARDAR.

**enviciado, -da** *adj. Corrupto, depravado, bajo, ruin, bellaco.*

**enviciar** *tr. Mal acostumbrar, pervertir, consentir.* 2 *prnl. Viciarse, corromperse, inficionarse.* ↔ PURIFICAR.

**envidia** *f. Dentera, pelusa. Dentera,* esp. deseo de comer lo que otro come. *Pelusa,* envidia propia de los niños.

**envigado** *m. Viguería.*

**envilecer** *tr. Degradar, rebajar, humillar.* 2 *Corromper, encenagar, pervertir, prostituir.*

**envilecimiento** *m. Abyección, bajeza, servilismo, humillación, abatimiento, depravación, perversión, corrupción.* ↔ NOBLEZA.

**envío** *m. Remesa, expedición.*

**envión** *m. Empujón, empellón, envite.*

**envirotado, -da** *adj. Tieso, vanidoso, orgulloso, empingorotado.*

**enviscar** *tr.-prnl. Enligar.*

**envite** *m. Empujón\*, envión, empellón, impulso, impulsión, propulsión, rempujón.*

**envoltorio** *m. Paquete, atado, atadijo, lío.*

**envolver** *tr. Arrollar, enrollar, rollar.* 2 fig. *Mezclar, complicar, implicar, involucrar.* ↔ DESENVOLVER.

**envolvimiento** *m.* fig. *Revolcadero, revolvedero.*

**enyugar** *tr. Uncir.*

**enzalamar** *tr.* fam. *Azuzar, incitar, excitar, estimular, irritar, enviscar, enzurizar, cizañar.* ↔ TRANQUILIZAR, CONTENER, AQUIETAR, APACIGUAR.

**enzarzar** *tr.* fig. *Malquistar, encizañar, azuzar, liarse, enredarse.* 2 *Reñir, pelearse, disputar.*

**enzootia** *f. Epidemia\*, peste, epizootia, endemia, pandemia. Epizootia,* si la enfermedad es transitoria.

**enzurizar** *tr. Azuzar, incitar, excitar, estimular, irritar, enviscar, enzalamar* (fam.). ↔ TRANQUILIZAR, CONTENER, AQUIETAR, APACIGUAR.

**epacta** *f. Añalejo, cartilla, burrillo, gallofa* (fam.), *cuadernillo, epactilla.*

**epactilla** f. *Añalejo, cartilla, burrillo, gallofa* (fam.), *cuadernillo, epacta.*

**epanáfora** f. RET. *Anáfora, repetición.*

**epanástrofe** f. RET. *Concatenación.* 2 *Conduplicación.*

**epanortosis** f. RET. *Corrección.*

**epencéfalo** m. ANAT. *Cerebelo.*

**epidemia** f. *Peste, epizootia, endemia, enzootia, pandemia. Peste*, esp. si causa gran mortandad. Entre animales, *epizootia.* Enfermedad habitual en alguna región o localidad, *endemia* (en el hombre), *enzootia* (entre animales). *Epidemia* que se extiende mucho o que afecta a casi todos los individuos, *pandemia.*

**epidérmico, -ca** adj. *Cutáneo.*

**epidermis** f. MED. *Cutis*.*

**epidota** f. MINERAL. *Pistacita.*

**epiglotis** f. *Lengüeta, lígula.*

**epígrafe** m. *Inscripción, letrero*.* 2 *Título, encabezamiento, rótulo, rúbrica.* Este último en los libros antiguos.

**epigrama** m. *Inscripción, epígrafe, epitafio.*

**epilación** f. MED. *Depilación.*

**epilatorio, -ria** adj. MED. *Depilatorio.*

**epilepsia** f. *Mal caduco* (vulg.), *mal de corazón* (vulg.), *gota coral* (MED.), *morbo comicial* (p. us.), *alferecía, gran mal.*

**epílogo** m. *Recapitulación, conclusión, terminación.* ↔ PRÓLOGO, PRINCIPIO. 2 RET. *Peroración.*

**epilosis** f. MED. *Calvicie, alopecia* (MED.).

**epiplón** m. *Omento* (esp. el mayor).

**episcopal** adj. *Obispal.*

**epispástico, -ca** adj.-s. *Rubefaciente, revulsivo, rebefaciente, revulsorio.*

**epistemología** f. *Gnoseología, teoría del conocimiento.*

**epístola** f. *Carta*, misiva.*

**epitafio** m. *Inscripción, epígrafe, epigrama.*

**epítesis** f. RET. *Paragoge.*

**epíteto** m. *Adjetivo*, calificativo*.*

**epítome** m. *Compendio, resumen, sumario.*

**epítrope** f. RET. *Permisión* (figura). 2 *Concesión* (figura).

**epizootia** f. *Epidemia*, peste*, endemia, enzootia, pandemia.*

**época** f. *Era, tiempo, temporada, estación.*

**equidad** f. *Igualdad, justicia, rectitud, imparcialidad.* ↔ INJUSTICIA, PARCIALIDAD.

**équido, -da** adj.-m. *Solípedo.*

**equilibrado, -da** adj. *Asentado, sentado, juicioso.* ↔ DESEQUILIBRADO. 2 *Compensado, balanceado.* ↔ DESEQUILIBRADO, DESCOMPENSADO.

**equilibrar** tr.-prnl. *Igualar, equiparar, compensar.* ↔ DESIGUALAR, DESEQUILIBRAR. 2 fig. *Ponderar, contrapesar.*

**equilibrio** m. fig. *Contrapeso, armonía, igualdad, proporción.* 2 *Ecuanimidad, mesura, sensatez.* 3 **Perder el equilibrio** loc. *Bambalear, bambolear, bambanear, tambalearse, vacilar, dar traspiés.*

**equilibrista** adj.-s. *Funámbulo.* Cuando trabaja sobre una cuerda o alambre.

**equimosis** f. MED. *Cardenal, roncha, moretón, moradura.*

**equino, -na** adj. *Caballar.*

**equipaje** m. MAR. *Tripulación.*

**equiparar** tr.-prnl. *Igualar, equilibrar, compensar.* ↔ DESIGUALAR, DESEQUILIBRAR, DESCOMPENSAR. 2 *Homologar.*

**equipo** m. DEP. *Formación, team* (anglic.), *bando.*

**equipolado, -da** adj. BLAS. *Ajedrezado, escaqueado, escacado.*

**equipolente** adj. LÓG. *Equivalente.*

**equitativo, -va** adj. *Justo, imparcial, recto, igual, moderado, ecuánime.*

**equivalencia** f. *Identidad, igualdad.* ↔ INEXACTITUD, DESIGUALDAD, HETEROGENEIDAD.

**equivalente** adj. *Igual*.*

**equivocación** f. *Error*, yerro, confusión, inadvertencia, falta, errata.* ↔ VERDAD, EXACTITUD, ACIERTO. 2 *Aberración, descarrío, extravío, desvío, engaño, ofuscación.*

**equivocado, -da** adj. *Erróneo, desacertado, falso, inexacto, errado, incorrecto.* ↔ CIERTO, EXACTO, CORRECTO.

**equivocarse** *prnl. Confundirse, errar, engañarse, marrar\**. ↔ ACERTAR.

**equívoco** *m. Anfibología\*, ambigüedad.*

**equívoco, -ca** *adj. Anfibológico, ambiguo\*, dudoso\**. 2 *Sospechoso, oscuro.*

**eral** *m. Novillo, magüeto.* El *eral* es el *novillo* o *magüeto* que no pasa de dos años.

**erario** *m. Fisco, tesoro público.*

**erección** *f. Tensión, rigidez, enderezamiento.* ↔ RELAJACIÓN, ABLANDAMIENTO. 2 *Fundación, institución, establecimiento.* 3 *Construcción, edificación.*

**eremita** *m. Ermitaño, anacoreta\*.*

**erguido, -da** *adj. Derecho, vertical, tieso.* ↔ CURVADO, INCLINADO.

**erguir** *tr. Levantar, alzar, enderezar.* 2 *prnl.* fig. *Engreírse, ensoberbecerse, engallarse.* ↔ HUMILLARSE.

**erial** *adj.-m. Lleco, erío, yermo.*

**erigir** *tr. Fundar, establecer\*, instituir.* "Erigir *es construir un edificio o monumento, y puede consistir en un hecho solo y aislado.* Fundar *es crear y dotar una empresa que ha de ser permanente.* Instituir *es fundar una empresa permanente, imponiéndole condiciones y reglas para su gobierno.* Establecer *es mandar; y como no es posible* erigir, instituir *ni* fundar *sin ejercicio de algún mando, todo lo que se* erige, *se* funda *o se* instituye, *se establece. Carlos III* erigió *la Puerta de Alcalá, y* fundó *o* instituyó *o* estableció *las colonias de Sierra Morena"* (M). 2 *Construir\*, levantar, edificar.* Erigir *es palabra escogida, que sugiere una construcción importante o conmemorativa. Se* construye, edifica *o* levanta *una casa; se* erige *un museo, palacio, monumento o estatua.*

**erinia** *f.* MIT. *Furia, euménides.*

**erío, -a** *adj.-m. Erial, lleco, yermo.*

**eritoblasto** *m.* MED. *Hemoblasto.*

**eritrocito** *m. Hematíe, glóbulo rojo.*

**erizado, -da** *adj. Hirsuto, híspido, espinoso.*

**erizo de mar** *m. Equino.*

**erizón** *m. Asiento de pastor, aulaga merina.*

**ermitaño** *m.* (crustáceo) *Paguro, solitario.*

**ermitaño, -ña** *s. Eremita, anacoreta\*.* Eremita *y* anacoreta, *designan al asceta que vive en soledad, y especialmente a los primeros ascetas cristianos que se retiraban al yermo. Por* ermitaño *suele entenderse hoy el que vive en una ermita y cuida de ella.*

**erógeno, -na** *adj. Erotógeno.*

**erosión** *f. Desgaste, roce, corrosión.*

**erotema** *f.* RET. *Interrogación.*

**erótico, -ca** *adj. Amatorio, amoroso.*

**erotógeno, -na** *adj. Erógeno.*

**erotomanía** *f. Satiriasis, ninfomanía.*

**errabundo, -da** *adj. Errante.*

**erradicación** *f. Arrancamiento, avulsión.*

**erradizo, -za** *adj. Errante, radío, erradío* (ant.), *errabundo, vagabundo.*

**errado, -da** *adj. Erróneo, equivocado, desacertado, falso, inexacto.* ↔ CIERTO, ACERTADO, CORRECTO.

**erraj** *m. Herraj, herraje, piñuelo.*

**errante** *adj. Radío, erradío* (ant.), *errabundo, vagabundo, erradizo, nómada, trashumante.* V. *nómada.*

**errar** *intr. Equivocarse, engañarse, desacertar, fallar, marrar.* ↔ ACERTAR. 2 *Faltar, pecar.* 3 *Vagar.* ↔ PERMANECER.

**errata** *f. Gazapo, error\*, lapsus, descuido, yerro.*

**errátil** *adj. Errante, incierto, variable.*

**erróneo, -ea** *adj. Equivocado, desacertado, falso, inexacto, errado.*

**error** *m. Inadvertencia\*, confusión, equivocación, yerro, falta, desatino, desacierto, coladura, pifia, gazapo\*, errata, desliz, ligereza. Desacierto es expresión atenuada;* coladura *y* pifia, *expresiones burlescas.* Gazapo *es descuido involuntario en lo que se habla o escribe;* errata *o* yerro, *error material en lo escrito. "El* error *consiste en lo que creemos; el* yerro *consiste en lo que obramos. La voluntad se decide impelida del* error *que la lisonjea o per-*

suade; y la acción que resulta de esta decisión es un *yerro*. Cualquier otro defecto que no nace de *error*, sino de malicia, no es *yerro*, sino culpa. Incurrimos en el *error* de creer al falso amigo que nos vende; y cometemos el *yerro* de comunicarle nuestros secretos. A veces, son verdaderos *errores* las opiniones de los entendimientos más ilustrados. A veces, pasan por *yerros* las acciones más prudentes" (LH). ↔ VERDAD, ACIERTO.

**eructación** *f.* MED. *Eructo.*

**eructar** *intr. Erutar* (desus.), *regoldar* (vulg.), *rotar* (Ar. y Ast.). "*Regoldar* es uno de los más torpes vocablos que tiene la lengua castellana" (Cervantes); por eso D. Quijote recomendaba a Sancho que no lo emplease.

**eructo** *m. Regüeldo* (vulgar), *eructación.*

**erudición** *f. Instrucción, ilustración, saber, cultura.*

**erudito, -ta** *adj.-s. Ilustrado, instruido, docto, sabio\*, entendido.*

**erutar** *intr.* desus. *Eructar, regoldar* (vulg.), *rotar* (Ar. y Ast.).

**ervato** *m. Servato, hierba de Túnez, peucédano.*

**ervilla** *f. Arveja.*

**esbelto, -ta** *adj. Gallardo, airoso, elegante. Esbelto* se refiere a la belleza de la forma proporcionada entre la altura y el grosor. *Gallardo, airoso y elegante* pueden referirse a la forma, al adorno y a los movimientos.

**esbirro** *m.* desp. *Alguacil* (oficial).

**esbozar** *tr. Bosquejar, abocetar.*

**esbozo** *m. Bosquejo.*

**escabel** *m. Escañuelo.*

**escabies** *f.* MED. *Sarna.*

**escabrosidad** *f. Anfractuosidad, sinuosidad, desigualdad.* 2 fig. *Aspereza, rugosidad.*

**escabroso, -sa** *adj. Abrupto, fragoso, desigual.* ↔ LLANO, SUAVE. 2 fig. *Duro, áspero, dificultoso.* Hablando, p. ej., del estilo o de un problema. ↔ SUAVE. 3 *Libre, inconveniente, verde.* ↔ PÚDICO.

**escabullirse** *prnl. Escaparse, escurrirse, escurrir el bulto, deslizarse, desaparecer, descabullirse.*

**escacado, -da** *adj.* BLAS. *Ajedrezado, escaqueado, equipolado.*

**escachifollar** *tr. Cachifollar, deslucir, estropear.*

**escafoides** *adj.-m. Hueso navicular.*

**escajo** *m. Escalio.*

**escalabrar** *tr.-prnl. Descalabrar, abrir la cabeza, romper la crisma, romper el bautismo, descabezar* (fam.).

**escálamo** *m. Tolete, escalmo.*

**escalar** *tr. Subir, trepar.* ↔ DESCENDER.

**escaldarse** *prnl. Escocerse, sahornarse, rescaldarse.*

**escalio** *m. Escajo.*

**escalla** *m. Escanda, escaña, carraón, álica, espelta.*

**escalmo** *m. Escálamo, tolete.*

**escalofrío** *m. Repeluzno, calofrío, calosfrío.*

**escalón** *m. Peldaño, grada.*

**escalona** *f. Ascalonia, chalote, cebolla escalonia.*

**escalonado, -da** *adj. Gradual, sucesivo, graduado, progresivo.*

**escalonamiento** *m. Gradación, progresión, sucesión, serie.*

**escama** *f. Desconfianza\*, recelo, sospecha, suspicacia, malicia, cautela, caución, reserva, cuidado, tiento, prevención.* ↔ CONFIANZA.

**escamón** *m. Bronca, sermón, regañina.*

**escamón, -ona** *adj. Desconfiado, receloso, suspicaz, malicioso, astuto, taimado, zorro, escamado* (fam.), *mal pensado.* ↔ CONFIADO, CRÉDULO, INGENUO.

**escamondar** *tr. Podar, mondar.*

**escamotear** *tr.* fig. *Quitar, hurtar, robar.*

**escampado, -da** *adj. Descampado, raso, despejado, desembarazado.*

**escampar** *intr.* (el tiempo) *Serenarse, aclararse, despejarse, desencapotarse, abonanzar.* ↔ ABORRASCAR, LLOVER, ENCAPOTARSE.

**escanda** *f. Escalla, escaña, carraón,*

*álica, espelta.* La *espelta* es una variedad especial que a menudo se confunde con la *escanda.*

**escandalera** *f.* fam. *Escándalo, gritería, alboroto, tumulto, escandalada* (Amér. Central). ↔ SILENCIO, QUIETUD, TRANQUILIDAD.

**escandalizar** *intr. Alborotar, gritar, perturbar, vocear, meter voces, haber la de Dios es Cristo, hacer temblar la casa.*

**escándalo** *m. Desenfreno, desvergüenza, mal ejemplo.* ↔ DECENCIA. 2 *Escandalera* (fam.)*, gritería, alboroto, tumulto, ruido\*, rumor, estrépito, escandalada* (Amér. Central). ↔ SILENCIO, QUIETUD, TRANQUILIDAD.

**escandir** *tr. Medir* (un verso).

**escáner, scanner** *m.* anglic. *Lector óptico.*

**escantillón** *m. Chantillón,ságoma.*

**escaña** *f. Escanda, escalla, carraón, álica, espelta.*

**escaño** *m. Banca.*

**escañuelo** *m. Escabel* (tarima).

**escapar** *intr.-prnl. Huir\*, evadirse, fugarse, escabullirse, escurrirse, deslizarse.* Los tres últimos significan *escaparse sin ser notado o con disimulo.* ↔ QUEDARSE, PERMANECER.

**escaparate** *m. Aparador.*

**escapatoria** *f. Huida, fuga, evasión, escurribanda* (fam.). 2 *Efugio\*, excusa, subterfugio, recurso, evasiva, pretexto.* 3 *Salida.*

**escape** *m. Fuga, salida, evasión.*

**escapismo** *m. Evasión, escape.*

**escapo** *m. Bohordo* (tallo herbáceo). 2 ARQ. *Fuste* (caña).

**escapolita** *f.* MINERAL. *Wernerita.*

**escápula** *f.* ANAT. *Omóplato.*

**escaque** *m. Casa, casilla.* 2 BLAS. *Jaquel.*

**escaqueado, -da** *adj.* BLAS. *Equipolado, escacado.* 2 ARQ. *Ajedrezado.*

**escaramujo** *m. Agavanzo, galabardera, gavanzo, mosqueta silvestre, zarzaperruna, tapaculo.*

**escaramuza** *f. Acción, combate, batalla, encuentro.*

**escarbar** *tr. Arañar, rascar.*

**escarcha** *f. Helada blanca, helada, rosada, escarche.*

**escarche** *m. Escarcha, helada blanca, helada, rosada.*

**escardadera** *f. Almocafre, azadilla, escardillo, garabato, sacho, zarcillo.*

**escardar** *tr. Desherbar, desyerbar, sachar, sallar, escardillar.*

**escardillar** *tr. Escardar, desherbar, desyerbar, sachar, sallar.*

**escardillo** *m. Almocafre.*

**escarificador** *m. Sajador* (CIR.).

**escarmiento** *m. Advertencia, aviso, desengaño.* 2 *Castigo, pena, corrección.*

**escarnecer** *tr. Befar, mofar, burlar.* ↔ ALABAR.

**escarnio** *m. Befa\*, burla\*, mofa, ludibrio.* El *escarnio* es propiamente la *befa* afrentosa. ↔ ALABANZA, APRECIO.

**escarola** *f.* (achicoria) *Endibia.*

**escarpado, -da** *adj. Abrupto.*

**escarpia** *f. Alcayata* (p. us.).

**escarpidor** *m. Batidor* (p. us.)*, carmenador.*

**escasamente** *adv. m. Limitadamente, parvamente.* ↔ ABUNDANTEMENTE. 2 *Apenas, con dificultad.*

**escasez** *f. Cortedad, mezquindad, tacañería.* ↔ GENEROSIDAD. 2 *Penuria, pobreza.* "La voz *penuria* expresa mayor falta de lo necesario que la voz *escasez.* Cuando hay *escasez* de trigo se nota el alza de precio; pero cuando hay *penuria*, no está lejos el hambre" (M). ↔ ABUNDANCIA, RIQUEZA. 3 *Exigüidad, parvedad, insuficiencia, poquedad, falta, carencia.* Los dos últimos, cuando la escasez es total o muy grande. ↔ ABUNDANCIA. 4 *Carestía.*

**escaso, -sa** *adj. Corto, poco, limitado, insuficiente.* ↔ ABUNDANTE. 2 *Falto, incompleto.* 3 *Mezquino, tacaño.* ↔ GENEROSO.

**escatimar** *tr. Cercenar, escasear, disminuir, acortar, limitar.* ↔ PRODIGAR.

**escayola** *f. Estuco, estuque, marmoración.*

**escenario** *m. Tablas, escena.*

**escepticismo** *m. Incredulidad, agnosticismo.* ↔ CREDULIDAD.

**escéptico, -ca** *adj. Descreído, incrédulo, irreligioso.* ↔ CRÉDULO, DEVOTO, ORTODOXO.

**escindir** *tr. Desmembrar, dividir, separar, desintegrar, cortar.*

**escisión** *f. Partición, rotura, cortadura, desgarro.* 2 fig. *Rompimiento, desavenencia, ruptura, cisma.* 3 FÍS. *Fisión.* 4 CIR. *Amputación, aféresis, abscisión.*

**esclarea** *f. Amaro, bácara, bácaris, maro.*

**esclarecer** *tr. Aclarar, dilucidar, poner en claro.* 2 *Ennoblecer, afamar, ilustrar.* ↔ DIFAMAR.

**esclarecido, -da** *adj. Insigne, ilustre, famoso, preclaro.*

**esclarecimiento** *m. Ilustración, aclaración, explicación, comentario, exégesis.*

**esclavitud** *f. Servidumbre.* 2 fig. *Sometimiento, sujeción, opresión, cautiverio*.* ↔ LIBERTAD, DOMINIO.

**esclavizar** *tr.-prnl. Encadenar, avasallar.* ↔ LIBERTAR, LIBERAR.

**esclavo, -va** *adj.-s. Siervo, ilota*.* En Lacedemonia, *ilota.*

**esclavón, -ona** *adj.-s.* p. us. (pers.) *Eslavo, esclavonio* (p. us.).

**esclavonio, -nia** *adj.-s.* p. us. *Eslavo, esclavón* (p. us.).

**escleropatía** *f.* MED. *Esclerosis.*

**esclerosis** *f.* MED. *Escleropatía.*

**escobajo** *m. Raspajo, raspa.*

**escobar** *tr. Barrer.*

**escobilla** *f. Cepillo. Escobilla* se usa mucho en Amér.

**escocer** *tr. Picar.* 2 *Escaldarse, sahornarse, enrojecer.* 3 fig. *Sentirse, resentirse, dolerse, requemarse.*

**escocia** *f. Nacela, sima.*

**escocimiento** *m. Escozor, quemazón, resquemor.*

**escoda** *f. Trinchante.*

**escoger** *tr. Seleccionar, elegir, preferir, optar, florear, entresacar, triar* (p. us.). "Se *escoge* lo que se ha de *elegir.* Se *elige* lo que se ha *escogido.* La acción de separar lo bueno de lo malo, lo útil de lo inútil, lo que conviene de lo que no conviene, examinando y consultando el gusto, la utilidad y demás circunstancias de la cosa, es *escoger:* la acción de este verbo supone la duda o la indecisión existente todavía. El acto de decidirse la voluntad, y destinar la cosa al fin propuesto, es *elegir.* La acción de este verbo supone vencida la duda o la indecisión. Cuando queremos hacernos un vestido, vemos diferentes muestras de paño, examinamos sus colores y calidades, consultamos el gusto o la moda, y esta es la verdadera operación de *escoger* para *elegir* el que nos parece mejor" (LH). *Elegir,* dentro del significado general de *escoger,* sugiere pralte. la preferencia por una o pocas personas o cosas entre otras: *elegir* diputados o concejales, *elegir* tres cartas, de la baraja. *Optar por* o *entre,* preferir o decidirse entre varias posibilidades: *optamos por* quedarnos en casa. *Florear* y *entresacar* son frecuentativos, y significan ir *escogiendo* las cosas mejores entre muchas: *floreamos* en la banasta de las ciruelas; su equivalente *triar* es poco usado. ↔ DEJAR.

**escogido, -da** *adj. Selecto, elegido.*

**escolapio, -pia** *adj.-s. Calasancio.*

**escolar** *m. Alumno, colegial, estudiante, educando, discípulo.*

**escollar** *intr. Sobresalir, campar, campear, dominar, descollar, destacarse, distinguirse.*

**escollo** *m.* MAR. *Arrecife.* 2 fig. *Peligro, riesgo.* 3 *Obstáculo, dificultad, tropiezo.*

**escolopendra** *f. Ciempiés, cientopiés.*

**escolta** *f. Acompañamiento*, custodia, guarda, convoy.*

**escoltar** *tr. Acompañar*, conducir, vigilar, seguir, custodiar*.*

**escombrar** *tr. Desescombrar, descombrar.*

**escombrera** *f. Vertedero, derramadero, basurero, muladar* (ant.).

**escombro** *m.* CONSTR. *Desecho, cascote.* 2 MIN. *Zafra.*

**esconder** *tr.-prnl. Ocultar, encubrir, tapar, recatar, soterrar, guardar.* ↔ DESCUBRIR. 2 fig. *Encerrar, contener, incluir.*

**escondido, -da** *adj. Secreto*, oculto, ignorado, clandestino.* 2 **A escondidas** *loc. adv. Furtivamente, ocultamente, a hurto, a hurtadillas.* ↔ ABIERTAMENTE.

**escondite** *m. Escondrijo.* 2 *Dormilar* (juego), *ori.* En Madrid y otras partes, *ori.*

**escondrijo** *m. Escondite.*

**escorchapín** *m. Corchapín.*

**escorchar** *tr. Desollar.*

**escordio** *m. Ajote.*

**escoria** *f. Cagafierro.* 2 *Lava.* 3 fig. *Desecho, hez, horrura.*

**escorial** *m. Grasero.*

**escorpena, escorpina** *f. Pina, diablo marino, rascacio, rescaza.*

**escorpioide** *f. Alacranera.*

**escorpión** *m. Alacrán.*

**escorzonera** *f. Salsifí de España, salsifí negro.*

**escoscar** *tr. Descortezar.*

**escotadura** *f. Muesca, indentación.*

**escozor** *m. Escocimiento, quemazón, resquemor.* 2 fig. *Resentimiento, reconcomio.*

**escribanía** *f. Escritorio.*

**escribano del agua** *m.* (insecto) *Esquila, tejedera.*

**escrita** *f. Escuadro.*

**escritorio** *m. Escribanía.* 2 *Despacho.*

**Escritura** *f. p. ant. Biblia, Sagrada Escritura.*

**escrófulas** *f. pl. Paperas, lamparones.* V. papera.

**escrúpulo** *m. Escrupulosidad, exactitud, esmero, precisión.* ↔ INEXACTITUD, INDELICADEZA, IMPRECISIÓN. 2 *Duda, recelo, aprensión, temor, miramiento, remilgo.* Se utiliza preferentemente en plural, por ejemplo, *no tener escrúpulos.*

**escrupulosidad** *f. Damería, reparo.*

**escrupuloso, -sa** *adj. Aprensivo, receloso, remirado, temeroso.*

**escrutar** *tr. Indagar, examinar, reconocer, averiguar, escudriñar*. Escrutar* y *escudriñar* añaden a los otros verbos la idea de gran cuidado y minuciosidad o prolijidad. 2 *Contar, computar.* En elecciones.

**escuadra** *f. Armada, marina de guerra, flota de guerra.*

**escuadro** *m. Escrita.*

**escuálido, -da** *adj. Flaco, macilento, extenuado, chupado.*

**escuchar** *tr. Atender.* "El que *escucha* no pone en ejercicio más que el sentido del oído. El que *atiende* observa los gestos y los movimientos. El primer verbo se aplica al ruido de las cosas inanimadas, pero no el segundo" (M). "Se *escucha* para oír bien lo que se dice. Se *atiende* para comprender bien lo que se oye. El primero representa una operación inmediata del oído, el segundo una operación del ánimo. El que oye bien al predicador, *atiende,* está atento al sermón, no se distrae, para no perder nada de él. El que está lejos, *escucha* para poder oír. Para *escuchar* se evita el ruido; para *atender* se evita la distracción" (LH). 2 *Atender, tomar en consideración, dar oídos, hacer caso.* Son sinónimos en la acepción de *escuchar* una proposición, los dictados de la conciencia, los avisos de un amigo.

**escudar** *tr.-prnl. Amparar, resguardar, defender, salvaguardar, proteger*.*

**escudete** *m. Nenúfar, golfán, ninfea.*

**escudillo** *m. Doblilla, durillo.*

**escudo** *m. Broquel, égida.* Este último, evocando la antigüedad clásica. 2 fig. *Amparo, salvaguardia, defensa, protección, patrocinio, auxilio*.*

**escudriñar** *tr. Examinar, inquirir, averiguar, escrutar*, rebuscar. Escrutar, escudriñar* y *rebuscar* connotan gran cuidado, minuciosidad o prolijidad. *Escrutar* es preferido para lo que no es material; p. ej.: se *escrutan* los movimientos, la expresión, los gestos de un interlocutor para adivinar sus sentimientos.

**escueto, -ta** *adj. Descubierto, libre, desembarazado. 2 Estricto, sin rodeos, sin ambages.*

**esculcar** *tr. Amér. Registrar.*

**esculpir** *tr. Grabar, labrar, cortar.*

**escultura** *f. Talla.*

**escuna** *f. Goleta.*

**escupido** *m. Esputo\*, expectoración, escupidura, flema, escupitajo, gargajo, escupitinajo, escupitina.*

**escupidura** *f. Escupitajo, esputo\*, expectoración, flema, gargajo, escupido, escupitinajo, escupitina.*

**escupir** *intr. Esputar, expectorar, gargajear. Esputar y expectorar son voces cultas de significación atenuativa; gargajear* (frecuentativo) *es palabra baja. 2 Revenirse, rezumar. El primero, tratándose de la humedad: la pared se* reviene. *Rezumar,* cuando la humedad es grande.

**escupitajo** *m. Escupidura, esputo\*, flema, gargajo, expectoración, escupido, escupitinajo, escupitina.*

**escurreplatos** *m. Escurridor.*

**escurribanda** *f. fam. Escapatoria, huida, fuga, evasión.*

**escurridizo, -za** *adj. Resbaladizo, resbaloso.*

**escurridor** *m. Colador. 2 Escurreplatos.*

**escurrir** *intr.-prnl. Gotear, destilar. 2 Deslizar, resbalar. 3 prnl. Escapar, huir, escabullirse.*

**esdrújulo, -la** *adj.-s. Proparoxítono.*

**esencia de trementina** *f. Aguarrás.*

**esencial** *adj. Invariable, integrante, substancial, permanente. 2 Principal, indispensable, necesario, intrínseco, propio, constitutivo.* ↔ ACCIDENTAL, EXTRÍNSECO.

**esfalerita** *f.* MINERAL. *Blenda.*

**esfena** *f.* MINERAL. *Titanita.*

**esfera** *f. Globo.*

**esfigmómetro** *m. Pulsímetro.*

**esforzado, -da** *adj. Alentado, animoso, valeroso, valiente, denodado.* ↔ COBARDE.

**esfuerzo** *m. Pena, dificultad, trabajo, fatiga, penalidad. 2 Ánimo\*, valentía\*, valor\*.*

**esfumar** *tr. Esfuminar, difuminar. 2 prnl. Disiparse, desvanecerse, desaparecer.*

**esfuminar** *tr. Difumar, esfumar, disfumar.*

**esfumino** *m. Disfumino, difumino.*

**esguazo** *m. Vado* (de un río).

**esgucio** *m.* ARQ. *Antequino.*

**esguín** *m. Murgón.*

**esguince** *m. Desguince, cuarteo, regate. 2 Torcedura, distensión* (de una articulación).

**esguízaro, -ra** *adj.-s. Suizo, helvecio* (p. us.), *helvético.*

**eslabonamiento** *m. Encadenamiento, conexión, trabazón, enlace, relación, unión, concatenación.*

**eslabonar** *tr.-prnl. Unir, enlazar, relacionar, trabar, encadenar, engarzar, engazar.*

**eslavo, -va** *adj.-s.* (pers.) *Esclavón* (p. us.), *esclavonio* (p. us.).

**eslizón** *m. Sepedón, sipedón.*

**esmachada** *f.* anglic. DEP. *Mate.* Usados en el baloncesto.

**esmerado, -da** *adj. Diligente, cuidadoso, atento, celoso, aplicado, solícito, primoroso.* ↔ DESCUIDADO.

**esmeralda cuprífera** *f.* MINERAL. *Dioptasa.*

**esmerar** *tr. Pulir, limpiar* (una cosa). *2 prnl. Remirarse.*

**esmerejón** *m. Azor, milano.*

**esmero** *m. Solicitud, cuidado, celo\*, escrupulosidad, pulcritud, escrúpulo, desvelo.*

**esmirnio** *m. Apio caballar, perejil macedonio.*

**esmirriado, -da** *adj. Desmirriado, flaco, extenuado, consumido.*

**esnob** *com. Novelero.*

**esnobismo** *m. Novelería.*

**esotérico, -ca** *adj. Oculto, reservado, misterioso, cabalístico.*

**espabiladeras** *f. pl. Despabiladeras, molletas, tenacillas.*

espabilado, -da adj. Despierto, avisado, advertido, listo, vivo, despejado.

espabilar tr.-prnl. Avivar, despabilar.

espachurrar tr. Despachurrar, despanzurrar, aplastar, destripar, reventar.

espaciar tr.-prnl. Distanciar, separar. ↔ JUNTAR. 2 Extenderse, dilatarse. ↔ ENCOGERSE. 3 Esparcirse, recrearse.

espacio m. Ámbito, área, campo, zona.

espacioso, -sa adj. Ancho, amplio, dilatado, vasto, extenso, grande*. 2 Despacioso, lento, pausado, flemático, calmoso.

espada f. Garrancha (burl.), hoja (fig.), tizona, colada, acero. 2 m. Matador.

espadaña f. (planta) Gladio, gladíolo, gradíolo, maza sorda.

espadar tr. Espadillar, tascar.

espadillar tr. Espadar, tascar.

espalda f. Costillas, dorso (culto y lit.). P. ej. llevar un cajón sobre las costillas.

espaldar m. (enrejado) Espaldera, espalera, respaldo.

espaldera f. Espaldar (enrejado), espalera, respaldo.

espaldilla f. Omóplato.

espalera f. Espaldar (enrejado), espaldera, respaldo.

espalmar tr. Despalmar.

espalto m. PINT. Aspalto.

espantable adj. Tremebundo, tremendo, terrible, espantoso, horrible, pavoroso.

espantadizo, -za adj. Asombradizo, asustadizo.

espantajo m. fig. Espantapájaros. 2 Estantigua, adefesio, esperpento.

espantapájaros m. Espantajo.

espantar tr.-prnl. Asustar, amedrentar, acobardar, atemorizar, asombrar*. ↔ TRANQUILIZAR, DESDEÑAR. 2 Ahuyentar, echar.

espanto m. Susto*, sobresalto, miedo*, temor, pavor. 2 Amenaza.

espantoso, -sa adj. Horrendo, horroroso, hórrido, horripilante, pavoroso, horrible*, temible*.

espanzurrar tr. Destripar, despanzurrar, despachurrar.

español, -la adj.-s. Hispano, hispánico. Estos dos sinónimos aluden hoy a la antigua Hispania, o se aplican en conjunto a todos los países de origen y lengua españoles. 2 Gachupín, godo, chapetón, gallego. Todos ellos son denominaciones burlescas o irónicas de español en diferentes países hispanoamericanos.

españolado, -da adj. Españolizado, hispanizado.

españolizado, -da adj. Españolado, hispanizado.

esparavel m. (red) Atarraya, tarraya. 2 Manga (ALBAÑ.).

esparceta f. Pipirigallo.

esparcimiento m. fig. Solaz, diversión*, distracción, entretenimiento, recreo, asueto, descanso, ocio, desahogo, expansión. ↔ ABURRIMIENTO.

esparcir tr.-prnl. Separar, desparramar, derramar, extender, esparcir. ↔ JUNTAR. 2 fig. Divulgar*, propagar, publicar*, proparar. 3 prnl. Solazarse, recrearse, divertirse. ↔ ABURRIRSE.

espartal m. Atochal, espartizal, atochar.

espartizal m. Atochal, atochar, espartal.

esparto m. BOT. Atocha, atochón.

esparvarán m. Gavilán (ave), esparver.

esparver m. Gavilán (ave), esparvarán.

espasmo m. Pasmo, aterimiento.

espata f. Garrancha.

espato. Espato calizo m. MINERAL. Calcita. 2 Espato manganoso Rosa inca, rodocrosita.

espátula f. DEP. Pala. En el esquí.

espaviento m. Aspaviento.

espavorido, -da adj. Despavorido, pavorido, espantado, aterrado, horrizado. ↔ SERENO, VALIENTE.

especial adj. Singular, particular, peculiar. 2 Adecuado, propio, a propósito.

especialidad f. Singularidad, particularidad, peculiaridad. ↔ VULGARIDAD, GENERALIDAD.

especie f. Clase, grupo, categoría. 2

*Pretexto, apariencia, color, sombra.* 3 *Caso, suceso, hecho, asunto, negocio.* 4 *Noticia, voz, fama.*

**especificar** *tr. Enumerar, detallar, pormenorizar, precisar.* ↔ INDETERMINAR.

**específico** *m.* FARM. *Fórmula, preparado.*

**espécimen** *m. Ejemplar, muestra, modelo.*

**especioso, -sa** *adj. Aparente, engañoso, artificioso, falso.*

**espectáculo** *m. Función, representación, diversión.* 2 *Contemplación, visión.*

**espectador, -ra** *adj.-s. Presente, circunstante, mirón.* Este último sinónimo designa con cierta ironía, burla o desdén, a la persona que presencia pasivamente un juego, trabajo o suceso callejero. V. espectadores.

**espectadores** *m. pl. Concurrentes, concurrencia\*, público.* Tratándose del conjunto de los que asisten a un espectáculo público. V. espectador.

**espectro** *m. Aparición, sombra, visión, fantasma.*

**especulación** *f. Contemplación, meditación, reflexión.* 2 *Lucro, ganancia, provecho, beneficio.* Todos ellos son el resultado que se obtiene o se espera de una especulación comercial.

**especular** *tr. Examinar, estudiar, observar, aquilatar. Especular* connota además atención cuidadosa para reconocer una cosa, en mayor grado que los sinónimos enumerados, y por esto en ocasiones se acerca al sentido de *aquilatar.* 2 *intr. Meditar, reflexionar, contemplar.* V. especulación. 3 *Comerciar, traficar, negociar.*

**especulativo, -va** *adj. Teórico.*

**espejear** *intr. Relucir, resplandecer, reflejar.*

**espejo de los Incas** *m. Obsidiana.*

**espejuelo** *m. Selenita* (yeso). 2 *Cebo, atractivo, engaño.* V. espejuelos.

**espejuelos** *m. pl. Lentes, gafas, anteojos, antiparras.* V. espejuelo.

**espelta** *f. Escanda, escalla, escaña, carraón, álica.*

**espelunca** *f. Cueva, gruta, antro, caverna.*

**espeluzar** *tr. Despeluzar, respeluzar, despeluznar.*

**espeluznar** *tr.-prnl. Despeluzar, despeluznar.* 2 *Horripilar, estremecer, aterrar, horrorizar.* ↔ TRANQUILIZAR.

**espeque** *m. Leva, palanca.*

**esperanza** *f. Confianza, creencia, ilusión.* Este último, cuando la *esperanza* tiene poco o ningún fundamento real.

**esperar** *tr. Confiar, creer, hacer cola, hacer tiempo, hacer hora, hacer antesala, esperar sentado, dar tiempo al tiempo, dar plantón, dar largas, dar con la entretenida, aguardar, estar de plantón. Esperar* es más general que *aguardar* y puede sustituirle siempre. *Aguardar* alude pralte. al acto físico o a la actitud moral de hallarse en espera de algo próximo: te *aguardaré* en la esquina; *aguardo* un telegrama.

**esperezarse** *prnl. Desperezarse, estirarse.*

**esperma** *amb. Semen.*

**espermático, -ca** *adj. Seminal.*

**espermatofito, -ta** *adj. Fanerógamo, sifonógamo.*

**espermatozoario** *m. Espermatozoo, espermatozoide, zoospermo, microgameto.*

**espermatozoide** *m. Espermatozoo, espermatozoario, zoospermo, microgameto, espermio.*

**espermatozoo** *m. Espermatozoario, espermatozoide, zoospermo, microgameto, espermio.*

**espermio** *m. Espermatozoide, espermatozoo.*

**esperpento** *m. Adefesio, estantigua, espantajo.*

**espeso, -sa** *adj. Denso, condensado.* Tratándose de fluidos. ↔ ACLARADO. 2 *Apretado, aglomerado, macizo, cerrado, tupido.* Tratándose de sólidos; *tupido,* si las cosas *apretadas* se entrecruzan como en un tejido. 3 *Grueso, recio.*

**espesor** *m. Grueso, grosor, densidad,*

287

**espoleta**

condensación. Los dos primeros, tratándose de un cuerpo sólido. Hablando de fluidos, los dos últimos.
**espesura** f. Frondosidad, lozanía.
**espetar** tr. Ensartar, atravesar.
**espetón** m. (pez teleósteo) Aguja.
**espía** com. Confidente (eufem.), soplón (desp.), fuelle (burl.), espión*, observador, confidente, agente secreto. Tratándose de espionaje militar o político suelen aplicarse de las denominaciones eufemísticas de observador, confidente o agente secreto. V. delator.
**espiar** tr. Atisbar, acechar, observar, escuchar, vigilar.
**espibia** f. VETER. Espibio, espibión, estibia.
**espibio** m. Espibia (VETER.), espibión, estibia.
**espibión** m. Espibia (VETER.), espibio, estibia.
**espicanardi** f. Espicanardo, azúmbar, nardo.
**espicanardo** m. Espicanardi, azúmbar, nardo.
**espigadilla** f. Cebadilla.
**espigón** m. Mazorca (espiga), panocha, panoja.
**espiguilla** f. Hierba de punta.
**espina** f. Aguijón, pincho, púa (Amér.). 2 fig. Pesar, pena. 3 Escrúpulo, recelo, cuidado, sospecha. 4 **Espina blanca** Cardo borriqueño. 5 **Espina santa** Cambrones.
**espinazo** m. Columna vertebral, espina dorsal, raquis.
**espinela** f. Décima.
**espinillera** f. Canillera, esquinela. En la armadura antigua, esquinela.
**espino** m. Níspero espinoso, níspero silvestre, oxiacanta. 2 **Espino cerval** Cambrón, espino hediondo.
**espinoso, -sa** adj. fig. Arduo, difícil, intrincado, dificultoso. ↔ SUAVE, FÁCIL.
**espión** m. Espía, condicente (eufem.), soplón (desp.), fuelle (burl.), observador, confidente, agente secreto.
**espionaje** m. Acechanza, acecho.
**espiración** f. Exhalación.
**espiral** adj.-f. Hélice, espira.

**espirar** intr. Respirar.
**espiritado, -da** adj. Arrepticio, endemoniado, poseso.
**espiritar** tr.-prnl. Endemoniar.
**espiritoso, -sa** adj. Espirituoso. Aplícase a las bebidas.
**espíritu** m. Alma, mente*. 2 Energía, ánimo, valor, brío.
**espirituoso, -sa** adj. Espiritoso.
**espita** f. Grifo, llave, grifón.
**esplendente** adj. Brillante, resplandeciente, esplendoroso, reluciente.
**esplender** intr. lit. Resplandecer*, lucir, relucir, brillar, cabrillear, rielar (poét.), relumbrar.
**esplendidez** f. Abundancia, largueza, liberalidad, generosidad*, rumbo. ↔ TACAÑERÍA. 2 Magnificencia, ostentación, fausto, suntuosidad. ↔ SENCILLEZ.
**espléndido, -da** adj. Generoso, liberal, rumboso, dadivoso*. 2 Magnífico, suntuoso, ostentoso, soberbio, rico.
**esplendor** m. Resplandor, lustre*, brillo. 2 Nobleza, magnificencia, gloria, fama. 3 Generosidad*, esplendidez.
**esplendoroso, -sa** adj. Esplendente, brillante, resplandeciente, reluciente. 2 Suntuoso, magnífico, espléndido, lujoso, fastuoso, regio.
**espliego** m. Lavanda, lavándula, alhucema (ant.). Los dos primeros son técnicos, usados entre botánicos y perfumistas.
**esplín** m. Tedio, hastío, aburrimiento. El esplín es propiamente un estado duradero de melancolía o hipocondría, que produce tedio de todo. El tedio, el hastío y el aburrimiento pueden ser pasajeros y circunstanciales, mientras que el esplín se lleva dentro, como una disposición de ánimo motivada por causas físicas o morales. 2 Hipocondría.
**espolada** f. Espolazo.
**espolazo** m. Espolada.
**espolear** tr. Aguijar, picar, dar espuela. 2 fig. Incitar, estimular, acuciar, excitar, mover.
**espoleta** f. Espiga, pipa.

**espolique** *m. Caminante, lacayo, mozo de espuela(s).*

**espolón** *m.* MAR. *Rostro, punta.* 2 *Tajamar.*

**espolvorear** *tr. Despolvorear, polvorear, polvorizar. Despolvorear en algunos países de Amér.* (Colombia y Chile) y en el uso vulgar de España. 2 *Despolvorear.* En el sentido de quitar o sacudir el polvo.

**espóndil, espóndilo** *m. Vértebra.*

**esponjado** *m. Azucarillo, bolado* (p. us.), *panal* (And.).

**esponjado, -da** *adj. fig. Orondo, presumido, satisfecho, ufano, hinchado, hueco.* ↔ HUMILDE, SENCILLO.

**esponjamiento** *m. Envanecimiento\*, soberbia, entoldamiento, toldo, entono, ahuecamiento, presunción.* ↔ SENCILLEZ, HUMILDAD.

**esponjar** *tr. Ahuecar, mullir.* 2 *prnl. Envanecerse, engreírse, hincharse, infatuarse.*

**espontanearse** *prnl. Expansionarse, desahogarse.* ↔ CALLAR.

**espontáneo, -ea** *adj. Automático, indeliberado, voluntario, maquinal, irreflexivo, involuntario, instintivo.* En ocasiones *espontáneo* puede coincidir con los tres primeros sinónimos, pero éstos no implican necesariamente idea de espontaneidad. *Automático* o *maquinal,* dan idea de energía puramente mecánica; movimientos *espontáneos* o *automáticos. Indeliberado* significa sin intervención del entendimiento: su contestación fue *espontánea* o *indeliberada. Voluntario* en sentido de *espontáneo,* denota que se produce sin coacción: su voto fue *voluntario* o *espontáneo.* ↔ VOLUNTARIO, REFLEXIVO, DELIBERADO.

**esporádico, -ca** *adj. Ocasional, aislado, excepcional, suelto. Esporádico* es lo que se produce sin enlace ostensible con antecedentes ni consiguientes; p. ej.: casos *esporádicos* de una enfermedad. ↔ CONTINUO.

**esportillero** *m. Trascantón.*

**esposo, -sa** *s. Marido (m.), mujer (f.),* cara mitad, media naranja, costilla. "Marido, esposo. (...) La diferente fuerza y energía que yo hallo entre estas dos voces en el sentido común a que ahora se aplican, es que la voz *marido* explica, sola y sencillamente, la calidad de un hombre casado, sin otra relación que al estado de matrimonio. Aquella señorita quiere casarse, pero no encuentra *marido.* Los dos que allí vienen son *marido* y *mujer.* Pero la voz *esposo* ennoblece, si podemos explicarlo así, la idea, representando al hombre casado con relación, no solo al estado, sino a aquella atención recíproca que le une más noble y estrechamente a su mujer, separando en cierto modo la idea de la superioridad doméstica que le da el estado y calidad de *marido.* Por eso se usa en el estilo culto, y cuando se habla de personas de alta clase, como para representar una unión, por decirlo así, menos vulgar" (LH).

**espuela** *f. fig. Acicate, incentivo, estímulo.* 2 **Espuela de caballero** (planta) *Consólida real.*

**espuerta** *f. Sera, serón. Espuerta* grande, gralte. sin asas, *sera.* El *serón* es una especie de *sera* más larga que ancha.

**espuma de mar** *f.* MINERAL. *Sepiolita.*

**espumar** *tr. Despumar.* 2 *intr. Espumear.*

**espumear** *intr. Espumar.*

**espurio, -ria** *adj. Bastardo, ilegítimo.* 2 *fig. Falso, adulterado, falsificado.*

**esputar** *tr. Escupir, expectorar.*

**esputo** *m. Expectoración, escupido, escupidura, flema, escupitajo, gargajo, escupitinajo, escupitina. Esputo y expectoración* son voces cultas que atenúan lo repugnante de *escupido, escupidura, flema,* y más aún de *escupitajo, gargajo.*

**esquela** *f. Carta, misiva, nota.*

**esqueleto** *m. Osamenta, osambre.*

**esquema** *m. Diagrama.*

**esquematizar** *tr. Sintetizar, compen-*

*diar, extractar, esbozar, reducir.* ↔ AM-PLIAR.

**esquena** *f. Raspa.*

**esquenanto** *m. Esquinante, esquinanto, paja de camello, paja de esquinanto, paja de Meca.*

**esquero** *m. Yesquero.*

**esquiagrafía** *f. Radiografía, roentgenografía, placa* (fam.).

**esquicio** *m. Apunte* (dibujo), *croquis, tanteo, esbozo, boceto.*

**esquila** *f. Campano, cencerro.*

**esquilar** *tr. Trasquilar, marcear.* Este último designa la acción de *esquilar* después del invierno.

**esquilimoso, -sa** *adj. Melindroso, remilgado, dengoso.*

**esquilmar** *tr.-prnl. Agotar, empobrecer.* ↔ ENRIQUECER, AUMENTAR.

**esquina** *f. Cantón, cantonada.* 2 **Sostener la esquina** *loc. Estar de plantón, aguardar, esperar, pasear la calle.*

**esquinazo** *m. Cantonada.*

**esquinela** *f. Espinillera* (pieza de armadura), *canillera.*

**esquinencia** *f. Angina, amigdalitis.*

**esquirol** *m.* desp. *Rompehuelgas.*

**esquisto** *f. Pizarra* (roca).

**esquivar** *tr. Evitar*\*, rehuir, eludir, rehusar*\*, escurrir el bulto, huir de la quema.* Se *esquiva* o *rehúye* un golpe, un tropezón material o moral, apartándose, soslayándolos o huyendo. *Evitar* supone prever el peligro o dificultad en que podemos encontrarnos, y procurar que no se sobrevengan. *Eludimos* una respuesta comprometedora, una decisión, una situación peligrosa o molesta en que nos hallamos. *Rehusamos* lo que se nos da u ofrece. 2 *prnl. Retirarse, retraerse, excusarse, apartarse.*

**esquivez** *f. Desapego, aspereza, desagrado, desdén.* ↔ APRECIO, FRANQUEZA, SIMPATÍA.

**esquivo, -va** *adj. Huraño, arisco, huidizo.* 2 *Despegado, áspero, desagradable, desdeñoso.*

**esquizosis** *f.* MED. *Autismo.*

**estábil** *adj. Estable, estacionario, inmóvil.* ↔ LÁBIL.

**estabilidad** *f. Firmeza, seguridad, fortaleza, solidez.* ↔ INESTABILIDAD, INSEGURIDAD.

**estable** *adj. Permanente, duradero*\*, durable, firme, sólido.* 2 *Estábil, estacionario, inmóvil.* ↔ LÁBIL.

**establecer** *tr. Implantar, instaurar, instituir, fundar, erigir*\*.* Los tres primeros acentúan el matiz de que es algo nuevo lo que se establece, y se aplican gralte. a cosas inmateriales (ley, costumbre, premio, fundación, etc.), en tanto que los dos últimos y *fundar* se aplican también a lo material (ciudad, campamento). 2 *Ordenar, estatuir, decretar.* 3 *prnl. Avecinarse, instalarse, domiciliarse.*

**establecimiento** *m. Institución, instituto, fundación, corporación.*

**establo** *m. Corte* (p. us.), *presepio* (lat.), *cuadra, caballeriza, bostar, boyera* (ant.), *boyeriza* (ant.), *pocilga.* Se llama *bostar* al *establo* de bueyes; *pocilga,* al de cerdos.

**estaca** *f. Palo, garrote.*

**estacada** *f. Empalizada, palizada, cerca*\*.*

**estación** *f. Tiempo, temporada, época.* 2 *Parada, detención.*

**estacionamiento** *m. Parquear, parquing, aparcamiento, aparcar, parada.* En algunos países de lengua española se extiende el uso del barbarismo *parquear* (ing. *to park)* y del sustantivo *parquing.* Del mismo origen son las adaptaciones *aparcar* y *aparcamiento.* El *aparcamiento* supone, pues, un lugar o espacio acotado para este fin, y puede ser de pago o gratuito; el *estacionamiento* (verbo *estacionarse)* es un lugar cualquiera de la vía pública donde se permite que los coches puedan permanecer detenidos más o menos tiempo sin verse obligados a circular. *Parada* es el lugar fijo donde se hallan los automóviles de alquiler a disposición del público.

**estacionario, -ria** *adj. Estable, estábil, inmóvil.* ↔ LÁBIL.
**estadía** *f. Detención, estancia, permanencia.*
**estadio** *m. Período, fase.* 2 DEP. *Campo, cancha.*
**estadista** *m. Repúblico, hombre de Estado.*
**estadounidense** *adj.* (pers.) *Norteamericano, yanqui\*.*
**estafa** *f. Engaño, fraude, timo, petardo.* 2 *Estribo* (pieza), *estribera, codillo.*
**estafador, -ra** *s. Petardista, sablista, tramposo, trapisondista.*
**estafar** *tr. Defraudar, quitar, engañar, dar el cambiazo, pegar un parchazo, pegar un petardo, pegar una bigotera, dar un sablazo.*
**estafermo** *m. Pasmarote.*
**estafilión** *m.* MED. *Úvula, campanilla.*
**estafisagria** *f. Albarraz, hierba piojenta, piojera, uva tamínea, uva taminia.*
**estallar** *intr. Explotar, detonar, reventar. Detonar* alude al ruido que produce el *estallido.*
**estallido** *m. Detonación, estampido.*
**estampa** *f. Lámina, grabado.* 2 *Imprenta.* 3 *Huella, señal, impresión, vestigio.*
**estampido** *m. Detonación, tiro, disparo.* Los dos últimos aluden al *estampido* producido por un arma de fuego.
**estampilla** *f. Amér. Sello* (de correos), *timbre* (Amér.), *sigilo* (ant.). *Estampilla* y *timbre* son términos preferidos en América.
**estancación** *f. Represa, presa, estancamiento.*
**estancamiento** *m. Represa, presa, estancación.*
**estancar** *tr.-prnl. Detener, suspender, paralizar, empantanar.* ↔ MOVER, CORRER. 2 *Monopolizar.*
**estancia** *f. Estación, estada, estadía, morada, permanencia.* 2 *Aposento, habitación, cuarto.*
**estanco** *m. Tabaquería.*
**estandarización** *f. Normalización.*

**estandarte** *m. Insignia, bandera, pendón.*
**estanque** *m. Alberca.*
**estante** *m. Anaquel.*
**estantigua** *f. Espantajo, esperpento, adefesio.*
**estar** *tr. Encontrarse, hallarse, permanecer, vivir.* ↔ FALTAR, AUSENTARSE. 2 *Existir, ser.* ↔ INEXISTIR.
**estatificar** *tr. Nacionalizar, socializar\*.*
**estatuir** *tr.-prnl. Establecer, determinar, ordenar, decretar, mandar.* ↔ DEROGAR. 2 *Demostrar, asentar, dar por cierto.*
**estatura** *f. Talla, altura, alzada. Talla, altura* y *estatura* se aplican a personas. Tratándose de animales, *altura* o *alzada.*
**estatuto** *m. Regla, ley, canon, constitución.*
**estay** *m.* MAR. *Traversa.*
**este** *m. Levante, oriente.* "*Este* y *Levante* son voces técnicas de la Geografía y de la Náutica. En la rosa náutica sólo se emplea la primera. Las dos se aplican indiferentemente al viento que procede de donde nace el sol. *Oriente* pertenece al lenguaje común y al poético. Un navío no hace rumbo al *Oriente*, sino al *Este* o al *Levante*... No es lo mismo pueblos de *Levante* que pueblos de *Oriente*: en el primer caso sólo se considera la posición geográfica; en el segundo, entran las ideas de costumbres, clima, historia, religión, etc. Es impropio decir: las naciones del *Este* o del *Levante* enseñaron la Filosofía a los griegos" (M).
**esteatita** *f. Jabón de sastre, jaboncillo.*
**estema** *m.* ZOOL. *Ocelo.*
**estenógrafo, -fa** *s. Taquígrafo.*
**estentóreo, -ea** *adj. Ruidoso, retumbante, fuerte.*
**estepilla** *f. Jara blanca, estepa blanca.*
**estéril** *adj. Machorra, mañera, horra, nulípara.* Tratándose de la hembra que no tiene hijos, se utilizan los dos primeros sinónimos; aplicado al ganado, *horra*; refiriéndose a la mujer,

nulípara. 2 Improductivo, infecundo, infructífero, árido, vano, ineficaz, infructuoso. ↔ FECUNDO, POTENTE, EFICAZ. 3 Aséptico, esterilizado. ↔ INFECTADO.
**esterilidad** f. Infecundidad, infertilidad, acarpia (MED.), aforia (MED.).
**esterilización** f. Asexuación, castración, capadura, desvirilización. 2 MED. Desinfección, asepsia, antisepsia.
**esterilla** f. Alfardilla.
**estero** m. Estuario, restañadero. 2 Amér. Aguazal, cenagal.
**estertor** m. Sarrillo. Sarrillo es el estertor de moribundo.
**estética** f. Calología (p. us.).
**esteva** f. Mancera, mangorrillo.
**estibia** f. Espibia, espibio, espibión.
**estiércol** m. Fimo, excremento, fiemo, hienda. 2 **Estiércol del diablo** Asafétida.
**estigio, -gia** adj. poét. Infernal, inferno (lit.).
**estigma** m. Marca, señal, huella, vestigio. 2 fig. Afrenta, desdoro, infamia, deshonra.
**estilar** intr.-prnl. Usar, acostumbrar*, practicar, soler, estar de moda.
**estilo** m. Carácter, peculiaridad. 2 Modo, manera, forma. 3 Uso, costumbre, moda, práctica.
**estima** f. Consideración, aprecio, estimación.
**estimable** adj. Apreciable.
**estimación** f. Aprecio, consideración, afecto, estima. 2 Apreciación, evaluación, valoración, cálculo.
**estimado, -da** adj. Afecto, apreciado, grato, querido, preciado.
**estimar** tr. Evaluar, valorar, tasar, apreciar, justipreciar*, tener por bien, mirar con buenos ojos. ↔ DESESTIMAR, ODIAR. 2 Considerar, apreciar, conceptuar, respetar, querer*. ↔ DESESTIMAR, ODIAR. 3 Juzgar, creer, entender, opinar, discernir*.
**estimativa** f. Instinto.
**estimulante** adj. FARM. Excitante, incitante. Aplícase a los medicamentos.
**estimular** tr. Aguijonear, picar, punzar. 2 fig. Excitar, avivar, incitar, meter

en calor, meter en juego, poner en el disparadero, levantar los cascos, levantar fuego. ↔ DESANIMAR.
**estímulo** m. Incitación, incentivo, aliciente, acicate, cebo, señuelo. Cuando el estímulo es engañoso, se emplean los dos últimos sinónimos.
**estío** m. Verano. Verano es de uso general. Estío se siente como propio del habla culta o literaria.
**estipendio** m. Remuneración, paga, sueldo*, salario, gaje, emolumento, gratificación.
**estipticar** tr. MED. Astringir, astreñir, astriñir, restringir, restriñir.
**estipulación** f. Pacto, trato, convenio, concierto, ajuste.
**estipular** tr. Convenir, concertar, acordar, contratar.
**estirada** f. DEP. Palomita. Se usa principalmente en el fútbol.
**estirado, -da** adj. fig. Entonado, empacado, orgulloso, altivo, altanero. 2 Teso, tenso, tirante, tieso.
**estiramiento** m. MED. (de miembros o nervios) Extensión, elongación, distensión.
**estirar** tr.-prnl. Alargar*, prolongar. ↔ ENCOGERSE. 2 Dilatar, extender. ↔ ENCOGERSE. 3 prnl. Desperezarse.
**estirón** m. Tirón. 2 Crecimiento. Sobre todo cuando es rápido: ese niño ha dado un estirón.
**estirpe** f. Casta*, linaje, progenie, alcurnia, prosapia, extracción*, raza*. Propiamente, la estirpe es la raíz y tronco de una familia o linaje.
**estival** adj. Veraniego, estivo (poét.).
**estivo, -va** adj. poét. Veraniego, estival (lit.).
**estocada** f. Hurgón (burl.), hurgonazo (burl.), cuchillada. Este último, en los clásicos.
**estocafís** m. Pejepalo.
**estofa** f. Calidad, clase, ralea, calaña, jaez*. Estofa se toma generalmente a mala parte, y así hablamos de baja o mala estofa refiriéndonos a personas. Equivale, pues, a ralea, calaña.
**estoico, -ca** adj.-s. fig. Imperturbable,

*inalterable, impasible, insensible.* Todos ellos, exentos del significado filosófico preciso de *estoico.*

**estolidez** *f. Estupidez, necedad, insensatez, estulticia.*

**estólido, -da** *adj.-s.* p. us. *Estulto, necio, estúpido, tonto.*

**estomacal** *adj. Gástrico* (MED.), *estomáquico.* 2 *adj.-m. Digestivo, eupéptico* (MED.).

**estomagar** *tr. Empachar, ahitar, indigestar.* 2 fig. *Fastidiar, hastiar, enfadar, aburrir, cargar.*

**estómago** *m. Buche.*

**estomáquico, -ca** *adj. Gástrico* (MED.), *estomacal.*

**estomático, -ca** *adj.* MED. *Bucal.*

**estomatología** *f. Odontatría, odontología, dentiatría.*

**estomatólogo, -ga** *s. Dentista, odontólogo.* Aunque se usan de ordinario como equivalentes, *estomatólogo* trata propiamente de las enfermedades de la boca en general, mientras que el *dentista* y *odontólogo* se concretan a los dientes.

**estoraque** *m. Almea, azúmbar.*

**estorbar** *tr. Embarazar, dificultar, obstaculizar, entorpecer, impedir, interferir, interponer, interceder, obstruir\*.* ↔ FACILITAR, PERMITIR.

**estorbo** *m. Dificultad, inconveniente, entorpecimiento, embarazo, engorro, obstáculo, óbice, rémora, traba, tropiezo, impedimento.*

**estrafalario, -ria** *adj. Extravagante, estrambótico, excéntrico.*

**estragar** *tr. Viciar, corromper, dañar, estropear, agotar, arruinar.*

**estrago** *m. Agotamiento, ruina, destrucción, devastación, asolamiento, daño, calamidad, desgracia, infortunio, desastre.*

**estragón** *m. Dragoncillo.*

**estrambótico, -ca** *adj. Estrafalario, extravagante, excéntrico.*

**estraperlo** *m. Mercado negro.*

**estratagema** *f. Ardid, astucia, treta, artificio, engaño.*

**estrato** *m.* GEOL. *Capa, lecho.* 2 MED. *Capa, hoja, membrana, zona.*

**estrechar** *tr.-prnl. Angostar, enangostar.* ↔ ENSANCHAR, DILATAR. 2 *Reducir, apretar.* 3 *Precisar, obligar, forzar.* 4 *Perseguir\*, acosar, apurar, apremiar.*

**estrechez** *f.* fig. *Escasez, pobreza, privación, indigencia, miseria.* 2 *Aprieto, apuro, apremio.* 3 MED. *Constricción, encogimiento.*

**estrecho** *m. Paso, pasaje, canal.*

**estrecho, -cha** *adj. Angosto, ahogado, reducido.* El primero, tratándose de un lugar de paso; los dos últimos, tratándose de un recinto. 2 *Ajustado, apretado, ceñido.* 3 *Riguroso, estricto.* 4 *Miserable, tacaño, limitado, mezquino, escaso.*

**estrechón** *m.* MAR. *Socollada.*

**estrechura** *f. Angostura, estrechez.*

**estregadura** *f. Fricción* (TECN.), *confricación* (TECN.).

**estregar** *tr. Confricar* (TECN.), *friccionar* (culto y TECN.), *restregar, frotar, refregar.*

**estrella** *f.* fig. *Hado, destino, sino, fortuna, suerte.*

**estrellada** *f. Amelo.*

**estrellado, -da** *adj.* BOT. *Festoneado, crenado.*

**estrellamar** *f. Hierba estrella.*

**estremecer** *tr.-prnl. Temblar\*, conmover, alterar, sobresaltar, trepidar.* *Estremecerse* supone un movimiento agitado y súbito, bien por causas físicas, como la fiebre o las convulsiones epilépticas, bien por la alteración repentina del ánimo ante una noticia, emoción, etc. En este caso puede ser sinónimo de *conmoverse, alterarse, sobresaltar. Trepidar* se aplica únicamente a las cosas: *trepida* o se *estremece* el suelo al pasar un tren; un cañonazo hace *trepidar* o *estremecer* los cristales de las casas próximas. 2 *tr. Espeluznar, horripilar, aterrar, horrorizar.*

**estremecido, -da** *adj. Trémulo, tembloroso, trepidante, trépido.* ↔ TRANQUILO, SOSEGADO.

**estremecimiento** *m. Frémito, vibración, temblor, trepidación.*

**estrena** *f. Estreno.*

**estrenar** *tr.* vulg. *Desvirgar.*

**estreno** *m. Estrena. Estreno* se usa esp. hablando de espectáculos; en las demás acepciones puede usarse *estrena* o *estreno.* Asistimos al *estreno* de una comedia. La muchacha estaba contenta con la *estrena* o *estreno* de un vestido precioso.

**estreñido, -da** *adj. Restreñido, constipado.* 2 fig. *Tacaño, mezquino, apretado, miserable, avaro.*

**estreñimiento** *m. Constipación, restreñimiento, coprostasis* (MED.).

**estrepada** *f.* MAR. *Arrancada, acometida, embestida.*

**estrépito** *m. Estruendo\*, fragor, ruido\*.* ↔ SILENCIO.

**estrepitoso, -sa** *adj. Bullicioso, ruidoso.*

**estría** *f. Canal, raya.*

**estriar** *tr. Acanalar, rayar.*

**estribar** *intr. Entibar, reafirmar, restribar.* 2 fig. *Apoyarse, fundarse, descansar, gravitar.*

**estribera** *f. Estribo* (pieza), *codillo, estafa.*

**estribillo** *m. Contera.* 2 *Muletilla.*

**estribo** *m. Estribera, codillo, estafa.* 2 ARQ. *Entibo.* 3 **Perder los estribos** *loc. Desesperarse, encolerizarse.*

**estricto, -ta** *adj. Estrecho, ajustado, preciso, exacto, riguroso, ceñido, escueto.* ↔ IMPRECISO, INEXACTO, IRREFLEXIVO.

**estridente** *adj. Chirriante, rechinante, agudo, agrio, áspero, destemplado, ruidoso.* Los cuatro últimos sinónimos, en el sentido fig. que posee *estridente* en ejemplos como: los conceptos *estridentes* de un ordador o de un artículo periodístico.

**estrige** *f. Lechuza* (ave), *bruja, coruja, curuja, curuca, oliva.*

**estro** *m. Inspiración, numen, vena.*

**estropajo** *m. Fregador.*

**estropajoso, -sa** *adj. Trapajoso, bal-*

buciente. 2 *Andrajoso, roto, harapiento, desaseado.*

**estropeado, -da** *adj. Inservible, inútil, inaprovechable, deteriorado, maltrecho.* ↔ ÚTIL, INTACTO.

**estropear** *tr. Lastimar, lisiar, lesionar.* 2 *Ajar, maltratar, dañar, deteriorar, averiar, echar a perder, malograr.* Tratándose de cosas.

**estropicio** *m. Destrozo, rotura.* El *estropicio* connota estrépito, y es generalmente impremeditado; p. ej.: se le cayó la bandeja e hizo un *estropicio* con la vajilla.

**estructura** *f. Contextura, organización, distribución, orden, configuración, conformación, forma\*.*

**estructurar** *tr.-prnl. Organizar, disponer, arreglar, constituir, instituir, establecer, regularizar.* ↔ DESORGANIZAR, DESORDENAR.

**estruendo** *m. Fragor, ruido, estrépito.* Todos connotan *ruido* intenso que se repite o prolonga más o menos. Una explosión, un trueno, producen *estruendo* cuando el eco las repite. 2 fig. *Confusión, bullicio.* 3 *Aparato, pompa, ostentación.*

**estrujadera** *f. Exprimidera, exprimidero.*

**estrujar** *tr.-prnl. Apretar, prensar, exprimir, comprimir.* ↔ SOLTAR. 2 *Magullar.* 3 fig. *Agotar, oprimir.* P. ej.: *estrujar* al pueblo con los impuestos.

**estruma** *m.* MED. *Bocio.*

**estuario** *m. Estero.*

**estucador, -ra** *s. Estuquista.*

**estuco** *m. Estuque, escayola, marmoración.*

**estudiado, -da** *adj. Fingido, afectado, amanerado. Estudiado,* con esta acepción, es galicista; pero su uso está ya muy extendido.

**estudiante** *com. Escolar, alumno, colegial, discípulo. Escolar* ofrece sinonimia con *estudiante*; pero los niños que asisten a las escuelas primarias son *escolares,* y no *estudiantes. Alumno* hace relación con el establecimiento donde cursa sus estudios o con los profesores: *alumno* de la Escuela Náutica, *alumno* del profesor N. *Discípulo* señala relación con el maestro: *mis discípulos*, dice un profesor, de modo más afectivo que *mis alumnos*; soy *discípulo* de usted expresa adhesión personal mayor que *alumno*. El *alumno* deja de serlo al terminar sus estudios; en cambio, puede uno llamarse siempre *discípulo* de un maestro. *Colegial* se aplica al alumno de un colegio de primera o segunda enseñanza, o al interno en un colegio universitario.

**estudiantina** *f. Tuna.*

**estudio** *m. Análisis, observación, investigación, aprendizaje, aplicación.* 2 *Libro, obra, escrito, tratado, monografía.* Su empleo depende de su extensión y otras cualidades. 3 *Taller\*.* Tratándose de artistas.

**estufa** *f. Invernáculo, invernadero.*

**estufilla** *f.* desus. *Manguito* (rollo de piel), *regalillo.*

**estulticia** *f. Estolidez, estupidez, necedad, insensatez, tontería.*

**estulto, -ta** *adj. Necio, estúpido, tonto, estólido.*

**estupefacción** *f. Estupor, pasmo, asombro. Estupefacción* y sus dos primeros sinónimos denotan un *asombro* extremado.

**estupefaciente** *adj.-m. Narcótico, soporífero.*

**estupefacto, -ta** *adj. Atónito, pasmado, asombrado, maravillado, patitieso* (burl.), *patidifuso* (burl.). *Estupefacto, atónito* y *pasmado* son expresiones intensificadas de *asombrado* o *maravillado.*

**estupendo, -da** *adj. Admirable, asombroso, portentoso, brutal\*, bestial, colosal, formidable.*

**estupidez** *f. Estolidez, necedad, insensatez, estulticia, tontería, imbecilidad, idiotez, alelamiento, bobería.*

**estúpido, -da** *adj. Necio, estólido, estulto, torpe, romo.*

**estupor** *m. Admiración\*, maravilla, asombro, sorpresa, pasmo.*

**estuque** *m. Estuco, escayola, marmoración.*

**estuquista** *m. Estucador.*

**esturión** *m. Marón, marión, sollo.*

**ésula** *f. Lechetrezna, titímalo.*

**esviaje** *m.* ARQ. *Viaje, oblicuidad.*

**etanoico, -ca. Ácido etanoico** *m.* V. ácido.

**etanol** *m. Alcohol, espíritu.*

**etapa** *f. Período, fase, ciclo.*

**etéreo, -ea** *adj. Impapable, sutil.* 2 fig. *Puro, celeste, elevado, sublime.*

**eterizar** *tr.* MED. *Anestesiar\*, insensibilizar, cloroformizar, raquianestesiar.*

**eternal** *adj.* p. us. *Eterno, sempiterno, eviterno, perdurable, perpetuo, inmortal, imperecedero.* ↔ CADUCO, FINITO, TEMPORAL, PERECEDERO.

**eternizar** *tr.-prnl. Inmortalizar, perpetuar.*

**eterno, -na** *adj. Eternal, sempiterno, eviterno, perdurable, perpetuo\*, inmortal, imperecedero, infinito.* Aunque *infinito* y *eterno* se intercambian a veces, el adj. *infinito* es de categoría espacial y significa lo que no tiene límite, mientras que *eterno* se refiere al tiempo o la duración sin fin. "*Eterno* representa una duración sin fin; *perpetuo*, una duración indeterminada. Todo lo *eterno* es *perpetuo*, porque no llega jamás a determinarse el fin de su duración. La gloria *eterna* de los bienaventurados es *perpetua*. Pero no todo lo *perpetuo* es *eterno*. Y así decimos: movimiento *perpetuo*, destierro *perpetuo*, privilegio *perpetuo*, y no *eterno*; porque la idea que se quiere representar es la de una duración indeterminada, no la de una duración infinita" (LH). ↔ CADUCO, FINITO.

**ética** *f. Moral, deontología. Deontología* es la parte de la *ética* que establece los deberes, esp. profesionales: *deontología* médica, jurídica, empresarial.

**etílico, -ca** *adj. Alcohólico.*

**etilismo** *m. Enilismo, alcoholismo.*

**etiqueta** *f. Ceremonial.* 2 *Ceremonia, cumplido, cumplimiento.* 3 *Marbete, rótulo.*

**etiquetero, -ra** adj. Cumplimentero, ceremonioso.

**etites** f. Piedra del águila.

**étnico, -ca** adj. Racial. 2 GRAM. Gentilicio.

**etrusco, -ca** adj.-s. (pers.) Tirreno, tusco.

**etusa** f. Cicuta menor.

**eucaristía** f. Sacramento del altar, santísimo sacramento, comunión, viático. Viático es la comunión que se administra a los enfermos en peligro de muerte.

**euforbio** m. Gorbión, gurbión.

**euménides** f. pl. MIT. Furia, erinias.

**eupéptico, -ca** adj.-s. MED. Digestivo, estomacal.

**éuscaro, -ra** adj. Eusquero, vasco.

**eusquero, -ra** adj. Éuscaro, vasco.

**eutiquianismo** m. Monofisismo, jacobitismo, eutiquismo.

**eutiquiano, -na** adj.-s. Monofisita, jacobita.

**evacuar** tr. Desocupar, desembarazar, abandonar. 2 Expeler, exonerar. 3 Cumplir, desempeñar.

**evacuatorio** m. Retrete, excusado, común.

**evadir** tr. Evitar, esquivar, eludir, irse por la tangente. ↔ AFRONTAR. 2 prnl. Fugarse, escaparse, huir*. ↔ PERMANECER.

**evaluación** f. Apreciación, cálculo, valuación, valoración, tasa, tasación.

**evaluar** tr. Valorar*, estimar, valuar, justipreciar*.

**evaporar** tr. Vaporar, vaporear, volatilizar. Volatilizar sugiere en general, un estado gaseoso más tenue e imperceptible que el que se obtiene evaporando, o bien menor intervención aparente de agentes exteriores. 2 fig. Disipar, desvanecer. 3 prnl. Desaparecer, fugarse, huir, evadirse.

**evaporizar** tr.-prnl. Vaporizar, evaporar.

**evasión** f. Fuga, huida, escape.

**evasiva** f. Efugio, escapatoria, subterfugio.

**evento** m. Acontecimiento*. Se usa evento esp. en las frases a todo, a cualquier evento, a todo riesgo, sea como sea.

**eventual** adj. Casual, fortuito, inseguro, incierto, posible, accidental. "En lo eventual hay probabilidad de que suceda; lo casual es imprevisto. Son casuales los encuentros inesperados, las coincidencias raras. Son eventuales los honorarios de los letrados, la pérdida de una batalla y las subidas y bajas de los fondos públicos. Por casualidad se descubre un tesoro; una mala cosecha es una eventualidad para la que deben estar dispuestos los gobiernos previsores" (M).

**eventualidad** f. Casualidad*, contingencia, accidente, posibilidad, azar*. ↔ REALIDAD, CERTEZA.

**evidenciar** tr. Demostrar, probar*, patentizar.

**evidente** adj. Patente, visible, manifiesto, ostensible, palpable, claro, indudable, axiomático.

**evitar** tr. Prevenir, precaver, rehusar*, eludir, esquivar, sortear, rehuir, soslayar. Los cinco últimos sugieren un peligro, dificultad, estorbo en que uno se encuentra de modo efectivo, o que amenaza como inmediato. Por ej.: se pone una señal en la calle para evitar accidentes, no para eludirlos, esquivarlos, sortearlos o soslayarlos, los cuales supondrían un accidente real o inmediato. Estos cuatro denotan, además, cierta maña o rodeo, cosa que no es indispensable en evitar.

**eviterno, -na** adj. Eterno*.

**evocar** tr. Llamar, invocar, conjurar. 2 fig. Recordar, rememorar, hacer memoria, volver la vista atrás. ↔ OLVIDAR.

**evolución** f. Desarrollo, transformación. La evolución no es una transformación cualquiera, sino una transformación gradual. 2 Movimiento, cambio, variación, maniobra. P. ej.: las evoluciones de una danza. Tratándose de una formación militar o naval, maniobra.

**evolucionismo** m. Transformismo.

**evolucionista** com. Transformista.

**evónimo** *m. Bonetero (arbusto).*

**evulsión** *f. Arrancamiento, avulsión.*

**ex profeso** *loc. adv. lat. Adrede, expresamente, intencionadamente, deliberadamente, de propósito, de intento, aposta.*

**exacción** *f. Impuesto, prestación, multa.* Todos ellos con carácter de exigencia o conminación. 2 *Concusión.* Cuando la hace un funcionario público en provecho propio.

**exacerbación** *f. Paroxismo, exaltación.* 2 (del dolor) *Exasperación.*

**exacerbar** *tr. Enfadar, irritar, enojar, exasperar, encolerizar.* 2 *Recrudecer, enconar, agravar.*

**exactitud** *f. Puntualidad, regularidad, precisión, veracidad, fidelidad.* ↔ INEXACTITUD, IMPRECISIÓN.

**exacto, -ta** *adj. Puntual, cabal, regular, preciso, justo, verdadero, fiel.* "Es *exacto* el que no falta; es *puntual* el que no tarda. El que hace lo que debe, es *exacto*; el que lo hace cuando debe, es *puntual.* Un religioso es *exacto* en ir al coro, porque nunca deja de ir; es *puntual*, porque nunca llega tarde" (LH).

**exageración** *f. Hipérbole, ponderación, encarecimiento, andaluzada, extremosidad.* Si la *exageración* es en las palabras, se usan los cuatro primeros sinónimos. Si es en los actos, se utiliza el último.

**exagerado, -da** *adj. Descomedido, excesivo, desproporcionado, desmedido, desmesurado, extremado, hiperbólico.*

**exagerar** *tr. Abultar, encarecer, ponderar, extremar, desorbitar, exorbitar, sacar de quicio.* "*Exagerar* recae más propiamente sobre las circunstancias que hacen *notable* la cosa *exagerada*; y *encarecer*, sobre las que la hacen *apreciable* (...). Se *exagera* el número de los enemigos, se *encarece* el valor de nuestras tropas. Se *exageran* las incomodidades de la guerra, y se *encarece* el mérito de haber servido al Rey en ella. Un historiador *exagera*

los hechos que refiere; un mercader *encarece* el primor de la alhaja que vende (...). Se *exagera* la cosa por buena o por mala; pero solo se *encarece* por buena. El murmurador, que *exagera* los defectos de los otros, *encarece* su propia sinceridad y su odio a la murmuración" (LH). *Desorbitar, exorbitar* y *sacar de quicio*, significan *exagerar* hasta el punto de deformar la verdad o realidad de las cosas fuera de todo asidero racional.

**exaltación** *f. Entusiasmo.*

**exaltado, -da** *adj. Entusiasta, apasionado, fanático.*

**exaltar** *tr.-prnl. Elevar, ensalzar, enaltecer, realzar, glorificar.* ↔ DENIGRAR. 2 *prnl. Entusiasmarse, acalorarse, arrebatarse, sobreexcitarse, apasionarse, enardecerse.* ↔ TRANQUILIZAR.

**examen** *m. Indagación, observación, análisis, estudio.* 2 *Prueba.* 3 *Inspección, reconocimiento, exploración, investigación, observación.* En esta acepción, suele emplearse la expresión *examen médico.*

**examinar** *tr. Investigar, inquirir, indagar, observar, reconocer, analizar, estudiar, mirar el pro y el contra, pasar por tamiz, escrutar*\*. 2 *tr.-prnl. Probar.*

**exangüe** *adj. Desangrado.* 2 fig. *Aniquilado, debilitado.* 3 *Muerto.*

**exanimación** *f. Inconsciencia, coma.*

**exánime** *adj. Inánime, muerto.* ↔ VIVO. 2 *Debilitado, exangüe, desmayado.* ↔ FUERTE, PALPITANTE.

**exarticulación** *f.* MED. *Dislocación, luxación.*

**exasperación** *f. Desesperación*\*, *desesperanza, desespero, despecho.* 2 *Exacerbación* (del dolor).

**exasperar** *tr. Enojar, irritar, exacerbar, exaltar.*

**excarcelar** *tr. Desencarcelar, libertar, liberar. Excarcela* o *desencarcela* el juez o la autoridad de quien depende un preso. *Libertar* y *liberar* tiene sentido general, propio y figurado.

**excedente** *adj. Excesivo.* 2 *m. Sobrante, residuo, resto, exceso*\*.

**exceder** *tr. Sobresalir, descollar, aventajar, sobrepujar, superar, salir de madre, salir de regla, estar hasta los topes.* 2 *Sobrar, restar.* 3 *prnl. Propasarse, extralimitarse, pasar de castaño oscuro, salirse de sus casillas, írsele la mano, cargar la mano, darse un hartazgo.*

**excelencia** *f. Alteza, sublimidad.*

**excelente** *adj. Notable, superior, óptimo, descollante, sobresaliente, egregio, bajado del cielo, de marca mayor, de buena ley, delicioso, exquisito, eminente, relevante.* En sus aplicaciones particulares puede tener extensa sinonimia. P. ej.: tratándose de sabores, *delicioso, exquisito*: tratándose de méritos, *relevante, eminente,* etc.

**excelso, -sa** *adj. Eminente, altísimo.*

**excéntrico, -ca** *adj. Raro, extravagante.* 2 *Lateral, periférico.* ↔ CENTRAL, ENDOCÉNTRICO.

**excepción. A excepción de** *loc. conj. Excepto, fuera de, salvo, menos, descontando.*

**excepcional** *adj. Extraordinario, insólito, singular, esporádico*.* Este último, en la terminología científica.

**excepto** *adv. m. Fuera de, salvo, a excepción de, menos, descontando.*

**exceptuar** *tr. Excluir, separar, salvar.*

**excerpta, excerta** *f. Extracto, colección, recopilación.*

**excesivo, -va** *adj. Enorme*, desmedido, desmesurado, inmoderado, largo de talle, de marca mayor.* 2 *Superfluo, sobrante, demasiado, excedente.*

**exceso** *m. Sobra, sobrante, excedente, demasía, superfluidad, redundancia, pleonasmo* (GRAM.), *derroche, despilfarro.* Más allá de lo necesario en adornos, lujos, gastos, palabras: *superfluidad.* Exceso de palabra: *redundancia, pleonasmo.* De gastos: *derroche, despilfarro.* ↔ FALTA, DEFECTO, ESCASEZ. 2 *Demasía, desmán, desafuero, abuso, desorden, delito, extralimitación, alcaldada, polacada, tropelía, atropello, arbitrariedad.* Los siete últimos, si el *exceso* lo comete persona constituida en autoridad. 3 **Con ex-**

ceso *loc. adv. Excesivamente, demasiado, en demasía.*

**excitabilidad** *f. Nerviosidad, nerviosismo.*

**excitable** *adj. Impresionable, sensible, emotivo, flor de estufa.*

**excitado, -da** *adj. Animado, agitado, acalorado.*

**excitante** *adj.* FARM. *Incitante, estimulante.* Aplícase a los medicamentos.

**excitar** *tr. Estimular, provocar, mover, inducir, instigar, incitar, echar leña al fuego, sacar de quicio, inflamar, enardecer, avivar, engrescar, alegrar*.* ↔ TRANQUILIZAR, DESANIMAR.

**exclamar** *tr. Clamar*.*

**excluir** *tr. Separar, descartar, apartar, suprimir, exceptuar, eliminar, echar, expulsar, expeler.* Cuando se hace con violencia, *echar, expulsar* (personas o cosas), *expeler* (cosas). ↔ INCLUIR.

**excomulgar** *tr. Descomulgar* (rúst. o vulg.). También en la lengua clásica, usábase *descomulgar.*

**excomunión** *f. Anatema.*

**excoriación** *f.* MED. *Rozadura, arañazo, irritación, paratripsia* (MED.).

**excrementicio, -cia** *adj. Fecal.*

**excremento** *m. Heces.* V. hez.

**exculpación** *f. Disculpa, descargo, excusa*, defensa, explicación, justificación, satisfacción.*

**exculpar** *tr.-prnl. Perdonar*, dispensar, remitir, excusar, justificar.* ↔ INCULPAR, CULPAR.

**excursión** *f. Correría, viaje.*

**excusa** *f. Disculpa, exculpación, pretexto, rebozo, socapa, socolor, retrechería* (fam.), *efugio*, evasiva, subterfugio.* Si el motivo es más o menos simulado, *pretexto, rebozo, socapa, socolor; retrechería* es maña o artificio para eludir un deber. "*Excusa* es una evasión, *disculpa* es una justificación; *pretexto* es un motivo ligero o falso. Se alega una *excusa* para negar un favor, para no cumplir con una cita, para no ejecutar lo prometido. Se presenta una *disculpa* para evitar el castigo, para invalidar una acusación, para defenderse de un cargo. Se busca un *pretexto* para meterse uno donde no le llaman, para ausentarse el empleado de la oficina, para salir un convidado del banquete antes de tiempo" (M).

**excusado** *m. Retrete\*, evacuatorio, común.*

**excusar** *tr.-prnl. Perdonar\*, exculpar, disculpar, justificar, eximir.* ↔ ACUSAR. 2 *Rehusar, evitar.*

**execrable** *adj. Abominable\*, detestable, aborrecible, odioso.*

**execración** *f. Abominación, aborrecimiento, aversión\*.* 2 *Maldición, imprecación\*, condenación\*.*

**execrar** *tr.-prnl. Condenar, maldecir, imprecar, echar maldición, jurar como un carretero.* ↔ BENDECIR. 2 *Aborrecer\*, abominar.* ↔ AMAR.

**exégesis** *f. Interpretación, explicación, exposición, comentario. Exégesis se usa con preferencia tratándose de la Sagrada Escritura u otros textos religiosos.*

**exegeta** *m. Intérprete, comentarista, hermeneuta.*

**exención** *f. Excepción, franquicia, privilegio.* ↔ CARGA, CULPA, DESVENTAJA.

**exentar** *tr. Eximir, dispensar.*

**exento, -ta** *adj. Desembarazado, libre, dispensado, franco.* 2 *Descubierto.*

**exequias** *f. pl. Funeral, funerales, honras, honras fúnebres. Los dos últimos, lo mismo que exequias, úsanse en estilo elevado.*

**exfoliación** *f.* GEOL. *Descamación.*

**exhalación** *f. Rayo, centella.* 2 *Vaho.* 3 *Espiración.*

**exhalar** *tr. Despedir, desprender, emanar.* P. ej. *exhalar* gases, vapores u olores. 2 *Lanzar, emitir.* P. ej.: *exhalar* quejas, suspiros, etc.

**exhausto, -ta** *adj. Agotado, apurado, extenuado, exangüe, acabado, gastado, consumido.* ↔ LLENO, FUERTE.

**exhibición** *f. Manifestación, presentación, ostentación.*

**exhibir** *tr.-prnl. Manifestar, mostrar, presentar, exponer, ostentar.* ↔ OCULTAR, TAPAR.

**exhortación** *f. Ruego, invitación, consejo, admonición, amonestación\*, incitación.* 2 *Plática.*

**exhortar** *tr. Invitar, rogar, suplicar, aconsejar, amonestar, incitar, animar, excitar.*

**exhumación** *f. Desentierro* (de un cadáver). ↔ INHUMACIÓN, ENTIERRO.

**exhumar** *tr. Desenterrar. Desenterrar es de uso más general y corriente; exhumar pertenece a la lengua culta, y se aplica a lo que consideramos de mayor importancia o dignidad: se exhuma un cadáver, un tesoro, se exhuman viejas historias en los archivos; en todos estos casos podríamos usar igualmente desenterrar. No decimos, sin embargo, que se exhuma la raíz de un árbol o los cimientos de una casa, sino que se desentierran.*

**exigencia** *f. Imposición, coacción, coerción, mandato.*

**exigir** *tr. Mandar, ordenar, reclamar.* ↔ PERDONAR, DISPENSAR. 2 *Pedir, necesitar, requerir.* P. ej.: el cuidado de esta planta *exige* mucho esmero. "*Exigir, requerir.* Ser necesario o necesitarse es la idea común (...). *Exigir* parece que supone una necesidad indispensable; *requerir*, una necesidad de conveniencia. Sin lo que se *exige*, no puede o no debe existir la cosa; sin lo que se *requiere*, no puede existir bien, como conviene o como se desea. Todo arte u oficio *exige* un estudio proporcionado a su dificultad, y *requiere* gusto y afición en el que lo profesa. La tierra *exige* cultivo; el baile *requiere* gracia" (LH). ↔ PERDONAR, DISPENSAR.

**exiguo, -gua** *adj. Insuficiente, escaso, corto, pequeño, reducido, insignificante.* ↔ ABUNDANTE, GENEROSO.

**exigüidad** *f. Escasez, parvedad, insuficiencia, poquedad, falta, carencia.* ↔ ABUNDANCIA.

**exilio** *m. Destierro, extrañamiento, ostracismo.*

**eximio, -mia** *adj. Relevante, excelente, superior, sobresaliente, egregio, ilustre, insigne, célebre, renombrado, prestigioso, ínclito.*

**eximir** *tr.-prnl. Dispensar, libertar, levantar, exentar, perdonar*, absolver, exculpar.* ↔ OBLIGAR, CONDENAR.

**existimativo, -va** *adj. Putativo.*

**existir** *intr. Ser, vivir.* ↔ INEXISTIR, FALTAR.

**éxito** *m. Resultado, consecuencia.* ↔ FRACASO.

**éxodo** *m. Emigración, migración*, trasmigración.*

**exonerar** *tr.-prnl. Aliviar, descargar.* 2 *Destituir, deponer.*

**exorbitante** *adj. Excesivo, desmesurado, demasiado, enorme, descomunal, garrafal.*

**exorbitar** *tr. Exagerar*, abultar, encarecer, ponderar, extremar, desorbitar, sacar de quicio.*

**exordio** *m. Introducción, preámbulo*, prefacio, prólogo*.* 2 RET. *Isagoge.*

**exornar** *tr. Adornar*, hermosear, engalanar, ornar, embellecer, ornamentar.*

**exorno** *m. Adorno*.*

**exótico, -ca** *adj. Extranjero*, extraño.*

**expansión** *f. Dilatación, extensión.* 2 *Desarrollo, crecimiento.* 3 *Difusión, divulgación.* 4 *Efusión, confianza, comunicación, desahogo.* 5 *Recreo, solaz, esparcimiento, distracción, diversión.*

**expansionarse** *prnl. Desahogarse, espontanearse, explayarse, franquearse.* 2 *Recrearse, solazarse, divertirse.*

**expansivo, -va** *adj. Comunicativo, franco, cariñoso, efusivo.*

**expatriarse** *prnl. Emigrar, transmigrar.* ↔ REGRESAR, REPATRIARSE, INMIGRAR.

**expectoración** *f. Esputo.*

**expectorar** *tr. Escupir*, esputar.*

**expedición** *f. Envío, remesa.* 2 *Desembarazo*, prontitud.*

**expedidor, -ra** *adj.-s. Librador, dador.*

**expediente** *m. Arbitrio, recurso, pretexto, motivo, medio.*

**expedir** *tr. Despachar, cursar, dar curso.* 2 *Enviar*, remitir, remesar.*

**expeditivo, -va** *adj. Diligente, pronto, rápido.*

**expedito, -ta** *adj. Libre, desembarazado, despejado.* ↔ DIFÍCIL, LENTO.

**expeler** *tr. Arrojar, echar, lanzar, expulsar.* Tratándose de personas se usa gralte. *expulsar.* V. excluir.

**expender** *tr. Vender, despachar.* ↔ COMPRAR. 2 *Gastar.*

**experiencia** *f. Experimento.* 2 **Tener experiencia** *loc. Ser experto, tener muchas horas de vuelo, tener los ojos abiertos, ser avisado.*

**experimentado, -da** *adj. Acostumbrado, ducho, avezado, ejercitado, versado, diestro, experto*.*

**experimental** *adj. Empírico.* Aunque muchas veces confunde su significado, *empírico* se dice de lo que es resultado de la experiencia, la observación o la práctica, en tanto que *experimental* sugiere principalmente el experimento provocado a voluntad. Una demostración *experimental* se hace con experimentos que se exhiben. Una demostración *empírica* apela a la experiencia recordada por el autor y por su público. Aplicado a personas, se usa únicamente *empírico*: un filósofo, un médico, *empírico*, no *experimental*.

**experimentar** *tr. Ensayar, probar.* 2 *Sentir, percibir.*

**experimento** *m. Experiencia.* El *experimento* se hace determinando voluntariamente un fenómeno. La *experiencia* es el conocimiento que se adquiere con la práctica. Todo *experimento* es una *experiencia*, pero no viceversa.

**experto, -ta** *adj. Práctico, experimentado, ejercitado, versado, perito, avezado, diestro.* En la misma línea de *práctico* se hallan *ejercitado, avezado* y *diestro.* En la de *experto* se hallan *perito* y *versado.* Un catavinos es un *práctico*

**expiación**                                                300

en el reconocimiento de los vinos y sus mezclas. Un enólogo es un perito, *experto* o *versado* en la fabricación, análisis, conservación y mejora de los vinos, con conocimientos científicos que sirven de base a su experiencia. "El *práctico* obra por hábito y por rutina; el *experto* obra por principios y en virtud de reglas. El *práctico* no adquiere más que facilidad; el *experto* tiene además estudios y doctrinas" (M). ↔ INEXPERTO, INHÁBIL.

**expiación** *f. Castigo, pena, reparación, satisfacción.*

**expiar** *tr. Purgar, pagar, reparar.*

**expillo** *m. Arugas, matricaria, magarza.*

**expiración** *f. Muerte, óbito, fallecimiento.*

**expirar** *intr. Morir, fallecer, exhalar el último suspiro, dar las boqueadas, cerrar los ojos, fenecer, finar, entregar el alma, entregarla* (fam.), *dormir en el Señor.* ↔ NACER. 2 *Terminar, acabar, concluir, finalizar.* ↔ EMPEZAR.

**explanar** *tr. Allanar, aplanar, igualar, nivelar.* 2 *Declarar, explicar\*, exponer, desarrollar.*

**explayar** *tr.-prnl. Ensanchar, dilatar, extender.* 2 *prnl. Esparcirse, recrearse, divertirse, solazarse.* 3 *Confiarse, franquearse, espontanearse, desahogarse, expansionarse.* ↔ REPRIMIRSE.

**expletivo, -va** *adj.* GRAM. *Enfático, completivo\*.*

**explicación** *f. Aclaración, exposición, declaración.* 2 *Justificación, exculpación, satisfacción.*

**explicar** *tr.-prnl. Declarar, expresar.* 2 *Aclarar, exponer, interpretar, explanar, desarrollar. Explanar y desarrollar sugieren una explicación extensa: se explana o desarrolla una teoría, un sistema.* 3 *Enseñar, profesar.* 4 *Exculpar, justificar, satisfacer.* 5 *prnl. Comprender, darse cuenta, entender.* ↔ CONFUNDIR.

**explícito, -ta** *adj. Expreso, claro, manifiesto, determinado.*

**exploración** *f. Batida, rastreo, barri-*

*do, detección.* 2 *Investigación, examen, observación, reconocimiento, inspección.* P. ej., hacer una *exploración* es hacer una *inspección* o un *reconocimiento médico.*

**explorador, -ra** *s. Batidor, descubridor.*

**explorar** *tr. Reconocer, examinar, investigar, sondar, sondear.*

**explosión** *f. Reventón, estallido.*

**explotación** *f. Judiada, usura, agio.*

**explotador, -ra** *adj.-s. Judío, avaro, usurero, agiotista.*

**explotar** *intr. Estallar, reventar.* 2 *tr. Aprovechar, utilizar.*

**expoliar** *tr. Despojar, robar, quitar.*

**expolición** *f.* RET. *Conmoración.*

**exponer** *tr.-prnl. Manifestar\*, declarar, explicar\*, interpretar.* 2 *Exhibir, mostrar.* 3 *Arriesgar, aventurar, comprometer, atreverse\*.* ↔ ACOBARDARSE.

**exposición** *f. Explicación, interpretación.* 2 *Exhibición, presentación, muestra.* 3 *Riesgo, peligro.*

**expósito, -ta** *adj.-s. Echadillo, echadizo, incluso, enechado, peño.*

**expremijo** *m. Entremiso, entremijo.*

**expresamente** *adv. m. Claramente, manifiestamente, explícitamente.* 2 *Adrede, de intento, de propósito, aposta, exprofeso.*

**expresar** *tr.-prnl. Manifestar, significar, decir.* ↔ CALLAR. 2 *Interpretar, simbolizar.*

**expresión** *f.* LING. *Locución, frase, giro, modo, término, vocablo, palabra, voz.* V. expresiones.

**expresiones** *f. pl. Recuerdos, memorias, saludos.* V. expresión.

**expresivo, -va** *adj. Significativo, elocuente.* 2 *Afectuoso, cariñoso.*

**expreso, -sa** *adj. Claro, especificado, explícito.*

**exprimidera** *f. Exprimidero, estrujadera.*

**exprimidero** *m. Exprimidera, estrujadera.*

**exprimir** *tr. Estrujar, apretar, prensar, comprimir.*

**expropiar** *tr. Desposeer, desapropiar, desaposesionar, despojar, quitar.*

**expuesto, -ta** *adj. Arriesgado, aventurado, peligroso.* 2 *Sujeto, propenso.*

**expugnar** *tr. Tomar, conquistar, apoderarse.*

**expulsar** *tr. Arrojar, echar, echar a la calle, plantar a la calle, poner de patitas en la calle, enviar a freír espárragos, enseñar la puerta, despedir*. Re-feridos a personas o animales. ↔ RE-CIBIR, ACOGER. 2 *Expeler.* Referido a cosas.

**expurgar** *tr. Limpiar, purificar, depurar.*

**exquisitez** *f. Finura, delicadeza, amabilidad, urbanidad, cortesía.* ↔ DES-CORTESÍA, INURBANIDAD, ASPEREZA, TORPEZA.

**exquisito, -ta** *adj. Sabroso, delicioso, excelente, primoroso, delicado.*

**extasiarse** *prnl. Arrobarse, enajenarse.*

**éxtasis** *m. Rapto, transporte, arrebatamiento, arrebato.* 2 *Orgasmo, cima, clímax.*

**extemporáneo, -ea** *adj. Intempestivo*, inoportuno, inconveniente, importuno*.*

**extender** *tr.-prnl. Desplegar, desdoblar, desenvolver, tender.* ↔ ENCOGER, RECOGER. 2 *Amplificar, ampliar, alargar*.* 3 *Difundir, esparcir, divulgar, propagar.* 4 *Alcanzar, llegar.*

**extendido, -da** *adj. Vasto, extenso, dilatado, espacioso.* ↔ LIMITADO, CIR-CUNSCRITO, LOCALIZADO, CEÑIDO.

**extensión** *f. Amplitud.*

**extenso, -sa** *adj. Vasto, espacioso, dilatado, grande*, prolongado, lato.* Los dos últimos, en sentido fig.

**extenuación** *f. Agotamiento, debilidad, enflaquecimiento, consunción, postración, abatimiento, descaecimiento, desfallecimiento, inanición.*

**extenuado, -da** *adj. Exhausto, agotado.*

**extenuar** *tr.-prnl. Enflaquecer, debilitar, agotar.* ↔ REANIMAR, FORTALECER.

**exterior** *adj. Externo, extrínseco.* ↔ IN-TERIOR, INTRÍNSECO. 2 *m. Superficie,*

*periferia, exterioridad.* 3 *Traza, porte, apariencia, aspecto, facha* (fam. o burl.), *pinta* (fam. o burl.).

**exterminar** *tr. Aniquilar*, extinguir, destruir.* 2 *Asolar, devastar, desolar.*

**externo, -na** *adj. Exterior, extrínseco.* "Lo *exterior* es lo que está fuera del cuerpo o en su superficie; lo *externo* es lo que está fuera y separado del cuerpo. Los objetos de los sentidos son *exteriores* y *externos*; pero los órganos de los sentidos no son *externos*, sino *exteriores*. No decimos el aspecto *externo*, sino el aspecto *exterior* de una cosa. Algunas veces *exterior* es sustantivo, como: ese hombre es de un *exterior* agradable. *Extrínseco*, en el lenguaje científico, es sinónimo de *exterior*" (M).

**extinguir** *tr. Apagar, aniquilar, destruir. Apagar* un incendio, la luz; *aniquilar, destruir*, tratándose de seres vivos, epidemias, gérmenes, etc. 2 *prnl. Cesar, acabar, morir, expirar, perecer*.* ↔ NACER.

**extintor** *m. Matafuego.*

**extirpación** *f. Erradicación.*

**extirpar** *tr. Arrancar, desarraigar, destruir.*

**extracción** *f. Origen, linaje, estirpe, nacimiento, clase. Extracción* se acompaña ordinariamente de adjetivos que denotan desestimación en mayor o menor grado. No se dice: de ilustre o esclarecida *extracción*. Se dice en cambio: de *extracción* baja, plebeya, humilde, modesta, etc.

**extractar** *tr. Resumir, abreviar, compendiar, esquematizar, sintetizar, esbozar.* ↔ AMPLIAR.

**extracto** *m. Resumen, compendio.* 2 *Substancias, esencia.*

**extraer** *tr. Sacar, separar.*

**extralimitación** *f. Exceso, arbitrariedad, desafuero, tropelía, atropello, alcaldada.*

**extralimitarse** *prnl. Excederse, propasarse, pasar de la raya.*

**extramuros** *adv. l. Fuera de puertas.*

**extranjerismo** *m. Barbarismo.*

**extranjero, -ra** *adj. Extraño, exótico. Extranjero* y *extraño* se aplican a personas y a cosas; *exótico* sólo a cosas; p. ej.: mercancías, costumbres, lenguas, *exóticas* o *extranjeras*. Cuando ambos son equivalentes, *exótico* se prefiere cuando alude a países muy remotos. Un producto que procede de Polinesia, una costumbre de la India, se calificarán de *exóticos* más a menudo que si vienen de Italia o de Francia. 2 *s. Meteco, bárbaro.* Ambos conservan el sentido desp. que tenían en Grecia.

**extrañamiento** *m. Destierro\*, ostracismo, proscripción, exilio, deportación.*

**extrañar** *tr. Desterrar, deportar.* 2 *Amér. Echar de menos.* 3 *prnl. Sorprenderse, admirarse, chocar.*

**extrañeza** *f. Rareza, singularidad.* ↔ VULGARIDAD, NORMALIDAD. 2 *Sorpresa, admiración.*

**extraño, -ña** *adj. Extranjero, exótico.* 2 *Ajeno, impropio, inadecuado, inoportuno.* 3 *Sorprendente, chocante.* 4 *Extraordinario, raro, singular\*, insólito.*

**extraoficial** *adj. Oficioso.*

**extraordinario, -ria** *adj. Singular\*, excepcional, raro\*, extraño.* 2 *Sorprendente, chocante.*

**extravagante** *adj. Raro, chocante, estrafalario, estrambótico.*

**extravenar** *tr. Trasvenarse.*

**extraviar** *tr.-prnl. Desviar, desorientar, descaminar, perderse.* ↔ ENCONTRAR, ENCAMINAR. 2 *prnl.* fig. *Errar, desa-*

certar, equivocarse. 3 *Descarriarse, pervertirse.* ↔ ENCAMINARSE.

**extravío** *m. Aberración, descarrío, desvío, engaño, error, equivocación, ofuscación.* ↔ ACIERTO. 2 *f. Pérdida, desorientación.*

**extremado, -da** *adj. Exagerado, excesivo, extremo, extremoso.*

**extremarse** *prnl. Esmerarse, desvelarse.*

**extremaunción** *f. Santos Óleos, Unción.*

**extremidad** *f. Extremo, punta, remate, fin.* 2 *Miembro.*

**extremista** *adj.-com. Radical.* ↔ MODERADO.

**extremo** *m. Extremidad, remate, fin, punta.* 2 *Término\*, límite.* V. extremos.

**extremo, -ma** *adj. Último, término\*.* 2 *Exagerado, extremado, excesivo, sumo.*

**extremos** *m. pl. Extremosidades, exageraciones, encarecimientos.* V. extremo.

**extremosidad** *f. Exageración\*.*

**extrínseco, -ca** *adj. Externo\*, exterior, inesencial.*

**exuberancia** *f. Abundancia, plenitud, prodigalidad, profusión, copia, prolijidad, cantidad.* ↔ ESCASEZ, TACAÑERÍA.

**exuberante** *adj. Abundante, rico, fértil, fecundo, opimo, pingüe.*

**exudación** *f. Sudor.*

**exudar** *intr.-tr. Rezumar, destilar.*

**exutorio** *m.* MED. *Fontículo, fuente.*

**exvoto** *m. Milagro, presentalla, voto, ofrenda.*

# F

**faba** f. Ast. *Judía\*, alubia, habichuela, fasoles, fréjol, fríjol, frijol, frisol.*
**fábrica** f. *Manufactura.* 2 ant. *Edificio\*, construcción.*
**fabricación** f. *Elaboración.*
**fabricar** tr. *Manufacturar, elaborar.* 2 *Construir\*, edificar, obrar.* 3 fig. *Inventar, imaginar, forjar.*
**fábula** f. *Apólogo.* 2 *Mito.* 3 *Ficción, invención, falsedad.* ↔ VERDAD, REALIDAD. 4 *Rumor, hablilla, habladuría.*
**fabulación** f. *Mitomanía.*
**fabuloso, -sa** adj. *Mítico, mitológico, legendario.* 2 *Imaginario, fingido, ficticio, inventado, falso, apócrifo\*.* 3 *Increíble, excesivo, exagerado, extraordinario, inadmisible.*
**facción** f. *Parcialidad, bando, bandería, partida, guerrilla, valía, cuadrilla, pandilla, banda.* Los tres primeros sinónimos se diferencian de *facción* en que ésta implica rebelión o sedición, en tanto que *parcialidad, bando* y *bandería* no connotan necesariamente aquellas ideas. Por esto *facción* se acerca más a *partida* o *guerrilla*, con la diferencia de que las incluye, es decir, el conjunto de *partidas* o de *guerrillas* que se levantan por una misma causa forman la *facción*. Además la *facción* supone guerra civil, y las *partidas* o *guerrillas* pueden actuar contra un enemigo extranjero. 2 (del rostro) *Rasgo.*
**faccioso, -sa** adj. *Rebelde, sedicioso, sublevado.*
**facha** f. *Traza, figura, aspecto, apa-*

*riencia, pinta* (vulg.). 2 *Mamarracho, adefesio.*
**fachada** f. *Frontis, frontispicio.* La *fachada* es la parte exterior de un edificio, y a menudo se entiende por la principal, aunque puede tener cuatro, si el edificio está aislado (*fachada* del norte, de poniente, etc.). *Frontis* y *frontispicio* es la *fachada* principal.
**fachenda** f. *Vanidad, presunción, ostentación, jactancia, farol.* 2 m. *Fachendoso, vanidoso, presumido, jactancioso.*
**fachendear** intr. fam. *Farolear, presumir, darse tono, jactarse.*
**fachendista** adj.-s. fam. *Fachendoso, fachendu, vanidoso, presumido, jactancioso, fachendón.* ↔ MODESTO, HUMILDE.
**fachendón, -ona** adj. fam. *Fachendoso, fachenda, vanidoso, presumido, jactancioso, fachendista.* ↔ MODESTO, HUMILDE.
**fachendoso, -sa** adj. *Fachenda, vanidoso, presumido, jactancioso, fachendista, fachendón.* ↔ MODESTO, HUMILDE.
**fácil** adj. *Sencillo, hacedero, cómodo.* ↔ DIFÍCIL. 2 *Probable.* ↔ IMPROBABLE. 3 *Dócil, tratable, manejable.* ↔ DIFÍCIL. 4 *Frágil, liviano, ligero.* Tratándose de una mujer.
**facilidad** f. *Sencillez.* ↔ DIFICULTAD.
**facilitación** f. *Promoción.* ↔ INHIBICIÓN.
**facilitar** tr. *Favorecer, posibilitar.* ↔ DIFICULTAR, ENREDAR. 2 *Proporcionar, proveer, suministrar, hacer puente de*

*planta, estar en la mano, abrir la puerta.*
**facineroso, -sa** *adj.-s. Delincuente, malhechor, criminal, bandido, forajido.*
**facistol** *m. Atril.*
**facsímile** *m. Reproducción, imitación.*
**factible** *adj. Hacedero, realizable, posible.* Factible es lo que se puede hacer, lo que es posible hacer. *Hacedero* tiene el mismo significado, pero además denota que se puede hacer con facilidad.
**factor** *m.* MAT. *Submúltiplo, divisor.*
**factura** *f. Hechura, ejecución.* 2 *Cuenta.*
**facultad** *f. Potencia, capacidad, aptitud.* 2 *Poder, potestad, derecho, atribuciones.* 3 *Licencia\*, permiso, autorización, consentimiento.*
**facultar** *tr.-prnl. Autorizar, dar poder, dar atribuciones.* ↔ DESAUTORIZAR, PROHIBIR. 2 *Permitir, consentir.* ↔ DESAUTORIZAR, PROHIBIR.
**facultativo** *m. Médico, cirujano.*
**facultativo, -va** *adj. Potestativo.*
**facundia** *f. Verbosidad, labia\*, locuacidad, verba.* ↔ DIFICULTAD, ESCASEZ.
**faena** *f. Trabajo\*, quehacer, labor, tarea, fajina, tajo, ocupación\*.*
**faja** *f. Franja, lista, tira, banda.*
**fajar** *tr.-prnl. Amér. Acometer, embestir, golpear, pegar.*
**fajo** *m. Haz, atado, atadijo.*
**fajol** *m. Alforfón, trigo, sarraceno, alforjón.*
**falacia** *f. Engaño, mentira, ficción, falsedad, fraude.*
**falangia** *f.* ZOOL. *Segador, falangio.*
**falangio** *m.* ZOOL. *Segador, falangia.*
**falaris** *f. Foja* (ave), *focha, gallareta.*
**falaz** *adj. Engañoso, mentiroso, fingido, ficticio.* ↔ SINCERO, NATURAL, VERDADERO. 2 *Artero, embustero, engañador, embaucador.* ↔ SINCERO.
**falbalá** *m. Faralá, farfalá.*
**falcinelo** *m. Morito.*
**falda** *f. Saya, halda* (p. us.). 2 *Regazo.*
**faldellín** *m. Refajo.*
**faldriquera** *f. Faltriquera.*
**faldulario** *m. Andulario, fandulario.*

**faliforme** *adj. Faloide.*
**falisca** *f. Nevada\*, nevasca, nevazo, nevazón, nevisca, ventisca, ventisco.*
**falla** *f. Defecto, imperfección, falta, tacha.*
I **fallar** *tr. Decidir, determinar, sentenciar, resolver.*
II **fallar** *intr.-prnl. Frustrarse, marrar\*, faltar, fracasar, errar el golpe, equivocarse, errar.* ↔ LOGRAR, CUMPLIR.
**fallecer** *intr. Morir, sucumbir\*, expirar, estirar la pata* (vulg.), *fenecer, finar.*
**fallecimiento** *m. Muerte, defunción, óbito, expiración.*
**fallido, -da** *adj. Frustrado, fracasado.* 2 *Quebrado, incobrable.* Hablando de un comerciante, banquero, etc., *quebrado.* Hablando de una cantidad, crédito o partida, *incobrable.*
**fallo** *m. Sentencia, resolución, decisión, laudo.* Si es de un juez o un tribunal de justicia, *sentencia.* Si es de persona competente para resolver un asunto disputado, *resolución, decisión.* El *fallo* de los árbitros o amigables componedores, *laudo.*
**falo** *m. Pene, méntula, verga, miembro viril, cola* (fam.), *pito* (fam.), *polla* (vulg.), *picha* (fam.), *minga* (fam.), *cipote* (vulg.).
**falocracia** *f. Machismo.*
**falócrata** *adj.-com. Machista.*
**faloide** *adj. Faliforme.*
**falsabraga** *f. Contramuralla, contramuro.* En fortificación.
**falsada** *f. Calada* (vuelo).
**falsario, -ria** *adj.-s. Impostor, engañador, embaucador.*
**falseado, -da** *adj. Amañado, compuesto, falsificado.*
**falseamiento** *m. Amaño, artificio, ardid, traza, treta, trampa, triquiñuela.*
**falsear** *tr. Contrahacer, corromper, adulterar, falsificar, mentir, interpolar, desnaturalizar.* 2 *intr. Flaquear, flojear, debilitarse, ceder.* 3 *No hacer tal cosa, traer los papeles mojados.*
**falsedad** *f. Mentira, engaño, impostura, disimulo, bulo, trola, paparrucha, pajarota, camama, embuste, fraude,*

*engañifa.* ↔ VERDAD, LEALTAD, LEGITI-MIDAD.

**falsía** *f. Falsedad, deslealtad, infidelidad, doblez.*

**falsificación** *f. Adulteración.*

**falsificado, -da** *adj. Falso, adulterado, mistificado, contrahecho, amañado, fraudulento.*

**falsificar** *tr. Falsear, contrahacer*, adulterar, mistificar, sofisticar. Adulterar, mistificar, esp.* tratándose de alimentos o productos químicos. *Sofisticar, esp.* tratando de conceptos, razones, argumentos, palabras.

**falso, -sa** *adj. Engañoso, mentiroso, ficticio, fingido, sofístico, falaz, erróneo, equivocado, artificial*. 2 Falsificado, adulterado, mistificado, contrahecho, espurio, apócrifo, subrepticio. 3 Traidor, felón, desleal, perjuro, infiel, alevoso. 4 Endeble, inestable, flojo.*

**falta** *f. Defecto, imperfección, tacha, deficiencia. 2 Privación, ausencia, carencia, escasez. 3 Culpa, descuido, pecado. 4 Error*, equivocación, yerro, desacierto. 5* DEP. *Personal.* En el baloncesto.

**faltar** *intr.-prnl. Carecer, necesitar, hacer falta.* "Cuando digo "me falta dinero", doy a entender que no tengo todo el que tenía. Cuando digo "me hace falta dinero", quiero decir que no tengo todo el que deseo o necesito" (M). ↔ SOBRAR. *2 Quedar, restar.* P. ej.: en todo lo que *falta, queda* o *resta* del año. *3 Consumirse, acabarse.* P. ej.: el aliento, el pan. *4 Morir, fallecer. Faltar* es eufemismo por *morir, fallecer. 5 Ofender, injuriar, caer en falta, faltar a la palabra, quedar mal.*

**falto, -ta** *adj. Carente, necesitado, defectuoso, escaso, desprovisto, pobre, corto.*

**faltriquera** *f. Faldriquera.*

**fama** *f. Nombre, nombradía, renombre, notoriedad, reputación, celebridad, gloria, aceptación, boga.* ↔ VULGARIDAD, FRACASO, OSCURIDAD.

**famélico, -ca** *adj. Hambriento, ham-*

*brón.* Tratándose de un *famélico* o *hambriento* habitual, *hambrón.*

**familia** *f. Parentela. 2 Linaje, estirpe, raza, casta. 3 Prole, hijos, descendencia.*

**familiaridad** *f. Llaneza, franqueza, confianza.*

**familiarizar** *tr.-prnl. Adaptar, acostumbrar, avezar, habituar.*

**famoso, -sa** *adj. Renombrado, célebre, insigne, señalado, sonado, egregio*.* El *famoso* puede serlo en lo bueno o en lo malo. "La *celebridad* es una *fama* distinguida y consolidada por la universalidad y por el tiempo. El *famoso* puede serlo a una distancia y por un tiempo limitado; pero no el *célebre*, cuyo renombre debe recaer sobre lo que, o por bueno o por malo, llama ilimitadamente la atención general y la de la posteridad" (LH)

**fámulo** *m. Criado, doméstico, sirviente. Fámulo* se usa principalmente en los conventos u otros medios eclesiásticos.

**fanal** *m. Farola. 2* MAR. *Farol, farón.*

**fanático, -ca** *adj. Apasionado, exaltado, intolerante, intransigente.*

**fanatismo** *m. Apasionamiento, exaltación, intolerancia, intransigencia.* El *fanatismo* añade a estas ideas la cualidad de desmedido y ciego. ↔ TOLERANCIA, TRANSIGENCIA, ECUANIMIDAD.

**fandulario** *m. Andulario, faldulario.*

**fanerógamo, -ma** *adj. Espermatofito, sifonógamo.*

**fanfarria** *f. Baladronada, bravata, jactancia, fanfarronada.* La *baladronada,* la *bravata* y la *fanfarronada* son propias del que quiere hacerse pasar por valiente. La *fanfarria* y la *jactancia* están más cerca de la vanidad y de la ostentación en general. Es *fanfarria* presumir de rico, de guapo.

**fanfarrón, -ona** *adj.-s. fam. Matasiete* (burl.), *perdonavidas* (burl.), *valentón, bravucón, fachenda.*

**fanfarronada** *f. Jactancia, presunción, petulancia, vanagloria, fanfarria*, bra-*

# fangal

vata, baladronada. ↔ MODESTIA, SEN-CILLEZ.

**fangal** m. Barrizal, lodazal, cenagal.

**fango** m. Barro*, lodo.

**fantaseador, -ra** adj. Quimerista.

**fantasear** intr. Delirar, imaginar.

**fantasía** f. Imaginación. ↔ REALIDAD. 2 Capricho, antojo. 3 Presunción, entono, ostentación. ↔ SENCILLEZ.

**fantasioso, -sa** adj. Vano, presuntuoso, presumido, ostentoso, entonado, vanidoso. 2 Caprichoso, antojadizo.

**fantasma** m. Aparición, espectro, sombra, visión, quimera.

**fantasmagórico, -ca** adj. Fantástico, quimérico, imaginario, fantasmal.

**fantasmón, -ona** adj. s. desp. Fantoche, fardón, figurón, presuntuoso, vano, engreído, petulante.

**fantástico, -ca** adj. Quimérico, imaginario, fantasmagórico, fantasmal. 2 Caprichoso, extravagante, fingido, ficticio. 3 Presuntuoso, entonado.

**fantoche** m. Títere. 2 Fardón, figurón, fantasmón.

**faquí** m. Alfaquí.

**faquín** m. Ganapán, cargador, mozo de cuerda.

**faralá** m. Falbalá, farfalá.

**faramalla** f. Farfolla (cosa de apariencia).

**faraute** m. Heraldo, mensajero.

**fardacho** m. Lagarto (reptil).

**fardo** m. Bala, paca, bulto, lío, atadijo.

**fardón, -ona** s. fam. Fantoche, figurón, fantasmón, presuntuoso, vano, engreído, petulante.

**farfalá** m. Faralá, falbalá.

**farfalloso, -sa** adj. Tartamudo, tartajoso.

**farfantón** adj.-m. Fanfarrón, valentón, pendenciero, matasiete, bravucón.

**fárfara** f. Tusílago, uña de caballo.

**farfolla** f. fig. Faramalla.

**farfullar** tr. Barbotar, barbotear, mascullar, barbullar.

**farináceo, -ea** adj. Harinoso, harinero, panoso. Harinoso, semejante a la harina por su consistencia, color, etc. Farináceo puede tener el mismo sen-

tido en el habla culta o técnica (aspecto farináceo); o bien calificar lo referente a la harina: industria farinácea o harinera (no harinosa).

**farisaico, -ca** adj.-s. fig. Hipócrita, engañoso, disimulado, tartufo, falso, fariseo.

**fariseísmo** m. fig. Hipocresía, fingimiento, ficción, simulación, doblez. ↔ SINCERIDAD, LEALTAD, CLARIDAD.

**fariseo, -ea** adj.-s. fig. Hipócrita, engañoso, disimulado, tartufo, falso, farisaico.

**farmacéutico, -ca** adj. Oficinal, medicamentoso. Aplícase a los medicamentos. ↔ MAGISTRAL. 2 s. Boticario, farmacopola (p. us.).

**farmacia** f. Botica.

**fármaco** m. TECN. Medicamento, medicina, remedio, potingue (desp.).

**farmacopea** f. Recetario.

**farmacopola** m. p. us. Farmacéutico, boticario.

**farol** m. MAR. Fanal, farón.

**farola** f. Fanal (farol).

**farolear** intr. Fachendear, presumir, darse tono, jactarse.

**farolero, -ra** adj.-s. Ostentoso, fachendoso. 2 Farolón, papelero, papelón. Farolón aumenta el sentido desp. Los dos últimos aluden pralte. al rango social que ostenta.

**farolillo** m. Besico de monja, campánula. 2 **Farolillo rojo** DEP. último, colista. Farolillo rojo se usa en el ciclismo.

**farolón, -ona** adj.-s. Fantoche, figurón.

**farón** m. MAR. Farol, fanal.

**farra** f. Amér. Juerga, jarana, parranda.

**farragoso, -sa** adj. Desordenado, confuso, mezclado, enmarañado.

**farsa** f. fig. Enredo, tramoya, mentira, patraña, ficción, fingimiento, hipocresía, engaño, falsedad, fraude, superchería, embuste*, bola*. ↔ VIDA, VERDAD.

**fascículo** m. Entrega, cuaderno.

**fascinación** f. Aojamiento, embrujo,

**hechizo.** 2 *Alucinación, deslumbramiento, seducción, incitación, engaño.*

**fascinar** *tr.-prnl. Aojar, hechizar, embrujar, encantar.* ↔ REPELER, DESENCANTAR. 2 *Alucinar, engañar, deslumbrar, seducir, asombrar.* ↔ REPELER.

**fase** *f.* fig. *Aspecto, período, estado, estadio.*

**fasol** *m. Judía\*, alubia, habichuela, fréjol, fríjol, frijol, frisol.*

**fastidiar** *tr.-prnl. Hastiar, enfadar, disgustar, cansar\*, aburrir\*, matar el tiempo.* 2 *Molestar, enojar.*

**fastidio** *m. Aburrimiento, hastío, cansancio, tedio.* 2 *Desagrado, disgusto, descontento, enojo, molestia.*

**fastidioso, -sa** *adj. Hastioso, tedioso, latoso, aburrido, pesado, cargante, importuno, enfadoso, cansado, monótono, árido, desagradable\*, incómodo\*.* ↔ AGRADABLE, AMENO.

**fastigio** *m.* ARQ. *Frontón* (remate triangular).

**fastos** *m. pl. Anales.*

**fastuosidad** *f. Ostentación, magnificencia, boato, pompa, sutuosidad.* ↔ MODESTIA, SENCILLEZ, SOBRIEDAD.

**fastuoso, -sa** *adj. Ostentoso, espléndido, suntuoso, rumboso, lujoso.*

**fatal** *adj. Inevitable, inexorable, predestinado.* 2 *Desgraciado, adverso, funesto, nefasto, aciago, malhadado.*

**fatalidad** *f. Hado, destino.* ↔ VOLUNTARIEDAD. 2 *Desgracia, adversidad\*, infelicidad, infortunio.* ↔ DICHA.

**fatídico, -ca** *adj. Funesto, aciago, nefasto.*

**fatiga** *f. Agitación, sofocación, ahogo, cansancio.* V. fatigas. ↔ DESCANSO, ALIENTO, FORTALEZA.

**fatigado, -da** *adj. Cansado.*

**fatigar** *tr.-prnl. Cansar, agotar, extenuar.* ↔ DESCANSAR. 2 *Vejar, molestar, importunar, agobiar.*

**fatigas** *f. pl. Náuseas.* 2 *Penalidades, trabajos, molestias.* V. fatiga.

**fatigoso, -sa** *adj. Fatigado, agitado.* 2 *Cansado, trabajoso, penoso.*

**fatuidad** *f. Presunción, hinchazón, vanidad\*, petulancia, jactancia\*.* ↔ MO-

DESTIA, DISCRECIÓN. 2 *Necedad, tontería.*

**fatuo, -tua** *adj. Vano, presuntuoso, presumido, petulante.* 2 *Necio, tonto.*

**fausto** *m. Ostentación, suntuosidad, magnificencia, pompa, boato.*

**fausto, -ta** *adj. Feliz, afortunado, venturoso, dichoso.*

**favor** *m. Socorro, auxilio\*, ayuda.* 2 *Protección, amparo, patrocinio, privanza, influencia.* 3 *Beneficio, gracia, merced, servicio.* 4 **A favor** *loc. adj. Acreedor\*.*

**favorable** *adj. Propicio\*, benévolo, benigno, acogedor, próspero, venturoso.*

**favorecedor, -ra** *adj. Benefactor, protector, amparador.*

**favorecer** *tr. Ayudar, auxiliar, socorrer.* ↔ PERJUDICAR, DAÑAR. 2 *Secundar, apoyar, acoger\*.* 3 *Proteger, patrocinar, auspiciar, hacer buenos oficios.*

**favoritismo** *m. Polacada, desafuero, alcaldada, arbitrariedad.*

**favorito, -ta** *adj. Preferido, predilecto, privilegiado.* 2 *s. Valido, privado.*

**faz** *f. Rostro, cara\*.* 2 *Anverso, haz, cara.* 3 *Superficie.* 4 fig. *Cariz, aspecto. Cariz, aspecto* del tiempo o de los acontecimientos.

**fe** *f. Dogma, creencia, religión.* ↔ INCREDULIDAD. 2 *Confianza, crédito.* ↔ DESCONFIANZA. 3 *Seguridad, aseveración, afirmación.* 4 *Fidelidad, rectitud, lealtad, honradez.* ↔ INFIDELIDAD. 5 **De buena fe** *loc. adj. Sincero, veraz, verdadero, verídico, abierto, franco, sencillo.* ↔ DE MALA FE.

**febricitante** *adj. Calenturiento.*

**febrífugo, -ga** *adj.-m.* MED. *Antitérmico, antipirético.*

**febril** *adj. Pirético* (MED.). 2 fig. *Ardoroso, desasosegado, agitado.* ↔ FRÍO, TRANQUILO, SOSEGADO.

**fecha** *f. Data* (p. us.).

**fechar** *tr. Datar, calendar. Datar,* menos usado que *fechar; calendar,* muy poco usado si no se trata de documentos o cronología antiguos.

**fécula** *f. Almidón.*

**fecundación** *f. Fertilización, concep-*

*ción.* 2 *Inseminación.* Tratándose de animales.

**fecundar** *tr. Fecundizar, fertilizar. Fecundar* es propio de los seres vivos; *fecundizar* es hacer producir lo que no producía o producía poco, y si se trata de la tierra, *fertilizar.*

**fecundidad** *f. Feracidad, fertilidad.* Tratándose de la tierra. "La *fecundidad* es la facultad de producir mucho; la *fertilidad* es la abundancia de la producción. Un terreno fecundo se *fertiliza* por medio de la labor y del abono" (M). ↔ ESTERILIDAD, IMPOTENCIA.

**fecundo, -da** *adj. Prolífico.* 2 *Productivo, fructuoso, fértil, feraz. Feraz* se dice exclusivamente del campo. En sentido fig., decir que un ingenio es *fecundo* sugiere que está dotado de facultades creadoras; *fértil* alude más bien a la variedad de conocimientos o recursos. La enseñanza de un profesor es *fecunda,* no *fértil,* si suscita iniciativas, ideas, entre los discípulos. "Lo que materialmente produce con abundancia es *fecundo.* La *fecundidad* de varias especies o individuos constituyen *fértil* el todo que componen. Una tierra, un campo es *fértil* cuando en él hay muchas plantas *fecundas.* Las olivas, las vides que producen materialmente aquellos frutos, son *fecundas.* Por la misma razón, entre los animales no se llaman *fértiles* las hembras, sino *fecundas*" (M).

**federación** *f. Confederación.*

**federativo, -va** *adj. Confederativo.*

**felatorismo** *m. Irrumación.*

**feldespato sódico** *m.* MINERAL. *Albita.*

**felicidad** *f. Dicha, ventura, venturanza, contento, satisfacción, bienestar, beatitud\*.* ↔ INFELICIDAD, DOLOR, DESENCANTO. 2 *Suerte, fortuna.* Cuando significa un suceso feliz. ↔ INFELICIDAD.

**felicitación** *f. Enhorabuena, parabién, pláceme, congratulación.*

**feliz** *adj. Dichoso, venturoso, afortunado, fausto, contento, satisfecho.* Los cuatro primeros se aplican a personas o cosas. Los dos últimos, sólo a personas. 2 *Oportuno, acertado, atinado, eficaz.*

**felonía** *f. Deslealtad, traición, infidelidad, infamia, perfidia, alevosía.*

**felpa** *f.* fig. *Paliza, zurra, tunda, solfa, tollina.* 2 *Regañina, rapapolvo, reprimenda.*

**femenino, -na** *adj. Femenil, femíneo* (p. us.), *femil, mujeril, afeminado. Femenil* y *femíneo* son voces escogidas que se aplican pralte. a cualidades estimables: gracia, ternura, *femil* o *femínea. Mujeril* sugiere a menudo defectos o debilidades de la mujer: habladurías *mujeriles,* miedo *mujeril;* por esto tiene a veces matiz despectivo: compárese adornos *mujeriles, femeninos* o *femeniles. Afeminado* se dice de la persona que parece mujer, o de las cosas, actos, etc., que parecen de mujer sin serlo: hombre *afeminado,* modales *afeminados.*

**fementido, -da** *adj. Infiel, desleal, pérfido.* 2 *Engañoso, falso.*

**fenecer** *intr. Morir, fallecer.* 2 *Acabarse, terminarse, concluirse.*

**fenice** *adj.-com. Fenicio, sidonio.*

**fenicio, -cia** *adj.-s.* (pers.) *Sidonio, fenice.*

**fénico, -ca.** *Ácido fénico m.* V. ácido.

**fenol** *m. Carbol, ácido fénico.*

**fenomenal** *adj. Fenoménico.* 2 *Tremendo, desmesurado, descomunal, extraordinario, brutal.* Todos ellos se usan con carácter intensivo general.

**fenómeno** *m. Apariencia, manifestación.* En filosofía y en las ciencias, *fenómeno* conserva la acepción etimológica de *apariencia* o *manifestación.* 2 *Monstruo.* 3 fig. *Portento, prodigio.*

**fenomenología** *m. Sintomatología.*

**feo, -ea** *adj. Feúco, feúcho, mal parecido, mal encarado, antiestético.* Los dim. *feúco, feúcho,* pueden tener carácter atenuativo, más o menos cariñosos según los casos; lo mismo ocurre con el aumentativo *feote,* que oscila entre la atenuación y el menosprecio; *mal parecido* y *mal encarado* se aplican sólo a personas; *antiestético*, a cosas. 2 *Atroz, horrible, monstruoso.* Todos ellos con carácter intensivo. 3 *m. Desaire, grosería.*

**feracidad** *f. Fertilidad, fecundidad.*

**feral** *adj.* desus. *Cruel, sangriento.*

**feraz** *adj. Fértil\*, fecundo\*, productivo, fructuoso.*

**féretro** *m. Ataúd, caja mortuoria.*

**fermentar** *intr.* TECNOL. *Rehervir, agriarse, leudar, aleudar, hervir, pudrirse.* En el habla corriente, *rehervir* o *agriarse* las conservas; *agriarse* la leche, el vino y otros líquidos; *leudar, aleudar,* la masa del pan; *hervir, rehervir,* el mosto; *pudrirse,* el estiércol.

**ferocidad** *f. Fiereza, crueldad, inhumanidad, ensañamiento\*, bravura\*.* ↔ HUMANIDAD, PIEDAD.

**feroz** *adj. Fiero, cruel, despiadado, inhumano, bravío\*.*

**férreo, -ea** *adj.* fig. *Duro, tenaz, resistente, inflexible.*

**ferrería** *f. Forja.*

**fértil** *adj. Fecundo\*, feraz, ubérrimo, abundante. Feraz* se dice de tierras y cultivos, y tiene menor uso fig. que sus sinónimos. *Ubérrimo* significa muy *fértil.*

**fertilidad** *f. Fecundidad\*, feracidad, abundancia. Feracidad* si se trata del campo. ↔ ESTERILIDAD.

**fertilización** *f. Fecundación.*

**fertilizante** *m. Abono.*

**fertilizar** *tr. Fecundizar, abonar, encrasar* (p. us.), *engrasar* (p. us.), *entarquinar, estercolar, nitratar, meteorizar.* Según el abono o medio empleado se usan verbos especiales, como los cuatro últimos sinónimos. 2 *Fecundar\*.*

**férula** *f. Palmeta* (tabla pequeña), *palmatoria.*

**férvido, -da** *adj. Ardiente, ferviente, fervoroso, vehemente, ardoroso, fogoso, apasionado.*

**ferviente** *adj. Fervoroso, ardiente, férvido, cálido, entusiasta.*

**fervor** *m. Devoción, piedad.* 2 *Celo, ardor, entusiasmo.* ↔ TIBIEZA, FRIALDAD, INCREDULIDAD.

**festejar** *tr. Agasajar, celebrar, obsequiar, halagar\*, regalar.* 2 *Cortejar, galantear\*, rondar la calle, hacer la corte, tirar los tejos, poner los ojos tiernos.*

**festín** *m. Banquete, convite.*

**festividad** *f. Fiesta, solemnidad, conmemoración.*

**festivo, -va** *adj. Chistoso, agudo, ocurrente, divertido.* 2 *Alegre, regocijado, gozoso, jovial.*

**festón** *m.* ARQ. *Colgante.*

**festoneado, -da** *adj.* BOT. *Crenado, estrellado.*

**fetiche** *m. Ídolo.*

**fetidez** *f. Hediondez, hedor, fetor, peste, pestilencia.*

**fétido, -da** *adj. Apestoso, hediondo.*

**feto** *m. Engendro.*

**feudatario, -ria** *s. Tributario, vasallo.*

**fiado. Al fiado** *loc. adv. A crédito. A crédito* se usa en la banca y en el comercio al por mayor. *Al fiado,* en las ventas al por menor.

**fiador, -ra** *s. Fianza, segurador, garante, garantizador.*

**fiambrera** *f. Tarta, tartera.*

**fianza** *f. Garantía\*, caución, satisfacción* (DER.). 2 *Fiador, garante.* 3 *Prenda.*

**fiar** *tr.-prnl. Asegurar, garantir, garantizar, responder.* 2 *Confiar.* ↔ DESCONFIAR. 3 **De fiar** *loc. adj. De confianza.*

**fiasco** *m. Fracaso, chasco.*

**fibra** *f. Hebra.* Si es de la carne o de la madera. 2 fig. *Vigor, energía, resistencia, fortaleza.*

**fibrilla** *f.* MED. *Filamento.*

**fibroso, -sa** *adj. Hebroso. Hebroso* en las acepciones no técnicas: carne, madera, *hebrosa.*

**ficción** *f. Fingimiento, pamema, paripé, simulación, apariencia. Fingimiento* se aplica con preferencia a gestos, palabras, actos concretos: sus lágrimas eran puro *fingimiento;* su expr. fam. es *pamema;* si el *fingimiento* es para darse

**ficha**

importancia, *paripé. Ficción y simulación* pertenecen a la lengua culta, y pueden referirse a actos no materiales y largo tiempo continuados: el gobierno practicaba una *ficción* (o *simulación*) de democracia; *apariencia* equivale a ambos, con la diferencia de que no implica necesariamente la intención de fingir; aquel gobierno tenía tan sólo *apariencia* de autoridad. 2 *Fábula, invención, castillos en el aire, alegoría, símbolo.* ↔ VIDA, REALIDAD, VERDAD.

**ficha** *f. Tarjeta, papeleta, cédula.*

**fichero** *m.* INFORM. *Archivo.*

**ficticio, -cia** *adj. Fingido, falso, inventado, imaginado, fabuloso.* 2 *Convencional, supuesto, artificial\*, artificioso.*

**fidedigno, -na** *adj. Fehaciente.* 2 *Verídico, veraz, confiable.*

**fidelidad** *f. Lealtad.* ↔ INFIDELIDAD, DESLEALTAD. 2 *Exactitud, veracidad, puntualidad, constancia.* 3 *Probidad, escrupulosidad.*

**fiebre** *f. Calentura, destemplanza, calenturón, causón, pirexia* (MED.). *Calentura* en general. Si es ligera, *destemplanza.* Si es alta y dura poco, *calenturón, causón.* 2 fig. *Excitación.*

**fiel** *adj. Leal, firme, constante\*.* 2 *Exacto\*, verdadero, verídico, puntual.* 3 *Probo, escrupuloso.* 4 *adj.-com. Religioso, creyente.* 5 *m. Lengüeta.*

**fiemo** *m. Estiércol, fimo, excremento, hienda.*

**fiereza** *f. Ferocidad, crueldad.* ↔ SUAVIDAD, HUMILDAD, DULZURA.

**fiero, -ra** *adj. Cruel, sanguinario, brutal, feroz.* 2 fig. *Duro, intratable.* 3 *Salvaje, agreste, montaraz, cerril, bravío.* 4 fig. *Horroroso, horrendo, terrible.* 5 *Amér. Feo.*

**fierro** *m. Amér. Hierro.*

**fiesta** *f. Festividad, conmemoración, feriado* (Amér.). 2 *Alegría, regocijo, diversión, festejos. Festejos* es el conjunto de celebraciones, diversiones, etc., con que se conmemora una fecha determinada. 3 *Chanza, broma.* 4 *Agasajo, halago, caricia\*, carantoña, cu-*

*camona, garatusa, arrumaco, zorrocloco, zalema, lagotería.* En estilo fam., *carantoña, cucamona, garatusa, arrumaco* y *zorrocloco* suponen cierto melindre y afán de lisonjear. *Zalema* sugiere pralte. cortesía fingida para conseguir algún fin; *lagotería* y *zanguanga* envuelve la idea de adulación servil. V. fiestas.

**fiestas** *f. pl. Vacaciones.* V. fiesta.

**fígaro** *m. Barbero, peluquero, rapabarbas, rapador, rapista* (desp.).

**figón** *m. Bodegón, fonducho, tasca.*

**figura** *f. Forma, configuración.* 2 *Aspecto, apariencia.* 3 *Rostro, cara.* 4 *Efigie\*, imagen.* 5 *Personaje.*

**figurar** *tr. Representar, delinear.* 2 *Aparentar, fingir, simular.* 3 *intr.-prnl. Imaginarse, fantasear, suponer, creer.*

**figurín. Hecho un figurín** *loc. adj. Atildado, compuesto, acicalado, peripuesto.*

**figurón** *m. Fantoche, fardón, fantasmón.*

**fijación** *f.* MED. *Implantación, inserción, injerto.*

**fijar** *tr. Clavar, hincar, asegurar, consolidar.* ↔ DESCLAVAR. 2 *Pegar, encolar.* 3 *Determinar, precisar, delimitar\*.* ↔ INDETERMINAR. 4 *prnl. Reparar, darse cuenta.*

**fijeza** *f. Firmeza, seguridad.* ↔ INESTABILIDAD, INSEGURIDAD. 2 *Persistencia, continuidad.*

**fijo, -ja** *adj. Firme, asegurado, seguro.* 2 *Permanente, estable, inalterable, invariable, inmóvil, inmovible, inmoble* (lit.), *quieto.* ↔ MÓVIL.

**fila** *f. Hilera, cola, ringla, ringle, ringlera, línea.* Si la *fila* la forman personas que esperan vez, se utiliza *cola*; si la forman cosas puestas en orden una tras otra, se usan los tres últimos sinónimos.

**filamento** *m.* MED. *Fibrilla.*

**filantropía** *f. Altruismo, caridad, humanidad, piedad, generosidad, beneficencia, civismo.* ↔ EGOÍSMO.

**filete** *m. Cimbria, cinta, listel, listón, tenia.* 2 *Bistec, solomillo.*

**fisgón**

**filfa** f. Mentira, embuste, patraña, engaño, engañifa.
**filial** adj.-s. Sucursal*.
**filibustero** m. Bucanero.
**filípica** f. Invectiva, regaño, sermón, represión, reprimenda, peluca (fam.), felpa (fam.).
**filme** m. Película, cinta.
**filo** m. Corte, tajo.
**filón** m. Hebra, vena, veta.
**filoxera** f. fig. y fam. Borrachera.
**filtrador** m. Colatorio, tamiz, colador.
**filtrar** tr. Destilar, pasar, colar.
**filtro** m. Bebedizo.
**fimo** m. Estiércol, excremento, fiemo, hienda.
**fin** amb. Término, remate, acabamiento, conclusión, final. ↔ PRINCIPIO, ORIGEN. 2 m. Intención, intento, propósito, designio, mira, meta, objeto, objetivo, finalidad. Los cuatro primeros sinónimos hacen pensar pralte. en los motivos o en la actitud subjetiva del que hace la acción. Los cinco últimos sugieren más bien el término real a que tiende. 3 **A fin de que** loc. conj. Para que, a que, con objeto de.
**finado, -da** s. Muerto, difunto.
**final** m. Acabamiento, conclusión, remate, consumación, término*.
**finalidad** f. Fin, objeto, motivo, objetivo.
**finalismo** m. Teleología (doctrina metafísica).
**finalizar** tr. Acabar, concluir, terminar*, rematar, echar la llave, alzar la obra, poner fin, bajar el telón, levantar la sesión. ↔ EMPEZAR, ORIGINAR. 2 intr. Extinguirse, acabarse.
**finalmente** adv. m. En suma, por último, en conclusión.
**finamiento** m. Fallecimiento.
**financiación** f. Financiamiento.
**financiamiento** m. Financiación.
**financiero, -ra** s. Financista (anglic.).
**financista** com. anglic. Financiero.
**finar** intr. Fallecer, morir, expirar.
**finca** f. Posesión, propiedad.
**fincar** tr. ant. Hincar, clavar, plantar.

**finchado, -da** adj. Vano, engreído, vanidoso, presuntuoso, hinchado.
**finés, -esa** adj.-s. (pers.) Finlandés.
**fineza** f. Atención, cortesía. 2 Obsequio, regalo, presente.
**fingido, -da** adj. Fingidor, ficticio, apócrifo*.
**fingimiento** m. Simulación, ficción, engaño, hipocresía, doblez, falsedad, duplicidad, disimulo, afectación*. ↔ VERDAD, REALIDAD, SINCERIDAD, NATURALIDAD.
**fingir** tr. Simular, aparentar, hacer creer, hacer el papel, llorar con un ojo, hacer la comedia.
**finiquitar** tr. Saldar, cancelar. 2 Acabar, concluir, terminar*.
**finlandés, -esa** adj.-s. (pers.) Finés.
**fino, -na** adj. Delicado, primoroso. 2 Delgado, sutil. 3 Cortés, cumplido, atento, amable, urbano. 4 Astuto, sagaz.
**finta** f. DEP. Regate.
**finura** f. Delicadeza, amabilidad, urbanidad, cortesía, exquisitez. ↔ DUREZA, INURBANIDAD, ASPEREZA, TORPEZA.
**firmamento** m. Cielo, bóveda celeste.
**firmante** adj.-com. Signatario, infrascrito.
**firmar** tr. Signar, suscribir. Signar encierra cierta solemnidad, y sólo se aplica tratándose de documentos de gran importancia pública o internacional. Suscribir se usa en lenguaje administrativo (el que suscribe); fuera de él es voz selecta.
**firme** adj. Estable, sólido, seguro, fijo. 2 fig. Constante, invariable, entero. 3 m. Afirmado. P. ej.: el firme o afirmado de una carretera.
**firmeza** f. Estabilidad, seguridad, fortaleza, solidez. ↔ INESTABILIDAD, INSEGURIDAD. 2 fig. Entereza, constancia, tesón. ↔ INDECISIÓN.
**fiscal** s. Acusador, inculpador.
**fisco** m. Erario, tesoro público.
**fisgar** tr. Husmear, curiosear, atisbar, huronear, fisgonear, meter baza.
**fisgón, -ona** adj. Husmeador, curioso, fisgoneador, entrometido.

**fisgoneador, -ra** adj. Fisgón, husmeador, curioso, entrometido.
**fisgonear** tr. Huronear, fisgar, husmear, escudriñar, curiosear.
**fisiatra** com. Naturista.
**fisiatría** f. Naturismo.
**fisión** f. FÍS. Escisión.
**fisípedo, -da** adj.-s. Bisulco.
**fisonomía** f. Cara*, rostro. Fisonomía es voz culta o técnica. 2 Aspecto, cariz.
**fistra** f. Ameos, ami.
**fisura** f. Hendidura, grieta, raja.
**fitología** f. Botánica.
**fitopatología** f. Patología vegetal.
**fitozoo** m. Zoofito.
**flabelado, -da** adj. Flabeliforme.
**flabeliforme** adj. Flabelado.
**fláccido, -da** adj. Lacio, flojo, blando.
**flaco, -ca** adj. Delgado*, seco, enjuto. En América se utiliza más el término flaco. ↔ GORDO, ABUNDANTE. 2 Flojo, endeble, débil.
**flagelar** tr. Azotar, fustigar. 2 fig. Vituperar.
**flagelo** m. Azote, calamidad, desgracia, plaga, castigo.
**flagrar** intr. Deflagrar. En química y pirotecnia, deflagrar.
**flamante** adj. Lúcido, brillante, resplandeciente. 2 Nuevo, reciente, fresco.
**flamear** intr. Llamear. 2 Ondear, flotar, ondular, undular.
**flamenco** m. (ave) Picaza marina.
**flamenco, -ca** adj.-s. Achulado, presumido.
**flamenquilla** f. Maravilla (planta).
**flanco** m. Lado, costado, banda, ala.
**flaquear** intr.-prnl. Debilitarse, flojear, decaer, agachar las orejas. ↔ RESISTIR. 2 fig. Ceder, cejar, aflojar, desalentarse, desanimarse, desmayar. ↔ ANIMARSE.
**flaqueza** f. Debilidad. ↔ GORDURA, FORTALEZA, RESOLUCIÓN.
**flato** m. Flatosidad.
**flatosidad** f. Flato.
**flatulencia** f. Ventosidad, gases (intestinales).
**flauta** f. Tibia. Tibia es voz latina que

sólo se usa aludiendo a la antigüedad o en el lenguaje poético.
**flautín** m. Octavín.
**flebectasia** f. MED. Variz.
**flebotomía** f. MED. Sangría, venesección.
**flebotomiano** m. MED. Sangrador, sajador.
**flecha** f. Saeta. 2 Sagita.
**flechar** tr. Asaetear. 2 fig. Atraer, enamorar.
**flechaste** m. MAR. Nigola.
**flegmasia** f. MED. Flogosis.
**fleje** m. Zuncho, suncho.
**flema** f. Apatía, calma, cachaza, lentitud, pachorra. ↔ LIGEREZA, NERVIOSIDAD. 2 Gargajo, esputo*, mucosidad.
**flemático, -ca** adj. Apático, lento, imperturbable, cachazudo, calmoso, sangre de horchata, pausado, tardo, sereno, tranquilo, impasible.
**fleme** m. Ballestilla.
**flemón** m. Párulis (MED.).
**flexible** adj. fig. Dócil, manejable, doblegable, adaptable, dúctil, juncal (fig.), airoso, acomodaticio*. ↔ INFLEXIBLE. 2 Elástico, blando*. ↔ DURO.
**flexura** f. MED. Curva, doblez, pliegue.
**flirtear** intr. Coquetear, galantear.
**flogosis** f. Flegmasia.
**flojear** intr. Desfallecer, decaer, debilitarse, flaquear, desmayar, desanimarse, desalentarse.
**flojedad** f. Debilidad, flaqueza, desaliento, decaimiento. ↔ ENDURECIMIENTO. 2 Pereza, negligencia, descuido, indolencia, incuria, inacción, inercia. ↔ ACTIVIDAD, DILIGENCIA, FERVOR.
**flojera** f. fam. Debilidad, endeblez, astenia (MED.), decaimiento, descaecimiento, desfallecimiento, flaqueza. ↔ FORTALEZA, ENERGÍA. 2 fam. y fig. Indolencia, apatía, incuria, negligencia, dejadez, pereza. ↔ ACTIVIDAD, FERVOR, VIVEZA.
**flojo, -ja** adj. Débil*, flaco. 2 Amér. Perezoso, negligente, indolente, descuidado.
**floppy** m. anglic. INFORM. Disquete

(anglic.), *diskette* (anglic.), *disco flexible.*

**flor** *f.* fig. *Piropo, requiebro, galantería\*.* 2 **Flor de amor** *Amaranto, borlas, borlones.* 3 **Flor de estufa** *loc. adj. Impresionable, sensible, excitable, emotivo.* 4 **Flor de la sal** *f. Salumbre.* 5 **Flor de la Trinidad** *Trinitaria, pensamiento.*

**floración** *f. Florescencia.*

**florear** *tr. Escoger\*, entresacar.*

**florecer** *intr.* fig. *Prosperar, progresar, medrar, desarrollarse.* ↔ MUTILARSE. 2 *prnl. Enmohecerse.*

**floreciente** *adj.* fig. *Próspero.*

**florecimiento** *m.* fig. *Prosperidad, desarrollo, progreso, adelanto.* ↔ DECADENCIA, FLACCIDEZ, LANGUIDEZ.

**florero** *m. Ramilletero.*

**florescencia** *f. Floración.*

**floresta** *f. Bosque\*, selva.*

**florilegio** *m. Antología, crestomatía\*, trozos escogidos, trozos selectos.*

**flos sanctorum** *loc. lat. Santoral, hagiografía.*

**flota** *f. Escuadra, armada, marina.* Si se trata de barcos de guerra, *escuadra* o *armada.* En los demás casos tiene denominaciones que la especifican, p. ej.: *flota pesquera, petrolera; flota o marina mercante.*

**flotar** *intr. Nadar, sobrenadar.* ↔ HUNDIRSE, EMBARRANCAR. 2 *Ondear, flamear, undular, ondular.*

**fluctuación** *f. Balanceo, oscilación, vaivén.*

**fluctuar** *intr. Vacilar, ondear, oscilar.* ↔ FIJAR. 2 fig. *Vacilar, dudar, titubear.* ↔ DECIDIR.

**fluir** *intr. Correr, manar, brotar.*

**flujo** *m. Influjo, montante.* Tratándose de la marea. 2 fig. *Abundancia.*

**flúor** *m.* QUÍM. *Fundente, flujo.*

**fluorescencia** *f.* BOT. *Fotogénesis, fotoluminiscencia, fosforescencia.*

**fluorina** *f.* QUÍM. *Fluorita, espato flúor.*

**fluorita** *f.* QUÍM. *Espato flúor, fluorina.*

**fluoroscopia** *f. Radioscopia.*

**fobia** *f. Repugnancia, aversión, temor.*

**foca** *f. Becerro marino, carnero marino, lobo marino, vítulo marino.*

**focha** *f. Foja* (ave), *falaris, gallareta.*

**fofo, -fa** *adj. Esponjoso, blando, ahuecado.* ↔ DURO, ENJUTO.

**fogarada** *f. Llamarada, llamarón* (Colomb., C. Rica y Chile).

**fogosidad** *f. Hervor, ardor, ardimiento.*

**fogoso, -sa** *adj. Ardiente, ardoroso, impetuoso\*, violento, brioso, vehemente, arrebatado, precipitado.* ↔ PASIVO, INACTIVO.

**fogueado, -da** *adj. Aguerrido, avezado, acostumbrado, experimentado, ducho.*

**foja** *f. Falaris, focha, gallareta.* 2 Amér. *Hoja.*

**folio** *m.* Colomb. *Dádiva, propina, aldehala.*

**follón** *m. Gresca, tumulto, bronca, desbarajuste.*

**fomentar** *tr.* fig. *Excitar, promover, proteger, avivar, aumentar, impulsar, alimentar.*

**fomento** *m. Pábulo, sostén.*

**fonda** *f. Posada, parador, mesón, venta, hostería, hostal, hospedería, pensión, pupilaje, casa de huéspedes.*

**fondeadero** *m. Surgidero, ancladero.*

**fondeado, -da** *adj.* MAR. *Anclado.* 2 Amér. *Acaudalado, adinerado, rico.* ↔ POBRE.

**fondear** *intr.* MAR. *Dar fondo, anclar, echar anclas.* Los dos últimos cuando se hace por medio de anclas.

**fondeo** *m.* MAR. *Anclaje.*

**fondista** *com. Hostelero, posadero, mesonero, hotelero, huésped.*

**fondo** *m. Hondo, hondón.* ↔ SUPERFICIE. 2 MAR. *Obra viva.* 3 *Lecho.* V. fondos.

**fondos** *m. pl. Caudal, capital.* V. fondo.

**fonébol** *m. Fundíbulo.*

**fonolita** *f. Perlita.*

**fontanal** *m. Fontanar, hontanar, manantial.*

**fontanar** *m. Hontanar, fontanal, manantial.*

**fontículo** *m. Exutorio.*

**footing** *m.* anglic. DEP. *Jogging* (anglic.).

**forajido, -da** *adj.-s. Facineroso, bandido, salteador.*

**forcejear** *intr. Resistir, luchar, bregar, forcejar, esforzarse.*

**forfait** *m.* galic. DEP. *Abono. Forfait* es usado principalmente en el esquí.

**forja** *f. Fragua, ferrería.*

**forjar** *tr. Fraguar.* 2 fig. *Inventar, fingir, imaginar, proyectar.*

**forma** *f. Figura, configuración, conformación, estructura.* La *conformación* es la disposición interior en que se hallan las partes de un todo, y puede equivaler a *estructura.* 2 *Formato.* Tratándose de libros. 3 *Molde.* 4 *Modo, manera.* V. formas.

**formación** *f.* DEP. *Equipo, team* (anglic.), *bando.*

**formal** *adj. Expreso, explícito, preciso, determinado.* Todos estos tratándose de actos, documentos, etc. 2 *Serio, juicioso, veraz, puntual, exacto.* Todos ellos se aplican pralte. al carácter o a la conducta de una persona.

**formalidad** *f. Requisito.* 2 *Seriedad, compostura.* ↔ INFORMALIDAD. 3 *Exactitud, puntualidad, juicio, veracidad.* ↔ INEXACTITUD.

**formalizar** *tr. Concretar, precisar.* 2 *prnl. Incomodarse, ponerse serio, enfadarse, tomar a pecho, darse por sentido.*

**formar** *tr.-prnl. Moldear, fabricar, hacer.* ↔ DEFORMAR, DESHACER. 2 *Construir, componer.* ↔ DESORDENAR, DESCOMPONER, DESTRUIR. 3 *Instituir, establecer, organizar.* ↔ DESORDENAR, DESORGANIZAR, DESCOMPONER. 4 *Educar, adiestrar, criar.* 5 *prnl. Desarrollarse, crecer.*

**formas** *f. pl. Modales, conveniencias.* V. forma.

**formatear** *tr.* INFORM. (un disco) *Inicializar.*

**formateo** *m.* INFORM. (de un disco) *Inicialización.*

**formicación** *f.* MED. *Hormigueo.*

**formidable** *adj. Espantoso, temible,* *tremendo, imponente.* 2 *Enorme\*, colosal, gigantesco.* 3 *Brutal\*.* En su empleo con carácter intensivo general,

**fórmula** *f. Forma, pauta, norma, regla, modelo.* 2 *Coeficiente, relación.* 3 *Apariencia, etiqueta.* P. ej.: asistir por *fórmula* o por pura *fórmula.* 4 *Receta* (del médico), *prescripción.* 5 FARM. *Específico, preparado.*

**fornicación** *f. Cópula, cohabitación, copulación, coito, concúbito, ayuntamiento, cubrición.*

**fornicar** *intr. Copular, follar* (vulg.).

**fornido, -da** *adj. Robusto, membrudo, corpulento, recio.*

**forofo, -fa** *s.* DEP. *Seguidor, hincha, fanático, incondicional.*

**forraje** *m. Pasto, herrén.*

**fortalecer** *tr.-prnl. Vigorizar, robustecer, tonificar.* ↔ DEBILITAR, ABLANDAR. 2 *Reforzar, fortificar, consolidar.* ↔ DEBILITAR, ABLANDAR. 3 *Confortar, animar, reconfortar.*

**fortaleza** *f. Solidez, robustez, resistencia, vigor, firmeza, entereza, carácter, rectitud, energía, fibra.* ↔ DEBILIDAD. 2 *Fuerte, fortificación, castillo.*

**fortificación** *f. Fortaleza, fuerte, castillo.*

**fortificante** *adj.-m. Tónico, analéptico.* Aplicado a un medicamento.

**fortificar** *tr. Fortalecer.*

**fortuito, -ta** *adj. Inopinado, casual, impensado.* V. casualidad. ↔ PENSADO, PREVISTO, ESENCIAL. 2 *Eventual\*, transitorio.*

**fortuna** *f. Azar, casualidad, acaso, suerte.* 2 *Destino, sino, estrella.* 3 *Ventura, dicha.* "La voz *fortuna* en su sentido recto se extiende tanto a la buena como a la mala suerte, y solo en el primero de estos sentidos puede mirarse como sinónima de *dicha;* pero la voz *fortuna* representa aquella felicidad física y materialmente; la voz *dicha* la representa moralmente, esto es, en cuanto causa satisfacción al que la posee. Y así la primera es más propia para explicar el logro o posesión de aquellos bienes, que todos miran como tales, y a que se atribuye, por una especie de opinión o convención general, la felicidad en esta vida, y que muchas veces no llenan el corazón del que los posee, como los honores, los empleos, la riqueza; y la voz *dicha* se aplica más propiamente al goce de aquellos bienes, que el que los disfruta tiene verdaderamente por tales, sin necesidad de que los califique la opinión general" (LH). La *fortuna* es la suerte favorable, en tanto que la *ventura* y la *dicha* son el estado que la fortuna, u otras causas, crean o producen. ↔ MISERIA, DESGRACIA. **4** *Hacienda, bienes, capital\**. **5** *Borrasca, tormenta, tempestad.*

**forúnculo** *m. Divieso.*

**forzado** *m. Penado\*, presidiario, recluso, encarcelado, preso, prisionero, cautivo.*

**forzar** *tr. Obligar, constreñir, compeler, violentar.* **2** *Violar.*

**forzoso, -sa** *adj. Obligatorio, necesario, preciso, inexcusable, imprescindible.*

**forzudo, -da** *adj. Robusto, hercúleo, vigoroso.*

**fosa** *f. Sepultura, enterramiento, huesa, hoyo, hoya.*

**fosca** *f. Calina, calima, calígine, niebla\*.*

**fosco, -ca** *adj. Hosco, ceñudo, áspero, intratable, huraño.* ↔ AMABLE, SIMPÁTICO. **2** *Oscuro, fusco* (p. us.), *lóbrego, tenebroso, opaco, sombrío.* ↔ CLARO, ILUMINADO.

**fosforero, -ra** *s. Cerillero.*

**fosforescencia** *f.* BOT. *Fotogénesis, fluorescencia, fotoluminiscencia.*

**fósforo** *m. Cerilla, mixto* (ant.), *cerillo* (And. Cuba y Méx.). *Fósforo es el más frecuente en América.*

**fosilización** *f. Petrificación, lapidificación.*

**fosilizarse** *prnl. Petrificarse.*

**foso** *m. Zanja.* **2** *Cava.* En los castillos y fortificaciones.

**fotófobo, -ba** *adj. Lucífugo.*

**fotogénesis** *f.* BOT. *Forforescencia, fluorescencia, fotoluminiscencia.*

**fotografía** *f. Retrato.*

**fotógrafo** *m. Retratista* (vulg.).

**fotolitografiar** *tr. Litofotografiar.*

**fotoluminiscencia** *f.* BOT. *Fotogénesis, fluorescencia, fosforescencia.*

**fracasado, -da** *adj. Fallido, frustrado.*

**fracasar** *intr. Frustrarse, malograrse, quedar con un palmo de narices, quedar chasqueado.* ↔ TRIUNFAR, LOGRAR.

**fracaso** *m. Malogro, frustración, fiasco.*

**fracción** *f. División, fraccionamiento.* **2** *Parte, fragmento, trozo, porción, pedazo\*.* ↔ TODO, TOTAL, CONJUNTO. **3** *Número quebrado.*

**fraccionamiento** *m. Fracción, división.*

**fraccionar** *tr.-prnl. Dividir, partir, fragmentar, romper. Fragmentar y romper,* cuando se trata de cosas materiales. ↔ UNIR, SUMAR, COMPONER, AGREGAR.

**fraccionario, -ria** *adj. Quebrado.* Tratándose de un número.

**fractura** *f. Rotura, ruptura, desgarro.*

**fracturar** *tr. Romper\*, quebrantar.*

**fraga** *f. Frambueso, churdón, chordón, sangueso.*

**fragancia** *f. Aroma, perfume.* "*Fragancia* pertenece exclusivamente a las flores, en su sentido propio. Tiene *fragancia* una rosa, un clavel, un jardín, una azucena, un lirio. El *aroma* es propio de las drogas y de los árboles que lo producen. Es aromático el árbol de la canela, el del clavo, el del alcanfor, el de la pimienta. El *aroma* supone además una causa permanente de *fragancia*. Esta supone un efecto pasajero, en su estado natural; y por medio del arte suele algunas veces hacerse durable (...) *Fragancia* explica la idea de un olor grato, pero de poco tiempo, como es la vida de las flores; y el *aroma* expresa la idea de una larga duración" (O).

**fragante** *adj. Aromático, oloroso, perfumado.*

**fragaria** *f.* BOT. *Fresa.*

**frágil** *adj. Quebradizo, de mírame y no me toques.* 2 *Endeble, débil.* 3 fig. *Caduco, perecedero.*

**fragmentación** *f. Morcelación* (galic.).

**fragmentar** *tr. Dividir\*, fraccionar, partir, separar, cortar, seccionar, segmentar.*

**fragmentario, -ria** *adj. Incompleto, descabalado, truncado, inacabado.* ↔ COMPLETO, ACABADO, ENTERO.

**fragmento** *m. Pedazo\*, parte\*, fracción, trozo.* ↔ TODO, TOTALIDAD, SUMA.

**fragor** *m. Ruido, estruendo, estrépito.* El *fragor* no es un *ruido* cualquiera, sino precisamente un ruido prolongado y resonante.

**fragoroso, -sa** *adj. Ruidoso, resonante, estruendoso, estrepitoso.*

**fragoso, -sa** *adj. Abrupto, escabroso, áspero, intrincado, quebrado, accidentado.* ↔ SUAVE, LLANO.

**fragua** *f. Forja.*

**fraguar** *tr. Forjar.* 2 fig. *Idear, imaginar, proyectar, urdir\*, tramar, maquinar.* Tratándose de una intriga, conspiración, delito, etc., se utilizan los tres últimos sinónimos. 3 *intr. Cuajar, trabar, endurecerse.* En albañilería.

**fraile** *m. Fray, religioso, monje.* Como tratamiento antepuesto al nombre, ús. la forma apocopada *fray: Fray* Luis de León. En el habla corriente, *fraile* no se circunscribe a determinadas órdenes, sino que es sinónimo de *religioso, monje.*

**frailillos** *m. pl. Arísaro, candil, rabiacana.*

**frambuesa** *f. Sangüesa.*

**frambueso** *m. Churdón, chordón, fraga, sangüeso.*

**francachela** *f. Cuchipanda* (fam. o desp.), *comilona, gaudeamus.*

**francalete** *m. Zambarco.*

**francamente** *adv. m. Abiertamente, sinceramente, claramente, paladinamente, patentemente, manifiestamente, sin rodeos.* ↔ OCULTAMENTE.

**francés, -esa** *adj.-s.* (pers.) *Galo, franco, franchute* (desp.), *gabacho*

(desp.). Refiriéndose a la Francia romana o en estilo literario se emplea el término *galo.* Refiriéndose a la Francia de la alta Edad Media, *franco.*

**francesilla** *f.* (planta) *Marimoña.*

**franchute, -ta** *adj.-s.* desp. *Francés\*, galo, franco, gabacho* (desp.).

**franciscano, -na** *adj. Amér. Pardo* (color).

**francmasonería** *f. Masonería.*

**franco, -ca** *adj. Liberal, dadivoso, generoso.* 2 *Sencillo, sincero\*, ingenuo, llano, natural.* 3 *Desembarazado, despejado, libre.* 4 *Exento, exceptuado, gratuito, dispensado.* 5 *Francés, gabacho* (desp.), *franchute* (desp.), *galo.*

**frangollar** *tr. Chapucear, chafallar* (fam.).

**franja** *f. Faja, lista, tira, banda.*

**franqueza** *f. Exención, franquicia.* 2 *Liberalidad, generosidad.* 3 *Ingenuidad\*, sinceridad, llaneza, lisura, naturalidad, sencillez.* "La *sinceridad* impide el hablar de otro modo del que se piensa; esta es una virtud. La *franqueza* hace hablar como se piensa; esto es un efecto natural. La *naturalidad* hace decir libremente lo que se piensa; esto proviene algunas veces de un defecto de reflexión. La *ingenuidad* hace decir lo que se piensa y lo que se hace; esto es las más veces un disparate. Un hombre *sincero* no quiere nunca engañar. Un hombre *franco* no sabe disimular. Un hombre sencillo o *natural* no sirve para adular. Un hombre *ingenuo* no sabe callar nada (...) Es un hombre que se ha hecho digno del aprecio público por su *sinceridad.* Me gusta su carácter, es un hombre *franco.* Es tan a la buena de Dios, que su *naturalidad* le hace impolítico. Sus secretos, aun los más importantes, los dice al primero que llega; y esta *ingenuidad* es más bien una imprudencia" (O).

**franquicia** *f. Exención, gratuidad, privilegio.*

**frase** *f. Oración, proposición.* 2 *Locu-*

ción, expresión, giro, modo (GRAM.),
modismo (GRAM.).

**fraternal** adj. Fraterno. V. maternal.

**fraternidad** f. Hermandad.

**fraternizar** intr. Confraternizar. ↔ DE-
SUNIR, ODIAR. 2 fig. Alternar*, tratarse.

**fraterno, -na** adj. Fraternal.

**fratricida** adj.-com. Caín, cainita.

**fraude** m. Estafa, engaño, mentira, falsificación. ↔ VERDAD.

**fraudulento, -ta** adj. Mentiroso, engañoso, falaz, falsificado, contrahecho.

**fray** m. Frey.

**frazada** f. Amér. Manta.

**frecuencia** f. Banda. 2 Baja frecuencia (científ.) Audiofrecuencia. 3 **Con
frecuencia** loc. adv. Frecuentemente, a
menudo, a cada paso, a cada instante,
a traque barraque.

**frecuentativo, -va** adj.-s. GRAM. Reiterativo.

**frecuente** adj. Repetido, asiduo*, acostumbrado, reiterado. 2 Usual, común,
ordinario, corriente.

**frecuentemente** adv. m. A menudo,
con frecuencia, a cada paso, a cada instante, a traque barraque.

**fregado** m. fig. Enredo, lío, embrollo. 2
Pelea, riña, batalla.

**fregador** m. Estropajo.

**fregamiento** m. Fricación, fricción, rozamiento.

**fregar** tr. Frotar*, restregar. 2 fig. Amér.
Fastidiar, molestar.

**freile** m. Frey. Como tratamiento antepuesto al nombre propio, frey.

**fréjol** m. Judía*, alubia, habichuela,
faba, fasoles, fríjol, frijol, frisol.

**frémito** m. lit. Bramido, mugido. 2
MED. Estremecimiento, vibración.

**frenador, -ra** adj. MED. Inhibidor.
Aplícase a ciertos nervios.

**frenalgia** f. MED. Psicalgia, melancolía.

**frenar** tr. Refrenar, reprimir, sofrenar.
Estos tres sinónimos se aplican al caballo o en sentido fig., lo mismo que
frenar. Tratándose de máquinas, frenar, pero no los demás sinónimos. 2
fig. Moderar, sujetar.

**frenastenia** f. MED. Cerebrastenia, debilidad mental.

**frenesí** m. Locura, furia, enajenación,
delirio. ↔ TRANQUILIDAD, CALMA, COR-
DURA. 2 fig. Exaltación, excitación. ↔
TRANQUILIDAD, CALMA.

**frenético, -ca** adj. Loco, enajenado,
delirante. 2 fig. Furioso, rabioso, exaltado.

**freniatría** f. Psiquiatría.

**freno** m. Bocado, embocadura.

**frenólogo, -ga** adj.-s. Frenópata, psiquiatra, alienista.

**frenópata** m. Alienista, psiquiatra, frenólogo.

**frenopatía** f. Psicosis.

**frenopático** m. Manicomio, psiquiá-
trico.

**frenopático, -ca** adj. Psicopático.

**frente** amb. Fachada, frontis, frontispicio. 2 **Frente a** loc. prep. Enfrente de,
delante de.

**frentón, -ona** adj. Frontudo.

**fresa** f. Fragaria (BOT.).

**frescales** com. Fresco, desvergonzado,
desahogado, desenfadado. ↔ VERGON-
ZOSO.

**fresco, -ca** adj. Reciente, nuevo. ↔
VIEJO. 2 fig. Rollizo, lozano, sano. 3
Sereno, impasible. 4 Desvergonzado,
frescales, desahogado, desenfadado. ↔
VERGONZOSO.

**frescura** f. Desahogo, descaro, descoco,
desvergüenza, atrevimiento.

**fresnillo** m. Díctamo blanco.

**fresquedal** m. Verdinal.

**fresquilla** f. Paraguaya.

**frey** m. Fray.

**frialdad** f. Frigidez. 2 Indiferencia, desafecto, desapego, despego.

**fricación** f. Fregamiento, fricción, rozamiento. Usase como tecnicismo en
gramática. P. ej.: fricación de una con-
sonante. Tratándose de restregar cosas materiales, fregamiento, fricción, rozamiento.

**fricción** f. Fricación*, fregamiento, rozamiento. 2 Friega.

**friccionar** tr. Frotar*, estregar, fregar,
refregar, restregar, ludir (lit.), rozar.

**friega** *f. Fricción.*

**friera** *f. Sabañón.*

**frigidez** *f. Frialdad, anafrodisia* (MED.).

**frígido, -da** *adj.* lit. *Frío.*

**frigorífico** *m. Nevera.*

**frigorífico, -ca** *adj. Refrigerante.*

**fríjol, frijol** *m. Judía\*, alubia, habichuela, faba, fasoles, fréjol, frisol.*

**frío, -a** *adj.* fig. *Indiferente, desafecto, desapegado, despegado.* 2 *Tranquilo, impasible, imperturbable, impávido.*

**friolento, -ta** *adj. Amér Friolero.*

**friolera** *f. Fruslería, bagatela, nadería, futesa.*

**friso** *m. Rodapié, zócalo.*

**frisol** *m. Judía\*, alubia, habichuela, faba, fasoles, fréjol, fríjol, frijol.*

**fritada** *f. Fritura, fritanga* (si está cargada de grasa).

**fritanga** *f. Fritada, fritura. Una fritanga es una fritada o fritura cargada de grasa.*

**fritura** *f. Fritada, fritanga* (si está cargada de grasa).

**frívolo, -la** *adj. Ligero, veleidoso, inconstante, inconsecuente, insustancial.* ↔ REFLEXIVO. 2 *Fútil, vano.* ↔ GRAVE.

**frondosidad** *f. Espesura, lozanía.*

**frontera** *f. Raya, confín\*, límite.*

**fronterizo, -za** *adj. Rayano, confinante, limítrofe\*.* 2 *Frontero.*

**frontero, -ra** *adj. Fronterizo.*

**frontis** *m. Portada, fachada, frente.*

**frontispicio** *m. Frontis, fachada\*, delantera.*

**frontón** *m.* ARQ. *Fastigio.*

**frontudo, -da** *adj. Frentón.*

**frotación** *f. Frotamiento, rozamiento, roce, frote.*

**frotamiento** *m. Frotación, rozamiento, roce, frote.*

**frotar** *tr. Estregar, fregar, refregar, restregar, ludir* (lit.)*, friccionar, rozar. Friccionar tiene el significado preciso de dar friegas; rozar es tocar ligeramente la superficie de un cuerpo, y no tiene necesariamente el carácter reiterativo de los demás: el automóvil pasó rozando el árbol* (una sola vez).

**frote** *m. Frotación, frotamiento, rozamiento, roce.*

**fructífero, -ra** *adj. Fructuoso, productivo, provechoso, lucrativo, beneficioso.*

**fructificar** *intr. Frutar, frutecer. Frutar se aplica sólo a los árboles y plantas, en tanto que fructificar tiene además empleos figurados* (producir)*: las buenas obras fructifican siempre* (no frutan). *Frutecer es comenzar a fructificar o a echar fruto las plantas.* ↔ MARCHITARSE.

**fructuoso, -sa** *adj. Fecundo\*, productivo, fértil, feraz.* 2 fig. *Beneficioso\*, benéfico, provechoso, útil\*, productivo, rentable, lucrativo.* ↔ INÚTIL, INFRUCTUOSO.

**frugal** *adj. Parco, sobrio, moderado, templado, mesurado. Frugal cuando se trata de comer o beber.*

**frugalidad** *f. Templanza\*, morigeración, sobriedad, mesura, moderación, abstinencia, continencia, parquedad.* Los cinco primeros sinónimos se aplican a las costumbres y a todo lo que se hace o se dice. *Abstinencia y continencia, de todo lo material o sensual. Frugalidad es parquedad en comer y beber; es por consiguiente una especie dentro del género que representan los sustantivos enumerados en primer lugar.* ↔ DESTEMPLANZA, GULA.

**fruición** *f. Complacencia, placer, goce.* ↔ SUFRIMIENTO, ABURRIMIENTO.

**frumentario, -ria** *adj.* lit. *Triguero, cerealista.*

**fruslería** *f. Pequeñez, nimiedad, bagatela, futilidad, friolera, futesa, nadería.*

**frustración** *f. Fracaso, malogro, fiasco.*

**frustrado, -da** *adj. Fallido, fracasado.*

**frustrarse** *prnl. Malograrse, fracasar, salir el tiro por la culata, venirse a tierra.*

**fruta** *f. Fruto.* 2 **Fruta de la pasión** *Granadilla.*

**frutar** *intr. Fructificar.*

**frutecer** *intr.* lit. *Fructificar\*, frutar.*

**fruto** *m. Fruta. Fruta* es únicamente el *fruto* comestible de las plantas. 2 fig. *Utilidad, provecho, producto, beneficio, ganancia.* 3 **Frutos de mar** *Mariscos.*

**fuego** *m. Incendio.* 2 *Hogar, lumbre.* 3 fig. *Vivacidad, ardor, pasión, vehemencia.*

**fuente** *f. Manantial, fontanar, hontanar.* 2 fig. *Principio, origen, fundamento.*

**fuera** *adv. l.-adv. t. Afuera.* ↔ ADENTRO, DENTRO. 2 *m.* DEP. *Out* (anglic.). En el fútbol. 3 **Estar fuera de sí** *loc. Estar enajenado, ver visiones, papar moscas, helársele el corazón.* 4 **Fuera de** *loc. prep. Excepto, salvo.* 5 **Fuera de juego** *m.* DEP. *Offside* (anglic.). En el fútbol. 6 **Fuera de que** *loc. conj. Además, aparte de que.*

**fuero** *m. Jurisdicción, poder.* 2 *Privilegio, exención.* V. fueros.

**fueros** *m. pl.* fig. *Arrogancia, presunción, humos.* V. fuero.

**fuerte** *adj. Sólido, resistente, duro.* ↔ BLANDO, DÉBIL. 2 *Robusto, vigoroso\*, recio, forzudo.* ↔ ENDEBLE, DÉBIL, ENCLENQUE. 3 *Animoso, varonil, enérgico, firme, esforzado.* 4 *Versado, perito, sobresaliente.* 5 *m. Fortaleza, castillo.*

**fuerza** *f. Energía, vigor, ánimo\*.* La *fuerza* es acción; la *energía* es la *fuente* de donde la *fuerza* dimana. La *energía* eléctrica o nuclear pueden convertirse en *fuerza* motriz. El *vigor* es la energía del hombre, de los animales, de las personificaciones o de la expresión. En sentido fig., pueden emplearse sin *vigor* ni *energía* argumentos que tienen en sí mucha *fuerza.* No decimos estilo *fuerte,* sino *vigoroso* y *enérgico;* y un cuadro no se pinta con *fuerza,* sino con *vigor* o *energía.* ↔ DEBILIDAD, BLANDURA, PASIVIDAD. 2 *Fortaleza, resistencia, solidez.* "La *fuerza* es para obrar; la *fortaleza* para resistir. Un hombre necesita mucha *fuerza* para levantar un gran peso. Los cimientos de una casa necesitan mucha *fortaleza* para sostener el peso de su fábrica" (LH). ↔ DEBILIDAD, BLAN-

DURA. 3 fig. *Autoridad, poder, coacción, eficacia.* P. ej.: la *fuerza* de una ley, mandato, estado, etc. ↔ PASIVIDAD. 4 *Violencia, ímpetu, impetuosidad.*

**fuetazo** *m. Amér. Latigazo.*

**fuete** *m. Amér. Chicote* (Amér.), *látigo.*

**fuga** *f. Huida, evasión.* 2 *Escape, salida.* Tratándose de un fluido.

**fugarse** *prnl. Escaparse, huir\*, evadirse.*

**fugaz** *adj. Huidizo.* 2 *Efímero\*, pasajero, transitorio, caduco, breve, fugitivo.*

**fugitivo, -va** *adj.-s. Prófugo. Prófugo* se dice esp. del que huye de la autoridad legítima. 2 *adj. Fugaz, breve, efímero.*

**fuina** *f. Garduña.*

**fulano, -na** *s. No sé cuántos, mengano, zutano, perengano. Fulano, zutano, mengano* y *perengano* designan una serie de personas indeterminadas e hipotéticas, pero distintas entre sí.

**fulgente** *adj. Brillante\*, resplandeciente, fúlgido.*

**fúlgido, -da** *adj. Brillante\*, resplandeciente, fulgurante, refulgente, fulgente* (lit.), *reluciente.*

**fulgor** *m. Resplandor, brillo, brillantez, centelleo, destello.* ↔ OSCURIDAD.

**fulgurante** *adj. Brillante\*, resplandeciente, refulgente, fulgente* (lit.), *fúlgido* (lit.), *reluciente.*

**fulgurar** *intr. Brillar, resplandecer, centellear\*. Fulgurar* intensifica el sentido de los demás sinónimos.

**fúlica** *f. Gallina de río, gallineta, polla de agua, rascón.*

**fuliginoso, -sa** *adj. Holliniento.* 2 *Denegrido, oscurecido, tiznado.*

**fullería** *f. Andrómina, embuste, enredo, mentira, engaño, paparrucha.*

**fullero, -ra** *adj.-s. Tahúr, tramposo.*

**fulminante** *adj. Siderante.*

**fulminar** *tr. Lanzar, arrojar.* 2 fig. *Dictar, imponer.*

**fumada** *f. Bocanada, buchada, buche, sorbo, calada* (col.).

**fumaria** *f. Palomilla, palomina.*

**fumista** *m. Deshollinador, limpiachimeneas.*

**fumoso, -sa** adj. Humoso, humeante.
**funámbulo, -la** s. Equilibrista.
**función** f. Oficio, ejercicio. 2 Espectáculo, diversión.
**funcionamiento** m. Operación (anglic.), manejo.
**funcionar** intr. Ejecutar. 2 Andar, marchar, moverse. Tratándose de máquinas. ↔ PARARSE, FALLAR.
**funda** f. Manguita.
**fundación** f. Creación. 2 Institución, establecimiento, instituto, corporación.
**fundamental** adj. Básico, primordial*, principal, esencial. ↔ ACCESORIO.
**fundamento** m. Cimiento, base*, apoyo, sostén. 2 fig. Razón, causa*, motivo. 3 Origen, principio. 4 Seriedad, formalidad, sensatez, juicio.
**fundar** tr. Erigir, instituir, establecer*. 2 Apoyar, estribar, basar, fundamentar.
**fundente** adj.-m. QUÍM. y METAL. Flujo, flúor.
**fundibulario** m. ant. Hondero.
**fundíbulo** m. ant. Fonébol.
**fundición** f. Fusión. 2 Hierro colado.
**fundir** tr. Liquidar*, licuar, derretir*. ↔ CUAJAR, SOLIDIFICAR. 2 prnl. Unirse, juntarse, fusionarse. 3 Amér. Arruinarse, hundirse.
**fúnebre** adj. Funerario, funéreo, funeral. 2 fig. Luctuoso, lúgubre, sombrío, funesto. 3 Tétrico, macabro.
**funeral** m. Exequias, honras fúnebres, honras. 2 adj. Fúnebre, funerario, funéreo.
**funerario, -ria** adj. Fúnebre, funéreo, funeral.
**funéreo, -ea** adj. poét. Fúnebre, funerario, funeral.
**funesto, -ta** adj. Aciago, infortunado, fatal. 2 Doloroso, triste, desgraciado*, desastroso.
**fungiforme** adj. Fungoide, fungoso.
**fungoide** adj. Fungiforme, fungoso.
**fungoso, -sa** adj. Fungoide, fungiforme. 2 Esponjoso, fofo.
**funículo** m. ANAT. Cordón umbilical, funiculus (lat.).
**funiculus** m. lat. ANAT. Cordón umbilical, funículo.

**furia** f. Furor, ira, cólera, rabia, saña. "Furor denota más bien la agitación violenta interior, y furia la agitación violenta exterior. El furor está dentro de nosotros; la furia nos saca fuera de nosotros. Nos posee el furor, nos enajena la furia. Contenemos el furor, nos abandonamos a la furia" (Ci). ↔ TRANQUILIDAD, SERENIDAD. 2 MIT. Euménides, erinias. En la mitología griega. 3 Violencia, ímpetu, impetuosidad. ↔ PAZ. 4 **Estar hecho una furia** loc. Estar furioso, estar hecho un basilisco.
**furibundo, -da** adj. Airado, colérico, furioso, rabioso. 2 Violento, impetuoso.
**furioso, -sa** adj. Airado, colérico, iracundo, rabioso, furibundo. 2 Loco, frenético. 3 Violento, impetuoso, terrible.
**furo, -ra** adj. Huraño, arisco, esquivo, hosco, insociable, misántropo.
**furor** m. Arrebato, cólera, enajenamiento.
**furtivamente** adv. m. Ocultamente, a escondidas, a hurto, a hurtadillas. ↔ ABIERTAMENTE.
**furtivo, -va** adj. Subrepticio, oculto, disimulado.
**furúnculo** m. Divieso, forúnculo.
**fusca** f. Pato negro.
**fusco, -ca** adj. Oscuro, fosco, lóbrego, tenebroso, opaco, sombrío. ↔ CLARO, DESPEJADO, ILUMINADO.
**fusiforme** adj. TECNOL. Ahusado.
**fusil** m. Chopo, máuser, rémington. Entre soldados, chopo. Es frecuente designarlo con el nombre de su sistema o marca, omitiendo la palabra fusil: un máuser, un remington, etc.
**fusilar** tr. burl. Plagiar, copiar.
**fusión** f. Licuación, liquidación. 2 fig. Unión, mezcla, compenetración.
**fusionar** tr.-prnl. Fundir, liquidar, licuar. ↔ CUAJAR. 2 fig. Unir, juntar, mezclar. ↔ DESUNIR.
**fusta** f. Látigo.
**fuste** m. Caña, escapo.
**fustigar** tr. Azotar, flagelar, hostigar, mosquear. 2 fig. Censurar, vituperar. La diferencia consiste en que fustigar supone mayor actitud y violencia

que *censurar* y *vituperar*. Además se *fustiga* a uno en su presencia, o bien en público, por escrito o de palabra; se puede *censurar* o *vitupear* en público o en privado.

**fútbol** *m.* DEP. *Balompié.*

**futbolista** *com. Jugador* (de fútbol).

**futesa** *f. Friolera, fruslería, bagatela, nadería, nimiedad, futilidad, pequeñez.*

**fútil** *adj. Pequeño, frívolo, nimio, insustancial, de mala muerte, de tres al cuarto, de medio pelo.*

**futilidad** *f. Fruslería.* ↔ IMPORTANCIA, ABUNDANCIA, GRAVEDAD.

**futuro** *m. Porvenir, mañana.*

**futuro, -ra** *adj. Venidero.* 2 *s.* fig. *Novio, prometido.*

# G

**gabacho, -cha** adj.-s. desp. (pers.) Francés*, galo, franco, franchute (desp.).

**gabán** m. Abrigo, sobretodo.

**gabardina** f. Impermeable.

**gabarra** f. Embarcación*, bajel, barco, buque, nave, navío, bajel.

**gabarro** m. Haba, nódulo. 2 Pepita, moquillo.

**gabazo** m. Bagazo.

**gabela** f. Tributo*, impuesto, contribución. 2 DER. Carga, gravamen.

**gabinete** m. Gobierno, ministerio.

**gachas** f. pl. Puches, papas, poleadas, polenta. Este último se aplica a las gachas de harina de maíz.

**gachón, -ona** adj. Gracioso, expresivo, salado, atractivo, donairoso.

**gachupín, -ina** adj.-s. Méx. Español, cachupín (desus.). Gachupín es denominación irón. o burl. del español.

**gafa** f. Grapa, laña.

**gafas** f. pl. Anteojos*, antiparras, espejuelos.

**gafedad** f. Lepra, malatía.

**gafo, -fa** adj.-s. Leproso, lazarino, malato (p. us.).

**gago, -ga** adj. Amér. Tartamudo.

**gahnita** f. MINERAL. Cinc espinela, gahnoespinela.

**gahnoespinela** f. MINERAL. Cinc espinela, gahnita.

**gaicano** m. Rémora (pez), pega, tardanaos, reverso.

**gaje** m. Emolumento, gratificación, estipendio, salario. V. sueldo. 2 Prenda, señal.

**gala** f. Vestido, adorno, ornato*. La gala supone lujo o suntuosidad. 2 Alarde, ostentación. P. ej.: hacer gala de valiente, erudito, etc.

**galaico, -ca** adj. Gallego.

**galaicoportugués, -esa** adj.-s. Gallegoportugués.

**galán** m. Airoso, apuesto, garboso, galano, gentil, majo. 2 Pretendiente, novio.

**galano, -na** adj. Adornado, elegante, gallardo.

**galante** adj. Atento, obsequioso, galanteador, lisonjeador. 2 Amoroso, amatorio, erótico. P. ej.: vida galante.

**galantear** tr. Enamorar, cortejar, hacer el amor, hacer la corte, festejar, obsequiar, lisonjear, pelar la pava, rondar la calle, servir. En los clásicos fue muy usual servir: sirvo a una dama. Esta acepción proviene de las fórmulas del amor cortesano y de los libros de caballería.

**galantería** f. Obsequio, gentileza, flor, requiebro, piropo, lisonja. Los dos primeros pueden aplicarse a cualquier acción o expresión obsequiosa. Cuando la galantería es de palabra, se utilizan los otros sinónimos. 2 Generosidad, cortesía, cortesanía.

**galanura** f. Gracia, gentileza, elegancia, gallardía, donosura, donaire.

**galápago** m. Testudo, tortuga.

**galardón** m. Premio, recompensa. El galardón tiene a menudo carácter honorífico, mientras que el premio y la

galbana

324

recompensa pueden tener valor material. ↔ CASTIGO, DESHONRA.

**galbana** f. Pereza, holgazanería.

**galbanero, -ra** adj. fam. Holgazán, perezoso, poltrón, gandul, maltrabaja, pamposado, harón (p. us.).

**galega** f. Ruda cabruna.

**galeno** m. Médico.

**galeote** m. Remero, remador.

**galería** m. Paraíso, gallinero, cazuela (ant.).

**galerita** f. Cogujada.

**gálgulo** m. (ave) Rabilargo.

**galiciano, -na** adj.-s. ant. (pers.) Gallego, galaico (lit.).

**galicista** adj. Afrancesado.

**gálico** m. Sífilis, lúes, avariosis.

**gálico, -ca** adj. Galo, gala. Gálico se aplica sólo a cosas, en tanto que galo se dice de personas y cosas; p. ej.: un jefe galo, la raza gala, o gálica.

**galillo** m. Campanilla, úvula.

**galimatías** m. fam. Jerga, algarabía.

**galladura** f. Engalladura, prendedura.

**gallardía** f. Gentileza, galanura, buen aire, desenfado, despejo. ↔ INHABILIDAD, DESAIRE, DESGARBO. 2 Bizarría, ánimo, valor, arrojo, brio, garbo.

**gallardo, -da** adj. Apuesto, desembarazado, airoso, galán, gentil, galano, elegante. 2 Bizarro, valeroso, arrojado, animoso, arriscado. 3 fig. Grande, excelente, hermoso.

**gallareta** f. Foja (ave).

**gallarón** m. Sisón (ave).

**gallear** intr. Envalentonarse, jactarse, presumir. 2 Sobresalir, descollar, mandar.

**gallego, -ga** adj.-s. (pers.) Galaico (lit.), galiciano (ant.). El primer sinónimo es de uso literario, o se aplica a tiempos antiguos: galaicos y astures.

**gallegoportugués, -esa** adj.-s. Galaicoportugués.

**gallera** f. Reñidero, gallería (Cuba).

**gallería** f. Cuba. Gallera, reñidero.

**galleta** f. Bizcocho.

**gallillo** m. Campanilla, galillo, úvula (TECN.).

**gallina** f. Pita. 2 com. fig. Medroso*, co-

barde. 3 **Gallina de Guinea** f. Pintada. 4 **Gallina de río** Fúlica. 5 **Gallina sorda** Chocha.

**gallinero** m. Paraíso, cazuela (ant.), galería.

**gallineta** f. Becada, chocha, coalla, chorcha, gallina sorda, pitorra. 2 Fúlica, gallina de río, polla de agua, rascón.

**gallipavo** m. Pavo.

**gallito del rey** m. Baboso, budión, doncella.

**gallo** m. (pez) Ceo, pez de San Pedro. 2 **Gallo silvestre** Urogallo.

**gallocresta** f. (planta labiada) Cresta de gallo, ormino, orvalle, rinanto.

**gallón** m. Tepe, césped.

**galo, -la** adj.-s. (pers.) Francés.

**galopillo** m. Marmitón, pinche.

**galopín** m. Pícaro, pillo, bribón.

**galvanismo** m. Electroterapia, galvanoterapia.

**galvanización** f. METAL. Cincado.

**galvanólisis** f. Electrólisis.

**galvanómetro** m. Reómetro. Reómetro se llamó el primer instrumento destinado a medir la intensidad de la corriente eléctrica y determinar su sentido; el galvanómetro es un reómetro perfeccionado.

**galvanoscopio** m. Reoscopio.

**galvanoterapia** f. Electroterapia, galvanismo.

**gamarza** f. Alárgama, alármega, alhármaga, alharma, alhámega, arma.

**game** m. anglic. DEP. Juego. Game se usa en el tenis y en el béisbol.

**gamo** m. Dama, paleto.

**gamón** m. Asfódelo, gamonita.

**gamopétalo, -la** adj. BOT. Monopétalo.

**gamosépalo, -la** adj. BOT. Monosépalo.

**gamuza** f. Rebeco, robezo, rupicabra, rupicapra.

**gana** f. Apetito, hambre. ↔ DESGANA, INAPETENCIA. 2 Deseo, afán, gusto, voluntad. ↔ DESGANA, INAPETENCIA.

**ganadería** f. Zootecnia. En su aspecto

científico, *zootecnia* hace referencia a la crianza de ganado.

**ganadero, -ra** *adj. Pecuario.* P. ej.: riqueza *ganadera* o *pecuaria* de una comarca.

**ganado. Ganado lanar** *m. Ganado ovino.*

**ganancia** *f. Negocio, utilidad, beneficio, rendimiento, granjería, lucro, logro, usura, provecho, producto, fruto. Utilidad, beneficio, rendimiento,* se sienten como términos selectos, preferidos en las leyes. *Granjería, lucro, logro,* sugieren avidez en la *ganancia* y se toman a menudo a mala parte o como sinónimos de *usura. Provecho, producto, fruto,* son designificación muy general y pueden aplicarse al concepto de *ganancia.*

**ganar** *tr. Lograr, adquirir, reunir.* 2 *Triunfar, vencer, aventajar, exceder, sobrepujar, superar.* ↔ PERDER. 3 *Conquistar, tomar, dominar.* ↔ PERDER. 4 *Alcanzar, llegar.* 5 *Captarse, granjearse, atraerse.* 6 *intr. Prosperar, mejorar, ganarse la vida, ponerse las botas.*

**gancho** *m. Garfio, corvo.* 2 DEP. *Crochet* (anglic.). Usados en el boxeo y en los bolos.

**gandaya** *f. Redecilla.*

**gandul, -la** *adj.-s. Perezoso, holgazán, haragán, tumbón.* ↔ DILIGENTE. 2 *Vagabundo, vago.* ↔ DILIGENTE.

**gandulear** *intr. Holgazanear, haraganear, vagabundear, matar el tiempo, mirar las musarañas.* ↔ TRABAJAR, ESFORZARSE.

**gandulería** *f. Holgazanería, pereza, desidia, ociosidad, haraganería.*

**I ganga** *f. Momio, breva, sinecura, prebenda, canonjía.* Todos ellos, salvo *ganga,* son empleos o cargos más o menos duraderos. La *ganga* puede tener también este carácter, o bien ser una ganancia que se obtiene una sola vez. Comprar un objeto excepcionalmente barato es una *ganga.* Un puesto provechoso y de poco trabajo es un *momio,* una *breva, sinecura,* etc. 2 *Negocio redondo, hallar una viña,*

*carne sin hueso, buen bocado, dar ventaja.*

**II ganga** *f. Escoria.*

**gangosidad** *f. Gangueo, nasalización\*, nasalidad.*

**gangrena** *f. Necrosis* (MED.), cangrena.

**gangueo** *m. Gangosidad, nasalización, nasalidad.*

**ganguero, -ra** *adj. Aprovechado, ventajista, ganguista, ahorrador, ahorrativo.*

**ganguista** *adj. Ganguero, ventajero, ventajista.*

**ganoso, -sa** *adj. Deseoso, ansioso, afanoso, ávido, anheloso.*

**gansada** *f.* fig. *Sandez.*

**ganso** *m.* (ave) *Ánsar, ansarón.*

**gañido** *m. Ladrido\*.*

**gañir** *intr. Latir, ladrar.*

**gañote** *m.* fam. *Garganta, gola, gorja, pasapán* (humor. y fam.), *garguero, gaznate.*

**garabatear** *intr.-tr. Garrapatear.*

**garabato** *m.* (instrumento) *Almocafre, azadilla, escardadera, escardillo, sacho, zarcillo.*

**garante** *adj.-com. Fiador, garantizador.*

**garantía** *f. Seguridad, protección, afianzamiento, salvaguardia, guarda, custodia, amparo.* ↔ DESCONFIANZA, INSEGURIDAD. 2 *Señal, prenda, hipoteca, fianza, fiador, caución. Señal,* parte del precio que se adelanta al hacer un encargo o para obligarse a comprar algo. *Prenda* es un objeto mueble con que se garantiza el cumplimiento de una obligación, esp. un préstamo. Si la garantía es inmobiliaria, *hipoteca. Fianza* es cantidad que se deposita para asegurar el cumplimiento de una obligación de cualquier género. Cuando la *fianza* es personal, la persona que empeña su palabra o firma por otro se llama indistintamente *fianza* o *fiador. Caución* se usa sólo como término bancario o jurídico.

garantir

**garantir** *tr. Garantizar, responder, asegurar.*

**garantizador, -ra** *adj.-s. Garante, fiador.*

**garantizar** *tr. Asegurar, tranquilizar, afianzar, dar confianza, responder.* ↔ INTRANQUILIZAR.

**garatusa** *f. Carantoña, arrumaco, fiesta\*, caricia\*.*

**garbanzo** *m. Chícharo* (And.).

**garbera** *f. Tresnal.*

**garbo** *m. Gallardía, gentileza, aire, gracia, buen porte, elegancia, sandunga, donaire, salero.* ↔ DESGARBO. *2 Desinterés, largueza, rumbo.* ↔ DESGARBO.

**garboso, -sa** *adj. Airoso, gallardo, apuesto, gracioso, donairoso, saleroso.*

**gardenia** *f. Jazmín de la India.*

**garduña** *f. Fuina.*

**garfio** *m. Corvo, gancho.*

**gargajear** *intr. Escupir\*.*

**gargajo** *m. Esputo\*, flema.*

**garganta** *f. Gola, gorja, pasapán* (humor. y fam.)*, garguero, gaznate, gañote. Los tres últimos son denominaciones fam. o vulg. 2 Desfiladero, hoz.*

**garguero** *m. Gañote, gaznate.*

**garita** *f. Caseta, casilla, vestuario. En las playas y recintos deportivos.*

**garitero** *m. Tablajero.*

**garito** *m. Timba, chirlata, gazapón, mandracho, tablero. Entre los clásicos, garito era el lugar donde jugaban los fulleros, y tenía también los nombres de gazapón, mandracho y tablero.*

**garla** *f. fam. Palabrería, locuacidad, charlatanería, labia, palabreo, charla.*

**garlito** *m. fig. Celada, trampa, cepo, añagaza. 2 Nansa, nasa, buitrón.*

**garrafal** *adj. fig. Exorbitante, enorme, monumental. Garrafal suele decirse de la mentira, del error, o de conceptos parecidos.*

**garrafón** *m. Damajuana, castaña.*

**garrancha** *f. burl. Espada, hoja* (fig.)*, tizona, colada, acero. 2 Espata.*

**garrapata** *f. Arañuelo, caparra.*

**garrapatear** *intr. Garabatear.*

**garroba** *f. p. us. Algarroba, garrofa.*

**garrocha** *f. Sacaliña. 2 Pica.*

**garrochear** *tr. Agarrochar, picar.*

**garrofa** *f. Algarroba, garroba.*

**garrotazo** *m. Palo, golpe, bastonazo, estacazo.*

**garrote** *m. Estaca, palo\*.*

**garrotillo** *m. Crup, difteria.*

**garrucha** *f. Polea.*

**gárrulo, -la** *adj. Hablador, charlatán. 2 Vulgar, pedestre, ramplón.*

**garujo** *m. Hormigón, calcina* (p. us.)*, concreto, mazacote, derretido, nuégado.*

**gas de los pantanos** *m. Metano.*

**gaseiforme** *adj. Gaseoso.*

**gaseosa** *f. Agua carbónica.*

**gaseoso, -sa** *adj. Gaseiforme.*

**gases** *m. pl.* (intestinales) *Flatulencia, ventosidad.*

**gasificar** *tr. Volatilizar, evaporar.*

**gasón** *m. Yesón, aljezón.*

**gastado, -da** *adj. Usado, deslucido, ajado, viejo.* ↔ NUEVO. *2 Acabado, destruido, malparado, consumido, agotado, exhausto.*

**gastador, -ra** *adj. Manirroto, derrochador, disipador, pródigo.*

**gastar** *tr.-prnl. Consumir, desgastar, deteriorar, estropear. 2 Expender, desembolsar, rascarse el bolsillo, soltar la mosca, echar la casa por la ventana, soltar la guita.* ↔ AHORRAR, EMBOLSARSE. *3 Usar, llevar.*

**gasto** *m. Consumo. 2 Desembolso. 3* **Hacer el gasto** *loc. Rascarse el bolsillo, pagar.*

**gástrico, -ca** *adj. Estomacal, esetomáquico.*

**gastronomía** *f. Arte culinaria, cocina.*

**gastrónomo, -ma** *s. fig. Comilón\*, tragón. El gastrónomo es el aficionado a comer bien y con refinamiento. Comilón y tragón son los aficionados a comer mucho, en gran cantidad.*

**gata** *f. Micha, miza, minina, morronga, morroña. Todos ellos son denominaciones fam. y cariñosas. 2* (planta) *Gatuña, aznacho, asnallo, aznallo, detienebuey, uña gata.*

**gatear** *intr. Trepar, encaramarse.* 2 *Andar a gatas.*

**gatillo** *m. Disparador.*

**gato** *m. Micho, minino, mizo, morrongo, morroño.* Todos ellos son denominaciones fam. y cariñosas. 2 MEC. (máquina) *Cric* (galic.).

**gato, -ta** *adj.-s.* fig. *Ratero, randa, rata, carterista.* 2 fig. y humor. (pers.) *Madrileño, matritense.*

**gatuña** *f. Aznacho, asnallo, aznallo, detienebuey, gata, uña gata.*

**gatuperio** *m. Embrollo, lío, enjuague, chanchullo, intriga.*

**gaudeamus** *m. Fiesta, regocijo.* 2 *Festín, francachela.*

**gavanzo** *m. Escaramujo.*

**gaveta** *f. Naveta.*

**gavia** *f.* MAR. *Velacho.* La *gavia* del trinquete.

**gavilán** *m.* (ave) *Esparver, esparvarán.* 2 *Arrial, arriaz.* En la espada.

**gavilla** *f. Haz\*.* 2 fig. *Pandilla, cuadrilla.* La voz *gavilla* se toma comúnmente a mala parte; p. ej.: una *gavilla* de rufianes, de malhechores, de rateros, etc.

**gavina** *f. Gaviota, paviota.*

**gavión** *m.* ARQ. *Cestón.*

**gaviota** *f. Paviota, gavina.*

**gaya** *f.* (ave) *Urraca, cotorra* (dial.), *marica, pega, picaza, picaraza.*

**gayola** *f. Jaula, cávez.* 2 fig. *Cárcel* (edificio).

**gayomba** *f. Piorno, retama macho, retama de olor.*

**gayuba** *f. Aguavilla, uvaduz.*

**gazapo** *m.* fig. *Mentira, embuste, bola.* 2 *Errata, error, lapsus, descuido, yerro.* El *gazapo* es un *error* de poca monta al hablar o escribir. *Lapsus, descuido, yerro,* en lo hablado o escrito; *errata,* en lo impreso.

**gazapón** *m. Garito\*, timba, chirlata, mandracho, tablero.*

**gazmiar** *tr. Gulusmear, golosinear.*

**gazmoñería** *f. Camandulería, mojigatería, gazmoñada.*

**gazmoñero, -ra** *adj. Mojigato, timo-* rato, misticón, santurrón, beato, beatón, gazmoño. ↔ SINCERO, CLARO.

**gazmoño, -ña** *adj.-s. Beato, santurrón, mojigato, gazmoñero, timorato, misticón.*

**gaznápiro, -ra** *adj.-s. Palurdo, torpe, zoquete, ceporro, tonto, patán, simple.*

**gaznar** *intr. Graznar, voznar.*

**gaznate** *m. Garganta, gola, gorja, pasapán* (humor. y fam.), *garguero, gañote.*

**gazuza** *f.* burl. y fam. *Carpanta, hambre, apetito\*.*

**gélido, -da** *adj.* lit. *Helado, glacial, congelado.*

**gema** *f. Yema, botón, gromo, grumo.*

**gemelo, -la** *adj.-s. Melgo, mielgo, mellizo, doble, gémino* (cult.). Tratándose de personas, *melgo, mielgo,* y más generalmente *mellizo.* V. gemelos.

**gemelos** *m. pl. Anteojos, lentes.*

**gemido** *m. Quejido, lamento, clamor\*.*

**gémino, -na** *adj.* cult. *Gemelo, doble.*

**gemiquear** *intr.* And. y Chile. *Gimotear, lloriquear, hipar.*

**gemiqueo** *m.* And. y Chile. *Gimoteo, lloriqueo.*

**gemir** *intr. Quejarse, lamentarse, clamar\*.*

**generación** *f. Posteridad, descendencia.* 2 *Procreación, multiplicación, reproducción.*

**generacionismo** *m. Traducianismo.*

**generador, -ra** *adj. Matriz, principal, materna.*

**general** *adj. Común, usual, frecuente, corriente, vulgar, universal, total. Común,* aquello de que muchos participan. Lo *general* pertenece a todos o casi todos. *Universal* se refiere a todos los individuos sin excepción. P. ej. compárese: ésta es la creencia *común, general, universal.* Un principio *general* engloba a todos en conjunto. Un principio *universal* afecta a cada uno de los casos a que se aplica, sin exceptuar ninguno. ↔ PARTICULAR, SINGULAR, RELATIVO.

**generar** *tr. Engendrar.*

**género** *m. Clase, grupo.* 2 *Modo, manera.* 3 *Mercancía.* 4 *Tela, tejido.*
**generosamente** *adv. m. Largamente, liberalmente, espléndidamente.*
**generosidad** *f. Benevolencia, bondad, benignidad, humanidad, magnanimidad, grandeza, nobleza, abnegación, altruismo, desinterés*, filantropía, beneficiencia.* ↔ MALDAD, BAJEZA, RUINDAD, EGOÍSMO, INTERESADO. 2 *Bizarría, esplendidez, esplendor, desprendimiento, liberalidad.* "La *liberalidad* no es otra cosa que la *generosidad* limitada únicamente a un objeto pecuniario (...) Ejemplos: Pedro tuvo un desafío con Juan, y habiéndole tenido tres veces desarmado, le perdonó la vida; fue un hombre *generoso.* Este es una acto de *generosidad.* Francisco, con tal de que los criados le sirvan bien, es muy *liberal,* les da sendas gratificaciones. Este es un acto de *liberalidad*" (O). ↔ AVARICIA, TACAÑERÍA. 3 *Galantería, cortesía, cortesanía.*
**generoso, -sa** *adj. Desprendido, desinteresado, rumboso, dadivoso*, liberal, espléndido, magnífico, caritativo.* V. *pródigo.* ↔ TACAÑO, ESCASO, SÓRDIDO, INTERESADO. 2 *Magnánimo, noble.*
**génesis** *f. Origen, principio.*
**genio** *m. Carácter, índole*, temple, natural, condición.* 2 *Disposición, aptitud*.*
**genista** *f. Retama, ginesta, hiniesta.*
**gente** *f. Vulgo, pueblo, plebe* (desp.).
**gentecilla** *f. Zurriburri, churriburri, gentucilla.*
**gentil** *adj.-com. Idólatra, pagano.* 2 *adj. Gracioso, apuesto, galano, gallardo, airoso, donoso.*
**gentileza** *f. Gracia, galanura, garbo, desembarazo, bizarría, galantería*.* 2 *Ostentación, gala.* 3 *Urbanidad, cortesía.*
**gentilicio, -cia** *adj.* GRAM. *Étnico.*
**gentilidad** *f. Paganismo, gentilismo.* ↔ CRISTIANISMO.
**gentío** *m. Multitud, muchedumbre.*
**gentualla** *f. Gentuza, chusma.*

**gentucilla** *f. Zurriburri, churriburri, gentecilla.*
**gentuza** *f.* desp. *Gentualla, chusma.*
**genuino, -na** *adj. Puro, propio, natural, legítimo, auténtico, verdadero, real.* ↔ POSTIZO, FALSO, ILEGÍTIMO.
**geranial** *m.* QUÍM. *Citral, lemonal, neral.*
**gerencia** *f. Administración*, dirección, gobierno, régimen, gestión.*
**gerente** *com. Manager, apoderado, director, principal, encargado, jefe.*
**geriatría** *f. Presbiatría, presbiátrica.*
**germanía** *f. Argot*, jerga, jeringonza.*
**germano, -na** *adj.-s.* (pers.) *Alemán, teutón, tudesco. Tudesco* fue muy usual en la lengua clásica, pero es de escaso uso en la actualidad.
**germen** *m. Machuelo.* El nombre popular es *machuelo.* 2 *Embrión, rudimento, semilla.* 3 fig. *Principio, origen.*
**germinación** *f. Pululación, multiplicación, reproducción.*
**germinar** *intr. Nacer, brotar, crecer, desarrollarse.* 2 fig. *Principiar, originarse.*
**gestación** *f. Preñez.* En los animales vivíparos, *preñez.* 2 fig. *Preparación, maduración, elaboración.*
**gestero, -ra** *adj. Parajismero, visajero, gesticulador.*
**gesticulación** *f. Gesto, ademán, mueca, mímica, contorsión. Mímica* puede usarse como sinónimo; pero generalmente indica un fin artístico o imitativo.
**gesticulador, -ra** *adj. Gestero, parajismero, visajero.*
**gestión** *f. Administración*, dirección, gobierno, régimen, gerencia.*
**gesto** *m. Actitud*, ademán.* En su sentido general de movimientos expresivos son intercambiables entre sí. En su significado más concreto, *gesto* es movimiento expresivo de la cara, o de brazos y manos; *ademán, manoteo,* se refieren principalmente a movimientos de manos y brazos; *actitud* es postura, que sugiere inmovilidad o cierta fijeza: *actitud* orante. *Mueca* y

*visaje* se refieren precisamente a la cara, e indican gesto desagradable, feo o grotesco. *Mohín* es gesto gracioso o simpático para el que habla. 2 *Aspecto, cara, semblante, aire, apariencia.*

**giba** *f. Corcova, joroba, chepa.* 2 fig. *Molestia, incomodidad, carga.*

**giboso, -sa** *adj.-s. Corcovado, jorobado, contrahecho.*

**giennense** *adj.-com.* (pers.) *Jaenés, jienense.*

**giganta** *f.* (planta) *Girasol, gigantea, mirabel, mirasol, sol de las Indias, tornasol.*

**gigante, -ta** *s. Titán, coloso.*

**gigantea** *f. Girasol, giganta* (planta), *mirabel, mirasol, sol de las Indias, tornasol.*

**gigantesco, -ca** *adj.* fig. *Enorme, desmesurado, colosal, excesivo, ciclópeo, formidable.*

**gigantismo** *m. Macrosomía* (MED.).

**gimnasta** *com. Acróbata, volatinero, equilibrista, funámbulo.*

**gimotear** *intr. Lloriquear, hipar, gemiquear* (And. y Chile).

**gimoteo** *m. Lloriqueo, gemiqueo* (And. y Chile).

**ginesta** *f. Retama, hiniesta.*

**gineta** *f. Jineta, papialbillo, patialbillo.*

**girar** *intr. Virar.* 2 *intr.-tr. Librar, expedir.*

**girasol** *m. Giganta, gigantea, mirabel, mirasol, sol de las Indias, tornasol.*

**girino** *m. Renacuajo.*

**giro** *m. Vuelta, rotación, revolución* (TECNOL.), *viraje.* Cada uno de los *giros* o *vueltas* de un movimiento giratorio, *revolución.* 2 *Dirección, aspecto, cariz, curso.* 3 GRAM. *Locución, frase, expresión, modo.*

**gis** *m.* desus. *Tiza*, clarión, yeso.*

**gitano, -na** *adj.-s. Calé, cíngaro. Cíngaro* se aplica pralte. a los *gitanos* de Europa central. 2 *Cañí, agitanado.*

**glabela** *f.* MED. *Entrecejo, intercilio* (lat.).

**glabro, -bra** *adj.* lit. *Lampiño, calvo,*

*pelón* (fam.), *pelado* (fam.). ↔ VELLUDO, PELUDO.

**glacial** *adj. Gélido, helado, congelado.*

**glaciar** *m. Helero. Helero* es el nombre general. *Glaciar* es científico, aunque va extendiéndose su uso en el habla común.

**gladiolo, gladíolo** *m. Espadaña* (planta).

**glande** *m. Bálano, balano.*

**glándula pituitaria** *f. Hipófisis, cuerpo pituitario.*

**glasto** *m. Hierba pastel, pastel.*

**globo** *m. Esfera.* 2 *Tierra, mundo.* 3 *Aerostato.*

**glóbulo. Glóbulo blanco** *m. Leucocito.* 2 **Glóbulo rojo** *Hematíe, eritrocito.*

**gloria** *f. Bienaventuranza, cielo, paraíso.* ↔ INFIERNO. 2 *Fama, honor*, celebridad, renombre.* ↔ VULGARIDAD. 3 *Esplendor, magnificiencia, majestad.* 4 *Placer, gusto, delicia.* ↔ DOLOR.

**gloriarse** *prnl. Preciarse, jactarse, alabarse, vanagloriarse, hacer gala de.* 2 *Complacerse, alegrarse.*

**glorificar** *tr.-prnl. Alabar, honrar, ensalzar, exaltar.* ↔ DESHONRAR, DEGRADAR.

**glorioso, -sa** *adj. Memorable, recordable, famoso, célebre, memorando.*

**glosa** *f. Explicación, comentario, anotación, nota.* "La *glosa* es más literal que el *comentario,* y se hace casi palabra por palabra; el *comentario* es más libre y menos escrupuloso en separarse de la letra" (Ma).

**glosario** *m. Vocabulario, diccionario*.*

**glosopeda** *f. Fiebre aftosa.*

**glotón, -ona** *adj. Comilón, tragón.*

**glotonería** *f. Gula, golosina, tragazón, insaciabilidad. Gula* es intensivo, hasta convertirse en vicio o pecado. *Golosina* es afán de comer o beber cosas exquisitas; *tragazón* es voracidad sin reparar en la calidad. ↔ TEMPLANZA, INAPETENCIA. 2 *Abdominia* (MED.), *bulimia* (MED.). ↔ DESGANA, ANOREXIA.

**glucinio** *m.* QUÍM. *Berilio.*

**glucosa** f. Dextrosa, dextroglucosa.

**glutinosidad** f. Adherencia, pegajosidad, cohesión*.

**glutinoso, -sa** adj. Adhesivo, pegajoso, adherente.

**gnómico, -ca** adj. Sentencioso, aforístico.

**gnomon** m. Índice.

**gnoseología** f. Epistemología, teoría del conocimiento.

**gnosticismo** m. Docetismo.

**gobernación** f. Gobierno, régimen, dirección, mando, manejo.

**gobernalle** m. Gobierno, timón.

**gobernar** tr. Dirigir, conducir, guiar, regir*, administrar, manejar, empuñar, llevar la batuta, llevar de la barba, calzarse a.

**gobierno** m. Gobernación, régimen, dirección, mando, manejo, administración*. 2 Gabinete, ministerio. 3 Timón, gobernalle.

**gobio** m. Cadoce.

**goce** m. Disfrute, posesión, placer, gozo*. Tratándose de sensaciones agradables, placer. ↔ DOLOR, MALESTAR, DISGUSTO.

**godo, -da** adj.-s. desp. Can. y Amér. Merid. (pers.) Español*, gachupín, chapetón, gallego.

**gola** f. Garganta. 2 Gorguera. 3 Cimacio.

**goleador. Máximo goleador** m. DEP. Pichichi. En el fútbol.

**goleta** f. Escuna.

**golfán** m. Nenúfar.

**golfín** m. Arroaz, delfín, puerco marino, tonina.

**golfo** m. Seno.

**golfo, -fa** s. Pilluelo, vagabundo.

**gollería** f. Golosina, golloría, gullería, gulloría. Los tres últimos, menos usados.

**golletazo** m. TAUROM. Bajonazo.

**golondrina** f. Andorina, andolina, andarina.

**golosina** f. Gollería, glotonería*.

**golosinear** intr. Gulusmear, gazmiar, golosinar.

**goloso, -sa** adj.-s. Lamerón (fam.), laminero, glotón.

**golpazo** m. fam. Porrazo, trastazo, golpe, golpada.

**golpe** m. Encuentro, topada, topetazo, encontronazo. 2 Percusión. 3 Latido. 4 Multitud, abundancia, copia, muchedumbre. 5 Salida, ocurrencia. 6 **De golpe y porrazo** loc. adv. Inesperadamente, de imprevisto, de improviso, de sopetón, de repente, repentinamente, insospechadamente, súbitamente. 7 **Errar el golpe** loc. Malograrse, desaprovecharse, perderse, desperdiciarse, frustrarse, naufragar en el puerto, irse abajo.

**golpear** tr.-prnl. Pegar, percutir, cruzar la cara, quitar los dientes, arrimar candela, romper la crisma, abrir la cabeza, medirle las espaldas. Percutir es tecnicismo médico, o voz literaria en otras acepciones: percutir en el tórax; percutir los tambores.

**goma. Goma adragante** f. Alquitira, tragacanto, granévano. 2 **Goma laca** Laca, maque.

**gomia** f. Tarasca.

**gomoso** m. Caballerete, presumido, pisaverde, lechugino, petimetre, currutaco, mozalbete.

**gonce** m. Gozne, charnela, bisagra.

**gongo** m. Batintín, gong.

**gonorrea** f. Blenorragia, blenorrea, uretritis.

**gorbión** m. Euforbio, gurbión.

**gordinflón, -ona** adj. fam. Mofletudo, cariampollado, cariampollar, carilludo, molletudo, obeso, pesado, fofo, grueso, gordo, corpulento, voluminoso. ↔ FLACO, DELGADO, SECO, ENJUTO.

**gordo** m. Sebo, manteca, grasa.

**gordo, -da** adj. Craso, graso, mantecoso. 2 Abultado, voluminoso, grueso*, corpulento, obeso. Los tres últimos, tratándose de personas. "El adjetivo grueso considera el volumen con relación al espacio; el adjetivo gordo lo considera con relación al espacio y a la materia. Un hombre corpulento tiene naturalmente una mano gruesa, y en esta idea no vemos más que su volumen; pero una mano *gorda* nos representa la idea de su carnosidad, de la abundancia de la materia de que se compone" (LH). ↔ DELGADO, ENJUTO, FLACO. 3 fig. *Importante, grande.*

**gordolobo** *m. Varbasco, verbasco.*

**gordura** *f. Obesidad, polisarcia, liparia* (MED.), crasitud. ↔ DELGADEZ, LIGEREZA. 2 *Enjundia, grasa, unto, injundia.*

**gorgojo** *m. Mordihuí.*

**gorgorita** *f. Burbuja, pompa, campanilla, ampolla.*

**gorgorito** *m. Gorjeo, trino, trinado.*

**gorgotero** *m. Buhonero, mercachifle.*

**gorguera** *f. Gola.*

**gorja** *f. Garganta, gola, pasapán* (humor. y fam.)*, garguero, gaznate, gañote.*

**gorjeo** *m. Gorgorito, trino, trinado.* Los dos últimos, en los pájaros.

**gormar** *tr.* ant. *Vomitar, devolver, volver, rendir, tocar, arrojar, provocar* (vulg. o fam.).

**gorrero, -ra** *adj.-s.* fam. *Gorrón, gorrista, mogrollo, pegadizo, pegote, parásito.*

**gorrión, -ona** *s. Pardal.*

**gorrista** *adj.-com.* fam. *Gorrón, gorrero, mogrollo, pegadizo, pegote, parásito.*

**gorro** *m.* DEP. *Tapón.* En el baloncesto.

**gorrón, -ona** *adj.-s. Gorrista, gorrero, mogrollo, pegadizo, pegote, parásito.*

**gorullo** *m. Borujo, burujo, bodoque, gurullo.*

**gota** *f.* (enfermedad) *Podagra, quiragra.* La que padecen los pies, *podagra*; la de las manos, *quiragra.* 2 **Gota coral** *Epilepsia.*

**gotear** *intr. Destilar, escurrir.*

**gotero** *m. Amér. Cuentagotas.*

**gótico, -ca** *adj. Ojival.*

**gozar** *tr.-prnl. Disfrutar, poseer.* 2 *intr. Regocijarse, divertirse, recrearse, disfrutar, complacerse, caérsele la baba, no caber de contento, quitarse el amar-*

*gor de la boca, estar en su centro, desfallecer de gusto.* ↔ SUFRIR, ENTRISTECERSE.

**gozne** *m. Charnela, gonce, bisagra.*

**gozo** *m. Alegría\*, placer\*, gusto\*, goce, satisfacción, contento, júbilo\*, alborozo\*.* "*Gozo, gusto.* El primero se aplica solo a lo moral, y el segundo a lo físico, y solo figuradamente a lo moral. El *gusto* que me causó su vista llenó de *gozo* mi corazón. No se dice el *gusto* del alma, sino el *gozo*; ni el *gozo* de comer una pera, sino el *gusto.* Aplicados uno y otro puramente a lo moral, el *gozo* supone un efecto más inherente, más sublime, y causado por objetos más nobles; el *gusto*, una sensación menos sólida, y causada por objetos más comunes. El *gozo* de los bienaventurados; el *gusto* de pasear solo" (LH). ↔ DOLOR, DESAGRADO, DISGUSTO.

**gozoso, -sa** *adj. Complacido, satisfecho, alegre, contento, jubiloso.*

**grabación** *f. Registro.*

**grabado** *m. Estampa, lámina.*

**grabar** *tr. Labrar, cortar, esculpir, inscribir.* 2 INFORM. *Registrar, salvar* (angl.).

**gracejo** *m. Donaire\*, discreción, gracia, donosura.* ↔ DESGRACIA.

**gracia** *f. Beneficio\*, favor, merced, don, regalo\*.* 2 *Perdón\*, indulto.* 3 *Benevolencia, amistad, afabilidad, agrado.* ↔ ANTIPATÍA. 4 *Garbo, donaire\*, sal, salero, ángel, atractivo, encanto.* ↔ DESGARBO. 5 *Chiste, agudeza, ocurrencia.* ↔ SEQUEDAD.

**graciosamente** *loc. adv. De balde, gratis, por su cara bonita.*

**gracioso, -sa** *adj. Atrayente, bonito\*, hermoso\*, agraciado.* Este último, tratándose de personas. ↔ FEO, DESAGRADABLE. 2 *Garboso, donairoso, saleroso.* 3 *Chistoso\*, agudo, ocurrente.* "El *gracioso* divierte excitando la risa por medio de acciones o dichos jocosos; y el *chistoso*, recreando el entendimiento con agudezas y sales, aplicadas sin estudio, con viveza y oportunidad al asunto que se trata. El primero puede valerse de imitaciones, de dichos estudiados, de extravagancias, de las ventajas que puede ofrecerle la disposición física de su propia figura, o la singularidad de su carácter; el segundo todo lo debe a la viveza de su ingenio, y a la prontitud de su imaginación. Un ignorante puede tener *gracia* o disposición natural para divertir o mover la risa; pero no puede ser *chistoso*, porque para ello necesita agudeza y discreción. El *gracioso* puede serlo en una sociedad de ignorantes, pero no el *chistoso*, porque necesita que lo entiendan" (LH). 4 *Gratuito, de balde.*

**I grada** *f. Graderío, gradería.*

**II grada** *f. Peldaño, escalón.*

**III grada** *f.* AGR. *Rastra.* 2 *Reja, locutorio.* En los monasterios de monjas.

**gradación** *f. Escalonamiento, progresión, sucesión, serie.* 2 RET. *Clímax, anticlímax. Clímax* si la gradación es ascendente, p. ej.: "acude, corre, vuela"; *anticlímax,* si es descendente, p. ej.: "una hora, un minuto, un instante".

**gradería** *f. Graderío, grada.*

**graderío** *m. Grada, gradería.*

**gradíolo** *m. Espadaña, gladio, gladíolo, maza sorda.*

**grado** *m. Peldaño, grada, paso, escalón.* 2 **De grado** *loc. adv. A buenas, por las buenas, voluntariamente.* ↔ POR LAS MALAS, A MALAS, POR OBLIGACIÓN.

**graduado, -da** *adj. Gradual, escalonado, sucesivo, progresivo.*

**gradual** *adj. Escalonado, sucesivo, graduado, progresivo.*

**graduando, -da** *s. Laureando* (desus.)*, licenciando, doctorando.* Según el grado que se va a recibir, úsanse *licenciando* y *doctorando.*

**graduar** *tr. Aquilatar*, quilatar* (p. us.), apreciar, estimar, valorar.* 2 *Licenciar, permitir, despedir, despachar.* ↔ PROHIBIR, SUSPENDER. 3 *prnl. Revalidar, licenciarse.*

**grafema** *m.* LING. *Letra.*

**gráfico** *m. Diagrama.*

**grafito** *m. Lápiz plomo, plombagina, plumbagina.*

**gragea** *f.* FARM. *Párvulo, gránulo, píldora* (pequeña).

**graja** *f. Cuerva.*

**grajo** *m. Cuervo merendero.*

**grama** *f.* Amér. *Hierba, pasto* (Amér.).

**granadilla** *f. Pasionaria, pasiflora, murucuyá.*

**Gran Bretaña** *f. Albión, Reino Unido.*

**grande** *adj. Alto, vasto, espacioso, largo, profundo, extenso, voluminoso, magno.* Todos ellos, salvo *magno,* en sentido material. *Magno* se refiere a la grandeza moral: Alejandro *Magno.* Cuando se aplica a cosas materiales, supone siempre cierta dignidad o nobleza: aula *magna* de la Universidad. ↔ PEQUEÑO. 2 *Prócer, magnate.*

**grandeza** *f. Grandor, tamaño, magnitud.* "La *grandeza,* considerada físicamente, representa al cuerpo con relación al exceso de su volumen, respecto del regular y común de otros cuerpos, y sin relación determinada a sus medidas y proporciones; la *magnitud* le representa bajo una idea determinada con relación a sus propiedades y medidas. Se admira la extraordinaria *grandeza* del sol, y se mide por medio de los instrumentos astronómicos su verdadera *magnitud.* El *tamaño* representa también determinadamente su volumen, pero se usa con más propiedad cuando se trata de cuerpos más pequeños, de los de nuestro uso, de los que manejamos, de los que podemos medir fácilmente; y *magnitud* cuando se trata de cuerpos muy grandes o inaccesibles. Se calcula la *magnitud* de un planeta; se compra una caja de un *tamaño* proporcionado. Ni el *tamaño* se aplicaría con propiedad al planeta, ni la *magnitud* a la caja. La *grandeza* es respectiva, la *magnitud* y *tamaño* son absolutos; porque no es grande ni pequeño un cuerpo considerado solo, sino respecto de otro: y esta comparación le constituye tal; pero todo cuerpo tiene por sí, independientemente de toda comparación, las medidas y proporciones que forman su *magnitud* y *tamaño*. De aquí es que la voz *grandeza* se usa con mucha frecuencia y propiedad en sentido figurado, pero no las otras dos voces (...) Y así se dice: *grandeza* de ánimo, y no *magnitud* ni *tamaño*" (LH). ↔ INFINITUD. 2 *Grandiosidad, magnificencia, esplendidez.* ↔ MISERIA. 3 *Generosidad, nobleza, magnanimidad, elevación.* ↔ PARQUEDAD, MISERIA. 4 *Majestad, gloria, esplendor, poder.* ↔ MISERIA.

**grandilocuente** *adj. Altilocuente, altílocuo, grandílocuo.*

**grandílocuo, -cua** *adj. Altilocuente, altílocuo, grandilocuente.*

**grandiosidad** *f. Grandeza, magnificencia, esplendidez.* ↔ MISERIA.

**grandioso, -sa** *adj. Imponente, respetable, venerable, majestuoso, soberbio, magnífico, admirable, espléndido.*

**grandor** *m. Tamaño, grandeza, magnitud\*.*

**granero** *m. Hórreo, troj. Ambos, preferidos en determinadas regiones y diferenciados más o menos por su forma y disposición. Granero es término general aplicable siempre.*

**granévano** *m. Alquitira, tragacanto, goma adragante.*

**granillo** *m. Culero, helera. En los pájaros.*

**granito** *m. Piedra berroqueña.*

**granizada** *f. Pedrisco.*

**granizo** *m. Pedrisco, piedra. Este último si es grueso el granizo.*

**granja** *f. Alquería, cortijo, casa de labranza.*

**granjear** *tr. Adquirir, ganar. 2 tr.-prnl. Conseguir, captar, atraer\*.*

**granjería** *f. Ganancia\*, negocio, utilidad, beneficio, rendimiento, lucro, logro.*

**grano. Al grano** *loc. adv.* fam. *Descubiertamente, claramente, patente-*mente, sin rodeos, abiertamente, sin ambages, sin rebozo, sin disimulo, manifiestamente, francamente.* 2 **Granos del Paraíso** *m. pl. Amomo.*

**granuja** *m. Pillo, pillete, golfo, bribón, pícaro.*

**granulación** *f. Vegetación, carnosidad.*

**gránulo** *m.* FARM. *Gragea, párvulo, píldora (pequeña).*

**granzas** *f. pl. Ahechaduras.*

**grapa** *f. Gafa, laña.*

**grasa** *f. Aceite, manteca, lardo, sebo, unto, mantequilla, adiposidad* (TECN.). *Grasa se aplica como nombre general, pero hay nombres especiales según sus clases: la líquida se llama aceite; la sólida, manteca, preferentemente la del cerdo y las de algunos frutos, como el cacao; lardo, la del cerdo; sebo, en los rumiantes; unto es grasa sólida o líquida que se emplea para untar, y en algunas regiones el tocino o el tejido adiposo de cualquier animal; mantequilla, la que se extrae de la leche. En el organismo animal, como tecnicismo, adiposidad. 2 Pringue, mugre. 3 Lípido.*

**grasero** *m. Escorial, escombrera.*

**grasiento, -ta** *adj. Pringado, untado, aceitoso\*, oleaginoso\*.*

**graso, -sa** *adj. Pingüe, mantecoso, untuoso, oleaginoso\*, aceitoso\*, pringoso, grasiento. 2 Adiposo, grueso\*, obeso.*

**gratificación** *f. Paga, remuneración, recompensa, emolumento\*.*

**gratificar** *tr. Remunerar, recompensar, pagar\*, adobar los guantes.*

**gratis** *adv. m. Gratuitamente, de balde, graciosamente.*

**gratitud** *f. Agradecimiento, reconocimiento\*.* ↔ INGRATITUD, DESLEALTAD.

**grato, -ta** *adj. Agradable\*, gustoso, placentero, plácido, tranquilo, sosegado, apacible.* ↔ DESAGRADABLE, ABURRIDO. 2 *Afecto, apreciado, estimado, querido.*

**gratuidad** *f. Franquicia, exención, privilegio.*

**gratuitamente** *adv. m. Gratis, de balde, graciosamente.*

**gratuito, -ta** *adj. De balde, gratis, gracioso.* ↔ INTERESADO. *2 Infundado, arbitrario.*

**gravamen** *m.* DER. *Carga, censo, hipoteca, servidumbre, tributo\*. Carga o gravamen son los términos generales.* ↔ GRATITUD, DERECHO.

**gravar** *tr.* DER. *Hipotecar, empeñar, cargar.*

**grave** *adj. Pesado.* 2 fig. *Importante, considerable.* 3 *Difícil, arduo, peligroso, dificultoso, espinoso.* 4 *Serio, severo.* 5 *Bajo.* Tratándose de sonidos. 6 GRAM. *Llano, paroxítono.*

**gravedad** *f. Pesantez, peso, pesadez, pesadumbre.* Todos ellos son los términos más generales. *Gravedad* es tecnicismo de significación más abstracta. ↔ LEVEDAD. 2 fig. *Seriedad, formalidad.*

**gravidez** *f. Embarazo, preñez, preñado.*

**gravísimo, -ma** *adj. Morrocotudo, importante, grande, formidable, difícil, fenomenal.*

**gravitación** *f. Atracción universal.*

**gravitar** *intr. Pesar, descansar, apoyarse, cargar, estribar.*

**gravoso, -sa** *adj. Oneroso, costoso, caro.* 2 *Molesto, pesado, insufrible, inaguantable, aburrido, fastidioso.*

**graznar** *intr. Gaznar, voznar.*

**grecismo** *m. Helenismo, greguismo.*

**grecizar** *tr. Helenizar.*

**greda** *f. Tierra de batán.* Este alude a la empleada para desengrasar los paños.

**gredal** *adj.-m. Blanquizal, blanquizar, calvero.*

**greguería** *f. Algarabía, gritería, bulla, vocerío.*

**greguismo** *m. Helenismo, grecismo.*

**gremio** *m. Hermandad, sindicato.*

**gresca** *f. Bulla, algazara, vocerío, follón, tumulto, bronca, desbarajuste, alboroto.* 2 *Riña, pendencia, altercado, cuestión, reyerta, trifulca, pelotera.*

**griego, -ga** *adj.-s.* (pers.) *Heleno.* 2 *Helénico.* Aplicado a cosas.

**grieta** *f. Quiebra, abertura, hendidura, fisura* (TECNOL.).

**grifa** *f. Marihuana.*

**grifo** *m. Llave, grifón, espita.* Si es grande, *grifón;* si es pequeño, *espita.*

**grifón** *m. Grifo, llave, espita.*

**grillarse** *prnl. Agrillarse.*

**grillete** *m. Calceta.*

**grima** *f. Desazón, inquietud, disgusto, desagrado, horror.*

**gringo** *m. Griego, algarabía.* En el significado de lenguaje ininteligible.

**gringo, -ga** *adj.-s.* (pers.) *Extranjero, inglés, norteamericano\*.*

**gripe** *f. Trancazo, influenza* (italian.). El nombre tradicional español es *trancazo.* Tiende a disminuir el uso del italianismo *influenza,* muy frecuente en el siglo XIX.

**grisáceo, -ea** *adj. Agrisado.*

**grita** *f. Gritería, vocerío, algarabía.* ↔ SILENCIO. 2 *Abucheo, bronca.* ↔ APLAUSO.

**gritar** *intr. Desgañitarse, chillar, vociferar, vocear.*

**gritería** *f. Alboroto\*, vocerío, algazara, bulla\*, bullanga, bullicio, batahola.*

**griterío** *m. Gritería, grita, vocerío, vocería, vinglería, algarabía.*

**grito** *m. Voz, clamor.* "Se *grita* para llamar a alguno, para expresar aplauso y alegría; pero el *clamor* indica peligro, petición, esforzada, aflicción o desgracia" (M).

**gromo** *m. Yema, botón, gema, grumo.*

**grosería** *f. Impolítica, desatención, incorrección, inconveniencia, descomedimiento, descortesía, patanería, zafiedad, patochada, tochedad, ordinariez.* Los seis primeros son expresiones atenuadas. Todos los demás son expresiones intensivas y sugieren principalmente *grosería* cometida por ignorancia o rusticidad. ↔ DELICADEZA, EDUCACIÓN, URBANIDAD, SOCIABILIDAD.

**grosero, -ra** *adj. Descortés, desatento, descomedido, indecoroso, indecente, in-*

*solente, indigno, impolítico*\*. ↔ DECEN-
TE, DIGNO. 2 *Patán,* `ordinario, tosco,`
*rústico, basto, burdo, zafio, inculto,*
*soez*\*. ↔ EDUCADO, DELICADO. 3 *Agres-*
*te, áspero, rudo.* ↔ FINO, LISO.
**grosor** *m. Grueso, espesor, cuerpo.*
**grosulariáceo, -ea** *adj.-s. Saxifra-*
*gáceo, ribesiáceo.*
**grotesco, -ca** *adj. Ridículo, extrava-*
*gante, risible.* ↔ NORMAL, REGULAR, SE-
RIO.
**grúa** *f. Titán. Titán es grúa gigantesca.*
**grueso** *m. Espesor, grosor, cuerpo.*
**grueso, -sa** *adj. Corpulento, abultado,*
*voluminoso, gordo*\*, adiposo, graso,*
*obeso.* "El hombre *grueso* lo es por
constitución; el *gordo* lo es por haber
adquirido carnes. No se dice del niño
que nació *gordo,* sino *grueso*" (M).
**grumo** *m. Coágulo, cuajo, cuajarón.* 2
*Yema, botón, gema, gromo.*
**gruñir** *intr. fig. Rezongar, refunfuñar.*
2 *Chirriar, rechinar.*
**grupa** *f. Anca (de caballería).*
**grupera** *f. Baticola, ataharre (Amér.).*
**grupo** *m. Género, clase.* 2 DEP. *Pelotón*
(principalmente en el ciclismo.).
**gruta** *f. Caverna, cueva*\*, antro.*
**guachapear** *intr. Chapotear, chapa-*
*lear.*
**guadafiones** *m. pl. Trabas, maneotas,*
*maniotas, maneas, manijas, sueltas.*
**guadaña** *f. Dalle, dalla.* Según las comarcas. En sentido fig., sólo *guadaña:*
la *guadaña* de la Muerte.
**guaicurú** *m. Argent., Chile y Urug. Bai-*
*curú.*
**gualdo, -da** *adj. Amarillo.*
**gualdrapa** *f. fig. Calandrajo, andrajo.*
**guamá** *m. Cuba. Guama (Colomb.),*
*guamo* (Colomb.), *guaba* (Amér.
Central y Ecuad.), *guabo* (Amér.
Central y Ecuad.), *pacay* (Argent.,
Colomb., Bol. y Perú).
**guantada** *f. Guantazo, manotada, ma-*
*notazo, tabalada, bofetada, morrada,*
*galleta* (irón.), *cachete, tabanazo, so-*
*papo.*
**guantazo** *m. Bofetada, galleta* (irón.),
*cachete, guantada, tabanazo, manota-*

*zo, sopapo, manotada, tabalada, mo-*
*rrada.*
**guantelete** *m. Manopla* (en las ar-
maduras).
**guantón** *m. Amér. Guantazo.*
**guapeza** *f. Majeza, valentonería, chu-*
*lería.*
**guapo, -pa** *adj. Hermoso*\*, bello, ve-*
*nusto, bonito, lindo, gracioso, precioso,*
*majo, curro.* 2 fig. *Jaque, valentón, per-*
*donavidas, matasiete, chulo.*
**guardabarros** *m. Alero, salvabarros.*
**guardabosque** *m. Guarda forestal.*
**guardabrisa** *m. Parabrisa.* En el automóvil.
**guardacantón** *m. Guardarruedas,*
*marmolillo, recantón, trascantón, tras-*
*cantonada.*
**guardador** *m. Tutor.*
**guardalado** *m. Pretil, antepecho, ba-*
*randilla.*
**guardameta** *m.* DEP. *Portero, arquero*
(Amér.), *cancerbero.*
**guardapelo** *m. Medallón* (joya).
**guardapiés** *m. Brial, tapapiés.*
**guardapuerta** *f. Antepuerta.*
**guardar** *tr.-prnl. Custodiar, cuidar, vi-*
*gilar, preservar, proteger, defender.* ↔
DESCUIDAR. 2 *Observar, cumplir, obe-*
*decer, acatar, respetar.* 3 *Conservar,*
*retener, ahorrar*\*, almacenar*\*.* ↔ GAS-
TAR.
**guardia** *f. Defensa, custodia, amparo,*
*protección.*
**guardilla** *f. Buharda, buhardilla, boar-*
*dilla, desván, sotabanco, bohardilla,*
*caramanchón.*
**guardoso, -sa** *adj. Ahorrador, escaso,*
*tacaño.*
**guarecer** *tr.-prnl. Acoger*\*, asilar, co-*
*bijar, refugiar, amparar, defender, po-*
*nerse en cobro, ponerse en cubierto.*
**guarida** *f. Manida, cubil, madriguera,*
*cado, osera, lobera, raposera, topera.*
*Cubil* se refiere principalmente a las
fieras; *madriguera* es cueva estrecha y
profunda, donde se guarecen animales pequeños, como el conejo;
*cado* equivale a *madriguera.* Hay numerosos nombres especialmente de-

rivados de los distintos animales: *ose-ra, lobera, raposera, topera,* etc. 2 fig. *Amparo, refugio, asilo.* En este sentido, *guarida* se toma a mala parte: *guarida* de ladrones, de contrabandistas, etc.

**guarismo** *m. Número, cifra.*

**guarnecer** *tr. Dotar, proveer, equipar.*

**guarnecido** *m. Revoque, revoco, revocadura, enfoscado.*

**guarnición** *f. Engaste, montadura.* 2 *Guarda, guardamano.* V. guarniciones.

**guarnicionero, -ra** *s. Bastero.*

**guarniciones** *f. pl. Jaeces, arreos, arneses.* V. guarnición.

**guasa** *f. Burla\*, chanza, broma, chunga, tomadura de pelo.*

**guasearse** *prnl. Bromear, chancearse, embromar, burlarse.*

**guasón, -ona** *adj. Burlón, bromista, chancero.*

**guau** *m. Perro, can, chucho.*

**guayaca** *f.* fig. *Amér. Amuleto\*, talismán, mascota.*

**gubernamental** *adj.-com. Ministerial.*

**gubia** *f.* ant. *Gurbia. Gurbia,* ant. en España, pero usado en América.

**guedeja** *f. Vedeja.*

**güemul** *m. Argent.* y *Chile. Huemul.*

**guerrero** *m. Soldado, militar.*

**guerrero, -ra** *adj. Belicoso, bélico, marcial, militar.* "*Guerrero* es todo el que hace la guerra; *belicoso* es el aficionado a la guerra, el que se place en ella, el que la hace por inclinación o por gusto; *marcial* es lo que dice relación o tiene analogía, con la guerra. *Bélico* es sinónimo de *marcial*" (M). ↔ PACÍFICO, AMISTOSO.

**guerrilla** *f. Facción\*, parcialidad, bando, bandería, partida.*

**guerrillero** *m. Partidario.* 2 *Partisano* (galic.).

**guía** *com. Conductor, guiador, adalid.* 2 fig. *Director, mentor, maestro, consejero.* 3 *f. Pauta, modelo, patrón, dechado, regla, norma.* 4 *Norte, fin, objeto, finalidad, mira.* 5 *Salvaguardia\*, aseguramiento, seguro, salvoconducto.*

**guiador, -ra** *s. Guía, conductor, adalid.*

**guiar** *tr. Dirigir, mostrar, indicar, encaminar, orientar, aconsejar, conducir.* "Se *guía* mostrando, enseñando el camino, yendo delante. Se *conduce* dirigiendo... *Guiar* hace relación directamente a los medios; *conducir* hace relación directamente al fin. Un traidor nos *guía* por un rodeo, para *conducirnos* al paraje donde está emboscado el enemigo. Por esta razón, en la acción de *guiar* puede no tener parte la voluntad del que *guía*; pero siempre la tiene la del que *conduce*, en la acción de *conducir*. Una estrella nos *guía*: un amigo nos *conduce*" (LH). ↔ DESENCAMINAR, EQUIVOCAR. 2 *Adestrar, adiestrar, encaminar, ejercitar, instruir, enseñar, aleccionar.* 3 *intr. Entallecer, tallecer.*

**guiguí** *m. Taguán.*

**guija** *f. Callao, peladilla de río.* 2 *Almorta.*

**guijón** *m. Neguijón.*

**guillado, -da** *adj.* fam. *Maniático, chiflado* (fam.), *tocado, lelo, loco, chalado* (fam.), *maníaco, monomaníaco, ido.* ↔ CUERDO, SANO.

**guilladura** *f.* fam. *Manía, monomanía, idea fija, chifladura* (fam.), *chaladura* (fam.), *locura.* ↔ REFLEXIÓN, RAZÓN.

**guimbalete** *m.* MAR. *Pinzón.*

**guinda** *f. Cereza póntica.*

**guindilla** *f. Cerecilla, pimiento de cerecilla, pimiento de las Indias.*

**guinja** *f. Azufaifa, azofaifa, azofeifa, guínjol, jínjol, yuyuba.*

**guínjol** *m. Azufaifa, azofaifa, azofeifa, guinja, jínjol, yuyuba.*

**guinjolero** *m. Azufaifo, azufeifo, jinjolero.*

**guiñada** *f. Guiño.*

**guiñapo** *m. Andrajo, harapo.*

**guiñar** *tr. Cucar.*

**guiño** *m. Guiñada.*

**guión** *m.* GRAM. (signo ortográfico) *Raya.*

**güira** *f. Totumo, higuero, hibuero.*

**guisado** m. Guiso, manjar.

**guisante** m. Alverja, alverjana, pésol.

**guisar** tr. Cocinar.

**guiso** m. Guisado, manjar.

**guita** f. Bramante. 2 vulg. o fam. Dinero, cuartos, plata, pasta.

**guitarrillo** m. Requinto, guitarro.

**gula** f. Glotonería. ↔ TEMPLANZA, INA-PETENCIA.

**gulloría** f. Calandria (pájaro).

**gulusmear** intr. Gazmiar, golosinear.

**gura** m. fam. y fig. Policía*, agente policíaco, polizonte, poli, bofia.

**gurbia** f. ant. Amér. Gubia.

**gurbión** m. Euforbio, gorbión.

**gurullo** m. Borujo, burujo, bodoque, gorullo.

**gusanear** intr. Bullir, moverse, agitarse, hormiguear, pulular. ↔ AQUIETARSE, PARARSE.

**gusano** m. (larva) Oruga. 2 **Gusano de luz** Luciérnaga, noctiluca.

**gustación** f. Probadura, prueba, cata, degustación.

**gustar** tr. Probar, paladear, saborear. 2 Agradar*, placer, complacerse. "Lo que gusta hace una impresión más viva, aunque no tan durable como lo que agrada. Creemos que se habla con impropiedad cuando se dice: me agrada este manjar, este color, este caballo. Semejantes cosas gustan pero no agradan. Confirma esta opinión el uso frecuente que hacemos del verbo gustar para indicar una disposición del ánimo, un deseo transitorio y momentáneo, como cuando se pregunta: ¿gusta usted?, para invitar a uno a que coma de lo que se le presenta" (M). ↔ DISGUSTAR, DESAGRADAR.

**gustillo** m. Dejo, gusto, saborcillo, deje, resabio.

**gusto** m. Sabor, embocadura, paladar. El segundo sinónimo, tratándose de vinos. El último, de manjares en general. 2 Placer, deleite, delicia, gozo*. "El placer es más intensivo y vehemente que el gusto, y el deleite lo es más que el placer. Delicia es un deleite prolongado. El gusto satisface, el placer recrea, el deleite y la delicia embriagan" (M). 3 Satisfacción, agrado, complacencia, afición. "Afición y gusto. El gusto no es más que el placer que se siente en satisfacer nuestras inclinaciones, aun cuando sean pasajeras. La afición es este mismo gusto, fundado en el conocimiento de las cosas que nos lo inspiran... la palabra afición trae consigo la idea de la ciencia, del arte, del estudio y de la observación, al paso que la palabra gusto no indica más que la sensación que nos causa tal o tal cosa. Si decimos que nos gusta la pintura, nos limitamos a expresar el efecto que causan en nuestra alma los cuadros; pero si decimos que somos aficionados a la pintura, damos a entender que tenemos gusto en practicar o estudiar este arte..." (C). 4 Antojo, capricho, gana.

**gustometría** f. Saporimetría.

**gustoso, -sa** adj. Sabroso, apetitoso. 2 Agradable*, grato.

# H

**habanera** *f. Danza, contradanza* (ant.). *Danza* se aplica también a la *habanera* y a algunos bailes semejantes a ella; p. ej., la *danza puertorriqueña*, o la ant. *contradanza criolla*.

**habano** *m. Cigarro.*

**haber** *m. Hacienda, caudal, capital.* ↔ DEBE, CARENCIA. 2 *Paga, retribución, gratificación, sueldo\*.* Us. pralte. en pl. V. haberes.

**haberes** *m. pl. Data* (antic.). En las cuentas corrientes. V. haber.

**habichuela** *f. Judía\*, alubia.*

**hábil** *adj. Amañado, habilidoso, mañoso, diestro.*

**habilidad** *f. Arte, maestría, pericia, ingenio, tacto, destreza, maña.* En toda la amplitud de significado le corresponde *arte*. Cuando se estima en alto grado, *maestría, pericia.* Como es un concepto genérico, susceptible de muchas acepciones particulares, clasificamos los sinónimos en los siguientes grupos, a los cuales remitimos al lector: habilidad corporal, manual (V. *destreza*); habilidad intelectual (V. *ingenio*); habilidad en el trato social (V. *tacto*). "El que sabe hacer una cosa bien y con conocimiento de lo que hace, tiene *habilidad*; el que la hace materialmente bien y con facilidad, tiene *destreza*. Aquélla se refiere directamente al saber; ésta se refiere directamente al ejecutar. Un artífice tiene *habilidad* cuando sabe ejecutar bien la obra que le encargan; y *destreza* en el manejo material de los instrumentos de su profesión. Un maestro tiene *habilidad* para enseñar, cuando sabe el buen método, y los medios que debe emplear para ello. Una araña forma con *destreza* su tela" (LH). ↔ INHABILIDAD, INCOMPETENCIA.

**habilidoso, -sa** *adj. Amañado, hábil, mañoso, diestro.*

**habitación** *f. Vivienda, morada, mansión, domicilio, residencia, casa, hogar, lar. Habitación* es el término más general y abstracto. *Vivienda* tiene también carácter general. *Morada* y *mansión* son literarios: el Olimpo, *morada* de los dioses; en el uso corriente añaden idea de distinción o elegancia. *Domicilio* pertenece al lenguaje administrativo o legal. *Residencia*, en términos administrativos, es la población en que se vive: tiene su *residencia* en Granada; aplicado a *vivienda*, envuelve idea de colectividad: *residencia* de jesuitas, de estudiantes; o bien sugiere distinción, señorío: aquel palacio es la *residencia* de los condes de N. *Casa*, cuando no se refiere sólo al edificio, lleva asociados los afectos familiares que denotan *hogar* y *lar*. 2 *Cuarto, pieza, aposento, estancia, cámara\*.* 3 H. NAT. *Hábitat.*

**habitante** *m. Morador, residente. Morador* es voz escogida cuyo uso se circunscribe por lo general a la lengua escrita. El *residente* puede significar el que vive en un lugar sin ser natural de él, o el que lo habita transitoriamente; p. ej.: los españoles *residentes* en Colombia, los *residentes* en un internado universitario. *Vecino* alude a la conducta legal o administrativa del que está domiciliado o avecindado en una población.

**habitar** *tr. Morar, residir, tomar casa, asiento, sentar los reales, estar de asiento, vivir. Morar y residir* son palabras escogidas que envuelven cierto señorío y elegancia. Sería pedantesco preguntar a una persona ¿dónde *mora* usted? En cambio, se dice que los dioses *moran* en el Olimpo. *Residir* alude con preferencia al país, provincia o ciudad, pero no al domicilio. Una persona *reside* en Cuba, en Enterríos, en Montevideo; pero *vive* en tal calle y número. *Habitar* es tr.; p. ej.: *habita* una cueva, una casa céntrica. En su uso intr. corresponde a *vivir*: *vive* o *habita* en una cueva, en un piso alto, etc. ↔ VAGAR.

**hábitat** *m. Habitación* (H. NAT.).

**hábito** *m. Costumbre.* 2 *Práctica, uso, usanza, rutina\*.*

**habituación** *f. Adaptación.*

**habituado, -da** *adj. Acostumbrado.*

**habitual** *adj. Acostumbrado, usual, corriente, ordinario.*

**habituar** *tr. Acostumbrar, avezar, familiarizar.* ↔ EXTRAÑAR, DESACOSTUMBRAR. 2 *prnl. Hacerse, avezarse, acostumbrarse, adaptarse, hacer callos, criar callos.* ↔ DESACOSTUMBRAR.

**habla** *f. Lenguaje, lengua, idioma, dialecto.*

**hablador, -ra** *adj.-s. Cotorra, cotorrera, charlatán, parlanchín, hablanchín, parlador, locuaz.* Todos ellos, excepto *locuaz,* son desp. El *hablador* es la persona *locuaz,* que habla mucho; pero puede ser que no hable mal. Puede haber sabios *habladores* o *locuaces.* El *charlatán* habla siempre sin ton ni son, sólo por hablar, y sin decir nada que valga la pena de oír. 2 *Indiscreto, chismoso.*

**habladuría** *f. Hablilla, rumor, murmuración, chisme, cuento.*

**hablanchín, -ina** *adj.-s. Hablador\*, cotorra, cotorrera, charlatán, parlanchín, parlador, locuaz.*

**hablar** *intr. Decir.* "Sucede muchas veces que oímos *hablar* a otro sin que sepamos lo que dice. Hay hombres que poseen el don de *decir* mucho *hablando* poco. Puede *decirse* a un hombre de pocos alcances: *habla* poco, para no *decir* disparates" (M). ↔ CALLAR. 2 *Perorar, discursear, meter baza, hablar por los codos, tomar la palabra, descoser los labios, soltar el mirlo, hablar a chorros.* ↔ CALLAR. 3 *Conversar, departir, platicar, conferenciar.* ↔ CALLAR. 4 *prnl. Comunicarse, tratarse.* ↔ CALLAR.

**hablilla** *f. Habladuría, parlería, rumor, mentira, cuento, chisme, murmuración, reporte.*

**hacedero, -ra** *adj. Factible, agible, realizable, posible\*, fácil, sencillo.* ↔ IMPOSIBLE, IRREALIZABLE, DIFÍCIL.

**hacer** *tr. Producir, formar, fabricar, construir.* ↔ DESHACER. 2 *Disponer, aderezar, arreglar, componer.* ↔ DESHACER. 3 *Causar, ocasionar, motivar.* 4 *Ejecutar, realizar, practicar.* ↔ DESHACER. 5 *intr. Importar, convenir.* 6 *prnl. Crecer, aumentar.* 7 *Habituarse, acostumbrarse, avezarse, adaptarse.* 8 *Fingirse, simular.*

**I hacha** *f. Antorcha.*

**II hacha** *f. Segur, machado.* El primero es una *hacha* grande para cortar; el segundo sirve para la leña.

**hachís** *m. Haschís, haxix.*

**hacienda** *f. Heredad, heredamiento, predio.* 2 *Fortuna, capital\*, caudal, bienes.* Excepto si se trata de la hacienda pública.

**hacinamiento** *m. Aglomeración, amontonamiento.*

**hacinar** *tr.-prnl. Enhacinar* (p. us.), *amontonar\*, aglomerar, acumular.*

**hada** *f. Hechicera.* V. hechicero.

**hado** *m. Destino, fortuna, fatalidad, estrella, sino.* Los nombres populares *estrella* y *sino* (*signo*) proceden de la Astrología.

**hagiografía** *f. Santoral.*

**halagador, -ra** *adj. Lisonjero, adulador, cobista, pelotillero* (fam.).

**halagar** *tr. Acariciar, lisonjear, incensar, agasajar, festejar, obsequiar, regalar, adular\*. Acariciar* sugiere principalmente el sentido material de hacer caricias. *Lisonjear, incensar,* es halagar con alabanzas. *Agasajar, festejar,* aluden a demostraciones exteriores de afecto, estimación o respeto; *obsequiar, regalar* hacen pensar en dádivas o comodidades que se procuran al halagado. *Adular* se toma a mala parte, y envuelve la idea de *halagar* a una persona con fines interesados. ↔ CASTIGAR, PROHIBIR, DESDEÑAR. 2 *Bailar el agua, pasar la mano por la espalda, tratar bien, hacer cocos.* ↔ DESDEÑAR.

**halago** *m. Caricia, mimo, lisonja, agasajo, festejo, fiesta\*, adulación, zalamería, zalema, embeleco, lagotería, cumplimiento\*.*

**halar** *tr. Amér Jalar* (Amér.), *tirar* (de algo).

**halcón gentil** *m. Neblí, nebí.*

**halconería** *f. Cetrería.*

**halconero** *m. Cetrero.*

**halda** *f. Harpillera, arpillera, malacuenda, rázago.* 2 p. us. *Falda, saya.*

**haleche** *m. Boquerón* (pez), *alacha, lacha, alache, aladroque, alece, aleche.*

**halieto** *m. Aleto, pigargo, quebrantahuesos.*

**hálito** *m. Aliento.* 2 *Vapor, emanación, vaho.*

**hallar** *tr. Encontrar, topar. Topar* supone *encontrar* súbita o bruscamente. "La acción de *encontrar* no supone precisamente la de haber buscado lo que se *encuentra;* pero la acción de *hallar* supone la de haber buscado lo que se *halla.* Al pasar por la plaza he *encontrado* una procesión; a dos leguas de Madrid *encontré* el parte. Nadie diría que *halló* una procesión o el parte, a no querer dar a entender que los andaba o iba buscando (...). Se ofrece el *hallazgo* de una cosa perdida

que se busca. Hacerse *encontradizo* es hacer como que no se busca, como que la casualidad lo ofrece" (LH). 2 *Inventar.* 3 *Averiguar, descubrir, echar la vista encima, dar en la vena, haber en las manos.* ↔ DESACERTAR. 4 *Notar, observar.* 5 *prnl. Estar, encontrarse.*

**hallazgo** *m. Invención, encuentro, descubrimiento.*

**halo** *m. Cerco, corona.* 2 *Aureola, resplandor.*

**hamacar** *tr.-prnl. Amér. Merid. Hamaquear, mecer, columpiar.*

**hamadríada, hamadríade** *f.* MIT. *Dría, dríada, dríade.*

**hamaquear** *tr. Amér. Merid. Mecer, columpiar, hamacar* (Amér. Merid.).

**hambre** *f. Apetito\*, gana, necesidad* (eufem.), *voracidad, gazuza* (pop. y burl.), *carpanta* (pop. y burl.), *bulimia* (MED.). ↔ HARTAZGO. 2 fig. *Deseo, afán, anhelo, ansia.* ↔ HARTAZGO.

**hambreado, -da** *adj. Amér. Hambriento.*

**hambriento, -ta** *adj.-s. Famélico.* 2 fig. *Deseoso, ansioso, codicioso.*

**hambrón, -ona** *adj.* desp. *Famélico, hambriento.*

**hamo** *m.* desus. *Anzuelo* (arponcillo).

**haploclamídea** *adj. Monoclamídea.*

**haragán, -ana** *adj.-s. Holgazán, perezoso, tumbón, gandul, poltrón.* ↔ TRABAJADOR.

**haraganear** *intr. Gandulear, holgazanear, vagabundear, matar el tiempo, mirar las musarañas.* ↔ TRABAJAR.

**haraganería** *f. Holgazanería, pereza, desidia, ociosidad, gandulería.*

**harambel** *m. Arambel, colgadura.*

**harapiento, -ta** *adj. Andrajoso, roto, haraposo, pingajoso, descamisado, desarrapado, desastrado, zarrapastroso.*

**harapo** *m. Andrajo, guiñapo, pingajo, colgajo.*

**haraposo, -sa** *adj.-s. Desastrado, roto, desarrapado, zarraspastroso, harapiento, andrajoso, pingajoso, descamisado.*

**hardware** *m.* anglic. INFORM. *Soporte físico, componentes físicos.*

**harén, harem** m. Serrallo.

**harinero, -ra** adj. Farináceo*, harinoso.

**harinoso, -sa** adj. Panoso, farináceo.

**harmonía** f. Armonía, consonancia, conformidad, concordia, acuerdo, concierto, paz. ↔ DISCORDANCIA.

**harnero** m. Zaranda, criba.

**harón, -ona** adj.-s. p. us. Holgazán, perezoso, poltrón, gandul, maltrabaja, pamposado, galbanero, lerdo.

**haronía** f. p. us. Pereza, galbana, gandulería, chucha, perra, holgazanería, pigricia. ↔ DILIGENCIA, ACCIÓN, APLICACIÓN, ACTIVIDAD.

**harpía** f. Arpía.

**harpillera** f. Arpillera, halda, malacuenda, rázago. Halda es la que se emplea para envolver fardos, pacas, etc.

**hartar** tr.-prnl. Saciar, satisfacer, atracar, ahitar, empachar, empapuciar, empapular, empapuzar. Los cuatro últimos significan hartar hasta padecer indigestión. Atracar y ahitar, hartar con exceso. ↔ CARECER, VACIAR, NECESITAR. 2 fig. Fastidiar, hastiar, cansar*, aburrir.

**hartazgo** m. Panzada, tripada, atracón, repleción, empacho. ↔ HAMBRE.

**harto** adv. c. Bastante*, sobrado, asaz.

**harto, -ta** adj.-s. Repleto, ahíto, lleno, saciado, satisfecho. 2 fig. Cansado, fastidiado, hastiado.

**haschís** m. Hachís, haxix.

**hastiado, -da** adj. Ahíto, fastidiado, enfadado.

**hastiar** tr.-prnl. Fastidiar, aburrir*, dar la lata, cansar*, empalagar, cargar, estar hasta la coronilla, estar hasta el gollete. ↔ DIVERTIR.

**hastío** m. Repugnancia. 2 fig. Disgusto, tedio, fastidio, aburrimiento, cansancio, esplín*.

**hastioso, -sa** adj. Fastidioso, tedioso, latoso, aburrido, pesado, cargante, importuno.

**hatajo** m. Hato, pandilla, gavilla, cuadrilla.

**hato** m. Manada*, rebaño*. 2 fig. Pandilla, gavilla, cuadrilla, hatajo.

**I haz** m. Fajo, mostela (p. us.), gavilla. Aunque su empleo varía según las regiones, el haz suele ser más grande que el fajo. Por esto se dice preferentemente fajo tratándose de papeles, cartas, billetes de banco, etc., y haz de leña, de hierba.

**II haz** f. ant. Cara*, rostro, faz. 2 Anverso.

**hazaña** f. Proeza, heroicidad.

**hazard** m. anglic. DEP. Obstáculo. En el golf.

**hebdomadario, -ria** adj. Semanal. 2 adj.-s. Semanario.

**hebraísmo** m. Judaísmo.

**hebraizante** m. Judaizante.

**hebraizar** intr. Judaizar.

**hebreo, -ea** adj.-s. Israelita, judío.

**hebroso, -sa** adj. Fibroso.

**hecatombe** f. Sacrificio, inmolación. 2 Matanza, mortandad, carnicería.

**heces** f. pl. Excremento. V. hez.

**hechicería** f. Magia, brujería, encantamiento. 2 Hechizo, sortilegio.

**hechicero, -ra** adj.-s. Jorguín, hada, brujo, mago, mágico, encantador, nigromante, nigromántico, taumaturgo*. Jorguín, -ina se usa esp. en las prov. del N (vascuence, sorgina). Hada no es persona humana, sino ser sobrenatural femenino; connota hermosura (aunque transitoriamente puede adoptar apariencias feas), y su influencia es siempre benéfica. 2 fig. Encantador, fascinador, seductor.

**hechizar** tr. Encantar, embrujar. 2 fig. Cautivar, seducir, embelesar, fascinar.

**hechizo** m. Encantamiento, sortilegio, embrujo, maleficio, aojamiento, bebedizo, filtro. Los tres últimos son formas particulares del concepto general de hechizo. 2 fig. Atractivo, encanto, seducción, fascinación.

**hecho** m. Acción*, acto, obra. 2 Acontecimiento*, suceso, caso, acaecimiento. 3 **De hecho** loc. adv. Realmente, efectivamente, positivamente, verdaderamente, en realidad.

**hecho, -cha** *adj. Perfecto, acabado, cumplido.*

**hechura** *f. Disposición, figura, forma.* 2 *Confección.*

**heder** *intr. Apestar, oliscar\*.* ↔ PERFUMAR. 2 fig. *Enfadar, cansar, molestar.* ↔ DIVERTIR.

**hediondez** *f. Hedor, fetidez, peste, pestilencia.* ↔ AROMA.

**hediondo, -da** *adj. Fétido, apestoso.* 2 fig. *Sucio, repugnante, obsceno.* 3 *Molesto, enfadoso.*

**hedor** *m. Fetor* (p. us.), *hediondez, fetidez, peste, pestilencia.*

**hegemonía** *f. Preponderancia, superioridad, supremacía, predominio.* ↔ INFERIORIDAD, DESVENTAJA.

**heladero, -ra** *adj.-s. Nevero* (ant. y desus.).

**helado** *m. Sorbete.*

**helado, -da** *adj. Glacial, gélido* (lit.), *congelado.* 2 *Frío, yerto, tieso.* 3 fig. *Suspenso, atónito, pasmado, estupefacto, sobrecogido.*

**helar** *tr.-prnl. Congelar.* ↔ CALENTAR. 2 fig. *Pasmar, sobrecoger.*

**helénico, -ca** *adj. Griego.*

**helenio** *m. Énula campana, hierba del ala, raíz del moro.*

**helenismo** *m. Grecismo, greguismo.*

**helenizar** *tr. Grecizar.*

**heleno, -na** *adj.-s.* (pers.) *Griego.*

**helera** *f. Granillo* (tumorcillo), *culero.*

**helero** *m. Glaciar.*

**hélice** *f. Espiral* (línea), *espira.* 2 *m.* ASTRON. *Osa Mayor.*

**helicónides** *f. pl. Musa, castálidas, pegásides, coro de Apolo, piérides.*

**heliosis** *f.* MED. *Insolación.*

**heliotropo** *m.* MINERAL. *Jaspe de sangre.*

**helvecio, -cia** *adj.-s.* p. us. (pers.) *Helvético, suizo\*.*

**helvético, -ca** *adj.-s. Suizo\*, helvecio.*

**hematíe** *m. Eritrocito, glóbulo rojo.*

**hematites** *f. Oligisto rojo.*

**hematoblasto** *m.* MED. *Hemoblasto.*

**hematoma** *m.* MED. *Cardenal, morado.*

**hembra** *f. Mujer.*

**hembrilla** *f. Armella.*

**hemiciclo** *m. Semicírculo.*

**hemicránea** *f.* MED. *Jaqueca, migraña.*

**hemiparálisis** *f.* MED. *Hemiplejía.*

**hemiplejía** *f.* MED. *Hemiparálisis.*

**hemisférico, -ca** *adj. Semiesférico.*

**hemisferio** *m. Semiesfera.*

**hemoblasto** *m.* MED. *Hematoblasto, eritoblasto, plaqueta.*

**hemofilia** *f.* MED. *Diátesis hemorrágica.*

**hemopenia** *f.* MED. *Anemia.*

**hemorroide** *f. Almorrana.*

**henchido, -da** *adj. Lleno\*, pleno, repleto, pletórico, colmado, rebosante.* ↔ VACÍO, FALTO.

**henchir** *tr. Llenar, rellenar, colmar.* ↔ VACIAR, DESHINCHAR. 2 prnl. *Hartarse, llenarse.*

**hendedura** *f. Hendidura, grieta, quiebra, rendija, raja, resquebradura, resquebrajadura.*

**hender** *tr.-prnl. Agrietar, abrir, rajar, resquebrajar.* 2 fig. *Atravesar, cortar, tajar\*.*

**hendidura** *f. Grieta, quiebra, hendedura, rendija, raja, resquebradura, resquebrajadura, fisura* (TECN.).

**hendija** *f. Amér. Rendija, rehendija, redendija.*

**henequén** *m. Pita* (planta), *cabuya, pitera.*

**henojil** *m. Liga* (cinta), *cenojil* (ant.).

**hepatita** *f. Baritina.*

**heptasílabo, -ba** *adj.-s. Septisílabo.*

**heráldica** *f. Blasón* (arte).

**heraldo** *m. Faraute.* 2 fig. *Mensajero, adalid.*

**hercúleo, -ea** *adj.* fig. *Forzudo, robusto, vigoroso.*

**heredad** *f. Heredamiento, predio, hacienda, finca rústica.*

**heredamiento** *m. Hacienda* (finca), *heredad, predio.*

**heredero, -ra** *adj.-s. Sucesor.*

**herejía** *f. Heterodoxia.*

**herén** *f. Yeros.*

**herencia** *f. Patrimonio, sucesión.*

**herida** *f. Lesión, lisiadura.*

**herir** *tr. Golpear, batir, percutir, contundir, pegar, dar.* 2 *Pulsar, tocar.* 3 *Lesionar.* 4 fig. *Lastimar, agraviar, ofender.*

**hermafrodita** *adj. Bisexual* (H. NAT.), bisexuado (H. NAT.).

**hermanar** *tr.-prnl. Unir, uniformar, armonizar.* ↔ ENEMISTAR, DESUNIR.

**hermandad** *f. Fraternidad, confraternidad.* 2 *Cofradía, congregación.* 3 *Gremio, sindicato.* 4 *Mutualidad.*

**hermano, -na** *s.* (de una orden religiosa) *Donado, hermanuco* (desp.), *lego.*

**hermanuco** *m.* desp. *Donado, hermano* (de una orden religiosa), *lego.*

**hermeneuta** *com. Intérprete, comentarista, exegeta.*

**hermenéutica** *f. Interpretación, exégesis.*

**hermético, -ca** *adj. Impenetrable, cerrado.*

**hermosear** *tr. Decorar, adornar\*, ornar, ornamentar, componer\*.*

**hermoso, -sa** *adj. Bello, venusto, bonito, guapo, lindo, gracioso, precioso, magnífico. Bello* es voz culta que se aplica principalmente en sus acepciones abstractas: *Bellas Artes;* el sentimiento de lo *bello. Hermoso* se aplica preferentemnte a lo concreto, y es de uso más general en la lengua hablada. En el habla popular, el calificativo más usado es *bonito,* y con él se sustituye a *bello* y *hermoso;* tratándose de personas, la palabra más usual es *guapo. Venusto* se aplica al cuerpo de la mujer.

**hermosura** *f. Belleza.* ↔ FEALDAD.

**hernia** *f. Potra* (vulg.), *quebradura, relajación. Potra* esp. utilizada al aludir a la *hernia* inguinal.

**herniado, -da** *adj. Hernioso, potroso* (vulg.), *quebrado.*

**herniarse** *prnl.* MED. *Quebrarse.*

**hernioso, -sa** *adj.-s. Herniado, potroso* (vulg.), *quebrado.*

**hernista** *m. Potrero* (vulg.).

**héroe** *m. Protagonista.* ↔ COBARDE. 2

*Semidiós.* Refiriéndose a la antigüedad clásica.

**heroicidad** *f. Hazaña, proeza.*

**herpe** *m. Herpes.* Es frecuente, sobre todo como tecnicismo, denominarlo con el nominativo latino *herpes.*

**herradero** *m. Yerra* (Amér.), *hierre* (And.).

**herramienta** *f. Instrumento\*, útil.*

**herraj** *m. Erraj, herraje, piñuelo.*

**herrén** *m. Forraje, pasto.*

**herrerillo** *m.* (ave) *Ollera, trepatroncos.*

**herreruelo** *m.* (ave) *Cerrojillo, cerrojito.*

**herrete** *m. Cabete.*

**herrín** *m. Herrumbre, orín* (óxido), *robín, rubín.*

**herrón** *m. Arandela.*

**herrumbrar** *tr.-prnl. Aherrumbrar, enmohecer.*

**herrumbre** *f. Orín, herrín, robín, rubín, moho.* 2 *Roya.*

**herrumbroso, -sa** *adj. Roñoso, oxidado, mohoso.*

**hervidero** *m. Muchedumbre, multitud, abundancia.*

**hervir** *intr. Bullir.*

**hervor** *m. Ebullición* (científ.). 2 fig. *Ardor, fogosidad.*

**hervoroso, -sa** *adj. Impetuoso, ardoroso, fogoso, ardiente.*

**hesitación** *f. Perplejidad, vacilación, irresolución, indecisión.*

**hesitar** *intr.* p. us. *Dudar, vacilar\*.*

**hespérides** *f. pl. Pléyades.*

**heterodoxia** *f. Herejía.* ↔ ORTODOXIA.

**heterogéneo, -ea** *adj. Diferente.* ↔ HOMOGÉNEO.

**heterogénesis** *f. Heterogenia, mutación.*

**heterogenia** *f. Heterogénesis.*

**heterometropía** *f. Antimetropía.*

**heteromorfia** *f. Heteromorfismo, polimorfia.* ↔ ISOMORFIA.

**heteromorfismo** *m. Heteromorfia, polimorfia.* ↔ ISOMORFIA.

**hético, -ca** *adj.-s. Tísico.* ↔ SANO. 2 *Flaco, débil, extenuado.* ↔ SANO, GORDO.

hierre

**hexagonal** adj. Sexagonal.
**hexágono, -na** adj.-s. Seisavo, sexángulo.
**hez** f. Lía, pie, zupia, madre, solera, sedimento*, turbios. Lía, generalmente en plural; las lías del vino; pie, zupia, madre, solera, esp. del vino; turbios, esp. del aceite. V. heces.
**hialino, -na** adj. Vítreo, transparente.
**hibernal** adj. lit. Invernal, hiemal (lit. y TECN.).
**hibernés, -esa** adj.-s. (pers.) Irlandés, hibérnico. Hibérnico e hibernés son voces doctas que sólo se aplican con referencia a la antigua Irlanda (Hibernia).
**hibérnico, -ca** adj. Hibernés*, irlandés.
**híbrido, -da** adj. Mestizo. En rigor, híbrido es el que procede de dos especies distintas (como el mulo), y mestizo, de dos variedades o razas de la misma especie.
**hibuero** m. Ant. Güira, higüero, totuno.
**hidalgo, -ga** s. Noble, hijodalgo. 2 adj. Generoso, caballeroso, distinguido. ↔ VIL.
**hidalguía** f. fig. Caballerosidad, nobleza, dignidad, pundonor, lealtad, generosidad. ↔ BELLAQUERÍA, DESLEALTAD.
**hidrargirio** m. Azogue, mercurio.
**hidrargiro** m. quím. Azogue, mercurio, argento vivo (ant.), hidrargirio (QUÍM.).
**hidrato** m. QUÍM. Base, hidróxido.
**hidráulica** f. Hidromecánica.
**hidroavión** m. Hidroplano.
**hidroclorato** m. QUÍM. Clorhidrato.
**hidroextractor** m. Centrifugador, centrifugadora.
**hidrófilo, -la** adj. Higroscópico.
**hidrofito** m. BOT. Planta acuática.
**hidrofobia** f. Rabia.
**hidrófobo, -ba** adj.-s. Rabioso (que padece la rabia).
**hidrogel** m. QUÍM. Hidrosol.
**hidromecánica** f. Hidráulica.
**hidromel** m. Aguamiel.
**hidropesía** f. MED. Opilación.
**hidroplano** m. Hidroavión.

**hidrosol** m. MED. Hidrogel.
**hidrostatímetro** m. Hidrotaquímetro.
**hidrotaquímetro** m. Hidrostatímetro.
**hidrótico, -ca** adj. MED. Diaforético, sudorífico.
**hidróxido** m. QUÍM. Base.
**hidroxilo** m. QUÍM. Oxihidrilo.
**hiel** f. Bilis. 2 fig. Amargura, pena, aflicción, disgusto.
**hiemal** adj. lit. TECN. Invernal, hibernal (lit.).
**hienda** f. Estiércol, fimo, excremento, fiemo.
**hierba.** Haber pisado mala hierba loc. Tener mala suerte, estar de malas, tener mala pata. 2 Hierba artética f. Pinillo. 3 Hierba ballestera Eléboro, hierba de ballestero. 4 Hierba belida Ranúnculo, apio de ranas, botón de oro. 5 Hierba de Santa María Atanasia. 6 Hierba de Túnez Servato, ervato, peucédano. 7 Hierba de las coyunturas Belcho, canadillo, uva de mar, uva marina. 8 Hierba de las siete sangrías Asperilla. 9 Hierba de punta Espiguilla. 10 Hierba del Paraguay Mate. 11 Hierba del ala Helenio, énula campana, raíz del moro. 12 Hierba doncella Brusela. 13 Hierba estrella Estrellamar. 14 Hierba hormiguera Pazote, apasote, pasiote, hierba de Santa María, hierba del Brasil, pizate, té borde. 15 Hierba meona Altarreina, milenrama, aquelea, artemisa bastarda, milhojas. 16 Hierba mora Solano. 17 Hierba pastel Glasto, pastel. 18 Hierba pejiguera Duraznillo, persicaria. 19 Hierba piojenta Estafisagria, albarraz, piojera, uva tamínea, uva taminia. 20 Hierba pulguera Arta de agua, zaragatona, coniza. 21 Hierba puntera Siempreviva, perpetua amarilla. 22 Hierba sagrada Verbena. 23 Hierba santa Hierbabuena, menta. 24 Hierba tora Orobanca.
**hierbabuena** f. Hierba santa, menta.
**hieros** m. pl. Alcarceñas, yeros, herenes, yervos.
**hierre** m. Herradero, yerra.

**hígado. Tener muchos hígados** *loc.* fig. *Tener valor, tener valentía, tener redaños, tener arrestos.*
**hígido, -da** *adj.* MED. *Sano, normal.*
**higiene** *f. Profiláctica.* ↔ SUCIEDAD, INFECCIÓN.
**higrometría** *f. Higroscopia.*
**higroscopia** *f. Higrometría.*
**higroscópico, -ca** *adj. Hidrófilo.*
**higuera. Higuera chumba** *f. Nopal, chumbera, tunal, tunera, higuera de Indias, higuera de pala, higuera de tuna.* 2 **Higuera de Egipto** *Cabrahígo, higuera silvestre.* 3 **Higuera del infierno** *Ricino, cherva, querva, higuera infernal, higuereta, higuerilla, palmacristi.*
**higuereta** *f. Ricino, cherva, querva, higuera del infierno, higuera infernal, higuerilla, palmacristi.*
**higuerilla** *f. Ricino, cherva, querva, higuera del infierno, higuera infernal, higuereta, palmacristi.*
**higüero** *m. Ant. Güira, hibuero, totuno.*
**hijastro, -ra** *s. Alnado.*
**hijo, -ja** *s.* fig. *Descendiente, natural, originario, nacido.* 2 *Resultado, consecuencia, fruto, producto.* 3 *Rebrote, retoño, renuevo.* 4 **Hijo político** *Yerno* (para los hombres), *nuera* (para las mujeres).
**hijodalgo** *m. Hidalgo, noble.*
**hijuela** *f. Sucursal, filial.*
**hijuelo** *m. Rebrote, retoño, renuevo, vástago*.*
**hila** *f. Hilera, fila, cola, hilada.*
**hilada** *f. Hilera* (formación en línea), *fila, cola, hila.*
**hiladillo** *m. Rehiladillo.*
**hilera** *f. Fila, hila* (p. us.), *cola.* Este último, si se trata de personas que esperan vez.
**hilo. Pendiente de un hilo** *loc. adv. En vilo.*
**hilván** *m. Basta* (p. us.), *baste* (p. us.).
**himen** *m. Virgo.*
**himeneo** *m.* lit. *Boda, casamiento, matrimonio*, unión, enlace, desposorio.*
**hincar** *tr. Clavar, plantar, fincar* (ant.).

**I hincha** *f. Antipatía*, ojeriza, enemistad, odio.*
**II hincha** *com. Seguidor, aficionado, forofo, fan, supporter* (en el fútbol).
**hinchada** *f.* DEP. *Afición.*
**hinchado, -da** *adj. Tumescente, tumefacto.* 2 fig. *Finchado, vanidoso, vano, presumido, presuntuoso, infatuado.* 3 *Hiperbólico, afectado, pomposo, opado, redundante.*
**hinchar** *tr. Inflar, soplar.* ↔ DESHINCHAR. 2 fig. *Exagerar, extremar.* ↔ DISMINUIR. 3 prnl. *Envanecerse, infatuarse.* ↔ DESHINCHAR.
**hinchazón** *f. Inflación, intumescencia* (TECN.), tumefacción (TECN.), *inflamiento, abotagamiento.* 2 fig. *Soberbia*, humos, engreimiento, orgullo, arrogancia, altivez, ínfulas, fatuidad, presunción, vanidad, petulancia.* ↔ HUMILDAD, MODESTIA, DISCRECIÓN.
**hindú** *adj.-com. Indio* (de la India), *indo, indostánico.*
**hiniesta** *f. Retama, ginesta.*
**hinojo** *m.* ant. *Rodilla.* 2 **Hinojo marino** *Empetro, perejil de mar, perejil marino.*
**hipar** *intr. Gimotear, lloriquear.*
**hipérbaton** *m. Transposición, anástrofe.* Este último, cuando el *hipérbaton* es extremadamente violento.
**hipérbole** *f.* RET. *Exageración, ponderación, andaluzada.* Todos ellos de uso general.
**hiperbólico, -ca** *adj. Abultado, exagerado, extremado, pomposo, redundante, opado, hinchado.*
**hiperbóreo, -ea** *adj. Ártico.*
**hiperclorhidria** *f.* MED. *Acedía, acidez.*
**hiperfasia** *f.* MED. *Hiperfemia, locuacidad, verborrea, logorrea.*
**hiperfemia** *f.* MED. *Hiperfasia, locuacidad, verborrea, logorrea.*
**hipermetría** *f. Cabalgamiento, encabalgamiento.*
**hipermetropía** *f.* MED. *Presbicia, vista cansada* (vulg.).
**hipertensión** *f.* MED. *Paratonía.* ↔ HIPOTENSIÓN.

**hipertono** m. FÍS. Armónico.
**hipiátrica** f. Veterinaria.
**hipiátrico, -ca** s. (pers.) Veterinario.
**hípico, -ca** adj. Caballar*.
**hipnosis** f. Hipnotismo, mesmerismo, magnetismo.
**hipnótico, -ca** adj.-s. MED. Somnífero.
**hipnotizar** tr. Magnetizar. 2 fig. Fascinar, asombrar.
**hipo** m. Singulto (MED.).
**hipocampo** m. Caballo de agua, caballo de mar, caballo marino.
**hipocondría** f. Melancolía, tristeza, abatimiento, murria, depresión, esplín (anglic.), morriña.
**hipocresía** f. Fingimiento, ficción, simulación, doblez, fariseísmo. ↔ SINCERIDAD, LEALTAD, CLARIDAD.
**hipócrita** adj.-com. Engañoso, disimulado, tartufo, falso, farisaico, fariseo. Los dos últimos, esp. si el hipócrita finge piedad o austeridd.
**hipodérmico, -ca** adj. Subcutáneo.
**hipófisis** f. Cuerpo pituitario, glándula pituitaria.
**hipopótamo** m. Caballo de agua.
**hipostasis** f. MED. Sedimento, residuo.
**hipotáctico, -ca** adj. GRAM. Subordinado.
**hipotaxis** f. GRAM. Subordinación.
**hipoteca** f. Garantía*.
**hipotecar** tr. Empeñar*, gravar.
**hipótesis** f. Suposición, supuesto, presunción, conjetura.
**hipotético, -ca** adj. Supuesto, conjetural, presunto.
**hipsometría** f. Altimetría.
**hirco** m. Cabra montés.
**hirma** f. Orillo, vendo.
**hirsuto, -ta** adj. Erizado, híspido. ↔ LISO. 2 fig. (pers.) áspero, intratable. ↔ SUAVE.
**hisopear** tr. Asperjear.
**hisopillo** m. (planta) Morquera.
**hisopo** m. Aspersorio, asperges.
**hispalense** adj.-s. (pers.) Sevillano.
**hispánico, -ca** adj.-s. Español*, hispano.

**hispanizado, -da** adj. Españolado, españolizado.
**hispano, -na** adj.-s. (pers.) Español, hispánico.
**hispanófono, -na** adj.-s. Hispanohablante.
**hispanohablante** adj.-com. Hispanófono.
**hispanojudío, -a** adj.-s. Judeoespañol.
**híspido, -da** adj. Hirsuto, erizado. Aplícase al pelo. ↔ LISO.
**histérico, -ca** adj. MED. Uterino.
**histerismo** m. Mal de madre, pitiatismo (MED.).
**histerotomía** f. CIR. Cesárea (operación).
**histografía** f. Histología.
**histología** f. Histografía.
**historiador, -ra** s. Historiógrafo.
**histórico, -ca** adj. Averiguado, cierto, verdadero, positivo, seguro.
**historieta** f. Anécdota, chascarrillo.
**historiógrafo, -fa** s. Historiador, cronista.
**histrión** m. Actor*, representante, cómico, comediante.
**histular** adj. Hístico, tisular (galic.).
**hitamente** adv. m. Atentamente.
**hito** m. Coto, mojón, poste, muga, muñeca, pilón, señal, término.
**hocicar** tr. Hozar. 2 desp. Besuquear.
**hocico** m. Morro, jeta. 2 desp. Cara*.
**hocicón, -ona** adj. Hocicudo, bezudo, morrudo, picudo.
**hocicudo, -da** adj. Bezudo, morrudo.
**hocino** m. Honcejo.
**hociquear** tr.-intr. desp. Besotear, besuquear, besucar, besar repetidas veces, comerse a besos, hocicar (desp.).
**hodómetro** m. Podómetro, cuentapasos, odómetro.
**hogañazo** adv. t. fam. Actualmente, hogaño, ogaño, en la actualidad, hoy en día, hoy por hoy. ↔ ANTAÑO.
**hogaño, ogaño** adv. t. Actualmente, hogañazo (fam.). ↔ ANTAÑO.
**hogar** m. fig. Casa, domicilio, lar, fuego, humo. P. ej.: en esta aldea hay ochenta fuegos o humos.

**hoguera** *f. Candelada* (p. us.), *hogar.*
En las máquinas, *hogar,* tanto si arden
con llama como sin ella.

**hoja** *f. Folio, lámina, chapa.* La *hoja* de
papel en un libro o manuscrito, *folio;*
de madera o metal, *chapa* o *lámina.* 2
MED. *Estrato, capa, membrana, zona.*
3 fig. *Espada.*

**hojalata** *f. Lata, hoja de lata.*

**hojear** *tr. Trashojar.*

**holandés, -esa** *adj.-s.* (pers.) *Neerlandés.*

**holandeta** *f. Holandilla, mitán.*

**holandilla** *f. Holandeta, mitán.*

**holgadamente** *adv. m. Largamente,
ampliamente.*

**holgado, -da** *adj. Ancho, desahogado,
espacioso.* 2 *Desocupado, ocioso.*

**holganza** *f. Descanso, quietud, reposo.*
↔ TRABAJO, ACTIVIDAD. 2 *Ociosidad,
holgazanería, pereza, poltronería.* ↔
ACTIVIDAD. 3 *Placer, regocijo, gozo,
contento.*

**holgar** *intr. Descansar, reposar, tomar
aliento.* ↔ TRABAJAR. 2 *Sobrar.* 3 *prnl.
Alegrarse, contentarse, regocijarse, go-
zarse.* ↔ ENTRISTECERSE. 4 *Divertirse,
entretenerse, matar el tiempo, andar de
nones, hacer fiestas, hacer novillos, hacer rabona, cruzarse de brazos, papar
moscas, mirar las musarañas, tomar el
sol, tumbarse a la bartola, hacer campana.* Este último, más usado en Ca-
taluña, alude a la acción de no asistir
al curso los alumnos.

**holgazán, -ana** *adj.-s. Perezoso, poltrón, gandul, maltrabaja, pamposado,
galbanero, harón* (p. us.), *haragán,
vago, tumbón, indolente, negligente, remiso.* Los cuatro últimos son expresiones atenuadas.

**holgazanear** *intr. Gandulear, haraganear, vaguear, matar el tiempo.*

**holgazanería** *f. Pereza, desidia, ociosidad, haraganería, gandulería.*

**holgorio** *m. Jolgorio, regocijo, fiesta,
jarana, diversión, bullicio, juerga.*

**holgura** *f. Anchura, amplitud, desahogo, comodidad.* ↔ ESTRECHEZ, INCO-
MODIDAD.

**holladura** *f. Huella\*, estampa, pisada,
patada, vestigio, señal, indicio.*

**hollar** *tr. Pisar, pisotear, conculcar.*
*Conculcar* es término literario, y no se
usa en sentido material. Se *conculca*
una ley y se *pisa* o *huella* un terreno.
2 fig. *Abatir, humillar, atropellar, menospreciar.*

**hollejo** *m. Orujo, brisa, casca.* 2 *Película* (científ.).

**holliniento, -ta** *adj. Fuliginoso.*

**holocausto** *m. Sacrificio.*

**holocenosis** *f. Ecosistema.*

**hológrafo** *adj.-m. Autógrafo, ológrafo.*

**holoturia** *f. Cohombro de mar.*

**hombradía** *f. Hombría, entereza, valor.*

**hombre** *m. Especie humana, género
humano, humanidad.* 2 *Varón.* 3 *Ma-
rido\*.*

**hombría** *f. Hombradía, entereza, valor.* 2 **Hombría de bien** *Probidad, integridad, honradez.* ↔ INDECENCIA,
DESHONRA.

**hombruna** *adj. fam. Lesbiana, machota* (fam.), *homosexual, marimacho*
(fam.), *tortillera* (vulg.).

**homenaje** *m. Pleito homenaje.* 2 *Sumisión, acatamiento, respeto, veneración.* 3 *Celebración, exaltación, culto\*.*

**homicidio** *m. Muerte.*

**homocéntrico, -ca** *adj. Concéntrico.*

**homoerotismo** *f. Homosexualidad.*
Aplícanse a ambos sexos. ↔ HETE-
ROSEXUALIDAD.

**homologar** *tr. Equiparar.*

**homomorfismo** *m. Isomorfismo.*

**homónimo, -ma** *adj.-s.* (pers.) *Tocayo.*

**homosexual** *adj.-m. fig.* (hombre)
*Afeminado, mariquita, maricón* (fam.),
*marica, invertido, sodomita, amada-
mado, amariconado* (vulg.). ↔ MACHO,
VIRIL, MASCULINO, VARONIL. 2 *adj.-f.*
(mujer) *Lesbiana, machota* (fam.), *marimacho* (fam.), *hombruna* (fam.), *tortillera* (vulg.).

**homosexualidad** *f. Homoerotismo.* ↔
HETEROSEXUALIDAD.

**honcejo** *m. Hocino* (hoz).

**honda** f. Braga (cuerda), briaga.

**hondero** m. Pedrero, fundibulario. Este último, entre los romanos.

**hondo** m. Fondo, hondón.

**hondo, -da** adj. Profundo. "La idea fundamental de la significación de estas dos voces es la concavidad o, más bien, el desnivel en sentido inferior; pero profundo no se aplica a los objetos pequeños, y así no decimos un plato profundo, sino un plato hondo. El fondo de lo profundo dista más del nivel superior que el de lo hondo. La concavidad absoluta no basta para constituir la profundidad" (M). 2 fig. Recóndito, arcano, misterioso, abstruso. 3 Intenso, extremado. Tratándose de sentimientos.

**hondón** m. Fondo (parte inferior), hondo.

**hondonada** f. Nava.

**hondura** f. Profundidad, quintos infiernos, centro de la tierra. ↔ ALTURA, EXCELSITUD.

**honestidad** f. Decencia, decoro, honra. ↔ DESHONESTIDAD. 2 Recato, pudor, castidad*.

**honesto, -ta** adj. Decente, decoroso. 2 Recatado, pudoroso, pudico, casto. 3 Honrado, íntegro. 4 Recto, justo, equitativo, razonable.

**hongo** m. Seta.

**honor** m. Honra, pundonor, renombre, reputación, fama, gloria, opinión. "El honor consiste en un sentimiento de que el hombre se halla animado, en la conducta que se traza, en los principios que le sirven de norma en sus operaciones. El pundonor es el esmero con que procura mantener ileso el honor. La honra depende de la opinión de los otros hombres" (M). El honor es independiente se la opinión pública; la honra es, o debe ser, el fruto del honor, esto es, la estimación con que la opinión pública recompensa aquella virtud. Mostró el honor que tenía. Un hombre de honor es la honra de su familia. Se hereda el honor, y no la honra; esta se funda despúes en las acciones propias, y el concepto ajeno. Se honra, no se da honor. El favor puede honrar, pero no restituir el honor al que una vez lo ha perdido" (LH).Todos ellos expresan admiración social; en la lengua clásica, opinión. ↔ DESHONOR. 2 Honestidad, recato, castidad. ↔ INDIGNIDAD. 3 Distinción, cargo, dignidad, empleo. V. honores.

**honorable** adj. Respetable, venerable.

**honorario, -ria** adj. Honorífico. Todo lo que es honorario es honorífico, es decir, da honor. El cargo de presidente honorario de una sociedad es un cargo honorífico; pero un nombramiento para una dignidad elevada, una condecoración, son honoríficos, aunque no sean honorarios. Honorario es, pues, una especie dentro del género honorífico. V. honorarios.

**honorarios** m. pl. Sueldo, gajes, paga, emolumentos, estipendio, dieta. V. honorario.

**honores** m. pl. Ceremonial, agasajo. P. ej.: le rindió honores una compañía de infantería; hacía los honores la dueña de la casa. V. honor.

**honorífico, -ca** adj. Honoroso. 2 Honorario.

**honra** f. Honor, pundonor. 2 Honestidad, recato, castidad. 3 Reputación, renombre, fama, gloria.

**honradez** f. Hombría de bien, probidad, integridad, rectitud. ↔ DESHONRA, INMORALIDAD.

**honrado, -da** adj. Probo, íntegro, recto, leal, hombre de bien. 2 Apreciado, estimado, respetado, venerado, enaltecido.

**honrar** tr.-prnl. Respetar, venerar. ↔ DESHONRAR, ENVILECER. 2 Enaltecer, distinguir, favorecer, realzar, ensalzar. ↔ ENVILECER, BLASFEMAR.

**honroso, -sa** adj. Decoroso, decente, honesto. 2 Honorífico. "Honroso es lo que abunda en honra; honorífico lo que la da. Los hechos son honrosos y las distinciones son honoríficas. La conducta y las acciones honrosas se premian con distinciones *honoríficas"* (M).

**hontanar** *m. Manantial, fontanar, venero.*

**hoque** *m. Alboroque, botijuela, robla, robra, corrobra.*

**hora. Tener muchas horas de vuelo** *loc. Ser experto, tener experiencia, tener los ojos abiertos, ser avisado.*

**horadar** *tr. Agujerear, perforar, taladrar. Perforar* se usa como voz culta, tecnicismo médico, o tratándose de cosas grandes: la herida ha *perforado* el intestino; *perforar* una montaña para abrir un túnel. 2 *Pasar de parte a parte.*

**horado** *m. Agujero, huraco* (rúst.), *orificio, taladro, perforación.*

**horca** *f. Horcón, horqueta, horquilla. 2 Ristra.*

**horchata. Sangre de horchata** *loc. adj.* V. sangre.

**horco** *m. Sarta, serie, retahíla, sartal, rosario, rastra, ristra, horca.*

**horcón** *m. Horca* (agricultura), *horqueta, horquilla.*

**horma** *f. Molde. 2 Albarrada.*

**hormiga alada** *f. Aladica, aluda.*

**hormigón** *m. Calcina* (p. us.), *concreto, mazacote, derretido, nuégado, garujo.*

**hormigonera** *f.* CONSTR. *Amasadera, amasadora.*

**hormigos** *m. pl. Nuégado.*

**hormiguear** *intr. Gusanear, bullir, pulular, agitarse, moverse.*

**hormigueo** *m. Prurito, cosquilleo, picazón\*, comezón\*, hormiguilla.*

**hormiguilla** *f.* fig. *Cosquilleo, picazón\*, prurito, comezón\*, hormigueo.* 2 fig. y fam *Remordimiento.*

**hormiguillo** *m. Cosquilleo, picazón.*

**hornada** *f.* fig. *Promoción.*

**hornazo** *m. Mona* (And., Cat. y Levante).

**hornillo** *m.* MIN. *Recámara.*

**horóscopo** *m. Predicción, pronóstico, vaticinio, augurio, adivinación, profecía.* El *horóscopo* es la observación que hacían los astrólogos del estado del cielo al nacer una persona, para predecir su porvenir. Denota, pues, una forma particular de *predicción, pronóstico,* etc.

**horqueta** *f. Horca* (agricultura), *horcón, horquilla.*

**horquilla** *f. Horca* (agricultura), *horcón, horqueta.*

**horrendo, -da** *adj. Horrible, horroso, hórrido, horripilante, espantoso, pavoroso, monstruoso.*

**hórreo** *m. Granero, troj.*

**horrero** *m. Trojero.*

**horrible** *adj. Horrendo, horroso, hórrido, horripilante, espantoso, pavoroso, monstruoso.* "Un objeto que horroriza es la idea común a estas tres voces, que la representan con relación a los distintos efectos que produce el horror en nuestra imaginación. Lo *horrendo* nos horroriza, como atroz y abominable; lo *horrible,* como repugnante y desagradable; lo *horroroso,* como espantoso y temible. Es *horrendo* el crimen de un parricida; es *horrible* la vista de un monstruo, la de un cadáver desfigurado; es *horroroso* el triste espectáculo de un naufragio, los efectos de un incendio, la profundidad espantosa de un abismo" (LH).

**hórrido, -da** *adj. Horrendo, horrible\*, horroso, horripilante, espantoso, pavoroso, monstruoso.*

**horripilante** *adj. Horrendo, horrible\*, horroso, hórrido, espantoso, pavoroso, monstruoso.*

**horripilar** *tr.-prnl. Horrorizar, espantar, aterrar, quitar el hipo, meter en un puño, dejar sin resuello.* ↔ TRANQUILIZAR, ENVALENTONARSE.

**horro, -ra** *adj.* (oveja, vaca, yegua, etc.) *Estéril, machorra, mañera, nulípara.*

**horro, -rra** *adj. Manumiso, liberto.* 2 *Libre, desembarazado.*

**horror** *m. Aversión, repulsión, fobia, espanto, pavor, terror, consternación.*

**horrorizar** *tr. Espantar, horripilar, aterrar, consternar.*

**horroroso, -sa** *adj. Repugnante, re-*

*pulsivo, feísimo, monstruoso, horrible\*, horrendo, horripilante, hórrido, espantoso, pavoroso.*

**horrura** *f. Escoria* (cosa vil), *desecho, hez, basura.*

**hortelano, -na** *s. Huertano, horticultor.* El primero es preferido en algunas regiones (Murcia). Como nombre técnico o culto, *horticultor.*

**hortera** *f. Dornillo.* 2 *adj. Chabacano.*

**hortero** *m.* desp. *Madrid. Dependiente* (de comercio).

**horticultor, -ra** *s. Hortelano, huertano.*

**hosco, -ca** *adj. Ceñudo, fosco, áspero, intratable, huraño.* ↔ SUAVE, SIMPÁTICO.

**hospedaje** *m. Alojamiento, albergue, posada, fonda, hospedería.*

**hospedar** *tr.-prnl. Alojar, albergar, hacer noche, sentar a la mesa, aposentar, posar* (intr. ant.). ↔ DESALOJAR.

**hospedería** *f. Fonda, posada, parador, mesón, venta, hostería, hostal.*

**hospedero, -ra** *s. Patrón.*

**hospital** *m. Nosocomio.*

**hospitalidad** *f. Acogida, admisión, aceptación, acogimiento, recibimiento.*

**hospitalización** *f. Internamiento.*

**hospitalizar** *tr. Internar, encerrar.*

**hostal** *m. Hostería, posada, mesón, parador, fonda.*

**hostelero, -ra** *s. Posadero, mesonero, hotelero, fondista, huésped.* En la lengua clásica, *huésped.*

**hostería** *f. Posada, mesón, parador, hostal, fonda.*

**hostia** *f. Forma, sagrada forma, pan eucarístico.* Los dos últimos, después de la consagración.

**hostigar** *tr. Azotar, fustigar, mosquear, picar.* 2 *Perseguir, hostilizar, molestar, acosar.* ↔ DEFENDER, ACOGER, TRANQUILIZAR.

**hostil** *adj. Adversario, contrario, enemigo.*

**hostilidad** *f. Enemistad\*, enemiga, oposición.* 2 *Agresión, ataque, acometida.* 3 **Suspensión de hostilidades** V. suspensión.

**hostilizar** *tr. Molestar, hostigar, perseguir.* 2 *Acometer, atacar.*

**hotel** *m. Fonda.*

**hoy. Hoy por hoy** *adv. m. Ahora, actualmente, hoy en día, hoy día, al presente, en la actualidad.*

**hoya** *f. Hoyo.* El *hoyo* es comúnmente más pequeño que la *hoya.* 2 *Sepultura, fosa, huesa.*

**hoyo** *m. Hoya.*

**hoz** *f. Segadera, segur.*

**hozar** *tr. Hocicar.*

**hucha** *f. Alcancía, vidriola, ladronera, olla ciega.*

**huebra** *m. Barbecho.*

**hueco, -ca** *adj.-s. Cóncavo, vacío.* "Si *hueco* es lo *cóncavo* o *vacío* por dentro, habremos de considerar como sinónimas estas tres voces; pero *cóncavo* y *hueco* de ningún modo parece que se pueden mirar como tales; porque la primera de estas calidades es una circunstancia propia del cuerpo, y la segunda es puramente una negación de su solidez, sea la figura la que fuese (...). *Vacío* supone una negación accidental de aquellas cosas que el cuerpo suele o puede contener, y no contiene actualmente. *Hueco* supone una negación positiva, no precisamente de aquellas cosas que puede contener el cuerpo distintas de la materia, o materias de que se compone, sino de aquella parte del mismo cuerpo que falta en lo interior de él para constituirle sólido" (LH). 2 *Mullido, esponjoso.* 3 fig. *Presumido, vano, fatuo, presuntuoso, orondo.* 4 *Afectado, hinchado.* 5 *Retumbante, rimbombante.* 6 *m. Discontinuidad, interrupción, laguna.* 7 fig. *Vacante.*

**huelgo** *m. Aliento, resuello, respiración.* 2 *Holgura, anchura, desahogo.*

**huella** *f. Estampa, holladura, pisada, patada, vestigio, señal, indicio, rastro, pista, indicios. Rastro* y *pista* denotan el conjunto de *huellas* o *indicios* con que se va siguiendo el camino recorrido por personas o animales. 2 (de una enfermedad) *Lacra, señal.*

**huelveño, -ña** adj.-s. (pers.) Onubense.

**huemul** m. Chile. Güemul.

**huerco** m. ant. Infierno, averno, báratro, tártaro, érebol, orco, el abismo.

**huérfano, -na** adj.-s. Pupilo. Pupilo designa al huérfano respecto de su tutor. 2 fig. Desamparado, solo.

**huero, -ra** adj. fig. Vano, hueco, vacío.

**huertano, -na** adj.-s. Hortelano.

**huesa** f. Sepultura, fosa, hoya, hoyo.

**hueso.** Hueso de la rodilla m. Rótula, choquezuela. 2 **Hueso navicular** Escafoides.

**huesoso, -sa** adj. Óseo (culto y TECN.).

**huésped, -da** s. ant. Mesonero, posadero, ventero, hostelero.

**huesudo, -da** adj. Osudo, ososo*.

**hueva** f. Ovas.

**huevera** f. Madrecilla. En las aves.

**huevo.** Costar un huevo loc. vulg. Costar un ojo de la cara, costar un riñón, ser caro. 2 **Huevo de pulpo** m. Liebre marina.

**hugonote, -ta** adj.-s. Calvinista.

**huida** f. Fuga, evasión, defección*.

**huir** intr.-prnl. Volver el rostro, escapar, fugarse, evadirse, largarse (fam. o irón.), tocárselas (fam. o irón.), tomar soleta (irón.), tomar las de Villadiego (irón.), chaquetear (burl.). Este último empleado entre soldados. "No siempre escapa el que huye. Huir sólo explica la fuga; escapar añade a la idea de la fuga la del logro de su objeto. Si no se alcanza o se detiene al que huye, se escapa sin remedio. Al ir a prenderle, se les huyó; le siguieron, pero al fin se les escapó" (LH). ↔ PERMANECER, QUEDARSE, PRESENTARSE. 2 intr.-tr. Apartarse, evitar, rehuir, esquivar, eludir, poner tierra por medio, dar esquinazo, volver las espaldas, salvarse por pies, salir por la puerta de los carros. ↔ PERMANECER, QUEDARSE.

**humanar** tr. Humanizar. ↔ DESHUMANIZAR.

**humanidad** f. Género humano, especie humana, hombre. 2 Benignidad, benevolencia, compasión, piedad, misericordia, caridad, filantropía. V. humanidades. ↔ INHUMANIDAD.

**humanidades** f. pl. Bellas letras, buenas letras, literatura. V. humanidad.

**humanizar** tr. Humanar. ↔ DESHUMANIZAR. 2 tr.-prnl. fig. Ablandar, desenojar, suavizar, dulcificar. ↔ ENDURECER, ENOJAR.

**humano, -na** adj. fig. Benigno, benévolo, compasivo, generoso, caritativo, misericordioso.

**humeante** adj. Fumoso, humoso.

**humeral** adj. Banda, cendal, paño de hombros.

**humildad** f. Modestia. ↔ SOBERBIA.

**humilde** adj. Dócil, obediente, sumiso. 2 Modesto, oscuro, pobre.

**humillación** f. Degradación, rebajamiento.

**humillante** adj. Degradante, depresivo, vergonzoso.

**humillar** tr.-prnl. Someter, abatir, doblegar, sojuzgar, rebajar, degradar, avergonzar, doblar la cerviz, besar la correa, echarse de rodillas, ponerse de hinojos. ↔ ENSALZAR, ENSOBERBECER, ALABAR.

**humor** m. Genio, índole, condición, carácter, temple. Los cuatro primeros denotan un complejo de cualidades permanentes en una pesona. El humor y el temple denotan una disposición de ánimo que puede ser permanente o variable. Un hombre de genio o carácter bondadoso y apacible puede estar un día de mal humor o de mal temple, y sorprendernos con asperezas que contradicen su índole o condición; o bien, una persona intratable nos acoge con amabilidad inesperada en un momento de buen humor. 2 Humorismo, sentido del humor. Tanto referidos al carácter como a las Bellas Artes.

**humorada** f. Antojo, capricho, fantasía, extravagancia, ventolera.

**humos** m. pl. fig. Vanidad, envanecimiento*, engreimiento, altivez, soberbia. P. ej. tener muchos humos.

**humoso, -sa** *adj. Fumoso, humeante.*

**humus** *m.* AGR. *Mantillo* (parte del suelo), *tierra negra.*

**hundir** *tr.-prnl. Sumir, meter, clavar.* 2 *Confundir, avergonzar, vencer.* 3 *Destruir, arruinar, derribar, destrozar.* ↔ CONSTRUIR.

**húngaro** *m.* (idioma) *Magiar.*

**huracán** *m. Ciclón, tifón, tornado, remolino\*.* En el mar de la China, *tifón;* en el golfo de Guinea, *tornado.*

**huraco** *m.* rúst. *Agujero\*, horado, orificio, taladro, perforación.*

**huraño, -ña** *adj. Furo, arisco, esquivo, hosco, insociable, misántropo.* Este último denota aversión al género humano.

**hurgar** *tr. Menear, remover, manosear.* 2 fig. *Incitar, pinchar, atizar, excitar, conmover.*

**hurgón** *m.* burl. *Estocada, hurgonazo* (burl.), *cuchillada.*

**hurgonazo** *m.* burl. *Estocada, hurgón* (burl.), *cuchillada.*

**huronear** *tr. Fisgar, fisgonear, husmear, escudriñar, curiosear.*

**hurtadillas. A hurtadillas** *loc. adv. Furtivamente, ocultamente, a escondidas, a hurto.* ↔ ABIERTAMENTE.

**hurtar** *tr.-prnl. Gatear, soplar, limpiar, quitar, sustraer, robar.* Hurtar es menos delictivo que *robar;* el *robo*, en el derecho penal, supone fractura, escalamiento u otra violencia material. 2 *Plagiar, soplar, limpiar.* 3 *Desviar, apartar, separar, evitar.*

**hurto** *m. Pillaje, rapiña, robo, sustracción.* 2 **A hurto** *loc. adv. Furtivamente, ocultamente, a escondidas, a hurtadillas.* ↔ ABIERTAMENTE.

**husada** *f. Mazorca.*

**husmeador, -ra** *adj. Fisgón, curioso, fisgoneador, entrometido.*

**husmear** *tr.* fig. *Olfatear, oler, oliscar.* 2 *Indagar, escudriñar, fisgar, fisgonear, curiosear, huronear, meter las narices.*

# I

**icneumón** *m. Mangosta.*
**icnografía** *f. Ignografía.*
**icor** *m.* MED. *Sanie, sanies.*
**icoroso, -sa** *adj. Sanioso.*
**ictericia** *f. Morbo regio, aliacán* (p. us.).
**ictiófago, -ga** *adj.-s. Piscívoro.*
**idea** *f. Concepto, representación, imagen.* 2 *Opinión, juicio, noción.* "La *noción* es una *idea* imperfecta y vaga; es el rudimento de la *idea.* La *noción* se convierte en *idea* por medio de la atención. La lectura rápida de una obra no da más que *nociones* sobre su contenido. No es éste el modo de adquirir *ideas*" (M). 3 *Plan, proyecto, designio, intención, propósito.* 4 *Ingenio, inventiva, imaginación.* 5 *Doctrina, creencia, razonamiento.* 6 *Manía, obsesión, tema, capricho.*
**ideal** *adj. Perfecto, sublime, elevado, excelente, puro, ejemplar.* 2 *m. Modelo, prototipo, arquetipo.* 3 *Deseo, ilusión, ambición, sueño.*
**idealización** *f. Sobrevaloración.*
**idear** *tr. Inventar, imaginar, discurrir, trazar, proyectar, venírsele a las mientes, formar concepto.*
**ideario** *m. Ideología, doctrina.*
**idéntico, -ca** *adj. Igual*\*, *equivalente, semejante*\*. ↔ DISTINTO, HETEROGÉNEO, INEXACTO, DISPAR.
**identidad** *f. Igualdad, equivalencia.* ↔ INEXACTITUD, DESIGUALDAD, HETEROGENEIDAD. 2 *Autenticidad.*
**identificador** *m. Etiqueta, distintivo.*
**ideología** *f. Ideario.*

**idioma** *m. Lengua, lenguaje, habla.*
**idiosincrasia** *f. Carácter, índole, temperamento. Idiosincrasia* es tecnicismo usado en med. y fisiol., e indica peculiaridad o particularidad individual.
**idiota** *adj.-com. Imbécil.* 2 *Estúpido, tonto, bobo, necio.*
**idiotez** *f. Imbecilidad, alelamiento, estulticia, estupidez, tontería, bobería.*
**idiotismo** *m.* GRAM. *Modismo.*
**ido, -da** *adj. Loco*\*, *delirante, demente, insano, perturbado, alienado, enajenado, maníaco, monomaníaco, chiflado, chalado, guillado, tocado.* ↔ CUERDO.
**idocrasa** *f.* MINERAL. *Vesubianita, wiluita.*
**idólatra** *adj.-com. Gentil, pagano.*
**idolatrar** *tr.* fig. *Adorar, querer, amar.* ↔ DESPRECIAR, ODIAR.
**idolatría** *f. Fetichismo, paganismo.* 2 fig. *Adoración, veneración, culto.*
**ídolo** *m. Fetiche.*
**idoneidad** *f. Aptitud*\*, *capacidad, disposición, competencia, suficiencia.* ↔ INEPTITUD, INCAPACIDAD, INCOMPETENCIA. 2 *Conveniencia, adecuación.*
**idóneo, -ea** *adj. Apto*\*, *capaz, dispuesto, competente, suficiente.* 2 *Conveniente*\*, *adecuado.*
**idumeo, -ea** *adj.-s.* (pers.) *Edomita.*
**iglesia** *f. Congregación, comunidad.* 2 *Secta.* 3 *Templo.*
**ignaciano, -na** *adj. Jesuita, iñiguista.*
**ignaro, -ra** *adj.* lit. *Ignorante, nescien-*

*te, lego, iletrado, iliterato, profano.* ↔ SABIO, CULTO.

**ignición** *f. Combustión, incandescencia.*

**ignografía** *f. Icnografía.*

**ignominia** *f. Oprobio, deshonra, afrenta, deshonor, infamia.* ↔ HONOR, DIGNIDAD.

**ignominioso, -sa** *adj. Abyecto, bajo, vil, despreciable, rastrero, servil, abatido.* ↔ NOBLE. 2 *Inicuo, malo, malvado, perverso.*

**ignorado, -da** *adj. Anónimo\*, desconocido, secreto\*.* ↔ CONOCIDO, SABIDO.

**ignorancia** *f. Insuficiencia\*, incapacidad, ineptitud, incompetencia, nesciencia* (lit.)*, tontería, necedad, inepcia, inhabilidad.* "La *ignorancia* es falta de cultura del entendimiento; la *tontería* falta de cultura de la razón; la *necedad* es *ignorancia* o *tontería* acompañada de presunción. El *ignorante* yerra por falta de principios adquiridos; el *tonto* por falta de luces naturales; el *necio* por falta de luces o principios, y sobra de amor propio. El amor propio oculta muchas veces la *ignorancia*; descubre siempre la *necedad*; y no tiene influjo alguno en la *tontería*, porque el *ignorante* puede saber que lo es; pero ni el *tonto* lo sabe, ni el *necio* lo cree. El que ignora el lenguaje de los *necios*, pasa por *tonto* entre los *ignorantes*" (LH). ↔ CAPACIDAD, APTITUD, HABILIDAD, SABIDURÍA, INGENIO.

**ignorante** *adj.-com. Ignaro, nesciente, lego, iletrado, iliterato, profano, inculto, rústico. Lego, iletrado* e *iliterato* se circunscriben a significar falto de cultura, mientras que *profano* es el que es ajeno a una ciencia o doctrina determinada.* V. ignorancia. ↔ SABIO, CULTO. 2 *Asno, corto, rudo, necio, animal, bruto, bestia, torpe, grosero, zafio.*

**ignorar** *tr. Desconocer.* ↔ CONOCER, SABER. 2 *Desentenderse, pasar por alto, no saber la cartilla, estar in albis, estar pez, no saber lo que se pesca.* ↔ SABER.

**ignoto, -ta** *adj.* culto *Desconocido, ig-*

*norado, incógnito* (culto)*, incierto, anónimo.*

**igual** *adj. Uniforme, equivalente, idéntico, par, parejo, parigual.* Tratándose de la forma, *uniforme*; de valor o cantidad, *equivalente*; de naturaleza o aspecto, *idéntico*; de calidad, categoría o clase social, *par. Par, parejo, parigual, igual* e *idéntico* puede usarse intensivamente para denotar una gran semejanza. Las formas prefijas gr. *homo-* e *iso-* se emplean en numerosas voces cultas; p. ej.: *homogéneo, homónimo, isotermo, isomorfismo.* V. semejante. ↔ DESIGUAL, HETEROGÉNEO, ANTÓNIMO. 2 *Llano, unido, plano.* 3 *Constante, invariable, regular.* 4 s. *Camarada, compañero\*, colega, socio.* ↔ DESIGUAL, SUPERIOR, INFERIOR, ENEMIGO. 5 **Por igual** *loc. adv. Igualmente, indistintamente.*

**iguala** *f. Ar. Conducta.* En Aragón y otras regiones.

**igualar** *tr.-prnl. Equiparar, equilibrar, compensar.* ↔ DESIGUALAR, DESEQUILIBRAR. 2 *Allanar, aplanar, explanar, nivelar.*

**igualdad** *f. Equivalencia, uniformidad, paridad.* Tratándose de cantidades o valores, *equivalencia*; de forma, *uniformidad*; de calidad, categoría o clase social, *paridad.* 2 *Ecuanimidad.* La *igualdad* en el temple o disposición del ánimo equivale a *ecuanimidad.* 3 *Equidad, justicia distributiva, imparcialidad.* Hablando del sentimiento de justicia, *equidad* o *justicia distributiva*, que consiste en dar a cada uno lo suyo.

**igualmente** *adv. m. Indistintamente, por igual.* 2 *También, asimismo.*

**iguana** *f. Caguayo.*

**igüedo** *m. Cabrón\*, bode* (p. us.)*, buco, macho cabrío, cegajo, chivo, chivato.*

**ijada** *f. Vacío.*

**ilación** *f. Inferencia, consecuencia\*.* 2 *Trabazón, nexo, conexión, coherencia\*.*

**ilegal** *adj. Ilícito\*, ilegítimo, prohibido.* ↔ LEGAL, LEGÍTIMO, JUSTO. 2 *Arbitrario,* *injusto, inicuo, despótico.* ↔ JUSTO, LEGAL.

**ilegalidad** *f. Injusticia, iniquidad, ilicitud, arbitrariedad, desafuero, atropello, ley del embudo.* ↔ LEGITIMIDAD, MORALIDAD, LEGALIDAD.

**ilegible** *adj. Indescifrable, ininteligible.*

**ilegítimo, -ma** *adj. Falsificado, adulterado, mistificado, fraudulento, ilícito\*, ilegal, espurio* (fig.). Los cuatro primeros, tratándose de productos. Tratándose de personas se emplea *ilegítimo.* V. bastardo. 2 *Bastardo, espurio, noto, ilegítimo.*

**íleo** *m. Volvo, vólvulo.*

**ilerdense** *adj.-com.* (pers.) *Leridano, ilergete.*

**ilergete** *adj.-com.* (pers.) *Leridano, ilerdense.*

**ileso, -sa** *adj. Indemne, intacto.* ↔ HERIDO, ENFERMO, IMPURO.

**iliterato, -ta** *adj.-s. Ignorante\*, ignaro, nesciente, lego, iletrado, profano.* ↔ SABIO, CULTO.

**iletrado, -da** *adj.-s. Ignorante\*, ignaro, nesciente, lego, iliterato, profano.* ↔ SABIO, CULTO.

**ilíaco, -ca** *adj. Troyano, dárdano, iliense, teucro, iliaco.*

**ilicíneo, -ea** *adj.-s.* BOT. *Aquifoliáceo.*

**ilícito, -ta** *adj. Indebido, ilegal, ilegítimo, prohibido, vedado. Ilegal es sólo* contrario a la ley. Puede haber acciones moralmente *ilícitas* o *indebidas* sin ser precisamente *ilegales.* ↔ LEGAL, LÍCITO, LEGÍTIMO. 2 *Fraudulento, falsificado, adulterado, mistificado.*

**ilicitud** *f. Injusticia, iniquidad, ilegalidad, arbitrariedad, desafuero, atropello, ley del embudo.* ↔ LEGITIMIDAD, INMORALIDAD, LEGALIDAD.

**iliense** *adj.-s.* (pers.) *Troyano, dárdano, ilíaco, teucro, iliaco.*

**ilimitado, -da** *adj. Indefinido, indeterminado.* ↔ LIMITADO, DEFINIDO, DETERMINADO. 2 *Incalculable, infinito.*

**iliterato, -ta** *adj. Iletrado.*

**ilógico, -ca** *adj. Absurdo, disparatado, irracional, desatinado, inconsecuen-* te. ↔ RAZONABLE, CONSECUENTE, RACIONAL, ATINADO, LÓGICO.

**ilota** *com. Esclavo, siervo, esclavo. El ilota* era el esclavo entre los lacedemonios; hoy se usa p. ext. como equivalente de *esclavo,* o aludiendo a la Antigüedad.

**iluminación** *f. Alumbrado.*

**iluminar** *tr.-prnl. Alumbrar.* ↔ APAGAR, OSCURECER. 2 *Ilustrar, esclarecer, aclarar\*.* ↔ OSCURECER. 3 *Inspirar.*

**ilusión** *f. Alucinación, deslumbramiento, desvarío, delirio, confusión, delusión.* ↔ DESILUSIÓN, DESESPERANZA, DESCONFIANZA. 2 *Quimera, sueño, engaño, ficción, fantasía.* 3 *Esperanza, confianza, creencia.* ↔ DESESPERANZA, DESCONFIANZA, DESILUSIÓN.

**ilusionar** *tr.-prnl. Engañar, seducir, atraer, encandilar, deslumbrar, ver de color de rosa, levantar castillos en el aire, alimentarse de esperanzas, prometérselas felices, embriagarse de sueños.* ↔ DESILUSIONAR, DESCONFIAR, DESESPERAR. 2 *prnl. Delirar, fantasear.*

**ilusionista** *com. Prestidigitador, jugador de manos.*

**iluso, -sa** *adj. Engañado, seducido, cándido, soñador.*

**ilusorio, -ria** *adj. Aparente, quimérico, engañoso, ficticio, falso.*

**ilustración** *f. Esclarecimiento, aclaración, explicación, comentario, exégesis.* 2 *Instrucción, civilización, cultura.* ↔ INCULTURA, IGNORANCIA. 3 *Estampa, lámina, grabado, figura.*

**ilustrado, -da** *adj. Docto, instruido, culto, erudito, sabio, letrado.*

**ilustrar** *tr. Iluminar* (fig.), *dar luz* (fig.), *instruir, civilizar.* 2 *Aclarar\*, explicar, poner en claro, dilucidar, esclarecer.* ↔ OCULTAR. 3 fig. *Afamar, ennoblecer, realzar, enaltecer, relevar, engrandecer.* ↔ DIFAMAR, HUMILLAR. 4 TEOL. *Iluminar.* 5 fig. *Adornar* (un impreso).

**ilustre** *adj. Linajudo, noble, esclarecido, blasonado.* 2 *Insigne, célebre, renombrado, prestigioso, ínclito, egregio, eximio, eminente, superior, distinguido, notable, excelente.*

**imagen** *f. Figura, retrato, reproducción, representación, efigie.* Tratándose de personas, *efigie.* 2 *Idea, símbolo, figura.* 3 *Semejanza.*
**imaginación** *f. Fantasía.* ↔ REALIDAD.
**imaginado, -da** *adj. Ficticio, fingido, falso, inventado, fabuloso.*
**imaginar** *tr.-prnl. Representar, crear, inventar, forjar, venir a las mientes, hacerse cargo, ver visiones, soñar despierto, metérsele en la cabeza, trasoñar, ensoñar, fantasear.* 2 *Presumir, sospechar, suponer, conjeturar.* 3 *tr. Fraguar, idear, proyectar, urdir, tramar, maquinar.*
**imaginario, -ria** *adj. Irreal, ficticio, inventado, fabuloso, fantástico, fantasmagórico, fantasmal, quimérico.* ↔ REAL, VERDADERO.
**imán** *m. Piedra, calamita, caramida, magnetita.* 2 *fig. Atractivo.*
**imanar** *tr. Magnetizar, imantar.*
**imantar** *tr. Magnetizar, imanar.*
**imbécil** *adj. Idiota, alelado, tonto, estúpido, estólido, estulto, bobo.*
**imbecilidad** *f. Idiotez, alelamiento, estulticia, estupidez, tontería, bobería, mentecatez, necedad, simpleza, majadería, mentecatería.*
**imberbe** *adj. Lampiño, barbilampiño, carilampiño.* ↔ BARBUDO, VELLUDO.
**imborrable** *adj. Indeleble*, inalterable, inextinguible.* ↔ ALTERABLE, TRANSITORIO, VARIABLE.
**imbuir** *tr. Infundir, persuadir, inculcar.*
**imitación** *f. Facsímile, reproducción, facsímil.*
**imitar** *tr. Seguir, copiar, remedar, contrahacer, plagiar. Seguir o imitar* a los clásicos. *Remedar y contrahacer* sugieren gralte. imitación imperfecta o falsificada. *Plagiar, copiar,* tratándose de escritos u obras literarias. ↔ CREAR, INVENTAR. 2 *Simular, fingir, aparentar.* ↔ REALIZAR, ACLARAR, CREAR.
**imitativo, -va** *adj. Imitatorio, mimético* (científ. y culto).
**imitatorio, -ria** *adj. Imitativo, mimético* (científ. y culto).

**impaciencia** *f. Desasosiego, inquietud, intranquilidad, ansiedad.*
**impacientar** *tr.-prnl. Desasosegar, inquietar, intranquilizar, irritar, quemarse* (fam.), *desesperarse* (fam.), *pudrirse* (fam.), *repudrirse* (fam.), *trinar*, rabiar, enfadarse.* Los siete últimos corresponden al uso prnl. de *irritar.*
**impaciente** *adj. Malsufrido.*
**impalpable** *adj. Intangible*, intocable.* 2 *adj. fig. Etéreo, sutil.*
**impanación** *f. Empanación.*
**impar** *adj. Sin par, sin igual, sin segundo.* 2 *Non.*
**imparcial** *adj. Recto*, justo, equitativo.*
**imparcialidad** *f. Equidad, igualdad*, justicia, rectitud.* ↔ PARCIALIDAD, INJUSTICIA.
**impartir** *tr. Repartir*, compartir.*
**impasibilidad** *f. Pasividad, indiferencia, inacción.* ↔ ACTIVIDAD, INQUIETUD.
**impasible** *adj. Imperturbable, indiferente, insensible.* ↔ SENSIBLE, NERVIOSO.
**impavidez** *f. Serenidad, sangre fría, tranquilidad, sosiego, calma.* ↔ NERVIOSISMO, DESASOSIEGO, INTRANQUILIDAD, ANSIA. 2 *m. Temple, arrojo, valentía.* ↔ COBARDÍA.
**impávido, -da** *adj. Imperturbable, sereno, impertérrito.* 2 *Denodado, valiente, arrojado.* 3 *Amér. Merid. Fresco, descarado, sinvergüenza, cara dura.*
**impecable** *adj. Acendrado, puro, depurado, acrisolado.*
**impedido, -da** *adj.-s. Imposibilitado, tullido, paralítico, baldado.*
**impedimenta** *f. Bagaje, equipaje.*
**impedimento** *m. Estorbo, obstáculo*, dificultad, traba, atascadero, entorpecimiento, rémora, embarazo, retraso.* ↔ FACILIDAD, HABILIDAD, DESEMBARAZO.
**impedir** *tr. Estorbar, imposibilitar, embarazar, dificultar, obstaculizar, empecer, embargar, cortar las alas, poner chinitas, atar las manos, acortar los pasos, interceptar, obstruir*. "Impedir* supone un obstáculo directo. *Estorbar* supone, con más propiedad, un obstáculo indirecto, y no pocas veces

una mera dificultad o embarazo. El padre *impide* con su autoridad que su hijo salga de casa. La compañía de un amigo suele *estorbar* a veces que hagamos nuestra voluntad" (LH). " Se *impide* antes de empezar la acción; se *estorban* su consumación y su progreso. La falta de recursos le *impide* viajar. *Estorban*, para viajar, las dificultades del camino" (M). 2 *Prohibir*, *privar*, *vedar*. ↔ PERMITIR, AYUDAR.

**impeler** *tr. Empujar*, *impulsar*. ↔ SUJETAR, RETENER. 2 *Incitar, excitar, estimular*. ↔ TRANQUILIZAR.

**impenetrable** *adj. Hermético, cerrado.* 2 fig. *Indescifrable, ininteligible, incomprensible.* ↔ PENETRABLE, COMPRENSIBLE. 3 *Callado, secreto.*

**impenitencia** *f. Contumacia.* ↔ ARREPENTIMIENTO, CONTRICIÓN, ATRICIÓN.

**impenitente** *adj.-com.* fam. *Contumaz*, *obstinado, pertinaz, tenaz, porfiado, terco.* 2 *com. Pecador, contumaz*.

**impensadamente** *adv. m. Inesperadamente, inopinadamente.*

**impensado, -da** *adj. Inesperado*, *imprevisto, fortuito, casual, inopinado.* ↔ PREVISTO, CALCULADO. 2 *Involuntario, irreflexivo, instintivo, maquinal.* ↔ VOLUNTARIO.

**imperar** *intr. Dominar, mandar, predominar, prevalecer.* ↔ OBEDECER.

**imperativo, -va** *adj. Imperioso, perentorio, dominante, autoritario, dominador. Imperioso* sugiere arrogancia en la forma; *perentorio* supone apremio o urgencia en el mandato. Aplicado a personas, *dominante, autoritario.*

**imperceptible** *adj. Insensible, indiscernible, inapreciable.*

**imperecedero, -ra** *adj. Perdurable, perpetuo*, *inmortal, eterno*.

**imperfección** *f. Defecto, falta, tacha, vicio.* ↔ PERFECCIÓN, ACIERTO, CORRECCIÓN.

**imperfectivo, -va** *adj.* GRAM. *Permanente.*

**imperfecto, -ta** *adj. Incompleto, defectuoso, deficiente. Incompleto* y *defectuoso* tienen significación intensiva

en relación con *deficiente* e *imperfecto*, que se sienten como más o menos eufemísticos. 2 GRAM. *Inacabado.*

**impericia** *f. Inhabilidad, insuficiencia, inexperiencia, ineptitud, incompetencia.* ↔ MAÑA, HABILIDAD, COMPETENCIA.

**imperio** *m. Dominio, autoridad.* ↔ VASALLAJE, OBEDIENCIA. 2 fig. *Altanería, soberbia, orgullo.* ↔ HUMILDAD.

**imperioso, -sa** *adj. Imperativo, autoritario, dominador, absoluto*, *arbitrario, despótico, tiránico,* *dictatorial, dominante.* ↔ CONDESCENDENTE, COMPRENSIVO. 2 *Arrogante, altanero, soberbio, orgulloso.* 3 *Indispensable, imprescindible.*

**impermeabilizar** *tr. Alquitranar, embrear, calafatear, recauchutar.* Según los materiales empleados y los objetos a que se aplican.

**impermeable** *m. Chubasquero, gabardina, trinchera.* ↔ PENETRABLE, PERMEABLE.

**imperscrutable** *adj.* p. us. *Inescrutable, inaveriguable, incomprensible, arcano.* ↔ DESCIFRABLE, CLARO, PENETRABLE, PREDECIBLE.

**impertérrito, -ta** *adj. Imperturbable, impávido, inconmovible, impasible, sereno, denodado, valeroso.*

**impertinencia** *f. Despropósito*, *inconveniencia.* ↔ CONVENIENCIA, DISCRECIÓN. 2 *Importunidad, pesadez, chinchorrería.* ↔ OPORTUNIDAD.

**impertinente** *adj. Incoveniente, importuno*, *inoportuno.* 2 *Molesto, fastidioso, cargante, pesado, chinche, chinchorrero, chinchoso, importuno.*

**imperturbable** *adj. Impasible, impávido, impertérrito, tranquilo, sereno, inalterable, flemático, apático.* ↔ ALTERABLE, NERVIOSO, DESEQUILIBRADO.

**impetrar** *tr. Rogar*, *solicitar, suplicar*, *implorar, deprecar, instar.* ↔ CONCEDER.

**ímpetu** *m. Impulso, impetuosidad, fuerza, violencia.* ↔ TRANQUILIDAD, PASIVIDAD, IRRESOLUCIÓN. 2 *Arrebato, arranque, rapto, pronto, arrechucho.*

**impetuosidad** 360

**impetuosidad** *f. Fuerza, violencia, ímpetu.*

**impetuoso, -sa** *adj. Vehemente, violento, fogoso, arrebatado, precipitado, ardiente, ardoroso, brioso.* "El que obra impremeditadamente, con arrebato y sin reflexionar en las consecuencias, es *impetuoso*; el que exige, pide, incita u ordena con insistencia y con energía, es *vehemente*; el que atropella toda consideración, y quiere que todo ceda a su voluntad, es *violento*; el que se exalta con facilidad, exagera cuanto piensa y cuanto siente, y se entusiasma con los más leves motivos es *fogoso*" (M). ↔ PASIVO, INACTIVO. 2 *Fuerte, violento.* Aplicado a cosas: viento, ataque *impetuoso*; corriente, marea, *impetuosa.*

**impiedad** *f. Incredulidad, descreimiento.* ↔ FE, PIEDAD, CONFIANZA.

**impío, -a** *adj. Irreligioso, descreído, incrédulo.* ↔ CREYENTE, RELIGIOSO, REVERENTE. 2 *Despiadado, desapiadado, cruel, inhumano.* ↔ PIADOSO, BONDADOSO.

**implacable** *adj. Inexorable, inflexible, cruel, duro, despiadado, vengativo, empedernido*.*

**implantación** *f. MED. Fijación, inserción, injerto.*

**implantar** *tr. Establecer, instaurar, instituir, fundar.*

**implicar** *tr. Envolver, contener, enredar.* 2 *Traer consigo, suponer, significar.*

**implícito, -ta** *adj. Callado, tácito.* ↔ EXCLUIDO, IGNORADO.

**implorar** *tr. Rogar*, suplicar*, invocar, impetrar, llamar, solicitar, instar, deprecar.* ↔ EXIGIR, MANDAR.

**impolítica** *f. Descortesía, desatención, descomedimiento, desconsideración, grosería.* ↔ CORTESÍA, APRECIO.

**impolítico, -ca** *adj. Descortés, inurbano, grosero, incivil, rústico, falto de diplomacia, falto de tacto.* "El *impolítico* es por falta de buenos modos, y a nadie agrada; el *grosero* por tener modos desagradables, y a todos es insopor-

table; el *rústico* los tiene chocantes, y nadie puede sufrirle" (Ma).

**impoluto, -ta** *adj. Limpio, inmaculado.* ↔ MANCHADO.

**imponente** *adj. Espantoso, pavoroso, aterrador, terrorífico.* 2 *Respetable, grandioso, venerable, majestuoso.*

**imponer** *tr. Gravar, cargar, obligar, exigir.* 2 *Instruir, enseñar, informar, enterar.* 3 *Dominar.* 4 *Amedrentar, acobardar, aterrar.* 5 *Infligir, aplicar.*

**importancia** *f. Valor, significación, consideración, interés, monta, alcance, precio, estimación, entidad, sustancia.* ↔ INTRASCENDENCIA, PEQUEÑEZ.

**importante** *adj. Valioso, sustancial, considerable, interesante, conveniente, calificado, de campanillas, de tomo y lomo, de padre y muy señor mío.* 2 *fig. Gordo, grande.*

**importar** *intr. Convenir, hacer al caso, atañer, interesar, merecer la pena, tener que ver, formar época, picar en la historia, venir a cuento.* ↔ DESINTERESAR, DESMERECER. 2 *tr. Sumar, montar, valer, subir, elevarse.*

**importe** *m. Cuantía, valor, precio, coste, suma.*

**importunar** *tr. Incomodar, molestar, fastidiar, cansar, cargar, enfadar, merecer la pena, tener que ver, dar la murga, dar la matraca, no dejar ni en sol ni en sombra, volver a la misma canción.* ↔ TRANQUILIZAR, ALEGRAR, AYUDAR.

**importunidad** *f. Impertinencia, pesadez, chinchorrería, oficiosidad, entremetimiento, indiscreción.* ↔ OPORTUNIDAD, DISCRECIÓN.

**importuno, -na** *adj. Intempestivo, extemporáneo, inoportuno, impertinente.* "Lo que es fuera de tiempo, es *importuno*; lo que es fuera de propósito, es *impertinente*" (LH). 2 *Molesto, enfadoso, cargante, fastidioso.*

**imposibilitado, -da** *adj. Tullido, impedido, baldado, paralítico.*

**imposibilitar** *tr. Impedir*, estorbar, dificultar, embarazar, obstaculizar, em-

*pecer.* ↔ POSIBILITAR, FACILITAR. 2 *prnl. Tullirse, baldarse.*

**imposible** *adj. Irrealizable, impracticable, quimérico.* 2 *Inaguantable, intratable, insufrible.*

**imposición** *f. Coacción, coerción, mandato, exigencia.* 2 *Gravamen, carga, tributo, impuesto, obligación.*

**impostor, -ra** *adj.-s. Calumniador, difamador, infamador.* 2 *Engañador, embaucador, falsario.*

**impostura** *f. Calumnia, difamación, murmuración.* ↔ VERDAD. 2 *Engaño, mentira, falsedad, superchería, engañifa, fingimiento, enmascaramiento.* ↔ VERDAD.

**impracticable** *adj. Irrealizable, imposible.* 2 *Intransitable, inaccesible.*

**imprecación** *f. Maldición, execración, condenación\*.* "La *imprecación* es la expresión vehemente del mal que se invoca contra alguno. La *maldición* es la invocación del poder divino en daño de otro. La *execración* es la manifestación del horror que inspira alguna persona u objeto. La *imprecación* supone debilidad o miedo; la *maldición*, deseo de justicia o de venganza; la *execración*, un sentimiento profundo de rencor o de antipatia" (M).

**imprecar** *tr. Maldecir.* ↔ ALABAR.

**imprecisión** *f.* (del lenguaje) *Anfibología\*, ambigüedad, indeterminación, confusión, oscuridad, equívoco, dilogía* (LÓG. y p. us.). 2 *Vaguedad, indeterminación, indecisión.* ↔ PRECISIÓN, DECISIÓN.

**impreciso, -sa** *adj. Vago, indeciso, indeterminado, indefinido, inconcreto, indefinible.* ↔ CONCRETO, DEFINIDO, DETERMINADO.

**impregnar** *tr. Empapar, embeber, estar hecho una sopa.*

**impremeditación** *f. Irreflexión, imprevisión.*

**imprenta** *f. Tipografía.*

**imprescindible** *adj. Forzoso, necesario\*, obligatorio, indispensable, insustituible.* ↔ ACCIDENTAL, SUSTITUIBLE.

**impresión** *f. Tirada.* 2 *Huella, im-pronta, señal, marca, estampa.* 3 *Efecto, sensación, emoción.*

**impresionable** *adj. Sensible, excitable, emotivo, flor de estufa.*

**impresionado, -da** *adj. Afectado, aquejado, molestado, apenado, afligido, conmovido.* ↔ IMPÁVIDO, IMPASIBLE, IMPERTURBABLE, IMPERTÉRRITO.

**impresionar** *tr.-prnl. Conmover, afectar, emocionar\*.*

**impresor** *m. Tipógrafo.*

**imprevisión** *f. Impremeditación.* ↔ REFLEXIÓN. 2 *Descuido\*, negligencia, ligereza.* ↔ REFLEXIÓN, PRUDENCIA, CUIDADO.

**imprevisto, -ta** *adj. Impensado, desprevenido, inesperado, inopinado.* ↔ PREVISTO, SOSPECHADO. 2 *Repentino, súbito, como llovido del cielo, como caído de las nubes.* 3 **De imprevisto** *loc. adv. Inesperadamente, de golpe y porrazo, de improviso, de sopetón, de repente, repentinamente, insospechadamente, súbitamente.*

**imprimación** *f. Aparejo.*

**imprimar** *tr. Aparejar, emprimar.* Este último, entre pintores.

**imprimir** *tr. Tirar.* 2 *Estampar, dar a la prensa, sacar a luz.*

**improbar** *tr. desus. Desaprobar, reprobar, vituperar, censurar, condenar, suspender.*

**ímprobo, -ba** *adj. Trabajoso, penoso.*

**improcedente** *adj. Extemporáneo, inoportuno, impertinente, inadecuado.* ↔ OPORTUNO, CONGRUENTE.

**improductivo, -va** *adj. Infecundo, infructífero, infructuoso, estéril, baldío.*

**impronta** *f. Impresión, huella, señal, marca, estampa.*

**impronunciable** *adj. Inefable\*, indecible.*

**improperio** *m. Insulto\*, injuria, denuesto, dicterio.*

**impropio, -pia** *adj. Inadecuado, inconveniente.* ↔ OPORTUNO, CONVENIENTE. 2 *Ajeno, extraño.*

**impróvido, -da** *adj. lit. Desprevenido, descuidado, desapercibido, inadver-*

improvisación

*tido.* ↔ PREVENIDO, ALERTADO, AVISA-
DO.
**improvisación** *f. Repente, repentización, in promptu.*
**improvisador, -ra** *adj.-s. Repentista.*
**improvisamente** *adv. m. In promptu.*
Tratándose de producciones de ingenio.
**improvisar** *tr. Repentizar.* ↔ REFLE-
XIONAR, PREPARAR.
**improviso, -sa** *adj. Súbito, súpito, repentino, impensado, imprevisto, impro-
visto.* ↔ PREVISTO, CALCULADO, PEN-
SADO. **2 De improviso** *loc. lat. De repente, de golpe y porrazo, súbitamente,
de sopetón, inesperadamente, de imprevisto, repentinamente, insospechadamente.*
**imprudencia** *f. Imprevisión, irreflexión, impremeditación, ligereza, descuido, temeridad.* El último, cuando se
comete con grave riesgo. ↔ PREVI-
SIÓN, ACIERTO, REFLEXIÓN, CUIDADO.
**imprudente** *adj. Ligero, irreflexivo,
precipitado, atolondrado, aturdido,
confiado, temerario.*
**imprudentemente** *adv. m. Atontadamente, indiscretamente, neciamente,
tontamente, a tontas y a locas.* ↔ PRU-
DENTEMENTE, CAUTELOSAMENTE, DIS-
CRETAMENTE.
**impudencia** *f. Descaro, atrevimiento,
descoco, desvergüenza, desfachatez,
impudor, cinismo.*
**impudicia** *f. Deshonestidad, impudicicia, impudor, inhonestidad, torpeza.*
↔ PUDOR, HONESTIDAD, DECENCIA.
**impúdico, -ca** *adj. Impudente, desvergonzado, cínico.* ↔ DECENTE. **2** *Deshonesto, libidinoso, libertino.* ↔ HONES-
TO, DECENTE.
**impudor** *m. Deshonestidad, libertinaje, lujuria.* **2** *Cinismo, desvergüenza,
descococo, desfachatez.*
**impuesto** *m. Tributo\*, carga, contribución, arbitrio, gabela.*
**impugnable** *adj. Discutible, dudoso,
cuestionable, controvertible, disputable,
problemático.* ↔ INCONTROVERTIBLE,
INCUESTIONABLE, INDISCUTIBLE.

**impugnar** *tr.-prnl. Contradecir\*, refutar, rebatir, confutar\*, censurar, criticar, sacudir el polvo, cascar las liendres, volver la pelota.* ↔ AYUDAR, PA-
CIFICAR.
**impulsar** *tr. Empujar\*, impeler.* ↔
CONTENER. **2** *Incitar, estimular, excitar, instigar, echar para atrás.*
**impulsión** *f. Empujón\*, envión, envite,
empellón, impulso, propulsión, rempujón, empuje.*
**impulso** *m. Empujón\*, impulsión, empuje.* **2** *Instigación, incitación, estímulo.*
**impureza** *f. Inmundicia, deshonestidad.* ↔ HONESTIDAD, PUREZA.
**impurificar** *tr. Ensuciar, manchar, emporcar, enturbiar.* ↔ LIMPIAR, PURIFI-
CAR.
**impuro, -ra** *adj. Inmundo.*
**imputación** *f. Calumnia\*, impostura,
difamación, acusación falsa.* ↔ VER-
DAD, HONRA.
**imputar** *tr.-prnl. Atribuir\*, achacar,
echar en cara, hacer responsable, echar
a mala parte.* ↔ DEFENDER, EXCULPAR,
TAPAR.
**in actu** *loc. adv. lat. Realmente, efectivamente.* ↔ VIRTUAL, POTENCIAL.
**in albis. Estar in albis** *loc. lat Estar
pez, no saber la cartilla, no saber lo que
se pesca.*
**in promptu** *loc. adv. lat. De repente,
de improviso, súbitamente, de sopetón,
inesperadamente, de imprevisto, repentinamente, insospechadamente, de golpe y porrazo.*
**in sólidum** *loc. adv. lat.* DER. *Solida-
riamente.*
**inacabable** *adj. Interminable, inagotable.*
**inacabado, -da** *adj. Imperfecto.*
**inaccesible** *adj. Inalcanzable, inasequible.* ↔ ACCESIBLE, ASEQUIBLE. **2** *Impracticable, intransitable.* ↔ PRACTICA-
BLE, TRANSITABLE.
**inacción** *f. Inercia, flojedad.* ↔ ACTI-
VIDAD, DILIGENCIA, FERVOR.
**inacentuado, -da** *adj. Átono.*
**inactividad** *m. Ocio, descanso, inacción.*

**inactivo, -va** *adj.* *Ocioso, parado, quieto.* 2 *Inerte.*

**inadecuado, -da** *adj.* *Impropio, inapropiado, inconveniente.*

**inadmisible** *adj.* *Fabuloso, increíble, excesivo, exagerado, extraordinario.*

**inadvertencia** *f.* *Distracción, descuido, error.* La *inadvertencia* y la *distracción* son involuntarias y disculpables; el *descuido* nace de negligencia reprensible. Cuando se trata de un *error*, la palabra *inadvertencia* atenúa la censura y tiene carácter eufemístico. ↔ CUIDADO, REFLEXIÓN, CONOCIMIENTO, RECUERDO.

**inadvertido, -da** *adj.* *Desadvertido, desapercibido.* Desapercibido es galicismo en esta acepción.

**inagotable** *adj.* *Inacabable, interminable, inextinguible.*

**inaguantable** *adj.* *Insoportable, intolerable, insufrible.*

**inalcanzable** *adj.* *Inaccesible, inasequible.* ↔ ACCESIBLE, ASEQUIBLE.

**inalterable** *adj.* *Permanente, fijo, invariable, indestructible, indeleble*.* ↔ MUTABLE, VARIABLE, TRANSITORIO, PASAJERO, FUGAZ. 2 *Imperturbable, impasible, impertérrito.* ↔ MUTABLE, VARIABLE.

**inane** *adj.* *Vano, fútil, inútil.*

**inanición** *f.* *Agotamiento, extenuación.*

**inanimado, -da** *adj.* *Insensible, exánime, muerto, inánime.*

**inánime** *adj.* *Exánime, muerto.* ↔ VIVO.

**inapagable** *adj.* *Inextinguible.*

**inapeable** *adj.* fig. *Porfiado, insistente, porfioso, machacón, obstinado, terco, testarudo.*

**inapetencia** *f.* *Anorexia, disorexia, desgana.* ↔ APETENCIA, GANA, DESEO.

**inapreciable** *adj.* *Inestimable.* 2 *Imperceptible, indiscernible, insensible.*

**inapropiado, -da** *adj.* *Inadecuado, impropio, inconveniente.* ↔ ADECUADO, APROPIADO, PROPIO, CONVENIENTE.

**inaprovechable** *adj.* *Inservible, inútil, estropeado.* ↔ ÚTIL, INTACTO.

**inasequible** *adj.* *Inaccesible, inalcanzable.* ↔ ACCESIBLE, ASEQUIBLE.

**inatacable** *adj.* *Inmune, inmunizado.*

**inatención** *f.* *Desatención, distracción.* ↔ CONCENTRACIÓN, ATENCIÓN.

**inaudito, -ta** *adj.* fig. *Monstruoso, atroz, escandaloso, increíble.* ↔ CONOCIDO, VIEJO, VULGAR.

**inauguración** *f.* *Apertura, comienzo, principio.*

**inaugurar** *tr.* *Abrir, iniciar, comenzar.* ↔ CERRAR, CLAUSURAR.

**inaveriguable** *adj.* *Insondable, impenetrable, incognoscible, indescifrable, inescrutable, incomprensible, arcano, imperscrutable* (p. us.)*, ininteligible, inexplicable.* ↔ COMPRENSIBLE, PENETRABLE, CLARO, ESCRUTABLE, COGNOSCIBLE.

**inca** *m.* *Inga.*

**incandescencia** *f.* *Ignición, combustión.*

**incansable** *adj.* *Infatigable.*

**incapacidad** *f.* *Ineptitud, incompetencia, inhabilidad, torpeza, ignorancia*.* ↔ COMPETENCIA, APTITUD, EXPERIENCIA, CONOCIMIENTO. 2 *Insuficiencia, escasez, penuria.*

**incapacitar** *tr.-prnl.* *Inhabilitar.* ↔ CAPACITAR, CALIFICAR.

**incapaz** *adj.* *Insuficiente, pequeño.* 2 *Inepto, inhábil, torpe, incompetente, ignorante, cero a la izquierda, abogado de secano.*

**incautación** *f.* *Confiscación*.*

**incauto, -ta** *adj.* *Crédulo, cándido*, inocente, simple.* ↔ PREVISOR, PRUDENTE, COMPLEJO.

**incendiar** *tr.* *Encender, inflamar, prender fuego.*

**incendiario, -ria** *adj.-s.* *Quemador.* 2 fig. *Escandaloso, subversivo.*

**incendio** *m.* *Conflagración, quema, fuego, siniestro* (lit.)*.* Conflagración es poco usado en sentido material.

**incensar** *tr.* *Turibular, turificar.* Ambos son voces doctas poco usadas. 2 fig. *Halagar*, lisonjear, adular.*

**incensario** *m.* *Turíbulo.* Este es latinismo docto poco usado.

**incentivo, -va** *m. Incitativo, atractivo, cebo, estímulo, acicate, aguijón.*

**incertidumbre** *f. Duda, perplejidad\*, irresolución\*, vacilación, indecisión.* Cuando la *incertidumbre* no se refiere al conocimiento u opinión, sino a la resolución que debemos tomar, se usan los cuatro últimos sinónimos. "La *incertidumbre* proviene de la falta o escasez de conocimientos. La *duda*, de la escasez o insuficiencia de las razones o pruebas en las que se funda una opinión o un hecho" (M). ↔ CERTEZA, DECISIÓN.

**incesante** *adj. Continuo, constante, persistente, seguido, perpetuo\*.* ↔ INTERMITENTE.

**incidencia. Por incidencia** *loc. adv. Accidentalmente, incidentalmente, incidentemente, eventualmente.*

**incidental** *adj. Accidental, secundario, contingente, eventual.* ↔ FUNDAMENTAL, BÁSICO, ESENCIAL.

**incidentemente** *adv. m. Accidentalmente, por incidencia, incidentalmente, eventualmente.*

**incienso** *m. Olíbano, orobias. Orobias* es *incienso* en granos menudos.

**incierto, -ta** *adj. Dudoso\*, equívoco, ambiguo\*, oscuro.* "Lo *dudoso* supone en el ánimo indeciso razones, motivos o antecedentes que, inclinándose igualmente a opiniones o acciones diversas, suspenden su resolución. Lo *incierto* supone falta de aquellas mismas razones, motivos o antecedentes que constituyen lo *dudoso*, lo cual deja al ánimo sin facultad o luz suficiente para fijar su resolución o su persuasión. Es *dudoso* el partido que se debe tomar en una guerra civil. Es *incierta* la hora de nuestra muerte" (LH). 2 *Inseguro, vacilante, inconstante.* 3 *Desconocido, ignorado, ignoto.*

**incineración** *f. Cremación* (de un cadáver), *cineración.*

**incinerar** *tr. Quemar, abrasar, arder, reducir a cenizas.*

**incisión** *f. Corte, cortadura, tajo. Inci-*

*sión* pertenece al lenguaje culto o técnico. El término general es *corte* o *cortadura*; si es grande, *tajo.*

**incisivo, -va** *adj. Cortante.* 2 fig. *Punzante, mordaz, satírico, cáustico.*

**incitación** *f. Aguijón, acicate, estímulo, incentivo, aliciente.* 2 *Exhortación, ruego, invitación, consejo, admonición, amonestación, instigación, inducción.* 3 fig. *Fascinación, alucinación, deslumbramiento, seducción, engaño.*

**incitante** *adj.* FARM. *Excitante, estimulante.* Aplicado a un medicamento.

**incitar** *tr. Mover, excitar, instigar, inducir, provocar, estimular, poner en el disparadero, poner espuelas, levantar los cascos, sugerir\*, suscitar.* En general, *incitar* expresa un matiz atenuado de *excitar.*

**incitativo, -va** *adj.-s. Incentivo.*

**incivil** *adj. Impolítico\*, descortés, inurbano, grosero, rústico, falto de diplomacia, falto de tacto, desatento.* ↔ EDUCADO. 2 *Intratable, áspero, huraño, arisco, insociable, inconversable.* ↔ SOCIABLE, AMABLE.

**inclemencia** *f. Rigor, dureza, crueldad.*

**inclemente** *adj. Inhospitalario\*, cruel, inhumano, bárbaro, desapacible, desabrigado, inhóspito.* ↔ HOSPITALARIO, ACOGEDOR. 2 *Riguroso, extremado, crudo.* ↔ SUAVE.

**inclinación** *f. Declive, pendiente, oblicuidad.* Los dos primeros, tratándose del terreno o de una superficie. En general, *oblicuidad.* ↔ VERTICALIDAD, HORIZONTALIDAD. 2 *Propensión, tendencia, predisposición.* "En la *inclinación* tiene mucha parte la voluntad; no así en la *propensión*, que es toda de la naturaleza, y por esta razón se dice que debemos corregir nuestras malas *inclinaciones*, y no nuestras malas *propensiones*" (C). ↔ DESVÍO, DESVIACIÓN. 3 *Afición, afección, afecto\*, apetencia\*, deseo, apetito.* ↔ DESAFECTO.

**inclinado, -da** *adj. Oblicuo, sesgado, soslayado.* ↔ RECTO. 2 fig. *Amigo, afi-*

*cionado, encariñado, partidario, afecto, adicto, devoto.* ↔ ENEMIGO, CONTRARIO.

**inclinar** *tr. Desviar, torcer.* ↔ ERGUIR, ESTIRAR. 2 fig. *Incitar, persuadir, mover.* ↔ DESISTIR. 3 *intr.-prnl. Parecer, asemejar\*.* 4 *prnl. Tender, propender.*

**ínclito, -ta** *adj. Ilustre, esclarecido, renombrado, famoso, afamado, célebre, perínclito, ínclito. Perínclito significa ínclito en sumo grado.*

**incluir** *tr. Meter\*, introducir, encajar.* 2 *tr.-prnl. Abarcar, comprender, encerrar, contener\*, caer dentro de, consistir en, llevar consigo.* ↔ EXCLUIR, SALIRSE.

**inclusero, -ra** *adj.-s. Expósito, echadizo, enechado.*

**inclusión** *f. Enclave.*

**inclusive** *adv. m. Aun\*, hasta, también, incluso, siquiera.* ↔ EXCLUSIVE.

**incluso** *adv. m. Aun\*, hasta, también, inclusive, siquiera.* ↔ EXCLUSIVE.

**incoar** *tr. Comenzar, empezar, iniciar. Incoar es palabra docta que se usa sólo en la terminología gramatical, jurídica y administrativa: se incoa un expediente, un proceso; los verbos que expresan una acción incipiente se llaman incoativos.*

**incobrable** *adj. Fallido\*.*

**incógnito, -ta** *adj. Desconocido, ignorado, ignoto.*

**incognoscible** *adj. Insondable, impenetrable, inaveriguable, indescifrable, inescrutable, imperscrutable (p. us.), incomprensible, arcano, ininteligible, inexplicable.* ↔ COMPRENSIBLE, PENETRABLE, CLARO, ESCRUTABLE, COGNOSCIBLE.

**incoherente** *adj. Discontinuo, disperso, disgregado, inconexo, incongruente.* ↔ COHERENTE, CONFORME.

**incoloro, -ra** *adj. Acrómico.*

**incólume** *adj. Indemne\*, ileso, intacto.* ↔ HERIDO, ENFERMO.

**incombustible** *adj. Calorífugo (p. us.).*

**incomodar** *tr.-prnl. Desagradar, molestar, disgustar\*, enfadar, fastidiar, enojar, irritar, hacer la barba, darse a*

*todos los diablos.* ↔ AGRADAR, GUSTAR, AYUDAR.

**incomodidad** *f. Desconveniencia, disconveniencia, desacomodo.* 2 *Enojo, disgusto, enfado.* ↔ CONTENTO. 3 eufem. *Malestar, desazón, desasosiego, inquietud, ansiedad, indisposición, giba, molestia, carga.* ↔ BIENESTAR, SALUD, TRANQUILIDAD.

**incómodo, -da** *adj. Embarazoso, desagradable, molesto, fastidioso.* "El asiento en que no hay bastante holgura para que todos los miembros tengan sus movimientos libres, es incómodo. El asiento duro, con prominencias y desigualdades que obligan a tomar una posición violenta, es molesto" (M).

**incompatibilidad** *f. Repugnancia, oposición, contradicción.* ↔ COMPATIBILIDAD.

**incompetencia** *f. Impericia, inhabilidad, insuficiencia\*, inexperiencia, ineptitud, ignorancia\*.* ↔ MAÑA, HABILIDAD, COMPETENCIA, EXPERIENCIA, PERICIA.

**incompetente** *adj. Incapaz, inepto, inhábil, torpe, ignorante, cero a la izquierda, abogado de secano.* ↔ HÁBIL, CAPAZ, COMPETENTE, EXPERTO.

**incompleto, -ta** *adj. Descabalado, truncado, fragmentario, inacabado, no acabado, imperfecto, defectuoso.*

**incomprensible** *adj. Ininteligible, incognoscible, inexplicable.* ↔ COMPRENSIBLE, COGNOSCIBLE. 2 *Oscuro\*, embrollado, enigmático, misterioso, arcano.* ↔ COMPRENSIBLE.

**incomunicación** *f. Aislamiento, retiro, retraimiento, separación, apartamiento.* ↔ COMUNICACIÓN.

**incomunicado, -da** *adj. Aislado, solitario, solo, retirado, apartado.* ↔ COMUNICADO.

**incomunicar** *tr.-prnl. Aislar, bloquear, acordonar. Los dos últimos, con fines militares o sanitarios y tratándose de un litoral, territorio, etc.* ↔ UNIR, CONVIVIR. 2 *prnl. Retirarse, recogerse, aislarse.*

**inconcebible** *adj. Inimaginable, in-*

# inconcreto

*creíble, incomprensible.* 2 *Sorprendente, extraordinario, extraño.*

**inconcreto, -ta** *adj. Vago, indeciso, indeterminado, indefinido, impreciso.* ↔ CONCRETO, DETERMINADO, DEFINIDO, PRECISO.

**inconcuso, -sa** *adj. Indudable, innegable, incontrovertible, incontestable, firme, seguro.* ↔ OSCURO, DUDOSO, DISCUTIBLE.

**incondicional** *adj. Absoluto.* ↔ LIMITADO, RELATIVO, DESLEAL.

**inconexo, -xa** *adj. Incoherente, incongruente.*

**inconfesable** *adj. Vergonzoso, indecible, infando, nefando.*

**inconfidencia** *f. lit. Desconfianza, prevención, aprensión, recelo, escama, malicia, sospecha.* ↔ CONFIANZA.

**incongruente** *adj. Incoherente, inconexo.*

**inconmensurable** *adj. Inmenso, infinito, inmensurable.*

**inconmovible** *adj. Firme, estable, inmutable, inalterable.* 2 fig. *Impasible, impertérrito.*

**inconmutable** *adj. Inmutable, invariable, inalterable, constante, inconmovible, estable.* ↔ VARIABLE, MUTABLE, INESTABLE.

**inconquistable** *adj. Incontrastable, invencible, inexpugnable, irresistible.*

**inconsciencia** *f. Exanimación, coma.*

**inconsecuencia** *f. Inconstancia, versatilidad, volubilidad, veleidad.* ↔ GRAVEDAD, CONSECUENCIA.

**inconsecuente** *adj. Inconstante\*, voluble, ligero, veleidoso, veleta.* 2 *Ilógico.*

**inconsideración** *f. Temeridad, imprudencia, atrevimiento, arrojo.* ↔ PRUDENCIA, REFLEXIÓN, COBARDÍA. 2 *Precipitación, prisa, aceleración, apresuramiento, atolondramiento, aturdimiento, arrebato.*

**inconsiderado, -da** *adj. Irreflexivo, precipitado, atolondrado, imprudente, temerario\*, osado, arriesgado.* 2 *Irrespetuoso, descortés, descomedido.*

**inconsistencia** *f. Inseguridad, debili-*

*dad.* ↔ CONSISTENCIA, FORTALEZA, SEGURIDAD.

**inconsistente** *adj. Débil, flojo, frágil, quebradizo, blando.*

**inconstancia** *f. Inestabilidad, instabilidad.* ↔ ESTABILIDAD, LEALTAD, CONSTANCIA. 2 *Versatilidad, volubilidad, veleidad, inconsecuencia.* ↔ GRAVEDAD.

**inconstante** *adj. Inestable, mudable, variable, vario.* 2 *Voluble, veleidoso, versátil, inconsecuente, tornadizo, veleta.* "Es *inconstante* el que cambia con frecuencia los objetos de su afecto. Es *voluble* el que no se fija en ninguna ocupación, en ninguna empresa, en ningún estudio" (M).

**incontable** *adj. Innumerable, incalculable.* 2 *Numerosísimo.*

**incontaminado, -da** *adj. Limpio, puro, depurado, pulcro, inmaculado.* ↔ CONTAMINADO, SUCIO.

**incontestable** *adj. Indudable, inconcuso, innegable, incontrovertible, irrebatible, incontrastable, irrefutable.*

**incontinencia** *f. Acatexia* (MED.). 2 *Deshonestidad, liviandad, lascivia, lujuria, desenfreno, concupiscencia\*, sensualidad.* ↔ HONESTIDAD, CASTIDAD.

**incontinente** *adj. Liviano, lascivo, deshonesto, impúdico.* ↔ DECENTE, PÚDICO, HONESTO.

**incontinenti** *adv. t. En seguida, inmediatamente, al instante, prontamente, seguidamente.*

**incontrastable** *adj. Invencible, inconquistable, inexpugnable, irresistible.* 2 *Incontestable, irrebatible, indiscutible.* 3 fig. *Irreductible, pertinaz.*

**incontrovertible** *adj. Irrebatible, indiscutible, incuestionable, indisputable, incontrastable.* ↔ DISCUTIBLE, REBATIBLE.

**inconveniencia** *f. Incomodidad, desconveniencia.* 2 *Desconformidad, inverosimilitud.* 3 *Falta, grosería\*, incorrección, descortesía, despropósito\*.* ↔ CORRECCIÓN.

**inconveniente** *adj. Descortés, incorrecto, grosero.* 2 m. *Impedimento, di-*

ficultad, estorbo, traba, obstáculo*. 3 Daño, perjuicio, desventaja.

**inconversable** adj. Intratable, áspero, huraño, arisco, insociable, incivil. ↔ SOCIABLE, AMABLE.

**incorporación** f. Anexión, unión, agregación.

**incorporado, -da** adj. Anexo, anejo, afecto, unido, agregado, dependiente. ↔ INDEPENDIENTE, AUTÓNOMO.

**incorporar** tr.-prnl. Unir, juntar, reunir, agregar, integrar, mezclar*, mixturar, añadir*. ↔ DESUNIR, SEPARAR. 2 prnl. Levantarse.

**incorpóreo, -ea** adj. Inmaterial.

**incorrección** f. Falta, defecto, error. 2 Grosería*, inconveniencia, descortesía. ↔ CORTESÍA, URBANIDAD.

**incorrectamente** adv. m. Mal*, indebidamente, injustamente, desacertadamente, malamente. ↔ CORRECTAMENTE, DEBIDAMENTE, BIEN, ACERTADAMENTE, JUSTAMENTE.

**incorrecto, -ta** adj. Defectuoso, imperfecto, erróneo, equivocado. 2 Descortés, grosero, incivil.

**incorruptible** adj. fig. Insobornable, íntegro, recto. 2 Puro, virtuoso.

**incredulidad** f. Descreimiento, impiedad. ↔ FE, PIEDAD, CONFIANZA. 2 Escepticismo. ↔ FE, CONFIANZA.

**incrédulo, -la** adj. Descreído, impío, escéptico. Los dos primeros, en materia religiosa. 2 Desconfiado, receloso.

**increíble** adj. Inverosímil, inconcebible, inimaginable.

**incrementar** tr. Ampliar*, aumentar, añadir. ↔ REDUCIR, RESTAR.

**incremento** m. Aumento, desarrollo, crecimiento. ↔ DISMINUCIÓN, DESCENSO.

**incriminar** tr. Acriminar, imputar, acusar.

**incrustación** f. Taracea, marquetería, embutido.

**incrustar** tr. Embutir, encajar, ajustar, engastar.

**incubar** tr. Empollar*, encobar.

**incuestionable** adj. Indiscutible, in-

dudable, indisputable, irrebatible, innegable, incontrovertible.

**inculcar** tr.-prnl. Infundir, imbuir.

**inculpabilidad** f. Inocencia.

**inculpación** f. Acusación, denuncia, delación, soplo. ↔ DEFENSA, DISCULPA.

**inculpado, -da** adj.-s. Acusado, reo, procesado.

**inculpador, -ra** adj.-s. Acusador, fiscal. ↔ DEFENSOR, ABOGADO.

**inculpar** tr.-prnl. Culpar, acusar, imputar, achacar, atribuir*, echar las cargas, echar en cara, echar en mala parte. ↔ DISCULPAR, PERDONAR.

**inculto, -ta** adj. Yermo, abandonado, baldío. ↔ CULTIVADO. 2 Silvestre*, salvaje*, agreste, selvático, montuoso, montaraz. Tratándose del terreno. ↔ CIVILIZADO. 3 Ignorante*, rústico, grosero, ineducado. ↔ CULTO, EDUCADO.

**incultura** f. Barbarie, rusticidad, cerrilidad, salvajismo. ↔ CULTURA.

**incumplir** tr.-prnl. Quebrantar*, vulnerar, conculcar, pisar, caer en falta, quedar mal, hacer birria, quedar en descubierto.

**incurable** adj. Insanable, irreparable.

**incuria** f. Apatía, negligencia, indolencia, descuido, desidia, dejadez. ↔ ALIÑO, APLICACIÓN.

**incurrir** intr. Caer.

**incursión** f. Correría, invasión, irrupción.

**indagación** f. Inquisición, pesquisa, averiguación, información, investigación, análisis, examen, observación, estudio, reconocimiento.

**indagar** tr. Inquirir, averiguar, investigar, buscar*, pesquisar.

**indebidamente** adv. m. Mal, injustamente, desacertadamente, incorrectamente, malamente. ↔ JUSTAMENTE, DEBIDAMENTE, BIEN, ACERTADAMENTE, CORRECTAMENTE.

**indebido, -da** adj. Ilícito, ilegal, injusto. ↔ DEBIDO, PERMITIDO, LEGAL.

**indecencia** f. Deshonestidad, obscenidad, indecentada. ↔ HONESTIDAD. 2 Indecoro, insolencia, grosería, porquería. ↔ DECORO.

**indecentada** *f. Indecencia, deshonestidad, obscenidad.* La *indecentada* tiene más intensidad que el acto de la *indecencia.* ↔ HONESTIDAD. 2 fig. *Porquería, trastada.*

**indecente** *adj. Indecoroso, grosero, insolente, indigno.* ↔ DECENTE. 2 fig. *Sórdido, impuro, impúdico.* ↔ DECENTE (fig.), *púdico, puro.*

**indecible** *adj. Inefable\*, inenarrable, indescriptible, inexplicable.* ↔ EXPLICABLE, CONFESABLE. 2 *Infando, nefando.*

**indecisión** *f. Duda, perplejidad\*, vacilación, irresolución\*, indeterminación, hesitación, incertidumbre\*.* ↔ RESOLUCIÓN, CERTIDUMBRE, SEGURIDAD.

**indeciso, -sa** *adj. Dudoso\*, perplejo, vacilante, irresoluto.*

**indecoroso, -sa** *adj. Indecente, grosero, insolente, indigno.* ↔ DECENTE. 2 *Obsceno, deshonesto.* ↔ DECENTE, HONESTO.

**indefendible** *adj. Insostenible.*

**indefenso, -sa** *adj. Inerme, desarmado, desguarnecido.* 2 fig. *Desamparado, abandonado.*

**indefinido, -da** *adj. Indeterminado, ilimitado.* ↔ DEFINIDO, LIMITADO, PRECISO, AGOTABLE.

**indeleble** *adj. Imborrable, inalterable, inextinguible, duradero\*, durable, estable, perdurable, permanente, persistente, constante, firme, sólido, inmutable.* "En el sentido recto, lo *indeleble* es lo que no se borra; *inextinguible*, lo que no se apaga. El sentido figurado guarda una perfecta analogía con estas dos significaciones, porque lo *indeleble* pertenece al entendimiento, y lo *inextinguible* a la voluntad. Cuando la imagen de una mujer llega a ser *indeleble* en el corazón de un enamorado, su pasión puede llegar a ser *inextinguible*" (M). ↔ ALTERABLE, TRANSITORIO, VARIABLE, PASAJERO, MUTABLE.

**indeliberado, -da** *adj. Irreflexivo, involuntario, instintivo, espontáneo\*.*

**indemne** *adj. Ileso, incólume, intacto.* *Ileso* puede sustituirle, pero común-

mente se usa tratándose de lesión o daño corporal, en tanto que *indemne* se refiere a daño de cualquier clase. ↔ VULNERABLE, INSANO, CORRUPTO.

**indemnización** *f. Satisfacción, pago, reparación, compensación.* ↔ DEUDA, INCUMPLIMIENTO.

**indemnizar** *tr. Reparar, compensar, resarcir, enmendar\*, subsanar, satisfacer.*

**indentación** *f. Muesca, escotadura.*

**independencia** *f. Libertad, autodeterminación, autonomía, emancipación.* ↔ ESCLAVITUD. 2 *Entereza, firmeza, resolución.* ↔ PARCIALIDAD, SOMETIMIENTO.

**independiente** *adj. Libre, emancipado, autónomo, responsable.* ↔ DEPENDIENTE, LIGADO.

**indescifrable** *adj. Ilegible.* ↔ INTELIGIBLE. 2 *Incomprensible, ininteligible, impenetrable.* ↔ INTELIGIBLE, COMPRENSIBLE, CARO.

**indescriptible** *adj. Inenarrable, inefable\*.* ↔ EXPLICABLE, DEFINIBLE.

**indestructible** *adj. Inalterable, permanente, fijo.*

**indeterminación** *f. Indecisión, duda, perplejidad\*, vacilación, irresolución, hesitación, vaguedad, imprecisión.* Las dos últimas se refieren tanto al acto como al efecto de la *indeterminación.* ↔ RESOLUCIÓN, CERTIDUMBRE, PRECISIÓN. 2 (del lenguaje) *Anfibología\*, ambigüedad, imprecisión, confusión, oscuridad, equívoco, dilogía* (LÓG. y p. us.).

**indeterminado, -da** *adj. Indefinido, ilimitado, vago.* 2 *Indeciso, irresoluto, perplejo.*

**indicación** *f. Aviso, anuncio, noticia.*

**indicado, -da** *adj. Pertinente, oportuno, a propósito, adecuado, conveniente.* ↔ INOPORTUNO, INCONVENIENTE, NO PERTINENTE.

**indicador, -ra** *adj.-s. Señalizador.*

**indicar** *tr. Mostrar, denotar, señalar, significar, insinuar\*, guiar\*.*

**índice** *m. Lista, tabla.*

**indicio** *m. Prueba, asomo, señal, ma-*

*nifestación, evidencia, síntoma, vestigio, rastro, huella\*, reliquia.* Desde el *indicio* hasta la *prueba* hay varias gradaciones: *asomo* e *indicio* son las más alejadas de la evidencia; les siguen *señal* y *manifestación. Síntoma* es término médico, que p. ext. se aplica también en el habla corriente. Cuando el *indicio* es de algo ya pasado o terminado, se llama, por orden de intensidad, *vestigio, rastro, huella, reliquia. "Indicio*, y *señal* cuando se usa como sinónimo de *indicio*, son las circunstancias que pueden contribuir al descubrimiento de un hecho oculto; pero la *señal* es más patente, y depende más directamente del hecho que el *indicio*. Una puerta descerrajada es *señal*, y no *indicio*, de violencia. La ocultación de la persona a quien se atribuye aquel acto, no es *señal*, sino *indicio* de su culpa. El humo es *señal*, no *indicio*, de fuego; las huellas correspondientes a las dimensiones de los pies de una persona son *indicios* de su tránsito por el sitio en que se descubren" (M). V. auspicio. 2 *Barrunto\*, barrunte, vislumbre, atisbo, remusgo.*

**indiferencia** *f. Frialdad, insensibilidad.* ↔ ACCIÓN, INTERÉS, AMOR.

**indiferente** *adj. Apático, impasible, frío, desafecto, desapegado, despegado, sordo, insensible.* ↔ APEGADO, SENSIBLE.

**indígena** *adj.-com.* (pers.) *Aborigen\*, originario, natural, nativo.*

**indigencia** *f. Pobreza, miseria, necesidad, estrechez.*

**indigente** *adj. Pobre, necesitado, menesteroso, miserable.*

**indigestarse** *prnl. Empacharse, ahitarse, hartarse, estomagar.* 2 fig. *Odiar, abominar, aborrecer, detestar, execrar, no poder ver a uno, tener entre ojos.*

**indigestión** *f. Empacho.*

**indignación** *f. Ira, enojo, enfado, irritación, cólera.* ↔ TRANQUILIDAD, PASIVIDAD.

**indignar** *tr. Irritar, enfadar, enojar, encolerizar, enfurecer.*

**indignidad** *f. Bajeza, vileza, ruindad, infamia\*, ignominia.* ↔ HONOR, JUSTICIA, MORALIDAD.

**indigno, -na** *adj. Bajo, malo\*, bellaco, vil, ruin, despreciable, soez\*, grosero, basto.* 2 *Impropio, inadecuado, incorrecto.*

**índigo** *m. Añil.*

**indio, -dia** *adj.-s.* (pers.) *Indo, indostánico, hindú.* Cuando se trata de la India (Indias Orientales).

**indirecto, -ta** *adj. Mediato.* ↔ DIRECTO.

**indiscernible** *adj. Imperceptible, insensible, inapreciable.* ↔ APRECIABLE, VISIBLE, PERCEPTIBLE.

**indisciplina** *f. Desobediencia, indocilidad, insumisión, insubordinación, rebeldía.* ↔ OBEDIENCIA, SUBORDINACIÓN, SUMISIÓN.

**indisciplinado, -da** *adj. Díscolo, desobediente, indócil, rebelde, reacio, avieso, perturbador, malmandado.* ↔ OBEDIENTE, DÓCIL, DISCIPLINADO.

**indiscreción** *f. Oficiosidad, importunidad, entrometimiento.* ↔ DISCRECIÓN, OPORTUNIDAD.

**indiscretamente** *adv. m. Atontadamente, imprudentemente, neciamente, tontamente, a tontas y a locas.*

**indiscreto, -ta** *adj. Curioso, entrometido, importuno, intruso.* 2 *Hablador, lengua larga.*

**indiscutible** *adj. Cierto, seguro, innegable, incontestable, irrebatible, incontrovertible, indisputable.* ↔ REFUTABLE, INCIERTO.

**indispensable** *adj. Necesario, preciso, imprescindible, obligatorio, sine qua non, esencial.*

**indisponer** *tr.-prnl. Enemistar, encizañar, malquistar.* ↔ AMISTAR, UNIR. 2 *prnl. Enfermar.* ↔ SANAR.

**indisposición** *f. Destemple, enfermedad\*, dolencia, mal, achaque.* El *destemple* y la *indisposición* son alteraciones leves de la salud, o que se consideran como pasajeras, a diferencia

indispuesto                                    370

de la *enfermedad*, la *dolencia*, el *mal* y
el *achaque*. ↔ SALUD, EUFORIA.
**indispuesto, -ta** *adj. Maldispuesto,
destemplado, enfermo\**.
**indisputable** *adj. Indiscutible, innegable, irrebatible, incontestable.* ↔ DIS-
CUTIBLE, NEGABLE.
**indistintamente** *adv. m. Igualmente,
por igual.*
**individuales** *m. pl.* DEP. *Simples.* En
el tenis.
**individualismo** *m. Particularismo,
egoísmo.*
**individuo** *m. Persona, sujeto, socio,
prójimo. Persona* alude a la entidad de
cada ser humano en particular; *individuo* es la persona en cuanto forma
parte de un grupo o colectividad; p.
ej.: *individuos* de tropa. Por esto la palabra *individuo* adquiere a menudo carácter marcadamente despectivo,
para designar una *persona* cuyo nombre y condición que no hacen al caso,
se ignoran o no se quieren decir. Este
sentido despectivo acerca la voz *individuo* a *sujeto, prójimo, socio*; y mucho
más el f. *individua*, que sólo se usa
con ironía o desprecio.
**indócil** *adj. Desobediente, malmandado, díscolo, reacio, indisciplinado, rebelde.* ↔ DISCIPLINADO, OBEDIENTE,
DEPENDIENTE.
**indocilidad** *f. Indisciplina, desobediencia, insumisión, insubordinación,
rebeldía.* ↔ OBEDIENCIA, SUBORDINA-
CIÓN, SUMISIÓN.
**indocto, -ta** *adj. Ignorante, inculto.*
**indoeuropeo, -ea** *adj.-s. Ario.*
**indogermánico, -ca** *adj.-s. Ario, indoeuropeo.*
**índole** *f. Temple, genio, carácter\*, condición, natural, idiosincrasia\*, temperamento, calaña\** (desp.), *naturaleza,
jaez\** (desp.), *clase, ralea* (desp.), *estofa* (desp.). "La *índole* es la mayor o
menor aptitud del hombre a la benignidad, a la esperanza y a otras
cualidades que lo hacen más o menos amable. El *temple* es la disposición a estas mismas cualidades en un

momento determinado, y así decimos que un hombre de buena *índole*
puede estar de mal *temple. Genio* es la
inclinación natural a cierto modo de
obrar en ocasiones especiales, como
a la precipitación en la duda, a la ira
en la ofensa, a la exasperación en las
dificultades. *Carácter* es el conjunto
de todas las cualidades y hábitos del
hombre, tanto los naturales como los
adquiridos en el trato con los otros
individuos de su especie. La *índole* y
el *temple* excitan amor u odio; el *genio*
y el *carácter*, la estimación o el desprecio" (M).
**indolencia** *f. Apatía, incuria, negligencia, dejadez, flojera, pereza.* ↔ ACTIVI-
DAD, FERVOR, VIVEZA.
**indolente** *adj. Dejado, perezoso, negligente.* "Es uno *indolente* por falta de
sensibilidad; *dejado* por falta de ardor; *perezoso* por falta de acción; *negligente* por falta de cuidado. Es difícil
animar al *dejado*; en cuanto hace, va
lentamente. En los *perezosos* es pre-
ferible el deseo de la quietud y del
reposo a las ventajas que proporcio-
na el trabajo. La distracción y el descuido es la dote del *negligente*; todo se
le escapa y no se cuida de ser exacto"
(Ma).
**indomable** *adj. Indómito, fiero.* ↔ DÓ-
CIL, FLEXIBLE, GOBERNABLE. 2 *Revesado,
travieso, revoltoso, enredador.* ↔ DIS-
CIPLINADO.
**indómito, -ta** *adj. Indomable, fiero,
arisco.* ↔ FLEXIBLE, DISCIPLINADO, GO-
BERNABLE. 2 *Bravío\*, salvaje, cerril.* ↔
DISCIPLINADO, GOBERNABLE.
**indostánico, -ca** *adj.-s. Indio, indo,
hindú, indostano, indostanés.*
**indubitable** *adj. Indudable, innegable,
incuestionable, inequívoco, cierto, seguro, evidente.* ↔ DISCUTIBLE, INCIERTO.
**inducción** *f. Instigación, incitación.* ↔
PACIFICACIÓN.
**inducir** *tr. Instigar, incitar, mover, per-
suadir\*, atraer.*
**indudable** *adj. Indubitable, innegable,*

incuestionable, inequívoco, cierto, seguro, evidente. ↔ DISCUTIBLE, INCIERTO.

indulgencia f. Benevolencia, benignidad, condescendencia, tolerancia, blandura*, lenidad. ↔ IMPIEDAD, INTOLERANCIA, INCOMPRENSIÓN, DUREZA, FORTALEZA. 2 Perdón, remisión. ↔ IMPIEDAD.

indulgente adj. Benigno, benévolo, condescendiente, tolerante.

indultar tr. Perdonar*, remitir, pasar por alto, hacer la vista gorda. ↔ CONDENAR.

indulto m. Perdón, remisión, amnistía.

indumentaria f. Vestido*, vestimenta, vestuario, indumento, vestidura, ropaje, traje.

indumento m. Vestido*, vestimenta, vestuario, indumentaria, vestidura, ropaje, traje.

induración f. Dureza, callosidad.

indurar tr. MED. Endurecer.

industria f. Destreza, maña, traza, habilidad, maestría. 2 Fabricación, manufactura, elaboración.

industrioso, -sa adj. Diestro, hábil, habilidoso, mañoso. ↔ INHÁBIL, TORPE.

inebriación f. Embriaguez.

inebriar tr. Embriagar.

ineducado, -da adj. Inculto, ignorante, rústico, grosero. ↔ CULTO, EDUCADO.

inefable adj. Infando, impronunciable, indecible, inenarrable, indescriptible. Inefable se aplica a lo que tiene tan altas cualidades que es imposible explicarlas; la dicha inefable de los bienaventurados. Infando, por el contrario, es aquello de que no se puede hablar por vergonzoso o abominable. Impronunciable e indecible pueden referirse a lo bueno y a lo malo: un gozo, un enojo, unas palabras; cuando son desestimativos sugieren principalmente dificultad material, o inconveniencia moral o social. Inenarrable tiene carácter intensivo y, a menudo, ponderativo: ovación, entusiasmo, lucha inenarrable; en este aspecto coincide con indescriptible.

ineficaz adj. Estéril, improductivo, infecundo, infructífero, árido, vano, infructuoso, triste*. ↔ FECUNDO, POTENTE, EFICAZ.

ineludible adj. Inexcusable, inevitable. ↔ EVITABLE, EXCUSABLE, REVOCABLE.

inenarrable adj. Indecible, indescriptible, inefable*.

inepcia f. Necedad, estupidez, simpleza, tontería, estulticia, disparate, desatino, ignorancia*, insuficiencia, incapacidad, incompetencia. ↔ SABIDURÍA, INGENIO, CAPACIDAD, HABILIDAD, APTITUD.

ineptitud f. Incapacidad, inhabilidad, insuficiencia, incompetencia, ignorancia*, inepcia. Los tres últimos, tratándose de aptitud intelectual. ↔ CAPACIDAD, HABILIDAD, EXPERIENCIA, APTITUD.

inepto, -ta adj. Incapaz, inhábil, torpe, incompetente, ignorante, cero a la izquierda, abogado de secano. ↔ APTO, HÁBIL, COMPETENTE, CONOCEDOR.

inequívoco, -ca adj. Indudable. ↔ DISCUTIBLE, INCIERTO, IMPALPABLE.

inercia f. Flojedad, inacción. ↔ ACTIVIDAD, DILIGENCIA, FERVOR.

inerme adj. Desarmado, indefenso.

inerte adj. Inactivo. ↔ ACTIVO.

inescrutable adj. Inaveriguable, incomprensible, imperscrutable (p. us.), arcano. ↔ DESCIFRABLE, CLARO, PENETRABLE.

inesencial adj. Extrínseco, externo, exterior, insubstancial. ↔ ESENCIAL, INTRÍNSECO, BÁSICO, FUNDAMENTAL.

inesperadamente adv. m. Impensadamente, inopinadamente.

inesperado, -da adj. Imprevisto, impensado, inopinado, de sopetón, de golpe y porrazo. "Inesperado supone conocimiento de la posibilidad de una cosa, que no se espera en una ocasión o circunstancia determinada. Imprevisto supone ignorancia de la posibilidad de la cosa. Un buen general prevé en la guerra los lances que parecen más remotos, y está siempre dispuesto a las sorpresas que parecen menos posibles, porque estos accidentes, aunque *inesperados,* nunca deben ser para él *imprevistos"* (LH). ↔ PREVISTO, SOSPECHADO, ESENCIAL.

**inestabilidad** *f. Inconstancia, instabilidad.* ↔ ESTABILIDAD, LEALTAD, CONSTANCIA.

**inestable** *adj. lit. Inconstante, mudable, vario, variable, ligero, veleidoso, versátil, voltario, voltizo, tornadizo, voluble, movedizo.* Tratándose del tiempo atmosférico o en sentido fig., se usan los cuatro primeros sinónimos. *Movedizo* se aplica a personas o cosas. El resto de sinónimos se aplica sólo a personas. ↔ SEGURO, INMUTABLE, FIJO.

**inestimable** *adj. Inapreciable.* ↔ DESDEÑABLE, BARATO, IMPERFECTO.

**inevitable** *adj. Ineludible, inexcusable, forzoso. 2 Fatal.*

**inexacto, -ta** *adj. Erróneo, equivocado, falso.* ↔ VERDADERO, FIEL, PRECISO.

**inexcusable** *adj. Ineludible, inevitable, fatal, necesario.* ↔ EVITABLE, EXCUSABLE, REVOCABLE, ACCIDENTAL. 2 *Forzoso, obligatorio, necesario\*, preciso, imprescindible.* ↔ INNECESARIO, PRESCINDIBLE, VOLUNTARIO.

**inexorable** *adj. Inflexible, implacable, duro, cruel, empedernido\*, endurecido, despiadado.* ↔ FLEXIBLE, HUMANO, BLANDO.

**inexperiencia** *f. Impericia, inhabilidad, insuficiencia, ineptitud, incompetencia.* ↔ MAÑA, HABILIDAD, COMPETENCIA, PERICIA, APTITUD.

**inexperto, -ta** *adj. Ingenuo, candoroso. 2 Principiante, novicio, novato.*

**inexplicable** *adj. Incomprensible, extraño, misterioso, arcano, indescifrable, oscuro\*, confuso, ininteligible, turbio.* ↔ CREÍBLE, DESCRIPTIBLE, CONCEBIBLE, CLARO, INTELIGIBLE.

**inexpresivo, -va** *adj. Soso.*

**inextinguible** *adj. Inapagable. 2 Inagotable, inacabable, duradero\*, estable, perdurable, persistente, constante, durable, indeleble\*.* ↔ PASAJERO, FUGAZ, TRANSITORIO, VARIABLE, ALTERABLE.

**inextricable** *adj. Enmarañado, embro-*

*llado, enredado, intrincado, confuso.* La significación de *inextricable* es intensiva en relación con sus sinónimos; es decir, expresa las mismas cualidades en mayor grado.

**infalible** *adj. Seguro, cierto.*

**infamador, -ra** *adj.-s. Detractor, maldiciente, calumniador, denigrador, infamante* (sólo adj.)*, difamador.*

**infamar** *tr.-prnl. Difamar\*, desacreditar, deshonrar, vilipendiar, afrentar, caer en nota, andar en opinión.* ↔ HONRAR, ACREDITAR, CALIFICAR.

**infame** *adj.-com. Deshonrado, desacreditado. 2 Malo, vil, perverso, indigno, ignominioso, despreciable.*

**infamia** *f. Ignominia, vileza, indignidad.* "La *infamia* y la *ignominia* son el efecto de la afrenta pública con que queda difamado el que la recibe. La distinción que me parece que se halla entre estas dos voces es que la *infamia* es la tacha misma que envilece; la *ignominia* es la humillación vergonzosa que padece el que recibe la afrenta" (LH). ↔ DIGNIDAD, DECENCIA. 2 *Deshonra, descrédito.* ↔ DIGNIDAD, DECENCIA.

**infancia** *f. Niñez.* ↔ VEJEZ, DECADENCIA.

**infando, -da** *adj. Impronunciable, vergonzoso, indigno.* V. inefable.

**infanticultura** *f. Puericultura.*

**infantil** *adj. Aniñado, pueril* (lit.). *Aniñado* es lo que parece de niño sin serlo: cara, voz, *aniñada;* entendimiento *aniñado. Pueril* es literario y se aplica gralte. a lo psíquico; temor *pueril,* ideas *pueriles.* P. ext. significa poco importante. *Infantil* es de uso general: juegos, ojos, ideas, *infantiles.* 2 *Inocente, cándido, ingenuo.*

**infantilismo** *m. Puerilismo.*

**infatigable** *adj. Incansable.*

**infatuado, -da** *adj. Hinchado, finchado* (fam.)*, vanidoso, vano, presumido, presuntuoso.* ↔ MODESTO, HUMILDE.

**infatuarse** *prnl. Engreírse, envanecerse, inflarse, hincharse, ahuecarse.*

**infausto, -ta** *adj. Aciago, desgracia-*

**infiltrar**

*do*\*, *desdichado, infeliz, infortunado, funesto.* ↔ FELIZ.

**infección** *f. Inquinamiento.*

**infeccioso, -sa** *adj. Pegadizo, contagioso.*

**infectado, -da** *adj. Infecto, inficionado, contaminado, inquinado.*

**infectar** *tr.-prnl. Contagiar, inficionar, contaminar, corromper.* ↔ DESINFECTAR, SANAR, PURIFICAR.

**infecto, -ta** *adj. Inficionado, infectado, contaminado.* 2 *Repugnante, asqueroso, pestilente, nauseabundo.*

**infecundidad** *f. Esterilidad, infertilidad.*

**infecundo, -da** *adj. Estéril.* ↔ FECUNDO, FÉRTIL. 2 *Improductivo, infructuoso.* ↔ FECUNDO, FÉRTIL.

**infelicidad** *f. Desdicha, infortunio, desventura, mala suerte, desgracia\*, adversidad.* ↔ DICHA, VENTURA, FELICIDAD, FORTUNA.

**infeliz** *adj.-com. Desgraciado\*, desdichado, desventurado, malaventurado, malhadado, infortunado.* 2 *Apocado, cuitado, pobre hombre.*

**inferencia** *f. Consecuencia\*, ilación.*

**inferior** *adj.-com.* fig *Dependiente, subordinado, subalterno.* ↔ SUPERIOR. 2 *Bajo, malo.* ↔ SUPERIOR.

**inferir** *tr. Deducir\*, sacar, colegir.* "Se *infiere* y se *deduce* de las pruebas y de los hechos; se *colige* de los indicios y de las analogías. El que *infiere* y el que *deduce* sacan consecuencias; el que *colige* aventura un juicio. El lógico y el matemático *deducen* o *infieren* consecuencias y corolarios; los inteligentes en minería *coligen* por el color de la tierra la presencia de los metales. Sin embargo, no es perfecta la sinonimia entre *inferir* y *deducir*. *Deducir* supone un trabajo más complicado y mayor número de antecedentes que *inferir*. Se *infiere* de un hecho, de una proposición, de un principio; se *deduce* de muchos hechos, de muchas proposiciones, de muchos principios. Descartes ha dicho: *Pienso, luego exis-*

*to. Esto es inferir, no deducir"* (M). 2 *Causar, infligir, producir.*

**infernáculo** *m. Reina mora.*

**infernal** *adj. Estigio* (lit.), *inferno* (lit.). *Estigio* evoca la antigüedad. 2 *Satánico, luciferino, diabólico, endiablado.*

**inferno, -na** *adj.* poét. *Infernal, estigio* (lit.).

**infertilidad** *f. Esterilidad, infecundidad.*

**infestar** *tr. Devastar, pillar, saquear.* 2 *Invadir, propagarse.* 3 *Apestar, inficionar, contaminar, contagiar, corromper.*

**inficionado, -da** *adj. Infecto, infectado, contaminado.*

**inficionar** *tr. Infectar, infestar, contaminar, corromper, contagiar, apestar.*

**infidelidad** *f. Vileza, indignidad, deslealtad, traición, alevosía, villanía.* ↔ DIGNIDAD, FIDELIDAD. 2 *Falsía, falsedad, doblez.*

**infiel** *adj. Desleal, traidor, pérfido, perjuro, alevoso.* El *infiel* y el *desleal* faltan a la fe que se tiene en ellos, a la lealtad que deben o han prometido. En el *traidor, pérfido, perjuro* y *alevoso* se supone mayor perversidad, impostura y falsedad en sus hechos o carácter. ↔ FIEL, LEAL.

**infierno** *m. Averno, báratro, tártaro, érebol, orco, huerco, el abismo, el profundo, gehena* (BIB.), calderas de Pero Botello, calderas de Pero Botero. Los seis primeros son literarios y evocadores de la antigüedad. Los dos últimos son populares. 2 **Quintos infiernos** *m. pl. Hondura, profundidad, centro de la tierra.* ↔ ALTURA, EXCELSITUD.

**infigurable** *adj. Inimaginable, irrepresentable.* ↔ IMAGINABLE, REPRESENTABLE.

**infiltrar** *tr.* fig. *Infundir, inspirar, imbuir.* 2 *prnl. Introducirse, entrometerse. Infiltrarse* supone intención malévola o sospechosa: se *infiltran* espías, agitadores, propagandistas, indeseables, en una sociedad o agrupación. En cambio, puede uno *introducirse* o *entrometerse* por curiosidad, por figurar o darse importancia, por enterarse de algo, etc.

**infinidad** *f. Sinnúmero, sinfín, multitud, muchedumbre.* ↔ PEQUEÑEZ, ESCASEZ.

**infinito** *adv. m. Excesivamente, muchísimo.*

**infinito, -ta** *adj. Ilimitado, inmenso, eterno\*.* Este último, tratándose de la duración. ↔ LIMITADO, NUMERABLE, AGOTABLE, FINITO.

**infirmar** *tr.* DER. *Invalidar.*

**infirme** *adj.-com. Lábil, inválido, achacoso.*

**inflación** *f. Intumescencia* (TECN.), *tumefacción* (TECN.), *hinchazón, inflamiento. Hinchazón* se refiere principalmente al efecto, y no a la acción, de inflar. 2 *Engreimiento, vanidad.*

**inflado, -da** *adj.* fig. *Pomposo, hueco, vano, vanidoso, hinchado, presuntuoso.* ↔ MODESTO, HUMILDE.

**inflamación** *f.* MED. *Irritación.*

**inflamar** *tr.-prnl. Encender\*, incendiar.* ↔ APAGAR, SOFOCAR. 2 fig. *Enardecer, acalorar, avivar.* ↔ DESHINCHAR, APAGAR, TRANQUILIZAR.

**inflamiento** *m. Inflación, intumescencia* (TECN.), *tumefacción* (TECN.), *hinchazón, inflamación.*

**inflar** *tr. Hinchar.* 2 *prnl.* fig. *Engreírse, ensoberbecerse, infatuarse.*

**inflexibilidad** *f.* fig. *Entereza, severidad, rigidez, intolerancia, fortaleza.* ↔ DEBILIDAD, PUSILANIMIDAD, TOLERANCIA, FLEXIBILIDAD.

**inflexible** *adj. Tieso\*, rígido, yerto.* ↔ FLEXIBLE, AMOLDABLE, DÚCTIL, DOBLEGABLE, ADAPTABLE. 2 *Inexorable, rígido, inquebrantable, firme, tenaz.* ↔ FLEXIBLE, BLANDO, DÉBIL, DÓCIL, DOBLEGABLE.

**inflexión** *f. Curvatura, desviación, torcimiento.*

**inflingir** *tr. Imponer, aplicar, causar, producir.*

**influencia** *f. Influjo.* 2 fig. *Autoridad, poder, predominio, ascendiente.* 3 *Valimiento, privanza, favor.*

**influenza** *f.* italian. *Gripe\*.*

**influir** *intr. Ayudar, contribuir, intervenir, hacer caer la balanza, ser el todo, ser capaz de.*

**influjo** *m. Flujo* (de la marea), *montante.*

**información** *f. Inquisición, pesquisa, averiguación, indagación, investigación.* 2 *Informe, noticia, dato, razón, referencia.*

**informado, -da** *adj. Enterado, instruido, sabedor, noticioso, impuesto.* ↔ DESINFORMADO.

**informar** *tr. Enterar, anunciar, avisar, noticiar, comunicar, participar, hacer saber, poner al corriente, facilitar datos, beber en buena fuente, notificar\*, advertir\*, prevenir.* 2 *Dictaminar.*

**informativo, -va** *adj. Dictaminador, consultivo.*

**informatizado, -da** *adj. Computerizado.*

**I informe** *m. Información, noticia, dato, razón, referencia, antecedente\*.* Cuando se trata de la conducta, solvencia, etc., de una persona se dice generalmente en plural *informes* o *referencias.* 2 *Dictamen, parecer, opinión.* V. opinión.

**II informe** *adj. Deforme\*, disforme.* 2 *Confuso, vago, indeterminado.*

**infortunado, -da** *adj.-s. Desgraciado\*, desafortunado, desventurado, desdichado, infeliz, infausto, aciago.* Los dos últimos, tratándose de tiempos o sucesos.

**infortunio** *f. Adversidad, desgracia\*, desventura, desdicha, fatalidad, mala suerte, tumbo en tumbo.* ↔ FELICIDAD, FORTUNA, PROSPERIDAD. 2 *Plaga, calamidad, azote.*

**infracción** *f. Transgresión, quebrantamiento, vulneración.* ↔ LEGITIMIDAD, JUSTICIA, OBSERVANCIA, CUIDADO.

**infrangible** *adj. Inquebrantable. Infrangible* se distingue de *inquebrantable* en que sólo se usa literariamente en sentido figurado: un precepto *infrangible* o *inquebrantable;* pero una roca es *inquebrantable,* y sería muy pedante llamarla *infrangible.*

**infrascrito, -ta** adj.-s. Firmante, signatario.

**infrecuente** adj. Anómalo, raro, extraño, insólito, inhabitual, singular. ↔ FRECUENTE, HABITUAL.

**infringir** tr. Quebrantar*, vulnerar, violar, transgredir. ↔ OBEDECER, RESPETAR.

**infructífero, -ra** adj. Estéril, improductivo. 2 Infructuoso, inútil, ineficaz.

**infructuoso, -sa** adj. Ineficaz, inútil, improductivo. ↔ FECUNDO, EFICAZ.

**ínfulas** f. pl. Presunción, vanidad, orgullo, soberbia*, humos.

**infundadamente** adv. m. Vanamente.

**infundado, -da** adj. Insubsistente, falso.

**infundio** m. Mentira, patraña, bulo.

**infundir** tr. Imbuir, inspirar, infiltrar.

**inga** m. Inca.

**ingeniar** tr. Trazar, inventar, planear, planificar, discurrir. 2 prnl. Componérselas, arreglarse, aplicarse, darse maña, ser una chispa, no mamarse el dedo, no tener pelo de tonto, sentir nacer la hierba.

**ingenio** m. Incentiva, iniciativa, talento. 2 Habilidad*, industria, maña, destreza, traza, idea (vulg.). 3 Máquina, artificio.

**ingenioso, -sa** adj. Hábil, habilidoso, industrioso, mañoso, diestro, inventivo. 2 Chistoso*, ocurrente, decidor, agudo, gracioso, donoso, chusco.

**ingénito, -ta** adj. Congénito, innato, connatural*.

**ingenuidad** f. Sinceridad, sencillez, candor, candidez*, franqueza. La ingenuidad, la sencillez, el candor y la candidez son cualidades permanentes del carácter, y afectan a la conducta entera de la persona. La sinceridad se refiere sólo a la expresión, y consiste en la conformidad entre lo que se dice y lo que se piensa. La sinceridad equivale, pues, a veracidad; pero se puede ser sincero sin decir más de los necesario; la ingenuidad dice lo necesario y lo innecesario, sin cautela alguna. Franqueza añade a sinceridad la

idea de confianza comunicativa, y se muestra no sólo en las palabras, sino también en los modales y en la conducta. ↔ PICARDÍA, INGENIOSIDAD.

**ingenuo, -nua** adj. Sincero, franco, candoroso, cándido*, sencillo, inocente.

**ingerir** tr. Introducir, incluir, meter. 2 Tragar. 3 prnl. Entremeterse, inmiscuirse, mezclarse.

**Inglaterra** f. Albión, Gran Bretaña.

**inglés, -esa** adj.-s. (pers.) Británico*, britano (p. us.), anglo (p. us.). Británico tiene cierta solemnidad literaria: Museo Británico, Imperio británico; pero no se diría un señor británico, sino inglés. Más literarios y pocos usados son britano y anglo. En la actualidad se aplica el nombre de británico al ciudadano de cualquiera de los países que constituyen la Comunidad británica, a diferencia del inglés o natural de la Inglaterra metropolitana.

**inglesismo** m. Anglicismo.

**ingratitud** f. Desagradecimiento. Ingratitud es más intenso que desagradecimiento, lo mismo que ingrato respecto a desagradecido u olvidadizo.

**ingrato, -ta** adj. Desagradecido, olvidadizo, desconocido. Este último, con el significado de ingrato en los clásicos. ↔ FIEL. 2 Desabrido, desagradable, áspero, desapacible.

**ingravidez** f. Agravedad.

**ingrávido, -da** adj. Ligero, tenue, leve, liviano.

**ingrediente** m. Material, componente.

**ingredientes** m. pl. (de un plato) Aparejo. V. ingrediente.

**ingresar** intr. Entrar, afiliarse, darse de alta.

**ingreso** m. Entrada. V. ingresos. ↔ SALIDA.

**ingresos** m. pl. Sueldo, rentas. V. ingreso. ↔ COMPETENCIA, APTITUD, EXPERIENCIA, CONOCIMIENTO.

**íngrimo, -ma** adj. Amér. Solo.

**ingurgitación** f. MED. Repleción, obstrucción, deglución.

**ingurgitar** tr. MED. Engullir, tragar, chascar. ↔ AYUNAR.

**inhábil** *adj. Torpe, desmañado, chapucero.* ↔ PERITO, CAPAZ. *2 Inepto, incapaz, incompetente, torpe.* ↔ PERITO, CAPAZ.

**inhabilidad** *f. Impericia, insuficiencia, inexperiencia, ineptitud, incompetencia, incapacidad, torpeza.* ↔ MAÑA, HABILIDAD, COMPETENCIA, PERICIA, EXPERIENCIA.

**inhabilitar** *tr. Imposibilitar, incapacitar.*

**inhabitado, -da** *adj. Yermo, deshabitado, despoblado. Yermo, tratándose de un país, comarca, etc.; deshabitado, hablando de un edificio, o de cualquier lugar que estuvo habitado y ya no lo está; despoblado coincide con yermo, pero sugiere más o menos que el país de que se trata tuvo población en otro tiempo, en tanto que en yermo predomina la idea de que no la ha tenido nunca.*

**inhalación** *f.* MED. *Aspiración. V. inhalar.*

**inhalar** *tr.* MED. *Aspirar. Inhalar significa aspirar un gas, un vapor, un líquido pulverizado, con un fin terapéutico.*

**inhibidor, -ra** *adj.* MED. *Frenador. Aplicado a ciertos nervios.*

**inhibirse** *prnl. Abstenerse\*, desentenderse, echarse fuera.*

**inhiesto, -ta** *adj. p. us. Enhiesto, erguido, levantado, derecho.* ↔ TUMBADO, TORCIDO, RECOSTADO.

**inhonestidad** *f. Deshonestidad, impudicia, impudicicia, impudor, torpeza.* ↔ HONESTIDAD, PUDOR.

**inhospitalario, -ria** *adj. Cruel, inhumano, bárbaro, desapacible, desabrigado, inhóspito, inclemente, salvaje. Los tres primeros tratando de personas. Hablando del tiempo atmosférico o de lugares determinados, el resto de sinónimos.*

**inhóspito, -ta** *adj. Inhospitalario\*, cruel, inhumano, bárbaro, desapacible, desabrigado, inclemente.* ↔ HOSPITALARIO, ACOGEDOR, APACIBLE, ABRIGADO.

**inhumación** *f. Enterramiento, entie-*rro\*, sepelio. ↔ EXHUMACIÓN, DESENTIERRO.

**inhumanidad** *f. Atrocidad, crueldad, barbaridad\*, barbarie, ferocidad.* ↔ HUMANIDAD, SUAVIDAD.

**inhumano, -na** *adj. Cruel\*, despiadado, inhospitalario\*, brutal, bárbaro, feroz, duro.*

**inhumar** *tr. Enterrar, sepultar, soterrar. "Enterrar es el acto material de poner o meter entre tierra una cosa. Inhumar es enterrar con las ceremonias religiosas, con los honores fúnebres, los de la sepultura. Se entierra todo lo que se cubre con la tierra; pero no se inhuma sino la persona humana, a quien se hacen los honores fúnebres"* (C). ↔ EXHUMAR, DESENTERRAR.

**iniciación** *f. Abertura, apertura, comienzo.* ↔ CLAUSURA, FIN.

**iniciado, -da** *adj.-s. Adepto, afiliado, neófito\*, partidario, prosélito.*

**iniciador, -ra** *adj.-s. Promotor, promovedor, suscitador.*

**inicializar** *tr.* INFORM. (un disco) *Formatear.*

**iniciar** *tr.-prnl. Comenzar, principiar, empezar\*, incoar\*.* ↔ ACABAR, DECAER, FINALIZAR. *2 Instruir, enterar. 3 Promover, suscitar.*

**iniciativa** *f. Ingenio, incentiva, talento.*

**inicio** *m. Principio\*, iniciación, comienzo.*

**inicuo, -cua** *adj. Injusto.* ↔ JUSTO, MORAL, EQUITATIVO. *2 Malo, malvado, perverso, ignominioso.*

**inimaginable** *adj. Infigurable, irrepresentable.*

**ininteligible** *adj. Incomprensible, incognoscible, indescifrable, oscuro\*.* ↔ PRECISO, CLARO, COMPRENSIBLE.

**iniquidad** *f. Injusticia, maldad, infamia.* ↔ JUSTICIA, BONDAD.

**injertar** *tr. Enjertar, inserir.*

**injerto** *m. Enjerto. 2* MED. *Fijación, inserción, implantación.*

**injundia** *f. vulg. Enjundia, gordura, grasa, unto.*

**injuria** *f. Insulto\*, agravio\*, ofensa,*

*afrenta, ultraje.* "*Injuria* presenta la idea del agravio violento. *Ultraje* presenta la idea del vilipendio público. Desconfiar de la honradez de un hombre de bien, es una *injuria*; tratarle públicamente de ladrón, es un *ultraje.* Tratar de fea a una mujer hermosa es un *agravio* que, cuando más, no debiera pasar de *injuria*; pero habrá pocas que no lo miren como *ultraje*" (LH). 2 *Daño, perjuicio, deterioro, menoscabo.*

**injuriar** *tr.-prnl. Denigrar, agraviar, ofender, insultar, denostar, vilipendiar, afrentar, ultrajar. Denostar* es injuriar de palabra a alguien en su presencia: *vilipendiar, ofender, afrentar* y *ultrajar* son intensivos. ↔ ALABAR, DEFENDER, FAVORECER. 2 *Dañar, perjudicar, deteriorar, menoscabar, lacerar, vulnerar.* ↔ FAVORECER, DEFENDER, PROTEGER.

**injurioso, -sa** *adj. Insolente, insultante, ofensivo.* ↔ RESPETUOSO.

**injustamente** *adv. m. Mal\*, indebidamente, desacertadamente, incorrectamente, malamente.* ↔ JUSTAMENTE, BIEN, CORRECTAMENTE, ACERTADAMENTE, DEBIDAMENTE.

**injusticia** *f. Iniquidad, ilegalidad, ilicitud, arbitrariedad, desafuero, atropello, ley del embudo.* ↔ LEGITIMIDAD, LEGALIDAD.

**injustificado, -da** *adj. Vano, infundado.* ↔ JUSTIFICADO, FUNDADO.

**injusto, ta** *adj. Arbitrario, ilegal, inicuo, despótico.* ↔ JUSTO, LEGAL. 2 *adj. Inmerecido, inmérito, injustificado.* ↔ MERECIDO, JUSTIFICADO, JUSTO.

**inmaculado, -da** *adj. Impoluto, limpio, sin tacha.* ↔ MANCHADO.

**inmarcesible** *adj. Inmarchitable.* ↔ TEMPORAL, PERECEDERO.

**inmarchitable** *adj. Inmarcesible.* ↔ TEMPORAL, PERECEDERO.

**inmaterial** *adj. Incorpóreo.* ↔ MATERIAL, CORPÓREO.

**inmediaciones** *f. pl. Contornos, alrededores, afueras, cercanías.*

**inmediatamente** *adv. t. Luego, en se-* guida, seguidamente, incontinenti, prontamente. ↔ DESPUÉS, TARDE.

**inmediato, -ta** *adj. Próximo, cercano, vecino, contiguo, circunvecino\*.* "De lo *inmediato* nos separa menor distancia que de lo *próximo*; de lo *próximo*, menos distancia que de lo *cercano.* Si se habla de localidad, lo *inmediato* es lo *contiguo*; si se trata de tiempo, es lo que sucede sin intervalo al tiempo en que se habla. La casa *inmediata* a la mía es la que está pared en medio. Está *cercano* a la costa un buque cuando, según las circunstancias, puede decirse que no está lejos. Está *próximo* a entrar, cuando se halla a la boca del puerto. El río considerable más *cercano* a Cádiz es el Guadalquivir" (M).

**inmejorable** *adj. Insuperable.* ↔ MEJORABLE, SUPERABLE.

**inmenso, -sa** *adj. Ilimitado, infinito, inmensurable, inconmensurable, innumerable, incontable.* ↔ PEQUEÑO, ESCASO. 2 *Muy grande, desmedido, enorme, colosal.* ↔ PEQUEÑO, ESCASO.

**inmensurable** *adj. Inconmensurable, inmenso, infinito.*

**inmerecido, -da** *adj. Injusto, inmérito.*

**inmergir** *tr. Sumergir.*

**inmérito, -ta** *adj. Inmerecido, injusto.* ↔ MERECIDO, JUSTO.

**inmersión** *f. Sumersión.*

**inmigración** *f. V. migración.*

**inmiscuir** *tr. Mezclar\*.* 2 *prnl. Meterse, entremeterse, entrometerse, mezclarse, ingerirse, meter la cuchara, meter baza, meterse uno donde no le llaman.*

**inmobiliario, -ria** *adj. Inmueble.*

**inmoble** *adj. Inconmovible, inmóvil. Inmoble* e *inconmovible* se dice de lo que no puede ser movido; *inmóvil* se dice de lo que no se mueve, aunque puede moverse, por sí mismo, o por una fuerza exterior.

**inmoderado, -da** *adj. Excesivo, enorme, desmedido, desmesurado, inconmensurable.* ↔ MODERADO, CONMENSURABLE.

**inmolación** *f. Hecatombe, sacrificio,*

*matanza* (fig.). Una *hecatombe* es un *sacrificio* masivo, como una *matanza*.

**inmolar** *tr. Sacrificar.*

**inmoralidad** *f. Pravedad, iniquidad, perversidad.* ↔ BONDAD, MORALIDAD.

**inmortal** *adj. Imperecedero, perdurable, perpetuo*, eterno*.* ↔ PERECEDERO, MORTAL, PASAJERO.

**inmortalizar** *tr.-prnl. Perpetuar, eternizar.* ↔ MORIR.

**inmotivado, -da** *adj. Arbitrario, caprichoso, arbitral, injustificado.* ↔ JUSTIFICADO, MOTIVADO.

**inmovible** *adj. Inmoble* (lit.), *fijo, quieto, inmóvil.* 2 fig. *Firme, constante.*

**inmóvil** *adj. Fijo, permanente, estable, inalterable, invariable, estacionario.* ↔ VARIABLE, MÓVIL, INESTABLE, CAMBIANTE, ALTERABLE. 2 *Inmoble** (lit.), *inconmovible, constante, firme.* ↔ CONMOVIBLE.

**inmovilidad** *f. Quietud.*

**inmueble** *adj.-m. Inmobiliario, finca, bienes raíces.* Los dos últimos hacen referencia a los bienes inmuebles.

**inmundicia** *f. Suciedad, basura, porquería.* 2 *Impureza, deshonestidad.*

**inmundo, -da** *adj. Sucio, puerco, asqueroso, repugnante, nauseabundo.* 2 fig. *Impuro.*

**inmune** *adj. Exento, libre.* 2 BIOL. *Inmunizado, inatacable.*

**inmunidad** *f. Exención, privilegio, prerrogativa.* ↔ VIOLACIÓN, VULNERABILIDAD, DESAMPARO.

**inmunizado, -da** *adj. Inmune, inatacable.*

**inmutable** *adj. Invariable, inalterable, constante, inconmovible, inconmutable.* ↔ VARIABLE, MUTABLE, INESTABLE.

**inmutarse** *prnl. Alterarse, conmoverse, turbarse, conturbarse, desconcertarse.* ↔ TRANQUILIZARSE.

**innatismo** *m. Nativismo.*

**innato, -ta** *adj. Ingénito, congénito, nativo, connatural.*

**innecesario, -ria** *adj. Superfluo, sobrado, inútil.*

**innegable** *adj. Indiscutible, irrefutable, irrebatible, incuestionable, indudable,* *cierto, seguro, evidente, axiomático.* ↔ DISCUTIBLE, INSEGURO, DUDOSO.

**innoble** *adj. Despreciable, bajo, vil, abyecto.*

**innocuo, -cua** *adj. Inocuo, inofensivo, inocente.* ↔ DAÑINO, PERJUDICIAL.

**innumerable** *adj. Incontable, innúmero.*

**innúmero, -ra** *adj. Innumerable, incontable.* ↔ CONTABLE.

**inobediente** *adj. Reacio, desobediente, remiso, rebelde, renuente, reluctante.* ↔ DÉBIL, DÓCIL, DISCIPLINADO.

**inocencia** *f. Sencillez, candor, simplicidad, pureza, candidez*, ingenuidad.* ↔ MALICIA, PICARDÍA.

**inocente** *adj. Sencillo, candoroso, cándido, puro, innocuo.*

**inocentón, -ona** *adj.-s.* fig. *Bienaventurado, cándido, sencillote, incauto, bendito.* ↔ MALICIOSO, ASTUTO.

**inocuo, -cua** *adj. Innocuo, inofensivo, inocente.* ↔ DAÑINO, PERJUDICIAL.

**inofensivo, -va** *adj. Innocuo, inocente, pacífico, inocuo.* ↔ DAÑINO, PERJUDICIAL.

**inopia** *f. Pobreza, indigencia, necesidad.*

**inopinadamente** *adv. m. Inesperadamente, impensadamente.*

**inopinado, -da** *adj. Imprevisto, impensado, inesperado*, súbito, repentino.* ↔ PREVISTO, ESPERADO.

**inoportuno, -na** *adj. Intempestivo*, importuno*, extemporáneo, inconveniente, impertinente, fuera de lugar.* ↔ OPORTUNO, PERTINENTE, CONVENIENTE, EN SU LUGAR, EN SU MOMENTO.

**inquebrantable** *adj. Infrangible, inalterable, inexorable.* 2 *Irrompible.*

**inquietar** *tr.-prnl. Desasosegar, turbar, alarmar, agitar, intranquilizar, molestar, estar con el alma en un hilo, estar sobre ascuas, no caber el corazón en el pecho, andar sin sombra, asustar*.* ↔ TRANQUILIZAR, CALMAR, APACIGUAR, SOSEGAR, SERENAR.

**inquieto, -ta** *adj. Travieso, bullicioso.* 2 *Desasosegado, agitado, intranquilo.*

**inquietud** *f. Intranquilidad, congoja, zozobra, desasosiego, desazón, ansiedad\*, ansia, agitación, angustia, tribulación.* ↔ SERENIDAD, SOSIEGO, TRANQUILIDAD, SERENIDAD, CALMA. *2 Alboroto, conmoción, sobresalto\*.* ↔ EUFORIA. *3 Disforia, malestar.* ↔ EUFORIA.

**inquilino, -na** *s. Arrendador\*, arrendatario, colono, rentero, casero, locatario* (DER.).

**inquina** *f. Antipatía\*, aversión, mala voluntad, ojeriza, tirria, odio\*, repulsión, aborrecimiento, malquerencia, encono, rencor, saña.* ↔ AMOR, SIMPATÍA, ATRACCIÓN.

**inquinado, -da** *adj. Infectado, malsano.*

**inquinamiento** *m. Infección.*

**inquinar** *tr. Manchar, contagiar.*

**inquirir** *tr. Indagar, averiguar, pesquisar, informarse, investigar, escudriñar\*, escrutar\*, examinar.*

**inquisición** *f. Pesquisa, averiguación, indagación, información, investigación. 2 Santo Oficio.*

**inquisidor, -ra** *adj.-s. Pesquisidor.*

**insaciabilidad** *f.* MED. *Glotonería\*, abdominia, bulimia.* ‹› DESGANA, ANOREXIA.

**insaciable** *adj. Ávido, codicioso, ansioso, voraz.*

**insalubre** *adj. Malsano, morboso, insano.*

**insanable** *adj. Incurable.*

**insania** *f. Locura, demencia, vesania, enajenación, extravagancia, imprudencia.* ↔ CORDURA, RAZÓN, TRANQUILIDAD.

**insano, -na** *adj. Malsano, insalubre. 2 Demente, loco, furioso, insensato.*

**insatisfecho, -cha** *adj. Malcontento, descontento, quejoso, disgustado.*

**inscribir** *tr. Grabar. 2 Apuntar, alistar, matricular, anotar, asentar, sentar.*

**inscripción** *f. Epígrafe, epigrama, epitafio.* Tratándose de la antigüedad, *epigrama.* Una *inscripción* sepulcral es un *epitafio. 2 Letrero\*, rótulo, lema.*

**inseguridad** *f. Debilidad, inconsistencia. 2 Riesgo, peligro. 3 Incertidumbre, duda, indecisión, vacilación.*

**inseguro, -ra** *adj. Movedizo, inestable, eventual\*. 2 Incierto, dudoso, indeciso.*

**inseminación** *f. Fecundación. 2 Siembra.*

**insensatez** *f. Estolidez, estupidez, necedad, estulticia.*

**insensato, -ta** *adj. Necio, fatuo, sin sentido, absurdo, tonto.*

**insensibilidad** *f. Anestesia, analgesia.* ↔ SENSIBILIDAD.

**insensible** *adj. Indiferente, duro, frío, impasible, alma de cántaro, como un tronco. 2 Imperceptible, indiscernible, inapreciable.*

**inserción** *f.* MED. *Fijación, implantación, injerto.*

**inserir** *tr. Insertar, incluir, introducir. 2 Ingerir.*

**insertar** *tr. Inserir, incluir, introducir, intercalar.*

**inserto, -ta** *adj. Introducido, incluido.*

**inservible** *adj. Inútil, inaprovechable, estropeado.* ↔ ÚTIL, INTACTO.

**insidia** *f. Asechanza, cautela.*

**insidioso, -sa** *adj. Capcioso, asechante, cauteloso, astuto. "Insidioso es el que prepara cautelosamente los medios de hacer daño; capcioso, el que emplea el engaño y el artificio para cautivar la voluntad ajena o inducir a otro en error. El instrumento del insidioso es la asechanza; el del capcioso es la mentira sutil y el engaño"* (M).

**insigne** *adj. Célebre, famoso\*, señalado, ilustre, preclaro, eximio, egregio\*.*

**insignia** *f. Señal, distintivo, divisa. 2 Enseña, bandera, pendón, estandarte, pabellón.*

**insignificancia** *f. Bagatela, nimiedad, menudencia, minucia, friolera, frustería. 2 Puerilidad, futilidad.* Referidos a las personas. ↔ IMPORTANCIA.

**insignificante** *adj. Pequeño, mínimo, exiguo.* ↔ SUFICIENTE. *2 Baladí, mezquino, miserable, despreciable, desdeñable, de chicha y nabo, de mala muerte, de medio pelo.* ↔ ÚTIL.

insinuación

**insinuación** *f. Sugestión\*, sugerencia, atractivo, fascinación, hechizo.*
**insinuar** *tr. Sugerir, indicar, apuntar, dar a entender, hacer sospechar, tirar a ventana señalada.* "Se *insinúa* para dar a entender; se *sugiere* para obrar. Para *insinuar* se requiere intención; no así para *sugerir*, y así puede decirse: el menor incidente basta para *sugerir* el asunto de una comedia. Me *insinuó* su deseo de viajar, y esta idea me *sugirió* el designio de acompañarlo" (M).
**insipidez** *f. Desabor, sinsabor, desabrimiento.* ↔ SABOR. 2 *Insulsez, sosera, sosería.* ↔ INGENIO, GRACIA.
**insípido, -da** *adj. Desabrido, insustancial, insulso, desaborido, soso.* "*Insípido* es lo que no tiene sabor; *desabrido* es lo que no tiene el sabor que corresponde a su naturaleza" (M).
**insistencia** *f. Ahínco, empeño, tesón, firmeza.* 2 *Machaconería, prolijidad, pesadez.*
**insistente** *adj. Enfático, expletivo.*
**insistir** *intr. Persistir, porfiar, machacar, obstinarse, no dar el brazo a torcer, volver a la carga, dar la tabarra, calentar la cabeza, hacer hincapié, volver a la misma canción, perseverar\*, empecinarse.* "Se *insiste* antes de *persistir*; de modo que *persistir* no es más que *insistir* con más empeño y tesón" (M). ↔ DESISTIR, RENUNCIAR, CERRAR.
**insobornable** *adj. Incorruptible, íntegro.*
**insociable** *adj. Intratable, huraño, arisco, misántropo.*
**insolación** *f. Tabardillo* (fam.), *termoplejía* (MED.), *acaloramiento, heliosis* (MED.).
**insolencia** *f. Descaro, atrevimiento, desvergüenza, desfachatez.*
**insolentarse** *prnl. Atreverse, descararse, osar.* ↔ AMEDRENTARSE. 2 *Propasarse, descomedirse.* ↔ CONTENERSE.
**insolente** *adj. Descarado, atrevido, irrespetuoso, desvergonzado, procaz.* 2 *Injurioso, insultante, ofensivo.*
**insólito, -ta** *adj. Desacostumbrado,*

*desusado\*, inusitado\*, inusual, infrecuente, raro, extraño.* ↔ HABITUAL, ANTIGUO, ORDINARIO, FRECUENTE, NORMAL.
**insolvencia** *f. Descrédito.*
**insomnio** *m. Vigilia, desvelo, agripnia* (MED.), *ahipnosis* (MED.), *ahipnia* (MED.), *asomnia* (MED.).
**insondable** *adj. Profundo.* 2 *Impenetrable, inaveriguable, incognoscible.* ↔ COMPRENSIBLE, PENETRABLE, CLARO.
**insoportable** *adj. Intolerable, insufrible, inaguantable.*
**insoslayable** *adj. Obligatorio, forzoso, preciso, indispensable, imprescindible, necesario.* ↔ VOLUNTARIO, EVITABLE, DISPENSABLE.
**insostenible** *adj. Inestable.* 2 *Indefendible.*
**inspección** *f. Reconocimiento, examen, registro.* 2 *Reconocimiento, examen, observación, investigación, exploración.* Una *inspección* médica es un *reconocimiento o examen médico.*
**inspeccionar** *tr. Examinar, reconocer, comprobar, registrar, intervenir.*
**inspector, -ra** *s. Visitador.*
**inspiración** *f. Numen, musa, vena, lira.* 2 *Iluminación, arrebato.*
**inspirar** *tr. Aspirar.* 2 *Soplar.* 3 fig. *Infundir, sugerir, iluminar.*
**instabilidad** *f. Inconstancia, inestabilidad.* ↔ ESTABILIDAD, LEALTAD, CONSTANCIA.
**instable** *adj. Inestable, variable, precario, perecedero, transitorio.* ↔ SEGURO, PERMANENTE.
**instalar** *tr. Colocar\*, poner, disponer.* 2 *Alojar, acomodar, establecer.*
**instancia** *f. Ruego, súplica, petición.* 2 *Memorial* (ant.), *solicitud.*
**instantáneo, -ea** *adj. Momentáneo, breve, rápido, fugaz.* ↔ LENTO, LARGO, MEDIATO.
**instante** *m. Momento.* "Una y otra voz significan el punto mínimo o más breve en que se divide el tiempo. Pero así como el punto es la parte más pequeña en que se divide el espacio, y la consideran los geómetras

como ideal, indivisible e inconmensurable; y los físicos como una cantidad efectiva y divisible, como lo es toda cantidad física; así parece que se puede concebir en el *instante* un punto ideal de tiempo indivisible e inconmensurable, y en el *momento* una cantidad efectiva de tiempo perceptible y divisible. Prestar un *momento* de atención ofrece al oído una expresión más exacta que prestar un *instante*, porque no parece que se percibe en este la duración que, aunque corta, se percibe en el *momento*, como necesaria para dar algún tiempo a la atención. Un reposo *momentáneo*: a esta frase, con que damos idea de un tiempo de alguna, aunque corta, duración, no se puede substituir con igual exactitud: reposo *instantáneo*, porque este adjetivo no presenta a la imaginación la más pequeña duración de tiempo para el reposo. Por el contrario, se puede aplicar con más propiedad la voz *instantáneo* a un tiempo en que suponemos que no se percibe duración alguna. La caída del rayo es *instantánea*" (LH). 2 **A cada instante** *loc. adv. Frecuentemente, a menudo, con frecuencia, a cada paso, a traque barraque.* 3 **Al instante** *Incontinenti, en seguida, inmediatamente, prontamente, seguidamente, presto, luego, en breve.*

**instar** *tr. Rogar\*, suplicar\*, insistir.* ↔ EXIGIR, ORDENAR. 2 *Urgir, apremiar, apurar.* ↔ TRANQUILIZAR.

**instaurar** *tr. Renovar, restaurar, restablecer.* 2 *Establecer\*, implantar, instituir, fundar, erigir.* ↔ DEPONER.

**instigación** *f. Impulso, incitación, estímulo.*

**instigar** *tr. Incitar, inducir, excitar, mover, aguijonear, dar cuerda, poner espuelas.*

**instintivo, -va** *adj. Indeliberado, involuntario, irreflexivo, espontáneo\*.* ↔ CONSCIENTE, REFLEXIVO, DELIBERADO, EX PROFESO, CALCULADO.

**instinto** *m. Tendencia, propensión\*.*

**institución** *f. Instituto, fundación, establecimiento, corporación.*

**instituir** *tr. Establecer\*, fundar, erigir\*, instaurar.* ↔ ABOLIR.

**instituto** *m. Institución, establecimiento, fundación, corporación.*

**instrucción** *f. Enseñanza, educación\*.* "La *instrucción* se refiere a los conocimientos que se adquieren por cualquier medio y en todo género de materias. La *enseñanza* se refiere a los preceptos, reglas y lecciones que da el maestro al discípulo. La *instrucción* se puede adquirir sin maestro, porque la lectura, el ejemplo, la conversación, nos instruyen; pero la *enseñanza* supone principios dictados y lecciones dadas. Del que tiene diferentes conocimientos en una facultad, ciencia o arte, se dice que es un hombre *instruido*, no un hombre *enseñado*, porque se hace relación a lo que sabe, no a los medios con que lo ha aprendido" (LH). ↔ INCULTURA, DESCONOCIMIENTO. 2 *Ilustración, erudición, saber, cultura.* V. instrucciones.

**instrucciones** *f. pl. Órdenes, normas, preceptos.* V. instrucción.

**instructor, -ra** *s. Maestro, pedagogo, profesor.*

**instruido, -da** *adj. Culto, ilustrado, erudito.* 2 *Avisado, advertido, aleccionado.*

**instruir** *tr. Enseñar\*, adoctrinar, aleccionar, amaestrar\*, adiestrar.* 2 *Informar, avisar.* 3 *Enjuiciar.*

**instrumental** *m. Aparejo, herramientas.*

**instrumentar** *tr. Orquestar. Orquestar es instrumentar para una orquesta.*

**instrumento** *m. Utensilio, útil, herramienta, apero, aparato, mecanismo, dispositivo. Utensilio* en general; *útil* (especialmente en plural), tratándose de oficios, herramientas; tratándose de la labranza, *apero. Aparato* significa instrumento complicado o conjunto de instrumentos. *Mecanismo* y dispositivo aluden al complejo ordenado de las piezas de una máquina o de un conjunto de instrumentos, aparatos, etc., coordinados para un fin. V. instrumentos.

**instrumentos** *m. pl. Enseres\*.* V. instrumento.

**insubordinación** *f. Desobediencia, indisciplina, rebeldía, sublevación.*

**insubordinarse** *prnl. Amotinarse, alzarse, sublevarse, soliviantarse, levantarse, insurreccionarse.*

**insubsistente** *adj. Infundado, falso, injustificado.* ↔ FUNDADO, JUSTIFICADO.

**insubstancial** *adj. Desabrido, soso, insulso, insípido\*.* 2 *Trivial, ligero, frívolo.*

**insuficiencia** *f. Incapacidad, ineptitud, ignorancia, incompetencia.* "Se designa por estas palabras la falta de la disposición necesaria para salir con lo que uno se propone, pero con esta diferencia: la *insuficiencia* viene del defecto de proporción entre los medios y el fin; la *incapacidad*, de la privación de los medios; la *ineptitud*, de la imposibilidad de adquirir ningún medio. Se puede muchas veces suplir la *insuficiencia*; a veces se puede enmendar la *incapacidad*; pero la *ineptitud* no tiene remedio" (Ma). ↔ CAPACIDAD, APTITUD, HABILIDAD. 2 *Escasez, falta, penuria.*

**insuficiente** *adj. Escaso, defectuoso, poco, pequeño, chico\*, reducido.*

**insufrible** *adj. Inaguantable, insoportable, intolerable.*

**ínsula** *f. lit. Isla.*

**insulano, -na** *adj.-s.* (pers.) *Isleño, insular.*

**insular** *adj. Isleño.*

**insulsez** *f. Sosera, sosería, insipidez.* ↔ INGENIO, GRACIA. 2 *Simpleza, necedad, estupidez.* ↔ INGENIO.

**insulso, -sa** *adj. Desabrido, insípido\*, soso, insubstancial.* 2 *Simple, necio, tonto, estúpido, zonzo.*

**insultante** *adj. Ofensivo, afrentoso, injurioso, ultrajante.*

**insultar** *tr.-prnl. Agraviar, ofender, injuriar\*, afrentar, ultrajar.* ↔ ALABAR. 2 *prnl. Accidentarse, desmayarse.*

**insulto** *m. Agravio\*, ofensa, ultraje, injuria, dicterio, improperio, denuesto.* El *insulto* y sus cuatro primeros sinónimos pueden ser de palabra o de obra. Los tres últimos son de palabra. 2 *Accidente, desvanecimiento, desmayo.*

**insumisión** *f. Desacato, desobediencia, rebeldía.* ↔ ACATO, OBEDIENCIA, SUMISIÓN.

**insuperable** *adj. Invencible.* ↔ FÁCIL. 2 *Inmejorable.* ↔ MEJORABLE.

**insurgente** *adj. Insurrecto, sublevado, faccioso.*

**insurrección** *f. Rebelión, sublevación, levantamiento, pronunciamiento\*, alzamiento, cuartelada* (burl.)*, militarada* (burl.).

**insurreccionarse** *prnl. Rebelarse, sublevarse, levantarse.*

**insurrecto, -ta** *adj. Insurgente, sublevado, faccioso, rebelde, insumiso.* ↔ SOMETIDO, SUMISO.

**insustancial** *adj. Desabrido, soso, insulso, insípido\*.* 2 *Trivial, ligero, frívolo.*

**insustituible** *adj. Irreemplazable, indispensable.*

**intacto, -ta** *adj. Completo, íntegro, entero.* ↔ INCOMPLETO, IMPURO. 2 *Indemne\*, ileso, incólume.* ↔ DAÑADO.

**intangible** *adj. Intocable, impalpable.* *Impalpable* se dice de las cosas materiales que no producen sensación al tacto; polvos *impalpables*. *Intocable* e *intangible* pueden sustituirse entre sí, pero el primero se prefiere generalmente para lo material (hierro candente) y el segundo para lo figurado (dogma, reglamento).

**integral** *adj. Integrante, entero.* ↔ PARCIAL, INCOMPLETO.

**íntegramente** *adv. m. Enteramente, cabalmente, totalmente, completamente, por entero.* ↔ PARCIALMENTE.

**integrante** *adj. Esencial.* "Es *integrante* cuanto es necesario para conservar la integridad del ser; es *esencial* cuanto es necesario para constituirlo. Los órganos de la sensación son partes *integrantes* del hombre; sus facultades *esenciales* son el entendimiento y la voluntad" (M). 2 FIL. *Integral.* 3 *Componente.*

**integrar** *tr.-prnl. Incorporar, unir, juntar, reunir, agregar.* ↔ DESUNIR, DESINTEGRAR. 2 *tr. Reintegrar, restituir, satisfacer, devolver.* ↔ QUITAR.

**integridad** *f. Hombría de bien, probidad, honradez, rectitud.* ↔ CORRUPCIÓN. 2 *Virginidad.*

**íntegro, -gra** *adj. Entero, uno, completo\*, cabal. Uno es lo que no está dividido interiormente.* 2 fig. *Honrado, probo, recto\*, incorruptible, justo.*

**intelecto** *m. Entendimiento, inteligencia.*

**inteligencia** *f. Intelecto, entendimiento, razón, mente.* 2 *Comprensión, conocimiento, talento\*, ingenio, entendimiento, capacidad.* ↔ CORTEDAD, INCAPACIDAD, TONTERÍA, INHABILIDAD, INEPTITUD. 3 *Acuerdo, unión, armonía.* P. ej.: estar en *inteligencia* dos o más personas. 4 **Servicio de inteligencia** *m. Contraespionaje, espionaje.* Por influencia del inglés se ha extendido la expresión eufemística *servicio de inteligencia* por *espionaje* o *contraespionaje.*

**inteligente** *adj.-com. Sabio, docto, instruido, entendido, enterado.* ↔ TONTO. 2 *Ingenioso, talentudo, sagaz, listo, perspicaz, despierto.* ↔ CERRADO.

**inteligible** *adj. Comprensible, claro, descifrable, legible.* ↔ DIFÍCIL, CONFUSO, INCOMPRENSIBLE.

**intemperancia** *f. Exceso, desenfreno.* ↔ MODERACIÓN, TEMPLANZA.

**intempestivo, -va** *adj. Importuno, inoportuno, extemporáneo. Importuno* e *intempestivo* tienen matiz de molestia o desagrado. *Inoportuno* y *extemporáneo* pueden aludir simplemente a lo que se hace u ocurre fuera de tiempo y sazón, sin incluir necesariamente aquel matiz. Un historiador califica de *extemporáneas* o *importunas*, es decir, inadecuadas para aquel momento, las medidas tomadas por un go-

bernante, aunque no fueran malas. Unas lluvias *intempestivas* dañan la cosecha; una solicitud *importuna* nos produce enfado.

**intención** *f. Intento, propósito, mira, designio, proyecto, fin, objeto\*.* ↔ INOCENCIA, DESCONOCIMIENTO. 2 **Con intención** *loc. adv. Aposta, adrede, de intento, deliberadamente, ex profeso, de propósito, expresamente, intencionadamente.* ↔ INVOLUNTARIAMENTE, SIN QUERER.

**intencionadamente** *adv. m. Adrede, expresamente, deliberadamente, de propósito, ex profeso, de intento, aposta, voluntariamente.* ↔ ACCIDENTAL MENTE, SIN QUERER, INVOLUNTARIAMENTE.

**intensidad** *f. Fuerza, energía.* ↔ DEBILIDAD, SUAVIDAD, PASIVIDAD. 2 fig. *Vehemencia, viveza.*

**intenso, -sa** *adj. Fuerte, enérgico.* 2 fig. *Vehemente, vivo.*

**intentar** *tr. Tratar de, procurar, pretender, probar, ensayar.*

**intento** *m. Fin\*, propósito, designio, intención, objeto\*.* 2 DEP. *Ensayo.* 3 *Strike* (anglic.). En el béisbol. 4 **De intento** *loc. adv. Aposta, adrede, con intención, deliberadamente, ex profeso, de propósito, expresamente, intencionadamente.* ↔ INVOLUNTARIAMENTE, SIN QUERER.

**intercalar** *tr. Interponer, interpolar.*

**interceder** *intr. Mediar, abogar, estar de por medio.* ↔ ATACAR, ACUSAR, ENEMISTAR.

**interceptar** *tr. Obstruir, detener, estorbar, impedir.*

**intercesión** *f. Mediación.*

**intercesor, -ra** *adj.-s. Medianero, mediador, amigable componedor.*

**intercilio** *m.* MED. *Entrecejo, glabela.*

**interdecir** *tr. Vedar, prohibir, proscribir, impedir.*

**interdicto** *m. Entredicho.*

**interés** *m. Provecho, utilidad, beneficio, conveniencia.* ↔ DESINTERÉS, PÉRDIDA. 2 *Rédito, renta, ganancia.* ↔ PÉRDIDA. 3 *Inclinación, atractivo, afecto, aten-*

*ción.* V. intereses. ↔ DESATENCIÓN, DESAFECTO.

**interesante** *adj. Importante, valioso, sustancial, considerable, conveniente, calificado.* ↔ INSUSTANCIAL, NIMIO, INSIGNIFICANTE.

**interesar** *tr.-prnl. Dar parte, asociar.* 2 *Atraer, cautivar, conmover, seducir.* 3 *Afectar, atañer, tocar, importar, concernir*, tomar con calor, meterse hasta los codos.*

**intereses** *m. pl. Bienes, fortuna, capital.* V. interés.

**interface** *f.* anglic. INFORM. *Interfaz, interficie.*

**interfaz** *f.* INFORM. *Interficie, interface* (anglic.).

**interfecto, -ta** *adj.-s.* DER. *Muerto.* En términos forenses *interfecto* dícese de la persona *muerta* violentamente.

**interferir** *tr. Interponer, interrumpir, estorbar, obstaculizar.*

**interficie** *f.* INFORM. *Interfaz, interface* (anglic.).

**interfoliar** *tr. Interpaginar, intercalar.*

**interfono** *m. Telefonillo.*

**ínterin** *adv. t. Entretanto, mientras, mientras tanto.*

**interinamente** *adv. m. Accidentalmente, provisionalmente.*

**interino, -na** *adj.-s. Provisional, accidental. Interino* se usa principalmente aplicado a personas que ocupan temporalmente un cargo o empleo, lo mismo que *provisional.* Este último se aplica también a cosas. P. ej.: maestro *interino* o *provisional,* pero es más raro decir: escalera *interina,* entrada *interina. Accidental* se dice de la persona que ocasionalmente y por breve tiempo, ocupa un cargo que no es el suyo; jefe, director, alcalde *accidental.*

**interior** *adj. Interno, íntimo, intrínseco, intestino*. "Interior* e *interno* expresan solamente colocación; *íntimo* e *intrínseco,* expresan, además de colocación, unión y naturaleza. *Interior* es lo que está debajo de la superficie de los cuerpos, o dentro de los límites de la extensión. Lo *interno* dista más de la superficie y de los límites que lo *interior.* Lo *íntimo,* no sólo pertenece a la parte central de las cosas, sino a su modo de ser. Lo *intrínseco* está identificado o forma parte de la esencia. Lo *interior* de un reino es todo lo que no es frontera ni costa. Son *internas* las enfermedades de las vísceras. Un vicio *intrínseco* no se desarraiga fácilmente. Se dice ropa *interior,* conmociones *internas,* relaciones *íntimas* y cualidades *intrínsecas"* (M). 2 *m. Ánimo.*

**interiormente** *adv. l. Internamente, íntimamente.*

**interlínea** *f.* IMPR. *Regleta.*

**interlinear** *tr.* IMPR. *Entrerrenglonar.*

**interlocutor, -ra** *s. Colocutor* (p. us.), *internuncio* (p. us.).

**intermediario, -ria** *adj.-s. Mediador, medianero, intercesor.*

**intermedio** *m. Intervalo.* 2 *Entreacto.*

**interminable** *adj. Inacabable.* ↔ FINITO, DISCONTINUO, BREVE.

**intermisión** *f. Interrupción.* "La *intermisión* nace de la cosa misma de que se habla; la *interrupción,* de la cosa misma o de una causa extraña. Hay *intermisión* en el pulso, en las erupciones volcánicas, en los vientos. Hay *interrupción* cuando un fuerte ruido obliga al orador a callar; cuando la guerra suspende el curso de los negocios" (M).

**intermitente** *adj. Discontinuo, interrumpido, irregular.*

**internacional** *adj. Universal*, mundial.* Lo *internacional* se refiere a dos o más naciones, o a todas ellas. Sólo en este último caso equivale a *universal, mundial.* El adjetivo *internacional* se dice de naciones consideradas aisladamente, en tanto que *universal* y *mundial* no hacen pensar en los componentes del conjunto.

**internado, -da** *adj.-s. Pensionado.*

**internamente** *adv. l. Interiormente, íntimamente.* ↔ EXTERNAMENTE, EXTERIORMENTE.

**internamiento** *m. Hospitalización.*

**internar** *tr. Hospitalizar, encerrar.* 2 *prnl. Introducirse, meterse.* 3 *Ahondar, profundizar.*

**interno, -na** *adj. Interior, íntimo, intrínseco.*

**internuncio** *m.* p. us. *Interlocutor, colocutor* (p. us.).

**interpaginar** *tr. Interfoliar.*

**interpelar** *tr. Requerir, preguntar, interrogar.*

**interpolar** *tr. Intercalar, interponer.*

**interponerse** *prnl. Intervenir, mediar, interceder.* 2 *Entrometerse.* 3 *Obstaculizar, estorbar, interferir.*

**interpretación** *f. Exégesis, hermenéutica.* Como arte de interpretar los textos, *hermenéutica.*

**interpretar** *tr. Explicar*, comentar, aclarar, exponer, explanar, desarrollar, descifrar*.* 2 *Traducir, verter.* 3 *Entender, comprender.* 4 *Expresar, representar, ejecutar.* En las Bellas Artes.

**intérprete** *com. Comentarista, exegeta, hermeneuta.* 2 *Traductor, dragomán, drogmán, truchimán, trujimán, trujamán. Traductor,* esp. tratándose de libros o escritos. Los cinco últimos son antiguos.

**interrogación** *f. Pregunta.* 2 RET. *Erotema.*

**interrogar** *tr. Preguntar.*

**interrumpido, -da** *adj. Discontinuo, intermitente, discreto* (MAT.). ↔ CONTINUO, ININTERRRUMPIDO.

**interrumpir** *tr. Suspender, cortar, detener, parar, cortar el atajo, cesar*.* ↔ CONTINUAR, SEGUIR, INICIAR.

**interrupción** *f. Intermisión, detención, suspensión.*

**interruptor** *m.* ELECTR. *Conmutador.*

**intersticio** *m. Hendidura, grieta, resquicio.*

**intervalo** *m. Intermedio, espacio, distancia, pausa.* "Hay *intervalo* entre el almuerzo y la comida, entre el ocaso y la noche, entre escribir una carta y enviarla al correo. Hay un *intermedio* en los cuerpos colegiados, cuando se suspende una sesión para continuarla después" (M).

**intervención** *f. Participación.* 2 MED. *Operación.*

**intervenir** *intr. Tomar parte, mezclarse.* 2 *Interponerse, mediar, traer entre manos.* 3 *Inspeccionar, fiscalizar.* 4 *tr.* MED. *Operar.*

**intestino** *m. Tripa.*

**intestino, -na** *adj. Interno, interior. Intestino* se asocia a la idea de oposición de unos sectores con otros: guerras, querellas, dificultades, discordias, intestinas. Pero no se dice política, problemas *intestinos,* si no se les une la idea de lucha. Cuando esta asociación no se produce, hay que emplear *interior* o *interno,* según los casos: comercio *interior,* régimen *interno.* Estos últimos pueden sustituir a *intestino* en todos los casos.

**intimación** *f. Requerimiento.*

**íntimamente** *adv. l. Interiormente, internamente.*

**intimar** *tr. Conminar, requerir.*

**intimidad** *f. Confianza, familiaridad.* ↔ ENEMISTAD, DESCONFIANZA, CORTESÍA.

**intimidar** *tr.-prnl. Asustar*, amedrentar, espantar, atemorizar, acobardar, aterrorizar.* ↔ ENVALENTONARSE. 2 *tr. Amenazar*.*

**íntimo, -ma** *adj. Interior*.* 2 *Profundo, entrañable, recóndito.* ↔ DESAFECTO, ENEMIGO, EXTRAÑO.

**intitular** *tr. Titular, llamar.*

**intocable** *adj. Intangible.*

**intolerable** *adj. Inaguantable, insoportable, insufrible.*

**intolerancia** *f. Intransigencia, fanatismo.* ↔ TRANSIGENCIA, COMPRENSIÓN.

**intolerante** *adj. Fanático, apasionado, exaltado, intransigente, inflexible.* ↔ TOLERANTE, FLEXIBLE, TRANSIGENTE, ECUÁNIME.

**intoxicación** *f. Emponzoñamiento, envenenamiento, toxicación.*

**intoxicar** *tr. Envenenar, emponzoñar.*

**intranquilidad** *f. Agitación, inquietud, conmoción, turbación, perturbación, sobresalto*, ansiedad*, ansia, zozobra, angustia, tribulación.* ↔ TRAN-

QUILIDAD, CALMA, QUIETUD, SOSIEGO, SERENIDAD.

**intranquilo, -la** adj. Agitado, inquieto, desasosegado.

**intransigencia** f. Fanatismo, apasionamiento, exaltación, intolerancia, inflexibilidad. ↔ TOLERANCIA, TRANSIGENCIA, ECUANIMIDAD, FLEXIBILIDAD.

**intransigente** adj. Intolerante, fanático, obstinado. ↔ TOLERANTE.

**intransitable** adj. Impracticable.

**intratable** adj. Áspero, huraño, arisco, insociable, incivil, inconversable.

**intravenoso, -sa** adj. Endovenoso.

**intrepidez** f. Ánimo*, valor*, valentía, arrojo*, esfuerzo, denuedo. ↔ TEMOR, COBARDÍA, REFLEXIÓN.

**intrépido, -da** adj. Animoso, valiente, valeroso, esforzado, denodado, alentado, resuelto, osado. ↔ COBARDE.

**intriga** f. Manejo, enredo, trama, embrollo.

**intrincado, -da** adj. Enredado, complicado, confuso, revesado, enrevesado, enmarañado, inextricable*, difícil*, arduo, dificultoso, trabajoso, penoso, embarazado. ↔ FÁCIL, SENCILLO.

**intrínseco, -ca** adj. Esencial, propio, interno, interior*, constitutivo. ↔ EXTRÍNSECO, EXTERNO.

**introducción** f. Entrada, principio, comienzo. 2 Preparación, disposición. 3 Prólogo*, preámbulo*, prefacio.

**introducido, -da** adj. Inserto, incluido.

**introducir** tr.-prnl. Meter*, encajar, embutir, incluir, insertar, inserir. ↔ SACAR. 2 prnl. Entrometerse, infiltrarse.

**intromisión** f. Entremetimiento, entrometimiento, intrusión.

**intrusión** f. Intromisión, entremetimiento, entrometimiento. 2 Irrupción, invasión, incursión, entrada.

**intruso, -sa** adj.-s. Entrometido, indiscreto, extraño.

**intubación** f. MED. Entubamiento, tubaje (galic.).

**intumescencia** f. MED. Inflación, tumefacción (MED.), hinchazón, inflamiento, engrosamiento.

**inundación** f. Avenida, desbordamiento, crecida*, riada.

**inundar** tr. Anegar*.

**inurbano, -na** adj. Descortés, impolítico*, incivil, ordinario, grosero, basto. ↔ CORTÉS, SOCIABLE.

**inusitado, -da** adj. Desacostumbrado, inusual, insólito, raro, desusado*, desueto. Desusado y desueto se dice de las cosas que se han usado y ya no se usan, en tanto que inusitado y los demás sinónimos pueden calificar también a lo que nunca ha sido frecuente. La santidad es inusitada, insólita, desacostumbrada, inusual, rara, en todos los tiempos. Un vestido pasado de moda, una palabra arcaica, son desusados o desuetos. ↔ HABITUAL, VIEJO, USUAL, ACOSTUMBRADO.

**inusual** adj. Desusado*, desacostumbrado, inusitado, insólito, desueto, raro. ↔ HABITUAL, ACOSTUMBRADO, USUAL, VIEJO.

**inutilizar** tr.-prnl. Incapacitar, inhabilitar, invalidar, anular, perder uno el tiempo, gastar saliva en balde, sembrar en arena, trabajar para el obispo, estropear, averiar. Los dos últimos, tratándose de cosas materiales.

**inútilmente** adv. m. En balde, en vano, de balde, innecesariamente.

**invadir** tr. Irrumpir. Irrumpir sugiere mayor violencia o carácter súbito.

**invalidar** tr.-prnl. Anular*, infirmar (DER.). ↔ CAPACITAR, HABILITAR, AUTORIZAR.

**inválido, -da** adj.-s. Baldado, tullido, impedido (eufem.), paralítico, mutilado, lisiado. 2 Lábil, infirme, achacoso.

**invariable** adj. Inalterable, inmutable, constante, firme, inconmovible.

**invasión** f. Incursión, irrupción. "La invasión es una hostilidad ordenada que tiene su origen en la política, y que se hace según las prácticas militares y con movimientos estratégicos. La incursión es una correría en territorio extraño, hecha con rapidez, acompañada de saqueo y mortandad, pero que no envuelve forzosamente la idea de posesión durable" (M).

**invectiva** f. Sátira. "Sólo se diferencia en los medios de que se valen. La *invectiva* declama; la *sátira* ridiculiza. Las *invectivas* atroces se llaman imprecaciones o maldiciones; la *sátira* mordaz se llama *sarcasmo*" (J).

**invencible** adj. Invicto. Llamamos *invencible* al que no ha sido ni puede ser vencido. *Invicto* es el que no ha sido nunca vencido, el que siempre ha salido victorioso. Napoleón, *invicto* hasta Waterloo, no era *invencible*, como se demostró en esta batalla.

**invención** f. Invento, descubrimiento. 2 Hallazgo. P. ej.: la *invención* de la Santa Cruz. 3 Fábula, ficción, engaño, mentira.

**inventado, -da** adj. Fabuloso, imaginario, fingido, ficticio, falso. ↔ REAL, VERDADERO.

**inventar** tr. Descubrir*. Descubrir se extiende también a lo que era desconocido, pero real: *descubrir* una isla o una estrella nueva; mientras que *inventar* se ciñe a lo que antes no existía; p. ej.: la imprenta, la locomotora. Todo *invento* es un *descubrimiento*, pero no viceversa. 2 Imaginar, fingir, idear.

**inventario** m. DER. Descripción.

**inventiva** f. Ingenio, imaginación, fantasía, idea.

**invento** m. Invención, descubrimiento.

**inventor, -ra** adj.-s. Descubridor, autor, creador.

**inverecundia** f. lit. Desvergüenza, sinvergüencería, sinvergonzonería, insolencia, cara dura, procacidad, valor. ↔ VERGÜENZA, DECENCIA.

**inverecundo, -da** adj.-s. lit. Desvergonzado. *Inverecundo* es palabra docta y sólo usada en estilo elevado. ↔ PUDOROSO, VERGONZOSO, COMEDIDO.

**invernáculo** m. Estufa, invernadero.

**invernadero** m. Invernáculo, estufa.

**invernal** adj. Hibernal (lit.), hiemal (lit. y TECN.).

**inverosímil, inverisímil** adj. Increí-

ble, inconcebible, inimaginable, imposible.

**inverso, -sa** adj. Alterado, trastornado, opuesto, contrario, invertido. ↔ DIRECTO, INALTERABLE.

**invertido** m. Homosexual.

**invertido, -da** adj. Inverso, alterado, trastornado, opuesto, contrario. ↔ DIRECTO, INALTERABLE.

**invertir** tr. Trastornar, alterar, cambiar, volver. 2 Colocar, gastar, emplear. Tratando de dinero. 3 Dedicar, ocupar, emplear. Tratando del tiempo.

**investigación** f. Estudio, análisis, observación, aprendizaje, aplicación. 2 Inquisición, pesquisa, averiguación, indagación, información. 3 Exploración, examen.

**investigar** tr. Averiguar, indagar, inquirir, pesquisar, escudriñar, buscar*, descubrir el campo, seguir la pista, tentar la ropa, sacar en limpio.

**investir** tr. Envestir (p. us.), conferir, conceder.

**inveterado, -da** adj. Antiguo, arraigado, envejecido. *Inveterado* no se dice de las cosas materiales; un edificio puede ser *antiguo, envejecido*; una virtud, un vicio, una costumbre, son *inveterados* o *arraigados*. ↔ DESACOSTUMBRADO, NUEVO, EXTRAÑO.

**inveterarse** prnl. Envejecer. Cuando *envejecer* tiene el sentido de durar una costumbre, tradición o fórmula.

**invicto, -ta** adj. Invencible.

**inviolable** adj. Santo, venerable, sagrado.

**invisible** adj. Latente, oculto, escondido, recóndito, secreto. ↔ VISIBLE, EVIDENTE.

**invitación** f. Convite. 2 Incitación.

**invitar** tr. Convidar, brindar. 2 Incitar, mover, inducir.

**invocar** tr. Implorar, rogar. "El que *invoca* llama a otro para que lo auxilie; el que *implora* pide con insistencia, con fervor y con lágrimas" (M). 2 Alegar*.

**involucrar** tr. Envolver, mezclar, con-

*fundir.* ↔ ACLARAR, DESEMBROLLAR, ESPECIFICAR.

**involucro** *m.* BOT. *Gorguera.*

**involuntario, -ria** *adj. Impensado, irreflexivo, instintivo, maquinal, espontáneo\*.*

**iñiguista** *adj.-com.* p. us. *Jesuita, ignaciano.*

**iolita** *f.* MINERAL. *Dicroíta, cordierita, zafiro de agua.*

**ipecacuana** *f. Bejuquillo.*

**ir** *intr. Irse.* "Estos dos verbos no pueden usarse indistintamente, porque *irse* tiene la fuerza de ausentarse, sin relación al paraje a que se va, sino sólo al que se deja; e *ir,* por el contrario, no hace relación al que se deja, sino a aquel adonde se va. Ha resuelto *irse* de Madrid: puede no saber adónde *irá,* o qué camino elegirá; y no se dirá en este caso: ha resuelto *ir* de Madrid, sin determinar precisamente el paraje adonde va, o destino que lleva" (LH). 2 *Levantar la casa, andar con el hato a cuestas, ahuecar el ala.*

**ira** *f. Furor, molestia, enfado, indignación, enojo, irritación, coraje, cólera, rabia, furia\*.* ↔ HUMILDAD. 2 **Enverdecer de ira** *loc. Rabiar, encolerizarse, enfurecerse, crujir los dientes, exaltarse la bilis.* ↔ TRANQUILIZARSE, SERENARSE, APACIGUARSE.

**iracundo, -da** *adj. Irascible, irritable, colérico, bilioso, atrabiliario.*

**irlandés, -esa** *adj.-s.* (pers.) *Hibernés, hibérnico.* Estos dos se utilizan principalmente tratándose de la antigua Irlanda.

**ironía** *f. Burla.* La *ironía* es un género de *burla* fina y disimulada. Significa dar a entender lo contrario de lo que se dice. Es, pues, muy diferente de la *mofa,* del *escarnio* y del *sarcasmo.* La *ironía* necesita inteligencia, ingenio y artificio que la oculte más o menos.

**irónico, -ca** *adj. Burlón, punzante, ático, cáustico, mordaz.*

**irracional** *adj.-com. Bruto, bestia, ani-*

*mal.* 2 *Absurdo, insensato, extraviado.* ↔ SENSATO, REFLEXIVO, COHERENTE.

**irradiar** *tr. Radiar, despedir, difundir, esparcir.*

**irrealizable** *adj. Impracticable, imposible, quimérico.*

**irrebatible** *adj. Indiscutible, incuestionable, incontrovertible, indisputable, inconstrastable, irrefutable, concluyente\*, decisivo, terminante, convincente.* ↔ DISCUTIBLE, PROVISIONAL, CUESTIONABLE, REFUTABLE, CONTROVERTIBLE.

**irreemplazable** *adj. Insustituible.*

**irreflexivo, -va** *adj. Precipitado, imprudente, aturdido, atropellado, ligero, ligero de cascos.* 2 *Indeliberado, involuntario, instintivo, maquinal, espontáneo\*.*

**irregular** *adj. Anómalo, anormal.* 2 *Desigual, intermitente, discontinuo.* 3 *Variable, caprichoso, inconstante.*

**irregularidad** *f. Anomalía, anormalidad, alteración, transtorno, trastorno, desorden.* ↔ REGULARIDAD, CUMPLIMIENTO, CONTINUIDAD. 2 *Fraude, filtración.*

**irreligioso, -sa** *adj.-s. Impío, descreído, incrédulo.* ↔ PÍO, RELIGIOSO, CRÉDULO.

**irremediable** *adj. Irreparable.* ↔ REPARABLE, CURABLE, REMEDIABLE.

**irreparable** *adj. Incurable.*

**irresolución** *f. Perplejidad\*, vacilación, indecisión, duda, incertidumbre\*.* *Perplejidad, vacilación, indecisión e irresolución* se refieren principalmente a la voluntad. La *duda* y la *incertidumbre,* al entendimiento, al juicio u opinión que deseamos formarnos de las cosas. ↔ DECISIÓN, CERTIDUMBRE, RESOLUCIÓN.

**irresoluto, -ta** *adj.-s. Indeciso, perplejo, vacilante, dudoso\*.* 2 *Irresuelto.*

**irrespetuoso, -sa** *adj. Desatento, irreverente, descomedido.*

**irrigación** *f. Riego.* 2 MED. *Lavado.*

**irrigar** *tr. Regar.* 2 MED. *Lavar.*

**irrisión** *f. Burla, ridiculez, desprecio.*

**irrisorio, -ria** *adj. Ridículo, risible.* 2 *Insignificante, desestimable, minúsculo.*

**irritable** adj. Irascible, pronto, colérico, atrabiliario, bilioso.

**irritación** f. MED. Paratripsis, rozadura, excoriación. 2 fig. Ira, enfado, enojo, cólera, rabia. ↔ TRANQUILIDAD, PAZ.

**irritante** adj. Desagradable*, molesto, enojoso, penoso, fastidioso. ↔ AGRADABLE.

**irritar** tr.-prnl. fig. Enojar, encolerizar, enfadar, enfurecer, exasperar, sulfurar, salirse de sus casillas, perder los estribos, montar en cólera, ponerse de mil colores, excitar, acalorar, trinar*. ↔ TRANQUILIZAR, PACIFICAR, SERENAR, CALMAR, SOSEGAR. 2 tr. Rozar, excoriar.

**irrumación** f. Felatorismo.

**irrupción** f. Invasión*, incursión, intrusión, entrada.

**isagoge** f. Exordio, preámbulo.

**isla** f. Ínsula (lit.). 2 Manzana, bloque (Amér.), cuadra (Amér.).

**islámico, -ca** adj. Mahometano, muslímico, musulmán, islamita.

**islamismo** m. Mahometismo, islam.

**islamita** adj.-com. (pers.) Mahometano, musulmán.

**isleño, -ña** adj.-s. (pers.) Insular, insulano.

**islilla** f. p. us. Sobaco, axila.

**ismaelita** adj.-com. (pers.) Árabe, sarraceno, agareno.

**isomorfismo** m. Homomorfismo.

**israelita** adj.-com. (pers.) Hebreo, judío.

**itálica** adj.-f. Bastardilla, cursiva.

**iterar** tr. Repetir*, reproducir, rehacer, reiterar, segundar, asegundar, reincidir.

**itinerario** m. Ruta, camino.

**izar** tr. MAR. Levantar, elevar, enarbolar, arbolar, levar.

**izquierda** f. Siniestra (lit. o culto), zurda.

**izquierdo, -da** adj. Siniestro. 2 Zurdo.

# J

**jabalí** *m. Puerco jabalí, puerco montés, puerco salvaje, pécari, báquiro, saíno, puerco de monte.*

**jabardear** *intr. Pavordear.*

**jábega** *f. (red) Bol.*

**jabí** *m. Cuba. Quebracho, quiebrahacha, jabín (Méx.).*

**jabilla** *f. ant. Jabillo, árbol del diablo.*

**jabillo** *m. Árbol del diablo, jabilla.*

**jabladera** *f. CARP. Argallera.*

**jabón de sastre** *m. Esteatita, jaboncillo.*

**jabonadura** *f. Enjabonado, enjabonadura.*

**jabonar** *tr. Enjabonar.*

**jaboncillo** *m. Jabón de sastre, esteatita (científ.).*

**jabonera** *f. (hierba) Lanaria, saponaria.*

**jabonoso, -sa** *adj. Saponáceo (científ.).*

**jaca** *f. Cuartago.*

**jacapucayo** *m. Argent. Olla de mono (C. Rica y Venez.).*

**jacarandina** *f. Jacarandaina, jacarandana, germanía.*

**jacarandoso, -sa** *adj. Donairoso, gracioso, alegre, desenvuelto, airoso, garboso, desenfadado, sandunguero.*

**jacinto** *m. (planta y flor) Bretaña. 2 Circón, jacinto de Ceilán. 3* **Jacinto occidental** *Topacio.*

**jaco** *m. Rocín, matalón, jamelgo, penco, caballo\*.*

**jacobita** *adj. Monofisita.*

**jacobitismo** *m. Monofisismo, eutiquianismo.*

**jacónito** *m. Anapelo, napelo, matalobos, pardal, uva lupina, uva verga.*

**jactancia** *f. Vanagloria, presunción, petulancia, arrogancia, vanidad, fatuidad, fanfarria\*.* Cuando la *jactancia* es permanente y constitutiva del carácter, se acerca al significado de *vanidad, petulancia, fatuidad.* "*Jatancia* es alabanza propia, presuntuosa y exagerada; *arrogancia* es aspiración ostentosa y manifiesta a la superioridad, expresada por la voz y por el gesto. No todo el que es *jactancioso* es *arrogante*" (M). ↔ MODESTIA.

**jactancioso, -sa** *adj. Vanaglorioso, presumido, vanidoso, presuntuoso, petulante, fatuo.*

**jactarse** *prnl. Gloriarse, vanagloriarse, preciarse, echárselas de, presumir de, ufanarse, alardear, picarse, darse pisto, hacer gala.*

**jade** *m. Piedra nefrítica, piedra de ijada* (ant.). *Piedra nefrítica,* porque con ella se hacían antiguos amuletos para curar los riñones.

**jadear** *intr. Carlear (p. us.), acezar. Carlear,* muy usado en los clásicos.

**jadeo** *m. Acezo.*

**jaenés, -esa** *adj.-s. (pers.) Giennense, jiennense.*

**jaez** *m. Arreo, guarnición, atalaje. 2 fig. Clase, índole, calidad, estofa, calaña, ralea.* Los tres primeros, en general; pero *jaez* añade un sentido despectivo próximo al de *estofa, calaña* o *ralea;* p. ej.: gente de ese *jaez.*

**jaguarzo** *m. Estepa negra.*

**jaguay** *m. Perú. Jagüey, jagüel, jahuel.*
**jagüel** *m. Amér. Jagüey, jaguay (Perú), jahuel.*
**jagüey** *m. Cuba.* (árbol) *Matapalo* (Amér.). 2 (balsa, pozo) *Jaguay* (Perú), *jagüel, jahuel.* Los dos últimos, en Argentina, Bolivia, Chile y Perú.
**jahuel** *m. Amér. Jagüey, jaguay (Perú), jagüel.*
**jalar** *tr. Amér. Halar (Amér.), tirar (de algo).*
**jalbegar** *tr. Enjalbegar, blanquear, encalar.*
**jalear** *tr.* DEP. *Azuzar, espolear.* Se usan en la caza.
**jaleo** *m. Jarana, bulla, bullicio, fiesta, alegría, diversión.* 2 *Alboroto, desorden, pendencia.*
**jamás** *adv. t. Nunca.*
**jamelgo** *m. Penco, jaco, matalón, rocín, caballo*.*
**jamurar** *tr.* MAR. *Achicar.*
**jangada** *f. Trastada, trastería, mala pasada, picardía, bribonada, tunantada.* 2 *Balsa, armadía, almadía.*
**japonés, -esa** *adj.-s.* (pers.) *Nipón.*
**jaque** *m. Valentón, perdonavidas, matasiete, guapo, chulo.* 2 **Tener en jaque** *loc. Amenazar, amagar, conminar, enseñar los dientes, decir a uno cuántas son cinco.*
**jaqueca** *f. Hemicránea* (MED.), *migraña.*
**jaquel** *m.* BLAS. *Escaque.*
**jara** *f.* (arbusto) *Lada.* 2 *Vira, virote, flecha, saeta.* 3 **Jara blanca** *Estepilla.*
**jarabe** *m. Jarope.*
**jaramago** *m. Balsamita, raqueta, ruqueta, sisimbrio.*
**jarana** *f. Bulla, bullicio, fiesta, jolgorio, diversión, alegría, jaleo.* ↔ PAZ. 2 *Alboroto, desorden, pendencia, tumulto.* ↔ PAZ.
**jarcia** *f.* MAR. *Cordaje, cordelería.*
**jardín** *m. Pensil, vergel, carmen* (Gran.). Los dos primeros son denominaciones estimativas de su hermosura.
**jarillo** *m.* (planta) *Aro, alcatraz, arón, jaro, sarrillo, tragontina, yaro.*

**jaro** *m.* (planta) *Aro, alcatraz, arón, jarillo, sarrillo, tragontina, yaro.*
**jarope** *m. Jarabe.*
**jaspe** *m.* MINERAL. *Sílex.* 2 **Jaspe de sangre** *Heliotropo.*
**jato, -ta** *s. Ternero, becerro, novillo.*
**jaula** *f. Gayola, cávea.* Este último, tratándose de los antiguos romanos.
**jauría** *f. Muta.*
**jazmín de la India** *m. Gardenia.*
**jebe** *m. Ajebe, alumbre, enjebe.*
**jefe** *m. Superior, director, cabeza, principal, caudillo, patrón*.*
**jeme** *m.* fig. *Palmito* (cara de mujer), *cara*.*
**jenabe** *m. Ajenabe, mostaza, jenable.*
**jenable** *m. Ajenabe, mostaza, jenabe.*
**jengibre** *m. Ajengibre.*
**jerarquía** *f. Orden, subordinación.* 2 *Clase*, categoría.*
**jerárquico, -ca** *adj.* LÓG. *Arbóreo, arborescente, de árboles.*
**jerga** *f. Jeringonza, germanía, argot*, chula*, chulapa, lunfardo* (Buenos Aires), *caló.* 2 *Galimatías, algarabía.*
**jerigonza** *f. Argot*, jerga, germanía, caló, chula*, chulapa, lunfardo* (Buenos Aires).
**jeringa** *f. Lavativa, irrigador, gaita* (ant.).
**jeringar** *tr.* fam. y fig. *Molestar, mortificar, fastidiar, aburrir, enfadar, cansar.*
**jeringuilla** *f.* (planta) *Celinda.*
**jeroglífico** *m. Emblema, símbolo, empresa, representación, lema, hieroglífico.*
**jesuita** *adj.-m. Ignaciano, iñiguista.*
**jeta** *f. Hocico, morro*.* 2 *Cara.*
**jibia** *f. Sepia.*
**jícama** *f. Amér. Central, Ecuad. y Méx. Jíquima* (Cuba y Ecuad.).
**jícara** *f. Pocillo* (ant.).
**jiennense** *adj.-com.* (pers.) *Jaenés, giennense, jaenero.*
**jifero** *m. Matarife, matachín.*
**jifia** *f. Pez espada.*
**jilguero** *m. Cardelina, colorín, pintacilgo, pintadillo, silguero, sirguero.*
**jindama** *f.* TAUROM. *Miedo*, recelo, te-*

mor, espanto, pavor, pánico, medrana, cobardía, jinda. ↔ VALOR, TRANQUILIDAD, AUDACIA.

**jineta** f. (mamífero) Gineta, papialbillo, patialbillo.

**jinete** m. Caballero, jockey. El último, en las carreras de caballos.

**jínjol** m. Azufaifa, azofaifa, azofeifa, guinja, guínjol, yuyuba.

**jinjolero** m. Azufaifo, azufeifo, guinjolero.

**jíquima** f. Cuba y Ecuad. Jícama.

**jirón** m. Desgarrón, pedazo. 2 Trozo, parte.

**jockey** m. Jinete, caballero, yoquey.

**jocó** m. Orangután.

**jocoserio, -ria** adj. Tragicómico.

**jocoso, -sa** adj. Gracioso, chistoso, festivo, alegre*, divertido.

**jocundo, -da** adj. Jovial, alegre, jocoso, gracioso, chistoso.

**jofaina** f. Palancana, palangana, aguamanil, lavamanos, aljofaina (p. us. y ant.).

**jogging** m. anglic. DEP. Footing.

**jolgorio** m. Holgorio, regocijo, fiesta, bulla, bullicio, jarana, parranda.

**jollín** m. Gresca, alboroto, pelotera.

**jorguín, -ina** s. Hechicero, hada, brujo, mago, mágico, encantador, nigromante.

**jornada** f. ant. Acto. En el teatro.

**jornal** m. Salario, soldada, sueldo, estipendio.

**jornalero, -ra** s. Trabajador, obrero, operario. El jornalero es el trabajador, operario u obrero que trabaja a jornal.

**joroba** f. Corcova, chepa, giba. 2 fig. Impertinencia, molestia, mortificación.

**jorobado, -da** adj.-s. Corcovado, giboso, contrahecho.

**jorobar** tr. Molestar, fastidiar, gibar, importunar, mortificar, jeringar.

**joven** adj.-com. Mozo, mancebo, zagal, adolescente, pollo. Joven, como adj., se aplica a cualquier ser vivo de poca edad: árbol, caballo, persona, joven. Como sustantivo se usa sólo para personas y equivale a mozo; mancebo, si tiene muy pocos años; zagal, ado-

lescente. Pollo se usa sólo en los medios sociales de alguna distinción.

**jovial** adj. Alegre*, festivo, jocundo, divertido, gracioso, risueño. ↔ DESANIMADO, AMARGADO, ABURRIDO.

**joya** f. Alhaja, presea, joyel, dije.

**joyel** m. Joya, alhaja, presea, dije.

**Juan Lanas** m. fam. Bragazas, calzonazos.

**jubilación** f. Retiro.

**jubilado, -da** adj.-s. Retirado.

**jubilar** tr.-prnl. Retirar.

**júbilo** m. Alborozo*, alegría*, regocijo, contento*, gozo*. El júbilo y el alborozo suponen manifestaciones exteriores de alegría; en los demás sustantivos no es indispensable su manifestación exterior.

**jubiloso, -sa** adj. Alegre*, gozoso, regocijado, contento, alborozado, jovial, divertido.

**judaísmo** m. Hebraísmo.

**judaizante** adj.-com. Hebraizante.

**judaizar** intr. Hebraizar.

**judas** m. Traidor, alevoso, desleal, delator.

**judeoespañol, -la** adj.-s. Hispanojudío.

**judía** f. Alubia, habichuela, faba (Ast.), fasol, fréjol, fríjol, frísol, frisuelo. Alubia y habichuela son los sinónimos más extendidos. Abundan los nombres locales o que se refieren a determinadas variedades, como faba (Asturias), y los cinco últimos sinónimos.

**judiada** f. Crueldad, inhumanidad, infamia. 2 Usura, agio, explotación.

**judío, -a** adj.-s. Hebreo, israelita. 2 fig. Avaro, usurero, explotador, agiotista.

**juego** m. Diversión, recreo, recreación, entretenimiento, pasatiempo. 2 Funcionamiento, acción, movimiento. 3 Unión, articulación, coyuntura. 4 anglic. DEP. Game: Game se usa en el tenis y en el béisbol. 5 Set (anglic.). En tenis y voleibol.

**juerga** f. Diversión, jarana, parranda.

**juez** m. Definidor, árbitro, regulador. 2

jugada                                                    394

DEP. *árbitro.* 3 **Juez de línea** *Linier*
(anglic.). En el fútbol.
**jugada** *f.* fig. *Treta, ardid, mala pasada, trastada.*
**jugador, -ra** *adj. Futbolista, remero,
esquiador, tahúr, punto.* En los deportes, el *jugador* suele denominarse con
un derivado del nombre del juego,
como en los tres primeros sinónimos. Tratándose del que tiene el vicio de jugar dinero a las cartas, ruleta,
etc.; se usan los dos últimos sinónimos. 2 **Jugador de manos** *s. Prestigitador, ilusionista.*
**jugar** *intr. Entretenerse, divertirse.* 2
*Travesear, juguetear, retozar.* 3 *Funcionar, actuar, moverse, encajar.* 4
*Arriesgar, aventurar, apostar.*
**jugarreta** *f. Truhanada, mala pasada,
truhanería, trastada, picardía.*
**jugo** *m. Zumo.* Tratándose de frutos,
hierbas, flores, etc., *zumo.* 2 fig. *Provecho, sustancia, utilidad.* ↔ INSULSEZ,
SEQUEDAD.
**jugoso, -sa** *adj. Sucoso* (p. us.). 2 fig.
*Sustancioso, provechoso.*
**juguetear** *intr. Jugar, retozar, travesear.*
**juicio** *m. Discernimiento, razón, entendimiento.* ↔ IRREFLEXIÓN, INSENSATEZ.
2 *Cordura, seso, prudencia, sensatez,
asiento, madurez.* ↔ IRREFLEXIÓN, IN-
SENSATEZ. 3 *Opinión, dictamen, parecer.*
**juicioso, -sa** *adj. Ecuánime, sereno,
ponderado, imparcial, veraz, equilibrado.* ↔ PARCIAL, IMPACIENTE. 2 *Discreto, prudente, sensato, mesurado, cuerdo, asentado, formal, serio, sesudo*\*. ↔
INSENSATO, IMPRUDENTE, DESMESU-
RADO.
**jumento, -ta** *s. Asno*\*, *burro, borrico.*
**jumera** *f.* fam. *Borrachera, embriaguez, ebriedad, curda, turca, mona,
chispa.* ↔ SOBRIEDAD.
**juncal** *adj. Flexible, airoso.* 2 *m. Juncar,
junqueral, junquera.*
**juncar** *m. Juncal, junqueral, junquera.*
**junco** *m. Junquera.*
**junípero** *m. Enebro.*

**junquera** *f. Junco* (planta). 2 *Junqueral, juncar, juncal.*
**junqueral** *m. Juncal, juncar, junquera.*
**junquillo** *m. Rota, junco de Indias.* 2
*Baqueta* (moldura).
**junta** *f. Reunión, sesión, asamblea*\*. 2
*Unión, juntura, coyuntura, articula-
ción*\*.
**juntamente** *adv. m. En unión, en compañía, conjuntamente, unidamente.* 2
*adv. t. A la vez, a un tiempo.*
**juntar** *tr.-prnl. Unir, acoplar, enlazar,
trabar, atar*\*. *Acoplar* es unir dos piezas u objetos de modo que ajusten o
encajen; *enlazar* y *trabar,* juntar estrechamente para formar un todo. ↔ SE-
PARAR, DESUNIR. 2 *Acopiar, aglomerar,
amontonar, reunir, almacenar*\*. 3 *Congregar, reunir. Congregar* es voz culta
que se aplica generalmente a personas o seres vivos que acuden por sí
mismos; p. ej.: el pueblo se *congregó*
en la plaza; el pastor *congrega* sus
ovejas. Aplicado a cosas inanimadas,
se siente generalmente como fig.: el
viento *congregaba* las nubes. No podría decirse *congregar* dinero, libros,
etc., sino *reunir, juntar.* 4 *Entornar.* 5
*prnl. Acercarse, arrimarse, aproximar-
se.* ↔ SEPARARSE, ALEJARSE. 6 *Acom-
pañarse.*
**junto** *adv. l. Cerca de.* 2 *adv. m. Juntamente, a la vez, a un tiempo.*
**junto, -ta** *adj. Unido, cercano, inmediato, pegado, próximo.*
**juntura** *f. Articulación, coyuntura.* Tratándose de la unión de dos huesos,
*articulación* en general; si es móvil, *coyuntura.*
**jurador, -ra** *adj.-s. Votador, renegador.*
**juramento** *m. Jura, salva* (desus.).
*Salva* era el *juramento* muy solemne.
2 *Voto*\*, *reniego, taco, blasfemia.*
**jurar** *intr. Renegar, votar, blasfemar,
alzar el dedo, prestar juramento, poner
a Dios por testigo.*
**jurel** *m. Chicharro.*
**jurisconsulto** *m. Abogado*\*, *jurisperito, letrado, jurista.*

**jurisdicción** f. Potestad, poder, autoridad.

**jurisperito** m. Jurisconsulto, legisperito, abogado*, jurista.

**jurista** m. Abogado*, jurisperito, jurisconsulto.

**jusbarba** f. Brusco (planta), rusco.

**justamente** adv. m. Cabalmente, exactamente, precisamente, ajustadamente.

**justicia** f. Equidad, rectitud, imparcialidad. ↔ INJUSTICIA, PARCIALIDAD.

**justiciero, -ra** adj. Justo, equitativo, recto*, imparcial.

**justificación** f. Prueba, probanza. 2 Apología*, panegírico, elogio, encomio, alabanza, defensa. 3 Descargo, satisfacción, disculpa, excusa.

**justificar** tr.-prnl. Probar*, acreditar. 2 Excusar, disculpar, vindicar, sincerar, defender, echar la culpa.

**justipreciar** tr. Tasar, apreciar, estimar, valorar*, evaluar. A todos estos sinónimos justipreciar añade la connotación de justicia o equidad en la tasa; otras veces sugiere la idea de justeza o exactitud en señalar el valor de las cosas. ↔ DESPRECIAR, DESESTIMAR.

**justo** adv. m. Justamente, debidamente, precisamente, exactamente.

**justo, -ta** adj. Recto, equitativo, imparcial, legal, legítimo, razonable. 2 Exacto*, cabal, preciso, puntual.

**juventud** f. Mocedad. ↔ VEJEZ, EXPERIENCIA. 2 Mocerío.

**juzgar** tr. Decidir, sentenciar, fallar. 2 Creer, estimar, opinar, reputar, apreciar, valorar, discernir*, existimar. 3 DEP. Arbitrar, dirigir. 4 **A juzgar por** loc. Según, conforme a, con arreglo a, de acuerdo con, siguiendo.

# K

**káiser** *m. Emperador\*.*
**krosnerupina** *f.* MINERAL. *Prismatina.*

**kyanita** *f.* MINERAL. *Distena.*

# L

**lábaro** *m. Crismón, monograma de Cristo.*

**laberíntico, -ca** *adj.* fig. *Confuso, enredado, intrincado, enmarañado, tortuoso.*

**laberinto** *m. Dédalo* (lit.), *enredo, maraña, confusión, lío, caos.* Los cinco últimos, en sentido figurado.

**labia** *f. Parla, parlería, verba, verbosidad\*, facundia.* Todos coinciden con *labia* en denotar abundancia y facilidad de palabra. *Labia* connota además cierta gracia insinuante y persuasiva que atrae a los oyentes.

**labiérnago** *m. Sao, ladierno.*

**lábil** *adj. Frágil, caduco, débil.*

**labio** *m. Buz* (ant.), *bezo, belfo. Bezo,* cuando es grueso; *belfo,* en las caballerías y otros animales.

**labor** *f. Trabajo, tarea, faena, quehacer, tajo, ocupación\*.* ↔ HOLGANZA, PASIVIDAD. 2 *Labranza, laboreo, cultivo.* 3 *Costura, bordado, punto, encaje.* Todos ellos están comprendidos dentro de la denominación general de labores, y a todas ellas puede aplicarse el nombre especial de *labor.*

**laborar** *tr. Trabajar.* ↔ HOLGAR, HOLGAZANEAR. 2 *Labrar, laborear.*

**laborear** *tr. Laborar, labrar.*

**laborioso, -sa** *adj. Trabajador, aplicado, diligente.* 2 *Trabajoso, penoso, dificultoso.*

**labrador, -ra** *s. Agricultor, cultivador, campesino, paisano* (Gal.), *aldeano* (País Vasco), *labriego, labrantín, pegujalero, pelantrín, destripaterrones*

(desp.). Cuando el *labrador* es pobre se emplean los sinónimos *labrantín, pegujalero* y *pelantrín.*

**labradorita** *f. Piedra de la luna, piedra de las Amazonas, piedra del Labrador, piedra del sol, espectrolita.*

**labrantín** *m. Pegujalero, pelantrín.*

**labranza** *f. Cultivo, labor, laboreo.*

**labrar** *tr. Trabajar, laborar.* 2 *Arar, cultivar.* 3 *Hacer, causar, producir, originar.*

**labriego, -ga** *s. Labrador, destripaterrones* (desp.), *labrantín.*

**labrusca** *f. Parriza, parrón, vid silvestre.*

**laca** *f. Goma laca, maque.*

**laceración** *f.* MED. *Desgarro.*

**lacerado, -da** *adj.-s. Lazarino, lazaroso, leproso, elefancíaco.*

**lacerar** *tr. Lastimar, magullar, herir, golpear.* 2 fig. *Dañar, vulnerar, perjudicar.*

**lacería** *f. Miseria, pobreza.* 2 *Trabajo, molestia, pena, fatiga.*

**lacha** *f. Alacha, boquerón* (pez), *aleche, aladroque, anchoa, alache.*

**lacio, -cia** *adj. Marchito, ajado, mustio.* 2 *Flojo, decaído, descaecido, fláccido.* ↔ TIESO, DURO, FUERTE.

**lacónico, -ca** *adj. Breve, conciso, sucinto, compendioso, sobrio, seco.*

**laconismo** *m. Concisión, brevedad, sobriedad, sequedad.* ↔ VERBOSIDAD.

**lacra** *f. Plaga, miseria.* 2 *Defecto, vicio, tara.* 3 *Huella* (de una enfermedad), *señal.*

**lacrimoso, -sa** *adj. Lagrimoso, lloroso, lastimoso, lastimero.*
**lactación** *f. Lactancia.*
**lactancia** *f. Lactación.*
**lactar** *tr. Amamantar, criar.*
**lácteo, -ea** *adj.* TECN. *Lechoso, lacticíneo* (TECN.), *lacticinoso* (TECN.), *lactescente* (TECN.). *Cuando significa parecido a la leche, lechoso.* 2 *Lechero, láctico. En cuanto relativo a la leche, lácteo equivale con frecuencia a lechero; industria láctea o lechera. Si se refiere a los productos que se obtienen de la leche, se emplea lácteo o láctico: derivados lácteos o lácticos, no lecheros.*
**lactescente** *adj.* TECN. *Lácteo* (TECN. y culto), *lechoso, lacticíneo* (TECN.), *lacticinoso* (TECN.).
**lacticíneo, -ea** *adj.* TECN. *Lácteo* (TECN. y culto), *lechoso, lacticinoso* (TECN.), *lactescente* (TECN.).
**lacticinoso, -sa** *adj.* TECN. *Lácteo* (TECN. y culto), *lechoso, lacticíneo* (TECN.), *lactescente* (TECN.).
**láctico, -ca** *adj. Lácteo*.
**lactina** *f. Lactosa, azúcar de leche.*
**lactómetro** *m. Areómetro, densímetro, pesalicores, alcoholímetro, pesaleches, galactómetro, oleómetro.*
**lactosa** *f. Azúcar de leche, lactina.*
**lada** *f. Jara (arbusto).*
**ladear** *tr. Inclinar, torcer, sesgar.*
**ladero, -ra** *adj. Lateral.*
**ladierno** *m. Aladierna, alaterno, alitierno, mesto, sanguino, aladierno.*
**ladino** *m. Rético, retorromano, rumanche.*
**ladino, -na** *adj. Sagaz, astuto, taimado.* ↔ INOCENTE, INHÁBIL.
**lado** *m. Costado, banda, ala, flanco. Los dos últimos, tratándose de un ejército.*
**ladrar** *intr. Latir, gañir.*
**ladrido** *m. Latido, gañido. Latido es el ladrido entrecortado del perro cuando sigue la caza o cuando de repente sufre algún dolor. Gañido es cada uno de los gritos que da el perro cuando lo maltratan.*
**ladrillo** *m. Azulejo, baldosa.*

**ladrón, -ona** *adj.-s. Caco, sacre, atracador, cuatrero, ratero, carterista, mechera. Según la clase de robos o hurtos que comete el ladrón.*
**ladronera** *f. Latrocinio, ladronería, hurto, robo, estafa.* 2 (vasija cerrada) *Alcancía, hucha, vidriola, olla ciega.* 3 ARQ. *Matacán.*
**ladronería** *f. Latrocinio, ladronera, hurto, robo, estafa.*
**lagaña** *f. p. us. Legaña, pitarra, pitaña, magaña* (And. y Sant.).
**lagar** *m. Jaraíz, tino.*
**lagarto** *m. Fardacho* (Val.).
**lagarto, -ta** *adj.-s. fig. Astuto, sagaz, taimado.*
**lagotería** *f. Zalamería, zanguanga, garatusa, fiesta, pelotilla, adulación.*
**lagrimar** *intr. Llorar, arrasarse los ojos de lágrimas, llorar a lágrima viva, coger una perra, lagrimacer.* ↔ REÍR.
**lágrimas de cocodrilo** *f. pl. Fingimiento, simulación, ficción, engaño, hipocresía, doblez, calentura de pollo.*
**lagrimeo** *m. Ploración* (MED.).
**lagrimoso, -sa** *adj. Lacrimoso, lloroso, lastimoso, lastimero.*
**laguna** *f. fig. Falta, hueco, vacío, omisión.*
**lagunajo** *m. Charca*.
**laico, -ca** *adj.-s. Profano, secular, seglar, lego.*
**laja** *f. Lancha (piedra), lastra.*
**lama** *f. Cieno, légamo, barro*.
**lambrija** *f. Lombriz, miñosa.*
**lamentable** *adj. Deplorable, lastimoso, sensible.* "Es *lamentable* todo suceso que afecta el corazón con sentimientos de dolor y pesadumbre. El suceso es *deplorable* cuando a las mismas circunstancias se reúne la de algún error, crimen, descuido o accidente que fue causa de la desgracia ocurrida. Es *lamentable* la muerte de una persona que nos es cara. Decimos que son *deplorables* las flaquezas de un gran hombre, la pérdida de una reputación y la discordia de una familia" (M).

**lamentación** *f. Lamento, queja, gemido, clamor*\*.

**lamentar** *tr. Deplorar, sentir, llorar.* 2 *prnl. Quejarse, gemir, plañir, clamar*\*.

**lamento** *m. Gemido, quejido, queja, lamentación, clamor*\*.

**lamerón, -ona** *adj.-s.* fam. *Goloso, laminero, glotón.*

**lamia** *f. Tiburón, marrajo, náufrago.* La *lamia* es una especie de *tiburón*.

**lámina** *f. Hoja, folio, chapa.* 2 *Estampa, grabado.* 3 BIOL. *Capa, membrana, túnica.*

**laminero, -ra** *adj.-s. Goloso, lamerón* (fam.), *glotón.*

**lámpara** *f. Bombilla.*

**lamparones** *m. pl. Escrófulas, paperas.* V. papera.

**lampazo** *m. Bardana, lapa, purpúrea.*

**lampiño, -ña** *adj. Glabro* (lit.). ↔ VELLUDO.

**lampreazo** *m. Latigazo, trallazo, zurriagazo.*

**lampuga** *f. Antia.*

**lance** *m. Percance, ocurrencia, suceso, trance, ocasión.* 2 TAUROM. *Suerte.* 3 *Encuentro, riña, duelo, querella.* 4 **Lance de honor** *Duelo, desafío, encuentro, combate.* **5 De lance** *loc. adj. De ocasión, de segunda mano, usado.* ↔ DE PRIMERA MANO, SIN ESTRENAR, NUEVO.

**lanceta** *f. Sangradera* (CIR.).

**lancha** *f. Laja, lastra.* 2 *Chalupa, bote, barca.*

**landrilla** *f. Lita.* Este último hace refrencia especial a la del perro.

**langostín, langostino** *m. Tino, cervatica.*

**languidez** *f. Lasitud, desfallecimiento, decaimiento, flojedad, cansancio, fatiga, astenia* (MED.). ↔ VIVEZA, ARDOR.

**lánguido, -da** *adj. Flaco, débil, fatigado.* 2 *Abatido, decaído, desanimado.*

**languor** *f.* MED. *Decaimiento, debilidad, astenia* (MED.), languidez.

**lanosidad** *f. Vello, pelo, pelusa, tomento, pelusilla.*

**lanoso, -sa** *adj. Lanudo, velloso.*

**lanudo, -da** *adj. Lanoso, velloso.*

**lanza** *f. Pica.* 2 *Timón, pértiga, vara.* En los carruajes.

**lanzadera** *f. Rayo textorio.*

**lanzador de disco** *m.* DEP. *Discóbolo.* Se usan en el atletismo.

**lanzamiento** *m.* DEP. *Tiro.* Usado principalmente en el baloncesto.

**lanzar** *tr.-prnl. Arrojar, echar*\*, *tirar, despedir, disparar.* 2 *tr.* DEP. *Servir, sacar.*

**laña** *f. Grapa, gafa.*

**lapa** *f.* (planta) *Lampazo, bardana, purpúrea.*

**lapáctico, -ca** *adj.* FARM. *Purgante, derivativo.*

**lapicero** *m. Lápiz.*

**lapidificación** *f. Petrificación, fosilización.*

**lapislázuli** *m. Cianea, lazulita, azul de ultramar.* Pulverizado, se llama *azul de ultramar.*

**lápiz** *m. Lapicero.*

**lapso** *m. Tracto, trecho.* 2 *Lapsus.* Cuando se trata de un error, se emplea a menudo la forma lat. *lapsus.* Se dice también *lapsus calami* (error de pluma) o *lapsus linguae* (error de lengua).

**lapsus** *m. Lapso, tracto, trecho.* 2 *Desliz, ligereza, descuido, falta, error, culpa, distracción, omisión, inadvertencia, olvido, lapso*\*, *gazapo*\*.

**lar** *m. Hogar, casa*\*.

**lardo** *m. Grasa*\* (esp. de cerdo).

**lardoso, -sa** *adj. Grasiento, pringoso, aceitoso*\*.

**largamente** *adv. m. Cumplidamente.* 2 *Ampliamente, holgadamente.* 3 *Liberalmente, generosamente, espléndidamente.*

**largar** *tr.-prnl. Aflojar, soltar.* 2 *prnl. Irse, marcharse, escabullirse, escurrirse, pirárselas* (vulg.), *huir*\*. ↔ PERMANECER. 3 *intr.-tr.* MAR. *Amollar.*

**largo** *m. Longitud, largor, largura.* 2 **Ir para largo** *loc.* fam. *Haber para rato.*

**largo, -ga** *adj. Extenso, duradero, difuso.* Tratándose del tiempo, *duradero.* "*Largo* recae sobre la duración; *difuso*, sobre el modo. Es *largo* el ser-

món que·dura mucho; es *difuso* cuando el predicador trata con demasiada prolijidad la materia, el punto o puntos de que se compone" (LH). ↔ COR-TO, CONCISO.
**larguero** *m.* DEP. *Travesaño, poste.* *Larguero* y *travesaño* se usan en el fútbol y en el rugby. 2 (de la cama) *Cabezal.*
**largueza** *f. Longitud, largura.* 2 *Liberalidad, generosidad, desprendimiento, dadivosidad, esplendidez, desinterés*.*
**larvado, -da** *adj.* MED. *Disfrazado, oculto.* Aplícase a enfermedades.
**lascivia** *f. Lujuria, incontinencia, liviandad, obscenidad, sensualidad, libídine.* ↔ PUREZA, CONTINENCIA.
**lascivo, -va** *adj. Libidinoso, lúbrico, lujurioso, vicioso, obsceno*.* 2 *Liviano, incontinente, deshonesto, impúdico.*
**laserpicio** *m. Comino rústico.*
**lasitud** *f. Desfallecimiento, decaimiento, flojedad, languidez, cansancio*, fatiga.* ↔ VIVEZA, ARDOR.
**lástima** *f. Compasión, conmiseración, misericordia, piedad.* "*Lástima* es un sentimiento menos vehemente y más pasajero que *compasión.* Así es que de la palabra *lástima* no se deriva un adjetivo aplicable al que la siente, sino al objeto que la provoca, y lo contrario sucede con la palabra *compasión,* de que se deriva *compasivo.* Son *lastimeros* o *lastimosos* los infortunios, las enfermedades, el hambre y la persecución. Son *compasivas* las personas en quienes estos males producen *lástima*" (M). "La *lástima* se aplica con más propiedad a la sensación que nos causa el mal que se ofrece a nuestros sentidos; y la *compasión* al efecto que causa en el *ánimo* la reflexión del mal: porque aquella no explica por sí sola más que la sensación de la pena, o el disgusto que causa el mal ajeno; pero la *compasión* añade a esta idea la de una cierta inclinación del ánimo hacia la persona desgraciada, cuyo mal se desearía evitar. No nos mueve a *compasión* la

suerte de un asesino condenado a muerte, pero nos da *lástima* el verle padecer en el suplicio. Nos da *lástima* el ver morir a un irracional; nos da *compasión* el triste estado de una pobre viuda. La *compasión* supone siempre un sentimiento verdadero. La *lástima* se emplea algunas veces para representar un sentimiento tan ligero, que apenas merece el nombre de tal; como: Es *lástima* que no haga buen tiempo" (LH).
**lastimar** *tr.-prnl. Herir, dañar, perjudicar.* 2 *Agraviar, ofender.* 3 *prnl. Dolerse, sentirse, resentirse.*
**lastimero, -ra** *adj. Plañidero, triste, lúgubre, quejumbroso.*
**lastimoso, -sa** *adj. Lamentable*, deplorable, sensible.*
**lastra** *f. Lancha* (piedra)*, laja.*
**lastrar** *tr.* MAR. *Enjuncar.*
**lastre** *m. Zahorra.* 2 fig. *Juicio, madurez, seso.*
**I lata** *f. Hojalata.*
**II lata** *f. Tabarra, tostón.*
**latamente** *adv. m. Largamente, extensamente, ampliamente, prolijamente.* ↔ BREVEMENTE, LIGERAMENTE.
**latastro** *m.* ARQ. *Plinto, orlo.*
**latente** *adj. Oculto, escondido, invisible, recóndito, secreto.*
**lateral** *adj. Ladero.* 2 *Excéntrico, periférico.* ↔ CENTRAL, ENDOCÉNTRICO.
**látex** *m.* científ. *Leche.* Aplícase especialmente a las plantas que producen un jugo lechoso. En el habla corriente, *leche.*
**latido** *m. Ladrido.* 2 *Palpitación, pulso.* Del corazón, *palpitación;* de las arterias, *pulso.*
**latigazo** *m. Lampreazo, trallazo, zurriagazo.*
**látigo** *m. Tralla, zurriago, zurriaga, fusta.*
**latinizar** *tr. Romanizar.*
**latir** *intr. Pulsar, palpitar.* 2 *Ladrar, gañir.*
**latitud** *f. Anchura, ancho, amplitud, extensión.*

**lato, -ta** *adj. Dilatado, extenso, amplio.* ↔ ESTRECHO, BREVE.
**latón** *m. Azófar, metal.*
**latonero** *m. Argent.* (arbusto) *Almez, aligonero, lironero* (Murc.)*, lodoño* (Nav.)*, almezo.*
**latoso, -sa** *adj. Fastidioso, hastioso, tedioso, aburrido, pesado, cargante, importuno, pelma, pelmazo.* ↔ DISTRAIDO, AGRADABLE, AMENO.
**latrocinio** *m. Ladronera, ladronería, hurto, robo, estafa.*
**laudable** *adj. Loable, plausible, meritorio.*
**láudano** *m. Opio.*
**laudo** *m.* DER. *Fallo*\*, *sentencia, resolución, decisión.*
**lauráceo, -ea** *adj.-s.* BOT. *Lauríneo.*
**laureando, -da** *s.* desus. *Graduando, licenciando, doctorando.*
**lauredal** *m. Lloredo.*
**laurel** *m.* (árbol) *Lauro, dafne.* 2 *f.* fig. *Premio, galardón, recompensa, triunfo, gloria, alabanza, palma, corona, lauro, corona.* 3 **Laurel rosa** *m. Adelfa, baladre, hojaranzo, rododafne, berbería* (Amér.).
**lauréola** *f. Adelfilla, lauréola macho.*
**lauríneo, -ea** *adj.-s. Lauráceo.*
**lauro** *m.* (árbol) *Laurel, dafne.* 2 fig. *Premio*\*, *galardón, recompensa, triunfo, gloria, alabanza, palma, corona, laurel, corona.*
**lauroceraso** *m. Laurel, cerezo, loro.*
**lavabo** *m. Lavatorio.* En el ceremonial de la misa católica.
**lavación** *f.* p. us. *Lavamiento, lavadura* (p. us.)*, lavado, loción.*
**lavado** *m. Lavamiento, lavación* (p. us.)*, lavadura* (p. us.)*, loción.* 2 MED. *Ablución, irrigación.*
**lavadura** *f.* p. us. *Lavamiento, lavación* (p. us.)*, lavado, loción.*
**lavajo** *m. Charca, navajo, navazo.*
**lavamanos** *m. Jofaina, palancana, palangana, aguamanil, aljofaina* (p. us. y ant.).
**lavamiento** *m. Lavación* (p. us.)*, lavadura* (p. us.)*, lavado, loción. Loción,*

especialmente si se trata de alguna parte del cuerpo: *loción* de cabeza.
**lavanco** *m. Alavanco, pato bravío.*
**lavanda** *f. Lavándula, espliego, alhucema*\*.
**lavándula** *f. Alhucema*\*, *espliego, lavanda.*
**lavar** *tr. Limpiar. Lavar* es *limpiar* con agua u otro líquido. 2 fig. *Purificar.*
**lavativa** *f. Ayuda.* 2 *Jeringa, irrigador, gaita* (ant.).
**lavatorio** *m.* (ceremonia de Jueves Santo) *Mandato.* También se llama así el sermón que se predica en esta ceremonia. 2 *Lavabo* (en la misa).
**laxante** *m. Laxativo, solutivo, purga. Purga* y *purgante* son de acción más enérgica.
**laxar** *tr. Ablandar, molificar, suavizar, aflojar.*
**laxativo** *m. Laxante, solutivo, purga.*
**laxitud** *f. Flojera, atonía, distensión.* 2 fig. *Relajación.* "La *laxitud* está en las doctrinas y en las leyes; la *relajación* en la conducta. No es extraño que donde hay *laxitud* en el ejercicio de la autoridad y en la opinión pública, haya también *relajación* en las costumbres" (M).
**laxo, -xa** *adj. Flojo, distendido.* 2 fig. *Relajado.*
**laya** *f. Calidad, especie, condición, calaña, ralea, jaez. Laya* tiene a menudo el sentido despectivo de sus tres últimos sinónimos.
**lazada** *f. Lazo, atadura.*
**lazarillo** *m. Destrón.*
**lazarino, -na** *adj.-s. Lacerado, lazaroso, leproso, elefancíaco.*
**lazaroso, -sa** *adj.-s. Lazarino, lacerado, leproso, elefancíaco.*
**lazo** *m. Atadura, lazada.* 2 fig. *Unión, vínculo, obligación, dependencia, alianza, afinidad, conexión.* 3 *Trampa, emboscada, ardid, asechanza, añagaza.*
**lazulita** *f. Lapislázuli, cianea.*
**leal** *adj. Fiel, franco, honrado, noble, constante, sincero, confiable.*
**lealtad** *f. Fidelidad, apego, ley.* Abundando en la idea de afección personal

que acompaña a *lealtad*, en el habla usual se dice a menudo *apego*, *ley*. "La *fidelidad* no explica por sí sola más que la exactitud con que se cumple la obligación contraída, con que se observa la ley de vida al soberano; la *lealtad* añade a esta idea la del afecto personal con que se cumple aquella obligación. Por eso no se dice: juramento de *lealtad*, sino juramento de *fidelidad*" (LH). ↔ TRAICIÓN, ILEGALIDAD.

**lebrato** *m. Lebratón, liebratón, lebroncillo.*

**lebratón** *m. Lebrato, liebratón, lebroncillo.*

**lebrillo** *m. Terrizo, librillo, barreño.*

**lebroncillo** *m. Lebrato, lebratón, liebratón.*

**lebruno, -na** *adj. Leporino.*

**lección** *f. Lectura.* 2 *Enseñanza, amonestación, ejemplo, advertencia, aviso.*

**lechal** *adj. Lechoso, lechar.*

**I lechar** *adj. Lechoso, lechal.*

**II lechar** *tr. Amér. Ordeñar.*

**leche** *f. Látex* (científ.).

**lechecillas** *f. pl. Asadura* (de un animal).

**lechera amarga** *f. Polígala.*

**lechero, -ra** *adj. Lácteo, láctico.*

**lechetrezna** *f. ésula, titímalo.*

**lechigada** *f. Camada, nidada, cría, madre. Camada* se aplica preferentemente a lobos. En los demás animales no hay separación definida entre una y otra voz. Tratándose de aves e insectos, *nidada*. En general, *cría, madre.*

**lecho** *m. Cama.* 2 *Cauce, madre, álveo.* 3 *Estrato, capa.* 4 **Abandonar el lecho** *loc. Levantarse, saltar de la cama.*

**lechón** *m. Cochinillo.*

**lechoso** *m. Papayo.*

**lechoso, -sa** *adj. Lácteo, lactescente.* Ambos son tecnicismos. 2 *Lechal, lechar.*

**lechuguino, -na** *adj.s. Caballerete, presumido, gomoso, pisaverde, petimetre, currutaco, mozalbete.*

**lechuza** *f. Bruja, coruja, curuja, curuca, estrige, oliva.*

**lectura** *f. Leída.* De un modo general, *leída*, pero especialmente se usa aludiendo a las sucesivas etapas del acto de leer: leí el libro en dos *leídas*; a la primera *leída* me hice cargo del asunto. 2 *Lección.*

**ledo, -da** *adj. ant. Plácido, alegre, contento, satisfecho. Ledo* es voz antigua que sólo se usa en el lenguaje literario. ↔ TRISTE.

**leer** *tr. Descifrar, interpretar.*

**legado** *m. Manda.*

**legal** *adj. Legítimo, lícito, permitido, justo.* ↔ INJUSTO, INMORAL.

**légamo** *m. Cieno, lodo, limo, fango, barro*.

**legaña** *f. Pitarra, pitaña, lagaña, magaña* (And. y Sant.). *Lagaña*, hoy poco usado por estimarse como vulgar, tuvo algún uso en los clásicos.

**legañoso, -sa** *adj.-s. Pitarroso, pitañoso.*

**legar** *tr. Mandar, dejar.*

**legendario, -ria** *adj. Leyendario, tradicional.*

**legible** *adj. Leíble, descifrable.*

**legionense** *adj.-com.* (pers.) *Leonés.*

**legisperito** *m. Jurisperito, jurisconsulto, abogado, jurista, letrado, licenciado* (Amér.), *vocero* (ant.).

**legista** *m. Abogado*, letrado, licenciado* (Amér.), *vocero* (ant.), *jurista, jurisperito, jurisconsulto.*

**legítimo, -ma** *adj. Legal, lícito.* "Lo *legítimo* lo es siempre; lo *legal* puede dejar de serlo cuando la ley se muda. La venta y el cambio son causas *legítimas* de adquisición; la primogenitura y la prescripción son causas *legales*" (M). ↔ ILEGAL. 2 *Equitativo, justo, razonable.* 3 *Genuino, auténtico, verdadero, de ley, puro.* ↔ FALSO.

**lego, -ga** *adj.-s. Seglar.* 2 *Converso, confeso, donado, hermano, monigote* (desp.), *motilón* (desp.). Los cuatro primeros, según las órdenes religiosas. 3 *adj. Ignorante*, profano.*

**legrado** m. CIR. *Rayado, raspado, apoxesis.*

**leíble** adj. *Legible, descifrable.* ↔ ILEGIBLE, INDESCIFRABLE.

**leída** f. *Lectura* (acción).

**lejano, -na** adj. *Apartado, alejado, distante\*, remoto.* Serie intensiva: *apartado* (espacio), *alejado, distante, lejano, remoto.* Las mismas voces pueden aplicarse al tiempo, y guardan entre sí la misma relación: una fecha *lejana, remota, distante.* ↔ PRÓXIMO, PRESENTE.

**lejos** adv. l.-adv. t. *Lejanamente, a distancia, remotamente.* ↔ CERCA.

**lelilí** m. *Lilaila.*

**lelo, -la** adj.-s. *Embobado, pasmado, bobo, tonto, simple, chiflado.*

**lema** m. *Letrero\*, epígrafe, inscripción.* 2 *Mote, divisa, letra.*

**lémures** m. pl. *Lemúridos, prosimios.*

**lemúrido, -da** adj.-s. *Lémures, prosimio.*

**lendrera** f. *Caspera.*

**lengua** f. *Sinhueso* (fam.). 2 *Lenguaje, idioma, habla.* 3 **Mala lengua** s. *Deslenguado, lenguaraz, malhablado, desbocado, desvergonzado, insolente, maldiciente.* 4 **No morderse la lengua** loc. *Tener valor, tener ánimo, tener sangre fría, tener arrestos, ser de pelo en pecho, tener agallas, tener sangre fría.* 5 **Poner en lengua a uno** *Murmurar, cortar un vestido, cortar un traje, criticar, morder* (fig.), *despellejar* (fig.), *cortar un sayo.*

**lenguado** m. *Suela.*

**lenguaraz** adj. *Deslenguado, mala lengua, malhablado, maldiciente, insolente, desvergonzado.*

**lenidad** f. *Blandura\*, suavidad.* ↔ SEVERIDAD, DUREZA.

**lenitivo** adj.-m. *Calmante.* 2 fig. *Alivio, consuelo.*

**lenocinio** m. *Alcahuetería, tercería, proxenetismo.*

**lenta** f. *Dolomía, caliza.*

**lentamente** adv. m. *Poco a poco, paulatinamente, despacio, pausadamente, a paso de tortuga, paso a paso.*

**lentecer** intr.-prnl. *Ablandar, suavizar, blandear, emblandecer, enmollecer, reblandecer, relentecer.* ↔ ENDURECER.

**lentes** m. pl. *Anteojos\*, espejuelos.* 2 **Lentes de contacto** f. *Lentillas.*

**lentícula** f. *Peca, lentigo.*

**lenticular** adj. *Lentiforme.*

**lentiforme** adj. *Lenticular.*

**lentigo** m. *Lunar, peca, lentícula.*

**lentilla** f. *Lente de contacto.*

**lentisco** m. *Almácigo, charneca, mata.* 2 **Lentisco del Perú** *Turbinto, pimentero falso.*

**lentitud** f. *Tardanza, calma, cachaza, pausa, flema, pachorra.* ↔ LIGEREZA, DESASOSIEGO, RAPIDEZ.

**lento, -ta** adj. *Tardo, pausado, calmoso, cachazudo, flemático.*

**leña** f. *Tuero, rozo, despunte, ramulla, ramojo, ramiza, encendajas, chasca, chavasca, seroja, chámara, chamarasca, chamiza.* Los cinco primeros indican *leña* de rama delgada; el resto, *leña* menuda para encender. 2 *Castigo, paliza, tunda.*

**leñatero** m. Amér. *Leñador.*

**leñazo** m. DEP. *Cañonazo, trallazo.* Usados principalmente en el fútbol y balonmano.

**leño** m. *Badulaque, tonto, tarugo, necio.*

**leonés, -esa** adj.-s. (pers.) *Legionense.*

**leopardo** m. *Pardal.*

**lepidóptero, -ra** adj.-s. *Mariposa.* *Mariposa* es el nombre que generalmente se aplica a cualquier *lepidóptero.*

**leporino, -na** adj. *Lebruno.*

**lepra** f. *Gafedad, malatía.* Ambos poco usados hoy.

**leprosería** f. *Malatería* (ant.).

**leproso, -sa** adj.-s. *Lazarino, gafo, malato* (p. us.). *Lazarino;* si es de lepra que encorva los dedos.

**lerdo, -da** adj. *Pesado, torpe, obtuso, rudo, tarugo.*

**lerén** m. P. Rico. *Llerén.*

**lerense** adj.-com. (pers.) *Pontevedrés.*

**leridano, -na** adj.-s. (pers.) *Ilerdense, ilergete.* Ambos aluden a la anterior Ilerda ibérica y romana.

**lesbiana** *f. Marimacho* (fam.), *machota* (fam.), *homosexual, hombruna* (fam.), *tortillera* (vulg.).

**lesbianismo** *m. Homosexualismo* (femenino), *safismo, tribadismo.*

**lesión** *f. Herida, lisiadura.* Este último, cuando la *herida* es permanente y produce deformidad o impedimento. 2 *Daño, perjuicio, detrimento.*

**lesionar** *tr. Herir, lastimar, lisiar.* Este, si la *lesión* es corporal y permanente. 2 *Dañar, perjudicar.*

**lesna** *f. Lezna, alesna, subilla.*

**letal** *adj. Mortífero\*, mortal.*

**letalidad** *f. Mortalidad.*

**letargia** *f. Letargo, somnolencia, sopor.*

**letargo** *m. Modorra, sopor, torpor, torpeza, insensibilidad, marasmo, somnolencia, letargia.* ↔ VIVEZA, ÁNIMO.

**letífero, -ra** *adj. Mortífero, mortal.*

**letificar** *tr.* lit. *Alegrar\*, animar, excitar, regocijar, complacer, placer, alborozar.* ↔ ENTRISTECER.

**letra** *f. Grafema* (LING.). V. letras.

**letrado** *m. Abogado.*

**letrado, -da** *adj. Sabio, instruido, docto, erudito.*

**letras** *f. pl. Humanidades, bellas letras, literatura, humanismo, buenas letras.* V. letra.

**letrero** *m. Rótulo, inscripción, lema, epígrafe.* "El *letrero* expresa un nombre, un aviso de cualquier clase; el *rótulo* se refiere a lo que está contenido dentro o debajo de la superficie en que está escrito; la *inscripción* sirve para conservar la memoria de algún sujeto, de alguna acción o de algún acontecimiento; el *lema* explica en palabras sucintas el asunto de un emblema, de una empresa o de una composición en verso o prosa; el *epígrafe* alude al asunto de la composición, pero no lo explica" (M).

**letrina** *f. Necesaria, privada, retrete.*

**leucita** *f.* MINERAL. *Anfígeno.*

**leucocito** *m. Glóbulo blanco.*

**leudar** *tr. Aleudar, lleudar.* V. fermentar.

**leva** *f. Recluta, reclutamiento, enganche.*

**levador** *m. álabe, diente, leva.*

**levadura** *f. Fermento.*

**levantado, -da** *adj.* fig. *Alto, elevado, encumbrado, noble, sublime.*

**levantamiento** *m. Sublevación\*, alzamiento, rebelión, motín, pronunciamiento\*.*

**levantar** *tr.-prnl. Alzar, elevar.* En el conjunto de sus acepciones, el uso de *alzar* por *levantar* es literario. Compárese *alzar* la cabeza, un edificio, un falso testimonio, con *levantar* la cabeza, etc. *Elevar* pertenece al habla escogida: *elevar* los ojos al cielo; pero en mecánica se usa tanto como *levantar*: una grúa para *elevar* grandes pesos; bomba para *elevar* el agua subterránea (no *levantar*); un globo se *elevaba*. Se usa asimismo *elevar* en el sentido de hacer llegar a un superior una queja, súplica, solicitud, con preferencia a *alzar* y exclusión de *levantar*. ↔ BAJAR. 2 *Enderezar, erguir.* 3 *Construir\*, edificar, erigir\*.* 4 *Vigorizar, esforzar.* ↔ DESANIMAR. 5 *Rebelar, sublevar, amotinar, alzar.* ↔ SOMETER. 6 *Engrandecer, ensalzar, exaltar, elevar.* ↔ ECHARSE. 7 *Saltar de la cama, abandonar el lecho.*

**levante** *m. Este, oriente, naciente.*

**levantisco, -ca** *adj. Inquieto, indócil, turbulento, alborotador.*

**leve** *adj. Ligero, liviano, tenue.* En América se usa *liviano* con el sentido de *leve, ligero*, es decir, que pesa poco. Este uso de *liviano* ha sido general en España; pero en la actualidad es mucho menos frecuente que en América. "*Leve* alude a la gravedad; *ligero*, a la gravedad y a la prontitud de los movimientos; *tenue*, a la densidad. Todo lo que pesa poco es *leve*; todo lo que pesa poco y atraviesa el espacio o muda de lugar con rapidez, es *ligero*; todo lo que tiene poca densidad es *tenue*. El humo es *leve*; la mariposa es *leve* y *ligera*; el aire es más *tenue* que el agua" (M).

**levedad** *f. Ligereza.* ↔ PESADEZ.

**leviatán** *m. Lucifer.*

**levita** m. Diácono.

**levítico, -ca** adj. Sacerdotal, clerical, beato. P. ej.: ambiente levítico, ciudad levítica.

**léxico** m. Diccionario, vocabulario, lexicón.

**lexicógrafo** m. Diccionarista, vocabulista.

**lexicón** m. Diccionario*, léxico, vocabulario, glosario, tesoro, enciclopedia.

**ley. De ley** loc. adj. Legítimo, genuino, auténtico, verdadero, puro. ↔ FALSO. 2 **Ley del embudo** f. Injusticia, iniquidad, ilegalidad, ilicitud, arbitrariedad, desafuero, atropello.

**leyenda** f. Tradición, fábula. 2 Inscripción, lema, divisa, mote.

**lezna** f. Lesna, alesna, subilla.

**lía** f. (del vino) Solera, madre.

**liar** tr. Ligar, atar, amarrar (Amér.). ↔ DESATAR. 2 tr.-prnl. Envolver, enredar, enzarzar, mezclar. 3 prnl. Amancebarse. 4 (liarlas o liárselas) Morir.

**lías** f. pl. Hez, pie, sedimento*, poso.

**libelo** m. Panfleto. Es barbarismo innecesario la palabra panfleto.

**libélula** f. Caballito del diablo.

**liberación** f. Quita, quitamiento. 2 Libertad, rescate, desencarcelamiento. ↔ SOMETIMIENTO, ENCARCELAMIENTO. 3 fís. Descarga.

**liberado, -da** adj. Libre, rescatado, libertado. ↔ SOMETIDO.

**liberal** adj. Generoso, desprendido, desinteresado, dadivoso*, largo, rumboso.

**liberalidad** f. Generosidad*, desinterés*, largueza, desprendimiento. ↔ TACAÑERÍA.

**liberalmente** adv. m. Largamente, generosamente, espléndidamente.

**liberar** tr.-prnl. Libertar, librar, poner en libertad, salir del barranco, sacudir el yugo, excarcelar*.

**libertad** f. Independencia, emancipación, autodeterminación. ↔ ESCLAVITUD, DEPENDENCIA, SOMETIMIENTO. 2 Rescate, desencarcelamiento, liberación. ↔ SOMETIMIENTO. 3 Familiaridad, desembarazo, soltura. 4 Osadía, atrevimiento. ↔ MORALIDAD.

**libertar** tr. Soltar, rescatar, redimir, librar*, excarcelar*, manumitir, ahorrar (ant.). Los dos últimos, tratándose de esclavos. 2 Eximir, redimir, cancelar. Tratándose de alguna obligación o gravamen.

**libertario, -ria** adj.-s. Ácrata, anarquista.

**libertinaje** m. Licencia, desenfreno. ↔ MORALIDAD, HONESTIDAD, RELIGIÓN.

**libertino, -na** adj. Licencioso, desenfrenado, disoluto, vicioso.

**liberto, -ta** adj. Horro, manumiso.

**libídine** f. Lascivia, lujuria, incontinencia, liviandad, obscenidad, sensualidad. ↔ PUREZA, CONTINENCIA.

**libidinoso, -sa** adj. Lascivo, lúbrico, lujurioso, obsceno*.

**librador** m. Cogedor, vertedor.

**librador, -ra** adj.-s. (de una letra de cambio) Dador, expedidor.

**libramiento** m. Boleta, libranza, vale, talón, cheque.

**libranza** f. Boleta, libramiento, vale, talón, cheque.

**librar** tr. Salvar, preservar. 2 Liberar, libertar. Librar se refiere a la libertad o la seguridad que no se han perdido. Liberar y libertar significan recobrar la libertad o la seguridad que se perdieron. Nos libramos de un daño, de una enfermedad, de la cárcel, cuando no los hemos sufrido. Nos hemos libertado de un temor o de la prisión después de haberlo sufrido más o menos tiempo. 3 Eximir, dispensar. 4 Girar, expedir. 5 Dar a luz, parir.

**libratorio** m. Locutorio, parlatorio.

**libre** adj. Independiente, emancipado. 2 Suelto, expedito, franco, desembarazado. 3 Rescatado, liberado, libertado. 4 Dispensado, exento. 5 Atrevido, desenfrenado, licencioso, disoluto.

**librería** f. Biblioteca.

**libreta** f. Cuaderno.

**librillo** m. Lebrillo, terrizo, barreño.

**libro** m. Estudio, obra, escrito, tratado, monografía.

**licencia** f. Permiso, autorización, consentimiento, venia, concesión*. "Se usan indiferentemente *licencia* y *permiso* en casi todos los casos. *Licencia,* sin embargo, tiene un sentido más oficial que *permiso.* El empleado obtiene tres meses de *licencia*; un oficial se casa con permiso de sus padres y con *licencia* de sus jefes" (M). ↔ PROHIBICIÓN, DESAUTORIZACIÓN. 2 *Abuso, osadía, atrevimiento, desenfreno, libertinaje.* ↔ CONTINENCIA.

**licenciado** *m. Amér. Abogado\*, letrado, vocero* (ant.), *jurista, jurisperito, legista, jurisconsulto.*

**licenciando, -da** *s. Graduando, laureando* (desus.).

**licenciar** *tr. Permitir, graduar, despedir\*, despachar, echar\*.* ↔ PROHIBIR, SUSPENDER.

**licencioso, -sa** *adj. Libre, atrevido, disoluto, desenfrenado.*

**licitación** *f. Almoneda, subasta.*

**licitador** *m. Postor.*

**lícito, -ta** *adj. Justo, legítimo\*, legal, permitido, autorizado.*

**licosa** *f.* ZOOL. *Tarántula.*

**licuable** *adj. Liquidable, licuefactible.*

**licuación** *f. Fusión, liquidación, licuefacción.*

**licuar** *tr. Liquidar\*, licuefacer, derretir\*.* ↔ SOLIDIFICAR.

**licuefacer** *tr. Licuar, liquidar.* ↔ SOLIDIFICAR.

**licuefactible** *adj. Licuable, liquidable.*

**lid** *f. Combate, liza, pelea, lucha, batalla\*, contienda. Lid* y *liza* se sienten hoy como voces escogidas o literarias. 2 fig. *Disputa, controversia\*.*

**lidiar** *intr. Batallar, pelear, luchar, combatir.* ↔ PACIFICAR. 2 *Torear.*

**liebratón** *m. Lebrato, lebratón, lebroncillo.*

**liebre marina** *f. Huevo de pulpo.*

**liebrecilla** *f. Aldiza, aciano, aciano menor.*

**lien** *m.* lat. MED. *Bazo.*

**lienzo** *m. Tela.* 2 *Pañuelo.* 3 *Pintura, cuadro.*

**lifara** *f. Ar. Merienda, alifara, convite.*

**lift** *m.* anglic. DEP. *Efecto.* En el tenis.

**liga** *f. Cenojil* (ant.), *henojil* (ant.). 2

*Unión, mezcla, aleación.* Este último, tratándose de metales. 3 *Confederación, alianza, coalición, federación, unión.* 4 *Muérdago.*

**ligación** *f. Ligadura.*

**ligadura** *f. Atadura.* ↔ DESATADURA. 2 *Sujeción.* ↔ DESUNIÓN.

**ligar** *tr.-prnl. Atar\*, amarrar, liar.* ↔ DESATAR. 2 *intr.* fam. *Festejar, cortejar, galantear, hacer la corte, tirar los tejos, poner los ojos tiernos, rondar la calle.* 3 *tr.-prnl. Alear.* ↔ DESUNIR. 4 *Unir, conciliar, enlazar.* 5 *Obligar, trabar.* 6 *prnl. Coligarse, confederarse, aliarse, unirse.*

**ligazón** *f. Unión, trabazón, enlace, conexión.*

**ligeramente** *adv. m. Prestamente, de presto, prontamente, rápidamente, con brevedad, a mata caballo.*

**ligereza** *f. Levedad.* ↔ PESADEZ. 2 *Agilidad, prontitud, presteza, rapidez, celeridad, velocidad, viveza.* ↔ LENTITUD. 3 *Irreflexión, imprudencia, descuido\*.* 4 *Inconstancia, volubilidad, instabilidad.*

**ligero, -ra** *adj. Leve, liviano, ingrávido* (lit.). 2 *Ágil, veloz, pronto, rápido, presto, vivo.* 3 *Inconstante, voluble, inestable\*.* 4 *Irreflexivo, imprudente.*

**lignito** *m. Madera fósil.*

**lígula** *f. Epiglotis, lengüeta.*

**ligustro** *m. Alheña, aligustre.*

**lija** *f. Melgacho, pintarroja.* 2 *Zapa.*

**lilaila** *f. Lelilí.*

**liliputiense** *com.* fig. (pers.) *Enano, pigmeo, gorgojo, petizo* (Argent.), *chaparro* (Méx.). ↔ GIGANTE.

**limaco** *m. Babosa* (molusco gasterópodo), *babaza, limaza.*

**limado, -da** *adj. Terso, puro, fluido.*

**limar** *tr. Pulir, desbastar.* "Limar es quitar con la lima las partes superficiales de un cuerpo. *Pulir* es poner por la frotación liso un cuerpo, hacerlo lustroso y agradable a la vista" (Ci). 3 fig. *Cercenar.*

**limaza** *f. Babosa* (molusco gasterópodo), *babaza, limaco.*

**limen** *m.* lit. *Umbral, tranco, lumbral.*

**limero** *m. Lima.* Tanto el árbol como su fruto se llaman *lima.*

**limeta** *f. Amér. Vasija* (redonda), *botella.*

**limitación** *f. Delimitación.* ↔ PERMISO, LIBERTAD. 2 *Demarcación, término, distrito.*

**limitadamente** *adv. m. Escasamente, parvamente.* ↔ ABUNDANTEMENTE.

**limitado, -da** *adj. Reducido, escaso, pequeño.* Tratando de cosas. 2 *Circunscrito, confinado, reducido.* 3 *Ignorante, corto, incapaz.* Tratando de personas.

**limitar** *tr.-prnl. Delimitar, demarcar, determinar, fijar, señalar.* 2 *Acortar, restringir, coartar, cercenar, reducir, ceñir.* "En el sentido recto, *limitar* es fijar términos, trazar líneas, alzar barreras; *acortar* es disminuir la extensión; *restringir* es modificar la acción o el movimiento; *coartar* y *cercenar* es aminorar la cantidad. La sierra *limita* la llanura; la trocha *acorta* la distancia; el ímpetu del torrente se *restringe* en el valle; se *coartan* y se *cercenan* los gastos, las raciones y los suministros. En el sentido figurado, la sinonimia de estas voces (excepto *acortar*) es más completa: y así decimos que la Constitución *limita, restringe, coarta,* o *cercena* el poder de la autoridad. *Acortar* se refiere al tiempo y al trabajo, como: *acortar* una conversación o una tarea" (M). ↔ PERMITIR. 3 *intr. Lindar, confinar.*

**límite** *m. Término, confín*, lindero, linde, raya, frontera.* 2 *Fin, término, final, acabamiento.*

**limítrofe** *adj. Confinante, lindante, colindante, contiguo, aledaño, rayano, fronterizo. Confinante* y *limítrofe* se usan en geogr., o bien tratándose de territorios extensos. Si se trata de fincas, terrenos, etc., se emplean con preferencia *lindante, colindante, contiguo, aledaño, rayano.* Hablando de naciones, *fronterizo,* y también de lugares situados en la frontera.

**limo** *m. Lodo, légamo, cieno, fango, barro*.*

**limosidad** *f. Sarro, tártaro, toba.*

**limosna** *f. Socorro, caridad.*

**limosnear** *intr. Pordiosear, mendigar, pedir limosna, tender la mano.*

**limpiabotas** *m. Betunero* (And.), *bolero* (Méx.).

**limpiachimeneas** *m. Deshollinador.*

**limpiadera** *f. Arrejada, aguijada, rejada, béstola.*

**limpiadientes** *m. Mondadientes, escarbadientes, palillo.*

**limpiadura** *f. p. us. Limpieza, limpia, limpiamiento* (p. us.), *mundicia* (desus.).

**limpiamiento** *m. p. us. Limpieza, limpia, limpiadura* (p. us.), *mundicia* (desus.).

**limpiar** *tr.-prnl. Lavar, asear. Lavar* es *limpiar* con agua u otro líquido. *Asear* se usa especialmente tratando de casas o personas. ↔ MANCHAR, ENSUCIAR. 2 *fig. Purificar, depurar.* ↔ CONTAMINAR. 3 *Hurtar*, quitar, robar.*

**límpido, -da** *adj. Limpio. Limpio* es voz corriente; *límpido* es voz docta. 2 *Claro, transparente, nítido, cristalino, hialino, vítreo.* ↔ TURBIO, OPACO.

**limpieza** *f. Aseo, pulcritud. Aseo,* esp. tratándose de personas, casa, etc.; *pulcritud* connota particular esmero o escrupulosidad. 2 *Limpia, limpiadura* (p. us.), *limpiamiento* (p. us.), *mundicia* (desus.). *Mundicia* es latinismo desusado. 3 *fig. Precisión, destreza, perfección.* 4 *Integridad, honradez, rectitud, sinceridad.* 5 *Pureza, pulcritud, castidad.*

**limpio, -pia** *adj. Aseado.* "Los dos adjetivos se aplican a todo lo que está exento de mancha y suciedad; pero lo *limpio* puede ser natural y propio de la cosa a que se refiere, y lo *aseado* es siempre efecto del trabajo y del esmero. Una casa *aseada,* no es sólo la que está *limpia,* sino la que tiene algún adorno o aderezo" (M). 2 *Puro, depurado, pulcro, inmaculado, incontaminado.* 3 *Libre, líquido.* Tratándose de ingresos, cantidades, etc.; p. ej.: 3.500 ptas. *limpias.* 4 *Desembarazado, despejado.* P. ej.: cielo *limpio*; caminos *limpios* de obstáculos.

**linácео, -ea** *adj.-s. Líneo.*

**linaje** *m. Ascendencia, descendencia, casa, estirpe, progenie, alcurnia, extracción\*.* 2 *Casta\*, raza\*.* Ambos pueden aplicarse a hombres, animales y plantas. Sólo en el primer caso se usan como sinónimos de *linaje.* 3 *Clase, condición, especie, calidad, género.* Tratándose de cosas.

**linajudo, -da** *adj. Ilustre, noble, esclarecido, blasonado.*

**lináloe** *m. Áloe\*, olivastro de rodas, acíbar, azabara, zabida, zabila.*

**lince** *m. Lobo cerval, lobo cervario.*

**lindante** *adj. Aledaño, confinante, colindante, limítrofe\*.*

**lindar** *intr. Limitar, confinar, colindar, rayar, alindar.* Los dos primeros se usan especialmente en geogr.; *lindar, alindar, colindar* y *confrontar,* tratándose de fincas, terrenos, etc.

**linde** *amb. Límite, término, confín\*, lindero.*

**lindero** *m. Linde, límite, raya, término, confín\*.*

**lindero, -ra** *adj. Lindante, colindante, limítrofe, rayano, confinante.*

**lindo, -da** *adj. Bonito\*, agraciado, gracioso, bello, hermoso\*.* 2 *Perfecto, exquisito, delicado.*

**línea** *f. Término, límite.* 2 *Raya, renglón.* 3 *Fila\*.*

**líneo, -ea** *adj.-s. Linácео.*

**lingote** *m. Riel, tocho.* El primero, si tiene forma de barra; el segundo, de hierro.

**linier** *m.* anglic. DEP. *Juez de línea.* En el fútbol.

**linimento** *m. Ungüento, pomada.* Si son líquidos.

**lintel** *m. Dintel, cargadero.*

**liñuelo** *m. Ramal* (cabo de la cuerda), *cabo.*

**lío** *m. Envoltorio, fardo, atadijo.* Si es grande, *fardo*; si es pequeño, *atadijo.* 2 *Enredijo, maraña.* ↔ ORDEN. 3 fig.

*Embrollo, enredo, confusión, desorden.* ↔ ORDEN, CLARIDAD.

**liɔnés, -esa** *adj.-s.* (pers.) *Lugdunense.*

**lioso, -sa** *adj.-s.* fam. *Barullero, barullón, embrollador\*, embrollón, enredador, chismoso, trapisondista, embusiero.*

**liparia** *f.* MED. *Gordura, obesidad.*

**lípido** *m. Grasa. Grasa* es el nombre para designar *lípido* que se emplea en el lenguaje común.

**lipotimia** *f.* MED. *Desmayo, deliquio, desfallecimiento.*

**liquidable** *adj. Licuable.* Hablando de un cuerpo que se puede pasar al estado líquido.

**liquidación** *f. Fusión, licuación.*

**liquidar** *tr.-prnl. Condensar, licuar, fundir, derretir, regalar.* Si se trata de un gas, *condensar.* Si se trata de sólidos, *licuar, fundir; derretir* se aplica pralte. a substancias que se *liquidan* a temperatura poco elevada, como la cera; *regalar* sugiere gralte. una materia que a la temperatura ordinaria se pone pastosa o pegajosa, como ciertas resinas, un caramelo. ↔ SOLIDIFICAR. 2 *Saldar.* Cuando se satisface enteramente el saldo que resulta de liquidar una cuenta. 3 *Vender, realizar.* Tratándose de bienes que se convierten en dinero: *liquidar* las existencias de un almacén, las fincas de una familia. 4 fig. *Acabar, terminar, resolver.* ↔ EMPEZAR.

**líquido, -da** *adj. Limpio, libre.* Tratándose de ingresos, cantidades, etc.

**lira** *f. Inspiración, numen, musa, vena, estro.*

**lirio. Lirio blanco** *m. Azucena.* 2 **Lirio de los valles** *Muguete.*

**lirón** *m.* (planta) *Alisma.*

**lironero** *m.* Murc. *Almez, aligonero, latonero* (Ar.), *lodoño* (Nav.), *almezo.*

**lisa** *f.* (pez) *Cabezudo, mújol, múgil, capitón, liza, matajudío.*

**lisboeta** *adj.-com.* (pers.) *Lisbonense, lisbonés, olisipano, olisipiense.*

**lisbonense** *adj.-com.* (pers.) *Lisboeta, lisbonés, olisipano, olisipiense.*
**lisbonés, -esa** *adj.-s.* (pers.) *Lisboeta, lisbonense, olisipano, olisipiense.*
**lisera** *f. Berma.*
**lisiado, -da** *adj.-s. Baldado, tullido, impedido, estropeado.*
**lisiadura** *f. Lesión, herida.* La *lisiadura* es una *lesión* o *herida* permanente en una parte del cuerpo.
**lisiar** *tr.-prnl. Lesionar, estropear.*
**liso, -sa** *adj. Llano, plano, igual, pulido, pulimentado.* ↔ ABULTADO. 2 *Amér. Desvergonzado, fresco, desahogado.* ↔ AFECTADO.
**lisonja** *f. Incienso, adulación*, alabanza, cumplimiento*, galantería*.* Este último, cuando la *lisonja* es afectada.
**lisonjeador, -ra** *adj.-s. Adulador*, adulón, servil, pelotillero, cobista, lisonjero, zalamero, pelota* (fam.), *halagador.* 2 *adj. Galante, atento, obsequioso, galanteador.*
**lisonjear** *tr. Adular, halagar*, incensar, dar jabón, dar coba, hacer coro.* ↔ DENOSTAR. 2 *Agradar, deleitar, satisfacer, regalar.* ↔ DESAGRADAR. 3 *Galantear*.*
**lisonjero, -ra** *adj. Adulador*, halagador, cobista, pelotillero* (fam.), *adulón, servil, lisonjeador, zalamero, pelota* (fam.). 2 *Agradable, deleitoso, grato, satisfactorio.*
**lista** *f. Cinta, tira.* 2 *Franja, banda.* 3 *Enumeración, relación, catálogo, inventario, registro, repertorio.*
**listel** *m. Filete* (de moldura), *cimbria, cinta, listón, tenia.*
**listeza** *f. Despejo, inteligencia, talento.* 2 *Vivacidad, viveza, agudeza, prontitud, sagacidad.* ↔ BOBERÍA.
**listo, -ta** *adj. Diligente, expedido, pronto, activo, ligero, vivo.* 2 *Apercibido, preparado, dispuesto.* 3 *Inteligente, sagaz, avisado, astuto, advertido*.* ↔ TONTO, INGENUO, SIMPLE.
**listón** *m. Filete* (de moldura), *cimbria, cinta, listel, tenia.*
**lisura** *f.* fig. *Llaneza, franqueza*, sinceridad, ingenuidad.* ↔ ASPEREZA, DU-

REZA. 2 *Amér. Frescura, desvergüenza, desahogo, desaprensión.*
**litarge** *m. Litargirio, almártaga, almártega.*
**litargirio** *m. Almártaga, litarge, almártega.*
**lite** *f.* p. us. DER. *Pleito, litigio, causa, litis* (p. us.).
**litera** *f. Cama, lecho* (lit.), *tálamo, yacija* (desp.), *camastro* (desp.).
**literal** *adj. Textual.* ↔ LIBRE.
**literato, -ta** *adj.-s. Escritor, publicista, autor.*
**literatura** *f. Bellas letras, buenas letras, letras humanas, humanidades.*
**litigante** *adj.-com. Parte* (DER.).
**litigar** *tr. Pleitear, parecer en juicio, pedir en justicia, deponer ante el juez.* 2 *intr. Altercar, disputar, contender.*
**litigio** *m. Pleito.* 2 *Disputa, contienda, altercado.* ↔ PAZ.
**litis** *f.* p. us. DER. *Pleito, litigio, causa, lite* (p. us.).
**litofotografiar** *tr. Fotolitografiar.*
**litología** *f. Petrografía.*
**litoral** *m. Costa.*
**lítote** *f.* RET. *Atenuación* (figura retórica).
**liturgia** *f. Culto.* 2 *Rito, ritual ceremonial.*
**liviandad** *f.* fig. *Incontinencia, deshonestidad, lascivia, lujuria, desenfreno, ligereza, frivolidad, concupiscencia*.* ↔ RESPONSABILIDAD, SERIEDAD.
**liviano, -na** *adj. Ligero, leve*.* 2 fig. *Fácil, inconstante, voluble.* 3 *Lascivo, incontinente, deshonesto, impúdico. Liviano* se utiliza preferentemente en América. V. livianos.
**livianos** *m. pl. Pulmón* (esp. de los animales), *bofe, chofe.* V. liviano.
**lívido, -da** *adj. Amoratado, acardenalado.*
**liza** *f. Tela, palenque, palestra, campo.* 2 *Lid, combate.*
**llaga** *f.* MED. *Absceso, tumor, apostema, úlcera* (de pus), *ulceración.*
**llagar** *tr. Ulcerar.*
**llamada** *f. Llamado, llamamiento.* 2 IMPR. *Nota.*

**llamado** m. Amér. Llamamiento.
**llamador** m. Aldaba, aldabón, picaporte. 2 Botón, timbre.
**llamamiento** m. Llamada, llamado. 2
Convocatoria, citación. 3 Vocación.
**llamar** tr. Dar voces, vocear. ↔ CALLAR.
2 Nombrar, dar nombre, designar, denominar, intitular, adjetivar*, calificar*.
3 Invocar, implorar. 4 Convocar*, citar.
5 Atraer, incitar, convidar.
**llamarada** f. Fogarada, llamarón (Colomb., C. Rica y Chile).
**llamear** tr. MED. Flamear (alguna vasija o instrumento).
**llana** f. (herramienta) Plana, trulla.
**llanamente** adv. m. Caseramente, sin
ceremonia.
**llaneza** f. Sencillez, familiaridad, confianza, franqueza*. ↔ SOBERBIA, IN-
MODESTIA, PRESUNCIÓN.
**llano** m. Llanura, llanada, planicie. Los
tres sinónimos sugieren una extensión grande; el llano puede ser vasto
o pequeño.
**llano, -na** adj. Plano, liso, igual. 2 fig.
Accesible, sencillo, franco, tratable. 3
Claro, evidente. 4 Corriente, fácil.
**llanta** f. Calce.
**llantén** m. Arta, plantaína. Hay una
especie parecida llamada llantén menor, lancéola y quinquenervia.
**llantera** f. fam. Llorera, llantina, lloradera.
**llantina** f. fam. Llorera, llantera, lloradera.
**llanto** m. Lloro.
**llanura** f. Llano, llanada, planicie.
**llares** f. pl. Calamilleras, caramilleras
(Santander).
**llavero, -ra** s. (pers.) Clavero. En algunas catedrales y comunidades religiosas.
**lleco, -ca** adj.-s. Erial, erío, yermo.
**llegada** f. Arribo. 2 DEP. Meta, línea
de entrada, línea de llegada.
**llegar** intr. Venir. ↔ MARCHAR, PARTIR,
IR. 2 Alcanzar, tocar. 3 Conseguir, lograr. 4 Acercar, arrimar.
**llena** f. Desbordamiento, riada, crecida*.

**llenar** tr. Ocupar, henchir, colmar, atestar*. Henchir es intensivo y da idea de
llenar con creces como colmar. 2 Cumplir. 3 Satisfacer, contentar. 4 prnl.
Hartarse, saciarse, henchirse.
**lleno, -na** adj. Pleno, repleto, pletórico,
henchido, colmado, rebosante, completo*. Cuando son simples calificativos
atribuidos a un sustantivo, lleno se
usa para lo material y concreto, en
tanto que pleno tiene sentido figurado y abstracto: un depósito lleno,
vaso lleno, local lleno; conocimiento
pleno, plena responsabilidad, satisfacción plena. Cuando va seguido de la
preposición de con un sustantivo
complementario, lleno se usa lo mismo en las acepciones concretas que
en las abstractas: lleno de aceite, de
satisfacción, de responsabilidad; el
empleo de pleno en estas condiciones
es gralte. galicista: pleno de alegría.
Pletórico y repleto suponen abundancia
y equivalen a henchido, colmado, rebosante; pletórico, o repleto, de vanidad,
de comida; almacén pletórico. ↔ VACÍ
O, FALTO.
**llerén** m. Cuba. Lerén (P. Rico).
**llevadero, -ra** adj. Aguantable, soportable, tolerable. ↔ INSOPORTABLE, INA-
GUANTABLE, INTOLERABLE.
**llevar** tr. Transportar, trasladar. "Llevar tiene una significación más amplia que trasladar. Este último verbo
requiere la indicación del sitio a que
se lleva la cosa que se alude. Cuando
decimos que una recua lleva trigo, el
sentido queda completo; pero no así
cuando decimos que la corte se tras-
ladó, porque no hay en este caso sentido completo si no se denota el punto a que se ha hecho la traslación"
(M). ↔ TRAER. 2 Guiar, conducir, dirigir. 3 Cobrar. 4 Exceder, superar. 5
prnl. Arrebatar*.
**lloradera** f. Llorera, llantera, llantina,
llanto.
**llorar** intr. Lagrimar, arrasarse los ojos
de lágrimas, llorar a lágrima viva, co-

*ger una perra.* ↔ REÍR. 2 *intr.-tr. Plañir, lamentar, deplorar, sentir.*

**lloredo** *m. Lauredal.*

**llorera** *f.* fam. *Llantera, llantina, lloradera.*

**lloriquear** *intr. Gimotear.*

**lloriqueo** *m. Gimoteo, gemiqueo* (And. y Chile).

**lloro** *m. Llanto, lloriqueo, gimoteo, llorera.*

**llorona** *f. Plañidera, endechadera.*

**lloroso, -sa** *adj. Lacrimoso.*

**llovido** *m. Polizón.*

**llovizna** *f. Calabobos, cernidillo, mollizna, sirimiri* (Nav. y País Vasco), *aguarrías* (Sant.), *orvallo* (Ast.). V. lluvia.

**lloviznar** *intr. Molliznar, molliznear, pintear, chispear. Chispear es lloviznar débilmente.*

**llueca** *adj.-f. Clueca.*

**lluvia** *f. Precipitación* (METEOR.), llovizna, chaparrada, chaparrón, chubasco, aguacero, manga de agua, diluvio. *Llovizna es lluvia menuda; chaparrada, chaparrón y chubasco es lluvia de poca duración; aguacero, manga de agua y diluvio es lluvia abundante.*

**lluvioso, -sa** *adj. Pluvioso, deshecho* (p. us.).

**loa** *f. Alabanza, elogio\*, enaltecimiento, encomio, loor, ditirambo.*

**loable** *adj. Laudable, plausible, meritorio.*

**loar** *tr.-prnl. Alabar\*, elogiar, celebrar, ensalzar, encomiar, encarecer. Loar es voz escogida que sólo se usa en estilo elevado.* ↔ DENOSTAR, CRITICAR.

**loba** *f.* p. us. *Sotana* (vestido).

**lobado, -da** *adj. Lobulado.*

**lobagante** *m. Bogavante* (crustáceo).

**lobanillo** *m. Lupia.*

**lobina** *f. Lubina, róbalo.*

**lobo. Lobo cerval** *m. Lince, lobo cervario.* 2 **Lobo marino** *Foca, becerro marino, carnero marino, vítulo marino.*

**lóbrego, -ga** *adj. Oscuro, sombrío, tenebroso.* 2 fig. *Triste, melancólico.*

**lobreguez** *f. Oscuridad, sombra, tinieblas, tenebrosidad, lobregura.*

**lobulado, -da** *adj. Lobado.*

**locación** *f.* DER. *Arrendamiento, arriendo, alquiler.*

**local** *adj. Tópico.*

**localidad** *f. Lugar, pueblo, población, punto.* 2 *Asiento, plaza, sitio.*

**locatario, -ria** *s.* DER. *Arrendador\*, arrendatario, colono, rentero, casero, inquilino.*

**locero, -ra** *s. Ollero.*

**loción** *f. Lavamiento, lavación* (p. us.), *lavadura* (p. us.), *lavado.*

**loco, -ca** *adj.-s. Orate, vesánico, demente, ido, perturbado, alienado, enajenado, maniático, monomaníaco, maníaco, chiflado, chalado, tocado. Vesánico sugiere pralte. loco furioso, delirante; demente, insano, perturbado, alienado, enajenado,* son expresiones atenuadas que conservan más o menos el sentido eufemístico con que se crearon. *Maniático* alude a la locura parcial o de idea fija, como *monomaníaco, maníaco, ido* o las expresiones populares *chiflado, chalado, guillado, tocado; lunático* es *loco* o *maníaco* intermitente. *Idiota* alude a la falta o trastorno congénitos de las facultades intelectuales. ↔ CUERDO. 2 *Imprudente, atolondrado, insensato, disparatado.* ↔ MODERADO. 3 **A tontas y a locas** *loc. adv.* V. tonto, -ta. 4 **Hacerse el loco** *loc. Aguantar, contenerse, reprimirse, vencerse, morderse los puños, llevar la cruz, tragar saliva.*

**locuacidad** *f. Hiperfemia, hiperfasia, verborrea, logorrea, verbigeración, polifrasia.* Todos estos sinónimos son patologías psiquiátricas. 2 *Labia.* Cuando es graciosa o persuasiva, *labia;* si es excesiva, *verborrea.* ↔ SILENCIO, GRAVEDAD, PARSIMONIA.

**locuaz** *adj. Hablador\*, verboso, parlanchín, charlatán.* Los dos primeros significan que habla mucho; los dos últimos, que habla demasiado.

**locución** *f. Frase, expresión, giro, modo.*

**lóculo** *m.* BOT. *Celda.*

**locura** *f. Demencia, vesania, insania,*

*enajenación, extravagancia, imprudencia, psicosis.* ↔ CORDURA, RAZÓN, TRANQUILIDAD.

**locutorio** *m. Libratorio, parlatorio.* El primero, en los conventos de monjas. 2 *Cabina* (telefónica).

**lodazal** *m. Barrial, barrizal, cenagal, fangal, lodazar.*

**lodo** *m. Limo, fango, barro\*.*

**lodoño** *m. Nav. Almez, aligonero, lironero* (Murc.), *latonero* (Ar.), *almezo.*

**logicial** *m. galic.* INFORM. *Software, programas, soporte lógico.*

**lógico, -ca** *adj. Racional, natural, razonable.* ↔ IRRACIONAL, INJUSTO, ILEGAL.

**logorrea** *f.* MED. *Hiperfemia, locuacidad, verborrea, hiperfasia, verbigeración, polifrasia.*

**lograr** *tr. Alcanzar, obtener, conseguir, recabar\*.* ↔ PERDER.

**logrero, -ra** *s. Usurero, prestamista.* 2 *Acaparador.*

**logro** *m. Ganancia\*, granjería, lucro\*.* 2 *Usura.*

**lombarda** *f. Bombarda* (máquina militar).

**lombriz** *f. Lambrija, miñosa.* 2 *Verme.*

**lomera** *f. Caballete* (de un tejado), *mojinete.*

**loncha** *f. Lonja.*

**longanimidad** *f. Magnanimidad, nobleza, generosidad.*

**longevidad** *f. Macrobiosis.*

**longitud** *f. Largo, largor, largueza, largura.*

**lonja** *f. Loncha.* P. ej.: una *lonja* o *loncha* de jamón.

**loor** *m. Alabanza, elogio, enaltecimiento, loa, encomio.*

**loquesco, -ca** *adj. Alocado, sonlocado, desatinado.*

**loro del Brasil** *m. Paraguay, papagayo del Paraguay.*

**lorza** *f. Alforza.*

**losa** *f.* fig. *Sepulcro* (obra), *enterramiento, sarcófago, tumba, túmulo.*

**lozanía** *f. Frondosidad.* 2 *Vigor, robustez, gallardía.* 3 *Orgullo, altivez.*

**lozano, -na** *adj. Fresco, rollizo, sano.* ↔ ENFERMIZO.

**lubina** *f. Lobina, róbalo.*

**lubricán** *m. Crepúsculo.*

**lubricar** *tr. Lubrificar, engrasar.*

**lubricidad** *f. Lujuria, lascivia, liviandad, libídine.* ↔ CASTIDAD.

**lúbrico, -ca** *adj. Resbaladizo.* 2 fig. *Impúdico, obsceno\*, lascivo, lujurioso.*

**lubrificar** *tr. Engrasar, untar, lubricar.*

**lucerna** *f. Lumbrera, abertura* (en un techo), *claraboya, lucernario.*

**lucérnula** *f. Neguilla* (planta), *candileja, candilejo, neguillón.*

**lucha** *f. Contienda* (lit.), *pugna* (lit.), *pelea, riña, agarrada, pendencia, reyerta, bronca, pelotera, cisco, brega, discusión, polémica.* En la idea general, *lucha* coincide con *contienda, pugna* y *pelea*; la tercera es más corriente y sugiere principalmente el sentido material de la *lucha.* En su significado material, si la *pelea* se produce entre dos (o pocas) personas: *riña, brega, pendencia, reyerta, bronca, pelotera, cisco* o *agarrada.* Cuando se trata de oposición de ideas, razonamientos, palabras, etc., en orden de menor a mayor violencia, *discusión, debate* (carácter público), *polémica* (ídem), *disputa, cuestión, altercado.* En general, *controversia* coincide con ellas (excepto las dos últimas) cuando se trata de una discusión sobre temas religiosos, científicos, etc.

**luchar** *intr. Contender, pelear, combatir\*, lidiar, batallar, hacer armas.* ↔ PACIFICAR.

**lucidez** *f. Soltura, despejo, elocuencia, labia.*

**lucido, -da** *adj. Brillante, admirable, sobresaliente.*

**lúcido, -da** *adj. Sagaz, inteligente.* ↔ TORPE, CONFUSO.

**luciente** *adj. Lustroso, reluciente, brillante, resplandeciente, esplendoroso, radiante, rutilante.*

**luciérnaga** *f. Gusano de luz, noctiluca.*

**Lucifer** *m. Satán, Satanás, Luzbel, Leviatán, Belecebú, Belial, Cachano, Pero*

*Botero, Pateta.* Los tres últimos son nombres populares burlescos.

**luciferino, -na** *adj. Diabólico, infernal, demoníaco, satánico.*

**lucífugo, -ga** *adj. Fotófobo.*

**lucimiento** *m. Brillantez.*

**lucir** *intr.-prnl. Brillar, resplandecer.* ↔ APAGARSE. 2 *Sobresalir, aventajarse, descollar.* 3 *tr. Ostentar, manifestar.* ↔ HUMILLARSE.

**lucrarse** *prnl. Beneficiarse, aprovecharse, hacerse de oro, ponerse las botas, hacer su agosto, sacar tajada.*

**lucrativo, -va** *adj. Productivo, fructífero, fructuoso, provechoso, beneficioso\*.*

**lucro** *m. Ganancia\*, provecho, utilidad, beneficio, producto, logro, negocio redondo.* "*Ganancia* es la utilidad o interés que se adquiere por el trato, el comercio o por otra cosa; y *lucro* significa el provecho o utilidad que se saca de la misma cosa (...) La *ganancia* es siempre lícita y arreglada a las leyes mercantiles, el *lucro* es siempre excesivo; de aquí es que la *ganancia* siempre tiene un carácter generoso, al paso que *lucro* señala especulaciones usureras. Gana el afortunado; se *lucra* el interesado: por esta razón *gana* el soldado en nombradía, *gana* el escritor en reputación; y se *lucra* un mal amigo de otro, se *lucra* el que da dinero con réditos exorbitantes. Ejemplos: en la última jugada de la Bolsa *ganó* Don Antonio mil duros. ¡Cómo se *lucra* mi apoderado con las hanegas que ha abonado a cuenta!. En la *ganancia* se comercia, en el *lucro* se especula" (O). ↔ GENEROSIDAD, DESINTERÉS, PÉRDIDA.

**luctuoso, -sa** *adj. Deplorable, triste, fúnebre, funesto.*

**ludibrio** *m. Burla\*, monja, befa\*, escarnio.*

**ludir** *tr. lit. Frotar\*, estregar, fregar, refregar, restregar, friccionar, rozar.*

**lúe** *f. Sífilis, gálico, avariosis.*

**I luego** *adv. t. Prontamente, sin dilación, en seguida, inmediatamente, pronto.* 2 *Después.* "Uno y otro adverbio explican la posterioridad del tiempo; pero *luego* señala un tiempo más corto, un término más inmediato, que corresponde a prontamente y sin dilación. Pasearemos *ahora*, cenaremos *luego*, y nos iremos *después*" (LH).

**II luego** *conj. consecutiva Por consiguiente, por lo tanto.* P. ej.: pienso, *luego* existo.

**luético, -ca** *adj. Sifilítico.*

**lugar** *m. Sitio, paraje.* Los tres denotan una porción de espacio determinado; pero *lugar* lo determina y circunscribe más que *sitio*, y éste más que *paraje*. La idea expresada por *paraje* es aproximada, vaga y sin precisión. Anduve por aquel *paraje* sin haber un *sitio* o un *lugar* donde descansar. 2 *Pueblo, aldea.* 3 *Pasaje* (de un libro). 4 *Ocasión\*, motivo, oportunidad.*

**lugareño, -ña** *adj.-s.* (pers.) *Pueblerino, aldeano.* ↔ CIUDADANO, CULTO.

**lugdunense** *adj.-com. Lionés.*

**lúgubre** *adj. Triste, funesto, melancólico, fúnebre, tétrico.* ↔ ALEGRE, CLARO.

**lujación** *f. p. us.* MED. *Dislocación* (de un hueso), *luxación, dislocadura, desplazamiento, exarticulación, ectopía, paratopía.*

**lujo** *m. Opulencia, suntuosidad, fausto, ostentación, magnificencia, esplendidez, rumbo, profusión, riqueza, abundancia.* ↔ POBREZA, SENCILLEZ.

**lujoso, -sa** *adj. Opulento, suntuoso, ostentoso, magnífico, espléndido, rumboso, adornado, rico, fastuoso.*

**lujuria** *f. Lascivia, liviandad, lubricidad, libídine.* ↔ CASTIDAD.

**lujurioso, -sa** *adj. Lascivo, liviano, lúbrico, libidinoso, rijoso.*

**lumbral** *m. Umbral, tranco, limen.*

**lumbre** *f. Fuego, candela.* 2 *fig. Brillo, esplendor.*

**lumbrera** *f. Luminar, notabilidad.* 2 *Abertura, lucerna.*

**luminar** *m. fig.* (pers.) *Lumbrera* (persona insigne).

**luminoso, -sa** adj. Brillante, refulgente, resplandeciente.
**luna nueva** f. Novilunio.
**lunar** m. Lentigo, peca.
**lunario** m. ant. Calendario*, almanaque, pronóstico (p. us.).
**lunático, -ca** adj.-s. Alunado, maniático, loco. ↔ RAZONABLE, REFLEXIVO.
**luneta** f. Baluarte, bastión.
**lunfardo** m. Argent. Argot*, jerga, jerigonza. El nombre de lunfardo se aplica al argot hablado en Buenos Aires.
**lupanar** m. Burdel, prostíbulo, casa de citas, mancebía.
**lupia** f. Lobanillo.
**lupino** m. Altramuz, calamocano, chocho.
**luquete** m. Pajuela.
**lurte** m. Alud, argayo, avalancha (galic.).
**lusismo** m. Lusitanismo, portuguesismo.
**lusitanismo** m. Portuguesismo, lusismo.
**lusitano, -na** adj.-s. (pers.) Portugués, luso (lit.).
**luso, -sa** adj.-s. (pers.) Portugués, lusitano.
**lustrar** tr.-prnl. Alustrar, abrillantar. ↔ DESLUSTRAR.

**lustre** m. Brillo, resplandor, esplendor. "El lustre procede de la luz reflejada por la superficie barnizada o bruñida; el brillo, del cuerpo luminoso. Resplandor es el brillo intenso que apenas pueden sostener las miradas del hombre; esplendor es el brillo esparcido en una vasta superficie. Los derivados de estos nombres corresponden a su significación. Son lustrosos la mayor parte de los metales; brillan los astros, los meteoros, la fosforescencia de las olas del mar; resplandecen el sol, la luz eléctrica, los grandes incendios; y llamamos espléndido a un espectáculo grandemente iluminado" (M).
**lustrina** f. Percalina.
**lustroso, -sa** adj. Reluciente, brillante, resplandeciente, esplendoroso, luciente, radiante, rutilante, lúcido.
**lútea** f. Oropéndola, oriol, papafigo, víreo, virio.
**luto** m. Duelo. ↔ ALEGRÍA, BLANCURA.
**luxación** f. MED. Ectopía, lujación (p. us.), paratopía, exarticulación, dislocación, dislocadura, desplazamiento.
**luxar** tr.-prnl. Dislocar, desencajar, descoyuntar.
**Luzbel** m. Demonio, diablo, Satán, Lucifer.

# M

**macabro, -bra** *adj. Fúnebre, tétrico.*

**macaco, -ca** *adj.-s. Amér. Feo, deforme.*

**macana** *f. Porra.* 2 fig. *Broma, camelo, disparate, paparrucha.*

**macareo** *m. Pororoca* (Amér. Merid.).

**macelo** *m. p. us. Matadero.*

**maceta** *f. Tiesto, pote. Maceta* predomina en Andalucía. En Castilla se usa gralte. *tiesto,* el cual se extiende a significar cualquier pedazo de barro cocido. La *maceta* que tiene forma de jarra se denomina *pote.*

**machacar** *tr. Quebrantar, majar, triturar.* 2 *intr.* fig. *Porfiar, insistir\*, importunar.*

**machachón, -ona** *adj.-s. Importuno, pesado, prolijo, insistente, porfiado.*

**machaconería** *f. Insistencia, prolijidad, pesadez.*

**machada** *f.* fig. *Necedad, patochada.*

**machado** *m. Hacha, segur.*

**machina** *f. Martinete, mazo.*

**machismo** *m. Falocracia.*

**machista** *adj.-com. Falócrata.*

**macho** *m. Mulo.*

**machota** *m.* fam. *Lesbiana, marimacho* (fam.)*, homosexual, hombruna* (fam.)*, tortillera* (vulg.).

**machucar** *tr. Amér. Machacar.*

**machucho, -cha** *adj. Sosegado, juicioso, sensato, prudente, reposado, sesudo, reflexivo.* ↔ IRREFLEXIVO, PRUDENTE. 2 *Maduro, mayor, entrado en días.* ↔ JOVEN.

**machuelo** *m. Germen.*

**macilento, -ta** *adj. Flaco, demacrado,* descolorido, mustio, decaído, triste. ↔ GORDO, FUERTE, VIVO.

**macillo** *m. mús. Martinete.*

**macizo, -za** *adj. Sólido, lleno, firme, fuerte, compacto\*.* ↔ HUECO, DÉBIL, FLACO, FRÁGIL.

**macrobiosis** *f. Longevidad.*

**macrocéfalo, -la** *adj.-s.* TECN. *Cabezón, cabezudo.*

**macrogameto** *m. óvulo.*

**macrosomía** *f.* MED. *Gigantismo.*

**mácula** *f. Mancha, tacha.* ↔ PERFECCIÓN. 2 *Engaño, trampa, embuste, mentira.* ↔ VERDAD.

**macular** *tr.-prnl.* lit. *Manchar,* ↔ LIMPIAR, HONRAR.

**madera fósil** *f. Lignito.*

**maderaje** *m. Maderamen, enmaderado.*

**maderamen** *m. Maderaje, enmaderado.*

**madi** *m. Chile. Madia, melosa.*

**madre** *f.* fig. *Causa, origen, principio, raíz.* 2 *Álveo, cauce, lecho.* 3 *Sedimento, solera* (del vino)*, hez\*, lías.* 4 **Madre política** *Suegra.*

**madrecilla** *f. Huevera* (oviducto).

**madreña** *f. Zueco, almadreña.*

**madrépora** *f. Polípero.*

**madriguera** *f. Cado, guarida\*.*

**madrileño, -ña** *adj.-s.* (pers.) *Matritense, gato* (humor.).

**madroño** *m.* (fruto) *Marojo.*

**madrugada** *f. Amanecer, alba, aurora.*

**madrugador, -ra** *adj.-s. Mañanero.*

**madrugar** *intr. Tomar la mañana, ma-*

**maduración** 418

*ñanear. Mañanear es madrugar habi-*
tualmente. ↔ TRASNOCHAR.
**maduración** *f. Gestación, prepara-*
*ción, elaboración.*
**madurez** *f. Punto, sazón.* 2 *Edad adul-*
*ta.* 3 *Juicio, prudencia, sensatez, seso.*
**maduro, -ra** *adj. Sazonado, en sazón.*
↔ AGRIO, VERDE. 2 *Juicioso, prudente,*
*sensato, sesudo\*, reflexivo.* ↔ IRREFLE-
XIVO, IMPRUDENTE. 3 *Adulto, entrado*
*en años.* 4 **Caerse de maduro** *loc.*
*Ser anciano, comer el pan de los niños,*
*ser viejo, peinar canas, andar con la*
*barba por el suelo.*
**maestral** *adj.-m. Nornoroeste, cauro*
(poét.), *coro* (poét.), *regañón* (fam.),
*nornorueste.* 2 *m. Maestril, realera.*
**maestría** *f. Arte, destreza, pericia, ha-*
*bilidad\*.* ↔ INCULTURA, INHABILIDAD. 2
*Superioridad.* ↔ INFERIORIDAD.
**maestril** *m. Maestral, realera.*
**maestro, -tra** *s. Pedagogo, profesor,*
*instructor.* 2 *adj.-s. Perito, práctico, há-*
*bil, ducho, avezado, diestro.*
**maganel** *m. ant. Manganilla.*
**magaña** *f. And. y Sant. Legaña, pita-*
*rra, pitaña, lagaña.*
**magarza** *f. Matricaria, arugas, expillo.*
**magia** *f. Ocultismo, hechicería, encan-*
*tamiento, taumaturgia, brujería.* 2 *En-*
*canto, hechizo, fascinación, seducción,*
*atractivo.*
**magiar** *m.* (idioma) *Húngaro.*
**mágico, -ca** *s. Hechicero\*, mago, en-*
*cantador, nigromante, brujo.* 2 *adj.*
*Fascinador, seductor, maravilloso,*
*asombroso.*
**magín** *m. fam. Imaginación, ingenio,*
*mente, entendimento, caletre, mollera,*
*pesquis, cacumen, chirumen.* Las cinco
últimas son denominaciones de uso
familiar.
**magisterio** *m. ant.* QUÍM. *Precipitado,*
*sedimento.*
**magnanimidad** *f. Longanimidad,*
*grandeza de alma, generosidad, noble-*
*za.* ↔ TACAÑERÍA, BAJEZA, ENVIDIA.
**magnánimo, -ma** *adj. Benévolo, be-*
*nigno, bondadoso, indulgente, compla-*

*ciente, generoso, noble.* ↔ RUIN, EGOÍS-
TA, MALVADO.
**magnate** *m. Prócer, grande, poderoso,*
*prohombre.*
**magnetismo** *m. Hipnotismo, mesme-*
*rismo, hipnosis.*
**magnetita** *f. Piedra imán, calamita,*
*caramida.*
**magnetizar** *tr. Imanar, imantar.* 2
*Hipnotizar.*
**magnificencia** *f. Liberalidad, esplen-*
*didez, generosidad.* ↔ AVARICIA, MISE-
RIA. 2 *Fausto, ostentación, suntuosidad,*
*pompa, boato, grandeza, grandiosidad.*
↔ MODESTIA.
**magnificiencia** *f. Liberalidad, esplen-*
*didez, generosidad.* 2 *Ostentación,*
*pompa, grandeza, esplendor, suntuo-*
*sidad, opulencia, fastuosidad.*
**magnífico, -ca** *adj. Liberal, generoso,*
*espléndido.* 2 *Ostentoso, esplendoroso,*
*suntuoso.* 3 *Excelente, admirable, no-*
*table, soberbio, dadivoso\*, hermoso\*.*
**magnitud** *f. Tamaño, volumen, gran-*
*dor.* "La *magnitud* es el conjunto de
todas las dimensiones del sólido, o la
extensión, en todos sentidos, que el
sólido ocupa en el espacio. El *tamaño*
es esta misma *magnitud* relativa a otra
o comparada con ella y se entiende
generalmente con respecto a la longitud o a la altura. La palabra *volumen*
significa, no solamente la dimensión,
sino la masa total del sólido o del líquido, y las partes que lo componen.
Una extensión del espacio o de la atmósfera tiene magnitud, y no tiene
*tamaño* ni *volumen.* Decimos de los
objetos visibles que son del *tamaño*
del hombre, de la mano, de un peso
duro. El elefante es un animal de mayor *volumen* que el toro y el caballo"
(M). 2 *fig. Grandeza\*, importancia,*
*excelencia.*
**magno, -na** *adj. Grande\*, magna.*
*Grande* en sentido moral. Cuando
*magno* se refiere a cosas materiales,
les da cierta dignidad o nobleza; por
ejemplo: aula *magna* de la Universidad. No decimos de un animal o de

un lebrillo que son *magnos*, sino *grandes*.

**mago, -ga** *adj.-s.* Hechicero*, encantador, taumaturgo.

**magro, -gra** *adj.* Flaco, enjuto, cenceño. ↔ GORDO, GRASIENTO.

**maguillo** *m.* (manzano silvestre) Manzanera.

**magüeta** *f.* Ternera, chota, becerra, jata, novilla, utrera.

**magüeto** *m.* Novillo, eral.

**mahometano, -na** *adj.-s.* (pers.) Musulmán, sarraceno, islamita, muslime. 2 *adj.* Islámico, muslímico.

**mahometismo** *m.* Islamismo, islam.

**maicena** *f.* Almidón de maíz.

**maidismo** *m.* MED. Zeísmo, pelagra.

**maído** *m.* Maullido.

**maiéutica, mayéutica** *f.* Obstetricia.

**maimón** *m.* Mico, mono.

**maíz** *m.* Panizo (Ar.), mijo, zara.

**majada** *f.* Apero.

**majadear** *intr.* Cubilar.

**majadería** *f.* Bobada, bobería, simpleza, necedad, tontería, tontada.

**majaderillo** *m.* Bolillo (palito), majadero, palillo.

**majadero** *m.* Bolillo (palito), majaderillo, palillo.

**majadero, -ra** *adj.-s.* fig. Necio, porfiado, pesado, fastidioso, pelmazo. ↔ INGENIOSO, DISCRETO, PRUDENTE.

**majar** *tr.* Machacar, triturar. 2 fig. Molestar, importunar.

**majestad** *f.* Grandeza, sublimidad, solemnidad.

**majestuoso, -sa** *adj.* Mayestático, augusto, solemne, imponente, sublime.

**majeza** *f.* Valentonería, guapeza, chulería.

**majo, -ja** *adj.-s.* Curro, guapo, hermoso. 2 Ataviado, lujoso, adornado. 3 Jaque, valentón, chulo.

**majuelo** *m.* (arbusto) Pirlitero, marzoleto.

**I mal** *m.* Desgracia, calamidad, daño*. ↔ BIEN. 2 Enfermedad, dolencia, indisposición. 3 Vicio, imperfección. ↔ PERFECCIÓN. 4 **Mal caduco** vulg. Epilepsia, mal de corazón (vulg.), gota coral

(MED.), morbo comicial (p. us.). 5 **Mal de San Lázaro** Elefancía, elefantiasis. 6 **Mal de la rosa** Pelagra. 7 **Mal de la tierra** Nostalgia, añoranza, morriña. 8 **Mal de madre** Histerismo. 9 **Mal de montaña** Soroche, apunamiento. 10 **Mal de piedra** Cálculo, piedra.

**II mal** *adv. m.* Indebidamente, injustamente, desacertadamente, incorrectamente, malamente. "Lo que se hace *mal* es aquello que no se hace con las condiciones que requiere la obra. Lo que se hace *malamente* es lo que se hace con torpeza, con mala intención o causando daño. Puede uno conducirse *mal* por inexperiencia o por descuido; pero conducirse *malamente* es una falta más grave, y supone peores disposiciones" (M).

**malacate** *m.* Baritel.

**malacitano, -na** *adj.-s.* (pers.) Malagueño.

**malacología** *f.* Conquiliología. Cuando se estudia especialmente las conchas de los moluscos.

**malacólogo, -ga** *s.* Conquiliólogo.

**malacostumbrado, -da** *adj.* Viciado, mal inclinado. 2 Mimado, consentido, malcriado.

**malacuenda** *f.* Harpillera, arpillera, halda, rázago.

**malagradecido, -da** *adj.* Desagradecido, ingrato.

**malagueño, -ña** *adj.-s.* (pers.) Malacitano.

**malagueta** *f.* Pimienta de chiapa, pimienta de Tabasco, pimienta inglesa. Esta última se refiere a la seca y molida.

**malamente** *adv. m.* Mal*.

**malandanza** *f.* Mala fortuna, infortunio, desgracia, desdicha, desventura, malaventura. ↔ VENTURA, FORTUNA.

**malandrín, -ina** *adj.-s.* Maligno, perverso, bellaco.

**malaquita. Malaquita azul** *f.* Azurita. 2 **Malaquita verde** Cobre verde.

**malaria** *f.* Paludismo.

**malatería** *f.* Leprosería.

**malatía** *f. Lepra, gafedad.*
**malato** *adj.-s. Leproso, lazarino, gafo.*
**malaventura** *f. Desgracia\*, desventura, infortunio, desdicha.* ↔ BUENAVENTURA, DICHA, FORTUNA, PAZ.
**malbaratar** *tr. Malvender.* 2 *Malgastar\*, disipar, derrochar, dilapidar, despilfarrar.* ↔ ADMINISTRAR, AHORRAR.
**malcontento, -ta** *adj. Descontento, insatisfecho, quejoso, disgustado.* 2 *Revoltoso, perturbador, rebelde.*
**malcoraje** *m. Mercurial* (planta).
**malcriado, -da** *adj. Descortés, desatento, grosero, incivil, mal educado.* 2 *Consentido, mimado, malacostumbrado.*
**malcriar** *tr. Mimar, consentir, mal acostumbrar.*
**maldad** *f. Malicia, perversidad, protervia, depravación\*. Protervia* es obstinación en la *maldad.* ↔ BONDAD, PERFECCIÓN.
**maldecir** *tr. Condenar, imprecar, execrar.* 2 *intr. Denigrar, murmurar, detractar.* ↔ BENDECIR.
**maldiciente** *adj. Murmurador, detractor, denigrador, lengua larga, mala lengua.*
**maldición** *f. Imprecación, execración, condenación.* 2 **Echar maldiciones** *loc.* (intens.) *Execrar, condenar, maldecir, imprecar, jurar como un carretero.*
**maldispuesto, -ta** *adj. Indispuesto* (de salud), *destemplado, enfermo.*
**maldito, -ta** *adj. Malvado, perverso, endemoniado.*
**malear** *tr.-prnl. Dañar, echar a perder, estropear, enmalecer.* ↔ SANEAR, PERFECCIONAR. 2 *Viciar, pervertir, corromper.*
**malecón** *m. Dique.*
**maledicencia** *f. Murmuración.*
**maleficio** *m. Hechizo, encantamiento, sortilegio, embrujamiento, embrujo.*
**maléolo** *m. Tobillo.*
**malestar** *m. Incomodidad, desazón, desasosiego, inquietud, ansiedad, indisposición.* ↔ BIENESTAR, CONTENTO, SALUD.

**maleta** *f. Valija.*
**maleza** *f. Maraña, espesura, matorral.*
**malformación** *f.* MED. *Deformidad.*
**malgama** *f. Amalgama* (aleación).
**malgastador, -ra** *adj.-s. Manirroto.*
**malgastar** *tr. Disipar, malrotar, malbaratar, despilfarrar, malmeter, desperdiciar.* Los dos últimos se aplican no sólo al dinero o hacienda, sino también a otras cosas, con el sentido general de estropear o no aprovechar como es debido: los muebles, las influencias, las ocasiones. ↔ ADMINISTRAR, AHORRAR.
**malhablado, -da** *adj. Desvergonzado, lenguaraz.* 2 *Maldiciente, murmurador, mala lengua.*
**malhadado, -da** *adj. Infeliz, desventurado, infortunado, desgraciado, desdichado.* ↔ FELIZ.
**malhechor, -ra** *adj.-s. Criminal, delincuente.* "La voz *malhechor* se usa comúnmente con referencia a aquellas acciones malas que se oponen al buen orden de la sociedad, al derecho de los ciudadanos, a la tranquilidad y buen gobierno del Estado; y como no hay legislación que no las prohíba, todo *malhechor delinque,* quebranta la ley, y no es extraño que se tome indistintamente una voz por otra, porque las ideas que representan, aunque diferentes, es difícil que se encuentren separadas. Si no hubiera leyes, el *malhechor* no sería *delincuente.* En tiempo de los antiguos tiranos el *delincuente* pudo no ser *malhechor*" (LH).
**malhumor** *m. Murria, tristeza, melancolía, abatimiento, cancamurria.* ↔ ALEGRÍA, ILUSIÓN.
**malhumorado, -da** *adj. Atrabiliario, irritable, irascible, destemplado, resentido, pesimista, triste.* ↔ CONTENTO, ALEGRE, OPTIMISTA.
**malicia** *f. Maldad, perversidad, malignidad.* ↔ INGENUIDAD. 2 *Bellaquería, mala intención, doblez, mala fe.* ↔ SINCERIDAD. 3 *Desconfianza\*, sospecha, recelo, escama.*

**maliciar** *tr. Sospechar, recelar, desconfiar.*

**malicioso, -sa** *adj. Astuto, taimado, zorro, desconfiado, escamón, malo*.*

**malignidad** *f. Perversidad, nequicia* (lit.)*, maldad, perfidia, perversión, protervia.* 2 *Virulencia, acrimonia.*

**maligno, -na** *adj.-s. Malicioso, receloso, suspicaz.* 2 *adj. Malo, pernicioso.*

**malintencionado, -da** *adj. Atravesado, avieso, ruin, artero, astuto, falso.*

**mallar** *intr. Enmallarse.*

**malmandado, -da** *adj. Desobediente, indócil, rebelde.*

**malmeter** *tr. Malbaratar, malgastar*.* 2 *Malquistar, indisponer.*

**malmirado, -da** *adj. Malquisto, desconceptuado, desacreditado.* ↔ ACREDITADO, HONORABLE. 2 *Descortés, inconsiderado, desatento.* ↔ CORTÉS, CONSIDERADO.

**malo, -la** *adj. Mal inclinado, enviciado, bajo, ruin, bellaco, depravado, corrupto.* ↔ BUENO. 2 *Maligno, malicioso, indigno, vil, malvado, perverso, satánico.* En la primera acepción de *malo* se expresa la idea general de propenso al mal; en la segunda, la de contrario a la ley moral. ↔ BUENO. 3 *Perjudicial, dañino, nocivo, pernicioso, peligroso.* ↔ BUENO. 4 *Difícil, dificultoso, penoso, trabajoso.* 5 *Enfermo, doliente.* ↔ BUENO. 6 *Desagradable, molesto, fastidioso.* ↔ AGRADABLE. 7 *Deslucido, deteriorado, estropeado.* 8 **Estar de malas** *loc. Tener mala suerte, tener mala pata, haber pisado mala hierba.*

**malograr** *tr.-prnl. Desaprovechar, perder, desperdiciar, frustrar, errar el golpe, irse abajo, naufragar en el puerto.*

**malogro** *m. Aborto, fracaso, frustración.*

**malparado, -da** *adj. Maltratado, maltrecho.*

**malparir** *intr. Abortar* (la mujer).

**malparto** *m. Aborto, parto prematuro, abortamiento.*

**malquerencia** *f. Antipatía, ojeriza, aversión, mala voluntad, inquina, ene-* mistad*, odio*.* ↔ AMISTAD, AMOR, SIMPATÍA.

**malquistamiento** *m. Desacuerdo, discordia, disconformidad, desavenencia, desunión.* ↔ ACUERDO, CONCORDANCIA, PACTO.

**malquistar** *tr.-prnl. Indisponer, malmeter, encizañar, echar leña al fuego, meter cizaña, poner a mal.* ↔ AMISTAR, UNIR, AVENIRSE, PACIFICAR.

**malquisto, -ta** *adj. Malmirado, desconceptuado, desacreditado.* ↔ ACREDITADO, HONORABLE.

**malrotar** *tr. Disipar, malgastar*, despilfarrar, malbaratar.* ↔ AHORRAR, ADMINISTRAR.

**malsano, -na** *adj. Insalubre, insano.* Estos dos esp. si se trata de clima, país, aguas, etc. 2 *Infectado, inquinado.*

**malsín** *m. Delator*, acusón, soplón, fuelle, acusica, acusique, chivato* (pleb.)*, cizañero.*

**malsonar** *intr. Disonar.* ↔ ARMONIZAR.

**malsufrido, -da** *adj. Impaciente.*

**maltrabaja** *com. Holgazán, perezoso, poltrón, gandul, pamposado, galbanero, harón* (p. us.).

**maltratado, -da** *adj. Malparado, maltrecho.*

**maltratar** *tr. Tratar mal, traer a mal traer, tratar a zapatazos, dar mala vida.* "Maltratar significa hacer ultraje a alguno, con palabras o a golpes. *Tratar mal* es no darle bien de comer a uno, o alojarlo mal, o no tratarle a su gusto" (Ma). ↔ ACARICIAR, REGALAR. 2 *Menoscabar, estropear, echar a perder, deteriorar, malmeter.* ↔ ALABAR.

**maltrecho, -cha** *adj. Maltratado, malparado.*

**malvado, -da** *adj. Malo*, perverso.*

**malvasía** *f. Masvale.*

**malvavisco** *m. Altea.*

**malvender** *tr. Malbaratar* (vender).

**malvesar** *tr. Defraudar, distraer* (eufemismo).

**malvís** *m. Tordo alirrojo, malviz.*

**malviz** *m. Malvís, tordo alirrojo.*

**mama** *f. Seno, pecho, teta.*

**mamandurria** *f. Amér. Merid. Sinecura, prebenda, enchufe.*

**mamarracho** *m. Adefesio, facha.*

**mampostería** *f. Calicanto.*

**maná líquido** *m. Tereniabín.*

**manada** *f. Bandada, cardume, cardumen.* Para designar un conjunto de animales de la misma especie que andan juntos, *manada* se aplica especialmente a los cuadrúpedos; *bandada* a las aves y a los peces; *cardume* y *cardumen*, a los peces. 2 *Hato, rebaño, boyada, vacada, torada, piara, yeguada, pavada, cuadrilla.* Una manada de animales al cuidado de un pastor se llama *hato, rebaño.* Según la clase de ganado, recibe distintos nombres.

**manager** *com.* anglic. *Gerente, apoderado, director, principal, encargado, jefe. Manager* es un anglicismo reprobable e innecesario que se utiliza por cualquiera de los sinónimos mencionados.

**manantial** *m. Fontanal, fontanar, hontanar, fuente, venero, venera.* 2 *fig. Origen, principio.*

**manar** *intr. Salir, brotar, nacer, surgir, surtir.* Estos dos últimos, tratándose del agua, esp. la que *mana* hacia arriba. ↔ ENTRAR, MORIR.

**manatí, manato** *m. Rosmaro, pez mujer, pez muller.*

**manceba** *f. Barragana, concubina, querida.*

**mancebía** *f. Burdel, lupanar, prostíbulo.* 2 *Mocedad, juventud, mocerío.* Se usa hoy muy poco *mancebía* en esta acepción, a fin de que no se tome a mala parte.

**mancebo** *m. Adolescente, muchacho, zagal, joven*.* 2 *Soltero, célibe, mozo.*

**mancera** *f. Esteva, magrorillo.*

**mancha** *f. Mácula* (lit.). *Mácula,* en sentido material, sólo se emplea en estilo extremadamente culto o literario. 2 *fig. Mácula, mancilla, tacha, deshonra, desdoro.* 3 *Rodal.* 4 *Boceto.*

**manchar** *tr.-prnl. Ensuciar, emporcar, pringar, tiznar, enlodar.* Según la materia que mancha, se emplean verbos especiales, como los tres últimos sinónimos. ↔ LIMPIAR. 2 *fig. Macular* (lit.), *mancillar, desdorar, deslustrar, deshonrar, empañar*.* ↔ PURIFICAR. 3 *tr. Inquinar, contagiar.*

**mancilla** *f.* fig. *Mancha, desdoro, deshonra, deshonor, afrenta.* ↔ HONOR, PERFECCIÓN, PUREZA.

**mancillar** *tr.-prnl.* fig. *Manchar, deslucir, deslustrar, afear, desdorar, deshonrar, dejar de cuadro, poner de cuadro.* ↔ PURIFICAR, HONRAR.

**manda** *f. Legado.*

**mandamiento** *m. Precepto, orden, mandato*.*

**mandar** *tr. Ordenar, preceptuar, decretar.* En la frase *ordeno y mando* con que las autoridades militares encabezan sus bandos, *ordenar* tiene el matiz de disponer, en tanto que *mandar* acentúa su carácter ejecutivo. ↔ OBEDECER, CUMPLIR. 2 *Regir, dirigir, gobernar, sojuzgar.* Este último implica fuerza o violencia. ↔ OBEDECER, CUMPLIR. 3 *Enviar, remitir.*

**mandato** *m. Orden, precepto, disposición, prescripción, mandamiento. Mandamiento* se usa especialmente para designar los *preceptos* del Decálogo y las *órdenes* del juez. "La *orden* y el *precepto* son *mandatos,* con esta diferencia, que la *orden* procede de una autoridad instituida por la ley humana, y el *precepto* de la autoridad divina, natural o moral. Decimos Real *orden,* la *orden* del día, libro de *órdenes;* los *preceptos* del Decálogo, del anciano. Por esto los maestros se llaman *preceptores"* (M). 2 *Lavatorio.*

**mandíbula** *f. Quijada.*

**mandil** *m. Delantal.*

**mandilete** *m. Porta.*

**mando** *m. Autoridad, poder, facultad, potestad, jurisdicción, dirección, gobierno.*

**mandracho** *m. Garito*, timba, chirlata, gazapón, tablero.*

**mandria** *adj.-com. Apocado, pusiláni-*

423                                           **maniobra**

*me, para poco, inútil.* ↔ LISTO, AGUDO,
ATREVIDO.
**mandriladora** *f.* METAL. *Abocardado-*
*ra.*
**manduca** *f.* fam. *Pitanza, condumio,*
*comida, alimento.*
**manear** *tr. Amanear.* 2 *Manejar.*
**manecilla** *f. Mano, aguja, saeta, sae-*
*tilla.* 2 *Manezuela.*
**manejable** *adj. Manuable. Manuebla*
se aplica a los objetos que se mane-
jan con las manos, pero no a los caballos ni en las acepciones fig.; p. ej.:
un dispositivo radiofónico es *manua-*
*ble* o *manejable*; pero una cabalgadura, un negocio, etc., son *manejables*, y
no *manuables.*
**manejar** *tr. Usar, utilizar, emplear.* 2
*Dirigir, regir, gobernar, administrar,*
*conducir.* Tratándose de un vehículo,
*conducir.*
**manejo** *m. Uso, empleo.* 2 *Dirección,*
*gobierno, administración.* 3 *Treta, ar-*
*did.*
**maneota** *f. Traba, maniota, manea,*
*guadafiones, manija, suelta.*
**manera** *f. Forma, modo, procedimiento.*
2 *Estilo, factura.* Estos dos sinónimos,
en las artes. V. *maneras.* 3 **De esta**
**manera** *loc. adv. Así, de esta suerte.* 4
**De la misma manera** *También, asi-*
*mismo, igualmente, del mismo modo,*
*de igual modo.*
**maneras** *f. pl. Porte, modales, ade-*
*manes.* V. manera.
**manezuela** *f. Manecilla* (broche).
**manga** *f.* METEOR. *Tifón, tromba, trom-*
*pa.* 2 *Manga de agua, turbión.*
**manganesa** *f. Pirolusita.*
**mangante** *adj.-com. Truhán, tuno.*
**mango. Tener la sartén por el**
**mango** *loc.* V. sartén
**mangonear** *intr.* desp. *Mandar, diri-*
*gir, mandonear, manipular, tener la*
*sartén por el mango, cortar el bacalao.*
**mangorrillo** *m. Esteva, mancera.*
**mangosta** *f. Icneumón.*
**mangote** *m. Manguito.*
**mangueta** *f. Palanca* (barra), *ceprén*
(Ar.), *alzaprima, espeque.*

**manguillero** *m. Portaplumas, mango.*
**manguita** *f. Funda.*
**manguito** *m. Estufilla, regalillo.* 2
*Mangote.*
**maní** *m. Cacahuete.*
**manía** *f. Monomanía, idea fija, guilla-*
*dura* (fam.), *chifladura* (fam.), *chala-*
*dura* (fam.), *psicosis, obsesión, psico-*
*patía.* ↔ REFLEXIÓN, RAZÓN. 2 *Anti-*
*patía\*, ojeriza, tirria.* ↔ SIMPATÍA. 3
*Extravagancia, rareza, tema, capricho,*
*prurito, antojo.*
**maníaco, -ca** *s. Obseso, psicópata.*
**maniático, -ca** *adj.-s. Loco\*, mono-*
*maníaco, maníaco, guillado* (fam.), *chi-*
*flado* (fam.), *chalado* (fam.). 2 *Extra-*
*vagante, caprichoso, antojadizo, raro.*
**manicomio** *m. Frenopático, psiquiá-*
*trico.*
**manida** *f. Guarida, vivienda.*
**manido, -da** *adj. Sobado, manoseado.*
↔ NUEVO. 2 fig. *Envejecido, trasnocha-*
*do.* ↔ NUEVO.
**manifactura** *f.* p. us. *Manufactura,*
*obraje.*
**manifestar** *tr.-prnl. Declarar, exponer,*
*decir.* "Se *manifiestan* hechos, doctrinas, opiniones y secretos; se *declaran*
intenciones y designios. La *declaración*
de guerra es un anuncio de hostilidades que un gobierno piensa hacer
a otro. Suele precederle un *manifiesto*
que contiene los antecendentes de la
disputa, y en este documento se ex-
ponen las causas de aquella resolución" (M). ↔ CALLAR. 2 *Descubrir, ex-*
*hibir, presentar, mostrar, revelar, sacar*
*a la luz, hacer muestra.* ↔ ESCONDER.
**manifiesto, -ta** *adj. Patente, ostensi-*
*ble, claro, descubierto, visible, notorio,*
*palpable, público\*.*
**manija** *f. Manezuela, mango, manu-*
*brio.* 2 *Maniota.*
**manilargo, -ga** *adj. Pródigo, derra-*
*mado, malgastador, derrochador, des-*
*pilfarrador, manirroto, disipador.*
**manilla** *f. Pulsera, brazalete.*
**maniobra** *f. Evolución, movimiento,*
*cambio, variación.* 2 *Manipulación.* 3
MIL. *Operación.*

**maniota** *f. Guadafiones, traba, manea, maneota, manija, suelta.*
**manipulación** *f. Manejo, tratamiento.* 2 *Maniobra.*
**manipular** *tr.* fig. *Mangonear, mandar, dirigir, mandonear, tener la sartén por el mango, cortar el bacalao.*
**manirroto, -ta** *adj. Pródigo, derramado, malgastador, derrochador, despilfarrador, disipador.*
**manivela** *f. Manubrio, cigüeña.*
**manjar** *m. Manjar, alimento, mantenimiento, comestible, comida.* En gral. *manjar, a causa de un menor uso, realza la exquisitez, bondad, lujo, etc., de lo que se come, en comparación con los demás sinónimos.*
**manlieva** *f.* ant. *Préstamo, empréstito.*
**mano** *f.* fig. *Habilidad, destreza\*.* 2 *Poder, mando, facultades.* 3 *Capa, baño.* Dar una *mano* de pintura o barniz. 4 **De segunda mano** *loc. adj. De lance, de ocasión, usado.* ↔ DE PRIMERA MANO, NUEVO, POR ESTRENAR. 5 **Estar a mano** *loc. Terciar, venir bien, ser oportuno.*
**manopla** *f. Guantelete.*
**manosear** *tr. Sobar.*
**manotada** *f. Manotazo, tabalada, tabanazo, guantada, manotón.*
**manoteo** *m. Gesto, ademán.*
**mansedumbre** *f. Suavidad, beniginidad, apacibilidad, dulzura.* ↔ IRA.
**mansión** *f. Detención, permanencia, estada, estancia, estadía.* 2 *Morada, albergue, residencia, habitación\*, casa\*.*
**manso, -sa** *adj. Tranquilo, quieto\*, sosegado, reposado, apacible, benigno, suave.* 2 *Dócil, manejable.* Tratando de animales.
**manta** *f. Zurra, capuana* (desus.), *somanta, azotaina, panadera, pega, felpa, paliza.* ↔ CARICIA.
**mantecado** *m. Sorbete, helado.*
**mantecoso, -sa** *adj. Gordo, craso, graso.*
**mantel** *m. Paño de mesa.* 2 *Paño de altar.*
**mantener** *tr.-prnl. Conservar, perse-*

*verar\*.* ↔ DESTRUIRSE. 2 *Sostener, sustentar, nutrir, alimentar. Sostener* y *sustentar* dan a la expresión un matiz de mayor esfuerzo por parte del sujeto. *"Mantener* es conservar una cosa en el estado en que se halla; *sostener* es *mantener* con esfuerzo. El que se *mantiene* derecho largo rato, busca en qué *sostenerse* cuando se cansa" (M). ↔ AYUNAR. 3 *Defender, amparar, apoyar.* ↔ RENDIRSE.
**mantenimiento** *m. Sustento, manjar\*.*
**mantequilla** *f.* (grasa de la leche) *Butiro* (científ.), *grasa\*.*
**mantilla** *f. Mantellina.*
**mantillo** *m. Humus* (TECN.), *tierra negra.*
**mantón** *m. Pañolón.*
**manuable** *adj. Manejable.*
**manual** *adj. Manuable, manejable.*
**manubrio** *m. Manivela, manija.*
**manufactura** *f. Manifactura* (p. us.), *obraje.* 2 *Fábrica.*
**manumiso, -sa** *adj.-s. Liberto, horror.*
**manumitir** *tr.* DER. *Emancipar, libertar.* ↔ ESCLAVIZAR.
**manustrupación** *f. Masturbación, onanismo.*
**manutención** *f. Sustento, mantenimiento, sostenimiento, alimento.* ↔ AYUNO. 2 *Conservación, apoyo, amparo.* ↔ DESAMPARO.
**manzana** *f. Poma* (desus.). 2 *Bloque, isla.*
**manzanar** *m. Pomarada, pomar, manzanal.*
**manzanera** *f.* (manzano silvestre) *Maguillo.*
**manzanilla** *f. Camamila, camomila.*
**maña** *f. Destreza\*, habilidad\*, maestría, arte, mano, buena mano.* ↔ INHABILIDAD. 2 *Artificio, astucia, sagacidad.* ↔ INGENUIDAD.
**mañana** *m. Futuro, porvenir.*
**mañanear** *intr. Madrugar.* ↔ TRASNOCHAR.
**mañanero, -ra** *adj. Madrugador.*
**I mañero, -ra** *adj. Astuto, sagaz.*
**II mañero, -ra** *adj. Estéril\*, macho-*

*rra, horra, nulípara.* Los tres últimos referidos a mujeres.

**mañoco** *m. Tapioca.*

**mañoso, -sa** *adj. Hábil, diestro, habilidoso, industrioso.*

**mapa** *m. Carta, carta marina, plano.* La *carta marina* es la *carta* de marear. Fuera de este uso, *carta* por *mapa* es galic., excepto en la expresión *carta geográfica.* Si se trata de un edificio, calle o ciudad, *plano.* Emplear *mapa* por *plano* es anglicismo.

**maque** *m. Ailanto, árbol del cielo.*

**maquila** *f. Moltura* (Ar.).

**maquillo** *m.* MAR. *Descalcador.*

**máquina** *f. Ingenio, artificio.*

**maquinación** *f. Trama, intriga.*

**maquinal** *adj. Automático, espontáneo*\*. ↔ VOLUNTARIO, REFLEXIVO, DESACOSTUMBRADO.

**maquinar** *tr. Urdir*\*, *tramar, intrigar.*

**mar** *amb. Ponto, piélago, el profundo.* Todos ellos son denominaciones literarias. 2 **Hacerse a la mar** *loc. Levar anclas, zarpar.*

**marabuto** *m. Morabito* (ermita), *morabuto.*

**maraca** *f. Colomb., P. Rico y Venez. Maruga* (Cuba).

**maraña** *f. Maleza.* 2 *Enredo, embrollo, lío.* 3 *Coscoja.*

**marañón** *m. Merey.*

**marasmo** *m.* fig. *Letargo, modorra, sopor, torpor, torpeza, insensibilidad.* ↔ VIVEZA, ÁNIMO.

**maravedí. No importar un maravedí** *loc. No importar un ardite, no importar un bledo, no importar un cornado, no importar un comino, no importar un ochavo, no importar un pito.*

**maravilla** *f. Portento, prodigio.* Ambos intensivos, significando cosa o suceso que causa admiración. 2 *Pasmo, admiración, asombro.* Sentimiento que produce la *maravilla.* 3 *Dondiego.* 4 *Flamenquilla.*

**maravillar** *tr.-prnl. Sorprender, admirar, asombrar*\*, *pasmar.*

**maravilloso, -sa** *adj. Extraordinario, sorprendente, admirable, asombroso,*

*prodigioso, portentoso, pasmoso, estupendo.*

**marbete** *m. Rótulo, etiqueta.*

**marca** *f. Señal, distintivo, hierro, contramarca, contraseña.* Hierro es la marca hecha con hierro candente en el ganado. *Contramarca* o *contraseña,* segunda marcar en los fardos, ganado, etc. 2 *Huella, traza.* 3 *Récord.* En los deportes, *marca* es vocablo más expresivo y castizo que el barbarismo innecesario *récord.* 4 **De marca mayor** *loc. adj. Excesivo, enorme, desmedido, desmesurado, inmoderado.*

**marcador** *m.* DEP. *Casillero, tanteador.*

**marcar** *tr. Señalar.* 2 MAR. *Demarcar.*

**marcear** *tr. Esquilar* (las bestias), *trasquilar.*

**marceo** *m. Deshaldo.*

**marcha** *f. Velocidad, celeridad.* 2 fig. *Curso, desenvolvimiento.* 3 *Procedimiento, método.* 4 *Partida, movimiento.* ↔ PERMANENCIA, LLEGADA.

**marchar** *intr. Caminar, andar.* 2 *Funcionar, moverse, andar.* 3 *prnl. Irse, ausentarse, alejarse, ahuecar el ala, liar el ato, estar con las botas puestas, ir con Dios, levantar velas.* ↔ LLEGAR, ENTRAR, PERMANECER.

**marchitar** *tr.-prnl. Ajar, enmustiar, secar*\*, *deslucir.* ↔ REJUVENECERSE, FLORECER. 2 *prnl.* fig. *Enflaquecer, decaer.* ↔ FORTALECERSE.

**marchito, -ta** *adj. Mustio, ajado, seco, decaído.*

**marcial** *adj. Militar, guerrero*\*, *bélico, belicoso.* ↔ CIVIL. 2 fig. *Varonil, bizarro.* ↔ COBARDE, TÍMIDO.

**marco** *m. Cerco, cuadro.* 2 DEP. *Portería, puerta, meta* (en el fútbol). 3 fig. *ámbito, campo* (fig.), *terreno* (fig.).

**marear** *tr.-prnl.* fig. *Molestar, fastidiar, enfadar, cansar, turbar, perder el conocimiento, caerse redondo.*

**mareo** *m. Vértigo.* 2 fig. *Enfado, molestia, ajetreo, turbación.*

**mareta** *f. Marullo.*

**marfileño, -ña** *adj. Ebúrneo.*

**margajita** 426

**margajita** *f. Pirita, piedra inga, marcasita, marquesita.*
**margallón** *m. Palmito, palma, palma enana.*
**margarita** *f.* (planta) *Chiribita.*
**margen** *amb. Orilla, borde, ribera.* 2 *Ocasión, motivo, pretexto.*
**marginar** *tr.* (un texto) *Apostillar, postilar, acotar.*
**marguera** *f. Almarga.*
**marica** *f.* (ave) *Urraca, cotorra* (dial.), *gaya, pega, picaza, picaraza.* 2 *m.* fig. *Afeminado, mariquita, maricón* (fam.), *homosexual, invertido, sodomita, amadamado.* ↔ MACHO, VIRIL, MASCULINO, VARONIL.
**maricón** *m.* fam. y desp. *Afeminado, mariquita* (fig. y fam.), *marica* (fig. y fam.), *homosexual, invertido, sodomita, amadamado, amariconado.* ↔ MACHO, VIRIL, MASCULINO, VARONIL.
**maridaje** *m. Unión, armonía, consorcio, conformidad.*
**maridillo** *m. Rejuela* (braserito), *librete, rejilla.*
**marido** *m. Esposo, hombre. Esposo* es voz más escogida y menos frecuente que *marido.* Por el contrario, *hombre* en la acepción de *marido* es de uso vulgar.
**marijuana, marihuana** *f. Cannabis, kif, hierba* (vulg.), *grifa* (vulg.).
**marimacho** *m.* fam. *Lesbiana, machota, homosexual, hombruna.*
**marimoña** *f. Francesilla* (planta).
**marimorena** *f.* fam. *Camorra, bronca, pendencia, contienda, riña.*
**marina** *f. Costa, litoral.* 2 *Náutica, navegación, flota*.* 3 *Flota, Armada.* Si es de guerra, *Armada.*
**marinería** *f. Tripulación, equipaje* (p. us.), *dotación.*
**marinero** *m.* (molusco) *Argonauta, nautilo.*
**marino** *m. Marinero.*
**marino, -na** *adj. Marítimo.*
**marión** *m. Esturión, marón, sollo.*
**mariposa** *f. Lepidóptero.*
**mariquita** *f.* (ave) *Perico, periquito.* 2 *m.* fig. y fam. *Maricón* (fam. y desp.),

**marica** (fig. y fam.), *afeminado, homosexual, invertido, sodomita, amadamado, amariconado.* ↔ MACHO, VIRIL, MASCULINO, VARONIL.
**marisabidilla** *f. Sabidilla, sabelotodo.*
**mariscal** *m.* desus. *Veterinario, albéitar.*
**mariscos** *m. pl. Frutos de mar.*
**marismo** *m. Álimo, orzaga, armuelle, salgada, salgadera.*
**marítimo, -ma** *adj. Marino.*
**marjal** *m. Almarjal, armajal.*
**marmita** *f. Olla, piñata.*
**marmoleño, -ña** *adj. Marmóreo.*
**marmolillo** *m. Guardacantón, guardarruedas, recantón, trascantón, trascantonada.* 2 fig. *Zoquete, zote, zopenco, boto, tonto, cernícalo, zamacuco.* ↔ CULTO.
**marmoración** *f. Estuco, estuque, escayola.*
**marmóreo, -ea** *adj.* lit. *Marmoleño.*
**maro** *m. Almaro.* 2 *Amaro, bácara, bácaris, esclarea.*
**I marón** *m. Esturión.*
**II marón** *m. Morueco.*
**marquesita** *f. Pirita, piedra inga, marcasita, margajita.*
**marquetería** *f. Taracea.*
**marrajo** *m. Tiburón.*
**marrajo, -ja** *adj. Astuto, taimado, malicioso, malintencionado.*
**marrar** *intr. Errar, fallar, desacertar, equivocarse. Desacertar* y *equivocarse* indican preferentemente cometer un error intelectual. Un jugador *yerra*, *marra* o *falla* un tiro. Un meteorólogo *yerra, desacierta* o se *equivoca* en la predicción del tiempo.
**marrón** *adj.* galic. (color) *Castaño.*
**marroquí** *m.* (cuero) *Tafilete.*
**marrullería** *f. Camándula, astucia, trastienda, fingimiento, hipocresía, disimulo.* ↔ INOCENCIA, INGENUIDAD, SINCERIDAD.
**marrullero, -ra** *adj.-s. Camandulero, hipócrita, embustero, camastrón, disimulado, taimado.*
**marsupial** *adj.-com. Didelfo.*
**marta** *f.* (piel de la m. cebellina) *Vero.*

**martillar** tr. Amartillar, martillear.
**martillear** tr. Amartillar, martillar.
**martillo** m. (llave) Templador.
**martín.** Martín del río m. Martinete.
**2 Martín pescador** Alción, guardarrío, pájaro polilla.
**I martinete** m. (ave) Martín del río.
**II martinete** m. Mazo, machina. 2 Maza de fraga.
**martingala** f. Artimaña, trampa, artificio, astucia.
**martinico** m. fam. Duende (espíritu), trasgo.
**martirio** m. Tormento, tortura, sufrimiento.
**martirizar** tr.-prnl. Atormentar, torturar, afligir.
**maruga** f. Cuba. (instrumento musical) Maraca.
**marullo** m. Mareta (de las olas).
**marxismo** m. Comunismo.
**marzal** adj. Tremesino.
**marzoleto** m. Majuelo, pirlitero.
**mas** conj. adversativa. Pero, empero*. En la actualidad, mas se usa casi exclusivamente en la lengua escrita.
**más.** A más de loc. prep. Además de, tras de, encima de, ultra (lit.). 2 **Poco más o menos** loc. adv. Aproximadamente, con proximidad, con corta diferencia, próximamente, a ojo de buen cubero, más o menos.
**masa** f. Amér. Pastel.
**masada** f. Maso, masería, alquería, cortijo.
**mascar** tr. Masticar, mascullar*. Masticar se estima como voz selecta o tecnicismo, frente a mascar en el habla corriente.
**máscara** f. Careta, antifaz. 2 Disfraz. 3 fig. Pretexto, disimulo, excusa. 4 (pers.) Enmascarado.
**mascullar** tr. Barbotar, mascar, musitar. Barbotar es intensivo con respecto a mascullar, mascar, musitar, y además sugiere palabras dictadas por el rencor: se barbotan injurias, blasfemias; en cambio se pueden mascullar, musitar, tanto dicterios como oraciones. Farfullar es también hablar con-

fusa y atropelladamente, pero no por sentimiento rencoroso, sino por incompetencia, mala pronunciación, etc.: el estudiante farfullaba la lección; un niño farfulla las fábulas recién aprendidas.
**masivo, -va** adj. MED. Concentrado, copioso, abundante. Aplícase a los medicamentos.
**masonería** f. Francmasonería.
**masticar** tr. Mascar.
**mástil** m. Palo.
**mástique** m. (resina) Almáciga, almaste, almástec, almástiga.
**mastranto, mastranzo** m. Matapulgas, mentastro.
**mastuerzo** m. (planta) Cardamina. 2 Necio, torpe, cernícalo, tarugo, zoquete.
**masturbación** f. Manustrupación, onanismo.
**mata** f. Amér. Bosque (pequeño).
**matabuey** f. Amarguera.
**matacabras** m. Aquilón, viento, norte, septentrión, bóreas, cierzo, tramontana.
**matacán** m. ARQ. Ladronera.
**matacandelas** m. Apagavelas, apagador.
**matacandiles** m. Baya.
**matachín** m. Matarife, jifero.
**matadero** m. Macelo (p. us.), rastro (ant.).
**matador** m. TAUROM. Espada (torero).
**matafuego** m. Extintor.
**matajudío** m. Cabezudo, mújol, múgil, capitón, lisa, liza.
**matalahúga, matalahúva** f. Anís.
**matalobos** m. Anapelo, acónito, napelo, pardal, uva lupina, uva verga.
**matamoros** adj. Valentón, jaque, jaquetón, chulo, matasiete, balandrón, terne.
**matanza** f. Degollina, mortandad, carnicería, hecatombe. El último, intensivo.
**matapalo** m. Amér. Jagüey (árbol).
**matapulgas** f. Mastranto, mentastro, mastranzo.
**matar** tr.-prnl. Ejecutar, apiolar, chinchar, despabilar, despachar, trincar, quitar de en medio, hacer papilla, pa-

*sar a cuchillo, pasar por las armas, dejar seco. Ejecutar* es *matar* por justicia. Todas las demás son voces vulgares o jergales. 2 *Apagar, extinguir.* 3 **Mátalas callando** *com. Disimulado, engañoso, falso, hipócrita, fingido, mosquita muerta.*

**matarife** *m. Jifero, matachín.*

**matasanos** *m.* desp. *Médico, docto, facultativo, galeno, mediquín* (desp.), *medicastro* (desp.).

**matasiete** *m. Fanfarrón, valentón, bravucón, jaque.*

**match** *m.* anglic. DEP. *Partido, contienda, encuentro, lucha.*

**mate** *m. Jaque mate.* En el juego del ajedrez. 2 DEP. *Esmachada* (anglic.). Usados en el baloncesto.

**I mate** *adj. Amortiguado, apagado, sin brillo.*

**II mate** *m. Hierba del paraguay.* 2 *Té de los jesuítas, té del Paraguay.*

**matemáticas** *f. pl. Matemática, ciencias exactas.*

**matemático, -ca** *adj.* fig. *Exacto, preciso, seguro.*

**materia** *f. Sustancia.* ↔ ESPÍRITU, IRREALIDAD. 2 *Pus.* 3 *Asunto\*, tema, objeto.* 4 *Material, cuerpo.* ↔ ESPÍRITU.

**material** *adj. Tangible, sensible.* 2 *m. Ingrediente, componente.* 3 *Pertrechos, instrumental.*

**maternal** *adj. Materno.*

**materno, -na** *adj. Maternal.* Todo lo que es *materno* es *maternal*, pero no viceversa. El primero sugiere lo que es propio de la madre efectiva (abuelos *maternos*, claustro *materno*) mientras que *maternal* se aplica más bien a cualidades, afectos, etc., semejantes a los de la madre. P. ej.: una mujer prodiga a un niño que no es hijo suyo cuidados *maternales*, y no *maternos*. Compárese *paterno, paternal.*

**matihuelo** *m. Dominguillo, tentemozo, tentetieso, siempretieso.*

**matinal** *adj. Matutino.*

**matiz** *m. Gradación, cambiante.* 2 fig. *Carácter.*

**matojo** *m. Tamojo.*

**matón** *m. Valentón, pendenciero, espadachín, matasiete.*

**matorral** *m. Maleza, maraña, espesura.*

**matraz** *m. Balón.*

**matricaria** *f. Arrugas, expillo, magarza.*

**matrícula** *f. Registro.*

**matricular** *tr.-prnl. Alistar, poner, sentar en lista, listar, inscribir, afiliar, sentar plaza* (en el ejército).

**matrimonio** *m. Boda, casamiento, unión, enlace, nupcias, connubio, himeneo, desposorio* (lit.). *Matrimonio* alude pralte. al aspecto sacramental o jurídico. *Boda* y *casamiento* se refieren al acto de contraer matrimonio y a la fiesta con que se celebra; *unión, enlace, nupcias, connubio,* se estiman como expresiones más literarias por ser menos corrientes, y más todavía *himeneo,* que sólo se usa como término poético, alusivo a la antigüedad clásica. *Desposorio* puede significar promesa de matrimonio, o bien el acto de contraerlo. ↔ DIVORCIO, SOLTERÍA, VIUDEZ.

**matritense** *adj.-com.* (pers.) *Madrileño, gato* (humor.).

**matriz** *f.* (órgano) *Seno, útero, claustro materno, madre.* 2 *Molde.* 3 *adj.* fig. *Principal, generadora, materna.* P. ej.: iglesia *matriz,* casa *matriz.*

**matrona** *f. Comadrona, comadre, partera.*

**matute** *m. Contrabando.*

**matutino, -na** *adj. Matinal.*

**maula** *f. Retal, retazo.*

**maullar** *intr. Mayar, miar.*

**maullido** *m. Maído, miau* (onomatopeya).

**máuser** *m. Fusil\*, chopo* (fam.), *remington.*

**mausoleo** *m. Tumba\*, sepulcro, túmulo, sepultura.*

**máxima** *f. Regla, principio, sentencia, apotegma, precepto, aforismo, refrán\*.*

**máxime** *adv. m. Principalmente, primeramente, ante todo.*

**máximo** *m. Máximum, límite.* ↔ MÍNIMO.
**máximum** *m. Máximo, límite, superlativo.* ↔ MÍNIMO, DIMINUTIVO.
**maya** *f. Margarita* (planta), *vellorita.*
**mayar** *intr. Maullar, miar.*
**mayestático, -ca** *adj. Majestuoso.* Lo que contiene majestad es *majestuoso*: cortejo *majestuoso*, decorado *majestuoso*, recepción *majestuosa.* Lo que se aplica a la majestad es *mayestático*: honor *mayestático*, instituciones *mayestáticas*, plural *mayestático.*
**mayéutica, maiéutica** *f. Obstetricia.*
**mayor** *m. Superior, jefe, principal.* V. mayores. ↔ MENOR, INFERIOR.
**mayorazgo** *m. Primogenitura, progenitura.*
**mayores** *m. pl. Ascedientes, antepasados, antecesores, progenitores, abuelos.* V. mayor.
**mayoría** *f. Mayor edad, mayoridad, pluralidad.* ↔ MINORIDAD, INDIVIDUALIDAD.
**mayormente** *adv. m. Principalmente, especialmente, máxime.*
**maza. Maza de fraga** *f. Martinete.* 2 **Maza sorda** *Espadaña, gladio, gladíolo, gradíolo.*
**mazacote** *m. Barrilla* (ceniza), *natrón.*
**mazdeísmo** *m. Parsismo, zoroastrismo.*
**mazorca** *f. Panocha, panoja, espigón.*
**mazorral** *adj. Grosero, rudo, tosco.*
**meados** *m. pl.* vulg. *Orina, orín, aguas, aguas menores, pis, pipí.*
**mear** *intr.-prnl.* vulg. *Orinar, hacer pis, hacer pipí, hacer aguas menores, desbeber, miccionar.*
**mecanismo** *m. Dispositivo, instrumento*.
**mecanización** *f. Motorización.*
**mecanizar** *tr. Motorizar.*
**mecanografía** *f. Dactilografía.*
**mecanográfico, -ca** *adj. Dactilográfico.*
**mecanógrafo, -fa** *s. Dactilógrafo, copiante*.
**mecedora** *f. Balancín.*

**mecenas** *m. Protector, patrocinador, patrono, favorecedor.*
**mecer** *tr.-prnl. Cunar, columpiar, balancear.* 2 *Agitar, mover, hamacar* (Amér.). ↔ AQUIETAR.
**mechero** *m. Encendedor.*
**mechero, -ra** *s. Ladrón, caco, sacre, atracador, cuatrero, ratero, carterista.*
**mechón** *m. Pelluzgón.*
**meconio** *m. Alhorre, pez* (excremento).
**medallón** *m. Guardapelo.*
**médano, medaño** *m. Duna, mégano.*
**media** *adj. Calceta* (p. us.).
**mediacaña** *f.* (moldura) *Troquilo.*
**mediador, -ra** *adj.-s. Medianero, intermediario, intercesor.*
**medianero, -ra** *adj. Mediador, intermediario, tercera persona, tercero, intercesor.*
**medianía** *f. Mediocridad, mediano, mediocre.* La diferencia de matiz entre *medianía* y *mediocridad* es la misma que distingue *mediano* de *mediocre.*
**mediano, -na** *adj. Mediocre, regular, medianía*. *Mediocre* encierra cierto matiz desp. que lo hace más propio en la acepción de "casi malo". *Regular* literalmente coincide con *mediano.*
**mediar** *intr. Intervenir, interceder, terciar, meter el montante, estar de por medio.* ↔ INHIBIRSE. 2 *Interponerse.* 3 *Ocurrir, sobrevenir, presentarse, entremediar.*
**mediato, -ta** *adj. Indirecto.* ↔ DIRECTO.
**medicación** *f. Tratamiento.*
**medicamento** *m. Fármaco* (TECN.), *medicina, remedio, potingue* (desp.).
**medicamentoso, -sa** *adj. Farmacéutico.*
**medicastro** *m.* desp. *Médico, doctor, facultativo, galeno, mediquín* (desp.), *matasanos* (desp.).
**medicina** *f. Remedio*, *medicamento.* 2 **Medicina general** *Pantiatría, medicina de familia.*
**medición** *f. Medida.* 2 *Mensuración.*
**médico** *m. Doctor, facultativo, galeno,*

*mediquín* (desp.), *medicastro* (desp.), *matasanos* (desp.). Por antonomasia, *docto, facultativo.* Con ligera ironía, *galeno.*

**medida** *f. Medición.* 2 *Dimensión, tamaño.* 3 *Disposición, prevención, precaución, providencia.* 4 *Cordura, prudencia, mesura, moderación.*

**medido, -da** *adj. Acompasado, rítmico, métrico, regular.* 2 *Pintiparado, justo, ajustado, exacto, clavado.*

**medidor** *m. Amér. Contador.*

**medio** *m. Mitad, centro.* 2 *Diligencia, arbitrio, recurso.* 3 *Procedimiento, conducto.* 4 *Ambiente.* 5 DEP. *Centrocampista.* Usados principalmente en fútbol.

**mediodía** *m. Sur.*

**medios** *m. pl. Bienes, recursos, caudal, fortuna, posibles.*

**mediquín** *m.* desp. *Médico, doctor, facultativo, galeno, medicastro* (desp.), *matasanos* (desp.).

**medir** *tr. Mensurar* (lit.). 2 *Escandir* (p. us.). Tratándose de versos. 3 *prnl. Moderarse, mesurarse, comedirse.*

**meditación** *f. Especulación, contemplación, reflexión.*

**meditar** *tr. Pensar\*, considerar, reflexionar, discurrir, devanarse los sesos, romperse los cascos, quebrarse la cabeza.* ↔ IMPROVISAR, DESPREOCUPARSE.

**medra** *f. Adelantamiento, acrecentamiento, aumento, progreso, mejora, medro, adelanto, avance.* ↔ MENGUA, DISMINUCIÓN.

**medrar** *intr. Crecer, desarrollarse, mejorar, prosperar* (fig.), *florecer* (fig.). ↔ DESCENDER, DISMINUIR, ARRUINARSE, LANGUIDECER, DEBILITARSE.

**medro** *m. Aumento, adelantamiento, avance, medra, adelanto, mejora, acrecentamiento, progreso.* ↔ MENGUA, DISMINUCIÓN.

**medroso, -sa** *adj.-s. Miedoso, meticuloso, minucioso, temeroso, tímido, pusilánime, cobarde\*, gallina, cagón, cagado, apocado, corto, encogido. Miedoso* es más general; *medroso* es de uso

culto y literario; *meticuloso* se aplica pralte. a la persona que obra con cuidado extremado por no incurrir en falta, y por ello se acerca mucho a *minucioso; temeroso* es de significación menos intensa, y se aplica generalmente al que circunstancialmente siente un temor, en tanto que *tímido* se refiere al carácter; el *tímido*, como el *pusilánime* y el *cobarde\** (más intenso), son *temerosos* habituales. *Gallina, cagón, cagado*, sinónimos populares o intensivos de *cobarde*. La falta de desembarazo, la inseguridad en sí mismo del *tímido*, coinciden con *encogido, apocado, corto.* ↔ VALIENTE, AUDAZ. 2 *Espantoso, pavoroso, terrorífico.*

**medula, médula** *f. Pulpa, meollo, tuétano. Meollo* en todas sus acepciones. En los huesos, *tuétano*; en el tallo y en la raíz de los vegetales, *pulpa.*

**medusa** *f. Aguamala, aguamar, pulmón marino.*

**megalomanía** *f. Delirio de grandeza.*

**mégano** *m. Algaida, duna, médano, medaño.*

**mejora** *f. Medra, aumento, progreso, adelanto, perfeccionamiento.* ↔ IMPERFECCIÓN. 2 *Alivio, mejoría.* 3 *Puja.*

**mejorana** *f. Almoraduj, dux, amáraco, moradux, sampsuco, sarilla.*

**mejorar** *tr.-prnl. Aumentar, perfeccionar.* ↔ EMPEORAR. 2 *Pujar.* 3 *intr.-prnl. Restablecer, aliviar\*.* ↔ EMPEORAR, ENFERMAR. 4 *Abonanzar.* ↔ EMPEORAR. 5 *Medrar, adelantar, progresar, prosperar.* ↔ EMPEORAR.

**mejoría** *f. Mejora, restablecimiento, alivio, adelanto, ventaja.* ↔ ATRASO, DESVENTAJA.

**melancolía** *f. Tristeza\*, abatimiento, murria, depresión, hipocondría, saudade.* ↔ ALEGRÍA, ALUSIÓN, FERVOR, ESFUERZO.

**melancólico, -ca** *adj. Sombrío, triste, tétrico.* ↔ ALEGRE (fig.).

**melca** *f. Adaza, zahína, alcandía, daza, sahína, sorgo.*

**melcocha** *f. Arropía.*

**melgacho** *m. Lija* (pez), *pintarroja.*

**melgo** adj. Gemelo, mielgo, mellizo.
**melifluo, -flua** adj. Meloso. 2 fig.
Dulce, suave, delicado, tierno.
**meliloto** m. (planta) Trébol oloroso.
**melindre** m. Remilgo, dengue, repulgo.
Dengue cuando se afectan males o
disgustos, esp. las mujeres; repulgo,
escrúpulo ridículo.
**melindroso, -sa** adj.-s. Dengoso, remilgado, repulgado. Remilgado es además el que afecta pulidez extremada
en actos o palabras. V. melindre. ↔
VIRIL, SINCERO, NATURAL.
**melión** m. Pigargo (ave).
**melisa** f. Toronjil, abejera, cidronela.
**mella** f. Portillo, desportilladura.
**mellar** tr. Embotar, desafilar, despuntar.
**mellizo, -za** adj.-s. Gemelo.
**melocotonero** m. Pérsico, alpérsico,
pérsigo.
**melódico, -ca** adj. Melodioso, suave,
dulce.
**melodioso, -sa** adj. Melódico, suave,
dulce. Melódico es lo relativo a la me-
lodía musical; p. ej.: frase melódica.
Melodioso se usa en sentido fig. como
sinónimo de dulce, suave; p. ej.: voz
melodiosa, acento melodioso.
**melojo** m. Roble borne, marojo.
**melomanía** f. Musicomanía.
**melómano, -na** s. Musicómano.
**melón de agua** m. Sandía, pepón,
zandía.
**melopea** f. fig. y fam Borrachera, embriaguez, mona, moña.
**melosa** f. Madi (Chile), madia.
**meloso, -sa** adj. fig. Suave, melifluo,
empalagoso, dulzón, almibarado.
**membrana** f. Tela. 2 Lámina.
**membrete** m. Brevete (p. us.).
**membrudo, -da** adj. Robusto, recio,
fornido, forzudo, fuerte. ↔ DÉBIL.
**memo, -ma** adj.-s. Simple, bobo, tonto, mentecato.
**memorable** adj. Recordable, famoso,
célebre, glorioso, memorando.
**memorando, -da** adj. Memorable,
recordable, famoso, célebre, glorioso.
**memorar** tr.-prnl. Recordar, rememo-

rar, tener presente, tener a la vista, refrescar la memoria, darse una palmada
en la frente. ↔ OLVIDARSE.
**memoria** f. Retentiva. Retentiva se usa
en sus aplicaciones concretas: un
muchacho de buena retentiva. 2 Recuerdo. V. memorias. 3 **Refrescar la
memoria** loc. Memorar, recordar, rememorar, tener presente, tener a la vista, darse una palmada en la frente. ↔
OLVIDARSE.
**memorial** m. Instancia, solicitud. Memorial ha caído en desuso con este
significado.
**memorias** f. pl. Expresiones, recuerdos, saludos. V. memoria.
**memorismo** m. Psitacismo.
**memorizar** tr. Embotellar, aprender,
estudiar, retener, recordar.
**ménade** f. Bacante.
**menaje** m. Ajuar, mueblaje.
**mención** f. Alusión, referencia, cita.
**mencionado, -da** adj. Antedicho, dicho, sobredicho, nombrado, aludido,
mentado. ↔ ELUDIDO.
**mencionar** tr.-prnl. Aludir, mentar,
nombrar, citar, recordar, alegar*. ↔
OMITIR, OLVIDAR.
**menda** pron. pers. vulg. Yo*, un servidor, nos, nosotros.
**mendaz** adj. Mentiroso, falso, fingido,
falaz.
**mendicante** adj.-com. Pordiosero, pidientero (p. us.), mendigo, mendigante,
pobre.
**mendicidad** f. Mendiguez, pordiosería.
**mendigante** adj.-com. Pordiosero, pidientero (p. us.), mendigo, mendicante,
pobre.
**mendigar** intr. Pordiosear, pedir, limosnear, tender la mano, echar un
guante, hacer una colecta.
**mendigo, -ga** s. Pobre, pordiosero,
mendicante, zampalimosnas (burl.).
**mendiguez** f. Mendicidad (acción),
pordiosería.
**mendrugo** m. Corrusco. 2 fam. Tonto,
zoquete, tarugo, bobo.

**menear** *tr.-prnl.* *Agitar, mover.* ↔ AQUIETAR, CONTENER.

**menelipsis** *f.* MED. *Menopausia, menopausis.*

**menester** *m.* *Necesidad.* 2 *Empleo, ejercicio, profesión, ministerio.*

**menesteroso, -sa** *adj.-s.* *Pobre, indigente, necesitado.*

**menestral, -la** *s.* *Artesano.*

**menestralería** *f.* *Artesanía* (más us.), *artesanado, menestralía.*

**menestralía** *f.* *Artesanía* (más us.), *artesanado, menestralería.*

**mengano, -na** *s.* *Fulano*.*

**mengua** *f.* *Disminución, menoscabo.* ↔ AUMENTO. 2 *Falta, carencia.* 3 *Pobreza, escasez.* 4 fig. *Descrédito, deshonra, desdoro.* ↔ PERFECCIÓN, HONOR.

**menguado, -da** *adj.-s.* *Cobarde, pusilánime.* 2 *Miserable, mezquino, ruin, tacaño.*

**menguante** *m.* *Estiaje.* En los ríos y arroyos. 2 *Bajamar, vaciante.* 3 fig. *Decadencia, decrecimiento, mengua, disminución, menoscabo.*

**menguar** *intr.-tr.* *Disminuir, decrecer*, mermar, consumirse, amenguar.* ↔ AUMENTAR, CRECER.

**menopausia** *f.* *Climaterio, andropausia, menelipsis* (MED.), *menopausis* (MED.).

**menor** *m.* *Franciscano.* 2 DER. *Menor de edad.* En Aragón se usa el fem. *menora.* 3 **Al por menor** *loc. adv.* *Al detall* (galic.), *al menudeo, a la menuda.* ↔ AL MAYOR, AL POR MAYOR.

**menoscabar** *tr.-prnl.* *Mermar, disminuir*.* ↔ AUMENTAR. 2 *Deteriorar, dañar, deslucir.* ↔ HONRAR, ACREDITAR.

**menoscabo** *m.* *Merma, mengua.* 2 *Deterioro, daño*, perjuicio, detrimento, quebranto.* 3 fig. *Desdoro, descrédito, deshonor.*

**menospreciar** *tr.-prnl.* *Desestimar, tener en menos, subestimar, volver el rostro, mirar por encima del hombro, escupir en la cara, dar la espalda, dar con la puerta en las narices, despreciar*.* ↔ ATENDER. 2 *Despreciar, desdeñar.* ↔ HONRAR, ALABAR.

**menospreciativo, -va** *adj.* *Despreciativo*, despectivo.*

**menosprecio** *m.* *Desdén, indiferencia, despego, desprecio*.* ↔ APRECIO.

**mensaje** *m.* *Recado, misiva.* Este último, si el *mensaje* es escrito.

**menstruación** *f.* *Período, regla.* 2 *Menstruo* (sangre).

**menstrual** *adj.* *Catamenial.*

**mensualidad** *f.* *Mes, mesada, sueldo*.* *Mesada* se aplica principalmente a lo que se paga por un mes de arriendo, canon de riego, etc. V. sueldo.

**mensuración** *f.* *Medición.*

**mensurar** *tr.* lit. *Medir.*

**mentado, -da** *adj.* *Dicho, citado, mencionado, susodicho, antedicho, aludido.* ↔ ELUDIDO.

**mentar** *tr.* *Nombrar, mencionar, aludir*, citar.*

**mente** *f.* *Inteligencia, entendimiento, espíritu.* "Una *mente* elevada es la que forma grandes designios; la que aspira a resolver arduas cuestiones. Una *inteligencia* superior es la que sabe combinar un sistema; la que hace descubrimientos importantes. Un *entendimiento* claro es el que comprende con facilidad y prontitud" (M). 2 *Pensamiento, propósito.*

**mentecatez** *f.* *Necedad, insensatez, imbecilidad, simpleza, majadería, idiotez, mentecatería.*

**mentecato, -ta** *adj.-s.* *Necio, tonto*, simple, insensato, idiota, imbécil.*

**mentir** *intr.* *Faltar a la verdad, decir trolas.* 2 *intr.-tr.* *Engañar.*

**mentira** *f.* *Bola, trola, volandera, bulo, embuste*, trápala, comento* (lit.), *chapuza, chapucería, paparrucha, embustería, fraude, falsedad.* Los tres primeros son expresiones populares y fam.; *bulo* es rumor público falso. *Embuste, trápala, embustería* (popular) y *comento* (literario poco usado) significa *mentira* artificiosamente disfrazada; si el disfraz es burdo o la expresión es familiar, *chapuza, chapucería, paparrucha,* esp. cuando el asunto es poco importante o despreciable. *Fraude, falsedad, superchería, engaño, embeleco, falacia,* suponen intención de aprovecharse de la mentira; *engañifa* es pequeña falsedad, gralte. con intención de chasco o burla. *Farsa* sugiere embuste prolongado. La *patraña* y el *cuento* son mentiras de pura invención imaginativa.↔ VERDAD, REALIDAD. 2 *Selenosis.*

**mentiroso, -sa** *adj.-s. Embustero, mendaz* (lit. o culto), *falaz, falso, engañoso.*

**mentís** *m. Desmentida, desmentido. Desmentido* es galicismo usado en Argentina y otros países americanos.

**mentón** *m. Barbilla.*

**mentor** *m. Maestro, guía, consejero, consultor.*

**menú** *m.* galic. *Minuta. Menú* es galicismo por *minuta* o lista de los platos que componen una comida.

**menudencia** *f. Pequeñez, minucia, nimiedad, bagatela, nadería, niñería, insignificancia.*

**menudeo. Al menudeo** *loc. adv. Al detall* (galic.), *al por menor, a la menuda.* ↔ AL MAYOR, AL POR MAYOR.

**menudo. A menudo** *loc. adv. Frecuentemente, con frecuencia, a cada paso, a cada instante, a traque barraque, muchas veces.*

**menudo, -da** *adj. Pequeño, chico, minúsculo.* 2 **A la menuda** *loc. adv. Al detall, al por menor, al menudeo.* ↔ AL POR MAYOR, AL MAYOR.

**menudos** *m. pl. Despojos, achura* (Amér. Merid.). V. menudo.

**meollar** *m.* MAR. *Pasadera.*

**meollo** *m. Encéfalo\** (TECN.), *sesos.* 2 fig. *Médula\**. 3 *Entendimiento, juicio, seso.*

**mequetrefe** *m. Chisgarabís, danzante, zascandil, muñeco, tarambana.*

**meramente** *adv. m. Solamente, puramente, únicamente.*

**mercachifle** *m.* desp. *Buhonero, gorgotero, comerciante\*.*

**mercader, -ra** *s. Comerciante, traficante, negociante.*

**mercadería** *f. Mercancía, género, artículo.*

**mercado** *m. Contratación, feria.* Una *feria* es el *mercado* extraordinario que se celebra en días y lugar determinados.

**mercaduría** *f. Mercancía, género, existencias, mercadería* (p. us.), *artículo.*

**mercancía** *f. Género, existencias, mercadería* (p. us.), *mercaduría, artículo. Género* es el nombre colectivo; *existencias,* las mercancías dispuestas para la venta.

**mercantil** *adj. Comercial\*.*

**mercar** *tr. Comprar\*. Mercar* se usa sólo en los medios rurales.

**merced** *f. Dádiva, don, regalo\*.* 2 *Beneficio\*, favor, gracia.* 3 **A merced de** *loc. prep. A voluntad de, a arbitrio de.*

**mercenario, -ria** *adj. Asalariado\*. Mercenario* es desp., y se aplica al que sirve por estipendio en una función o trabajo que debería desempeñar personalmente el que lo paga. P. ej., tropas *mercenarias* son las que sirven por salario a un país extranjero.

**mercurial** *f.* (planta) *Malcoraje.*

**mercurio** *m. Azogue, hidrargirio.*

**merecedor, -ra** *adj. Digno.*

**merecidamente** *adv. m. Dignamente, justamente, con razón.*

**merecimiento** *m. Mérito, virtud, justicia, derecho.* ↔ VICIO, INJUSTICIA, ILEGALIDAD.

**merey** *m. Marañón.*

**merideño, -ña** *adj.-s.* (pers.) *Emeritense.*

**meridiana** *f. Siesta* (sueño).

**meridional** *adj. Austral, antártico.* Este último, tratándose de la región polar.

**merienda** *f. Alifara* (Ar.), *lifara* (Ar.).

**mérito** *m. Merecimiento.* El *mérito* se aplica a las personas y a las cosas; el *merecimiento,* a las personas solamente. Por esto decimos: una obra de *mérito,* un hombre de *mérito;* pero no se diría: un cuadro de *merecimiento,* sino de *mérito.*

**meritorio** *m. Aprendiz\*, principiante, aspirante.*

**meritorio, -ria** *adj. Valioso, preciado, estimado, excelente, laudable, loable.*

**merla** *f. Mirlo.*

**merlo** *m. Zorzal marino.*

**merluza** *f. Pescada, pescadilla.* Este último si la *merluza* es pequeña. 2 fig. y fam. *Borrachera, embriaguez.*

**merma** *f. Disminución, pérdida, menoscabo, decrecimiento, baja\*, bajón\*.*

**mermar** *intr.-prnl. Disminuir\*, menguar, aminorarse, decrecer.* ↔ AUMENTAR. 2 *tr. Reducir, menoscabar, quitar.* ↔ AUMENTAR, PONER, PRODUCIR.

**mero** *m. (pez) Cherna.*

**mero, -ra** *adj. Puro, simple, solo.*

**mesada** *f. Mensualidad.*

**mescolanza** *f. Revoltijo, revoltillo, confusión, enredo, embrollo.*

**mesenterio** *m.* Científ. *Redaño, entresijo.* Ambos son términos usuales.

**meseta** *f. Descansillo, descanso, rellano.* 2 *Altiplanicie.* Tratándose de la *meseta* muy elevada y de gran extensión.

**mesilla** *f. Descansillo, meseta, descanso, rellano.*

**mesmerismo** *m. Hipnotismo, magnetismo, hipnosis.*

**mesocracia** *f.* fig. *Burguesía, clase media.*

**mesón** *m. Venta, parador, posada, hostal, hostería, fonda.*

**mesonero, -ra** *s. Posadero, ventero, huésped, hostelero.*

**mesteño, -ña** *adj. Mostrenco.*

**mestizo, -za** *adj.-s. Híbrido, mixto.*

**mesto** *m. Aladierna, alaterno, ladierno, alitierno, sanguino, aladierno.* 2 *Rebollo* (árbol).

**mesura** *f. Gravedad, seriedad, compostura.* 2 *Reverencia, consideración, cortesía.* ↔ DESCORTESÍA. 3 *Moderación, comedimiento, prudencia, circunspección.* ↔ DESCOMEDIMIENTO, IMPRUDENCIA.

**mesurado, -da** *adj. Discreto, juicioso, prudente, sensato, cuerdo, sentado, grave, formal, circunspecto, reflexivo.*

↔ ALOCADO, IMPRUDENTE. 2 *Parco, sobrio, moderado\*, templado, frugal.* ↔ EXAGERADO, SOFISTICADO, COMEDIDO.

**mesurarse** *prnl. Medirse, moderarse, comedirse, contenerse.*

**meta** *f. Término, final.* 2 fig. *Fin\*, designio, propósito, intento, finalidad, objeto, objetivo.* 3 DEP. *Llegada.*

**metáfora** *f. Traslación.*

**metamorfosear** *tr.-prnl. Transformar, transmutar, convertir, cambiar\*, desfigurar.* ↔ FIGURAR, PERMANECER.

**metamorfosis** *f. Transformación, transmutación, conversión, cambio. Metamorfosis* es gralte. usado en Historia Natural y como término literario: *metamorfosis* de un insecto, *metamorfosis* de las costas.

**metano** *m. Gas de los pantanos.*

**metanol** *m.* QUÍM. *Alcohol metílico.*

**metaplasmo** *m. Figura de dicción.*

**metátesis** *f. Transposición.*

**meteco** *adj.-m. Extranjero, bárbaro.*

**metedor** *m. Braga, metidillo, metido.*

**metedor, -ra** *s. Contrabandista, matutero.*

**metempsícosis, metempsicosis** *f. Transmigración.*

**metemuertos** *m. Sacasillas, metesillas y sacamuertos.*

**meteorito** *m. Aerolito.*

**meter** *tr.-prnl. Introducir, incluir, encajar.* "Se *mete* el pan en el horno, el dinero en el bolsillo, la espada hasta la guarnición; se *introduce* una digresión en un discurso, el veneno entre las flores, un embajador a la presencia del monarca..." (M). ↔ SACAR. 2 *Poner, introducir. Poner* significa colocar o situar. Puede sustituir a *meter* cuando la idea de poner dentro o *introducir* está dada, bien por el empleo de preposiciones (en, entre, hasta), bien por las circunstancias de la acción o de los interlocutores; p. ej.: *poner* o *meter* una cosa en un saco; *ponerse* o *meterse* el sombrero hasta las orejas; pero no podría decirse *meter* un libro en, o sobre, la mesa más que en el caso de que la mesa estuviese muy llena y hubiera que colocarlo entre otros objetos. 3 *prnl. Introducirse, mezclarse, inmiscuirse.* ↔ SALIRSE. 4 *Disputar, inquietar, mortificar, molestar.* P. ej.: *meterse con uno.*

**metesillas y sacamuertos** *m. Metemuertos, sacasillas.*

**meticuloso, -sa** *adj. Medroso\*, pusilánime.* 2 *Minucioso, escrupuloso, nimio.* ↔ IRREFLEXIVO, OLVIDADIZO.

**metidillo** *m. Metedor* (paño)*, braga, metido.*

**metido** *m. Metedor* (paño)*, braga, metidillo.*

**metilacetileno** *m.* QUÍM. *Alileno.*

**metódico, -ca** *adj.* fig. *Arreglado, ordenado, cuidadoso.*

**metodizar** *tr.-prnl. Ordenar, arreglar, regularizar, normalizar.* ↔ DESORDENAR, IRREGULARIZAR.

**método** *m. Procedimiento, norma, regla, sistema, orden\*. Procediminto* se aplica principalmente a la manera de hacer algo, esp. cuando comprende más de una operación: *procedimiento* para obtener un cuerpo químico. *Método* se aplica más al pensamiento que a la acción, en tanto que *norma* y *regla* suelen referirse a un solo acto, problema, etc. La *norma* continuada o repetida (o conjunto de normas) constituye un *orden*, o un *método*, en el pensamiento o en el trabajo, y un *sistema* en la conducta.

**metonimia** *f. Transformación.*

**métrica** *f. Versificación.*

**métrico, -ca** *adj. Acompasado, rítmico, medido, regular.*

**metrificación** *f. Versificación.*

**metrificar** *intr.-tr. Versificar.*

**metropolitano** *m. Obispo de la primera silla.*

**metropolitano, -na** *adj. Arzobispal.*

**meya** *f. Noca, rocla.*

**mezcla** *f. Mixtión, mixtura, agregado, aleación, liga.* Los dos últimos se utilizan si la *mezcla* es de metales. 2 *Argamasa, mortero.*

**mezclable** *adj. Miscible* (lit.).

**mezclar** *tr.-prnl. Juntar, incoporar,*

*unir, agregar, mixturar* (lit.)*, mixtionar* (lit.)*, inmiscuir. Insmiscuir* es introducir una cosa en otra para *mezclarla* con ella, pero dos o más cosas entre sí se *mezclan,* no se *inmiscúen.* ↔ SEPARAR, DESUNIR, INDIVIDUALIZAR. 2 *prnl. Inmiscuise, entremeterse, entrometerse, injerirse, introducirse, meterse.*

**mezquindad** *f. Pobreza, miseria, estrechez.* ↔ RIQUEZA. 2 *Avaricia\*, tacañería, ruindad, cicatería, sordidez.* ↔ GENEROSIDAD.

**mezquino, -na** *adj. Pobre, necesitado.* 2 *Avaro, miserable, ruin, tacaño, cicatero, sórdido, avariento\*.* 3 *Pequeño, diminuto, exiguo, escaso, menguado.*

**miaja** *f. Migaja, cacho, pedazo\*, porción.*

**miar** *intr. Maullar, mayar.*

**micado, mikado** *m. Emperador, césar, káiser, zar. Micado* o *mikado* es el nombre dado al emperador del Japón en poesía y en circunstancias solemnes.

**micción** *f.* MED. *Uresis, diuresis.*

**miccionar** *intr. Orinar, hacer pis, hacer pipí, mear* (vulg.)*, hacer aguas menores, desbeber.*

**micho, -cha** *s. Gato, minino, mizo, morrongo, morroño.*

**mico** *m. Maimón, mono.*

**micra** *f. Micrón.*

**microbio** *m. Microorganismo.*

**microcosmo** *m. Mónada.*

**microgameto** *m. Espermatozoario, espermatozoide, espermatozoo, zoospermo.*

**micrón** *m. Micra.*

**microorganismo** *m. Microbio.*

**microplaqueta** *f.* INFORM. *Chip* (anglic.)*, circuito integrado.*

**mida** *m. Brugo.*

**miedo** *m. Recelo, temor, espanto, pavor, pánico, medrana, jindama, cobardía, terror.* Serie intensiva: *recelo, temor\** (daño supuesto); *miedo* (daño real o supuesto); *espanto, pavor y terror* (con señales exteriores del estado psíquico); *pánico,* terror colectivo. *Miedo* ocupa la posición central de la serie, y puede sustituir a cualquiera de ellos. *Medrana* es fam. y poco usado; *jindama*, germanismo o vulgarismo. La *cobardía* es la condición del que habitualmente tiene miedo o es propenso a él. La *cobardía* es permanente; el *miedo* puede ser ocasional. La *cobardía* es el efecto del *miedo*. "El *miedo* es la aprehensión viva del peligro que sobrecoge y ocupa el ánimo. El *temor* es el convencimiento del ánimo, el efecto de la reflexión, que le hace prever y le inclina a huir el peligro. Un niño tiene *miedo* de quedarse solo o a oscuras. Un hombre que va solo, y sin armas, tiene *temor* de encontrar ladrones en un camino. De aquí que el *miedo* siempre es despreciable, pero no lo es siempre el *temor*; y así se dice: el *temor* de Dios, y no el *miedo*. Es noble el *temor* de la deshonra, que hace perder al soldado el vergonzoso *miedo* al enemigo" (LH) ↔ VALOR, TRANQUILIDAD, AUDACIA.

**miedoso, -sa** *adj. Medroso, pusilánime, temeroso, cobarde.*

**miel rosada** *f. Rodomiel.*

**mielgo, -ga** *adj.* (pers.) *Gemelo, melgo, mellizo.*

**miembro** *m. Extremidad.* 2 **Miembro viril** *Falo, pene, verga, méntula.*

**mientes. Venírsele a las mientes** *loc. Idear, inventar, imaginar, discurrir, trazar, proyectar.*

**mientras** *adv. t. En tanto, entre tanto, mientras tanto.*

**mierra** *f. Narria* (cajón)*, rastra.*

**miga** *f. Migaja.* 2 *Molledo.* 3 *Sustancia, meollo, enjundia.*

**migaja** *f. Partícula, miaja.* V. migajas.

**migajas** *f. pl. Sobras, desperdicios, restos.* V. migaja.

**migración** *f. Emigración, inmigración, transmigración, éxodo.* Toda *migración* supone una *emigración*, o salida del país de origen, y una *inmigración*, en el país de llegada. *Transmigración* y *éxodo* equivalen a *emigración*, y se

usan esp. cuando ésta es colectiva. ↔ PRESENCIA, LLEGADA.

**migraña** *f. Jaqueca, hemicránea* (MED.).

**migratorio, -ria** *adj. Nómada*, nómade, trashumante, errante.* ↔ SEDENTARIO, ESTABLE.

**miguelete** *m. Miquelete.*

**mijo** *m. Millo.*

**milagro** *m. Prodigio, maravilla, portento.* ↔ REALIDAD. 2 *Exvoto.*

**milagroso, -sa** *adj. Sobrenatural.* 2 *Asombroso, maravilloso, prodigioso, estupendo, portentoso, pasmoso.*

**milano** *m. Azor, esmerejón.*

**milenrama** *f. Altarreina, aquilea, artemisa bastarda, hierba meona, milhojas.*

**milhojas** *f. Altarreina, milenrama, aquelea, artemisa bastarda, hierba meona.*

**militar** *adj. Guerrero*, belicoso, bélico, marcial.* ↔ PACÍFICO, AMISTOSO.

**militarada** *f. burl. Pronunciamiento*, rebelión, alzamiento, levantamiento, sublevación, insurrección, cuartelada* (burl.).

**milla** *f.* MAR. *Nudo.*

**mimado, -da** *adj. Malacostumbrado, consentido, malcriado.*

**mimar** *tr. Halagar, acariciar.* 2 *Consentir, mal acostumbrar, malcriar, enviciar.*

**mimbre** *amb. Vimbre.*

**mimético, -ca** *adj. Imitativo.*

**mímica** *f. Gesticulación, gesto, ademán, mueca.*

**mimo** *m. Caricia*, halago, cariño.* 2 *Vicio, consentimiento, condescendencia.*

**mimoso, -sa** *adj. Melindroso, delicado, regalón.*

**mina** *f. Criadero, minero.*

**minar** *tr. Socavar.* 2 fig. *Desgastar, consumir.*

**minarete** *m. Alminar.*

**minero** *m.* (lugar) *Mina, criadero.*

**minimizar** *tr. Subestimar, tener en poco.*

**mínimo, -ma** *adj. Insignificante, pequeño, exiguo.* ↔ SUFICIENTE.

**miseria**

**minina** f. Gata, micha, miza, morronga, morroña.

**minino** m. Gato, micho, mizo, morrongo, morroño.

**minio** m. Azarcón (p. us.), rúbrica sinópica (TECN.).

**ministerial** adj. Gubernamental.

**ministerio** m. Empleo, funciones, ocupación, cargo. 2 Gobierno, gabinete.

**minorar** tr.-prnl. Aminorar, disminuir, reducir, acortar. ↔ AUMENTAR, ALARGAR, AMPLIAR. 2 Atenuar, mitigar, paliar, amortiguar.

**minoría** f. Menor edad, minoridad.

**minoridad** f. Minoría, menor edad.

**minorista** com. Detallista.

**minucia** f. Pequeñez, menudencia, nimiedad, bagatela, nadería, niñería, insignificancia, detalle, pormenor. ↔ IMPORTANCIA, GRAVEDAD.

**minucioso, -sa** adj. Nimio, escrupuloso, meticuloso.

**minúsculo, -la** adj. Menudo, pequeño, chico. ↔ GRANDE. 2 Irrisorio, insignificante, desestimable. ↔ ESTIMABLE, SIGNIFICATIVO.

**minuta** f. Borrador, extracto, apunte, apuntación, apuntamiento. 2 Cuenta. P. ej.: de los honorarios de abogados, notarios, etc. 3 Menú. Minuta sustituye con ventaja al galicismo menú.

**miñosa** f. Lombriz, lambrija.

**miolema** m. Sarcolema.

**miope** adj.-com. Corto de vista.

**miosota** f. Raspilla.

**miquelete** m. Miguelete.

**mira** f. fig. Intención, propósito, designio, fin*.

**mirabel** m. Ayuga, perantón, pinillo. 2 Girasol.

**mirabolano** m. Belérico, mirobálano, avellana índica.

**mirada** f. Ojeada, vistazo. Ambos si la mirada es rápida.

**mirado, -da** adj. Remirado, cauto, circunspecto, reflexivo, prudente. 2 Atento, respetuoso, considerado.

**miramelindos** m. Balsamina.

**miramiento** m. Circunspección, cuidado, precaución, cautela, repulgo, melindre. Los dos últimos, cuando se considera afectado o ridículo. ↔ IMPRUDENCIA. 2 Respeto*, atención, consideración. ↔ DESATENCIÓN.

**mirar** tr.-prnl. Atender, observar, buscar, inquirir, considerar, no perder de vista, mirar de hito en hito, dar una ojeada. 2 Reconocer, respetar. 3 Amparar, proteger, velar, cuidar. 4 **De mírame y no me toques** loc. adj. Frágil, quebradizo.

**mirasol** m. Girasol.

**mirífico, -ca** adj. poét. Admirable, maravilloso.

**mirilla** f. Ventanillo (abertura).

**mirla** f. Mirlo, merla.

**mirlo** m. Merla, mirla.

**mirobálano, mirobálanos** m. Avellana índica, belérico, mirabolano.

**mirón, -ona** adj.-s. desp. Espectador*, presente, circunstante.

**mirto** m. Arrayán.

**misántropo** m. Huraño, arisco. El misántropo huye de los hombres y del trato humano no sólo por sentimientos de repulsión o de timidez, sino que su aversión es más o menos deliberada o reflexiva. Por esto no decimos de un niño o de un animal que es un misántropo, sino que los aplicamos con propiedad los adjetivos huraño y arisco. En una persona adulta, que no procede sólo por instintos y sentimientos, sino también por experiencia y reflexión, cabe la misantropía.

**miscible** adj. lit. Mezclable.

**miserable** adj. Desdichado, infeliz, desgraciado, infortunado, mísero, desventurado. 2 Menesteroso, necesitado, indigente, pobre. 3 Abatido. 4 Avariento, mezquino, tacaño, ruin, roñoso, cicatero. 5 Corto, escaso, exiguo. 6 Perverso, canalla, infame, vil.

**miseración** f. lit. Misericordia (virtud), conmiseración (lit.), compasión, lástima, piedad, caridad. ↔ IMPIEDAD.

**miseria** f. Desgracia, desventura, infortunio. ↔ FORTUNA, VENTURA. 2 Pobreza, estrechez, indigencia, escasez. 3

**misericordia**

438

*Avaricia\*, mezquindad, tacañería, ruindad.* ↔ GENEROSIDAD. 4 *Piojos.*
**misericordia** *f. Conmiseración* (lit.), *miseración* (lit.), *compasión, lástima\*, piedad, caridad.* ↔ IMPIEDAD. 2 *Clemencia.* "La *misericordia* considera al hombre con relación a su infelicidad y miseria; la *clemencia* con relación a su fragilidad o malicia. La primera es el efecto de la compasión que inclina a ejecutar aquellas obras que pueden aliviar los males o consolar las aflicciones; la segunda es efecto de la bondad o generosidad del ánimo, que mitiga el rigor merecido o perdona los agravios personales que puede legalmente castigar. Se implora la *misericordia* de aquel de cuya voluntad depende el castigo o la venganza; pero es con diferentes relaciones: en la *misericordia* pedimos un efecto de la compasión; en la *clemencia* un efecto de la generosidad. Por eso, a las obras de *misericordia* no se las puede llamar, con igual propiedad, obras de *clemencia*" (LH) ↔ CONDENA.
**misericordioso, -sa** *adj. Compasivo, piadoso, caritativo, humano.* 2 *Clemente.*
**mísero** *adj. Insignificente.*
**mísero, -ra** *adj. Arrastrado, pobre, desastrado, desventurado, miserable, triste\*.*
**misiva** *f. Epístola, carta, recado\*.*
**mismo, -ma** *adj. Propio, igual, idéntico.* ↔ DISTINTO, DESIGUAL, HETEROGÉNEO.
**misoneísmo** *f. Neofobia.*
**míspero** *m. Ál., Burg. y Logr. Níspero, néspera.*
**mispíquel** *m.* MINERAL. *Dalarnita.*
**mistar** *tr. Bisbisar, bisbisear\*, musitar, cuchichear.*
**misterio** *m. Secreto\*, arcano.*
**misterioso, -sa** *adj. Oculto, recóndito, secreto, oscuro.*
**mística** *f. Misticismo.*
**misticismo** *m. Mística.*
**misticón, -ona** *adj.-s.* desp. *Santu-*

*rrón* (desp.), *gazmoño, beatón, mojigato, gazmoñero, timorato, beatón.*
**mistificado, -da** *adj. Falso, falsificado, adulterado, contrahecho, espurio, apócrifo, subrepticio.*
**mistificar** *tr. Falsificar\*, falsear, contrahacer, adulterar, sofisticar.*
**mitad** *f. Medio, centro.*
**mitán** *m.* (lienzo) *Holandeta, holandilla.*
**mítico, -ca** *adj. Fabuloso, mitológico, legendario.*
**mitigar** *tr.-prnl. Moderar, suavizar, calmar, aplacar\*, templar, aliviar\*, amortiguar\*.* ↔ EMPEORAR.
**mitológico, -ca** *adj. Fabuloso, mítico, legendario.*
**mitomanía** *f. Fabulación.*
**mitón** *m. Confortante.*
**mitosis** *f. Cariocinesis.*
**mitra** *f. Diócesis, obispado, sede.*
**mixtión** *f. Mezcla, mixtura, agregado, aleación, liga.*
**mixtionar** *tr.-prnl.* lit. *Mezclar\*, juntar, incoporar, unir, agregar, mixturar* (lit.), *inmiscuir.* ↔ SEPARAR, DESUNIR, INDIVIDUALIZAR.
**mixto** *m.* ant. *Fósforo, cerilla.*
**mixtura** *f. Mezcla, mixtión.*
**mixturar** *tr. Mezclar\*, incorporar.*
**mízcalo** *m. Níscalo.*
**mizo** *m. Gato, micho, minino, morrongo, morroño.*
**mobiliario** *m. Moblaje, mueblajo.*
**mobiliario, -ria** *adj. Mueble.*
**moblaje** *m. Mobiliario, mueblajo.*
**moblar** *tr. Amueblar, amoblar, mueblar.*
**mocador** *m. Moquero, pañuelo, pañuelo de bolsillo.*
**mocedad** *f. Adolescencia, muchachez, pubertad, juventud.* ↔ VEJEZ.
**mocerío** *m. Juventud* (conjunto de pers.).
**mochada** *f. Topetada, topada, topetazo, encontronazo.*
**mochales. Estar mochales** *loc.* fam. o vulg. *Estar desequilibrado, ser un maniático, estar chiflado, estar guilla-*

*do, estar tocado, estar ido, estar loco, estar como una cabra* (fam.).

**mochil** *m. Morillero, motil, motril.*

**mochín** *m. Verdugo, ejecutor de la justicia, sayón.*

**mochuelo** *m.* (ave rapaz) *Búho.*

**moción** *f. Proposición, propuesta.*

**moco** *m. Mucosidad.*

**moda** *f. Uso, usanza.* Ambos, cuando la *moda* no es pasajera, sino que tiene cierta tradición. "*Moda* es un *uso* nuevo que no ha llegado a ser general. En llegando a ser adoptado por todos, o por la mayor parte, y por algún tiempo, ya es *uso*. Todo *uso* ha sido *moda* en sus principios. Fue *moda* el afeitarse, ya es *uso"* (LH). 2 **De moda** *adj. Presente, actual, en boga.* 3 **Pasado de moda** *loc. adj. Trasnochado, anticuado.*

**modales** *m. pl. Maneras, formas, modos.*

**modelo** *m. Pauta, muestra, regla, patrón, dechado.* 2 *Ejemplo, ejemplar, tipo, muestra.*

**módem** *m.* anglic. ELECTR. *Convertidor de señal.*

**moderación** *f. Sobriedad, morigeración, templanza\*, temperancia.* ↔ INMODESTIA. 2 *Cordura, mesura, comedimiento.* ↔ ABUSO, INMODESTIA.

**moderado, -da** *adj. Módico, sobrio, parco, templado, reglado, mesurado. Módico* (tratándose de precios, pretensiones, etc.) significa limitado en cantidad. Aplicado a personas o actos humanos, se utilizan el resto de sinónimos. ↔ INMODERADO, ABUSIVO, INMODESTO, INDISCRETO.

**moderador, -ra** *adj. Frenador.*

**moderar** *tr.-prnl. Templar, atemperar, ajustar, arreglar, refrenar, suavizar, mitigar, sentar la cabeza, parar el carro, amansar el trote, aliviar\*, amortiguar\*, aplacar\*.* ↔ ABUSAR, DESCOMEDIRSE, IRRITAR.

**modernización** *f. Actualización, puesta al día.*

**modernizar** *tr. Actualizar, poner al día.*

**moderno, -na** *adj. Actual, reciente, nuevo, de nuestro tiempo, de hoy en día.*

**modestia** *f. Humildad.* La *humildad* es más intensa y profunda que la *modestia;* ésta se manifiesta más bien en la vida social; aquélla se acerca más al fondo religioso o filosófico del hombre. Se puede ser *modesto* sin llegar a *humilde;* en cambio, la *humildad* supone siempre la *modestia.* ↔ PRESUNCIÓN, OSTENTACIÓN, SOBERBIA, VANIDAD. 2 *Pudor, vergüenza, recato, decoro, decencia, honestidad.*

**modesto, -ta** *adj. Humilde.* 2 *Recatado, decente, púdico, decoroso.*

**módico, -ca** *adj. Moderado, limitado, reducido, parco.*

**modificación** *f. Transformación, metamorfosis, transmutación, cambio, mudanza, variación.* ↔ INMUTABILIDAD, PERMANENCIA, IGUALDAD.

**modificar** *tr.-prnl. Cambiar\*, variar, mudar, transformar.* ↔ PERMANECER, RATIFICAR. 2 *Corregir\*, enmendar, rectificar.* ↔ RATIFICAR.

**modillón** *m. Can, canecillo.*

**modismo** *m. Idiotismo.*

**modo** *m. Manera, forma, carácter\*.* V. modos. 2 **De igual modo** *loc. adv. Asimismo, del mismo modo, igualmente, también, de la misma manera, así.*

**modorra** *f. Amodorramiento, sopor.* 2 *Nebladura, torneo.* Ambos, en las reses lanares.

**modos** *m. pl. Urbanidad, cortesía, educación\*.* V. modo.

**modoso, -sa** *adj. Cortés, urbano, bien criado.* La cualidad de *modoso* se refiere especialmente a los buenos modales o buenas maneras en el trato.

**mofa** *f. Burla, escarnio, befa, ludibrio.*

**mofarse** *prnl. Burlarse, reírse, chancearse, quedarse con uno, tomar el pelo, echar a chacota, poner en ridículo.*

**moflete** *m. Carrillo.* El *moflete* es un carrillo grueso y carnoso

**mofletudo, -da** *adj. Cariampollado, cariampollar, carilludo, molletudo, gor-*

*dinflón*. Los dos primeros, usuales en los clásicos.

**mogol, -la** *adj.-s.* (pers.) *Mongol.* Mongol es de uso moderno, imitado del francés e influido por el nombre geográfico Mongolia.

**mogrollo** *m. Gorrón, gorrista, gorrero, pegadizo, pegote, parásito.*

**moharrache, moharracho** *m. Zarrahón.*

**mohecer** *tr. Enmohecer, florecer.*

**mohín** *m. Gesto, mueca.*

**mohína** *f. Enojo, enfado.* ↔ CONTENTO, AMISTAD.

**mohíno, -na** *adj. Triste, melancólico, disgustado, enfadado.*

**moho** *m. Herrumbre, orín, herrín, robín, rubín.*

**mohoso, -sa** *adj. Enmohecido, herrumbroso, verdinoso, oxidado, corroído.* Enmohecido, en general; tratándose de metales, el resto de sinónimos.

**mojadura** *f. Remojón.*

**mojama** *f. Almojama, cecina* (de atún).

**mojar** *tr.-prnl. Calar, empapar.* ↔ SECAR.

**mojigatería** *f. Camandulería, gazmoñería.*

**mojigato, -ta** *adj. Timorato, gazmoño, santurrón, beato.*

**mojinete** *m. Caballete* (del tejado)*, lomero.*

**I mojón** *m. Hito, moto, muga.*

**II mojón** *m. Catavinos, enólogo*.*

**mojonación** *f. Amojonamiento, mojona.*

**mojonar** *tr. Amojonar.*

**mojonera** *f. Clavera.*

**molar** *m.* científ. *Muela, quinjal* (científ.)*, quijar* (científ.)*, diente.*

**moldavita** *f.* MINERAL. *Piedra botella, crisolito de agua.*

**molde** *m. Forma, hembra, turquesa, horma.*

**mole** *adj.* p. us. *Muelle, suave, blando, delicado.*

**moledura** *f. Molienda, moltura.*

**moleña** *f. Pedernal, cuarzo, piedra de chispa.*

**moler** *tr. Molturar, triturar.* 2 fig. *Molestar, mortificar, fatigar.*

**molestado, -da** *adj. Afectado, aquejado, apenado, afligido, impresionado, conmovido.*

**molestar** *tr.-prnl. Incomodar, estorbar, fastidiar, enojar, enfadar, mortificar, fatigar, dar jaqueca, gastar la paciencia, traer a mal traer, cansar*, disgustar*.* ↔ ALEGRAR, TRANQUILIZAR, APACIGUAR.

**molestia** *f. Incomodidad, estorbo, fastidio, desagrado, enfado, mortificación, enojo, engorro.* V. molestias. ↔ COMODIDAD, SALUD, ALEGRÍA.

**molestias** *f. pl. Fatigas, penalidades, trabajos.* V. molestia.

**molesto, -ta** *adj. Incómodo*, embarazado, fastidioso, pesado, desagradable, enfadoso, enojoso.* ↔ BUENO, OPORTUNO, SIMPÁTICO, FÁCIL.

**molicie** *f. Blandura.* 2 *Regalo, deleite, ocio, comodidad.*

**molienda** *f. Moltura, moledura.* 2 fig. *Molimiento, molestia, fatiga.*

**molificar** *tr. Ablandar, suavizar.*

**molimiento** *m. Cansancio, fatiga, molestia.*

**molinete** *m.* (juguete) *Rehilandera, ventolera.*

**molledo** *m. Miga.*

**molleja** *f. Cachuela.*

**mollera** *f.* fig. *Caletre, seso, cacumen, chirumen, pesquis.*

**molletas** *f. pl. Despabiladeras, espabiladeras, tenacillas.*

**molletudo, -da** *adj. Mofletudo, cariampollado, cariampollar, carilludo, gordinflón.*

**mollizna** *f. Calabobos, llovizna, cernidillo.*

**mollliznar** *intr. Lloviznar, molliznear, pintear, chispear.*

**molliznear** *intr. Lloviznar, mollliznar, pintear, chispear.*

**moltura** *f.* Ar. *Maquila* (porción para el molinero).

**molturar** *tr. Moler, triturar.*

**momentáneo, -ea** *adj. Instantáneo,*

*fugaz, breve, transitorio, pasajero.* ↔ DURDERO, PERMANENTE.

**momento** *m. Instante, punto.* "Un momento no es largo; un instante es todavía más corto" (Ma). 2 *Oportunidad, coyuntura, ocasión, actualidad.*

**mona** *f. And., Cat. y Lev. Hornazo* (rosca). 2 fig. y fam. *Borrachera, embriaguez, melopea, moña.*

**monacal** *adj. Monástico.* "Monástico es lo relativo al *monasterio; monacal* es lo relativo al *monje.* La institución es *monástica;* el hábito es *monarcal*" (M).

**monacato** *m. Monaquismo.*

**monacillo** *m.* ant. *Acólito, monaguillo, monago.*

**mónada** *f. Microcosmo.*

**monago** *m. Acólito, monaguillo, monacillo* (ant.).

**monaguillo** *m. Monacillo* (ant.), *monago.*

**monaquismo** *m. Monacato.*

**monarca** *m. Rey, soberano.*

**monasterio** *m. Convento, abadía\*, cenobio, claustro, recolección, casa recoleta. Convento* es el nombre gral; *monasterio* es palabra escogida, y se aplica generalmente a las grandes casas religiosas situadas fuera del poblado; *abadía* es el *monasterio* regido por abad o abadesa; *cenobio* se aplicó a las comunidades religiosas primitivas, hoy es literario. Aludiendo al retiro del mundo que en él se practica, se dice también *claustro, recolección, casa recoleta.*

**monástico, -ca** *adj. Monacal, conventual.*

**monda** *f. Cáscara\*, mondadura, piel, corteza, monda.*

**mondadientes** *m. Escarbadientes, palillo, limpiadientes.*

**mondadura** *f. Cáscara, monda, piel, corteza.*

**mondar** *tr. Pelar.*

**mondarajas** *f. pl.* fam. *Mondaduras.* Las *mondarajas* son las *mondaduras,* esp. de las patatas, naranjas, manzanas y frutas análogas.

**mondongo** *m. Abdomen\*, vientre, barriga, panza, tripa, andorga, bandujo.*

**moneda** *f. Dinero.*

**monedear** *tr. Amonedar, monedar.*

**monedero** *m. Portamonedas.*

**monetario, -ria** *adj. Pecuniario.*

**mongol, -la** *adj. Mogol.*

**moniato** *m. Boniato.*

**monición** *f.* p. us. *Amonestación\*, admonición, advertencia, aviso, exhortación, reprensión, reconvención.*

**monigote** *m.* desp. *Lego, converso, confeso, donado, hermano, motilón* (desp.).

**monís** *m. Dinero\*, pecunia.*

**monitor** *m. Admonitor, amonestador.*

**monja** *f. Religiosa\*, sor, madre, hermana, priora, reverenda, superiora.*

**monje** *m. Anacoreta, solitario.* 2 *Fraile\*, religioso\*, cenobita. Fraile* y *religioso* son hoy las demoninaciones corrientes; *monje* se siente generalmente como voz escogida. *Cenobita* se aplica a los antiguos religiosos que vivieron en comunidad.

**mono, -na** *adj. Pulido, delicado, bonito, lindo, gracioso.* 2 *s. Simio.*

**monoceronte** *m.* (animal fabuloso) *Unicornio, monocerote.*

**monocerote** *m.* (animal fabuloso) *Unicornio, monoceronte.*

**monoclamídea** *adj. Haploclamídea.*

**monocordio** *m. Sonómetro.*

**monocromo, -ma** *adj. Unicolor.*

**monocular** *adj. Uniocular.*

**monofisismo** *m. Eutiquianismo, jacobitismo.*

**monofisita** *adj.-com. Eutiquiano, jacobita.*

**monografía** *f. Estudio, libro, obra, escrito, tratado.*

**monograma** *m. Abreviatura\** (representación), *sigla, cifra.*

**monólogo** *m. Soliloquio.*

**monomanía** *f. Paranoia* (MED.), *manía, idea fija, monopsicosis.*

**monomaníaco, -ca** *adj. Maniático, paranoico.*

**mononuclear** *adj. Uninuclear.*

**monopétalo, -la** *adj. Gamopétalo.*

**monopolizar** tr. Acaparar. ↔ REPARTIR, DAR, DESCENTRALIZAR.

**monopsicosis** f. Monomanía, paranoia.

**monosépalo, -la** adj. Gamosépalo.

**monotonía** f. Uniformidad, igualdad.

**monótono, -na** adj. Uniforme, igual.

**monotrema** adj.-com. Ornitodelfo.

**monovalente** adj. QUÍM. Univalente.

**monserga** f. Galimatías, embrollo.

**monstruoso, -sa** adj. Antinatural, teratológico. 2 Enorme, fenomenal, colosal. 3 Execrable, aborrecible, nefando, horrible*.

**monta** f. Total, monto, suma. 2 De poca monta loc. adj. Baladí, insignificante, insustancial, superficial, fútil, de mala muerte, nimio, despreciable, miserable, desdeñable, de tres al cuarto, de chicha y nabo, pequeño. ↔ IMPORTANTE.

**montado, -da** adj.-s. Caballero, jinete.

**montadura** f. Engaste, guarnición.

**montaje** m. Montura.

**montanera** f. Bellotera.

**montante** f. Flujo, influjo, pleamar.

**montañero, -ra** s. Alpinista.

**montañismo** m. Alpinismo.

**montañoso, -sa** adj. Montuoso.

**montar** intr.-prnl. Subir. ↔ BAJAR, DESMONTAR, DESCENDER. 2 Cabalgar. 3 intr. Importar, sumar, elevarse. 4 Armar. 5 Engastar. ↔ DESAJUSTAR. 6 Amartillar.

**montaraz** adj. Saltero, agreste, cerril, bravío, montés, salvaje*, selvático, silvestre*.

**monte** m. Montaña, bosque*. 2 ANAT. Eminencia.

**montería** f. Cinegética. 2 Caza mayor.

**montés** adj. Salvaje*, silvestre, montaraz, cerril, bravío, inculto, selvático. ↔ DOMÉSTICO.

**montículo** m. Cabezo, cerro, montecillo, colina, alcor.

**monto** m. Monta, total, suma.

**montón** m. Cúmulo, rimero, pila. 2 Multitud, sinnúmero, infinidad. 3 Del

**montón** loc. adj. Adocenado, vulgar, común.

**montuoso, -sa** adj. Montoso (p. us.), montañoso.

**montura** f. Cabalgadura. 2 Montadura, arreos. 3 Montaje.

**monumental** adj. fig. Magnífico, grandioso.

**moña** f. fig. y fam. Borrachera, embriaguez, mona, melopea.

**moño** m. Rodete.

**moquero** m. Mocador, pañuelo, pañuelo de bolsillo. Por eufemismo se usa el término general pañuelo o pañuelo de bolsillo.

**moquillo** m. Gabarro, pepita.

**morabito** m. Marabuto, morabuto.

**morabuto** m. Morabito, marabuto.

**morada** f. Habitación*, casa*, mansión. 2 Estancia, estada, estadía, permanencia.

**morado, -da** adj.-m. Violado, violáceo.

**morador, -ra** adj.-s. Habitante, vecino, residente.

**moradura** f. Equimosis, cardenal, roncha, moretón.

**moradux** m. Almoradux, mejorana.

**I moral** f. Ética, filosofía moral.

**II moral** m. Moreda.

**moralidad** f. Probidad, integridad, honradez, hombría de bien, rectitud, bondad. ↔ DESHONOR.

**moralista** com. ético.

**moralizar** tr.-prnl. Reformar, reordenar, reorganizar, corregir. ↔ DESMORALIZAR.

**morar** intr. Residir, habitar, vivir. Morar es voz escogida, de uso principalmente literario.

**morbidad** f. Morbilidad.

**mórbido, -da** adj. Blando, delicado, suave, muelle. 2 Morboso, malsano, enfermizo.

**morbilidad** f. Morbidad.

**morbo** m. Enfermedad*, padecimiento, afección. 2 Morbo comicial p. us. Epilepsia, mal caduco (vulg.), mal de corazón (vulg.), gota coral (MED.).

**morboso, -sa** *adj. Enfermizo, malsano.*

**morcajo** *m. Tranquillón.*

**morcelación** *f.* galic. *Fragmentación.*

**morciguillo** *m. Murciélago, murciégalo, vespertillo.*

**morcillo, -lla** *adj. Cambujo.* Este último, tratándose de caballerías menores.

**mordacidad** *f. Dicacidad, causticidad, causticismo.* ↔ SUAVIDAD, ALABANZA.

**mordaz** *adj. Cáustico.* 2 *Áspero, picante.* 3 fig. *Acre, punzante, incisivo, dicaz, satírico.*

**mordedura** *f. Mordimiento, mordisco, dentellada. Mordisco* es *mordedura* pequeña o leve; *dentellada* es la señal que dejan los dientes al morder.

**mordente** *m. Quiebro.*

**morder** *tr. Tarascar, tarazar, atarazar, mordiscar, mordisquear. Mordiscar* y *mordisquear* son frecuentativos, e indican poca intensidad de la acción. 2 *Corroer.* 3 *Murmurar, difamar, desacreditar, criticar, satirizar.*

**mordihuí** *m. Gorgojo* (insecto).

**mordimiento** *m. Mordedura, mordisco, dentellada, bocado.*

**mordiscar** *tr. Dentellear, mordisquear.*

**mordisco** *m. Bocado, dentellada, mordedura, mordimiento.*

**mordisquear** *tr. Morder, tarrascar, tarazar, atarazar, mordiscar.*

**moreda** *f. Moral.*

**I morena** *f.* (pez) *Murena.*

**II morena** *f.* (pan moreno) *Canil.*

**moreno, -na** *adj.-s. Negro, trigueño, de color.* ↔ BLANCO.

**moretón** *m. Equimosis, cardenal, roncha, moradura.*

**morga** *f. Alpechín, murga, tina, tinaco.* 2 *Coca de Levante.*

**moriego, -ga** *adj.* desp. *Moruno, moro.*

**morigeración** *f. Frugalidad\*, templanza\*, sobriedad, mesura, moderación, abstinencia, continencia.* ↔ DESTEMPLANZA, GULA.

**morigerado, -da** *adj. Templado, moderado, mesurado, sobrio, comedido.*

**morillero** *m. Mochil, motil, motril.*

**morir** *intr.-prnl. Fallecer, expirar, fenecer, finar, entregar el alma, entregarla* (fam.), *dormir en el Señor, subir al Cielo, estirar la pata* (burl.), *espichar* (pleb.), *diñarla* (germ.), *acabar, acabar sus días.* Los cuatro primeros son respetuosos. *Subir al Cielo,* tratándose de niños. ↔ NACER. 2 *Desvivirse, pirrarse, perecer, beber los vientos.*

**morito** *m. Falcinelo.*

**morosidad** *f. Lentitud, tardanza, demora, dilación.* ↔ RAPIDEZ.

**moroso, -sa** *adj. Lento, tardo, tardío\*.* 2 *Retrasado, en descubierto. Retrasado* (en el pago).

**morquera** *f. Hisopillo* (planta).

**morrada** *f.* fig. *Guantada, bofetada.*

**morral** *m. Zurrón.*

**morralla** *f.* (pescado) *Boliche.*

**morriña** *f. Comalia, zangarriana.* 2 fig. *Tristeza, melancolía, nostalgia, añoranza, soledad.*

**morro** *m. Hocico, jeta.* Tanto *morro* como *hocico* y *jeta* se usan propiamente hablando de animales; tratándose de personas son desp. o burlescos. 2 **Por el morro** *loc. adv.* fam. *Por su cara bonita, por la cara* (fam.), *por las buenas, gratis, graciosamente, gratuitamente, por que sí, de balde, sin ton ni son.*

**morrocotudo, -da** *adj.* hum. *Importante, grande, formidable, difícil, gravísimo, fenomenal. Morrocotudo* es un vocablo de significación intensiva.

**morrudo, -da** *adj. Bezudo, hocicudo.*

**mortal** *adj. Perecedero.* ↔ INMORTAL, VÍVIDO. 2 *Letal, mortífero, letífero.* 3 fig. *Angustioso, fatigoso, abrumador.* 4 *Decisivo, concluyente.*

**mortalidad** *f. Letalidad.*

**mortandad** *f. Hecatombe, matanza, degollina, carnicería.* Los tres últimos, cuando la *mortandad* está producida por una batalla, insurrección, etc.

**mortecino, -na** *adj.* fig. *Apagado\*, débil, bajo, descolorido.*

**mortero** 444

**mortero** *m. Almirez.* Aunque *mortero* y *almirez* sean originariamente sinónimos, hoy suele haber entre ellos una diferencia de forma: el *almirez* es más alto; el *mortero* tiene menos altura y mayor anchura. En los laboratorios se dice generalmente *mortero*; en las cocinas predomina *almirez.* 2 *Argamasa, mezcla.*

**mortífero, -ra** *adj. Mortal, letal. Letal* se aplica especialmente a gases, venenos; *mortífero* es de aplicación general. No se diría p. ej., el enemigo hacía un fuego *letal,* sino *mortífero.* En cambio decimos que las emanaciones de un pantano son *letales* o *mortíferas.*

**mortificación** *f. Joroba* (fam.), *impertinencia, molestia.*

**mortificar** *tr.-prnl. Dañar, doler.* 2 *Afligir, molestar, lastimar, apesadumbrar.* 3 *tr. Cancerar* (fig.), *castigar, reprender.*

**morueco** *m. Marón, murueco.*

**moruno, -na** *adj. Moro, moriego* (desus.).

**mosca. Papar moscas** *loc. Estar enajenado, estar fuera de sí, ver visiones, helársele el corazón.*

**moscardón** *m. Estro.* 2 *Moscón.* 3 *Avispón.*

**moscareta** *f. Muscaria, muscícapa.*

**mosco** *m. Mosquito, cénzalo* (desus.), *violero.*

**moscón** *m. Arce, sácere.*

**mosquear** *tr. Azotar, vapulear, picar.* 2 *prnl. Resentirse, sentirse, amoscarse, darse por aludido, sentirse molesto.*

**mosqueta silvestre** *f. Agavanzo, escaramujo, gavanzo, galabardera, zarzaperruna, tapaculo* (fruto).

**mosquita muerta** *adj.-com. Disimulado, engañoso, falso, hipócrita, fingido, mátalas callando.*

**mosquito** *m. Cénzalo* (desus.), *mosco, violero.*

**mostacho** *m. Bigote.*

**mostajo** *m. Mostellar, jojera.*

**mostaza** *f. Ajenabe, jenabe, jenable.*

**mostear** *intr. Remostar* (el vino añejo), *remostecer.*

**mostela** *f.* p. us. *Haz\*, fajo, haz, gavilla.*

**mostellar** *m. Mojera, mostajo.*

**mostense** *adj.-com.* (pers.) *Premonstratense.*

**mostrar** *tr.-prnl. Indicar, señalar, designar, guiar\*.* 2 *Enseñar, exponer, presentar, exhibir, descubrir la oreja, enseñar las cartas.* ↔ OCULTAR, ESCONDER, TAPAR. 3 *Manifestar, patentizar.* ↔ OCULTAR, ESCONDER, TAPAR. 4 *Explicar, demostrar, probar.*

**mostrenco, -ca** *adj. Mesteño.* 2 *adj.-s. Ignorante, torpe, zote, bruto, zoquete.*

**motacila** *f. Aguzanieves.*

**mote** *m. Lema, empresa, divisa.* 2 *Apodo, sobrenombre\*.*

**motejar** *tr. Zaherir, mortificar, satirizar, criticar.*

**motilidad** *f. Movilidad.*

**motilón, -ona** *adj.-s. Pelón.*

**motín** *m. Alboroto\*, tumulto, asonada, revuelta, sublevación\*.*

**motivar** *tr. Determinar, causar, producir, ocasionar.* ↔ DESARREGLAR.

**motivo** *m. Móvil, fundamento, razón, causa, ocasión\*.*

**moto** *f. Motocicleta.*

**motocicleta** *f. Moto.*

**motorización** *f. Mecanización.*

**motorizar** *tr. Mecanizar.*

**motril** *m. Mochil, morillero, motil.*

**mouse** *m.* anglic. INFORM. *Ratón.*

**movedizo, -za** *adj. Movible.* 2 *Inseguro, inestable.* 3 fig. *Inconstante, veleidoso, tornadizo.*

**mover** *tr.-prnl. Trasladar, mudar.* 2 *Menear, agitar, remover.* "Todo lo que se *menea* se *mueve;* pero no se dice con igual propiedad que todo lo que se *mueve* se *menea,* porque el verbo *mover* supone indeterminadamente cualquier especie de movimiento, y el verbo *menear* supone un movimiento determinado, esto es, el que hace un cuerpo separándose un poco del puesto en que se hallaba, y volviendo inmediatamente hacia él, una o repetidas veces. Una piedra que cae, se *mueve* de arriba abajo, y no se dirá con propiedad que se *menea*. La hoja de un árbol que se *mueve* de un lado a otro, se *menea*. Un pájaro que vuela se *mueve* en todas direcciones, y *menea* de cuando en cuando sus *alas* y su *cola*. *Movemos* la cabeza, volviéndola, inclinándola a un lado para evitar un golpe; la *meneamos* para decir que no, por señas, *moviéndola* sucesivamente de un lado a otro" (LH). ↔ AQUIETAR. 3 fig. *Inducir, persuadir, incitar.* 4 *Suscitar, originar, causar, ocasionar.*

**movible** *adj. Móvil.* 2 fig. *Variable, mudable, inseguro.*

**movido, -da** *adj.* fig. *Animado, concurrido, divertido.* ↔ SOSO, ABURRIDO.

**móvil** *adj. Movible.* ↔ QUIETO, PASIVO. 2 *Inestable, inseguro.* 3 *m. Motivo, causa\*, razón.*

**movilidad** *f. Motilidad.*

**movimiento** *m. Circulación, actividad.* 2 *Pronunciamiento, levantamiento, sublevación.* 3 fig. *Alteración, conmoción.* 4 mús. *Tempo, tiempo.*

**moyuelo** *m. Salvado, afrecho.*

**mozalbete** *m. Caballerete, presumido, gomoso, pisaverde, lechugino, petimetre, currutaco, mozalbillo.*

**mozárabe** *adj.-com. Almozárabe, muzárabe.*

**mozo. Mozo de cuerda** *m. Faquín, ganapán, cargador.* 2 **Mozo de espuela(s)** *Espolique, cambiante, lacayo.*

**mozo, -za** *adj. Joven, mancebo, zagal, muchacho.* Si tiene pocos años, se emplean los tres últimos. 2 *Soltero.* 3 *s. Criado\*, sirviente, camarero.*

**mozuelo, -la** *s. Muchacho, niño, chico, chiquillo, rapaz.*

**mucamo, -ma** *s. Argent. y Chile. Criado, sirviente.*

**muchachada** *f. Chiquillería* (fam.), *niñada\*, niñería, chiquillerío* (Méx.). 2 *Rapacería, rapazada, mocerío.*

**muchachez** *f. Adolescencia, mocedad, pubertad.*

**muchacho, -cha** *s. Niño, chico, chi-*

quillo, rapaz, mozuelo. 2 *Mozo, joven, mancebo, zagal.*

**muchedumbre** *f. Abundancia, multitud, sinnúmero, infinidad.* ↔ ESCASEZ. 2 *Gentío, vulgo, masa.* ↔ INDIVIDUALIDAD.

**muchísimo** *adv. m. Infinito, excesivamente.*

**mucho, -cha** *adj. Asaz, bastante, suficiente.*

**muchos, -chas** *adj. pl. Diversos, varios, variados.*

**mucosidad** *f. Moco, flema, esputo.*

**mucronato, -ta** *adj.-f.* ANAT. *Xifoides, paletilla.*

**muda** *f.* (de ropa) *Remuda.*

**mudable** *adj. Inestable\*, instable, variable, inconstate, veleidoso, versátil, cambiable, mutable.*

**mudanza** *f. Mutación, alteración, cambio\*, variación.* 2 *Traslado.*

**mudar** *tr.-prnl. Cambiar, variar, alterar, tomar otro giro, cambiar el aspecto.* ↔ PERMANECER, RATIFICAR. 2 *Remover, trasladar.* 3 prnl. *Irse, marcharse.* ↔ PERMANECER.

**mudez** *f. Mutismo.*

**mudo, -da** *adj.-s.* fig. *Callado, silencioso\*, taciturno.*

**mueblaje** *m. Ajuar, menaje.*

**mueblajo** *m. Mobiliario, moblaje.*

**mueblar** *tr. Amueblar, amoblar, moblar.*

**muebles** *m. pl. Efectos, enseres.*

**mueca** *f. Visaje, gesto.*

**muecín** *m. Almuecín, almuédano.*

**muela** *f. Rueda de molino, volandera.* 2 (diente) *Molar, quijal, quijar.* 3 *Almorta, guija.*

**muelle** *adj. Suave, blando, delicado, mole* (p. us.). 2 *Voluptuoso, sensual.* 3 *m. Resorte.*

**muérdago** *m. Almuérdago, arfueyo.*

**muerte** *f. Defunción, fallecimiento, óbito, tránsito, expiración.* Los tres primeros, tratándose de personas; el último, de santos o personas de vida virtuosa. V. morir. ↔ VIDA, NACIMIENTO. 2 *Homicidio.* 3 fig. *Término, fin, destrucción, ruina, aniquilamiento.*

↔ NACIMIENTO. **4 De mala muerte** *loc. adj.* Fútil, pequeño, frívolo, nimio, insustancial, de tres al cuarto, de medio pelo, insignificante, baladí, mezquino, miserable, despreciable, desdeñable.

**muerto, -ta** *adj.-s.* Difunto, finado, caído (en la lucha), interfecto (DER.). 2 Acabado, terminado, inactivo. 3 Apagado, mortecino, descolorido.

**muesca** *f.* Indentación, escotadura.

**muestra** *f.* fig. Señal, demostración, indicio, prueba. 2 Ejemplar, espécimen, modelo. **3 Hacer la muestra** *loc.* Aparentar, simular, fingir, hacer la comedia, ser un quiero y no puedo.

**muga** *f.* Desove.

**mugido** *m.* Bramido, frémito (lit.).

**múgil** *m.* Cabezudo (pez), mújol, capitón, lisa, liza, matajudío.

**mugre** *f.* Grasa, pringue, suciedad, porquería. ↔ LIMPIEZA.

**mugriento, -ta** *adj.* Pringoso, sucio.

**mugrón** *m.* Provena, rastro.

**muguete** *m.* Lirio de los valles.

**mujer** *f.* Esposa*, media naranja (fam.), costilla, cónyuge.

**mujeriego, -ga** *adj.* (hombre) Calavera, perdis (fam.), perdido, vicioso, tronera, donjuán.

**mujeril** *adj.* Femenino*, femenil.

**mújol** *m.* Cabezudo, capitón, lisa, liza, matajudío, múgil.

**muladar** *m.* Estercolero, basurero.

**muletilla** *f.* Bordón, bordoncillo, estribillo.

**mullida** *f.* Jergón, colchón.

**mullido, -da** *adj.-s.* Hueco, esponjoso.

**mullir** *tr.* Ablandar, esponjar.

**mulo** *m.* Macho.

**multicopista** *f.* Copiador, policopia.

**multiforme** *adj.* Polimorfo, poliforme.

**multimillonario, -ria** *adj.-s.* Archimillonario.

**multiplicación** *f.* Germinación, pululación, reproducción, procreación, generación.

**multiplicar** *tr.-prnl.* Aumentar, propagar, reproducir, agrandar*. ↔ DISMINUIR, MENGUAR.

**multitud** *f.* Muchedumbre, abundan-

cia, infinidad, sinnúmero. ↔ ESCASEZ. 2 Gentío, vulgo, masa. ↔ INDIVIDUALIDAD.

**mundial** *adj.* Universal*, general, internacional*.

**mundicia** *f.* lit. Limpieza, limpia, limpiadura (p. us.), limpiamento (p. us.). ↔ INMUNDICIA, SUCIEDAD.

**mundillo** *m.* (arbusto y flor) Sauquillo, bola, mundo.

**mundinovi** *m.* Mundonuevo, titirimundi, tutilimundi, totilimundi, cosmorama.

**mundo** *m.* Cosmos, creación, universo, orbe. 2 Tierra, globo terráqueo. 3 Astro. 4 Humanidad. 5 Baúl. **6 Desde que el mundo es mundo** *loc. adv.* Antiguo, viejo, vetusto, añoso, arcaico, remoto, más viejo que el andar a pie (fam.), del año de la pera (fam.), del tiempo de Maricastaña (fam.), en tiempo del rey que rabió (fam.), en tiempo de los godos (fam.), del tiempo de Noé.

**mundología** *f.* irón. Tacto, diplomacia, sagacidad.

**mundonuevo** *m.* Mundinovi, titirimundi, tutilimundi, totilimundi, cosmorama.

**municionar** *tr.* Abastecer*, proveer, surtir, suministrar, aprovisionar, avituallar, pertrechar.

**municionero, -ra** *s.* Abastecedor*, proveedor, aprovisionador, suministrador, abastero (Cuba y Chile).

**municipalizar** *tr.* Socializar*, colectivizar, estatificar, nacionalizar.

**munícipe** *m.* Edil, concejal, regidor municipal.

**municipio** *m.* Ayuntamiento, concejo*, consistorio.

**munificencia** *f.* Esplendidez, liberalidad, generosidad, largueza. ↔ TACAÑERÍA.

**muñeca** *f.* Hito, coto, mojón, poste, muga, pilón, señal.

**muñeco** *m.* fig. Mequetrefe, chisgarabís.

**muñón** *m.* Tocón.

**muralla** *f.* Muro.

**murar** *tr.* Amurallar, cercar.

**murciégalo, murciélago** m. *Morciguillo, vespertillo.*

**murena** f. *Morena (pez).*

**murga tina** f. *Alpechín, morga, tinaco.*

**murgón** m. *Esguín.*

**muriático, -ca.** Ácido muriático m. V. ácido.

**múrice** m. *Peñasco. 2 Púrpura.*

**murmullo** m. *Rumor. 2 Murmurio, susurro.*

**murmuración** f. *Habladuría, hablilla, rumor, chisme, cuento, maledicencia.*

**murmurador, -ra** adj.-s. *Maldiciente, detractor, denigrador, lengua larga, mala lengua.*

**murmurar** intr. *Susurrar. 2 Rezongar. 3 Cortar un vestido, cortar un traje, cortar un sayo, criticar, morder, despellejar, poner en lengua a uno, no dejarle a uno hueso sano, meterse en vidas ajenas.*

**murmurio** m. *Susurro, murmullo, rumor.*

**muro** m. *Pared, tapia. 2 Muralla.*

**murria** f. *Tristeza\*, melancolía, abatimiento, malhumor, cancamurria, saudade.* ↔ ALEGRÍA, ILUSIÓN.

**murta** f. *Arrayán, mirto.*

**murucuyá** f. *Argent.* y *Venez. Pasionaria, pasiflora, granadilla.*

**murueco** m. *Morueco, marón.*

**musa** f. pl. *Castálidas, pegásides, coro de Apolo, piérides, helicónides.* En esta acepción, se utiliza el pl. *musas*, o bien el sing. con sentido colectivo. 2 f. fig. *Numen, inspiración, vena.*

**musarañas. Mirar las musarañas** loc. *Perder el tiempo, pasar el rato.*

**muscaria** f. *Moscareta, muscícapa.*

**muscícapa** f. *Moscareta, muscaria.*

**muscínea** adj.-f. *Briofita.*

**musco, -ca** adj. *Amusco.*

**musculatura** f. *Carnadura* (vulg.).

**muserola** f. *Sobarba.*

**musitar** intr. *Mistar, mascullar\*, susurrar, bisbisar\*.*

**muslime** adj.-s. *Mahometano, musulmán.*

**mustela** f. *Comadreja.*

**mustio, -tia** adj. *Lacio, lánguido, marchito. 2 Melancólico, triste, decaído.*

**musulmán, -ana** adj.-s. *Mahometano, muslime, islamita.*

**mutabilidad** f. *Variabilidad.*

**mutable** adj. *Cambiable, mudable, variable.*

**mutación** f. *Mudanza, cambio\*, variación.* ↔ PERMANENCIA. 2 H. NAT. *Metamorfosis.*

**mutilado, -da** adj. *Roto, incompleto.* Tratándose de cosas. 2 adj.-s. *Lisiado, inválido.* Tratándose de personas.

**mutilar** tr.-prnl. *Romper, destruir.*

**mutismo** m. *Silencio, mudez.*

**mutual** adj. *Mutuo.*

**mutuamente** adv. m. *Recíprocamente.*

**mutuo, -tua** adj. *Mutual, recíproco.* Aunque *mutuo* y *mutual* significan lo mismo, el uso de *mutual* va quedando hoy restringido a lo referente a la mutualidad o al mutualismo. Así pues, los intereses *mutuales* son los que afectan en conjunto a la mutualidad, mientras que los intereses *mutuos* afectan en particular a cada uno de los socios mutualistas. "*Mutuo* designa la acción de dos agentes ejercida uno en otro; *recíproco* añade a esta idea la de igualdad en la acción. Hay relaciones *mutuas* entre dos naciones cuando se comunican entre sí en política y en comercio; hay amor *recíproco* entre dos personas cuando una ama tanto como otra. Los compromisos *mutuos* son ventajosos cuando las obligaciones son *recíprocas*" (M). ↔ SINGULAR, PERSONAL.

**muy** adv. c. *Asaz, bastante, harto.*

**muzárabe** adj.-com. (pers.) *Mozárabe, almozárabe.*

# N

**naba** *f. Nabo gallego.* 2 *Rapo.*

**nabo. De chicha y nabo** *loc. adj.* V. chicha. 2 **Nabo gallego** *m. Naba.*

**nacarado, -da** *adj. Anacarado.*

**nacela** *f.* ARQ. *Escocia* (moldura), *sima.*

**nacencia** *f.* MED. *Nacido.*

**nacer** *intr. Brotar, germinar, salir.* ↔ MORIR, ACABARSE. 2 *Provenir, proceder, originarse, emanar.* ↔ ACABARSE. 3 *Deducirse, derivarse, seguirse, inferirse.*

**nacido, -da** *adj. Connatural, congénito, propio, innato, nativo.*

**naciente** *m. Oriente, levante, este.*

**nacimiento** *m. Linaje, estirpe, familia, origen, clase, extracción\*.* 2 *Principio, origen, comienzo\*, iniciación.* ↔ MUERTE, FIN, CONSECUENCIA, RESULTADO.

**nación** *f. País, patria, pueblo, nacionalidad, ciudadanía.* La palabra *país* sugiere principalmente el territorio geográfico con sus caracteres físicos y económicos; *patria* alude al sentimiento que el país propio suscita; *nacionalidad* y *ciudadanía* aluden a la *nación* como entidad política. "En la idea representada por la voz *pueblo* hay más individualidad y menos dignidad que en la representada por *nación.* Lo mismo es Rusia que la *nación* rusa; lo mismo Bélgica que la *nación* belga; pero si hablamos de las acciones y prácticas que, por muy generales que sean admiten muchas excepciones, no diremos *nación*, sino *pueblo.* Así decimos que el *pueblo* chino, y no la *nación* china, es muy diestro en los trabajos manuales; que la

cerveza es la bebida favorita del *pueblo* inglés, y no de la *nación* inglesa" (M).

**nacionalidad** *f. Nación\*, país, patria, ciudadanía.*

**nacionalizar** *tr.-prnl. Naturalizar.* 2 *Estatificar, socializar\*, colectivizar.* P. ej.: *nacionalizar* los ferrocarriles.

**nacionalsocialismo** *m. Nazismo. Nazismo* es forma abreviada.

**nadar** *intr. Flotar, sobrenadar.* Aunque a menudo se intercambian, en su uso propio *nadar* supone actividad por parte del sujeto; por eso se aplica pralte. a los seres animados. *Flotar* y *sobrenadar* significan pasividad en el sujeto y se refieren a cosas inanimadas. *Sobrenadar* sugiere además cierta dificultad, o flotación parcial de alguna cosa; los restos del naufragio *sobrenadaban*; *sobrenadan* los vestidos del ahogado; el líquido menos pesado *sobrenada* en la mezcla. Un hombre o un perro *nadan*; un madero *flota*; el aceite *sobrenada* en el agua.

**nadería** *f. Insignificancia, nonada, fruslería, bagatela.*

**nadie** *pron. indef. Ninguno.* "La misma extensión que tiene en un sentido afirmativo las voces *alguien* y *alguno*, tienen en un sentido negativo las voces *nadie* y *ninguno*; esto es: *nadie* excluye ilimitadamente toda persona, sin determinar clase ni número; *ninguno* excluye limitadamente todas las personas que componen la clase o número de que se habla" (LH).

# naipe

**naipe** *m. Carta.* 2 fig. *Baraja.*

**naire** *m. Cornaca, cornac.*

**nalgada** *f. Pernil\** (del puerco), *jamón.*

**nalgas** *f. pl. Asentaderas, rabel tabalario, tafanario, posas, posaderas.* 2 *Ancas, grupa.* Este último, en las caballerías.

**nanear** *intr. Anadear.*

**nansa** *f. Nasa, garlito, buitrón.*

**nao** *f. lit. Nave, navío.*

**napelo** *m. Acónito, anapelo.*

**narcisismo** *m. Autofilia.*

**narciso** *m. Trompón.*

**narcomanía** *f. Drogodependencia, drogadicción, toxicomanía.*

**narcótico, -ca** *adj. Estupefaciente, soporífero.*

**nardo** *m. Tuberosa, vara de Jesé.*

**narigón, -ona** *adj.-s. Narigudo, narizotas, narizón.*

**narigudo, -da** *adj. Narigón, narizotas, narizón.*

**narizón, -ona** *adj.* fam. *Narigudo, narigón, narizotas.*

**narizotas** *m. pl. Narigudo, narigón, narizón.*

**narración** *f. Relato, cuento.*

**narrar** *tr. Contar\*, referir, relatar.*

**narria** *f. Mierra, rastra.*

**nasa** *f. Nansa, garlito, buitrón.* 2 *Panera.*

**nasalización** *f. Gangueo, gangosidad.* La *nasalización* alude a la calidad fonética de un sonido. El *gangueo*, o la *gangosidad*, son defectos de pronunciación.

**nata** *f. Crema.*

**naterón** *m. Requesón, názula* (dial.), *cuajada.*

**natillas** *f. pl. Crema.*

**natividad** *f. Navidad.*

**nativismo** *m. Innatismo.*

**nativo, -va** *adj.-s. Indígena, aborigen\*.* ↔ ALIENÍGENA. 2 *adj. Originario, oriundo, natal, nacido, natural, vernáculo, autóctono.* ↔ EXTRANJERO. 3 *Innato, congénito, connatural, nato, ingénito, natural.* ↔ ADQUIRIDO.

**nato, -ta** *adj. Congénito, ingénito, innato, connatural\*.* ↔ ADQUIRIDO.

**natrón** *m. Barrilla* (cenizas), *mazacote.*

**natural** *adj. -com. Aborigen\*, indígena, nativo.* ↔ ALIENÍGENA. 2 *adj. Nativo, nacido, originario, oriundo, autóctono.* ↔ EXTRANJERO. 3 *Connatural\*.* 4 *Ingenuo, sencillo, franco, sincero, llano.* 5 *Común, normal, regular, habitual, acostumbrado, corriente.* 6 *m. Genio, índole\*, condición, carácter\*, temperamento.*

**naturaleza** *f. Índole, calidad, calaña\*, condición, natural.*

**naturalidad** *f. Ingenuidad, sencillez, franqueza\*, llaneza, sinceridad, llamar a Dios de tú, no meterse en teologías.* ↔ ARTIFICIO, DESCONFIANZA, PICARDÍA.

**naturalizar** *tr.-prnl. Nacionalizar, ganar ciudadanía, tomar carta de naturaleza.* 2 *Aclimatar, adaptar.*

**naturismo** *m. Fisiatría.*

**naturista** *com. Fisiatra.*

**naufragar** *intr. Zozobrar, perderse, irse a pique, hacer agua.*

**náufrago** *m. Tiburón, lamia, marrajo.*

**náusea** *f. Fatiga, basca.* 2 fig. *Asco, repugnancia.*

**nausear** *intr. Arquear.*

**nausebundo, -da** *adj. Asqueroso, repugnante, inmundo.*

**nauta** *m. lit. Marino, marinero, navegante.*

**náutica** *f. Navegación, marina.*

**náutico, -ca** *adj. Naval.*

**nautilo** *m. Argonauta* (molusco).

**nava** *f. Hondonada.*

**navajo** *m. Lavajo, charca, navazo.*

**naval** *adj. Náutico, naviero. Náutico* se refiere exclusivamente a la ciencia y arte de navegar (*Náutica*); *instrumentos náuticos*, rosa *náutica. Naviero* se usa tratando de las empresas, capital, propietario o avituallador de naves: compañía *naviera*, acciones *navieras. Naval* es término más extenso.

**navarca** *m. Nearca.*

**navazo** *m. Lavajo, charca, navajo.*

**nave** *f. Nao* (lit.), *navío, barco, buque, bajel, embarcación\*.* 2 **Nave espacial** *Astronave.*

**navecilla** f. *Naveta*. Tanto en el sentido de *nave*, como en la acepción propia de la liturgia.

**navegación** f. *Náutica, marina*.

**navegador, -ra** s. MAR. *Navegante*.

**navegante** adj.-s. *Nauta, marino, marinero, navegador*.

**navegar** intr. *Bogar*.

**naveta** f. *Navecilla*.

**navidad** f. *Natividad*.

**naviero, -ra** adj. *Naval\**.

**navío** m. *Bajel, buque, barco, nave, nao* (lit.), *embarcación\**.

**nazismo** m. *Nacionalsocialismo*.

**názula** f. *Requesón, naterón, cuajada*.

**nearca** m. *Navarca*.

**nebí** m. *Neblí, halcón gentil*.

**nebladura** f. *Modorra* (enfermedad), *torneo*.

**neblí** m. *Halcón gentil, nebí*.

**neblina** f. *Niebla\*, bruma\**.

**nebreda** f. *Enebral*.

**nebuloso, -sa** adj. *Nublado, nuboso, nublo, nubloso, brumoso*. 2 fig. *Oscuro, confuso, borroso, incomprensible*. ↔ LUMINOSO, NÍTIDO. 3 *Sombrío, tétrico*.

**necedad** f. *Inepcia, estupidez, simpleza, tontería, estulticia, ignorancia\*, insuficiencia, incapacidad, nescencia* (lit.), *ineptitud, incompetencia*. ↔ SABIDURÍA, INGENIO, CAPACIDAD, APTITUD, HABILIDAD. 2 *Despropósito\*, disparate, dislate, desatino, sandez*. ↔ AGUDEZA.

**necesaria** f. *Letrina* (lugar), *privada, retrete*.

**necesario, -ria** adj. *Fatal, inevitable*. ↔ EVITABLE, ACCIDENTAL. 2 *Forzoso, preciso, inexcusable, imprescindible*. *Imprescindible* refuerza la significación de *necesario; inexcusable*, la de *forzoso*. El agua es *imprescindible* para los seres vivos; el servicio militar es *inexcusable*. "Lo *necesario* y lo *forzoso*, como indica la etimología, son efectos de la necesidad y de la fuerza; *preciso* es lo que la conveniencia requiere. Si necesito de alguna cosa, aquella cosa me es *necesaria*; si se me fuerza a una acción, aquella acción me es *forzosa*; si me conviene, me importa o me acomoda tomar una medida, aquella medida me es *precisa"* (M). ↔ VOLUNTARIO, ACCIDENTAL.

**necesidad** f. *Fatalidad, sino*. 2 *Obligación, menester, precisión*. 3 *Pobreza, miseria, escasez, penuria, hambre, apetito\**. ↔ HARTURA. 4 *Apuro, ahogo, aprieto, peligro*.

**necesitado, -da** adj. *Pobre, menesteroso, indigente, miserable, falto, escaso, corto de medios, con un trapo atrás y otro delante*.

**necesitar** tr. *Precisar, requerir, hacer falta, no tener un cuarto, estar sin blanca, no levantar cabeza, carecer, faltar\*, exigir\*, pedir*.

**neciamente** adv. m. *Atontadamente, indiscretamente, imprudentemente, tontamente, a tontas y a locas*.

**necio, -cia** adj.-s. *Incapaz, tonto, sandio, simple, estúpido, imbécil, ignorante, estulto, mentecato*. V. ignorancia. 2 *Imprudente, porfiado, obstinado, terco*.

**necrofobia** f. *Tanatofobia*. ↔ NECROFILIA, TANATOFILIA.

**necrología** f. *Obituario*. Éste, esp. en los periódicos.

**necromancía, necromancia** f. *Nigromancia*.

**necrópolis** f. *Cementerio\*, camposanto*.

**necropsia** f. *Autopsia, necroscopia*.

**necroscopia** f. *Autopsia, necropsia*.

**necrosis** f. *Gangrena, cangrena*.

**neerlandés, -esa** adj.-s. (pers.) *Holandés*.

**nefando, -da** adj. *Abominable, execrable, infame, perverso*. ↔ HONORABLE, LISTO, ATRACTIVO.

**nefasto, -ta** adj. *Triste, funesto, ominoso, aciago*. ↔ AFORTUNADO, PROPICIO, ALEGRE.

**nefrítico, -ca** adj. *Renal*.

**nefritis** f. MED. *Renitis*.

**nefropatía** f. MED. *Renopatía*.

**negación** f. *Denegación, negativa, incredulidad*. ↔ AFIRMACIÓN, SÍ, CREDULIDAD.

**negado, -da** adj. *Incapaz, inepto, torpe*.

**negar** *tr. Denegar, prohibir, vedar, cerrarse a la banda, ponerse de uñas. Denegar* se usa principalmente en el lenguaje administrativo con el sentido de *negar* una petición, solicitud, etc. ↔ AFIRMAR, RATIFICAR, PERMITIR. 2 *Ocultar, disimular.* ↔ PRESENTAR, MANIFESTAR, CONFESAR. 3 *prnl. Excusarse, rehusar*. ↔ ACEPTAR.

**negativa** *f. Denegación, negación, desestimación* (DER.).

**negligencia** *f. Descuido*, *desidia, incuria, dejadez, abandono.* ↔ CUIDADO, ATENCIÓN, APLICACIÓN, ACTIVIDAD.

**negligente** *adj.-com. Abandonado, dejado, desidioso, descuidado, indolente*.

**negociación** *f. Trato, convenio, concierto, negocio.*

**negociante** *com. Traficante, comerciante*.

**negociar** *tr. Comerciar, tratar, traficar.*

**negocio** *m. Comercio, tráfico.* "El *comercio* y el *tráfico* suponen compra y venta; no así el *negocio*, que puede consistir en agencias, descuentos, corretajes, acarreos y otras clases de ocupaciones lucrativas. La significación de *negocio* se extiende a toda acción recíproca de hombre a hombre, o de nación a nación, en materia grave; por ejemplo: la paz de Utrecht fue un *negocio* decisivo; corren malas voces sobre los *negocios* de tal nación" (M). 2 *Argent. y Chile. Tienda, almacén, despacho.* 3 *Utilidad, beneficio, interés, ganancia, provecho, lucro*, *producto, logro, negocio redondo.* ↔ PÉRDIDA, DESINTERÉS.

**negrecer** *intr.-prnl. Ennegrecer.*

**negrillo** *m. Olmo.*

**negro, -gra** *adj.-m. Prieto. Prieto* es casi negro, muy oscuro. ↔ CLARO. 2 *adj.-s. Moreno, trigueño, de color.* Tratándose de individuos de la raza negra, se dice *moreno* y *trigueño* por eufemismo; con el mismo significado suele emplearse la frase adjetiva *de color: gente de color.* ↔ BLANCO. 3 *adj.* fig. *Triste, melancólico, infausto, aciago.* ↔ ALEGRE, FAUSTO. 4 **Verlo todo**

**negro** *loc. Desesperarse, desesperanzarse, pintar con negros colores.* ↔ CONFIARSE, ESPERANZARSE.

**neguijón** *m. Guijón.*

**neguilla** *f. Candileja, candilejo, lucérnula, neguillón.* 2 *Tintero.*

**neguillón** *m. Neguilla* (planta), *candileja, candilejo, lucérnula.*

**nene, -na** *s.* fam. *Bebé, rorro.*

**nenúfar** *m. Escudete, golfán, ninfea.*

**neófito, -ta** *s. Prosélito, adepto, adicto, afiliado, partidario*, *correligionario, iniciado. Prosélito* es también partidario que ha sido atraído; pero no insiste tanto como *neófito* en el matiz de reciente. Entre los *adeptos* puede haber *prosélitos* antiguos o nuevos; el *neófito* es siempre reciente.

**neofobia** *f. Misoneísmo.*

**neolatino, -na** *adj. Romance, románico.*

**neoplasia** *f.* MED. *Tumor, cáncer.*

**nepotismo** *m. Sobrinazgo.*

**Neptuno** *m. Poseidón.* Éste, en la mitología griega.

**nequicia** *f.* lit. *Perversidad, maldad, perfidia, malignidad, perversión, protervia.*

**nervadura** *f.* (de una hoja) *Nerviación, nervatura.*

**nervatura** *f. Nervadura* (de una hoja), *nerviación.*

**nerviación** *m. Nervadura* (de una hoja), *nervio, nervatura.*

**nervio** *m.* fig. *Vigor, fuerza, energía, vitalidad.* 2 *Vena, nerviación.* Ambos, en las hojas vegetales y en las alas de los insectos.

**nerviosidad** *f. Excitabilidad, nerviosismo, nerviosidad.*

**nerviosismo** *m. Excitabilidad, nerviosidad.*

**nervioso, -sa** *adj. Excitable, impresionable, inquieto, irritable.* ↔ TRANQUILO, IMPASIBLE. 2 fig. *Vigoroso, fuerte, enérgico, vivo.*

**nervosidad** *f. Nerviosidad.*

**nescencia** *f.* lit. *Ignorancia*, *necedad, tontería, inepcia, insuficiencia, incapacidad, ineptitud, incompetencia, inha-*

*bilidad.* ↔ CAPACIDAD, HABILIDAD, APTITUD, SABIDURÍA, INGENIO.

**nesciente** *adj.* lit. *Ignorante, ignaro* (lit.), *lego, iletrado, iliterato, profano, ignorante\**. ↔ SABIO, CULTO.

**nesga** *f. Sesga.*

**néspera** *f. Níspero* (árbol)*, míspero* (Ál., Burg. y Logr.).

**neto, -ta** *adj. Limpio, puro, castizo.* 2 *Líquido, limpio.* Tratándose de cantidad, precio, peso.

**neumogástrico** *m.* MED. (nervio) *Vago.*

**neumonía** *f. Pulmonía, perineumonía, neumonitis* (MED.).

**neumónico, -ca** *adj. Pulmoníaco, perineumónico.*

**neumonitis** *f.* MED. *Pulmonía, neumonía.*

**neurocito** *m. Neurona.*

**neurona** *f. Neurocito.*

**nevada** *f. Nevasca, nevazo, nevazón, nevisca, falisca, ventisca, ventisco, cellisca, torva.* La de copos menudos, *nevisca, falisca;* borrasca de viento y nieve, *ventisca, ventisco;* temporal de viento, lluvia y nieve menuda, *cellisca;* remolino de lluvia y nieve, *torva.*

**novadilla** *f. Sanguinaria menor.*

**nevasca** *f. Nevada\*, nevazón, nevazo.*

**nevatilla** *f. Nevereta, aguzanieves.*

**nevazo** *m. Nevada\*, nevazo, nevasca.*

**nevazón** *m. Nevada\*, nevazo, nevasca.*

**nevera** *f. Frigorífico, refrigerador.*

**nevereta** *f. Nevatilla, aguzanieves.*

**nevero** *m. Heladero.*

**nevisca** *f. Nevada\*, falisca.*

**nevoso, -sa** *adj. Nivoso* (lit.). P. ej., cumbres *nevosas* o *nivosas.* 2 *Níveo.* Significando "de nieve", *nevoso* es sinónimo de *níveo;* una sustancia de aspecto *nevoso* o *níveo.*

**nexo** *m. Ilación, trabazón, conexión, coherencia.*

**nicaragua** *f. Balsamina* (planta cucurbitácea).

**nicotismo** *m.* MED. *Tabaquismo.*

**nidada** *f. Cría* (de las aves)*, lechigada\*.*

**nidificar** *intr. Anidar.*

**niebla** *f. Bruma, neblina, boira* (p. us.)*, humazón, calima, calina, calígine, fosca.* Bruma, especialmente la que se forma en el mar; *humazón,* la espesa y grande: *calima, calina, calígine,* la muy tenue, llamada también *fosca.* ↔ CLARIDAD. 2 *Añublo.*

**nigola** *f.* MAR. *Flechaste.*

**nigromancia** *f. Necromancía.*

**nigromante** *m. Nigromántico, hechicero\*.*

**nigromántico, -ca** *adj.-s. Nigromante, hechicero\*.*

**nimbo** *m. Aureola, lauréola, corona, diadema.*

**nimiedad** *f. Prolijidad.* 2 *Poquedad, cortedad, pequeñez.* ↔ SENCILLEZ, SERIEDAD, IMPORTANCIA.

**nimio, -mia** *adj. Prolijo, minucioso.* 2 *Tacaño.*

**ninfa** *f.* H. NAT. *Crisálida, palomilla.*

**ninfea** *f. Nenúfar.*

**ninfomanía** *f. Afrodisia, satiriasis, citeromanía, erotomanía.*

**ninguno, -na** *pron. indef. Nadie.*

**niña** *f. Pupila* (del ojo)*, niñeta.*

**niñada** *f. Chiquillada, muchachada, puerilidad, niñería.* "Una cosa hecha sin malicia y con poca reflexión es una *niñada;* una cosa de poco momento es una *niñería.* Hay *niñadas* que traen graves consecuencias, y por lo mismo no son *niñerías.* Hay, al contrario, *niñerías,* que por la malicia con que se hacen no deben considerarse como *niñadas*" (J).

**niñera** *f. Orzaya, rolla, rollona, chacha, tata.* Los dos últimos, en el habla infantil.

**niñería** *f. Niñada\*, chiquillada, muchachada, puerilidad.* 2 *Pequeñez, nadería, nonada, insignificancia.*

**niñeta** *f. Pupila* (del ojo)*, niña.*

**niñez** *f. Infancia, puericia, menor de edad, edad de la vida.*

**niño, -ña** *adj.-s. Chico, chavea* (And.)*, párvulo, rorro, bebé, rapazuelo, muchacho.* Los dos últimos, el muy pequeñito. 2 **Dormir como un niño**

*loc.* (intens.) *Dormir como un tronco, dormir profundamente, dormir como un lirón.*

**nipón, -ona** *adj.-s.* (pers.) *Japonés.*

**níscalo** *m. Mízcalo.*

**níspero** *m. Néspera, míspero* (Ál., Burg. y Logr.).

**nítido, -da** *adj. Neto, terso, limpio, claro, transparente, resplandeciente.* ↔ IMPURO, OPACO.

**nitral** *m. Salitral, salitrera.*

**nitrato** *m. quím. Azoato.*

**nitrería** *f. Salitrería.*

**nítrico, -ca. Ácido nítrico** *m.* V. ácido.

**nitro** *m. Salitre.*

**nitrogenado, -da** *adj.* QUÍM. *Azoado.*

**nitrogenar** *tr.* QUÍM. *Azoar.*

**nitrógeno** *m. Ázoe.*

**nivel** *m. Altura, altitud* (GEOGR.). 2 *Ras.*

**nivelación** *f. Ajuste.*

**nivelador, -ra** *adj.-s.* CONSTR. *Aplanador.*

**nivelar** *tr.-prnl. Igualar, proporcionar, equilibrar.* ↔ DESIGUALAR, DESEQUILIBRAR.

**níveo, -ea** *adj.* lit. *Nevoso.*

**noble** *adj. Preclaro, ilustre, generoso.* ↔ BAJO. 2 *Honroso, estimable, digno.* ↔ RUIN, INDIGNO, BAJO. 3 *Principal, excelente, aventajado.* 4 *adj.-s. De sangre azul, linajudo.* ↔ PLEBEYO, BAJO.

**noca** *f. Meya, rocla.*

**noceda** *f. Nocedal, nogueral.*

**noche** *f.* fig. *Oscuridad, tinieblas, sombra, caída de la tarde.* 2 **De día y de noche** *loc.* V. día.

**nocherniego, -ga** *adj. Noctámbulo, trasnochador.*

**noción** *f. Idea\*, conocimiento, noticia.* V. nociones.

**nociones** *f. pl. Elementos\*, rudimentos, principios.* V. noción.

**nocivo, -va** *adj. Perjudicial, dañoso, dañino, pernicioso, endemoniado\*, endiablado, perverso.* ↔ INOFENSIVO, BUENO, SALUDABLE.

**noctámbulo, -la** *adj.* (pers.) *Nocherniego, trasnochador.*

**noctiluca** *f. Luciérnaga, gusano de luz.*

**nocturno** *m.* MÚS. *Serenata.*

**nodo** *m. Nudo, nódulo, nudosidad.*

**nodriza** *f. Ama.*

**nódulo** *m. Nudo, nodo, nudosidad.*

**nogueral** *m. Noceda, nocedal.*

**nómada, nómade** *adj. Errante, trashumante, migratorio. Errante,* en general; *migratorio,* especialmente si los cambios de lugar se hacen con cierta periodicidad; *trashumante,* dícese del ganado y también de los cuadrúpedos salvajes que andan en manadas. ↔ SEDENTARIO, ESTABLE.

**nombradía** *f. Fama, reputación, notoriedad, celebridad, renombre, nombre.*

**nombrar** *tr. Aludir, mencionar, citar.* 2 *Llamar, denominar, designar por el nombre de, designar con el nombre de.* Los verbos *llamar* y *denominar* significan aplicar un nombre particular a una cosa o concepto; se *llaman,* se *denominan,* platelmintos (no se *nombran*). El mismo valor tiene el giro *designar por* (o *con*) *el nombre de:* se *designan con el nombre de* alcaloides. En este caso *designar* equivale a señalar o conocer. *Nominar* es latinismo culto de empleo muy escaso. 3 *Elegir, designar, señalar.* P. ej.: *nombrar, elegir, designar, señalar,* herederos, gobernador de una provincia.

**nombre** *m. Denominación, designación.* 2 *Nombradía, renombre, fama, reputación, notoriedad.*

**nomenclatura** *f. Terminología.*

**non** *adj.-m. Impar.*

**nonada** *f. Insignificancia, pequeñez, poquedad, menudencia, nadería.*

**nonagenario, -ria** *adj.-s. Noventón.*

**nonio** *m. Nonius, vernier.*

**nonípara** *adj.-f. Nulípara.*

**nono, -na** *adj. Noveno.* El empleo de *nono* es un latinismo muy restringido. Se dice, p. ej., el Papa Pío *nono;* pero, Alfonso *noveno* de Castilla, raras veces se dirá *nono.*

**noñería** *f. Melindre, ñoñez.*

**nopal** *m. Chumbera, tunal, tunera, hi-*

*guera chumba, higuera de Indias, higuera de pala, higuera de tuna.*
**nopaleda, nopalera** *f. Tunal.*
**norabuena** *f. Enhorabuena, felicitación, parabién, pláceme.*
**noramala** *adv. m. Enhoramala, nora tal.*
**noray** *m.* MAR. *Proís, amarradero, bolardo.*
**noria** *f. Anoria, cenia.* Este último, en Marruecos.
**norma** *f. Regla, precepto, guía, pauta, método\*.*
**normal** *adj. Natural, acostumbrado, habitual, común, usual.* ↔ ANORMAL. 2 *Regular.* ↔ IRREGULAR. 3 MED. *Sano, hígido.* ↔ ENFERMO. 4 *adj.-f. Perpendicular.*
**normalización** *f. Estandarización.*
**normalizar** *tr.-prnl. Regularizar, regular, ordenar, metodizar.* ↔ DESORDENAR, IRREGULARIZAR.
**nornoroeste, nornorueste** *m.* (viento) *Maestral, cauro* (poét.), *coro* (poét.), *regañón* (fam.). El primero, esp. en el Mediterráneo.
**norte** *m. Septentrión.* 2 (viento) *Aquilón, bóreas, cierzo, matacabras, tramontana. Matacabras* el que es fuerte y frío. 3 *fig. Fin, objeto, finalidad, mira, guía.*
**norteamericano, -na** *adj.-s.* (pers.) *Estadounidense, yanqui, gringo. Yanqui* (inglés *yankee)* es propiamente el de los Estados del norte, en oposición a los del sur y del oeste, pero entre hispanohablantes designa a cualquier norteamericano; *gringo* es despectivo y puede aplicarse en general a cualquier extranjero.
**nosocomio** *m. Hospital.*
**nosología** *f. Patología.*
**nostalgia** *f. Añoranza, morriña, pasión de ánimo, soledad, mal de la tierra.* ↔ OLVIDO, ALEGRÍA, SERENIDAD.
**nota** *f. Señal, característica.* 2 *Fama, crédito, notoriedad, renombre, nombradía, reputación.* 3 *Advertencia, explicación, comentario, observación, glosa\*.*

4 *Apunte, apuntamiento, anotación, apuntación.* 5 *Calificación.*
**notable** *adj. Importante, grande, valioso, considerable, digno de atención, estimable, relevante.*
**notar** *tr. Señalar, reparar, observar, percatarse, advertir, darse cuenta.* 2 *Apuntar, anotar.* 3 *Censurar, reprender, tachar, tildar.* "Se *nota* lo ridículo y lo reprensible; se *tacha* y se *tilda* lo culpable y lo perjudicial. La diferencia que hay entre las significaciones de estos dos últimos verbos es que *tachar* recae sobre la *tacha* o borrón visible que afea al sujeto, esto es, sobre los defectos notorios; y *tildar* recae sobre los defectos que se sospechan vivamente y que, como una *tilde*, los tiene señalados nuestra desconfianza o temor. Está *notado* el hombre extravagante o singular en sus costumbres. Está *tachado* un hijo ingrato, un embustero, un tramposo. Está *tildado* un hombre sospechoso de venalidad; un hombre doble, de quien es menester precaverse" (LH).
**noticia** *f. Noción, idea, conocimiento.* 2 *Novedad, nueva.* "*Noticia* es la relación de un hecho reciente, la *novedad* lo es de un hecho de carácter nuevo. Puede preverse una *noticia*; pero generalmente no se prevén las *novedades.* Cuando dos naciones están en guerra, las batallas, las conquistas, son asuntos de *noticias.* Es una *novedad* que se haga la paz cuando menos se aguardaba" (M). 3 *Dato, referencia, informe\*, precedente, antecedente\*, información, razón.*
**noticiar** *tr. Anunciar, avisar, prevenir, advertir, hacer saber, poner al corriente.* "*Noticiar* es dar cuenta de un hecho pasado; *anunciar* es dar cuenta de un hecho pasado, presente o futuro; *avisar* es anunciar un hecho que ha de influir en las acciones del que oye; *prevenir* es esto mismo, envolviendo la idea de autoridad, o poder o superioridad en el que *previene; advertir* encierra la idea de reparo, crítica, en-

señanza o peligro. Me *noticiaron* la victoria, el naufragio, un desafío, un casamiento. Me *anuncian* la próxima llegada del buque. Me *avisan* que mañana me toca la guardia. El jefe me *previno* que fuese temprano a la oficina. El maestro me *advirtió* una falta que yo había cometido en la lección" (M).

**noticioso, -sa** *adj. Sabedor, conocedor, enterado, informado.* 2 *Erudito, instruido.*

**notificación** *f. Parte, aviso.* 2 *Declaración, certificación.*

**notificar** *tr. Hacer saber, participar, comunicar, informar, avisar, advertir\*. Notificar supone generalmente hacer saber en debida forma, según ley, práctica o costumbre. A un testigo se le notifica oficialmente el día y hora que debe comparecer en el juzgado o ante un tribunal. Por esto la notificación se hace comúnmente por escrito.* ↔ SORPRENDER, OCULTAR.

**noto, -ta** *adj. Bastardo, ilegítimo, espurio.*

**notoriedad** *f. Nombradía, fama, publicidad, gloria, reputación, celebridad, renombre.*

**notorio, -ria** *adj. Público, sabido, conocido, manifiesto, claro, visible, evidente.* ↔ OSCURO, INCIERTO, PRIVADO.

**novato, -ta** *adj. Nuevo, inexperto, principiante, novel, novicio.* ↔ MAESTRO, EXPERTO, VIEJO.

**novedad** *f. Noticia, nueva.* 2 *Extrañeza, sorpresa, admiración.* 3 *Mudanza, cambio, alteración, variación, mutación.* ↔ PERMANENCIA, ANTIGÜEDAD.

**novedoso, -sa** *adj. Original, singular, peculiar.*

**novel** *adj.-com.* (pers.) *Bisoño, inexperto, nuevo, novato, bozal.* ↔ VETERANO, MAESTRO, ANTIGUO.

**novelero, -ra** *adj. Inconstante, variable, voluble, caprichoso, antojadizo, versátil.*

**noveno, -na** *adj.-s. Nono. Nono es más solemne, y sólo se usa como or-*

dinal con nombre de papas (Pío *nono*) o en estilo elevado latinizante.

**noventón, -ona** *adj.-s. Nonagenario.*

**noviazgo** *m. Relaciones amorosas, relaciones. Ambos se refieren a las relaciones que se tienen antes de casarse.*

**novicio, -cia** *adj.-s. Nuevo, principiante, inexperto, novato.*

**novillo, -lla** *s. Magüeto, eral. El que no pasa de dos años, eral.*

**novilunio** *m. Luna nueva.*

**novísimo** *m. Postrimería.*

**nubada** *f. Aguacero, chaparrón, chubasco, lluvia.*

**nublado, -da** *adj. Nublo, nubloso, nuboso, nebuloso, encapotado.*

**nublarse** *prnl. Aborrascarse\*, oscurecerse, encapotarse, cargarse, cubrirse.* ↔ ABONANZARSE.

**nublo** *m. Tizón* (hongo)*, quemadura, tizoncillo.*

**nublo, -bla** *adj. Nebuloso, nublado, nuboso, nubloso, brumoso.*

**nuboso, -sa** *adj. Anubado, anublado, nublado, encapotado, anubarrado.*

**nuca** *f. Cogote\*, pescuezo.*

**nudillo** *m. Artejo. V. articulación.*

**nudo** *m. Ñudo* (ant.). 2 fig. *Unión, vínculo, lazo.* 3 *Dificultad.* 4 *Enredo, intriga.* 5 MAR. *Milla.* 6 *Nodo, nódulo, nudosidad.*

**nudosidad** *f. Nudo, nódulo, nodo.*

**nuégado** *m. Hormigos* (postre). 2 *Hormigón, calcina* (p. us.)*, concreto, mazacote, derretido, garujo.*

**nueva** *f. Noticia\*, novedad.*

**nuevo, -va** *adj. Reciente. Reciente es lo que hace poco tiempo que ha sido fabricado o que ha ocurrido poco ha. Nuevo es lo no conocido o usado antes.* ↔ VIEJO, ANTIGUO, CONOCIDO. 2 *Novato, novel, principiante, novicio.*

**nueza blanca** *f. Anorza.*

**nulípara** *adj.* (mujer) *Estéril\*, machorra, mañera, horra, nonípara.*

**nulo, -la** *adj. No válido.* ↔ VÁLIDO. 2 *Incapaz, inepto, inútil, torpe.*

**numen** *m. Estro, inspiración* (estímulo)*, vena.*

**numerador** *m. Ábaco, tablero, tanteador.*

**numerario** *m. Moneda, dinero*, efectivo.*

**número** *m. Cifra, guarismo, dígito* (MAT.).

**numeroso, -sa** *adj. Abundante, copioso.*

**numídico, -ca** *adj. Númida.*

**nummulites** *m. Numulita, numulites.*

**numulita** *f. Numulites, nummulites.* Ambos se utilizan con frecuencia en plural.

**numulites** *m. Numulita, nummulites.*

**nunca** *adv. t. Jamás.*

**nuncio** *m. Pregonero, voceador.*

**nupcias** *f. pl. Matrimonio*, boda, casamiento*.*

**nutricio, -cia** *adj. Nutritivo, alimenticio.*

**nutrir** *tr.-prnl. Alimentar, mantener*.* ↔ DESNUTRIR, AYUNAR. 2 *fig. Sostener, fomentar, vigorizar, fortalecer.* ↔ DESMEJORAR, DEBILITAR.

**nutritivo, -va** *adj. Alimenticio*, nutricio, alible.*

# Ñ

**ñandú** *m. Avestruz de América.*
**ñato, -ta** *adj. Amér. Chato, romo.*
**ñoñez** *f. Ñoñería, melindre.*

**ñoño, -ña** *adj. Remilgado, melindroso,
dengoso, apocado, quejumbroso.*
**ñudo** *m.* ant. *Nudo.*

# O

**obcecación** *f. Ofuscación, ofuscamiento, ceguera, ceguedad, obnubilación.* La *ofuscación* y la *obnubilación* pueden ser momentáneas o poco duraderas. La *obcecación* es una *ofuscación* tenaz, más o menos persistente. Un estudiante puede *ofuscarse* durante el examen. Un fanático es un *obcecado* ante todo lo que no concuerda con sus convicciones. ↔ REFLEXIÓN.

**obcecar** *tr.-prnl. Ofuscar, confundir, trastornar, perturbar, alucinar, obnubilar, tener una venda en los ojos.* ↔ SERENAR, REFLEXIONAR, ACLARAR.

**obedecer** *tr. Someterse, ceder, acatar, cumplir, ejecutar, observar, bajar la cabeza, cerrar los ojos.* El que *cede* o se *somete, obedece* venciendo alguna repugnancia o resistencia en sus ideas o sentimientos. "El que *cumple, ejecuta* u *observa* el mandato o el precepto, *obedece. Cumplir* es simplemente sujetarse a lo mandado. *Ejecutar* es *cumplir* obrando, y *observar* es seguir una línea de conducta prescrita por una autoridad. Se me manda que calle, y *cumplo* con callar; se me manda escribir una carta, y lo *ejecuto*; se me manda abstenerme de leer tales libros, y lo *observo*. En todos estos casos se *obedece. Cumple* con la ley el que aplica la pena señalada por el Código; la *ejecuta* la autoridad encargada de hacerla efectiva: *observa* la ley el que no la infringe" (M). ↔ REBELARSE.

**obediencia** *f. Docilidad, sumisión, acatamiento, sujeción.*

**obediente** *adj. Dócil, sumiso, manejable, bien mandado.*

**obertura** *f.* MÚS. *Sinfonía, introducción, preludio.*

**obesidad** *f. Polisarcia* (MED.), *gordura, liparia* (MED.). ↔ DELGADEZ, LIGEREZA.

**obeso, -sa** *adj. Pesado, grueso\*, gordo\*, fofo, gordinflón.*

**óbice** *m. Obstáculo\*, dificultad, estorbo, inconveniente, rémora, tropiezo, impedimento.*

**obispado** *m. Diócesis, mitra, sede.*

**obispal** *adj. Episcopal.*

**obispillo** *m. Rabadilla* (de las aves).

**óbito** *m. Muerte, defunción, fallecimiento, expiración.*

**obituario** *m. Necrología.*

**objeción** *f. Observación, reparo, réplica, replicato, obyecto* (p. us.), *contestación, respuesta. Observación* tiene sentido atenuado; *reparo* es dificultad, restricción, mientras que *réplica* es razonamiento plenamente contrario; *replicato* es intensivo, o réplica prolongada; *obyecto*, latinismo de muy escaso empleo. Pueden emplearse también otras voces de significado más general, como *contestación, respuesta.*

**objetar** *tr.-prnl. Replicar, oponer, contradecir\*, contestar, controvertir, impugnar, refutar, rechazar la pelota, sacudir el polvo, cascar las liendres. Controvertir, impugnar* y *refutar* connotan insistencia en la acción de *objetar.* ↔ ASENTIR, ACEPTAR.

**objetivo** *m. Finalidad, fin\*, objeto, motivo.*

**objeto** *m. Asunto, materia.* 2 *Fin\*, intento, intención, propósito.* "El *objeto* es término material de la acción; el *fin* es el término moral de la voluntad. Aquél puede suponer un motivo solamente; éste supone siempre un deseo. Si yo envío a un criado para que enseñe o conduzca a mi casa a un amigo, a quien estoy esperando, podré decir que mi criado va con el *objeto* de conducirle a mi casa, que éste es el *objeto* de su comisión; pero no diré con la misma propiedad que el *fin* de mi criado es conducirle, porque no tiene parte en ello ni su voluntad ni su deseo" (LH). 3 **Con objeto de** *loc. conj. Para que, a que, a fin de que.*

**oblación** *f. Ofrenda\*.*

**oblicuamente** *adv. m. De refilón, al sesgo, a soslayo, al bies.*

**oblicuidad** *f.* ARQ. *Esviaje, viaje.*

**oblicuo, -cua** *adj. Inclinado, sesgado, soslayado.*

**obligación** *f. Deber, constricción.* ↔ DERECHO, DOMINIO, PODER.

**obligado, -da** *adj. Agradecido, reconocido.* 2 **Estar obligado** *loc. Deber, tener en cargo, tener obligación, estar al descubierto.* ↔ TENER DERECHO.

**obligar** *tr. Ligar, forzar, constreñir, precisar, compeler, impulsar, violentar\*.* 2 *prnl. Comprometerse, coger la palabra.*

**obligatorio, -ria** *adj. Forzoso, preciso, indispensable, imprescindible, insoslayable, necesario.* ↔ VOLUNTARIO, EVITABLE, DISPENSABLE.

**obliteración** *f.* MED. *Oclusión, cierre.*

**obliterar** *tr.-prnl.* MED. *Obstruir, cerrar, taponar.*

**obnubilación** *f. Ofuscación, obcecación\*, ofuscamiento.*

**obnubilar** *tr.-prnl. Ofuscar, obcecar, confundir, trastornar, perturbar, alucinar, tener una venda en los ojos, obs-* curecer. ↔ SERENAR, REFLEXIONAR, ACLARAR.

**obra** *f. Edificio\*.*

**obrador** *m. Taller.*

**obraje** *m. Manufactura.*

**obrar** *tr. Hacer, trabajar, fabricar, construir, edificar.* ↔ DESCANSAR. 2 *intr. Portarse, comportarse, actuar, proceder.* ↔ ABSTENERSE.

**obrero, -ra** *s. Operario, trabajador.*

**obscenidad** *f. Lascivia, lujuria, incontinencia, liviandad, sensualidad, libídine.* ↔ PUREZA, CONTINENCIA. 2 *Indecencia, deshonestidad, indecentada.* ↔ HONESTIDAD, DECENCIA.

**obsceno, -na** *adj. Impúdico, deshonesto, torpe, verde, sicalíptico, lascivo, lúbrico, libidinoso, pornográfico.* "*Obsceno* se dice de las palabras, de los cuadros o pinturas, de las personas; *deshonesto* se aplica a todo aquello que ofende al pudor o a la pureza" (Ma). ↔ HONESTO, LIMPIO, DECENTE.

**obscurecer** *tr. Oscurecer.*

**obscuridad** *f. Oscuridad.*

**obscuro, -ra** *adj. Oscuro.*

**obsequiar** *tr. Agasajar, festejar, regalar, llevar en palmas, cumplir con todos, recibir con palio, halagar\*.* 2 *Galantear\*.*

**obsequio** *m. Regalo\*, agasajo, fineza, presente.*

**obsequioso, -sa** *adj. Rendido, cortés, atento\*, fino.* ↔ DESCORTÉS, DESATENTO.

**observación** *f. Examen, exploración, reconocimiento.* 2 *Nota, anotación, advertencia, aclaración.* ↔ INADVERTENCIA, IRREFLEXIÓN, DISTRACCIÓN. 3 *Objeción, reparo, corrección.*

**observar** *tr. Guardar, cumplir, ejecutar, obedecer\*, acatar.* 2 *Examinar, reflexionar, atender.* ↔ DESATENDER. 3 *Atisbar, vigilar, espiar, fijar o prestar atención, estar a la mira, estar en todo, asechar\*.* ↔ INADVERTIR. 4 *Advertir, reparar.* ↔ INADVERTIR, DESCONOCER.

**obsesión** *f. Idea fija, tema, manía, psicopatía, psicosis.* Ambos, tratándose

de un demente. ↔ SERENIDAD, ECUA-
NIMIDAD.

**obseso, -sa** s. Psicópata, maníaco.

**obsidiana** f. Espejo de los Incas.

**obsoleto, -ta** adj. Anticuado, viejo, antiguo, desusado, desueto, trasnochado. ↔ MODERNO.

**obstaculizar** tr. Dificultar, estorbar, embarazar, entorpecer, complicar, interponerse, impedir*. ↔ FACILITAR, DESEMBARAZAR, AYUDAR.

**obstáculo** m. Estorbo, dificultad, inconveniente, traba, rémora, óbice, embarazo, impedimento. "El obstáculo hace la cosa impracticable; la dificultad la hace ardua. Hay dificultad en andar por un mal camino, en medio de precipicios, pero se va poco a poco adelante. El haberse llevado una avenida el puente, puede ser un obstáculo que no nos permita continuar el viaje" (LH). "Obstáculo significa lo que está delante. Impedimento es lo que envara, lo que enreda los pies. El obstáculo está delante, detiene nuestra marcha; y el impedimento está, no precisamente delante, sino alrededor, y nos retarda. El obstáculo tiene algo de grande, de alto, de resistente, y por esto es menester destruirlo o pasar por encima. El impedimento tiene algo de molesto, de incómodo, de enredoso, y es preciso desembarazarse de él, romperlo" (C). 2 DEP. Hazard (anglic.). En el golf.

**obstante. No obstante** loc. adv. Sin embargo, aunque, bien que. "Bien que se usa para limitar o modificar la primera idea, disminuyendo la fuerza y energía que se le había dado. Si va a palacio por la calle Mayor, le encontrará, bien que puede ser que hoy venga por la plaza. Aunque o no obstante significaría en rigor que, aun mediando la circunstancia de haber tomado aquel camino, le encontrará en la calle Mayor, que es todo lo contrario de lo que se quiere explicar; pero bien que limita, modera, corrige la idea, dando a entender que no es tanta la

probabilidad de encontrarle, como se creyó o pudo hacerse creer al principio" (LH).

**obstar** intr. Impedir, estorbar, empecer, ser óbice, dificultar. 2 Oponerse (impers.), ser contrario (impers.).

**obstetricia** f. Tocología, mayéutica, maiéutica.

**obstinación** f. Terquedad, porfía, tenacidad, pertinacia, testarudez. "La obstinación es el efecto de una falsa convicción impresa en el ánimo, o de un empeño voluntario con determinado interés. La terquedad no necesita de interés ni de convicción; es un defecto, o adquirido o arraigado por la mala educación, o inherente a la persona inclinada a contradecir la opinión o voluntad ajena, o a sostener la propia... La obstinación puede ser efecto de un error disculpable del entendimiento. La terquedad es siempre un defecto reprensible de la voluntad" (LH). ↔ TRANSIGENCIA, DESISTIMIENTO.

**obstinado, -da** adj. Porfiado, pertinaz, terco*, tozudo, testarudo, tesonero, tenaz.

**obstinarse** prnl. Aferrarse, porfiar, empeñarse, emperrarse, mantenerse en sus trece, no dar el brazo a torcer, metérsele en la cabeza, insistir*.

**obstrucción** f. Atasco, atanco, atranco, embotellamiento. 2 Resistencia, oposición, renuencia. ↔ PASIVIDAD.

**obstruir** tr.-prnl. Interceptar, tapar, impedir, estorbar, atascar, atrancar, obturar, opilar. Interceptar, en general. Tratándose de un conducto, atascar, atrancar, obturar; si es un conducto del cuerpo, opilar(se). ↔ FACILITAR, DESOCUPAR.

**obtemperar** tr. Obedecer, asentir, aceptar, conformarse.

**obtención** f. Logro, consecuencia. 2 Producción. En operaciones químicas.

**obtener** tr. Alcanzar*, conseguir, lograr. ↔ CARECER, PERECER. 2 Producir, extraer, recabar*. Tratándose de operaciones químicas.

**obturar** *tr. Tapar, cerrar, obstruir\*, atascar.* ↔ ABRIR, DESTAPAR, DESATRANCAR.

**obtusión** *f. Torpeza.*

**obtuso, -sa** *adj. Boto, romo, despuntado.* ↔ AGUDO. 2 *fig. Torpe, tardo, lerdo, rudo.* ↔ AGUDO, LISTO.

**obvención** *f. Emolumento, gaje, remuneración, gratificación.*

**obviar** *tr. Apartar, evitar, remover, prevenir, eludir.* 2 *intr. Obstar, oponerse.*

**obvio, -via** *adj. Visible, manifiesto, patente, notorio, evidente, claro, fácil.* ↔ DIFÍCIL, OBSCURO, OCULTO.

**obyecto** *m.* p. us. *Objeción\*, observación, reparo, réplica, replicato, contestación, respuesta.*

**ocasión** *f. Caso, sazón, tiempo, coyuntura, oportunidad, conveniencia, proporción. Caso,* en las expresiones *en caso de, en todo caso. Coyuntura* sugiere coincidencia de dos o más hechos. *Oportunidad* es ocasión favorable o conveniente para algo que, más o menos, se siente como estimable subjetivamente; en término generales, *conveniencia, proporción, sazón, tiempo.* 2 *Peligro, riesgo.* 3 *Causa, lugar, motivo.* "La *ocasión* es una circunstancia o un conjunto de circunstancias que provocan o facilitan la acción. *Motivo* es una razón de obrar. La *ocasión* es producto del acaso; el *motivo* supone intención: "Tuve *ocasión* de verlo", esto es, se me presentó a la vista, o supe dónde estaba, o me encontré con él. "Tuve *motivo* para verlo", esto es, me propuse,· intenté, deseé o necesité verlo. La *ocasión* se aprovecha; los *motivos* se alegan; la *ocasión* es momentánea; los *motivos* son fundados" (M). 4 **De ocasión** *loc. adj. De segunda mano, de lance, usado.* ↔ NUEVO, DE PRIMERA MANO, POR ESTRENAR.

**ocasional** *adj. Accidental, contingente, eventual.*

**ocasionar** *tr. Causar, motivar, originar, producir, provocar, promover.*

**ocaso** *m. Puesta, postura.* ↔ AURORA,

PRINCIPIO, AMANECER. 2 *Oeste\*, occidente, poniente.* 3 *fig. Decadencia, declinación.*

**occidental** *adj. Hespérico* (lit.), *ponentino* (ant.), *ponentisco* (ant.).

**occidente** *m. Ocaso, poniente, oeste\*.*

**occipucio** *m.* científ. *Colodrillo* (fam.).

**ocelo** *m. Estema.*

**ochavo.** **No importar un ochavo** *loc. No importar un ardite, no importar un bledo, no importar un cornado, no importar un comino, no importar un maravedí, no importar un pito.*

**ochentón, -ona** *adj.-s. Octogenario.*

**ocio** *m. Descanso, inacción, inactividad.*

**ociosidad** *f. Holgazanería, haraganería, pereza, inactividad, gandulería.* ↔ TRABAJO, ACTIVIDAD, DILIGENCIA, OCUPACIÓN.

**ocioso, -sa** *adj. Inactivo, parado, desempleado.* 2 *Desocupado.* 3 *Holgazán, haragán, gandul, perezoso, indolente.* 4 *Inútil, baldío, infructuoso.*

**oclusión** *f.* MED. *Obliteración, cierre.*

**ocre** *m. Sil, tierra de Holanda, tierra de Venecia.* 2 **Ocre rojo** *Almagre, almazarrón, almagra, lápiz rojo.*

**octavilla** *f. Reoctava.*

**octavín** *m. Flautín.*

**octeto** *m.* INFORM. *Byte.*

**octogenario, -ria** *adj.-s. Ochentón.*

**ocular** *adj. óptico.*

**oculista** *com. Oftalmólogo.* 2 *óptico.*

**ocultamente** *adv. m. Furtivamente, a escondidas, a hurto, de tapadillo, encubiertamente, en secreto, a cencerros tapados.* ↔ ABIERTAMENTE, SINCERAMENTE.

**ocultar** *tr.-prnl. Esconder, encubrir, tapar, solapar, disimular, celar* (lit.), *velar* (lit.). *Ocultar* es el verbo de aplicación más amplia entre sus sinónimos, los cuales no se diferencian unos de otros más que en su empleo preferente con determinados complementos: *encubrir, tapar,* delitos, faltas ajenas; *solapar, disimular,* pensamientos o sentimientos propios; *esconder* objetos (es el de uso más general en la lengua hablada); *velar* y *ce-*

*lar* son literarios, se refieren a lo inmaterial y tienen matiz atenuativo. Se *oculta* lo que no queremos que se vea; se *esconde* lo que no queremos que se encuentre. ↔ APARECER, PRESENTAR, SALIR.

**ocultismo** *m. Magia, hechicería, encantamiento, taumaturgia, brujería.*

**oculto, -ta** *adj. Escondido, encubierto, tapado, velado.* 2 *Secreto, recatado, clandestino.* 3 *Desconocido, ignorado, incógnito, misterioso.*

**ocupación** *f. Posesión, apoderamiento, toma.* 2 *Quehacer, trabajo\*, faena, tarea, labor.* "*Ocupaciones* y *quehaceres* son modos útiles, convenientes o necesarios de emplear el tiempo; pero las *ocupaciones* tienen un carácter más digno y elevado que los *quehaceres*. *Ocupaciones* son los estudios, las operaciones de comercio, de la magistratura y de otras funciones públicas. *Quehaceres* son los servicios del agente, del mayordomo; son las visitas indispensables, los preparativos de una mudanza de casa y otros del mismo género" (M). ↔ OCIOSIDAD. 3 *Empleo, oficio, profesión.*

**ocupado, -da** *adj. Atareado.*

**ocupar** *tr.-prnl. Apoderarse, posesionarse, tomar posesión, adueñarse, apropiarse.* ↔ SALIR. 2 *Llenar.* 3 *Destinar, emplear.* 4 *Habitar, vivir.* 5 *prnl. Trabajar, matar el tiempo, no levantar cabeza, estar metido en harina.* ↔ DESCANSAR, VAGUEAR.

**ocurrencia** *f. Acontecimiento\*, suceso, caso.* 2 *Ocasión, coyuntura, contingencia.* 3 *Salida, agudeza, gracia, pronto.*

**ocurrente** *adj. Agudo, gracioso\*, chistoso, ingenioso.*

**ocurrir** *intr. Acaecer, acontecer, suceder, pasar\*, sobrevenir, ofrecerse.*

**odiar** *tr. Abominar, aborrecer, detestar, execrar, no poder ver a uno, indigestársele, tener entre ojos, no ser santo de su devoción.*

**odio** *m. Antipatía, aversión\*, repulsión, inquina, aborrecimiento, malquerencia, encono, rencor, saña, enemistad\*.* "El *odio* es una pasión ciega y arraigada en el corazón viciado por el capricho, por la envidia, por las pasiones; un afecto que en ningún caso deja de ser bajo e indigno de un ánimo honrado y generoso. El *aborrecimiento* es un afecto nacido del concepto que forma nuestra imaginación de las calidades del objeto *aborrecido*, y compatible con la honradez, cuando su objeto es el vicio. De aquí es que llamamos implacable al *odio*, y no aplicamos ordinariamente este adjetivo al *aborrecimiento*, porque miramos a aquel como una pasión ciega, que nunca perdona, antes bien anda siempre acompañada del rencor y de la mala voluntad; y al *aborrecimiento* lo miramos como efecto de una persuasión, que la razón o el desengaño pueden llegar a destruir. Un hombre honrado perdona la ofensa de un traidor, de un asesino, porque no cabe el *odio* en su noble corazón: pero no puede dejar de *aborrecer* tan execrables monstruos de la sociedad. El *aborrecimiento* nos hace mirar con disgusto a su objeto; el *odio* nos lo hace mirar con ira" (LH). ↔ AMOR, BENEVOLENCIA.

**odioso, -sa** *adj. Aborrecible, abominable\*, detestable, execrable.*

**odómetro** *m. Podómetro, cuentapasos, hodómetro.*

**odontatría** *f. Odontología, estomatología, dentiatría.*

**odontoide** *adj. Dentiforme.*

**odontolita** *f. MINERAL. Piedra de hueso.*

**odontología** *f. Odontatría, estomatología, dentiatría.*

**odontólogo** *m. Dentista, estomatólogo\*.*

**odorífero, -ra** *adj. Oloroso, aromático, fragante, perfumado.*

**odre** *m. Barquino (p. us.), cuero, pellejo, corambre, zaque. Zaque* es un odre pequeño.

**odrisio, -sia** *adj.-s.* (pers.) *Tracio, trace, traciano.*

**oesnoroeste, oesnorueste** *m. Uesnorueste.*

**oessudoeste, oessudueste** *m. Uessudueste.*

**oeste** *m. Ueste* (p. us.)*, occidente, ocaso, poniente. Oeste* se usa más como tecnicismo geográfico y náutico. "La diferencia entre estos vocablos es en todo semejante a la que hemos observado entre *este, oriente* y *levante. Ocaso* se usa en los mismos casos que *occidente;* es decir, pertenece al lenguaje común y al de la poesía. Usase más generalmente con alusión al punto en que se pone el sol, y para indicar la colocación relativa de las localidades; como: las islas Canarias están al *ocaso* (o al *occidente)* del continente africano" (M).

**ofender** *tr.-prnl. Dañar, maltratar, herir.* 2 *Injuriar*, insultar, agraviar, afrentar, denostar, ultrajar.* ↔ AMISTAR, CONGRACIAR, ALABAR. 3 *prnl. Picarse*, enfadarse, sentirse, resentirse, amoscarse, darse por sentido.* ↔ CONGRACIARSE, AMISTARSE.

**ofensa** *f. Insulto*, injuria*, agravio*, afrenta, ultraje.*

**ofensivo, -va** *adj. Injurioso, afrentoso, insultante, ultrajante.*

**oferente** *adj.-com. Ofreciente.*

**oferta** *f. Promesa*, ofrecimiento. Ofrecimiento* puede sustituir generalmente a *oferta,* a causa de su significación más general. Tratándose de mercancías que se ofrecen a la venta, se dice precisamente *oferta,* no *ofrecimiento:* ley de la *oferta* y la demanda. ↔ ACEPTACIÓN. 2 *Don, donativo, regalo, dádiva.* ↔ ACEPTACIÓN. 3 *Propuesta, proposición.* ↔ ACEPTACIÓN.

**offside** *m.* anglic. DEP. *Fuera de juego.* En el fútbol.

**oficiante** *m. Preste.*

**oficina de farmacia** *f. Botica, farmacia.*

**oficinal** *adj. Farmacéutico, medicinal.* P. ej.: plantas, materias, drogas, *oficinales, medicinales* o *farmacéuticas.*

**oficinista** *com. Burócrata* (irón.), *chu-*

*patintas* (desp.), *cagatintas* (desp.). *Burócrata* es el funcionario de una oficina pública.

**oficio** *m. Arte, ocupación, profesión, empleo, cargo, ministerio.* 2 *Función.* P. ej., un adjetivo puede ejercer *oficio* o *función* de sustantivo. 3 **Santo Oficio** *Inquisición.* 4 **Sin oficio ni beneficio** *loc. adj. Desacomodado, parado, desocupado.* ↔ ACOMODADO, EMPLEADO.

**oficiosidad** *f. Diligencia, solicitud, aplicación.* ↔ DESCUIDO, PASIVIDAD. 2 *Importunidad, entrometimiento, indiscreción.* ↔ DISCRECIÓN, OPORTUNIDAD.

**oficioso, -sa** *adj. Diligente, solícito, cuidadoso.* 2 *Entrometido, importuno.* 3 *Mediador, componedor.* 4 *Extraoficial.* P. ej.: noticia, conversación *oficiosa* o *extraoficial.*

**ofrecer** *tr. Presentar, dar, regalar.* ↔ ACEPTAR. 2 *Dedicar, consagrar, ofrendar.* 3 *Prometer, brindar, invitar, convidar.* 4 *Mostrar, enseñar.* 5 *prnl. Presentarse, ocurrir, sobrevenir.*

**ofreciente** *adj.-com. Oferente.*

**ofrecimiento** *m. Promesa, oferta*.*

**ofrenda** *f. Regalo*. 2 *Don, oblación, dádiva*. "Oblación* en rigor es la acción de ofrecer, y *ofrenda,* la cosa que ha de ofrecerse u ofrecida, que está destinada para la *oblación.* La mano sagrada o religiosa hace su *oblación* en el altar; el corazón hace en sí mismo su *ofrenda"* (Ci).

**oftalmólogo, -ga** *s. Oculista.*

**ofuscación** *f. Ofuscamiento, obcecación, obnubilación, ceguera, ceguedad. Obcecación* es *ofuscación* tenaz; ús. especialmente tratando de la razón.

**ofuscamiento** *m. Alucinación, alucinamiento, ofuscación, confusión, deslumbramiento, ceguedad.* ↔ REALIDAD, SERENIDAD.

**ofuscar** *tr.-prnl. Deslumbrar, cegar, turbar, oscurecer.* Tratándose de la vista. ↔ ACLARARSE. 2 fig. *Obcecar, confundir, trastornar, perturbar, alucinar, obnubilar, tener una venda en los ojos, no saber uno por dónde se anda, ofuscarse el entendimiento.* Tratándose de las ideas, el entendimiento, la razón. ↔ SERENAR, REFLEXIONAR, ACLARAR.

**oíble** *adj. Audible.*

**oídio** *m. Cenicilla, ceniza, cenizo, oídium.*

**oídium** *m. Oídio, cenicilla, ceniza, cenizo.*

**oír** *tr. Escuchar, auscultar* (MED.), *sentir* (vulg.), *entreoír.* "*Escuchar* es aplicar el oído para oír, poner cuidado y atención para comprender lo que se dice. *Oír* es la percepción material de cualquier ruido en el órgano del oído. Se *escucha* por voluntad, por deseo, por interés, por saber, por curiosidad; se *oye* por obligación, por casualidad, involuntaria, forzadamente: *oímos* muchas cosas que no querríamos *oír,* que nos daña el *oírlas,* que no podemos evitar el *oírlas. Escuchamos* aquello que nos interesa *oír,* que nos es conveniente o grato. No podemos muchas veces menos de *oír* lo que es en nuestro daño, lo que nos causa injurias; quisiéramos *escuchar* a menudo lisonjas, pocas veces *oír* verdades, sobre todo amargas (...) Muchas veces nos conviene hacer como que no *oímos,* otras nos daña el ponernos a *escuchar,* pues nada bueno venimos a saber. *Oímos* cuanto pasa, *escuchamos* lo que nos acomoda" (O). *Oír* es percibir por medio del oído; *escuchar* es oír prestando atención. Se puede *oír* sin *escuchar,* mas no *escuchar* sin *oír. Entreoír* es *oír* algo sin entenderlo bien. 2 *Atender, prestar atención, hacerse cargo, aguzar el sentido, estar pendiente de la boca.*

**ojaranzo** *m.* (variedad de jara) *Carpe, hojaranzo.* 2 *Adelfa.*

**ojeada** *f. Vistazo, vista, mirada.*

**ojear** *tr. Aojar, fascinar, atravesar, hacer, dar mal de ojo.*

**ojeriza** *f. Antipatía, inquina, tirria, manía, malquerencia, mala voluntad, odio.*

**ojeroso, -sa** *adj. Trasojado.*

**ojituerto, -ta** *adj. Bisojo, bizco, reparado.*

**ojival** *adj.* (estilo arquitectónico) *Gótico.*

**ojo. A ojo de buen cubero** *loc. adv. Aproximadamente, con proximidad, con corta diferencia, próximamente, poco más o menos.* 2 **Costar un ojo de la cara** *loc. Costar un riñón.* 3 **Llorar con un ojo** *Fingir, simular, aparentar, hacer creer, hacer el papel, mamarse el dedo, hacer la comedia.* 4 **Mirar con malos ojos** *Aborrecer, odiar, detestar, abominar, execrar, tomarla con uno, tener entre ceja y ceja, tener entre ojos, no poder ver a uno, indigestársele.* ↔ APRECIAR. 5 **Ojo de gallo** *m. Callo, dureza, ojo de pollo.* 6 **Poner los ojos tiernos** *loc. Rondar la calle, cortejar, festejar, galantear, hacer la corte, tirar los tejos, ligar* (fam.). 7 **Tener entre ojos** *Odiar, abominar, aborrecer, detestar, execrar, no poder ver a uno, indigestársele, tener entre ceja y ceja, tomarla con uno, mirar con malos ojos.* 8 **Tener los ojos abiertos** *Ser experto, tener experiencia, ser avisado, tener muchas horas de vuelo.* 9 **Tener una venda en los ojos** V. venda.

**ola** *f. Onda. Onda* es término más docto, que se usa sólo en estilo elevado, científico o poético.

**oleaginoso, -sa** *adj. Aceitoso, graso, pringoso, grasiento. Oleaginoso* es sinónimo de *graso; aceitoso* lo es de *pringoso* y *grasiento.* "Es *oleaginoso* el fruto o la planta que contiene aceite y que lo da por medio de la presión. Es *aceitoso* lo que está cubierto o untado con aceite" (M).

**oleario, -ria** *adj. Aceitoso\*, oleaginoso, untuoso, graso, grasiento, oleoso.*

**oleastro** *m. Acebuche, olivo silvestre.*

**óleo** *m. Aceite, olio. Olio* y *óleo* son poco usados en esta acepción, excepto en pintura: un cuadro al *óleo; olio* es forma dialectal o vulgar. V. óleos.

**oleómetro** *m. Areómetro, densímetro.*

**óleos** *m. pl. Extremaunción.* V. óleo.

**oleoso, -sa** *adj. Pringoso, empringado,*

**oler**

*grasiento, untoso, lardoso, aceitoso\*, oleario, graso.*

**oler** *tr. Olfatear, husmear. Oler* puede ser una acción voluntaria o involuntaria; *olfatear* y *husmear* son acciones voluntarias. 2 fig. *Inquirir, indagar.* 3 *intr. Dar en la nariz, dar en las narices, trascender.* 4 *Tener visos, dar sospecha.*

**olfatear** *tr. Husmear, oliscar. Oliscar* denota .nenor intensidad de la acción. Los tres verbos son frecuentativos. 2 fig. *Indagar, averiguar, inquirir.*

**olfato** *m.* fig. *Sagacidad\*, astucia, perspicacia.* ↔ INGENUIDAD, BOBERÍA.

**olíbano** *m. Incienso* (gomorresina), *orobias.*

**oligisto rojo** *m. Albín, hematites.*

**olímpico, -ca** *adj.* fig. *Altanero, engreído, soberbio, orgulloso.*

**olio** *m. óleo\*, aceite.*

**oliscar** *tr. Olfatear.* 2 fig. *Averiguar, inquirir, indagar.* 3 *intr. Oler mal, olisquear, heder. Oliscar* y *olisquear* se diferencian de *heder* en que son incoativos, es decir, significan empezar a *heder* u *oler* mal alguna cosa.

**olisquear** *tr. Oliscar\*, oler mal, heder.*

**olivarda** *f.* (planta) *Atarraga.*

**olivastro de Rodas** *m. áloe, acíbar, lináloe, azabara, zabida, zabila, áloes.*

**olivera** *f. Olivo, oliva.*

**olivino** *m. Peridoto.*

**olivo** *m. Oliva, olivera.*

**olla** *f. Piñata, marmita. Piñata,* poco usado en esta acepción; *marmita* es la *olla* de metal con tapadera ajustada. 2 *Cocido, pote* (Gal. y Ast.), *puchera, puchero. Cocido,* hoy es más usual. *Olla* predominó en los clásicos, y subsiste en algunas regiones. 3 *Cadozo, remolino.*

**ollera** *f. Herrerillo* (pájaro).

**ollero, -ra** *s. Locero.*

**olmo** *m. Negrillo.*

**ológrafo, -fa** *adj. Autógrafo, hológrafo.*

**olor** *m. Aroma, perfume, esencia, bálsamo, fragancia, hedor, hediondez, tufo, fetor* (p. us.), *fetidez, peste, pes-* *tilencia, corrupción.* Los cinco primeros significan *olor* agradable; todos los demás, *olor* desagradable. 2 fig. *Fama, reputación.* 3 *Sospecha, barrunto, tufo.*

**oloroso, -sa** *adj. Fragante, aromático, perfumado, odorífero.*

**olvidadizo, -za** *adj. Desmemoriado.* 2 fig. *Ingrato, desagradecido.*

**olvidado, -da** *adj. Arrinconado, desatendido, postergado, aislado.*

**olvidar** *tr.-prnl. Trascordarse. Trascordarse* significa no sólo *olvidar* una cosa, sino también confundirla con otra. ↔ RECORDAR. 2 *Descuidar, desatender, preterir, postergar, dejar, abandonar, omitir, írsele a uno el santo al cielo, dejar en el tintero, haber perdido los memoriales.* ↔ ATENDER, CUIDAR.

**olvido** *m. Desmemoria.* ↔ MEMORIA. 2 *Descuido\*, omisión, inadvertencia, negligencia.* ↔ RECUERDO, CUIDADO. 3 *Preterición, postergación, relegación.* Si el *olvido* es voluntario.

**omento** *m. Epiplón.*

**ominar** *tr.* p. us. *Agorar, predecir, adivinar, presagiar, augurar, vaticinar, profetizar.*

**ominipresencia** *f. Ubicuidad.*

**ominoso, -sa** *adj. Abominable, execrable, vitando, odioso.* 2 *Azaroso, de mal agüero, aciago, funesto.*

**omisión** *f. Olvido, descuido\*, falta, salto, laguna, supresión.* ↔ ATENCIÓN, ADVERTENCIA, RECUERDO.

**omitido, -da** *adj. Salvo, exceptuado.*

**omitir** *tr. Pasar por alto, dejar, olvidar, pretermitir* (p. us.), *saltar.* ↔ RECORDAR. 2 *Callar, silenciar, suprimir, prescindir, quedarse con algo en el cuerpo.* ↔ NOMBRAR.

**omnipotente** *adj. Todopoderoso.*

**omnipresente** *adj. Ubicuo.*

**omóplato** *f. Escápula.*

**omóplato, omoplato** *m.* ANAT. *Escápula* (ANAT.), *espaldilla, paleta, paletilla.* Los tres últimos son nombres populares.

**onanismo** *f. Manustrupación, masturbación.*

**oncejo** *m. Vencejo* (pájaro), *arrejaque, arrejaco.*

**onceno, -na** *adj. Undécimo.*

**oncología** *f. Cancerología.*

**oncológico, -ca** *adj. Cancerológico.*

**onda** *f. Ola.* En las grandes extensiones de agua. 2 FÍS. *Ondulación, vibración.* 3 *Ondulación, ondulado, rizo.* En el cabello, telas, hilos, etc.

**ondear** *intr. Ondular, flamear.*

**ondisonante** *adj. Undísono.*

**ondoso, -sa** *adj. Undoso* (lit.), *undante* (lit.).

**ondulación** *f. Onda, vibración.*

**ondulado** *m. Onda, ondulación, rizo.*

**ondulado, -da** *adj. Sinuoso, tortuoso, quebrado.*

**ondular** *intr. Ondear, flamear.* 2 *Mecerse, columpiarse.* 3 *Rizar.*

**oneroso, -sa** *adj. Pesado, molesto, gravoso, costoso, dispendioso.* Los tres últimos, tratándose de gastos o impuestos. ↔ GRATUITO, DESINTERESADO.

**ónice** *m. Ónix, ónique.*

**ónique** *m. Ónix, ónice.*

**ónix** *f. Ónique, ónice.*

**onocrótalo** *m. Alcatraz* (pelícano), *pelicano americano.*

**onomástica** *f. Santo* (fiesta onomástica).

**onoquiles** *f. Ornaceta, palomilla de tintes, palomilla, pie de palomas.*

**onosma** *f. Orcaneta amarilla.*

**onubense** *adj.-com.* (pers.) *Huelveño.*

**onza** *f. Pelucona. Peluconas* son especialmente las *onzas* acuñadas con el busto de reyes de la casa de Borbón hasta Carlos IV inclusive.

**opaco, -ca** *adj. Oscuro, sombrío.* "Lo *opaco* carece de diafanidad; lo *oscuro* carece de luz. En Física se llaman cuerpos *opacos* los que no dan tránsito a los rayos luminosos" (M). 2 *Triste, melancólico.*

**opado, -da** *adj. Hinchado, hiperbólico, afectado, pomposo, redundante.*

**ópalo xiloformo** *m.* MINERAL. *Xilópalo.*

**opción** *f. Elección, preferencia.*

**operación** *f.* MAT. *Cálculo.* 2 *Intervención* (quirúrgica). 3 MIL. *Maniobra.* 4 anglic. *Funcionamiento, manejo.*

**operador** *f. Cirujano.*

**operante** *adj. Activo, eficaz.*

**operar** *tr.* MED. *Intervenir.*

**operario, -ria** *s. Obrero, trabajador.*

**operativo, -va** *adj. Efectivo, útil.* ↔ INÚTIL. 2 CIR. *Operatorio.*

**operatorio, -ria** *adj.* CIR. *Operativo.*

**opilación** *f.* MED. *Obstrucción.* 2 *Hidropesía.* 3 *Amenorrea.*

**opilar** *intr. Obstruir*.*

**opimo, -ma** *adj. Rico, fértil, abundante, copioso, cuantioso.* ↔ ESCASO, ESTÉRIL, DESDEÑABLE.

**opinar** *intr. Estimar, juzgar, creer, entender.* 2 *tr. Decir, afirmar, asegurar, sostener.*

**opinión** *f. Juicio, parecer, sentir, convencimiento, criterio, dictamen, informe.* "Se tiene la *opinión*, se da el *parecer* o el *dictamen*. Aquélla sólo explica el juicio que se forma en un asunto en que hay razones en pro y en contra; estos explican la exposición de la opinión. Tiene su *opinión*, pero la calla. Doy mi *parecer* o mi *dictamen* con arreglo a mi opinión" (LH). "La *opinión* es el juicio que se forma sobre cualquier objeto o asunto. El *parecer* es la *opinión* que resulta de un examen detenido. El *dictamen* es el *parecer* del hombre de carrera, de facultad o de ciencia. *Voto* es la decisión del que está autorizado a darlo. Se dice: la *opinión* del público; obró con arreglo al *parecer* de sus amigos, o según el *dictamen* del abogado o del médico; el *voto* de un académico o de un senador. Ocurre un hecho grave, y la *opinión* pública lo califica " (M). Si es de carácter técnico o pericial, *dictamen; informe* es la exposición de un dictamen. *Juicio, sentir, convencimiento* y *criterio* coinciden con *opinión* en que pueden callarse o expresarse.

**opio** *m. Láudano.*

**opiumismo** *m.* MED. *Tebaísmo.*

**opobálsamo**

**opobálsamo** *m. Bálsamo de Judea, bálsamo de la Meca.*

**oponerse** *prnl. Encontrarse, enemistarse, discordar, desavenirse.* 2 *Rebelarse, resistir.* ↔ SOMETERSE, OBEDECER.

**opopónace** *f. Pánace, opopónaca.*

**oportunamente** *adv. m. A punto, a tiempo y sazón, convenientemente.*

**oportunidad** *f. Ocasión*, coyuntura, pertinencia, conveniencia, proporción, sazón, tiempo.* ↔ IMPROCEDENCIA, IMPERTINENCIA, INEXACTITUD, RETRASO, ADELANTO.

**oportunista** *adj.-com.* (pers.) *Aprovechado.*

**oportuno, -na** *adj. Conveniente*, provechoso, pertinente, adecuado.*

**oposición** *f. Contraste, resistencia, antagonismo, contradicción, obstrucción, enemistad*, aversión*.* ↔ CONFORMIDAD, ACUERDO.

**opresión** *f. Agobio, atosigamiento.* 2 *Despotismo, tiranía.* ↔ JUSTICIA. 3 *Esclavitud, sometimiento, sujeción.* ↔ LIBERTAD.

**opresor, -ra** *adj.-s. Tirano, déspota, avasallador.*

**oprimir** *tr.-prnl. Apretar, comprimir, estrujar, apretujar.* Tratándose de cosas. 2 *Sujetar, avasallar, esclavizar, vejar, tiranizar, agobiar.* Tratándose de personas. ↔ LIBERTAR, AYUDAR.

**oprobio** *m. Ignominia, deshonra, afrenta, deshonor, vilipendio, vergüenza.*

**oprobioso, -sa** *adj. Vergonzoso, bajo, deshonroso, vil, abyecto.*

**optar** *intr. Elegir, escoger*, preferir.* ↔ ABSTENERSE, RENUNCIAR.

**óptico** *m. Oculista.*

**óptico, -ca** *adj. Ocular.*

**optimar** *tr. Mejorar, optimizar, perfeccionar.*

**optimate** *m. Prócer, magnate, primate.*

**optimización** *f. Mejora, perfeccionamiento.*

**optimizar** *tr. Mejorar, optimar, perfeccionar.*

**óptimo, -ma** *adj. Excelente*, notable,* superior, descollante, sobresaliente, egregio.

**opuesto, -ta** *adj. Contrario, contradictorio*.* 2 *Refractario, enemigo, reacio.* 3 *Enfrentado, encontrado, contrapuesto.*

**opugnar** *tr. Asaltar, combatir, atascar.* 2 *Contradecir*, rechazar, impugnar, llevar la contraria, ir a la contra.* ↔ CONVENIR, ADMITIR.

**opulencia** *f. Lujo, suntuosidad, fausto, ostentación, magnificencia, esplendidez, pompa, grandeza, esplendor, faustosidad.* ↔ POBREZA, SENCILLEZ. 2 *Riqueza, bienestar, holgura.* ↔ MISERIA.

**opulento, -ta** *adj. Rico*, abundante, copioso, ubérrimo, riquísimo, acaudalado*. Opulento* intensifica el significado de los tres adjetivos; aplicado a cosas se parece a *ubérrimo;* aplicado a personas, a *riquísimo.*

**oquedad** *f. Hueco, vacío.* ↔ MACIZO, REDONDEZ, CONVEXIDAD.

**oración** *f. Discurso, razonamiento*, alocución.* 2 GRAM. *Proposición, frase.* 3 *Plegaria, deprecación, rezo, preces.*

**oral** *adj. Verbal.* 2 MED. *Bucal.* P. ej., un medicamento que se administra por vía *oral* o *bucal.*

**orangután** *m. Jocó.*

**orar** *intr. Rezar. Rezar* es *orar* de viva voz, en tanto que la acción de *orar* puede ser vocal o mental. Todo el que *reza, ora;* pero no viceversa.

**orate** *com. Loco, demente, alienado.* 2 fig. *Atolondrado, imprudente, temerario.*

**oratoria** *f. Retórica.*

**oratorio** *f. Elocuencia, oratoria.* P. ej., la *oratoria* o la *elocuencia* romana.

**orbe** *m. Mundo, universo.*

**orcaneta** *f. Onoquiles.* 2 **Orcaneta amarilla.** *Onosma.*

**orco** *m. Infierno, Averno, Báratro, Tártaro, Érebol, Huerco, el abismo.*

**I orden** *m. Colocación, disposición, concierto.* ↔ DESORDEN, DESPROPORCIÓN, DESEQUILIBRIO. 2 *Regla, método*.* "El *orden* es la colocación según el lugar que deben ocupar las partes entre

sí; el *método* es el encadenamiento de ciertas acciones para conseguir un fin determinado. Pueden adoptarse diversos *métodos* para poner una biblioteca en *orden*" (M). ↔ INDISCIPLINA.
**II orden** *f. Mandato, precepto, disposición, decreto.*
**ordenación** *f. Disposición, colocación, arreglo, distribución.* ↔ DESORDEN. 2 *Régimen, regla, norma.*
**ordenado** *m. Presbítero, sacerdote.*
**ordenado, -da** *adj. Arreglado, moderado, metódico, cuidadoso, morigerado.*
**ordenador** *m. Computador, computadora.*
**ordenamiento** *m. Organización, arreglo, orden, regulación, regularización.*
**ordenar** *tr. Arreglar\*, organizar, regularizar, clasificar, coordinar.* ↔ DESORDENAR, DESCOMPONER, DESORGANIZAR, DESEQUILIBRAR. 2 *Encaminar, dirigir, enderezar.* 3 *Mandar, disponer, preceptuar, establecer, prescribir, decretar.*
**ordinariez** *f. Grosería, plebeyez, vulgaridad.* ↔ CORTESÍA, EDUCACIÓN, URBANIDAD.
**ordinario, -ria** *adj. Común, usual, habitual, corriente, regular, frecuente, acostumbrado.* 2 *Bajo, vulgar, grosero, soez, plebeyo, tosco.*
**ordinograma** *m. INFORM. Organigrama, diagrama de flujo.*
**orear** *tr. Airear, ventilar\*.* 2 *prnl. Tomar el aire, airearse.*
**orégano** *m. Díctamo.*
**oreja** *f. Amer. Asa (de vasija).* 2 **Agachar las orejas** *loc. Flaquear, debilitarse, flojear, decaer.* ↔ RESISTIR. 3 **Oreja de fraile** *f. ásaro, asarabácara, asácara.*
**orenga** *f. Brazal, cerreta, percha, varenga.*
**orensano, -na** *adj.-s. (pers.) Auriense.*
**oreoselino** *m. Perfil de monte.*
**orfandad** *f. fig. Abandono, desamparo, desvalimiento.* ↔ AMPARO, FAMILIA, FORTUNA.

**orgánico, -ca** *adj. Organizado, viviente.* 2 *Somático.* ↔ FUNCIONAL.
**organigrama** *m. INFORM. Ordinograma, diagrama de flujo.*
**organización** *f. Disposición, estructura, constitución.* 2 *fig. Arreglo, orden, ordenamiento, regulación, regularización.*
**organizado, -da** *adj. Orgánico, viviente.*
**organizar** *tr.-prnl. Disponer, arreglar, constituir, estructurar, instituir, establecer, regularizar, reformar.* ↔ DESORGANIZAR, DESORDENAR, DESUNIR.
**órgano** *m. fig. Conducto\*, medio.* 2 *Portavoz.*
**orgasmo** *m. Clímax, éxtasis, cima.*
**orgía, orgia** *f. Festín, saturnal, bacanal.* La Academia admite las dos acentuaciones: *orgía* es la más clásica y correcta; *orgia* se ha generalizado modernamente. Intensifica el significado de *festín*, al cual añade el carácter de inmoderación y exceso. Aludiendo a la antigüedad, *saturnal, bacanal* . 2 *fig. Desenfreno.*
**orgiástico, -ca** *adj. Báquico.*
**orgullo** *m. Soberbia\*, engreimiento, altanería, altivez, arrogancia, vanidad\*, presunción.* "*Orgullo* es el exagerado aprecio que uno hace de sí mismo; *vanidad* es la ostentación de todo lo que puede llamar la atención o excitar la envidia de los hombres; *presunción* consiste en atribuirse uno cualidades que no posee" (M). ↔ HUMILDAD, MODESTIA, CAMPECHANERÍA.
**orgulloso, -sa** *adj. Ufano, engreído, envanecido, hinchado, presuntuoso, altivo\*, altanero, arrogante, soberbio, despreciativo.* ↔ MODESTO.
**oribe** *m. Orífice, aurífice.*
**orientar** *tr.-prnl. fig. Dirigir, encaminar, guiar\*.* ↔ DESORIENTAR, PERDER, DESCAMINAR, DESCARRIAR. 2 *Informar, enterar, instruir, imponer.* ↔ DESORIENTAR, DESCAMINAR.
**oriente** *m. Este\*, levante, naciente, saliente.* 2 *Levante, solano, subsolano, este.* Tratándose del viento.

**orífice** *m. Oribe, aurífice.*

**orificio** *m. Agujero\*, horado, huraco* (rúst.), *taladro, perforación, boca, abertura.*

**origen** *m. Principio, causa\*, comienzo\*.* ↔ FIN, TÉRMINO, EFECTO, DESENLACE. *2 Procedencia, nacimiento, cuna. 3 Ascendencia, familia, estirpe, linaje.*

**original** *adj. Nuevo. 2 Auténtico, personal, propio. 3 Singular, extraño, peculiar, raro, novedoso.*

**originar** *tr.-prnl. Causar, motivar, producir, suscitar, engendrar, provocar. 2 prnl. Provenir, proceder, engendrarse, derivarse, seguirse, resultar.*

**originario, -ria** *adj. Primigenio. Primigenio significa en general relativo al origen: formaciones geológicas primigenias de una región (u originarias). 2 Congénito, innato. 3 Oriundo, procedente, natural, aborigen\*.*

**orilla** *f. Margen, ribera, borde, canto. Orilla es la parte de la tierra más próxima al mar, a un lago, río, etc., la que limita inmediatamente con el agua. Margen indica mayor extensión de terreno, y ribera es el conjunto de terrenos próximos a las márgenes u orillas, comprendiendo a éstas. Tratándose de telas, papel, etc., margen indica mayor espacio que borde. Tratándose del ángulo que forman los objetos como muebles, cajas, libros, etc., la orilla y el borde significan la arista en que se unen dos superficies, mientras que el canto suele implicar la representación del ángulo diedro y de una extensión mayor o menor de sus caras o lados.*

**orillar** *tr. fig. Resolver, concluir, arreglar, solventar, desenredar.*

**orillo** *m. Hirma, vendo.*

**orín** *m. Herrín, herrumbre, robín, rubín, moho, azafrán de Marte. Este último se usaba antiguamente como tecnicismo farmacéutico.*

**orina** *f. Meados* (vulg.), *orín, aguas, aguas menores, pis, pipí. Los dos últimos, en el lenguaje infantil.*

**orinal** *m. Bacín, servicio.*

**orinar** *intr.-prnl. Hacer pis, hacer pipí, mear* (vulg.), *hacer aguas menores, desbeber, miccionar. Los dos primeros, en el habla infantil.*

**oriol** *m. Lútea, oropéndola, papafigo, víreo, virio.*

**oriundo, -da** *adj. Originario, procedente.*

**orlo** *m. Plinto, latastro.*

**ormino** *m. Gallocresta* (planta), *cresta de gallo, orvalle, rinanto.*

**ornamentar** *tr. Adornar\*, engalanar, hermosear, exornar* (lit.), *ornar* (lit.), *ataviar, acicalar.* ↔ DESNUDAR, DESPOJAR.

**ornamento** *m. Adorno\*, ornato\*, compostura, atavío, aderezo.*

**ornar** *tr. Adornar\*, ornamentar, aderezar, ataviar.*

**ornato** *m. Adorno\*, atavío, gala, ornamento, aparato. Ornamentos se usa especialmente tratándose de las vestiduras sagradas y de los adornos del altar. Gala se aplica a personas y cosas. "El ornato se refiere más bien a las cosas que a las personas. El ornato de un templo o de un palacio consiste en la abundancia y en el esplendor de los adornos. No se dice del ornato, sino el adorno (o atavío) de una persona lujosamente vestida. Ornamento se usa en los dos sentidos; pero generalmente sólo en estilo retórico o poético" (M).*

**ornitodelfo, -fa** *adj.-m. Monotrema.*

**oro. Oro negro** *m. Petróleo. 2* **Oro verde** *Electro.*

**orobanca** *f. Hierba tora.*

**orobias** *m. Incienso, olíbano.*

**orondo, -da** *adj. fig. Presumido, satisfecho, ufano, hinchado, hueco, esponjado.* ↔ ENJUTO, MACIZO, HUMILDE, SENCILLO.

**oropel** *m. Relumbre, relumbrón, apariencia.*

**oropéndola** *f. Lútea, oriol, papafigo, víreo, virio.*

**orozuz** *m. Regaliz, palo duz.*

**orquestar** *tr. Instrumentar.*

**ortega** *f. Corteza, churra.*

**ortiga de mar** *f. Actinia, anémona de mar.*

**ortoclasa** *f.* MINERAL. *Ortosa.*

**ortología** *f. Fonética, fonología, prosodia.*

**ortosa** *f.* MINERAL. *Ortoclasa.*

**oruga** *f.* (planta) *Ruqueta.* 2 *Gusano* (larva).

**orujo** *m. Hollejo, brisa, casca.* Tratándose de la uva. 2 *Terrón.* Tratándose de la aceituna.

**orvalle** *m. Gallocresta.*

**orvallo** *m.* Ast. *Llovizna.*

**orzaga** *f. Álimo, armuelle, marismo, salgada, salgadera.*

**orzar** *intr. Embicar.*

**orzaya** *f. Niñera, rolla, rollona, chacha, tata.*

**osa. Osa mayor** *f.* ASTRON. *Carro mayor, hélice.* 2 **Osa menor** *Carro menor, cinosura.*

**osadía** *f. Atrevimiento\*, audacia, arrojo\*.* ↔ TIMIDEZ, COBARDÍA. 2 *Desvergüenza, insolencia, descaro.*

**osado, -da** *adj. Temerario\*, atrevido, arriesgado.*

**osar** *intr. Atreverse\*, arriesgarse, aventurarse.*

**osarlo** *m. Calavernario* (p. us), *osar, osero, carnero.*

**oscedo** *m.* lat. MED. *Bostezo, oscitación.*

**oscilación** *f. Vibración.* 2 *Balanceo, fluctuación, vaivén.* 3 *Vacilación.*

**oscilar** *intr. Vibrar* (FÍS.). 2 *Balancearse, fluctuar.* ↔ AQUIETARSE, PARARSE, PERMANECER. 3 fig. *Vacilar.*

**oscitación** *f.* MED. *Bostezo, oscedo* (lat.).

**ósculo** *m.* lit. *Beso.*

**oscurecer** *intr.-tr. Ensombrecer, entenebrecer.* ↔ ACLARAR. 2 *Ofuscar, confundir.* ↔ ALARAR. 3 *intr. Anochecer.* ↔ AMANECER. 4 *prnl. Nublarse.* ↔ DESPEJARSE.

**oscurecido, -da** *adj. Fuliginoso, denegrido, tiznado.*

**oscuridad** *f. Lobreguez, sombra, tinieblas, tenebrosidad.* 2 fig. *Ofuscación, ofuscamiento, confusión.*

**oscuro, -ra** *adj. Fosco* (p. us.), *fusco* (p. us.), *lóbrego, tenebroso, opaco, sombrío.* ↔ CLARO, DESPEJADO. 2 fig. *Confuso, inexplicable, ininteligible, incomprensible, turbio, ambiguo\*.* "Lo *oscuro* peca por lo indeterminado y vago de las palabras y de las ideas; lo *confuso* por su desacertada colocación. Una narración es *obscura* cuando no están bien descritos los hechos; es *confusa* cuando no observan su orden natural. Lo *oscuro* necesita explicación; lo *confuso*, clasificación" (M). ↔ CLARO, DESPEJADO, INTELIGIBLE. 3 *Humilde, desconocido.* 4 *Incierto, azaroso, peligroso, temeroso.* ↔ CLARO.

**óseo, -ea** *adj. Huesoso, ososo.*

**osero** *m. Osario, calavernario* (p. us), *osar, carnero.*

**osífraga** *f. Osífrago, quebrantahuesos* (ave).

**osífrago** *m. Quebrantahuesos* (ave), *osífraga.*

**osmanlí** *adj.-com.* (pers.) *Turco, otomano, turquesco, turquí* (desus.).

**ososo, -sa** *adj. óseo, huesoso, huesudo.* Se emplea preferentemente *óseo* para designar lo que es de hueso, que pertenece al hueso o participa de sus cualidades; *huesoso* o *huesudo* se dice sobre todo de lo que tiene hueso o huesos.

**ostensible** *adj. Patente, visible, claro, manifiesto, público.*

**ostentación** *f. Exhibición, manifestación, exteriorización.* ↔ SENCILLEZ, SOBRIEDAD. 2 *Jactancia, vanagloria, alarde.* ↔ MODESTIA, SENCILLEZ, SOBRIEDAD. 3 *Magnificencia, boato, pompa, suntuosidad, fastuosidad.* ↔ MODESTIA, SENCILLEZ, SOBRIEDAD.

**ostentar** *tr. Mostrar, exhibir, patentizar.* 2 *Hacer gala, alardear, lucir.*

**ostentoso, -sa** *adj. Magnífico, suntuoso, espléndido, pomposo, fastuoso, retumbante, rimbombante.* Los dos últimos, con sentido despectivo o irónico.

**ostia** *f. Ostra, concha.*

**ostra** *f. Concha, ostia.*

**ostracismo** m. Destierro*, exilio, extrañamiento, proscripción. 2 fig. Alejamiento, relegación, postergación.
**ostugo** m. Pizca, miaja, partícula.
**osudo, -da** adj. Huesudo.
**otear** tr. Atalayar. 2 Escudriñar, registrar, atisbar, espiar.
**oto** m. Autillo (ave), cárabo, úlula, zumaya.
**otomano, -na** adj.-s. (pers.) Turco, osmanlí, turquesco, turquí (desus.).
**otoñal** adj. Autumnal (lit.).
**otorgar** tr. Consentir, conceder, dar, condescender. ↔ PROHIBIR, QUITAR. 2 DER. Disponer, establecer, ofrecer, estipular.
**ovación** f. Aplauso, palmas.
**ovado, -da** adj. Aovado, oval, ovalado, ovoide, ovoideo.
**oval** adj. Aovado, ovado, ovalado, ovoide, ovoideo.
**ovar** intr. Aovar.

**ovas** f. pl. Hueva.
**ovejero, -ra** adj.-s. Pastor*.
**óvido, -da** adj.-m. ZOOL. Ovino, lanar.
**oviducto** m. Madrecilla, huevera, trompa de Falopio. Los dos primeros, en las aves; el último, en los mamíferos.
**ovino, -na** adj. Lanar, óvido (ZOOL.).
**ovoide** adj. Aovado, ovado, oval, ovalado, ovoideo.
**óvulo** m. ZOOL. Macrogameto.
**oxiacanta** f. Espino (arbolillo), níspero espinoso, níspero silvestre.
**oxidado, -da** adj. Roñoso, herrumbroso, mohoso.
**oxidar** tr.-prnl. Aherrumbrar, enmohecer.
**oxigenarse** prnl. fig. Airearse*, orearse, ventilarse.
**oxihidrilo** m. QUÍM. Hidroxilo.
**oxítono, -na** adj.-s. GRAM. Agudo*.
**oyentes** m. pl. Auditorio, público, concurrencia, concurso.

# P

**pabellón** m. Tienda de campaña. 2 Dosel. 3 Bandera.

**pablar** intr. burl. Parlar, paular (burl.), charlar, gastar palabras. ↔ CALLAR.

**pábulo** m. Alimento, pasto, sustento, comida. 2 fig. Fomento, ocasión, motivo. Especialmente en la expresión dar pábulo.

**I paca** f. (mamífero) Capa.

**II paca** f. Fardo, paca. Paca se usa esp. tratándose de forrajes, lana o algodón en rama.

**pacato, -ta** adj. Tímido, timorato, apocado, encogido, pusilánime. ↔ BELICOSO, AUDAZ.

**pacay** m. Amér. Guamá (árbol), guama (Colomb.), guamo (Colomb.), guaba (Amér. Central y Ecuad.), guabo (Amér. Central y Ecuad.).

**pacedura** f. Apacentamiento (del ganado).

**pacense** adj.-com. (pers.) Badajocense.

**pacer** intr.-tr. Pastar.

**pachá** m. Bajá.

**pachorra** f. Apatía, calma, flema, indolencia, tardanza.

**paciencia** f. Tolerancia, sufrimiento, mansedumbre, conformidad, resignación. ↔ INTOLERANCIA. 2 Aguante, calma, perseverancia. ↔ IRA.

**paciente** adj. Tolerante, sufrido, manso, resignado. 2 Calmoso, pacienzudo. 3 com. Enfermo*, doliente.

**pacienzudo, -da** adj. Paciente, calmoso.

**pacificación** f. Apaciguamiento.

**pacificar** tr.-prnl. Apaciguar, poner paz, reconciliar, no romper lanzas, no hacer mal a nadie. ↔ IRRITAR, LUCHAR, SUBLEVAR. 2 Sosegar, calmar, tranquilizar, aquietar. ↔ IRRITAR.

**pacífico, -ca** adj. Quieto, sosegado, tranquilo, reposado.

**paco** m. Alpaca, paco llama.

**pactar** tr. Estipular, tratar, convenir, concertar, ajustar, asentar. ↔ DESUNIR.

**pacto** m. Estipulación, trato, convenio, concierto, ajuste. 2 Tratado, contrato.

**padecer** tr. Sufrir, pasar, soportar, aguantar, tolerar, sentir, pesar.

**padecimiento** m. Enfermedad*, dolencia, achaque, mal. ↔ SALUD, GOZO, DICHA, PAZ.

**padrazo** m. Padrón.

**padre** m. fig. Autor, creador, inventor. V. padres. 2 **Padre Santo** Papa, Pontífice, Sumo Pontífice, Romano Pontífice, Santo Padre, Pastor Universal, Sucesor de San Pedro. 3 **Padre conscripto** Senador. 4 **Padre político** Suegro.

**padres** m. pl. Progenitores, antepasados, ascendientes*, mayores. V. padre.

**padrinazgo** m. Apadrinamiento. 2 fig. Protección, favor, patrocinio, apoyo.

**padrino** m. fig. Protector, valedor, patrocinador, bienhechor, favorecedor. V. padrinos.

**padrón** m. Empadronamiento, registro. 2 fam. Padrazo.

**paflón** m. Sofito.

**paga** f. Pagamento, pagamiento, pago, premio*. 2 Sueldo*, haber, mensualidad, salario.

**paganismo** *m. Gentilidad, gentilismo.* ↔ CRISTIANISMO.

**pagano** *m. Pagote.*

**pagano, -na** *adj.-s. Gentil, idólatra.*

**pagar** *tr. Abonar, satisfacer, sufragar, costear, gratificar, retribuir, recompensar, remunerar. Costear* y *sufragar* sugieren a menudo un conjunto de gastos: *costear* la construcción de una escuela; *sufragar* los gastos de un asilo. Tratándose de servicios que se pagan al que los presta, úsanse los cuatro últimos sinónimos. ↔ DEBER, QUITAR. 2 *prnl. Prendarse, aficionarse.* 3 *Ufanarse, jactarse.*

**pagel** *m. Besuguete, pajel, sama, rubiel* (Ast.).

**página** *f. Carilla, llana, plana.*

**pago** *m. Reintegro, pagamento, pagamiento, paga.* 2 *Satisfacción, premio, recompensa.*

**paguro** *m. Ermitaño* (crustáceo).

**painel** *m. Panel.*

**pairar** *intr.* MAR. *Trincar.*

**país** *m. Región, territorio.* Dentro del territorio, la *región* es una parte. *País* puede equivaler a *nación* o *patria;* p. ej.: ¿De qué *país* es usted?; amaba mucho a su *país.* En geografía física, *región* puede abarcar más que *país,* p. ej.: la *región* ecuatorial, polar, desértica. *País* se usa también como sinónimo de *comarca, provincia, tierra:* vino del *país.*

**paisano, -na** *s. Labrador, agricultor, cultivador, campesino, aldeano* (País Vasco), *labriego, labrantín.*

**paja** *f.* fig. *Desecho, broza, sobrante, hojarasca.* 2 **Paja de camello** *Esquenanto, esquinante, esquinanto, paja de esquinanto, paja de Meca.*

**pajado, -da** *adj. Pajizo* (de color de paja).

**pajar** *m. Cija, almiar.*

**pajarel** *m. Pardillo, pardal, pechirrojo, pechicolorado.*

**pájaro** *m. Ave.* 2 **Pájaro bobo** *Pingüino.* 3 **Pájaro burro** *Rabihorcado.* 4 **Pájaro polilla** *Martín pescador, alción, guardarrío.*

**pajarota** *f. Paparrucha, mentira, falsedad, bulo.*

**pajea** *f. Ajea, artemisa pegajosa.*

**pajecillo** *m. Palanganero.*

**pajel** *m. Pagel, besuguete, sama, rubiel* (Ast.).

**pajizo, -za** *adj.* (color) *Pajado.*

**pajuela** *f. Luquete.*

**pala** *f.* (del calzado) *Empella.* 2 DEP. *Espátula.* En el esquí.

**palabra** *f. Vocablo, voz, dicción, término.* 2 **De palabra** *loc. adj. Verbal, oral.*

**palabrería** *f. Locuacidad, charlatanería, labia, palabreo, garla.*

**palabrota** *f. Ajo, taco, grosería.*

**palaciego, -ga** *adj.-s. Cortesano, palatino, palaciano.*

**paladar** *m. Cielo de la boca.* 2 *Sabor, gusto.* 3 *adj. Palatal, palatino, paladial.*

**paladear** *tr. Saborear, gustar.*

**paladial** *adj. Paladar, palatino, palatal.*

**paladín** *m.* fig. *Defensor, campeón, sostenedor.*

**paladino, -na** *adj. Público, manifiesto, claro, evidente, patente.* ↔ OSCURO, CONFUSO, PRIVADO.

**palanca** *f. Ceprén* (Ar.), *mangueta, alzaprima, espeque.*

**palancana, palangana** *f. Gana, jofaina.*

**palanganero** *m. Pajecillo.*

**palatal** *adj. Paladar, palatino, paladial.*

**palatino, -na** *adj.-s. Palaciego, palaciano, cortesano.* 2 *adj. Paladar, palatal, paladial.*

**palenque** *m. Estacada, liza, arena.*

**palermitano, -na** *adj.-s.* (pers.) *Panormitano.*

**palescencia** *f.* MED. *Palidez.*

**palestra** *f. Liza, tela, palenque, campo.*

**paleta** *f.* ALBAÑ. *Palustre.* 2 *Badil, badila.* 3 *Omóplato, paletilla, espaldilla.* 4 PINT. *Tabloza.*

**paletilla** *f. Xifoides, mucronata.*

**paleto** *m. Gamo, dama.*

**paleto, -ta** *adj.-s. Rústico, aldeano, tosco, palurdo, labriego, zafio.*

**paliar** *tr.-prnl. Encubrir, disimular, cohonestar, disculpar.* ↔ ACUSAR, DESCUBRIR. 2 *Mitigar, suavizar, calmar, atenuar, aliviar, amortiguar\*.* ↔ AUMENTAR, CARGAR.

**paliativo, -va** *adj.-m. Calmante.*

**palidez** *f. Palor* (lit.), *amarillez, palescencia.*

**pálido, -da** *adj. Amarillo, macilento.* Tratándose de personas. 2 *Desvaído, rebajado.* Hablando de colores.

**palillo** *m. Mondadientes, escarbadientes, limpiadientes.* 2 *Bolillo* (palito), *majadero, majaderillo.* 3 fig. *Palique.* V. palillos.

**palillos** *m. pl. Castañuelas* (instrumento). 2 *Banderillas* (de torear). V. palillo.

**palinodia** *f. Recantación, retractación.*

**palique** *m. Conversación\*, charla, cháchara, parloteo.*

**palitroque, palitoque** *m.* TAUROM. *Banderilla, rehilete, palillos.*

**paliza** *f. Tunda, felpa, zurra, vapuleo, tollina, solfa, soba, azotaina.*

**palizada** *f.* ARQ. *Empalizada, estacada.*

**palma** *f. Palmera.* 2 fig. *Gloria, triunfo, victoria.* V. palmas. 3 **Como la palma de la mano** *loc.* (intens.) *Plano, llano, liso.*

**palmar** *m. Palmeral.*

**palmario, -ria** *adj. Claro, patente, manifiesto, notorio, visible, paladino, evidente, palpable.*

**palmas** *f. pl. Aplausos, palmadas.* V. palma.

**palmera** *f. Palma.*

**palmeta** *f. Férula, palmatoria.*

**I palmito** *m. Palma, palma enana, margallón.*

**II palmito** *m. Cara\*, jeme.*

**palmo** *m. Cuarta.*

**palo** *m. Vara, bastón, garrote, tranca, cayado, cachava, báculo\*.* El *palo* largo y delgado, *vara*; el que sirve para apoyarse al andar, *bastón*. Uno y otro pueden ser insignia de mando. *Palo* grueso y fuerte, *garrote, tranca; palo* de

forma arqueada en un extremo, *cayado, cachava.* 2 *Golpe, bastonazo, garrotazo, estacazo.* 3 MAR. *Mástil, árbol.* 4 *Amér. Árbol, madera.*

**palomero, -ra** *adj. Colombófilo.*

**palomita** *f.* DEP. *Estirada.* Se usa principalmente en el fútbol.

**palosanto** *m. Caqui.*

**palpable** *adj.* fig. *Patente, claro, manifiesto, ostensible, palmario, tangible\*.* ↔ INTANGIBLE, OCULTO, CONFUSO.

**palpar** *tr. Tocar, tentar\*.*

**pálpebra** *f. Párpado.*

**palpitación** *f. Latido.*

**pálpito** *m. Amér. Presentimiento, corazonada.*

**palto** *m. Amér. Merid. Aguacate* (árbol).

**paludismo** *m. Malaria, anofelismo.*

**palurdo, -da** *adj.-s. Tosco, grosero, rústico, zafio, paleto, aldeano, labriego, cateto* (desp.). ↔ CULTO, REFINADO, URBANO.

**I palustre** *m. Paleta* (de los albañiles.

**II palustre** *adj. Palúdico.*

**pamema** *f. Ficción\*, fingimiento, paripé, melindre.*

**pámpano** *m. Salpa, salema.* 2 *Pámpana* (hoja de la vid).

**pamplina** *f.* (planta papaverácea) *Zadorija, zapatilla de la reina.* 2 fig. *Tontería, bagatela, futesa, nadería.*

**pamporcino** *m. Artanita, artanica, ciclamino, pan porcino.*

**pamposado, -da** *adj. Holgazán, perezoso, poltrón, gandul, maltrabaja, galbanero, harón* (p. us.).

**pan. Comer el pan de los niños** *loc. Ser anciano, peinar canas, ser viejo, caerse de maduro, andar con la barba por el suelo.* 2 **Pan de perro** *m. Perruna.* 3 **Pan eucarístico** *Hostia, forma, sagrada forma.* 4 **Pan porcino** *Artanita, pamporcino, ciclamino, artanica.*

**pánace** *f. Opopónace.*

**panacea** *f.* (medicamento) *Curalotodo.* 2 fig. *Remedio, solución.*

**panadear** *tr. Panificar.*

**panadera** *f.* fam. *Zurra, capuana* (desus.), *manta, somanta, azotaina, pega, felpa.* ↔ CARICIA.

**panadería** *f. Tahona.*

**panadero, -ra** *s. Tahonero.*

**panal** *m. Azucarillo, bolado* (p. us.), *esponjado.*

**pancho** *m. Panza, vientre, barriga.*

**pandear** *intr.-prnl. Apandar, torcerse, encorvarse, combarse, alabearse.*

**pandemia** *f. Epidemia\*, peste, epizootia, endemia, enzootia.*

**pandilla** *f. Liga, unión.* 2 *Partida, cuadrilla, gavilla, caterna, banda, facción\*.* Los tres últimos tienen significado despectivo.

**panegírico** *m. Apología, elogio, alabanza, enaltecimiento, encomio.* ↔ INSULTO, DIATRIBA, CATILINARIA.

**panel** *m. Painel.*

**panera** *f. Nasa* (cesto).

**pánfilo, -la** *adj. Pausado, calmoso, lento, tardo.* 2 *Parado, pazguato, soso, panoli, bobo.*

**panfleto** *m. Libelo, folleto.*

**pánico** *adj.-m. Terror, espanto, pavor, miedo\*.* ↔ TRANQUILIDAD, SERENIDAD, VALOR.

**panificar** *tr. Panadear.*

**panizo** *m. Ar. Maíz, mijo, zara.*

**panocha** *f. Panoja, mazorca.*

**panoja** *f. Panocha, mazorca.*

**panoli** *adj.* (pers.) *Pánfilo, parado, pazguato, soso, bobo.*

**panorama** *m. Vista. Panorama* es la *vista* de un horizonte muy dilatado.

**panormitano, -na** *adj.-s.* (pers.) *Palermitano.*

**panoso, -sa** *adj. Harinoso, farináceo\*.*

**pantanal** *m. Ciénaga, almarjal.*

**pantano** *m. Laguna, embalse.* El primero, si el *pantano* es natural; el segundo, si es artificial. 2 fig. *Dificultad, embarazo, estorbo, atolladero, atascadero.*

**pantanoso, -sa** *adj. Encharcado, cenagoso, empantanado.*

**panteonero** *m. Amér. Sepulturero.*

**pantiatría** *f. Medicina general, medicina de familia.*

**panza** *f. Vientre, pancho, barriga, abdomen\** (culto o científ.).

**panzada** *f. Tripada, hartazgo, atracón.*

**panzón, -ona** *adj. Panzudo, barrigón, barrigudo.*

**panzudo, -da** *adj. Panzón, barrigón, barrigudo.*

**paño** *m.* (de cocina) *Albero.* 2 **Paño de altar** *Mantel.* 3 **Paño de hombros** *Humeral, banda, cendal.* 4 **Paño de mesa** *Mantel.*

**pañolón** *m. Mantón.*

**pañuelo** *m. Pañizuelo* (p. us.).

**I papa** *m. Pontífice, Sumo Pontífice, Romano Pontífice, Santo Padre, Padre Santo, Pastor Universal, Sucesor de San Pedro, Vicario de Cristo.*

**II papa** *f. And., Can. y Amér. Patata.* V. papas.

**papado** *m. Pontificado, papazgo.*

**papafigo** *m. Becafigo, papahigo, picafigo.* 2 *Oropéndola.*

**papagayo del Paraguay** *m. Paraguay, loro del Brasil.*

**papahígo** *m.* (ave) *Becafigo, papafigo, picafico.*

**papahuevos** *m.* fig. *Papanatas, papamoscas, papatoste, simple, crédulo, bobalicón, tontaina.*

**papal** *adj. Pontificio.*

**I papalina** *f.* ant. *Becoquín, bicoquete.*

**II papalina** *f. Borrachera.*

**papamoscas** *m.* fig. y fam. *Papanatas, papahuevos, papatoste, simple, crédulo, bobalicón, tontaina.*

**papanatas** *m. Papahuevos, papamoscas, papatoste, simple, crédulo, bobalicón, tontaina, tonto, bobo, tragaldabas.*

**paparrabias** *com.* fam. *Cascarrabias, malhumorado.*

**paparrucha** *f. Mentira, falsedad, bulo, bola\*, patraña.*

**papas** *f. pl. Gachas, puches, poleadas, polenta.* V. papa.

**papatoste** *m. Papanatas, papahuevos, papamoscas, simple, crédulo, bobalicón, tontaina.*

**papaya** *f. Lechosa.*

**papayo** *m. Lechoso.*

**papazgo** *m. Papado, pontificado.*
**papel. Hacer el papel** *loc. Fingir, simular, aparentar, hacer creer, mamarse el dedo, hacer la comedia, llorar con un ojo.*
**papelero, -ra** *adj.-s. Farolero, farolón, papelón.*
**papeleta** *f. Cédula.*
**papelón, ona** *s. fam. Argent. y Urug. Desacierto, error, ridículo.*
**papelón, -ona** *adj.-s. fam. Papelero, farolero, farolón.*
**papera** *f. Bocio.* 2 *Parótida* (tumor). V. **paperas.**
**paperas** *f. pl. Escrófulas, lamparones.* V. **papera.** ↔ LISTO.
**papialbillo** *m. Jineta* (mamífero), *gineta, patialbillo.*
**papilionáceo, -ea** *adj. Amariposado.*
**papo** *m. Buche.*
**pápula** *f. Furúnculo, botón.*
**paquete** *m. Envoltorio, atado, atadijo, lío.*
**par** *adj. Igual*, semejante.* ↔ DESIGUAL. 2 *m. Pareja.* ↔ UNO, UNIDAD. 3 *Yunta.*
**para** *prep. A, hacia.* Las tres preposiciones expresan la dirección del movimiento: ir *para* Madrid; pero la dirección que indica *para* es generalmente más indeterminada que la señalada por la prep. *a:* ir *a* Madrid. En esta acepción, *para* se parece a *hacia,* la cual indica más vagamente todavía la dirección del movimiento. 2 *Para* enlaza el verbo con su complemento indirecto o dativo, lo mismo que la preposición *a:* compraremos un juguete *al* niño, o *para* el niño. Aunque la relación de dativo es la misma con una u otra preposición, *para* añade o refuerza la idea de finalidad. Compárese: traigo una carta *a* tu madre, con: traigo una carta *para* tu madre. 3 *conj. final A a fin de.* "(*A fin de* y *para)* son sinónimos en el sentido en que significan que se hace una cosa con la mirada de otra, con la diferencia de que *para* denota una mirada más cercana o presente, y *a fin de,* una más lejana. Se presenta uno delante del príncipe *para* hacerle la corte, se le hace la corte *a fin de* obtener gracias" (Ma). La misma diferencia puede observarse entre las conjunciones finales *a que, para que,* por una parte, y *a fin de que,* por otra: Vengo *a que* me paguen, o *para que* me paguen, *a fin de que* la deuda se cancele pronto.
**parabién** *m. Felicitación, enhorabuena, pláceme.*
**parabrisa** *f. Guardabrisa.*
**parada** *f. Detención, alto.* ↔ MARCHA. 2 *Estación, estacionamiento*.* 3 *Acaballadero, puesto.* 4 MIL. *Desfile.* 5 *Quite* (ESGR.).
**paradero** *m.* fig. *Término, fin, final.* 2 *Cuba, Chile y P. Rico. Apeadero.* Tratándose del ferrocarril.
**parado, -da** *adj. Remiso, tímido, corto.* 2 *Desacomodado, desocupado, desempleado, sin trabajo, cesante.* El último, tratándose de un empleado.
**parador** *m. Mesón, posada, hostal, hostería, fonda.*
**parafina** *f.* QUÍM. *Alcano.*
**paráfrasis** *f. Amplificación.*
**paraguay** *m. Loro del Brasil, papagayo del Paraguay.*
**paraguaya** *f. Fresquilla.*
**parahúso** *m. Trincaesquinas.*
**paraíso** *m. Edén, cielo.* 2 *Gallinero, cazuela* (ant.), *galería.* En los teatros.
**paraje** *m. Lugar*, sitio, parte, punto.* El *paraje* designa generalmente un *lugar* lejano o aislado.
**paralelismo** *m. Correspondencia, semejanza.*
**paralelo, -la** *adj.* fig. *Correspondiente, semejante.* 2 *m. Comparación, cotejo, parangón.*
**parálisis** *f. Tullimiento, tullidez, aneuria* (MED.).
**paralítico, -ca** *adj.-s. Impedido, tullido, imposibilitado, perlático* (ant.).
**paralizar** *tr.-prnl. Tullir, imposibilitar, entumecer*.* 2 fig. *Detener, atajar, impedir, entorpecer, inmovilizar, parar*.* ↔ MOVER, MOVILIZAR, FACILITAR.
**paralogismo** *m. Sofisma.* "Estas vo-

paramorfia · 480

ces son puramente griegas. La primera designa un engaño obrado por raciocinios artificiosos, por argumentos capciosos, por conclusiones falaces. *Sofisma* designa un fraude cualquiera, la sutileza, la astucia. El *paralogismo* y el *sofisma* inducen a error; aquél por defecto de luces o de aplicación, y éste por malicia, por una sutileza maligna" (Ci).

**paramorfia** *f.* MED. *Malformación.*

**paramorfina** *f.* FARM. *Tebaína.*

**parangonar** *tr.-prnl. Cotejar, comparar\*, compulsar, confrontar.* Los dos últimos, tratándose de escritos, ediciones, etc. ↔ DIFERENCIAR.

**paranoia** *f. Monopsicosis, monomanía.*

**paranoico, -ca** *adj. Monomaníaco, maníaco, loco.*

**parar** *intr.-tr.-prnl. Detener, suspender, estacionarse, atajar, paralizar.* "*Pararse, detenerse.* Me *paré* algún tiempo en aquella ciudad para ver sus curiosidades; oí que me llamaban y me *detuve* al instante. El primer verbo representa el acto momentáneo de suspender el movimiento o la acción; el segundo representa la suspensión continuada por algún tiempo de la acción o movimiento. Llegué tarde porque me *detuve* mucho tiempo en casa. Le *paró* en el primer tiempo mi reflexión, y después de haberse *detenido* largo rato a pensar las dificultades, se inclinó a lo peor" (LH). ↔ MARCHAR, MOVILIZAR. 2 *intr. Terminar, acabar, concluir.* 3 *Habitar, hospedarse, alojarse, estar, vivir.* 4 *Amér. Ponerse en pie.* P. ej., ¡*párate! (ponte en pie).* En algunos taxis se lee el aviso: "prohibido *parar* a los niños en el asiento".

**pararse** *prnl. Amér. Levantarse.*

**paratonía** *f.* MED. *Hipertensión.*

**paratopía** *f.* MED. *Desplazamiento, dislocación, ectopia.*

**paratripsis** *f.* MED. *Irritación, rozadura, excoriación.*

**parche** *m. Emplasto, bizma* (ant.). 2 *Tambor.*

**parcial** *adj. Incompleto.* 2 *adj.-s. Partidario\*, secuaz, allegado.*

**parcialidad** *f. Bando, bandería, partido.* 2 *Preferencia, inclinación, desigualdad, injusticia.* ↔ JUSTICIA, IGUALDAD, LEGALIDAD.

**parco, -ca** *adj. Corto, escaso, insuficiente.* 2 *Sobrio, moderado\*, templado, mesurado, frugal.* Este último, tratándose de comida y bebida.

**pardillo** *m. Pajarel, pardal, pechicolorado, pechirrojo.* 2 *Cast. Labriego, campesino.*

**I parecer** *m. Opinión, dictamen, juicio.*

**II parecer** *intr.-prnl. Aparecer, dejarse, ver, manifestarse, presentarse, comparecer.* ↔ DESAPARECER. 2 *Hallarse, encontrarse.* 3 *Semejar, asemejarse\*.* ↔ DIFERENCIAR.

**parecido** *m. Semejanza, similitud, analogía.*

**parecido, -da** *adj. Semejante, similar, análogo, afín, parejo, parigual. Parecido* se aplica principalmente al aspecto o impresión física que producen las cosas; *análogo* y *semejante* son más abstractos, y se aplican a las ideas, gustos, etc. Dos personas o dos objetos pueden ser *parecidos.* Dos doctrinas u opiniones pueden ser *análogas* o *semejantes.*

**pared** *f. Muro, tabique, tapia, albarrada, horma, hormaza. Muro,* esp. si es grueso; *tabique* es pared delgada. Según los materiales de que está hecha: de tierra amasada y apisonada, *tapia*; de piedra seca, *albarrada, horma* u *hormaza.* 2 **Pared medianera** CONSTR. *Arrimo.*

**paregórico** *m.* FARM. *Anodino, calmante, elixir.*

**pareja** *f. Copia, par.*

**parejo, -ja** *adj. Igual\*, par, parigual, semejante\*, parecido\*.* 2 *Liso, llano.*

**paremia** *f. Proverbio* (lit.), *refrán.*

**parentela** *f. Familia.*

**parentesco** *m. Deudo.* 2 fig. *Vínculo, unión, liga, semejanza.* 3 *Consanguinidad.*

**parhilera** *f. Cumbrera, hilera.*

**parida** *adj.-f. Parturienta. Parida* se aplica a personas y animales. Tratándose de la mujer que está de parto o recién parida, *parturienta.*

**paridad** *f. Comparación, paralelismo.* 2 *Igualdad*, semejanza.* ↔ DESEMEJANZA, DIVERSIDAD, DESIGUALDAD.

**pariente, -ta** *adj.-s. Deudo, allegado, familiar.* 2 *Semejante, parecido.*

**parietaria** *f. Cañarroya, albahaquilla de río.*

**parigual** *adj. Igual*, par, parejo, parecido*, semejante*.*

**parihuela** *f. Cibiaca* (p. us.). 2 *Camilla.*

**paripé** *m. Entono, presunción, fingimiento, ficción*.*

**parir** *intr.-tr. Alumbrar, dar a luz, salir de cuidado.* Tratándose de la mujer, se utilizan estos tres sinónimos como eufemismos de *parir.*

**parisiense** *adj.-com.* (pers.) *Parisino, parisién.*

**parlamento** *m. Cortes, cámara, asamblea legislativa.*

**parlanchín, -ina** *adj.-s. Hablador*, charlatán, parolero.*

**parlar** *intr. Pablar* (burl.)*, paular* (burl.)*, charlar, gastar palabras, soltar la sin hueso.* ↔ CALLAR.

**parloteo** *m. Charla, cháchara, palique, conversación*.* V. conversación.

**parma** *m.* (queso) *Parmesano.*

**parmesano** *m.* (queso) *Parma.*

**paro** *m. Desempleo, desocupación.* ↔ MOVIMIENTO, TRABAJO.

**paroniria** *f.* MED. *Pesadilla.*

**paronomasia** *f. Paranomasia, agnominación* (p. us.)*, aliteración. Aliteración* es una forma de *paronomasia* que consiste en la repetición de un sonido o grupo de sonidos en la misma cláusula.

**parótida** *f.* (tumor inflamatorio) *Papera.*

**paroxismo** *m. Exacerbación, exaltación.*

**paroxítono, -na** *adj.* GRAM. *Llano, grave.*

**párpado** *m. Pálpebra* (TECN. o lit.).

**parpalla** *f. Parpejana, parpallota.*

**parque** *m. Bosque*, selva, jardín.*

**parquedad** *f. Parcidad* (p. us.)*, moderación, sobriedad.* ↔ IMPRUDENCIA, DERROCHE. 2 *Parsimonia.* ↔ DERROCHE.

**párrafo** *m. Parágrafo.*

**parranda** *f. Holgorio, fiesta, jarana, juerga.*

**parroquia** *f. Feligresía.* 2 *Clientela.*

**parroquiano, -na** *adj.-s. Feligrés.* 2 *s. Cliente.*

**parsimonia** *f. Frugalidad, economía, ahorro, sobriedad.* ↔ DERROCHE. 2 *Circunspección, templanza, moderación, parquedad, mesura.* ↔ IMPRUDENCIA, RAPIDEZ, FERVOR.

**parte** *f. Fracción, pedazo*, trozo, fragmento.* "La *parte* es relativa al todo; la *fracción*, a la masa; el *fragmento*, a lo íntegro. La unión de las *partes* forma el todo; la de las *fracciones* forma el conjunto; la de los *fragmentos* forma lo íntegro. Una columna es *parte* de un edificio; *fracción*, de una cantera, y *fragmento*, cuando el edificio se arruina" (M). 2 *Porción, participación.* 3 DER. *Litigante.* 4 *Sitio, lugar, lado, dirección, punto.* 5 *m. Despacho, telegrama, telefonema, radiograma.* 6 *Notificación, aviso.* 7 **Tomar parte** *loc. Participar.*

**partera** *f. Comadre, comadrona, matrona, profesora en partos.* Los tres últimos son títulos oficiales para ejercer esta profesión. 2 *Ar. Parturienta, parida.*

**partición** *f. Reparto, división, partija, partimento, partimiento. Partija*, esp. cada una de las partes que resultan de este reparto; *partimento, partimiento*, aluden principalmente al acto de repartir.

**participación** *f. Intervención.*

**participar** *intr. Tener parte.* 2 *Colaborar, contribuir, cooperar, tomar parte.* 3 *tr. Notificar*, noticiar, informar, avisar, comunicar, hacer saber, poner en antecedentes.*

**partícipe** *adj.-com. Parcionero, particionero, porcionero, participante.*

**particular** adj. Propio, privativo, peculiar, personal. ↔ GENERAL, IMPERSONAL. 2 Especial, singular, extraordinario, raro, extraño. ↔ GENERAL, COMÚN, ORDINARIO.

**particularidad** f. Singularidad, peculiaridad. 2 Pormenor, circunstancia, detalle.

**partida** f. Salida, marcha, arrancada, arranque. Estos dos últimos son propiamente el empuje de un barco o un vehículo cualquiera al salir. 2 Cuadrilla, pandilla, banda, facción*. 3 Guerrilla. 4 **Partida de caza** Cacería.

**partidario** m. Guerrillero, partisano. Debe evitarse el barbarismo innecesario partisano, que significa lo mismo que guerrillero. 2 Cuba y Ecuad. Aparcero.

**partidario, -ria** adj.-s. Secuaz, adicto, parcial, prosélito, neófito*. El partidario sigue un partido; el secuaz pertenece a una secta o escuela; el parcial y el adicto se adhieren a una persona; el prosélito es un partidario ganado a un bando, doctrina, etc.; si es reciente se llama neófito.

**partido** m. Bando, bandería, parcialidad. 2 Revolución, determinación, decisión. 3 Provecho, ventaja, utilidad, conveniencia. 4 Favor, protección, popularidad, simpatía. 5 Distrito, territorio. 6 DEP. Match (anglic.), contienda, encuentro. 7 **Partido de la máxima** Derby (anglic.). Tratándose de un partido de fútbol.

**partidor** m. Repartidor, distribuidor.

**partir** tr. Dividir*. ↔ UNIR, SUMAR. 2 Hender, rajar, abrir, cortar, romper, tajar*. 3 Repartir, distribuir. 4 intr. Salir, marcharse, ir, ausentarse, coger el hatillo, tomar el portante, liar el hato, levantar velas. ↔ LLEGAR, PERMANECER.

**parto** m. Alumbramiento, parturición (MED.).

**parturición** f. MED. Parto, alumbramiento.

**párulis** m. MED. Flemón.

**parvedad** f. Pequeñez, escasez, poquedad, cortedad, parvidad.

**párvulo** m. FARM. Gragea, gránulo, píldora (pequeña).

**párvulo, -la** adj.-s. Niño.

**pasable** adj. Pasadero, soportable, tolerable, admisible, aceptable*.

**pasada** f. Pasadía, congrua. 2 **Mala pasada** Perrería, vileza, deslealtad, trastada, jugarreta, truhanería, truhanada.

**pasadera** f. MAR. Meollar.

**pasadero, -ra** adj. Pasable, llevadero, tolerable, soportable, admisible, aceptable*. ↔ INSOPORTABLE, INADMISIBLE. 2 Transitable. Tratándose de un camino, vado, etc., por donde puede pasarse con facilidad.

**pasadía** f. Pasada, congrua.

**pasadizo** m. Pasillo, corredor. En los edificios.

**pasado, -da** s. Pretérito. ↔ PRESENTE, FUTURO.

**pasador, -ra** s. DEP. Colocador. En el voleibol.

**pasaje** m. Paso.

**pasajero, -ra** adj. Transitado, pasadero. 2 Breve, fugaz, transitorio, momentáneo, efímero, perecedero, huidizo, temporal. 3 adj.-s. Viajero, transeúnte.

**pasamano** m. MAR. Crujía.

**pasapán** m. hum. y fam. Garganta, gola, gorja, garguero, gaznate, gañote.

**pasaporte** m. Salvoconducto. Pasaporte se usa especialmente para el tránsito internacional; en el interior del país suele llamarse salvoconducto, excepto el que se expide a los militares.

**pasar** intr. Transitar, trasladarse, transcurrir, suceder, acaecer, ocurrir, acontecer. Los cinco últimos, tratándose del tiempo o de una acción. "El que pasa no hace más que atravesar un espacio, el que transita se detiene en algunos puntos... Pasar expresa una acción continuada; transitar, una acción ininterrumpida" (M). ↔ PERMANECER. 2 Cruzar, atravesar*. 3 Sobrepujar, exceder, aventajar. 4 Padecer, sufrir, soportar, tolerar. 5 Disimular, dispensar, perdonar. 6 Cesar, acabarse. 7 tr. Llevar, conducir, trasladar.

**8** *Cerner, colar.* **9** *prnl. Marchitarse, ajarse, estropearse.*

**pasatiempo** *m. Entretenimiento, diversión, solaz, distracción, divertimiento\*.*

**pasear** *intr.-prnl. Estirar las piernas, tomar el sol, el aire, dar una vuelta, andar, vagar, deambular* (lit.). *Este último, especialmente cuando no se lleva dirección u objeto determinado.*

**pasible** *adj. Sufrido, paciente, resignado, tolerante.*

**pasiflora** *f. Pasionaria.*

**pasillo** *m. Corredor, pasadizo.*

**pasión** *f. Padecimiento, sufrimiento.* **2** *Vehemencia, ardor, calor, entusiasmo.*

**pasionaria** *f. Pasiflora, murucuyá* (Argent. y Venez.), *granadilla. Este último designa sólo la flor y el fruto.*

**pasividad** *f. Indiferencia, impasibilidad, inacción.* ↔ ACTIVIDAD, INQUIETUD.

**pasmado, -da** *adj. Absorto\*, admirado, atónito, suspenso, maravillado, cautivado, asombrado.* **2** *Lelo, embobado, bobo, tonto, simple.*

**pasmar** *tr.-prnl. Enfriar, helar, aterir.* **2** *Inmovilizar, tullir.* **3** *Asombrar\*, maravillar, aturdir, helársele el corazón.*

**pasmarote** *m. Embobado, alelado, estafermo.*

**pasmo** *m. Espasmo, aterimiento.* **2** *Tétanos.* **3** *Asombro, maravilla, suspensión, aturdimiento, admiración\*.*

**pasmoso, -sa** *adj. Asombroso, maravilloso, prodigioso, estupendo, portentoso.*

**paso** *m.* DEP. *Zancada. Usados en el atletismo y en la hípica.* **2** **A cada paso** *loc. adv. Frecuentemente, a menudo, con frecuencia, a cada instante, a traque barraque.* **3** **A paso de tortuga** *Lentamente, poco a poco, paulatinamente, despacio, pausadamente, paso a paso.* ↔ RÁPIDAMENTE, VELOZMENTE, RAUDAMENTE. **4** **Paso de ambladura** *m. Paso de andadura, portante.*

**pasote** *m. Pazote, apasote, hierba de Santa María, hierba del Brasil, hierba hormiguera, pizate, té borde.*

**pasquín** *m. Cartel.*

**pasta** *f. Masa.*

**pastar** *tr. Pastorear, apacentar.* **2** *intr. Pacer.*

**pastelería** *f. Confitería, dulcería.*

**pastilla** *f. Tableta* (FARM.), *comprimido. Se usa comprimido si es de tamaño muy pequeño.*

**pasto** *m. Pastura, hierba.* **2** fig. *Pábulo, alimento.*

**pastor, -ra** *s. Boyero, boyerizo, vaquero, porquerizo, ovejero, cabrero, pavero, dulero, zagal, rabadán, rehalero, albarrán, mayoral. Según la clase de ganado que cuida, tiene nombres especiales, como los siete primeros sinónimos. El que guarda la dula, dulero. Zagal es el mozo del mayoral. El pastor principal de un rebaño recibe distintos nombres, como los cuatro últimos sinónimos, según las regiones.*

**pastura** *m. Pasto, hierba.*

**pata. Pata de león** *f. Alquimila, pie de león, estela, estelaria.* **2** **Tener mala pata** *loc. Tener mala suerte, estar de malas, haber pisado mala hierba.*

**pataco, -ca** *adj.-s. Patán, tosco, rústico, grosero, torpe.*

**patada** *f. Puntapié, coz.* **2** *Pisada, huella\*, estampa.*

**pataleta** *f. fam. y burl. Berrenchín, berrinche\*, enojo, enfado, coraje, rabieta* (irón. o desp.).

**patán** *m. Aldeano, paleto, palurdo.*

**patán, -ana** *adj.-m. Tosco, rústico, grosero, torpe, pataco.*

**patanería** *f. Grosería\*, impolítica, desatención, incorrección, inconveniencia, descomedimiento, descortesía, rustiquez.* ↔ DELICADEZA, EDUCACIÓN, URBANIDAD.

**patata** *f. Papa* (And., Can. y Amér.), *criadilla* (dial.).

**patatín patatán** *loc. Andar en dimes y diretes.* V. dimes.

**patatús** *m. fam. Accidente, desmayo, vahído, vértigo, congoja, soponcio, ataque\*.*

**patear** *intr.-prnl. Recorrer.*

**patente** adj. Visible, evidente, claro, manifiesto, ostensible, palpable, notorio, público*.

**patentemente** adv. m. Abiertamente, francamente, sinceramente, claramente, paladinamente, manifiestamente, sin rodeos. ↔ OCULTAMENTE.

**patentizar** tr. Mostrar, manifestar, significar, hacer patente, representar. ↔ OCULTAR.

**paternal** adj. Paterno.

**paterno, -na** adj. Paternal. Entre paterno y paternal hay a menudo sinonimia completa. Pero paterno se dice de lo que es propio del padre efectivo (pariente por línea paternal), en tanto que paternal se extiende a lo que se parece a las cualidades de un padre. P. ej.: un superior puede darnos una reprimenda paternal (bondadosa) y sólo la de nuestro padre será paterna. V. materno, maternal.

**patético, -ca** adj. Conmovedor, emocionante, sentimental, tierno.

**patialbillo** m. Jineta (mamífero), gineta, papialbillo.

**patíbulo** m. Cadalso, horca, suplicio.

**patidifuso, -sa** adj. hum. Estupefacto, atónito, pasmado, asombrado, maravillado, patitieso (burl.), turulato (fam.).

**patinar** intr. Derrapar (galic.).

**patio** m. Platea. En los teatros.

**patitieso, -sa** adj. fig. y burl. Atónito, estupefacto, suspenso, pasmado, asombrado, maravillado, turulato (fam.), patitieso (burl.).

**pato** m. Parro, ánade, lavanco, alavanco. Los dos último designan al pato bravío. 2 **Pato negro** Fusca.

**patochada** f. Disparate, sandez, patanería, zafiedad, tochedad, grosería.

**patóforo, -ra** adj. MED. Portador.

**patología** f. Nosología. 2 **Patología vegetal** Fitopatología.

**patraña** f. Mentira, bulo, bola, embuste, cuento, farsa. ↔ REALIDAD, VERDAD.

**patria** f. Suelo, país natal, tierra natal, nación*.

**patrimonio** m. Herencia, sucesión. 2 Propiedad, bienes.

**patriotismo** m. Amor a la patria. "Amor a la patria es un sentimiento más templado y menos activo que el patriotismo. Amar a la patria no es lo mismo que sacrificarse en su servicio. Ama a la patria el que, ausente de ella, vive triste, desasosegado y deseoso de restituirse a sus hogares. Tiene patriotismo el que consagra a la patria su hacienda, sus servicios y su existencia" (M).

**patrocinador, -ra** adj.-s. Padrino, protector, valedor, bienhechor, favorecedor. 2 m. Promotor.

**patrocinar** tr. Proteger, amparar, favorecer, apoyar, apadrinar, auspiciar.

**patrocinio** m. Protección, amparo, favor, apoyo. ↔ DESAMPARO, ABANDONO, ACUSACIÓN.

**patrón** m. Modelo, padrón, dechado, pauta.

**patrón, -ona** s. Patrono, protector, defensor. 2 Hospedero. 3 Amo, señor*, jefe, principal. En varios países americanos se usa patrón como tratamiento respetuoso: vale dos pesos, patrón; dígame, patrón, dónde está la calle X.

**patrono, -na** s. Defensor, protector, amparador, patrón. 2 Dueño, amo, señor, capitalista, jefe. Los dos últimos, en la industria.

**paular** intr. p. us. Parlar, pablar (burl.), charlar, gastar palabras. ↔ CALLAR.

**paulatinamente** adv. m. Poco a poco, lentamente, pausadamente, despacio*.

**paulatino, -na** adj. Pausado, lento, calmoso, tardo.

**paulina** f. Excomunión. 2 fig. Represión, reprimenda.

**pausa** f. Detención, interrupción, alto, parada, intervalo*. ↔ ACCIÓN, TRABAJO, ININTERRUPCIÓN. 2 mus. Silencio. 3 Tardanza, lentitud, calma.

**pausado, -da** adj. Tardo, calmoso, flemático. 2 Paulatino, lento.

**pauta** f. Modelo, patrón, dechado, regla, norma, guía.

**pavero, -ra** s. Presumido, vanidoso.

**pavimentar** tr. Solar, asfaltar, embaldosar, empedrar, enlosar, adoquinar. Los cinco últimos, según los materiales empleados para pavimentar.

**pavimento** m. Suelo, solado, piso, adoquinado, entarimado, enladrillado, embaldosado. Los cuatro últimos, según los materiales empleados.

**paviota** f. Gaviota, gavina.

**pavo** m. Gallipavo. 2 **Pavo real** Pavón.

**pavón** m. Pavo real.

**pavonear** intr.-prnl. Pompearse, pomponearse, farolear, presumir, blasonar, vanagloriarse, jactarse, hacerse propaganda.

**pavor** m. Miedo*, temor, espanto, terror, pánico. ↔ VALOR, AUDACIA.

**pavoroso, -sa** adj. Espantoso, terrorífico, aterrador, horrible*.

**paz** f. Tranquilidad, sosiego, quietud*, calma, reposo*. ↔ INTRANQUILIDAD, DOLOR. 2 Concordia, armonía, acuerdo. ↔ GUERRA, POLÉMICA. 3 **No dar paz a la mano** loc. Activar, mover, avivar, excitar, acelerar, apresurar, apurar.

**pazguato, -ta** adj.-s. Babieca, bobo, simple, abobado, bobalicón, papanatas, tontaina. ↔ LISTO.

**pazote** m. Apasote, pasote, hierba de Santa María, hierba del Brasil, hierba hormiguera, pizate, té borde, té de España, té de Europa, té de México.

**peana** f. Pedestal, basa, peaña.

**peaña** f. Peana, pedestal, basa.

**peatón** m. Transeúnte*, viandante, caminante.

**pebre** amb. Pimienta (fruto).

**peca** f. Lunar, lentigo, lentícula.

**pecado** m. Culpa*, falta, yerro. ↔ INOCENCIA, PENITENCIA.

**pecador, -ra** adj.-s. Relapso, reincidente, contumaz, impenitente. Relapso o reincidente es el que reincide en el pecado; contumaz o impenitente, el que no se arrepiente.

**pecar** intr. Faltar, errar.

**pécari, pecari, pecarí** m. Amér. Merid. Jabalí, puerco jabalí, puerco montés, puerco salvaje, báquiro, saíno, puerco de monte.

**pechero** m. Babador, babero, babera, servilleta.

**pechicolorado** m. Pajarel, pardillo, pardal, pechirrojo.

**pechina** f. Venera, concha de peregrino. 2 ARQ. Enjuta.

**pechirrojo** m. Pajarel, pardillo, pardal, pechicolorado.

**I pecho** m. Seno, tórax. 2 Mama, teta. 3 fig. Interior, intención. 4 Coraje, valor, constancia.

**II pecho** m. desus. Tributo, contribución, impuesto, gabela.

**pecina** f. Piscina (de peces).

**pecíolo, peciolo** m. BOT. Pezón, rabillo, rabo. Todos los sinónimos, en el habla usual.

**pectoral** m. DEP. Dorsal. En el atletismo.

**pecuario, -ria** adj. Ganadero.

**peculiar** adj. Propio, privativo, distintivo, característico, particular. 2 Especial, singular.

**peculiaridad** f. Cualidad*, propiedad, característica, particularidad. ↔ GENERALIDAD, IMITACIÓN. 2 Estilo, carácter.

**peculio** m. Dinero, caudal, capital, bienes, hacienda.

**pecunia** f. Dinero, moneda.

**pecuniario, -ria** adj. Monetario, crematístico. Monetario se refiere a la moneda acuñada o fiduciaria (liga, circulación, monetaria), o a la economía general del dinero (crisis monetaria); en este último sentido se usa también crematístico. En general pecuniario tiene aplicaciones más humildes; p. ej.: hablamos de la situación pecuniaria de una familia y de la situación monetaria o crematística de un país.

**pedagogo** m. Ayo. 2 Maestro, educador.

**pedazo** m. Trozo, parte*, porción, cacho, miaja, fracción, fragmento. Trozo y pedazo denotan parte de una cosa separada del todo; parte y porción se aplican además a cantidades y a grupos de individuos que forman un conjunto: *parte* de un número; una *parte* o *porción* de los reunidos protestó (no *pedazo* ni *trozo*). *Cacho* y *miaja* indican pedazos pequeños de cosas materiales, y su empleo es pralte. rústico o vulgar. *Fracción* y *fragmento* son denominaciones cultas: *fracción* corresponde a parte; *fragmento*, a pedazo.

**pederastia** *f. Sodomía, uranismo.*

**pedernal** *m. Cuarzo, moleña, piedra de chispa.*

**pedestal** *m. Contrabase.* 2 *Peana.* 3 *Fundamento, apoyo.*

**pedestre** *adj. A pie.* P. ej.: carrera *pedestre.* 2 fig. *Llano, vulgar, inculto, ramplón.*

**pedículo** *m. Cabillo, rabillo, pezón, pedúnculo.*

**pedicuro, -ra** *s. Callista, quiropodista.*

**pedido** *m. Encargo, demanda, salida, despacho. Pedido* es cada uno de los *encargos* de género que se hacen a un fabricante o vendedor; el conjunto de ellos y la mayor o menor venta que un artículo tiene, es la *demanda, salida* o *despacho* de dicho artículo. 2 *Petición.* En esta acepción, *pedido* se usa esp. en América.

**pedigüeño, -ña** *adj.-s. Pidón, pedidor.*

**pedimento** *m. Petición* (acción), *demanda.*

**pedir** *tr. Exigir, reclamar, requerir, demandar.* Los tres primeros significan *pedir* imperiosamente. *Demandar* pertenece al lenguaje judicial; como sinónimo de *pedir,* en general, es atenuativo o literario. ↔ DAR, PRESTAR. 2 *Implorar, rogar, solicitar, suplicar, impetrar.* Cuando se pide lo que puede sernos negado, se utiliza cualquiera de estos sinónimos. ↔ EXIGIR, DAR. 3 *Desear, apetecer.*

**pedo de lobo** *m. Bejín.*

**pedregal** *m. Pedriscal, pedroche.*

**pedregoso, -sa** *adj. Petroso, pétreo.*

**pedrero** *m. Hondero, fundibulario.*

**pedriscal** *m. Pedregal, pedroche.*

**pedrisco** *m. Granizo.* 2 *Granizada.*

**pedroche** *m. Pedregal, pedriscal.*

**pedúnculo** *m.* BOT. *Rabillo, rabo, pezón.*

**peer** *intr.-prnl. Ventosear, ventearse.*

**pega** *f.* (baño de pez) *Empega.* 2 fig. *Añagaza, ardid.* P. ej.: me hicieron preguntas de *pega* en el examen para hacerme caer. 3 *Dificultad, estorbo, obstáculo, dilación.* Referidos a la tramitación de un asunto, esp. cuando son o se suponen inmotivados.

**pegadizo, -za** *adj. Contagioso, infeccioso.* 2 *Pegajoso, gorrón.* 3 *Postizo, añadido, artificial.*

**pegajoso, -sa** *adj. Glutinoso, viscoso.* 2 *Contagioso.* 3 *Sobón.* 4 *Pegadizo, gorrón.*

**I pegar** *tr. Adherir, aglutinar* (científ.), *conglutinar* (científ.). 2 *Unir, juntar.* 3 *Arrimar, adosar.* 4 *Comunicar, contagiar, contaminar, infectar.*

**II pegar** *tr. Golpear, castigar, maltratar.*

**pegásides** *f. pl. Musas, castálidas, coro de Apolo, piérides, helicónides.*

**pegote** *m.* fig. y fam. *Farol, mentira, engaño, bola.*

**peguero** *m. Empecinado.*

**pegujalero** *m. Labrantín, pelantrín.*

**pegunta** *f. Empega, empego.*

**peguntar** *tr. Empegar, empeguntar.*

**peinado** *m. Tocado.* Esp. en las mujeres.

**pejemuller** *m. Manatí, pez mujer, rosmaro.*

**pejepalo** *m. Estocafís, pezpalo.*

**pejesapo** *m. Alacrán marino, pescador, rana marina, rape, sapo marino.*

**peladera** *f. Alopecia, pelambrera, pelarela, pelona, pelonía.*

**peladilla de río** *f. Guija, callao.*

**peladillo** *m. Violento.*

**pelado, -da** *adj. Calvo, glabro* (lit.), *pelón* (fam.). 2 fig. *Pelón, necesitado, pobre, sin recursos.*

**pelafustán, -ana** *s. Pelagatos, pelanas, cualquiera.*

**pelagallos** m. Pelgar, vagabundo.
**pelagatos** m. Pobre, pelanas.
**pelagra** f. MED. Mal de la rosa, maidismo, zeísmo.
**pelambrar** tr. Apelambrar.
**pelambrera** f. Alopecia, peladera, pelarela, pelona, pelonía.
**pelanas** com. fam. Pelafustán, pelagatos, cualquiera.
**pelantrín** m. Pegujalero, labrantín.
**pelar** tr. Rapar, raer. 2 Desplumar. 3 Descortezar, mondar, descascarar, descascarillar.
**pelaza** f. Pelazga, pendencia, disputa, pelotera, riña, reyerta, pelea.
**pelazga** f. Pendencia, disputa, pelaza, pelotera.
**peldaño** m. Grada, grado, paso, escalón.
**pelea** f. Combate, batalla*, lucha*, contienda. 2 Riña, reyerta, pelotera, pelazga.
**pelear** intr.-prnl. Batallar, combatir, luchar, reñir, contender, hacer armas, habérselas con. 2 Disputar, regañar, indisponerse, enemistarse, desavenirse.
**peleón, -ona** adj.-s. fam. Pendenciero, quimerista, reñidor, buscarruidos, camorrista. ↔ PACÍFICO, TRANQUILO, COBARDE.
**pelgar** m. fam. Pelagallos, vagabundo.
**peliagudo, -da** adj. Dificultoso, difícil, arduo, enrevesado, complicado, embarullado, intrincado. ↔ FÁCIL, INTELIGIBLE. 2 Mañoso, hábil. ↔ TORPE.
**pelícano, pelicano** m. Platalea. 2 Pelícano americano, alcatraz, onocrótalo.
**película** f. Cutícula. 2 Cinta, filme.
**peligrar** intr. Zozobrar, correr riesgo.
**peligro** m. Riesgo*, exposición.
**peligroso, -sa** adj. Expuesto. Expuesto se dice del lugar, negocio, etc., en donde puede resultar daño, en tanto que peligroso se aplica además a lo que pude causar daño: camino, asunto, expuesto o peligroso; hombre, animal peligroso (no expuesto). Expuesto suele llevar la prep. a, p. ej.: expuesto a las balas, a grandes pérdidas. 2 Aventurado, arriesgado.

**pelleja** f. Pelleta. 2 Pellejo, piel.
**pellejería** f. Peletería.
**pellejero, -ra** s. Pelletero, pellijero.
**pellejo** m. Piel, pelleja. 2 Odre.
**pelleta** f. Pelleja.
**pelletería** f. Pellejería.
**pelletero** m. Pellejero, pellijero.
**pellico** m. Zamarra (de pastor), zamarro.
**pellijero** m. Pellejero, pelletero.
**pellizcar** tr. Pizcar, repizcar (fam.).
**pellizco** m. Pizco, repizco, torniscón. Este último es un pellizco retorcido. 2 Pizca, poquito, porcioncilla.
**pelluzgón** m. Mechón (porción de hebras).
**pelma** m. fam. Cargante, pesado, molesto, fastidioso, pelmazo, latoso, importuno.
**pelo** m. Cabello, vello*. 2 **De medio pelo** loc. adj. Fútil, pequeño, frívolo, nimio, insustancial, de mala muerte, de tres al cuarto, de chicha y nabo, insignificante, despreciable, desdeñable, baladí, mezquino. 3 **No tener pelos en la lengua** loc. Cantarlas claras. 4 **No tener un pelo de tonto** Ser listo, no mamarse el dedo. 5 **Ser de pelo en pecho** Tener agallas, tener valor, tener ánimo, tener arrestos, tener sangre fría. 6 **Tomadura de pelo** f. V. tomadura.
**pelón, -ona** adj.-s. Motilón. 2 Pelado, necesitado, pobre.
**pelona** f. Alopecia, peladera, pelambrera, pelarela, pelonía.
**pelonía** f. Alopecia, peladera, pelambrera, pelarela, pelona.
**pelota** f. DEP. Bola, balón, esférico.
**pelotazo** m. DEP. Balonazo.
**pelotera** f. fam. Riña, contienda, reyerta, gresca, camorra, pendencia, cuestión, trifulca, pelea, altercado*.
**pelotilla** f. Adulación*, halago, lisonja, zalamería, carantoña, servilismo (int.), coba (fam. o vulg.).
**pelotillero, -ra** adj. Adulador*, adulón, servil, cobista, lisonjeador, lisonjero, zalamero.
**pelotón** m. DEP. Grupo. En el ciclismo.

**peluca** f. fig. *Represión, reprimenda, regañina, filípica.*
**pelucona** f. fam. *Onza* (moneda de oro).
**peluquería** f. *Barbería.* Tratándose del establecimiento donde se corta y arregla el cabello a las señoras, no puede usarse más que *peluquería.*
**peluquero** m. *Barbero, fígaro* (irón.), *rapabarbas, rapador, rapista* (desp.).
**pelusa** f. *Vello\*.* 2 fig. *Envidia.*
**pelusilla** f. *Vello\*, lanosidad, pelo, pelusa, tomento, vellosilla.*
**pelvis** f. *Bacinete.*
**pena** f. *Castigo\*, correción, correctivo, condenación\*.* 2 *Dolor\*, aflicción, pesar, tristeza\*, sufrimiento, duelo, congoja, angustia.* "El ver padecer a un hombre desconocido, a un malhechor, un trabajo de poca consideración, una incomodidad, causa *pena*; pero estos males son demasiado leves o accidentales para poder confundirlos con los que nos causan *sentimiento.* Nos causa *sentimiento* la pérdida de un bien que nos interesa, el mal de un amigo, la muerte de un conocido. Nos causa *dolor* la pérdida de un padre amado, la de un hijo único, la del honor, la de un bien de que pendía toda nuestra subsistencia; y aunque no puede negarse que estos males nos dan *pena*, nos causan *sentimiento*, no explican estas voces con tanta energía como el *dolor*, la profundidad de esta aflicción y la gravedad de sus motivos..." (LH). 3 *Dificultad, trabajo, esfuerzo, fatiga, penalidad.* 4 *Amér. Vergüenza.* 5 **Merecer la pena** loc. *Ser importante, ser conveniente, hacer al caso, ser interesante, valer la pena.*
**penachera** f. *Penacho, copete, cresta, moño.* En las aves.
**penacho** m. *Penachera, copete, cresta, moño.*
**penado, -da** s. *Presidiario, forzado, recluso, encarcelado, preso, prisionero, cautivo.* Los dos primeros, esp. si están condenados a trabajar; *recluso, encarcelado* y *preso* dan idea de penas menores, o de prisión preventiva sin condena. El *prisionero* y el *cautivo* no son delincuentes, sino aprisionados en la guerra o en actos de piratería.
**penal** m. *Presidio, correccional, penitenciaría.* Los dos últimos incluyen el matiz de regeneración del penado.
**penalidad** f. DER. *Sanción, pena.*
**penalty** m. anglic. DEP. *Máximo castigo.*
**penar** tr.-prnl. *Sancionar, condenar, castigar.* ↔ PERDONAR. 2 intr. *Padecer, sufrir, soportar, afligirse.* ↔ ALEGRARSE, DESCANSAR.
**penco** m. fam. *Jamelgo.*
**pendejada** f. *Ruindad, villanía, vileza.* 2 *Méx. Necedad, tontería.*
**pendencia** f. *Contienda, riña, pelea, cuestión, trifulca, querella, gresca, camorra, pelótera, altercado, quimera, lucha\*.*
**pendenciero, -ra** adj. *Quimerista, reñidor, buscarruidos, camorrista, peleón.* ↔ PACÍFICO, TRANQUILO, COBARDE.
**pender** intr. *Estar pendiente, colgar, suspender.* 2 *Depender.*
**pendiente** m. *Arete, zarcillo, arracada.* 2 f. *Cuesta, declive, inclinación, subida, repecho.*
**péndola** f. *Péndulo.*
**pendolario** m. *Pendolista, escribano, escribiente.*
**pendolista** com. *Pendolario, escribano, escribiente.*
**pendón** m. *Estandarte.*
**pendonear** intr. desp. *Callejear, pindonguear.*
**péndulo** m. *Perpendículo.*
**pene** m. *Falo, méntula, verga, miembro viril, cola* (fam.), *pito* (fam.), *polla* (vulg.), *picha* (fam.), *minga* (fam.), *cipote* (vulg.).
**peneque** adj. fam. *Borracho, ebrio.*
**penetración** f. *Perspicacia, agudeza, sutileza, inteligencia.*
**penetrante** adj. *Profundo, hondo.* Tratándose de heridas, perforaciones, cavidades, etc. 2 fig. *Perspicaz, sutil,*

*inteligente*. 3 *Agudo, alto, estridente.*
Aplicado a la voz, al grito, chillido,
etc.

**penetrar** *intr.-tr. Introducirse, meterse,
entrar, adentrarse\**. 2 *tr.-prnl. Comprender, entender, enterarse, empapar-
se.*

**penicilina** *f. Ampicilina, amoxicilina.*
Ambos sinónimos son tipos de *penicilina.*

**penitencia** *f. Confesión.* 2 *Pena, expiación, castigo, corrección.*

**penitenciaría** *f. Penal, presidio, correccional.*

**penoso, -sa** *adj. Trabajoso, difícil\*,
dificultoso, laborioso, fatigoso.* 2 *Aflictivo, doloroso, triste, desagradable\*.*

**pensamiento** *m. Juicio, mente, entendimiento, ánimo\*.* 2 *Idea, designio,
plan, proyecto, intención.* 3 *Sentencia,
apotegma, máxima, dicho.* 4 *Trinitaria*
(planta y flor).

**pensar** *intr.-tr. Razonar, discurrir, cavilar, considerar, reflexionar, meditar,
rumiar* (fam. o irón.), *masticar* (p. us.),
*romperse la cabeza, devanarse los se-
sos, parar mientes.* "*Pensar* es simplemente poner en uso las facultades
mentales; *considerar* es *pensar* con detenimiento; *reflexionar* es examinar
atentamente todas las ideas cuyo
conjunto interesa o llama la atención; *meditar* es emplear en este examen el uso de la imaginación. Para
*pensar* se necesita objeto; para *considerar*, interés; para *reflexionar*, crítica;
para *meditar*, imágenes" (M). 2 *Imaginar, figurarse, creer, suponer.* 3 *Intentar, proyectar, idear, planear, proponerse.*

**pensil, pénsil** *m.* fig. *Jardín, vergel,
carmen* (Gran.).

**pensión** *f. Pupilaje, casa de huéspedes.*

**pensionado, -da** *adj.-s. Internado.*
Esp. si es un colegio.

**pentecostés** *m. Pascua del Espíritu
Santo.*

**penuria** *f. Escasez, estrechez, carestía,
falta, necesidad.*

**peña** *f. Roca.*

**peñasco** *m. Risco.* 2 (del hueso temporal) *Región petrosa.*

**peñascoso, -sa** *adj. Riscoso, rocoso,
enriscado.*

**peño** *m. Expósito, echadillo, echadizo,
inclusero, enechado.*

**péñola** *f. Pluma* (para escribir), *péndola.*

**peñolada** *f. Plumada* (acción), *plumazo.*

**peón** *m. Peatón.* 2 *Trompo.*

**peonía** *f. Saltaojos, rosa albardera,
rosa de rejaldar, rosa montés.*

**I pepita** *f.* (semilla) *Pipa.*

**II pepita** *f.* (de la gallina) *Gabarro,
moquillo.*

**pepón** *m. Sandía, melón de agua, zandía.*

**pequeñez** *f. Niñería, nimiedad, bagatela, menudencia, minucia, fruslería,
nadería, nonada.* 2 *Mezquindad, miseria, bajeza.*

**pequeño, -ña** *adj. Parvo, escaso, reducido, limitado, corto.* 2 *adj.-s. Chico,
párvulo, niño.*

**peraleda** *f. Pereda.*

**peralto** *m.* GEOM. *Altura* (de una figura plana), *alto, elevación, altitud.*

**perantón** *m. Pinillo, mirabel, ayuda*
(planta).

**percalina** *f. Lustrina.*

**percance** *m. Contratiempo, accidente,
contrariedad.*

**percatarse** *prnl. Advertir, darse cuenta, reparar, notar, observar, enterarse,
advertir, echar de ver, darse cuenta.* ↔
IGNORAR, DESCONOCER.

**percebe** *m. Escaramujo, pie de cabra.*

**percepción** *f. Sensación, impresión.*

**perceptible** *adj. Apreciable.*

**I percha** *f.* MAR. *Brazal.*

**II percha** *f. Baila, raño, perca, trucha
de mar.*

**percibimiento** *m. Apercibimiento.*

**percibir** *tr.-prnl. Cobrar\*, recibir.* 2
*Ver, notar, darse cuenta, advertir, dis-
tinguir, sentir, discernir\*.* ↔ IGNORAR,
CEGARSE. 3 *Conocer, comprender, concebir.* ↔ DESCONOCER.

**percusión** *f. Golpe.*

**percutir** *tr. Golpear\*, chocar, herir. Percutir es tecnicismo médico o de uso literario.*

**percutor** *m.* MED. *Plesor.*

**perder** *tr. Desperdiciar, malgastar, disipar.* 2 *prnl. Extraviarse, desorientarse, confundirse.* ↔ HALLARSE, ENCONTRARSE, ORIENTARSE. 3 *Naufragar, zozobrar, irse a pique.* ↔ SALVARSE. 4 *Viciarse, corromperse, pervertirse.*

**perdición** *f. Ruina, destrozo, destrucción, devastación, desolación, decadencia\*.*

**pérdida** *f. Daño, merma, menoscabo, perjuicio, quebranto, baja\*.* 2 *Extravío, desorientación.*

**perdido** *m. Vicioso, calavera, tronera.*

**perdigar** *tr. Aperdigar, emperdigar.*

**perdis** *m.* fam. *Calavera, perdido, vicioso, tronera, mujeriego.*

**perdón** *m. Remisión, absolución, gracia.* "El *perdón* depende del ofendido, y produce la reconciliación cuando sinceramente se concede y sinceramente se pide. La *remisión* tiene una relación particular con la pena con que merece castigarse; la concede el príncipe o el magistrado, e impide la ejecución de la justicia. La *absolución* concierne propiamente al estado del culpable; se pronuncia por el juez civil o por el ministro eclesiástico, y restablece al acusado o al penitente en los derechos de la inocencia" (Ma). ↔ CONDENA. 2 *Indulgencia.*

**perdonar** *tr.-prnl. Remitir, disculpar, excusar, exculpar, dispensar, eximir, indultar, amnistiar, condonar, pasar por alto, aflojar la cuerda, perdonar el hecho.* La idea general de *perdonar* se halla en el fondo de numerosos verbos con matices especiales. *Remitir* es palabra culta, de cierta solemnidad: *remitir* los pecados, las culpas. *Disculpar, excusar,* faltas u omisiones, gralte. leves. *Exculpar, descargar* la culpa, declarar sin culpa. *Dispensar* faltas leves o el cumplimiento de algún requisito. *Eximir* de una obligación. *Indultar, amnistiar* (esp. delitos políticos) de penas personales impuestas por la ley; también en esta acepción *condonar,* pero más esp. si se trata de deudas o sanciones pecuniarias; *conmutar* una pena es cambiarla por otra inferior, esp. la de muerte por cadena perpetua. *Absolver* tiene sentido espiritual o moral que lo hace aplicable esp. a pecados, injurias, resentimientos; también significa declarar la inculpabilidad de un reo el juez o el tribunal de justicia. ↔ CONDENAR, INCULPAR.

**perdonavidas** *m. Baladrón, fanfarrón, valentón, matasiete, guapo.*

**perdulario, -ria** *adj.-s. Tronera, calavera, perdis, perdido, vicioso.*

**perdurable** *adj. Eterno\*, perpetuo\*, inmortal, imperecedero.* 2 *Duradero\*, permanente.*

**perduración** *f. Perseverancia, persistencia.*

**perdurar** *intr. Durar\*, subsistir, permanecer.*

**perecedero, -ra** *adj. Pasajero, caduco, transitorio, breve, fugaz, efímero\*.* Los tres últimos añaden a la idea de *perecedero* la de su corta duración.

**perecer** *intr. Acabar, extinguirse, sucumbir\*, morir.* "*Perecer* se aplica a las muertes ocurridas en circunstancias terribles, o al menos, inesperadas y graves, como la batalla, el rayo, el terremoto o el naufragio. No se dice que *perece* el que *muere* de una enfermedad aguda. Carlos V *murió* en un monasterio; Edipo *pereció* en una borrasca" (M). ↔ NACER, VIVIR, SALVARSE. 2 *prnl. Desear, apetecer, ansiar, anhelar, desvivirse, pirrarse.*

**pereda** *f. Peraleda.*

**peregrina** *f. Vieira.*

**peregrinación** *f. Romería.*

**peregrino, -na** *adj.-s. Romero.* 2 *adj. Raro, extraño, singular, insólito.*

**perejil.** *Perejil de mar m. Hinojo marino, empetro, perejil marino.* 2 **Perejil macedonio** *Apio caballar, esmirnio.*

**perenal** *adj. Perenne, perennal, perene,*

*incesante, perpetuo, continuo, permanente.* ↔ CADUCO, EFÍMERO.

**perencejo, -ja** *s. Amér. Mengano.*

**perendengue** *m. Arete, arillo, pendiente, arracada\*, zarcillo, verduguillo.*

**perene** *adj. Perenne, perenal, perennal, incesante, perpetuo, continuo, permanente.* ↔ CADUCO, EFÍMERO.

**perengano** *m. Fulano\*.*

**perennal** *adj. Perenne, perenal, perene, incesante, perpetuo, continuo, permanente.* ↔ CADUCO, EFÍMERO.

**perenne** *adj. Perenal, perennal, perene, incesante, perpetuo\*, continuo, permanente, perdurable. 2 BOT. Vivaz.*

**perentoriedad** *f. Urgencia, prisa, premura.* ↔ PARSIMONIA, CALMA, LENTITUD.

**perentorio, -ria** *adj. Concluyente, decisivo, terminante, definitivo.* ↔ LENTO, PASIVO.

**pereza** *f. Galbana, gandulería, chucha, perra, holgazanería, haronía (p. us.), pigricia, ignavia, poltronería, desidia, negligencia. Pigricia e ignavia son latinismos poco usados.* ↔ DILIGENCIA, ACCIÓN, APLICACIÓN, ACTIVIDAD.

**perezoso** *m. Calípedes, perico ligero.*

**perezoso, -sa** *adj.-s. Holgazán, indolente\*, poltrón, gandul, haragán, vago, tumbón.*

**perfección** *f. Perfeccionamiento.*

**perfeccionamiento** *m. Perfección (acción), mejora, optimización.*

**perfeccionar** *tr. Acabar, ultimar, rematar, pulir, dar el golpe de gracia. 2 Mejorar, optimar, optimizar.*

**perfectamente** *adv. m. Divinamente, admirablemente.*

**perfecto, -ta** *adj. Acabado, cabal, completo\*, cumplido.*

**perfidia** *f. Alevosía, traición, prodición, felonía, deslealtad.*

**pérfido, -da** *adj. Desleal, traidor, fementido, infiel\*, felón, alevoso, aleve\*.* ↔ LEAL, SINCERO.

**perfil** *m. Contorno, silueta.*

**perfilarse** *prnl. Aderezarse, componerse\*, arreglarse, acicalarse.*

**perforación** *f. Agujero\*, horado, huraco (rúst.), orificio, taladro, cala.*

**perforar** *tr. Horadar\*, taladrar, agujerear.*

**perfumado, -da** *adj. Aromático, fragante, aromoso, oloroso, odorífero.*

**perfumar** *tr. Aromatizar, embalsamar, sahumar.*

**perfume** *m. Aroma, fragancia\*, buen olor, efluvio. 2 Esencia, bálsamo.*

**pérgola** *f. Emparrado.*

**periambo** *m. Pirriquio, pariambo.*

**pericia** *f. Destreza, habilidad\*, práctica, experiencia, conocimiento.* ↔ INHABILIDAD, INEXPERIENCIA, DESCONOCIMIENTO.

**periclitar** *intr. Decaer, declinar, peligrar.*

**perico** *m. (ave) Mariquita, periquito. 2 Perico ligero Perezoso (animal).*

**peridoto** *m. Olivino.*

**periferia** *f. Circunferencia (contorno).*

**periférico** *m. INFORM. Dispositivo periférico.*

**periférico, -ca** *adj. Lateral, excéntrico.* ↔ CENTRAL, ENDOCÉNTRICO.

**perífrasis** *f. Circunloquio, circunlocución, rodeo.*

**perilla** *f. Pera.*

**perillán, -ana** *s. Pícaro, astuto, tuno, taimado.*

**perímetro** *m. Contorno.*

**perínclito, -ta** *adj. Ínclito, ilustre, esclarecido, renombrado, famoso, afamado, célebre.*

**perineumonía** *f. Pulmonía, neumonía.*

**perineumónico, -ca** *adj.-s. Pulmoníaco, neumónico.*

**periódico** *adj. Regular, fijo.*

**periódico, -ca** *m. Diario, semanal, semanario, hebdomedario (p. us.), quincenal, mensual, bimensual, bimestre, trimestral, cuatrimestral, semestral. Según el período que media en la publicación de sus números.*

**período** *m. Fase, etapa, ciclo, estadio. 2 Menstruación. 3 GRAM. Cláusula, oración compuesta.*

**peripatético, -ca** *adj.-s. Aristotélico.*

2 *adj.* fig. *Ridículo, extravagante.* 3
MED. *Ambulante, ambulatorio.*
**peripato** *m. Aristotelismo.*
**peripecia** *f.* fig. *Accidente, contratiempo, percance.*
**periplo** *m. Circunnavegación.*
**peripuesto, -ta** *adj. Repulido, acicalado, atildado, emperejilado.*
**periquete. En un periquete** *loc. adv. En un santiamén, al instante, al momento, en seguida, rápidamente.*
**periquito** *m. Perico (ave), mariquita.*
**perístasis** *f.* RET. *Tema, argumento* (del discurso).
**peristilo** *m. Propileo.*
**peritiflitis** *f.* MED. *Apendicitis.*
**perito, -ta** *adj. Hábil, diestro, conocedor, experimentado, experto\*, práctico, competente.* ↔ INEXPERTO, DESCONOCEDOR, INCAPAZ.
**peritomía** *f.* MED. *Circuncisión.*
**perjudicar** *tr.-prnl. Dañar\*, damnificar, menoscabar, volverse contra uno, hacer un flaco servicio.* ↔ FAVORECER, PERDONAR.
**perjudicial** *adj. Dañino, dañoso, nocivo, pernicioso.* Cuando lo es en alto grado, *pernicioso.*
**perjuicio** *m. Daño, detrimento, menoscabo, quebranto, deterioro.* ↔ FAVOR, BIEN, REGALO, VENTAJA.
**perjuro, -ra** *adj. Falso, traidor, felón, desleal, infiel\*, alevoso.*
**perla** *f. Margarita, aljófar.* La pequeña y de figura irregular, *aljófar.*
**perlático, -ca** *adj.-s.* ant. (pers.) *Paralítico, impedido, tullido, imposibilitado.*
**perlita** *f. Fonolita.*
**permanecer** *intr. Estar, persistir, subsistir, mantenerse, continuar, quedarse, residir, ir pasando, estar en pie, durar\*.* ↔ AUSENTARSE, PASAR, RENDIRSE.
**permanencia** *f. Estadía, detención, estancia.*
**permanente** *adj. Estable, fijo, firme, inalterable, invariable, inmutable, durardero\*.* 2 GRAM. *Imperfectivo.*
**permisible** *adj. Tolerable, admisible.*
**permisión** *f.* RET. *Epítrope.*

**permiso** *m. Autorización, consentimiento, licencia, venia, beneplácito, aquiescencia.*
**permitido, -da** *adj. Lícito, legal.*
**permitir** *tr.-prnl. Aprobar, acceder, consentir, cerrar los ojos, pasar por alto, hacer la vista gorda, tolerar, sufrir, aguantar.* Los tres últimos, cuando se permite con repugnancia o dificultad. "*Permitir* es ejercer un acto de autoridad, autorizando expresamente lo prohibido; *tolerar* es permitir tácitamente; *sufrir* es *tolerar* lo que perjudica al que *sufre.* Un padre de familia *permite* que su hijo se case antes del tiempo de su emancipación; *tolera* algún exceso en sus gastos; pero no *sufre* que lo desobedezca ni insulte" (M). ↔ PROHIBIR, DESAUTORIZAR.
**permuta** *f. Cambio\*, trueque, canje.*
**permutar** *tr. Cambiar, canjear, conmutar\*, trocar.*
**pernera** *f. Pernil* (del pantalón).
**pernicioso, -sa** *adj. Malo, maligno, dañino, dañoso, nocivo, perjudicial.*
**pernil** *m. Jamón, nalgada.* Cuando está curado, *jamón*; pero en algunas regiones (Ar.) se denomina también *pernil* el que está curado; curado o sin curar, *nalgada.* 2 *Pernera* (del pantalón).
**pernoctación** *f.* MED. *Insomnio.*
**pernoctar** *intr. Trasnochar, hacer noche.*
**I pero** *conj.* adversativa *Mas, empero, sino.*
**II pero** *m. Dificultad, estorbo, defecto, tacha.* ↔ PERFECCIÓN, FACILIDAD.
**peroración** *f. Discurso, oración.* 2 RET. *Epílogo.*
**perorar** *intr. Hablar, discursear, meter baza, hablar por los codos, tomar la palabra, descoser los labios, soltar el mirlo.* ↔ CALLAR.
**perorata** *f. Soflama, prédica.*
**perpendículo** *m. Plomada* (pesa de metal), *plomo.*
**perpetrar** *tr. Consumar, cometer.*
**perpetua** *f.* (planta) *Sempiterna.* 2 (flor) *Siempreviva.*

**perpetuamente** *adv. m. Siempre, perdurablemente, continuamente, perennemente.*

**perpetuar** *tr.-prnl. Inmortalizar, eternizar, ir para largo, haber para rato, hacerse crónico.* 2 *Continuar, propagar.* P. ej.: *perpetuar* la dinastía, *perpetuar* la especie.

**perpetuo, -tua** *adj. Continuo, incesante, imperecedero, perenne, perdurable, inmortal, eterno\*, sempiterno.* "*Perpetuo* representa una duración indeterminada; *continuo,* una duración no interrumpida. El movimiento de un planeta es *perpetuo* porque no conocemos el término de su duración; es *continuo,* porque no se interrumpe jamás su curso" (LH). ↔ MORTAL. 2 *Vitalicio.*

**perplejidad** *f. Hesitación* (p. us.), *vacilación, irresolución, indecisión, incertidumbre\*, indeterminación, duda.* "La *perplejidad* está en el entendimiento cuando se mantiene en una especie de equilibrio entre razones opuestas; la *hesitación,* la *vacilación,* la *irresolución* e *indecisión* están en la voluntad. Las palabras *irresolución* e *indecisión* expresan cualidades de ánimo; las otras significan más bien disposiciones transitorias, hijas de las circunstancias; así es que el hombre de carácter más firme y decidido puede hallarse *perplejo,* puede *vacilar* y *hesitar* en ocasiones críticas, del mismo modo que el hombre más *irresoluto* y más *indeciso*" (M). ↔ DECISIÓN, FE, RESOLUCIÓN, DESPREOCUPACIÓN.

**perplejo, -ja** *adj. Vacilante, irresoluto, indeciso, incierto, dudoso\*.*

**perra** *f. Pereza, galbana, gandulería, chucha, holgazanería, haronía* (p. us.), *pigricia.* ↔ DILIGENCIA, ACCIÓN, APLICACIÓN. 2 *Rabieta, perrera.*

**perrera** *f. Rabieta, perra.*

**perrería** *f. Vileza, deslealtad, trastada, mala pasada.* 2 *Insulto, improperio, dicterio, denuesto.*

**perrero** *f. Caniculario, echaperros.*

**perro** *m. Can, chucho, guau.* Este último, en el habla infantil.

**perruna** *f. Pan de perro.*

**persa** *adj.-com.* (pers.) *Persiano, pérsico.*

**persecución** *f. Acoso, seguimiento.*

**perseguir** *tr. Acosar, estrechar, acorralar, seguir la pista, pisar los talones, no dejar ni a sol ni a sombra. Acorralar* es encerrar al perseguido entre obstáculos que no le dejan salida. "*Perseguir* es seguir al que huye, con ánimo de darle alcance. *Acosar* es *perseguir* con empeño, sin perder de vista al acosado. *Estrechar* es *acosar* con dirección a un obstáculo que no deje escape ni salida al estrechado. Se puede *perseguir* de lejos; se *acosa* estrechando la distancia progresivamente entre el que *acosa* y el que huye; se *estrecha,* cuando el *perseguido* queda entre el perseguidor y un muro, un río o un precipicio" (M). 2 *Importunar.* 3 *Molestar, vejar, dañar.*

**perserverancia** *f. Firmeza, tesón, constancia.* "La *perseverancia* está en las acciones y en la conducta; la *constancia,* en los sentimientos y en las opiniones. Tan *constante* fue Galileo en sus doctrinas sobre el movimiento de la Tierra, que *perseveró* en defenderlas aun después de condenadas" (M). ↔ INCONSTANCIA, INCUMPLIMIENTO, INDECISIÓN, DESAPLICACIÓN. 2 *Persistencia, perduración.* ↔ INCONSTANCIA.

**perseverante** *adj. Aplicado, cuidadoso, atento, asiduo, estudioso, constante\*.* 2 *Terne, obstinado, terco.*

**perseverar** *intr. Persistir, insistir, mantenerse, no volver la cara atrás, llevar adelante. Insisitir* indica acción reiterada; se *insiste* una y otra vez en una acción o propósito. "Dícese *perservar* cuando se continúa la cosa sin querer hacer mudanza o variación. *Persistir,* cuando se *persevera* con constancia y obstinación. Así pues, *persistir* es más que *perseverar*" (Ma).

↔ DESISTIR, RENUNCIAR, CEDER. 2 *Perdurar, permanecer.*

**persiano, -na** *adj.-s.* (pers.) *Persa, pérsico.*

**persicaria** *f. Duraznillo, hierba pejiguera.*

**pérsico** *m. Alpérsico, pérsigo, melocotonero.* Una de las variedades del *pérsico* es el *melocotonero.*

**persignar** *tr.-prnl. Signar, santiguar, hacer la señal de la cruz.*

**pérsigo** *m. Pérsico* (árbol y fruto), *alpérsico, melocotonero.*

**persistencia** *f. Perseverancia* (duración).

**persistente** *adj. Duradero\*, durable, estable, perdurable, permanente, constante\*, asiduo\*.*

**persistir** *intr. Insistir, perseverar, mantenerse, obstinarse, no dar el brazo a torcer.* ↔ RENUNCIAR. 2 *Perdurar, permanecer.*

**personaje** *m. Figura, personalidad.*

**personal** *adj. Particular, privativo, propio.* 2 *f.* DEP. *Falta.* En el baloncesto.

**personarse** *prnl. Presentarse, comparecer\*.*

**personificación** *f.* RET. *Prosopopeya.*

**perspicacia** *f. Agudeza, sutilidad, sutileza, penetración, sagacidad\*.* ↔ TONTERÍA, NECEDAD.

**perspicaz** *adj. Agudo, sutil, penetrante.*

**perspiración** *f.* MED. *Sudoración, transpiración.*

**persuadidor, -ra** *adj. Persuasor.*

**persuadir** *tr.-prnl. Convencer, decidir, inducir.* "Cuando queremos que una persona mude de conducta u opinión, nos procuramos valer de razones poderosas que le precisen o fuercen a hacer lo que le proponemos, y a esto llamamos *convencer* (...). Supone, pues, fuerza, principalmente de razones, de parte del que intenta *convencer,* demostrando la bondad o utilidad de alguna cosa, para llevar a la persona a que la ejecute o que en ella convenga. Se ve, pues, que la ac-

ción del *convencedor* se dirige principalmente a la inteligencia; así como la del *persuasor* a los sentimientos del corazón. Muy semejante al *convencimiento* es la *persuasión,* pues el *persuadir* se define generalmente como la acción dirigida a mover, excitar, obligar a uno a que ejecute lo que se propone, valiéndose de razones y discursos, no sólo que venzan su razón, sino más bien aun que conmuevan su corazón" (O).

**persuasión** *f. Convencimiento, convicción.*

**persuasivo, -va** *adj. Convincente, suasorio* (lit.).

**persuasor, -ra** *adj.-s. Persuadidor.*

**pertenecer** *intr. Corresponder.* "*Pertenecer* expresa derecho de propiedad de posesión o de clasificación; *corresponder* expresa analogía. Los adornos *corresponden,* y no *pertenecen,* al objeto adornado. Un traje serio *corresponde,* y no *pertenece,* a la edad madura. *Pertenecer,* además, se aplica solamente a nombres, y *corresponder,* a nombres y a verbos. Me *corresponde* ese puesto, o no te *corresponde* ocuparlo" (M). 2 *Competer, incumbir, tocar, atañer\*, concernir\*.*

**pertenencia** *f. Propiedad, dominio.*

**pértica** *f. Tornadura.*

**pértiga** *f. Lanza, timón, vara.*

**pértigo** *m. Timón, lanza* (del carro).

**pertinacia** *f. Obstinación\*, terquedad, tenacidad, tozudez, testarudez.* ↔ NEGLIGENCIA, RENDICIÓN, RESIGNACIÓN.

**pertinaz** *adj. Terco, obstinado, tenaz, testarudo, recalcitrante, contumaz\*.* 2 *fig. Duradero, persistente, insistente.*

**pertinencia** *f. Procedencia, oportunidad.*

**pertinente** *adj. Perteneciente, relativo, referente, concerniente.* 2 *Oportuno, a propósito, adecuado, conveniente, indicado.* ↔ INOPORTUNO, INCONVENIENTE.

**pertrechar** *tr. Abastecer\*, proveer, surtir, suministrar, aprovisionar, avituallar, municionar.*

**pertrechos** *m. pl. Material, instrumental.*

**perturbación** *f. Alteración, desorden, trastorno, desarreglo, turbación.* ↔ ORGANIZACIÓN, ORDEN, SOSIEGO.

**perturbado, -da** *adj.-s. Loco\*, demente, alienado, enajenado, insano.*

**perturbar** *tr.-prnl. Alterar, desordenar, desarreglar, turbar, trastornar, aguar la fiesta, armarse la gorda, echarse a la calle.* ↔ TRANQUILIZAR, AQUIETAR.

**peruano, -na** *adj.-s.* (pers.) *Perulero* (ant.), *peruviano.*

**peruétano** *m. Piruétano.*

**perulero, -ra** *adj.-s.* ant. (pers.) *Peruano, peruviano.*

**peruviano, -na** *adj.-s.* (pers.) *Peruano, perulero* (ant.).

**perversidad** *f. Nequicia* (lit.), *maldad, perfidia, malignidad, perversión, protervia.*

**perversión** *f. Depravación\*, envilecimiento, corrupción, desenfreno, perversidad.*

**perverso, -sa** *adj. Malo\*, malvado, maligno, depravado, corrupto, protervo.*

**pervertir** *tr.-prnl. Mal inclinar, enviciar, viciar, malear, maliciar, corromper, depravar, echar a perder, ofender los ojos.* ↔ PERFECCIONAR, PURIFICAR.

**pesadez** *f. Pesadumbre, pesantez, gravedad.* 2 *Impertinencia, importunidad, lata.*

**pesadilla** *f. Paroniria* (MED.).

**pesado, -da** *adj. Grave, ponderoso.* Ambos son de uso culto o literario. 2 *Tardo, lento, calmoso, cachazudo.* 3 *Molesto, enfadoso, enojoso, cargante, fastidioso, tedioso, latoso, desagradable.* 4 *Duro, áspero, insufrible, dañoso, fuerte.*

**pesadumbre** *f. Pesadez, pesantez, gravedad.* 2 *Desazón, disgusto, pena, pesar, dolor\*, tristeza\*.* 3 *Querella, riña, quimera, contienda, cuestión.*

**pesaleche** *m. Areómetro, densímetro, lactómetro.*

**pesalicores** *m. Areómetro, densímetro, alcoholímetro.*

**pésame** *m. Condolencia.*

**pesantez** *f. Gravedad* (fuerza), *peso.*

**I pesar** *m. Sentimiento, dolor\*, pena\*, aflicción, pesadumbre, tristeza.* 2 *Arrepentimiento\*.* 3 **A pesar de ello** *loc. conj. Sin embargo, no obstante, empero, con todo.*

**II pesar** *intr. Arrepentirse.* 2 *tr. Examinar, considerar, reflexionar, pensar.*

**pesaroso, -sa** *adj. Afligido, entristecido, apenado.* 2 *Arrepentido.*

**pescada** *f. Merluza* (pez), *pescadilla.*

**pescadilla** *f. Merluza, pescada, pijota.* Llámase *pescadilla* especialmente a la *merluza* pequeña.

**pescador** *m. Pejesapo, alacrán marino, rana marina, rape, sapo marino.*

**pescar** *tr. fig. Coger, lograr, conseguir, agarrar, pillar, atrapar\*.* El matiz fam. o burlesco de *pescar* en esta acepción está muy próximo al de *agarrar, pillar, atrapar.* 2 **No saber lo que se pesca** *loc. Estar in albis, estar pez, no saber la cartilla.*

**pescuezo** *m. Cogote\*, cerviz.* 2 *Amér. Cuello.*

**pesimista** *adj.-s. Amargado, malhumorado.* ↔ OPTIMISTA.

**pésimo, -ma** *adj. Detestable, abominable, execrable, aborrecible, odioso.*

**peso** *m. Pesantez, pesadez, gravedad.* 2 fig. *Entidad, sustancia, importancia.* 3 **Peso específico** *Densidad.*

**pesquis** *m. Cacumen, caletre, chirumen, mollera, ingenio, agudeza, perspicacia, penetración.*

**pesquisa** *f. Investigación, averiguación, indagación, búsqueda.*

**pesquisar** *tr. Buscar\*, inquirir, averiguar, indagar, investigar.*

**pesquisidor, -ra** *adj.-s. Inquisidor.*

**peste** *f. Epidemia, epizootia, plaga.* *Epidemia*, en el hombre; *epizootia*, en los animales; *plaga* se aplica esp. a las plantas, pero puede aplicarse también a los animales. 2 *Mal olor, hedor, hediondez, fetidez, pestilencia.*

**pestífero, -ra** *adj. Contagioso.* 2 *Pestilente, hediondo, fétido, apestoso.*

**pestilencia** f. Hediondez, hedor, fetidez, peste.

**pestilente** adj. Pestífero, hediondo, fétido, apestoso. 2 fig. Infecto, repugnante, asqueroso, nauseabundo.

**pestuño** m. Carnicol.

**pesuña** f. Pezuña, uña.

**petaca** f. Cigarrera, pitillera, tabaquera. La que se emplea para cigarros y cigarrillos, cigarrera, pitillera; para tabaco suelto, tabaquera.

**petardear** tr. Sablear, dar un sablazo, pegar un petardo, trampear, truhanear.

**petardista** com. Sablista, tramposo, trapisondista, estafador.

**petardo** m. fig. Estafa, sablazo.

**petición** f. Ruego, solicitud, súplica, demanda. ↔ MANDATO. 2 Reclamación, exigencia. 3 DER. Pedimento, demanda.

**petimetre, -tra** s. Lechuguino, gomoso, pisaverde, currutaco.

**petraria** f. Balista.

**petrel** m. Ave de las tempestades.

**petrificación** f. Lapidificación, fosilización. Este último, tratándose de un animal o vegetal que se convierte en piedra.

**petrificar** tr.-prnl. Fosilizar. Si se trata de un ser orgánico.

**petrografía** f. Litología.

**petróleo** m. Oro negro.

**petrolero** m. Barco aljibe, barco cisterna.

**petroso, -sa** adj. Pedregoso. Tratándose del lugar en que hay muchas piedras.

**petulancia** f. Presunción, envanecimiento, engreimiento, fatuidad, vanidad, jactancia*. ↔ MODESTIA, CORRECCIÓN.

**petulante** adj. Presuntuoso, engreído, fatuo, vanidoso.

**peucédano** m. Servato, ervato, hierba de Túnez.

**pez** m. (excremento) Alhorre, meconio. 2 **Estar pez** loc. No saber la cartilla, no saber lo que se pesca, estar in albis. 3 **Pez de San Pedro** m. Gallo, ceo. 4 **Pez espada** loc. Jifia. 5 **Pez mujer** m.

Pejemuller, pez muller, rosmaro, manatí, manato. 6 **Pez volante** Volador.

**pezón** m. Rabillo, cabillo, pedúnculo (científ.), pedículo (científ.). En las hojas. 2 Teta. En los animales.

**pezpita** f. Aguzanieves, aguanieves (vulg.), andarríos, apuranieves, avecilla, pajarita de las nieves, pezpítalo.

**pezpítalo** m. Aguzanieves, aguanieves (vulg.), andarríos, apuranieves, avecilla, pajarita de las nieves, pezpita.

**pezuña** f. Pesuña, uña.

**piadoso, -sa** adj. Compasivo, misericordioso, benigno. 2 Religioso, devoto, pío.

**pialar** tr. Argent. y Chile. Manear, manganear, apealar.

**piar** intr. Piular.

**pica** f. TAUROM. Garrocha, vara.

**picadura** f. Pinchazo. 2 Mordedura, punzada, picada. 3 Caries.

**picaflor** m. Colibrí.

**picajoso, -sa** adj.-s. Sentido, delicado, susceptible, quisquilloso, puntilloso.

**picante** adj. fig. Mordaz, satírico, cáustico, punzante, acerbo. 2 Aceroso.

**picaporte** m. Llamador, aldaba, aldabón.

**picar** tr. Pinchar, punzar. "Los tres verbos significan herir con instrumento de punta. Picar es herir ligeramente; pinchar es herir con rapidez y violencia; punzar es herir con esfuerzo sostenido y penetrando en lo interior. Por esto se da el nombre de punzada al dolor agudo. Se dice: picadura de alfiler, pinchazo de garrocha y punzada de alesna" (M). 2 TAUROM. Agarrochar, garrochear, varear. 3 Picotear. 4 Aguijar, espolear. 5 Seguir, perseguir, seguir el alcance (ant.). 6 Escocer, concomer. 7 Cortar, trinchar. 8 Mover, incitar, excitar, estimular, aguijonear. 9 prnl. Carcomerse, apolillarse, cariarse. Este último, trtándose de los dientes. 10 Avinagrarse. 11 Sentirse, resentirse, ofenderse. "Nos picamos por una falta de urbanidad, por una alusión maligna, por alguna infracción de las prácticas convencionales que se observan generalmente en el trato social; nos *resentimos* de un desaire, de una injusticia, de un agravio personal. No sólo nos *ofendemos* en estos casos, sino cuando en nuestra presencia se cometen actos indecorosos y ofensivos al respeto que los hombres se deben entre sí, aunque no se dirijan a nuestras personas" (M). 12 *Preciarse, jactarse, alabarse, vanagloriarse, repicarse.*

**picardía** *f. Maldad, bajeza, ruindad, vileza, bribonada.* 2 *Bellaquería, astucia, disimulo, sagacidad.* 3 *Travesura.*

**pícaro, -ra** *adj.-s. Bajo, ruin, doloso, pillo, villano, granuja, vil, desvergonzado.* 2 *Astuto, tunante, tuno, taimado, enredador.*

**picazón** *f. Hormiguillo, picor, rascazón, comezón, prurito, quemazón, cosquilleo, hormigueo. Prurito* es voz docta o tecnicismo médico. En sentido figurado *comezón* y *prurito* significan deseo vehemente y la desazón que este deseo produce: tener *comezón* o *prurito* de discutir una doctrina. Intensivo, *quemazón.*

**pichichi** *m.* DEP. *Máximo goleador.* En el fútbol.

**picor** *m. Escozor.* 2 *Picazón\*, comezón\*.*

**picotada** *f. Picotazo, picada, picazo.*

**picotazo** *m. Picotada, picada, picazo.*

**picotear** *tr. Picar.*

**picudo, -da** *adj. Hocicón, hocicudo, bezudo, morrudo.*

**pidientero** *m. Pordiosero, mendigo, mendicante, mendigante, pobre.*

**pidón, -ona** *adj.-s. fam. Pedigüeño, pedidor.*

**pie. A pie** *loc. adv. Andando.* 2 **No tener pies ni cabeza** *loc. Ser disparatado, no tener sentido, no tener por donde agarrarse* (fam.). 3 **Pie de burro** *m. Bálano, balano.* 4 **Pie de cabra** *Percebe, escaramujo.* 5 **Pie de león** *Alquimila, pata de león, estela, estelaria.*

**piedad** *f. Compasión, misericordia, ca-*ridad, conmiseración, lástima\*.* ↔ INHUMANIDAD, CRUELDAD, SAÑA. 2 *Devoción.*

**piedra. Piedra afiladera** *f. Asperón, piedra aguzadera, piedra amoladera, piedra melodreña.* 2 **Piedra berroqueña** *Granito.* 3 **Piedra botella** MINERAL. *Moldavita, crisolito de agua.* 4 **Piedra calaminar** *Calamina, caramilla.* 5 **Piedra de Amazonas** MINERAL. *Amazonita.* 6 **Piedra de Mocha** *ágata dendrítica, dendrita.* 7 **Piedra de cal** *Caliza.* 8 **Piedra de chispa** *Pedernal, cuarzo, moleña.* 9 **Piedra de hueso** MINERAL. *Odontolita.* 10 **Piedra de la luna** *Labradorita, piedra de las Amazonas, piedra del Labrador, piedra del sol.* 11 **Piedra del águila** *Etites.* 12 **Piedra imán** *Magnetita, calamita, caramida.* 13 **Piedra inga** *Pirita, marcasita, margajita, marquesita.* 14 **Piedra meteórica** *Aerolito, meteorito, uranolito.* 15 **Piedra nefrítica** *Jade, piedra de ijada* (ant.). 16 **Piedra televisión** MINERAL. *Boronatrocalcita, ulexita.*

**piel** *f. Pelleja, pellejo, cutis, tez, dermis* (MED.). En el hombre, *cutis; tez* se aplica esp. a la piel del rostro humano. 2 *Cuero.*

**piélago** *m. lit. Mar.*

**piérides** *f. pl. Musas.*

**pierna** *f. Pata, zanca.* En los animales y objetos inanimados, *pata;* p. ej.: las *patas* de un perro, de una silla. Pierna larga y delgada, *zanca.*

**pieza** *f. Parte, trozo, pedazo.* 2 *Habitación, aposento, estancia, cuarto.*

**piezgo** *m. Pielgo.* 2 *Cuero, odre.*

**pifia** *f. fig. Error, descuido, equivocación, desacierto.*

**pigargo** *m. Halieto.* 2 *Melión.*

**pigmento** *m. Tinte, colorante.*

**pigmeo, -ea** *adj.-s. fig. Enano, liliputiense, gorgojo, petizo* (Argent.), *chaparro* (Méx.). ↔ GIGANTE.

**pignoración** *f. Empeño.*

**pignorar** *tr. Empeñar.*

**pigricia** *tr. Pereza, negligencia, desidia,*

descuido, haraganería, holgazanería. ↔ DILIGENCIA, RAPIDEZ, FORTALEZA.

**pila** f. Amér. Fuente (de agua), vertiente (Amér.).

**píldora** f. FARM. (pequeña) Gragea, gránulo, párvulo.

**pileta** f. Amér. Alberca (Amér.), piscina.

**pillada** f. Pillería, picardía, bellaquería, tunantada.

**pillaje** m. Hurto, rapiña. 2 Robo, saqueo.

**pillar** tr. Hurtar, robar, rapiñar, saquear. 2 Coger, agarrar*, arrebatar*. 3 Atrapar, sorprender, pescar*, cazar.

**pillastre** m. Pillo, sagaz, astuto, granuja, pícaro, tuno, taimado.

**pillería** f. Pillada, picardía, bellaquería, tunantada.

**pillete** m. Granuja, ratero, golfo.

**pillo, -lla** adj.-s. Sagaz, astuto, granuja, pillastre, pícaro, tuno, taimado.

**pilón** m. Pila.

**piloriza** f. BOT. Cofia.

**píloro** m. Portanario.

**piloto automático** m. Autopiloto.

**pimentero** m. Pimiento.

**pimienta** f. Pebre.

**pimiento** m. Pimentero (arbusto). 2 **Pimiento de cerecilla** Guindilla, cerecilla, pimiento de las Indias.

**pimpido** m. Colayo.

**pimpinela** f. Sanguisorba.

**pimpollear** intr. Apimpollarse, pimpollecer.

**pimpollecer** intr. Pimpollear, apimpollarse.

**pimpollo** m. Brote, renuevo, vástago.

**pina** f. Cama. En las ruedas de los carros.

**pinabete** m. Abeto.

**pinar** m. Pineda.

**pincelero** m. Brucero.

**pinchar** tr. Picar*, punzar.

**pinchazo** m. Picadura, punzadura, punzada.

**pinche, -cha** s. Sollastre, pícaro, marmitón, galopillo.

**pincho** m. Aguijón, punta.

**pindonguear** intr. desp. Callejear, pendonear.

**pineda** f. Pinar.

**pingajo** m. Pingo, andrajo, harapo, guiñapo, arrapiezo.

**pingo** m. desp. Andrajo, argamandel, harapo, guiñapo, zarria, pingajo.

**pingüe** adj. Craso, grueso, gordo. ↔ DELGADO. 2 fig. Abundante, copioso, cuantioso, fértil. ↔ ESCASO (fig.).

**pingüino** m. Pájaro bobo.

**ping-pong** m. DEP. Tenis de mesa.

**pinillo** m. Hierba artética. 2 Mirabel, ayuga, perantón.

**pinjante** adj.-com. Colgante, pendiente.

**pinta** f. fig. Exterior, traza, porte, apariencia, aspecto, facha (fam. o burl.). Por ejemplo, tiene pinta de torero.

**pintacilgo** m. Jilguero, cardelina, colorín, pintadillo, silguero, sirguero.

**pintada** f. Gallina (de Guinea).

**pintadera** f. Carretilla.

**pintadillo** m. Jilguero, cardelina, colorín, pintacilgo, silguero, sirguero.

**pintado, -da** adj. Pintojo, manchado.

**pintarrajear** tr. Embadurnar, untar, embarrar, manchar, pintarrajar.

**pintarroja** f. Lija (pez), melgacho.

**pintear** impers. Lloviznar, molliznar, molliznear, chispear.

**pintiparado, -da** adj. Parecido, semejante, igual. 2 Justo, ajustado, medido, exacto, clavado.

**pintojo, -ja** adj. Pintado, manchado.

**pintor, -ra** s. Acuarelista, pastelista, fresquista, templista, paisajista, retratista, miniaturista, orbaneja (desp.), pintamonas (desp.). Los cuatro primeros, según los materiales que emplea. Los cinco siguientes, según el género que cultiva.

**pintura** f. Lienzo, cuadro.

**pínula** f. Dioptra.

**pinzas** f. pl. Tenacillas, mediacaña.

**pinzón** m. Guimbalete.

**piña de América** f. Ananá, ananás.

**piñata** f. Olla (vasija), marmita.

**piñón. Estar a partir un piñón** loc.

Ser uña y carne, comer en un mismo plato, avenirse.

**piñonate** m. Empiñonado.

**piñuelo** m. Erraj, herraj, herraje.

**pío, -a** adj. Devoto, piadoso. 2 Benigno, misericordioso, compasivo.

**piojera** f. (hierba) Estafisagria, albarraz, hierba piojenta, uva tamínea, uva taminia.

**piojo** m. Cáncano, miseria. En el habla popular es frecuente designarlo con el eufemismo miseria.

**piojuelo** m. Pulgón.

**piorno** m. Gayomba, retama macho, retama de olor.

**piosis** f. MED. Supuración.

**I pipa** f. (de fumar) Cachimba. 2 Tonel, cuba, bota, candiota.

**II pipa** f. Pepita (semilla).

**pipería** f. MAR. Botamen, botería.

**pipeta** f. QUÍM. Catalíquidos.

**pipi** m. (ave) Pitpit.

**pipí** f. Orina, meados (vulg.), orín, aguas, aguas menores, pis. En el habla infantil.

**pipirigallo** m. Esparceta.

**pipiritaña, pipitaña** f. Pipa, zampoña.

**piporro** m. fam. mús. Bajón.

**piragón** m. Pirausta, piral.

**piragüismo** m. Canotaje.

**piral** m. Pirausta, piragón.

**pirar** intr.-prnl. vulg. Afufar, huir, escapar, desaparecer. Se usa principalmente en la expresión pirárselas.

**pirata** m. Corsario.

**pirausta** f. Piragón, piral.

**pirético, -ca** adj. MED. Febril.

**pirexia** f. MED. Fiebre.

**pirita** f. Piedra inga, marcasita, margajita, marquesita.

**pirlitero** m. Majuelo (arbusto), marzoleto.

**pirolusita** f. Manganesa.

**piropear** tr. Requebrar, echar flores, decir flores, florear.

**piropo** m. fig. Lisonja, requiebro, flor, galantería*. 2 MINERAL. Rubí.

**pirosis** f. MED. Rescoldera. El sinónimo, en el habla corriente.

**pirotécnico** m. Cohetero, artificiero, polvorista, polvorero (Colomb.).

**piroxilina** f. Pólvora de algodón.

**pirrarse** prnl. fam. Desear, anhelar, desvivirse, perecerse, beber los vientos.

**pirriquio** m. Pariambo, periambo.

**pirueta** f. Cabriola, brinco, salto, voltereta.

**piruétano** m. Peruétano.

**pisada** f. Huella*, holladura. 2 Patada.

**pisador** m. Pisaúvas.

**pisar** tr. Hollar. 2 Pisotear. 3 Conculcar, infringir, quebrantar, atropellar.

**pisaúvas** com. Pisador (de uvas).

**pisaverde** m. Gomoso, lechugino, petimetre.

**piscina** f. Pecina.

**piscívoro, -ra** adj.-s. Ictiófago.

**piso** m. Suelo, pavimento, solado. 2 Suela. 3 Alto, planta. 4 Cuarto, vivienda, habitación, apartamiento, apartamento.

**pisotear** tr. Hollar*, rehollar, patear. 2 fig. Humillar, maltratar, conculcar, atropellar, infringir, quebrantar.

**pista** f. Huella, rastro. 2 DEP. Cancha.

**pistacho** m. Alfóncigo, alfócigo.

**pistacita** f. MINERAL. Epidota.

**pistolete** m. Cachorrillo.

**pistón** m. Émbolo.

**pita** f. Cabuya, henequén, pitera.

**pitada** f. Silba, pita. ↔ OVACIÓN, APLAUSO.

**pitanza** f. Manduca, condumio, comida.

**pitañoso, -sa** adj. Legañoso, pitarroso.

**pitar** intr. Silbar, abuchear. ↔ APLAUDIR, APROBAR. 2 intr.-tr. Amér. Fumar, chupar (Amér.).

**pitecántropo** m. Hombre de Java.

**pitera** f. Agave, pita (planta).

**pitiatismo** m. MED. Histerismo.

**pítico, -ca** adj. Pitio.

**pitido** m. Silbido, pitío, silbo.

**pitillera** f. Petaca*, cigarrera, tabaquera.

**pitillo** m. Cigarrillo.

**pítima** f. fig. Borrachera.

**pitío** m. Silbido, pitido, silbo.

**pitio, -tia** *adj. Pítico.*
**pito** *m. Silbato.* 2 **No importar un pito** *loc. No importar un ardite, no importar un bledo, no importar un cornado, no importar un comino, no importar un maravedí, no importar un ochavo.*
**pitorreo** *m. Burla\*, guasa, mofa, rechifla, choteo.*
**pitpit** *m. Pipi* (pájaro).
**pituitario, -ria. Cuerpo pituitario** *m. Hipófisis.*
**piular** *intr. Piar.*
**pívot** *m.* DEP. *Pivote.* En el baloncesto.
**pivote** *m.* DEP. *Pívot.* En el baloncesto.
**pizarra** *f. Esquisto.* 2 *Encerado.*
**pizarrón** *m. Amér. Encerado, pizarra.*
**pizate** *m. Pazote, apasote, pasiote, hierba de Santa María, hierba del Brasil, hierba hormiguera, té borde.*
**pizca** *f. Ostugo, miaja, partícula.*
**pizcar** *tr.* fam. *Pellizcar, repizcar* (fam.).
**pizco** *m.* fam. *Pellizco, repizco, torniscón.*
**pizpita** *f. Aguzanieves.*
**placa** *f.* ELECTR. *Circuito.* 2 *Tarjeta.*
**pláceme** *m. Felicitación, enhorabuena, parabién.*
**placenta** *f. Parias.*
**placentero, -ra** *adj. Agradable\*, grato, apacible, ameno, alegre.*
**I placer** *m. Contento, goce, satisfacción, agrado, alborozo\*.* ↔ DOLOR. 2 *Gusto, deleite, delicia, gozo\*.* "Todo lo que excita nuestra satisfacción y alegría, sin mezcla de disgusto, es causa de *placer.* El *deleite* representa particularmente el gusto material que percibimos por nuetros sentidos. (...) Las tiernas caricias de un hijo son motivo de *placer.* Un manjar delicado, un lecho cómodo, un gusto que satisface la sensualidad, son motivos de *deleite.* No merece el nombre de *placer* la bárbara satisfacción del que en el furor de la venganza, se *deleita* con la vista de la sangre de su enemigo"

(LH). ↔ DOLOR. 3 *Entretenimiento, diversión, recreo.*
**II placer** *tr. Agradar, gustar, caer en gracia, ser de rechupete, llevarse los ojos.*
**placible** *adj. Agradable\*, deleitoso, delicioso, placentero, grato, sabroso, gustoso.* ↔ DESAGRADABLE.
**placidez** *f. Sosiego, tranquilidad, apacibilidad, quietud, agrado.* ↔ INTRANQUILIDAD, PENA.
**plácido, -da** *adj. Tranquilo, sosegado, quieto, manso, grato, placentero, apacible.*
**plaga** *f. Calamidad, infortunio, azote.* 2 *Peste\*, epidemia.*
**plagiar** *tr. Fusilar* (burl.), *copiar, imitar\*.* Entre *plagiar* y *copiar* consiste la diferencia en que el primero significa dar como propias ideas, palabras u obras ajenas. *Copiar* es una labor honrada; *plagiar* implica siempre fraude. ↔ INVENTAR.
**plagiostomo, -ma** *adj.-m. Selacio.*
**plan** *m. Designio\*, proyecto, intento, idea.*
**plana** *f. Página, carilla, llana.*
**planada** *f. Planicie, llanura, llamada, llano.*
**planco** *m. Planga, clanga, dango, pulla.*
**planear** *tr. Planificar, proyectar.*
**planetista** *m. Astrólogo.*
**planga** *f. Clanga, planco, dango, pulla.*
**planicie** *f. Llanura, llamada, llano, planada. Planicie* connota siempre idea de gran extensión.
**planificación** *f. Programa, plan.*
**planificar** *tr. Planear, proyectar.*
**plano** *m.* TOP. *Mapa\*, carta, carta marina.*
**plano, -na** *adj. Llano, liso, igual, como la palma de la mano.*
**planta. Planta acuática** *f. Hidrofito.*
**plantaína** *f. Arta, llantén.*
**plantar** *tr.* fig. *Asentar, colocar.* 2 *Fundar, establecer, colocar, implantar.* 3 *Plantificar.*
**plantario** *m. Almáciga, hoya, semillero, almácigo.*

**plantear** *tr. Abordar, emprender.*

**plantel** *m. Criadero, vivero.*

**plantificar** *tr. Plantar.*

**plantón. Estar de plantón** *loc. Pasear la calle, sostener la esquina, aguardar, esperar.*

**plañidera** *f. Endechadera, llorona.*

**plañidero, -ra** *adj. Lloroso, lastimero, quejumbroso, triste, lúgubre.*

**plañir** *intr.-tr. Lamentar, quejarse, gemir, llorar, sollozar.*

**plaqueta** *f.* MED. *Trombocito, hemoblasto.*

**plástico, -ca** *adj. Dúctil, blando, moldeable.*

**plata** *f. Dinero, riqueza.* Este uso de la voz *plata* es especialmente frecuente en América.

**plátano** *m. Banano, platanero.* 2 *Banana.*

**plateado, -da** *adj. Argentado.*

**platear** *tr. Argentar.*

**plática** *f. Conversación\*, coloquio, charla, diálogo\*.*

**platicar** *intr. Charlar, conversar\*, hablar, departir, estar a razones.* ↔ CALLAR.

**platija** *f. Acedía, platuja.*

**plato. Comer en un mismo plato** *loc. Ser uña y carne, estar a partir un piñón, avenirse.*

**platudo, -da** *adj. Amér. Adinerado, acaudalado, rico.*

**platuja** *f. Platija, acedía.*

**plausible** *adj. Laudable, loable, meritorio.* 2 *Atendible, admisible, aceptable, recomendable.*

**playeras** *f. pl. Corrida.*

**plaza** *f. Mercado.* 2 *Espacio, sitio, lugar.* 3 *Ocupación, empleo, puesto, destino\*.*

**plazo** *m. Término, tiempo.* "*Plazo* es una unidad señalada de tiempo: tal mes, tal día, tal hora; *término* es un período o una fracción de tiempo: un mes, un día, una hora. Si en el primer día de enero se señala como *plazo* el último de diciembre, se concede o se estipula el *término* de un año" (M.) 2 *Vencimiento.*

**plebe** *f. Vulgo, pueblo.* "*Plebe* representa simplemente la clase inferior del pueblo. *Vulgo* representa esta misma clase como revestida de cualidades bajas y comunes que son propias de ella. Así es, que *plebeyo* y *vulgar* no son sinónimos, porque *plebeyo* se contrapone a noble; esto es, se refiere a la clase; y *vulgar* se contrapone a culto, instruido, o que no tiene las inclinaciones y modales que son propias del *vulgo*; esto es, se refiere a las cualidades" (LH).

**plebeyo, -ya** *adj. Ordinario, vulgar, grosero, soez.* V. plebe. ↔ NOBLE, EDUCADO.

**plegadura** *f. Pliegue, doblez.*

**plegar** *tr.-prnl. Doblar.* ↔ ESTIRAR, DESDOBLAR. 2 *prnl. fig. Doblarse, doblegarse, someterse, ceder.* ↔ REBELARSE, SUBLEVARSE.

**plegaria** *f. Oración, rezo, deprecación.*

**pleiteador, -ra** *adj.-s. Pleitista, litigante, picapleitos* (burl.).

**pleitear** *tr. Litigar.*

**pleitista** *adj.-com. Litigante, pleiteador, picapleitos* (burl.).

**pleito** *m. Litigio, causa, lite* (p. us.)*, litis* (p. us.). *Causa,* esp. si es criminal; *lite* y *litis* son latinismos poco usados. 2 *fig. Contienda, diferencia, querella, disputa.*

**plenamente** *adv. m. Enteramente, completamente.*

**plenitud** *f. Apogeo, auge, esplendor, magnificencia, totalidad.* ↔ DECADENCIA, APAGAMIENTO. 2 *Exuberancia, abundancia, prodigalidad, profusión, copia, prolijidad, cantidad.* ↔ ESCASEZ, TACAÑERÍA.

**pleno, -na** *adj. Entero, completo, lleno.*

**pleocroísmo** *m. Policroísmo.*

**pleonasmo** *m.* GRAM. *Exceso\*, sobra, sobrante, excedente, demasía, superfluidad, redundancia.* ↔ FALTA, DEFECTO, ESCASEZ.

**plesor** *m.* MED. *Percutor.*

**plétora** *f. Superabundancia, sobreabundancia.*

**pletórico, -ca** *adj. Lleno\*, repleto, superabundante.*
**pleurodinia** *f. Pleuresía falsa.*
**Pléyades** *f. pl. Hespérides.*
**pliegue** *m. Doblez, plegadura, curva, flexura.*
**plinto** *m. Latastro, orlo.*
**plomada** *f.* ALBAÑ. *Perpendículo, plomo.* 2 *Sonda.*
**plombagina** *f. Grafito, plumbagina.*
**plomo** *m. Plomada (pesa), perpendículo.* 2 **A plomo** *loc. adv. Verticalmente, perpendicularmente.* ↔ HORIZONTALMENTE. 3 **Blanco de plomo** *m.* V. blanco. 4 **Sulfato de plomo** V. plomo. 5 **Vitriolo de plomo** V. vitriolo.
**ploración** *f.* MED. *Lagrimeo.*
**plótter** *m.* INFORM. *Trazador* (de gráficos).
**pluma** *f.* (para escribir) *Péndola, péñola.* Ambos se usan hoy sólo en sentido figurado.
**plumada** *f. Peñolada, plumazo.*
**plumajo** *m. Plumero.* En los sombreros.
**plumbagina** *m. Grafito, lápiz plomo, plombagina.*
**plumero** *m. Plumajo.* En los sombreros.
**pluralidad** *f. Multitud.*
**plus** *m. Sobresueldo, gratificación, extra.*
**plusmarca** *f.* DEP. *Récord.*
**plusmarquista** *m.* DEP. *Recordman* (anglic.).
**plusvalía** *f. Mayor valía, aumento de valor.*
**plutonismo** *m. Vulcanismo.*
**plutonista** *adj.-com. Vulcanista.*
**pluvímetro** *m. Pluviómetro, udómetro.*
**pluviómetro** *m. Udómetro, pluvímetro.*
**pluvioso, -sa** *adj. p. us. Lluvioso.*
**población** *f. Vecindario, habitantes.* 2 *Ciudad, villa, pueblo, aldea, lugar.* Todos ellos están comprendidos dentro del concepto de *población.*
**poblado** *m. Pueblo, población.*
**pobre** *adj.-s. Indigente, necesitado, me-*

*nesteroso, miserable.* 2 *Mendigo, pordiosero, pedigüeño.* 3 *Escaso, corto, falto.* 4 fig. *Infeliz, desdichado, triste, humilde.*
**pobrete, -ta** *adj.-s. Desventurado, cuitado, desdichado, infeliz.*
**pobreza** *f. Necesidad, escasez\*, indigencia, estrechez, penuria, miseria.* ↔ RIQUEZA, GENEROSIDAD, HARTURA.
**pocilga** *f. Zahúrda, cochitril, cuchitril, cochiquera, chiquero.*
**pocillo** *m. Pozal, pozuelo.* 2 *Jícara.*
**poco, -ca** *adj.-pron. Escaso, limitado, corto, parvo.* ↔ MUCHO, SUFICIENTE, COMPLETO. 2 **Hace poco** *loc. adv. Recientemente, últimamente, poco ha.* 3 **Poco a poco** *Despacio, lentamente, paulatinamente, quedo, con tiento.* ↔ RÁPIDAMENTE, RÁPIDO, VELOZMENTE, RAUDAMENTE.
**podagra** *f. Gota.*
**podar** *tr. Mondar, escamondar.*
**poder** *m. Dominio, imperio, potestad, mando, facultad, autoridad, jurisdicción.* ↔ OBEDIENCIA, INFERIORIDAD. 2 *Fuerza, vigor, poderío, pujanza, capacidad, potencia.* ↔ DEBILIDAD. 3 **Poder absoluto** *Absolutismo, despotismo, tiranía, autoritarismo, totalitarismo, arbitrariedad.*
**poderío** *m. Potencia\*, poder, señorío, potestad, mando, imperio.* 2 *Fuerza, vigor.*
**poderoso, -sa** *adj. Potente, fuerte, enérgico, eficaz, activo.* 2 *Rico, acaudalado, pudiente, adinerado.*
**podómetro** *m. Cuentapasos, odómetro, hodómetro.*
**podre** *f. Pus, materia, podredumbre.*
**podrecer** *intr.-tr.-prnl. Pudrir, empodrecer, corromper, descomponer, echarse a perder.* ↔ SANAR, VIVIR.
**podredura** *f. Putrefacción, pudrimiento, corrupción, descomposición, pudrición.*
**podrido, -da** *adj. Putrefacto, corrupto, descompuesto, pútrido.*
**poeta, -tisa** *s. Vate, trovador, bardo, coplero, coplista, rimador, poetastro.* Los cuatro últimos son despectivos.

**poética** *f. Preceptiva literaria, retórica, teoría literaria.*
**polacada** *f. Desafuero, alcaldada, arbitrariedad, favoritismo.*
**polaco, -ca** *adj.-s.* (pers.) *Polonés.*
**polaina** *f. Sobrecalza.*
**polea** *f. Garrucha, carrucha, carrillo, trocla.* Los tres primeros, esp. cuando es de pequeño tamaño.
**poleadas** *f. pl. Gachas, puches.*
**polémica** *f. Discusión\*, disputa, controversia\*.* La *polémica* y la *controversia* tratan de temas filosóficos, políticos, literarios, científicos, etc., y tienen carácter más o menos público; la *polémica* se hace por escrito; la *controversia* suele ser oral. La *discusión* y la *disputa* pueden ser públicas o privadas y versar sobre cualquier motivo o asunto. ↔ PAZ, ACUERDO.
**polenta** *f. Gachas, puches, papas, poleadas.*
**pólice** *m. Pulgar, dedo gordo.*
**polichinela** *m. Pulchinela.*
**policía** *m. Agente policíaco, polizonte, poli, gura, bofia. Polizonte* tiene cierto matiz desp., y se aplica esp. al policía uniformado. En los medios populares se usan las denominaciones desp. de *poli, gura, bofia.*
**policíaco, -ca** *adj. Policial.*
**policial** *adj. Policíaco.*
**policopia** *f. Multicopista, copiador.*
**policroísmo** *m. Pleocroísmo.*
**polifrasia** *f.* MED. *Verborrea, verbigeración, logorrea, locuacidad.*
**polígala** *f. Lechera amarga.*
**polimorfia** *f. Heteromorfia.*
**polimorfo, -fa** *adj. Multiforme.*
**poliosis** *f.* MED. *Canicie.*
**polipero** *m. Madrépora.*
**polisarcia** *f.* MED. *Obesidad, gordura.* ↔ DELGADEZ, LIGEREZA.
**política** *f. fig. Tacto, circunspección, habilidad, táctica, diplomacia, sagacidad.* 2 *Cortesía, urbanidad, finura, buen modo.*
**político, -ca** *adj. Cortés, urbano, atento, fino, cumplido.*
**polizón** *m. Llovido.*

**polizonte** *com.* desp. *Policía\*, agente policíaco, poli, gura, bofia.*
**polla de agua** *loc. Fúlica, gallina de río, gallineta, rascón.*
**pollada** *f. Parvada, pollazón.*
**pollazón** *f. Pollada, parvada.*
**pollera** *f. Andador, andaniño.* 2 *Amér. Falda.*
**pollino, -na** *s. Rozno, ruche, rucho.*
**pollo** *m. fig. Joven\*, mozo, mancebo, zagal, adolescente.*
**polo ártico** *m. Aquilón, septentrión.*
**polonés, -esa** *adj.-s.* (pers.) *Polaco.*
**poltrón, -ona** *adj. Perezoso, haragán, holgazán, gandul, vago, tumbón.* ↔ ACTIVO, ESFORZADO, FUERTE.
**poltrona** *f.* desp. *Prebenda, sinecura, enchufe, momio.*
**poltronería** *f. Holganza, ociosidad, holgazanería, pereza.* ↔ ACTIVIDAD.
**polución** *f. Contaminación.*
**polverizar** *tr.-prnl. Pulverizar, polvificar, hacer polvo.*
**polvificar** *tr.-prnl. Pulverizar, polverizar, hacer polvo.*
**pólvora** *f. Piroxilina, algodón pólvora.*
**polvorear** *tr. Espolvorear.*
**polvorero, -ra** *adj.-s. Amér. Pirotécnico, cohetero, artificiero, polvorista.*
**polvorista** *m. Pirotécnico, cohetero, artificiero, polvorero* (Amér.).
**polvorizar** *tr. Espolvorear, despolvorear, polvorear, pulverizar.*
**poma** *f. Manzana.* 2 *Pomo.*
**pomada** *f. Ungüento, linimento.*
**pomelo** *m. Toronja.*
**pomo** *f. Bujeta, poma* (especie de bola).
**pompa** *f. Fausto, suntuosidad, magnificencia, ostentación, aparato, grandeza.* ↔ SENCILLEZ, MODESTIA. 2 *Burbuja, bombolla\*.*
**pompearse** *prnl.* fam. *Pavonear, pomponearse, farolear, presumir, blasonar, vanagloriarse, jactarse.*
**pomponearse** *prnl.* fam. *Pavonear, pompearse, farolear, presumir, blasonar, vanagloriarse, jactarse.*
**pomposo, -sa** *adj. Ostentoso, magnífico, suntuoso, aparatoso, retumban-*

*te, rimbombante.* Los dos últimos, tratándose del estilo, con sentido despectivo e irónico. 2 *Hueco, vano, vanidoso, hinchado, inflado, presuntuoso.*

**pómulo** *m. Malar.*

**ponchera** *f. Bol.*

**ponderación** *f. Atención, reflexión, circunspección.* 2 *Exageración\*, encarecimiento.*

**ponderado, -da** *adj. Ecuánime, sereno, juicioso, imparcial.* ↔ PARCIAL, IMPACIENTE.

**ponderar** *tr.-prnl. Contrapesar, equilibrar.* 2 *Exagerar\*, encarecer, abultar, ver con anteojo de aumento.*

**ponderoso, -sa** *adj. Pesado, grave.*

**ponentino, -na** *adj.-s. Occidental, hespérico* (lit.), *ponentisco.*

**ponentisco, -ca** *adj.-s. Occidental, hespérico* (lit.), *ponentino.*

**poner** *tr.-prnl. Colocar, situar\*, emplazar\*. "Poner* tiene un sentido más absoluto que *colocar. Colocar* es *poner* una cosa en cierta relación con respecto a otra. Un cuadro mal *puesto* es el que está torcido o con mala luz; un cuadro mal *colocado* es el que no está en el lugar que le corresponde" (M). 2 *Apostar.* 3 *Escotar.* 4 *Acomodar, meter.* 5 *Disponer, arreglar, preparar.* 6 *prnl. Transponerse, ocultarse.* Tratándose de astros. 7 *Trasladarse, ir.*

**poniente** *m. Oeste\*, occidente, ocaso.* 2 *Céfiro.*

**pontevedrés, -esa** *adj.-s.* (pers.) *Lerense.*

**pontificado** *m. Papado.*

**pontífice** *m. Papa.*

**pontificio, -cia** *adj. Papal.*

**ponto** *m.* poét. *Mar* (masa de agua).

**ponzoña** *f. Veneno\*, tósigo, tóxico.*

**ponzoñoso, -sa** *adj. Venenoso\*, tóxico.* 2 fig. *Perjudicial, nocivo, dañoso.*

**popularizar** *tr. Extender, divulgar, vulgarizar.* ↔ DESACREDITAR.

**poquedad** *f. Escasez, cortedad, parvedad.* 2 *Timidez, pusilanimidad, cobardía.* 3 *Nimiedad, bagatela, fruslería, nonada, nadería.*

**poquito** *m. Pellizco, pizca, porcioncilla.*

**porche** *m. Atrio.*

**porción** *f. Pedazo\*, trozo, parte, fragmento.* 2 *Sinnúmero, montón, muchedumbre, multitud.*

**porcionero, -ra** *adj.-s. Partícipe, parcionero, particionero, participante.*

**pordiosear** *intr. Mendigar, pedir limosna, limosnear, tender la mano.*

**pordiosería** *f. Mendicidad, mendiguez.*

**pordiosero, -ra** *adj.-s. Pidientero, mendigo, mendicante, mendigante, pobre.*

**porfía** *f. Discusión, disputa, contienda.* 2 *Obstinación\*, terquedad, tesón, insistencia.*

**porfiado, -da** *adj. Insistente, inapeable, porfioso, machacón, obstinado, terco\*, testarudo, contumaz\*.*

**porfiar** *intr. Discutir, disputar, altercar.* 2 *Insistir\*, machacar, obstinarse, importunar, no dar su brazo a torcer.* ↔ DESISTIR, CEDER.

**porfioso, -sa** *adj. Porfiado, insistente, inapeable, machacón, obstinado, terco, testarudo.*

**pormenor** *m. Detalle, particularidad, menudencia.*

**pormenorizar** *tr. Especificar, enumerar, detallar, precisar.* ↔ INDETERMINAR.

**pororoca** *m. Amér. Merid. Macareo.*

**porque** *conj. causal Pues. "Voy a dormir, un poco, pues* no es regular que mi amo venga antes de las doce, *porque* sé que está jugando. La tardanza en venir es probable; el juego es cierto" (LH).

**porqué** *m. Quid, esencia, razón, busilis, toque.*

**porquería** *f. Suciedad, inmundicia, basura.* ↔ LIMPIEZA. 2 *Indecentada, trastada.* 3 *Grosería, desatención, descortesía, indecencia.* ↔ GROSERÍA.

**porra** *f. Clava.* 2 *Cachiporra.* 3 *Macana.*

**porrazo** *m. Trastazo, golpe, golpazo.* 2 *Costalada.* 3 *Topetazo, topada.* 4 **De golpe y porrazo** *loc. adv.* V. golpe.

**porrillo. A porrillo** *loc. adv.* fam. *En*

*abundancia, abundantemente, copiosamente, profusamente, en cantidad* (fam.).

**portaalmizcle** *m. Almizclero* (mamífero), *cabra de almizcle, cervatillo.*

**portada** *f. Frontis, fachada, frente.*

**portadera** *f. Aportadera.*

**portadilla** *adj.-f. Portaleña.* 2 *Anteporta, anteportada.* En los libros.

**portador, -ra** *adj.* MED. *Patóforo, vector.*

**portaje** *m. Portazgo.*

**portal** *m. Zaguán.*

**portalero** *m. Consumero.*

**portamonedas** *m. Monedero.*

**portanario** *m. Píloro.*

**portante** *adj.-com. Paso de ambladura, paso de andadura.*

**portañola** *f.* MAR. *Portaleña, cañonera, tronera.*

**portañuela** *f.* ant. *Trampa, trampilla, bragueta* (Cuba).

**portaplumas** *m. Manguillero, mango.*

**portar** *tr. Llevar, transportar.* 2 *prnl. Conducirse, gobernarse, proceder, comportarse.*

**portavoz** *m.* (periódico) *órgano.*

**portazgo** *m. Portaje.*

**porte** *m. Transporte, acarreo.* 2 *Aspecto, apariencia, presencia, aire, actitud*.*

**portear** *tr. Transportar, acarrear, conducir, llevar.*

**portento** *m. Maravilla, prodigio, asombro, milagro, pasmo.*

**portentoso, -sa** *adj. Maravilloso, prodigioso, asombroso, milagroso, pasmoso, estupendo.*

**porteño, -ña** *adj.-s.* (pers.) *Bonaerense.*

**portería** *f.* DEP. *Marco, puerta, meta* (en el fútbol).

**portero** *m.* DEP. *Guardameta.* En el fútbol.

**pórtico** *m. Porche.*

**portillo** *m. Abertura.* 2 *Postigo.* 3 *Mella, desportilladura.*

**portón** *m.* CARP. *Contrapuerta.*

**portorriqueño, -ña** *adj.-s.* (pers.) *Puertorriqueño, boricua, borinqueño. Boricua* y *borinqueño* se aplican gralte.

a lo indígena primitivo de la isla. 2 (pers.) *Puertorriqueño. Puertorriqueño* es la forma preferida en nuestros días.

**portugués, -esa** *adj.-s.* (pers.) *Lusitano, luso.*

**portuguesismo** *m. Lusismo, lusitanismo.*

**porvenir** *m. Futuro, mañana.* ↔ PASADO, AYER.

**posada** *f. Fonda, mesón, parador, hostal, hostería.* 2 *Alojamiento, hospedaje, albergue.*

**posaderas** *f. pl. Nalgas, asentaderas, trasero.*

**posadero, -ra** *adj. Mesonero, hostelero, huésped* (ant.).

**posar** *intr. Asentarse, descansar, reposar.* 2 *prnl. Sedimentarse, reposarse, depositarse.*

**posas** *f. pl. Nalgas, asentaderas, rabel tabalario, tafanario, posaderas.*

**posdata** *f. Postdata, post scriptum.* Se emplea también la forma latina *postdata* y en ambos casos se abrevia *P. D.* Igualmente se usa *post scriptum,* en abreviatura *P. S.*

**poseer** *tr. Tener, gozar, disfrutar.* ↔ CARECER, DEBER.

**poseído, -da** *adj.-s. Poseso, endemoniado, espiritado.* 2 fig. *Furioso, enfurecido, rabioso.*

**Poseidón** *m. Neptuno.*

**posesión** *f. Tenencia, goce, disfrute.* 2 *Propiedad, finca.*

**posesionar** *tr. Dar posesión, tomar posesión, adueñarse, adquirir*.* Como *tr., dar posesión;* como prnl., *tomar posesión* de un cargo o empleo. Tratándose de cosas, *adueñar(se), adquirir.*

**poseso, -sa** *adj.-s. Endemoniado, poseído, espiritado.*

**posibilidad** *f. Potencia* (FIL.). 2 *Medios, bienes, hacienda.*

**posibilitar** *tr. Facilitar, favorecer.* ↔ DIFICULTAR, ENREDAR.

**posible** *adj. Potencial, virtual.* En filosofía, se contrapone *potencial* a *actual.* 2 *Factible*, hacedero, realizable.* "Lo *posible* entra en el orden natural de los sucesos, lo *factible* en el orden de las facultades humanas. Lo *hacedero* (y lo *realizable*) presentan más facilidad de ejecución que lo *factible"* (M).

**posiblemente** *adv. m. Virtualmente, potencialmente.*

**posibles** *m. pl. Recursos, medios, bienes.*

**posición** *f. Postura, actitud\*.* 2 *Situación, disposición, colocación\*.* 3 *Estado, condición, categoría.*

**positivamente** *adv. m. Realmente, efectivamente, verdaderamente, en realidad.*

**positivo, -va** *adj. Cierto, verdadero, indudable.* ↔ DUDOSO, INSEGURO. 2 *Real, efectivo.* "Es *positivo* lo que se afirma; es *real* lo que existe. Se llama *positiva* la ley humana, porque está escrita, y no depende de conjeturas ni de probabilidades como la natural. Son *reales* todos los objetos que hieren los sentidos" (M). ↔ IRREAL, NEGATIVO. 3 *Práctico, utilitario, pragmático.*

**posma** *adj.-com.* fig. *Cachazudo, pesado, flemático, calmoso.*

**poso** *m. Sedimento, solada, suelo, heces.*

**posparto** *m. Puerperio.*

**posponer** *tr.-prnl. Aplazar\*, diferir.* 2 *Postergar.* ↔ ANTEPONER.

**post scriptum** *m.* loc. lat. *Posdata, postdata.*

**postdata** *f. Posdata, post scriptum.*

**poste** *m.* DEP. *Travesaño, larguero.*

**postectomía** *f.* MED. *Circuncisión, postetomía.*

**postema** *f.* MED. *Supuración, apostema, pus, absceso.*

**postergación** *f. Relegación, apartamiento.* 2 *Demora\*, tardanza, dilación, retraso, aplazamiento.*

**postergado, -da** *adj. Arrinconado, desatendido, olvidado, aislado.*

**postergar** *tr. Aplazar\*, diferir.* 2 *Posponer, humillar, olvidar.* ↔ ANTEPONER, ENSALZAR, REFORZAR.

**posteridad** *f. Descendencia, generación venidera.* 2 *Fama póstuma.*

**posterior** *adj. Siguiente\*, subsiguiente, ulterior.*

**posteriormente** *adv.l-adv.t. Después, detrás.*

**postetomía** *f.* MED. *Circuncisión, postectomía.*

**postigo** *m. Puerta falsa.* 2 *Portillo.* 3 *Cuarterón.*

**postila** *f. Apostilla, postilla, acotación.*

**postilla** *f. Apostilla, postila, acotación.*

**postín** *m.* fam. *Vanidad, presunción, fachenda, boato, lujo.* ↔ NATURAL, VERDADERO, PROPIO.

**postizo, -za** *adj. Pegadizo, sobrepuesto, añadido.* ↔ NATURAL. 2 *Artificial.*

**postor** *m. Licitador.*

**postración** *f. Abatimiento\*, descaecimiento, desfallecimiento, aplanamiento, extenuación, debilidad.* 2 *Humillación.*

**postrado, -da** *adj. Caído, desfallecido, decaído, abatido, amilanado, rendido.* ↔ LEVANTADO, FIRME, ESFORZADO, ANIMOSO.

**postrar** *tr. Rendir, derribar.* ↔ LEVANTAR. 2 *Debilitar, abatir\*, aplanar, extenuar.* ↔ FORTALECER. 3 *prnl. Humillarse, arrodillarse, posternarse.*

**postre** *m. Sobrecomida.*

**postremo, -ma** *adj. último\*, posterior, postrero, postrimero.*

**postrero, -ra** *adj. último\*, postrimero, postremo.*

**postrimería** *f. Acabamiento, declinación, final, fin.* ↔ NACIMIENTO, PRINCIPIO, ORTO. 2 TEOL. *Novísimo.*

**postrimero, -ra** *adj. último\*, posterior, postrero, postremo.*

**postulación** *f. Colecta.*

**postular** *tr. Pedir, pretender, solicitar. Postular* se aplica esp. con el significado de pedir o colectar fondos para algún fin benéfico o religioso.

**postura** *f. Posición, actitud, situación.* La *situación* se refiere al lugar que ocupa una persona o cosa en relación con otras; p. ej.: la *situación* de una casa en una calle o barrio determinado; en sentido fig., la *situación* so-

507 preceptiva literaria

cial de un hombre. La *actitud* y la *postura* denotan el modo en que está puesta o colocada una persona, animal o cosa; p. ej.: en *postura* incómoda; en *actitud* suplicante, airada, etc.
**potable** *adj. Bebedizo, bebible. Potable* se aplica principalmente al agua.
**pote** *m. Gal.* y *Ast. Olla, cocido\*, puchera, puchero.*
**potencia** *f. Fuerza, fortaleza, vigor, energía.* ↔ DEBILIDAD, IMPOTENCIA. 2 *Poder, poderío.* "La *potencia* es la facultad de producir; *poder* es la facultad de obrar; *poderío* es la facultad de exigir sumisión y obediencia. El alma tiene *potencias*; sus producciones son los pensamientos, los raciocinios, la locución; el fuerte tiene *poder*, y por esto ataca, resiste, subyuga y vence; los monarcas y los gobiernos tienen *poderío*, y con él mandan y se hacen obedecer" (M). 3 FIL. *Posibilidad.* ↔ ACTUALIDAD.
**potencial** *adj. Posible.* 2 *m.* GRAM. *Condicional.*
**potencialización** *f. Refuerzo.*
**potencialmente** *adv. m. Virtualmente, posiblemente.*
**potentado** *m. Rico\*, pudiente, adinerado, acaudalado, opulento.*
**potente** *adj. Poderoso, fuerte, enérgico, eficaz, vigoroso, de pelo en pecho.*
**potestad** *f. Poder, dominio, facultad, autoridad, jurisdicción.*
**potestativo, -va** *adj. Facultativo.*
**potingue** *m.* desp. *Medicamento, fármaco* (TECN.), *medicina, remedio.*
**potra** *f.* vulg. *Hernia, quebradura.*
**potranco, -ca** *s. Potro.*
**potrear** *tr.* fig. y fam. *Molestar, mortificar, retozar* (Amér.).
**potrero** *m.* vulg. *Hernista.* 2 Amér. *Dehesa.*
**potro** *m.* (instrumento de tortura) *Caballete.* 2 *Potranco.*
**potroso, -sa** *adj.-s.* vulg. *Hernioso, herniado, quebrado.*
**poza** *f. Charca, lagunajo.*
**pozuelo** *m. Pocillo, pozal.*

**práctica** *f. Destreza, pericia, habilidad, experiencia.* ↔ INEXPERIENCIA, INHABILIDAD. 2 *Costumbre, uso, hábito.* 3 *Modo, método, procedimiento.*
**practicable** *adj. Hacedero, realizable.* 2 *Transitable.*
**prácticamente** *adv. m.* fam. *Casi, más o menos, aproximadamente.*
**practicar** *tr. Hacer, ejecutar, efectuar, realizar.* 2 *Ejercer, ejercitar.*
**práctico** *m.* MED. *Médico.*
**práctico, -ca** *adj. Experimentado, experto, perito, versado, conocedor, avezado, diestro.*
**pragmático, -ca** *adj. Positivo, práctico, utilitario.*
**prasio** *m.* MINERAL. *Cuarzo esmeralda.*
**pravedad** *f. Iniquidad, perversidad, inmoralidad.* ↔ BONDAD, MORALIDAD.
**preámbulo** *m. Prólogo\*, proemio, prefacio, introducción, exordio. Preámbulo* y los cuatro primeros sinónimos aplican a los libros o a los discursos; *exordio* se usa esp. tratándose de discursos. ↔ EPÍLOGO, FINAL, DESENLACE. 2 *Rodeo, digresión.*
**prebenda** *f.* fig. *Sinecura, poltrona, enchufe, momio.*
**precaución** *f. Prevención, cautela, caución, reserva, cuidado, tiento, escama, aviso, circunspección. Prevención* tiene sentido atenuado, a menudo eufemístico. *Cautela* sugiere mayor desconfianza, y por ello pasa fácilmente al significado de astucia, maña. *Caución* se emplea sólo como término bancario o jurídico. V. garantía. 2 *Medida, disposición, prevención, providencia.*
**precaver** *tr.-prnl. Evitar\*, prevenir, prever\*.* ↔ ARROSTRAR.
**precavido, -da** *adj. Prudente, circunspecto, previsor.*
**precedencia** *f. Prioridad, anterioridad.*
**precedente** *adj.-com. Antecedente\*, anterior.*
**preceder** *tr. Anteceder.* ↔ SEGUIR.
**preceptiva literaria** *f. Retórica, poética, teoría literaria.* Los dos primeros,

precepto

se utilizaban más antiguamente; hoy se usa gralte. *teoría literaria.*

**precepto** *m. Mandato\*, orden, disposición.* 2 *Instrucción, regla, norma.*

**preceptor, -ra** *s. Maestro, mentor, educador.*

**preceptuado, -da** *adj. Reglado, reglamentado, ordenado.*

**preceptuar** *tr. Disponer, mandar\*, ordenar, prescribir.* ↔ DESORDENAR, DESCOMPONER, IRREGULARIZAR.

**preces** *f. pl. Plegarias, oraciones, rezos.* 2 *Ruegos, súplicas.*

**preciado, -da** *adj. Estimado, apreciado, precioso.* 2 *Jactancioso, engreído.*

**preciar** *tr.-prnl. Apreciar, estimar.* ↔ DESPRECIAR, DESDEÑAR. 2 *prnl. Gloriarse, jactarse, presumir, vanagloriarse, echárselas de, alabarse, darse postín.* ↔ DESPRECIARSE, HUMILLARSE.

**precio** *m. Valor, costa\*, coste, costo.* 2 fig. *Estimación, importancia.*

**precioso, -sa** *adj. Excelente, primoroso, estimable, apreciable.* ↔ ANTIPÁTICO, IMPERFECTO. 2 *Valioso, costoso.* ↔ IMPERFECTO. 3 fig. *Hermoso\*, bello, encantador.* ↔ FEO (fig.).

**precipicio** *m. Despeñadero, derrumbadero, abismo, sima, voladero.*

**precipitación** *f. Prisa, aceleración, apresuramiento, atolondramiento, aturdimiento, inconsideración, arrebato, imprudencia, irreflexión.* 2 *Prontitud, viveza.*

**precipitado** *m.* QUÍM. *Sedimento\*, magisterio* (ant.).

**precipitado, -da** *adj. Apresurado, atropellado, irreflexivo, alocado, impetuoso\*.*

**precipitar** *tr.-prnl. Arrojar, lanzar, despeñar, derrumbar.* 2 *Acelerar\*, apresurar, atropellar.* ↔ DETENER, CONTENER. 3 *prnl. Arrojarse, echarse, lanzarse, abalanzarse, tirarse.* ↔ DETENERSE, CONTENERSE, RETENERSE.

**precipuo, -pua** *adj. Principal, ilustre, esclarecido, distinguido, noble, señalado.*

**precisamente** *adv. m. Cabalmente,* justamente, perfectamente. 2 *Únicamente, solamente, sólo.*

**precisar** *tr. Fijar, determinar, definir, delimitar\*.* 2 *Necesitar.* 3 *Forzar, obligar, constreñir.*

**precisión** *f. Escrúpulo, escrupulosidad, exactitud, esmero.* ↔ INEXACTITUD, INDELICADEZA, IMPRECISIÓN.

**preciso, -sa** *adj. Necesario\*, forzoso, indispensable, inexcusable, obligatorio, imprescindible.* 2 *Exacto\*, estricto, determinado, definido, puntual, fijo, cierto, conciso.* ↔ IRREGULAR, INDETERMINADO.

**precito, -ta** *adj. Prescito, réprobo, condenado.*

**preclaro, -ra** *adj. Esclarecido, ilustre, insigne, afamado, famoso, célebre.* ↔ SECUNDARIO, VULGAR, DESCONOCIDO.

**preconizar** *tr. Encomiar, elogiar, ensalzar, alabar.* 2 *Patrocinar, auspiciar.*

**precoz** *adj. Temprano, prematuro, anticipado.* "Lo *precoz* supone fuerza de vitalidad; lo *prematuro* es simplemente lo que se anticipa al tiempo señalado para que una cosa se verifique. La *precocidad* del ser humano consiste en la abreviación del tiempo que media entre la niñez y la virilidad; la vejez *prematura* es siempre síntoma de decadencia" (M).

**predecesor, -ra** *s. Antecesor.* "*Predecesor* parece más propio para las dignidades; *antecesor*, para los oficios y demás especies de ocupaciones: los papas y sus *predecesores*; su *predecesor* en el trono; su *antecesor* en la casa; el sueldo que tuvo su *antecesor*" (LH). 2 *Ascendiente\*, antepasado, progenitor.*

**predecir** *tr. Adivinar, anunciar, pronosticar, presagiar, augurar, vaticinar, profetizar.*

**predestinado, -da** *adj.-s. Elegido.*

**predestinar** *tr. Preelegir.*

**prédica** *f. Sermón, plática, discurso.* 2 *Perorata, soflama, discurso.*

**predicar** *tr. Sermonar, sermonear.* 2 fig. *Amonestar, reprender.*

**predicción** *f. Pronóstico, presagio, augurio, adivinación, vaticinio, profecía.*

**premio**

"La *predicción* es simplemente el anuncio anticipado de un suceso. *Pronóstico* es la *predicción* fundada en observaciones, en conjeturas y en apariencias externas. (El meteorólogo y el médico hacen *pronósticos* con fundamento científico). *Vaticinio* es la *predicción* que tiene su origen en un don, en una autoridad que el hombre se atribuye. *Profecía* es la *predicción* inspirada por Dios" (M).

**predicho, -cha** *p. p. Antedicho, augurado, profetizado.*

**predilección** *f. Preferencia.* "La *predilección* emana del afecto; la *preferencia*, de la conveniencia o del gusto. Cuando se prefiere una persona a otra, aquélla puede ser la *predilecta*; pero también puede fundarse la *preferencia* en cálculos y en motivos" (M).

**predilecto, -ta** *adj. Preferido, favorito, elegido.*

**predio** *m. Heredad, hacienda, tierra, finca, posesión.*

**predisposición** *f. Propensión, inclinación\*, tendencia.*

**predominante** *adj. Dominante, preponderante.*

**predominar** *tr. Prevalecer\*, preponderar, dominar.* ↔ SOMETERSE, OBEDECER. 2 *Sobresalir, exceder.*

**predominio** *m. Superioridad, preponderancia, poder, dominio, imperio, autoridad, ascendiente, hegemonía.* Este último, tratándose de estados o naciones.

**preelegir** *tr. Predestinar.*

**preeminencia** *f. Privilegio, exención, prerrogativa, superioridad.*

**preeminente** *adj. Elevado, alto, superior.* 2 *Honorífico, honroso, egregio.*

**prefacio** *m. Preámbulo\*, prólogo\*, proemio.* ↔ EPÍLOGO, FINAL, DESENLACE.

**preferencia** *f. Primacía, prioridad, superioridad.* ↔ INFERIORIDAD. 2 *Inclinación, predilección.* ↔ POSTERGACIÓN, ENEMISTAD.

**preferente** *adj. Prioritario.*

**preferido, -da** *adj. Elegido, predilecto.*

**preferir** *tr. Preponer, anteponer, escoger\*, elegir, optar por.* ↔ ODIAR, POSTERGAR.

**pregonar** *tr. Divulgar\*, publicar\*, proclamar.* 2 *Vocear, anunciar.*

**pregonero** *adj.-m. Voceador, nuncio.*

**preguerra** *f. Anteguerra.*

**pregunta** *f. Interrogación.*

**preguntar** *tr.-prnl. Interrogar.* Aunque son voces sinónimas, *interrogar* supone gralte. una serie de preguntas, y *preguntar* puede consistir en hacer una sola pregunta o varias. El juez *interroga* a los testigos; el que se extravía *pregunta* a un transeúnte la dirección, calle, etc., que busca. ↔ RESPONDER.

**prehistórico, -ca** *adj. Antehistórico.*

**prejuicio** *m. Prejudicio.*

**prelación** *f. Preferencia.*

**preludio** *m. Introducción, principio, comienzo, entrada.*

**prematuro, -ra** *adj. Precoz\*, temprano, anticipado.* ↔ LENTO, REFLEXIVO, MADURO.

**premeditadamente** *adv. m. Deliberadamente, adrede, aposta, intencionadamente.*

**premiar** *tr. Recompensar, galardonar, remunerar.* ↔ CASTIGAR, DESHONRAR.

**premio** *m. Galardón, lauro, remuneración, paga, recompensa. Galardón,* cuando es de carácter honorífico; *lauro* (menos usado) alude pralte. al honor que se deriva de un *galardón. Remuneración* está más cerca del concepto de *paga. Recompensa* oscila entre *remuneración* y *premio,* según las circunstancias. "En el *premio* se considera solamente el mérito; en la *recompensa,* el trabajo, la pérdida y el sacrificio; en el *galardón* entra la idea de un alto aprecio de parte del que lo confiere. Se *premia* al estudiante sobresaliente; se *recompensa* al que expone su vida por salvar la de un semejante. Augusto *galardonó* a los grandes poetas de su tiempo" (M). 2 *Prima, sobreprecio\**.

**premonstratense** *adj.-com.* (pers.) *Mostense*.

**premunitivo, -va** *adj.* MED. *Profiláctico, preventivo*.

**premura** *f. Aprieto, apuro, prisa, urgencia, instancia, perentoriedad.* ↔ TARDANZA, LENTITUD.

**prenda** *f. Garantía\*, empeño, fianza*.

**prendarse** *prnl. Aficionarse, enamorarse, encariñarse.* ↔ DESAGRADAR, ENEMISTARSE.

**prendedura** *f. Galladura, engalladura*.

**prender** *tr.-prnl. Asir, agarrar, coger.* ↔ SOLTAR. 2 *Detener, capturar\*, aprisionar, aprehender, encarcelar, apresar\*.* ↔ SOLTAR, LIBERTAR, LIBERAR. 3 *Enganchar, enredar.* 4 *intr. Arraigar, encepar*.

**prendimiento** *m. Prisión, captura, detención*.

**prensar** *tr. Apretar, estrechar, comprimir, oprimir, apretujar.* ↔ ENSANCHAR.

**prensista** *m.* IMPR. *Tirador*.

**preñada** *adj.-f. Embarazada, encinta*.

**preñado** *m. Embarazo, preñez, gestación* (científ.), *gravidez* (eufem.).

**preñez** *f. Embarazo, preñado, gravidez, gestación*.

**preocupación** *f. Cuidado, inquietud*. 2 *Prejuicio, prevención*.

**preocupar** *tr.-prnl. Absorber, inquietar, tomar a pecho, tomar con calor.* ↔ TRANQUILIZAR, SOSEGAR.

**preparación** *f. Organización, estructuración, acondicionamiento*.

**preparado** *m.* FARM. *Fórmula, específico*.

**preparar** *tr.-prnl. Prevenir, disponer, aparejar, arreglar, aprestar\*, alistar, estar con las botas puestas.* ↔ DESPREOCUPAR, OLVIDAR.

**preparativos** *m. pl. Aprestos, disposiciones, prevenciones, aparejo, aparato*.

**preponderancia** *f. Superioridad, supremacía, predominio, hegemonía*. Este

último, tratándose de estados o naciones. ↔ INFERIORIDAD, DESVENTAJA.

**preponderante** *adj. Dominante, predominante*.

**preponderar** *intr. Prevalecer\*, predominar*.

**prerrafaelismo** *m. Primitivismo*.

**prerrogativa** *f. Privilegio*.

**presa** *f. Captura, aprehensión.* 2 *Represa*.

**presagiar** *tr. Predecir, pronosticar, augurar, adivinar\*, vaticinar, profetizar*.

**presagio** *m. Señal, indicio, anuncio.* 2 *Predicción\*, pronóstico, augurio, vaticinio*.

**presbiatría** *f. Geriatría, presbiátrica*.

**presbiátrica** *f. Geriatría, presbiatría*.

**presbicia** *f. Vista cansada* (vulg.), *hipermetropía* (TECN.).

**presbiterado** *m. Sacerdocio*.

**presbítero** *m. Sacerdote, ordenado*.

**prescindir** *intr. Omitir, pasar por alto, apartar, dejar a un lado, dar de lado.* Los dos primeros pueden producirse por inadvertencia u olvido; en tanto que los demás sinónimos connotan la voluntad de evitar lo que no importa. ↔ PONER, INCLUIR, PREFERIR.

**prescito, -ta** *adj.-s. Precito, réprobo, condenado*.

**prescribir** *tr. Ordenar, mandar, determinar, preceptuar, disponer, recetar, formular.* Los dos últimos, tratándose de medicamentos que prescribe el facultativo. 2 *intr.* DER. *Extinguirse, caducar.* ↔ VALER.

**prescripción** *f. Mandato\*, orden, precepto, disposición, mandamiento.* 2 *Fórmula, receta* (del médico).

**presea** *f. Alhaja, joya*.

**presencia** *f. Aspecto\*, figura, apariencia, traza, talle, disposición, facha* (burl.), *pinta* (burl.). ↔ AUSENCIA, INEXISTENCIA.

**presentación** *f. Exhibición, manifestación, ostentación*.

**presentalla** *f. Exvoto, milagro, voto, ofrenda*.

**presentar** *tr.-prnl. Mostrar, exhibir, exponer, ofrecer.* ↔ OCULTAR. 2 *Rega-*

511                    **pretendiente**

*lar, ofrendar.* 3 *prnl. Comparecer, personarse.* ↔ HUIR, FALTAR.

**presente** *adj. Actual.* 2 *m. Regalo, dádiva\*.* 3 **Al presente** *loc. adv. Ahora, actualmente, hoy día, en la actualidad, hoy en día, hoy por hoy.*

**presentimiento** *m. Corazonada, barrunto, vislumbre.*

**presentir** *tr. Barruntar, antever.*

**presepio** *m. Establo, corte* (p. us.)*, cuadra, caballeriza, bostar, boyera* (ant.)*, boyeriza* (ant.)*, pesebre.*

**preservación** *f. Profilaxis.*

**preservar** *tr.-prnl. Proteger, resguardar, salvaguardar, amparar, poner a cubierto, poner a salvo, defender\*.* ↔ DESAMPARAR.

**preservativo** *m. Profiláctico* (MED.)*, condón* (vulg.)*, goma* (vulg.)*.*

**preservativo, -va** *adj.-s. Profiláctico* (MED.).

**presidiario** *m. Penado, forzado.*

**presidio** *m. Penal, penitenciaría.*

**presión** *f. Tensión.* 2 DEP. *Pressing* (anglic.).

**preso, -sa** *adj.-s. Recluso, encarcelado, cautivo\*, prisionero, penado\*.*

**pressing** *m.* anglic. DEP. *Presión.*

**prestación** *f. Azofra. Prestación personal.*

**prestamente** *adv. m. De presto, prontamente, ligeramente, rápidamente, con brevedad, a mata caballo.*

**prestamista** *com. Logrero, usurero.*

**préstamo** *m. Manlieva* (ant.)*, empréstito. Empréstito* es el *préstamo* que toma el Estado o alguna corporación pública o privada.

**prestancia** *f. Gallardía, despejo.* ↔ INFERIORIDAD, VULGARIDAD, PEQUEÑEZ.

**prestar** *tr. Dejar.* 2 *Suministrar, facilitar.* 3 *intr. Dar de sí, extenderse, estirarse.* 4 *prnl. Avenirse, allanarse, ofrecerse, brindarse.*

**preste** *m. Oficiante.*

**presteza** *f. Prontitud, rapidez, brevedad, ligereza, celeridad\*.* ↔ PESADEZ, LENTITUD. 2 *Diligencia, actividad\*.* ↔ IRRESOLUCIÓN.

**prestigio** *m. Ascendiente, autoridad,*

*reputación, crédito, influencia.* ↔ DESPRESTIGIO, DESCRÉDITO.

**prestigioso, -sa** *adj. Ilustre, insigne, célebre, renombrado, ínclito, egregio, eximio.*

**prestigitador, -ra** *s. Ilusionista, jugador de manos.*

**presto. De presto** *loc. adv. Prestamente, prontamente, ligeramente, rápidamente, con brevedad, a mata caballo, de prisa, de prisa y corriendo.* ↔ LENTAMENTE, PAUSADAMENTE, POCO A POCO.

**presto, -ta** *adj. Pronto, ligero, diligente.* ↔ LENTO, TARDO, PESADO, INHÁBIL. 2 *Aparejado, preparado, dispuesto, listo, pronto.*

**presumido, -da** *adj. Vano, vanidoso, fatuo, petulante, jactancioso, presuntuoso.*

**presumir** *tr. Sospechar, conjeturar, suponer.* 2 *intr. Jactarse, vanagloriarse, alardear, alabarse, hacer el paripé, mirarse a la sombra.*

**presunción** *f. Suposición\*, conjetura\*, sospecha, asomo\*.* ↔ GNORANCIA, DESCONOCIMIENTO. 2 *Vanidad, orgullo\*, fatuidad, engreimiento, petulancia, jactancia\*, afectación\*, envanecimiento\*.* ↔ MODESTIA.

**presunto, -ta** *adj. Supuesto\*.*

**presuntuoso, -sa** *adj.-s. Vano, fantasioso, engreído, petulante, fantasmón* (desp.).

**presura** *f. Opresión.*

**presuroso, -sa** *adj. Acucioso\*, diligente, apresurado, afanoso.* 2 *Veloz, ligero, pronto, presto.*

**pretender** *tr. Pedir, aspirar\*, solicitar, postular\*, querer\*.* "*Pretender* explica sólo la acción de aspirar a una cosa, o con justicia o por gracia. *Solicitar* representa las diligencias y medios de que nos servimos, y pasos que damos para conseguirlo" (LH). ↔ DESISTIR, RENUNCIAR, CONFORMARSE. 2 *Procurar, intentar, tratar de.*

**pretendido, -da** *adj.* galic. *Supuesto, presunto.*

**pretendiente** *adj.-com. Aspirante, so-*

*licitante, candidato.* Este último, si pretende un cargo.

**pretensión** *f. Aspiración.* 2 *Vanidad, presunción.*

**pretenso** *m.* p. us. *Pretensión.*

**preterición** *f.* RET. *Pretermisión.*

**preterir** *tr. Olvidar, descuidar, desatender, postergar, dejar, abandonar, omitir, pasar por alto, saltar.* ↔ CONOCER, CUIDAR.

**pretérito, -ta** *adj.-s. Pasado.*

**pretermisión** *f. Preterición* (figura).

**pretermitir** *tr.* p. us. *Omitir, pasar por alto, dejar, olvidar, saltar, descuidar, desatender, postergar.* ↔ RECORDAR.

**pretexto** *m. Excusa*, disculpa, socapa, rebozo.*

**pretil** *m. Antepecho, guardalado, barandilla.*

**prevalecer** *intr. Sobresalir, predominar, preponderar. Prevalecer* sugiere gralte. la idea de mayor o menor dificultad, oposición o lucha, contra las cuales *prevalece* algo. Este matiz no se halla necesariamente contenido en *predominar* y *preponderar.* P. ej.: entre los árboles de un bosque *predominan* o *preponderan* los robles, si están en mayor número; pero no diremos que *prevalecen* si no queremos sugerir que este hecho se produce en oposición a otras especies arbóreas, o en lucha contra cualquier circunstancia adversa. 2 *Arraigar, prender.* 3 *Crecer, aumentar.* ↔ DISMINUIR.

**prevalerse** *prnl. Valerse, aprovecharse, servirse.*

**prevaricar** *intr.* fam. *Desvariar, delirar, desbarrar, disparatar.*

**prevención** *f. Preparativo, disposición, medida, providencia, advertencia*.* 2 *Previsión, desconfianza*, precaución, cautela*.* 3 *Advertencia, apercibimiento.* "Prevención, advertencia. Son sinónimos cuando significan orden, consejo o aviso anticipado; pero la *prevención* lleva consigo la idea de autoridad o de precepto; la *advertencia* lleva consigo la idea de buen deseo o de consejo amistoso. El general

hace sus *prevenciones* a los oficiales del ejército, y exige que se arreglen a ellas. El joven que no se arregla a las *prevenciones* que le hacen sus superiores, o cierra los oídos a las prudentes *advertencias* de los hombres experimentados que le quieren bien, se expone a muchos desaciertos. La *prevención* se hace siempre de superior a inferior; la *advertencia* se puede también hacer entre iguales: pero ni la una ni la otra se pueden hacer de inferior a superior, porque a este no se le *previene,* ni se le *advierte* lo que debe hacer; se le expone o se le representa" (LH). El *apercibimiento* acentúa el carácter conminatorio de la *prevención.*

**prevenido, -da** *adj. Dispuesto, preparado, listo.* 2 *Próvido, cuidadoso, proveniente, diligente, advertido.*

**prevenir** *tr.-prnl. Preparar, disponer*, aparejar, aprestar*.* 2 *Prever*, precaver, evitar, aguzar los oídos, andar sobre aviso.* ↔ CONFIARSE. 3 *Avisar, advertir, aconsejar, informar, noticiar*, anunciar.*

**preventivo, -va** *adj. Profiláctico.*

**prever** *tr. Antever, conjeturar, barruntar, prevenir, precaver, decirle el corazón. Prevenir* y *precaver,* connotan la idea de tomar alguna disposición o hacer algún preparativo ante una eventualidad que prevemos.

**previo, -via** *adj. Anterior, anticipado.* ↔ POSPUESTO, SUBSIGUIENTE, POSTERIOR.

**previsión** *f. Prevención, desconfianza, precaución, circunspección, prudencia, moderación.*

**previsor, -ra** *adj. Precavido, cauto, prudente.*

**prez** *f. Estima, gloria, honor, honra, fama.*

**prieto, -ta** *adj. Oscuro, negro.* 2 *Apretado.* 3 fig. *Agarrado, mezquino, tacaño, mísero, miserable.*

**prima** *f. Premio, sobreprecio.*

**primacía** *f. Prioridad, superioridad,*

*excelencia, preeminencia.* ↔ INFERIORIDAD, DESVENTAJA.

**primario, -ria** *adj. Primordial\*, primitivo, primero.* Hablamos de arte *primitivo* o de terrenos *primitivos* en geología. *Primordial* y *primero* se aplican con preferencia con idea de *previo* o *anterior* a otra cosa, aunque no sea muy remota en el tiempo; una cuestión *primordial, previa* o *primera*, a lo que se discute, o considera como de capital importancia.

**primavera** *f.* (planta) *Vellorita.*

**primaveral** *adj. Vernal* (lit.). P. ej.: equinoccio *vernal.*

**primeramente** *adv. m. Principalmente, ante todo, máxime.*

**primerizo, -za** *adj.-s. Novato, novicio, principiante.* 2 *adj.-f. Primípara.*

**primero, -ra** *adj. Primordial\*, primitivo, primario\*.* ↔ SECUNDARIO, POSTERIOR.

**primigenio, -nia** *adj. Primitivo, originario.*

**primitivo, -va** *adj. Primordial, primigenio, originario, primario\*, primero.* ↔ DERIVADO, IMITADO, NUEVO, JOVEN, CULTO.

**primo, -ma** *adj. Primero.* 2 *Incauto, simple, cándido.*

**primogenitura** *f. Mayorazgo, progenitura.*

**primor** *m. Esmero, cuidado, maestría, habilidad, destreza\*, perfección.* ↔ IMPERFECCIÓN, DESCUIDO, SUCIEDAD, CURSILERÍA.

**primordial** *adj. Primitivo, primero, primario, fundamental.* "Lo *primordial* se refiere al *principio*, como origen; lo *primero*, al orden en la clasificación; lo *primario* es lo *primero* en el orden de la composición de diversas partes, es decir, lo más elemental y sencillo. Lo *primordial* tiene un sentido más abstracto y filosófico que lo *primitivo*; las leyes *primordiales* de la creación son anteriores a las naciones *primitivas*; *primero* expresa una idea más concreta que las otras voces: por ejemplo, la *primera* de las familias humanas fue el fundamento de la nación *primitiva* por excelencia; las lenguas *primitivas* son emanaciones de las leyes *primordiales* del pensamiento, y fueron los *primeros* vínculos de las sociedades humanas. Las escuelas *primarias* son aquellas en que se enseñan los primeros rudimentos" (M).

**primoroso, -sa** *adj. Esmerado, cuidadoso, excelente, perfecto, fino.* 2 *Diestro, hábil, habilidoso.*

**principal** *adj. Primero, importante.* ↔ SECUNDARIO, ACCESORIO, INNECESARIO. 2 *Ilustre, precipuo, esclarecido, distinguido, noble.* 3 *Esencial, fundamental, capital, primordial.* ↔ SUBORDINADO, ACCESORIO, INNECESARIO, SECUNDARIO. 4 *m. Jefe, director, patrón\*, manager\*.* ↔ SUBORDINADO.

**principalmente** *adv. m. Primeramente, ante todo, máxime.*

**principiante** *adj.-com. Aprendiz, novicio, novato.*

**principiar** *tr. Comenzar, empezar\*, iniciar, dar principio, echar la primera.* ↔ ACABAR.

**principio** *m. Origen, causa\*, comienzo, inicio.* "El *principio* es el primero de una serie de hechos de la misma naturaleza y carácter; el *origen* es un hecho que da lugar a otro; la *causa* es una agencia eficaz que da existencia a lo que antes no la tenía. Se dice: el *principio* del mundo, el *origen* de una *nación*, la *causa* de un fenómeno. La atracción no es el *origen* ni el *principio*, sino la *causa* de los movimientos planetarios." (M). ↔ FIN. 2 *Fundamento, base.* 3 *Norma, precepto, regla, máxima.* 4 *Encabezamiento.* ↔ FINAL.

**pringar** *tr. Empringar* (vulg.), *untar, manchar, ensuciar.*

**pringoso, -sa** *adj. Empringado, grasiento, untado, lardoso, aceitoso\*, oleoso, pringado, graso, oleaginoso\*.* 2 *Sucio, mugriento.*

**pringue** *amb. Grasa, unto.* 2 *Suciedad, mugre.*

**prior, -ra** *s. Superior* (de un convento).

**priorato** *m. Abadía\*, convento, monasterio, cartuja, cenobio* (lit.).
**prioridad** *f. Precedencia, anterioridad.* 2 *Superioridad, primacía, preeminencia.*
**prioritario** *adj. Preferente.*
**prisa** *f. Prontitud, rapidez, celeridad, presteza, brevedad.* ↔ PEREZA, LENTITUD, PASIVIDAD. 2 *Urgencia, premura, apremio, ansia.* 3 **De prisa** *loc. adv. Aprisa, pronto, aceleradamente, rápidamente, a mata caballo, de prisa y corriendo.* ↔ LENTAMENTE, PAUSADAMENTE, POCO A POCO.
**prisión** *f. Aprehensión, prendimiento, captura, detención.* 2 *Reclusión, encierro.* 3 *Cárcel.* "Todo edificio en que se custodian presos es *prisión*, y así los cuarteles y fortalezas sirven de *prisión* a los militares. *Cárcel* es un edificio construido expresamente para el mismo objeto, y que tiene ciertas condiciones necesarias y peculiares para conseguirlo, como las rejas, los calabozos, los encierros, las puertas de golpe, etcétera" (M).
**prisionero, -ra** *s. Cautivo, penado\*.*
**prismatina** *f.* MINERAL. *Krosnerupina.*
**prístino, -na** *adj. Antiguo, primitivo, originario.*
**privación** *f. Falta, carencia.* "La *falta* supone mayor grado de necesidad que la *privación*. Cuando hace *falta* una cosa es porque se necesita; no sucede lo mismo en el caso de la *privación*, la cual puede recaer sobre el placer y sobre lo superfluo, sin causar una impresión penosa ni hacer insoportable la vida..." (M).
**privada** *f. eufem. Letrina* (lugar), *necesaria, retrete.*
**privado** *m. Valido, favorito.*
**privado, -da** *adj. Personal, particular.*
**privanza** *f. Valimiento, favor.*
**privar** *tr.-prnl. Despojar, desposeer, quitar\*, dejar sin camisa, dejar en cueros, dejar en la calle.* ↔ TENER, GOZAR, DERROCHAR. 2 *Prohibir, vedar, impedir.* ↔ PERMITIR. 3 *prnl. Renunciar, abstenerse.*

**privativo, -va** *adj. Propio, personal, particular, especial.*
**privilegiado, -da** *adj. Preferido, predilecto, favorito.*
**privilegio** *m. Prerrogativa, concesión\*.* "La *prerrogativa* es el efecto del *privilegio*. El que tiene un *privilegio* goza de ciertas *prerrogativas*. *Privilegio*, además envuelve más exclusión que *prerrogativa*; y así en las naciones libres, las autoridades tienen *prerrogativas*, y las leyes no reconocen *privilegios*" (M).
**proa** *f. Prora* (poét.).
**probabilidad** *f. Posibilidad, verosimilitud.*
**probable** *adj. Verosímil, creíble.*
**probadura** *f. Gustación, prueba, cata.*
**probanza** *f. Prueba, justificación.*
**probar** *tr. Experimentar, tantear, ensayar.* 2 *Intentar, tratar, procurar.* 3 *Gustar, catar.* 4 *Acreditar, demostrar, justificar, evidenciar, atestiguar, testificar, testimoniar, atestar, documentar, autorizar.* "Se *prueba* con razones y con testimonios.; se *acredita* con la autoridad y el poder; se *justifica* con la exposición de los motivos. Cuando los argumentos convencen, queda *probado* el hecho o el aserto. Cuando un hombre de puesto elevado o de sólida reputación confirma una noticia, la *acredita*; cuando se explica de un modo plausible una conducta equívoca, se *justifica*" (M).
**probatura** *f. Prueba, ensayo, experiencia, gustación, cata.*
**probidad** *f. Integridad, honradez, hombría de bien, rectitud, moralidad, bondad.* ↔ DESHONOR.
**problema** *m. Duda, cuestión.*
**problemático, -ca** *adj. Dudoso\*, incierto, inseguro.*
**probo, -ba** *adj., íntegro, honrado, recto.*
**procacidad** *f. Desvergüenza, insolencia, atrevimiento, descaro, desfachatez, descoco.* ↔ COMEDIMIENTO, VERGÜENZA, MODESTIA.
**procaz** *adj. Desvergonzado, sinvergüenza, poca vergüenza, descarado,*

**productividad**

*descocado, inverecundo* (culto)*, insolente, atrevido, irrespetuoso.*
**procedencia** *f. Origen, nacimiento.* 2 *Punto de partida.* 3 *Oportunidad, pertinencia.*
**procedente** *adj. Originario, oriundo, natural.*
**I proceder** *m. Comportamiento, conducta.*
**II proceder** *intr. Venir, provenir, tener principio.* "*Proceder, provenir.* Uno y otro verbo explican la causa de una cosa, pero el primero determina rigurosamente la causa eficiente o directa; el segundo determina la causa motiva o impulsiva. El mal olor del estanque *procede* de las materias corrompidas que hay en él, y *proviene* del descuido del jardinero, que no lo limpia y renueva sus aguas. De aquí es que, sin separarnos de la idea propia y rigurosa del verbo, decimos que el hijo *procede* del padre, y no que *proviene*" (LH). 2 *Nacer, seguirse, originarse, emanar, dimanar, derivarse, deducir\**. 3 *Portarse, comportarse, conducirse, obrar.*
**procedimiento** *m. Método, manera, forma, marcha.* 2 DER. *Actuación, tramitación.*
**proceloso, -sa** *adj. Borrascoso, tormentoso, tempestuoso.*
**prócer** *adj. Alto, eminente, elevado, egregio.* 2 *m. Magnate, primate, optimate.*
**procesado, -da** *adj.-s. Acusado, inculpado.*
**procesar** *tr. Encartar, empapelar* (fam.)*, encausar, enjuiciar.*
**procesión** *f. Teoría* (lit.)*. Etimológicamente, teoría* tiene el significado de *procesión,* aunque sólo se usa con este sentido en estilo docto o tratando de la antigua Grecia: *teoría* de las Panateneas. 2 fig. *Hilera, fila.*
**proceso** *m. Sucesión, transcurso, transformación, desarrollo.* 2 *Causa.*
**proclama** *f. Amonestación matrimonial, publicación.*
**proclamar** *tr. Publicar, divulgar, pre-*

*gonar.* 2 *Declarar, promulgar.* 3 *Aclamar.*
**procreación** *f. Generación, multiplicación, reproducción.*
**procrear** *tr. Engendrar, generar.*
**procurar** *tr. Pretender, tratar de, intentar, querer\**.
**prodición** *f. Alevosía, traición, perfidia, felonía, deslealtad.*
**prodigalidad** *f. Derroche, despilfarro, largueza, liberalidad, profusión.* 2 *Abundancia, copia, exuberancia.*
**prodigar** *tr.-prnl. Disipar, desperdiciar, derrochar, malgastar, despilfarrar, tirar de largo, tirar de la venta.* No siempre *prodigar* tiene el sentido de exceso, sino que puede significar sencillamente dar con abundancia o profusión. Decir que un canal de riego *prodiga* las riquezas en una comarca, no significa que las malgasta o desperdicia. Un hombre que *prodiga* los favores entre sus amigos no es censurable. ↔ AHORRAR, CONTENER, RESTRINGIR.
**prodigio** *m. Portento, maravilla, asombro, pasmo, milagro.*
**prodigioso, -sa** *adj. Maravilloso, asombroso, pasmoso, portentoso, milagroso.* 2 *Excelente, primoroso, exquisito, admirable.*
**pródigo, -ga** *adj.-s. Derramado, malgastador, manilargo, manirroto, disipador, derrochador, despilfarrador.* *Pródigo* es voz culta o del lenguaje jurídico. ↔ TACAÑO, INTERESADO.
**producción** *f. Productividad\*, rendimiento, utilidad.* 2 *Producto.*
**producir** *tr. Engendrar, procrear.* 2 *Crear, elaborar.* ↔ DESHACER. 3 *Fructificar.* ↔ CONSUMIR. 4 *Rentar, redituar, rendir.* 5 *Fabricar, manufacturar.* 6 fig. *Originar, ocasionar, causar, motivar, procurar.* 7 prnl. *Explicarse, manifestarse.*
**productividad** *f. Rendimiento, producción, utilidad.* Son a menudo equivalentes, pero *productividad* es término pralte. usado entre economistas para designar la capacidad de pro-

ducir, mientras que *rendimiento* sugiere el producto obtenido y se acerca más al sentido concreto de *utilidad* o *producción*. La *productividad* puede ser real o virtual. El *rendimiento* es real.

**productivo, -va** *adj. Beneficioso\*, benéfico, provechoso, útil\*, rentable\*, fructuoso, lucrativo, fecundo, fértil, feraz.* ↔ INÚTIL, INFRUCTUOSO.

**producto** *m. Producción.* 2 *Fruto, beneficio, utilidad, provecho, lucro\*, rendimiento, renta, rédito.* 3 *Efecto\*, resultado, consecuencia.*

**proemio** *m. Prólogo, prefacio, preámbulo\*, introducción.* ↔ EPÍLOGO, FINAL.

**proeza** *f. Hazaña, heroicidad, valentía.* ↔ COBARDÍA, TIMIDEZ.

**profanación** *f. Sacrilegio.* "La *profanación* es un desprecio o un abuso de una cosa santa o sagrada. Si el que la comete no conoce o no reconoce la santidad de los objetos que desprecia o de los que abusa, no comete más que una simple *profanación*. Los infieles o los herejes hacen durante las guerras *profanaciones* en las iglesias de los cristianos sus enemigos. Si el que comete la *profanación* conoce la santidad de los objetos que *profana*, comete un *sacrilegio*; abusa voluntariamente y a sabiendas de una cosa que considera como sagrada; insulta a la divinidad que ha reconocido. La *profanación* de una iglesia católica por los musulmanes no es más que una *profanación* a la vista de los católicos. La *profanación* de una iglesia católica por los católicos, es un *sacrilegio* a la vista de estos últimos" (O). El *sacrilegio* es una *profanación* de lo sagrado. ↔ RELIGIÓN, PIEDAD, RESPETO.

**profanar** *tr. Violar.* ↔ RESPETAR. 2 fig. *Deslucir, deshonrar, prostituir.* ↔ RESPETAR.

**profano, -na** *adj. Secular, laico.* 2 *adj.-s. Ignorante\*, lego.*

**profecía** *f. Predicción\*, augurio, vaticinio, presagio, horóscopo\*.*

**proferir** *tr. Pronunciar, articular, decir.* ↔ CALLAR.

**profesar** *tr. Explicar, enseñar.*

**profesión** *f. Carrera, facultad.* 2 *Empleo, oficio, ministerio.* ↔ CESANTÍA.

**profesor, -ra** *s. Maestro, pedagogo, instructor.*

**profeta** *m. Vidente.*

**profetizado, -da** *adj. Antedicho, predicho, augurado.*

**profetizar** *tr. Anunciar, predecir, adivinar, vaticinar, echar las cartas.* 2 fig. *Conjeturar, presagiar.*

**profiláctica** *f. Higiene.* ↔ SUCIEDAD, INFECCIÓN.

**profiláctico** *m.* MED. *Preservativo, condón* (vulg.), *goma* (vulg.).

**profiláctico, -ca** *adj.-m.* MED. *Preservativo, premunitivo, preventivo.*

**profilaxis** *f. Preservación.*

**prófugo** *m. Desertor, tornillero* (burl.). Es frecuente aplicar al *prófugo* el calificativo de *desertor*, aunque éste en rigor es el que abandona las filas en que sirve, y el *prófugo* huye por no incorporarse a ellas. *Tornillero* se aplicaba antiguamente al soldado desertor.

**profundidad** *f. Hondura.* ↔ SUPERFICIE. 2 *Entraña, centro, interior.*

**profundizar** *tr. Ahondar, indagar, adentrar\*.* ↔ SUBIR, IGNORAR.

**profundo, -da** *adj. Hondo, grande\*.* 2 *Penetrante.* 3 fig. *Recóndito, difícil.*

**profusión** *f. Abundancia, copia, exuberancia, prodigalidad, multitud.* ↔ ESCASEZ, DEFECTO, TACAÑERÍA.

**profuso, -sa** *adj. Abundante, copioso, exuberante.*

**progenie** *f. Casta\*, familia, progenitura, linaje, raza\*.*

**progenitor** *m. Padre.* 2 *Antepasado, ascendiente.*

**progenitura** *f. Progenie, familia, linaje.* 2 *Primogenitura.*

**prognosis** *f.* MED. *Pronóstico.*

**programa** *m. Cuestionario.* 2 *Plan, planificación.* 3 *Temario, repertorio.*

**programar** *tr. Planear, planificar. Programar* sugiere en general más detalle en lo que se *planea* o *planifica*.

**progresar** *intr. Adelantar, perfeccio-*

*narse, desarrollarse, prosperar, florecer, mejorar, medrar, coger la delantera, crecer como la espuma.* ↔ RETRASARSE, DESMEJORAR, RETROCEDER, EMPEORAR.
**progresión** *f. Gradación, escalonamiento, sucesión, serie.*
**progresivo, -va** *adj. Gradual, escalonado, sucesivo, graduado.*
**progreso** *m. Proceso, avance, adelanto, adelantamiento, perfeccionamiento, desarrollo.* ↔ BARBARIE, RETRASO, INCULTURA. 2 *Prosperidad, aumento, mejora.* ↔ RETRASO.
**prohibición** *f. Entredicho, interdicto* (DER.).
**prohibido, -da** *adj. Ilícito*, ilegal, vedado.*
**prohibir** *tr.-prnl. Privar, impedir, vedar, negar*.* Todos ellos pueden tener por sujeto personas o cosas. El sujeto de *prohibir* es una persona, ley, orden, etc. P. ej.: el temporal *impide* (no *prohíbe*) la salida del vapor. ↔ PERMITIR.
**prohijar** *tr. Adoptar, ahijar.*
**prohombre** *m. Magnate, prócer, grande, poderoso.*
**proís** *m. Noray.*
**prójimo** *m. Semejante.* 2 *desp. Individuo*, sujeto, socio.* Todos ellos son despectivos. P. ej.: ¿quién es ese *prójimo*?
**prole** *f. Hijos, descendencia, familia.*
**prolepsis** *f. RET. Anticipación.*
**prolífico, -ca** *adj. Fecundo.*
**prolijamente** *adv. m. Latamente, largamente, extensamente, ampliamente.* ↔ BREVEMENTE, LIGERAMENTE.
**prolijidad** *f. Detención, detenimiento.*
**prolijo, -ja** *adj. Largo, extenso, dilatado, difuso.* ↔ PARCO, CONCISO.
**prólogo** *m. Proemio, prefacio, introducción, preámbulo, exordio.* Introducción y *preámbulo* se aplican a los libros o a los discursos. *Exordio* se usa esp. tratándose de discursos.
**prolongación** *f. Apéndice, cola.*
**prolongado, -da** *adj. Extendido.*
**prolongar** *tr. Alargar*, extender, alongar*.* ↔ ACOTAR, ENCOGER.

**promediar** *intr.-tr. Demediar.*
**promesa** *f. Prometido* (p. us.), *prometimiento* (p. us.), *promisión* (lit.). Promisión* es de uso literario restringido: los israelitas iban a la tierra de *promisión*. 2 *Ofrecimiento, oferta.* "La *oferta* es una demostración del deseo con que nos hallamos, o afectamos hallarnos, de que se admita o se reciba el servicio o la cosa que se *ofrece*. La *promesa* es una obligación que nos imponemos de hacer algún servicio o de dar alguna cosa. El que *ofrece* con poca voluntad de dar, se expone a que se le admita la oferta. El que *promete* con voluntad o sin ella, debe cumplir su *promesa*. Me ha *ofrecido* su casa, pero yo no la he aceptado. Me ha *prometido* venir a la mía, y espero que no faltará a su palabra" (LH). 3 *Voto.* 4 fig. *Augurio, señal, esperanza.*
**prometer** *tr. Ofrecer, obligarse.* 2 *Asegurar, afirmar, cerciorar, certificar.* 3 *prnl. Esperar, confiar.* 4 *Consagrarse.*
**prometido, -da** *s. Futuro, novio.*
**prometimiento** *m. p. us. Promesa* (expresión), *prometido* (p. us.), *promisión* (lit.).
**prominencia** *f. Saliente, elevación, protuberancia.* ↔ LLANURA, DEPRESIÓN.
**prominente** *adj. Saliente, alto*, elevado.*
**promiscuidad** *f. Mezcla, confusión.*
**promisión** *f. lit. Promesa* (expresión), *prometido* (p. us.), *prometimiento* (p. us.).
**promoción** *f. Hornada* (fam.).
**promontorio** *m. Cabo, lengua de tierra, angla* (p. us.).
**promotor, -ra** *adj.-s. Promovedor, iniciador, suscitador.*
**promovedor, -ra** *adj.-s. Promotor, iniciador, suscitador.*
**promover** *tr. Suscitar, iniciar, mover, procurar.* 2 *Elevar, ascender.*
**promulgar** *tr. Publicar*.* ↔ DEROGAR, CALLAR.
**pronosticar** *tr. Predecir, presagiar, adivinar*.*
**pronóstico** *m. Predicción, presagio,*

*vaticinio, profecía, adivinación, agüe-ro\*, horóscopo\*.* 2 *Prognosis* (MED.).

**prontamente** *adv. t. Al punto, sin dilación, pronto, en seguida.* 2 *Rápidamente, aceleradamente.*

**prontitud** *f. Velocidad, rapidez, aceleración, presteza, diligencia, actividad.* ↔ LENTITUD, PARSIMONIA, PEREZA. 2 *Viveza, precipitación.*

**pronto, -ta** *adj. Veloz, rápido, acelerado, presto, ligero, activo\*.* 2 *Dispuesto, preparado, aparejado.*

**I pronto** *m. Arrebato, arranque.* 2 *Ocurrencia, salida.*

**II pronto** *adv. m. Presto, prontamente, aprisa.*

**pronunciación** *f. Dicción, articulación.*

**pronunciamiento** *m. Rebelión, alzamiento, levantamiento, sublevación, insurrección, cuartelada* (burl.), *militarada* (burl.). *Pronunciamiento* es concretamente rebelión militar, y no se aplica a otra clase de *insurrecciones* o *levantamientos.*

**pronunciar** *tr.-prnl. Articular, proferir, decir.* ↔ CALLAR. 2 *prnl. Rebelarse, sublevarse, levantarse, echarse a la calle. Pronunciarse* se dice sólo de los militares. ↔ CALLARSE, SOMETERSE.

**propagación** *f. Contagio, transferencia, transmisión, trasmisión.*

**propagador, -ra** *s. Apóstol, propagandista.*

**propaganda** *f. Divulgación, difusión, publicidad\*.*

**propagandista** *adj.-com. Apóstol, propagador.*

**propagar** *tr.-prnl. Multiplicar, reproducir.* 2 *Difundir, extender, tener eco.* 3 *Divulgar, esparcir, propalar\*, publicar\*.*

**propalar** *tr. Difundir, propagar, divulgar, publicar\*. Propalar* es dar a conocer lo desconocido u oculto. Supone mala intención por parte del sujeto: *propalar* un rumor tendencioso, a diferencia de *difundir, propagar* y *divulgar,* que pueden aplicarse a lo bue-

no y a lo malo, a lo favorable y a lo adverso.

**proparoxítono, -na** *adj.* FILOL. *Esdrújulo.*

**propasarse** *prnl. Excederse, pasar de la raya, extralimitarse, abusar.* 2 *Descomedirse, insolentarse.* ↔ CONTENERSE.

**propender** *intr. Tender, inclinarse.*

**propensión** *f. Inclinación, tendencia, instinto.* "La *propensión* está en el entendimiento o en los hábitos; la *inclinación* en la voluntad o en el carácter. Hay *propensión* a hablar mal del prójimo, a distraerse, a leer novelas. Hay *inclinación* al amor, a la cólera, a tal profesión, a tal clase de sociedad..." (M). ↔ DESGANA, DESINTERÉS. 2 *Predisposición.* Tratándose de enfermedades.

**propenso, -sa** *adj. Sujeto, expuesto.*

**propiciatorio** *m. Reclinatorio* (mueble).

**propicio, -cia** *adj. Benigno, favorable.* "*Propicio* es lo que está dispuesto a favorecer. *Favorable* es lo que de hecho favorece. El reo tiene *propicio* al juez que le mira con indulgencia y desea que haya algún medio de salvarle; y le tiene *favorable* cuando éste da un voto a su favor, o usa de todos los medios o condescendencias que pueden directamente contribuir al buen éxito de su causa. Como el primero de estos adjetivos sólo representa un acto de voluntad, no se puede aplicar con propiedad a lo que no la tiene; pero el segundo se aplica generalmente a todo lo que favorece con voluntad o sin ella. Un ministro está *propicio.* El viento está *favorable*" (LH).

**propiedad** *f. Dominio, pertenencia, goce, disfrute.* 2 *Finca, posesión.* 3 *Cualidad\*, peculiaridad, caracter.*

**propietario, -ria** *adj. Dueño, amo, señor\*.*

**propileo** *m. Peristilo.*

**propina** *f. Gratificación, plus, añadidura.*

**protagonista**

**propincuo, -cua** adj. lit. Allegado, cercano, próximo. ↔ LEJANO, AJENO.

**propio, -pia** adj. Característico, peculiar. 2 Conveniente, adecuado, pertinente, oportuno. 3 Natural, real.

**proponer** tr.-prnl. Ofrecer, plantear, sentar. ↔ ACEPTAR. 2 Consultar, presentar. Ambos, tratándose de cargos. 3 prnl. Intentar, procurar, determinarse, tener entre ceja y ceja. ↔ DESENTENDERSE.

**proporción** f. Correspondencia, armonía, conformidad, relación. ↔ DESPROPORCIÓN. 2 Oportunidad, ocasión*, coyuntura, sazón, conveniencia. ↔ INCONVENIENCIA, INOPORTUNIDAD. 3 **A proporción** loc. adv. Al respecto, a correspondencia, respectivamente.

**proporcionado, -da** adj. Acomodado, adecuado, idóneo, útil, apto, provechoso, conveniente*. ↔ DESIGUAL, DESMESURADO.

**proporcionar** tr.-prnl. Facilitar, suministrar, proveer, poner a disposición. Tratándose de mercancías, se proporcionan o facilitan las que por algún motivo escasean o no son fáciles de adquirir, o las que se adquieren indirectamente. En cambio, el que las vende directamente, las suministra a sus clientes o les provee de ellas. ↔ QUITAR, PRIVAR.

**proposición** f. Propuesta. 2 Ofrecimiento, oferta. 3 GRAM. Oración. Aunque proposición y oración son sinónimos, en las gramáticas españolas predomina el término oración. En cambio, proposición (y no oración) se emplea en lógica con el significado de expresión verbal de un juicio.

**propósito** m. Intento, intención, ánimo*. ↔ IRREFLEXIÓN. 2 Objeto*, mira, fin*, motivo. 3 **A propósito** loc. adj. Especial, adecuado, propio. 4 **De propósito** loc. adv. Adrede, expresamente, intencionadamente, deliberadamente, ex profeso, de intento, aposta. ↔ INVOLUNTARIAMENTE, SIN QUERER.

**propuesta** f. Proposición.

**propulsa** f. Repulsa (acción), repulsión.

**propulsar** tr. Empujar*, impeler, impulsar.

**propulsión** f. Impulso, impulsión, empujón*.

**prora** f. poét. Proa.

**prorratear** tr. Ratear (p. us.).

**prórroga** f. Aplazamiento, demora, suspensión, retraso, retardo, dilación.

**prorrogar** tr. Aplazar, diferir, alargar*. ↔ CUMPLIR, TERMINAR.

**prosapia** f. Ascendencia, linaje, estirpe, casta*, alcurnia.

**proscribir** tr. Interdecir, vedar, prohibir, impedir.

**proscripción** f. Destierro*, extrañamiento, deportación, ostracismo.

**prosector** m. MED. (pers.) Disector.

**proseguir** tr. Seguir, continuar, llevar adelante, seguir en el hilo. ↔ DETENER, INTERRUMPIR.

**prosélito** m. Converso. 2 Partidario*, neófito, adherido, adepto.

**prosimio** m. Lemúrido, lémures.

**prosodia** f. FILOL. Fonética, ortología, fonología.

**prosopopeya** f. RET. Personificación. 2 Afectación, pompa, aparato, ampulosidad, ostentación.

**prosperar** intr. Progresar, adelantar, mejorar, medrar, florecer, enriquecerse, salir a flote, sonreír la fortuna. ↔ FRACASAR, ARRUINARSE.

**prosperidad** f. Auge, elevación, encumbramiento, bonanza. 2 Bienaventuranza, felicidad, dicha.

**próspero, -ra** adj. Favorable, propicio, feliz, venturoso. 2 Rico, floreciente.

**prosternarse** prnl. Postrarse, humillarse, arrodillarse.

**prostíbulo** m. Lupanar, burdel, casa de citas, mancebía.

**prostituir** tr.-prnl. Deshonrar, envilecer, corromper, degradar. ↔ ENNOBLECER, HONRAR.

**prostituta** f. Ramera, puta (vulg.).

**protagonista** com. Héroe. En la primitiva tragedia griega, el personaje único, que dialogaba con el coro y

**protección** 520

con el corifeo, se llamó *protagonista*. Esquilo añadió un segundo personaje (*deuteragonista*) y Sófocles un tercero (*tritagonista*). En el teatro moderno se ha conservado sólo la primera denominación con el significado extenso de personaje principal de cualquier obra literaria.

**protección** *f. Amparo, defensa, auxilio\*, resguardo, salvaguarda, favor, apoyo, patrocinio, refugio, asilo.* ↔ DE-SAMPARO, INSEGURIDAD.

**protector, -ra** *adj.-s. Defensor, amparador, favorecedor, bienhechor\*, padrino, valedor, patrocinador.*

**proteger** *tr.-prnl. Preservar, amparar, defender\*, escudar, resguardar, salvaguardar, respaldar, hacer sombra, guardar las espaldas, mirar por, apoyar, favorecer, patrocinar.* La idea de *proteger* de algún peligro material o fig., la expresan los diez primeros verbos. Ayudar a una persona, empresa o idea, *favorecer* y *apoyar*. Los tres últimos verbos implican alta jerarquía o importancia del protector o patrocinador. ↔ DESAMPARAR, ATACAR.

**protervia** *f. Perversidad, nequicina* (lit.), *maldad, perfidia, malignidad, perversión.*

**protervo, -va** *adj. Perverso, malo, malvado, maligno, depravado, corrupto.*

**prótesis** *f.* CIR. *Implantación.*

**protesta** *f. Reclamación, exigencia, petición, demanda.* 2 *Bronca, alboroto, tumulto, la de Dios es Cristo.*

**protestar** *intr. Reclamar, pedir, exigir, demandar.* ↔ PERDONAR, DESISTIR.

**protocolo** *m.* (de un notario) *Registro.* 2 *Ceremonial.*

**prototipo** *m. Arquetipo.*

**protuberancia** *f. Prominencia, elevación.* La *protuberancia* connota un redondeamiento mayor o menor.

**provecho** *m. Ganancia, beneficio, utilidad, fruto, lucro\*.* ↔ INUTILIDAD, INCONVENIENCIA, INCOMODIDAD.

**provechoso, -sa** *adj. Beneficioso\*, útil, conveniente\*, fructífero, lucrativo.*

**provecto, -ta** *adj. Antiguo, adelantado.* 2 *Maduro, viejo\*.*

**proveedor, -ra** *s. Abastecedor, aprovisionador, suministrador.*

**proveer** *tr.-prnl. Suministrar, abastecer, surtir, aprovisionar, proporcionar\*.* ↔ QUITAR, PRIVAR. 2 *Disponer, resolver.*

**provena** *f. Mugrón* (de la vid), *rastro.*

**proveniente** *adj. Procedente, originario, derivado.*

**provenir** *intr. Nacer, originarse, proceder\*, emanar, dimanar, venir.*

**proverbio** *m. Sentencia, refrán\*, adagio, máxima, paremia.* El término griego *paremia* sólo tiene uso literario.

**providencia** *f. Disposición, prevención, provisión, medida.* 2 *Dios.* 3 DER. *Resolución.*

**próvido, -da** *adj. Prevenido, cuidadoso, proveniente, diligente.* 2 *Propicio, benévolo.*

**provisión** *f. Acopio\*, acopiamiento, acumulación, almacenamiento, depósito, acaparamiento.* 2 *Abastecimiento, abasto, aprovisionamiento, suministro, avituallamiento.* 3 *Providencia, disposición, prevención, medida.* 4 **Provisiones de boca** *f. pl. Vitualla, víveres.*

**provisional** *adj. Interino, accidental.*

**provocación** *f. Incitación, excitación.*

**provocar** *tr. Excitar, incitar, mover, estimular.* ↔ TRANQUILIZAR. 2 *Irritar, enojar.* ↔ APACIGUAR, SOSEGAR, PACIFICAR. 3 *intr. Vomitar.*

**proxeneta** *com. Alcahuete, encubridor, celestina, tercera, enflautadora.* Los tres últimos se aplican a las mujeres.

**proxenetismo** *m. Alcahuetería, lenocinio.*

**próximamente** *adv. m. Aproximadamente, con proximidad, con corta diferencia, poco más o menos, a ojo de buen cubero.*

**proximidad** *f. Cercanía, inmediación, vecindad.* ↔ LEJANÍA, ANTIGÜEDAD. 2 **Con proximidad** *loc. adv. Aproximadamente, a ojo de buen cubero, con* *corta diferencia, próximamente, poco más o menos.*

**próximo, -ma** *adj. Cercano, vecino.* 2 *Inmediato, contiguo, junto.*

**proyectar** *tr. Lanzar, arrojar, despedir.* 2 *Idear, trazar, concebir, planear, planificar, urdir.*

**proyectil** *m. Bala.*

**proyecto** *m. Designio\*, plan, idea, intención, pensamiento.*

**proyector** *m. Reflector.*

**prudencia** *f. Cordura, seso, medida, juicio, discernimiento, aplomo, sabiduría, sensatez, buen sentido.* ↔ INSENSATEZ, INDISCRECIÓN, INFORMALIDAD, DESCUIDO. 2 *Moderación, circunspección, previsión, parsimonia, reserva\*.* ↔ INSENSATEZ, INFORMALIDAD.

**prudente** *adj. Avisado, previsor, advertido, precavido, cauteloso, astuto, sensato, cauto, circunspecto, remirado, mirado.* ↔ IMPRUDENTE. 2 *Discreto, juicioso, cuerdo, mesurado, reflexivo.* ↔ ALOCADO, IRREFLEXIVO.

**prueba** *f. Razón, argumento, demostración.* "Para demostrar la verdad de un aserto se emplean las *razones* y las *pruebas*; y de unas y otras, juntas o separadas, se componen los *argumentos*. Las *razones* sirven para las opiniones y las doctrinas; las *pruebas*, para los hechos. El que alega una autoridad en confirmación de lo que dice, no presenta una *razón*, sino una *prueba*" (M). 2 *Justificación, probanza.* 3 *Indicio, señal, muestra.* 4 *Sufrimiento, desgracia, infortunio.* 5 *Ensayo, experiencia, probatura, gustación, cata.* Los dos últimos, tratándose de comida o bebida.

**prurito** *m. Comezón\*, picor, picazón\*, cosquilleo, hormiguilla, hormigueo.* 2 fig. *Deseo, anhelo.*

**prusiato** *m.* QUÍM. *Cianuro.*

**prúsico, -ca** *adj.* QUÍM. *Cianhídrico.*

**psicalgia** *f.* MED. *Frenalgia, melancolía.*

**psicópata** *com. Obseso, maníaco.*

**psicopatía** *f. Manía, psicosis, obsesión.*

**psicopático, -ca** *adj. Frenopático.*

**psicopatología** *f. Psiquiatría.*

**psicosis** *f. Manía, psicopatía, obsesión.*

**psique** *f.* cult. *Mente, psiquis.*

**psiquiatra, psiquíatra** *com.* MED. *Alienista, frenópata.*

**psiquiatría** *f. Freniatría, psicopatología.*

**psíquico, -ca** *adj. Anímico.*

**psiquis** *f.* MED. *Mente, psique* (cult.).

**psitacismo** *m. Memorismo.* En la enseñanza.

**ptialismo** *m. Tialismo, salivación, sialismo.*

**púa** *f. Aguijón, espina, pincho.*

**pubertad** *f. Adolescencia, muchachez, mocedad.*

**pubes** *m. Pubis, verija, vedija.*

**pubescencia** *f.* BOT. *Vellosidad.*

**pubescente** *adj.* BOT. *Velloso, vellido, tomentoso* (BOT.).

**pubis** *m. Pubes, verija, vedija.*

**publicar** *tr. Divulgar\*, pregonar, difundir, esparcir, propagar, hacer público, promulgar.* Este último, tratándose de una ley. "*Publicar, divulgar.* La idea común, que hace sinónimos estos verbos, es la de descubrir un secreto; pero *publicarlo* expresa la idea absolutamente, sin modificación alguna, esto es, hacer *público* lo que no lo era, hacerlo saber a los que lo ignoraban. *Divulgar* supone que el secreto se ha ido diciendo a varias personas o en varias partes, con alguna determinada intención, o que, contra la voluntad del que lo ha confiado con reserva, se ha esparcido y hecho público. Se ha *divulgado* mi casamiento, esto es, yo no quería *publicarlo*; pero alguno de aquellos a quienes yo lo había confiado, o que han tenido modo de saberlo, o sospecharlo, lo han ido diciendo a unos y a otros, ha corrido la voz, y lo saben ya todos" (LH). 2 *Revelar, propalar.* 3 *Dar a la estampa, imprimir, editar.* 4 *Anunciar, manifestar, proclamar.*

**publicidad** *f. Notoriedad.* 2 *Divulga-*

*ción, difusión, propaganda.* La *publicidad* es el conjunto de medios que se emplean para la *propaganda* de ideas, opiniones, productos comerciales, etc.

**público** *m. Concurrencia, auditorio, espectadores, oyentes, asistentes.*

**público, -ca** *adj. Notorio, patente, conocido, manifiesto.* "Lo *público* es lo que a nadie se oculta; *notorio* es lo generalmente sabido. Hay cosas *públicas* y que, por la poca importancia que en sí tienen, no son *notorias*" (M).

**puchera** *f.* fam. *Olla* (guiso), *cocido\*, pote* (Gal. y Ast.), *puchero.*

**puchero** *m. Olla* (guiso), *cocido\*, pote* (Gal. y Ast.), *puchera.*

**puches** *amb. pl. Gachas.*

**púdico, -ca** *adj. Honesto, pudoroso, casto, recatado.*

**pudiente** *adj.-com. Opulento, potentado, rico\*, poderoso, acaudalado\*.*

**pudor** *m. Honestidad, castidad, modestia, vergüenza\*, decoro, compostura, recato.*

**pudoroso, -sa** *adj. Honesto, recatado, púdico, casto, decoroso, decente.*

**pudrición** *f. Putrefacción, podredura, pudrimiento, corrupción, descomposición.*

**pudrimiento** *m. Putrefacción, podredura, corrupción, descomposición, pudrición.*

**pudrir** *tr.-prnl. Podrecer, empodrecer, corromper, descomponer, echarse a perder, fermentar\*.* ↔ SANAR, VIVIR.

**pueblerino, -na** *adj.-s. Lugareño, aldeano.*

**pueblo** *m. Población, poblado.* 2 *Lugar, aldea.* 3 *Nación\*, raza.* 4 *Vecindario, vecinos.* 5 *Plebe\*, vulgo. Plebe* y *vulgo* implican sentido despectivo, en tanto que *pueblo* denota la gente común y humilde de una localidad, provincia o nación. *Vulgo* comprende propiamente a las gentes comunes que no se destacan en ningún sentido (cultural, linaje, prestigio social, etc.). En sentido político, la denominación de *pueblo* abarca a todos los ciudadanos y clases sociales; no así el *vulgo* ni la *plebe,* que se refieren a las clases menos calificadas y educadas.

**puerco. Puerco de monte** *m. Jabalí, puerco jabalí, puerco montés, puerco salvaje, pécari, báquiro, saíno.* 2 **Puerco marino** *Arroaz, delfín, golfín, tonina.*

**puerco, -ca** *adj. Inmundo, sucio, asqueroso, repugnante, nauseabundo.*

**puericia** *f. Niñez, infancia.*

**puericultura** *f. Infanticultura.*

**pueril** *adj. Infantil\*, aniñado.* 2 *Inocente, cándido.* 3 fig. *Infundado, fútil.*

**puerilidad** *f. Niñería.* ↔ MALICIA. 2 fig. *Insignificancia, futilidad, niñada\*.* ↔ IMPORTANCIA.

**puerilismo** *m. Infantilismo.*

**puerperio** *m.* MED. *Sobreparto* (tiempo).

**puerro** *m. Porro.* 2 **Puerro silvestre** *Ajo porro.*

**puerta** *f. Entrada, acceso, paso.* 2 DEP. *Marco, portería, meta.* En algunos deportes, como el fútbol y el balonmano. 3 **Puerta falsa** *Postigo.*

**puerto. Arribar a puerto** *loc Tomar tierra, desembarcar, aterrizar* (AERON.). 2 **Naufragar en el puerto** *loc. Malograrse, desaprovecharse, perderse, desperdiciarse, frustrarse, errar el golpe, irse abajo.*

**puertorriqueño, -ña** *adj.-s.* (pers.) *Portorriqueño, boricua, borinqueño.*

**puesta** *f. Ocaso, postura.* 2 **Puesta al día** *Modernización, actualización.*

**puesto** *m. Punto, sitio, lugar, paraje, espacio.* Estos sinónimos, en el orden en que se citan, forman una gradación desde el más determinado y circunscrito, al más indeterminado y extenso. 2 *Empleo, cargo, plaza, destino\*.*

**púgil** *m. Boxeador.*

**pugna** *f. Pelea, lucha\*, contienda.* 2 *Oposición, hostilidad.*

**pugnar** *intr. Pelear, contender, luchar, batallar.* ↔ PACIFICARSE. 2 *Esforzarse, porfiar.*

**puja** *f. Mejora, aumento.*

**pujante** adj. Fuerte, vigoroso, poderoso, potente, brioso.

**pujanza** f. Fuerza, brío, poder, vigor. ↔ DEBILIDAD, IMPOTENCIA.

**pujar** tr. Mejorar, aumentar, subir.

**pulchinela** m. Polichinela.

**pulcramente** adv. m. Puramente, con pureza.

**pulcritud** f. Aseo, limpieza*. ↔ SUCIEDAD. 2 Cuidado, esmero, escrupulosidad, delicadeza. ↔ INDELICADEZA.

**pulcro, -cra** adj. Aseado, limpio, límpido. 2 Cuidadoso, esmerado, escrupuloso, delicado. 3 Puro, impecable, inmaculado.

**pulgar** adj.-m. Pólice, dedo gordo.

**pulgón** m. Piojuelo.

**pulguera** f. Empulguera.

**pulido, -da** adj. Pulimentado, liso, bruñido. 2 Agraciado, bello, hermoso. 3 Pulcro, primoroso, esmerado.

**pulimentado, -da** adj. Pulido, liso, bruñido.

**pulimentar** tr. Abrillantar, pulir, bruñir, dar brillo.

**pulir** tr.-prnl. Pulimentar, alisar, abrillantar, bruñir. ↔ ENSUCIAR. 2 Perfeccionar, ultimar. 3 Adornar, aderezar, componer, acicalar. ↔ DESCOMPONER.

**pulla** f. Planga, clanga, planco, dango.

**pulmón** m. Bofe, chofe, livianos. Este último, esp. en los animales. 2 **Pulmón marino** Aguamala, medusa, aguamar.

**pulmonía** f. Neumonía, perineumonía, neumonitis (MED.).

**pulmoníaco, -ca** adj.-s. Neumónico, perineumónico.

**pulpa** f. Medula, médula, meollo, tuétano.

**pulpejo** m. Talón. En los cascos de las caballerías, pulpejo.

**pulsación** f. Latido.

**pulsar** tr. Tocar*, tañer. 2 Tomar el pulso. 3 fig. Tantear, examinar.

**pulsera** f. Brazalete, manilla.

**pulsímetro** m. Esfigmómetro.

**pulso** m. fig. Seguridad, firmeza, tino. 2 Tiento, cuidado.

**pululación** f. Germinación, multiplicación, reproducción.

**pulular** intr. Abundar, multiplicarse, bullir, hormiguear. ↔ AQUIETARSE.

**pulverizar** tr. Polvificar, polverizar, hacer polvo.

**punchar** tr. Punzar, picar, pinchar, pungir (lit.).

**pundonor** m. Honor*, honra, punto de honra. ↔ DESHONOR, INDECENCIA. 2 Delicadeza, susceptibilidad, puntillo. Cuando el pundonor es extremado y se basa en motivos nimios, puntillo.

**pundonoroso, -sa** adj.-s. Puntoso, puntilloso. Este último, cuando indica susceptibilidad extremada.

**pungir** tr. lit. Punzar, picar, pinchar, punchar.

**púnico, -ca** adj. Cartaginés*.

**puntada** f. Punto, pasada, paso. Hablando de la costura.

**puntal** m. Tornapunta. 2 fig. Apoyo, fundamento.

**puntapié** m. Puntocón, puntillón, puntera, puntillazo.

**puntera** f. Bigotera, capellada. En el calzado.

**puntería** f. Tino, acierto, pulso, destreza. ↔ DESACIERTO.

**puntiagudo, -da** adj. Agudo, delgado, aguzado, afilado, acuminado, acumíneo.

**puntilla** f. (puñal) Cachetero.

**puntillero** m. TAUROM. Cachetero (torero).

**puntillón** m. fam. Puntapié, puntocón, puntera, puntillazo.

**puntilloso, -sa** adj. Puntoso, puntuoso.

**punto** m. Puntada. 2 Sitio, lugar, puesto, paraje. 3 Instante, momento*. 4 Cuestión, materia, asunto, extremo. 5 Pundonor. 6 DEP. Tanto. 7 **A punto** loc. adj. Preparado, listo, presto. 8 **Al punto** loc. adv. Prontamente, sin dilación, pronto, en seguida, ya.

**puntoso, -sa** adj. Pundonoroso, puntuoso, puntilloso.

**puntuación** f. DEP. Tanteo.

**puntual** adj. Pronto, diligente, exacto,

cumplidor, preciso, asiduo\*. 2 Cierto, indudable, indubitable, seguro.

**puntualidad** f. Regularidad, exactitud, precisión. ↔ INFORMALIDAD, INEXACTITUD, INSEGURIDAD.

**puntualizar** tr. Detallar, pormenorizar, precisar.

**puntualmente** adv. m. Religiosamente, exactamente, fielmente.

**puntuoso, -sa** adj. Puntilloso, puntoso.

**punzada** f. Picadura, mordedura, picada, pinchazo.

**punzadura** m. Pinchazo, picadura, punzada, picada.

**punzante** adj. Incisivo, mordaz, satírico, cáustico.

**punzar** tr. Picar\*, pinchar, punchar, pungir (lit.).

**punzón** m. Buril.

**puñada** f. Puñetazo.

**puñado** m. Puño.

**puñera** f. Almorzada, almuerza, ambuesta.

**puñetazo** m. Trompada, puñada, castañazo (fam.), castañetazo (fam.).

**puño** m. Puñado. 2 Amér. Puñetazo. 3 **Meter el corazón en un puño** loc. V. corazón. 4 **Morderse los puños** Aguantar, contenerse, reprimirse, vencerse, tragar saliva, llevar la cruz, hacerse el loco.

**pupa** m. fam. Dolor, mal. 2 f. Costra (esp. en los labios).

**pupila** f. (del ojo) Niña, niñeta.

**pupilaje** m. Casa de huéspedes, pensión.

**pupilo, -la** s. Huérfano.

**puramente** adv. m. Con pureza, pulcramente. 2 Meramente, estrictamente, solamente, simplemente.

**pureza** f. Inocencia, sencillez, candor, simplicidad. 2 Limpieza, pulcritud, castidad.

**purgación** f. Catarsis, purificación. V. purgaciones.

**purgaciones** f. pl. Blenorragia. V. purgación.

**purgante** adj.-m. FARM. Lapáctico, derivativo, abstergente, catártico.

**purgar** tr. Limpiar, depurar, purificar. 2 Expiar, satisfacer.

**puridad** f. ant. Secreto, arcano, misterio.

**purificación** f. Depuración.

**purificador, -ra** s. Cornijal.

**purificar** tr.-prnl. Purgar, depurar. Purgar, depurar, purificar forman una serie intensiva. Sin que haya separación absoluta entre los tres verbos, el primero significa quitar las impurezas más gruesas y visibles; p. ej.: en ciertas industrias se purga una masa de sus escorias. En cambio, las aguas de la ciudad se depuran o purifican. Purificar, con respecto a depurar, sugiere mayor grado de perfección. En el ejemplo anterior se prefiere decir que las aguas se depuran por sedimentación de la tierra que las enturbiaba: pero se purifican con la destrucción de los gérmenes patógenos. ↔ ENSUCIAR, PECAR. 2 Acrisolar, acendrar.

**puro, -ra** adj. Acendrado, depurado, impecable, acrisolado. 2 Etéreo, celeste, elevado, sublime. 3 Genuino, propio, natural, legítimo, auténtico, verdadero, real. ↔ POSTIZO, FALSO, ILEGÍTIMO. 4 Incorruptible, virtuoso.

**púrpura** f. (molusco) Múrice.

**purpurado** m. (prelado) Cardenal.

**purpúrea** f. Lampazo (planta), bardana, lapa.

**purrela** f. Aguapié, torcedura, torcido.

**purria** f. Gentuza, chusma.

**purulencia** f. Supuración, pus.

**purulento, -ta** adj. Virulento.

**pus** m. Materia, podre, podredumbre.

**pusilánime** adj.-com. Medroso\*, tímido, temeroso, apocado, encogido, miedoso, cobarde\*.

**pusilanimidad** f. Apocamiento, cortedad, timidez, encogimiento. ↔ TEMERIDAD, ARROJO, VALENTÍA, HOMBRÍA.

**pústula** f. MED. Buba, bubas.

**puta** f. vulg. Prostituta, ramera.

**putativo, -va** adj. Existimativo.

**putrefacción** f. Podredura, pudrimiento, corrupción, descomposición, *pudrición. Putrefacción* es término docto. ↔ SERENIDAD, SALUD.

**putrefacto, -ta** *adj. Podrido, corrupto, descompuesto, pútrido.*

**pútrido, -da** *adj. Putrefacto, podrido, corrupto, descompuesto.*

**puya** *f. Vara, pica, garrocha.*

# Q

**quebracho** *m. Jabí* (árbol), *quiebra-hacha.*

**quebrada** *f. Barranca, barranco, barranquera, torrentera.*

**quebradizo, -za** *adj. Frágil, rompedero, vidrioso.* ↔ FUERTE, DURO, RESISTENTE. 2 fig. *Delicado, enfermizo.* ↔ DURO, RESISTENTE, FUERTE.

**quebrado, -da** *adj.-s. Fallido.* 2 *Herniado, hernioso, potroso* (vulg.). 3 MAT. *Fraccionario.* 4 *adj. Roto.* 5 *Quebrantado, debilitado.* 6 *Desigual, barrancoso, tortuoso, accidentado.*

**quebradura** *f. Hendedura, hendidura, rotura, grieta, raja, abertura.* 2 *Hernia.*

**quebrantado, -da** *adj. Quebrado, dolorido, roto.*

**quebrantahuesos** *m. Osífraga, osífrago.* 2 *Halieto, aleto, pigargo.*

**quebrantamiento** *m. Quebranto, decaimiento, descaecimiento.* 2 fig. *Infracción, transgresión, vulneración.* ↔ LEGITIMIDAD, JUSTICIA, OBSERVANCIA, CUIDADO.

**quebrantar** *tr.-prnl. Cascar, hender, agrietar, rajar, quebrar, romper, machacar, moler, triturar.* 2 *Violar, profanar, forzar.* 3 *Conculcar, contravenir, infringir, vulnerar, transgredir, traspasar, violar, incumplir, pisar, quebrar, hollar, romper\*.* Los cinco primeros son términos cultos, preferidos en el lenguaje jurídico. El resto de sinónimos son más usuales en el habla corriente. ↔ OBEDECER. 4 *prnl. Resentirse.* Tratándose del efecto corporal de una enfermedad, accidente o fatiga.

**quebranto** *m. Daño, menoscabo, perjuicio, detrimento, deterioro.* 2 *Decaimiento, descaecimiento, quebrantamiento, pérdida, baja\*, bajón, disminución, decadencia, caída, merma, descenso.* 3 *Aflicción, dolor, pena, desaliento.*

**quebrar** *tr. Romper.* 2 *Doblar, torcer.* 3 *prnl. Herniarse.*

**quedar** *intr.-prnl. Detenerse, permanecer, subsistir.* ↔ MARCHAR, AUSENTARSE. 2 *Faltar, restar, sobrar.* ↔ PASAR. 3 *Convenir, acordar.*

**quedo** *adv. m. En voz baja.* 2 *Despacio, poco a poco, con tiento.*

**quedo, -da** *adj. Quieto, inmóvil.* ↔ INQUIETO, VELOZ, RUIDOSO.

**quehacer** *m. Ocupación, trabajo, negocio, tarea, faena.* Este último, esp., si es manual. ↔ CESANTÍA, PASIVIDAD.

**queja** *f. Lamento, lamentación, quejido, gemido.* 2 *Resentimiento, desazón, descontento.* 3 *Querella, acusación.*

**quejarse** *prnl. Lamentarse, gemir, dolerse, poner el grito en el cielo, quejarse de vicio, clamar\*.* ↔ REÍRSE. 2 *Reclamar.* 3 *Querellarse.*

**quejido** *m. Gemido, lamentación, lamento.*

**quejigal, quejigar** *m. Cajigal.*

**quejigo** *m. Cajiga.*

**quejoso, -sa** *adj. Descontento, dolido, disgustado, resentido.*

**quejumbroso, -sa** *adj. Plañidero, lloroso, lastimero, triste, lúgubre.* 2 *Ñoño, remilgado, melindroso, dengoso, apocado.*

# quema

**quema** *f. Quemazón, cremación* (lit.). 2 *Incendio, fuego, combustión.*
**quemar** *intr.-tr. Abrasar, arder, incinerar, reducirse a cenizas.* 2 *Impacientar, desazonar, irritar, enfadar, enojar.*
**quemazón** *f. Cremación\*, quema.* 2 *Picazón\*, picor, comezón, prurito* (TECN.), rascazón, hormiguilla.
**quenopodiáceo, -ea** *adj.-s. Salsoláceo.*
**querella** *f. Discordia, pendencia, cuestión, contienda, reyerta, pelea.* ↔ CONCORDIA, PAZ. 2 DER. *Acusación, queja, litigio.*
**I querer** *m. Amor, cariño, afecto.*
**II querer** *tr.-prnl. Tener voluntad, determinar, resolver.* 2 *Desear\*, pretender, apetecer, ambicionar\*, procurar.* "*Querer* y *desear* explican la inclinación de la voluntad a una cosa que no se posee; pero *querer* supone un objeto más asequible, y en cuyo logro tiene más parte la voluntad y los medios que se emplean para conseguirlo. En el objeto del verbo *desear* parece que tiene menos influencia la voluntad, y depende menos de los medios que pueden emplearse para su logro que de la voluntad ajena, o de circunstancias en que no tiene parte la voluntad del que *desea. Deseo* que mañana haga buen tiempo, porque *quiero* ir a la pradera de San Isidro. *Deseo* ganar el pleito, porque *quiero* fundar un mayorazgo" (LH). ↔ RESIGNARSE, DESISTIR. 3 *Amar, apreciar, estimar. Amar* es más abstracto; p. ej.: *amar* a Dios. El uso de *amar*, en sus acepciones concretas, pertenece principalmente al habla culta y literaria; corrientemente se emplea *querer.* "Los verbos *querer* y *estimar* se suelen confundir en el uso común para explicar nuestra inclinación a alguna persona; pero *querer* la explica como dirigida por la voluntad, y *estimar* como dirigida por el entendimiento, esto es, como efecto del concepto que tenemos del mérito de la persona. A un enemigo no se le pue-

de *querer*, pero se le puede *estimar*. No se *quiere* a quien no se conoce, pero se le puede *estimar* por reputación. Una mujer honrada debe hacer más aprecio del que la *estima* sin *quererla* que del que la *quiere* sin *estimarla*" (LH). ↔ ODIAR. 4 *Exigir, requerir, pedir.* 5 *Conformarse, aceptar.* 6 **Ser un quiero y no puedo** *loc. Aparentar, simular, fingir, hacer la comedia, hacer la muestra.*
**querida** *f. Barragana, concubina, manceba, amante.*
**querido** *m. Amante, mancebo.*
**querido, -da** *adj. Amado, caro\*.* ↔ ODIADO.
**quermes, kermes** *m. Alkermes, alquermes, carmes.*
**querva** *f. Ricino, cherva, higuera del infierno, higuera infernal, higuereta, higuerilla, palmacristi.*
**quevedos** *m. pl. Anteojos\*, espejuelos, lentes, gafas* (fam. y vulg.)*, antiparras.*
**quia** *interj. Ca.*
**quibey** *m. Reventacaballos* (Cuba).
**quid** *m. Esencia, razón, porqué, busilis, toque.*
**quiebra** *f. Hendedura, grieta.* 2 *Bancarrota.* Esp. si se trata de una quiebra fraudulenta, crak, suspensión de pagos.
**quiebro** *m. Esguince, cuarteo, regate.* 2 MÚS. *Mordente.*
**quieto, -ta** *adj. Quedo, inmóvil.* 2 *Tranquilo, manso, reposado, sosegado.* "*Quieto* es lo que no tiene movimiento; *tranquilo* y *manso* lo que no tiene agitación; *sosegado* y *reposado*, lo que no ha cesado de moverse y agitarse. "Estáte *quieto*", decimos a un muchacho travieso, lo que equivale a "no te muevas". Una corriente es *tranquila* o *mansa* cuando no fluye con precipitación. Después de una tormenta decimos que el mar está *sosegado* o *reposado*" (M).
**quietud** *f. Inmovilidad.* 2 *Calma, tranquilidad, reposo\*, sosiego, paz.* "La quietud es opuesta al movimiento; la *tranquilidad* a la agitación. Se procura

que un niño esté *quieto;* que una nación esté *tranquila.* Muchas veces la *inquietud* indica falta de *tranquilidad;* y otras muchas vemos *quieto* al que no está *tranquilo...*" (C).

**quijada** *f. Carrillera, mandíbula.* El primero se utiliza hablando de algunos animales.

**quijar, quijal** *m. Muela* (diente), *molar.*

**quijera** *f.* (arreo del caballo) *Tentemozo.*

**quijones** *m. Ahogaviejas.*

**quijote** *m. Hidalgo.* 2 *Soñador.*

**quilatar** *tr. Aquilatar, apreciar, graduar, estimar, valorar.*

**quimera** *f. Ilusión, ficción, fantasía, fábula, delirio, desvarío.* ↔ REALIDAD. 2 *Pendencia, contienda, cuestión, pelotera, altercado\*, altercación, disputa, agarrada, bronca, cisco, discusión.*

**quimérico, -ca** *adj. Imaginario, fantástico, fabuloso, fingido, soñado.*

**quimerista** *adj.-com. Fantaseador.* 2 *Pendenciero, camorrista, buscarruidos.*

**química biológica** *f. Bioquímica.*

**quincallero, -ra** *s. Quinquillero, tirolés.*

**quincenal** *adj. Periódico.*

**quinceno, -na** *adj. Decimoquinto.*

**quincuagenario, -ria** *adj.-s. Cincuentón.*

**quincuagésimo, -ma** *adj.-s. Cincuentésimo.*

**quindécimo, -ma** *adj.-s. Quinzavo.*

**quiniela** *f. Apuesta, boleto.*

**quinquefolio** *m. Cincoenrama.*

**quinquillero** *m. Quincallero, tirolés.*

**quinta** *f. Quintana.* 2 *Reclutamiento, reemplazo.*

**quinterno** *m. Cinquina, quinta.* En la antigua lotería.

**quinto** *m. Recluta, sorche* (fam.), *caloyo* (humor.).

**quinzavo, -va** *adj.-s. Quindécimo.*

**quiragra** *f. Gota* (de las manos), *podagra.*

**quiralidad** *f.* QUÍM. *Asimetría.*

**quirología** *f. Dactilología.*

**quiropodista** *com. Callista, pedicuro.*

**quisicosa** *f.* fam. *Enigma\*, adivinanza, adivinaja* (rúst.), *acertijo.*

**quisquilla** *f. Cámaro, camarón, esquila.*

**quisquilloso, -sa** *adj.-s. Caramilloso, reparón, criticón, chinche.* ↔ TRANQUILO, PACÍFICO, COMPRENSIVO, ALEGRE. 2 *Cosquilloso, sentido, susceptible, picajoso, puntilloso.*

**quita** *f.* DER. *Quitamiento, liberación.*

**quitaesenciar** *tr. Refinar, apurar, alambicar.*

**quitamanchas** *m. Sacamanchas.*

**quitar** *tr.-prnl. Libertar, librar.* 2 *Redimir, cancelar.* 3 *Sacar, apartar, separar, privar, restar. Sacar* es extraer una cosa del sitio en que está metida, mientras que *quitar* es apartarla o separarla del lugar en que está puesta o situada. *Sacamos* un libro de la estantería en que se halla colocado; *sacamos* el contenido de una maleta. *Quitamos* una silla que estorba para pasar; saludamos *quitándonos* el sombrero. ↔ PONER. 4 *Hurtar\*, escamotear.* ↔ DAR. 5 *Impedir, estorbar, obstar.*

**quitasol** *m. Parasol, sombrilla.*

**quite** *m.* ESGR. *Parada.*

**quito, -ta** *adj. Libre, exento.*

**quizá, quizás** *adv. d. Acaso, tal vez.* "*Quizá* y *puede ser* expresan duda y posibilidad; pero *puede ser* se adapta más al sentido de la posibilidad, y *quizá,* más al de la duda. ¿Irás esta noche al teatro? -*Puede ser* que vaya. ¿Quién llama a la puerta? -*Quizá* será nuestro amigo. En el primer caso no hay duda, sino incertidumbre; en el segundo sucede lo contrario" (M).

# R

**rabadilla** *f. Curcusilla, cóccix* (MED.). 2 *Obispillo.* En las aves.

**rabear** *intr. Colear.*

**rabel tabalario** *m.* fig. *Nalgas* (esp. de los muchachos), *asentaderas, tafanario, posas, posaderas.*

**rabí** *m. Rabino.*

**rabia** *f. Hidrofobia.* 2 fig. *Ira, enojo, cólera, furia\*, furor.* ↔ TRANQUILIDAD, SERENIDAD.

**rabiar** *intr. Encolerizarse, enfurecerse, crujir los dientes, enverdecer de ira, exaltarse la bilis.* ↔ TRANQUILIZARSE, SERENARSE, SOSEGARSE, APACIGUARSE, CALMARSE.

**rábida** *f. Rápita.*

**rabieta** *f.* irón. o desp. *Perra, perrera, berrinche\*, pataleta, berrenchín.* Ambos significan *rabieta* de niño.

**rabihorcado** *m. Pájaro burro.*

**rabilargo** *m.* (ave) *Mohíno.*

**rabillo** *m. Cabillo, pezón, pedúnculo, pedículo.*

**rabino** *m. Rabí.*

**rabión** *m. Rápido.*

**rabioso, -sa** *adj.-s. Hidrófobo.* 2 *Colérico, airado, furioso.* 3 fig. *Vehemente, excesivo, desmedido.*

**rabo** *m. Cola.*

**racha** *f. Ráfaga.*

**racial** *adj. Étnico.*

**racimado, -da** *adj. Arracimado, en racimo.*

**racimarse** *prnl. Arracimarse.*

**raciocinar** *intr. Razonar\*, discurrir, argumentar, sacar en claro, estar a razón, asir la razón a uno.*

**raciocinio** *m. Razonamiento, argumento, discurso.* ↔ IRREFLEXIÓN.

**racional** *adj. Razonable, justo, lógico.*

**rada** *f. Bahía, ensenada, tablazo, abra.*

**radiador** *m. Calorífero.*

**radiante** *adj. fís. Irradiante, emisor.* 2 fig. *Brillante, resplandeciente, refulgente, rutilante, radioso.*

**radiar** *intr. Irradiar.* ↔ APAGARSE. 2 *tr. Emitir, radiodifundir.*

**radical** *adj.* fig. *Completo, total, extremado, extremista.* ↔ ACCIDENTAL, SECUNDARIO, RELATIVO, APELABLE.

**radicar** *intr.-prnl. Arraigar.* ↔ DESARRAIGAR. 2 *intr. Estar, encontrarse, hallarse.* ↔ AUSENTARSE.

**radícula** *m.* BOT. *Rejo* (de la planta), *raicilla, raicita.*

**radio** *f. Radiodifusión.*

**radío, -ía** *adj. Errante, erradío* (ant.), *errabundo, vagabundo, erradizo.*

**radiodifusión** *f. Radioemisión.*

**radioemisión** *f. Radiodifusión.*

**radioescucha** *com. Radioyente.*

**radiofonía** *f. Radiotelefonía.*

**radiografía** *f. Esquiagrafía, roentgenografía.*

**radiología** *f. Roentgenología.*

**radiólogo, -ga** *s. Roentgenólogo.*

**radiómetro** *m. Ballestilla* (instrumento ant.).

**radioscopia** *f. Roentgenoscopia, fluoroscopia.*

**radiotelefonía** *f. Radiofonía.*

**radioterapia** *f. Roentgenoterapia.*

**radioyente** *com. Radioescucha.*

**raedor** *m. Rasero, rasera.*

**raedura** f. Raimiento, rasura, raspadura.

**raer** tr. Raspar. 2 Rasar.

**ráfaga** f. Racha, jugada. 2 Destello.

**rafe** m. Alero (parte del tejado), tejaroz.

**rahez** adj. Vil, despreciable.

**raicilla** f. Rejo (del embrión), raicita, radícula (BOT.).

**raicita** f. Rejo (del embrión), raicilla, radícula (BOT.).

**raíl** m. Carril, riel.

**raíz** f. fig. Origen, principio, fundamento. 2 **Raíz del moro** Helenio, énula campana, hierba del ala.

**raja** f. Hendedura, hendidura, abertura, grieta, resquebrajadura. 2 Rebanada, tajada.

**rajar** tr. Hender, partir, abrir, resquebrajar, agrietar. 2 prnl. Desistir, desdecirse, volverse atrás.

**ralea** f. Especie, clase, calidad. 2 desp. Raza, casta*, linaje, calaña, estofa*, jaez*.

**ralear** intr. Ardalear, arralar. Tratándose de las vides.

**rallo** m. Albarrada, alcarraza.

**ramada** f. Enramada.

**ramal** m. Liñuelo, cabo. 2 Ronzal.

**ramalear** intr. Cabestrear.

**ramera** f. Prostituta, puta (vulg.).

**ramilletero** m. Florero.

**ramiza** f. Leña, tuero, rozo, despunte, ramullo, ramojo, encendajas.

**ramo** m. Ristra, horca, horco.

**ramojo** m. Leña, tuero, rozo, despunte, ramullo, ramiza, encendajas.

**rampa** f. Declive, pendiente, inclinación, cuesta. 2 Calambre.

**ramplón, -ona** adj. fig. Tosco, vulgar, pedestre, desaliñado, chabacano. ↔ ELEGANTE, SELECTO, CULTO.

**rampojo** m. Raspajo, escobajo.

**ramulla** f. Leña, tuero, rozo, despunte, ramojo, ramiza, encendajas.

**rana marina** f. Pejesapo, alacrán marino, pescador, rape, sapo marino.

**ranas** f. pl. Ránula, sapillo.

**rancho** m. Cabaña, choza, barraca.

**ranciar** tr.-prnl. Enranciar, arranciar.

**randa** m. fam. Ratero, gato, rata, carterista.

**rangífero** m. Reno, rengífero, tarando.

**rango** m. Jerarquía, clase, categoría, calidad.

**rangua** f. MEC. Tejuelo, tajuelo, tejo.

**ranking** m. anglic. Clasificación.

**ránula** f. Ranas, sapillo.

**ranúnculo** m. Apio de ranas, botón de oro, hierba belida.

**ranzón** m. Rescate.

**raño** m. (pez) Baila, perca, percha, trucha de mar.

**rapabarbas** m. desp. Barbero, peluquero, fígaro (irón.), rapador (desp.), rapista (desp.).

**rapacería** f. Muchachada, rapazada, mocerío.

**rapador** m. desp. Barbero, peluquero, fígaro (irón.), rapabarbas (desp.), rapista (desp.).

**rapapiés** m. Buscapiés, carretilla.

**rapapolvo** m. Reconvención, reprensión, reprimenda, peluca, bronca.

**rapar** tr.-prnl. Afeitar, rasurar, raer.

**rapaz** adj. Ladrón, robador. 2 adj.-f. Ave de rapiña.

**rapaz, -za** s. Chico, muchacho.

**rape** m. Pejesapo, sapo marino, alacrán marino, pescador, rana marina.

**rápidamente** adv. m. Aprisa*, pronto, de prisa, aceleradamente, prestamente, prontamente, de presto, con brevedad, ligeramente, a mata caballo.

**rapidez** f. Celeridad*, prontitud, ligereza, presteza. ↔ LENTITUD, PASIVIDAD.

**rápido** m. Rabión.

**rápido, -da** adj. Veloz, pronto, acelerado, presuroso, apresurado, precipitado, raudo (lit.), activo*.

**rapiña** f. Hurto, robo, pillaje, saqueo.

**rapiñar** tr. fam. Pillar, hurtar, robar, saquear.

**rapista** m. desp. Barbero, peluquero, fígaro (irón.), rapabarbas (desp.), rapador (desp.).

**rápita** f. Rábida.

**rapónchigo** m. Ruiponce.

**raposa** f. Zorra, vulpeja.

**raposera** *f. Zorrera* (cueva), *madriguera, guarida*\*.

**raposería** *f. Zorrería, astucia, cautela.*

**raposo** *m. Zorro* (mamífero).

**raptar** *tr. Robar, arrebatar. Raptar* se usa con complemento directo de persona, en tanto que sus sinónimos pueden referirse a personas y cosas.

**rapto** *m. Arrebato, arranque, impulso.* 2 *Robo.* 3 *Éxtasis, transporte, arrebatamiento.*

**raqueta** *f. Pala.*

**raquianestesiar** *tr.* MED. *Anestesiar*\*, *insensibilizar, cloroformizar, eterizar.*

**raquis** *m. Columna vertebral.*

**raquítico, -ca** *adj.* fig. *Exiguo, mezquino, escaso, corto, miserable.* ↔ GENEROSO. 2 *Débil*\*, *endeble, flaco, esmirriado.* ↔ FUERTE, SANO.

**rarefacción** *f. Enrarecimiento.*

**rarefacer** *tr. Enrarecer, rarificar.*

**rareza** *f. Extrañeza.* 2 *Anomalía.* 3 *Extravagancia, singularidad, ridiculez.* ↔ VULGARIDAD.

**rarificar** *tr. Enrarecer, rarefacer.*

**raro, -ra** *adj. Extraño, extraordinario, singular, inusitado*\*. "Lo *raro* es lo que ocurre pocas veces; lo *extraordinario* es lo que posee con exceso alguna de las cualidades propias de su especie; *extraño*, lo que está en contradicción con las leyes generales del objeto a que aquella palabra se aplica. Un terremoto es un suceso *raro*; el terremoto de Lisboa fue un suceso *extraordinario*; el cuadrúpedo con pico descubierto en Australia es un animal *extraño*... Lo *raro* excita la curiosidad; lo *extraordinario*, la admiración; lo *extraño*, la perplejidad del juicio, o de otro modo, la *extrañeza*" (M). "*Raro* es lo que no es común, lo que se ve o sucede pocas veces, lo que se halla con dificultad. *Extraño* es lo que no es propio, conforme o adecuado a la cosa de que se trata. *Singular* es lo que es único, lo que no tiene igual o semejante. Cuando decimos que el tener un hombre seis dedos en una mano es una cosa *rara*, *extraña* o sin-

gular, no explicamos nuestra admiración con relación a la misma idea: es *raro* para quien lo mira como una cosa poco común, que se ve pocas veces; es *extraño* para quien lo considera monstruoso, poco conforme a la natural construcción de nuestras manos; es *singular* para el que lo cree único, y no sabe que ha habido otros hombres que han tenido también seis dedos en una mano" (LH). ↔ USUAL, NORMAL, HABITUAL. 2 *Extravagante, estrambótico, maniático, excéntrico, estrafalario.* Este último acentúa el carácter burlesco de la persona o cosa a que se aplica.

**ras** *m. Igualdad, nivel, línea.*

**rasar** *tr. Raer.* 2 *Raspar, rozar.* ↔ DESIGUALAR.

**rascacio** *m. Escorpena, escorpina, diablo marino, rescaza, pina, rescacio.*

**rascadera** *f. Almohaza.*

**rascadura** *f. Uñarada.*

**rascalino** *m. Tiñuela* (cuscuta).

**rascar** *tr. Refregar, restregar.* 2 *Arañar, rascuñar, rasguñar.*

**rascazón** *f. Picazón*\*, *hormiguilla, picor, comezón*\*, *prurito, quemazón.*

**rascón** *m.* (ave) *Fúlica, gallina de río, gallineta, polla de agua.*

**rascuñar** *tr. Rascar, arañar, rasguñar.*

**rascuño** *m. Arañazo, raguño, uñada, uñarada, arpadura, uñetazo.*

**rasera** *f. Rasero, raedor.*

**rasero** *m. Raedor, rasera.*

**rasgado** *m. Desgarrón, rasgón, siete, rotura, dasgarro, rasgadura.*

**rasgadura** *f. Rasgón, rasgado, rotura, desgarro, desgarrón, siete.*

**rasgar** *tr. Desgarrar, romper.*

**rasgo** *m. Trazo, plumazo.* 2 *Facción* (del rostro). 3 *Carácter, cualidad, peculiaridad, atributo, característica, nota.*

**rasgón** *m. Rasgado, rotura, desgarro, desgarrón, rasgadura, siete.* Este último, si tiene forma angular.

**rasgueado** *m. Rasgueo.*

**rasgueo** *m. Rasgueado.*

**rasguñar** tr. Rascuñar, arañar, rascar. 2 PINT. Tantear, esbozar.
**rasguño** m. Arañazo. 2 PINT. Apuntamiento, tanteo, esbozo.
**raso, -sa** adj. Plano, llano, liso. ↔ ELEVADO, ESCARPADO.
**raspa** f. (de la espiga) Arista. 2 Espina. 3 BOT. Raquis.
**raspado** m. CIR. Apoxesis, legrado.
**raspajo** m. Rampojo, escobajo.
**raspar** tr. Raer. 2 Rasar, rozar.
**raspilla** f. Miosota.
**rasposo, -sa** adj. Áspero, rugoso, escabroso.
**rastillar** tr. Rastrillar.
**rastra** f. (instrumento) Grada.
**rastreo** m. Exploración, barrido, detección.
**rastrera** f. Arrastradera.
**rastrero, -ra** adj. fig. Bajo, vil, despreciable, indigno, abyecto. ↔ NOBLE, SINCERO, DIGNO.
**rastrillar** tr. Rastillar.
**rastrillo** m. Rastro, rastra.
**rastro** m. Rastra, rastrillo. 2 Indicio*, huella*, señal, vestigio, pista, ida. Ida es el rastro que hace la caza con los pies.
**rastrojera** f. Rastrojal.
**rasuración** f. Afeitado, rasura, afeitada (Argent. y Chile).
**rasurar** tr. Afeitar.
**rata** m. fig. Ratero, gato, randa, caterista, ladrón, sacre.
**ratear** tr. Prorratear.
**ratero, -ra** adj.-s. Gato, randa, rata, carterista. Este último es el que hurta de los bolsillos.
**ratificación** f. Aseveración, afirmación, aserción (lit.), aserto (lit.), confirmación.
**ratificar** tr.-prnl. Reafirmar, refirmar, confirmar, roborar, corroborar, aprobar, hacer coro. ↔ ANULAR, DESAPROBAR, RECTIFICAR.
**rato. Haber para rato** loc. Ir para largo (fam.). 2 **Pasar el rato** Mirar las musarañas, perder el tiempo.
**ratón** m. INFORM. Mouse (anglic.). 2 **Ratón almizclero** Desmán.

**rauco, -ca** adj. poét. Ronco, bronco, áspero.
**rauda** f. Cementerio* (árabe).
**raudo, -da** adj. lit. Rápido, veloz, violento, precipitado.
**raya** f. Línea. 2 GRAM. Guión. 3 Crencha, carrera, partidura. 4 Término, límite, linde, confín, frontera.
**rayado** m. Renglonadura. En el papel para escribir. 2 CIR. Legrado.
**rayano, -na** adj. Lindante, confinante, limítrofe*, fronterizo. ↔ DISTANTE, MEDIATO.
**rayar** intr. Lindar*, confinar, limitar. 2 Tachar. Tratándose de escritos.
**rayo** m. Centella. Especialmente cuando es de poca intensidad. 2 Chispa*, exhalación.
**rayuelo** m. Agachadiza.
**raza** f. Casta, linaje*, progenie, estirpe. Raza y casta se aplican a hombres y animales. Linaje, progenie y estirpe, sólo a hombres. "La raza es el género y la casta es la especie. La raza tiene un carácter más permanente que la casta, y así es que la primera es objeto de la ciencia, y no lo es la segunda. En Andalucía hay buenas castas de caballos, y todas son de raza árabe" (M).
**rázago** m. Harpillera, arpillera, halda, malacuenda.
**razón** f. Entendimiento, discurso. ↔ IRREFLEXIÓN, LOCURA. 2 Prueba, argumento. "Con las razones se sostienen las opiniones y las doctrinas, con las pruebas, las opiniones, las doctrinas y los hechos; los argumentos son razones explayadas y ordenadas con cierto orden lógico o retórico" (M). 3 Motivo, causa*. 4 Justicia, rectitud, verdad, derecho. 5 Cuenta, cómputo. 6 Informe*, información, noticia, dato, referencia. 7 **Razón social** Sociedad*.
**razonable** adj. Arreglado, justo, legítimo, comprensible. ↔ INJUSTO, IRREFLEXIVO. 2 fig. Mediano, regular, moderado, bastante. ↔ IMPRUDENTE, IRREFLEXIVO.
**razonamiento** m. Argumentación,

*arenga, discurso, oración.* "*Razona-miento* es una serie de razones cuyo objeto es ilustrar un asunto o probar una proposición. *Arenga* es un razonamiento dirigido a una corporación o a una persona de respeto. *Discurso* es un razonamiento sobre asunto científico, artístico o literario. *Oración* se aplica más comúnmente a los *discursos* en que se hace gala de los artificios de la Retórica, y que se pronuncian en grandes solemnidades" (M).

**razonar** *intr. Discurrir, raciocinar, argumentar, sacar en claro, estar a razones, asistir a razón a uno, desatar el argumento. Razonar* es *discurrir* manifestando lo que se discurre, o hablar dando razones para probar una cosa. Se puede *discurrir* o *raciocinar* sin hablar; pero *razonar* y *argumentar* suponen hacer uso de la palabra. *Raciocinar* y *argumentar* significan establecer premisas y deducir consecuencias.

**reacción** *f. Respuesta.*

**reaccionar** *intr. Responder, defenderse, inmutarse.* 2 *Oponerse.*

**reaccionario, -ria** *adj. Retrógrado, conservador.* ↔ PROGRESISTA.

**reacio, -cia** *adj. Desobediente, inobediente, remiso, rebelde, renuente, reluctante.* ↔ DÉBIL, DÓCIL, DISCIPLINADO.

**reactor** *m.* QUÍM. *Cámara de reacción.*

**reafirmar** *tr.-prnl. Confirmar\*, ratificar, hacer hincapié.* ↔ RECTIFICAR.

**reagina** *f.* MED. *Anticuerpo.*

**I real** *adj. Verdadero, existente, positivo, efectivo, cierto\*.* ↔ IRREAL, INCIERTO, FALSO, INEXISTENTE.

**II real** *adj. Regio.* 2 *m. Campamento.* 3 **Sentar el real** *loc. Aposentar, hospedar, alojar, albergar, tomar casa, tener casa abierta.*

**realce** *m.* fig. *Relieve, lustre, brillo, estimación, grandeza.*

**realera** *f. Maestril, maestral.*

**realidad** *f. Existencia, efectividad.* ↔ INEXISTENCIA. 2 *Verdad, sinceridad, ingenuidad.* ↔ IDEALISMO, INVENCIÓN.

3 **En realidad** *loc. adv. Realmente, efectivamente, positivamente, verdaderamente, de hecho.*

**realizable** *adj. Hacedero, factible\*, posible\*.*

**realizar** *tr. Hacer, efectuar, ejecutar, llevar a cabo, llevar a efecto, llevar a la práctica.* "*Realizar* es cumplir lo que las apariencias daban lugar a esperar; *efectuar,* lo que promesas formales hacían esperar; *ejecutar* es cumplir una cosa conforme al plan que antes se había formado" (Ma). ↔ ABSTENERSE, INCUMPLIR. 2 *Vender, liquidar\*.* Tratándose de mercancías.

**realmente** *adv. m. Efectivamente, positivamente, verdaderamente, en realidad.*

**realzar** *tr. Levantar, elevar.* ↔ HUNDIR. 2 fig. *Enaltecer, relevar, ilustrar, engrandecer.* ↔ HUMILLAR, HUNDIR.

**reanimado, -da** *adj. Animado, alentado, confortado, animoso.*

**reanimar** *tr.-prnl. Confortar, restablecer, fortalecer.* 2 fig. *Animar, consolar, alentar, vivificar.* ↔ DESALENTAR, ENTRISTECER.

**reanudar** *tr.-prnl.* fig. *Anudar, continuar.*

**reaparecer** *intr. Resurgir, rebrotar.*

**reavivar** *tr. Vivificar, revivificar.*

**rebaja** *f. Descuento, deducción, disminución, reducción.*

**rebajado, -da** *adj. Pálido, desvaído.*

**rebajamiento** *m. Abatimiento, humillación, apocamiento, abyección.* ↔ NOBLEZA. 2 *Bajeza, indignidad, ruindad, vileza, envilecimiento.*

**rebajar** *tr.-prnl. Disminuir\*, descontar, deducir, depreciar\*.* ↔ AUMENTAR. 2 fig. *Humillar, abatir.* ↔ ENSOBERBECERSE.

**rebalsa** *f. Embalse\*, rebalse, pantano.*

**rebalsar** *tr. Embalsar.*

**rebalse** *m. Embalse\*, pantano, rebalsa.*

**rebanada** *f. Raja, tajada.*

**rebañar** *tr. Arrebañar.*

**rebaño** *m. Manada\*, hato, boyada, vacada, torada, piara, yeguada, pavada.* Los seis últimos, según la clase de ga-

# rebasar

36

nado. Cuando no se especifica, *rebaño* alude generalmente al de ganado lanar.

**rebasar** *tr. Sobrepasar, exceder.* ↔ CONTENERSE, COMEDIRSE.

**rebatiña** *f. Arrebatiña.*

**rebatir** *tr. Rechazar, contrarrestar.* 2 *Impugnar, confutar\*, refutar, contradecir\*, objetar.* ↔ CONFIRMAR.

**rebato** *m.* fig. *Alarma.*

**rebeco** *m. Gamuza, robezo, rupicabra, rupicapra.*

**rebelarse** *prnl. Sublevarse, levantarse, insurreccionarse, desobedecer, echarse a la calle, tirar coces.* ↔ SOMETERSE, OBEDECER, DOBLEGARSE. 2 *Resistir, oponerse.* ↔ SOMETERSE, OBEDECER, DOBLEGARSE.

**rebelde** *adj.-com. Sublevado, insurgente, insurrecto.* 2 *Desobediente, indócil, indisciplinado, reacio.* 3 DER. *Contumaz.*

**rebeldía** *f. Desacato, desobediencia, insumisión.* ↔ ACATO, SOMETIMIENTO, SUMISIÓN.

**rebelión** *f. Alzamiento, insurrección, levantamiento, sublevación\*.*

**rebenque** *m. Anguila de cabo.* 2 *Amér. Látigo corto.*

**rebisabuelo, -la** *s. Tatarabuelo.*

**rebisnieto, -ta** *s. Tataranieto.*

**reblandecer** *tr.-prnl. Ablandar.* ↔ ENDURECER. 2 *Relentecer, lentecer.*

**rebocillo, rebociño** *m. Rebozo.*

**rebocrania** *f.* MED. *Tortícolis.*

**rebollo** *m. Mesto.*

**rebosante** *adj. Lleno\*, pleno, repleto, pletórico, henchido, colmado.* ↔ VACÍO, FALTO.

**rebosar** *intr.-prnl. Derramarse, reverter, trasverter.* 2 fig. *Abundar, sobreabundar, redundar.*

**rebotar** *tr. Rechazar* (un cuerpo)*, repeler, retroceder\*, resurtir.* ↔ ATRAER.

**rebote** *m. Rechazo, resurtida, retroceso.*

**rebotica** *f. Trastienda* (aposento).

**rebozar** *tr.-prnl. Arrebozar.*

**rebozo** *m.* fig. *Simulación, pretexto, excusa\*.*

**rebrotar** *intr.* fig. *Resurgir, reaparecer.*

**rebrote** *m. Retoño, renuevo, hijuelo, vástago\*.*

**rebufe** *m.* (del toro) *Bufido, resoplido.*

**rebujar** *tr.-prnl. Arrebujar.*

**rebullicio** *m. Bullanga, asonada, alboroto, tumulto, motín, bulla, algarabía, ruido, bullicio.*

**rebultado, -da** *adj. Abultado, grueso, voluminoso.* ↔ LISO, ENJUTO.

**rebuscado, -da** *adj. Afectado, aparente, fingido, forzado, estudiado, amanerado, artificioso.* ↔ NATURAL, SENCILLO, LISO, ESPONTÁNEO.

**rebuscamiento** *m. Afectación\*, amaneramiento, estudio, fingimiento, disimulo, doblez, presunción.* 2 *Retórica, artificio.*

**rebuscar** *tr. Escudriñar\*, escrutar.*

**rebutir** *tr. Rellenar, embutir.*

**rebuznar** *intr. Roznar.*

**rebuzno** *m. Roznido.*

**recabar** *tr. Alcanzar, obtener, conseguir, lograr.* Al significado de estos verbos añade *recabar* la idea de instancias o súplicas con que se obtiene lo deseado.

**recado** *m. Mensaje, misiva. Mensaje* tiene mayor solemnidad que *recado*, bien sea por la importancia de su contenido o de la persona a quien se envía, bien por el mayor énfasis de la expresión; *misiva* es mensaje escrito.

**recaída** *f. Recidiva, repetición, relapso, reincidencia, recurrencia.*

**recalada** *m.* MAR. *Aterraje, aterrizaje.*

**recalcar** *tr.* fig. *Insistir, repetir, subrayar, machacar.*

**recalce** *m. Recalzo, recalzón.*

**recalcitrante** *adj. Terco, obstinado, pertinaz, contumaz.* ↔ DISCIPLINADO, ARREPENTIDO.

**recalzo** *m. Recalce, recalzón.*

**recalzón** *m. Recalzo, recalce.*

**recámara** *f. Hornillo.*

**recambiar** *tr. Remudar, reemplazar, relevar, sustituir.*

**recambio** *m. Repuesto, prevención, provisión, respeto* (ant.).

**recantación** *f. Palinodia, retractación.*

**recantón** *m. Guardacantón* (poste en

recibir

la esquina), guardarruedas, marmolillo, trascantón, trascantonada.
**recapacitar** tr. Reflexionar, recordar,
rememorar, decir para su sayo, decir
para su capote.
**recapitulación** f. Compendio, resumen, sumario.
**recapitular** tr. Resumir*, compendiar.
**recargo** m. Sobreprecio, aumento.
**recatado, -da** adj. Discreto, reservado. ↔ INDISCRETO.
**recatado,-da** adj. Circunspecto, cauto,
precavido, reservado. 2 Honesto, modesto, púdico, decoroso.
**recatar** tr. Encubrir, ocultar, esconder,
tapar.
**recatería** f. Regatonería, recatonería
(ant.), recatonía (ant.), regatería.
**recato** m. Cautela, reserva*, circunspección. 2 Honestidad, modestia, pudor, decoro, compostura. ↔ INMODES-
TIA, IMPUDOR, DESVERGÜENZA.
**recatón** m. Regatón, cuento, contera,
regatero.
**recatonería** f. ant. Regatonería, recatería, recatonía (ant.), regatería.
**recatonía** f. ant. Regatonería, recatería, recatonería (ant.), regatería.
**recauchutar** tr. Impermeabilizar, alquitranar, embrear, calafatear.
**recaudación** f. Colecta, cuestación, cobro, cobranza. Los dos primeros, si se
trata de donativos voluntarios para
fines benéficos, religiosos, etc.
**recaudador** m. Colector, recolector, cobrador. Colector y recolector tienen hoy
uso más restringido y no se aplican
tratándose de fondos públicos o de
empresas importantes. Cobrador es el
que recibe inmediatamente el dinero
de manos del público: cobrador de
tranvías, del gas; es oficio más humilde que recaudador.
**recaudar** tr. Cobrar*, percibir, recibir,
tomar en cuenta.
**rección** f. GRAM. Régimen, dependencia.
**recejar** intr. Recular, cejar, retroceder*,
hacerse atrás, volver grupas, pie atrás.
↔ AVANZAR, FLUIR.

**recelar** tr.-prnl. Desconfiar, sospechar,
maliciarse, escamarse, temer, estar sobre aviso, poner en cuarentena, traer
entre ojos.
**recelo** m. Desconfianza*, sospecha*,
suspicacia, escama, miedo, temor. ↔
INGENUIDAD, FE, CONFIANZA.
**receloso, -sa** adj. Desconfiado, suspicaz, escamón, temeroso.
**recensión** f. Reseña, crítica.
**recentar** tr. Leudar.
**recepción** f. Recibimiento, recibo. 2
Admisión.
**receptáculo** m. Recipiente, cavidad. 2
BOT. Tálamo.
**receptoría** f. Recetoría, tesorería.
**recesión** f. Regresión, retroceso.
**recésit** m. Recle, recre.
**recesivo, -va** adj. Regresivo.
**receso** m. Separación, apartamiento,
desvío. 2 Suspensión, cesación, descanso, interrupción.
**receta** f. Récipe, prescripción, fórmula.
**recetar** tr. Formular, ordenar, prescribir.
**recetario** m. Formulario.
**recetoría** f. Receptoría, tesorería.
**rechace** m. DEP. Despeje. En el fútbol.
**rechazar** tr. Rebotar, repeler. ↔ ESTI-
MAR, ATRAER. 2 Rehusar*. ↔ ACEPTAR,
ATRAER.
**rechazo** m. Retroceso, rebote.
**rechifla** f. Burla*, pitorreo. ↔ APLAUSO,
ELOGIO.
**rechinante** adj. Estridente*, chirriante,
agudo, agrio, áspero, destemplado, ruidoso.
**rechinar** intr. Crujir, chirriar, chillar*.
**rechoncho, -cha** adj. Achaparrado,
aparrado, chaparro. ↔ ALTO, ENJUTO.
**recial** adj. MED. Reticular.
**reciamente** adv. m. Fuertemente, vigorosamente, violentamente.
**recibidor** m. Antesala*, antecámara,
recibimiento.
**recibimiento** m. Recepción. 2 Admisión. 3 Acogida. 4 Antesala*, entrada,
vestíbulo.
**recibir** tr. Tomar, aceptar*. "Para aceptar se necesita un acto de la voluntad;

pero se *recibe* sin querer, por causalidad y, a veces, por fuerza. Por esto se dice que se *recibe*, pero no que se *acepta*, una carta; que se *recibe* una mala noticia; pero se *aceptan* las ofertas y convites. Se puede *recibir* un regalo y devolverlo porque no se *acepta*" (M). ↔ ENTREGAR. 2 *Admitir, acoger, cargar con, abrir la mano.* ↔ NEGAR, RECHAZAR. 3 *Cobrar, percibir.*

**recibirse** *prnl. Amér. Licenciarse.*

**recibo** *m. Recepción, recibimiento.*

**recidiva** *f.* MED. *Repetición, recaída, relapso, reincidencia, recurrencia.*

**reciente** *adj. Nuevo, fresco, flamante, acabado de hacer.* ↔ VIEJO, ESTROPEADO, ANTIGUO.

**recientemente** *adv. t. Poco ha, últimamente.*

**recinto** *m. Circuito, perímetro.*

**recio, -cia** *adj. Fuerte, robusto, vigoroso.* 2 *Grueso, gordo, corpulento, abultado.*

**récipe** *f. Receta, prescripción, fórmula.*

**recipiente** *m. Receptáculo, cavidad.*

**recíprocamente** *adv. m. Mutuamente.*

**recíproco, -ca** *adj. Mutuo\*.*

**recitar** *tr. Declamar. Declamar* implica mayor énfasis. Un niño *recita* la lección aprendida. Un actor *declama* o *recita,* según el trozo de que se trate o la entonación con que lo diga.

**reclamación** *f. Exigencia, petición, demanda, protesta.*

**reclamar** *intr. Pedir\*, exigir, demandar, protestar.* ↔ PERDONAR, DESISTIR.

**reclamo** *m. Señuelo.* 2 *fig. Atractivo, aliciente, incentivo.* 3 *Propaganda, anuncio, publicidad.*

**recle** *m. Recésit, recre.*

**reclinar** *tr.-prnl. Recostar, apoyar.*

**reclinatorio** *m. Propiciatorio.*

**recluir** *tr.-prnl. Encerrar, confinar.* ↔ LIBERTAR, SOLTAR, LIBERAR.

**reclusión** *f. Encierro, prisión. La reclusión* y el *encierro* pueden ser voluntarios o forzados. La *prisión* es forzada.

**recluso, -sa** *s. Penado\*, presidiario,* *forzado, encarcelado, preso, prisionero, cautivo.*

**recluta** *f. Reclutamiento, alistamiento, enganche.* 2 *m. Quinto, sorche* (fam.), *caloyo* (humor.).

**reclutamiento** *m. Reemplazo, quinta.*

**reclutar** *tr. Alistar, enganchar.*

**recobrar** *tr. Recuperar, rescatar.* Este último es *recobrar* por precio o a la fuerza. ↔ PERDER. 2 *prnl. Desquitarse, reintegrarse.* 3 *Restablecerse, reponerse, volver en sí.* ↔ EMPEORAR.

**recogedor** *m. Rastra.* 2 *Pala.*

**recoger** *tr.-prnl. Cosechar, recolectar, coger.* 2 *Guardar, poner en cobro.* 3 *Juntar, reunir, congregar, acopiar.* 4 *Acoger, dar asilo.* 5 *prnl. Retirarse, encerrarse.* 6 *Refugiarse, acogerse.* 7 *Abstraerse, ensimismarse, reconcentrarse.*

**recogimiento** *m. Encierro, retiro, clausura, apartamiento.*

**recolección** *f. Cosecha.* 2 *Convento, monasterio\*, casa recoleta.*

**recolectar** *tr. Cosechar, recoger, alzar de eras.*

**recolector, -ra** *s. Recaudador\*, colector, cobrador.*

**recomendable** *adj. Plausible, atendible, admisible, aceptable.*

**recomendar** *tr. Encomendar, encargar, confiar.* ↔ ACUSAR, DESCONFIAR.

**recomerse** *prnl. Concomerse.*

**recompensa** *f. Premio\*, galardón\*, remuneración, retribución.*

**recompensar** *tr. Compensar.* 2 *Retribuir, remunerar, gratificar, satisfacer\*.* 3 *Premiar, galardonar.* ↔ CASTIGAR.

**recomponer** *tr. Reparar\*, arreglar, remendar, rehacer.*

**reconcentrar** *tr. Reunir, juntar, concentrar, centralizar\*.* 2 *prnl. Ensimismarse, recogerse, abstraerse.*

**reconciliar** *tr.-prnl. Amigar, avenir, conciliar\*.*

**reconcomio** *m. Prurito, deseo, anhelo.* 2 *Recelo, sospecha.*

**recóndito, -ta** *adj. Profundo, escondido, hondo, oculto, reservado. Recóndito* intensifica el significado de todos estos adjetivos.

**reconfortante** *adj.-m.* *Tónico, vigorizante.*

**reconfortar** *tr.* *Fortalecer, confortar, animar.*

**reconocer** *tr.* *Distinguir, recordar.* ↔ DESCONOCER. 2 *Examinar, inspeccionar, mirar el pro y el contra, pasar por tamiz, indager, escrutar\*, escudriñar.* 3 *Confesar, aceptar, declarar, convenir.*

**reconocido, -da** *adj.* *Agradecido, obligado.*

**reconocimiento** *m.* *Agradecimiento, gratitud.* "Publicar un beneficio es un acto de *reconocimiento*; querer a su bienhechor es el acto propio de la *gratitud.* El que se da prisa a pagar un servicio generoso que le hicieron con otro servicio, para quitarse el peso del *reconocimiento*, es un ingrato; y rebosa *gratitud* el que, no pagando su deuda, ni aun atreviéndose a desplegar sus labios sobre ello, acompaña a un bienhechor en sus placeres, ríe en sus gozos y llora en sus desdichas. El *reconocimiento* de lo que debe, paga; pero la *gratitud* no cuenta lo que da, porque siempre debe" (Ci). 2 *Examen, inspección, registro.* 3 *Agnición\*, anagnórisis.*

**reconstituir** *tr.* *Reintegrar, reponer.*

**reconstituyente** *adj.-m.* *Tónico.* Aplícase a los medicamentos.

**reconstruir** *tr.* *Reedificar, rehacer.*

**reconvención** *f.* *Admonición\*, recriminación, amonestación, reprensión, reproche, cargo, rapapolvo, regaño, regañina, zurrapelo, recorrido, repasata, repaso.* A partir de *rapapolvo*, son de uso familiar.

**reconvenir** *tr.-prnl.* *Reprender, reñir, regañar, reprochar, echar en cara.* ↔ FELICITAR.

**recopilación** *f.* *Compendio\*, resumen, sumario.* 2 *Colección, compilación.*

**recopilar** *tr.* *Compendiar, resumir.* 2 *Compilar.*

**récord** *m.* DEP. *Marca, plusmarca.*

**recordable** *adj.* *Memorable.*

**recordar** *tr.* *Memorar* (lit.), *rememorar* (lit.), *recapacitar, traer una cosa en las mientes, tener presente, darse una palmada en la frente.* ↔ OLVIDAR, CALLAR. 2 *tr.-prnl.* Amér. *Despertar.*

**recordman** *m.* anglic. DEP. *Plusmarquista.*

**recordwoman** *f.* anglic. DEP. *Plusmarquista.*

**recorrer** *tr.* *Andar, caminar.* ↔ PARAR, DETENER.

**recorrido** *m.* *Trayecto, itinerario.* 2 *Repaso.* Tratándose de alguna cosa deteriorada. 3 *Reprensión, reconvención.*

**recortado** *m.* *Cortadura.*

**recortadura** *f.* *Recorte, retazo.*

**recorte** *m.* *Recortadura, retazo.* V. recortes.

**recortes** *m. pl.* *Cortaduras, recortaduras.* V. recorte.

**recorvar** *tr.* *Encorvar, corvear, curvar, arquear, torcer.*

**recostar** *tr.-prnl.* *Reclinar, apoyar.*

**recreación** *f.* *Recreo, solaz, expansión, esparcimiento, asueto, diversión, distracción, pasatiempo, entretenimiento.*

**recrear** *tr.-prnl.* *Entretener\*, distraer, divertir, alegrar, deleitar, echar una cana al aire, darse un verde, andar de gallo.* ↔ ABURRIR, ENTRISTECER.

**recrecer** *intr.-tr.* *Aumentar, acrecentar, tomar cuerpo, subir de punto.*

**recremento** *m.* *Secreción interna, secreción endocrina.*

**recreo** *m.* *Recreación, distracción, diversión\*, entretenimiento, pasatiempo.*

**recría** *f.* *Engorde, ceba.*

**recriminación** *f.* *Reconvención, reprensión.* ↔ FELICITACIÓN. 2 *Acusación.*

**recrudecer** *intr.-prnl.* *Exacerbar, enconar, agravar.*

**rectamente** *adv. m.* *Derechamente, en derechura, directamente.*

**rectangular** *adj.* *Cuadrilongo.*

**rectificar** *tr.-prnl.* *Corregir, modificar, enmendar\*.* ↔ RATIFICAR, INSISTIR. 2 QUÍM. *Purificar, redestilar.*

**rectitud** *f.* *Justicia, integridad, imparcialidad.* ↔ TORCEDURA, INJUSTICIA.

**recto, -ta** *adj.* *Derecho.* 2 *Justo, justiciero, íntegro, imparcial.* "El que no se separa de la justicia, es *recto*; el hombre *recto*, considerado como inflexible y superior a la parcialidad o al interés, es *íntegro*. Es *recto* el juez que, al condenar al reo, no se deja llevar ni de la violencia de su genio inclinado al rigor, ni de la excesiva bondad y sensibilidad de su corazón. Es *íntegro* el que, al sentenciar una causa, no escucha ni las sugestiones de la amistad, ni el influjo o el temor del poder, ni los estímulos de la codicia" (LH).

**recua** *f. Arria.*

**recuentro** *m. Reencuentro, refriega, choque.*

**recuerdo** *m. Memoria, conmemoración, rememoración, remembranza, reminiscencia. Memoria equivale a recuerdo, pero se usa menos que él en esta acepción:* tener *memoria,* o *recuerdo, de algo. Conmemoración se usa muy poco en este sentido, porque predomina su significado de acto o solemnidad con que se recuerda algo importante. Rememoración es literario o se emplea como término psicológico. Remembranza es antiguo; lo emplean los escritores por su mismo sabor arcaico. Reminiscencia, fuera del lenguaje filosófico, significa recuerdo incompleto o poco definido.* ↔ OLVIDO. 2 *fig. Regalo, presente.* V. recuerdos.

**recuerdos** *m. pl. Memorias, expresiones, saludos.* V. recuerdo.

**reculada** *f. Retroceso.*

**recular** *intr. Cejar, recejar, retroceder, hacerse atrás, volver grupas, pie atrás.* ↔ AVANZAR, FLUIR.

**recuperar** *tr.-prnl. Recobrar, rescatar.* ↔ PERDER.

**recurrencia** *f. Recaída, recidiva, relapso, reincidencia.*

**recurrir** *intr. Acudir, acogerse.* 2 *Apelar, interponer apelación.*

**recurso** *m. Medio, procedimiento, arbitrio, expediente.* 2 *Memorial, solicitud, petición.* 3 *Apelación.* V. recursos.

**recursos** *m. pl. Bienes, medios, posibles, fortuna, capital.* V. recurso.

**recusar** *tr. Rechazar, rehusar.* 2 DER. *Poner tacha, tachar, declinar.*

**redaño** *m. Mesenterio, entresijo.* 2 **Tener redaños** *loc. fig. Tener valor, tener valentía, tener muchos hígados, tener arrestos.*

**redecilla** *f. Gandaya.* 2 *Red.* Tratándose de la prenda para recoger el cabello, *red.* 3 *Bonete, retículo.* Ambos, en el estómago de los rumiantes.

**rededor** *m. Contorno.* 2 *Derredor, redor* (poét.).

**redel** *m. Almogama.*

**redención** *f. Salvación.*

**redestilar** *tr.-prnl.* QUÍM. *Rectificar, purificar.*

**redilar** *tr. Amajadar, redilear.*

**redilear** *tr. Amajadar, redilar.*

**redimir** *tr.-prnl. Rescatar, librar, liberar, libertar.* ↔ ESCLAVIZAR, PERDER. 2 *Cancelar.*

**rédito** *m. Interés, renta, utilidad, beneficio, rendimiento.*

**redituar** *tr. Producir, rentar, rendir.*

**redivivo, -va** *adj. Aparecido, resucitado.*

**redoblar** *tr.-prnl. Duplicar, doblar, reduplicar.* 2 *Repetir, reiterar.*

**redomado, -da** *adj. Cauteloso, astuto, taimado. Redomado intensifica el significado de sus sinónimos.* ↔ INGENUO, BOBO.

**redonda** *f. Dehesa, acampo, coto.* 2 MÚS. *Semibreve.*

**redondamente** *adv. m. Rotundamente, claramente, categóricamente, terminantemente.*

**redondel** *m. Círculo.* 2 *Ruedo, arena.*

**redondo, -da** *adj.* fig. *Claro, sin rodeo, rotundo.* 2 **Caerse redondo** *loc. Desvanecerse, desmayarse, írsele la vista, perder el conocimiento, perder el sentido.*

**redopelo** *m. Redropelo, rodapelo, contrapelo.*

**redor** *m.* poét. *Rededor, derredor.*

**redrojo** *m. Redruejo, cencerrón.*

**redropelo** *m. Redopelo, rodapelo, contrapelo.*

**redruejo** *m. Redrojo, cencerrón.*

**reducción** *f. Descuento, rebaja, deducción.* 2 *Restricción, limitación.* ↔ LIBERTAD, ILIMITACIÓN, ABUSO.

**reducible** *adj. Reductible.*

**reducido, -da** *adj. Estrecho, pequeño, escaso, limitado, corto, chico\*, angosto\*.* ↔ GRANDE, AMPLIO.

**reducir** *tr. Disminuir\*, aminorar, estrechar, acortar, achicar, ceñir, echar agua al fuego, limitar\*.* ↔ AUMENTAR. 2 *Resumir, compendiar, abreviar\*.* 3 *Sujetar, someter, dominar, domeñar.* ↔ REBELARSE. 4 *Convertir.*

**reductible** *adj. Reducible.*

**redundancia** *f. Exceso\*, sobra, demasía, superfluidad, pleonasmo.* Este último, tratándose de palabras.

**redundante** *adj. Superfluo, innecesario, inútil, sobrante, excesivo.* 2 *Ampuloso, hinchado, enfático, presuntuoso.* ↔ NATURAL, ESCUETO.

**redundar** *intr. Rebosar, exceder, sobrar.* 2 *Resultar, venir a parar, refluir, causar, acarrear.*

**reduplicar** *tr.. Redoblar, duplicar, doblar.*

**reedificar** *tr. Reconstruir, rehacer.*

**reembolsar** *tr. Pagar.* 2 *prnl. Cobrar\*.*

**reemplazante** *adj.-com. Suplente, sustituto.*

**reemplazar** *tr. Sustituir, suplir, hacer las veces, relevar, revezar, suplantar.* Suplir, relevar y *reemplazar* significan sustitución temporal o accidental. *Suplantar* es *reemplazar* fraudulentamente. "Lo que ha faltado en la composición de un todo, se *reemplaza* por algo semejante, o se *sustituye* por algo que no lo es. Muere un jefe, y lo *reemplaza* otro de la misma categoría; enferma y lo *sustituye* el de la categoría inmediata" (M). V. representar. ↔ CONTINUAR, MANTENER.

**reemplazo** *m. Sustitución.* 2 *Quinta, reclutamiento.*

**reencuentro** *m. Recuento, refriega, choque.*

**refaccionario, -ria** *adj.* DER. *Refeccionario.*

**refajo** *m. Faldellín.*

**refeccionario, -ria** *adj.* DER. *Refaccionario.*

**refectolero** *m. Refitolero.*

**referencia** *f. Narración, relación, relato.* 2 *Informe\*, noticia, antecedente\*.* 3 *Semejanza, relación, dependencia.* 4 *Remisión.*

**referente** *adj. Alusivo, tocante.* 2 **Referente a** *loc. prep. Acerca de, sobre, respecto a.*

**referir** *tr. Contar, narrar, relatar.* 2 *Relacionar, enlazar, encadenar.* 3 *prnl. Remitir.* 4 **Referirse a** *Aludir, mencionar, citar, hacer referencia, concernir\*.*

**refilón. De refilón** *loc. adv. Oblicuamente, al sesgo, a soslayo, al bies.*

**refinación** *f. Depuración, purificación.*

**refinamiento** *m. Esmero, buen gusto.* 2 *Ensañamiento\*, crueldad, ferocidad, saña, encarnizamiento.*

**refinar** *tr.* QUÍM. *Alambicar, sutilizar, quintaesenciar, aquilatar, apurar.*

**refirmar** *tr. Ratificar, reafirmar, confirmar, roborar, corroborar, aprobar, hacer coro.* ↔ ANULAR, DESAPROBAR, RECTIFICAR.

**refitolero, -ra** *adj.-s. Refectolero.* 2 *fig. Entrometido, cominero.*

**reflectar** *tr. fís. Reflejar, reverberar.*

**reflector, -ra** *adj.-s. Proyector.*

**reflejar** *tr. Reflectar, reverberar.*

**reflejo, -ja** *adj.* GRAM. *Reflexivo.*

**reflexión** *f. Meditación, consideración.* ↔ IRREFLEXIÓN. 2 *Advertencia, consejo.* ↔ DESPREOCUPACIÓN, IMPRUDENCIA.

**reflexionar** *tr. Pensar\*, considerar, meditar, devanarse los sesos, romperse los cascos.* ↔ DESPREOCUPARSE, INADVERTIR.

**reflexivo, -va** *adj.* GRAM. *Reflejo.* 2 *Juicioso, ponderado.*

**refluir** *intr. fig. Redundar, resultar, venir a parar, causar, acarrear.*

**refocilar** *tr.-prnl. Recrear, alegrar.* ↔ ABURRIR, ENTRISTECER.

**reformar** *tr.-prnl. Rehacer.* ↔ PERSISTIR. 2 *Reparar, restaurar, arreglar, co-*

**reforzante**

*rregir, enmendar, modificar.* 3 *Reordenar, reorganizar, moralizarse, corregirse.* ↔ DESMORALIZAR.
**reforzante** *adj. Tónico, roborante, corroborante.* Aplícase a los medicamentos.
**reforzar** *tr.-prnl. Aumentar, acrecentar, engrosar.* ↔ DISMINUIR, MENGUAR. 2 *tr. Acorazar, blindar, revestir, proteger, fortificar.* 3 *tr.-prnl. Fortalecer, robustecer, vigorizar.* ↔ DEBILITAR. 4 *Animar, reanimar, alentar.* ↔ DESANIMAR, DESALENTAR.
**refractar** *tr. fís. Refringir.*
**refractario, -ria** *adj. Incombustible.* ↔ INFLAMABLE. 2 *Opuesto, rebelde, contrario.* ↔ SUMISO, FÁCIL.
**refractivo, -va** *adj. Refringente.*
**refrán** *m. Dicho, proverbio, adagio, aforismo, apotegma, máxima, sentencia. Dicho,* en general. Es esencial en el *refrán* su carácter popular y tradicional. *Proverbio* comprende, además, las frases sentenciosas de autor conocido; es voz más literaria, lo mismo que *adagio. Aforismo* encierra generalmente la idea de aplicación a alguna ciencia o arte: los *aforismos* de Hipócrates. La voz griega *apotegma* se aplica a dichos o anécdotas de hombres célebres de la antigüedad clásica, y a imitación suya, del Renacimiento: un *apotegma* de Temístocles. La *máxima* es un dicho sentencioso que se erige en norma intelectual o de conducta. *Sentencia* sugiere gravedad de tono, y contenido moral y doctrinal.
**refregadura** *f. Restregadura, refregamiento.*
**refregamiento** *m. Refregadura, restregadura.*
**refregar** *tr. Estregar, restregar, frotar\*.*
**refrenada** *f. Sofrenada, sobarbada, sobrefrenada.*
**refrenar** *tr.-prnl. Frenar, contener, sofrenar, reprimir, sujetar, moderar, coercer\*.* ↔ SOLTAR, DESCOMEDIRSE. 2 *prnl. Reportarse, recoger velas, dar marcha atrás.*

**refrescante** *adj. Refrigerante, refriante.*
**refrescar** *tr.-prnl. Enfriar, refrigerar.* ↔ CALENTAR.
**refriante** *adj. Refrigerante, refrescante.*
**refriega** *f. Encuentro, reencuentro, pelea, choque, combate\*.* La *refriega* tiene menos importancia que la batalla.
**refrigerador** *m. Nevera.*
**refrigerante** *adj. Frigorífico, refrescante, refriante.*
**refrigerar** *tr. Refrescar, enfriar. Refrigerar* se usa con preferencia cuando se emplean medios artificiales, como neveras o acondicionadores del aire. La lluvia *refresca* o *enfría* la atmósfera; pero el aire de un espacio cerrado se *refrigera* con aparatos adecuados. ↔ CALENTAR.
**refrigerio** *m. Tentempié.* 2 fig. *Alivio, descanso.*
**refringente** *adj. Refractivo.*
**refringir** *tr.-prnl. fís. Refractar.*
**refuerzo** *m. Potencialización.*
**refugiarse** *prnl. Ampararse, acogerse\*, guarecerse.* ↔ DESAMPARAR, DESGUARECERSE.
**refugio** *m. Protección, amparo, asilo, socorro, auxilio\*.* "El *refugio* es un recurso contra la aflicción, la indigencia o el riesgo. El *asilo* es una protección, una defensa contra la fuerza y la persecución. El hospital es un *refugio* para los pobres; la iglesia es un *asilo* para los criminales. Busca la nave un *refugio* en cualquier puerto, huyendo de la tempestad que la amenaza; busca en un puerto amigo o neutral un *asilo*, huyendo de una fuerza superior que la persigue" (LH).
**refulgencia** *f. Resplandor, lustre, brillo, fulgor, esplendor.*
**refulgente** *adj. Brillante\*, resplandeciente, rutilante, luminoso.*
**refulgir** *intr. Resplandecer\*, relumbrar, rutilar, fulgurar.* ↔ APAGAR, OSCURECER.
**refunfuñar** *intr. Rezongar, gruñir, hablar entre dientes.*

**refutar** *tr. Impugnar, rebatir, confutar, contradecir\*.*

**regadera** *f. Rociadera.* 2 *Reguera.*

**regadero** *m. Reguera, regadera, reguero, regata, regona.*

**regajal** *m. Arroyo, riachuelo, rivera, regajo, regato, arroyuelo.*

**regajo** *m. Arroyo, riachuelo, rivera, regajal, regato, arroyuelo.*

**regalado, -da** *adj. Suave, delicado, sabroso.* 2 *Agradable, deleitoso.*

**I regalar** *tr.-prnl. Dar\*.* ↔ QUITAR. 2 *Halagar\*, obsequiar, festejar, agasajar.* ↔ CASTIGAR, ABURRIR.

**II regalar** *tr. Derretir\*, licuar, liquidar\*.*

**regalicia** *f. Regaliz, regaliza, orozuz, alcazuz, palo duz.*

**regalillo** *m. Manguito, estufilla.*

**regaliz** *m. Regaliza, regalicia, orozuz, alcazuz, palo duz.*

**regalo** *m. Fineza, agasajo, obsequio, ofrenda, don, gracia, merced, donativo, donación, dádiva\*.* Los tres primeros, envuelven idea de halago o cortesía. *Ofrenda* es término solemne, religioso, aplicable p. ext. a otros casos: *ofrenda* a la iglesia. *Don* es, modernamente, gracia o merced sobrenatural, o procedente de alta dignidad: un *don* de Su Majestad. *Donativo* sugiere filantropía, beneficencia, y puede acercarse al concepto de limosna: *donativos* para un hospital. *Donación* es voz legal, y se emplea también en sentido general como palabra escogida: *donación* de sangre. *Dádiva* es liberalidad; a veces se aproxima a la idea de propina, y aun de soborno: *dávidas* quebrantan peñas. 2 *Comodidad, descanso, conveniencia, deleite.*

**regalón, -ona** *adj.-fam. Mimoso, melindroso, delicado.*

**regañar** *tr. Reprender, reconvenir, reñir, amonestar.* ↔ ELOGIAR. 2 *Pelearse, reñir, indisponerse, enemistarse, malquistarse.* ↔ PACIFICAR.

**regañina** *f. Reconvención, regaño, reprensión.*

**regaño** *m. Reconvención, reprensión, reprimenda, amonestación\*.*

**regañón, -ona** *adj.-s.* fam. *Reñidor.*

**regata** *f. Reguera, regadera, reguero, regadero, regona.*

**regate** *m. Esguince, desguince, cuarteo.* 2 fig. *Efugio\*, escape.* 3 DEP. *Dribbling* (anglic.), *regateo, finta.*

**regatear** *tr.* DEP. *Driblar* (anglic.).

**regateo** *m.* DEP. *Regate, dribbling* (anglic.).

**regato** *m. Arroyo, riachuelo, rivera, regajal, regajo, arroyuelo.*

**regatón** *m. Cuento, contera, recatón, regatero.*

**regatonería** *f. Recatería, recatonería, recatonía* (ant.), *regatería.*

**regazo** *m. Falda, enfaldo.* 2 fig. *Amparo, consuelo, seno.*

**regidor municipal** *m. Edil, concejal, munícipe.*

**régimen** *m. Ordenación, regla, norma.* 2 *Gobierno, administración\*.* "*Régimen* es la ordenación general de los poderes políticos de la nación; *gobierno* es la autoridad que ejerce la acción pública; *administración*, considerada la palabra como sinónima de las otras dos, es el conjunto que forman la autoridad que manda y las autoridades que ejecutan sus mandatos" (M). 3 GRAM. *Dependencia, rección.* 4 *Dieta.*

**regio, -gia** *adj. Real.* 2 fig. *Suntuoso, magnífico, grandioso, espléndido.*

**región** *f. País, territorio.*

**regir** *tr.-prnl. Dirigir, gobernar. Regir* es el más apto para sus acepciones abstractas: la gravitación universal *rige* los movimientos de los astros; las leyes que *regían* el Estado. Tiene generalmente cierta solemnidad: *regir* los destinos de la nación. *Dirigir* es el de aplicación concreta más general: *dirigir* una empresa industrial, una construcción, una escuela. *Gobernar* se usa especialmente tratándose del Estado o de corporaciones públicas, y también *gobernar* una casa o una hacienda rústica. ↔ OBEDECER, SOMETERSE. 2 *Guiar, conducir.*

**registrar** *tr. Mirar, examinar, reconocer, inspeccionar, escudriñar, cachear.* Cachear es registrar a una persona para ver si lleva armas. 2 *Copiar, inscribir, anotar, asentar, sentar.*
**registro** *m. Padrón, empadronamiento.* 2 *Grabación.*
**regla** *f. Pauta, guía, modelo, patrón.* 2 *Norma, precepto, razón, medida.* 3 *Ley, canon, estatuto, constitución.* 4 *Método\*, procedimiento.* 5 *Moderación, templanza, medida, tasa.* 6 *Menstruación.*
**reglado, -da** *adj. Sobrio, parco, templado, moderado\*.* 2 *Reglamentado, preceptuado, ordenado.*
**regleta** *f. Interlínea.*
**regocijado, -da** *adj. Alegre\*, contento, gozoso, alborozado, jubiloso.*
**regocijar** *tr.-prnl. Alegrar\*, contentar, festejar, divertir.* ↔ ENTRISTECER. 2 *prnl. Recrearse, gozar, alborozarse, estar en la gloria.* ↔ ABURRIRSE.
**regocijo** *m. Alegría\*, júbilo\*, alborozo, gozo, contento\*, contentamiento.* 2 *Festejo, fiesta\*, celebración.*
**regodearse** *prnl. Complacerse, deleitarse.*
**regoldar** *intr.* vulg. *Eructar\*, erutar, rotar* (Ar. y Ast.).
**regona** *f. Reguera, regadera, reguero, regadero, regata.*
**regostarse** *prnl. Arregostarse, aficionarse, engolosinarse, empicarse, tomar gusto.*
**regresar** *intr. Volver, retornar.* ↔ SALIR, MARCHAR.
**regresión** *f. Retroceso, regreso, vuelta, venida, retorno.*
**regresivo, -va** *adj. Recesivo.* ↔ PROGRESIVO.
**regreso** *m. Vuelta, retorno, retroceso\*.*
**regüeldo** *m.* vulg. *Eructo.* Eructo es más usado que *regüeldo* a causa de la ínfima vulgaridad de este vocablo.
**reguera** *f. Regadera, reguero, regadero, regata, regona. Regata,* si es pequeña; *regona,* si es grande.
**reguero** *m. Reguera, regadera, regadero, regata, regona.*

**reguilete** *m. Rehilete, carapullo, repullo.*
**regulación** *f. Organización, arreglo, orden, ordenamiento, regularización.*
**regulado, -da** *adj. Regular, regularizado.* ↔ ANORMAL.
**I regular** *adj. Regulado, regularizado.* ↔ ANORMAL. 2 *Ajustado, medido, arreglado, metódico, exacto\*.* 3 *Mediano\*, mediocre, moderado.* ↔ INMODERADO.
**II regular** *tr. Medir, ajustar, reglar, regularizar, ordenar.* ↔ DESARREGLAR, DESORDENAR.
**regularidad** *f. Exactitud, puntualidad, precisión, veracidad, fidelidad.* ↔ INEXACTITUD, IMPRECISIÓN.
**regularización** *f. Organización, arreglo, orden, ordenamiento, regulación.*
**regularizado, -da** *adj. Regular, regulado.* ↔ ANORMAL.
**regularizar** *tr. Regular, reglar, medir, ajustar, ordenar, metodizar, normalizar.*
**régulo** *m. Basilisco.* 2 ASTRON. *Corazón de León.* 3 *Reyezuelo* (pájaro).
**rehabilitar** *tr. Restituir, restablecer, reivindicar.*
**rehacer** *tr. Repetir\*, reproducir, reiterar* (lit.), *iterar* (lit.), *segundar* (fam.), *asegundar* (fam.). 2 *Reconstruir, reedificar.* 3 *Reponer, reparar\*.* 4 *prnl. Reforzarse, fortalecerse, vigorizarse.* 5 *Serenarse, tranquilizarse.*
**rehelear** *intr. Ahelear, amargar.*
**rehenchir** *tr. Rellenar.* ↔ VACIAR.
**rehervir** *intr.-prnl. Fermentar, agriarse, leudar, aleudar, hervir, pudrirse.*
**rehiladillo** *m. Hiladillo* (cinta).
**rehilandera** *f. Molinete* (juguete), *ventolera.*
**rehilete** *m. Reguilete, carapullo, repullo.* 2 *Banderilla* (TAUROM.).
**rehollar** *tr. Pisotear, hollar, patear.*
**rehuir** *tr. Evitar\*, apartar, esquivar\*, eludir, soslayar, sortear.* ↔ DESAFIAR, PRESENTARSE. 2 *Rehusar, repugnar, excusar.*
**rehusar** *tr. Declinar\*, renunciar, dimitir, rechazar, negarse, repudiar, esquivar\*, evitar, rehuir.* Declinar es la for-

ma más cortés de *rehusar;* por esto se *declina* un ofrecimiento importante u honorífico, pero no sería propio *declinar* una oferta comercial. *Renunciar* significa dejar un derecho o cargo que se posee. *Dimitir, renunciar* a un cargo. *Rechazar, negarse* y *repudiar* suponen repulsa, despego. ↔ ACEPTAR, APRECIAR.

**reidor, -ra** *adj.-s. Risueño, carialegre, alegre, jocundo, jovial, festivo.* ↔ SERIO.

**reina mora** *f. Infernáculo.*

**reinar** *intr.* fig. *Dominar, imperar, regir, empuñar el cetro.* 2 *Predominar, prevalecer.*

**reincidencia** *f. Recaída, recidiva, recurrencia, relapso.*

**reincidente** *adj.-com. Pecador\*, relapso, contumaz, impenitente.*

**reincidir** *intr. Repetir\*, reproducir, rehacer, iterar, reiterar, segundar, asegundar.*

**reinstaurar** *tr. Reponer, restablecer, restaurar.* ↔ QUITAR.

**reintegrar** *tr.-prnl. Restituir, satisfacer, devolver\*, integrar.* ↔ QUITAR. 2 *Reconstituir, reponer.*

**reintegro** *m. Pago, pagamento, pagamiento, paga.*

**reír** *intr.-prnl.* fig. *Burlar, mofarse, chancearse, quedarse con uno, tomar el pelo, echar a chacota, poner en ridículo.*

**reiterado, -da** *adj. Frecuente, repetido, asiduo\*, acostumbrado.*

**reiterar** *tr. Repetir\*, reproducir.*

**reiterativo, -va** *adj.* GRAM. *Frecuentativo.*

**reivindicar** *tr.* DER. *Recuperar, vindicar.* 2 *Reclamar, exigir.* ↔ ENTREGAR.

**rejacar** *tr. Aricar, arrejacar.*

**rejada** *f. Arrejada, aguijada, béstola, limpiadera.*

**rejado** *m. Verja, enverjado, enrejado.*

**rejalgar** *m. Sandáraca.*

**rejilla** *f.* (braserito) *Rejuela, librete, maridillo.*

**rejo** *m. Punta, aguijón, pincho.* 2 *Raicilla, raicita, radícula* (BOT.). En las plantas.

**rejuela** *f.* (raserito) *Librete, maridillo, rejilla.*

**rejuvenecer** *tr.-prnl. Remozar.* 2 *Renovar, restaurar.*

**relación** *f. Relato, narración.* 2 *Lista, enumeración, catálogo.* 3 *Conexión, correspondencia, enlace, trabazón, coherencia\*.* "Las cosas tienen *relación* entre sí cuando hay una idea común a todas ellas; tienen *conexión* cuando hay semejanza en su forma, enlace en sus partes o analogía en su modo de obrar" (M). 4 *Amistad, trato, comunicación, correspondencia.* 5 **Relaciones amorosas** *f. pl. Noviazgo.*

**relacionado, -da** *adj. Concomitante\*, coordinado, concurrente.*

**relacionar** *tr. Contar\*, narrar, referir, relatar.* 2 *Enlazar, trabar, encadenar.* 3 *prnl. Tratarse, corresponderse, visitarse.*

**relajación** *f. Laxitud, flojedad, depravación, maldad.* ↔ FORTALEZA, AUMENTO, BONDAD. 2 *Hernia.* 3 *Relajamiento.*

**relajado, -da** *adj. Laxo.*

**relajamiento** *m. Relajación.*

**relajar** *tr.-prnl. Aflojar, ablandar, laxar, distender, debilitar.* ↔ FORTALECER, AUMENTAR. 2 *prnl. Viciarse, corromperse, estragarse.* ↔ ENNOBLECERSE.

**relapso** *m. Recaída, recidiva, recurrencia, reincidencia.*

**relapso, -sa** *adj.-s. Reincidente.* El uso de *relapso* se limita a significar el que reincide en algún pecado del cual había hecho ya penitencia, o en alguna herejía de que había abjurado. Fuera de lo religioso se dice *reincidente,* y no *relapso.* El que comete otra vez un delito o falta es *reincidente.*

**relatar** *tr. Contar\*, referir, narrar.*

**relativo, -va** *adj. Referente, concerniente, tocante.* ↔ DISTINTO, CONTRARIO.

**relato** *m. Narración, relación, cuento.*

**relegación** *f. p. us. Confinamiento, destierro\*.* 2 *Apartamiento, postergación.*

**relegar** tr. Desterrar, confinar. 2 fig. Apartar, posponer, postergar.

**releje** m. Carrillada, carrilera, rodada, rodera.

**relentecer** intr.-prnl. Ablandar, suavizar, blandear, emblandecer, enmollecer, reblandecer, lentecer. ↔ ENDURECER.

**relevante** adj. Sobresaliente, excelente, superior, eximio.

**relevar** tr.-prnl. Exaltar, engrandecer, realzar. ↔ DESPRESTIGIAR. 2 Absolver, perdonar. ↔ CONDENAR, ACUSAR, INCULPAR. 3 Destituir, exonerar, eximir. 4 Mudar, cambiar, reemplazar, sustituir, remudar.

**relevo** m. Sustitución, reemplazo. 2 Turno, tanda, remuda. Estos sinónimos se utilizan tratándose de un grupo de personas que releva a otro grupo en un trabajo. En términos militares, el grupo o fuerza que releva es el relevo (no turno ni tanda).

**relicario** m. Teca.

**relieve** m. Realce, bulto. 2 Mérito, renombre. V. relieves.

**relieves** m. pl. Sobras, restos. V. relieve.

**religar** tr. Alear, ligar, ametalar, mezclar, fusionar, fundir. ↔ DESUNIR, SEPARAR, DESINTEGRAR.

**religión** f. Creencia, fe, ley.

**religiosamente** adv. m. fig. Puntualmente, exactamente, fielmente.

**religioso, -sa** adj.-s. Fraile*, monje*, monja. Fraile y monja son las denominaciones corrientes. Religioso y religiosa son términos que se sienten hoy como más escogidos y respetuosos. Monje, cuando no se refiere a los antiguos anacoretas, se aplica a los miembros de las más antiguas órdenes monacales, p. ej., los benedictinos.

**reliquia** f. Residuo, resto. P. ej. : reliquias del esplendor pasado. Tratándose de un santo se dice reliquia (no residuo ni resto). 2 fig. Vestigio, indicio, huella.

**rellanarse** prnl. Apoltronarse, arrellanarse, repantigarse, repanchigarse.

**rellano** m. Descansillo, meseta, descanso.

**rellenar** tr. Rehenchir. ↔ VACIAR. 2 Rebutir, embutir. Rebutir y embutir añaden la idea de apretar la masa de carne picada u otros ingredientes con que se rellena un manjar. 3 Atracar, atiborrar, saciar.

**relleno, -na** adj. Repleto, harto.

**reluciente** adj. Brillante*, resplandeciente, fulgurante, refulgente, fulgente (lit.), fúlgido (lit.).

**relucir** intr. Brillar, resplandecer*, relumbrar, lucir, centellear*.

**reluctante** adj. Desobediente, reacio, opuesto, rebelde.

**relumbrar** intr. Resplandecer*, refulgir, fulgurar, rutilar, brillar, centellear*.

**relumbre** m. Destello, relumbro, relumbrón, centelleo.

**relumbro** m. Destello, relumbre, relumbrón, centelleo.

**relumbrón** m. Destello. 2 Oropel. 3 **De relumbrón** loc. adj. Aparente, falso.

**remache** m. Roblón.

**remador, -ra** s. Remero, galeote.

**remadura** f. MAR. Bogadura, boga.

**remanente** m. Residuo, resto, sobrante.

**remangar** tr.-prnl. Arremangar.

**remango** m. Arremango.

**remar** intr. Bogar.

**rematar** tr. Acabar, concluir, terminar*, finalizar, dar fin, dar cima, dar la puntilla. 2 Ultimar, dar la última mano.

**remate** m. Fin, cabo, término*, extremidad, punta. 2 Adjudicación (en las subastas).

**remedar** tr. Imitar*, contrahacer*, parodiar, copiar*.

**remediar** tr. Reparar, corregir, enmendar, subsanar. 2 Socorrer, auxiliar. ↔ DESAMPARAR. 3 Evitar.

**remedio** m. Reparación, enmienda, corrección. 2 Medicamento, medicina. "Remedio es toda sustancia que se aplica al alivio o a la cura de una dolencia o enfermedad; *medicina* es el *remedio* preparado según las reglas del arte" (M). 3 *Recurso, auxilio, refugio.*

**remedo** *m. Imitación, parodia.* El *remedo* es generalmente una imitación imperfecta. *Parodia* es la imitación cómica o burlesca.

**remembranza** *f. Recuerdo\*, rememoración.* ↔ OLVIDO.

**rememoración** *f. Recuerdo\*, remembranza.*

**rememorar** *tr. Evocar, recordar, hacer memoria, volver la vista atrás.* ↔ OLVIDAR.

**remendado, -da** *adj.* fig. *Apañado, arreglado, adobado.*

**remendar** *tr. Reparar\*, componer, arreglar\*.* 2 *Corregir, enmendar.*

**remero, -ra** *s. Remador, galeote.* Este último, en las antiguas galeras. V. jugador.

**remesa** *f. Envío, expedición.*

**remesar** *tr. Enviar\*, expedir, mandar, remitir.*

**remiendo** *m. Compostura, reparación.*

**remilgado, -da** *adj. Melindroso, dengoso, repulido, escrupuloso.*

**remilgo** *m. Damería, melindre, delicadeza.*

**rémington** *m. Fusil\*, chopo.*

**reminiscencia** *f. Recuerdo\*.* ↔ OLVIDO.

**remirado, -da** *adj. Cauto, circunspecto, escrupuloso, reflexivo, mirado. Remirado* es intensivo de *mirado.*

**remisión** *f. Envío, remesa.* ↔ RETENCIÓN. 2 *Referencia.* 3 *Perdón, absolución.* ↔ CONDENA.

**remiso, -sa** *adj. Flojo, irresoluto, tímido.* 2 *Dejado, renuente, lento, reacio, remolón.*

**remitir** *tr. Enviar, mandar, expedir, remesar.* ↔ GUARDAR, RETENER. 2 *Referir, hacer referencia.* 3 *Perdonar\*, exculpar, eximir, indultar.* ↔ CONDENAR. 4 *Diferir\*, aplazar\*, suspender.* 5 *prnl. Atenerse\*, sujetarse, referirse.*

**remoción** *f. Removimiento.*

**remojón** *m. Baño, inmersión, sumersión, mojadura.*

**remolacha** *f. Betarraga* (p. us.)*, betarrata* (p. us.)*, beterraga* (Perú y Bol.).

**remolcar** *tr. Llevar a remolque.* 2 *Arrastrar.*

**remolinarse** *prnl. Arremolinarse, remolinearse.*

**remolinearse** *prnl. Arremolinarse, remolinarse.*

**remolino** *m. Manga de viento, torbellino, vórtice, vorágine, tolvanera, huracán.* Si el *remolino* es de viento, se utilizan los tres primeros; cuando es muy grande, *huracán.* El de las aguas, cuando es muy impetuoso, *vorágine.* El de polvo, *tolvanera.* 2 fig. *Disturbio, inquietud, alteración.*

**remolón, -ona** *adj. Flojo, perezoso, holgazán, tumbón, indolente, remiso.* ↔ TRABAJADOR. 2 **Hacerse el remolón** *loc. Dormirse, pegársele las sábanas.*

**remolonería** *f. Roncería, tardanza, lentitud.* ↔ RAPIDEZ, ASPEREZA.

**remontar** *tr.-prnl.* fig. *Elevar, encumbrar, enaltecer, exaltar.* ↔ REBAJAR. 2 *prnl. Subir, volar, elevarse, ascender.* ↔ BAJAR.

**rémora** *f. Gaicano, pega, pez, reverso, tardanaos.* 2 fig. *Estorbo, embarazo, obstáculo\*, dificultad.* ↔ ACTIVIDAD, PRISA, FACILIDAD, AYUDA.

**remordimiento** *m. Hormiguilla* (fig. y fam.).

**remostar** *tr.-prnl. Mostear, remostecer.*

**remostecerse** *tr. Remostarse, mostearse.*

**remoto, -ta** *adj. Lejano\*, distante\*, apartado, alejado, antiguo\*.* Los cuatro primeros, tratando de una distancia espacial; el último, tratándose del tiempo. ↔ PRÓXIMO, NUEVO, CERCANO.

**remover** *tr.-prnl. Trasladar, mudar.* 2 *Conmover, alterar, agitar, revolver, mover\*.* ↔ AQUIETAR. 3 *Quitar, apartar.* "Se *remueve* una cosa en el simple hecho de ponerla en un sitio distinto del que antes ocupaba; se *aparta*, poniéndola fuera de cierta dirección. No decimos *remuévete*, sino *apártate*,

**removimiento**

al que nos estorba el paso" (M). ↔
PONER. 4 *Destituir, deponer, amover.*
**removimiento** *m. Remoción.*
**remozar** *tr.-prnl. Rejuvenecer.* ↔ EN-
VEJECER.
**rempujar** *tr.* vulg. *Empujar, arrempujar* (vulg.)*, impeler, impulsar, propulsar, emburriar.*
**rempujón** *m.* vulg. *Empellón, empujón*.*
**remuda** *f. Relevo*, turno, tanda.* 2
(ropa) *Muda.*
**remudar** *tr. Reemplazar, relevar, sustituir, recambiar.* Este último, tratándose de piezas de una máquina.
**remugar** *tr. Rumiar.*
**remuneración** *f. Sueldo, retribución,
gratificación, recompensa, premio*.*
**remunerador, -ra** *adj.-s. Rentable*,
beneficioso, productivo.*
**remunerar** *tr. Pagar, retribuir, gratificar, recompensar.* ↔ DEBER, QUITAR,
PRIVAR.
**remusgar** *intr. Sospechar, barruntar,
presumir, conjeturar, imaginar, suponer.*
**remusgo** *m. Barrunte, barrunto*, presentimiento, corazonada, indicio, atisbo, vislumbre.*
**renacuajo** *m. Girino.*
**renal** *adj. Nefrítico.*
**renco, -ca** *adj.-s. Amér Cojo.*
**rencor** *m. Enemistad*, resentimiento,
aborrecimiento, odio*.* ↔ AMOR, PER-
DÓN.
**rencoroso, -sa** *adj. Vengativo, resentido.*
**rendajo** *m. Arrendajo.*
**rendar** *tr. Binar* (las tierras o viñas).
**rendibú** *m. Acatamiento, agasajo, rendimiento, obsequiosidad.*
**rendición** *f. Capitulación, entrega.* ↔
RESISTENCIA, REBELDÍA.
**rendido, -da** *adj. Sumiso, obsequioso,
galante.* 2 *Cansado, fatigado.*
**rendija** *f. Abertura, hendidura, boquete, brecha, quebradura, grieta, rotura.*
**rendimiento** *m. Cansancio, fatiga,
debilidad, agotamiento.* 2 *Sumisión,
humildad, acatamiento.* 3 *Considera-*

*ción, respeto*, miramiento, atención,
deferencia.* 4 *Producto, productividad,
utilidad, ganancia*, beneficio, rédito,
renta.*
**rendir** *tr.-prnl. Vencer, someter*, sujetar, dominar.* ↔ RESISTIRSE, REBELARSE.
2 *Cansar, fatigar.* 3 *Producir, rentar,
redituar.* 4 *prnl. Someterse, entregarse,
capitular*, pasar por las horcas caudi-
nas.* ↔ RESISTIRSE, REBELARSE. 5 *Ceder,
transigir, consentir, claudicar.*
**renegado, -da** *adj.-s. Apóstata.*
**renegador, -ra** *adj.-s. Blasfemador,
renegón, blasfemante, blasfemo, jurador, votador.*
**renegar** *tr. Detestar, abominar.* ↔
AMAR, BENDECIR. 2 *intr. Abjurar*,
apostatar.* ↔ AFIRMAR. 3 *Blasfemar, jurar.*
**renegón, -ona** *adj.-s. Blasfemador,
malhablado.*
**rengífero** *m. Reno, rangífero, tarando.*
**rengle** *m. Cat. Ringlera, fila, ringla,
renglera.*
**renglón** *m. Línea.*
**renglonadura** *f. Rayado.*
**reniego** *m. Derreniego* (rúst.), *voto*,
juramento, taco.*
**reniforme** *adj. Arriñonado.*
**renitencia** *f. Repugnancia, resistencia,
renuencia, repelo, aversión.*
**renitis** *f.* MED. *Nefritis.*
**reno** *m. Rangífero, rengífero, tarando.*
**renombrado, -da** *adj. Célebre, famoso, afamado, reputado, conocido,
acreditado.*
**renombre** *m. Fama, celebridad, nombradía, reputación, gloria, crédito, honor*.*
**renopatía** *f.* MED. *Nefropatía.*
**renovar** *tr.-prnl. Rehacer.* 2 *Restablecer, reanudar.* 3 *Remudar, mudar,
reemplazar, sustituir, trocar, cambiar.*
↔ PERMANECER, PERSISTIR. 4 *Reiterar,
repetir.*
**renquear** *intr. Amér. Cojear.*
**renta** *f. Rendimiento, utilidad, beneficio, rédito, interés.* La *renta* que produce un capital prestado se llama *rédito* o *interés.* 2 *Arrendamiento, alqui-*

*ler*\*, *rento*. El último se usa sólo tratándose de fincas rústicas.

**rentable** *adj. Beneficioso\*, remunerador, productivo.* Rentable se dice del capital mobiliario o inmobiliario que produce una renta considerada como suficiente o satisfactoria.

**rentar** *tr. Producir, rèdituar.*

**rentero, -ra** *adj. Tributario.* 2 *s. Arrendatario, colono, inquilino, locatario* (DER.), *arrendador\*, casero.*

**rento** *m. Renta, arrendamiento, alquiler.*

**renuencia** *f. Repugnancia, resistencia, renitencia, repelo.*

**renuente** *adj. Indócil, remiso, reacio.*

**renuevo** *m. Tallo, vástago\*, retoño, vestugo.* El *renuevo* del olivo se denomina *vestugo*.

**renuncia** *f. Dimisión, abdicación\*, dejación, desistimiento, abandono.* ↔ ACEPTACIÓN, ASISTENCIA.

**renunciación** *f. Abjuración, apostasía, retractación, felonía, traición.*

**renunciar** *tr. Desistir, dimitir, rehusar\*, soltar la carga, abdicar\*.* ↔ ACEPTAR. 2 *Despreciar, abandonar\*.* ↔ ASISTIR.

**renuncio** *m.* fig. *Mentira, contradicción.*

**reñidero** *m. Gallera.* El destinado a las riñas de gallos.

**reñidor, -ra** *adj. Pendenciero, quimerista.* 2 *Regañón.*

**reñir** *intr. Contender, pelear, luchar.* ↔ PACIFICAR, AMISTAR, UNIR. 2 *Desavenirse, enemistarse, indisponerse.* ↔ AMISTAR. 3 *Reprender, reconvenir, regañar.*

**reoctava** *f.* ant. *Octavilla.*

**reóforo** *m. Electrodo.*

**reómetro** *m. Galvanómetro.*

**reordenar** *tr. Reformar, reorganizar, corregir.*

**reorganizar** *tr. Reformar, reordenar.*

**reoscopio** *m. Galvanoscopio.*

**repanchigarse** *prnl. Apoltronarse, arrellanarse, rellanarse, repantigarse.*

**repantigarse** *prnl. Apoltronarse, arrellanarse, rellanarse, repanchigarse.*

**reparación** *f. Compostura\*, arreglo, remiendo, reparo.* 2 *Desagravio, satisfacción.* 3 *Indemnización, compensación.*

**reparador, -ra** *adj.-s. Reparón, chinche.*

**reparar** *tr. Arreglar\*, componer, remendar, adobar, restaurar, recomponer, rehacer, enmendar\*.* Remendar una prenda u objeto viejo o roto: calzado, vestido. Adobar es ant. Restaurar se aplica principalmente a obras artísticas antiguas para volverlas a su estado de esplendor primitivo: un cuadro, una iglesia, un salón. Recomponer y rehacer lo descompuesto o desarmado: suponen una reparación total o muy grande: una máquina, un puente. Enmendar tiene pocas aplicaciones a lo material (p. ej.: poner enmiendas a las tierras); en cambio es el de más uso en el orden intelectual y moral: un error, agravio, daño, comportamiento, defecto. ↔ DESCOMPONER, ROMPER. 2 *Corregir, enmendar, subsanar, remediar.* 3 *Desagraviar, satisfacer.* 4 *Resarcir, indemnizar, compensar.* 5 *Alentar, vigorizar.* 6 *Mirar, notar, advertir, percatarse.* 7 *Observarse, atender, considerar, reflexionar, pensar.* ↔ DESATENDER.

**reparo** *m. Compostura, reparación, arreglo, restauración.* 2 *Defensa, resguardo.* 3 *Advertencia, nota, observación.* 4 *Dificultad, objeción\*, inconveniente.*

**reparón, -ona** *adj. Reparador, criticón, motejador, chinche.*

**repartición** *f. Repartimiento, reparto, partición, distribución, división.*

**repartidor** *m. Partidor* (lugar), *distribuidor.*

**repartimiento** *m. Repartición, reparto, partición, distribución, división.*

**repartir** *tr. Partir, dividir, distribuir, compartir, impartir.* El mismo sentido puede corresponder a *compartir*, pero en este verbo predomina el significado de poseer en común. *Impartir* es hacer partícipe a otro de lo que uno

**reparto** 550

posee, comunicárselo: *impartir* la gloria, el bienestar. Sólo puede uno *impartir* lo que es suyo propio, pero puede uno *compartir* lo que originariamente era propio o ajeno. ↔ SUMAR, AUMENTAR.

**reparto** *m.* Partición, repartición, distribución, división, repartimiento.

**repasata** *f.* fam. Reconvención, reprensión, corrección.

**repaso** *m.* Repasata.

**repecho** *m.* Cuesta, pendiente, subida.

**repelente** *adj.* Repulsivo, repugnante.

**repeler** *tr.-prnl.* Arrojar, lanzar, rechazar. ↔ ATRAER. 2 Contradecir, repudiar.

**repelo** *m.* Repugnancia, resistencia, renitencia, renuencia, aversión.

**repeluzno** *m.* Escalofrío, calofrío, calosfrío.

**repente** *m.* Improvisación. ↔ PREVISIÓN. 2 Arrebato, impulso. ↔ REFLEXIÓN. 3 **De repente** *loc. adv.* De improviso, súbitamente, de sopetón, inesperadamente, de imprevisto, repentinamente, insospechadamente, de golpe y porrazo.

**repentino, -na** *adj.* Pronto, impensado, imprevisto, inesperado, inopinado, súbito.

**repentista** *com.* Improvisador.

**repentización** *f.* Improvisación, repente, in promptu.

**repentizar** *intr.* Improvisar. ↔ REFLEXIONAR, PREPARAR.

**repercusión** *f.* Resonancia, eco, tornavoz. 2 fig. Consecuencia, efecto, resultado.

**repercutir** *intr.* Resonar. 2 fig. Afectar, causar efecto.

**repertorio** *m.* Lista, enumeración, relación, catálogo, inventario, registro. 2 Programa, temario.

**repetición** *f.* RET. Epanáfora.

**repetido, -da** *adj.* Frecuente, asiduo*, acostumbrado, reiterado.

**repetir** *tr.* Reproducir, rehacer, iterar, reiterar, segundar, asegundar, reincidir, bisar, binar. En estilo elevado o literario, *iterar, reiterar.* En el habla

usual, *segundar* o *asegundar.* Otros sinónimos dependen del complemento directo; p. ej.: la culpa o delito, *reincidir;* un trozo musical o escénico, *bisar;* una labor de arado, *binar,* etc.

**repicarse** *prnl.* Presumir, preciarse, jactarse, alabarse, vanagloriarse.

**repisar** *tr.* Apisonar, pisonear.

**repizcar** *tr.* Pellizcar, pizcar.

**repizco** *m.* Pellizco, pizco, torniscón.

**replantar** *tr.* Trasplantar, transponer.

**repleción** *f.* Hartazgo, panzada, tripada, atracón, empacho. ↔ HAMBRE.

**repleto, -ta** *adj.* Lleno*, relleno, colmado, harto, ahíto. Los dos últimos tratándose de comida.

**réplica** *f.* Objeción*, replicato, contestación, respuesta, contradicción.

**replicador, -ra** *adj.-s.* Replicón, respondón.

**replicar** *tr.* Argüir, objetar, argumentar, contradecir, contestar*. ↔ PREGUNTAR. 2 DER. Impugnar.

**replicato** *m.* Objeción*, réplica.

**replicón, -ona** *adj.-s.* fam. Replicador, respondón. *Respondón* añade el matiz de acritud o falta de respeto.

**repliegue** *m.* Doblez, pliegue.

**repollado, -da** *adj.* (planta) Repolludo, arrepollado.

**repolludo, -da** *adj.* (planta) Arrepollado, repollado.

**reponer** *tr.-prnl.* Restablecer, reinstaurar, restaurar. ↔ QUITAR. 2 Reemplazar. 3 Replicar, contestar. 4 *prnl.* Aliviarse*, mejorarse, recobrarse. ↔ DEBILITARSE, EMPEORAR. 5 Serenarse, tranquilizarse. ↔ DESANIMAR(SE).

**reportarse** *prnl.* Refrenarse, moderarse, contenerse, reprimirse.

**reposado, -da** *adj.* Sosegado, quieto*, tranquilo, manso, pacífico. 2 Descansado.

**reposar** *intr.* Descansar. ↔ CANSARSE, AGOTARSE, EXTENUARSE. 2 Dormir*. 3 Sosegarse, aquietarse. ↔ MOVERSE. 4 Yacer*, estar enterrado.

**reposo** *m.* Descanso*. "El *reposo,* en su sentido físico, significa intermisión del trabajo o fatiga, y en este sentido es sinónimo de *descanso*, pero con esta diferencia, que el *descanso* supone mayor lasitud, mayor necesidad de reparar las fuerzas perdidas, y una fatiga más inmediata" (LH). 2 *Sosiego, quietud\*, tranquilidad, serenidad, paz, calma.* "La idea de *reposo* excluye absolutamente toda acción; la voz *sosiego* no la excluye, antes bien supone muchas veces la moderación y tranquilidad del ánimo durante la acción. Después de haberle dejado hablar cuanto quiso, le respondió a todo con mucho *sosiego* y dulzura, sin alterar de modo alguno el *reposo* y la tranquilidad de su espíritu" (LH).

**reprender** *tr. Corregir, amonestar, reconvenir, censurar, vituperar, reñir, regañar, poner como un guante, cantárselas, increpar, recriminar, notar\*. Increpar* y *recriminar* son intensivos y significan *reprender* severamente. ↔ HALAGAR, ENCOMIAR.

**reprensible** *adj. Censurable, reprobable, criticable, vituperable.*

**reprensión** *f. Reconvención, amonestación\*, corrección, censura, reprimenda.* ↔ HALAGO, ENCOMIO.

**represa** *f. Presa, estancación, estancamiento.*

**representación** *f. Figura, imagen, efigie\*.* ↔ REALIDAD, VERDAD. 2 *Autoridad, dignidad, importancia* (de una persona). 3 *Símbolo, encarnación, muestra.*

**representante** *com. Actor, ejecutante, cómico, comediante, histrión, autor.* 2 *Delegado, comisionado, encargado.*

**representar** *tr.-prnl. Imaginar, figurar.* 2 *Trazar, reproducir.* 3 *Significar, patentizar, mostrar, manifestar.* 4 *Simbolizar, encarnar, hacer las veces de.* 5 *Sustituir, reemplazar.* ↔ CREAR.

**reprimenda** *f. Reconvención, reprensión, amonestación, regaño.*

**reprimir** *tr.-prnl. Comprimir.* 2 *Contener, refrenar, sujetar, dominar, moderar, templar, reportarse, frenar\*,*

*coercer\*.* ↔ DEJAR, LANZAR, DESTEMPLAR.

**reprobable** *adj. Censurable, criticable, reprensible, vituperable.*

**reprobación** *f. Condenación\*, damnación.*

**reprobar** *tr. Desaprobar, censurar, vituperar, condenar, rechazar.* ↔ APROBAR, SALVAR, ELOGIAR.

**réprobo, -ba** *adj.-s. Precito, prescito, condenado.*

**reprochar** *tr. Reconvenir, echar en cara.*

**reproche** *m. Reconvención.*

**reproducción** *f.* (libro) *Facsímile, imitación.* 2 *Multiplicación, generación, germinación, pululación, procreación.* Aplícase a los seres vivos.

**reproducir** *tr.-prnl. Propagar, multiplicar.* 2 *Imitar, copiar, representar.* ↔ CREAR, INVENTAR. 3 *Repetir, reiterar.* ↔ CREAR, INVENTAR.

**reptar** *intr. Arrastrarse.* 2 fig. *Adular\*.*

**repúblico** *m. Estadista, hombre de Estado.*

**repudiar** *tr. Desechar, repeler, rechazar.* ↔ TOMAR, ACEPTAR. 2 *Renunciar, rehusar\*.* ↔ ACEPTAR, TOMAR, ACOGER.

**repuesto** *m. Prevención, provisión, respeto* (ant.), *recambio.* P. ej.: una carroza de *respeto.* Tratándose de partes o piezas de una máquina, *recambio.*

**repugnancia** *f. Oposición, contradicción, incompatibilidad.* 2 *Antipatía, aversión\*, repulsión, asco.* 3 *Resistencia, renitencia, renuencia, repelo.*

**repugnante** *adj. Horroroso, repulsivo, feísimo, monstruoso, horrible, horrendo, horripilante, asqueroso, nauseabundo, repelente, inmundo.*

**repugnar** *tr. Contradecir, negar.* ↔ ACEPTAR. 2 *Rehusar, repeler, rechazar.* ↔ ATRAER, SIMPATIZAR. 3 *Disgustar\*, desagradar, desazonar, incomodar, contrariar, enfadar.* 4 intr. *Asquear, revolver, hacer cuesta arriba.*

**repulgado, -da** *adj.* fig. y fam. *Melindroso, dengoso, remilgado.* ↔ NATURAL, SINCERO.

**repulgo** 552

**repulgo** *m. Dobladillo* (pliegue). V. repulgos.

**repulgos** *m. pl. Melindres, miramientos, escrúpulos, remilgos.* V. repulgo.

**repulido, -da** *adj. Peripuesto, acicalado, atildado, emperejilado.* 2 *Remilgado, melindroso, dengoso, escrupuloso.*

**repulir** *tr. Acicalar, pulir, bruñir.*

**repullo** *m. Rehilete* (flechilla), *reguilete, carapullo.*

**repulsa** *f. Propulsa, repulsión.* 2 *Reprimenda, reconvención.*

**repulsar** *tr. Desechar, despreciar, repeler, rehusar.* 2 *Denegar, negar.*

**repulsión** *f. Asco, repugnancia, aversión\*, náuseas, odio\*.* 2 *Repulsa, propulsa.*

**repulsivo, -va** *adj. Asqueroso, repugnante, nauseabundo, repelente.*

**reputación** *f. Fama, nombre, nombradía, notoriedad, celebridad, gloria, renombre, honor\*.* ↔ INDIGNIDAD, DESPRESTIGIO, DESHONOR.

**reputado, -da** *adj. Afamado, famoso, acreditado, renombrado, conocido, célebre, importante, notable, notorio, significado.* ↔ DESCONOCIDO. 2 *Bienquisto, estimado, apreciado, considerado, querido.* ↔ DESESTIMADO, DESPRECIADO, MALQUISTO.

**reputar** *tr. Estimar, juzgar, conceptuar, considerar.* 2 *Apreciar.*

**requebrar** *tr. Piropear, echar, decir flores, florear, galantear, lisonjear.*

**requemamiento** *m. Resquemo, requemazón.*

**requemarse** *prnl. fig. Sentirse, resentirse, escocerse.*

**requemazón** *f. Resquemo, requemamiento.*

**requerimiento** *m. Intimación.*

**requerir** *tr. Intimar.* 2 *Solicitar, pedir\*, pretender, exigir\*.* 3 *Necesitar, ser necesario.*

**requesón** *m. Naterón, názula* (dial.), *cuajada.*

**requiebro** *m. Piropo, flor, lisonja, terneza, ternura, galantería\*.*

**requinto** *m. mús. Guitarrillo, guitarro.*

**requisar** *tr. Comisar, decomisar, incautarse, confiscar.*

**requisito** *m. Condición, circunstancia.*

**requive** *m. Arrequive, adorno, atavío.*

**resabiado, -da** *adj. Traidor, taimado, falso.*

**resabio** *m. Dejo, deje. Dejo* y *deje* pueden ser agradables, en tanto que el *resabio* es el sabor desagradable que deja una cosa. ↔ GUSTO, SAZÓN. 2 *Vicio, inclinación, mala costumbre.* ↔ VIRTUD.

**resaltar** *intr. Sobresalir.* 2 fig. *Distinguirse, descollar\*, despuntar, sobresalir.*

**resalte** *m. Resalto, saliente.*

**resalto** *m. Saliente, resalte, salida.*

**resarcimiento** *m. Desquite, revancha* (galic.).

**resarcir** *tr.-prnl. Indemnizar, compensar, reparar, subsanar, enmendar\*.* ↔ PERDER, QUITAR, AGRAVIAR. 2 prnl. *Desquitarse.*

**resbaladizo, -da** *adj. Deslizable, lábil, escurridizo, resbaloso.*

**resbalar** *intr. Escurrirse, deslizarse, irse los pies.*

**resbalón** *m. Traspié.* 2 fig. *Desliz, error.*

**resbaloso, -sa** *adj. Resbaladizo, escurridizo.*

**rescatado, -da** *adj. Libre, liberado, libertado.*

**rescatar** *tr. Librar, liberar, libertar, redimir.* ↔ ENCARCELAR, SOMETER. 2 *Recobrar, recuperar.* ↔ PERDER.

**rescate** *m. Ranzón.*

**rescaza** *f. Escorpena, escorpina, diablo marino, rascacio, pina.*

**rescindir** *tr. Abolir\*, anular, dejar sin efecto.* ↔ CONFIRMAR, CONVALIDAR, HACER.

**rescoldera** *f. Pirosis.*

**rescoldo** *m. Borrajo.*

**rescripto pontificio** *m. Breve, buleto.*

**resecar** *tr.-prnl. Secar, desecar, agostar, marchitar, enjugar.* ↔ FLORECER.

**resentido, -da** *adj.-s. Quejoso, descontento, dolido, disgustado, amarga-*

do, malhumorado, pesimista, rencoroso, vengativo.

**resentimiento** m. Queja, escozor, resquemor, rencor. Estos cuatro sinónimos forman una serie intensiva.

**resentirse** prnl. Sentirse, escocerse, picarse*, agraviarse, ofenderse. ↔ FORTALECERSE, CONTENTARSE.

**reseña** f. Recensión, juicio crítico. 2 Narración.

**reserva** f. Guarda, provisión, repuesto. ↔ IMPREVISIÓN. 2 Circunspección, tiento, cautela*, cuidado, prudencia, precaución*, prevención, escama. "La reserva consiste en ocultar lo que se sabe y lo que se siente; la circunspección, en pensar lo que ha de decirse" (M). ↔ LOCUACIDAD. 3 Sigilo, secreto*. ↔ SINCERIDAD. 4 Recato, discreción. ↔ INDISCRECIÓN. 5 Restricción, condición.

**reservado, -da** adj. Circunspecto, discreto, cauteloso, comedido, callado*, silencioso*. 2 Secreto.

**reservar** tr. Guardar, conservar, retener, ahorrar*. ↔ GASTAR, DERROCHAR. 2 Exceptuar, dispensar. ↔ CUMPLIR. 3 Encubrir, ocultar, callar.

**resfriado** m. Catarro, constipado, enfriamiento, resfriamiento.

**resfriado, -da** adj. Constipado, acatarrado.

**resfriamiento** m. Resfriado, catarro, enfriamiento.

**resfriarse** prnl. Acatarrarse, constiparse.

**resguardar** tr.-prnl. Proteger*, amparar, defender*, preservar, abrigar. ↔ DESAMPARAR, ENTREGAR.

**resguardo** m. Amparo, defensa, protección, abrigo, arrimo, reparo, seguridad. 2 Guardia, custodia.

**residencia** f. Habitación*, domicilio, morada, vivienda, casa*.

**residente** com. Habitante*, morador.

**residir** intr. Habitar*, vivir, morar (lit.). ↔ AUSENTARSE, VIAJAR, VAGAR.

**residuo** m. Resto, remanente, restante, sobrante, sobras. 2 Diferencia, resto, resta. 3 MED. Sedimento, hipostasis.

**resignación** f. Conformidad, sufrimiento, paciencia. ↔ REBELDÍA, SOBERBIA, DESEO, RESISTENCIA.

**resignado, -da** adj. Paciente, tolerante, sufrido, manso.

**resignar** tr. Entregar, abdicar*, renunciar. P. ej.: resignar el mando, la autoridad. 2 prnl. Conformarse, avenirse, prestarse, allanarse, condescender, sufrir, tolerar. ↔ RESISTIRSE, INSISTIR.

**resinar** tr. Sangrar.

**resinífero, -ra** adj. Resinoso.

**resinoso, -sa** adj. Resinífero.

**resistencia** f. Oposición, obstrucción, renuencia. ↔ PASIVIDAD. 2 Fortaleza, firmeza, solidez, aguante, fuerza*. ↔ DEBILIDAD. 3 Defensa. ↔ PASIVIDAD.

**resistente** adj. Férreo, duro, tenaz, inflexible, persistente, compacto, fuerte. ↔ DÉBIL, BLANDO.

**resistero** m. Siesta (tiempo caluroso), resistidero.

**resistidero** m. Siesta (tiempo caluroso), resistero.

**resistir** intr.-prnl. Oponerse, rechazar, repeler. ↔ SOMETERSE. 2 Defenderse, bregar, forcejear. 3 Soportar, sostener, aguantar. ↔ SOPORTAR.

**resollar** intr. Respirar.

**resoluble** adj. Soluble.

**resolución** f. Ánimo, valor, arrestos, arrojo, osadía, audacia, atrevimiento, denuedo. ↔ COBARDÍA. 2 Determinación, decisión, fallo*, sentencia. ↔ INDECISIÓN. 3 Actividad, prontitud, viveza. ↔ PASIVIDAD. 4 Providencia.

**resolver** tr. Determinar, decidir. 2 Solucionar, solventar, zanjar, acertar*. Solventar se aplica generalmente tratándose de un asunto difícil o embrollado; zanjar, cortarlo o resolverlo expeditivamente.

**resonancia** f. Repercusión, tornavoz, eco. Estos tres vocablos significan resonancia que se produce por reflexión del sonido. ↔ SILENCIO. 2 Hipertono, armónico. 3 fig. Divulgación, notoriedad. ↔ OLVIDO, SILENCIO.

**resonante** adj. Fragoroso, ruidoso, estruendoso, estrepitoso.

**resonar** intr. Repercutir, retumbar, rim-

*bombar*, *retiñir*. *Retumbar* y *rimbombar* son intensivos y se aplican generalmente tratándose de ruido o estruendo; *retiñir* es durar en el oído la sensación que produce un sonido agudo.

**resoplido** *m.* *Bufido*, *rebufe* (bufido del toro), *resoplo*, *resuello*.

**resorte** *m.* *Muelle*.

**respaldar** *tr.* *Proteger\**, *guardar*.

**respaldo** *m.* *Espaldar*, *respaldar*. 2 *Espaldera*. 3 *Vuelta*, *envés*.

**respectivamente** *adv. m.* *Respecto, a proporción, a correspondencia*.

**respecto** *m.* *Razón*, *relación*, *proporción*. 2 **Al respecto** *loc. adv.* *A proporción, a correspondencia, respectivamente*. 3 **Respecto a** *loc. prep.* *Tocante a, acerca de, sobre, referente a, con respecto a*.

**respeluzar** *tr.* *Despeluzar*, *espeluzar*, *despeluznar*.

**respetabilidad** *f.* *Decoro*, *decencia*, *respeto*, *honor*, *estimación*, *dignidad*. ↔ INDIGNIDAD, IMPUDOR.

**respetable** *adj.* *Honorable*, *venerable*, *caracterizado*. 2 *Considerable*, *importante*.

**respetado, -da** *adj.* *Honrado*, *apreciado*, *estimado*, *venerado*, *enaltecido*.

**respetar** *tr.* *Venerar*, *reverenciar*, *acatar*, *rendir honores*, *presentar armas*, *besar la tierra que otro pisa*. *Venerar* y *reverenciar* denotan *respetar* en sumo grado. ↔ DESACATAR, REBELARSE, INSULTAR.

**respeto** *m.* *Reverencia*, *veneración*, *consideración*, *miramiento*, *atención*, *deferencia*, *rendimiento*, *acatamiento*, *sumisión*. *Consideración*, *miramiento*, *atención*, *deferencia* y *rendimiento* son formas exteriores con que se manifiesta el sentimiento de *respeto*. El *acatamiento* y la *sumisión* pueden producirse por la sola estimación de la fuerza o poder de lo que respetamos. "El que *respeta* las prácticas religiosas, entra con reverencia en el templo, y mira con veneración las santas imágenes. En la *reverencia* hay más ex-

terioridad que en la *veneración* y en el *respeto*" (M).

**respetuoso, -sa** *adj.* *Deferente*, *considerado*, *atento*, *mirado*.

**respiración** *f.* *Resuello*, *jadeo*, *acezo*. *Resuello*, especialmente si es violento o ruidoso. *Jadeo*, *acezo*, cuando es anheloso a causa del cansancio.

**respirar** *intr.* *Resollar*. 2 *Animarse*, *cobrar aliento*, *alentarse*. 3 *Descansar*.

**respiro** *m.* *Descanso*. 2 *Alivio*, *sosiego*, *calma*.

**resplandecer** *intr.* *Lucir*, *relucir*, *brillar*, *cabrillear\**, *rielar* (poét.), *esplender* (lit.), *relumbrar*, *refulgir*, *fulgurar*, *rutilar* (poét.), *reverberar* (int.), *espejear*, *centellear\**. *Rielar* es *resplandecer* con luz trémula. Todos pueden referirse a la luz propia o reflejada; salvo *reverberar* y *espejear*, que sólo pueden referirse a luz reflejada. ↔ APAGARSE. 2 fig. *Sobresalir*, *aventajarse*, *descollar*.

**resplandeciente** *adj.* *Brillante*, *fulgurante*, *refulgente*, *fulgente* (lit.), *fúlgido* (lit.), *reluciente*. 2 *Nítido*, *neto*, *terso*, *limpio*, *claro*, *transparente*. ↔ IMPURO, OPACO.

**resplandor** *m.* *Lustre\**, *brillo*, *refulgencia*, *fulgor*, *esplendor*.

**responder** *tr.* *Contestar*. "*Contestar* es corresponder a lo que se dice o se escribe, haciendo ver que se ha oído o se ha leído, se ha escuchado, se ha entendido. *Responder* es satisfacer a las preguntas que se hacen. No sólo no me ha *respondido* a las preguntas que le hice, pero ni aun me ha *contestado*" (LH). ↔ PREGUNTAR. 2 *Replicar*. ↔ PREGUNTAR. 3 *Garantizar*, *salir fiador*, *echar al hombro*.

**respondón, -ona** *adj.-s.* *Replicón*, *replicador*.

**respuesta** *f.* *Réplica*, *contestación*, *objeción\**, *observación*, *reparo*, *replicato*, *obyecto* (lat.). Se *replica* a quien nos ha contestado, oponiéndole nuevas razones o combatiendo las del contrario. La *réplica* tiene siempre carácter polémico; la *respuesta* puede estar de acuerdo con los motivos, razones o deseos del que pregunta. ↔ PREGUNTA. 2 *Reacción.*

**resquebradura** *f. Hendidura, grieta, quiebra, hendedura, rendija, raja, resquebrajadura.*

**resquebrajar** *tr.-prnl. Hender, agrietar, abrir.*

**resquemo** *m. Requemamiento, requemazón.* 2 *Chamusquina, socarrina.*

**resquemor** *m. Escozor, escocimiento.* 2 *Resentimiento, rencor.*

**resquicio** *m. Hendidura, grieta.* 2 fig. *Coyuntura, ocasión, oportunidad.*

**resta** *f.* MAT. *Substracción.* 2 *Resto, residuo, diferencia.*

**restablecer** *tr. Reponer, restaurar, reparar.* ↔ DESTRUIR, DECAER. 2 *prnl. Curarse, mejorar, recobrarse.* ↔ ENFERMAR, INHABILITARSE.

**restallar** *intr. Rastrallar, restañar, chasquear, chascar.* 2 *Crujir.*

**restante** *m. Residuo, remanente, resto, sobrante.*

**restañar** *intr. Restallar, rastrallar, chasquear, chascar.*

**restar** *tr.* MAT. *Sustraer.* 2 *Disminuir, cercenar, quitar*, *mermar, rebajar.* 3 DEF. *Devolver, recibir (el servicio). En algunos juegos de pelota, especialmente en el tenis.* 4 *intr. Faltar, quedar.*

**restauración** *f. Compostura*, *reparación, renovación.* ↔ DESTRUCCIÓN. 2 *Restablecimiento, reinstauración.* Tratándose de la *restauración* de un régimen político que existía antes. 3 *Hostelería.*

**restaurar** *tr. Recuperar, recobrar.* 2 *Reparar*, *componer, reponer, renovar.* 3 *Restablecer, reinstaurar.*

**restaurativo, -va** *adj. Analéptico* (FARM.). Aplícase a los medicamentos.

**restinga** *f. Restringa, arricete.*

**restitución** *f. Retorno, devolución.*

**restituir** *tr.-prnl. Devolver, reponer, reintegrar, retornar* (lit.). ↔ QUITAR, EXTRAER. 2 *Restablecer.*

**resto** *m. Residuo, diferencia, resta, sobrante, remanente.* 2 *Rastro, vestigio, reliquia*.

**restregadura** *f. Refregadura, refregamiento.*

**restregar** *tr. Estregar, refregar, frotar*.

**restreñido, -da** *adj. Estreñido.*

**restreñimiento** *m.* (intestinal) *Constipación, estreñimiento, coprostasis* (MED.).

**restribar** *intr. Estribar, entibar, reafirmar.*

**restricción** *f. Limitación, reducción.* ↔ LIBERTAD, ILIMITACIÓN, ABUSO.

**restringa** *f. Arricete, restinga.*

**restringido, -da** *adj. Limitado.*

**restringir** *tr.-prnl. Acortar, reducir, limitar*, *ceñir, circunscribir, cercenar, coartar, coercer*. ↔ DERROCHAR, ABUSAR, AMPLIAR. 2 MED. *Astringir, restriñir, restañar, astriñir, astreñir, estipticar.*

**restriñir** *tr. Astringir, astreñir, astriñir, restringir, estipticar.*

**resucitado, -da** *adj. Redivivo.*

**resucitar** *intr. Revivir, resurgir, volver a la vida, dar nueva vida.* 2 *tr.* fig. *Restablecer, restaurar, reponer.*

**resudar** *intr. Sudar*, *trasudar.* 2 *Rezumar.*

**resudor** *m. Sudor, transpiración, trasudor.*

**resuello** *m. Huelgo, aliento, respiración.*

**resuelto, -ta** *adj. Decidido, determinado.* ↔ APOCADO. 2 *Audaz, osado, arrojado, denodado, atrevido.* ↔ PRUDENTE, TEMEROSO. 3 *Pronto, diligente, expedito, activo*.

**resulta** *f. Consecuencia*, *secuela, efecto.*

**resultado** *m. Efecto, consecuencia, éxito.* Este último, cuando es favorable. ↔ CAUSA, ORIGEN. 2 DEP. *Tanteo.*

**resultar** *intr. Nacer, originarse, seguirse, deducirse, inferirse, dimanar, venir a parar, traer cola.*

**resumen** *m. Compendio*, *recapitulación, recopilación, extracto, sumario.* 2 *Epítome, compendio.*

resumido

**resumido, -da** *adj. Sumario, breve, sucinto, abreviado.*

**resumir** *tr. Extractar, abreviar, recapitular, compendiar. Recapitular es resumir lo que se ha manifestado antes; en tanto que se puede resumir y compendiar una doctrina, ciencia, etc., que uno no ha expuesto antes con mayor extensión. Resumir puede sustituir siempre a recapitular, pero no viceversa.* ↔ AMPLIAR.

**resurgir** *intr. Reaparecer, rebrotar.* 2 *Resucitar, revivir.*

**resurtida** *f. Retroceso, rechazo, rebote.*

**resurtir** *intr. Retroceder\*, rebotar.*

**retaguarda, retaguardia** *f. Rezaga, zaga.*

**retahíla** *f.* irón. o desp. *Serie, sarta.* P. ej.: cito una *retahíla* de autores. *Retahíla* no se aplica a cosas materiales. Un collar está formado por una *serie* o *sarta* de piedras, pero no por una *retahíla.*

**retal** *m. Maula, retazo.*

**retama** *f. Genista, ginesta, hiniesta.* 2 **Retama de olor** *Gayomba, pierono, retama macho.*

**retar** *tr. Desafiar, provocar.*

**retardar** *tr.-prnl. Atrasar, retrasar\*, diferir, detener, entorpecer, demorar, aplazar, posponer.* ↔ ADELANTAR, CUMPLIR.

**retardo** *m. Retraso, entorpecimiento, demora, dilación, aplazamiento\*.*

**retazo** *m. Recorte, recortadura.*

**retejar** *tr. Trastejar.*

**retemblar** *intr. Trepidar, temblar, estremecerse, vibrar.*

**retención** *f. Retenimiento.*

**retener** *tr. Conservar, guardar, reservar.* ↔ SOLTAR. 2 *Recordar, memorizar.*

**retenimiento** *m. Retención.*

**retentiva** *f. Memoria.*

**reticencia** *f. Retintín.* 2 RET. *Precesión.*

**rético** *m. Retorromano, ladino, rumanche.*

**retículo** *m. Redecilla* (en los rumiantes), *bonete.*

**retiforme** *adj. Reticular.*

**retinte, retintín** *m.* fig. *Tonillo, reti-*

cencia. *Retintín* es una manera de *reticencia* caracterizada principalmente por la inflexión de la voz.

**retiñir** *intr. Resonar\*, repercutir, retumbar, rimbombar.*

**retirado, -da** *adj. Apartado, alejado, distante, desviado, lejano, separado.* 2 *Jubilado.*

**retirar** *tr. Apartar, separar, alejar, quitar.* ↔ ACERCAR, DAR, PROPORCIONAR. 2 *prnl. Recogerse, retraerse.* 3 *Jubilarse.* 4 *Retroceder, echarse atrás.* ↔ AVANZAR.

**retiro** *m. Jubilación.* 2 *Retraimiento, apartamiento, recogimiento, aislamiento, encierro, soledad.*

**reto** *m. Desafío, provocación.* 2 *Amenaza.*

**retocar** *tr. Corregir\*, modificar, enmendar.*

**retoñar** *intr. Rebrotar, serpollar.* ↔ SECARSE. 2 fig. *Reproducirse, revivir.*

**retoño** *m. Hijuelo, rebrote, serpollo, renuevo, vástago\*.*

**retorcer** *tr.-prnl. Torcer, retortijar. Retortijar* es intensivo. ↔ ESTIRAR, ENDEREZAR.

**retorcimiento** *m. Contorsión, torcijón, retorsión.*

**retórica** *f. Oratoria.* Aunque originariamente *retórica* equivale a *oratoria,* se llama gralte. *retórica* a la enseñanza del arte oratorio. 2 *Rebuscamiento, artificio.* V. retóricas.

**retóricas** *f. pl. Sofisterías, circunloquios.* V. retórica.

**retornar** *intr.* lit. *Regresar, volver\*.* ↔ MARCHAR, AUSENTARSE. 2 *tr. Devolver\*, restituir.*

**retornelo** *m.* MÚS. *Vuelta.*

**retorno** *m. Retroceso\*, vuelta, regreso.* 2 *Devolución, restitución.* 3 *Cambio, trueque.*

**retorsión** *f. Retorcimiento.*

**retorta** *f.* (vasija) *Cucúrbita* (ant.).

**retozar** *intr. Brincar, juguetear, jugar, travesear, triscar.*

**retractación** *f. Abjuración, apostasía, renunciación, felonía, traición.*

**retractarse** *prnl. Desdecirse, revocar,*

*abjurar\*, apostatar\**. ↔ RATIFICAR, VA-
LIDAR.

**retraerse** *prnl. Acogerse, guarecerse,
refugiarse.* 2 *Retirarse, retroceder.* 3
*Apartarse, alejarse, recogerse.*

**retraído, -da** *adj. Solitario, aislado.* 2
*Corto, tímido, huidizo, reservado.*

**retraimiento** *m. Retiro, apartamiento,
alejamiento.* 2 *Refugio.* 3 *Cortedad, timidez, reserva.*

**retranquear** *tr.* ARQ. *Bornear.*

**retrasar** *tr.-prnl. Diferir\*, retardar, dilatar, detener, atrasar, demorar, reza-
garse, aplazar\*, posponer.* ↔ ADELAN-
TAR, CUMPLIR.

**retraso** *m. Atraso, retardo, demora\*,
dilación, aplazamiento\*.*

**retratista** *com. Fotógrafo.* V. *pintor.*

**retrato** *m. Fotografía.* 2 **Ser el vivo
retrato de** *loc. Semejar, parecerse,
asemejarse, ser como dos gotas de
agua.* ↔ DIFERENCIARSE.

**retrechar** *intr. Retroceder\*, recular, recejar, volver atrás.* Aplícase al caballo.
↔ AVANZAR, ADELANTAR.

**retrechería** *f.* fam. *Excusa\*, pretexto,
rebozo, socapa, socolor, efugio.*

**retreparse** *prnl. Treparse, recostarse.*

**retrete** *m. Evacuatorio, excusado, común.* Estos sinónimos son como
otras muchas voces originariamente
eufemísticas, que al generalizarse
pierden su carácter atenuativo, y son
reemplazadas por otras más suaves
en cada época, territorio, medio social, etc.

**retribución** *f. Recompensa, remuneración, pago, paga, gratificación, premio, sueldo\*.*

**retribuir** *tr. Pagar\*, abonar, satisfacer,
sufragar, costear, gratificar, recompensar.*

**retroceder** *intr. Recular, recejar, volver
atrás, rebotar, resurtir, retrechar, retrogradar.* Cuando el retroceso está producido por el choque con otro cuerpo, *rebotar, resurtir.* Tratándose de una
caballería, *retrechar. Retrogradar* es voz
abstracta que sólo se aplica en sentido fig., p. ej.: la civilización puede

*retrogadar* hasta la barbarie. ↔ AVAN-
ZAR.

**retroceso** *m. Reculada, rechazo, rebote, resurtida.* Los tres últimos, si el
*retroceso* se produce por choque con
algún otro cuerpo. 2 *Culatada, culatazo.* Tratándose del golpe que da un
arma de fuego al dispararla. 3 *Regresión, regreso, vuelta, venida, retorno.
Regresión* es voz culta que indica el
movimiento hacia atrás, contrario a
progresión. Los cuatro últimos sinónimos se oponen a ida, e implican
movimiento hacia atrás, o hasta el
punto de partida.

**retrogradar** *intr. Retroceder\*.* ↔
AVANZAR.

**retrógrado, -da** *adj.* (pers.) *Reaccionario, conservador.* ↔ PROGRESISTA.

**retronar** *intr. Retumbar, resonar.*

**retruécano** *m.* RET. *Conmutación.*

**retumbante** *adj.* fig. *Ostentoso, pomposo, campanudo, rimbombante.*

**retumbar** *intr. Resonar\*, retronar.* ↔
ACALLAR.

**reunión** *f. Asamblea, junta, congreso.*

**reunir** *tr.-prnl. Juntar\*, agrupar, allegar, acopiar, recoger, compilar, congregar, amontonar\*, almacenar\*, centrali-
zar\*.* Si se trata de escritos, *compilar;*
si de personas, *congregar.* ↔ SEPARAR.

**revalidar** *tr. Confirmar\*, convalidar,
ratificar.* 2 *prnl. Graduarse.*

**revancha** *f. Desquite.*

**revejecer** *intr.-prnl. Avejentar\*, aviejar, envejecer.*

**revelar** *tr. Descubrir, manifestar, patentizar, cantar claro, irse de la lengua.*
↔ OCULTAR, CALLAR.

**revenirse** *prnl. Acedarse, avinagrarse,
agriarse\*.*

**reventar** *intr. Abrirse.* 2 *Estallar, explotar.* 3 *tr.* fig. *Molestar, cansar, fastidiar.* 4 *Fatigar.* En este sentido, *reventar* expresa gran intensidad de la
fatiga.

**reventón** *m. Estallido, explosión, pinchazo* (de una rueda). 2 *Cansancio\*,
fatiga.* 3 *Apuro, aprieto, apretón, ahogo.*

**rever** tr. Revisar.

**reverberar** intr. Resplandecer, reflejar, espejear.

**reverdecer** intr.-tr. Verdecer, verdear. 2 fig. Renovarse, rejuvenecerse, vigorizarse.

**reverencia** f. Respeto, veneración, acatamiento, culto*.

**reverenciar** tr. Acatar, respetar, venerar, estrechar la mano, doblar la rodilla. ↔ OFENDER.

**reverso** m. Revés*, dorso, envés. ↔ INVERSO. 2 Cruz. En las monedas y medallas. ↔ CARA.

**revés** m. Contrahaz, reverso, verso, vuelto, envés, dorso. En las ropas, contrahaz; en monedas y medallas, reverso; en folios de libros, verso o vuelto. En general, envés, dorso. 2 Golpe. 3 fig. Infortunio, desgracia, contratiempo, desastre.

**revesado, -da** adj. Intrincado, enrevesado, difícil, embrollado. 2 fig. Travieso, revoltoso, enredador, indomable.

**revestimiento** m. Capa, cubierta.

**revestir** tr. Vestir, cubrir.

**revezar** intr. Reemplazar*, relevar, suplir, suplantar.

**revientacaballos** m. Cuba. Quibey (planta).

**revisar** tr. Rever.

**revista** f. Inspección, examen. 2 MIL. Alarde, muestra. Ambos se usaban antiguamente en la milicia.

**revivificar** tr. Avivar, vivificar, reavivar, reanimar.

**revivir** intr. Resucitar, renovar, resurgir, rebrotar.

**revocadura** f. Revoque, revoco.

**revocar** tr. Abolir*, anular*, derogar, dejar sin efecto. ↔ VALIDAR, CUMPLIR. 2 Guarnecer, enlucir, enfoscar.

**revoco** m. Revoque, revocadura.

**revolar** intr.-prnl. Revolotear, volitar (lit.).

**revolcadero** m. Envolvimiento, revolvedero.

**revolcón** m. fam. Revuelco.

**revolotear** intr. Revolar, volitar (lit.).

**revoltijo** m. fig. Revoltillo, confusión, enredo, mescolanza, embrollo.

**revoltillo** m. Revoltijo, confusión, enredo, mescolanza, embrollo.

**revoltón** m. Bovedilla (del techo).

**revoltoso, -sa** adj. Travieso, enredador, revesado, revuelto. 2 Alborotador, sedicioso, turbulento, rebelde, amotinado, revolucionario.

**revolución** f. Giro, vuelta. 2 Alboroto, sedición, motín, asonada, revuelta, insurrección, sublevación. ↔ PAZ, DISCIPLINA, ORDEN.

**revolucionario, -ria** adj.-s. Agitador, perturbador, sedicioso, rebelde, alborotador.

**revolvedero** m. Revolcadero, envolvimiento.

**revolver** tr. Menear, agitar, mezclar. 2 Desordenar, alterar, desorganizar. 3 Inquietar, soliviantar, encizañar, enemistar. 4 Dar vuelta, girar. 5 prnl. Moverse.

**revoque** m. Revoco, guarnecido, revocadura, enfoscado.

**revuelco** m. Revolcón (intens.).

**revuelta** f. Alboroto*, tumulto, asonada, motín, sedición, insurrección.

**revuelto, -ta** adj. (tiempo atmosférico) Borrascoso.

**revulsivo, -va** adj.-s. Rebefaciente, epispástico, revulsorio.

**revulsorio, -ria** adj.-s. (medicamento) Revulsivo, rebefaciente, epispástico.

**rey** m. Monarca, soberano. 2 **Del tiempo del rey que rabió** loc. adv. Antiguo, viejo, vetusto, añoso, arcaico, remoto, más viejo que el andar a pie (fam.), del año de la pera (fam.), del tiempo de Maricastaña (fam.), del tiempo de Noé, del tiempo de los godos (fam.), desde que el mundo es mundo (fam.).

**reyerta** f. Contienda, disputa, altercado, pendencia, riña, lucha*.

**reyezuelo** m. Régulo (pájaro).

**rezagar** tr.-prnl. Atrasar*, suspender, entorpecer, detener, retardar. ↔ ADELANTAR. 2 prnl. Retrasarse, quedarse atrás. ↔ ADELANTARSE.

**rezar** *tr. Orar.*

**rezno** *m. Ricino.* 2 *Rosón.*

**rezo** *m. Oración, plegaria.* La *oración* y la *plegaria* pueden ser vocales o mentales; el *rezo* es vocal.

**rezongar** *intr. Refunfuñar, gruñir.*

**rezumar** *intr.-prnl. Resudar, sudar, exudar, trazumar.*

**riachuelo** *m. Arroyo, rivera, regajal, regajo, regato.*

**riada** *f. Avenida, inundación, llena, crecida\*, desbordamiento.*

**ribazón** *f. Arribazón.*

**ribera** *f. Margen, orilla\*.*

**ribesiáceo, -ea** *adj.-f. Saxifragáceo, grosulariáceo.*

**ricial** *adj. Rizal.*

**ricino** *m. Cherva, querva, higuera del infierno, higuera infernal, higuereta, higuerilla, palmacristi, rezno.*

**rico, -ca** *adj.-s. Acomodado, adinerado, acaudalado\*, pudiente, potentado, opulento.* Todos ellos forman una serie intensiva. Los cinco primeros se refieren a personas; *rico* y *opulento*, a personas, colectividades, países, etc.: una ciudad rica, opulenta. 2 *Abundante, opulento, pingüe, copioso, exuberante.* 3 *Gustoso, sabroso, apetitoso, exquisito, excelente.*

**ridiculez** *f. Rareza, extravagancia, singularidad.*

**ridículo, -la** *adj. Risible.* 2 *Escaso, corto, pobre, irrisorio.* 3 *Extraño, extravagante, grotesco, peripatético.* ↔ ELEGANTE, PRIMOROSO. 4 *Melindroso, dengoso, nimio, ñoño, pazguato.*

**riel** *m. Carril, raíl.*

**rielar** *intr. poét. Resplandecer\*, brillar, rielar, cabrillear.* Los dos últimos denotan *brillar* con luz trémula.

**rienda** *f. fig. Sujeción, moderación, freno.* V. riendas.

**riendas** *f. pl. Gobierno, mando, dirección.* V. rienda.

**riesgo** *m. Exposición, peligro.* "El *peligro* se refiere a un mal más inmediato que el *riesgo.* Aquel se aplica siempre a contingencias de grande consideración; este se suele aplicar a costa de poca consecuencia. Está en *peligro* de perder la vida el soldado que se halla enfrente de una batería enemiga. Corre *riesgo* de caer malo el que pasa sin precaución del calor al frío. El primero se refiere a un mal más inminente y más próximo que el segundo. Juego a la lotería aunque con el *riesgo* de perder mi dinero, y no con *peligro*, que supondría un temor y un mal mucho mayor que el que corresponde a aquella idea. Un valiente que desprecia los *riesgos* suele arrepentirse de su temeridad a la vista misma del *peligro*" (LH). *Peligro* es una contingencia inminente o muy probable, en tanto que *riesgo* y *exposición* pueden expresar desde la mera posibilidad a diversos grados de probabilidad. Hay *peligro* de muerte en tocar un cable de alta tensión eléctrica; corre el *riesgo* de acatarrarse el que anda sin abrigo en días fríos. ↔ SEGURIDAD, TRANQUILIDAD.

**rifa** *f. Sorteo.*

**rigidez** *f. Tiesura, endurecimiento, inflexibilidad.* ↔ BLANDURA, ELASTICIDAD, FLEXIBILIDAD, DUCTILIDAD, MALEABILIDAD. 2 *Rigor, severidad\*, austeridad.* ↔ CONDESCENDENCIA, BLANDURA.

**rígido, -da** *adj. Tieso, inflexible, tirante, endurecido, yerto.* Este último, si es por el frío o la muerte. 2 *fig. Riguroso, severo, austero.*

**rigor** *m. Severidad\*.* ↔ CONDESCENDENCIA. 2 *Aspereza, rudeza, dureza.* ↔ AFABILIDAD. 3 *Propiedad, exactitud, precisión.* ↔ IMPRECISIÓN.

**riguroso, -sa** *adj. Áspero, acre, rudo.* 2 *Rígido, severo, inflexible, inexorable.* 3 *Austero.* 4 *Extremado, inclemente, crudo.* Tratándose del tiempo. 5 *Estricto, exacto, preciso.*

**rijoso, -sa** *adj. Lujurioso, lascivo, liviano, lúbrico, libidinoso.*

**rilar** *intr. Temblar, titiritar, tiritar, estremecerse, trepidar.*

**rimador, -ra** *adj.-s. desp. Poeta, vate,*

trovador, bardo, coplero, coplista, poetastro.

**rimbombante** adj. Altisonante, campanudo, retumbante, hueco, ostentoso, llamativo.

**rimbombar** intr. Resonar*, retumbar.

**rimero** m. Montón, rima, cúmulo.

**rinanto** m. Gallocresta, cresta de gallo, ormino, orvalle.

**rincón** m. Ángulo*, esquina.

**rinconera** f. Cantonera.

**ring** m. anglic. DEP. Cuadrilátero. En el boxeo.

**ringla** f. Fila*, hilera, cola, ringle, ringlera, renglera.

**ringlera** f. Fila*, ringla, ringle, renglera, hilera, cola.

**rinoceronte** m. Bada, abada.

**riña** f. Pendencia, cuestión, quimera, querella, disputa, altercado, reyerta, pelea, contienda, lucha*. ↔ PAZ.

**riñón. Costar un riñón** loc. (intens.) Costar un ojo de la cara, costar un huevo (vulg.), ser caro.

**riqueza** f. Bienestar, holgura, opulencia. ↔ MISERIA. 2 Abundancia, copia, profusión, fertilidad. Tratándose de cosas.

**riquísimo, -ma** adj. -s. Opulento*, millonario.

**risa** f. Sonrisa, carcajada, risotada, risada. Sonrisa, la leve y sin ruido que sólo se manifiesta por los movimientos de los labios. Carcajada es ímpetu de risa ruidosa; si por cualquier motivo la consideramos con desdén u hostilidad la llamamos risotada o risada.

**risada** f. Risotada, carcajada, risa*.

**riscoso, -sa** adj. Enriscado, peñascoso, escabroso.

**risible** adj. Ridículo, irrisorio.

**risotada** f. Carcajada, risa*, risada.

**ristra** f. Horca, horco, ramo.

**risueño, -ña** adj. Carialegre, alegre, reidor, jocundo, jovial, festivo. ↔ SERIO. 2 Agradable, deleitable, placentero. 3 Próspero, propicio, favorable.

**rítmico, -ca** adj. Acompasado.

**ritmo** m. Cadencia, medida, acompasamiento.

**rito** m. Ceremonia. "Rito es el orden establecido por la Iglesia para la celebración del culto divino; ceremonia es la parte del rito que comprende los movimientos y la actitud del cuerpo en aquella celebración. Todas las partes de que se compone la misa pertenecen al rito; las ceremonias son la genuflexión, la bendición, el lavatorio y el ósculo de paz" (M).

**ritual** m. Liturgia.

**rival** com. Émulo, competidor. 2 Enemigo.

**rivalidad** f. Emulación, competencia. 2 Enemistad.

**rivalizar** tr. Competir*.

**rivera** f. Arroyo, riachuelo, regajal, regajo, regato.

**rizal** adj. Ricial.

**rizar** tr.-prnl. Engarzar, enrizar, ensortijar. ↔ ESTIRAR.

**rizo** m. Bucle.

**rizópodo, -da** adj.-m. Sarcodario.

**roa** f. Roda.

**robador, -ra** adj.-s. Rapaz, ladrón.

**robalo, róbalo** m. Céfalo, lobina, lubina.

**robar** tr. Quitar, hurtar*, pillar, rapiñar, extraer (eufem.), saquear. Este último, cuando se hace en gran escala o colectivamente, apoderándose de cuanto se encuentra.

**robda** f. Robla, robra, roda, alboroque, ribra, botijuela, hoque (dial.), corrobra.

**robezo** m. Gamuza (rumiante), rebeco, rupicabra, rupicapra.

**robín** m. Herrumbre, orín, herrín, rubín, moho.

**robla** f. Robra, robda, roda, alboroque, ribra, botijuela, hoque, corrobra.

**roble** m. Carvajo, carvallo.

**robleda** f. Carvajal, robledo, robledal.

**roblón** m. Remache.

**robo** m. Sustracción, hurto.

**roborante** adj. Tónico, reforzante, corroborante. Aplícase a los medicamentos.

**robra** f. Alboroque, botijuela, robla, co-

*rrobra, hoque* (dial.), *robda, roda, ribra.*

**robustecer** *tr. Fortalecer, vigorizar, tonificar.* ↔ DEBILITAR.

**robustez** *f. Fortaleza, solidez, resistencia, vigor, firmeza, robusteza, carnadura* (vulg.). ↔ DEBILIDAD.

**robusto, -ta** *adj. Fuerte, vigoroso.* ↔ DÉBIL. 2 *Sano, saludable.*

**rocadero** *m. Capillo.*

**rocalla** *f. Abalorio.*

**roce** *m. Rozamiento, fricción, rozadura. Rozadura se refiere más bien al efecto de rozar y a la señal que deja.* 2 fig. *Trato, comunicación.*

**rociada** *f. Rocío.* 2 fig. *Reprensión, reconvención.*

**rociadera** *f. Regadera* (vasija).

**rociar** *intr.-prnl. Salpicar, esparcir.*

**rocín** *m. Caballo\*. Rocín aplícase especialmente a los caballos de mala raza y de poca alzada.*

**rocío** *m. Rociada.*

**rocla** *f. Noca, meya.*

**rocoso, -sa** *adj. Roqueño, peñascoso.*

**roda** *f.* MAR. *Roa, branque.*

**rodaballo** *m. Rombo.*

**rodada** *f. Releje, carril, carrilada, carrilera, rodera.*

**rodar** *intr. Girar, dar vueltas.*

**rodear** *tr. Cercar, circuir, circundar, circunvalar.*

**rodeo** *m. Desviación, desvío.* ↔ RECTA. 2 fig. *Circunloquio, circunlocución* (RET.), **perífrasis** (GRAM.). 3 *Efugio\*, evasiva, subterfugio, andarse por las ramas.* ↔ CONCISIÓN, CLARIDAD. 4 **Sin rodeos** *loc. adv. Abiertamente, patentemente, claramente, sin rebozo, directamente, sin ambages, al grano* (fam.), *sin disimulo, francamente, manifiestamente.*

**rodera** *f. Rodada, carril, carrilada, carrilera, releje.*

**rodete** *m. Moño.*

**rodilla** *f. Hinojo.* Hoy sólo usado en la loc. *de hinojos,* es decir, *de rodillas.*

**rodillo** *m. Rulo.*

**rodocrosita** *f.* MINERAL. *Rosa inca, espato manganoso.*

**rododafne** *f. Adelfa.*

**rodomiel** *m. Miel rosada.*

**rodriga** *f. Rodrigón* (vara), *tutor.*

**rodrigar** *tr. Arrodrigar, arrodrigonar, enrodrigonar, errodrigar.* Los dos primeros, esp. si se trata de vides.

**rodrigón** *m. Rodriga, tutor.*

**roentgenografía** *f. Radiografía.*

**roentgenología** *f. Radiología.*

**roentgenólogo** *m. Radiólogo.*

**roentgenoscopia** *f. Radioscopia.*

**roentgenoterapia** *f. Radioterapia.*

**roer** *tr.* fig. *Gastar, desgastar, corroer.* Este último, esp. si se trata de acción química: la humedad *corroe* el hierro. Tratándose de acción mecánica, *desgastar:* el agua *roe* o *desgasta* las rocas.

**rogar** *tr. Pedir, solicitar, instar, suplicar, implorar, impetrar, deprecar, invocar\*.* Entre los diferentes modos de pedir lo que no podemos exigir o puede sernos negado, formamos la siguiente serie de matices a partir de *rogar: solicitar* sugiere diligencia, continuidad, y es el más usado en lenguaje administrativo; *instar* añade matiz de reiteración o urgencia; *suplicar,* de humildad; *implorar,* de llanto y vehemencia; *impetrar* y *deprecar,* de ahínco y rendimiento grandes. ↔ CONCEDER.

**rojizo, -za** *adj. Bermejo, rubescente.*

**rojo, -ja** *adj.-m. Rosa, salmón, coral, encarnado, bermejo, grana, carmesí, escarlata, púrpura.*

**rolla** *f. Niñera, orzaya, rollona, chacha, tata.*

**rollar** *tr. Arrollar, enrollar, envolver.*

**rollizo, -za** *adj. Redondo, cilíndrico.* 2 *Grueso, gordo, fornido, robusto.*

**rollona** *f. Niñera, orzaya, rolla, chacha, tata.*

**romadizarse** *prnl. Arromadizarse.*

**romadizo** *m. Coriza.*

**romance** *adj.-m. Románico, neolatino.*

**románico, -ca** *adj.* FILOL. *Neolatino, romance.*

**romanizar** *tr.-prnl. Latinizar.*

**romanza** *f.* MÚS. *Aria.*

**rombo** *m.* (pez) *Rodaballo.*

**romería** *f. Peregrinación.*
**romero** *m. Rosmarino.*
**romero, -ra** *adj.-s. Peregrino.*
**romí oromín** *m. Alazor, azafrán bastardo, cártama, cártamo, simiente de papagayos.*
**romo, -ma** *adj. Obtuso, boto.* ↔ AFILADO, AGUDO. 2 *Chato.* ↔ AFILADO, AGUDO. 3 fig. *Torpe, rudo, tosco, porro, zoquete.* ↔ LISTO, AGUDO (fig.).
**rompedero, -ra** *adj. Quebradizo, frágil, vidrioso.* ↔ FUERTE, DURO, RESISTENTE.
**rompedura** *f. Rompimiento, rotura, ruptura.*
**rompehuelgas** *com. Esquirol.*
**rompenueces** *m. Cascanueces.*
**romper** *tr. Quebrar, quebrantar, hacer añicos, fracturar, deshacer\*. Fracturar* es voz culta de aplicación limitada; p. ej.: *fracturarse* un hueso por una caída, pero *romperse* un plato; en el lenguaje judicial se dirá que el ladrón *fracturó* una cerradura; pero en el habla ordinaria se dice: he *roto* la cerradura porque no podía abrir la puerta. "El verbo *romper* tiene una significación más extensa, porque se aplica a toda acción por medio de la cual se hace pedazos de cualquier modo un cuerpo; pero *quebrar* supone que la acción se ejerce determinadamente en un cuerpo inflexible o vidrioso, y de un golpe o esfuerzo violento. Se *rompe* un papel, una tela; pero no se *quiebra* como una taza o un vaso" (LH). ↔ HACER, COMPONER. 2 *Roturar.* 3 *Desbaratar, vencer.*
**rompesacos** *m. Egílope.*
**rompimiento** *m. Rompedura, rotura, ruptura.* 2 *Rotura, fractura, quiebra.* 3 *Desavenencia, riña, ruptura.*
**roncear** *intr. fam. Adular\*, lisonjear, halagar, hacer la pelotilla* (fam. o vulg.).
**roncería** *f. Tardanza, lentitud, remolonería.* ↔ RAPIDEZ, ASPEREZA.
**roncha** *f. Rueda, rodaja.*
**ronco, -ca** *adj. Afónico.* 2 *Bronco, áspero, rauco* (poét.). *Rauco* es un lati-

nismo sólo usado en el lenguaje poético.
**ronquera** *f. Afonía, enronquecimiento, tajada* (fam.), *carraspera, disfonía* (MED.). *Carraspera* es aspereza de la garganta que enronquece la voz.
**ronroneo** *m. Runrún.*
**ronzal** *m. Ramal.*
**I ronzar** *tr. Ronchar, roznar.*
**II ronzar** *tr.* MAR. *Arronzar, apalancar.*
**roña** *f. Herrumbre, orín, moho.* En los metales. 2 *Sarna.* 3 *Porquería, suciedad.* ↔ LIMPIEZA.
**roñería** *f. Miseria, tacañería, mezquindad.* ↔ DESINTERÉS, LARGUEZA, ABUNDANCIA.
**roñoso, -sa** *adj. Oxidado, herrumbroso, mohoso.* 2 *Sarnoso.* 3 *Puerco, sucio, cochino.* ↔ LIMPIO, PULCRO. 4 *Avaro, mezquino, tacaño, miserable, avariento\*.* ↔ GENEROSO.
**ropa** *f. Tela.* 2 *Vestido, ropaje, vestidura, traje.*
**ropaje** *m. Vestido\*, vestidura, ropa.*
**roqueño, -ña** *adj. Rocoso, peñascoso.*
**rorro** *m. fam. Bebé, nene.*
**rosa. Rosa albardera** *f. Peonía, saltaojos, rosa de rejaldar, rosa montés.* 2 **Rosa inca** MINERAL. *Rodocrosita, espato manganoso.* 3 **Ver color de rosa** *loc.* V. color.
**rosada** *f. Escarcha, helada blanca, helada, escarche.*
**rosadelfa** *f. Azalea.*
**rosario** *m. fig. Sarta, serie, retahíla, sartal, rastra, ristra, horco.*
**rosetón** *m. Rosa.* En los techos.
**rosmarino** *m. Romero* (planta).
**rosmaro** *m. Manatí, manato, pez mujer, pez muller.*
**rosón** *m. Rezno.*
**rostro** *m. Cara\*, faz, semblante.*
**rota** *f.* (planta) *Caña de Bengala, caña de Indias, junco de Indias, junquillo, palasan, roten.*
**rotación** *f. Giro, vuelta, revolución* (TECNOL.).
**rotar** *intr. Ar. y Ast. Eructar\*, erutar, regoldar* (vulg.).
**roten** *m. Rota, caña de Bengala, caña*

*de Indias, junco de Indias, junquillo, palasan.*

**roto, -ta** *adj.-s. Andrajoso, harapiento.*

**rótula** *f. Científ. Choquezuela, hueso de la rodilla.*

**rotular** *tr. Titular, intitular.*

**rótulo** *m. Letrero, inscripción, título, encabezamiento, marbete, etiqueta, epígrafe, rúbrica.* En los libros, *epígrafe,* y en los antiguos, *rúbrica.*

**rotundamente** *adv. m. Redondamente, claramente, categóricamente, terminantemente.*

**rotundo, -da** *adj. fig. Preciso, terminante, claro, concluyente, decisivo, definitivo.* ↔ IMPRECISO. 2 *Lleno, sonoro.* Tratándose del lenguaje.

**rotura** *f. Fractura, desgarro, agujero*, estropicio*.*

**roturar** *tr. Romper.*

**roya** *f. Alheña, pimiento, herrumbre, sarro.*

**roza** *f. Rocha.*

**rozadura** *f. Roce, rozamiento, fricción.* 2 *Excoriación, arañazo, irritación, paratripsis* (MED.).

**rozagante** *adj. Vistoso, ufano, brillante, arrogante, orgulloso, presumido.* ↔ DESLUCIDO, HUMILDE.

**rozamiento** *f. Roce, fricción, fricación*.* 2 fig. *Disensión, desavenencia, disgusto.*

**rozar** *tr. Frotar*.*

**roznar** *intr. Rebuznar.*

**roznido** *m. Rebuzno.*

**rozno** *m. Pollino* (asno), *ruche, rucho.*

**rozo** *m. Leña, tuero, despunte, ramullo, ramojo, ramiza, encendajas.*

**rozón** *m. Címbara, rozadera.*

**rúa** *f. ant. Calle*.*

**ruar** *intr. ant. Andorrear, cazcalear, callejear, cantonear.*

**rubefacción** *f. Enrojecimiento.*

**rubefaciente** *adj.-m.* MED. *Epispástico, revulsivo, vesicante.* Cuando llega a producir vejigas, *vesicante.*

**rubescente** *adj. Rojizo.*

**rubí** *m. Carbunclo, carbúnculo, piropo, rubín.*

**rubia** *f.* (planta) *Granza.*

**rubiel** *m. Ast. Pagel, besuguete, pajel, sama.*

**rubín** *m. Herrumbre, orín, herrín, robín, moho.*

**rubio, -bia** *adj.-s. Blondo* (lit.).

**rública lemnia** *f. Bol arménico.*

**rubor** *m. Empacho, vergüenza*, sonrojo, bochorno, sofoco.* Estos sinónimos forman, en el orden en que se enumeran, una serie intensiva. ↔ PALIDEZ, IMPASIBILIDAD, DESVERGÜENZA.

**ruborizarse** *prnl. Avergonzarse, enrojecer, sonrojarse, abochornarse.*

**rúbrica sinópica** *f. Bermellón.*

**ruche** *m. Pollino* (asno), *rozno, rucho.*

**rucho** *m. Pollino* (asno), *rozno, ruche.*

**rucio** *m. fam. Borrico, pollino, asno*, burro, jumento.*

**ruda. Ruda cabruna** *f. Galega.* 2 **Ruda silvestre** *f Armaga.*

**rudeza** *f. Tosquedad, aspereza.* 2 *Descortesía, grosería, brusquedad.* ↔ AFABILIDAD, CORTESÍA. 3 *Torpeza, estulticia.* ↔ HABILIDAD.

**rudimentario, -ria** *adj. Embrionario.* 2 *Elemental.*

**rudimento** *m. Embrión, principio.* V. rudimentos.

**rudimentos** *m. pl. Elementos, compendio*, epítome, nociones.* V. rudimento.

**rudo, -da** *adj. Tosco, basto, áspero.* 2 *Descortés, grosero, brusco.* 3 *Torpe, romo, porro, boto.* 4 *Riguroso, impetuoso, violento.*

**rueda** *f. Roncha, rodaja.*

**ruedo** *m. Contorno, límite, término.* 2 *Redondel.* En las plazas de toros.

**ruego** *m. Súplica, petición, instancia.*

**rufián** *m. Chulo.*

**rufo, -fa** *adj. Bermejo, rubio, rojizo, taheño.*

**rugido** *m. fig. Bramido.*

**rugosidad** *f. Arruga, pliegue.*

**rugoso, -sa** *adj. Áspero, rasposo, escabroso.*

**ruido** *m. Rumor, estrépito, escándalo, bulla*, estruendo*.* "El *ruido* puede consistir en un sonido solo; el *rumor* es una serie de *ruidos.* Un cañonazo hace ruido, pero no rumor; el bramido de los vientos, el murmullo de las olas, son *rumores* y *ruidos*" (M). ↔ SILENCIO, TRANQUILIDAD.

**ruidoso, -sa** *adj.* Fragoroso, resonante, estruendoso, estrepitoso, estridente*, estentóreo.

**ruin** *adj.* Malo, vil, bajo, indigno. ↔ ALTO, DIGNO. 2 Mezquino, avaro, tacaño, roñoso, miserable, avariento*. ↔ GENEROSO, DADIVOSO, DESPRENDIDO. 3 Pequeño, desmedrado, enclenque. ↔ FUERTE. 4 Insignificante, despreciable.

**ruina** *f.* Destrozo, perdición, destrucción, devastación, desolación, decadencia*. ↔ CONSTRUCCIÓN, APOGEO, PRINCIPIO. 2 fig. Pérdida, quiebra, bancarrota*. Tratando de bienes o negocios. V. ruinas. ↔ RIQUEZA.

**ruinas** *f. pl.* Escombros, restos. V. ruina.

**ruindad** *f.* Villanía, bajeza, indignidad, vileza, infamia, maldad. ↔ DIGNIDAD, BONDAD, HONOR. 2 Mezquindad, tacañería, avaricia*, roñería. ↔ GENEROSIDAD, DADIVOSIDAD, DESPRENDIMIENTO. 3 Pequeñez, desmedro, insignificancia. ↔ IMPORTANCIA.

**ruiponce** *m.* Rapónchigo.

**ruiseñor** *m.* Filomela (poét.), filomena (poét.).

**rulo** *m.* Rodillo.

**rumanche** *m.* (lengua) Rético, retorromano, ladino.

**rumazón** *f.* Arrrumazón (nubes), nublado.

**rumbo** *m.* Dirección, derrota, ruta. 2 Camino, derrotero. 3 fig. Pompa, magnificencia, ostentación, boato, gala, aparato. 4 Desprendimiento, desinterés, liberalidad, generosidad, garbo.

**rumboso, -sa** *adj.* Pomposo, magnífico, ostentoso. 2 Desprendido, generoso, dadivoso*, liberal, desinteresado. ↔ AVARO, AVARIENTO, TACAÑO, AGARRADO, ROÑOSO.

**rumiar** *tr.* Remugar. 2 fig. Pensar*, reflexionar, meditar.

**rumor** *m.* Runrún, tole tole. 2 Ruido, murmullo, murmurio, susurro. 3 Chisme, hablilla.

**rumorear** *tr.* Runrunear, susurrar.

**runrún** *m.* Ronroneo.

**rupicabra, rupicapra** *f.* Gamuza (rumiante), rebeco, robezo.

**ruptura** *f.* Rompimiento, rompedura, rotura. 2 fig. Disidencia, desacuerdo, escisión, cisma.

**ruqueta** *f.* Jaramago, balsamita, raqueta, sisimbrio. 2 Oruga.

**rural** *adj.* Campesino*, rústico.

**rusco** *m.* Brusco (planta), jusbarba.

**rustical** *adj.* lit. Campesino*, campestre, campal, rural, rústico. ↔ CIUDADANO.

**rusticano, -na** *adj.* Silvestre, campesino*.

**rusticidad** *f.* Barbarie, incultura, cerrilidad, salvajismo, zafiedad, tosquedad. ↔ CULTURA, URBANIDAD, CIVISMO, REFINAMIENTO.

**rústico** *m.* Labriego, labrador, campesino.

**rústico, -ca** *adj.* Campesino*, rural, silvestre*. ↔ URBANO. 2 fig. Tosco, basto, rudo, zafio, grosero, impolítico*, ignorante*. ↔ EDUCADO, CULTO, REFINADO.

**ruta** *f.* Derrota, dirección, rumbo, camino. 2 Derrotero, itinerario.

**rutilante** *adj.* Lustroso, reluciente, brillante, resplandeciente, esplendoroso, luciente, radiante.

**rutilar** *intr.* poét. Resplandecer, brillar, relumbrar. ↔ APAGARSE.

**rutina** *f.* Costumbre, hábito. Rutina se aplica especialmente a la manera de trabajar o hacer algo por mera costumbre y sin razonar. ↔ NOVEDAD, DESUSO.

**ruzafa** *f.* Arrizafa.

# S

**sábalo** m. *Alosa, saboga, trisa.*
**sábana. Pegársele las sábanas** *loc.*
*Dormirse, hacerse el remolón.*
**sabañón** m. *Friera.*
**sabedor, -ra** *adj. Noticioso, enterado, instruido, conocedor.*
**sabelotodo** *com.* fam. *Sabidillo, marisabidilla.*
**I saber** m. *Sabiduría, ciencia, conocimiento, erudición.*
**II saber** *tr. Conocer.* ↔ IGNORAR. *intr. Amér. Soler, acostumbrar.*
**sabidillo, -lla** *adj.-s.* desp. *Sabelotodo, marisabidilla.* Este último, aplicado a una mujer.
**sabido, -da** *adj. Notorio, público, conocido, manifiesto, claro, visible, evidente.* ↔ OSCURO, INCIERTO, PRIVADO. 2 *Trivial, vulgar, común.*
**sabiduría** f. *Cordura, juicio, prudencia, seso.* 2 *Ciencia, sapiencia, saber.* ↔ IGNORANCIA, DESCONOCIMIENTO, INCULTURA.
**sabina** f. *Cedro de España.*
**sabio, -bia** *adj.-s. Cuerdo, juicioso, prudente.* 2 *Entendido, docto, erudito, sapiente* (p. us.). "*Sabio* se aplica comúnmente a los que profesan las ciencias. *Docto*, se aplica particularmente a los que profesan las facultades. *Erudito*, no supone ni la ciencia profunda del *sabio*, ni la doctrina profunda del *docto*, sino una vasta noticia de conocimientos literarios, que requiere mucha lectura, actividad, curiosidad y memoria. Un gran teólogo

es *docto*. Un gran mineralogista es *erudito*" (LH).
**sablazo** m. fig. y fam. *Petardo, estafa.*
**sable** m. *Charrasco* (fam.), *charrasca* (fam.), *chafarote* (desp.). Todos ellos son denominaciones burlescas.
**sablear** *intr.* fig. *Petardear, pegar un petardo, dar un sablazo.*
**sablista** *adj.-com. Parchista, petardista.*
**sablón** m. *Arena, sábulo.*
**saboga** f. (pez) *Alosa, sábalo, trisa.*
**sabonera** f. *Sayón* (planta).
**sabor** m. *Sapidez.* ↔ INSIPIDEZ. 2 *Gusto, paladar, embocadura.* Los dos primeros, tratándose de manjares o bebidas. De vinos, *embocadura.* ↔ INSIPIDEZ, DESAZÓN.
**saborear** *tr. Paladear, degustar.* 2 fig. *Recrearse, deleitarse.*
**sabroso, -sa** *adj. Sazonado, gustoso, apetitoso, rico, exquisito, agradable*\*. ↔ INSÍPIDO, SOSO, DESABRIDO.
**sabuco** m. *Saúco, sabugo.*
**sabugo** m. *Saúco, sabuco.*
**sábulo** m. *Arena, sablón.*
**sabuloso, -sa** *adj. Arenoso.*
**saca** f. *Extracción.*
**sacacorchos** m. *Descorchador, sacatapón, tirabuzón.*
**sacadinero** m. *Sacacuartos.*
**sacamanchas** *com. Quitamanchas.*
**sacamuelas** *com. Dentista.* 2 fig. *Charlatán.*
**sacapuntas** m. *Cortalápices, afilalápices.*
**sacar** *tr. Extraer.* ↔ METER, PONER. 2 *Quitar.* ↔ PONER. 3 *Conseguir, obte-*

**sacarina**

*ner, alcanzar, lograr.* 4 *Exceptuar, excluir, restar.* ↔ INCLUIR. 5 *Deducir, inferir\*, colegir.* 6 *intr.-tr.* DEP. *Servir, lanzar.*
**sacarina** *f. Benzosulfimida* (TECN.).
**sacatrapos** *m. Descargador, sacabalas. Sacabalas* es un *sacatrapos* más resistente que los ordinarios.
**sacerdocio** *m. Presbiterado.*
**sacerdotal** *adj. Levítico, clerical, beato.*
**sacerdote** *m. Cura, presbítero, eclesiástico, tonsurado, clérigo.*
**sácere** *m. Arce, moscón.*
**sachar** *tr. Escardar, desherbar, desyerbar, sallar.*
**sacho** *m. Almocafre, azadilla, escardadera, escardillo, garabato, zarcillo.*
**saciado, -da** *adj. Ahíto, harto, repleto, empachado, empapuzado.*
**saciar** *tr.-prnl. Hartar, satisfacer, estar hasta el gollete, matar el hambre.* ↔ CARECER, VACIAR.
**saciña** *f. Sargatillo.*
**saco** *m. Amér. y Can. Chaqueta, americana.* 2 *Saqueo.*
**sacre** *m.* fig. *Caco, ladrón, ratero.*
**sacrificar** *tr.-prnl. Inmolar.* ↔ PERDONAR, LIBERAR, REDIMIR. 2 *Aguantarse, privarse, resignarse, quitárselo de la boca.*
**sacrificio** *m. Hecatombe, inmolación.*
**sacrilegio** *m. Profanación.* ↔ RELIGIÓN, PIEDAD, RESPETO.
**sacro, -cra** *adj. Sagrado.* ↔ PROFANO, MALDITO, PROFANABLE.
**sacudida** *f. Barquinazo, tumbo, vaivén, vuelco, sacudimiento, concusión* (lit.).
**sacudido, -da** *adj. áspero, intratable, indócil, despegado, malsufrido.* 2 *Desenfadado, resuelto, desempachado.*
**sacudimiento** *m. Sacudida, concusión* (lit.), *barquinazo, tumbo, vaivén, vuelco. Sacudida* es cada uno de los movimientos o golpes de la acción de sacudir; el *sacudimiento* se compone de una o varias sacudidas; *concusión* es de empleo muy raro en sentido material. ↔ INMOVILIDAD, TRANQUILIDAD, QUIETUD.

**sacudir** *tr.-prnl. Agitar, mover, zarandear.* ↔ AQUIETAR, INMOVILIZAR. 2 *Golpear.* 3 *Arrojar, apartar, tirar.* 4 *prnl. Rechazar, despachar, zafarse.*
**saeta** *f. Flecha.*
**saetera** *f. Saetín, aspillera.*
**saetero** *m. Sagitario.*
**saetilla** *f. Manecilla, aguja.*
**saetín** *m. Saetera, aspillera.*
**safismo** *m. Lesbianismo, homosexualidad* (femenina), *tribadismo* (vulg.).
**sagacidad** *f. Astucia, perspicacia, olfato. La sagacidad* es de naturaleza intuitiva, adivina, prevé y supone más o menos *astucia* y, a veces, malicia. La *perspicacia* es hija del talento sutil, que penetra hasta lo más difícil y confuso. ↔ INGENUIDAD, BOBERÍA.
**sagaz** *adj. Astuto, avisado, advertido\*.* "El *sagaz* penetra con sutileza lo que es difícil de conocer o descubrir. El *astuto* oculta con arte maliciosa los medios de que se vale para lograr su intento. El juez debe ser *sagaz* para descubrir los enredos de un ratero *astuto*" (LH). ↔ INGENUO.
**sagita** *f. Flecha, montea* (ARQ.). *Montea* es la *sagita* de un arco o bóveda.
**sagitaria** *f.* (planta) *Saetilla.*
**ságoma** *f.* ARQ. *Escantillón, chantillón.*
**sagrado, -da** *adj. Sacro. Sacro* es voz más escogida y sólo usada en el habla culta. ↔ PROFANO, MALDITO, PROFANABLE.
**sagrario** *m. Custodia, tabernáculo.*
**ságula** *f. Sayuelo.*
**sahina** *f. Adaza, zahína, alcandía, daza, sorgo, melca.*
**sahinar** *m. Zahinar, alcandial.*
**sahornarse** *prnl. Escocerse, escaldarse, enrojecerse.*
**saíno** *m. Jabalí, puerco jabalí, puerco montés, puerco salvaje, pécari, báquiro, puerco de monte.*
**sajador** *m.* CIR. *Escarificador.*
**sal** *f.* fig. *Gracia, garbo, donaire, donosura, salero.* 2 **Sal amoníaco** *Almocrate, cloruro de amonio.*
**sala** *f. Salón. El salón* se distingue de la *sala* por su mayor tamaño relativo,

567

salmantino

o por su mayor suntuosidad, categoría social, etc.

**salabardo** *m. Salabre.*

**salabre** *m. Salabardo.*

**saladar** *m. Salobral.*

**salado, -da** *adj.* fig. *Gracioso, agudo, chistoso, donoso, ocurrente, saleroso.* ↔ SOSO, DESABRIDO.

**salamanquesa** *f. Estelión, salamandria.*

**salamanquino, -na** *adj.-s.* p. us. (pers.) *Salmantino\*, salmanqués, salmanticense.*

**salario** *m. Jornal, soldada, sueldo.* La voz *salario* se aplica preferentemente a los obreros manuales, que cobran por jornadas o semanas, y en este caso es sinónimo de *jornal.* El *sueldo* suele valorarse por anualidades y se cobra por meses. *Soldada* se usa entre campesinos para designar la retribución de los criados o mozos de labranza fijos.

**salce** *m. Sauce, sauz, saz, salguera, salguero.*

**salceda** *f. Salcedo, sauceda, saucera, sauzal.*

**saldar** *tr. Finiquitar, cancelar, liquidar.*

**saldo** *m. Almoneda, liquidación.*

**saledizo** *m. Salidizo, voladizo.*

**salema** *f. Salpa, pámpano.*

**salero** *m.* fig. *Gracia, donaire, sal.*

**saleroso, -sa** *adj.* fig. *Salado, gracioso, agudo, chistoso, ocurrente, donoso.*

**salgada** *f. Álimo, orzaga, armuelle, marismo, salgadera.*

**salgadera** *f. Álimo, orzaga, armuelle, marismo, salgada.*

**salguera** *f. Salce, sauce, sauz, saz, salguero.*

**salguero** *m. Salce, sauce, sauz, saz, salguera.*

**salicaria** *f.* (planta) *Arroyuela.*

**salicor** *m. Sapina.*

**salida** *f. Escapatoria, pretexto, recurso, efugio\*, evasiva, subterfugio.* ↔ ENTRADA. 2 *Ocurrencia.* 3 *Despacho, venta, pedido\*, demanda.* 4 *Saliente.* 5 *Ejido, campillo.* 6 DEP. *Línea de salida.*

**salidizo** *m. Saledizo, voladizo.*

**saliente** *m. Oriente, levante, este.* 2 *Resalto, resalte, salida.*

**salir** *intr. Nacer, brotar, surgir, aparecer.* ↔ MORIR. 2 *Ir a parar, desembocar, dar.* En esta acepción *salir* se emplea con la preposición *a;* p. ej., "Esta plaza *sale a* la calle". 3 *Resultar, quedar, venir a ser.* 4 *Aparecer, manifestarse, descubrirse.* P. ej., *salir* el sol, *salir* el periódico, *salir* uno muy travieso. 5 *Partir, alejarse, arrancar, zarpar, levar anclas, hacerse a la mar.* Tratándose de vehículos, *arrancar* alude al primer empuje de la partida; tratándose de barcos, se utilizan los tres últimos. ↔ LLEGAR. 6 *Desaparecer.* Tratándose de manchas. 7 *Empezar.* En ciertos juegos. 8 *Parecerse, asemejarse\*.* En esta acepción se usa la expresión *salir a.* 9 *intr.-prnl. Desembarazarse, librarse, libertarse.* Con esta significación, *salir(se) de.* P. ej., *salirse del* barrizal, *salir de* dudas, *salir de* apuros 10 *Lograr, conseguir.* En este caso, *salir* se emplea con la preposición *con.* 11 *prnl. Rebosar, sobresalir.* 12 *Derramarse, escaparse.* P. ej., la leche.

**salitral** *adj. Salitroso.* 2 *m. Nitral, salitrera, salina.*

**salitrera** *f. Salitral, nitral, salina.*

**salitrería** *f. Nitrería.*

**saliva** *f. Baba.* 2 **Gastar saliva en balde** *loc. Sembrar en arena, perder el tiempo.* 3 **Tragar saliva** *Aguantar, contenerse, reprimirse, vencerse, morderse los puños, llevar la cruz, hacerse el loco.*

**salivación** *f. Ptialismo* (MED.), *tialismo* (MED.), *sialismo* (MED.).

**sallar** *tr. Escardar, sachar.*

**salmanticense** *adj.-com. Salmantino\*, salamanqués, salamanquino* (p. us.).

**salmantino, -na** *adj.-s.* (pers.) *Salamanqués, salamanquino* (p. us.), *salmanticense.* Este último se usa pralte. tratándose de instituciones, estudios, etc.: Universidad *salmanticense;* bibliografía *salmanticense;* colegios *salmanticenses.*

**salmón** m. Becal. El salmón macho se llama también becal.

**salmonado, -da** adj. Asalmonado.

**salmonete** m. Barbo de mar, trigla, trilla.

**salobral** adj.-com. Saladar, salobreño.

**salón** m. Sala, cámara*.

**salpa** f. Pámpano, salema.

**salpicadura** f. Salpicón, salpique. V. salpicaduras.

**salpicaduras** f. pl. fig. Consecuencias*, resultados, secuelas. V. salpicadura.

**salpicar** tr. Rociar, esparcir.

**salpicón** m. Salpicadura, salpique.

**salpique** m. Salpicadura, salpicón.

**salpullido** m. Sarpullido.

**salpullir** tr. Sarpullir.

**salsa** f. Adobo, aliño, condimento, aderezo.

**salsifí de España** m. Escorzonera, salsifí negro.

**saltabanco, saltabancos** m. Charlatán, saltimbanqui, saltimbanco, saltaembanco. 2 Prestigitador, jugador de manos.

**saltación** f. BIOL. Mutación.

**saltaembanco, saltaembancos** m. Saltabanco, charlatán, saltimbanqui, saltimbanco, saltambancos.

**saltamontes** m. Caballeta, cigarrón, saltón. El último, esp. cuando tiene las alas rudimentarias.

**saltaojos** m. Peonía, rosa albardera, rosa de rejaldar, rosa montés.

**saltar** intr. Brincar, tomar carrerilla. ↔ INMOVILIZAR. 2 Sobresalir, resaltar. 3 tr. fig. Pasar por alto, dejar, omitir. ↔ RECORDAR.

**saltatrás** com. Tornatrás.

**salteador** m. Bandido, bandolero, atracador.

**salteamiento** m. Asalto, atraco.

**saltear** tr. Asaltar, atracar.

**saltero, -ra** adj. Montaraz, agreste, cerril, bravío, montés, salvaje, selvático.

**saltimbanco** m. fam. Saltabanco, charlatán, saltimbanqui, saltaembanco, saltaembancos, saltabancos.

**saltimbanqui** m. Saltabanco, charla-

tán, saltimbanco, saltaembanco, saltabancos, saltaembancos.

**salto** m. Brinco, bote. 2 Cascada, catarata. Ambos aluden a un salto de agua cuando es natural. 3 Despeñadero, precipicio, derrumbadero. 4 fig. Omisión.

**saltón** m. Saltamontes, caballeta, cigarrón.

**salubre** adj. Saludable, sano, salutífero. Salubre se dice sólo del lugar, clima, estación, aguas, etc., pero no se emplea en sentido fig.

**salubridad** f. Sanidad.

**saludable** adj. Salubre, sano, salutífero. 2 fig. Provechoso, beneficioso, conveniente.

**saludar** tr. Cumplimentar*.

**salumbre** f. Flor de la sal.

**salutífero, -ra** adj. Salubre, saludable, sano.

**salva** f. Juramento, jura.

**salvabarros** m. Guardabarros, alero.

**salvación** f. Salud. 2 Salvamento. 3 Redención. En sentido religioso.

**salvadera** f. Arenillero.

**salvado** m. Afrecho, moyuelo. El salvado muy fino se llama moyuelo.

**salvaguarda** f. Protección, amparo, defensa, auxilio, resguardo, favor, apoyo. ↔ DESAMPARO, INSEGURIDAD.

**salvaguardar** tr. Defender, proteger*, amparar.

**salvaguardia** f. Guarda, custodia, amparo, garantía. 2 Aseguramiento, seguro, salvoconducto, guía. Tratándose del documento o señal que salvaguarda, aseguramiento, seguro en general. Cuando es para viajar dentro de la nación, salvoconducto; para la circulación de mercancías intervenidas, guía.

**salvajada** f. Barbaridad, brutalidad, atrocidad.

**salvaje** adj. Silvestre*, montés, montaraz, cerril, bravío*, inculto, selvático, agreste, montuoso. El primero, tratándose de plantas. Los cuatro siguientes, de animales. Los cuatro últimos, tratándose del terreno. 2 fig. Brutal, *feroz, bárbaro, atroz, cruel\*, inhospitalario\*.* ↔ CULTO, CIVILIZADO, EDUCADO.

**salvajismo** *m. Barbarie, rusticidad, incultura, cerrilidad.*

**salvamento, salvamiento** *m. Salvación.*

**salvar** *tr.-prnl. Librar, liberar.* ↔ ESCLAVIZAR, CONDENAR. 2 *Sacar, evitar.* 3 *Vencer, superar, tomar puerto.* 4 *Exceptuar.* 5 *tr. Corregir\*, enmendar, retocar, modificar, subsanar.* 6 anglic. INFORM. *Grabar, almacenar, guardar.* ↔ BORRAR, ABANDONAR.

**salvedad** *f. Advertencia, observación.*

**salvilla** *f. Salva, tocasalva.*

**salvo** *adv. m. Excepto.*

**salvo, -va** *adj. Ileso.* 2 *Libre, seguro.* 3 *Exceptuado, omitido.*

**salvoconducto** *m. Pasaporte, salvaguardia\*.*

**sama** *m. Pagel.*

**sámago** *m. Albura, alborno, alburno.*

**sambenito** *m.* fig. *Difamación, descrédito, mala nota.*

**sampsuco** *m. Mejorana, almoraduj.*

**sanalotodo** *m. Curalotodo.*

**sanar** *intr.-tr. Curar, restablecer, rebosar salud, cobrar fuerza.* ↔ ENFERMAR, DESMEJORARSE.

**sanativo, -va** *adj. Curativo.*

**sanción** *f. Confirmación, aprobación.* 2 *Pena, penalidad, castigo\*, condenación\*.* ↔ PERDÓN, RECOMPENSA.

**sancionar** *tr. Penar, condenar, castigar.* ↔ PERDONAR.

**sandáraca** *f. Rejalgar.*

**sandez** *f. Despropósito, necedad, vaciedad, simpleza, tontería, majadería, estupidez.*

**sandía** *f. Melón de agua, pepón, zandía.*

**sandio, -dia** *adj. Simple, necio, tonto, bobo, estúpido, majadero, estulto, sandío* (ant.).

**sandunga** *f.* fam. *Gracia, donaire, salero, garbo.*

**sandwich** *m.* anglic. *Emparedado, bocadillo.*

**sanedrín** *m. Sinedrio.*

**sangradera** *f.* CIR. *Lanceta.*

**sangrador** *m. Flebotomiano* (MED.), *sajador.*

**sangradura** *f.* ANAT. *Sangría.*

**sangrar** *tr. Resinar.*

**sangraza** *f. Sanguaza.*

**sangre. De sangre azul** *loc. adj. Noble, linajudo.* ↔ PLEBEYO, BAJO. 2 **Sangre de horchata** *Flemático, apático, lento, imperturbable, cachazudo, calmoso.* 3 **Sangre fría** *f. Serenidad, impavidez, tranquilidad, sosiego, calma.* ↔ DESASOSIEGO, INTRANQUILIDAD, ANSIA.

**sangría** *f. Flebotomía* (MED.), *venesección* (MED.), *venoclisis* (MED.). 2 *Sangradura.*

**sangriento, -ta** *adj. Sanguinolento.* 2 *Sanguinario, cruel\*.* 3 *Cruento.* 4 *Sanguíneo.*

**sanguaza** *f. Sangraza.*

**sangüeño** *m. Durillo, cornejo, corno, cerezo silvestre, sanguino, sanguiñuelo.*

**sangüesa** *f. Frambuesa.*

**sanguijuela** *f. Sanguisuela, sanguja.*

**sanguinaria. Sanguinaria mayor** *f. Altabaquillo, centinodia, correhuela, saucillo.* 2 **Sanguinaria menor** *Nevadilla.*

**sanguinario, -ria** *adj. Feroz, cruel\*, inhumano, vengativo.*

**sanguíneo, -ea** *adj. Sangriento.*

**sanguino** *m. Sanguiñuelo, cornejo.*

**sanguiñuelo** *m. Durillo, cornejo, corno, cerezo silvestre, sangüeño, sanguino.*

**sanguisorba** *f. Pimpinela.*

**sanguja** *f. Sanguijuela, sanguisuela.*

**sanidad** *f. Salubridad.* La *salubridad* se refiere a las condiciones salutíferas de una comarca, clima, aguas, etc. La *sanidad* comprende el estado general de la salud pública y la organización de los servicios sanitarios: jefatura, dirección, ministerio de *sanidad.* ↔ INFECCIÓN, INSALUBRIDAD.

**sanie, sanies** *f. Icor.*

**sano, -na** *adj. Saludable.* 2 *Robusto, bueno.* 3 *Entero, indemne, ileso.* 4 *Recto, sincero, bienintencionado.* 5 **Cortar**

**por lo sano** *loc. Atajar, acortar, saltárselo a la torera.*

**santiamén** *m. Instante, momento, periquete.*

**santidad** *f. Santimonia* (p. us.). ↔ PECADO, CORRUPCIÓN.

**santiguar** *tr.-prnl. Signar, persignar, hacer la señal de la cruz.*

**santimonia** *f.* p. us. *Santidad* (calidad). ↔ PECADO, CORRUPCIÓN.

**santo** *m. Onomástica, fiesta onomástica.*

**santo, -ta** *adj. Venerable, sagrado, inviolable.*

**santónico** *m. Tomillo blanco.* 2 *Semencontra.*

**santoral** *m. Hagiografía, flos sanctorum.* Las colecciones *hagiográficas* se llaman también *flos sanctorum.*

**santulón** *m. Amér. Santurrón.*

**santurrón, -ona** *adj.-s. Misticón, santón, beato, mojigato, gazmoño.*

**saña** *f. Furor, furia\*, cólera, ira, encono, rabia, ensañamiento\*.* ↔ AMISTAD, PIEDAD, PERDÓN.

**sañudo, -da** *adj. Virulento, mordaz, acre.*

**sao** *m. Labiérnago, ladierno.*

**sapidez** *f. Sabor.* ↔ INSIPIDEZ.

**sapiencia** *f. Sabiduría, ciencia, saber.* ↔ IGNORANCIA, DESCONOCIMIENTO, INCULTURA.

**sapiente** *adj.-com.* p. us. *Sabio\*, entendido, docto, erudito.*

**sapillo** *m. Ránula, ranas.*

**sapina** *f. Salicor.*

**sapo marino** *m. Pejesapo, alacrán marino, pescador, rana marina, rape.*

**saponáceo, -ea** *adj.* científ. *Jabonoso.*

**saponaria** *f. Jabonera* (hierba), *lanaria.*

**saporimetría** *f. Gustometría.*

**saque** *m. Saco.* 2 DEP. *Servicio.* 3 **Saque de esquina** *Córner* (anglic.).

**saqueo** *m. Saco* (entrar a saco), *saqueamiento, sacomano.*

**sarapia** *f. Sarrapia.*

**sarapico** *m. Zarapito.*

**sarcasmo** *m. Burla\*, befa, escarnio, ludibrio.* ↔ SUAVIDAD, DELICADEZA.

**sarcástico, -ca** *adj. Burlón, irónico, mordaz, punzante, cáustico.*

**sarcodario, -ria** *adj.-m. Rizópodo.*

**sarcófago** *m. Sepulcro, enterramiento, losa, tumba, túmulo.*

**sarcolema** *m.* MED. *Miolema.*

**sarda** *f.* (pez) *Caballa, escombro.*

**sardio** *m. Sardónica, sardónice, sardonio, sardónique, sardo.*

**sardo** *m. Sardónica, sardio, sardonio, sardónique, sardónice.*

**sardónica, sardónice** *f. Sardio, sardo, sardonio, sardónique.*

**sardónique** *f. Sardónica, sardio, sardo, sardonio, sardónice.*

**sargatillo** *m. Saciña.*

**sarilla** *f. Almoraduj, moradux, mejorana, amaraco, sampsuco, almoradux.*

**sarna** *f. Roña, escabies* (MED.). *Roña* es la *sarna* del ganado lanar.

**sarpullido** *m. Salpullido.*

**sarpullir** *tr.-prnl. Salpullir.*

**sarraceno, -na** *adj.-s.* (pers.) *Agareno, árabe, ismaelita.* 2 *Mahometano, musulmán.*

**sarrapia** *f. Sarapia.*

**sarrieta** *f. Soturno.*

**I sarrillo** *m. Estertor* (del moribundo).

**II sarrillo** *m. Aro* (planta), *alcatraz, arón, jaro, jarillo, tragontina, yaro.*

**sarro** *m. Limosidad, tártaro, toba.*

**sarta** *f. Serie, retahíla\*, sartal, rosario, rastra, ristra, horco.* Los tres últimos, aluden a la *sarta* de frutos secos.

**sartén. Tener la sartén por el mango** *loc. Mangonear, mandar, dirigir, mandonear, manipular, cortar el bacalao.*

**sastre** *m. Alfayate* (ant.).

**Satán, Satanás** *m. Lucifer, diablo, demonio, Belcebú, Luzbel, Leviatán.*

**satánico, -ca** *adj. Malo\*, demoníaco, luciferino, perverso, depravado, malvado.*

**satélite** *m. Alguacil\*, esbirro* (desp.).

**satiriasis** *f. Erotomanía, ninfomanía, afrodisia, satiromanía.*

**satírico, -ca** adj. *Mordaz, cáustico, punzante.*

**satirizar** tr. *Criticar, zaherir, echar coplas, poner banderilla.* ↔ ALBAR, CONFORTAR, HONRAR.

**satiromanía** f. *Satiriasis, satiromanía, ninfomanía, erotomanía.*

**satisfacción** f. *Pago, reparación, indeminización.* ↔ DEUDA, INCUMPLIMIENTO. 2 *Disculpa, descargo, excusa, respuesta.* 3 *Gusto, contento, placer, contentamiento, agrado, complacencia, alegría\*, beatitud\*, gozo\*.* ↔ DESAGRADO, DISGUSTO. 4 *Presunción, vanagloria.* ↔ HUMILDAD.

**satisfacer** tr. *Pagar\*, indeminizar, reparar, rascarse el bolsillo, hacer el gasto, enmendar\*, remediar.* 2 *Saciar, hartar\*, colmar\*, llenar, cumplir.* 3 *Agradar\*, placer.*

**satisfactorio, -ria** adj. *Grato, agradable, cumplido, lisonjero.*

**satisfecho, -cha** adj. *Presumido, pagado.* 2 *Complacido, contento.* "El que está *satisfecho* ha conseguido lo que deseaba; el que está *contento* se goza en la posesión de lo que ha conseguido. El acreedor pagado queda *satisfecho*; el que recibe un buen regalo queda *contento*" (M).

**saturnal** f. fig. *Orgía\*, festín, bacanal, orgia.*

**saualpita** f. MINERAL. *Zoisita.*

**sauce** m. *Salce, saz, sauz, salguera, salguero, salgar, desmayo.*

**saucillo** m. *Centinodia, correhuela, sanguinaria mayor.*

**saúco** m. *Sabuco, sabugo.*

**sauquillo** m. *Mundillo* (arbusto)*, bola, mundo.*

**sauz** m. *Salce, sauce, saz, salguera, salguero.*

**sauzgatillo** m. *Pimienta loca, pimienta silvestre, pimienta montés.* Todos ellos se refieren a la planta y su fruto.

**saxifragáceo, -ea** adj.-f. *Grosulariáceo, ribesiáceo.*

**saya** f. *Falda, halda* (ant.).

**sayo** m. ant. *Vestido.* 2 **Cortar un sayo** loc. *Murmurar, cortar un vestido,*

cortar un traje, criticar, morder (fig.), despellejar (fig.), poner en lengua a uno.

**sayón** m. (planta) *Sabonera.*

**sayuelo** m. *Ságula.*

**sazón** f. *Punto, madurez, perfección, tempero.* La *sazón* que adquiere la tierra con la lluvia, *tempero.* ↔ VERDOR, IMPERFECCIÓN. 2 *Ocasión\*, oportunidad, coyuntura, tiempo.* ↔ INOPORTUNIDAD. 3 *Gusto, sabor.* ↔ ACIDEZ. 4 *Culminación, cumplimiento.* ↔ INCUMPLIMIENTO. 5 **A la sazón** loc. adv. *Entonces.* 6 **En sazón** loc. adj. *Maduro, sazonado.* ↔ AGRIO, VERDE.

**sazonado, -da** adj. *Sabroso, gustoso, apetitoso, rico, exquisito.* ↔ INSÍPIDO, SOSO. 2 *Maduro, en sazón.* ↔ AGRIO, VERDE.

**sazonar** tr. *Condimentar, aliñar, aderezar.* Tratándose de la comida. V. cocinar.

**scanner, escáner** m. anglic. *Lector óptico.*

**sebastiano** m. *Sebestén.*

**sebestén** m. *Sebastiano.*

**sebo** m. *Grasa\*, manteca.*

**secadal** m. *Secano, sequero, sequío.*

**secadero** m. *Sequero.*

**secano** m. *Secadal, sequero, sequío.* 2 *Seca.*

**secar** tr.-prnl. *Resecar* (intens.)*, desecar, agostar, marchitar, enjugar. Desecar* se aplica pralte. a quitar el agua que cubre un terreno; *desecar* una marisma. *Agostar* y *marchitar* se aplican a las plantas. "*Secar* y *enjugar* explican en general la acción de extraer la humedad de un cuerpo; pero *enjugar* representa una idea más limitada, y se aplica más propia y exactamente cuando se trata de poca humedad. Lo que está mojado, se *seca*; lo que está húmedo se *enjuga*. La ropa que la lavandera saca mojada del río, se *seca* al sol; pero es preciso casi siempre *enjugarla* después en casa, porque regularmente viene algo húmeda. Se *seca* una fuente, un estanque, no se *enjugan*. Se *enjuga* el sudor, los ojos húmedos del llanto, no se *secan*" (LH). ↔ FLORECER, MOJAR. 2 *prnl. Enflaquecer, adelgazar, extenuarse.* ↔ ENGORDAR. 3 *Embotarse, endurecerse, insensibilizarse.* Tratándose del corazón o del ánimo.

**sección** *f. Cortadura, corte. Sección* pertenece al vocabulario científico o técnico; *sección* de una figura geométrica, de un órgano animal o vegetal. 2 *Sector*, grupo, división, departamento.*

**seccionar** *tr. Fraccionar, cortar, dividir*.*

**secernente** *adj.* MED. *Secretante, secretorio.*

**seco, -ca** *adj. Agostado, marchito, muerto.* Tratándose de plantas. 2 *Árido, estéril.* Tratándose de terrenos. 3 *fig. áspero, desabrido, adusto, intratable, lacónico.* Este último, tratándose del lenguaje o estilo. 4 *Flaco, enjuto, delgado*, chupado, extenuado.*

**secretamente** *adv. m. Sordamente, ocultamente.* ↔ ABIERTAMENTE, RUIDOSAMENTE, CLARAMENTE.

**secretante** *adj.* MED. *Secernente, secretorio.*

**secretar** *tr.* FISIOL. *Segregar* (las glándulas).

**secretario, -ria** *s. Amanuense, escribiente, copista.*

**secreto** *m. Puridad* (ant.)*, arcano, misterio.* "*Secreto* es lo que cuidadosamente se oculta y reserva; *arcano* es un secreto altamente recóndito y que todo el mundo ignora; *misterio* es lo que no se entiende ni se explica, por salir de las reglas comunes en semejantes casos" (M). 2 *Sigilo, reserva.* "Guarda *secreto* el que calla lo que no debe decir. Tiene *reserva* el que no dice ni aun aquello que no está obligado a callar. El *secreto* es un silencio que nos impone la obligación o la necesidad. La *reserva* es un silencio a que nos inclina la prudencia o la desconfianza" (LH).

**secreto, -ta** *adj. Oculto, ignorado, escondido, clandestino.* "Lo *secreto* y lo *oculto* pueden ser efectos necesarios, naturales y espontáneos; en lo *clandestino*, siempre hay intención y astucia o cautela. El contrabando, la conspiración, la intriga, son acciones, no sólo *ocultas* y *secretas*, sino *clandestinas*" (M). 2 *Callado, reservado, sigiloso.*

**secretorio, -ria** *adj.* MED. *Secretante, secernente.*

**secta** *f. Herejía, cisma, disidencia.*

**sector** *m.* fig. *Parte, sección.* Una oficina o una fábrica pueden dividirse en *secciones.* La Economía nacional consta de numerosos *sectores*: minero, agrícola, metalúrgico, etc. Un *sector* de la opinión pública (no una *sección*) reclama ciertas mejoras. La *sección* es, pues, más limitada y concreta que el *sector.*

**secuaz** *adj.-com. Partidario, parcial, adepto, adicto, seguidor.*

**secuela** *f. Consecuencia*, resulta, efecto.*

**secuencia** *f. Sucesión, seguimiento, serie.*

**secularizar** *tr.-prnl. Temporalizar.* 2 *Ahorcar los hábitos.*

**secundar** *tr. Ayudar, favorecer, apoyar, cooperar, coadyuvar, auxiliar.*

**secundariamente** *adv. m. Accidentalmente.*

**secundario, -ria** *adj. Segundo.* 2 *Accesorio, colateral.* ↔ PRINCIPAL, NECESARIO, ESENCIAL.

**sed** *f. Anadipsia* (MED.).

**sedante** *adj.* MED. *Anodino, sedativo, calmante.*

**sedativo, -va** *adj.* MED. *Sedante.*

**sede** *f. Silla, diócesis, obispado.*

**sedicente** *adj. Pretenso, pretendido, titulado.*

**sedición** *f. Sublevación*, rebelión, alzamiento, levantamiento, insurrección, insubordinación, tumulto, motín, alboroto*.*

**sedicioso, -sa** *adj.-s. Sublevado, rebelde, insurrecto, amotinado.*

**sedimentar** *tr.-prnl. Depositar, posar,*

*reposar, precipitar.* ↔ RESOLVER, IM-PURIFICAR, FLUIR.

**sedimento** *m. Poso, solada, suelo, precipitado, hez\*, lías, pie, zupia, madre, solera, turbios.* El que se obtiene por reacción química, *precipitado.* Tratándose del vino, sidra, aceite: *hez, lías, pie; zupia, madre* y *solera,* sólo del mosto, vino o vinagre; *turbios,* esp. del aceite. 2 *Hipostasis* (MED.), *residuo.*

**seducción** *f. Fascinación, alucinación, deslumbramiento, incitación, encanto, atractivo, gracia, hechizo.*

**seducir** *tr. Atraer\*, cautivar, encantar, fascinar, arrastrar.* ↔ DESILUSIONAR, REPELER, DISUADIR.

**seductor, -ra** *adj.-s. Atractivo, atrayente, hechicero, encantador, fascinador.*

**segadera** *f. Hoz, segur.*

**segador** *m.* (araña) *Falangia, falangio.*

**seglar** *adj. Secular.* ↔ RELIGIOSO. 2 *adj.-com. Lego, laico, civil.* ↔ RELIGIOSO, CENOBITA.

**segmentación** *f. Partición, división.*

**segmentar** *tr.-prnl. Dividir\*, fraccionar, partir, separar, fragmentar, cortar, seccionar.*

**segregación** *f. Separación, disociación, división.*

**segregar** *tr. Separar, apartar, dividir.* ↔ UNIR, SUMAR, ARTICULAR. 2 *Secretar* (FISIOL.).

**seguida. En seguida** *loc. adv. Incontinenti, inmediatamente, al instante, prontamente, seguidamente, ya, ahorita, ahora, ahora mismo, dentro de poco, en un periquete* (fam.)*, acto continuo, al punto.*

**seguidamente** *adv. m. Después, luego, posteriormente, más tarde, ulteriormente, a continuación.* ↔ ANTERIORMENTE.

**seguido, -da** *adj. Continuo, sucesivo, consecutivo, incesante.* 2 *Derecho, recto.*

**seguidor, -ra** *adj.-s. Secuaz, partidario, parcial, adepto, adicto.* 2 *Aficio-*

*nado, hincha, forofo, fan, supporter* (esp. en el fútbol).

**seguir** *tr. Suceder, ir detrás, pisar los talones.* ↔ ADELANTAR. 2 *Perseguir\*, acosar.* 3 *Acompañar, escoltar.* 4 *Imitar, copiar.* ↔ INVENTAR. 5 *Continuar, proseguir. Proseguir* pertenece al estilo literario o al habla escogida. ↔ DEJAR. 6 *Profesar, practicar, estudiar.* 7 *prnl. Inferirse, deducirse\*, derivarse, proceder, originarse.*

**según** *prep. Conforme, con arreglo a, de acuerdo con, como, siguiendo a, a juzgar por.*

**segundar** *tr. Repetir\*, reproducir, rehacer, iterar, reiterar, asegundar, reincidir.*

**segundo, -da** *adj. Secundario.* "Lo *segundo* es lo que sigue inmediatamente a lo primero; lo *secundario* es lo que tiene menos importancia que lo principal. Así se dice: *segundo* en el mando, *segundo* en dignidad, y agentes *secundarios,* consideraciones *secundarias"* (M).

**segurador** *m. Fiador* (persona)*, fianza, garante, garantizador.*

**seguridad** *f. Certeza, certidumbre.* ↔ INCERTIDUMBRE, INSEGURIDAD. 2 *Firmeza, estabilidad, confianza.* ↔ DESCONFIANZA, INSEGURIDAD, IRRITABILIDAD. 3 *Fianza, garantía, caución.*

**seguro** *m. Salvoconducto, salvaguardia\*.*

**seguro, -ra** *adj. Cierto, indudable, induditable, positivo, infalible.* 2 *Firme, fijo, estable.* 3 *De confianza, de fiar.*

**seisavo, -va** *adj.-s. Hexágono, sexángulo.*

**seisillo** *m.* MÚS. *Sextillo.*

**seísmo** *m. Sismo, temblor de tierra, terremoto.*

**selacio, -cia** *adj.-m. Plagiostomo.*

**seleccionar** *tr. Escoger, elegir.*

**selectas** *f. pl. Analectas, crestomatía\*, antología.*

**selecto, -ta** *adj. Escogido, elegido.*

**selenosis** *f. Mentira* (manchita blanca).

**sellar** 574

**sellar** tr. Timbrar. 2 Cerrar, tapar, cubrir.
**sello** m. Timbre, estampilla, marca, señal, impresión, sigilo (ant.). 2 fig. Carácter, peculiaridad.
**selva** f. Bosque.
**selvático, -ca** adj. Salvaje*, inculto, agreste.
**semanal** adj. Hebdomadario (lit.), semanario.
**semanario** m. Hebdomadario.
**semanario, -ria** adj. Semanal, hebdomadario (lit.).
**semántica** f. Semasiología.
**semasiología** f. Semántica.
**semblante** m. Cara, rostro, faz. 2 Aspecto*.
**semblanza** f. Biografía, vida.
**sembrado** m. Campo, campiña, cultivo, siembra, soto (lit.).
**sembrar** tr. Plantar, seminar (desus.), sementar (desus.). Plantar en general, pero sembrar es plantar con semilla. Seminar y sementar son cultismos literarios desusados. ↔ COSECHAR. 2 fig. Desparramar, esparcir, diseminar. ↔ RECOGER. 3 Divulgar*, difundir, propagar. ↔ OCULTAR.
**semejante** adj.-com. Parecido, similar, análogo, afín, parejo, parigual, igual, idéntico. Parecido y semejante se aplican a personas o cosas. Similar y análogo, a cosas; análogo se prefiere tratándose de lo abstracto; ideas, sentimientos análogos. Afín, aplicado a cosas, denota una proximidad o semejanza más o menos vaga: palabras, ideas afines. Aplicado a personas significa parcial, allegado, pariente. Parejo y parigual indican igualdad o semejanza y pertenecen al habla popular. Igual e idéntico son intensivos y denotan gran semejanza. 2 m. Prójimo.
**semejanza** f. Parecido, analogía, similitud, afinidad. ↔ DISIMILITUD, DESIGUALDAD, DIFERENCIA.
**semejar** intr.-prnl. Parecerse, asemejarse, ser el vivo retrato de. ↔ DIFERENCIARSE, DISTINGUIRSE.

**semen** m. Esperma, simiente.
**sementar** tr. desus. Sembrar*, seminar* (desus.).
**sementera** f. Siembra. 2 Senara.
**semibreve** f. MÚS. Redonda.
**semicírculo** m. Hemiciclo.
**semicopado, -da** adj. MÚS. Sincopado.
**semidiós, -osa** s. Héroe.
**semiesfera** f. Hemisferio.
**semiesférico, -ca** adj. Hemisférico.
**semilla** f. Simiente.
**semillero** m. Seminario (lit.). 2 fig. Sementera, sementero, vivero, origen, fuente.
**seminal** adj. Espermático.
**seminar** tr. desus. Sembrar*, plantar, sementar (desus.).
**seminario** m. Semillero (de vegetales y origen).
**semiología** f. Semiótica, sintomatología (MED.).
**semiótica** f. Semiología, sintomatología (MED.).
**sempiterno, -na** adj. Eterno*, perpetuo*, perdurable. ↔ MORTAL, FINITO.
**senador** m. Padre conscripto. Este se aplica a los senadores romanos.
**senara** f. Sementera (tierra sembrada).
**sencillamente** adv. m. Simplemente.
**sencillez** f. Facilidad. ↔ DIFICULTAD. 2 Llaneza, naturalidad. ↔ SOBERBIA, AFECTACIÓN. 3 Sinceridad, franqueza*. ↔ RESERVA. 4 Candidez*, ingenuidad*. ↔ ASTUCIA.
**sencillo, -lla** adj. Fácil. 2 Llano, natural, afable*. 3 Sincero*, franco. 4 Cándido, simple, ingenuo.
**senda** f. Sendero, camino, vereda. "Senda y vereda significan igualmente el camino estrecho y poco trillado, diferente del real. Pero vereda no deja de explicar más positivamente un camino algo más ancho y frecuentado, una comunicación más conocida y hecha más de intento para servir de atajo o travesía. Senda da idea de un camino más estrecho, menos conocido, cuyo uso se debe más al acaso

o al abuso que al arte o al cuidado" (LH). 2 fig. Vía, modo, método.

**sendero** m. Derrota, camino, senda, vereda, rumbo, rota, ruta, trocha, derrotero.

**senectud** f. Vejez, ancianidad. ↔ JUVENTUD, FORTALEZA.

**senescencia** f. Envejecimiento.

**senilidad** f. Senilismo.

**senilismo** m. Senilidad.

**seno** m. Concavidad, hueco, sinuosidad. 2 Pecho, teta*, mama. 3 Matriz, claustro materno, útero. 4 fig. Regazo. 5 Ensenada, golfo.

**sensación** f. Impresión, percepción. 2 Emoción.

**sensacional** adj. Sonado, divulgado, ruidoso.

**sensatez** f. Prudencia, juicio, cordura, discreción, seso, circunspección. ↔ IMPRUDENCIA, IRREFLEXIÓN, INOPORTUNIDAD, LOCURA.

**sensato, -ta** adj. Sesudo*, prudente, juicioso, discreto, circunspecto.

**sensibilidad** f. Delicadeza, ternura. ↔ INSENSIBILIDAD.

**sensible** adj. Impresionable, sensitivo. 2 Perceptible, apreciable. 3 Manifiesto, patente, ostensible. 4 Lamentable*, doloroso, lastimoso, deplorable.

**sensitivo, -va** adj. Sensual, sensorial. 2 Sensible, impresionable.

**sensual** adj. Sensitivo, sensorial. 2 Gustoso, deleitoso, sibarítico. Este último comporta cierto refinamiento.

**sensualidad** f. Concupiscencia*, liviandad. ↔ CASTIDAD.

**sentada** f. Asentada.

**sentado, -da** adj. Juicioso, quieto, sosegado, reposado. 2 BOT. Sésil.

**sentamiento** m. ARQ. Asiento (descenso).

**sentar** tr. Recibir, digerir. 2 Cuadrar, convenir, adaptar. 3 Asentar, anotar. 4 Allanar, aplanar, igualar. 5 prnl. Asentarse, posarse, tomar asiento, repantingarse.

**sentencia** f. Dicho, aforismo, máxima, apotegma, refrán*, proverbio. 2 Reso-

lución, fallo, decisión. 3 Juicio, dictamen.

**sentenciar** tr. Fallar, resolver, decidir. 2 Condenar.

**sentido** m. Significación*, significado, acepción. 2 Sentido común, sana razón. "El sentido común es el conjunto de nociones generales que todos los hombres tienen sobre la naturaleza de las cosas y sobre las acciones humanas; la sana razón es el uso ordinario y sencillo del raciocinio. Es contra el sentido común creer en agüeros; el hombre que gasta todo lo que tiene, sin pensar en lo futuro, obra contra las reglas de la sana razón" (M). 3 **No tener sentido** loc. Ser disparatado, no tener pies ni cabeza, no tener por donde agarrarse (fam.). 4 **Perder el sentido** Desmayarse, desvanecerse, perder el conocimiento, caerse redondo.

**sentido, -da** adj. Delicado, susceptible, cosquilloso, quisquilloso, picajoso. Forman una serie intensiva.

**sentimental** adj. Patético, conmovedor, emocionante, tierno, sensiblero.

**sentimiento** m. Afecto, afección, emoción, pasión. ↔ INSENSIBILIDAD. 2 Pena, aflicción, dolor, pesar.

**sentina** f. Sumidero.

**I sentir** m. Dictamen, parecer, opinión*, juicio.

**II sentir** tr. Percibir, experimentar, advertir. 2 Afligirse, deplorar, dolerse, lamentarse, conmoverse. 3 Juzgar, opinar. 4 Presentir, barruntar. 5 Amér. Oír. 6 prnl. Amoscarse, mosquearse, picarse, escocerse, dolerse, resentirse, requemarse, agraviarse, ponérsele a uno el vello de punta. En esta acepción sentir es muy usual en América.

**seña** f. Nota, indicio, signo*. 2 Gesto, ademán, signo. V. señas.

**señal** f. Marca, sello, signo. 2 Hito, mojón. 3 Signo, imagen, representación. 4 Vestigio, huella*, rastro, indicio*, asomo*, amago. 5 Garantía, prenda, anticipo. 6 Aviso, comunicación, seña.

**señalado, -da** adj. Famoso*, célebre, conocido.

**señalar** *tr. Marcar, determinar, delimitar\*. 2 Indicar, designar. 3 Mencionar, aludir, apuntar. 4 prnl. Distinguirse, singularizarse, destacarse, significarse.*

**señalización** *f. Demarcación.*

**señalizador, -ra** *adj.-s. Indicador.*

**señas** *f. pl. Dirección. V. seña.*

**señero, -ra** *adj. Solo, solitario, separado, aislado.*

**señor, -ra** *adj.-s. Amo, dueño, propietario, patrón\*.* "El *señor* tiene más derechos que el de propiedad: exige prestaciones, derechos y tributos. El *dueño* goza del derecho de propiedad en toda su plenitud. El *amo* es el superior en el orden doméstico y familiar" (M).

**señorear** *tr. Dominar, mandar, imperar, sujetar. 2 fig. Sobresalir, descollar.* Tratándose de las cosas que están en alto: la iglesia *señorea* el caserío, una montaña *señoreaba* el paisaje.

**señorío** *m. Poderío, potencia, poder, potestad, mando, imperio, dominio, soberanía.*

**señuelo** *m. Añagaza, reclamo. 2 fig. Atractivo, cebo, trampa, emboscada, engaño, treta.*

**separación** *f. Desunión, escisión, división.* ↔ UNIÓN.

**separadamente** *adv. m. Aparte, por separado.*

**separado, -da** *adj. Retirado, apartado, alejado, distante, desviado, lejano, solo, solitario, aislado, señero.*

**separar** *tr.-prnl. Apartar, desunir, alejar, quitar\*, disgregar\*, dividir\*. Se desune* lo que está pegado o en contacto. *Alejar* es separar poniendo a gran distancia las cosas que se *separan.* "Se *separa* lo que está unido, mezclado, o hace parte de un todo. Se *aparta* lo que toca, está junto o próximo a otra cosa. Se *separa* la paja del grano; se *aparta* el pañuelo de la cara. Se *separa* el alma del cuerpo; se *aparta* una piedra que impide el paso" (LH). ↔ UNIR, JUNTAR. 2 *Destituir\*, deponer. 3 Dis-*

*tinguir, diferenciar. 4 prnl.* DER. *Desistir.*

**separata** *f. Tirada aparte.*

**sepedón** *m. Eslizón, sipedón.*

**sepelio** *m. Entierro\*.* Sepelio se usa en la lengua escrita y en estilo elevado. Corrientemente, *entierro.*

**sepia** *f. Jibia.*

**sepiolita** *f.* MINERAL. *Espuma de mar.*

**septeno, -na** *adj. Séptimo.*

**septentrión** *m. Norte.*

**septentrional** *adj. Ártico, norte, hiperbóreo.*

**séptimo, -ma** *adj.-s. Septeno.*

**septisílabo, -ba** *adj.-s. Heptasílabo.*

**septuagenario, -ria** *adj.-s. Setentón.*

**septuagésimo, -ma** *adj.-s. Setentavo. 2 Setenta.*

**sepulcro** *m. Enterramiento, losa, sarcófago, tumba, túmulo, sepultura.*

**sepultar** *tr. Enterrar\*, inhumar\*, soterrar. Sepultar* es voz escogida que añade cierta dignidad a la significación de *enterrar.*

**sepultura** *f. Cárcava* (p. us.), *enterramiento, tumba\*, huesa, fosa, hoya, hoyo, yacija, hoyanca, sepulcro, túmulo.* La fosa común en los cementerios, se llama *hoyanca.*

**sepulturero** *m. Enterrador.*

**sequedad** *f. fig. Aspereza, dureza, desabrimiento.* ↔ CORTESÍA, SUAVIDAD.

**sequero** *m. Secadero* (lugar). *2 Secano* (cosa seca), *secadal, sequío.*

**sequía** *f. Seca. 2 Amér. Sed.*

**sequío** *m. Secano* (tierra y cosa seca), *secadal, sequero.*

**séquito** *m. Acompañamiento\*, comitiva, cortejo, comparsa\*.*

**sera** *f. Espuerta, serón.*

**serenarse** *prnl. Aclararse, despejarse, desencapotarse, escampar, abonanzar.* ↔ ABORRASCARSE, OSCURECER, ENCAPOTARSE. 2 *Sosegarse, clamarse, tranquilizarse, apaciguarse, aquietarse.* ↔ INTRANQUILIZAR, ALTERAR.

**serenata** *f. Nocturno.*

**serenidad** *f. Sangre fría, impavidez, tranquilidad, sosiego, calma, reposo\*.* Los dos primeros denotan valor y

tranquilidad de ánimo ante el peligro.
**sereno** *m. Serena, relente.*
**sereno, -na** *adj. Claro, despejado.* 2 *Apacible, sosegado, tranquilo, templado, impávido.* Los dos últimos se dicen del que se conserva *sereno* ante el peligro o la dificultad.
**serie** *f. Colección, teoría*.*
**seriedad** *f. Gravedad, formalidad.* ↔ INSENSATEZ, ALEGRÍA, REGOCIJO, ALBOROTO.
**serio, -ria** *adj. Grave, formal, mesurado, circunspecto, sensato, sentado, reflexivo.* 2 *Importante, grave, considerable.* 3 *Severo, ceñudo, adusto, hosco.* 4 *Real, verdadero, efectivo, positivo.*
**sermón** *m.* fig. *Amonestación, admonición, reprensión, reconvención, reprimenda, regaño.*
**sermonar** *intr. Predicar, sermonear.*
**sermonear** *intr. Sermonar, predicar.* 2 *tr. Amonestar, reprender, reconvenir.*
**seroja** *f. Serojo, borusca.*
**serojo** *m. Seroja, borusca.*
**serón** *m. Espuerta, sera.*
**seroso, -sa** *adj. Sueroso.*
**serpentaria** *f. Dragontea.*
**serpiente** *f. Sierpe.*
**serpollar** *intr. Retoñar, rebrotar.*
**serpollo** *m. Retoño, hijuelo, rebrote, renuevo, vástago.*
**serrallo** *m. Harem, harén.*
**serrar** *tr. Aserrar.*
**serrería** *f. Aserradero.*
**serretazo** *m.* fig. *Sofrenada, represión, reconvención.*
**serrín** *m. Aserrín.*
**serrón** *m. Tronzador.*
**servato** *m. Ervato, hierba de Túnez, peucédano.*
**serventesio** *m. Sirventés.*
**servible** *adj. Utilizable, útil, aprovechable.*
**servicial** *adj. Complaciente, obsequioso.*
**servicio** *m. Utilidad, provecho.* 2 *Ayuda, favor, beneficio*, gracia, obsequio.* 3 *Servidumbre. Servidumbre* supone una casa o palacio importante donde hay gran número de criados; el *servicio* puede estar formado de pocos servidores. "A mí me parece que el *servicio* no solo es el acto, sino también el ejercicio de la persona libre que sirve por convenio o interés, como el criado, o por gusto o complacencia, como el emigo; y a esto corresponde la voz latina *servitium*. La *servidumbre* no es el acto, sino solo el ejercicio de servir, ni el ejercicio absolutamente, sino limitadamente el de la persona que sirve sin libertad, como el esclavo. Esta es la idea que explica la voz *servitus*, que igualmente significa esclavitud. Solamente hablando del *servicio* de palacio está recibida la voz *servidumbre*, pero en muy diferente sentido; por que no representa el *servicio*, sino el conjunto de personas empleadas en él en la actualidad. La *servidumbre* del Rey; la *servidumbre* de los Señores Infantes" (LH). 4 DEP. *Saque.* 5 **Recibir el servicio** *loc. Restar.* En el tenis. 6 **Servicio religioso** *m. Culto*, servicio divino.*
**servidor, -ra** *s. Criado*, sirviente, doméstico, fámulo.*
**servidumbre** *f. Esclavitud.* ↔ PODER. 2 *Servicio.* 3 *Sujeción, yugo, vasallaje.* ↔ DOMINIO. 4 DER. *Carga, obligación.* ↔ DERECHO.
**servil** *adj. Bajo, humilde.* 2 *Vil, rastrero, vergonzoso, abyecto, adulador*, adulón.*
**servilismo** *m. Adulación*, abyección, pelotilla* (vulg.).
**servir** *intr.-prnl. Aprovechar, valer, ser útil.* 2 *tr. Cortejar, galantear.* 3 *prnl. Tener a bien, dignarse.* "Servirse no se usa sino en fórmulas de cortesía y urbanidad. Lo mismo es "Sírvase usted pasar adelante", que "pase usted adelante". *Dignarse* significa hacer un favor, condescender, rebajarse uno de su dignidad. "El Rey se *dignó* conferir tal gracia", esto es, "tuvo la bondad, o condescendió en conferir tal gracia'" (M). 4 *intr.-tr.* DEP. *Sacar, lanzar.*

**servomotor** *m.* INFORM. *Activador, actuador, accionador, brazo de lectura* (en la unidad de disco).

**sesada** *f. Encéfalo\*, masa encefálica, meollo, seso(s), sesera.*

**sésamo** *m. Ajonjolí, alegría* (nuégado).

**sesentavo, -va** *adj.-s. Sexagésimo* (parte).

**sesentón, -ona** *adj.-s. Sexagenario.*

**sesera** *f. Encéfalo\*, masa encefálica, meollo, seso(s), sesada.*

**sesga** *f. Nesga.*

**sesgado, -da** *adj. Sosegado.*

**sesgar** *tr. Ladear, inclinar, torcer.*

**sesgo** *m. Oblicuidad, torcimiento, soslayo.* 2 *Curso, rumbo.* P. ej.: el *sesgo* de los acontecimientos. 3 **Al sesgo** *loc. adv. Oblicuamente, de refilón, a soslayo, al bies.*

**sesgo, -ga** *adj. Torcido, soslayado, oblicuo.*

**sésil** *adj.* BOT. *Sentado* (apl. a plantas).

**sesión** *f. Junta, reunión, asamblea.*

**seso** *m. Encéfalo\*, cerebro.* 2 fig. *Prudencia, madurez, cordura, discreción.* ↔ INDISCRECIÓN, IRREFLEXIÓN, LOCURA. 3 **Devanarse los sesos** *loc. Reflexionar, pensar, considerar, meditar, romperse los cascos.* ↔ DESPREOCUPARSE.

**sesteadero** *m. Sestero, sestil.*

**sestero** *m. Sesteadero, sestil.*

**sestil** *m. Sesteadero, sestero.*

**sesudo, -da** *adj. Prudente, sensato, juicioso, cuerdo, discreto, maduro. Sesudo,* en comparación con sus sinónimos, sugiere cierto matiz de pesadez que lo hace propender a teñirse más o menos de ironía. Apreciamos a una persona *sensata;* pero no podemos temer la gravedad excesiva de un personaje *sesudo.*

**set** *m.* anglic. DEP. *Juego.* En tenis y voleibol.

**seta** *f. Hongo.*

**setentavo, -va** *adj.-m. Septuagésimo* (parte).

**setentón, -ona** *adj.-s. Septuagenario.*

**seto** *m. Cerca\*, cercado.*

**severidad** *f. Seriedad, rigor, rigidez, aspereza. Rigidez* es falta de flexibilidad en las ideas y en la conducta: el hombre *rígido* es intolerante para sí y para los demás. ↔ COMPRENSIÓN, FLEXIBILIDAD, AMABILIDAD.

**severo, -ra** *adj. Rígido, rigoroso, riguroso, inflexible, inexorable.* Estos sinónimos constituyen una serie intensiva. 2 *Exacto, puntual.* 3 *Grave, serio, austero, adusto, seco.*

**sevillano, -na** *adj.-s.* (pers.) *Hispalense.*

**sexagenario, -ria** *adj.-s. Sesentón.*

**sexagésimo, -ma** *adj.-s. Sesentavo.* 2 *Sesenta.*

**sexagonal** *adj. Hexagonal.*

**sexángulo, -la** *adj.-m. Hexágono.*

**sexta** *f.* MÚS. *Superdominante.*

**sextillo** *m. Seisillo.*

**sexto, -ta** *adj.-s. Seisavo, seiseno.*

**sialismo** *m.* MED. *Ptialismo, salivación.*

**sibarítico, -ca** *adj.* fig. *Sensual* (deleite), *gustoso, deleitoso.*

**sibilino, -na** *adj. Sibilítico, misterioso, oscuro, confuso, indescifrable, ininteligible.*

**sibilítico, -ca** *adj. Sibilino, misterioso, oscuro, confuso, indescifrable, ininteligible.*

**sic** *voz adv.* latina *Así, de esta manera.*

**sicalíptico, -ca** *adj. Obsceno\*.*

**sicoma** *m.* MED. *Verruga.*

**sideral** *adj. Sidéreo, estelar, astral.*

**siderante** *adj. Fulminante.*

**sidéreo, -ea** *adj. Astral, sideral, estelar.*

**siderita** *f. Siderosa, hierro espático.*

**siderosa** *f. Hierro espático, siderita.*

**sidonio, -nia** *adj.-s.* (pers.) *Fenicio, fénice.*

**sidrería** *f. Chigre* (Ast.).

**siembra** *f. Sementera.*

**siempre** *adv. t. Continuamente, constantemente, invariablemente, perpetuamente, eternamente.* ↔ NUNCA, JAMÁS, VARIABLEMENTE, TEMPORALMENTE, MORTALMENTE. 2 **Siempre que** *loc. conj. Cada y cuando.*

**siempreviva** *f. Hierba puntera, perpetua amarilla.*

**sien** *f. Templa.*

**sierpe** f. *Serpiente.*

**siervo, -va** s. *Esclavo, ilota\*.* ↔ SEÑOR, AMO, JEFE, LIBRE.

**siesta** f. *Resistero, resistidero.* 2 *Meridiana.*

**siete** m. *Barrilete* (carpintería).

**sieteenrama** m. *Tormentilla.*

**sífilis** f. *Gálico, lúe, avariosis* (MED.).

**sifilítico, -ca** adj. *Luético.*

**sifonógamo, -ma** adj.-s. *Fanerógamo, espermatofita.*

**sifué** m. *Sobrecincha, sobrecincho.*

**sigilar** tr. p. us. *Callar, silenciar, reservar, pasar por alto, pasar en silencio, omitir, guardar para sí.*

**sigilo** m. *Silencio, secreto.*

**sigiloso, -sa** adj. *Silencioso\*.*

**sigla** f. *Abreviatura.*

**siglo** m. *Centuria.*

**signar** tr. *Firmar.* 2 tr.-prnl. *Persignarse, santiguarse.*

**signatario, -ria** adj.-s. *Firmante.*

**significación** f. *Significado, sentido, acepción. Acepción* es cada una de las significaciones que una voz puede tener. En general se habla de la *significación* o *significado* de las palabras, y del *sentido* de las frases o de las cláusulas. Podemos entender el *significado* de cada una de las palabras y no entender el *sentido* total de la frase en que figuran.

**significado** m. *Acepción, significación, sentido.*

**significado, -da** adj. *Conocido, notable, notorio, importante, reputado.*

**significar** tr. *Denotar, designar, representar.* 2 *Manifestar, expresar, decir, notificar, declarar.* 3 intr. *Representar, tener importancia.* 4 prnl. *Distinguirse, hacerse notar, darse a conocer.*

**significativo, -va** adj. *Expresivo, elocuente.*

**signo** m. *Señal, seña.* "Como lo indica la etimología, el *signo* significa y la *señal* señala; y así el *signo* es siempre convencional y arbitrario, y la *señal* puede ser necesaria y natural. Hay, sin embargo, *señales* arbitrarias, como las que se hacen con banderas en los buques de guerra y en las torres de vigía. *Seña,* cuando no es sinónima de *señal,* quiere decir gesto que expresa alguna idea; por ej.: no entiendo las *señas* que me haces; me hicieron *seña* de que o para que entrase. En plural, *señas* se toma por la indicación de la calle y del número de una casa, o de la estatura y facciones de una persona" (M).

**siguiente** adj. *Ulterior, posterior, subsiguiente, subsecuente.* Suele decirse *siguiente* de lo que sigue inmediatamente, en tanto que *ulterior* y *posterior* aluden sólo al hecho de ir o estar detrás. Por esto decimos el día *siguiente,* y no *posterior* ni *ulterior.* Aun en los casos en que pueden sustituirse, sentimos *siguiente* como más próximo que los otros. Compárese, las noticias *siguientes* fueron más agradables, con *posteriores, ulteriores.* ↔ ANTECESOR, ANTERIOR, DELANTERO.

**silba** f. *Pita, pitada.* ↔ OVACIÓN, APLAUSO.

**silbar** intr.-tr. *Pitar.*

**silbato** m. *Chiflato, pito.*

**silbido** m. *Pitido, pitío, silbo.*

**silbo** m. *Silbido, pitido, pitío.*

**silenciar** tr. *Callar, reservar.* 2 *Omitir.*

**silencio** m. *Reserva, sigilo.* 2 *Mutismo.* ↔ VOZ, RUIDO, SONORIDAD, ESTRUENDO. 3 MÚS. *Pausa.*

**silencioso, -sa** adj. *Callado, reservado, taciturno, mudo, sigiloso.* Tratándose de una persona habitualmente silenciosa. "*Silencioso* es el que habla poco y con moderación. *Taciturno* es el que habla poco y con repugnancia. Aquél puede serlo contra su genio, por prudencia, por interés, por obligación; éste lo es siempre por carácter, por hipocondría o por natural inclinación al silencio" (LH).

**sílex** m. MINERAL. *Jaspe.*

**silga** f. *Sirga, maroma, cable.*

**silguero** m. *Jilguero, cardelina, colorín, pintacilgo, pintadillo, sirguero.*

**silla** f. *Sede* (de un prelado), *diócesis, obispado.*

580

**sillico** m. Bacín, orinal, dompedro, perico, tito, vaso, zambullo.
**silueta** f. Perfil, contorno.
**silvestre** adj. Campestre, agreste, rústico, salvaje, montaraz, inculto. "Silvestre es lo que corresponde a la selva, y un sitio silvestre es el que está poblado de árboles y arbustos; campestre corresponde a campo, lo que despierta idea de valles, arroyos, yerbas y flores; agreste se asocia a ideas de rustiquez, de falta de cultivo, y así no puede llamarse agreste un otero cubierto de espigas" (M). ↔ URBANO, CULTO, EDUCADO, REFINADO.
**sima** f. Abismo, precipicio, despeñadero, profundidad. 2 Escocia, nacela.
**simbolizar** tr. Representar, encarnar, hacer las veces de.
**símbolo** m. Representación, emblema, alegoría. Alegoría significa gralte. una serie o grupo de símbolos mientras que el símbolo y el emblema suelen ser singulares.
**simiente** f. Semilla.
**símil** m. RET. Comparación, semejanza.
**similar** adj. Semejante*, parecido*, analógo. ↔ DISTINTO, DIFERENTE, DISTANTE.
**similitud** f. Semejanza, analogía, parecido.
**simio** m. Mono.
**simpatía** f. Afinidad. ↔ ANTIPATÍA.
**simpatismo** m. Sugestibilidad.
**simple** adj. Sencillo, solo. 2 adj.-com. Bobo, pazguato, paparote, tonto*, mentecado, cándido*.
**simplemente** adv. m. Sencillamente. 2 Absolutamente, sin condición.
**simples** m. pl. DEP. Individuales. En el tenis. V. simple.
**simpleza** f. Bobería, tontería, mentecatez, necedad.
**simplicidad** f. Sencillez, candor, ingenuidad. ↔ COMPLEJIDAD, DIFICULTAD, PICARDÍA, HETEROGENEIDAD, DIVISIBILIDAD.
**simulación** f. Ficción*, fingimiento, apariencia, pamema (fam.), paripé (vulg.). ↔ VERDAD, SINCERIDAD.

**simular** tr. Fingir, aparentar, imitar. ↔ REALIZAR, ACLARAR, CREAR.
**simultáneo, -ea** adj. Contemporáneo*, sincrónico. ↔ INCOMPATIBLE, ANTAGÓNICO.
**sinagoga** f. Conciliábulo*.
**sinalagmático, -ca** adj. DER. Bilateral.
**sinartrosis** f. Articulación*, juntura, junta, coyuntura.
**sinceramente** adv. m. Abiertamente, francamente, claramente, paladinamente, patentemente, manifiestamente, sin rodeos. ↔ OCULTAMENTE, SIBILINAMENTE, HIPÓCRITAMENTE.
**sincerar** tr.-prnl. Justificar, exculpar.
**sinceridad** f. Franqueza*, ingenuidad, llaneza, lisura, naturalidad, sencillez, veracidad, candidez, buena fe. V. sincero. ↔ HIPOCRESÍA. 2 Limpieza, integridad, honradez, rectitud.
**sincero, -ra** adj. Veraz, verdadero, verídico, de buena fe, abierto, franco, sencillo, candoroso, cándido*, ingenuo. Los cuatro primeros se aplican a personas que hablan o proceden con verdad; abierto y franco sugieren cierta decisión o energía de carácter. Cuando la sinceridad proviene de falta de malicia, sencillo, candoroso, con más o menos claro sentido irónico; cándido e ingenuo, se aplican al que fácilmente se deja engañar, al incauto. "El sincero no oculta la verdad; pero el hombre franco la dice secamente, desnuda, sin estudio, sin reparo. Si la verdad es desagradable, la sinceridad disgusta, la franqueza ofende; porque aquella se combina fácilmente con la atención; pero ésta rara vez deja de andar acompañada de la imprudencia, y en muchos casos no está muy distante de la grosería" (LH).
**sincopado, -da** adj. Semicopado.
**síncope** m. MED. Desmayo, desvanecimiento, congoja, soponcio (fam.).
**sincrónico, -ca** adj. Contemporáneo*.
**sindicado** m. p. us. Sindicato.
**sindicato** m. Sindicado (p. us.).
**sindiós** adj.-s. Ateo, ateísta (p. us.).

**sinecura** *f. Poltrona, enchufe, prebenda, momio, ganga\*.*

**sinedrio** *m. Sanedrín.*

**sinéresis** *f.* GRAM. *Compresión, contracción.*

**sinfín** *m. Infinidad, sinnúmero.*

**sinfito** *m. Consuelda, suelda.*

**sinfonía** *f.* MÚS. *Obertura, introducción, preludio.*

**singenético, -ca** *adj.* MED. *Congénito.*

**singular** *adj. Solo, único.* ↔ PLURAL. 2 fig. *Especial, particular.* ↔ ORDINARIO, VULGAR. 3 *Raro\*, extraño, extraordinario, excelente.* "Hay algo de *singular* en lo *extraordinario*, y algo de *extraordinario* en lo *singular*, sea en buena o en mala parte. *Singular* es el latino *singularis*: solo, único, raro, distinto de los otros, sin concurrencia, sin paridad. *Extraordinario* es lo que está fuera del orden, de la medida común, desusado. Lo *singular* no se parece a lo que existe, porque es de un género particular; mientras que lo *extraordinario* sale de la esfera a que pertenece, es particular en su género. Lo *singular* no es del orden común de las cosas, sino que, por decirlo así, forma clase aparte; lo *extraordinario* no está en el orden corriente de las cosas, es una excepción de la regla (...) La brújula tiene una propiedad que es *singular*; el vapor de agua hirviendo tiene una fuerza *extraordinaria*" (Ci). ↔ ORDINARIO.

**singularidad** *f. Particularidad, peculiaridad, distinción, rareza.*

**singularizarse** *prnl. Distinguirse, señalarse, significarse.* ↔ CONFUNDIRSE, UNIRSE, VULGARIZARSE.

**singularmente** *adv. m. Separadamente, particularmente, especialmente.*

**singulto** *m. Sollozo.* 2 MED. *Hipo.*

**siniestra** *f. Izquierda, zurda.*

**siniestro** *m. Incendio, conflagración, quema, fuego.*

**siniestro, -tra** *adj. Izquierdo.* ↔ DIESTRO, DERECHO. 2 fig. *Avieso, perverso,*

*mal intencionado.* 3 *Infeliz, infausto, aciago, funesto.* ↔ FELIZ, ALEGRE.

**sinistrómano, -na** *adj.-s. Zurdo.*

**sinnúmero** *m. Infinidad, sinfín, multitud, montón.*

**I sino** *m. Hado, destino, estrella, ventura, suerte.*

**II sino** *conj. adversativa Pero, empero\** (lit.). *Pero, empero,* son gralte. conjunciones adversativas "restrictivas", es decir, expresan una oposición o contrariedad entre las dos oraciones que enlazan, sin que éstas se excluyan entre sí, p. ej: "Es hombre bondadoso, *pero* procura no abusar de su bondad". La adversativa *sino* es "exclusiva", es decir, una de las dos oraciones excluye totalmente a la otra, p. ej.: "No le gustaba salir, *sino* quedarse en casa todo el día". *Empero*, coincide con *pero* en significado y función sintáctica; su uso es literio y menos frecuente.

**sinónimo** *m. Igual, semejante, equivalente, parecido, parejo.* ↔ ANTÓNIMO, DISTINTO, DESIGUAL.

**sinopsis** *f. Compendio\*.*

**sinsabor** *m. Pesar, desazón, pena, contrariedad.*

**sintetizar** *tr. Esquematizar, compendiar, estractar, esbozar, reducir.* ↔ AMPLIAR.

**síntoma** *m. Señal, indicio\*, signo.*

**sintomatología** *f. Semiótica, semiología, fenomenología.*

**sintonizar** *tr.* ELECTR. *Acordar.*

**sinuosidad** *f. Anfractuosidad, desigualdad, escabrosidad.* 2 *Seno, concavidad, hueco.*

**sinuoso, -sa** *adj. Ondulado, tortuoso, quebrado.*

**sinvergonzonería** *f. Desvergüenza, inverecundia* (lit.), *sinvergüencería, insolencia, cara dura.*

**sinvergüencería** *f. Desvergüenza, inverecundia* (lit.), *sinvergonzonería, insolencia, cara dura.*

**sinvergüenza** *adj.-com. Desvergonzado, poca vergüenza, inverecundo,* *cara dura, desfachatado, bribón, pícaro.*

**sipedón** *m. Eslizón, sepedón.*

**siquiera** *conj. adv. Aunque, bien que, aun\*. 2 adv. m.-adv. c. Por lo menos, tan sólo.*

**sirga** *f. Silga, maroma, cable.*

**sirguero** *m. Jilguero, cardelina, colorín, pintacilgo, pintadillo, silguero.*

**siríaco, -ca** *adj.-s. Sirio, siro.* Este último, esp. cuando entra en composición: *sirocaldeo.*

**sirimiri** *m. Nav. y País Vasco. Llovizna, calabobos, cernidillo, mollizna, aguarrías* (Sant.), *orvallo* (Ast.).

**siringa** *f. Flauta de pan.*

**sirio, -ria** *adj.-s.* (pers.) *Siríaco, siro.*

**siro, -ra** *adj.-s. Siríaco, sirio.* Se usa especialmente en composición: *sirocaldeo.*

**sirventés** *m. Serventesio* (composición).

**sirviente, -ta** *s. Criado\*, doméstico, servidor.* ↔ SEÑOR, AMO, JEFE, PATRONO.

**sisimbrio** *m. Jaramago, balsamita, raqueta, ruqueta.*

**sismo** *m. Seísmo, temblor de tierra, terremoto.*

**sisón** *m.* (ave) *Gallarón.*

**sistema** *m. Método\*, plan, procedimiento, norma.*

**sitiar** *tr. Asediar, cercar, bloquear, ceñir la plaza.*

**I sitio** *m. Lugar, espacio, parte, punto, puesto\*, paraje.*

**II sitio** *m. Asedio, cerco.*

**situación** *f. Posición, disposición, colocación, postura\*. 2 Estado.* Aunque *estado* y *situación* pueden intercambiarse a menudo, el primero sugiere algo más habitual y permanente; la *situación* indica comúnmente algo pasajero y accidental. Por esto preferimos decir la *situación* de la bolsa, si consideramos que puede cambiar pronto; y el *estado,* cuando lo estimamos de larga duración.

**situar** *tr.-prnl. Colocar\*, poner\*, emplazar\*.* Este último, tratándose de edificaciones, o de cosas de gran peso o volumen: *emplazar* o *situar* un monumento, un palacio, un cañón. ↔ DESCOLOCAR, DESACOMODAR, MARCHARSE, COGER, SACAR.

**smithsonita** *f.* MINERAL. *Bonamita.*

**so** *interj. Jo.*

**soba** *f. Sobo, sobado, sobadura. 2 fig. Aporreamiento, zurra, tunda, vapuleo.*

**sobaco** *m. Axila, islilla* (p. us.). *Axila* es voz culta o usada como término científico; *sobaco* es más general y popular.

**sobado, -da** *adj. Manido, manoseado, muy usado, ajado.*

**sobajear** *tr. Amér. Manosear.*

**sobar** *tr. Manosear, palpar. 2 Ajar.*

**soberano, -na** *s. Rey, monarca.* ↔ SIERVO. *2 adj. Elevado, excelente, egregio, grande.*

**soberbia** *f. Humos, engreimiento, orgullo, arrogancia, altivez, hinchazón, ínfulas, altanería, vanidad\*, envanecimiento, fatuidad.* Entre los sentimientos de estimación excesiva de sí mismo, *soberbia, engreimiento* y *orgullo* denotan menosprecio de los demás. *Arrogancia, altivez, hinchazón, ínfulas* y *altanería* hacen pensar más bien en el porte, ademanes, palabras, con que el orgullo se manifiesta. La *vanidad* no supone precisamente desprecio de los demás, sino simple egolatría, sobreestimación de las prendas propias; matices suyos son *envanecimiento, presunción, humos* y *fatuidad.* ↔ HUMILDAD, MODESTIA. *2 Cólera, ira, rabia.*

**soberbio, -bia** *adj. Orgulloso, engreído, arrogante, altivo\*, altanero. 2 Grandioso, magnífico, admirable, espléndido. 3 Fogoso, arrebatado, violento.*

**sobornable** *adj. Venal.*

**sobornar** *tr. Untar, corromper, tapar la boca, untar el carro, cohechar.* Este último, tratándose de la administración de justicia.

**soborno** *m. Corrupción\*.*

**sobra** *f. Sobrante, exceso, demasía.* V.

sobras. ↔ FALTA, MERMA, ESCASEZ, DÉFICIT.

**sobrante** *adj.-m. Excedente, sobras, sobrero, exceso.* 2 *adj. Demasiado, sobrado, superfluo, innecesario.*

**sobrar** *tr. Exceder, superar, sobrepujar, pasar la raya, salir de madre.* ↔ SOBRAR, ESCASEAR. 2 *intr. Estar de más, holgar.* 3 *Quedar, restar.*

**sobras** *f. pl. Residuos, relieves, restos.* 2 *Desperdicios, desechos.* V. sobra.

**I sobre** *prep. Encima.* ↔ DEBAJO. 2 *Acerca de, con respecto a.* 3 *Además de.*

**II sobre** *m. Cubierta.* 2 *Sobrescrito.*

**sobreabundancia** *f. Superabundancia, plétora.*

**sobrearar** *tr. Binar.*

**sobrecarga** *f. Sobornal.*

**sobrecejo** *m. Ceño\*, sobreceño, capote* (fam.).

**sobreceño** *m. Ceño\*, sobrecejo, capote* (fam.).

**sobrecincha** *f. Sobrecincho, sifué.*

**sobrecoger** *tr.-prnl. Sorprender, intimidar, asustar.* ↔ TRANQUILIZAR, ANIMAR. 2 *Asombrar\*, pasmar.*

**sobrecomida** *f. Postre.*

**sobredicho, -cha** *adj. Antedicho, susodicho.*

**sobreescribir** *tr. Sobregrabar.*

**sobrefaz** *f. Sobrehaz.*

**sobregrabar** *tr. Sobreescribir.*

**sobrellevar** *tr. fig. Sufrir, soportar, resignarse, aguantar, conllevar.* ↔ REBELARSE, IRRITARSE.

**sobremanera** *adv. c. Por demás, además\** (desus.), *con exceso.*

**sobrenadar** *intr. Nadar\*, flotar.*

**sobrenatural** *adj. Milagroso, prodigioso.* ↔ NATURAL, HUMANO, NORMAL, EXPLICABLE.

**sobrenombre** *m. Alias, apodo\*, mote.* El *sobrenombre* no es de por sí despectivo ni burlesco, sino que se añade al nombre propio o al apellido para distinguir a dos personas que tienen el mismo; p. ej.: Plinio el Viejo, para distinguirlo de Plinio el Joven. *Alias, apodo* y *mote* son nombres

distintos del propio, y con frecuencia sustituyen a éste.

**sobreparto** *m. Puerperio* (MED.).

**sobrepasar** *tr. Exceder, aventajar, superar, rebasar.*

**sobreponer** *tr. Superponer, añadir, aplicar.* ↔ QUITAR. 2 *prnl. Dominarse, contenerse.* ↔ IRRITARSE.

**sobreprecio** *m. Recargo, aumento.* 2 *Prima, premio.* Cuando el Estado abona determinado *sobreprecio* para estimular las operaciones con determinadas mercancías, este *sobreprecio* recibe el nombre de *prima* o *premio.*

**sobrepujar** *tr. Exceder, aventajar, superar, sobrepasar.* ↔ DISMINUIR, PERDER.

**sobresaliente** *adj. Excelente\*.*

**sobresalir** *intr. Campar, campear, dominar, descollar, destacarse, distinguirse, escollar, sobrepasar, sobrepujar, requintar.* ↔ EMPEQUEÑECERSE.

**sobresaltar** *tr.-prnl. Asustar, sorprender, intranquilizar, turbar, estremecer\*, azorar\*.* ↔ AQUIETAR, TRANQUILIZAR, CALMAR, APACIGUAR, SOSEGAR.

**sobresalto** *m. Susto, intranquilidad, temor, inquietud.* Las ideas de *intranquilidad, inquietud* y *temor* connotan en *sobresalto* y *susto* el carácter de súbito, impensado, repentino.

**sobresueldo** *m. Plus.*

**sobretodo** *m. Sobrerropa* (desus.), *abrigo, gabán.*

**sobrevaloración** *f. Idealización.*

**sobreviviente** *adj.-com. Superviviente, supérstite* (DER.).

**sobriedad** *f. Templanza\*, temperancia, moderación, mesura, frugalidad\** (en comer y beber), *moderación, parquedad, morigeración.* ↔ APETENCIA, INMODERACIÓN, GULA, DESTEMPLANZA. 2 *Concisión, brevedad.* Tratándose del lenguaje.

**sobrio, -bria** *adj. Moderado\*, morigerado, parco, frugal.* Este último, referido al comer y al beber. 2 *Conciso\*, breve.*

**socapa** *f. Excusa\*, pretexto, socolor, rebozo.*

**socarrar** *tr.-prnl. Chamuscar, sollamar.* Cuando se hace con llama, *sollamar.*

**socarrón, -ona** *adj.-s. Astuto, bellaco, disimulado, taimado, solapado.* 2 *Burlón, guasón.* Socarrón es intensivo, y denota mayor malicia que *burlón* y *guasón.*

**socava** *f. Descalce.* 2 *tr. Alcorque.*

**socavar** *tr. Descalzar, minar.*

**sochantre** *m. Capiscol* (dial.), *veintenero* (dial.), *socapiscol.*

**sociable** *adj. Afable\*, tratable, comunicativo.*

**socializar** *tr. Colectivizar, estatificar, nacionalizar, municipalizar.* Socializar es transferir al estado o a otras corporaciones u organismos colectivos las propiedades, industrias, etc., particulares. Si es al estado, *estatificar, nacionalizar;* si es al municipio, *municipalizar.* En general, *colectivizar.*

**sociedad** *f. Asociación, agrupación, colectividad, entidad, corporación\*, círculo, peña, casino, ateneo, hermandad, cofradía, archicofradía, gremio.* Cuando se las considera como unidad, *entidad* o *corporación,* esp. si tienen algún carácter público. Según sus fines, las diversas agrupaciones humanas suelen darse denominaciones especiales, como *círculo, peña, casino* (recreativas); *ateneo* (culturales); *hermandad* (benéfica o cooperativas); *cofradía, archicofradía* (religiosas); las profesionales, *gremio* (oficios o ramas de la producción), *colegio* (profesiones liberales), *sindicato* (obreros o agricultores). 2 *Compañía, razón social, empresa. Razón social* es el nombre y firma con que es conocida una *sociedad* mercantil o industrial; *empresa,* esp. si es importante.

**socio, -cia** *s. Asociado.* 2 *Sujeto, individuo\*, prójimo.* Todos ellos en sentido desp.

**socollada** *f.* MAR. *Estrechón.*

**socolor** *m. Excusa\*, pretexto, rebozo, socapa.*

**socorrer** *tr. Ayudar\*, auxiliar, amparar, asistir, remediar, tender la mano.*

**socorro** *m. Ayuda, auxilio\*, amparo, asistencia, favor, remedio, refugio\*.* ↔ DESAMPARO.

**soda** *f. Sosa.*

**sodomía** *f. Pederastia, uranismo.*

**sodomita** *m. Afeminado, maricón* (fam.y desp.), *mariquita* (fam.), *homosexual, invertido, marica, amadamado, amariconado.* ↔ MACHO, VIRIL, MASCULINO, VARONIL.

**soez** *adj. Bajo, grosero, basto, vil, indigno.* "Soez se dice del hombre asqueroso, desvergonzado, sucio, mal hablado y dado a torpezas. *Bajo,* del humilde, despreciable, abatido y adulador rastrero. *Indigno,* del que por acciones marcadas es desechado en todas partes. *Vil,* del que se dedica a una vida infame, ejerciendo oficios indecorosos y perseguidos en toda república. Al hombre *soez* se le huye; al *bajo* se le tolera; al *indigno* se le desprecia; y al *vil* se le escarnece" (O).

**sofisma** *m. Paralogismo.*

**sofisticar** *tr. Falsificar\*, adulterar, falsear.*

**sofito** *m.* ARQ. *Paflón.*

**soflama** *f. Perorata, prédica, discurso.*

**sofocar** *tr.-prnl. Ahogar, asfixiar.* ↔ RESPIRAR. 2 *Apagar, dominar, extinguir, reprimir.* ↔ ENCENDER. 3 fig. *Avergonzar, abochornar, correr.*

**sofrenada** *f. Refrenada, sobarbada, sobrefrenada.*

**sofrenar** *tr. Frenar\*, reprimir, refrenar.*

**software** *m.* anglic. INFORM. *Programas, soporte lógico, logicial* (galic.).

**sojuzgar** *tr. Sujetar, dominar, someter, avasallar.*

**sol. No dejar a sol ni a sombra** *loc. Acosar, importunar, molestar.*

**solada** *f. Poso, sedimento\*.*

**solado** *m. Pavimento, suelo, piso.*

**solamente** *adv. m. Sólo, únicamente.*

**I solano** *m.* (viento) *Rabiazorras.*

**II solano** *m. Hierba mora.*

**solapado, -da** *adj. Disimulado, fingido, cauteloso, falso, astuto, taimado.*

**solapar** *tr.* fig. *Ocultar*, encubrir, fingir, disimular.*

**solapo** *m. Traslapo.*

**solar** *tr. Pavimentar.*

**solaz** *m. Esparcimiento, recreación, recreo, asueto, entretenimiento, diversión*, descanso, alivio.*

**solazarse** *prnl. Recrearse, entretenerse*, divertirse, esparcirse.* ↔ ABURRIRSE.

**soldada** *f. Sueldo*, paga, salario*, estipendio.*

**solemne** *adj. Formal, válido.* ↔ VULGAR. 2 *Majestuoso, suntuoso, grandioso, imponente.* ↔ SENCILLO, VULGAR.

**soler** *intr. Acostumbrar.*

**solera** *f. Concha* (del molino). 2 *Madre, lía* (del vino), *hez*.

**solicitar** *tr. Pretender*, pedir, rogar*, instar, postular*.* ↔ CONCEDER. 2 *Requerir.* ↔ CONCEDER. 3 *Atraer, invitar, tentar.*

**solícito, -ta** *adj. Diligente, cuidadoso, afanoso, atento*.* Diligente alude principalmente a la ocupación material, a las gestiones y pasos necesarios para conseguir aquel fin. Es *diligente* el hombre activo y trabajador; para ser *solícito, cuidadoso* o *afanoso* se necesita además ser complaciente, afectuoso, social. "*Solícito, diligente.* El primero de estos dos adjetivos explica la ocupación del ánimo, el cuidado, el esmero que ponemos en el acierto o brevedad del negocio o empresa en que estamos empeñados o interesados. El segundo explica la ocupación material, los pasos, los medios que empleamos con actividad para conseguir aquel fin. El pleiteante anda *solícito* porque el procurador anda *diligente.* Del criado se exige, por la misma razón, *diligencia,* y no *solicitud*" (LH).

**solicitud** *f. Diligencia, cuidado, afán, atención, afección, actividad*.* 2 *Instancia, petición, memorial* (antic.), *demanda, pedimento.* Los dos últimos, cuando la *solicitud* va dirigida al juez.

**solidez** *f. Consistencia, resistencia, fir-*

meza, fortaleza, fuerza*.* ↔ DEBILIDAD, BLANDURA, INCONSISTENCIA.

**solidificación** *f. Consolidación.*

**solidificado, -da** *adj.* MED. *Endurecido, concreto.*

**sólido, -da** *adj. Firme, fuerte, resistente, consistente.* 2 *Macizo, denso, compacto.* "Llamamos *sólido* a todo cuerpo que no es fluido, líquido ni aeriforme, y *macizo* al cuerpo cuya *solidez* es muy *densa* y *compacta.* El papel, la paja, la hoja de un árbol son *sólidos,* pero no *macizos.* Es *maciza* una pared de cal y canto" (M).

**soliloquio** *m. Monólogo.* Aunque, según su etimología, ambas palabras se intercambian a veces, el uso suele restringir al teatro el empleo de *monólogo.* El *soliloquio* es el habla o discurso de una persona que no dirige a otra la palabra, bien sea de viva voz, bien mentalmente. El *monólogo* dramático es un *soliloquio* del personaje que está solo en la escena.

**solio** *m. Trono.*

**solipsismo** *m.* FIL. *Egoísmo metafísico.*

**solitaria** *f. Tenia.*

**solitario** *m. Ermitaño* (crustáceo).

**solitario, -ria** *adj. Desamparado, desierto, deshabitado*, despoblado, abandonado.* 2 *Retirado, retraído.* 3 *adj.-s. Solo, único.* 4 *Anacoreta*, ermitaño.*

**soliviantar** *tr.-prnl. Solevantar, incitar, inducir, sublevar.* ↔ TRANQUILIZAR, AQUIETAR, SOMETER.

**sollo** *m. Esturión, marón, marión.*

**sollozo** *m. Singulto* (MED.).

**sólo** *adv. m. Solamente, únicamente.*

**solo, -la** *adj. único.* 2 *Singular, señero.* 3 (pers.) *Solitario, aislado.* 4 (lugar) *Desierto, deshabitado, despoblado.*

**solomillo** *m. Entrecuesto, filete.*

**soltar** *tr.-prnl. Desatar, desligar, desceñir.* ↔ COGER. 2 *Desasir.* ↔ SUJETAR, ASIR. 3 *Libertar, poner, dejar en libertad, excarcelar.* ↔ ENCARCELAR.

**soltería** *f. Celibato.* ↔ MATRIMONIO.

**soltero, -ra** *adj.-s. Célibe, mancebo* (p. us.), *mozo.*

**soltura** *f. Agilidad, destreza*, pronti-*

*tud, expedición.* 2 *Desembarazo\*, desenvoltura, libertad, desgarro.* 3 *Lucidez, despejo, elocuencia, labia.*

**solubilidad** *f.* QUÍM. *Disolubilidad.*

**soluble** *adj. Disoluble.* 2 *Resoluble.*

**solución** *f. Disolución.* 2 *Desenlace, término, fin.* ↔ COMIENZO. 3 *Resolución, resultado.* ↔ PROPUESTA.

**solucionar** *tr. Acertar\*, resolver, solventar, zanjar.*

**solventar** *tr. Resolver\*, solucionar, zanjar, acertar.* ↔ DESARREGLAR, ADEUDAR.

**soma** *m.* MED. *Cuerpo.* ↔ PSIQUE.

**somanta** *f. Tunda, zurra, paliza, zamanca.*

**somático, -ca** *adj. Corporal, orgánico.* ↔ FUNCIONAL.

**sombra. Mala sombra** *f. Desgracia, desventura, desdicha, infortunio, infelicidad, malaventura, adversidad.* ↔ SUERTE, FORTUNA. 2 **No dejar ni a sol ni a sombra** *loc.* V. sol. 3 **Tener mala sombra** *Desagradar, disgustar, descontentar, enfadar, enojar, fastidiar, molestar.*

**sombrerillo** *m.* BOT. *Sombrero, sombrerete.* En los hongos.

**sombrío, -a** *adj. Umbrío, sombreado, sombroso, umbroso, umbrátil, opaco\*.* ↔ CLARO, LUMINOSO. 2 fig. *Triste, melancólico, tétrico.* ↔ ALEGRE (fig.).

**somero, -ra** *adj. Superficial.* 2 *Sucinto, sumario, sin pormenores, ligero.*

**someter** *tr.-prnl. Sujetar, rendir, avasallar, dominar, subyugar. "Someter* puede ser un hecho solo y aislado; *subyugar* supone un estado duradero. Los romanos *sometieron* muchos pueblos, a los que concedieron después los privilegios de municipios y colonias. Estos pueblos estaban *sometidos*, pero no *subyugados"* (M). ↔ REBELARSE, RESISTIRSE, DESOBEDECER, INDISCIPLINARSE. 2 *tr. Encomendar, encargar\*, cometer, confiar.*

**sommier** *m. Colchón de muelles.*

**somnífero, -ra** *adj. Hipnótico, soporífero.*

**somnolencia** *f. Soñolencia, adorme-*

*cimiento, sueño\*, letargo, sopor.* ↔ LIGEREZA, ALACRIDAD, VIVEZA.

**somormujo** *m. Zaramagullón.*

**son** *m. Sonido\*.* 2 fig. *Tenor, modo, manera.* 3 **Sin ton ni son** *loc. adv.* V. ton.

**sonado, -da** *adj. Famoso\*, célebre, renombrado.* 2 *Divulgado, ruidoso, sensacional.*

**sonajero** *m. Cascabelero.*

**sonar** *intr.* fig. *Mencionarse, citarse.* ↔ CALLAR. 2 *tr. Tocar, tañer.* Este uso transitivo de *sonar* está hoy en desuso. 3 *prnl. Susurrarse, rumorearse.*

**sonda** *f. Plomada.* 2 CIR. *Tienta, catéter.*

**sondar** *tr. Sondear.*

**sonecillo** *m. Soniquete.*

**sonido** *m. Ruido, son, tañido. Ruido,* el inarticulado, desagradable o confuso; *son,* el agradable, esp. producido con arte; *tañido,* el que se toca en algún instrumento. ↔ SILENCIO. 2 GRAM. *Fonema.*

**soniquete** *m. Sonecillo.* 2 *Sonsonete, tonillo.*

**sonoro, -ra** *adj. Sonante, vibrante, sonoroso* (poét.). 2 *Resonante, ruidoso.*

**sonrojar** *tr. Avergonzar, ruborizar, enrojecer, abochornar, sofocar.*

**sonrojo** *m. Vergüenza\*, rubor, bochorno, sofoco. Bochorno, sofoco,* son intensivos. ↔ IMPAVIDEZ, DESVERGÜENZA, PALIDEZ.

**sonsacar** *tr.* fig. *Averiguar, investigar, tirar de la lengua.*

**sonsonete** *m. Soniquete.* 2 *Tonillo.*

**soñar** *tr. Ensoñar.* 2 fig. *Fantasear, hacerse ilusiones.*

**sopanda** *f. Correón.*

**sopapo** *m. Solapo.* 2 *Bofetón.*

**sopetón. De sopetón** *loc. adv. Inesperadamente, de imprevisto, de improviso, de golpe y porrazo, de repente, repentinamente, súbito, súbitamente, de golpe.*

**sopista** *m. Sopón.*

**soplado, -da** *adj. Pulido, repulido, acicalado.* 2 *Estirado, engreído, hinchado, hueco, entonado, envanecido.*

**soplar** *tr.* fig. *Hurtar\*, quitar, birlar.* 2 *Sugerir, apuntar, inspirar.* 3 *Acusar, delatar, soplonear.*

**soplo** *m. Soplido.* 2 fig. *Delación.*

**soplón, -ona** *adj. Delator\*, acusón, espía\*, acusador\*, denunciante\*.*

**soponcio** *m.* fam. *Desmayo, desvanecimiento, congoja, síncope, ataque\*.*

**sopor** *m. Adormecimiento, somnolencia, sueño\*, modorra, letargo, letargia.* ↔ ALACRIDAD, DESPABILAMIENTO, VIVEZA, INSOMNIO.

**soporífero, -ra** *adj.-s. Somnífero, hipnóptico.* 2 *Aburrido, fastidioso, tedioso.*

**soportable** *adj. Tolerable, llevadero, aguantable, pasadero, sufrible.*

**soportal** *m. Porche, pórtico.*

**soportar** *tr. Sostener, llevar.* 2 fig. *Sufrir\*, tolerar, padecer, aguantar, sobrellevar.*

**soporte** *m. Apoyo, sostén, sustentáculo.*

**sorbete** *m. Helado, mantecado.* Este último, el que se hace con yema de huevo, leche y azúcar.

**sorbo** *m. Buche, buchada, bocanada.*

**sorda** *f.* (ave) *Agachadiza, rayuelo.*

**sordamente** *adv. m. Secretamente, ocultamente.* ↔ ABIERTAMENTE, RUIDOSAMENTE, CLARAMENTE.

**sordidez** *f. Miseria, avaricia\*.*

**sórdido, -da** *adj. Sucio.* 2 fig. *Impuro, indecente.* ↔ DECENTE (fig.). 3 *Mezquino, avaro, ruin, miserable, tacaño.* ↔ GENEROSO.

**sordo, -da** *adj.-s. Teniente.* Este sinónimo indica algo *sordo*, o duro de oído. 2 *Callado, silencioso.* 3 fig. *Insensible, indiferente.*

**soroche** *m. Amér. Merid. Mal de montaña, apunamiento.*

**sorprendente** *adj. Peregrino, desusado, extraordinario, raro, admirable, maravilloso.*

**sorprender** *tr. Admirar, asombrar, maravillar, pasmar, chocar.*

**sorpresa** *f. Admiración\*, asombro, estupor, pasmo.*

**sortear** *tr.* fig. *Evitar\*, eludir, rehuir, soslayar.*

**sorteo** *m. Rifa. Rifa* es el *sorteo* de uno o más objetos entre varias personas; tiene carácter popular o familiar. *Sorteo* es voz más escogida y de aplicación general. Toda *rifa* es un *sorteo*, pero no viceversa.

**sortija** *f. Anillo.*

**sosegado, -da** *adj. Tranquilo, quieto\*, pacífico, manso, reposado, sentado.*

**sosegar** *tr.-prnl. Tranquilizar, calmar, pacificar, apaciguar, aplacar\*, aquietar.* ↔ IRRITAR, DESTEMPLAR, INTRANQUILIZAR.

**sosera** *f. Sosería, zoncería, insulsez, insipidez.* ↔ GRACIA, AGUDEZA, SAL.

**sosiego** *m. Quietud\*, tranquilidad, serenidad, reposo, calma, descanso.*

**soslayar** *tr.* fig. *Evitar\*, eludir, rehuir, sortear.*

**soslayo, -ya** *adj. Sesgo, sesgado, soslayado, oblicuo.* 2 **A soslayo** *loc. adv. Oblicuamente, de refilón, al sesgo, al bies.*

**soso, -sa** *adj. Insulso, insípido\*.* 2 fig. *Inexpresivo, zonzo, zonzorrión. Inexpresivo* es más general y abstracto. Todo lo *soso* es *inexpresvio*, pero no viceversa. Un símbolo puede ser *inexpresivo* para el que no lo entiende, pero no *soso. Zonzo* se aplica a personas; *zonzorrión*, intensivo.

**sospecha** *f. Desconfianza\*, recelo, asomo\*.* "Se *sospecha* el bien o el mal; se *recela* el mal, y no el bien. Una mujer tiene *sospecha* de estar enamorada, y *recelo* de malparir. La *sospecha* supone reflexión; el *recelo* temor o miedo. Un niño no *sospecha* nada, porque le falta la reflexión, que debe servir de fundamento a su *sospecha*; pero *recela*, porque para esto le basta el miedo. Por la misma razón, no se dice de un irracional que *sospecha*, y se dice que *recela*" (LH). ↔ CONFIANZA, FE, INGENUIDAD.

**sospechar** *tr. Barruntar, remusgar, presumir, conjeturar, imaginar, suponer.* Estos sinónimos forman una serie intensiva. 2 *Desconfiar, recelar, temer.* ↔ CONFIAR.

**sostén** *m. Apoyo, soporte, sustentáculo.* 2 *Protección, defensa, amparo.* 3 *Sustento, mantenimiento, manutención.*

**sostener** *tr. Sustentar, mantener.* 2 *Proteger, defender\*, amparar.* 3 *Afirmar, sustentar, apoyar, aguantar.* 4 *Alimentar, mantener, sustentar.*

**sostenimiento** *m. Sostén, soporte, apoyo.* 2 *Manutención, mantenimiento, sustento.*

**sotabanco** *m. Desván, zaquizamí, buhardilla.*

**sotacola** *f. Ataharre.*

**sotana** *f. Loba* (p. us.).

**sótano** *m. Subterráneo, soterraño.*

**sotechado** *m. Cobertizo\*.*

**soterrar** *tr. Enterrar\*, inhumar\*.* 2 fig. *Esconder, ocultar, guardar.*

**spi** *m.* anglic. MAR. *Spinnaker* (anglic.), *vela balón.*

**spinnaker** *m.* anglic. MAR. *Spi, vela balón.*

**strike** *m.* anglic. DEP. *Intento.* Usado en el béisbol.

**suasorio, -ria** *adj.* lit. *Persuasivo, convincente.*

**suave** *adj. Liso, pulido, fino.* ↔ ÁSPERO. 2 *Blando, muelle.* 3 *Dulce, agradable, grato, melodioso\*.* Este último tratándose de la música. 4 *Tranquilo, manso, quieto.* ↔ IRRITABLE. 5 *Lento, moderado.* 6 *Dócil, apacible.* ↔ BRONCO.

**suavidad** *f. Blandura, lenidad.*

**suavizar** *tr.-prnl. Pulir, alisar, pulimentar.* 2 *Mitigar, moderar, templar, calmar, dejar como un guante, aliviar\*, aplacar\*.* ↔ IRRITAR, DESTEMPLAR.

**subalterno, -na** *adj. Inferior, subordinado, dependiente.*

**subasta** *f. Licitación, almoneda.* Este último, tratándose de muebles, enseres, vestidos, etc.

**subcutáneo, -ea** *adj. Hipodérmico.*

**súbdito, -ta** *adj.-s. Vasallo, ciudadano. Vasallo* se dice con relación a un monarca o a un señor feudal. *Súbdito* es la denominación general y aplicable a toda clase de regímenes po-

líticos. *Ciudadano,* en los países de régimen democrático.

**subentender** *tr.-prnl. Sobreentender.*

**suberoso, -sa** *adj. Corchoso.*

**subestimación** *f. Desprecio\*, desestimación, menosprecio.*

**subestimar** *tr. Tener en poco, menospreciar, minimizar, despreciar\*.*

**subida** *f. Ascenso, ascensión, elevación.* ↔ DESCENSO, CAÍDA. 2 *Cuesta, pendiente, repecho.* ↔ BAJADA. 3 *Alza, aumento, encarecimiento, carestía\*, crecida\*.* ↔ DISMINUCIÓN.

**subido, -da** *adj. Alto, elevado.* 2 *Fino, acendrado.*

**subilla** *f. Alesna, lezna.*

**subir** *intr.-prnl. Ascender, elevarse.* ↔ BAJAR, DESCENDER. 2 *Cabalgar, montar.* 3 *Crecer\*, aumentar.* ↔ DISMINUIR. 4 *Importar, sumar.* 5 *tr. Remontar, trepar.* 6 *Levantar, alzar, elevar.* ↔ BAJAR. 7 *intr.-tr. Aumentar, encarecer.* ↔ BAJAR, REBAJAR.

**súbitamente** *adv. m. Súbito, de sopetón, súpito.*

**súbito** *adv. m. Súbitamente, de sopetón, súpito.*

**súbito, -ta** *adj. Súpito, improviso, repentino, impensado.* 2 *Precipitado, impetuoso, violento.*

**sublevación** *f. Sublevamiento* (p. us.), *levantamiento, alzamiento, sedición, rebelión, motín, tumulto, algazara, asonada, revuelta, facción, revolución, subversión.* Cuando una *sublevación* es considerada con estimación o respeto por parte del que habla, se llama *levantamiento* o *alzamiento.* Si inspira antipatía o es mirada como delito: *sedición* (menos grave) o *rebelión* (más grave). *Motín, tumulto, algazara, asonada, revuelta,* son alteraciones colectivas del orden público, más o menos localizadas y desordenadas. *Facción* es grupo de gentes o tropas en rebeldía contra la autoridad constituida. *Revolución* y *subversión* aluden al trastorno violento que produce el cambio político que de ellas se origina.

**sublevamiento** *m.* p. us. *Sublevación, levantamiento, alzamiento, sedición, rebelión, motín, tumulto, algarada, asonada, revuelta, facción, revolución.* ↔ SUBVERSIÓN.

**sublevar** *tr.-prnl.* *Amotinar, insurrecionar, levantar, alzar.* ↔ SOMETER, OBEDECER. 2 *Irritar, airar, enojar, soliviantar.*

**sublimar** *tr.-prnl.* *Engrandecer, enaltecer, ensalzar, exaltar. Sublimar tiene significación intensiva.* ↔ HUMILLAR, DENIGRAR.

**sublime** *adj.* *Elevado, levantado, excelso, eminente.*

**sublimidad** *f.* *Alteza, excelencia.*

**submarino** *m.* *Sumergible.*

**submúltiplo, -pla** *adj.-s.* MAT. *Divisor, factor.*

**subordinación** *f.* *Sujeción, dependencia, inferioridad.* 2 GRAM. *Hipotaxis.*

**subordinado, -da** *adj.* *Sujeto, supeditado, dependiente, inferior, subalterno.* 2 GRAM. *Hipotáctico.*

**subrayar** *tr.* fig. *Acentuar, recalcar, marcar, insistir, hacer resaltar, hacer hincapié, destacar.*

**subrepticio, -cia** *adj.* *Oculto, furtivo, disimulado.*

**subsanar** *tr.* *Remediar, enmendar\*, corregir\*, reparar, resarcir.* ↔ RATIFICAR, REITERAR.

**subscribir** *tr.* *Firmar.* 2 *Acceder, consentir, adherirse, convenir.* 3 prnl. *Abonarse.*

**subsecuente** *adj.* *Siguiente\*, ulterior, posterior, subsiguiente.* ↔ ANTECESOR, ANTERIOR, DELANTERO, PRECEDENTE.

**subsidio** *m.* *Socorro, auxilio.* 2 *Contribución, impuesto.*

**subsiguiente** *adj.* *Siguiente\*, subsecuente, ulterior, posterior.* ↔ ANTERIOR, PRECEDENTE, DELANTERO, ANTECESOR.

**subsistir** *intr.* *Permanecer, durar\*, conservarse, persistir, continuar.* ↔ PUDRIRSE, PERDERSE. 2 *Vivir, existir.* ↔ MORIR.

**substancia** *f.* *Materia.*

**substancial** *adj.* *Esencial, invariable, integrante, permanente.*

**substancioso, -sa** *adj.* *Jugoso, suculento.* 2 *Alimenticio, nutritivo.* 3 fig. *Valioso.*

**substracción** *f.* MAT. *Resta.*

**subterfugio** *m.* *Efugio\*, escapatoria, pretexto, evasiva.*

**subterráneo** *m.* *Soterraño, sótano. Este último, si está entre los cimientos de un edificio.*

**suburbio** *m.* *Arrabal. El suburbio es el arrabal o barriada cercanos a una gran ciudad. Las poblaciones pequeñas tienen arrabales, pero no suburbios.*

**subvenir** *tr.* *Auxiliar, ayudar, socorrer.*

**subversión** *f.* *Sublevación.* ↔ DISCIPLINA, ORDEN, PAZ. 2 *Trastorno, perturbación.*

**subvertir** *tr.* *Trastornar, revolver, perturbar, destruir, trastocar.*

**subyugar** *tr.* *Dominar, someter\*, avasallar, sujetar, aherrojar\*.* ↔ REBELAR, LIBERTAR.

**succino** *m.* *Ámbar, cárabe, electro.*

**succionar** *tr.* *Chupar.*

**sucedáneo, -ea** *adj.-m.* *Sustitutivo.*

**suceder** *intr.* *Seguir.* ↔ PRECEDER. 2 *Reemplazar, sustituir.* 3 *Heredar.* 4 *Acontecer, ocurrir, pasar\*.*

**sucedido** *m.* *Suceso, hecho, caso, acontecimiento\*.*

**sucesión** *f.* *Seguimiento, secuencia, serie.* 2 *Herencia.* 3 *Prole, descendencia.*

**sucesivo, -va** *adj.* *Siguiente, posterior.* ↔ ANTERIOR.

**suceso** *m.* *Acontecimiento\*, acaecimiento, sucedido, hecho, caso.*

**sucesor, -ra** *adj.-s.* *Venideros, descendientes. En pl. equivale a veces a venideros; puede tener el significado de descendientes, y en este caso se opone a ascendientes, antepasados.* 2 *Continuador.* 3 *Heredero.*

**suciedad** *f.* *Inmundicia, porquería, basura.* ↔ LIMPIEZA, PUREZA.

**sucinto, -ta** *adj.* *Breve\*, compendioso, somero, conciso\*, lacónico, corto\*.* ↔ LARGO, AMPLIO.

**sucio, -cia** *adj.* *Manchado, impuro, sórdido.* 2 *Inmundo, puerco, cochino, deseaseado.* 3 *Obsceno, deshonesto.*

**suculento, -ta** adj. Jugoso, sustancioso, sabroso.

**sucumbir** intr. Ceder, someterse, rendirse. ↔ RESISTIRSE, AGUANTAR. 2 Caer, perecer*, morir, fallecer. Sucumbir es morir a causa de algún agente exterior. Se sucumbe en una batalla, en una epidemia, enfermedad, incendio, naufragio, etc. ↔ VIVIR.

**sucursal** adj.-f. Hijuela, filial. La sucursal depende de un establecimiento o compañía principal. La hijuela y la filial se extienden a industrias o negocios que tuvieron su origen en otros y conservan más o menos intereses comunes, aunque tengan régimen y dirección distintos.

**sudadera** f. Sudadero, sudario. 2 Bajera, abajera, sudadero.

**sudadero** m. Sudadera, sudario.

**sudar** intr.-tr. Transpirar, resudar, trasudar. Transpirar como palabra escogida, o tecnicismo que designa esta función fisiológica. Los dos últimos significan sudar ligeramente. 2 Rezumar, exudar.

**sudatorio, -ria** adj.-s. Sudorífero, sudorífico, diaforético (MED.).

**sudeste** m. Sueste. 2 Siroco.

**sudor** m. Transpiración, resudor, trasudor, perspiración, sudoración, diaforesis. Resudor y trasudor significan sudor ligero. 2 Exudación. 3 fig. Trabajo, fatiga, pena, angustia. En esta acepción se usa con frecuencia el plural sudores.

**sudoración** f. MED. Perspiración, transpiración, sudor, diaforesis.

**sudorífero, -ra** adj.-s. Sudorífico, sudatorio, diaforético (MED.).

**sudorífico, -ca** adj. MED. Diaforético, hidrótico, diapnoico.

**suegro, -gra** s. Padre político, madre política.

**suela** f. Lenguado. 2 Zócalo (de un edificio). V. suela.

**suelda** f. Consuelda, consólida.

**sueldacostilla** f. Vicarios.

**sueldo** m. Remuneración, retribución, estipendio, haber, mensualidad, paga, soldada, semanal, honorarios, gratificación, gajes, emolumentos, salario*. Tratándose de empleados, haber o haberes, sueldo; paga es cada una de las entregas que percibe, generalmente cada mes, por lo cual se llama también mensualidad. El sueldo periódico que reciben criados y obreros manuales, salario; entre campesinos, soldada; si es por semanas, semanal; si es por días, jornal. En las profesiones liberales, honorarios, especialmente si no son periódicos. En el lenguaje administrativo, gratificación, gajes y emolumentos son sueldos o utilidades accesorios.

**suelo** m. Solar, terreno. 2 Piso, pavimento. 3 Sedimento*.

**suelta** f. Traba, maneota, maniota, manea, guadafiones, manija.

**suelto, -ta** adj. Esporádico*. 2 Expedito, ágil, diestro, desembarazado, ligero, veloz. ↔ TORPE, PESADO, LENTO. 3 Libre, atrevido.

**sueño** m. Dormida. 2 Adormecimiento, somnolencia, sopor. Los dos primeros sugieren una predisposición al sueño o estado intermedio entre el sueño y la vigilia; sopor puede tener el mismo significado (intensivo), o el de sueño morboso y profundo. 3 Ensueño, ensoñación, quimera, ilusión, fantasía.

**suerte** f. Fortuna, ventura, destino, estrella, sino, azar, acaso, casualidad, chiripa, chamba, sombra. Los tres últimos son denominaciones populares. ↔ INFORTUNIO, DESVENTURA. 2 Clase, género, especie. 3 **De esta suerte** loc. adv. Así, de esta manera. 4 **Tener mala suerte** loc. Tener mala pata, estar de malas, haber pisado mala hierba.

**sueste** m. Sudeste.

**suficiencia** f. Capacidad, aptitud*, competencia, idoneidad. ↔ INEPTITUD, INCAPACIDAD, ESCASEZ.

**suficiente** adj. Bastante, asaz. 2 Capaz, apto*, competente, idóneo.

**sufragar** tr. Costear, satisfacer, pagar*.

**sufragio** m. Ayuda, favor, socorro. 2 Voto.
**sufrible** adj. Soportable, tolerable, llevadero, aguantable, pasadero.
**sufrido, -da** adj. Pasible, paciente, resignado, tolerante.
**sufrimiento** m. Padecimiento, dolor, tormento, tortura, martirio, dolencia, pena*. 2 Paciencia, conformidad, resignación, aguante, tolerancia.
**sufrir** tr. Padecer. ↔ GOZAR. 2 Resignarse, conformarse. 3 Permitir*, aguantar, soportar, tolerar, consentir. "Sufrir se dice de un modo absoluto: se sufre el mal de que uno no se venga. Soportar pertenece más bien a los defectos personales. Se soporta el mal humor de las personas que tratamos" (Ma). "Sufrir, tolerar. La diferencia de estos dos verbos es que el primero tiene relación al esfuerzo físico, y el segundo al esfuerzo moral. Se sufren los dolores; se toleran los desprecios. También se usa figuradamente el verbo sufrir en el sentido moral, y entonces supone una paciencia más forzosa, tolerar una paciencia más voluntaria. Un amo prudente tolera algunas veces las faltas de sus criados, haciéndose cargo de que estos tienen que sufrir a menudo sus vivezas e impertinencias" (LH).↔ REBELARSE. 4 Sostener, resistir, soportar. ↔ REBELARSE.
**sugerencia** f. Sugestión, insinuación.
**sugerir** tr. Insinuar, suscitar, incitar, aconsejar. Insinuar significa sugerir indirectamente o de modo muy ligero. El acto de sugerir declaradamente puede ser sinónimo de suscitar, incitar, aconsejar.
**sugestibilidad** f. Simpatismo.
**sugestión** f. Sugerencia, insinuación, atractivo, fascinación, hechizo. En el uso actual, sugerencia es la acción y efecto de sugerir: sugestión, la acción y efecto de sugestionar. En este sentido, sugerencia puede ser sinónimo de insinuación; y sugestión, de atractivo, fascinación, hechizo.

**suizo, -za** adj.-s. (pers.) Esguízaro, helvecio (p. us.), helvético. Hablamos de los cantones esguízaros en la Historia; de la confederación helvética; helvecio es de raro uso en la actualidad. Tratándose de personas de aquella nacionalidad, hoy sólo usamos suizo.
**sujeción** f. Sumisión, obediencia, subordinación. ↔ LIBERTAD, INSUMISIÓN. 2 Unión, ligadura, atadura, traba. ↔ DESUNIÓN, LIBERTAD.
**sujetar** tr.-prnl. Asir, afirmar, atar*, comprimir*. ↔ SOLTAR. 2 Someter, dominar, avasallar, subyugar, coercer*. ↔ REBELAR.
**sujeto** m. desp. Individuo*, socio, prójimo. Los dos últimos acentúan su carácter despectivo.
**sujeto, -ta** adj. Expuesto, propenso.
**sulco** m. ant. Surco, carril.
**sulfato de plomo** m. Anglesita, vitriolo de plomo.
**sulfurar** tr.-prnl. fig. Enojar, irritar, encolerizar, enfurecer, encorajinar*. Sulfurar es intensivo, y supone ordinariamente gestos y palabras iracundos.
**suma** f. Adición. 2 Total. 3 Compendio, recopilación, resumen, sumario. 4 En suma loc. adv. En definitiva, por último, finalmente, en conclusión.
**sumador** m. Sumadora.
**sumadora** f. Sumador.
**sumar** tr. Adicionar, añadir*. Adicionar es añadir una cantidad a otra u otras. ↔ RESTAR. 2 Ascender a, subir a, elevarse a, montar a, sumar, importar, totalizar. Tratándose de facturas, cuentas, etc. 3 prnl. Adherirse, agregarse. ↔ SEPARARSE.
**sumario** m. Resumen, compendio*, suma, extracto, sinopsis.
**sumario, -ria** adj. Breve*, sucinto, abreviado, resumido, corto*.
**sumergible** m. Submarino.
**sumergir** tr.-prnl. fig. Abismar, hundir, sumir, irse a pique, naufragar, anegar*, ahogar.
**sumersión** f. Inmersión, baño. Inmer-

*sión* es el acto de introducir algo en un líquido, total o parcialmente; la *sumersión* es *inmersión* total hasta quedar cubierto por el líquido. Ambos sinónimos equivalen a baño, especialmente tratándose del cuerpo.

**sumidero** *m. Sentina.*

**suministrador, -ra** *adj.-s. Abastecedor\*, proveedor, aprovisionador.*

**suministrar** *tr. Proporcionar\*, facilitar, proveer, aprovisionar, surtir, abastecer\*.*

**suministro** *m. Abastecimiento, abasto, provisión, aprovisionamiento, avituallamiento.*

**sumir** *tr. Hundir, meter, sumergir, abismar.* 2 LITURG. *Consumir.*

**sumisión** *f. Acatamiento, respeto, obediencia, veneración, acato, rendimiento.* ↔ DESOBEDIENCIA, DESACATO.

**sumiso, -sa** *adj. Obediente, subordinado, dócil, bienmandado.* ↔ REBELDE, INDISCIPLINADO, DESOBEDIENTE. 2 *Rendido, subyugado, avasallado.* ↔ REBELDE.

**sumo, -ma** *adj. Supremo.* ↔ ÍNFIMO, MÍNIMO. 2 fig. *Muy grande, enorme.* ↔ ÍNFIMO, MÍNIMO.

**suncho** *m. Fleje, zuncho.*

**suntuosidad** *f. Magnificencia, esplendor, esplendidez, lujo, fausto.* ↔ SENCILLEZ, MODESTIA, AHORRO.

**suntuoso, -sa** *adj. Magnífico, esplendoroso, espléndido, lujoso, fastuoso, regio.* 2 *Ostentoso, pomposo.*

**supeditado, -da** *adj. Subordinado, sujeto, dependiente, inferior, subalterno.*

**supeditar** *tr.-prnl. Sujetar, someter, dominar, oprimir, avasallar.* ↔ REBELAR.

**superabundancia** *f. Sobreabundancia, plétora.*

**superabundante** *adj. Pletórico, lleno, repleto.*

**superar** *tr. Sobrepujar, exceder, aventajar, ganar, vencer.*

**superchería** *f. Engaño, dolo, fraude, impostura, mentira.* ↔ VERDAD.

**superdominante** *f.* MÚS. *Sexta.*

**superficial** *adj. Somero, ligero.* 2 *Aparente.* ↔ HONDO. 3 *Frívolo, insustancial.* ↔ REFLEXIVO.

**superficie** *f. Ámbito, espacio.*

**superfluidad** *f. Exceso\*, sobra, demasía, redundancia.* Este último, tratándose de palabras. ↔ UTILIDAD, ESCASEZ, MODESTIA.

**superfluo, -flua** *adj. Innecesario, inútil, sobrante, excesivo, redundante.* Este último, si es de palabra.

**superhumeral** *m. Efod.*

**superintendencia** *f. Sobreintendencia.*

**superior** *adj. Excelente\*.*

**superior, -ra** *s. Prior.* En las comunidades religiosas.

**superioridad** *f. Preeminencia, excelencia, ventaja.* ↔ INFERIORIDAD. 2 *Preponderancia, supremacía.* ↔ INFERIORIDAD.

**superponer** *tr. Sobreponer, aplicar.*

**superrealismo** *m. Surrealismo.*

**superrealista** *adj.-com. Surrealista.*

**supérstite** *adj.* DER. *Sobreviviente, superviviente.*

**superviviente** *adj.-com. Sobreviviente, supérstite.*

**súpito** *adv. m. Súbitamente, súbito, de sopetón.*

**suplantar** *tr. Reemplazar\*, relevar, revezar, suplir.*

**suplementar** *tr. Suplir, completar.*

**suplemento** *m. Apéndice, prolongación, agregado.*

**suplente** *adj.-com. Sustituto, reemplazante.*

**súplica** *f. Ruego, instancia, petición.*

**suplicar** *tr. Rogar\*, instar, implorar, impetrar.* "Suplicar, rogar. Ambos significan pedir un favor; pero el primero supone respeto; el segundo supone humildad. El que *suplica*, pide, con justicia o por gracia, lo que depende de la voluntad ajena; el que *ruega*, pide siempre por pura gracia, lo que depende de la voluntad de otro. Un pretendiente *suplica*; un pecador *ruega*" (LH). ↔ CONCEDER, ATENDER.

**suplicio** *m. Tormento, tortura.* 2 *Patíbulo, cadalso, potro.* 3 fig. *Dolor\*, padecimiento, sufrimiento.*

**suplir** *tr. Completar, suplementar.* 2 *Reemplazar\*, sustituir.*

**suponer** *tr. Presumir, creer, conjeturar, figurarse, pensar.* V. *sospechar.* 2 *Implicar, traer consigo, sospechar.*

**suposición** *f. Hipótesis, supuesto, presunción, conjetura\*, barrunto, atisbo, corazonada, barrunte\*.* En el terreno científico, *hipótesis, supuesto;* en la vida corriente, *presunción, conjetura.* La *presunción,* la *conjetura* y la *suposición* pueden carecer de toda base y ser simples *barruntos, atisbos* o *corazonadas.* Una *hipótesis* debe ser razonada, coherente, y se admite provisionalmente mientras no surja otra mejor. La *suposición* puede ser fundada o gratuita, y nos servimos de ella en la vida práctica. La *hipótesis* es especulativa.

**supositorio** *m. Cala.*

**supremacía** *f. Dominio, superioridad, preeminencia, preponderancia.*

**supremo, -ma** *adj. Sumo, altísimo.* 2 *Culminante, último, decisivo.*

**suprimir** *tr. Abolir\*, anular.* ↔ AUTORIZAR. 2 *Quitar.* ↔ DAR. 3 *Omitir, callar, pasar por alto.* ↔ INCLUIR.

**supuesto** *m. Suposición\*, conjetura\*.*

**supuesto, -ta** *adj. Hipotético, conjetural, presunto, apócrifo\*.* "Lo *supuesto* no existe; lo *presunto* tiene una existencia desconocida. Lo *presunto* supone realidad, aunque con incertidumbre acerca del sujeto. Se ha cometido un delito, y hay un *presunto* reo. Cuando no consta el autor de una obra, y se atribuye a muchos, todos ellos son autores *presuntos*" (M).

**supuración** *f.* MED. *Purulencia, pus, piosis.*

**suputar** *tr.* ASTRON. *Computar, calcular.*

**sur** *m. Mediodía, austro.* ↔ NORTE, ÁRTICO, SEPTENTRIÓN.

**surco** *m. Carril, sulco* (ant.). 2 *Señal, hendedura.* 3 *Arruga.* En la cara o en cualquier parte del cuerpo. 4 CIR. *Crena.*

**surgidero** *m. Fondeadero.*

**surgir** *intr. Brotar, manar, surtir.* 2 *Fondear.* 3 fig. *Salir, alzarse, manifestarse, aparecer.* ↔ OCULTARSE.

**surrealismo** *m. Superrealismo.*

**surrealista** *adj.-com. Superrealista.*

**surtido, -da** *adj.-s. Mezclado, variado.*

**surtidor** *m. Salteadero, surtidero.*

**surtir** *tr. Proveer, aprovisionar, suministrar, abastecer\*.* 2 *intr. Brotar, surgir, manar.*

**surto, -ta** *adj. Fondeado, anclado.*

**susceptibilidad** *f. Delicadeza.*

**susceptible** *adj. Capaz, dispuesto, apto.* ↔ INCAPAZ. 2 *Picajoso, quisquilloso, sentido, delicado, puntilloso.*

**suscitador, -ra** *adj.-s. Promotor, promovedor, iniciador.*

**suscitar** *tr. Promover, levantar, incitar, sugerir\*.*

**suscribir** *tr.-prnl. Firmar\*, signar.*

**suspender** *tr. Colgar, levantar.* 2 *Detener, interrumpir, parar\*, cesar\*, diferir\*.* ↔ IMPULSAR. 3 *Desaprobar, reprobar, calabacear, dar calabazas, catear, colgar, revolcar.* Los cinco últimos, entre estudiantes. 4 *Admirar, embelesar, maravillar, asombrar, pasmar.*

**suspensión** *f. Detención, parada, interrupción, cesación, pausa, aplazamiento\*.* 2 *Admiración, embeleso, asombro, pasmo.* 3 **Suspensión de hostilidades** *Armisticio, tregua.*

**suspenso** *m. Calabazas, cate.* Entre estudiantes.

**suspenso, -sa** *adj. Admirado, atónito, pasmado, absorto\*.* 2 *Indeciso, perplejo.*

**suspicacia** *f. Desconfianza\*, recelo, escama* (fam.), *sospecha, malicia.* ↔ CONFIANZA, CREDULIDAD, SINCERIDAD.

**suspicaz** *adj. Receloso, desconfiado, mal pensado, escamado, escamón.* ↔ CONFIADO, CRÉDULO, SINCERO.

**suspirado, -da** *adj. Deseado, anhelado, apetecido, ansiado.*

**suspirar** *intr. Anhelar, desear.* Con este significado, *suspirar por.*

**sustentáculo** *m. Apoyo, sostén, soporte.*

**sustentar** *tr.-prnl. Sostener, soportar, aguantar.* ↔ SOLTAR. *2 Defender, amparar, apoyar.* ↔ NEGAR. *3 Alimentar, mantener\*.* ↔ DESNUTRIR.

**sustento** *m. Alimento, mantenimiento, manutención.*

**sustitución** *f. Reemplazo, relevo.*

**sustituir** *tr. Reemplazar, suplir, relevar.*

**sustitutivo, -va** *adj.-s. Sucedáneo.*

**sustituto, -ta** *adj.-s. Suplente.*

**susto** *m. Sobresalto, espanto.* "*Susto* y *espanto* explican una consternación del ánimo ocupado de pronto por un objeto o accidente imprevisto. La diferencia que hay entre ellos es que *susto* es análogo al miedo; el *espanto,* al horror o a la admiración. Un sueño horroroso *espanta* a un hombre que no tiene miedo. Un pequeño ruido *asusta* de noche a un cobarde. La inesperada explosión de una mina volada puede *espantar* a un soldado, el cual se avergonzará de decir que se *asustó,* porque este efecto supondría miedo" (LH). V. miedo.

**sustracción** *f.* MAT. *Resta. 2 Robo, hurto.*

**sustraer** *tr. Apartar, separar, extraer, quitar. 2 Hurtar\*, robar. 3* MAT. *Restar.*

**susurrar** *intr. Murmurar. 2 prnl. Rumorearse, runrunearse, sonarse.*

**susurro** *m. Murmullo, murmurio, rumor.*

**sutil** *adj. Delgado, delicado, tenue, fino. 2 fig. Agudo, ingenioso, perspicaz.*

**sutileza** *f. Perspicacia, agudeza, penetración, ingenio.* ↔ TONTERÍA, ESTUPIDEZ, CORTEDAD. *2 Argucia, sutilidad, ingeniosidad.* ↔ TONTERÍA.

# T

**taba** *f. Taquín, astrágalo.*
**tabalear** *tr. Atabalear.* 2 *intr. Tamborilear, tamborear, tocar.*
**tabaola** *f. Batahola.*
**tabaque** *m. Altabaque.*
**tabaquera** *f. Petaca*.*
**tabaquería** *f. Estanco* (en España).
**tabaquismo** *m. Nicotismo.*
**tabardillo** *m.* (fiebre) *Pinta.*
**tabarra** *f. Lata, tostón.*
**taberna** *f. Tasca* (desp. y fam.).
**tabernáculo** *m. Sagrario* (altar), *custodia.*
**tabes** *f.* MED. *Consunción.*
**tabique** *m. Pared*, muro, tapia, albarrada, horma, hormaza.*
**tablacho** *m. Compuerta.*
**tablado** *m. Entablado, tillado.*
**tablajero** *m. Garitero.*
**tablar** *m. Tablero.*
**tablas** *f. pl. Empate.* Esp. en el juego de ajedrez. 2 *Escenario.* 3 TAUROM. *Barrera.*
**tablear** *tr. Atablar, allanar.*
**tablero** *m. Adral, tablar.* 2 *Ábaco, numerador, tanteador.*
**tablestacado** *m.* CONSTR. *Ataguía.*
**tableta** *f. Tabloncillo.* 2 *Pastilla, comprimido.*
**tabloncillo** *m. Tableta* (madera de sierra).
**tabloza** *f.* desus. *Paleta* (de pintor).
**tabuco** *m.* desp. *Chiscón, cuchitril, chiribitil, zaquizamí, tugurio.*
**taburete** *m. Banquillo, alzapiés.*
**tacañería** *f. Mezquindad, ruindad, ci-*

catería, avaricia*, miseria, roñería. ↔ ESPLENDIDEZ, GENEROSIDAD.
**tacaño, -ña** *adj.-s. Miserable, ruin, mezquino, roñoso, cicatero, avaro, avariento*.*
**tacha** *f. Tilde, falta, defecto, mancha, mácula, mancilla, impureza, desdoro.* ↔ PERFECCIÓN, HONOR.
**tachar** *tr. Borrar, rayar, testar* (ant.), *suprimir, anular*.* 2 *Culpar, censurar, tildar, notar*.*
**tácito, -ta** *adj. Callado*, silencioso.* ↔ HABLADOR. 2 *Implícito, supuesto, sobreentendido.* ↔ EXPLÍCITO.
**taciturno, -na** *adj.* (pers.) *Callado*, silencioso*.* ↔ LOCUAZ. 2 *Triste, melancólico, pesaroso, apesadumbrado.* ↔ ALEGRE, OPTIMISTA.
**taco** *m. Baqueta.* 2 *Bloque.* 3 *Palabrota, grosería, voto*, juramento, reniego.*
**táctica** *f.* fig. *Habilidad, tacto, tiento, diplomacia.*
**tactismo** *m. Taxia.*
**tacto** *m. Tiento.* 2 *Habilidad*, tiento, mano izquierda* (irón.), *táctica, política, diplomacia, mundología* (irón.), *sagacidad, discreción, destreza, acierto*.* ↔ INHABILIDAD.
**tafanario** *m.* fam. y p. us. *Nalgas, asentaderas, rabel tabalario, posas, posaderas.*
**tafilete** *m. Marroquí* (cuero).
**tagarote** *m. Baharí.*
**taguán** *m.* Filip. *Guiguí.*
**tahalí** *m. Tiracol, tiracuello.*
**taharal** *m. Tarayal.*

**taheño** 596

**taheño, -ña** *adj. Bermejo* (aplícase al pelo), *rubio, rojizo, rufo.*
**tahona** *f. Atahona* (desus.). Este sinónimo fue muy usado por los autores clásicos. 2 *Panadería.*
**tahonero, -ra** *s. Panadero.*
**tahúr, -ra** *adj.-s. Jugador*. 2 *Fullero, tramposo, cuco, chamarillero.*
**taimado, -da** *adj.-s. Astuto, bellaco, pícaro, tuno, tunante, zorro, cuco.*
**taimería** *f. Cuquería, picardía, malicia, astucia, tunería.* ↔ SINCERIDAD, INGENUIDAD.
**tajada** *f. Raja, rebanada.*
**tajadero** *m. Tajo* (pedazo de madera), *picador, tajador, tajón.*
**tajador** *m. Tajo* (pedazo de madera), *picador, tajadero, tajón.*
**tajamar** *m. Espolón.*
**tajar** *tr. Cortar, hender, partir, dividir. Tajar* supone cierta intensidad de la acción, tanto en su sentido recto como en el fig.; p. ej.: *tajar* cabezas, diferencias de intereses, litigios, etc.
**tajea** *f. Atarjea.*
**tajo** *m. Corte, incisión*. 2 Filo. 3 Escarpa. 4 (pedazo de madera) *Picador, tajadero, tajador, tajón.* 5 *Tarea, faena.*
**tajón** *m. Tajo* (pedazo de madera), *picador, tajadero, tajador.*
**tajuelo** *m. Tejuelo* (en mecánica), *rangua, tejo.*
**I tal** *adj. Igual, semejante.*
**II tal** *adv. m. Así, de esta manera, de esta suerte.*
**tala** *f.* (juego de muchachos) *Billalda, billarda* (p. us.), *toña.*
**taladrar** *tr. Horadar*, agujerear, perforar.*
**taladro** *m. Agujero*, horado, huraco* (rúst.), *orificio, perforación.*
**tálamo** *m. Cama, lecho* (lit.), *litera, yacija* (desp.), *camastro* (desp.). 2 *Receptáculo* (de la flor).
**talante** *m. Semblante, disposición, humor.* 2 *Voluntad, deseo, gusto.*
**talar** *tr. Cortar, arrasar. Talar* se usa únicamente tratándose de árboles. 2 *Destruir, arruinar, devastar, arrasar.*

**talento** *m. Ingenio, inteligencia, entendimiento, capacidad.* "La voz *talento,* en el sentido en que se mira como sinónimo de la voz *ingenio,* recae sobre la facultad intelectual de que está adornado un hombre, y de que usa para el arreglo de sus acciones y palabras, para la exactitud de sus raciocinios y fundamento de sus opiniones. *Ingenio* es la facultad con que el alma percibe y discurre sutilmente. Tiene *talento* el que se halla con luces y disposición para aumentar sus conocimientos, y aplicarlos a la dirección y acierto de sus operaciones. Tiene *ingenio* el que está dotado de viveza y disposición para hallar recursos y medios que no se presentan a primera vista, para conseguir un fin. El artífice que construye un instrumento según las reglas del arte que posee, y que, a fuerza de su estudio y de sus combinaciones y cálculos, lo perfecciona, tiene *talento.* Un curioso que inventa un instrumento por puro efecto de su imaginación, sin conocimiento de las reglas y principios del arte, tiene *ingenio.* Aquel aprende con facilidad lo que le enseñan, adquiere ideas con el estudio, y sabe dar razón de lo que aprende. Este halla en sí mismo ideas que no ha debido al estudio, y muchas veces no puede dar razón de lo que sabe" (LH) ↔ CORTEDAD, TONTERÍA, INHABILIDAD, DESCONOCIMIENTO.
**talentudo, -da** *adj. Inteligente, ingenioso, sagaz, listo, perspicaz, despierto, talentoso.* ↔ TORPE, TONTO.
**talismán** *m. Varita mágica, varita de las virtudes, amuleto. Amuleto* es un *talismán* que se lleva encima.
**talla** *f. Escultura.* Esp. si es de madera. 2 *Estatura, alzada. Estatura,* en el hombre; *alzada,* en las caballerías.
**tallar** *tr. Entallar.* 2 *Tasar, apreciar, valuar, valorar*, evaluar.*
**talle** *m. Cintura.* 2 fig. *Traza, apariencia.*
**taller** *m. Obrador, estudio.* La palabra

*taller* ha sustituido a la antigua *obrador* para designar en general la oficina donde se hace un trabajo manual; sin embargo, *obrador* predomina todavía en algunos oficios, como el de cerero, del confitero y de la planchadora. El pintor y el escultor trabajan en su *taller* o *estudio*; el químico y el farmacéutico, en el *laboratorio*.

**tallo** *m. Tronco, troncho, caña*. El *tallo* de los árboles y arbustos, *tronco*; el de las hortalizas, *troncho*; el de las gramináceas, *caña*. 2 *Renuevo, vástago*.

**talludo, -da** *adj*. fig. *Crecido, alto*. ↔ SECO, VERDE, JOVEN.

**talofítica** *adj. Arrizofita*.

**talón** *m. Calcañar, zancajo*.

**talque** *m. Tasconio*.

**tamaño** *m. Magnitud, grandor, grandeza*\*, *dimensión, volumen, extensión* (de una superficie).

**tamarisco** *m. Taray, tamariz, taraje*.

**tamariz** *m. Tamarisco, taray, taraje*.

**tambalear** *intr.-prnl. Trastrabillar, bambolear, oscilar, vacilar*. ↔ AQUIETARSE, INMOVILIZARSE.

**también** *adv. m. Asimismo, de la misma manera, igualmente*. 2 *Además, aun*\*, *incluso*.

**tambor** *m. Parche, caja* (ant.). Por sinécdoque, *parche*; *caja*, de uso general en los clásicos, es hoy antigua y únicamente se conserva en algunos modismos o frases hechas, como *echar a uno con cajas destempladas, ¡oído a la caja!*

**tamboril** *m. Atabal* (p. us.), *tímpano* (poét.), *tamborín, tamborino, timbal*. *Tímpano* evoca la antigüedad clásica.

**tamborilear** *intr. Tabalear, tamborear*.

**tamiz** *m. Filtrador, colador, colatorio*.

**tamojo** *m. Matojo*.

**tanatofobia** *f. Necrofobia*. ↔ NECROFILIA, TANATOFILIA.

**tanda** *f. Turno, vez, relevo*\*.

**tangerino, -na** *adj.-s*. (pers.) *Tingitano*.

**tangible** *adj. Tocable, palpable*. *Tocable* se refiere principalmente a las cosas materiales. *Palpable* y *tangible*, a lo material y a lo figurado. Un bulto *tocable, palpable* o *tangible*. Las consecuencias *palpables* o *tangibles* de una doctrina, de una resolución. ↔ IMPALPABLE, INASEQUIBLE, INCIERTO.

**tanteador** *m*. DEP. *Marcador*.

**tantear** *tr. Probar, ensayar, examinar*. 2 *Esbozar, bosquejar*.

**tanteo** *m. Tentativa, intento, prueba, ensayo*. 2 *Apunte, croquis, esbozo, boceto, esquicio*. 3 DEP. *Puntuación, resultado*.

**I tanto** *m*. DEP. *Punto*.

**II tanto. Por lo tanto** *loc. conj. Luego, por consiguiente, por tanto*.

**tañer** *tr. Tocar*\*.

**tañido** *m. Toque, son, sonido*\*.

**tapa** *f. Tapadera*. 2 *Cubierta* (en los libros).

**tapadillo. De tapadillo** *loc. adv. Ocultamente, furtivamente, a escondidas, a hurto, encubiertamente*. ↔ ABIERTAMENTE, SINCERAMENTE.

**tapadizo** *m. Cobertizo*\*.

**tapar** *tr.-prnl. Cubrir, cerrar*. ↔ DESCUBRIR, ABRIR. 2 *Atascar, atorar, obstruir*\*. ↔ DESEMBOZAR, DESATASCAR, DESOBSTRUIR. 3 *Abrigar, arropar, proteger*. 4 fig. *Ocultar*\*, *encubrir*.

**tápara** *f. Alcaparra*.

**taperujarse** *prnl. Arrebujarse, cubrirse, envolverse, taparse, tapujarse* (fam.), *embozarse*. ↔ DESTAPARSE, DESENVOLVERSE.

**tapia** *f. Pared*\*, *muro, tabique, albarrada, horma, hormaza, cerca*\*.

**tapioca** *f. Mañoco*.

**tapir** *m. Danta*.

**tapón** *m*. DEP. *Gorro*. En el baloncesto.

**taponar** *tr. Obliterar, obstruir, cerrar*.

**tapsia** *f. Zumillo*.

**tapujarse** *prnl*. fam. *Arrebujarse, cubrirse, envolverse, taparse, taperujarse, embozarse*. ↔ DESTAPARSE, DESENVOLVERSE.

**taquicardia** *f*. MED. *Taquirritmia*.

**taquígrafo, -fa** *s. Estenógrafo*.

**taquín** *m. Astrágalo, chita, taba*.

**taquirritmia** *f.* MED. *Taquicardia.*

**tara** *f. Defecto, vicio, lacra.*

**taracea** *f. Ataracea, marquetería, mosaico de madera.*

**taracear** *tr. Ataracear, incrustar.*

**taragallo** *m. Trangallo, tarangallo, trabanco.*

**taragontía** *f. Dragontea, culebrilla, serpentaria, zumillo.*

**taraje** *m. Tamarisco, taray, tamariz.*

**tarambana** *adj.-com. Ligero, alocado, irreflexivo, aturdido.*

**tarando** *m. Reno, rangífero, rengífero.*

**tarangallo** *m. Trangallo, taragallo, trabanco.*

**tarántula** *f.* ZOOL. *Licosa.*

**tarantulado, -da** *adj. Atarantado.*

**tararira** *com.* fam. *Botarate, alborotado, irreflexivo, atolondrado, precipitado.* ↔ JUICIOSO, REFLEXIVO, GRAVE.

**tarasca** *f. Tazaña* (dial.). 2 *Gomia.*

**tarascar** *tr. Morder* (con los dientes), *tarazar, atarazar, mordiscar, mordisquear.*

**taray** *m. Tamarisco, tamariz, taraje.*

**tarayal** *m. Taharal.*

**tarazana** *f. Atarazana, tarazanal, arsenal.*

**tarazar** *tr. Morder* (con los dientes), *tarrascar, atarazar, mordiscar, mordisquear.*

**tardanaos** *m. Rémora* (pez).

**tardanza** *f. Demora, dilación, lentitud, detención, retraso.* ↔ LIGEREZA, ALACRIDAD.

**tardar** *intr.-prnl. Demorarse, retrasarse, detenerse.* ↔ ALIGERAR, ADELANTARSE, APRESURARSE, ACELERAR.

**tardío, -a** *adj. Retrasado, moroso.* "*Tardío* es lo que tarda, cualquiera que sea la causa de su tardanza; *moroso* es lo que tarda por lentitud o pesadez. No decimos cosecha *morosa*, sino *tardía*; ni hombre *tardío*, sino *moroso*" (M). 2 *Pausado, lento, tardo, despacioso.*

**tardo, -da** *adj. Lento, despacioso, pausado, perezoso, tardío.* 2 *Rudo, torpe, boto.*

**tarea** *f. Labor, obra, trabajo\*, faena,*

*tajo, ocupación\*.* ↔ DESCANSO, PASIVIDAD.

**tarifa** *f. Arancel. Arancel,* si es oficial y se refiere a derechos o impuestos que hay que pagar. Si se trata de precio por servicios, *tarifa* y no *arancel.* Así decimos *arancel* de aduanas, pero *tarifa* de transportes, de electricidad, de teléfonos.

**tarjeta** *f. Papeleta, cédula, ficha.* 2 ELECTR. *Placa.*

**tarquín** *m. Cieno, lama, légamo, limo, lodo, fango, barro.*

**tarraja** *f. Terraja.*

**tarrasense** *adj.-com.* (pers.) *Egarense.*

**tarraya** *f. Esparavel* (pez), *atarraya.*

**tarreña** *f. Tejoleta.*

**tartamudear** *intr. Tartajear.*

**tartamudo, -da** *adj. Tartajoso, farfalloso.*

**tártaro** *m. Rasura.*

**tartera** *f. Fiambrera.*

**tarugo** *m. Zoquete.*

**tasa** *f. Tasación, valoración, evaluación.* 2 *Postura, precio máximo.* 3 *Medida, regla.*

**tasajo** *m. Tajada.*

**tasar** *tr. Estimar, apreciar, valorar\*, evaluar.* 2 *Graduar, regular, limitar, medir.*

**tasca** *f. Figón, bodegón, fonducho.* 2 desp. y fam. *Taberna.*

**tascar** *tr. Espadar, espadillar.*

**tasconio** *m. Talque.*

**tasugo** *m. Tejón* (mamífero).

**tatarabuelo, -la** *s. Rebisabuelo.*

**tataranieto, -ta** *s. Rebisnieto.*

**taujía** *f. Ataujía.*

**taumaturgia** *f. Magia, ocultismo, hechicería, encantamiento, brujería.*

**taumatúrgico, -ca** *adj. Maravilloso, prodigioso, milagroso, mágico, hechicero.*

**taumaturgo** *m. Mago, hechicero, encantador. Taumaturgo* es el autor de maravillas o prodigios. Dentro de este significado general se hallan comprendidos el *mago,* el *hechicero* y el *encantador.*

**taxia** *f. Tactismo.*

**taxología** f. (ciencia) *Taxonomía.*
**taxonomía** f. *Clasificación.* 2 (ciencia) *Taxología.*
**tazaña** f. *Tarasca* (figura).
**tazón** m. *Bol.*
**té. Té borde** m. *Pazote, apasote, pasiote, hierba de Santa María, hierba del Brasil, hierba hormiguera, pizate.* 2 **Té de los jesuitas** *Mate, té del Paraguay.*
**tea** f. *Cuelmo.*
**team** m. anglic. DEP. *Formación, equipo, bando.*
**tebaína** f. FARM. *Paramorfina.*
**tebaísmo** m. MED. *Opiumismo.*
**tebano, -na** adj.-s. (pers.) *Dirceo.*
**teca** f. *Relicario.*
**techado** m. *Techo, techumbre.*
**techo** m. *Techado, techumbre.* 2 fig. *Casa, habitación, hogar, domicilio.*
**techumbre** m. *Techo, techado.*
**tecle** m. MAR. *Andarivel.*
**tecnología** f. *Terminología.*
**tedio** m. *Aburrimiento, desgana, hastío, fastidio.* ↔ ENTRETENIMIENTO, AFÁN.
**tegumento** m. *Envoltura, cubierta.*
**teinada** f. *Tinada* (cobertizo), *tenada, tena.*
**tejar** m. *Tejería, tejera.*
**tejaroz** m. *Alero.*
**tejavana** f. *Cobertizo*.*
**tejedera** f. *Escribano del agua, esquila.*
**tejedor** m. (insecto) *Zapatero.*
**tejedura** f. *Textura* (disposición), *tejido.*
**tejera** f. *Tejar* (fábrica), *tejería.*
**tejería** f. *Tejar* (fábrica), *tejera.*
**tejido** m. *Género, tela.*
**tejoleta** f. *Tarreña.*
**tejón** m. (mamífero) *Tasugo.*
**tejos. Tirar los tejos** loc. *Rondar la calle, festejar, cortejar, galantear, hacer la corte, poner los ojos tiernos, ligar* (fam.).
**tejuelo** m. MEC. *Rangua, tajuelo, tejo.*
**tela** f. *Paño.* 2 fig. *Asunto, materia.*
**teledirección** f. *Telemando.*
**teledirigido, -da** adj. *Teleguiado.*
**teledirigir** tr. *Teleguiar.*
**telefonema** m. *Despacho* (telefónico).

**telefonillo** m. *Interfono.*
**telegrama** m. *Despacho* (telegráfico).
**teleguiado, -da** adj. *Teledirigido.*
**teleguiar** tr. *Teledirigir.*
**teleimpresor** m. *Teletipo.*
**telemando** m. *Teledirección.*
**teleología** f. *Finalismo.*
**telepatía** f. *Doble vista, telestesia.*
**telespectador, -ra** s. *Televidente.*
**telestesia** f. *Telepatía.*
**teletipo** m. *Teleimpresor.*
**televidente** com. *Telespectador.*
**televisión** f. fam. *Televisor.*
**televisor** m. *Televisión* (fam.).
**telina** f. *Almeja, tellina.*
**tellina** f. *Almeja, telina.*
**telúrico, -ca** adj. *Terrestre, terreno, terrenal.*
**tema** m. *Asunto, cuestión, motivo.* 2 *Porfía, obstinación.* 3 *Manía, idea fija.* 4 f. (del discurso) *Perístasis* (RET.), *argumento.*
**temario** m. *Programa, repertorio.*
**tembetá** m. *Argent., Bol., Par. y Perú.* (en guaraní) *Barbote, botoque* (en el Brasil).
**tembladal** m. *Tremedal.*
**temblar** intr. *Tremer* (lit.). 2 *Rilar, tiritar, tirlar, estremecerse, trepidar. Tiritar, cuando es de frío. Estremecerse* es *temblar* con movimiento agitado y súbito, a causa de un sobresalto, escalofrío, etc.; aplicado a cosas inanimadas que *tiemblan* por impulso exterior o propio, *trepidar, estremecerse,* p. ej. el suelo, los cristales, máquinas, etc.
**tembleque** adj. p. us. *Tembloroso, tembloso, trémulo, tremulante.*
**temblor** m. *Trepidación, estremecimiento.*
**tembloreo** m. *Tembloteo, temblor.*
**tembloroso, -sa** adj. *Tembloso, tembleque, trémulo, tremulante.*
**tembloso, -sa** adj. *Tembloroso, tembleque* (p. us.), *trémulo, tremulante.*
**tembloteo** m. *Tembloreo.*
**temer** tr. *Sospechar, recelar, no saber dónde meterse, ciscarse de miedo.* ↔ CREER, CONFIAR.

**temerario, -ria** *adj. Imprudente, arriesgado, osado, inconsiderado. Temerario* intensifica el signficado. Por esto hay un delito de *imprudencia temeraria,* más grave que la simple *imprudencia.*

**temeridad** *f. Imprudencia, atrevimiento, inconsideración, arrojo\*.* ↔ PRUDENCIA, REFLEXIÓN, COBARDÍA.

**temeroso, -sa** *adj. Temible, aterrador, espantoso.* 2 *Medroso\*, irresoluto, pusilánime, miedoso, cobarde.* 3 *Receloso, desconfiado.*

**temible** *adj. Formidable, espantoso, aterrador.* "Temible es lo que inspira temor; *formidable* es lo que inspira asombro y espanto. El rigor es *temible*; la crueldad es *formidable"* (M).

**temor** *m. Miedo\*, cobardía.* "El *temor* es muchas veces efecto de la prudencia; el *miedo,* de la imaginación; la *cobardía,* del temple y de la constitución física. El *temor* de Dios es obligación de todo cristiano. Los niños tienen *miedo* a la oscuridad, y muchos ignorantes lo tienen a las apariciones y fantasmas. La *cobardía* lleva consigo el desprecio y la deshonra" (M).

**temoso, -sa** *adj. Tenaz, obstinado, porfiado, terco.*

**témpano** *m. Timbal* (tambor), *atabal, tímpano, tamboril.*

**temperadamente** *adv. m. Templadamente, moderadamente, mesuradamente, parcamente.*

**temperamento** *m. Idiosincrasia\*, carácter, índole.*

**temperancia** *f. Templanza, moderación.* ↔ DESTEMPLANZA, IRRITACIÓN.

**temperante** *adj. Calmante, sedante.*

**temperar** *tr. Atemperar, moderar, templar, suavizar.*

**temperatura** *f. Temperie, temperamento, temple.*

**temperie** *f. Temperamento, temperatura, temple.*

**tempero** *m. Sazón, punto, madurez, perfección.* ↔ VERDOR.

**tempestad** *f. Temporal, tormenta, bo-* rrasca, tronada. Este último, cuando la *tempestad* es de truenos. ↔ CALMA, TRANQUILIDAD.

**tempestuoso, -sa** *adj. Tormentoso, borrascoso.*

**templadamente** *adv. m. Temperadamente, moderadamente, mesuradamente, parcamente.*

**templado, -da** *adj. Moderado\*, mesurado, sobrio, parco.* 2 *Tibio.* 3 *Sereno, valiente, impávido.*

**templador** *m. Martillo.*

**templanza** *f. Temperancia, frugalidad, abstinencia, continencia, sobriedad, moderación, morigeración.* Los tres últimos, referidos a las costumbres; *frugalidad,* a comer y beber; *abstinencia* y *continencia* a todo lo material.

**templar** *tr.-prnl. Moderar, suavizar, mitigar.* 2 *Aplacar, atenuar, sosegar.* ↔ DESTEMPLAR, IRRITAR. 3 MÚS. *Afinar, entonar.* ↔ DESAFINAR.

**temple** *m. Temperatura.* 2 fig. *Disposición, índole, genio, carácter\*, humor\*.* 3 *Arrojo, valentía, impavidez.*

**templista** *com. Pintor\*.*

**templo** *m. Iglesia.*

**temporada** *f. Época, era, tiempo, estación.*

**temporal** *adj. Seglar, secular, profano.* 2 *m. Tempestad, tormenta.*

**temporalizar** *tr. Secularizar.* Tratándose de lo eclesiástico.

**tempranamente** *adv. t. Temprano, pronto.* ↔ TARDE.

**temprano** *adv. t. Tempranamente, pronto.* ↔ TARDE.

**temprano, -na** *adj. Precoz, prematuro, adelantado, anticipado.* ↔ TARDO, RETRASADO, MADURO.

**tenacear** *tr. Atenacear, sujetar, amarrar, atenazar.* ↔ SOLTAR.

**tenacidad** *f. Firmeza, fuerza, resistencia.* 2 *Constancia, obstinación\*, porfía.*

**tenacillas** *f. pl. Mediacaña, pinzas.* Las que se usan para rizar el pelo, *mediacaña.* Las que sirven para coger alguna cosa, *pinzas.*

**tenada** *f. Tinada* (cobertizo), *teinada, tena.*

**tenaz** *adj. Firme, fuerte, resistente.* 2 fig. *Constante\*, obstinado, porfiado, terco\*, testarudo, contumaz\*.*

**tendajo** *m. Cobertizo\*.*

**tendal** *m. Toldo, vela, pabellón.*

**tendejón** *m. Cobertizo\*.*

**tendel** *m. Tortada* (ALBAÑ.).

**tendencia** *f. Inclinación\*, propensión\*, instinto.*

**tender** *tr.-prnl. Desdoblar, extender, desplegar.* ↔ ENCOGER, DOBLAR, PLEGAR. 2 *Esparcir.* ↔ REUNIR. 3 *Propender, inclinarse, tirar a.* P. ej.: el tiempo *tiende, propende, se inclina, tira, a mejorar.* 4 *prnl. Tumbarse, echarse.* ↔ LEVANTARSE, INCORPORARSE, ERGUIRSE.

**tenducho** *m.* desp. *Tienda\*, almacén, despacho, puesto, barracón, tenderete* (desp.), *tenducha.*

**tenebrosidad** *f. Oscuridad, lobreguez, sombra, tinieblas.*

**tenebroso, -sa** *adj. Oscuro, sombrío.* ↔ CLARO, BRILLANTE, ALEGRE.

**tenencia** *f. Posesión, goce, disfrute.*

**tener** *tr. Poseer, contener, comprender.* ↔ CARECER. 2 *Asir, mantener, sostener.* ↔ SOLTAR, DESASIR, LIBERAR. 3 *Considerar, juzgar, reputar, estimar, apreciar.*

**tenería** *f. Curtiduría.*

**tenia** *f. Solitaria.*

**teniente, -ta** *adj. Sordo.*

**tenis de mesa** *m.* DEP. *Ping-pong.*

**tensar** *tr. Atirantar, tesar, estirar*

**tensión** *f. Tirantez.* ↔ FLOJEDAD, BLANDURA, DOBLAMIENTO. 2 *Presión.* Tratándose de los gases o de la *tensión* arterial.

**tenso, -sa** *adj. Tirante. Tenso* se usa especialmente en marina.

**tentáculo** *m. Tiento.*

**tentar** *tr. Tocar\*, palpar.* "*Tocar* es aproximar una parte del cuerpo a otro, de modo que haya entre ellos el menor intervalo posible; *tentar* es tocar con alguna intención determinada, como la de averiguar la dureza del cuerpo que se toca; *palpar* es to-

car con toda la parte interior de la mano" (M). 2 *Instigar, inducir, incitar, provocar.* 3 *Intentar, tantear, probar.*

**tentativa** *f. Intento, tanteo, prueba, ensayo.*

**tentemozo** *m. Dominguillo* (muñeco), *matihuelo, tentetieso, siempretieso.* 2 *Quijera* (correa).

**tentempié** *m.* fam. *Refrigerio* (alimento). 2 *Dominguillo* (muñeco), *matihuelo, tentetieso, siempretieso.*

**tentetieso** *m. Dominguillo* (muñeco), *tentemozo, matihuelo, siempretieso.*

**tenue** *adj. Leve\*, ligero, delicado, delgado, fino, débil.* ↔ GORDO, RESISTENTE.

**teñible** *adj. Tingible* (TECN.).

**teñir** *tr. Entintar, tintar, tinturar* (p. us.). Ambos, si se trata de colores artificiales; pero tratándose del color que naturalmente adquieren las cosas no puede usarse más que *teñir: entintar, tintar* o *teñir* un traje; a fines de primavera los sembrados se *tiñen* (no *tintan* ni *entintan*) de amarillo.

**teobroma** *m. Cacao* (arbolillo).

**teocrático, -ca** *adj. Clerical.*

**teoría** *f. Procesión, serie, fila, desfile.* En su sentido etimológico, *teoría* significaba en la ant. Grecia *procesión*, como la *teoría* de las Panateneas. De aquí proviene el uso literario moderno por *serie, fila, desfile*; p. ej.: una hermosa *teoría* de muchachas. ↔ PRÁCTICA, COMPROBACIÓN.

**teórico, -ca** *adj. Especulativo.*

**tepe** *m. Césped, gallón.*

**terapéutica** *f. Terapia, tratamiento.*

**terapia** *f. Tratamiento, terapéutica.*

**teratológico, -ca** *adj. Monstruoso, antinatural.*

**tercera** *f. Alcahueta, encubridora, celestina, enflautadora.*

**tercería** *f. Alcahuetería, lenocinio, proxenetismo.*

**tercero** *m. Alcahuete, encubridor, proxeneta.* 2 *Terciario.* El que pertenece a la orden *tercera* fransciscana, dominica o carmelita.

**tercero, -ra** *adj.-s. Tercio, terciario,*

*mediador, tercera persona.* Tratándose de orden o grado, *terciario.*

**terceto** *m.* MÚS. *Trío.*

**tercianario, -ria** *adj.-s. Atercianado.*

**terciar** *intr. Mediar, interponerse, intervenir.* 2 *prnl. Venir bien, ser oportuno, estar a mano.*

**terciario, -ria** *adj.-s. Tercero, tercio, mediador, tercera persona.*

**terciopelado, -da** *adj. Aterciopelado.*

**terciopelo** *m. Velludo.*

**terco, -ca** *adj. Voluntarioso, constante\*, tenaz, tesonero, tozudo, testarudo, obstinado, porfiado, pertinaz, terne, cabezón, cabezudo, cabezota.* Los cuatro primeros son estimativos y forman una serie intensiva. Todos los demás, incluyendo a *terco,* son desestimativos. "El *obstinado* persiste en sus opiniones; el *tenaz,* en su conducta; el *testarudo* lleva su persistencia hasta la temeridad y la obcecación" (M).

**terebintáceo, -ea** *adj.-s. Anacardiáceo.*

**terebinto** *m. Albotín, cornicabra.*

**tereniabín** *m. Maná líquido.*

**tergiversado, -da** *adj. Violento, torcido.*

**tergiversar** *tr. Deformar, falsear, torcer las palabras, tomar el rábano por las hojas, echar a mala parte.*

**terliz** *m. Cotí, cutí.*

**termal** *adj. Térmico. Termal* se dice esp. de las aguas mineromedicinales calientes.

**termas** *f. pl. Caldas, baños termales.*

**térmico, -ca** *adj. Termal.*

**terminación** *f. Extremo, final, conclusión, consumación, término\*.* ↔ CO-MIENZO, INAUGURACIÓN. 2 **Terminación flexional** GRAM. *Desinencia, flexión.*

**terminado, -da** *adj.-s. Acabado, finalizado, inactivo, muerto.*

**terminante** *adj. Claro, concluyente\*, decisivo, categórico, definitivo.*

**terminantemente** *adv. m. Redondamente, rotundamente, claramente, categóricamente.*

**terminar** *intr.-tr. Acabar, rematar, con-* cluir, finalizar, ultimar, finiquitar (fam. o vulg.). *Terminar* y *acabar* pueden referirse al tiempo, al espacio o a una obra cualquiera: el plazo *termina,* o *acaba,* el día 10; aquí *termina,* o *acaba,* el término municipal; el palo *termina,* o *acaba,* en punta; pronto *terminaré,* o *acabaré,* esta carta. *Rematar* tiene los mismos usos, pero es vulgar aplicado al tiempo: mañana *remata* el plazo. Aplicado a una obra, significa darle los últimos toques: *rematar* una prenda de vestir. *Concluir* no se emplea hablando de espacio: la finca *termina,* o *acaba* (no *concluye*) en aquella loma. *Finalizar* pertenece al estilo literario, o al administrativo: la admisión de instancias *finaliza* este mes. *Ultimar* se refiere sólo a una obre a otrabajo: se *ultima* la construcción del puente; *ultimar* un asunto. Coincide con *rematar* (aunque es más literario) en la acepción de dar a una obra los últimos toques. ↔ EMPEZAR, INAUGURAR.

**término** *m. Fin, final, conclusión, terminación, extremo, consumación, remate.* "El *término* es el *fin* de alguna cosa material o inmaterial, y en este su sentido recto, es sinónimo de *fin.* El *fin* se refiere a la cosa que cesa; el *término* a la cosa que se completa" (LH). 2 *Hito, mojón.* 3 *Límite, linde, confín\*, raya, demarcación, frontera.* 4 *Plazo.* 5 *Palabra, vocablo, voz, expresión.*

**terminología** *f. Nomenclatura.* La *tecnología* es la *terminología* exclusiva de una ciencia o arte.

**termoplejía** *f.* MED. *Insolación, acaloramiento.*

**termorregulador** *m. Termostato.*

**termostato** *m. Termorregulador.* 2 *Airestato.*

**ternario** *m. Triduo.*

**ternario, -ria** *adj. Trino.*

**terne** *adj.-com. Valentón, jaque.* 2 *adj. Perseverante, obstinado, terco.* 3 *Fuerte, robusto.*

**ternera** *f. Chota, becerra, jata, novilla, magüeta, utrera.* La *ternera* de dos o tres años, *novilla* o *magüeta*; la de dos años, *utrera*.

**ternero** *m.* *Choto, becerro, jato, novillo, magüeto, utrero.* El de dos o tres años, *novillo* o *magüeto*; el de dos años, *utrero*.

**terneza** *f.* *Ternura.* 2 *Requiebro, flor, piropo.*

**ternilla** *f.* *Cartílago* (ANAT.).

**ternilloso, -sa** *adj.* *Cartilaginoso.*

**terno** *m.* *Traje.* 2 *Voto\*, juramento, reniego, taco.*

**ternura** *f.* *Terneza, delicadeza, dulzura, cariño, afecto.* ↔ DUREZA, IMPIEDAD, GROSERÍA.

**terquedad** *f.* *Obstinación, pertinacia, testarudez, porfía, tozudería, contumacia, tenacidad, tozudez, tesón.* ↔ CONDESCENDENCIA, RENUNCIA, BLANDURA, COMPRENSIÓN.

**terrado** *m.* *Azotea, terraza.*

**terraja** *f.* *Tarraja.*

**terraje** *m.* *Terrazgo* (renta).

**terraza** *f.* *Azotea, terrado, solana.*

**terrazgo** *m.* *Terraje.*

**terrecer** *tr.-prnl.* *Aterrar, postrar, abatir.* ↔ ANIMAR.

**terremoto** *m.* *Temblor de tierra, sismo, seísmo.*

**terrenal** *adj.* *Terreno, terrestre.*

**terreno** *m.* *Tierra.*

**terreno, -na** *adj.* *Terrenal, terrestre.*

**terrera** *f.* *Alondra, alhoja* (p. us.), *caladre, copetuda.*

**terrestre** *adj.* *Terreno, telúrico, terrenal.* Si se trata de la tierra como planeta, *telúrico*; en oposición al cielo, *terreno* o *terrenal.*

**terrible** *adj.* *Espantoso, terrorífico, horrible, aterrador.* 2 *Intratable, áspero.* 3 *Desmesurado, atroz.*

**territorio** *m.* *País\*, región.*

**terrizo** *m.* *Lebrillo, librillo, barreño.*

**terrón** *m.* *Orujo.*

**terror** *m.* *Miedo, espanto, horror, pavor, pánico.*

**terrorífico, -ca** *adj.* *Espantoso, horrible, terrible, horripilante, aterrador, pavoroso.*

**terso, -sa** *adj.* *Limpio, bruñido, pulido,* pulimentado. 2 fig. *Puro, fluido, limado.* Tratándose del lenguaje o del estilo.

**tertuliano, -na** *adj.-s.* *Contertulio, tertuliante, tertulio.*

**tertuliante** *adj.-com.* *Tertuliano, contertulio, tertulio.*

**tertulio, -lia** *adj.-s.* *Tertuliano, contertulio, tertuliante.*

**tesar** *tr.* MAR. *Atirantar.* ↔ ENCOGER, AFLOJAR.

**tesis** *f.* *Argumento, asunto, materia.*

**tesitura** *f.* fig. *Actitud, disposición* (del ánimo), *humor, temple.*

**teso, -sa** *adj.* MAR. *Tenso, tirante, tieso, estirado.*

**tesón** *m.* *Empeño, constancia, voluntad, firmeza, perseverancia\*.* ↔ INCONSTANCIA, FLEXIBILIDAD, RENUNCIA.

**tesonero, -ra** *adj.* *Terco\*, tenaz, constante\*, firme, voluntarioso, perseverante, contumaz\*.*

**tesorería** *f.* *Recetoría, receptoría.*

**tesoro público** *m.* *Fisco, erario.*

**test** *m.* anglic. *Prueba, ensayo, reacción.*

**testa** *f.* *Cabeza, calabaza, calamorra, chola, coca, casco.*

**testada** *f.* *Testarada* (golpe), *testerada, testarazo.*

**testamentario, -ria** *s.* *Albacea, albacea testamentario, cabezalero* (ant.).

**testar** *tr.* ant. *Tachar, borrar, rayar, suprimir.*

**testarada** *f.* *Testada, testerada, testarazo.*

**testarazo** *m.* *Testarada* (golpe), *testada, testerada.*

**testarudez** *f.* *Terquedad, tozudería, obstinación\*, porfía, pertinacia, cabezonería.* ↔ RENUNCIA, CONDESCENDENCIA.

**testarudo, -da** *adj.* *Terco\*, tozudo, obstinado, entestado, porfiado, pertinaz, cabezudo, contumaz\*.*

**testera** *f.* *Testero.*

**testero** *m.* *Testera.*

**testículo** *m.* *Dídimo, compañón.*

**testificación** *f.* *Atestación, testimonio, atestiguamiento.*

**testificar** *tr. Atestiguar, testimoniar.* 2 *Afirmar, aseverar, asegurar, certificar.*

**testimoniar** *tr. Atestiguar, testificar.* 2 *Afirmar, asegurar, aseverar, certificar.*

**testimonio** *m. Atestación, aseveración.* 2 *Prueba, certificación.*

**testudo** *m.* ant. MIL. *Tortuga, galápago.*

**teta** *f. Mama, ubre, pecho, seno. Mama* y *ubre* son denominaciones cultas, con las cuales se atenúa a veces el carácter demasiado popular de *teta.* Más corriente es todavía el empleo de *pecho* y *seno* como eufemismos, tratándose de la mujer.

**tétano, tétanos** *m. Pasmo.*

**tetar** *tr. Atetar, amamantar.*

**tetón** *m. Uña.*

**tétrada** *f.* MED. *Tetralogía.*

**tetrágono** *m. Cuadrilátero.*

**tetralogía** *f.* MED. *Tétrada.*

**tetrápodo, -da** *adj. Cuadrúpedo.*

**tetrasílabo, -ba** *adj.-m. Cuatrisílabo.*

**tétrico, -ca** *adj. Sombrío, triste, fúnebre, melancólico, pesimista.* ↔ ALEGRE, OPTIMISTA.

**teucro, -cra** *adj.-s.* (pers.) *Troyano.*

**teutón, -ona** *adj.-s.* (pers.) *Alemán, germano, tudesco.*

**textiforme** *adj. Reticular.*

**textil** *adj. Hístico.*

**textual** *adj. Literal.*

**textura** *f. Tejedura, tejido.* 2 *Estructura, contextura.*

**tez** *f. Piel, cutis.*

**tialismo** *m. Ptialismo, salivación, sialismo.*

**tiamina** *f.* QUÍM. *Aneurina.*

**tiberio** *m. Ruido, confusión, algarabía, alboroto, trapatiesta, zipizape.*

**tibia** *f. Flauta.*

**tibio, -bia** *adj. Templado.* 2 fig. *Flojo, descuidado, negligente.*

**tiburón** *m. Lamia, marrajo, náufrago.*

**tiempo** *m. Duración.* 2 *Época.* 3 *Estación.* 4 *Edad.* 5 *Oportunidad, coyuntura, ocasión\*, sazón.* 6 *Plazo\*.* 7 MÚS. *Movimiento, tempo.* Entre los músicos, predomina *tempo.* 8 **A tiempo y sazón** *loc. adv. Oportunamente.* 9 **A**

**un tiempo** *Juntamente, a la vez.* 10 **Del tiempo de Maricastaña** *Antiguo, viejo, vetusto, añoso, arcaico, remoto, más viejo que el andar a pie* (fam.), *del año de la pera* (fam.), *del tiempo de Noé, en tiempo del rey que rabió* (fam.), *en tiempo de los godos* (fam.), *desde que el mundo es mundo* (fam.). 11 **Perder el tiempo** *loc. Mirar las musarañas, pasar el rato.*

**tienda** *f. Almacén, despacho, puesto, barracón, tenderete* (desp.), *tenducho* (desp.). La *tienda* muy imortante donde se venden géneros por lo común variados, *almacén.* Aquella en que se venden determinados artículos, generalmente pocos en número, *despacho: despacho* de leche, de pan. El *puesto* es de menos importancia que la *tienda* y a menudo es ambulante. El *barracón* es una caseta de feria; el *tenderete* es ambulante. 2 **Tienda de campaña** *Pabellón.*

**tienta** *f.* CIR. *Sonda, catéter.*

**tiento** *m. Tacto.* El *tiento* es propiamente el ejercicio del sentido del *tacto.* 2 *Tentáculo.* 3 fig. *Miramiento, cordura, prudencia, cautela, cuidado, circunspección.*

**tierno, -na** *adj. Blando, flexible.* ↔ DURO, FUERTE. 2 *Reciente, fresco.* 3 *Delicado, afectuoso, cariñoso.* ↔ INSENSIBLE. 4 *Sentimental, patético.*

**tierra** *f. Mundo, globo terráqueo, orbe.* 2 *Territorio, región, comarca.* 3 *Patria.* 4 *Suelo, piso, terreno.* 5 *Amér. Polvo.* 6 **Tomar tierra** *loc. Arribar a puerto, desembarcar, aterrizar* (AERON.).

**tieso, -sa** *adj. Rígido, inflexible, yerto.* Los dos primeros son voces más selectas. *Yerto* se emplea principalmente tratando del cuerpo humano o animal, cuando la causa de la rigidez es el frío o la muerte. 2 *Tenso, tirante, estirado. Tenso* se emplea especial en marina. 3 fig. *Terco, tenaz.* 4 *Valiente, animoso, brioso, esforzado, decidido.* 5 *Vanidoso, orgulloso, empingorotado, envirotado.*

**tiesto** *m. Maceta, pote.*

**tiesura** *f. Dureza, rigidez, inflexibilidad.* ↔ BLANDURA, FLOJEDAD, DOBLAMIENTO. 2 fig. *Gravedad, empaque*, afectación.* ↔ SENCILLEZ.

**tifón** *m. Huracán, ciclón, tornado.* 2 *Tromba, manga.*

**tijereta** *f. Cercillo, zarcillo.* En la vid. 2 *Cortapicos* (insecto).

**tildar** *tr. Tachar, calificar*.* 2 *Notar*, señalar, denigrar.*

**tilde** *f. fig. Tacha, falta, defecto, mancha, mácula, mancilla, impureza.* ↔ PERFECCIÓN, HONOR.

**tillado** *m. Entarimado, entablado, tablado.*

**tilo** *m. Teja, tila.*

**tímalo** *m. Timo* (pez).

**timba** *f. Chirlata, garito. Chirlata,* la de ínfima especie.

**timbal** *m. Atabal, témpano, tímpano, tamboril.*

**timbalero** *m. Atabalero, tamborilero.*

**timbrar** *tr. Sellar.*

**timbre** *m. Sello.* 2 *Marca, señal.* 3 fig. *Ejecutoria, blasón.* 4 (de voz) *Metal.* 5 *Amér. Estampilla* (Amér.), *sello* (de correos).

**timidez** *f. Cortedad, encogimiento, apocamiento, irresolución, pusilanimidad, miedo.* ↔ AUDACIA, RESOLUCIÓN, VALENTÍA, DESVERGÜENZA.

**tímido, -da** *adj. Encogido, corto, apocado, irresoluto, temeroso, pusilánime, medroso*, miedoso, cobarde*.*

**timo** *m.* (pez) *Tímalo.*

**timón** *m. Lanza, pértigo.* 2 *Gobernalle, gobierno.* 3 fig. *Dirección, mando.*

**timorato, -ta** *adj. Pacato, tímido, apocado, encogido, pusilánime.* ↔ BELICOSO, AUDAZ. 2 *Gazmoñero, mojigato, misticón, santurrón, beato, beatón, gazmoño.* ↔ SINCERO, CLARO.

**tímpano** *m. Tamboril, timbal, atabal.*

**tina** *f. Tinaja.* 2 *Tino.*

**tinada** *f.* (cobertizo) *Teinada, tenada, tena.*

**tinaja** *f. Tina.*

**tingible** *adj. Teñible.*

**tingitano, -na** *adj.-s.* (pers.) *Tangerino.*

**tinglado** *m. Cobertizo*.* 2 fig. *Artificio, enredo, intriga, maquinación.*

**tinieblas** *f. pl. Oscuridad.* 2 fig. *Ignorancia.*

**tino** *m. Acierto, pulso, puntería, destreza.* ↔ DESACIERTO, INHABILIDAD. 2 fig. *Prudencia, tiento, tacto, cordura, juicio.*

**tintar** *tr. Teñir*, entintar, tinturar* (p. us.).

**tinte** *m. Tintura, color, colorante, pigmento.* 2 *Tintorería.*

**tintorería** *f. Tinte* (establecimiento).

**tintura** *f. Tinte, color.* 2 *Barniz, baño, capa, mano.*

**tiñuela** *f. Rascalino.*

**tiovivo** *m. Caballitos.*

**tiple** *m.* (guitarra) *Discante.*

**tipo** *m. Arquetipo, prototipo, modelo, ejemplar.* 2 *Figura, talle.* 3 IMPR. *Letra, carácter.*

**tipógrafo** *m. Impresor.*

**tipología** *f.* MED. *Constitucionalística.*

**tiquete** *m. Amér. Billete.*

**tira** *f. Cinta, lista.*

**tiracol** *m. Tahalí, tiracuello.*

**tiranía** *f. Autocracia, dictadura*, absolutismo*.* ↔ DEMOCRACIA. 2 fig. *Despotismo, opresión, abuso, arbitrariedad.* ↔ LIBERALISMO, JUSTICIA.

**tiránico, -ca** *adj. Despótico, arbitrario, abusivo.*

**tiranizar** *tr. Oprimir, esclavizar.*

**tirano, -na** *adj.-s. Autócrata, dictador.* 2 fig. *Déspota, opresor.*

**tirante** *adj. Tenso, estirado, teso, tieso.*

**tirar** *intr. Estirar.* ↔ AFLOJAR. 2 *Atraer.* 3 *Tender, propender, inclinarse.* 4 *tr. Despedir, lanzar, arrojar, disparar.* 5 *Derribar, echar abajo.* ↔ LEVANTAR, ERIGIR, CONSTRUIR. 6 *Malgastar, derrochar, desperdiciar, malbaratar, dilapidar, despilfarrar.* ↔ AHORRAR. 7 *Trazar, marcar.* 8 *Imprimir, estampar.* 9 *prnl. Abalanzarse, arrojarse, acometer.*

**tiritar** *intr. Temblar*.*

**tiro** *m. Disparo, estampido, estallido.* 2 DEP. *Disparo, chut, lanzamiento.* Los dos primeros se usan esp. en el fútbol.

**tirolés** *m. Quincallero, quinquillero.*

**tirón** *m.* Estirón.

**tiroteo** *m.* Baleo.

**tirreno, -na** *adj.-s.* (pers.) *Etrusco, tusco.*

**tirria** *f. Antipatía\*, ojeriza, manía, repulsión, odio.* ↔ SIMPATÍA, PREDILECCIÓN.

**tisanuro, -ra** *adj.-s.* ZOOL. *Apterigógeno.*

**tísico, -ca** *adj.-s. Tuberculoso, hético.*

**tisis** *f. Tuberculosis.*

**tisular** *adj.* galic. *Hístico, histular.*

**titán** *m.* fig. *Coloso, gigante.*

**titánico, -ca** *adj.* fig. *Gigantesco, colosal, enorme, desmesurado.*

**titanita** *f.* MINERAL. *Esfena.*

**títere** *m. Fantoche.*

**titerero, -ra** *s. Titiritero, titerista.*

**titerista** *com. Titiritero, titerero.*

**titilar** *intr. Centellear, cabrillear.*

**titirimundi** *m. Mundonuevo, mundinovi, tutilimundi, totilimundi, cosmorama.*

**titiritar** *intr. Temblar\*, rilar, tiritar, estremecerse, trepidar.*

**titiritero, -ra** *s. Titerero, titerista.* 2 *Volatinero.*

**tito** *m. Almorta, alverjón, diente de muerto, cicércula, cicercha, guaja, muela.* 2 *Bacín, orinal, dompedro, perico, sillico, vaso, zambullo.*

**titubear** *intr. Oscilar, tambalearse.* 2 *Balbucir, balbucear.* 3 fig. *Dudar, vacilar\*, estar perplejo.* ↔ CREER, DECIDIRSE, CONFIAR.

**titular** *tr. Intitular, rotular.* 2 *Bautizar, nombrar, denominar.*

**título** *m. Designación, denominación, nombre, rótulo, letrero, epígrafe, calificativo\*.* 2 *Razón, derecho, motivo, fundamento.*

**tiza** *f. Clarión, yeso, gis. Gis* va quedando en desuso en España, pero es corriente en México.

**tiznado, -da** *adj. Fuliginoso, denegrido, oscurecido.*

**tiznar** *tr. Entiznar.*

**tizón** *m.* (hongo parásito) *Nublo, quemadura, tizoncillo.*

**tizona** *f.* fam. *Espada.*

**tizoncillo** *m. Tizón, nublo, quemadura.*

**toar** *tr. Atoar* (una nave), *remolcar.*

**toba** *f. Tosca, tufo.* 2 *Sarro.*

**tobera** *f. Alcribís.*

**tobillo** *m. Maléolo.*

**tocable** *adj. Tangible, palpable.*

**tocado** *m. Peinado. Peinado* es el arreglo y disposición del cabello; el *tocado* es, además, el adorno o abrigo de la cabeza.

**tocado, -da** *adj. Perturbado, chiflado, guillado, lelo, maniático.*

**tocante** *adj. Alusivo, referente.*

**tocar** *tr. Palpar, tentar.* Ambos suponen intención de reconocer por el tacto, mientras que *tocar* es establecer contacto voluntario o involuntario. 2 *Sonar* (p. us.), *tañer, pulsar. Tañer* se siente hoy como algo arcaico, excepto si se trata de la campana; *pulsar* instrumentos de teclado o de cuerda (excepto los de arco). 3 *intr. Corresponder, pertenecer.* 4 **Tocar a** *Importar, concernir\*, atañer.* 5 **Tocante a** *loc. prep. Respecto a, acerca de, sobre, referente a, con respecto a.*

**tocasalva** *f. Salvilla, salva.*

**tocayo, -ya** *s. Homónimo. Homónimo* se aplica a personas y cosas. *Tocayo,* sólo a personas.

**tochedad** *f. Patochada, disparate, sandez, patanería, zafiedad, grosería, rudeza, tosquedad.*

**tocho** *m. Lingote* (de hierro), *riel.*

**tocía** *f. Atutía, tutía, tucía.*

**tocología** *f. Obstetricia.*

**tocólogo** *m. Comadrón.*

**tocón** *m. Chueca, troncón, tueca, tueco.*

**todabuena** *f. Todasana, androsemo, castellar.*

**todasana** *f.* (arbusto) *Androsemo, todabuena, castellar.*

**todavía** *adv. t. Aún.*

**todo. Ante todo** *loc. adv. Principalmente, primeramente, máxime.* 2 **Con todo** *loc. conj. Sin embargo, no obstante, empero, a pesar de ello.* 3 **Del todo** *loc. adv. Totalmente, enteramente, completamente.* ↔ PARCIALMENTE.

**todopoderoso, -sa** *adj. Omnipotente.*

**toldar** *tr. Entoldar.*

**toldo** *m. Tendal, vela, pabellón.* 2 *Entalamadura.* 3 *Envanecimiento\*, engreimiento, vanidad.*

**tole** *m. Rumor, murmuración, runrún.* Con este significado se usa comúnmente repetido: *tole, tole.*

**tolerable** *adj. Sufrible, llevadero, soportable, aguantable.* 2 *Permisible, admisible, aceptable\*.*

**tolerancia** *f. Paciencia, indulgencia, condescendencia, aguante.* ↔ TIRANÍA, INCOMPRENSIÓN, TESÓN.

**tolerante** *adj. Indulgente, benigno, benévolo, condescendiente.* ↔ INTOLERANTE, INFLEXIBLE. 2 *Paciente, sufrido, manso, resignado.*

**tolerar** *tr. Aguantar, sufrir\*, soportar.* ↔ REBELARSE. 2 *Permitir\*, condescender, consentir.* "Se *tolera* el mal o el abuso, haciendo que se ignora su existencia o su malicia; se *consiente* condescendiendo pasivamente, no prohibiendo lo que conocidamente se tiene por malo; se *permite* condescenciendo activamente, dando un consentimiento abierto que lo autoriza. Muchas veces es forzoso *tolerar* algunos males inevitables en la sociedad, pero no se debe hacer de modo que el público conozca que se *consienten*, y mucho menos que se crea que se *permiten*; porque la *tolerancia* representa una ignorancia artificial, o una razón poderosa que tácitamente desaprueba el mal inevitable; pero el *consentimiento* lo aprueba indirectamente, y el *permiso* lo autoriza con toda formalidad" (LH). ↔ PROHIBIR, NEGAR.

**tolete** *m.* MAR. *Escálamo, escalmo.*

**tolla** *f. Tremedal, tembladal, trampal, tollada.*

**tollina** *f. Zurra, paliza, tunda, felpa.*

**tolmera** *f. Tormagal, tormellera, tormera.*

**tolmo** *m. Tormo.*

**tolondro, tolondrón** *m. Chichón.*

**tolondro, -dra** *adj.-s. Tolondrón, turumbón, aturdido, desatinado.*

**tolvanera** *f. Remolino\** (de polvo), *manga de viento, torbellino, vórtice, vorágine, huracán.*

**tomado, -da** *adj.* Amér. *Bebido.*

**tomadura de pelo** *f. Guasa, burla, chanza, broma, chunga.*

**tomar** *tr. Coger, asir\*, agarrar\*. Asir* y *agarrar* connotan cierta fuerza o presión con que se *toma* o *coge* una cosa o se mantiene en la mano. "Se *toma* con menos esfuerzo que se *coge. Tomo* lo que me dan; *cojo* lo que ha caído al suelo" (M). "*Tomar* y *recibir. Recibir* es la acción formal con que aceptamos o adquirimos lo que se nos da. *Tomar* es la acción material con que nos apoderamos de una cosa. Se *recibe* del amigo el regalo que nos envía, y se *toma* materialmente del criado que lo trae" (LH). ↔ DEJAR, SOLTAR. 2 *Ocupar, apoderarse, adueñarse, conquistar.* ↔ RENUNCIAR. 3 *Aceptar\*, admitir.* ↔ RENUNCIAR. 4 *intr. Encaminarse, dirigirse, tirar.* 5 *prnl. Enmohecerse, oxidarse, aherrumbrarse.* 6 *intr.-tr.* Amér. *Beber.*

**tomento** *m.* H. NAT. *Vello\** (en las plantas)*, lanosidad, pelo, pelusa, pelusilla.*

**tomillo blanco** *m. Santónico.*

**tomo** *m. Volumen, cuerpo* (ant.).

**tomotocia** *f.* CIR. *Cesárea.*

**ton. Sin ton ni son** *loc. adv. Por las buenas, por su cara bonita, por la cara* (fam.)*, por el morro* (fam.)*, por que sí, de balde, gratis, gratuitamente, graciosamente.*

**tonada** *f. Tono.*

**tonalidad** *f. Tono.*

**tonario** *adj. Antifonal, antifonario.*

**tondino** *m.* ARQ. *Armilla, astrágalo, joya.*

**tonel** *m. Barril, pipa, cuba.*

**tonelete** *m. Brial.*

**tónico, -ca** *adj.* GRAM. *Acentuado.* 2 *adj.-m. Reconfortante, vigorizante, roborante, reforzante, corroborante, fortificante.*

tonificar

**tonificar** *tr. Fortalecer, vigorizar, robustecer, entonar, corroborar, vivificar.* ↔ DEBILITAR, ABLANDAR.

**tonillo** *m. Sonsonete, soniquete.*

**tonina** *f. Atún.*

**tono** *m. Altura musical.* 2 *Tonada, tonalidad.* 3 *Matiz, cambiante.* 4 *Energía, fuerza, vigor.*

**tonsila** *f. Amígdala.*

**tonsurado** *m. Clérigo, eclesiástico.*

**tontada** *f. Bobada, bobería, simpleza, necedad, tontería, majadería.*

**tontaina** *adj.-com.* fam. *Babieca, bobo, simple, abobado, bobalicón, papanatas, pazguato.* ↔ LISTO.

**tontamente** *adv. m. Atontadamente, indiscretamente, imprudentemente, neciamente, a tontas y a locas.*

**tontedad** *f. Tontería, tontada, bobada, simpleza, necedad, tontera.* ↔ AGUDEZA, SAGACIDAD, ASTUCIA, CULTURA. 2 *Nadería, bagatela, tontera, tontería.*

**tontera** *f. Tontedad, tontería, tontada, bobada, simpleza, necedad.* ↔ AGUDEZA, SAGACIDAD, ASTUCIA, CULTURA.

**tontería** *f. Burrada, necedad, dislate, disparate, desatino.* 2 *Imbecilidad, idiotez, alelamiento, estulticia, estupidez, bobería, bobada, necedad, simpleza, ignorancia*.* 3 *Pamplina, bagatela, futesa, nadería.*

**tonto, -ta** *adj. Necio, simple, bobo, mentecato, zopenco.* "La *tontería* consiste en lo limitado de los alcances, y la *necedad* en la viciosa disposición de la inteligencia. El *tonto* comprende poco; el *necio* comprende mal" (M). 2 **A tontas y a locas** *loc. adv. Atontadamente, indiscretamente, imprudentemente, neciamente, tontamente.*

**toña** *f. Tala (juego y husillo), billalda, billarda (p. us.).*

**toñina** *f.* fam. *Tunda, zurra, paliza, azotaina, felpa.*

**topacio** *m. Jacinto occidental.*

**topada** *f. Golpe, encuentro, topetazo, encontronazo, topetada.*

**topadizo, -za** *adj. Encontradizo.*

**topar** *tr. Hallar*, encontrar.* 2 *Chocar, encontrarse, tropezar.*

**tope** *m.* fig. *Tropiezo, estorbo, obstáculo, impedimento, límite.*

**topetada** *f. Mochada, topada, topetazo, encontronazo.*

**topetazo** *m. Golpe, encuentro, topada, encontronazo, topetada.*

**topetón** *m. Tope, topada, topetazo, choque.*

**tópico** *m. Lugar común.*

**tópico, -ca** *adj. Local.*

**toque** *m. Tañido.* 2 *Esencia, busilis, quid.*

**torada** *f. Rebaño*, manada*.*

**tórax** *m. Pecho, seno. Tórax se refiere al *pecho* del cuerpo humano y de cuadrúpedos o aves.*

**torbellino** *m. Remolino*, manga de viento, vórtice.*

**torcedura** *f. Torsión, torcimiento, detorsión, distorsión, desviación.* Los tres últimos, tratándose de un órgano o parte del cuerpo humano. 2 *Esguince, distensión* (de una articulación).

**torcer** *tr.-prnl. Retorcer* (intens.). 2 *Doblar, encorvar, inclinar.* ↔ ENDEREZAR, ESTIRAR. 3 *Desviar.* 4 *prnl. Avinagrarse*, agriarse*, picarse, cortarse.* Los tres primeros, tratándose del vino; si se trata de la leche, *cortarse.*

**torcido** *m. Aguapié, torcedura, purrela.*

**torcido, -da** *adj. Sesgo, soslayado, oblicuo.*

**torcijón** *m. Retorcimiento, contorsión, retorsión.* 2 *Torozón, torzón.*

**torcimiento** *m. Sesgo, oblicuidad, soslayo.* 2 *f. Torcedura, torsión, detorsión, distorsión, desviación, inflexión.*

**tordo alirrojo** *m. Malvís, malviz.*

**torear** *intr.-tr. Lidiar.*

**torera. Saltárselo a la torera** *loc. Atajar, acortar, cortar por lo sano.*

**torero, -ra** *s. Diestro, lidiador, maleta* (desp.).

**toril** *m. Chiquero, encerradero, encierro.*

**tormagal** *m. Tolmera, tormellera, tormera.*

**tormellera** *f. Tolmera, tormagal, tormera.*

**tormenta** *f. Tempestad, borrasca, temporal.* ↔ CALMA, PAZ.
**tormentaria** *f. Artillería.*
**tormentilla** *f. Sieteenrama.*
**tormento** *m. Suplicio, tortura, martirio.* 2 *Dolor\*, sufrimiento, padecimiento.* 3 *Aflicción, congoja, pena, angustia.*
**tormentoso, -sa** *adj. Proceloso* (lit.), *tempestuoso, borrascoso.*
**tormera** *f. Tolmera, tormagal, tormellera.*
**tormo** *m. Tolmo.*
**tornada** *f. Tornadura, regreso, vuelta, retorno.*
**tornadizo, -za** *adj.-s. Veleidoso, tornátil, voluble, inconstante\*.*
**tornado** *m. Huracán.*
**tornadura** *f. Pértica.*
**tornapunta** *f. Puntal* (madero).
**tornar** *tr. Devolver\*, restituir.* ↔ QUITAR. 2 *intr. Volver\*, regresar, retornar.* ↔ MARCHARSE, IRSE.
**tornasol** *m. Girasol.*
**tornátil** *adj. fig. Tornadizo, veleidoso, voluble, inconstante.*
**tornatrás** *com. Saltatrás.*
**tornavoz** *m. Bocina.* 2 *Eco, resonancia.*
**torneador, -ra** *s. Tornero.*
**torneo** *m. Justa.*
**tornero** *m. Torneador.*
**tornillero** *m. burl. Prófugo\*, desertor.*
**torniscón** *m. fam. Pellizco, pizco, repizco.*
**torno. En torno a** *loc. prep. Alrededor de, aproximadamente.*
**toro mexicano** *m. Bisonte, cíbolo.*
**toronja** *f. Pomelo.*
**toronjil** *m. Toronjina, melisa, abejera, cidronela.*
**toronjina** *f. Toronjil, melisa, abejera, cidronela.*
**torozón** *m. VETER. Torcijón, torzón.*
**torpe** *adj. Tardo, pesado, lento.* 2 *Desmañado, inhábil.* ↔ ASTUTO, HÁBIL. 3 *Rudo, obtuso, zopenco, cerrado.* ↔ ASTUTO. 4 *Deshonesto, obsceno\*, indecoroso, impúdico.* 5 *Infame, vil, deshonroso.*
**torpedo** *m. (pez) Tremielga, trimielga.*
**torpeza** *f. Obtusión.*

**torpor** *m. MED. Entorpecimiento.*
**torrar** *tr. Tostar, asar, turrar.*
**torre** *f. Roque. En el juego del ajedrez.*
**torrentera** *f. Barranco, quebrada.*
**tórrido, -da** *adj. Abrasador\*, ardiente, caliente, cálido, caluroso, agostador, acalorado.* ↔ FRÍO.
**torsión** *f. Torcedura.*
**torso** *m. Tronco.*
**tortada** *f. ALBAÑ. Tendel* (capa de mortero).
**tortícolis** *f. Rebocrania* (MED.).
**tortuga** *f. Galápago.* 2 **A paso de tortuga** *loc. adv. V. paso.*
**tortuoso, -sa** *adj. Sinuoso, quebrado.* ↔ RECTO. 2 *fig. Astuto, taimado, solapado, cauteloso.* ↔ SINCERO, CLARO.
**tortura** *f. Suplicio, tormento, martirio.* 2 *Dolor, sufrimiento, pena, congoja, angustia.*
**torturar** *tr.-prnl. Atormentar, martirizar.* ↔ ACARICIAR. 2 *Apenar, acongojar, angustiar.* ↔ CONSOLAR.
**torvo, -va** *adj. Fiero, airado, terrible.*
**torzón** *m. Torozón, torcijón.*
**tosca** *f. Toba* (piedra), *tufo.*
**tosco, -ca** *adj. Grosero, basto, rudo, inculto, burdo, ordinario.* ↔ SUAVE, BELLO, EDUCADO, CULTO.
**tosigar** *tr. Atosigar, emponzoñar, envenenar.*
**tósigo** *m. Veneno, ponzoña.*
**tosquedad** *f. Rudeza, aspereza, zafiedad, rusticidad, grosería.* ↔ CULTURA, CIVISMO, URBANIDAD, FINURA.
**tostadura** *f. Torrefacción, tueste.*
**tostar** *tr.-prnl. Torrar, asar, turrar.* Aunque a menudo coincide con *asar, torrar* significa preparar carnes, pescados o frutas frescas a la acción directa del fuego o del aire caliente de un horno, sin llegar a secarlos; p. ej.: las avellanas o una rebanada de pan se *tuestan* o *torran*, no se *asan. Turrar* es *tostar* o *asar* en las brasas. ↔ ENFRIAR.
**tostón** *m. Lata, tabarra.*
**total** *adj. General\*, universal.* 2 *m. Suma, conjunto.* "El *total* es la reunión numérica de las individualidades; el

**totalitarismo** 610

*conjunto* es su reunión física. El *total* de las casas de una ciudad se expresa por mil, veinte mil, etc.; su *conjunto* es más o menos vistoso, más o menos elegante" (M).

**totalitarismo** *m. Absolutismo\*.*

**totalizar** *tr. Sumar, importar, ascender a, montar.*

**totalmente** *adv. m. Enteramente, completamente, del todo.*

**totilimundi** *m. Mundonuevo, mundinovi, titirimundi, tutilimundi, cosmorama.*

**totumo** *m. Amér. Güira, higüero, hibuero.*

**toxicación** *f. Envenenamiento, intoxicación.*

**toxicante** *adj. Veneno\*, tóxico.*

**toxicida** *m. Antídoto, contraveneno.*

**tóxico, -ca** *adj.-m. Venenoso, ponzoñoso.*

**toxicómano, -na** *adj.-s. Drogadicto,* adicto, drogata (vulg.), *drogota* (vulg.).

**toxina** *m. Virus.* El *virus* es la *toxina* que contiene el agente productor de una enfermedad infecciosa.

**tozudería** *f. Terquedad, obstinación, pertinacia, testarudez, porfía, contumacia, tozudez, tenacidad, tesón.* ↔ CONDESCENDENCIA, RENUNCIA, BLANDURA, COMPRENSIÓN.

**tozudez** *f. Pertinacia, obstinación, terquedad, tenacidad, testarudez, porfía, contumacia, tozudería, tesón.* ↔ CONDESCENDENCIA, RENUNCIA, COMPRENSIÓN, BLANDURA.

**tozudo, -da** *adj. Terco\*, obstinado, testarudo, porfiado, contumaz.*

**traba** *f. Maneota, maniota, manea, guadafiones, manija, suelta.* 2 fig. *Impedimento, estorbo, obstáculo\*, inconveniente, dificultad.* ↔ LIBERTAD, FACILIDAD, AYUDA.

**trabacuenta** *f. Trascuenta.*

**trabajador, -ra** *adj. Laborioso, aplicado.* Aunque *trabajador* y *laborioso* pueden sustituirse entre sí, el segundo adjetivo es voz más escogida, y se aplica más bien al que tiene el gusto del trabajo y que sabe encontrar ocu-

paciones aunque no sean para él obligatorias. 2 *s. Obrero, operario, jornalero.* Tanto éstos como *trabajador* designan sólo al que desempeña un trabajo manual.

**trabajar** *intr. Laborar.* ↔ HOLGAR, HOLGAZANEAR.

**trabajo** *m. Labor, ocupación\*, tarea, faena, curro* (vulg.). *Ocupación* es *trabajo* habitual o profesional. *Tarea* y *faena* son *trabajos* que deben hacerse en cantidad o tiempo limitados. ↔ DESCANSO, PASIVIDAD, HOLGAZANERÍA. 2 *Obra, labor, producción.* 3 fig. *Penalidad, esfuerzo, dificultad, molestia, fatiga.*

**trabajoso, -sa** *adj. Penoso, laborioso, duro, dificultoso, espinoso, difícil\*.*

**trabanco** *m. Trangallo, taragallo, tarangallo.*

**trabar** *tr.-prnl. Juntar\*, enlazar, unir, coordinar.* 2 *Prendar, agarrar, asir.* ↔ SOLTAR, DESASIR, LIBERAR. 3 *Entablar, dar principio.* 4 prnl. *Pelear, contender.*

**trabazón** *f. Enlace, conexión, relación\*.*

**trabucar** *tr.-prnl. Trastornar, revolver.* 2 fig. *Trastrocar, confundir, enredar.*

**trabuquete** *m. Traíña.*

**tracción** *f. Arrastre.*

**trace** *adj.-com.* (pers.) *Tracio, odrisio, traciano.*

**traciano, -na** *adj.-s.* (pers.) *Tracio, odrisio, trace.*

**tracio, -cia** *adj.-s.* (pers.) *Odrisio, trace, traciano.*

**tracto** *m. Lapso, trecho.*

**traducción** *f. Versión, traslado* (antic.).

**traducianismo** *m. Generacionismo.*

**traducir** *tr. Verter, interpretar, trasladar* (antic.), *volver* (antic.), *vulgarizar, romancear, arromanzar.* Los tres últimos, hoy desusados, significaban traducir del latín a las lenguas vulgares. 2 *Representar, expresar.*

**traductor, -ra** *s. Intérprete, dragomán, drogmán, truchimán, trujimán, trujamán.*

**traer. Traer a mal traer** *loc. Maltratar, tratar mal, tratar a zapatazos, dar*

611 tranquilo

mala vida. 2 **Traer consigo** Implicar, suponer, significar.

**traeres** m. pl. Atavíos, adornos.

**tráfago** m. Agitación, movimiento, trajín, ajetreo.

**traficante** adj.-com. Comerciante*, negociante.

**traficar** intr. Comerciar, negociar.

**tráfico** m. Comercio, negocio*. 2 Circulación, tránsito.

**tragacanto** m. Alquitira, goma adragante, granévano.

**tragaldabas** com. Tragón, comilón. 2 Crédulo, cándido, indulgente.

**tragaluz** m. Claraboya.

**tragantón, -ona** adj.-s. fam. Comilón, tragón, zampón.

**tragar** tr. Engullir, pasar, ingerir, deglutir. 2 fig. Disimular, soportar, tolerar.

**tragazón** f. fam. Glotonería*, gula. ↔ TEMPLANZA, INAPETENCIA.

**tragedia** f. fig. Catástrofe, desgracia.

**trágico, -ca** adj. fig. Desgraciado, infausto, funesto, horrible, lastimoso.

**tragicómico, -ca** adj. Jocoserio.

**trago** m. Amér. Bebida.

**tragón, -ona** adj.-s. fam. Comilón*, tragantón, zampón.

**traición** f. Infidelidad, deslealtad, perfidia, felonía, alevosía. ↔ LEALTAD, VERDAD, SINCERIDAD, FIDELIDAD.

**traicionar** tr. Vender.

**traicionero, -ra** adj.-s. Desleal, infiel, pérfido, felón, traidor, aleve, alevoso.

**traidor, -ra** adj.-s. Desleal, pérfido, alevoso, traicionero, felón, aleve*, infiel*. 2 Taimado, falso, resabiado. Tratándose de animales.

**traíña** f. Trabuquete.

**traje** m. Vestido*, terno. 2 **Cortar un traje** loc. Murmurar, cortar un vestido, cortar un sayo, criticar, morder (fig.), despellejar (fig.), poner en lengua a uno.

**trajín** m. fig. y fam. Actividad, movimiento.

**trajinar** tr. Acarrear, transportar.

**tralla** f. Látigo, zurriago, zurriaga.

**trallazo** m. Latigazo, lampreazo, zu-

rriagazo. 2 DEP. Cañonazo, leñazo. Usados principalmente en el fútbol y balonmano.

**trama** f. fig. Enredo, intriga, confabulación, conjuración, conspiración. Los dos últimos, si tienen fines políticos. 2 Argumento, intriga, enredo. En el teatro, el cinematógrafo y la novela.

**tramar** tr. fig. Urdir, maquinar, fraguar, confabularse*.

**tramitación** f. Procedimiento, actuación, diligencia.

**tramitar** tr. Diligenciar.

**trámite** m. Diligencia, curso*.

**tramojo** m. Vencejo.

**tramontana** f. Norte (punto cardinal y viento).

**tramoya** f. fig. Farsa, enredo, mentira, patraña, ficción, fingimiento, hipocresía.

**trampa** f. Armadija, armadijo, callejo. 2 Ardid, lazo, engaño.

**trampear** intr. fam. Petardear (estafar), sablear, dar un sablazo, pegar un petardo, truhanear, estafar.

**trampilla** f. Portañuela, trampa, bragueta (Cuba).

**tramposo, -sa** adj.-s. Fullero, tahúr.

**tranca** f. Garrote, palo*.

**trancazo** m. fig. Gripe.

**trance** m. Lance, percance, ocurrencia, suceso, ocasión.

**trancellín** m. Trencillo (de sombrero), cintilla, trencellín.

**tranco** m. Trancada, zancada.

**trangallo** m. Taragallo, tarangallo, trabanco.

**tranquear** intr. fam. Atrancar (dar trancos), trancar.

**tranquilidad** f. Quietud*, reposo*, sosiego, calma, paz, serenidad. ↔ TRABAJO, ACTIVIDAD, QUIETUD, MIEDO.

**tranquilizar** tr.-prnl. Sosegar, calmar, apaciguar, pacificar, aquietar, serenar. ↔ INQUIETAR, TURBAR, DESTEMPLAR, VELAR.

**tranquillón** m. Morcajo.

**tranquilo, -la** adj. Quieto, manso, sosegado, reposado, sereno, encalmado, pacífico. 2 Calmoso, cachazudo.

**transacción** *f. Transigencia, acomodo, arreglo, avenencia.* ↔ INTRANSIGEN-CIA. 2 *Ajuste, trato, negocio, compra-venta.* ↔ DESARREGLO.

**transar** *intr. Amér. Ceder, transigir, condescender, ajustar.*

**transcender, trascender** *tr. Pene-trar, averiguar.*

**transcripción** *f. Copia, traslado.*

**transcurrir** *intr. Pasar*, correr, desli-zarse.* Se aplican al tiempo, la vida, los sucesos, etc.

**transcurso** *m. Decurso, paso, curso.*

**transeúnte** *adj.-com. Viandante, ca-minante, peatón (m.).* Caminante no se aplica a los que transitan por las ca-lles, sino fuera de las poblaciones. *Peatón* hace resaltar la idea de andar a pie, en contraposición al que va a caballo o en cualquier vehículo.

**transferencia** *f.* MED. *Contagio, transmisión, trasmisión, propagación.*

**transferir** *tr. Trasladar.* 2 *Diferir, re-tardar.* 3 *Transmitir, traspasar.*

**transfigurar** *tr.-prnl. Transformar, metamorfosear, cambiar.*

**transfixión** *f. Transverberación.*

**transformación** *f. Metamorfosis, transmutación, cambio, mudanza, mo-dificación, variación.* ↔ INMUTABILI-DAD, PERMANENCIA, IGUALDAD.

**transformar** *tr.-prnl. Metamorfosear, transfigurar, cambiar*, mudar, modifi-car, alterar, variar.* 2 *Transmutar.*

**transformismo** *m. Evolucionismo.*

**transformista** *com. Evolucionista.* 2 *Ilusionista.*

**tránsfuga, trásfuga** *com. Desertor, prófugo, tránsfugo, trásfugo.*

**tránsfugo, trásfugo** *m. Desertor, tránsfuga, prófugo, trásfuga.*

**transgredir** *tr. Conculcar, infringir, vulnerar, quebrantar*, violar.* ↔ OBE-DECER, RESCATAR, CUMPLIR.

**transgresión** *f. Infracción, vulnera-ción, quebrantamiento, violación.*

**transido, -da** *adj. Angustiado, acon-gojado.*

**transigencia** *f. Tolerancia, condescen-dencia, consentimiento.*

**transigir** *intr. Condescender*, consen-tir, allanarse, capitular*.* ↔ OPONERSE, NEGARSE.

**transitar** *intr. Pasar, circular, andar, caminar.* ↔ QUEDARSE, SENTARSE.

**tránsito** *m. Circulación, tráfico.* 2 *Muerte. Tránsito* se dice sólo de los santos o de las personas de vida vir-tuosa. 3 *Paso.*

**transitorio, -ria** *adj. Pasajero, acci-dental, provisional, temporal.* ↔ DURA-DERO, ETERNO, PRINCIPAL. 2 *Caduco, perecedero.* ↔ DURADERO, ETERNO.

**transmarino, -na** *adj. Ultramarino.*

**transmigración** *f. Migración*, me-tempsicosis.* La *metempsicosis* es la *transmigración* de las almas.

**transmigrar** *intr. Emigrar, expatriar-se.* ↔ REGRESAR, REPATRIARSE, INMI-GRAR.

**transmisión, trasmisión** *f. Comu-nicación.* 2 MED. *Contagio, transferen-cia, propagación.*

**transmitir** *tr. Comunicar.* 2 *Contagiar.* 3 *Transferir, ceder, traspasar.* ↔ RE-TENER, APROPIARSE.

**transmutación** *f. Transformación, conversión, mudanza, metamorfosis*.*

**transmutar** *tr. Convertir, transformar, mudar, cambiar*.*

**transparentarse** *prnl. Clarearse, traslucirse.*

**transparente** *adj. Diáfano, límpido, limpio, claro, cristalino, vítreo* (lit.), *hialino* (lit.). 2 *Traslúcido.*

**transpiración** *f. Sudor, sudoración, perspiración, diaforesis.*

**transpirar** *intr.-tr. Sudar.* 2 *Rezumar.*

**transponer, trasponer** *tr.-prnl. Traspasar, cruzar.* 2 *Trasplantar.* 3 *prnl. Ponerse.* Tratándose de un astro. 4 *Adormilarse.*

**transportar** *tr. Llevar, trasladar, con-ducir.* 2 *Acarrear, portear.* 3 *prnl. Ena-jenarse, extasiarse.*

**transporte** *m. Traslado.* 2 *Porte, aca-rreo, conducción, arrastre.* 3 fig. *Exal-tación, enajenación, éxtasis.*

**transposición** *f.* RET. *Hipérbaton.* 2 GRAM. *Metátesis.*

**transverberación** f. Transfixión.
**tranzadera** f. Trenzadera.
**tranzar** tr. Trenzar (hacer trenzas), entrezar.
**trapajoso, -sa** adj. Estropajoso (al hablar), balbuciente.
**trápala** f. Embuste, engaño, mentira*, bola*.
**trapatiesta** f. fam. Trifulca, disputa, alboroto, zipizape, tremolina, cisco, riña.
**trapiento, -ta** adj. Andrajoso, harapiento, haraposo, pingajoso, roto, desarrapado, zarrapastroso.
**trapisonda** f. Embrollo, enredo, lío, intriga.
**trapisondista** com. Enredador, embrollón, intrigante.
**trapo** m. Velaje, velamen.
**traque. A traque barraque** loc. adv. Frecuentemente, a menudo, con frecuencia, a cada paso, a cada instante.
**tráquea** f. Caña del pulmón, traquearteria, asperarteria.
**traquearteria** f. Asperartería, tráquea.
**traquetear** tr. Bazucar, bazuquear, zabucar.
**tras** prep. Detrás, después. 2 Además.
**trascabo** m. Zancadilla (para derribar), traspié.
**trascantón** m. Guardacantón.
**trascendentalismo** m. FIL. Apriorismo.
**trascordarse** prnl. Olvidar, confundir.
**trascuenta** f. Trabacuenta.
**trasdoblar** tr. Tresdoblar, triplicar.
**trasechar** tr. Asechar*, acechar, avizorar, observar, espiar, vigilar.
**trasegar** tr. Trastornar, revolver. 2 Trasvasar. 3 fig. Beber.
**trasgo** m. Duende (espíritu), martinico.
**trashojar** tr. Hojear.
**trashumante** adj. (ganado) Nómada*, errante, migratorio, nomade. ↔ SEDENTARIO, ESTABLE.
**trasiego** m. Traslación, traslado, cambio, tránsito. ↔ QUIETUD, PERMANENCIA.
**traslación** f. Traslado, cambio, trán-

sito, trasiego. ↔ QUIETUD, PERMANENCIA. 2 RET. Metáfora. 3 GRAM. Enálage.
**trasladar** tr.-prnl. Transportar, llevar*. ↔ DEJAR, QUEDARSE. 2 Mudar, cambiar. ↔ QUEDARSE. 3 Diferir, aplazar. 4 Copiar*.
**traslado** m. Cambio*, alteración, mudanza, variación, mutación.
**traslapo** m. Solapo (a cubierto).
**traslaticio, -cia** adj. Figurado, trópico, tropológico, metafórico.
**traslucirse** prnl. Transparentarse, clarearse. 2 fig. Entreverse, conjeturarse.
**traslumbrar** tr. Deslumbrar, encandilar, ofuscar, cegar.
**trasmundo** m. Ultramundo, ultratumba.
**trasnochada** f. Vela, velación, velada, vigilia.
**trasnochado, -da** adj. fig. Anticuado, pasado de moda.
**trasnochador, -ra** adj..-s. Nocherniego, noctámbulo.
**trasnochar** intr. Pernoctar, hacer noche.
**trasnombrar** tr. Trastocar* (los nombres de las cosas), trabucar, confundir.
**trasnominación** f. RET. Metonimia.
**trasojado, -da** adj. Ojeroso, macilento.
**trasoñar** tr. Ensoñar, imaginar, fantasear.
**traspasar** tr. Cruzar, atravesar*, trasponer. 2 Ceder, transferir, transmitir. 3 Transgredir, conculcar, quebrantar, violar, infringir, vulnerar.
**traspaso** m. Venta, enajenación.
**traspié** m. Resbalón, tropezón, tropiezo. 2 Zancadilla. 3 **Dar traspiés** loc. Bambalear, bambolear, bambanear, tambalearse, vacilar, perder el equilibrio.
**trasplantar** tr.-prnl. Replantar, transponer. ↔ QUEDARSE.
**traspunte** m. Apuntador.
**trasquiladura** f. Trasquilón.
**trasquilar** tr. Esquilar, marcear.
**trasquilón** m. Trasquiladura.
**trastabillar** intr. Amér. Tropezar.
**trastada** f. fam. Jangada, trastería

(fig.), *mala pasada, picardía, bribonada, tunantada.*

**trastazo** *m. Porrazo, golpazo, batacazo, costalada.*

**trastería** *f.* fig. *Trastada* (fam.)*, jangada, mala pasada, picardía, bribonada, tunantada.*

**trastienda** *f. Rebotica.* 2 fig. *Cautela, astucia, mano izquierda.*

**trasto** *m. Avíos, utensilio, menester.* 2 fig. *Danzante, chisgarabís, zascandil.*

**trastocar** *tr. Trabucar, confundir, trasnombrar.*

**trastornar** *tr.-prnl. Trastocar, trabucar, revolver, descomponer\*, desordenar.* 2 fig. *Inquietar, soliviantar.* 3 *Perturbar, enloquecer.* ↔ SERENAR.

**trastorno** *m. Alteración, sobresalto, perturbación.*

**trastrabillar, trastabillar** *tr. Tropezar, dar traspiés.* 2 *Tambalear, vacilar.* 3 *Tartajear, tartamudear.*

**trasudar** *intr. Sudar\*, transpirar, resudar.*

**trasudor** *m. Sudor, transpiración, resudor.*

**trasunto** *m. Copia\*.* ↔ ORIGINAL. 2 *Imitación, remedo.* ↔ REALIDAD.

**trasvasar** *tr. Trasegar.*

**trasvenarse** *prnl. Extravenarse.*

**trasverter** *intr. Rebosar, derramarse, reverter.*

**tratable** *adj. Accesible, cortés, amable, afable\*, sociable.*

**tratado** *m. Pacto, convenio, ajuste, trato, contrato.* Los tres últimos se emplean entre particulares o entidades, pero no entre gobiernos.

**tratamiento** *m. Título.* Título se aplica a personas y cosas; *tratamiento* sólo a personas. 2 *Método, procedimiento.* 3 MED. *Cura, régimen, terapia, terapéutica.*

**tratante** *m. Comerciante\*, negociante.*

**tratar** *tr.-prnl. Manejar, usar.* 2 *Comunicarse, relacionar.* ↔ ENEMISTAR, SEPARAR. 3 *Comerciar, traficar, negociar.* 4 *Versar.* 5 **Tratar de** *loc. Intentar, procurar, ensayar, pretender.*

**trato** *m. Pacto, convenio, ajuste, contrato.*

**trauma** *m. Traumatismo.*

**traumatismo** *m. Trauma.*

**traversa** *f.* MAR. *Estay.*

**travesaño** *m.* DEP. *Larguero, poste.* Larguero y *travesaño* se usan en el fútbol y en el rugby.

**travesear** *intr. Enredar, trebejar, retozar, juguetear.*

**travesura** *f. Bullicio, inquietud, retozo.* ↔ TRANQUILIDAD. 2 *Diabladura, jugada, trastada.* ↔ FORMALIDAD. 3 fig. *Agudeza, sutileza, ingenio, sagacidad.*

**travieso, -sa** *adj. Inquieto, revoltoso, bullicioso, retozón.* 2 fig. *Sutil, sagaz, agudo, ingenioso.*

**trayecto** *m. Recorrido.*

**traza** *f. Diseño, trazado.* 2 *Maña, habilidad, recursos.* 3 *Aspecto, figura, apariencia.*

**trazador** *m.* INFORM. (de gráficos) *Plótter.*

**trazar** *tr. Dibujar, delinear, diseñar.* 2 fig. *Discurrir, disponer, proyectar, planear.*

**trazo** *m. Línea, raya, rasgo.*

**trazumar** *intr.-prnl. Rezumar, resudar, sudar, exudar.*

**trebejar** *intr. Travesear, enredar, retozar, juguetear.*

**trebejo** *m. Instrumento, utensilio, enseres\*.*

**trébol oloroso** *m. Meliloto.*

**trece. Mantenerse en sus trece** *loc. Obstinarse, aferrarse, insistir, no dar el brazo a torcer, cerrarse en banda, no cejar, no apearse del burro.*

**treceno, -na** *adj. Decimotercero, tredécimo, decimotercio.*

**trecésimo, -ma** *adj. Trigésimo, treinteno, tricésimo.*

**trecho** *m. Espacio, distancia, tirada, lapso.* Si la distancia es larga, *tirada;* si se trata de tiempo, *lapso.*

**trechuela** *f.* ant. *Bacalao, abadejo, curadillo.*

**tredécimo, -ma** *adj. Decimotercero, treceno, decimotercio.*

**tregua** *f. Intermisión, suspensión, des-*

*canso, interrupción.* ↔ INSISTENCIA, PORFÍA, ININTERRUPCIÓN. 2 *Armisticio*\*.

**treintavo, -va** *adj.-s. Trigésimo.*

**treinteno, -na** *adj. Trigésimo, trecésimo, tricésimo.*

**tremebundo, -da** *adj. Espantable, tremendo, terrible, espantoso, horrible, pavoroso.*

**tremedal** *m. Tembladal, trampal, tolla, tollada.* Los dos últimos son el *tremedal* encharcado por las aguas subterráneas.

**tremendo, -da** *adj. Espantoso, espantable, tremebundo, terrible, horrible, horrendo.* 2 *Colosal, enorme, formidable.* Con valor intensivo general.

**trementina. Esencia de trementina** *f.* V. esencia de t.

**tremer** *intr.* lit. *Temblar.*

**tremesino** *adj.-m.* (trigo) *Marzal.*

**tremielga** *f. Torpedo* (pez), *trimielga.*

**tremolina** *f. Bulla, confusión, vocerío, gresca, trifulca, zipizape, trapatiesta.*

**tremulante** *adj. Tembloroso, tembloso, tembleque, trémulo, tremulento.*

**trémulo, -la** *adj. Tembloroso, trepidante, estremecido.* ↔ TRANQUILO.

**tren** *m.* fig. *Ostentación, pompa, aparato, boato.*

**trenca** *f.* (de la colmena) *Cruz.*

**trencellín** *m. Trencillo* (de sombrero), *cintilla, trancellín.*

**trencillo** *m. Trencilla.* 2 *Cintilla, trancellín, trencellín.* En los sombreros antiguos.

**trenzadera** *f. Tranzadera.*

**trenzar** *tr. Entrenzar, tranzar.*

**trepajuncos** *m. Arandillo.*

**trepar** *intr. Encaramarse\*, subir.*

**trepidación** *f. Temblor, estremecimiento, miedo.*

**trepidante** *adj. Trémulo, tembloroso, estremecido, tremulento.* ↔ TRANQUILO.

**trepidar** *intr. Temblar\*, estremecerse\*, vibrar, retemblar.* 2 *Amér. Vacilar.*

**trépido, -da** *adj. Tembloroso, trémulo, trepidante, estremecido.*

**tres. De tres al cuarto** *loc. adj. Fútil, pequeño, frívolo, nimio, insustancial, de*

*mala muerte, de medio pelo, de poca monta.*

**tresdoblar** *tr. Trasdoblar, triplicar.*

**tresdoble** *adj.-s.* ant. *Triple, trestante* (ant.)*, tríplice, triplo.*

**tresnal** *m. Garbera.*

**trestante** *adj.-s.* ant. *Triple, tresdoble* (ant.)*, tríplice, triplo.*

**treta** *f. Ardid, añagaza, astucia, artimaña, trampa, engaño.*

**triangular** *adj. Trigonal* (GEOM.).

**triángulo** *m. Trígono* (GEOM.).

**triar** *tr.* p. us. *Escoger\*, seleccionar, elegir, preferir, optar, florear, entresacar.* ↔ DEJAR, CONFORMAR.

**tribadismo** *m.* vulg. *Homosexualismo* (femenino)*, safismo, lesbianismo.*

**tribulación** *f. Congoja, aflicción, pena, tormento, dolor, turbación\*.* ↔ ALEGRÍA. 2 *Adversidad, desgracia, infortunio.* 3 *Ansia\*, ansiedad\*.*

**tribunal de justicia** *m. Corte.*

**tributario, -ria** *adj.-s. Feudatario, vasallo.* 2 *Rentero.* 3 *Afluente.* Tratándose de ríos, arroyos, etc.

**tributo** *m. Contribución, impuesto, carga, gravamen, gabela. Contribución, impuesto* y *tributo* se pagan al Estado o a corporaciones públicas. *Carga, gravamen* y *gabela* pueden referirse a tributaciones que se satisfacen a particulares por otros conceptos, como hipotecas, censos, etc.

**tricésimo, -ma** *adj.-s. Trigésimo, trecésimo, treinteno.*

**triclorometano** *m.* QUÍM. *Cloroformo.*

**triduo** *m. Ternario.*

**trifulca** *f. Disputa, alboroto, trapatiesta, zipizape, tremolina, cisco, riña, pelea.*

**trigésimo, -ma** *adj.-s. Trecésimo, treinteno, tricésimo.* 2 *Treintavo.*

**trigla** *f. Salmonete, barbo de mar, trilla.*

**trigonal** *adj.* GEOM. *Triangular.*

**trígono** *m.* GEOM. *Triángulo.*

**trigueño, -ña** *adj. Negro\*, moreno, de color, mestizo.* ↔ BLANCO.

**triguero, -ra** *adj. Frumentario, cerealista.*

**trilla** *f. Salmonete, bardo de mar, trigla.*

**trillado, -da** *adj. Batido, andado, frecuentado, conocido.*

**trimensual** *adj. Trimestral.*

**trimestral** *adj. Trimensual.*

**trimielga** *f. Torpedo* (pez), *tremielga.*

**trinado** *m. Gorjeo, gorgorito, trino.*

**trinar** *intr.* fig. *Rabiar, enfadarse, irritarse, impacientarse.* El verbo *trinar* añade la idea de dar muestras exteriores de impaciencia o enojo, por medio de voces, gestos, etc.

**trincaesquinas** *m. Parahúso.*

**I trincar** *tr. Atar, sujetar, amarrar, trabar, enlazar.* ↔ DESATAR.

**II trincar** *tr. Beber.*

**trinchante** *m. Escoda.*

**trinchar** *tr. Picar, cortar.*

**trinchera** *f. Impermeable, chubasquero, gabardina, sobretodo.*

**trinchero** *m. Aparador, cristalera.*

**trinitaria** *f. Flor de la Trinidad, pensamiento.*

**trino** *m.* MÚS. *Trinado.*

**trío** *m.* MÚS. *Terceto.*

**tripa** *f. Intestino.* 2 *Abdomen\*, barriga, panza, vientre, andorga* (burl.).

**tripicallero, -ra** *s. Casquero.*

**tripicallos** *m. pl. Callo* (guisado).

**triple** *adj.-m. Tresdoble* (ant.), *trestante* (ant.), *tríplice, triplo. Tríplice* es voz culta de uso restringido.

**triplicar** *tr.-prnl. Tresdoblar* (ant.).

**tríplice** *adj. Triple, tresdoble* (ant.), *trestante* (ant.), *triplo.*

**triplo** *adj.-m. Triple, tresdoble* (ant.), *trestante* (ant.), *tríplice.*

**tripudiar** *intr. Bailar, danzar.*

**tripudio** *m. Baile\*, danza.*

**tripulación** *f. Equipaje* (p. us.), *dotación, marinería.*

**triquiñuela** *f. Efugio, subterfugio, rodeo, evasiva, artería.*

**trisa** *f. Sábalo, alosa, saboga.*

**triscar** *intr.* fig. *Retozar, travesear, juguetear, brincar, potrear* (Amér.).

**triste** *adj. Afligido, melancólico, apenado, apesadumbrado, atribulado, abatido.* 2 *Funesto, aciago, infausto, desgraciado, infortunado.* 3 *Deplorable, lamentable, doloroso, enojoso.* 4 *In-*

*significante, mísero, ineficaz.* En esta acepción, el adjetivo *triste* suele ir antepuesto al sustantivo: un *triste* empleado, un *triste* soldado, un *triste* jornal; a diferencia de: un empleado *triste*, etc.

**tristeza** *f. Sentimiento, pena\*, aflicción, pesadumbre, melancolía, murria* (fam.), *dolor\*.* "La *tristeza* es una situación continuada del ánimo ocupado por alguna pena o disgusto. La *aflicción* es la situación del ánimo en lo más fuerte del dolor. El infeliz ocupado continuamente de su desgracia, está *triste*. Una buena madre se *aflige* siempre que se acuerda de la temprana pérdida de un hijo" (LH). "La *tristeza* es comúnmente una consecuencia de grandes aflicciones. La *melancolía*, un efecto del temperamento. Una mala nueva nos pondrá *tristes*. Una indisposición del cuerpo nos pondrá *melancólicos*" (Ma). ↔ ALEGRÍA, PAZ.

**tritón** *m.* (anfibio) *Salamandra acuática.*

**triturar** *tr. Moler, desmenuzar, quebrantar, pulverizar.* 2 *Mascar, ronzar.*

**triunfador, -ra** *adj.-s. Triunfante, victorioso, ganador, vencedor.*

**triunfante** *adj. Triunfador, victorioso, ganador, vencedor.*

**triunfar** *intr. Ganar, vencer.* ↔ FRACASAR, PERDER.

**triunfo** *m. Victoria.* 2 *Éxito.*

**trivalente** *adj.* QUÍM. *Triatómico.*

**trivial** *adj. Vulgar, común, sabido.* 2 *Insustancial, ligero, baladí.*

**triza** *f. Pedazo, partícula, añico.* Ordinariamente *triza* y *añico* se usan en plural. 2 **Hacer trizas** *loc. Destrozar, hacer cisco.*

**trizar** *tr. Destrizar, desmenuzar.*

**trocamiento** *m. Trueque, cambio, trueco.*

**trocar** *tr.-prnl. Cambiar, permutar, canjear.* ↔ PERMANECER. 2 *Vomitar, devolver.* 3 *Equivocar, confundir, trabucar, trastocar.*

**trocha** *f. Vereda, sendero.*

617

**truhán**

**trocla** f. *Polea, garrucha, carrucha, carrillo.*
**trofeo** m. *Victoria, triunfo, vencimiento, conquista.* ↔ DERROTA.
**troglodita** adj.-com. *Cavernícola.*
**troj, troje** f. *Panera, granero*, hórreo.* 2 *Algorín, truja.*
**trojero** m. *Horrero.*
**trola** f. *Mentira*, engaño, bola*.* ↔ VERDAD.
**trolero, -ra** adj. *Embustero, mentiroso.*
**tromba** f. *Manga, tifón.*
**trombocito** m. *Plaqueta.*
**trompa. Trompa de Falopio** f. *Oviducto, madrecilla, huevera.* 2 **Trompa gallega** *Birimbao.*
**trompada** f. *Trompazo, trompis, puñada, puñetazo.* 2 *Encontrón, encontronazo, choque.*
**trompazo** m. *Trompada.* 2 *Porrazo, batacazo, costalada.*
**trompicar** intr. *Tropezar, topar, dar, trompillar.*
**trompillar** tr.-intr. *Tropezar, topar, dar, trompicar.*
**trompis** m. fam. *Trompada, trompazo, puñada, puñetazo.*
**trompo** m. *Peón.*
**trompón** m. *Narciso* (planta).
**trona** f. *Urao.*
**tronado, -da** adj. *Arruinado, empobrecido.* Referido a personas. ↔ RICO. 2 *Maltrecho, estropeado, ajado, deteriorado.* Referido a cosas. ↔ ELEGANTE.
**troncho** m. *Tallo*, tronco, caña.*
**tronco** m. *Torso.* Tratándose del cuerpo humano. 2 **Dormir como un tronco** loc. (intens.) *Dormir como un niño, dormir profundamente.*
**troncón** m. *Tocón* (del árbol), *chueca, tueca, tueco.*
**tronera** f. *Cañonera.* 2 com. *Calavera, perdis, perdulario, perdido.*
**tronido** m. fig. *Ruina, quiebra, bancarrota, suspensión de pagos.*
**trono** m. *Solio.*
**tronzador** m. *Serrón.*
**tronzar** tr.-prnl. *Romper, despedazar,*

*trozar, quebrantar, partir.* ↔ DESCANSAR.
**tropelía** f. *Exceso, vejación, atropello, abuso, arbitrariedad, desafuero.* ↔ JUSTICIA, LEGALIDAD.
**tropezadura** f. *Tropezón, traspié, tropiezo.*
**tropezar** intr. *Topar, dar, trompicar, trompillar.* Los dos últimos significan *tropezar* repetidamente. 2 *Hallar, encontrar.* 3 *Equivocarse, errar, trabucarse.*
**tropezón** m. *Traspié, tropezadura, tropiezo.*
**trópico, -ca** adj. *Figurado, tropológico, traslaticio.*
**tropiezo** m. *Tropezón, traspié.* 2 *Estorbo, embarazo, obstáculo, inconveniente, dificultad, impedimento.* 3 *Falta, error, yerro.*
**tropológico, -ca** adj. *Traslaticio, trópico, figurado.*
**troquel** m. *Cuadrado, cuño.*
**troquelar** m. *Acuñar.*
**troqueo** m. *Coreo.*
**troquilo** m. *Mediacaña* (moldura cóncava).
**trotón** m. *Caballo, rocín, penco, jamelgo, jaco, corcel, bayo.*
**trovador** m. *Poeta, vate, bardo, coplero, coplista, rimador, poetastro, trovero.*
**troyano, -na** adj.-s. (pers.) *Dárdano, ilíaco, iliense, teucro.*
**trozar** tr. *Tronzar, romper, despedazar, partir.*
**trozo** m. *Pedazo, parte*, fragmento, porción.*
**trucha de mar** f. *Baila, raño, perca, percha.*
**truchimán, -ana** s. *Intérprete, trujamán* (ant.).
**truculento, -ta** adj. *Cruel, atroz, violento.*
**trueco** m. *Trueque, cambio, trocamiento.*
**trueque** m. *Cambio, trocamiento, trueco.*
**truhán, -ana** adj.-s. *Bufón.* 2 *Malicioso, astuto, pillo, pícaro, sinvergüenza, tunante, bellaco, estafador.*

**truhanada** 618

**truhanada** *f. Jugarreta, mala pasada, truhanería, trastada, picardía.*
**truhanear** *intr. Petardear, sablear, dar un sablazo, pegar un petardo, trampear.*
**truhanería** *f. Jugarreta, truhanada, mala pasada, trastada, picardía.*
**truja** *f. Algorín (departamento), troj, troje, alhorí.*
**trujamán, -ana** *s. ant. Dragomán, truchimán, intérprete, traductor, drogmán, trujimán.*
**trujimán, -ana** *s. ant. Intérprete, traductor, dragomán, drogmán, truchimán, trujamán.*
**trulla** *f. Bulla, jarana, jolgorio.*
**truncado, -da** *adj. Incompleto, descabalado, fragmentario, inacabado, no acabado, imperfecto, defectuoso.*
**truncar** *tr. Trocar, cortar.* 2 *fig. Omitir, mutilar, suprimir.*
**tubaje** *m. galic. Intubación.*
**tuberculosis** *f. Tisis.*
**tuberculoso, -sa** *adj. Tísico.*
**tubería** *f. Cañería. Cuando conduce agua o gas.*
**tuberosa** *f. Nardo, vara de Jesé.*
**tuberosidad** *f. Tumor, hinchazón.*
**tubulado, -da** *adj. BOT. Tubular, tubuloso.*
**tubular** *adj. BOT. Tubuloso, tubulado.*
**tubuloso, -sa** *adj. BOT. Tubular, tubulado.*
**tucía** *f. Atutía, tutía, tocía.*
**tudesco, -ca** *adj.-s. (pers.) Alemán, germano, teutón.*
**tueca** *f. Tocón, chueca, troncón, tueco.*
**tueco** *m. Tocón, chueca, troncón, tueca.*
**tuerca** *f. Matriz.*
**tuero** *m. Leña, rozo, despunte, ramullo, ramojo, ramiza, encendajas.*
**tuerto** *m. Agravio\*, perjuicio, daño, entuerto.*
**tueste** *m. Tostadura, torrefacción.*
**tuétano** *m. Caña, médula\*, meollo, cañada (de vaca).*
**tufo** *m. Vaho.* 2 *Mal olor, hedor.*
**tugurio** *m. Choza, cabaña, chamizo.* ↔ PALACIO, ALCÁZAR. 2 *Tabuco, cuchitril, zaquizamí, chiribitil.* ↔ PALACIO.

**tullidez** *f. Parálisis, tullimiento.*
**tullido, -da** *adj.-s. Impedido, paralítico, imposibilitado.*
**tullimiento** *m. Parálisis, tullidez.*
**tullir** *tr.-prnl. Entullecer, imposibilitar, paralizar.*
**tumba** *f. Sepulcro, enterramiento, sepultura, túmulo, mausoleo.* "*Tumba* y *túmulo* llevan en sí la idea de elevación, pero el *túmulo* es más alto que la *tumba*. Esta es propiamente la losa que cubre el hoyo que encierra los huesos, o que contiene la ceniza de los muertos. En su origen sirvió para que se grabasen en ella las inscripciones, epitafios o los símbolos de la dignidad, profesión, edad, etc. del difunto. Así, en rigor la *tumba* es la piedra sepulcral, pero después se ha tomado por un *sepulcro* de piedra. El *túmulo* es una especie de edificio u obra de arte erigido en honor de los muertos para consagrar e ilustrar su memoria (...). *Sepulcro* y *sepultura* se distinguen de *tumba* y de *túmulo* por la idea contraria a la de elevación. La *sepultura* es el lugar en que los cuerpos muertos están encerrados en tierra. El *sepulcro* es un lugar en que están encerrados también, pero más hondamente, en un hoyo profundo (...). La *sepultura* conserva siempre su carácter religioso, que no necesita el *sepulcro*" (Ci).
**tumbar** *tr.-prnl. Derribar.* ↔ LEVANTAR, ERIGIR. 2 *prnl. Echarse, tenderse, acostarse.* ↔ LEVANTARSE, ERGUIRSE, INCORPORARSE.
**tumbo** *m. Barquinazo, vaivén, sacudida, vuelco, sacudimiento\*.* 2 *Voltereta, cabriola, pirueta.*
**tumbón, -ona** *adj.-s. Holgazán, perezoso, haragán, gandul, indolente.*
**tumefacción** *f. Hinchazón, intumescencia, inflación.*
**tumefacto, -ta** *adj. MED. Hinchado, tumescente.*
**tumescente** *adj. MED. Hinchado, tumefacto.*

**tumor** m. Tuberosidad, neoplasia, cáncer.

**tumoración** f. MED. Tumor.

**túmulo** m. Sepulcro, enterramiento, losa, sarcófago, tumba*, sepultura, hoya.

**tumulto** m. Alboroto, confusión, revuelta, motín, asonada, sublevación*.

**tumultuario, -ria** adj. Tumultuoso, agitado, desordenado, alborotado, revuelto.

**tumultuoso, -sa** adj. Agitado, desordenado, alborotado, revuelto, tumultuario.

**I tuna** f. Nopal, chumbera.

**II tuna** f. Estudiantina.

**tunal** m. Nopal, chumbera. 2 Nopaleda, nopalera.

**tunantada** f. Bribonada, picardía, trastada, mala jugada, mala pasada, pillada.

**tunante** adj.-com. Tuno, pícaro, taimado, pillo, bribón, astuto.

**tunda** f. Zurra, paliza, azotaina, felpa, toñina.

**tundidora** f. TECNOL. (máquina) Acabadora.

**tundir** tr. fig. Brear, maltratar, molestar.

**tunear** intr. Tunantear, bribonear.

**tunera** f. Can. Nopal, chumbera, tunal, higuera chumba, higuera de Indias, higuera de pala, higuera de tuna.

**tunería** f. Taimería, cuquería, picardía, malicia, astucia. ↔ SINCERIDAD, INGENUIDAD.

**tungsteno** m. Volframio.

**túnica** f. ANAT. Capa, lámina, membrana.

**tunicado, -da** adj.-s. Urocordado.

**tuno, -na** adj.-s. Tunante, astuto, taimado, ladino, truhán, pícaro, pillo, bribón.

**tupé** m. Copete. 2 fig. Atrevimiento, frescura, descaro, desfachatez, descoco.

**tupido, -da** adj. Espeso, apretado, aglomerado, macizo, cerrado. 2 Amér. Torpe.

**tupir** tr. Entupir.

**turba** f. desp. Multitud, muchedumbre, turbamulta.

**turbación** f. Perturbación, alteración, trastorno, desarreglo, desconcierto. 2 Confusión, conturbación, tribulación. Conturbación se aplica principalmente en sentido moral, con el significado de tribulación. "La turbación está en los sentimientos; la confusión en las ideas. Un orador se turba en presencia de un auditorio numeroso; se confunde cuando no tiene formado su plan ni arregladas sus ideas" (M).

**turbado, -da** adj. Accidentado, agitado.

**turbar** tr.-prnl. Perturbar, alterar, desordenar, trastornar, desarreglar, desconcertar*. ↔ SERENAR. 2 Confundir, avergonzar, aturdir, cortarse, embarazarse, embarullarse. Los tres últimos, en el hablar.

**túrbido, -da** adj. Turbio, turbulento.

**turbinto** m. Lentisco del Perú, pimentero falso.

**turbio, -bia** adj. Túrbido, turbulento. 2 fig. Confuso, oscuro*, dudoso, azaroso, sospechoso.

**turbión** m. Manga de agua.

**turbios** m. pl. Hez*, hía, pie, zupia, madre, solera, sedimento.

**turbulencia** f. Turbiedad. 2 fig. Agitación, desorden, confusión, alboroto*, revuelta, motín.

**turbulento, -ta** adj. Turbio. 2 fig. Revoltoso, alborotador. 3 Agitado, alborotado, tumultuoso, revuelto.

**turca** f. fam. Borrachera, embriaguez, ebriedad, curda, mona, jumera, chispa. ↔ SOBRIEDAD.

**turco, -ca** adj.-s. (pers.) Otomano, osmanlí, turquesco, turquí (desus.).

**turgente** adj. Abultado, hinchado. ↔ DESHINCHADO.

**turibular** tr. Incensar, turificar.

**turíbulo** m. Incensario.

**turificar** tr. Incensar, turibular.

**turmalina** f. Chorlo.

**turnar** intr. Alternar, relevarse.

**turno** m. Tanda, vez.

**turquesa** f. MINERAL. Calaíta.

620

**turquesco, -ca** *adj. Turco, otomano, osmanlí, turquí* (desus.).
**turquí** *adj.* desus. *Turco, otomano, osmanlí, turquesco.*
**turrar** *tr. Tostar\*, torrar, asar.* ↔ EN-FRIAR.
**turulato, -ta** *adj. Alelado, lelo, estupefacto, atónito.*
**tusar** *tr. Esquilar, trasquilar.*
**tusco, -ca** *adj.-s.* (pers.) *Etrusco, tirreno.*
**tusílago** *m. Fárfara* (planta)*, uña de caballo.*

**tusón** *m. Zalea, pelleja, vellón, zaleo.*
**tutela** *f. Tutoría.* 2 *Protección, amparo, custodia, defensa.*
**tutía** *f. Atutía, tucía, tocía.*
**tutilimundi** *m. Mundonuevo, mundinovi, titirimundi, totilimundi, cosmorama.*
**tutor, -ra** *s. Guardador* (p. us.). 2 *Rodrigón.* 3 *Protector, defensor, amparador.*
**tutoría** *f. Tutela.*

# U

**ubérrimo, -ma** *adj. Fértil\*, fecundo, feraz.*

**ubicuidad, ubiquidad** *f. Ominipresencia.*

**ubicuo, -cua** *adj. Omnipresente.*

**ubre** *f. Teta\*, mama.*

**udómetro** *m. Pluviómetro, pluvímetro.*

**uesnorueste** *m. Oesnoroeste, oesnorueste.*

**uessudueste** *m. Oessudoeste, oessudueste.*

**ueste** *m.* p. us. *Oeste, occidente, ocaso, poniente.*

**ufanarse** *prnl. Engreírse, jactarse, envanecerse, gloriarse.* ↔ HUMILLARSE.

**ufano, -na** *adj. Engreído, envanecido, orgulloso, hinchado.* 2 *Satisfecho, contento, alegre.*

**úlcera** *f.* MED. *Llaga, plaga* (p. us.), *ulceración.*

**ulceración** *f.* MED. *Úlcera, llaga.*

**ulcerar** *tr.* MED. *Llagar.*

**ulexita** *f.* MINERAL. *Boronatrocalcita, piedra televisión.*

**ulterior** *adj. Siguiente, posterior, subsiguiente.* ↔ ANTERIOR, PASADO.

**últimamente** *adv. t. Por último, finalmente, en conclusión, en suma.*

**ultimar** *tr. Terminar\*, concluir, acabar, finalizar.* ↔ EMPEZAR.

**último, -ma** *adj. Posterior, postrero, postremo, postrimero. Posterior* es sólo un comparativo que alude a lo que está detrás o después; *último* y los restantes sinónimos significan *posterior* a todos los demás. 2 **Por último** *loc.*

*adv. En definitiva, finalmente, en conclusión, en suma.*

**ultra** *prep. Además de.* 2 *Al otro lado de, más allá de.* En composición con algunas voces, p. ej.: *ultramar.* 3 *Más que.* Compuesta con ciertos adjetivos, p. ej.: *ultrafamoso.*

**ultrajar** *tr.-prnl. Agraviar, insultar, ofender, injuriar\*, afrentar.* ↔ HONRAR.

**ultraje** *m. Agravio\*, afrenta, ofensa, insulto\*, injuria\*.*

**ultramarino, -na** *adj. Transmarino.* 2 *adj.-s. Colonial.*

**ultramontano, -na** *adj.-s. Clerical, teocrático, neo, carca.*

**ultratumba** *adv. m. Trasmundo, ultramundo.*

**úlula** *f. Autillo* (ave).

**umbela** *f.* BOT. *Parasol.*

**umbelífero, -ra** *adj.-s. Aparasolado.*

**umbral** *m. Tranco, limen, lumbral.* Los tres poco usados. 2 fig. *Origen, principio, comienzo.* ↔ TÉRMINO (fig.), *fin.*

**umbrátil** *adj. Umbroso, umbrío, sombreado, sombrío, sombroso.*

**umbrío, -a** *adj. Umbrátil, umbroso, sombreado, sombrío, sombroso.*

**umbroso, -sa** *adj. Umbrátil, umbrío, sombreado, sombrío, sombroso.*

**unción** *f. Extremaunción, Santos Óleos.* 2 *Devoción, fervor.* ↔ FRIALDAD, INCREDULIDAD.

**uncir** *tr. Enyugar.*

**undante** *adj. lit. Ondoso, undoso* (lit.).

**undécimo, -ma** *adj.-s. Onzavo.* 2 *Onceno.*

**undísono** 622

**undísono, -na** *adj.* poét. *Ondisonante.*

**undoso, -sa** *adj.* lit. *Ondoso, undante* (lit.).

**undular** *intr. Ondular, ondear.*

**ungir** *tr. Untar.*

**ungüento** *m. Linimento, pomada.*

**únicamente** *adv. m. Solamente, sólo, precisamente.*

**único, -ca** *adj. Solo.* ↔ VARIOS. 2 fig. *Singular, extraordinario.* ↔ COMPUESTO, DIVISIBLE.

**unicolor** *adj. Monocromo.*

**unicornio** *m.* (animal fabuloso) *Monoceronte, monocerote.* 2 *Rinoceronte.*

**unidad** *f. Unión, concordancia, conformidad.* ↔ PLURALIDAD, COLECTIVIDAD, DESUNIÓN.

**unidamente** *adv. m. Juntamente, en unión, en compañía, conjuntamente.*

**unido, -da** *adj. Adherente, anejo, anexo, pegado, próximo, cercano, inmediato.*

**unificar** *tr.-prnl. Adunar, aunar, juntar, unir.* ↔ DESUNIR, SEPARAR, DIVIDIR. 2 *Uniformar, igualar.*

**uniformar** *tr. Igualar, hermanar.* ↔ DESIGUALAR.

**uniforme** *adj. Igual, equivalente, idéntico, par, parejo, parigual.* ↔ DESIGUAL, HETEROGÉNEO.

**uniformidad** *f. Igualdad\*, equivalencia, paridad.*

**uninuclear** *adj. Mononuclear.*

**uniocular** *adj. Monocular.*

**unión** *f. Enlace, encadenamiento, conexión, fusión.* 2 *Mezcla, combinación.* 3 *Agregación, suma.* 4 *Alianza, federación, confederación, liga, concordia, avenencia, concierto, asociación.* 5 *Casamiento\*, matrimonio\*, enlace.*

**unir** *tr.-prnl. Juntar, enlazar, trabar, atar\*, ligar, fundir.* ↔ SEPARAR, DIVIDIR, DESUNIR. 2 *Mezclar\*, combinar.* ↔ SEPARAR, DIVIDIR, DESUNIR. 3 *Agregar, añadir.* ↔ RESTAR, QUITAR, SUSTRAER. 4 *Aliar, federar, confederar, concordar, concertar.* ↔ SEPARAR. 5 *Casar.* ↔ SEPARAR.

**univalente** *adj.* QUÍM. *Monovalente.*

**universal** *adj. General\*, común.* ↔ PARCIAL, LIMITADO. 2 *Cosmopolita, católico, ecuménico, mundial, internacional. Cosmopolita* se aplica al hombre y a las relaciones personales de los hombres de diferentes países entre sí: hombre *cosmopolita*, ambiente *cosmopolita. Mundial* y *universal* se usan como equivalentes, si bien *universal* abarca cuanto está en el Universo, no sólo en la Tierra. En su acepción etimológica, *católico* y *ecuménico* significan *universal*, pero se usan muy poco con este valor, fuera de lo religioso. *Internacional* es lo referente a todas las naciones consideradas como entidades separadas. ↔ NACIONAL.

**universo** *m. Mundo, orbe, cosmos, creación.*

**uno, -na** *adj. Íntegro, entero, completo, cabal.*

**untado, -da** *adj. Grasiento, pringado.*

**untar** *tr. Ungir, engrasar.* Aunque *ungir* y *untar*, de acuerdo con su etimología, significan lo mismo, *ungir* ha reducido su significado a la Unción sacramental y a las ceremonias con que los judíos *ungían* a sus reyes, los paganos a los invitados, amigos, atletas, etc. *Untar* se aplica a lo material: se *unta* una llaga con pomada o *ungüento*; se *untan* los cabellos para darles brillo. *Engrasar* es *untar* un mecanismo con materia grasa a fin de lubricarlo; p. ej.: las ruedas de una locomotora, el eje de una hélice, una cerradura. Pero no se dice que *engrasamos* un tumor con ungüentos, sino que lo *untamos.* 2 fig. *Sobornar.* 3 *prnl. Pringarse.*

**unto** *m. Grasa\*, aceite, manteca, lardo, sebo, mantequilla, adiposidad* (TECN.).

**untuoso, -sa** *adj. Craso, pingüe, grasiento, aceitoso\*.*

**I uña. Ser uña y carne** *loc.* intens. *Avenirse, comer en un mismo plato, estar a partir de un piñón.*

**II uña** *f.* (molusco) *Dátil.*

**uñada** *f. Arañazo, rascuño, rasguño, uñarada, arpadura, uñetazo.*

**uñarada** *f. Arañazo, rascuño, rasguño, uñada, arpadura, uñetazo, rascadura.*
**uñetazo** *f. Arañazo, rascuño, rasguño, uñada, uñarada, arpadura.*
**upupa** *f. Abubilla.*
**uragogo, -ga** *adj.* FARM. *Diurético.*
**uranismo** *m. Sodomía, pederastia.*
**uranista** *m. Homosexual* (esp. del sexo masculino).
**uranografía** *f. Cosmografía.*
**uranolito** *m. Aerolito, meteorito, piedra meteórica.*
**urao** *m. Amér. Central. Trona.*
**urbanidad** *f. Cortesanía, buenos modales, educación\*, cortesía, amabilidad, afabilidad.* La *cortesanía*, los *buenos modales*, la *educación* y la *urbanidad*, sugieren principalmente la observancia de maneras correctas en el trato social. La *cortesía*, la *amabilidad* y la *afabilidad* pueden comprender también la disposición o actitud interna que adoptamos ante los demás; sentimos la *cortesía* como más afectuosa, y por esto nos halaga más ser tratados con *cortesía* que con simple *urbanidad.* ↔ DESCORTESÍA, DESATENCIÓN.
**urbano, -na** *adj. Fino, cortés, cumplido, atento, amable.* ↔ RUDO, RÚSTICO, GROSERO.
**urbe** *f. Ciudad.* La *urbe* es más populosa que la *ciudad.* Parecería pretencioso que el habitante de una *ciudad* pequeña la llamase *urbe.*
**urce** *m. Brezo.*
**urcitano, -na** *adj.-s.* (pers.) *Almeriense.*
**urdir** *tr. fig. Tramar, maquinar, fraguar.* "*Urdir* es disponer los hilos para hacer uan tela. *Tramar* es pasar los hilos por entre los hilos. En el sentido propio no se confuden estas voces, pero sí en el figurado, en el cual se dice *urdir* o *tramar* un enredo, una picardía. *Tramar* supone un designio más formado, un enredo mayor, planes más bien concertados, disposiciones más adelantadas para la ejecución. *Urdir* es empezar; se *urde* una

trama. *Tramar* es adelantar la obra, darle consistencia conveniente" (Ci).
**urente** *adj. Urticante, ardiente.*
**uresis** *f.* MED. *Micción, diuresis.*
**uretritis** *f.* MED. *Gonorrea, blenorrea, blenorragia.*
**urgencia** *f. Perentoriedad, prisa, premura.* ↔ PARSIMONIA, CALMA, LENTITUD. 2 *Precisión, necesidad.*
**urgente** *adj. Apremiante, perentorio.*
**urgir** *intr. Apremiar, dar prisa, apurar, instar, acuciar, ser puñalada de pícaro.* ↔ TRANQUILIZAR.
**urocordado, -da** *adj.-s. Tunicado.*
**urogallo** *m. Gallo.*
**urraca** *f. Cotorra* (dial.), *gaya, marica, pega, picaza, picaraza.*
**urticante** *adj. Urente, ardiente.*
**usado, -da** *adj. Gastado, deslucido, ajado, viejo.* 2 *Habituado, práctico, experimentado.*
**usagre** *m. Costra láctea.*
**usanza** *f. Uso, práctica, costumbre, moda\*.*
**usar** *tr.-prnl. Emplear, gastar, utilizar, manejar.* 2 *Acostumbrar\*, practicar, estilar.*
**uso** *m. Utilización, empleo, manejo, gasto.* ↔ DESUSO, INUTILIDAD. 2 *Usanza, práctica, costumbre, estilo.* 3 *Moda.*
**ustión** *f.* p. us. *Combustión.*
**usual** *adj. Común, general\*, corriente, habitual, acostumbrado, frecuente.*
**usura** *f. Logro, lucro, granjería, ganancia\*.* ↔ DESINTERÉS, GENEROSIDAD.
**usurero, -ra** *s. Logrero.*
**usurpar** *tr. Detentar. Detentar* es retener la posesión de lo usurpado. *Usurpar* es apropiarse injustamente una cosa de otro. Unos bienes *usurpados* son *detentados* largos años por el que se los apropió. Una persona *usurpa* el poder, cuando ilegítimamente se hace dueño de él. Lo *detenta* mientras lo ejerce. ↔ DAR, DEVOLVER.
**utahlita** *f.* MINERAL. *Variscita.*
**utensilio** *m. Instrumento, herramienta, útiles, enseres\*.*
**uterino, -na** *adj. Histérico.*

**útero** *m. Matriz* (órgano), *seno, claustro materno, madre.*

**útil** *adj. Provechoso, fructuoso, productivo, beneficioso\*, conveniente\*.* "Lo *provechoso* es el término a que conduce lo *útil.* En tanto una cosa es *útil,* en cuanto sirve para obtener lo *provechoso.* Un buen médico es *útil* porque sus medicinas hacen provecho. De aquí se infiere que lo *provechoso* lo es siempre; en tanto que lo *útil* puede dejar de serlo según las circunstancias. La salud, la instrucción, la buena fama, siempre son *provechosas*; el dinero no es *útil* en una isla desierta" (M). 2 *Apto, utilizable, aprovechable, disponible.* 3 *m. Utilidad.* 4 *Utensilio, instrumento\*, herramienta.*

**utilidad** *f. Provecho, fruto, ganancia\*, beneficio, lucro\*, productividad\*.* ↔ INUTILIDAD, PÉRDIDA. 2 *Aptitud.* ↔ INEPTITUD.

**utilitario, -ria** *adj. Positivo, práctico, pragmático.*

**utilizable** *adj. Aprovechable, disponible, útil, apto.*

**utilización** *f. Empleo, uso, aplicación.* ↔ DESUSO.

**utilizar** *tr. Emplear, usar, aprovechar, valerse.* ↔ DESAPROVECHAR, ABANDONAR.

**utrero, -ra** *s. Ternero, choto, becerro, jato, novillo, magüeto.*

**uva.** Uva de mar *f. Belcho, canadillo, hierba de las coyunturas, uva marina.* 2 **Uva lupina** *Anapelo, jacónito, napelo, matalobos, pardal, uva verga.* 3 **Uva tamínea** *Estafisagria, albarraz, hierba piojenta, piojera, uva taminia.*

**uvaduz** *f. Gayuba, aguavilla.*

**úvula** *f.* ANAT. *Campanilla, galillo, gallillo, estafilión* (ANAT.).

# V

**vacaciones** *f. pl. Fiestas.*
**vacada** *f. Rebaño\*, manada\*, vaquería.*
**vacante** *adj.-com. Vaco* (desus.), *vacuo* (p. us.). Ambos sustituían a *vacante*, en su uso adj., en la lengua clásica.
**vaciante** *m. Menguante, bajamar.*
**vaciar** *tr. Verter.* "La vasija que contiene líquido se *vacía*; el líquido contendo se *vierte*; y así no debe decirse *vació*, sino *vertió* el agua" (M). ↔ LLENAR. 2 *Moldear.* 3 *Desembocar, desaguar.* Tratándose de ríos, arroyos, etc.
**vaciedad** *f. Simpleza, sandez, tontería, necedad.*
**vacilación** *f. Oscilación, vaivén, fluctuación, vibración.* ↔ FIRMEZA. 2 fig. *Perplejidad\*, irresolución\*, indecisión.* ↔ FIRMEZA, DECISIÓN. 3 *Duda, incertidumbre\*.* ↔ FIRMEZA, DECISIÓN.
**vacilante** *adj. Incierto, inseguro, inconstante, dudoso, indeciso, perplejo.*
**vacilar** *intr. Oscilar, tambalearse, fluctuar.* 2 fig. *Dudar, hesitar* (desus.), *balbucear, balbucir, titubear, cespitar* (p. us.). Cuando la vacilación es intelectual, *dudar*; así decimos: *vacilar* o *dudar* antes de elegir. *Hesitar* es latinismo inusado. Si el acto de *vacilar* se refiere al movimiento o a la acción, *titubear*; en el habla, *balbucir, balbucear. Cespitar* es un cultismo apenas usado. ↔ CREER, DECIDIRSE, ACTUAR.
**vacío, -a** *adj. Desocupado, vacuo.* 2 *Hueco\*, vano.*
**vaco, -ca** *adj.* desus. *Vacante, vacuo* (p. us.).

**vacuidad** *f. Vaciedad.*
**vacuno, -na** *adj. Bovino.*
**vacuo, -cua** *adj.* p. us. *Vacante, vaco* (desus.).
**vademécum** *m. Venimécum.* 2 *Vade.*
**vado** *m. Esguazo.* 2 fig. *Expediente, remedio, recurso, salida.*
**vagabundear** *intr. Gandulear, holgazanear, haraganear, matar el tiempo, mirar las musarañas.* ↔ TRABAJAR, ESFORZARSE.
**vagabundo, -da** *adj. Errante, errabundo.* 2 *adj.-s. Holgazán, ocioso, vago.*
**vagar** *intr. Errar, divagar.* Este último, tratándose del pensamiento o del discurso.
**vagina** *f. Vulva, coño* (vulg.).
**vago** *m.* MED. (nervio) *Neumogástrico.*
**vago, -ga** *adj.-s. Vagabundo, holgazán, ocioso, desocupado.* 2 *Indeciso, indeterminado, indefinido, impreciso, inconcreto.*
**vaguear** *intr. Holgazanear.*
**vaguedad** *f. Indeteminación, imprecisión, indecisión.* ↔ PRECISIÓN, DECISIÓN.
**vaharera** *f. Boquera.*
**vahído** *m. Desvanecimiento, desmayo, vértigo, mareo.* El *vahído* es de breve duración y menos intenso que los demás sinónimos.
**vaho** *m. Exhalación, vapor, hálito.* 2 *Aliento.* 3 *Tufo.*
**vaivén** *m. Balanceo, fluctuación, oscilación, sacudimiento\*.*
**valedero, -ra** *adj. Válido, firme, legal.*

**valedor, -ra** *s. Protector, padrino, favorecedor, patrocinador.*

**valencia** *f.* QUÍM. *Adicidad.*

**valentía** *f. Valor*, esfuerzo, aliento, ánimo*, vigor.* "La *valentía* es la ostentación del *valor*. Aquella puede ser efecto de la educación, del amor propio, de la vanidad, y acaso de una pura costumbre adquirida con el ejemplo; este es inherente al carácter y propio de un espíritu noble, superior a todo riesgo. Aquella busca los lances; este los evita, pero no los rehúsa cuando la obligación o la necesidad lo exigen. Por eso cuando se trata de una acción en que media el lucimiento, la arrogancia, el deseo del aplauso, se usa con más propiedad de la voz *valentía* que de la voz *valor*, y así a un soldado se le puede llamar *valeroso*, pero no a un torero; éste propiamente es *valiente* (...). Por este mismo principio, un *valiente* (usado como sustantivo) no quiere decir precisamente un hombre de *valor*, sino un quimerista que lo ostenta, que hace vanidad de él" (LH).La *valentía* es la manifestación externa del *valor*. La *valentía* es visible, y puede ser jactanciosa, en este caso es sinónima de *arrogancia, gallardía.* El *valor*, en cambio, puede ser callado e invisible. *Valor* connota esfuerzo, tesón; *valentía* connota decisión y arrojo. ↔ COBARDÍA.

**valentón, -ona** *adj.-s.* desp. *Jaque, jaquetón, chulo, matamoros, matasiete, balandrón, terne, ternejal, perdonavidas, tragahombres, valiente.*

**valentonería** *f.* desp. *Majeza, guapeza, chulería.*

**I valer** *m. Valor, valía.*

**II valer** *intr. Amparar, proteger, apoyar, defender, patrocinar.* 2 *Servir, ser útil.* 3 *prnl. Prevalerse, aprovecharse, servirse.*

**valeroso, -sa** *adj. Valiente, esforzado, alentado, resuelto, animoso, arrojado.*

**valetudinario, -ria** *adj. Enfermizo, caduco.* ↔ FUERTE, SANO, JOVEN.

**valía** *f. Estimación, aprecio, valer, valor*.* 2 *Valimiento, favor, privanza.*

**validación** *f. Comprobación, reconocimiento.*

**validez** *f. Valor, firmeza.*

**valido** *m. Privado, favorito.*

**válido, -da** *adj. Firme, legal, valedero.* 2 *Sano, robusto, fuerte.*

**valiente** *adj. Valeroso, esforzado, animoso, arrojado, resuelto, intrépido, osado, denodado.*

**valija** *f. Maleta* (cofre).

**valimiento** *m. Privanza, favor, ascendiente, poder.* 2 *Ayuda, amparo, protección, apoyo.* ↔ DESAMPARO.

**valioso, -sa** *adj. Preciado, estimado, meritorio, excelente.* 2 *Poderoso, eficaz.* 3 *Rico.*

**valla** *f. Vallado, valladar, cerca*, cercado, empalizada, estacada.* 2 fig. *Obstáculo, estorbo.*

**vallado** *m. Valla, cerca*.*

**vallico** *m. Ballico, césped inglés.*

**valor** *m. Aprecio, estimación, mérito.* 2 *Significación, importancia.* 3 *Valer, valía, ánimo, valentía, esfuerzo, intrepidez, arrojo*, coraje.* Los dos primeros, tratándose de cualidades intelectuales o morales. Si se trata de afrontar peligros, todos los demás. 4 *Desvergüenza, osadía, atrevimiento, descaro, descoco, desfachatez.* Usado en mala parte. ↔ VERGÜENZA, COBARDÍA. 5 *Validez, firmeza.* 6 *Precio.* "*Valor* es el grado de estimación en que se tiene una cosa, según su mérito, su utilidad, los recuerdos que con ella se asocian o las ventajas que de ella pueden sacarse; *precio* es la cantidad de dinero en que la cosa se estima en venta. Así hay cosas que tienen *valor* para ciertas personas, y no lo tienen para otras, lo cual no influye en manera alguna en el *precio*" (M). V. valores.

**valoración** *f. Tasación, evaluación.*

**valorar** *tr. Valuar, evaluar, tasar, justipreciar*, tallar.* *Tasar* y *justipreciar* suponen estimar exactamente el precio; *tallar* se aplica pralte. en el campo: *tallar* la cosecha. 2 *Avalorar, valorizar. Avalorar* se extiende a los valores no materiales; *avalorar* una mercancía; cualidades que *avaloran* a un hombre. *Valorizar* se limita a lo material; *valorizar* un yacimiento mineral, unas tierras. *Valorar* comprende los significados de todos estos verbos.

**valores** *m. pl. Títulos.* V. valor.

**valorizar** *tr. Valorar\*.*

**valuación** *f. Evaluación, apreciación, cálculo, valoración.*

**valuar** *tr. Apreciar, estimar, tasar, evaluar, valorar, justipreciar.*

**valva** *f.* BOT. *Ventalla.*

**válvula** *f. Ventalla.* 2 *Lámpara.* En radiotelefonía.

**vanagloria** *f. Jactancia\*, envanecimiento, engreimiento, presunción, vanidad\*.*

**vanagloriarse** *prnl. Jactarse, engreírse, preciarse, alabarse.* ↔ HUMILLARSE, REBAJARSE.

**vanaglorioso, -sa** *adj. Alardoso, ostentoso, jactancioso, alabancioso.*

**vanamente** *adv. m. Inútilmente, en vano.* 2 *Infundadamente.*

**vanidad** *f. Presunción, vanagloria, fatuidad, envanecimiento, orgullo\*, soberbia, jactancia\*.* "La *vanidad* puede recaer indistintamente sobre un mérito real o imaginario. La *presunción* recae siempre sobre un mérito que sólo existe en la imaginación del presumido. Un músico excelente tiene tal vez *vanidad* de su habilidad. Un mal jinete tiene *presunción* de su destreza. Una mujer hermosa puede tener *vanidad*, pero una fea solo puede tener *presunción*" (LH). ↔ HUMILDAD, MODESTIA. 2 *Fausto, pompa, ostentación.* ↔ HUMILDAD, MODESTIA. 3 *Ilusión, ficción, fantasía.*

**vanidoso, -sa** *adj. Vano, hueco, hinchado, engreído, fatuo, presuntuoso, presumido.*

**vano, -na** *adj. Irreal, insubstancial.* 2 *Hueco, vacío, huero.* 3 *Inútil, infructuoso.* 4 *Vanidoso, presuntuoso, presumi-*

do, *engreído, fatuo.* 5 *Infundado, injustificado.* 6 **En vano** *loc. adv. En balde, inútilmente.*

**vapor** *m. Hálito, vaho.* 2 *Vértigo, desmayo, vahído.*

**vaporar** *tr. Evaporar, vaporear, volatilizar, evaporizar, vaporizar.*

**vaporear** *tr. Evaporar\*, vaporar, volatilizar, evaporizar, vaporizar.*

**vaporizar** *tr.-prnl. Evaporizar, evaporar, vaporear, volatizar, vaporar.*

**vaporoso, -sa** *adj.* fig. *Tenue, ligero, delgado, sutil.*

**vapular** *tr.-prnl. Azotar, fustigar, hostigar, golpear, mosquear, paporrear, vapulear.*

**vapulear** *tr.-prnl. Azotar, fustigar, hostigar, golpear, mosquear, paporrear, vapular.*

**vapuleo, vápulo** *m. Zurra, paliza.*

**vaquero, -ra** *s. Pastor\*.*

**vara** *f. Palo.* La *vara* es más larga y delgada que el *palo.* 2 *Bastón de mando.* 3 TAUROM. *Pica, puya, garrocha.*

**varada** *f.* MAR. *Varamiento, botadura.*

**varamiento** *m.* MAR. *Varada, botadura.*

**varar** *intr.* MAR. *Encallar.* 2 *intr.-tr. Botar.*

**varbasco** *m. Bervasco, gordolobo.*

**varear** *tr. Apalear, golpear* (con palo).

**varenga** *f.* MAR. *Brazal* (madero), *cerreta, percha, orenga.*

**variabilidad** *f. Mutabilidad.*

**variable** *adj. Inestable\*, inconstante, mudable, voluble, versátil, veleidoso, cambiable, mutable.* ↔ INVARIABLE, CIERTO.

**variación** *f. Alteración\*, mudanza, cambio\*, transformación.* 2 *Variedad.* "La *variación* es sucesiva; la *variedad* es simultánea. Hay *variación* en las estaciones; hay *variedad* en las flores de un jardín" (M).

**variado, -da** *adj. Surtido, mezclado.* V. variados, -das.

**variados, -das** *adj. pl. Diversos, varios, muchos.* V. variado, -da.

**variar** *intr.-tr. Cambiar\*, mudar, alterar, transformar, diferenciar.*

**variedad** *f. Diversidad, diferencia\*. 2 Mudanza, alteración, variación.*

**vario, -ria** *adj. Diverso, diferente, distinto. 2 Inconstante, inestable, variable, mudable, cambiante, inestable\*.* V. varios, -rias.

**varioloso, -sa** *adj.-s. Virolento.*

**varios, -rias** *adj. pl. Algunos, unos cuantos.* V. vario, -ria.

**variscita** *f.* MINERAL. *Utahlita.*

**variz** *f. Flebectasia* (MED.).

**varón** *m. Hombre.*

**varonil** *adj. Viril. 2 Esforzado, resuelto, valeroso, firme, animoso.*

**varonilmente** *adv. m. Virilmente, esforzadamente, firmemente.*

**vasallaje** *m. Servidumbre, sujeción, yugo.* ↔ DOMINIO.

**vasallo, -lla** *s.* ant. *Feudatario, tributario.* ↔ SEÑOR. *2 adj.-s. Súbdito.* ↔ SEÑOR.

**vasco, -ca** *adj.-s.* (pers.) *Éuscaro, eusquero, vascuence.*

**vascuence** *adj.-com.* (pers.) *Vasco, vascongado, éuscaro, eusquero.*

**vaso** *m. Bacín, orinal, dompedro, perico, sillico, tito, zambullo.*

**vástago** *m. Sierpe, verdugo, vestugo, renuevo, retoño, rebrote, hijuelo.* Los dos primeros brotan de las raíces leñosas. *Vestugo* es el del olivo. Los cuatro últimos, se refieren al que brota después de cortada la planta. *2 fig. Descendiente, hijo.*

**vasto, -ta** *adj. Extenso, dilatado, extendido, espacioso.* ↔ FINITO, PEQUEÑO.

**vate** *m. Adivino, profeta, augur, agorero. 2 Poeta, trovador, bardo, coplero, coplista, rimador, poetastro.*

**vaticinar** *tr. Adivinar\*, pronosticar, predecir, augurar, profetizar.*

**vaticinio** *m. Pronóstico, predicción\*, augurio, profecía, adivinación.*

**vaya** *f. Burla\*, chasco.*

**vecindad** *f. Proximidad, contigüidad. Contigüidad* es la *vecindad* inmediata. *2 Contorno, cercanías, alrededores, inmediaciones.*

**vecindario** *m. Población, vecinos, habitantes, almas.*

**vecino, -na** *adj. Próximo, cercano, inmediato\*, contiguo. 2 adj.-s. Habitante, morador, residente, domiciliado.*

**vector** *m.* MED. *Portador, patóforo.*

**vedado, -da** *adj. Prohibido, ilícito\*, ilegal.* ↔ PERMITIDO, LEGAL, LÍCITO.

**vedar** *tr. Prohibir\*, impedir, privar, negar\*.*

**vedegambre** *m. Eléboro blanco, veratro.*

**vedeja** *f. Guedeja.*

**vedija** *f. Vellón, mechón.*

**vegetación** *f.* MED. *Carnosidad, granulación.*

**vegetal** *m. Planta.*

**vegetalista** *adj.-com. Vegetariano. Vegetalista* es esp. el *vegetariano* puro que no admite otros alimentos que los exclusivamente vegetales.

**vegetariano, -na** *adj.-s. Botanófago, vegetalista.*

**vehemencia** *f. Impetuosidad, ímpetu, violencia, ardor, fuego, pasión.* ↔ TRANQUILIDAD, FLEMA. *2 Viveza, eficacia, intensidad.*

**vehemente** *adj. Impetuoso, violento, fogoso, ardoroso, ardiente. 2 Vivo, intenso, eficaz.*

**veintavo, -va** *adj.-m. Vigésimo, veinteavo, veinteno.*

**veintenero** *m. Sochantre, capiscol* (dial.), *socapiscol.*

**veinteno, -na** *adj. Vigésimo, veintavo, veinteavo.*

**vejación** *f. Tropelía, exceso, atropello, abuso, arbitrariedad, desafuero.* ↔ JUSTICIA, LEGALIDAD.

**vejar** *tr.-prnl. Molestar, oprimir, perseguir, maltratar.*

**vejestorio** *m.* burl. y desp. *Viejo\*, anciano, vejete* (dim. y desp.), *provecto.* ↔ JOVEN.

**vejete** *adj.-s.* dim. y desp. *Viejo\*, anciano, vejestorio* (burl. o desp.), *provecto.* ↔ JOVEN.

**vejez** *f. Senectud, ancianidad, vetustez.* Los dos primeros se emplean sólo tratándose de personas; *vejez* y *vetus-*

*tez*, de personas y cosas. *Ancianidad* añade un matiz respetuoso. ↔ JUVEN-TUD, ORTO.

**vejiguilla** *f. Alquequenje, vejiga de perro.*

**vela** *f. Trasnochada, velación, velada, vigilia.* 2 *Candela, bujía, cirio.* Si es de estearina o de cera blanca, *bujía*; la de cera, *cirio.*

**velacho** *m.* MAR. *Gavia* (del trinquete).

**velado, -da** *adj. Oculto, escondido, encubierto, tapado.*

**velaje** *m. Velamen, trapo.*

**velamen** *m.* MAR. *Velaje, trapo.*

**I velar** *intr. Cuidar, vigilar, custodiar*.*

**II velar** *tr.* fig. *Cubrir, disimular, ocultar*.* ↔ DESCUBRIR, DESTAPAR, DESEN-MASCARAR.

**velatorio** *m. Velorio.*

**veleidad** *f. Capricho, antojo.* 2 *Inconstancia, ligereza, volubilidad, versatilidad.* ↔ FIRMEZA, CONSTANCIA, INMU-TABILIDAD.

**veleidoso, -sa** *adj. Inestable*, inconstante*, mudable, versátil, tornadizo, variable, voluble.* 2 *Caprichoso, antojadizo.*

**veleta** *com. Inconsecuente, inconstante*, voluble, ligero, veleidoso, tornadizo.*

**vellido, -da** *adj. Velloso, pubescente* (BOT.), *tomentoso* (BOT.).

**vello** *m. Lanosidad, pelo, pelusa, tomento, pelusilla.* Todos ellos se aplican gralte. al *vello* de las frutas y plantas; con menos frecuencia al *vello* del cuerpo humano.

**vellón** *m. Tusón.* 2 *Vedija.*

**vellorita** *f. Primavera* (planta).

**vellosidad** *f. Pubescencia.*

**vellosilla** *f.* (hierba) *Pelosilla, pelusilla.*

**velloso, -sa** *adj. Vellido, pubescente* (BOT.), *tomentoso* (BOT.).

**velludo** *m. Terciopelo, veludo.*

**velo** *m.* (de los desposados) *Yugo.*

**velocidad** *f. Rapidez, celeridad*.* ↔ LENTITUD. 2 *Presteza, prontitud, prisa.* ↔ PASIVIDAD.

**veloz** *adj. Rápido, raudo* (lit.). 2 *Ligero, pronto, presto, presuroso.*

**veludo** *m. Velludo* (felpa), *terciopelo.*

**vena** *f. Veta, filón.* 2 fig. *Inspiración, estro, numen.*

**venado** *m. Ciervo.*

**venal** *adj. Vendible, venable.* 2 fig. *Sobornable.*

**venatorio, -ria** *adj. Cinegético.*

**vencedor, -ra** *adj.-s. Victorioso, triunfante, ganador.*

**I vencejo** *m. Tramojo.*

**II vencejo** *m.* (ave) *Oncejo, arrejaque, arrejaco.*

**vencer** *tr. Ganar, batir, derrotar, triunfar* (intr.). ↔ SOMETER, DERROTAR. 2 *Rendir, sujetar, dominar, subyugar.* 3 *Aventajar, superar, exceder.* 4 *Allanar, zanjar, resolver.* 5 *tr.-prnl. Ladear, torcer, inclinar.*

**vencetósigo** *m. Berza de perro.*

**vencimiento** *m. Derrota, rota, desbaratamiento.* 2 *Plazo.*

**venda. Tener una venda en los ojos** *loc. Ofuscarse, obcecarse, confundirse, trastornarse, perturbarse, alucinar, obnubilarse.* ↔ REFLEXIONAR.

**vendaval** *m. Viento*, ventarrón, ventulu, ventolera, borrasca, ventolina.*

**vender** *tr. Traspasar, enajenar, alienar.* ↔ COMPRAR. 2 *Despachar, expender.* ↔ COMPRAR. 3 *Traicionar.* 4 *prnl. Delatarse, descubrirse.*

**vendo** *m. Orillo* (del paño), *hirma.*

**veneciano, -na** *adj.-s.* (pers.) *Véneto.*

**veneno** *m. Tósigo, tóxico, ponzoña, toxina, toxicante.* La *ponzoña* no se estima gralte. como productora de efectos fulminantes, sino que está más cerca de la idea de corrupción o pobredumbre nociva. *Toxina* es substancia tóxica producida en un ser vivo por la acción de un microorganismo. V. envenenar.

**venenoso, -sa** *adj. Tóxico, ponzoñoso, deletéreo.* Este último se dice gralte. de los gases y vapores. "*Ponzoñoso* no se dice propiamente más que de los animales, o de las cosas que están infestadas de veneno de algún animal; y *venenoso* no se dice más que de las plantas. Así, el escorpión y la víbora son animales *ponzoñosos*, y el jugo de la cicuta o cañaheja es *venenoso*" (O).

**venera** *f. Pechina, concha de peregrino.*

**venerable** *adj. Venerado, respetable, honorable.*

**veneración** *f. Respeto\*, acatamiento, reverencia, culto\*.*

**venerar** *tr. Respetar, acatar, honrar, reverenciar.* ↔ DESPRECIAR, DESHONRAR.

**venero** *m. Venera, manantial.* 2 MIN. *Criadero, mina.* 3 *Origen, principio.* ↔ FIN.

**venesección** *f.* MED. *Sangría, flebotomía.*

**véneto, -ta** *adj.-s.* (pers.) *Veneciano.*

**venganza** *f. Vindicta.* Especialmente en la expresión *vindicta pública.*

**vengar** *tr.-prnl. Vindicar* (lit.). ↔ PERDONAR.

**vengativo, -va** *adj. Vindicativo* (lit.), *rencoroso.*

**venia** *f. Consentimiento\*, permiso, licencia\*, autorización, aprobación.*

**venida** *f. Llegada.* 2 *Regreso, retorno, vuelta, retroceso\*.*

**venidero, -ra** *adj. Futuro.* V. venideros.

**venideros** *m. pl. Sucesores.* V. venidero, -ra.

**venimécum** *m. p. us. Vademécum* (libro).

**venir** *intr.-prnl. Llegar.* "Estas voces son sinónimas cuando se da a la segunda toda la extensión de la primera, como cuando se dice: ha *venido* o ha *llegado* el correo; pero *llegar* se distingue de *venir*: Primero, en que significa el último término o la consumación de la *venida*: *vengo* de Francia, y *llegué* el domingo. Segundo, en que *venir* significa una acción que termina en el punto en que está el que habla, mientras que la acción expresada por *llegar* puede terminar en un punto distante, como: cuando César *llegó* a Roma; el buque *llegó* a Lon-

dres" (M). ↔ IRSE, MARCHARSE, ALEJARSE. 2 *Provenir, proceder, dimanar, inferirse, deducirse.*

**venta** *f. Despacho, expedición, salida.* 2 *Traspaso, enajenación.* 3 *Parador, posada, mesón, hospedería.* La *venta* está fuera de las poblaciones.

**ventaja** *f. Superioridad.* ↔ DESVENTAJA, PÉRDIDA, INFERIORIDAD.

**ventajista** *adj. Ganguero, ganguista, ventajero, aprovechado.*

**ventalla** *f. Válvula.* En una máquina. 2 *Valva.* En el pericarpio de una legumbre o silicua.

**ventanillo** *m. Mirilla.*

**ventear** *impers. Ventar.* 2 *tr. Husmear.*

**ventero, -ra** *s. Posadero, mesonero.*

**ventilación** *f. Oreo.*

**ventilar** *tr. Airear\*, orear.* Ambos se refieren a la ventilación natural. Cuando se emplea la ventilación artificial, no se dice más que *ventilar*. *Ventilamos, aireamos* u *oreamos* una habitación abriendo las ventanas. Cuando usamos para ello ventiladores, la *ventilamos* (no *aireamos* ni *oreamos*). 2 fig. *Controvertir, dilucidar, examinar.* P. ej.: *ventilar* una cuestión, duda, problema.

**ventisca** *f. Nevasca, nevada\*, nevazo, nevazón, nevisca, falisca, ventisco.*

**ventisco** *m. Nevada\*, nevasca, nevazo, nevazón, nevisca, falisca, ventisca.*

**ventisquero** *m. Nevero, helero, ventisca, glaciar* (cientif.).

**ventolera** *f. Molinete* (juguete), *rehilandera.* 2 fig. *Humorada, antojo, capricho, fantasía, extravagancia.* 3 *Viento\*, ventarrón, ventada, vendaval.*

**ventolina** *f. Viento\*, ventarrón, ventada, ventolera, vendaval.*

**ventorrillo** *m. Bodegón, casa de comidas, figón, taberna, ventorro.*

**ventorro** *m. Bodegón, casa de comidas, figón, taberna, ventorrillo.*

**ventosear** *intr. Ventearse, peer.*

**ventosidad** *f. Flatulencia, gases* (intestinales).

**ventrículo** *f.* ANAT. *Antro, cámara, cavidad.*

**ventura** *f. Felicidad, dicha, fortuna.* 2 *Contingencia, suerte, acaso, casualidad.*

**venturoso, -sa** *adj. Afortunado, feliz.*

**venustez** *f. Hermosura, venustidad.* ↔ FEALDAD, REPULSIÓN.

**venustidad** *f. Venustez, hermosura.* ↔ FEALDAD, REPULSIÓN.

**venusto, -ta** *adj. Hermoso\*, bello, bonito, guapo, lindo, gracioso, precioso.*

**veracidad** *f. Fidelidad, exactitud, puntualidad, constancia.* 2 *Verdad, sinceridad.* ↔ MENTIRA.

**veraniego, -ga** *adj. Estival* (lit.)*, estivo* (lit.).

**verano** *m. Estío* (lit.).

**veratro** *m. Vedegambre, eléboro blanco.*

**veraz** *adj. Sincero, verídico, verdadero.*

**verbal** *adj. Oral, de palabra.*

**verbasco** *m. Gordolobo, varbasco.*

**verbena** *f.* (planta) *Hierba sagrada.*

**verbigeración** *f.* MED. *Verborrea, polifrasia, logorrea, locuacidad, hiperfemia, hiperfasia, verbosidad\*, labia\*.*

**verbo** *m. Voto, palabrota, ajo, taco, terno, reniego, blasfemia.*

**verborrea** *f. Locuacidad, verbosidad\*, labia\*, polifrasia* (MED.), *verbigeración* (MED.), *logorrea* (MED.). ↔ SILENCIO, GRAVEDAD, PARSIMONIA.

**verbosidad** *f. Locuacidad, facilidad de palabra, labia\*, parla, parlería, verborrea. Labia\*, parla y parlería* significan *verbosidad* peruasiva y graciosa. Cuando la *verbosidad* es excesiva o se la considera irónicamente, *verborrea.* ↔ SILENCIO, DISCRECIÓN.

**verboso, -sa** *adj. Locuaz, hablador, parlanchín, charlatán.*

**verdad** *f. Certeza, certidumbre.* 2 *Veracidad, sinceridad.* ↔ MENTIRA.

**verdadero, -ra** *adj. Cierto\*, real, efectivo, positivo.* 2 *Veraz, verídico, exacto\*.* 3 *Ingenuo, sincero\*.*

**verdal** *adj. Verdejo.*

**verde** *adj. Obsceno\*. P. ej. un chiste verde.*

**verdear** *intr. Verdecer, reverdecer.*

**verdecer** *intr. Reverdecer, verdear.*

**verdecillo** *m. Verderón, verderol, verdezuelo, verdón.*

**verdejo, -ja** *adj. Verdal.*

**I verderol** *m.* (molusco) *Berberecho, verderón.*

**II verderol** *m.* (ave) *Verderón, verdecillo, verdezuelo, verdón.*

**I verderón** *m.* (ave) *Verdecillo, verderol, verdezuelo, verdón.*

**II verderón** *m.* (molusco) *Berberecho, verderol.*

**verdete** *m. Verdín, cardenillo.*

**verdezuelo** *m.* (ave) *Verderón, verdecillo, verderol, verdón.*

**verdín** *m. Verdoyo.* 2 *Cardenillo, verdete.*

**verdinal** *m. Fresquedal.*

**verdinoso, -sa** *adj. Mohoso.*

**verdón** *m.* (ave) *Verderón I, verdecillo, verderol, verdezuelo.*

**verdor** *m. Verdura.* 2 fig. *Lozanía, juventud, mocedad, vigor.*

**verdoyo** *m. Verdín* (color).

**verdugo** *m. Vástago\*, verdugón.* 2 *Mochín, ejecutor de la justicia, sayón.*

**verdugón** *m. Verdugo, vástago.*

**verduguillo** *m. Arete, arillo, pendiente, arracada, zarcillo, perendengue.*

**verdura** *f. Verdor* (color de planta).

**verecundo, -da** *adj.* lit. *Vergonzoso, corto, encogido, tímido.*

**vereda** *f. Senda\*, sendero, acera* (Amér.).

**verga** *f. Pene, falo, miembro viril, méntula.*

**vergajo** *m. Nervio de buey.* 2 *Azote.*

**vergel** *m. Jardín.*

**vergonzoso, -sa** *adj. Bajo, deshonroso, oprobioso, vil, abyecto.* 2 *Corto, encogido, tímido, verecundo* (lit.).

**vergüenza** *f. Deshonor, oprobio.* 2 *Modestia, pudor, encogimiento, cortedad, corrimiento, empacho, rubor, sonrojo, bochorno, sofoco, sofocón.* "La idea común de *vergüenza* y *cortedad*, consideradas como sinónimas, es la timidez; pero la *cortedad* la considera como un efecto de la falta de aquel desembarazo que se adquiere con el trato continuado de cierta clase de personas; la *vergüenza* la considera como un efecto, o de poca confianza del mérito propio, o del temor del desprecio o burla de los otros. Un sabio, que está seguro de que sabe lo que dice, no tiene *vergüenza* de hablar delante de gentes; pero poco acostumbrado a ello, puede tener *cortedad.* Uno que no es muy diestro en la música, aunque no tenga *cortedad,* puede tener *vergüenza* de cantar delante de gentes que pueden burlarse de él" (LH). Los seis primeros forman una serie intensiva. Los otros se utilizan cuando hace enrojecer. Los dos últimos pueden ser producidos también por la ira, el cansancio, etc. ↔ DESCARO. 3 *Pundonor, amor propio.* ↔ INDIGNIDAD. 4 **Poca vergüenza** *loc. adj. Desvergonzado, sinvergüenza, descarado, descocado, procaz, inverecundo* (lit.).

**verídico, -ca** *adj. Sincero\*, veraz.* 2 *Verdadero, cierto, efectivo, real, positivo, auténtico.*

**verificación** *f. Comprobación, control.*

**verificador** *m. Comprobador.*

**verificar** *tr. Comprobar.* 2 *tr.-prnl. Realizar, efectuar, ejecutar.*

**verija** *f. Pubis, pubes, vedija.*

**verja** *f. Enverjado, rejado, enrejado.*

**verme** *m. Lombriz* (intestinal).

**vermicida** *adj.-m. Vermífugo.*

**vermífugo, -ga** *adj.-s.* MED. *Vermicida.*

**vermú, vermut** *m. Aperitivo.*

**vernal** *adj. Primaveral.*

**vernier** *m. Nonio, nonius.*

**verosímil, verisímil** *adj. Probable, posible, creíble.* ↔ INCIERTO, INCREÍBLE, INVEROSÍMIL.

**verosimilitud** *f. Apariencia, probabilidad.*

**verruga** *f. Cadillo* (p. us.), *sicoma* (MED.).

**versado, -da** *adj. Instruido, ejercitado, práctico, experimentado, perito, diestro, entendido, conocedor, experto\*.* ↔ INCOMPETENTE, INCULTO, INEXPERTO.

**versar** *intr. Tratar.* Con este significado, *versar* lleva la prep. *sobre* o la loc. *acerca de.*

**versátil** *adj. Inestable\*, veleidoso, voluble, inconstante\*, mudable, variable, tornadizo.* ↔ CONSTANTE, FIRME, CONSECUENTE.

**versatilidad** *f. Inconstancia, volubilidad, veleidad, inconsecuencia.* ↔ GRAVEDAD.

**versificación** *f. Metrificación.* 2 *Métrica.*

**versificar** *intr.-tr. Metrificar.*

**versión** *f. Traducción.* 2 *Interpretación, explicación, referencia.*

**verso** *m. Revés\*, contrahaz, reverso, vuelto, envés, dorso.*

**vértebra** *f. Espóndilo.*

**vertedero** *m. Derramadero, escombrera, basurero, muladar* (ant.).

**vertedor** *m.* MAR. *Achicador, cuchara.*

**verter** *tr. Derramar, esparcir, vaciar.* 2 *Traducir.*

**vertical** *adj. Derecho, erguido.* ↔ HORIZONTAL, TUMBADO.

**verticalmente** *adv. m. A plomo, perpendicularmente, en pie.* ↔ HORIZONTALMENTE.

**vértice** *m. Cúspide.*

**vertiente** *f. Amér. Pila* (Amér.), *fuente* (de agua).

**vértigo** *m. Vahído, mareo, desvanecimiento.*

**vesania** *f. Demencia, locura, furia, psicosis.*

**vesánico, -ca** *adj.-s. Loco\*, demente, alienado, furioso.*

**vesicante** *adj.-m.* MED. *Rubefaciente, epispástico.*

**vesícula** *f.* MED. *Vejiguilla.*

**vespertillo** *m. Murciégalo, morciquillo, murciélago.*

**vestíbulo** *m. Recibimiento, antesala, entrada.*

**vestido** *m. Vestimenta, vestuario, indumentaria, indumento, vestidura, ropaje, traje, sayo* (antic.), *ropa, atuendo\*.* Los cuatro primeros sugieren cierta solemnidad. *Vestidura* y *ropaje* implican también solemnidad y se refieren sólo a las prendas exteriores.

El manto regio y las vestiduras eclesiásticas son *ropajes*. El conjunto de prendas exteriores se denomina usualmente *vestido* o *traje*; *sayo* es hoy anticuado y sólo se conserva en algunas frases proverbiales, como: cortar a uno un *sayo*; remienda tu *sayo* y pasarás tu año. *Ropa* es el conjunto de prendas interiores y exteriores. 2 **Cortar un vestido** *loc. Murmurar, cortar un sayo, cortar un traje, criticar, morder* (fig.), *despellejar* (fig.), *poner en lengua a uno.*

**vestidura** *f. Ropa, vestido\*, ropaje, traje.*

**vestigio** *m. Huella\*, rastro.* 2 *Señal, resto, reliquia.* 3 fig. *Indicio\*.*

**vestimenta** *f. Vestido, vestuario, indumentaria, indumento, vestidura, ropaje, traje.*

**vestuario** *m. Vestido\*, vestimenta, indumentaria, indumento, vestidura, ropaje, traje, atuendo\*.* 2 *Garita, casilla, caseta.* En las playas o recintos deportivos.

**vesubianita** *f.* MINERAL. *Idocrasa, wiluita.*

**veta** *f. Vena, filón.*

**veterano, -na** *adj.-s. Aguerrido, fogueado, belicoso.*

**veterinaria** *f. Albeitería, hipiátrica.*

**veterinario** *m. Albéitar, mariscal* (desus.).

**veterinario, -ria** *s. Hipiátrico.*

**veto** *m. Prohibición.* ↔ APROBACIÓN, CONFIRMACIÓN, DEFENSA.

**vetustez** *f. Vejez\*, senectud, ancianidad.* ↔ JUVENTUD, ORTO.

**vetusto, -ta** *adj. Viejo, antiguo\*.*

**vez** *f. Ocasión.* 2 *Turno.* 3 **A la vez** *loc. adv. Juntamente, a un tiempo.* 4 **Tal vez** *Acaso, quizá, quizás, posiblemente.*

**vía** *f. Camino, calle.* 2 *Carriles.* 3 *Modo, procedimiento, método, manera, medio.* 4 **Vía crucis** *m. Calvario.* 5 **Vía Láctea** *f.* ASTRON. *Camino de Santiago.*

**viada** *f.* MAR. *Arrancada, empujón, arranque.*

**viajero, -ra** *s. Pasajero.* Esp. si viaja por mar.

**viandante** *com. Transeúnte, caminante.*

**vibración** *f.* FÍS. *Onda, ondulación.* 2 *Oscilación, vacilación.* ↔ QUIETUD, INMOVILIDAD.

**vibrante** *adj. Sonoro, sonante, sonoroso* (poét.).

**vibrar** *intr. Trepidar, temblar, estremecerse, retemblar.* 2 FÍS. *Oscilar.*

**vicario, -ria** *adj. Sustituto.*

**vicarios** *m. pl. Sueldacostilla* (planta).

**viciado, -da** *adj. Malacostumbrado, mal inclinado.*

**viciar** *tr. Dañar, corromper, pervertir, consentir.* En sentido moral, véase *consentir* y *pervertir.* 2 *Falsear, adulterar.* 3 *prnl. Enviciarse.*

**vicio** *m. Defecto, imperfección, tacha, falta.* ↔ VIRTUD, PERFECCIÓN, VERDAD, MORALIDAD. 2 *Mimo, consentimiento.* 3 *Frondosidad, exuberancia, lozanía.* Tratando de plantas cultivadas, se usan los tres sinónimos cuando se consideran perjudiciales para su rendimiento.

**victoria** *f. Triunfo, vencimiento, conquista, trofeo.* ↔ DERROTA.

**victorioso, -sa** *adj.-s. Vencedor, triunfante, ganador.*

**vid silvestre** *f. Labrusca, parriza, parrón.*

**vida** *f.* fig. *Expresión, viveza.* ↔ MUERTE, PASIVIDAD. 2 *Biografía\*.* 3 **Dar mala vida** *loc. Maltratar, tratar mal, tratar a zapatazos, traer a mal traer.*

**vide** *voz verbal latina.* Véase.

**videncia** *f. Clarividencia, penetración, perspicacia.*

**vidriera** *f. Amér. Vitrina* (Amér.), *aparador* (Amér.), *escaparate.*

**vidriola** *f. Alcancía, hucha, ladronera, olla ciega.*

**vidrioso, -sa** *adj. Quebradizo, frágil.* 2 *Sentido, susceptible, irritable, malsufrido.* Referido a una persona o a su carácter.

**vidual** *adj. Viudal.*

**viejo, -ja** *adj.-s. Anciano, vejete* (dim.

y desp.), *vejestorio* (burl. o desp.), *pro-vecto*. *Anciano* indica respeto por parte del que habla. Como adj., *provecto* alude exclusivamente a la edad sin otros matices. "Vemos en la *vejez* la decadencia de la vida, y al *viejo* sujeto a los achaques y debilidades que acarrean los años. Vemos en la *ancianidad* la consideración que inspira, o debe inspirar, la edad, la madurez, la experiencia. Por eso, para explicar el estrago que hace el tiempo usamos el verbo *envejecer*; como igualmente se dice: morir de *vejez*, y no de *ancianidad*" (LH). ↔ JOVEN. 2 *adj. Antiguo, vetusto, añejo\*, caduco\**. 3 *Usado, manoseado*. 4 *Estropeado, ajado, deslucido, acabado, ruinoso, arruinado*. 5 **Más viejo que el andar a pie** *loc. adj. Antiguo, viejo, vetusto, añoso, arcaico, remoto, del tiempo de Noé, del año de la pera* (fam.), *del tiempo de Maricastaña* (fam.), *en tiempo del rey que rabió* (fam.), *en tiempo de los godos* (fam.), *desde que el mundo es mundo* (fam.).

**viento** *m. Ventarrón, ventada, ventolera, vendaval, borrasca, ventolina, brisa, ciclón, huracán*. Además de los nombres que recibe el viento según su dirección, otros proceden de su fuerza o de otras características; p. ej.: *ventarrón*, viento muy fuerte; *ventada*, golpe de viento; *ventolera*, golpe de viento recto y poco durable; *vendaval*, viento diurno sin llegar a *borrasca* o *temporal* declarado; *ventolina*, viento leve y variable en el mar; *brisa*, viento suave que en las costas sopla del mar durante el día y de tierra durante la noche. Cuando el viento es fuerte y giratorio, *huracán* y *ciclón*. 2 *Aire*.

**vientre** *m. Abdomen, panza, barriga, tripa*. 2 *Bandullo, tripas*.

**vierteaguas** *m. Despidiente*.

**vigésimo, -ma** *adj.-s. Veintavo*. 2 *adj. Veinteno*.

**vigía** *f. Atalaya*.

**vigilancia** *f. Atención, observación, cui-*

*dado, celo.* ↔ DESCUIDO, DESATENCIÓN, SUEÑO.

**vigilar** *intr.-tr. Velar, atender, cuidar, celar, observar, espiar, acechar, atisbar*. Los tres últimos, tomándolo a mala parte. ↔ DESATENDER, DESCUIDAR.

**vigilia** *f. Vela, transnochada*. 2 *Insomnio, agripnia* (MED.), **ahipnosis** (MED.). 3 *Víspera*. 4 *Abstinencia de carne*.

**vigor** *m. Fuerza\*, energía*. El *vigor* se atribuye al cuerpo, al espíritu, o a su expresión y manifestaciones; pero no a las máquinas o a lo inorgánico. Hablamos del *vigor* de un hombre, de un acto humano, de una manifestación artística. Una máquina desarrolla *fuerza* o *energía*, no *vigor*.

**vigorizante** *adj.-m.* MED. *Tónico, corroborante*.

**vigorizar** *tr.-prnl. Robustecer, avigorar, fortalecer, vitalizar*. ↔ DEBILITAR. 2 fig. *Animar*. ↔ DESALENTAR, DESANIMAR.

**vigoroso, -sa** *adj. Robusto, fuerte, enérgico, eficaz*. "El *vigoroso* debe mucho al ánimo; el *fuerte*, como más firme, debe mucho a la constitución de los músculos; el *robusto*, menos sujeto a los achaques, debe mucho a la naturaleza del temperamento. Un hombre *vigoroso* ataca y lidia con agilidad y violencia; uno *fuerte* sobrelleva con facilidad lo que a otro agobiaría y oprimiría; uno *robusto* resiste toda fatiga, la influencia del aire, del clima, y aun los excesos" (Ma).

**viguería** *f. Envigado*.

**vil** *adj. Bajo, despreciable, malo\*, ruin, soez\*, indigno*. 2 *Indigno, villano, desleal, infiel, alevoso, traidor*.

**vileza** *f. Bajeza, maldad, ruindad.* ↔ HONOR, BONDAD. 2 *Indignidad, infidelidad, deslealtad, traición, alevosía, villanía, infamia\**. ↔ DIGNIDAD.

**vilipendiar** *tr.-prnl. Despreciar\*, denigrar, menospreciar*. ↔ VALORAR, SOBREVALORAR. 2 *Insultar, denostar, injuriar\*, infamar*. ↔ ALABAR, HONRAR.

viscoso

**vilipendio** m. Oprobio, ignominia, deshonra, afrenta, deshonor, vergüenza, desdén, desaire, desprecio.
**villaje** m. Villar.
**villanía** f. Bajeza, ruindad, vileza, indignidad, infamia. ↔ DIGNIDAD, BONDAD, DECENCIA, HONESTIDAD. 2 Deslealtad, traición, alevosía.
**villano, -na** adj.-s. Aldeano, lugareño, rústico, basto, grosero, descortés. Los dos primeros, en la lengua medieval y clásica. Todos los demás. por extensión. 2 fig. Bajo, ruin, vergonzoso, indigno, infame, infiel, desleal, traidor.
**villar** m. Villaje.
**vilo. En vilo** loc. adv. Pendiente de un hilo.
**vilorta** f. Arandela, corona, herrón, volandera.
**vimbre** m. Mimbre.
**vinagre** m. Acetol.
**vinagrera** f. Acedera, agrilla. V. vinagreras.
**vinagreras** f. pl. Angarillas, aceiteras, taller. V. vinagrera.
**vínculo** m. fig. Lazo, atadura, ligamen, unión.
**vindicar** tr. Vengar. 2 Defender, exculpar. 3 DER. Reivindicar.
**vindicativo, -va** adj. lit. Vengativo, rencoroso.
**vindicta** f. Venganza.
**viniebla** f. Cinoglosa.
**vinolento, -ta** adj. Báquico, vinoso.
**vinoso, -sa** adj. Báquico, vinolento.
**violáceo, -ea** adj.-s. Violado, morado.
**violación** f. Transgresión, infracción, vulneración, quebrantamiento.
**violado, -da** adj.-m. Violáceo, morado.
**violar** tr. Infringir, quebrantar*, conculcar, vulnerar. ↔ CUMPLIR. 2 Forzar, violentar*. ↔ RESPETAR. 3 Profanar. ↔ RESPETAR.
**violencia** f. Fuerza, ímpetu, impetuosidad. 2 Dureza, severidad, aspereza, rigor, rudeza.
**violentamente** adv. m. Reciamente, fuertemente, vigorosamente.
**violentar** tr.-prnl. Forzar, obligar, vio-

lar. "Forzar es una acción puramente física; violentar se aplica también a las acciones morales, como a la voluntad, a los deseos y a las propensiones" (M). 2 Torcer, retorcer, tergiversar. Tratándose del sentido de lo dicho o escrito. 3 prnl. Dominarse, reprimirse, contenerse, serenarse. ↔ ENCOLERIZARSE, IRRITARSE, SALTAR.
**violento, -ta** adj. Impetuoso*, vehemente, arrebatado, fogoso, iracundo. 2 Forzado, duro, penoso. 3 Torcido, tergiversado.
**violero** m. Mosquito, cénzalo (desus.), mosco.
**vira** f. Cerquillo. En el calzado.
**virada** f. MAR. Viraje.
**virago** f. Marimacho.
**viraje** m. Giro, vuelta. 2 MAR. Virada.
**virar** intr. Girar.
**víreo** m. Lútea, oropéndola, oriol, papafigo, virio.
**virginidad** f. Doncellez, integridad. 2 fig. Pureza, candor. ↔ IMPUREZA, MALICIA.
**virgo** m. Himen.
**viril** adj. Varonil.
**virilismo** m. Androfania (MED.).
**virio** m. Oropéndola, lútea, papafigo, oriol, víreo.
**virolento, -ta** adj.-s. Varioloso.
**virote** m. Jara, vira, flecha, saeta.
**virtual** adj. Eventual, posible. 2 Implícito, tácito. 3 FÍS. Irreal, aparente.
**virtualmente** adv. m. Potencialmente, posiblemente.
**virtud** f. Poder, fuerza, eficacia. ↔ MALDAD, VICIO, DEBILIDAD, COBARDÍA.
**virtuoso, -sa** adj. Incorruptible, puro. 2 Bueno, bondadoso, indulgente, benévolo, caritativo, misericordioso, afable. ↔ MALO.
**virulencia** f. Malignidad, acrimonia.
**virulento, -ta** adj. Ponzoñoso, maligno, venenoso. 2 Purulento. 3 fig. Mordaz, sañudo, acre.
**viruta** f. Acepilladura.
**visaje** m. Gesto, mueca.
**víscera** f. Entraña.
**viscoso, -sa** adj. Pegajoso, glutinoso.

**visible** *adj. Manifiesto, evidente, patente, claro, ostensible, palmario.* 2 *Importante, notorio, conspicuo.*

**visión** *f. Aparición, fantasma.* ↔ REALIDAD. 2 *Espantajo, adefesio, estantigua.* 3 **Ver visiones** *loc. Estar enajenado, estar fuera de sí, papar moscas, helársele el corazón.*

**visita** *f.* (del médico) *Consulta.*

**visitador, -ra** *adj.-s. Visitero.* 2 *Inspector.*

**visitero, -ra** *adj.* fam. *Visitador.*

**vislumbrar** *tr. Entrever, columbrar.* 2 fig. *Conjeturar, sospechar, barruntar.* 3 *Divisar\*.*

**vislumbre** *f. Reflejo, resplandor.* 2 fig. *Indicio, conjetura, sospecha, barrunto\*, atisbo.*

**viso** *m. Reflejo, destello.* 2 fig. *Apariencia, aspecto.* 3 **Tener visos** *loc. Olerse, sospechar.*

**víspera** *f. Vigilia.* Esp. la que antecede a una festividad religiosa.

**vista. Írsele la vista** *loc. Desvanecerse, desmayarse, perder el conocimiento, caerse redondo, perder el sentido.* 2 **Tener a la vista** *Memorar, recordar, rememorar, tener presente, refrescar la memoria, darse una palmada en la frente.* ↔ OLVIDARSE.

**vistazo** *m. Ojeada.*

**vistoso, -sa** *adj. Lúcido, brillante, hermoso, atractivo, llamativo.*

**vitalicio, -cia** *adj. Perpetuo.*

**vitalidad** *f. Nervio, vigor, fuerza, energía.* ↔ APATÍA.

**vitalizar** *tr. Vigorizar, robustecer, avigorar, fortalecer.* ↔ DEBILITAR.

**vitando, -da** *adj. Odioso, execrable, abominable.*

**vitelo** *m. Yema de huevo.*

**vítreo, -ea** *adj. Hialino, transparente.*

**vitrina** *f. Amér. Vidriera* (Amér.), *aparador* (Amér.), *escaparate.*

**vitriolo. Aceite de vitriolo** *m.* V. aceite 2 **Vitriolo de plomo** *Anglesita, sulfato de plomo.*

**vitualla** *f. Víveres, provisiones de boca.*

**vítulo marino** *m. Foca, becerro marino, carnero marino, lobo marino.*

**vituperable** *adj. Reprensible, censurable, reprobable, criticable.*

**vituperar** *tr.-prnl. Censurar, desaprobar, reprobar, reprochar, criticar, echar en cara, fustigar\*.* ↔ ALABAR, ENSALZAR.

**vituperio** *m. Censura, desaprobación, reproche.*

**viudal** *adj. Vidual.*

**vivacidad** *f. Eficacia, vigor, energía, fuerza.* ↔ DEBILIDAD, TIMIDEZ. 2 *Viveza, agudeza, listeza.* ↔ BOBERÍA.

**vivar** *m. Conejal, conejar, conejera, vivera.* 2 *Vivero, vivarium.* Tratándose de peces u otros animales acuáticos.

**vivaz** *adj. Vividor, longevo.* 2 *Eficaz, vigoroso, enérgico.* 3 *Agudo, perspicaz.*

**vivera** *f. Vivar, conejal, conejar, conejera.*

**víveres** *m. pl. Vitualla, provisiones.*

**vivero** *m. Plantel, criadero.*

**viveza** *f. Prontitud, rapidez, celeridad, agilidad.* 2 *Ardimiento, ardor, vehemencia.* 3 *Agudeza, perspicacia, listeza.* 4 *Esplendor, vivacidad, lustre, brillo.*

**vividor, -ra** *adj. Vivaz, longevo.*

**vivienda** *f. Morada, habitación, casa\*.*

**viviente** *adj.-s. Orgánico, organizado.*

**vivificador, -ra** *adj. Almo, criador, alimentador, propicio.*

**vivificar** *tr.-prnl. Revivificar, avivar, reavivar, animar, reanimar, alentar.* ↔ DESANIMAR, DESALENTAR.

**vivir** *intr. Existir.* ↔ INEXISTIR. 2 *Durar\*.* 3 *Habitar\*, morar, residir.* ↔ MUDARSE.

**vivo, -va** *adj. Intenso, fuerte, enérgico.* 2 *Expresivo, llamativo.* 3 *Sutil, ingenioso, listo, astuto, tunante, taimado.* Los tres últimos, tomado a mala parte. 4 *Diligente, pronto, rápido, ágil, activo\*.*

**I vivo** *m. Borde, canto.*

**II vivo. En vivo** *loc. adv. En directo.*

**vocablo** *m. Palabra, voz, dicción, término, expresión, voquible* (irón. o burl.).

**vocabulario** *m. Diccionario\*.*

**vocabulista** *com. Diccionarista, lexicógrafo.*

**vocación** *f. Llamamiento.* 2 *Inclinación.*

**voceador** *m. Pregonero, nuncio.*

**vocear** *intr. Gritar, dar voces, vociferar, chillar\*, desgañitarse.* Vociferar supone generalmente enojo o violencia. ↔ CALLAR. 2 *tr.* fig. *Publicar, manifestar.* ↔ ACALLAR.

**vocería** *f. Griterío, gritería, grita, vocerío, vocinglería, algarabía, clamor.*

**vocerío** *m. Vocería, gritería, algarabía, vocinglería, clamor, grita, griterío, bulla\*.*

**vocero** *m.* desus. *Abogado\*, letrado, licenciado* (Amér.)*, jurista, jurisperito, legista, jurisconsulto.*

**vociferar** *intr. Gritar, desgañitarse, chillar\*, vocear.*

**vocinglería** *f. Griterío, gritería, grita, vocerío, vocería, algarabía, clamor.*

**voladero** *m. Precipicio, despeñadero, derrumbadero, abismo, sima.*

**voladizo, -za** *adj.-m. Saledizo, salidizo.*

**volador** *m. Cohete.* 2 *Pez volante.*

**volador, -ra** *adj. Colgante, volandero.*

**volandera** *f. Arandela, corona, herrón, vilorta.* 2 *Muela, rueda de molino.* 3 fig. *Mentira, bola, trola, bulo, embuste, trápala, comento* (lit.)*.* ↔ VERDAD, REALIDAD.

**volandero, -ra** *adj. Volador, colgante.*

**volar** *intr.* fig. *Apresurarse, acelerar.* 2 *Desaparecer, huir, escaparse.* 3 *intr.-tr. Estallar, explotar, saltar.*

**volateo.** Al volateo *loc. adv. Al vuelo.*

**volatilizar** *tr.-prnl. Evaporar\*, gasificar.* 2 *prnl.* fig. *Desaparecer.*

**volatín** *m. Volatinero, titiritero, volteador, equilibrista, funámbulo, acróbata, gimnasta.*

**volatinero, -ra** *s. Titiritero, volatín, volteador, equilibrista, funámbulo, acróbata, gimnasta.* Los dos últimos, cuando hace los ejercicios sobre una cuerda o alambre.

**volea** *f. Voleo* (golpe)*.*

**voleibol** *m.* DEP. *Balonvolea.*

**voleo** *m.* (golpe) *Volea.*

**volframio** *m. Tungsteno, wolfram.*

**volitar** *intr. Revolotear.*

**voltario, -ria** *adj. Inestable\*, versátil, voluble, tornadizo.*

**volteador, -ra** *s. Volatinero, titiritero, volatín, equilibrista, funámbulo, acróbata, gimnasta.*

**voltear** *tr.* Amér. *Volver.*

**voltereta** *f. Cabriola, pirueta, tumbo.*

**volubilidad** *f. Inconstancia, versatilidad, veleidad, inconsecuencia.* ↔ GRAVEDAD.

**voluble** *adj. Inestable, versátil, tornadizo, variable, mudable, inconstante.* 2 *Caprichoso, antojadizo.*

**volumen** *m. Tomo, cuerpo* (ant.)*.* Tomo en general, aunque cabe reunir dos o más *tomos* para formar un solo *volumen,* o descomponer un *tomo* en varios *volúmenes.* "El *volumen* puede contener varios *tomos,* y el *tomo* puede hacer varios *volúmenes;* pero la encuadernación separa los *volúmenes,* y la división de la obra distingue los *tomos*" (Ma). 2 *Bulto, corpulencia, tamaño, magnitud\*.*

**voluminoso, -sa** *adj. Abultado, corpulento, grueso\*, gordo\*, grande\*.*

**voluntad** *f. Albedrío.* 2 *Intención, ánimo\*, deseo.* ↔ DESÁNIMO, DESGANA, ABULIA. 3 *Consentimiento, aquiescencia, anuencia.* 4 *Afición, afecto, benevolencia, cariño, amor.* 5 *Mandato, orden, disposición, precepto.*

**voluntariamente** *adv. m. Buenamente.*

**voluntario, -ria** *adj. Espontáneo\*.* "Todo acto que proviene de la voluntad, con excitación o sin ella, es *voluntario;* el que proviene de la voluntad sin excitación de ninguna clase, es *espontáneo.* Asistir a un convite es un acto *voluntario;* es *espontánea* la oferta que hace un hombre a otro de sus servicios, cuando éste no los ha pedido" (M).

**voluntarioso, -sa** *adj. Caprichoso, antojadizo.* 2 *Constante\*, obstinado.*

**voluptuoso, -sa** *adj. Muelle, sensual.*

**volver** *tr. Devolver, restituir.* 2 *Corresponder, pagar.* 3 *intr. Regresar, tornar*

**volvo**

(lit.), *retornar* (lit.). "*Volver* es andar en dirección contraria a la que se ha seguido andando hacia adelante; *regresar* es volver al punto de partida. El viajero sale de Madrid, va a París, luego a Londres, *vuelve* a París, y *regresa* cuando vuelve a Madrid" (M). ↔ IRSE, MARCHARSE. 5 *prnl. Acedarse, agriarse*, *torcerse, avinagrarse*. 6 **Volver a** *loc. Repetir, reiterar.*

**volvo** *m. Íleo, vólvulo.*

**vólvulo** *m. Íleo, volvo.*

**vomitar** *tr. Devolver, volver, rendir, tocar, arrojar, provocar* (vulg. o fam.), *gormar* (ant.), *lanzar, revesar, rejitar* (MONT.). Los tres primeros son eufemísticos. 2 *fig. Revelar, descubrir.*

**vomitivo, -va** *adj.-s. Emético* (MED.).

**vómito** *m. Emesis* (MED.).

**voquible** *m.* irón. o burl. *Vocablo, palabra, voz, dicción, término, expresión.*

**voracidad** *f. Adefagia, hambre, bulimia, apetito*.

**vorágine** *f. Remolino*, manga de viento, torbellino, vórtice, tolvanera, huracán.*

**voraz** *adj. Comedor, comilón*, devorador.* 2 *fig. Violento, activo, destructor.*

**vórtice** *m. Torbellino, remolino*.*

**votador, -ra** *s. Jurador, renegador.*

**votar** *intr. Jurar, renegar, echar votos.*

**voto** *m. Promesa.* 2 *Palabrota, verbo, ajo, taco, terno, reniego, blasfemia, juramento.* Los cinco primeros, cuando se trata de una expresión grosera o malsonante; los tres últimos, si es irreverente o pecaminosa. 3 *Sufragio.* 4 *Opinión, parecer, dictamen.*

**voz** *f. Grito.* "*Voces* y *gritos* significan el esfuerzo que hacemos con la voz para que se nos oiga mejor o de lejos; pero *voces* supone un tono natural esforzado; *gritos*, un tono más agudo que el natural. A los sordos se les *grita*, no se les da *voces*; porque el tímpano de su oído necesita no tanto un sonido fuerte, como un sonido agudo que le hiera y excite. Al que está lejos se le da *voces*, porque para oír de lejos es más útil lo fuerte que lo agudo de la voz" (LH). 2 *Vocablo, palabra, dicción, término, expresión.* 3 *fig. Fama, rumor.* 4 **En voz baja** *loc. adv. Quedo.* 5 **Meter voces** *loc. Vocear, alborotar, gritar.*

**vuelco** *m. Barquinazo, tumbo, vaivén, sacudida, sacudimiento*.*

**vuelo. Al vuelo** *loc. adv. Al volateo.* 2 **Tener muchas horas de vuelo** *loc.* V. hora.

**vuelta** *f. Giro, revolución.* 2 *Regreso, retorno, venida, retroceso*.* 3 *Cambio.* 4 *Envés, revés, retornelo* (MÚS.).

**vuelto** *m. Revés*, contrahaz, reverso, verso, envés, dorso.*

**vulcanismo** *m. Plutonismo.*

**vulcanista** *adj.-com. Plutonista.*

**vulcanita** *f. Ebonita.*

**vulgar** *adj. Común*, ordinario, corriente, general*.* ↔ ELEGANTE, FINO, DISTINGUIDO. 2 *Plebeyo, popular.*

**vulgarizar** *tr. Divulgar, difundir.* 2 *prnl. Aplebeyarse.*

**I vulgo** *m. Pueblo*, gente, plebe* (desp.).

**II vulgo** *adv. m. Vulgarmente, comúnmente.*

**vulneración** *f. Infracción, transgresión, quebrantamiento.* ↔ LEGITIMIDAD, JUSTICIA, OBSERVANCIA, CUIDADO.

**vulnerar** *tr. Dañar, perjudicar, lastimar.* ↔ FORTALECER. 2 *Quebrantar*, infringir, conculcar, violar, contravenir, incumplir.* ↔ DEFENSAR.

**vulpécula, vulpeja** *f. Zorra, raposa.*

**vulva** *f. Vagina, coño* (vulg.).

# W

**wernerita** *f.* MINERAL. *Escapolita.*
**wiluita** *f.* MINERAL. *Idocrasa, vesubia-nita.*

**windsurf** *m.* DEP. *Plancha de vela.*

# X

**xifoides** *adj.-com. Mucronata, paletilla.*

**xilópalo** *m.* MINERAL. *Ópalo xiloformo.*

# Y

**yacer** *intr. Descansar, reposar, dormir.* Yacer significa estar echada, acostada o tendida una persona. P. ext. se aplica a *descansar* o *dormir* en esta posición, y a *reposar* o estar enterrado.

**yacija** *f.* desp. *Cama, lecho.* Yacija denota despectivamente el lugar donde se yace por lo común en el suelo. Llamar *yacija* a la *cama* o *lecho* supone desestimación o poco valor de estos. 2 *Sepultura.*

**yanqui** *adj.-com.* (pers.) *Norteamericano\*, estadounidense.* En su origen *yanqui* (ingl. *yanquee)* se aplicaba sólo a los habitantes de Nueva Inglaterra, y p. ext. a los de todos los estados del Norte. En español ha pasado a ser sinónimo (con cierto matiz desp.) de *estadounidense* en general.

**yapa** *f.* Amér. *Añadidura, adehala.*

**yaro** *m.* (planta) *Aro, alcatraz, arón, jaro, jarillo, sarrillo, tragontina.*

**yegua** *f.* Potra, potranca. Desde que nace hasta que muda los dientes de leche, *potra*; la que no pasa de tres años, *potranca.*

**yeguada** *f.* Rebaño\*, manada\*.

**yema** *f.* Botón, gema, gromo, grumo. 2 (de huevo) *Vitelo.*

**yermo, -ma** *adj.-s. Inhabitado, deshabitado\*, despoblado, desierto.* ↔ HABITADO, FECUNDO. 2 *Inculto.*

**yerno** *m. Hijo político.*

**yero** *m. Alcarceña, hiero, herén, yervo.*

**yerra** *f. Amér. Herradero, hierre* (And.).

**yerro** *m. Error\*, falta, culpa.* ↔ ACIERTO, PERFECCIÓN. 2 *Equivocación, inadvertencia, descuido, errata, gazapo\*.* La equivocación material en lo escrito, *errata.* ↔ ACIERTO, ADVERTENCIA, RAZÓN.

**yerto, -ta** *adj. Tieso\*, rígido, helado.* ↔ FLEXIBLE, CÁLIDO.

**yervo** *m. Alcarceña, yero, hiero, herén.*

**yesal** *m. Yesar, aljezar.*

**yeso** *m. Tiza, clarión, gis.*

**yesón** *m. Aljezón, gasón.*

**yesquero** *m. Esquero.*

**yezgo** *m. Cimicaria.*

**yo** *pron. pers. Un servidor, nos, nosotros, este cura* (burl.), *menda* (vulg.). *Un servidor, una servidora,* expr. de modestia o humildad en el habla usual. *Nosotros* por *yo* se emplea como plural de modestia en libros y escritos. *Nos* en lugar de *yo* es plural mayestático usado por reyes y papas en edictos, decretos, etc.

**yugada** *f. Huebra, yunta.*

**yugo** *m.* fig. *Carga, opresión, sujeción, atadura.*

**yuguero** *m. Yuntero.*

**yugular** *tr. Degollar.*

**yunta** *f. Par.* 2 *Yugada, huebra.*

**yuntero** *m. Yunguero.*

**yuso** *adv. l.* ant. *Ayuso, abajo.*

**yuyuba** *f. Azufaifa.*

# Z

**zabida, zabila** f. Áloe*, acíbar.

**zabordar** intr. MAR. Abarrancar, embarrancar, encallar, varar.

**zabucar** tr. Bazucar, bazuquear, agitar, sacudir, menear. ↔ AQUIETAR, PARAR.

**zabullir** tr.-prnl. Zambullir, zampuzar.

**zacear** tr. Zalear. 2 intr. Cecear.

**zadorija** f. Pamplina (planta), zapatilla de la reina.

**zafar** tr. MAR. Desembarazar, desocupar, quitar. 2 intr.-prnl. Escaparse, esconderse, huir, soltarse, salirse. 3 fig. Excusarse, rehuir, evitar, librarse, hermosear.

**zafiedad** f. Grosería*, tosquedad, rusticidad. ↔ CULTURA, FINURA, URBANIDAD, CIVISMO.

**zafio, -fia** adj. Tosco, basto, inculto, grosero, rústico, zote.

**zafiro** m. MINERAL. Alejandrita azul. 2 **Zafiro de agua** Dicroíta, cordierita, iolita.

**zafón** m. Zahón, delanteras.

**zafra** f. MIN. Escombro (de una mina).

**zaga** f. DEP. Defensa, línea de contención.

**zagal, -la** s. Muchacho, mozo, adolescente, joven*. 2 Pastor.

**zaguán** m. Atrio.

**zahareño, -ña** adj. fig. Desdeñoso, intratable, arisco, huraño. ↔ SUAVE, TRATABLE, ALEGRE.

**zaherir** tr.-prnl. Satirizar, mortificar.

**zahína** f. Alcandía, daza, sahína, sorgo, maíz, melca.

**zahinar** m. Alcandial, sahinar.

**zahón** m. Delanteras, zafón.

**zahondar** tr. p. us. Ahondar, profundizar.

**zahorra** f. Lastre (peso). 2 MAR. Enjunque.

**zahúrda** f. Pocilga, cuchitril, cochiquera.

**zalagarda** f. fig. Astucia, ardid, trampa, engaño. 2 Reyerta, pendencia, trifulca, pelotera.

**zalamería** f. Zalema, halago, carantoña, embeleco, caroca, lagotería, adulación*.

**zalamero, -ra** adj. -s. Empalagoso, mimoso, sobón, pegajoso, fastidioso. 2 adj. -s. Adulador*, adulón, servil, pelotillero, cobista, lisonjeador, lisonjero.

**zalea** f. Pelleja, vellón, tusón, zaleo.

**zalear** tr. Zacear (ahuyentar).

**zalema** f. Reverencia, rendimiento, fiesta. 2 Zalamería.

**zaleo** m. Zalea, pelleja, vellón, tusón.

**zamacuco** m. Tonto, bruto, torpe, zoquete, tarugo.

**zamanca** f. fam. Somanta, tunda, zurra, paliza.

**zamarra** f. (de pastor) Pellico, zamarro.

**zamarro** m. Zamarra (chaqueta), pellico.

**zambarco** m. Francalete.

**zamboa** f. Azamboa, cidrato, cimboya.

**zambra** f. fig. Algazara, ruido, bulla, jaleo, juerga, gresca.

**zambullir** tr. Zabullir, zampuzar.

**zambullo** m. Bacín, orinal, dompedro, perico, sillico, tito, vaso.

**zampalimosnas** com. burl. *Mendigo, pobre, pordiosero, mendicante.*
**zampar** tr. *Engullir, devorar, embaular, embocar.* ↔ AYUNAR.
**zampón, -ona** adj.-s. fam. *Tragantón, comilón\*, tragón.*
**zampoña** f. MÚS. *Caramillo.*
**zampuzar** tr. *Zambullir, zabullir.*
**zanahoria** f. *Azanoria, dauco.* La zanahoria silvestre, dauco.
**zancada** f. *Trancada, tranco.*
**zancadilla** f. *Trascabo, traspié.*
**zancajo** m. *Calcáneo, talón.*
**zanco** m. *Chanco.*
**zandía** f. *Sandía, melón de agua, pepón.*
**zángano** m. *Abejón.* 2 fig. *Holgazán, haragán, gorrón, vago.*
**zangarriana** f. fig. *Morriña, comalia, tristeza, disgusto.*
**zanguanga** f. fig. *Lagotería, zalamería, garatusa, fiesta, pelotilla, adulación.*
**zanja** f. *Foso, excavación.*
**zanjar** tr. *Resolver\*, solventar, dirimir.*
**zapatero** m. (insecto) *Tejedor.*
**zapatilla de la reina** f. *Pamplina, zadorija.*
**zaque** m. *Odre, barquino* (p. us.), *cuero, pellejo, corambre.*
**zaquizamí** m. *Desván, sotabanco, buhardilla.* 2 *Chiribitil, tabuco.*
**zar** m. *Emperador\*.*
**zaragata** f. *Gresca, alboroto, trifulca, remolina, reyerta, tumulto.*
**zaragatona** f. *Arta de agua, coniza, hierba pulguera, pulguera, zargatona.*
**zaramagullón** m. *Somormujo, somorgujo.*
**zaranda** f. *Criba, harnero.*
**zarandajas** f. pl. *Bagatelas, menudencias, minucias.*
**zarandearse** prnl. fig. *Ajetrearse, azacanarse.* ↔ AQUIETARSE, SOSEGARSE. 2 *Contornearse.*
**zarapito** m. *Sarapico.*
**zarcillo** m. *Pendiente, arete, arracada\*.* 2 *Cirro, cercillo, tijereta.* El primero, en las plantas; los otros dos, en la vid.
**zargatona** f. *Zaragatona, arta de agua, coniza, hierba pulguera, pulguera.*
**zarigüeya** f. *Rabopelado.*
**zarpa** f. *Garra.*
**zarpar** intr. (un barco) *Salir\*.*
**zarrapastroso, -sa** adj. *Desaliñado, desaseado, sucio, andrajoso, harapiento.* ↔ LIMPIO, ASEADO, ELEGANTE.
**zarria** f. *Andrajo, argamandel, harapo, guiñapo, pingajo, pingo.*
**zarza** f. *Barza* (Ar.)*, cambrón, zarzamora.*
**zarzaperruna** f. *Escaramujo, agavanzo, gavanzo, galabardera, mosqueta silvestre.*
**zascandil** m. *Chisgarabís, danzante, enredador, mequetrefe.*
**zazo, -za** adj. *Zazoso, tartajoso.*
**zazoso, -sa** adj. *Zazo, tartajoso.*
**zeísmo** m. MED. *Maidismo, pelagra.*
**zeugma** f. RET. *Adjunción, ceugma.*
**zipizape** m. fam. *Trifulca, disputa, alboroto, trapatiesta, tremolina, cisco, riña, tiberio, algarabía, confusión.*
**zócalo** m. ARQ. *Friso* (faja)*, rodapié.*
**zocato, -ta** adj.-s. fam. *Zurdo, zoco.* ↔ DERECHO, DIESTRO.
**zoclo** m. *Zueco, chanclo.*
**zoco** m. *Almadreña, madreña, zueco, chanclo, choclo, zoclo.*
**zoco, -ca** adj.-s. fam. *Zurdo, zocato* (fam.). ↔ DERECHO, DIESTRO.
**zoisita** f. MINERAL. *Saualpita.*
**zoma** f. *Cabezuela* (harina)*, soma.*
**zoncería** f. *Sosera, sosería, insulsez, insipidez.* ↔ GRACIA, AGUDEZA, SAL.
**zonzo, -za** adj.-s. *Soso\*, tonto\*, zonzorrión.*
**zonzorrión, -ona** adj.-s. fam. *Soso\*, inexpresivo, zonzo, tonto\*.*
**zoofito** m. *Fitozoo.*
**zoospermo** m. *Espermatozoo, espermatozoide.*
**zootecnia** f. *Ganadería.*
**zopas** com. burl. *Ceceoso, zopitas.*
**zopenco, -ca** adj.-s. *Tonto\*, bruto, cernícalo, zoquete.*
**zopisa** f. *Brea, alquitrán.*
**zopitas** com. burl. *Zopas, ceceoso.*
**zoquete** m. *Tarugo.* 2 *Mendrugo.* 3

*adj.-m. Zote, marmolillo, zopenco, boto, tonto, cernícalo, zamacuco, tarugo.* ↔ CULTO.

**zoroastrismo** *m. Mazdeísmo, parsismo.*

**zorra** *f. Raposa, vulpécula, vulpeja.*

**zorrera** *f. fig. Azorramiento.*

**zorrería** *f. Raposería, astucia, cautela.*

**zorro** *m. Raposo.* 2 *fig. Taimado, astuto, ladino.*

**zorrocloco** *m. fam. Fiesta\*, arrumaco, carantoña.*

**zorzal marino** *m. Merlo.*

**zote** *m. Zoquete, ignorante, rudo, patán, zafio.*

**zozobra** *f. fig. Inquietud, intranquilidad, ansiedad\*, desasosiego, angustia, congoja, ansia\*.* ↔ TRANQUILIDAD, QUIETUD. 2 MAR. *Naufragio.* ↔ SALVACIÓN.

**zozobrar** *intr. Peligrar, correr riesgo.* 2 *Perderse, irse a pique, anegarse, naufragar.*

**zúa** *f. Azud, azuda, zuda.*

**zuda** *f. Azud, azuda, zúa.*

**zueco** *m. Almadreña, madreña, zoclo, choclo, chanclo, zoco.*

**zulaque** *m. Azulaque.*

**zumacaya** *f. Zumaya (ave zancuda), capacho.*

**zumaya** *f. (ave zancuda) Capacho, zumacaya.*

**zumba** *f. fig. Chanza, chunga, vaya, guasa, burla.*

**zumbón, -ona** *adj. Guasón, burlón.* ↔ GRAVE, SERIO, FORMAL.

**zumillo** *m. Dragontea, culebrilla, serpentaria, taragontía.* 2 *Tapsia (planta).*

**zumo** *m. Jugo.*

**zuncho** *m. Suncho, abrazadera, fleje.* Este último, cuando tiene forma de cinta.

**zupia** *f. Sedimento\*, poso, hez\*, lías, pie.*

**zurda** *f. Mano izquierda.*

**zurdo, -da** *adj.-s. Zocato, zoco, sinistrómano.* ↔ DERECHO, DIESTRO.

**zurra** *f. Capuana (desus.), manta, somanta, azotaina, panadera, pega, felpa, solfa, solfeo, sotana.* ↔ CARICIA.

**zurriaga** *f. Látigo, tralla, zurriago.*

**zurriagazo** *m. Latigazo, lampreazo, trallazo.*

**zurriago** *m. Látigo, tralla, zurriaga.*

**zurriburri** *f. Churriburri, gentecilla, gentucilla.*

**zurrón** *m. Morral.*

# The Vox Line of
## Spanish/English Dictionaries

Vox New College Spanish and English Dictionary

Vox Modern Spanish and English Dictionary

Vox Compact Spanish and English Dictionary

Vox Everyday Spanish and English Dictionary

Vox Super-Mini Spanish and English Dictionary

Vox Diccionario Escolar de la Lengua Española

Vox Diccionario de Sinónimos y Antónimos

Vox Diccionario Actual de la Lengua Española

Vox Spanish and English School Dictionary

Vox Diccionario Compacto Español e Inglés

**The Best, By Definition**
**NTC Language Dictionaries**

*NTC Publishing Group*
4255 West Touhy Avenue
Lincolnwood, Illinois 60646-1975